GEORGETA

DICȚIONAR ROMÂN-ENGLEZ

METEOR PRESS

Redactor: *Dana-Irina Voicu*
Tehnoredactor: *Rodica Boacă*
Copertă: arh. *Daniel Munteanu*

www.meteorpress.ro

Contact: C.P. 41-128
Tel./Fax: 021.222.83.80
E-mail: editura@meteorpress.ro

Distribuție la:
Tel./Fax: 021.222.83.80
E-mail: carte@meteorpress.ro

ISBN: 973-728-013-x

B-dul Tudor Vladimirescu, nr. 31,
sector 5, București, ROMÂNIA
fedprint
tipografie
Tel.: 411.00.55; 411.47.76 fed@promo.ro

Cuvânt-înainte

Caracteristica acestor dicționare este un vocabular bogat (circa 30.000 de cuvinte fiecare). Materialul lexical este aranjat pe familii de cuvinte. Astfel, la unele cuvinte-titlu, la sfârșitul articolului, după semnul #, se dau variante din familia de cuvinte a lor, marcate cu caractere groase. După ele urmează expresii sau/și locuțiuni, dacă este cazul, tipărite în italice.

O altă caracteristică a acestor dicționare este transcrierea fonetică a cuvintelor-titlu, mult mai apropiată de pronunțarea cuvintelor englezești, care nu este deloc ușoară pentru vorbitorul de limbă română.

Baza de lucru a fost „Dicționarul explicativ al limbii române" ediția a II-a, anul 1996 și surse dintre cele mai pertinente și recente pentru limba engleză. Așadar, vă oferim două dicționare moderne, actuale și explicite, gândite să fie de folosite, în mod special, vorbitorilor de limba română.

Prin urmare, la cuvintele românești cu polisemie bogată, prin explicațiile date în paranteză sau prin exemplele prezente la unele sensuri, s-a urmărit clarificarea cititorului, în așa fel încât acesta să poată alege corespondentul englezesc potrivit contextului pe care îl are de tradus.

Ceea ce îi conferă un caracter practic, modern și util este faptul că se includ pe lângă cuvintele, sintagmele și expresiile englezești, neutre stilistic, și corespondenți familiari sau din slang, când este cazul, dar și variantele americane, bineînțeles, atunci când acestea sunt diferite de termenii din engleză.

Dicționarele sunt utile elevilor, tuturor celor care studiază limba engleză, celor care citesc în această limbă, traducătorilor etc. Este o carte pe care o poți lua cu tine în concediu, în excursii sau la școală și în care să găsești un vocabular amplu, locuțiuni și expresii uzuale intrate recent în limba engleză.

Autoarea

Abrevieri

adj.	adjectiv	*mil.*	termen militar
adv.	adverb	*mit.*	mitologie
agr.	agricultură	*muz.*	muzică
amer.	termen american	*nav.*	termen naval
anat.	anatomie	*num.*	numeral
arhit.	arhitectură	*part.adv.*	particulă adverbială
art.hot	articol hotărât	*part.trec.*	participiu trecut
art.nehot.	articol nehotărât	*pl.*	plural
bis.	termen bisericesc	*pol.*	politică
bot.	botanică	*pos.*	posesiv
c.f.	căi ferate	*prep.*	prepoziție
comp.	(gradul) comparativ	*rel.*	religie
conj.	conjuncție	*s.*	substantiv
const.	construcție	*sf.*	substantiv feminin
ec.	economie	*sm.*	substantiv masculin
el.	electricitate	*sn.*	substantiv neutru
fig.	termen figurativ	*superl.*	superlativ
filos.	filosofie	*şcol.*	termen şcolar
geol.	geologie	*tehn.*	termen tehnic
geom.	geometrie	*telev.*	televiziune
inf.	informatică	*trec.*	timpul trecut
interj.	interjecție	*v.aux.*	verb auxiliar
ist.	istorie	*v.i.*	verb intranzitiv
înv.	(termen) învechit	*v.r.*	verb reflexiv
lingv.	lingvistică	*v.t.*	verb tranzitiv
mat.	matematică	*zool.*	zoologie
med.	medicină		

1. mote-info BAC 2. engleză — facultate

A

a 1. (*particulă a infinitivului*) to; *a întreba* to ask. **2**. *art. posesiv* of, 's: *a lui Dan* Dan's; *a cărții* of the book. # *a mea* mine; *a ta* yours; *a treia* the third.

abac *sn.* abacus.

abajur *sn.* (lamp) shade.

abandon *sn.* **1**. abandonment, dereliction. **2**. (*a familiei etc.*) abandonment, desertion.

abandona *vt.* **1**. to abandon, to desert, to reject, to leave, to forsake, *sl.* to ditch. **2**. (*un subiect*) to dismiss.

abandonare *sf.* abandonment, dereliction.

abandonat *adj.* **1**. (*părăsit*) abandoned. **2**. (*d. o navă*) derelict.

abanos *sm.* ebony.

abataj *sn.* pit.

abate *vr.* **1**. (**de la**) to stray (from). **2**. *fig.* (**de la**) to deviate (from), to depart (from), to digress (from). **3**. (**asupra**) to descend (on, upon). **4**. (*de la subiect*) to veer, to wander. **5**. (*din drum*) *nav.* to yaw.

abatere *sf.* **1**. (*deviere*) aberration, departure. **2**. (**de la**) deviation (from).

abator *sn.* abattoir, slaughter house.

abătut *adj.* **1**. depressed, dejected, sad, sombre. **2**. (*descurajat*) prostrate.

abces *sn.* **1**. abscess, gathering. **2**. (*la dinte*) gumboil.

abdica *vi.* to abdicate. # **~re** abdication.

abdomen *sn.* abdomen.

abecedar *sn.* primer, reader.

aberant *adj.* nonsensical, absurd, preposterous. # *pretenții ~e* preposterous claims.

aberație *sf.* absurdity, nonsense.

abia *adv.* barely, narrowly, just, hardly, only: *~ te aud* I can hardly hear you; *~ a plecat* he has just left; *ea ~ are 21 de ani* she's only 21.

abil *adj.* **1**. deft, dexterous. **2**. (*în sens negativ*) sharp, glib. **3**. (*descurcăreț*) canny, adroit, slick.

abilitate *sf.* cunning, readiness, knack. # *cu ~* ably.

abis *sn.* abyss, chasm, gulf. # **~al** abysmal.

abject *adj.* ignoble, mean, dastardly, tawdry, *fam.* low-down.

abjecție *sf.* outrage.

abnegație *sf.* abnegation.

aboli *vt.* (*o lege*) to abolish, to annul. # **~re** abolition.

abominabil *adj.* detestable, heinous.
abona *vr.* (**la**) to subscribe (to). # **~t** subscriber.
abonament *sn.* **1**. (*la ziar*) subscription **2**. (*de tren/autobuz*) commutation/season ticket.
aborda *vt.* **1**. (*pe cineva*) to approach, to buttonhole, to reach, to tackle. **2**. (*o problemă*) to tackle. # **~re** (*a unui subiect, a cuiva*) approach; *a ~ un subiect* to broach a subject.
abrevia *vt.* to abridge. # **~ție** abbreviation.
abreviere *sf.* abbreviation.
abroga *vt.* **1**. to abrogate, to repeal, to revoke. **2**. (*o lege*) to rescind, to annul. # **~re** revocation, abrogation.
abrupt *adj.* abrupt, arduous, precipitous, steep. # *a deveni mai ~* to steep.
abrutiza *vt.* to brutalize. # **~re** brutalization; *de ~re* stultifying.
absent I. *sm.* absentee. **II**. *adj.* **1**. absent. **2**. (*plecat*) away. **3**. (*d. privire*) vacant, vacuous. # **a ~a** (**de la**) to be absent (from); **~are** non-attendance.
absență *sf.* **1**. absence, default: *~ de la școală* absence from school. **2**. (*lipsă*) lack. # *în absența* in default of, failing.
absolut I. *adj.* absolute, total, supreme, outright. **II**. *adv.* **1**. perfectly, simply, strictly: *~ minunat* simply wonderful. **2**. (*foarte*) very.
absolvent *sm.* graduate.
absolvi *vt.* **1**. *școl.* to graduate (from). **2**. (*de un păcat*) to cleanse. **3**. (*de vină*) to clear. **4**. (*de pedeapsă*) to remit.
absolvire *sf.* **1**. *școl.* graduation. **2**. (*de pedeapsă*) remission.
absorbant *adj.* absorbent.
absorbi *vt.* **1**. to absorb, to drink, to suck: *pământul uscat absoarbe apa* dry earth sucks water. **2**. (*captiva*) to engross. # **~t** rapt, intent.
absorbție *sf.* suction, uptake.
abstinent I. *sm.* **1**. abstainer. **2**. (*de la băutură*) teetotaller. **II**. *adj.* **1**. abstinent. **2**. (*de la băutură*) teetotal.
abstinență *sf.* abstinence.
abstract *adj.* abstract.
absurd *adj.* absurd, nonsensical, inept, irrational, ludicrous. # *prin ~* against all reason.
absurditate *sf.* **1**. absurdity, nonsense, fallacy. **2**. *pl.* ravings.
abțiguit *adj.* *fam.* tipsy, corked, oiled, squiffy, *sl.* tight, smashed.
abține *vr.* **1**. to contain oneself. **2**. (**de la**) to abstain (from), to refrain (from), to forbear (from). # **~re** (*de la băutură*) temperance; *a se ~ să nu* to suppress: *a se ~ să nu zâmbească* to suppress a smile; *a se ~ să nu râdă* to smother a giggle; *se abținu să nu plângă* she restrained herself from crying.
abunda *vi.* (**în**) to abound (in), to teem (with).

abundent *adj.* **1**. abundant, plentiful, plenteous, profuse, rich, copious, opulent, lavish, heavy. **2**. (*amplu*) generous. **3**. (*d. vegetație*) rank.

abundență *sf.* abundance, plenty, plenitude. # *din* ~ abundantly, richly, amply.

abur *sm.* **1**. vapour, gauze, haze. **2**. *pl.* steam.

aburi I. *vt.* to fog. **II**. *vr.* **1**. to steam, to fog. **2**. (*d. un geam*) to mist. # ~**t** steamy; *a fierbe/găti în baie de* ~ to steam.

abuz *sn.* **1**. abuse, misuse, encroachment: ~ *de autoritate* misuse of authority. **2**. *pl.* excesses. # ~ *de încredere* breach of trust, confidence trick; ~ *în serviciu* malfeasance; ~ *de* (*putere*) misuse of (power).

abuza *vi.* **1**. (**de**) to abuse. **2**. (*de putere*) to misuse.

abuziv *adj.* **1**. illegal. **2**. (*nedrept*) iniquitous.

ac *sn.* **1**. (*de cusut, de brad, de busolă*) needle. **2**. (*spin*) prickle. **3**. (*macaz*) point. **4**. (*de cravată, pălărie*) (tie) pin. **5**. (*cu gămălie*) pin. **6**. (*de albină*) sting. **7**. (*de arici*) quill, spine. **8**. (*indicator*) pointer, index. **9**. (*orar*) hour hand. **10**. (*de siguranță*) safety pin. # *a sta ca pe* ~*e* to be on tenterhooks, to chafe at the bit; *la patru* ~*e* in full feather.

acacia *sf.* (*cu flori galbene*) mimosa.

acadea *sf.* lollipop, *amer. fam.* sucker.

academic *adj.* academic. # ~**ian** academician.

academie *sf.* academy.

acalmie *sf.* quiet, lull.

acapara *vt.* to take hold of, *fam.* to hog. # ~**re** grasp.

acaparator I. *sm.* vulture. **II**. *adj.* rapacious, grasping.

acar *sm.* pointsman.

acaret *sn.* outhouse, outbuilding, *amer.* addition.

acasă *adv.* in, (at) home: *a ajunge* ~ to get home; *de* ~ home; *e* ~ he is at home. # *la mine* ~ at my place.

accelera I. *vt.* **1**. to accelerate, to quicken. **2**. (*și fig.*) to speed. **II**. *vr.* to quicken. # ~**re** acceleration, *auto amer.* pickup; ~**tor** accelerator; *tren* ~*t* fast train.

accent *sn.* **1**. (*și fig.*) accent, stress. **2**. *fig.* emphasis. **3**. (*în voce*) tang.

accentua *vt.* (*și fig.*) to accent(uate), to emphasize, to stress. # ~**re** accentuation, emphasis, reinforcement.

accentuat *adj.* **1**. marked, pronounced, emphatic. **2**. (*d. trăsături*) sharp.

accept *sn. ec.* acceptance: ~ *în alb* blank acceptance.

accepta *vt.* **1**. to accept, to agree, to approve, to concede, to allow, to tolerate, to abide. **2**. (*ceva cu care nu ești de acord*) to wear. **3**. (*o ofertă*) to take up. **4**. (*ca membru*) to receive. **5**. (*un cec, sfat*) to take. **6**. (*dând din cap*) to nod. # ~**re** acceptance, approval; *general* ~*t* generally received; *a nu ~* to reject; *a nu ~* (*revendicări etc.*) to thrust (smth.) aside; *a ~ bucuros* (*o propunere*) to leap at (an offer).

acceptabil *adj*. **1**. acceptable, passable, presentable. **2**. (*satisfăcător*) decent, reasonable, tolerable, fair.

acces *sn*. **1**. access. **2**. (*intrare*) entrance, entry, ingress. **3**. (*de furie*) blaze, fit, tantrum. **4**. spasm: *~ de tuse* spasm of coughing. # *cu ~ direct inf*. online; *~ liber* (*într-o casă*) run.

accesibil *adj*. **1**. accessible, get-atable. **2**. (*d. un drum*) practicable. **3**. (*d. preț*) reasonable. # *ușor ~* convenient, easy of access.

accesorii *sn. pl*. **1**. requisites, fixtures, fittings, paraphernalia. **2**. (*la baie*) fitments. # *fără ~* no-frills.

accident *sn*. **1**. accident. **2**. (*de mașină*) crash, *amer*. wreck. **3**. (*incident*) misadventure. **4**. (*neprevăzut*) contingency. # **~al** accidental, by accident, haphazard, circumstantial, contingent, adventitious; **a ~a** (*un autovehicul*) to crash.

accidentat *adj*. **1**. (*d. drum*) uneven, hollow. **2**. (*d. teren*) rough, rugged.

acciz *sn*. excise. # *fără ~e* (*d. o marfă*) zero-rated.

acei, acele *adj*. those: *~ câini* those dogs.

aceia, acelea *pron*. those.

acel, acea *adj*. that: *~ scaun* that chair.

acela, aceea *pron*. that: *~ de acolo* that one. # *după aceea* afterwards, next, thereafter; *de aceea* therefore.

același, aceeași, aceiași, aceleași **I**. *adj*. (the) same: *în același timp* at the same time. **II**. *pron*. (the) same: *exact același* the very same.

acerb *adj*. **1**. cutthroat, tough, mordant. **2**. (*d. critică*) sharp, strident.

acest, **această** *adj*. this: *această rochie* this dress.

acesta, **aceasta** *pron*. this, such: *~ este noua noastră casă* this is our new house; *nu ~ a fost părerea mea* such was not my opinion.

acești, **aceste** *adj*. these.

aceștia, **acestea** *pron*. these, such. # *cu toate ~* altogether, yet, nonetheless, still, however, notwithstanding, though.

achita *vt*. **1**. to honour, to cover. **2**. (*plăti*) to acquit, to discharge, to pay (back/off), to liquidate, to clear: *a ~ o datorie* to pay a debt. **3**. (*cu carte de credit*) *amer*. to charge. **4**. (*o notă de plată*) to foot the bill. **5**. (*un inculpat*) to acquit, to dismiss, to pardon.

achitare *sf*. **1**. (*plată*) payment. **2**. *jur*. acquittal, pardon. **3**. (*a unei datorii*) discharge. **4**. (*a unui cec*) clearance..

achizitor *sm*. buyer.

achiziție *sf*. **1**. acquisition, asset. **2**. (*bună*) bargain, buy. **3**. (*persoană*) catch, choice.

achiziționa *vt.* to acquire, to purchase, to buy.

aci *adv.* here. # *cât pe-~* nearly, within an ace of.

acid *sm., adj.* acid. # ~**itate** acidity.

aciua *vr.* (*se adăposti*) to take shelter.

aclama I. *vt.* to hail. **II** *vi.* to cheer, to acclaim, to roar. # ~**ții** cheers.

aclimatiza *vt.* (*o plantă*) to naturalize.

acnee *sf.* acne.

acoladă *sf.* bracket: *acolade rotunde* round brackets.

acolit *sm.* henchman.

acolo *adv.* there, over there: *cartea e ~* the book is over there; *cine-i ~?* who's there? # *tot ~* (*în text*) ibidem; *cam pe ~* thereabouts, (*aproximativ*) or so.

acomoda *vr.* to readjust, *fam.* to shake down. # ~**re** readjustment, adaptation.

acompania *vt.* **1.** (*însoți*) to accompany, to escort. **2.** *muz.* to accompany.

acompaniament *sn.* **1.** *muz.* accompaniment. **2.** (*la muzica pop*) backing.

acont *sn.* deposit, earnest. # **a ~a** to deposit.

acoperământ *sn.* cover, mantle.

acoperi *vt.* **1.** to cover, to cap. **2.** (*cu un strat protector*) to sheathe. **3.** (*un drum cu pietriș*) *amer.* to metal. **4.** (*cheltuieli*) to defray. **5.** (*un metal*) to face. **6.** (*o perioadă de*) to span. # ~**t** clad, covered; *a ~* (*o prăjitură etc.*) *din belșug cu* to smother in.

acoperire *sf.* **1.** (*strat*) covering. **2.** (*mușamalizare*) coverage, whitewash. **3.** (*a cheltuielilor*) defrayal.

acoperiș *sn.* roof(top): *grădină pe ~* roof garden. # *fără ~* roofless; *materiale pentru ~uri* roofing.

acord *sn.* **1.** accord, pact, agreement, treaty. **2.** (*dat*) consent, assent. **3.** (*învoială*) settlement, covenant. **4.** *muz.* bar, chord, tune. # *a fi de ~ cu/să* to agree with, to approve of, to assent to, to acquiesce with, to consent to; *a nu fi de ~* to differ, to disagree, to disapprove (of); *a nu fi de ~ cu* to oppose, to refute; *a cădea de ~ în privința* to come to an understanding about; *a pune de ~ cu* to reconcile with; *de comun ~ cu* in concert with; *dispozitiv de ~ radio* tuner.

acorda *vt.* **1.** to give, to confer, to allocate, to allow. **2.** (*aloca bani*) to appropriate. **3.** (*importanță*) to attach. **4.** (*un premiu, o medalie etc.*) to award. **5.** (*o concesiune*) to franchise. **6.** (*o bursă, un credit etc.*) to grant. **7.** (*ajutor etc.*) to render. **8.** (*un instrument*) to tune, to key up, to tone.

acordare *sf.* **1.** *muz.* tuning. **2.** (*de credit*) grant.

acordat *adj.* **1.** *muz.* tuned up. **2.** granted.

acordeon *sn.* accordion.

acordor *sm. muz.* tuner.

acosta *vi.* **1.** *nav.* to moor. **2.** (*la țărm*) to land. # ~**re** land(ing).

acredita *vt.* to accredit. # **~t** accredited; *scrisori de ~re* credentials.

acreditiv *sn.* letter of credit.

acri *vt., vr.* to sour. # **~re** souring; **~şor** sourish.

acrobat *sm.* acrobat, tumbler. # **~ic** acrobatic.

acrobaţie *sf.* **1**. stunt. **2**. (*pe bicicletă*) *fam.* wheelie. **3**. *pl.* acrobatics.

acroşa *vt. sport* to tackle. # **~j** tackle.

acru[1] *adj.* **1**. (*d. gust*) sour. **2**. (*neplăcut*) tart. **3**. (*ursuz*) morose. **4**. (*d. o mutră*) wry.

acru[2] *sm.* (*măsură*) acre (= *4000* m^2).

act *sn.* **1**. act, document, writ. **2**. *jur.* deed. **3**. *pl.* papers. **4**. (*al unei piese*) act. **5**. *pl.* (*de studii*) qualifications. # *~ de bravură* exploit; *~e de caritate* good works; *~ sexual* sexual intercourse, *sl.* screw.

activ I. *sn. ec.* asset: *~ şi pasiv* assets and liabilities. **II**. *adj.* **1**. active, alive, about. **2**. (*d. un parlamentar*) sitting. **3**. (*d. un vulcan*) live. **4**. (*d. o campanie*) vigorous. # **~ist** activist; **a ~a** to act, to work.

activitate *sf.* **1**. activity, preoccupation, pursuit, work, job: *fără ~* idle. **2**. (*îndeletnicire*) occupation, employment. **3**. (*a unei companii*) operation. # *în plină ~* in full swing.

actor *sm.* **1**. actor, performer. **2**. (*de comedie*) comedian, comic. **3**. (*de cinema*) film actor. **4**. (*actor prost*) ham. # **~ie** acting; *~ principal* principal; *a se face ~* to go on the stage.

actriţă *sf.* actress, performer.

actual *adj.* **1**. current, present(-day), existing: *~ul director al şcolii* the present headmaster. **2**. (*d. o problemă*) real. # **a ~iza** to update; **~mente** at present, nowadays.

actualitate *sf.* present. # *de ~* topical, of present interest.

acţiona I. *vt.* **1**. *tehn.* to drive. **2**. (*un mecanism, utilaj*) to operate. **3**. (*telecomanda*) *fam.* to zap. **4**. (*frâna etc.*) to work. **5**. (*un sistem electric*) to activate. **II**. *vi.* to act, to move, to take action. # **~re** action, operation.

acţionar *sm.* shareholder, *amer.* stockholder.

acţiune *sf.* **1**. action, move: *cu ~ întârziată* delayed-action; *om de ~* man of action. **2**. (*faptă*) deed, act. **3**. (*faptă rea*) handiwork. **4**. (*a unui film etc.*) plot. **5**. (*a unei piese*) scene. **6**. (*riscantă*) gamble. **7**. *ec.* share: *~ la purtător* share to bearer. **8**. (*în justiţie*) proceedings: *~ de divorţ* divorce proceedings. **9**. (*întreprindere*) enterprise, undertaking. **10**. *pl. ec.* stocks. # *pachet de acţiuni* block; *~ preliminară* curtain-raiser; *de ~* (*d. o carte etc.*) pacy, (*d. un film*) swashbuckling; *în raza sa de ~* within his reach.

acuarelă *sf.* water colour.

acum *adv.* now, for the moment, presently, at present: *de ~ înainte* from now on; *~ gata*! now then! # *până ~* to this day, as yet, till now, so far; *chiar* ~ at once, right now, this minute, just now; ~ *un an* one/a year ago; *ca şi până* ~ as heretofore.

acumula *vt.* **1**. to amass, to hoard. **2**. (*bogăţii*) to treasure. **3**. (*informaţii*) to gather. **4**. (*cunoştinţe*) to imbibe. # ~**re** accumulation.

acumulator *sn. tehn.* accumulator, battery.

acupunctură *sf.* acupuncture.

acurateţe *sf.* accuracy, thoroughness.

acustic *adj.* acoustic. # ~**ă** acoustics.

acut *adj.* **1**. sharp, piercing. **2**. (*d. durere*) acute, poignant. **3**. (*d. sunet*) high, shrill. **4**. *med.* profound.

acuza *vt.* **1**. to charge, to denounce, to impeach. **2**. (**de**) to accuse (of), to tax (with). # ~**ţie** accusation, charge; ~**t** culprit, defendant, respondent; ~**tor** (*sm.*) accuser; ~**tul**, ~**ţii** the accused; *sub ~ţia de* on a charge of; *boxa/banca ~ţilor* dock.

acuzare *sf.* **1**. (*inculpare*) indictment, impeachment: *act de* ~ bill of indictment. **2**. *jur.* prosecution. # *a pune sub* ~ to indict.

acuzativ *sn., adj.* accusative.

acvariu *sn.* aquarium.

acvatic *adj.* aquatic.

acvilin *adj.* aquiline.

adaos *sn.* addition, extra, adjunct, add-on.

adapta I. *vt.* **1**. to adapt. **2**. (*ajusta*) to tailor, to adjust. **3**. (**la**) to key (to), to accommodate (to). **II**. *vr.* (**la**) to adapt (to). # ~**re** adaptation, readjustment, accommodation.

adaptabil *adj.* **1**. adaptable. **2**. (*d. cineva*) pliable, pliant, resilient. # ~**itate** resilience.

adăpa *vt.* to water. # ~**re** watering.

adăpătoare *sf.* trough.

adăpost *sn.* cover, nest, refuge, retreat, shelter, harbour: ~ *pentru călători* bus shelter. # *fără* ~ (*d. oameni*) homeless.

adăposti I. *vt.* to harbour, to shelter, to lodge, to house. **II**. *vr.* to shelter, to harbour. # ~**re** sheltering.

adăuga *vt.* to add, to annex. # ~**t** added; *a ~ (otravă etc.) la o băutură* to spike a drink.

adânc I. *sn.* depth. **II**. *adj.* **1**. deep: ~ *de doi metri* six feet deep. **2**. *fig.* profound. **III**. *adv.* deeply. # *puţin* ~ shallow.

adânci *vt., vr.* to deepen. # ~**tură** depression, dent; ~**t** hollow.

adâncime *sf.* depth: *~a lacului* the depth of the lake. # *în* ~ deep down.

addenda *sf.* addendum.

adecvat *adj.* adequate, appropriate, proper.

ademeni *vt.* to tantalize, to entice, to lure, to seduce, to invite, to decoy. # ~**tor** tantalizing, inviting, tempting.

adept *sm.* supporter, sympathizer, henchman, upholder.

adera *vi.* (**la**) to adhere (to), to join.

aderent *adj*. adherent.

aderență *sf*. adhesion.

adesea *adv*. often(times), frequently, again/time and again, many a time.

adevăr *sn*. truth, verity. # *într-~* indeed, actually, truly; *~ul adevărat* the plain truth, the gospel (truth); *nici un pic de ~* not a shred of truth; *a spune ~ul* to speak true.

adevărat *adj*. true, actual, real, sheer, very, *fam*. regular: *motivul ~* the real reason; *un ~ dezastru* a regular disaster; *pare (să fie) ~* it rings true; *o ~ă delectare* sheer delight; *un ~ erou* a very hero. **2**. (*veritabil*) genuine. # *cu ~* really, truly; *de-~elea* for real.

adeveri I. *vt*. to confirm, to prove, to certificate. **II**. *vr*. to come true. # **~re** confirmation, certification; *se adevereşte prin prezenta* this is to certify.

adeverință *sf*. receipt.

adeziune *sf*. adhesion.

adeziv *sm*. gum, size.

adia *vi*. to breeze.

adiacent *adj*. adjacent, contiguous.

adică *adv*. namely, videlicet, viz, that is to say. # *la o ~* when all is said and done, *fam*. at a push.

adidaşi *sm*. *pl*. sneakers.

adiere *sf*. breeze, zephir, waft, breath (of wind).

adineauri *adv*. just (now), a short time ago: *~ a venit* he has just come.

adio *interj*. adieu!, good bye!.

aditiv *sn*. additive.

adițional *adj*. additional, supplementary, second.

adjectiv *sn*. adjective. # **~al** adjectival.

adjunct *sm*. deputy.

administra *vt*. to manage, to husband, to administer. # **~tiv** administrative; *a ~ o bătaie* to give (smb.) a beating.

administrare *sf*. **1**. management. **2**. (*a unei regiuni*) trusteeship. # *~ judicioasă* husbandry.

administrator *sm*. **1**. administrator, bailiff, warden. **2**. (*de bloc*) superintendent.

administrație *sf*. **1**. administration, management: *în timpul ~i Reagan* during the Reagan administration. **2**. civil service. # *consiliu de ~* board of directors.

admira *vt*. **1**. to admire. **2**. (**pe**) to look up (to). # **~tor** admirer, fan.

admirabil *adj*. admirable, remarkable, marvellous, gorgeous, *amer. fam*. neat.

admirație *sf*. admiration. # *cu ~* admiringly, wonderingly.

admis *adj*. professed, permissible. # **~ibil** permissible.

admisie *sf*. *tehn*. inlet.

admite *vt*. **1**. (*accepta*) to admit, to accept, to acknowledge. **2**. (*recunoaşte*) to own to, to profess, to recognize, to concede, to confess. **3**. (*îngădui*) to allow, to permit. # **~re** admission.

admonesta *vt.* to admonish, to rebuke, to objurgate. # ~**re** admonition, rebuke.

adnotare, adnotație *sf.* annotation, note.

adolescent I. *sm.* adolescent, teenager, *fam.* youngster. **II.** *adj.* teenage. # *pentru adolescenți* teenage, *fam.* teeny.

adolescență *sf.* adolescence.

adopta *vt.* **1.** to adopt. **2.** (*un copil*) to mother. **3.** (*o lege*) to pass (*a bill*). # ~**re** (*a unei legi*) passing.

adopție *sf.* adoption.

adora *vt.* **1.** to adore, to worship. **2.** (**pe**) to dote (on): *îl adoră pe fiul lui* he dotes on his son. # ~**t** darling, beloved; ~**re**, ~**ție** worship; ~**bil** charming, pleasant.

adorator *sm.* **1.** worshipper, votary. **2.** (*al unei fete*) swain.

adormi I. *vt.* (*un copil*) to lull. **II.** *vi.* to fall asleep. # ~**t** asleep, sleepy; ~**tor** drowsy. # *a ~ din nou* to go back to sleep.

adormire *sf.* slumber. # *~a Maicii Domnului* the Assumption.

adresa I. *vt.* (*o scrisoare*) to address. **II.** *vr.* **1.** to address. **2.** (*cuiva*) to resort (to), to speak (to). # (*forme de*) ~**re** (forms of) address.

adresă *sf.* address.

aduce *vt.* **1.** to bring, to fetch, to get. **2.** (**la**) (*disperare etc.*) to reduce (to). **3.** (*un câştig*) to return, to earn. **4.** (*un profit*) to carry, to yield. # *a ~ la zi* to update; *a ~ un omagiu cuiva* to do/pay homage to smb.

adula *vt.* to adulate, to worship.

adulmeca *vt.* **1.** (*d. câini*) to smell, to scent, to sniff, to snuff. **2.** (*vânatul*) to wind. # ~**re** sniff.

adult *sm., adj.* adult, grown-up.

adulter *sn.* adultery; misconduct; fornication.

adumbri *vt.* to shadow.

aduna I. *vt.* **1.** *mat.* to add, to sum. **2.** (*strânge*) to collect, to rally, to amass, to hoard, to gather, to heap. **3.** (*flori*) to pick up. **4.** (*recolta*) to harvest. **II.** *vr.* **1.** to assemble, to meet, to gather, to muster. **2.** (*în jurul cuiva*) to mob. **3.** (*a-şi reveni*) to rally.

adunare *sf.* **1.** gathering. **2.** *mat.* addition, sum. **3.** (*întrunire*) assembly, meeting, rally. **4.** *pol.* convention.

adunătură *sf.* (*de inşi*) gang, rabble, ragtag, *fam.* bunch.

adverb *sn.* adverb.

advers *adj.* contrary, converse, opposing, inimical. # ~**ar** adversary, antagonist, opponent, rival; ~**itate** adversity.

aer *sn.* **1.** air: *~ curat* fresh air; *~ condiționat* air conditioning. **2.** (*expresie*) mien, air: *~ misterios* air of mystery. # ~**ian** aerial, air; *~ liber* open; *în ~ liber* outdoors; *în ~* (*nesigur*) up in the air; *cu ~ închis* (*d. o încăpere*) stuffy; *a-şi da ~e* to show off, *fam.* to put on airs, to swank; *a trage ~ în piept* to breathe in.

aerisi *vt.* **1**. to air. **2**. (*o cameră*) to ventilate. # ~**re** ventilation, airing.

aerodinamic *adj*. (*d. o maşină*) streamlined.

aerodrom *sn.* airfield.

aeronautică *sf.* aeronautics.

aeronavă *sf.* airship, airplane.

aeroplan *sn.* plane.

aeroport *sn.* airport.

aeropurtat *adj.* airborne.

afabil *adj.* affable, pleasant, genteel.

afacere *sf.* **1**. business; concern: *a pune pe picioare o* ~ to set up a business. **2**. (*comercială*), commerce, shop. **3**. (*târg*) deal, bargain: *a încheia o* ~ to strike a bargain. # ~ *necurată* dirty work; ~ *ilegală* racket; *om de afaceri* businessman; ~ *riscantă/hazardată* venture.

afacerist *sm.* businessman. # ~ *versat fam.* wheeler-dealer.

afară *adv.* **1**. out(side): *în/din* ~ (from the) outside, extraneous. **2**. (*din casă*) out (of) doors. # *a da* ~ to oust, to exclude, to expel, to throw out, to show the door, to chuck; *a da* ~ *din fam.* to turf out of, (*din slujbă*) to sack, (*cu forța*) to eject; ~ *de* besides, but; *în afara* without, outside; *în* ~ *de* outside of, outwards, over and above; *ieşi* ~! get lost! get out (of here)!

afânat *adj.* (*d. pământ*) soft.

afecta *vt.* **1**. (*pe cineva*) to affect, to influence. **2**. (*mâhni*) to afflict. **3**. (*prejudicia*) to harm.

afectat *adj.* **1**. (*mâhnit*) affected, moved. **2**. (*d. cineva*) affected, studied, precious, stiff, mannered, constrained. **3**. (*d. stil*) stilted, ponderous, unnatural. # ~ *de* stricken with, afflicted with.

afectiv *adj.* affective. # ~**itate** affectivity.

afectuos *adj.* affectionate, tender, fond: *privire afectuoasă* fond look.

afecțiune *sf.* **1**. affection, fondness. **2**. (*boală*) disease, trouble, ailment.

afemeiat *sm.* womanizer, philanderer. # *a fi* ~ to womanize.

aferent *adj.* due.

afet *sn.* (*de tun*) carriage.

afilia *vr.* to join.

afin(ă) *sm., sf.* bilberry, huckleberry.

afinitate *sf.* affinity.

afirma *vt.* **1**. to affirm, to declare, to state. **2**. (*susține*) to maintain, to assert. # ~**tiv** affirmative; *prilej de* ~*re* showcase.

afirmație **1**. claim, protestation, statement. **2**. (*pe bază de deducții*) allegation.

afiş *sn.* **1**. bill, notice, banner, sticker: ~*aj* *interzis* post no bills. **2**. (*publicitar*) poster. # ~**ier** panel.

afişa *vt.* **1**. (*lipi*) to post. **2**. (*la calculator*) to display. **3**. *fig.* to make show (of).

afla **I**. *vt.* to find (out), to learn, to discover. **II**. *vi.* (**de/despre**) to learn (of/about). **III**. *vr.* **1**. to transpire. **2**. (*găsi*) to lie, to sit, to stand. # ~**re** realization.

afluent *sm. geogr*. affluent, tributary, influent.
afluență *sf*. affluence.
aflux *sn*. tidal wave.
afon *adj*. **1**. tone-deaf. **2**. *med*. voiceless.
aforism *sn*. aphorism, maxim.
african *sm*., *adj*. African.
afront *sn*. affront, slight, slur, snub, outrage.
aftă *sf*. *med*. thrush.
afuma *vt*. **1**. (*carne*) to smoke. **2**. (*peşte*) to smoke-dry.
afumat *adj*. **1**. smoky. **2**. (*beat*) drunk, *fam*. sloshed, squiffy.
afunda *vr*. to sag, to sink. # ~**re** sag; *a se ~ în pământ* (*d. case*) to subside.
afurca *vt*. *nav*. to moor.
afurisit *adj*. **1**. confounded, dashed, *fam*. ruddy. **2**. (*rău*) evil, naughty, wretched.
agale *adv*. slowly.
agapă *sf*. feast, banquet.
agasa *vt*. **1**. to tease, to irritate, to annoy. **2**. (*sâcâi*) to pester, to niggle, to nag. # ~**nt** annoying, troublesome, niggling, vexing; ~**t** vexed.
agăța I. *vt*. **1**. (*atârna*) to hang. **2**. (*într-un cârlig*) to hook. **3**. (*o femeie*) to accost, to pick up, *fam*. to proposition. **4**. (*o haină*) to snag: *mi-am ~t rochia de un cui* I snagged my dress on a nail. **II**. *vr*. **1**. to catch. **2**. (**de**) to cling (to), to clutch (at). **3**. (**de**) (*şi fig*.) to grasp (at). **4**. (*d. plante*) to creep.
agățătoare *sf*. (*la haină*) tab, hanger.
agățător *adj*. (*d. plante*) climbing.
ageamiu *sm*. tenderfoot, greenhorn.
agendă *sf*. **1**. agenda, pad, notebook, pocketbook. **2**. (*ordine de zi*) timetable. # *~ de birou* calendar, personal organizer.
agent *sm*. **1**. agent, operator: *~ publicitar* advertise agent, ad-man; *~ imobiliar* house agent; *~ secret* secret agent, *amer*. operative; *~ de turism* tour operator. **2**. (*chimic*) medium. # *~ de schimb/bursă* broker; *~ electoral* canvasser, electioneer; *~ acoperit* plant.
agenție *sf*. **1**. agency, house, office. **2**. (*de ştiri*) news agency. **3**. (*de voiaj/turism*) travel agency. **4**. (*de presă*) press agency.
ager *adj*. **1**. agile, nimble, quick, swift, bright, sharp. **2**. (*d. minte*) penetrating, ready, mercurial, keen. # ~**ime** acumen, perspicacity.
agheasmatar *sn*. *bis*. stoup.
agheasmă *sf*. holy water.
aghesmuit *adj*. *fam*. (*beat*) corked, sozzled, zonked.
aghiuță *sm*. devil.
agil *adj*. agile, astute, nimble, lively, swift.
agita I. *vt*. **1**. (*flutura*) to wave. **2**. (*instiga*) to stir. **3**. (*un lichid*) to agitate. **II**. *vr*. **1**. to fret, to fuss, to wriggle, *fam*. to fidget. **2**. (*în somn etc*.) to stir, to toss. # ~**re** (*mişcare*) shake, stir.

agitat *adj.* 1. nervous, restive, twitchy, restless, fretful, jumpy, *fam.* nervy, fidgety, jittery, *amer. fam.* psyched. 2. (*d. mare*) rough, lumpy. 3. (*d. viață*) hectic. 4. (*d. o zi*) eventful. # *persoană ~ă fam.* fusspot.

agitație *sf.* 1. (*forfotă*) bustle, commotion, whirligig, tumult, turmoil, uproar, rush, hurly-burly. 2. (*frământare*) stir, fret, fuss, fever, *fam.* flap, tizzy. 3. (*socială*) unrest, ferment. 4. (*și la bursă*) flurry. 5. (*vâlvă*) sensation, stir.

aglomera *vr.* to crowd. # **~re** jam; **~ție** crowd, crush, jam, rush.

aglomerat *adj.* 1. crowded, packed. 2. (*d. o stradă*) congested.

agonie *sf.* agony.

agonisi *vt.* to acquire, to heap. # **~re** acquirement.

agrafă *sf.* 1. clip. 2. (*de păr*) hairpin. # *a prinde în agrafe* to pin.

agramat *adj.* barbarous.

agrar *adj.* agrarian.

agrava *vr.* to worsen.

agrea *vt.* to like.

agreabil *adj.* 1. agreeable, congenial, palatable, pleasant, appealing, prepossessing: *o slujbă ~ă* a congenial job. 2. (*d. cineva*) lik(e)able, amiable.

agregat *sn.* unit.

agrement *sn.* pleasure, enjoyment, amusement.

agresa *vt.* 1. to assault, to maul. 2. *sport* to punish. # **~re** *fam. sport* punishment.

agresiune *sf.* aggression, assault, offence: *~ sexuală* sexual offence.

agresiv *adj.* 1. (*d. cineva*) aggressive, violent. 2. truculent, offensive, bellicose, hawkish: *comportament ~* offensive behaviour. # **~itate** violence.

agresor *sm.* aggressor, assailant.

agricol *adj.* agricultural, farming.

agricultor *sm.* farmer.

agricultură *sf.* agriculture, farming. # *a face ~* to farm.

agrișă *sf.* gooseberry.

agronom *sm.* agronomist. # **~ie** agronomy.

ahtiat *adj.* 1. avid, voracious, insatiable, covetous. 2. (**după**) keen (on), avid (for). # *a fi ~ după* to lust for.

ahtiere *sf.* lust.

aici *adv.* here. # *pe ~* (*pe aproape*) (here) about; *pe ~* (*pe undeva*) near here; *de ~* (*încolo*) from now on, hence (forward); *până ~* thus far; *până ~*! that's enough!

aidoma *adv.* alike.

aievea *adv.* really.

aisberg *sn.* iceberg.

aiura *vi.* to rave.

aiurea *adv.* crisscross, haywire.

aiureli *sf. pl.* ravings.

aiurit I. *sm. fam.* scatterbrain. II. *adj. fam.* crazy, *amer.* kooky.

ajun *sn.* eve: *în ~ul Crăciunului* on Christmas eve.

ajuna *vi.* to fast.

ajunge I. *vt.* 1. (*deveni*) to get, to become. 2. (*din urmă*) to catch up with. **II**. *vi*. **1.** to last. **2**. (**la**) to get (to), to reach, to arrive (at/in), *fam*. to hit: *a ~ la Londra* to get to London; *a ~ la graniță* to reach/hit the border; *a ~ la o concluzie* to reach a conclusion. **3**. (**la**) (*d. o sumă*) to total. **III**. *vr.* (*d. cineva*) to succeed, to arrive. # *a ~ ca vai de el* to go to seed; *a ~ în situația de a* to be reduced to; *a ajuns să cerşească* she was reduced to begging.

ajuns *sn*. upstart. # *a fi de ~* to last, to be enough.

ajur *sn*. hemstitch.

ajusta *vt*. **1**. to adjust. **2**. (*o haină*) to tailor.

ajustor *sm*. fitter, machinist.

ajuta *vt*. **1**. to help, to aid, to assist, to support: *ajută-te singur* help yourself. **2**. (*la greu*) to succour. **3**. (*cu bani*) to back. **4**. (*moral*) to sustain.

ajutător *adj*. auxiliary.

ajutor I. *sn*. **1**. help, aid, assistance, succour, hand, rescue: *dă-mi o mână de ~* lend me a hand; *de ~* helpful; *a veni în ~ul cuiva* to come to smb.'s rescue. **2**. (*sprijin*) prop, support, crutch. **3**. (*colaborator*) partner, helpmate. **4**. (*social*) social security, *amer*. welfare. **5**. (*indemnizație*) benefit: *~ de boală* sickness benefit; *~ de şomaj* unemployment benefit. **6**. (*în bani*) grant. **7**. *nav*. (S.O.S.) mayday. **II**. *sm*. assistant, buffer. # **~are** (*în caz de calamități*) relief; *prim ~* firstaid; *trusă de prim ~* firstaid kit; *de ~* supportive.

al, ai *art*. # *al meu, ai mei* mine; *al nostru, ai noştri* ours; *al tău, ai tăi, al vostru, ai voştri* yours; *al/ai lui* his; *al/ai ei* hers; *al/ai lor* theirs.

alabastru *sn*. alabaster.

alai *sn*. (*cortegiu*) pomp, train, suite.

alaltăieri *adv*. the day before yesterday.

alamă *sf*. brass: *din/de ~* brassy.

alambic *sn*. still. # **~at** intricate.

alandala *adv*. anyhow, pell-mell, *fam*. topsy-turvy. # *a pune ~* to jumble.

alarma *vt*. to alarm, to perturb. # **~re** scare, perturbation; **~nt** alarming; **~t** panicky, worried, apprehensive.

alarmă *sf*. alarm, alert: *~ de incendiu* fire alarm. # *semnal de ~* communication cord; *buton de ~* (*în bănci etc*.) panic button.

alarmist I. *sm*. scaremonger. **II**. *adj*. panicky.

alămuri *sf. pl. muz*. brass.

alăpta *vt*. **1**. to suckle. **2**. (*un copil*) to nurse. # *a ~ un copil* to give suck to a baby.

alătura I. *vt*. to attach, to juxtapose. **II**. *vr*. **1**. (*adera*) to join. **2**. (**la**) to associate (with). # **~t** herewith, contiguous, adjacent.

alături *adv*. **1**. (*de cineva*) alongside, together, abreast. **2**. (**de**) adjacent, next, alongside. **3**. (*vecin*) next door. # *a fi ~ de cineva la durere* to sympathize with smb.

alb I. *sm.* white: *~ul ochiului* the white of the eye. **II**. *adj.* **1**. white. **2**. (*pagină*) blank. **3**. (*ca varul*) chalky. **4**. (*d. păr*) grey. # **~ituri** white goods. # **~icios** whitish; *~ gălbui* off-white; *arme ~e* side arms; *om ~* white (man); *~ ca zăpada* snow-white.

albanez *sm., adj.* Albanian. # *limba ~ă* Albanian.

albastru *sn., adj.* blue: *~ intens* royal blue.

albatros *sm.* albatross.

albăstrui *adj.* bluish.

albi I. *vt.* **1**. to whiten, to bleach. **2**. (*rufe*) to blanch. **II**. *vr.* **1**. to whiten, to bleach. **2**. (*la față*) to blanch. **3**. (*d. păr*) to grey, to grizzle. # **~t** grizzled; **~cios** whitish.

albie *sf.* **1**. (*copaie*) trough. **2**. (*de râu*) riverbed.

albină *sf.* bee. # **~rit** beekeeping.

album *sn.* album, (scrap)book.

alburiu *adj.* whitish.

albuş *sn.* albumen, white (of the egg).

alcătui I. *vt.* **1**. to constitute, to construct, to make up, to build, to form. **2**. (*modela*) to mould. **3**. (*o lucrare*) to compile. **II**. *vr.* to form. # **~re** composition, constitution, texture, make-up, structure, fabric, formation; **~tor** constituent, constitutive.

alcool *sn.* alcohol; spirits: *fără ~* alcohol-free. # **~ic** alcoholic, spirituous; **~ism** alcoholism.

alcov *sn.* alcove.

aldine *sf. pl.* boldface.

ale *art.* of, 's: *~ casei* of the house; *~ omului* man's. # *~ mele* mine; *~ tale* yours; *~ noastre* ours; *~ voastre* yours; *~ lui* his; *~ ei* hers; *~ lor* theirs.

alean *sn.* longing.

aleatoriu *adj.* random, unwitting: *acces ~ inf.* random access.

alee *sf.* **1**. alley, avenue, lane. **2**. (*spre o casă*) drive(way), (*în semicerc*) sweep. **3**. (*stradă*) court. **4**. (*străjuită de copaci*) parkway.

alegător *sm.* **1**. elector, voter, constituent: *~ indecis* floating voter.

alege I. *vt.* **1**. to choose, to select, to pick, to single out: *îşi ~a cu grijă cuvintele* he picked his words carefully. **2**. (*prin vot*) to elect. **II**. *vi.* to choose. # *a fi ales în parlament* to be returned to Parliament; *a fi ales să joace rolul principal amer.* to be slated to play the lead.

alegere *sf.* **1**. (*selectare*) selection, choice, option, pick. **2**. (*a cuvintelor*) diction. **3**. *pl. pol.* election, poll(s): *alegeri parțiale* by-election; *alegeri cu participare masivă* heavy poll.

alegorie *sf.* allegory.

alene *adv.* slowly.

alerga I. *vt.* (*vânatul*) to run. **II**. *vi.* **1**. to run, to jog. **2**. **(după)** to chase (after). **3**. (*într-o cursă*) to race. # **~t** jogging.

alergare 1. run(ning), jog(ging), racing, race. **2**. *pl. sport* track events.

alergător *sm.* **1**. runner, racer. **2**. (*cal*) racehorse.

alergie *sf.* **1**. (**la**) allergy (to). **2**. (*la fân*) hay fever.

alert *adj.* **1**. alert, brisk, lively. **2**. (*d. ritm*) frentic.

alerta *vt.* to alert.

alertă *sf.* alert, look-out.

ales *adj.* **1**. choice, select, *fam.* swish: *lucru* ~ choice. **2**. (*pe sprânceană*) hand-picked. **3**. (*distins*) rafined. **4**. (*prin vot*) elect(ed). **5**. (*prețios*) rare. # *mai* ~ (e)specially, chief(ly), mainly, mostly, particularly, notably.

alfabet *sn.* alphabet, script. # **~ic** alphabetical.

algă *sf. bot.* seaweed, alga.

algebră *sf.* algebra.

algebric *adj.* algebraic.

alia I. *vt.* to alloy. **II**. *vr.* to ally. # **~j** alloy.

aliat I. *sm.* ally. **II**. *adj.* allied.

alianță *sf.* alliance, combination, association, coalition.

alibi *sn.* alibi.

alice *sf. pl.* pellet, buckshot.

alienare *sf.* alienation.

alienat I. *sm.* lunatic. **II**. *adj.* alienated, mad, insane, *fam.* crazy.

alifie *sf.* cream, ointment, salve. # *uns cu toate alifiile fig.* wordly-wise.

aligator *sm.* alligator.

aliment *sn.* **1**. food. **2**. *pl.* foodstuff, comestibles, eats.

alimenta *vt.* **1**. (*și tehn.*) to feed. **2**. (*cu electricitate etc.*) to supply. **3**. (*o mașină*) to fuel. # **~ție** diet, nourishment.

alimentar *adj.* alimentary. # *regim* ~ diet; *pensie ~ă* alimony.

alimentare *sf.* **1**. nourishment, nutrition. **2**. *tehn.* input.

alina *vt.* **1**. to assuage, to comfort, to alleviate, to soothe. **2**. (*durerea*) to ease, to relieve. # **~re** comfort, relief, solace, balm.

alineat *sn.* paragraph.

alinia *vt.* to align, to array, to range. # **~t** (*înșiruit*) strung-out.

aliniere *sf.* alignment.

alinta I. *vt.* **1**. to pamper, to caress. **2**. (*răsfăța*) to spoil, to molly-coddle. **II**. *vr.* (*d. îndrăgostiți*) to fondle, to bill and coo. # **~re** caress; **~t** (*răsfățat*) spoilt.

alipi *vt.*, *vr.* to join; to annex.

almanah *sn.* almanac.

alo *interj.* hullo!

aloca *vt.* **1**. to allocate, to allot. **2**. (*o sumă*) to budget, to earmark, to appropriate.

alocație *sf.* allowance, grant. # ~ *de șomaj* unemployment benefit; ~ *pentru copii* child benefit; ~ *guvernamentală* (*pentru un proiect etc.*) war chest.

alocuri *adv.* # *pe* ~ here and there.

alocuțiune *sf.* speech, address.

alonjă *sf. sport* reach.

alpinism *sn.* mountaineering, rock climbing.

alpinist *sm.* alpinist, climber, mountaineer.

alt, altă *adj.* **1**. (an)other, further, else: *oricare altă carte* any other book; *vreau alt loc* I want another place. **2**. *pl.* other, further.

altar *sn.* altar, shrine.

altădată *adv.* **1**. yesteryear: *cântece de* ~ songs of yesteryear. **2**. (*în viitor*) another time, some other time. **3**. (*odată*) once. **4**. (*cândva*) sometimes. # *de* ~ of yore.

altcândva *adv.* some other time.

altceva *pron.* something else. # *ce* ~? what else?

altcineva *pron.* someone/somebody else. # *nimeni* ~ no other.

alteori *adv.* **1**. (*în trecut*) once. **2**. (*în viitor*) some other time.

altera *vr.* **1**. to taint. **2**. (*d. alimente*) to spoil. # ~**re** spoilage.

alterat *adj.* **1**. rotten, off. **2**. (*d. carne*) tainted.

altercație *sf.* altercation, argument, dispute, strife.

alternanță *sf.* alternation, interchange.

alternativ *adj.* alternative.

alternativă *sf.* alternative, choice, option.

alteță *sf.* Highness.

altfel *adv.* other(wise), (or) else: *oricum* ~ or otherwise. # ~ *de* different; *de* ~ otherwise, moreover.

altist *sm.* alto.

altitudine *sf.* altitude, elevation.

altminteri *adv.* otherwise.

altoi *sn.* graft. # **a** ~ to graft; ~**re** grafting.

altruism *sn.* altruism, selflessness.

altruist I. *sm.* altruist. **II**. *adj.* altruistic, selfless, unselfish.

altul, alta, alții, altele *pron.* another, other(s): *dă-mi alta* give me another (one); *unele dintre ele sunt roşii, altele sunt albastre* some of them are red others are blue. # *şi altele* (*la fel*) and such; *până una alta* meanwhile; for the time being; *unul cu altul* each other, one another; *unul după altul* one after the other.

altundeva *adv.* somewhere else.

aluat *sn.* dough.

aluminiu *sn.* aluminium.

alun *sm.* hazel (tree), *amer.* filbert.

alună *sf.* **1**. hazel, nut. **2**. (*americană*) peanut, groundnut.

aluneca *vi.* **1**. to slide, to slip: *a* ~ *pe gheață* to slide on the ice; *a* ~ *şi a cădea* to slip and fall. **2**. (*d. un vehicul*) to skid. **3**. (*pe apă*) to glide. # *a înainta alunecând* to slither.

alunecare *sf.* **1**. slide, slip, skid; glide. **2**. (*de teren*) (land)slide, landslip, mudsliding.

alunecos *adj.* **1**. lubricous, *amer.* slick. **2**. (*d. drum*) slippery, *amer.* slick, *fam.* slippy. **3**. (*d. cineva*) devious, slithery.

alunga *vt.* **1**. to chase. **2**. (**din**) to oust (from). **3**. (*un gând*) to dismiss.

alungit *adj.* oblong, elongated.

aluniță *sf.* mole, beauty spot, *amer.* beauty mark.

alură *sf.* **1**. (*înfățişare*) look, countenance. **2**. (*ținută a corpului*) bearing. **3**. (*mers*) gait.

aluviune *sf.* alluvium, silt.
aluzie *sf.* allusion, mention, innuendo, insinuation, hint. # *a face ~ la* to allude to, to hint at; *a înțelege aluzia* to get the message.
alviță *sf.* nougat.
amabil *adj.* amiable, courteous, lovable, considerate, obliging, polite, sweet.
amabilitate *sf.* **1**. chivalry. **2**. *pl.* niceties, pleasantries. # *cu ~* cordially, kindly, nicely.
amalgam *sn.* mixture, blend.
amanet *sn.* pawn, *sl.* hock. # **a ~a** to mortgage, to pawn, *sl.* to hock; *casă de ~* pawnshop; *proprietarul unei case de ~* pawnbroker.
amant *sm.* fancyman, lover. # *~ul* (*unei femei căsătorite*) the other man.
amantă *sf.* mistress, fancy woman, lover. # *amanta* (*unui bărbat căsătorit*) the other woman.
amar I. *sn.* (*jale*) heartbreak. **II.** *adj.* **1**. bitter: *dulce-~* bitter-sweet. **2**. (*dureros*) poignant: *amintiri ~e* poignant memories. # **~nic** painful.
amara *vt. nav.* to seize, to moor.
amator *sm.* **1**. (*neprofesionist*) amateur, diletante. **2**. fan, lover: *~ de artă* lover of art. **3**. (*să cumpere*) taker. # *~ de* fond of.
amăgi *vt.* **1**. to delude. **2**. (*ispiti*) to tempt. # **~re** delusion, illusion.
amăgitor *adj.* deceitful, delusive, illusory.
amănunt *sn.* detail, particular. # *cu ~ul ec.* (by) retail; *în ~* minutely; *până în cele mai mici ~e* to the letter.
amănunțit I. *adj.* minute, exhaustive, thorough, in-depth: *studiu ~* in-depth study. **II.** *adv.* (*minuțios*) thoroughly, minutely.
amărăciune *sf.* anguish; gall.
amărât *adj.* **1**. (*deprimat*) downcast, embittered. **2**. (*sărman*) poor.
amărî *vr.* to become sad.
amâna *vt.* **1**. to postpone, to defer, to shelve, to delay, to set back. **2**. (*o vizită etc.*) to put off. **3**. (*temporar*) to reprieve. **4**. (*sine die*) *pol. amer.* to table. **5**. (*o procedură juridică*) to stay. **6**. (*o ședință*) to adjourn.
amânare *sf.* **1**. delay, respite, adjournment. **2**. (*temporară*) reprieve.
amândoi, amândouă *num.* both: *~ sunt vinovați* both of them are guilty.
ambala I. *vt.* **1**. (*împacheta*) to pack, to wrap. **2**. (*o marfă*) to package. **3**. (*în hârtie*) to paper. **II.** *vr.* to get excited. # **~tor** packer; *nu te ~* don't get in a flap.
ambalaj *sn.* **1**. package. **2**. (*hârtie*) wrapper.
ambalare 1. packing. **2**. (*a motorului*) racing.
ambarcație *sf.* boat, craft.
ambasadă *sf.* embassy.
ambasador *sm.* ambassador.
ambiant *adj.* surrounding.
ambianță *sf.* **1**. climate, environment, surroundings. **2**. (*socială*) milieu.

ambiguu *adj.* **1**. ambiguous. **2**. (*d. o opinie*) noncommittal.
ambii, ambele *num.* both: ~ *sunt copii* both (of them) are children.
ambiție *sf.* ambition.
ambiționa *vr.* (**să**) to set/put one's mind (to).
ambițios *adj.* ambitious.
ambreia *vt. auto* to gear. # ~**j** *auto* clutch.
ambulant *adj.* itinerant, travelling. # *negustor* ~ hawker; *vânzător* ~ pedlar.
ambulanță *sf.* ambulance.
ambuscadă *sf.* **1**. ambush. **2**. *mil.* skirmish.
ambuteiaj *sn.* (traffic) jam, *fam.* snarl-up.
ameliora I. *vt.* **1**. to ameliorate, to improve. **2**. (*durerea*) to relieve. **3**. (*solul*) to reclaim. **II**. *vr.* **1**. to ameliorate, to improve. **2**. (*d. sănătate*) *fam.* to mend.
ameliorare *sf.* **1**. improvement, refinement. **2**. (*a solului*) reclamation. **3**. (*temporară*) *med.* remission.
amenaja *vt.* to arrange.
amenajări *sf. pl.* facilities, fixtures, furnishings, amenities.
amenda *vt.* **1**. to fine, *amer.* to ticket. **2**. (*o lege*) to amend.# ~**ment** amendment.
amendă *sf.* **1**. fine, forfeit: *pasibil de* ~ liable to a fine. **2**. (*penalizare*) penalty.
amenința *vt.* to menace, to threaten. # *a* ~ *să se prăbușească* (*d. clădiri*) to be in danger of collapsing.
amenințare *sf.* **1**. menace, threat: *sub* ~ with menaces. **2**. (*pericol*) danger, risk.
amenințător *adj.* **1**. menacing, threatening, ominous. **2**. (*d. privire*) baleful, grim.
american I. *sm.* American, *fam.* Yank(ee). **II**. *adj.* American.
amestec *sn.* **1**. mix(ture), blend, medley, concoction, miscellany. **2**. (*implicare*) interference, involvement. # ~**ătură** medley, jumble, hotchpotch, ragbag; *n-am nici un* ~ I have nothing to do with it.
amesteca I. *vt.* **1**. to compound, to mingle, to mix, to intermingle. **2**. (*un lichid*) to stir. **3**. (*cărțile de joc*) to shuffle. **4**. (*două substanțe*) to shake. **II**. *vr.* **1**. to mingle, to mix, to intermingle. **2**. (**în**) to meddle (in), to interfere (in). **3**. (*în conversație*) to chime in. **4**. (*în ceartă*) to embroil in. **3**. (*d. culori*) to melt. # ~**re** (*a cafelei etc.*) stir.
amestecat *adj.* **1**. (*divers*) miscellaneous, mixed. **2**. (*eterogen*) promiscuous, motley: *un grup de prieteni* ~ a motley group of friends.
ametist *sn.* amethyst.
amețeală *sf.* dizziness, whirl, vertigo.
ameți I. *vt.* **1**. to intoxicate. **2**. (*năuci*) to stun. **II**. *vi.* to become dizzy. # ~**tor** dizzy, giddy, heady, stunning.
amețit *adj.* **1**. dizzy, giddy. **2**. (*năucit*) dazed, groggy, lightheaded.

3. (*cherchelit*) *fam.* squiffy, tipsy. # *cam ~ fam.* mellow, tiddly.

amfiteatru *sn.* (amphi)theatre.

amfitrioană *sf.* hostess.

amfitrion *sm.* host.

amforă *sf.* amphora.

amiabil *adj.* amicable.

amiază *sf.* noon, midday. # *după-~* (in the) afternoon; *la ~* at noon.

amic *sm.* friend, *fam.* pal, chum, mate, *sl.* cully. # **~al** friendly, informal; **~iție** friendship.

amidon *sn.* starch.

amigdală *sf. anat.* tonsil.

amigdalită *sf. med.* tonsillitis.

amin *interj.* amen!.

aminte *adv.* # *luare-~* consideration, notice; *aducere-~* recollection, remembrance, recall, reminder; *a aduce ~* to remind, to remember; *a aduce ~ de* to recall; *a-şi aduce ~ de* to remember, to recollect; *ia ~ la ce-ți spun* mind my words; *a lua ~ la* to take note of; *dacă îmi aduc bine ~* if I remember rightly; *ia ~!* pay attention!

aminti *vt.* **1**. to remind. **2**. (**de**) to recall: *nu-mi amintesc numele lui* I couldn't recall his name. # *a(-şi) ~ de* to remember.

amintire *sf.* **1**. memory, recollection, remembrance, reminder, reminiscence. **2**. (*suvenir*) souvenir, token, keepsake. **3**. *pl.* memories, reminiscences. # *~ vagă* blur.

amiral *sm.* admiral.

amnar *sn.* tinder.

amnezie *sf.* amnesia, blackout.

amnistia *vt.* to amnesty.

amnistie *sf.* amnesty. # *~ generală* general pardon.

amoniac *sn.* ammonia.

amonte *adv.* # *în ~* upstream.

amor *sn.* love, romance. # **~ez** wooer, lady's man; **a se ~eza de** to fall in love with; *~ propriu* self-esteem, self-worth, self respect.

amorf *adj.* amorphous.

amorsă *sf.* fuse.

amortiza *vt.* **1**. (*zgomote, şocuri*) to deaden. **2**. (*un sunet*) to mute. **3**. *ec.* to redeem. # **~re** amortization.

amortizor *sn.* **1**. buffer. **2**. *tehn.* pad. **3**. *auto* damper. **4**. (*de şoc*) *nav.* fender. **5**. (*de sunet*) silencer.

amorți *vi.* **1**. to (go) numb, to deaden, *fam.* to go to sleep. # **~re** numbness; **~t** asleep, dead, numb; *~t de frig* benumbed.

ampermetru *sn.* ammeter.

amplasa *vt.* **1**. to position, to situate, to locate. **2**. (*o casă etc.*) to site, to situate. # **~t** (*d. o casă etc.*) situated; **~ment** location.

amplasare *sf.* **1**. position, location, lie. **2**. (*a unei case etc.*) site. # *de ~* positional.

amplifica **I**. *vt.* to amplify, to enhance, to magnify. **II**. *vr.* to amplify. # **~re** magnification; **~tor** amplifier.

amplitudine *sf.* amplitude.

amploare *sf.* breadth, extent, magnitude. # *a lua ~ fam.* to get up steam.

amplu *adj.* **1**. ample, plenty, wide, generous. **2**. (*d. fustă etc.*)

voluminous, full. **3**. (*d. cunoştinţe*) thorough.

amprentă *sf.* **1**. mark, (im)print, impression. **2**. (*digitală*) fingerprint, *sl.* dab.

amputa *vt.* to amputate.

amuletă *sf.* amulet, charm.

amurg *sn.* dusk, nightfall, twilight, sunset: *în ~* at dusk.

amuţi *vi.* to become/fall silent.

amuza I. *vt.* to amuse, to entertain, to regale, to tickle. **II**. *vr.* to enjoy oneself. # **~ment** amusement, delectation, excitement, pleasure, fun; **~nt** amusing, funny, humourous, hilarious; **~t** amused.

amvon *sn. bis.* pulpit.

an *sm.* **1**. year: *la ~ul* next year; *~ de ~* year by year; *în fiecare ~* year in year out; *~ bisect* leap year; *acum doi ~i* two years ago; *în timpul ~ului* in the course of the year; *în ultimii ~i* in recent years. **2**. (*şcolar*) term-time. # **~uar** yearbook; **~ual** yearly; *pe ~* per annum; *care durează un ~* yearlong; *câţi ~i are?* how old is he?

anacronic *adj.* anachronic(al), out of date.

anafură *sf. bis.* wafer.

anale *sf. pl.* annals.

analfabet *adj.* unlettered, illiterate.

analgezic *sn.* analgesic.

analist *sm. inf.* analyst, liveware.

analitic *adj.* analytic(al).

analiza *vt.* **1**. to analyse, to study, to survey, to examine, to sift. **2**. (*o propoziţie*) to parse.

analiză *sf.* **1**. analysis. **2**. (*investigaţie*) survey. **3**. *med.* test.

analog *adj.* analogue, parallel, like. # **~ie** analogy, similarity.

ananas *sm. bot.* pineapple.

ananghie *sf.* predicament, quagmire, *fam.* mess, fix.

anapoda *adv.* upside-down, topsy-turvy.

anarhie *sf.* anarchy.

anason *sm. bot.* anise.

anatemă *sf.* anathema.

anatomic *adj.* anatomical.

anatomie *sf.* anatomy.

ancheta *vt.* **1**. to investigate. **2**. (*un caz*) to probe. # **~re** examination, investigation; **~tor** investigator, inquirer.

anchetă *sf.* **1**. investigation, inquiry. **2**. (*în presă*) probe. **3**. (*şi jur.*) inquest. # *a face o ~ despre* to inquire into; *comisie de ~* select committee.

anchiloza *vr.* to gett stiff. # **~t** stiff.

ancora *vt.* to anchor. # **~t** at anchor.

ancoră *sf.* anchor: *a arunca/ridica ancora* to drop/weigh anchor.

andivă *sf.* endive.

andosa *vt. ec.* to endorse, to back, to indorse. # **~nt** endorser; **~re** endorsement.

andrea *sf.* needle, hook.

anecdotă *sf.* anecdote, joke.

anemic *adj.* anaemic.

anemie *sf.* anaemia.

anemonă *sf.* anemone, windflower.

anestezia *vt.* to anaesthetize. # *a ~ pe cineva* (*înainte de operaţie*) *fam.* to put smb. to sleep.

anestezie *sf.* anaesthesia.

anestezist *sm.* anaesthetist.
anevoie *adv.* hardly, barely.
anevoios *adj.* heavy, onerous, stiff, strenuous, difficult, hard.
anexa *vt.* **1**. to annex. **2**. (*la o scrisoare*) to enclose.
anexă *sf.* **1**. annex(e), addition. **2**. (*la o scrisoare*) enclosure. **3**. (*la o lucrare*) appendix, addenda.
angaja I. *vt.* **1**. to employ, to engage, to hire. **2**. (*un avocat*) to retain. **II**. *vr.* (**să**) **1**. to commit (to), to promise (to), to undertake. **2**. (*să facă ceva*) to pledge. # **~t** employee.
angajament *sn.* **1**. pledge, engagement, commitment. **2**. *jur.* recognizance. # ~ *de plată* bond.
angajare *sf.* **1**. (*în slujbă*) employment. **2**. (*a unui actor*) booking.
angelic *adj.* angelic.
anghinare *sf. bot.* artichoke.
angora *sf.* angora.
angrena *vt.* **1**. (*într-o acțiune*) to engage. **2**. *tehn.* to mesh.
angrenaj *sn.* **1**. work, gear. **2**. *fig.* wheel.
angro *adv.* wholesale. # **~sist** wholesaler.
anihila *vt.* **1**. to annihilate, to hinder, to nullify, to neutralize. **2**. (*o bandă*) (*d. poliție*) to smash.
anima I. *vt.* to liven, to quicken, to elevate, to spark. **II**. *vr.* to come alive, to enliven. # **~tor** (*persoană*) cheerleader.
animal *sn.* **1**. animal, beast, creature: ~ *sălbatic* wild beast. **2**. *pl.* (*domestice*) livestock. **3**. (*cu coada scurtă*) bobtail. **4**. (*ierbivor*) herbivore. **5**. (*de pradă*) predator. **6**. (*de povară*) pack animal. **7**. (*de rasă*) thoroughbred. **8**. (*dăunător*) vermin. # **~ic** animal, brutish; ~ *de apartament* (*câine, papagal etc.*) pet; ~ *rătăcit/pierdut* stray.
animat *adj.* **1**. lively, pulsating, raging. **2**. (*d. o discuție*) warm. # *desene ~e* (animated) cartoons.
animozitate *sf.* animosity.
anin *sm.* alder.
anina *vt.* to hang.
aniversa *vt.* to celebrate. # **~re** anniversary.
anod *sm.* anode.
anodin *adj.* anodyne.
anomalie *sf.* anomaly.
anonim *adj.* anonymous, nameless. # **~at** anonymity, obscurity; **~ă** anonymous letter.
anorganic *adj.* inorganic.
anormal *adj.* abnormal, anomalous, unnatural, aberrant, freakish.
anost *adj.* **1**. tedious, humdrum, mundane, *fam.* stodgy: *viață ~ă* humdrum/mundane life. **2**. (*d. cineva*) *fam.* square. # *persoană ~ă* *amer. fam.* straight arrow.
anotimp *sn.* season.
ansamblu *sn.* **1**. (*şi muz.*) ensemble. **2**. (*agregat*) unit. **3**. *muz.* group. # *de ~* general, overall.
anşoa *sn.* anchovy.
antagonic *adj.* antagonistic.
antagonist *adj.* antagonistic, adverse.

antebelic *adj.* pre-war.
antebraț *sn. anat.* forearm.
antenă *sf.* **1**. *zool.* antenna, feeler. **2**. *(de radio etc.)* aerial, antenna, tower: *~ de televiziune* television tower. **3**. (*parabolică*) *fam.* dish.
antepenultim *adj.* (the) second last, (the) last but three.
anterior I. *adj.* anterior, previous, prior, former. **II**. *adv.* fomerly, previously.
anteriu *sn. bis.* frock, surplice.
antet *sn.* letterhead, heading.
antialcoolic I. *sm.* teetotaller. **II**. *adj.* teetotal.
antialcoolism *sn.* temperance.
antibiotic *sn.* antibiotic.
antic *adj.* ancient, antique. # *obiect de artă ~* antique.
anticameră *sf.* waiting room.
anticar *sm.* second-hand bookseller. # **~iat** second-hand bookshop.
antichitate *sf.* **1**. antiquity. **2**. *pl.* antiques.
anticipa *vt.* to anticipate. # **~t** beforehand; **~tiv** prescient.
anticoncepțional *sn., adj.* contraceptive.
anticorp *sm.* antibody.
antidot *sn.* antidote.
antifascist *sm., adj.* antifascist.
antigel *sn.* antifreeze.
antiglonț *adj.* bullet-proof.
antilopă *sf.* **1**. *zool.* antelope, doe. **2**. (*piele de*) suede.
antipatic *adj.* **1**. repellent, confounded, hateful, horrid, uncongenial. **2**. (*d. cineva*) disagreeable, obnoxious. # *individ/tip ~ sl.* bleeder, blighter, *amer.* fink; *un ~ sl.* ratbag.
antipatie *sf.* antipathy, dislike, aversion, grudge.
antiseptic *sn., adj.* antiseptic.
antișoc *adj.* shock proof.
antiteză *sf.* antithesis.
antologie *sf.* anthology, reader, omnibus.
antonim *sn.* antonym.
antract *sn.* interlude, intermission, interval.
antrax *sn.* anthrax.
antren *sn.* zest, gusto, liveliness.
antrena I. *vt.* **1**. (*implica*) to involve, to engage, to draw. **2**. *sport* to coach, to train: *a ~ o echipă* to train a team. **3**. (*soldați*) to drill. **4**. (*un animal*) to exercise. **II**. *vr.* (**pentru**) to train (for). # **~ment** training, exercise, practice; **~re** training.
antrenant *adj.* lively, stimulating.
antrenor *sm. sport* coach, trainer.
antrepozit *sn.* warehouse: *~ vamal* bonded warehouse.
antreprenor *sm.* contractor. # *~ de pompe funebre* undertaker, *amer.* mortician.
antreu *sn.* vestibule, hall, *amer.* hallway.
antricot *sn.* chop, rib.
antropolog *sm.* anthropologist. # **~ie** anthropology.
anturaj *sn.* company, entourage, society.
anual *adj.* annual, yearly.
anuar *sn.* yearbook.

anuitate *sf.* annuity.

anula *vt.* **1**. to annul, to cancel, to nullify. **2**. (*un contract, alegeri*) to invalidate. **3**. (*revoca*) to repeal, to lift. **4**. *jur*. to quash, to defeat, to void. **5**. (*anihila*) to hinder. **6**. *inf*. (*ultima comandă*) to undo. # **~re** annulment, cancellation, recall, dissolution; *~re a unei datorii fam*. write-off.

anume *adv.* **1**. such. **2**. (*intenționat*) on purpose. # *și ~* viz, namely.

anumit *adj*. particular, certain, specific: *un ~ grup de vârstă* a specific age group.

anunț *sn.* **1**. announcement, report, notice, bill. **2**. (*în ziar*) notice, (want/classified) advertisement. **3**. (*publicitar*) ad(vertisement). # *a da un ~* to advertise; *~uri la mica publicitate amer*. want ads.

anunța *vt.* **1**. to announce, to declare, to herald. **2**. (*un mușafir*) to usher.

anus *sn.* anus.

anvelopă *sf.* **1**. casing. **2**. *auto* tyre, *amer*. tire: *anvelope uzate* bald/ worn tyres.

anvergură *sf.* **1**. width, scope, spread. **2**. (*la aripi*) wingspan. **3**. *tehn*. (*și fig*.) span.

anxietate *sf.* anxiety, inquietude.

aoleu *interj*. ouch!

aortă *sf.* aorta.

aparat *sn.* **1**. appliance, instrument, machine(ry). **2**. apparatus, set, device: *un ~* a piece of apparatus; **3**. (*electric*) appliance. **4**. (*de măsură*) meter, gauge, *amer*. gage. **5**. (*de emisie-recepție*) walkie-talkie. **6**. (*dentar*) bite plate/brace, *amer*. braces. # **~ură** equipment, gear; *~e de uz casnic* time-saving devices, white goods.

aparent *adj*. apparent, seeming, on the outside.

aparență *sf.* **1**. appearance, semblance. **2**. (*mască*) veil, veneer. **3**. *fig*. (*spoială*) varnish. # *în ~* apparently, seemingly, outwardly, on the surface.

apariție *sf.* **1**. apparition, publication. **2**. (*ivire*) appearance, emergence. **3**. (*a unei stafii*) visitation. # *a-și face apariția* to show one's face, to show/turn up.

apartament *sn.* **1**. flat, *amer*. apartment, *fam*. pad, *sl*. gaff. **2**. *amer*. (*în bloc*) condo(minium). **3**. (*la hotel*) suite. **4**. (*de închiriat*) lodgings. # *~ pe două niveluri, ~ pentru două familii* duplex; *~ luxos la ultimul etaj* penthouse; *de ~* indoor.

aparte I. *adj*. (*deosebit*) special, peculiar, particular, original, unusual, offbeat. **II**. *adv*. separately.

aparteu *sn.* stage whisper.

aparține *vi.* **1**. (*cuiva*) to belong (to). **2**. (**de**) to belong (to), to partain (to), to go (in).

apatic *adj*. apathetic, listless.

apatie *sf.* **1**. apathy, lassitude. **2**. indifference.

apatrid *adj*. stateless.

apă *sf.* **1**. water: *pe* ~ by water. **2**. (*curgătoare*) stream. **3**. (*de băut*) drinking water. **4**. (*menajeră*) sewage. **5**. (*minerală*) mineral water. **6**. (*de gură*) rinse. # *cu ape* shot; *firicel de* ~ trickle; *cădere de* ~ waterfall; *purtat/dus de* ~ waterborne; *creştere a nivelului apelor* spate; *a nu fi în apele sale* to feel dicky; *a da* ~ *la* to water; *dă-mi puţină* ~ give me a drink; *a-i lăsa gura* ~ to drool, to water; *a băga în* ~ to immerse; *a pierde* ~ (*d. o ţeavă*) to leak.

apăra I. *vt.* **1**. (*proteja*) to protect, to shield, to safeguard. **2**. (**de, împotriva**) (*şi jur.*) to defend (against, from). **3**. (**de**) to guard (against). **4**. (*un drept, un principiu*) to uphold. **5**. (*un gol*) *sport* to save. **6**. *jur*. (*o cauză*) to plead. **7**. (*susţine*) to advocate. **II**. *vr.* to defend oneself. # ~**t** (*ferit*) secure.

apărare *sf.* (*şi jur.*) defence, *amer.* defense: *legitimă* ~ self-defence; ~ *şi acuzare* defence and prosecution. # *lipsit de* ~ defenceless; *de* ~ defensive.

apărătoare *sf. auto* (*de noroi*) mud guard, *amer.* fender.

apărător *sm.* defender, protector, advocate.

apărea *vi.* **1**. to appear, to materialize. **2**. (*d. cărţi*) to be published. **3**. (*ivi*) to turn up, to loom, to emerge, to spring, *amer. fam.* to show.

apăsa I. *vt.* **1**. to press, to squeeze. **2**. (*un buton etc.*) to (de)press, to push. **3**. (*pe trăgaci*) to pull. **4**. (*accentua*) to emphasize. **5**. (*oprima*) to oppress. **II**. *vi.* **1**. to emphasize. **2**. (*d. ceva neplăcut*) to rankle. # ~**t** firmly, imperatively.

apăsare *sf.* **1**. pressure, squeeze. **2**. *fig.* pressure, weight. **3**. (*presiune*) strain, stress. **4**. (*pe un buton*) press, push.

apăsător *adj.* **1**. (*d. mâhnire*) pressing. **2**. (*d. vreme*) oppressive. **3**. (*împovărător*) onerous, swingeing. **4**. (*d. atmosferă*) strained: *atmosferă apăsătoare la şedinţă* strained atmosphere at the meeting.

apeduct *sn.* aqueduct.

apel *sn.* **1**. appeal: *a face* ~ (*la*) to appeal (to). **2**. (*prezenţă*) roll call. **3**. (*telefonic*) (telephone) call. **4**. (*rugăminte*) plea.

apela *vi.* **1**. (**la**) to turn (to), to resort (to), to ask for: *am* ~*t la el pentru un sfat* I asked him for his advice. **2**. (**la**) (*un dicţionar etc.*) to refer (to). # ~**re** reference, resort.

apelativ *sn.* appelative.

apendice *sn. med.* (*şi fig.*) appendix.

apendicită *sf.* appendicitis.

aperitiv *sn.* **1**. appetizer, starter. **2**. (*băutură*) aperitif. **3**. *pl.* hors d'oeuvre.

apetisant *adj.* appetizing, plump.

apetit *sn.* appetite.

apicultor *sm.* beekeeper.

apicultură *sf.* beekeeping.

aplana *vt.* **1**. (*o ceartă*) to settle, to arrange. **2**. (*o neînțelegere*) to compose, to mend. **3**. (*un conflict*) to clear the air. # ~**re** arrangement.

aplatiza *vt.*, *vi.* to flatten.

aplauda *vt., vi.* to applaud, to acclaim, to clap, to cheer. # ~**re** clap; *aplaudă-l* give him a clap.

aplauze *sf. pl.* applause, ovation, clapping: ~ *în picioare* standing ovation.

apleca I. *vt.* **1**. to tilt, to bend, to stoop. **2**. (*capul*) to duck. **II**. *vr.* **1**. to duck, to tilt, to stoop, to bend. **2**. (*în afară*) to lean out. # ~**t** slanting.

aplecare *sf.* **1**. tilt, slant, stoop. **2**. (**spre**) *fig.* proclivity (to).

aplica I. *vt.* **1**. to apply. **2**. (*o pedeapsă*) to inflict, to mete out. **II**. *vr.* to apply. # ~**bil** practicable; ~**ție** talent, aptitude.

aplicare *sf.* application, practice, operation: *a pune în* ~ to put into operation.

aplică *sf.* sconce.

aplomb *sn.* poise, self-confidence, *fam.* spunk.

apocalips *sn.* apocalypse.

apogeu *sn.* **1**. apogee, crest, top, peak, pitch. **2**. (*și fig.*) height, acme, apex, heyday. **3**. *fig.* zenith.

apoi *adv.* then, next, afterwards, with that.

apologet *sm.* apologist. # ~**ic** eulogistic.

apologie *sf.* apology.

apometru *sn.* watermeter.

apoplexie *sf.* apoplexy.

aport *sn.* contribution, tribute.

apos *adj.* watery, thin, aqueous, washy.

apostol *sm.* apostle.

apostrof *sn.* apostrophe.

apostrofa *vt.* to reprimand, to reprove. # ~**re** reprimand.

apoteoză *sf.* apotheosis.

aprecia *vt.* **1**. (*pe cineva*) to appreciate, to prize. **2**. (*evalua*) to evaluate, to treasure, to measure, to value. **3**. (*socoti*) to consider. #~**bil** considerable, sensible, sizeable; ~**t** appreciated; *a ~ greșit* to miscalculate; *mult ~t* highly prized.

apreciere *sf.* **1**. (*prețuire*) appreciation, acclaim, tribute. **2**. evaluation, estimation, valuation.

apret *sn.* starch, size. # **a** ~**a** to starch, to size, to stiffen.

aprig *adj.* **1**. mordant, fiery, stern. **2**. stand-up: *ceartă ~ă* stand-up argument.

aprilie *sm.* April. # *păcălit de întâi* ~ an April Fool.

aprinde I. *vt.* **1**. (*o țigară etc.*) to light. **2**. (*lumina*) to switch on. **3**. (*un foc*) to kindle, to light. **4**. (*un chibrit*) to strike. **5**. (*imaginația*) to fire. **II**. *vr.* **1**. (*d. foc*) to catch/take fire. **2**. (*la față etc.*) to flame, to blush. **3**. (*enerva*) to grow angry. # ~**re** *tehn.* ignition.

aprins *adj.* **1**. *fig.* animated, heated, mettlesome. **2**. (*furios*) hot. **3**. (*d. culori*) bright, rich, vivid. **4**. (*d.

faţă) red. **5**. (*entuziast*) ardent, fiery, passionate.

aproape *adv.* **1**. close, near (by): *casă ~ de gară* house near the station. **2**. (*cam*) approximately, well-nigh, about, almost, hardly, practically, virtually: *~ nimeni* hardly anyone; *~ nimic* hardly anything, almost nothing; *e ~ gata* it is almost/ virtually ready. # *pe ~* around; *~ de* next/near/ close to; *de ~* narrowly: *l-a privit de ~* she looked at him narrowly.

aproba *vt.* **1**. to approve of, to sanction, to consent to, *fam.* to okay. **2**. (*dând din cap*) to nod. # *a* (*nu*) *~ ceva fam.* to thumb smth. up/down.

aprobare *sf.* **1**. (*consimţământ*) approval, blessing, sanction, *fam.* okay. **2**. (*oficială*) permission. **3**. (*din cap*) nod. # *~ de publicare* imprimatur.

aprod *sm. jur.* usher, *amer.* bailiff.

aprofunda *vt.* to look into (*a problem, matter*).

aprofundat *adj.* **1**. (*temeinic*) thoroughgoing. **2**. (*d. un studiu*) elaborate, profound.

apropia *vr.* **1**. to approach, to draw near, to near. **2**. **(de)** (*şi fig.*) to verge (on), to gain (on). **3**. **(de)** *fig.* to approximate (to). # *a se ~ de* (*spaţial*) to go up to; *care se apropie* on-coming, upcoming.

apropiat *adj.* **1**. close (to), near(by), neighbouring, contiguous, proximate, early, immediate: *oraş ~* nearby town; *viitorul ~* the immediate future; *la o dată ~ă* at an early date. **2**. (*şi fig.*) close, near. # *prieten ~* close/bosom friend.

apropiere *sf.* approach, vicinity, neighbourhood, nearness, proximity: *în imediata ~* in the immediate vicinity, in close proximity. # *prin ~* nearby, by, close at hand; *în ~* convenient, near by: *în ~ de multe şcoli* convenient for several schools.

apropo **I**. *sn.* innuendo. **II**. *adv.* incidentally, by the by/way.

apropria *vt.* to appropriate, to take hold of.

aproviziona *vt.* to supply, to stock, to store, to furnish, to provide, to provision, to purvey. # **~re** supply, provision, purveyance.

aproxima *vt.* to approximate. # *cu ~ţie* approximately.

aproximativ **I**. *adj.* **1**. approximate, relative, proximate. **2**. (*d. un calcul*) rough. **II**. *adv.* approximately, (round) about, near, almost, or so.

apt *adj.* apt, able, capable, qualified.

aptitudine *sf.* aptitude, vocation, talent, ability, bent, capability, faculty, knack.

apuca **I**. *vt.* **1**. to seize, to grasp, to take, to grip: *a ~t sfoara* he took the rope; *m-a ~t de mână* he grasped/gripped my hand. **2**. **(spre)** to wend: *o apucă spre casă* he wended his way home. **II**. *vr.*

1. (**de**) (*prinde*) to catch (at). **2**. (**de**) to take (to): *a se ~ de băutură* to take to drinking. **3**. (**de**) (*treabă*) to embark (on). # **~t** (*smintit*) possessed, nutty.

apucare *sf.* catch, grasp, grip, hold.

apucătură *sf.* (bad) habit, *fam.* fad.

apune *vi.* to set (down).

apus *sn.* **1**. west **2**. (*de soare*) sundown, set(ting). **3**. (*asfințit*) twilight, dusk. **4**. (*amurg*) sunset. # **~ean** western, west(erly).

ar *sm.* are.

ara *vt.* to plough, *amer.* to plow.

arab I. *sm.* Arab. **II**. *adj.* **1**. (*d. cineva*) Arab. **2**. (*d. ceva*) Arabian. # *limba ~ă* Arabic.

arabil *adj.* arable, under the plough.

arac *sm.* cane, stake, prop.

aragaz *sn.* cooker, gas stove, *amer.* range, stove.

arahidă *sf.* peanut.

aramă *sf.* copper.

aranja I. *vt.* **1**. to arrange, to tidy, to order, to dispose. **2**. (*regla, potrivi*) to readjust, to tweak. **3**. (*conveni*) to contrive, to fix, to settle. **4**. (*părul*) to set. **II**. *vr.* (*dichisi*) to trim up, *fam.* to titivate. # **~t** neat, tidy.

aranjament *sn.* **1**. arrangement. **2**. (*înțelegere*) agreement. **3**. (*necurat*) *fam.* set-up.

aranjare *sf.* **1**. disposition, ordering, arrangement. **2**. (*a părului*) set.

arar *adv.* rarely, seldom.

arămar *sm.* coppersmith.

arăta I. *vt.* **1**. to show, to indicate, to denote: *arată-mi-l* show it to me. **2**. (*d. un instrument de măsură*) to read. **3**. (*d. un termometru*) to record, to register. **4**. (*vârsta*) to look. **5**. (*vădi*) to exhibit. **II**. *vi.* **1**. to look: *a ~ bine/rău* to look well/ill. **2**. (*cu degetul*) (**spre**) to point (at). **III**. *vr.* **1**. (*la față*) to reveal oneself, to turn up. **2**. (*d. un spirit*) to manifest.

arătare *sf.* apparition, spirit, ghost, *fam.* sight.

arătător *sn.* (*deget*) forefinger.

arătos *adj.* presentable, personable, handsome, easy on the eye, nice-looking.

arătură *sf.* ploughland.

arbitra *vt., vi.* to ump(ire), to referee. # **~j** *ec.* arbitration.

arbitrar *adj.* **1**. arbitrary. **2**. (*la întâmplare*) random.

arbitru *sm.* ump(ire), referee, judge. # *liber ~* free will; *~ de tușe* linesman.

arbora *vt.* **1**. (*un drapel*) to hoist. **2**. (*un zâmbet*) to put on.

arbore *sm.* **1**. tree. **2**. (*genealogic*) genealogy, pedigree. **3**. *tehn.* spindle. **4**. (*catarg*) mast.

arbust *sm.* shrub.

arc *sn.* **1**. (*resort*) spring. **2**. (*de cerc*) arc. **3**. (*cu săgeți*) bow. # **~aș** archer, bowman; *tragere cu ~ul* archery.

arcadă *sf.* arch, dome.

arctic *adj.* arctic.

arcui I. *vt.* to arch. **II**. *vr.* to arch, to bow. # **~re** curvature; **~t** vaulted.

arcuș *sn.* bow, *fam.* fiddle stick.

arde I. *vt.* 1. to burn, to scorch, to parch. 2. (*o siguranţă*) to fuse. II. *vi.* 1. to blaze. 2. (**de**) *fig.* to burn (with). 3. (*mocnit*) to smoulder. 4. (*d. soare*) to parch. 5. (*d. un bec*) to light. III. *vr.* 1. to burn, to scorch. 2. (*d. siguranţă*) to blow, to fuse. # ~**re** combustion, burning.

ardei *sm.* 1. (*gras*) capsicum, (sweet/green) pepper. 2. (*capia*) pimento. 3. (*gras roşu*) red pepper, paprika.

ardezie *sf.* slate.

ardoare *sf.* ardour, passion, zeal, heat, *fam.* pep. # *cu* ~ hotly.

arenă *sf.* 1. arena, circus. 2. (*de circ*) ring.

arenda *vt.* to rent, to lease. # ~**ş** lease-holder; *pământ* ~*t* leasehold.

arendare *sf.* 1. tenancy. 2. (*contract de*) lease.

arendă *sf.* lease: *în* ~ on lease.

arest *sn.* custody, cofinement, imprisonment. # *în* ~ under arrest.

aresta *vt.* to arrest, *fam.* to collar, to nick, to pick up, *sl.* to bust. # ~**t** prisoner; ~**re** arrest, *sl.* bust.

argăsi *vt.* to tan. # ~**tor** tanner.

argilă *sf.* clay.

argint *sn.* silver: *obiecte de* ~ silver. # ~**iu** silver(y); ~**ărie** silver(ware); *de/din* ~ silver; ~ *viu* quicksilver; (*d. cineva*) *fam.* live wire; *placat cu* ~ silver-plated.

arginta *vt.* to silver. # ~**r** silversmith; ~**t** silver-plated.

argou *sn.* argot, slang.

argument *sn.* 1. argument, reason. 2. (*probă*) proof. # ~ *contra* con.

arhaic *adj.* archaic.

arhanghel *sm.* archangel.

arheolog *sm.* archaeologist. # ~**ie** archaeology.

arhiepiscop *sm.* archbishop, primate.

arhiereu *sm.* bishop.

arhipelag *sn.* archipelago.

arhiplin *adj.* chock-full, packed, chocked.

arhitect *sm.* architect. # ~**ură** architecture.

arhivar *sm.* archivist.

arhivă *sf.* 1. archives. 2. *pl.* records.

arici *sm.* 1. hedgehog, porcupine. 2. (*de mare*) (sea) urchin.

arid *adj.* arid, barren.

arie *sf.* 1. area: *aria unui triunghi* the area of a triangle. 2. (*suprafaţă*) surface. 3. (*muzică*) aria; melody, tune.

arierate *sn. pl. ec.* arrears.

ariergardă *sf.* rearguard.

arin *sm.* alder.

aripă *sf.* 1. wing, limb. 2. *tehn.* fin. 3. *auto* fender. 4. (*la peşte*) flapper. 5. (*de moară*) sail. # *a da cuiva aripi* to uplift smb.

aripioară *sf.* (*la peşte*) fin.

aristocrat *sm.* aristocrat, noble (man).

aristocraţie *sf.* aristocracy, nobility, gentry.

aritmetic *adj.* arithmetical. # ~**ă** arithmetic.

arivist *sm.* self-seeker.

arlechin *sm.* harlequin.

arma *vt.* (*o armă*) to cock. # ~**t** armed.

armament *sn.* armaments, ammunition, weaponry, arms. # *de ~* munition.

armată *sf.* army.

armator *sm.* shipowner.

armă *sf.* **1**. (*şi fig.*) arm, weapon: *~ de foc* fire arm. **2**. *pl.* weaponry. # *~ albă* cold steel, side arm.

armăsar *sm.* **1**. stud. **2**. (*de prăsilă*) stallion.

armean *sm., adj.* Armenian. # *limba ~ă* Armenian.

armistiţiu *sn.* armistice, truce.

armonie *sf.* **1**. (*potrivire*) harmony, symmetry. **2**. (*bună înţelegere*) concord, tune.

armonios *adj.* harmonious, melodious, musical.

armoniza **I**. *vt.* **1**. to harmonize. **2**. (**cu**) to key (to). **II**. *vr.* to harmonize, to blend.

armură *sf.* armour.

armurier *sm.* armourer, gunsmith, arms manufacturer.

aroga *vt.* (*un drept*) to arrogate, to claim.

arogant **I**. *sm. fam.* high hat, stuffed shirt. **II**. *adj.* arrogant, haughty, supercilious, self-important, up-pity, snooty, self-satisfied, over-bearing, *fam.* brash, toffee-nosed, standoffish, stuck-up. # *un ~* a clever dick, *fam.* a smart alec.

aroganţă *sf.* arrogance. # *a trata cu ~* to patronize.

aromat *adj.* **1**. aromatic, fragrant. **2**. (*d. vin*) mellow.

aromă *sf.* **1**. aroma, perfume, fragrance. **2**. (*gust*) flavour. **3**. (*substanţă*) flavouring.

ars *adj.* **1**. burnt. **2**. (*de soare*) sunburned.

arsenic *sn.* arsenic.

arsură *sf.* **1**. scald, scorch: *urmă de ~* scorch mark. **2**. (*rană*) burn.

arşiţă *sf.* dog-days, heat.

artă *sf.* **1**. art: *arte frumoase* fine arts; *arte plastice* plastic arts; *operă de ~* work of art. **2**. (*măiestrie*) craftsmanship. **3**. (*îndemânare*) skill. # *de ~* art, artistic; *obiect de ~* curio; *de amorul artei* for love; *protector al artelor* patron.

arteră *sf.* **1**. (*şi fig.*) artery. **2**. (*de circulaţie*) thoroughfare.

articol *sn.* **1**. (*obiect*) article. **2**. (*rubrică*) item. **3**. (*în ziar*) piece. **4**. (*de lege*) clause, article. **5**. *pl.* (*mărfuri*) wares. # *~ critic* critique; *~ul hotărât gram.* the definite article; *~ de fond* (*în ziar*) leading article; *~e* (*de îmbrăcăminte*) *pentru bărbaţi* menswear.

articulaţie *sf.* **1**. articulation. **2**. *anat.* joint.

artificial *adj.* **1**. artificial, factitious. **2**. synthetic, *fam.* plastic, fake: *blană ~ă* fake fur.

artificier *sm.* pyrotechnist.

artificiu *sf.* **1**. artifice. **2**. (*luminos*) sparkler, rocket. **3**. *pl.* fireworks, crackers. # *a lansa un artificiu* to rocket.

artilerie *sf.* artillery, ordnance: *foc de ~* cannonade.

artilerist *sm.* gunner, bombardier.

artist *sm.* **1.** actor. **2.** (*cântăreț, dansator, actor*) artiste. **3.** (*plastic*) artist. # **~ic** artistic.
artistă *sf.* **1.** actress. **2.** (*de varieteu*) showgirl.
artizan *sm.* craftsman. # **~at** handicraft; *industrie de ~at* home industry.
artrită *sf. med.* arthritis.
arțag *sn.* querulousness.
arțar *sm.* maple.
arțăgos *adj.* irritable, prickly, testy, truculent, querulous, petulant, ill-tempered, *fam.* snappy.
arunca I. *vt.* **1.** (*și fig.*) to fling, to pitch. **2.** to cast, to throw, to sling, to hurl, *fam.* to heave: *a ~ o privire* to cast a glance. **3.** (*vina etc.*) (**asupra**) to pin (on). **4.** (*în aer*) to blast, to blow up, to explode. **5.** (*la gunoi*) to reject. **6.** (*un lucru vechi*) to jettison. **7.** (*împrăștia lucruri*) to litter. **8.** (*sport*) to toss: *a ~ mingea* to toss the ball. **II.** *vr.* (*în apă*) to plunge. # *a ~ zarurile* to roll/cast the dice; *a ~ (lest) peste bord* to jettison; *a ~ cu (pietre în apă)* to skip; *a ~ cu pietre* to stone; *a ~ (pe cineva) în apă* to souse.
aruncare *sf.* **1.** fling, throw, cast, *fam.* shy. **2.** (*în aer*) toss: *~ cu banul* the toss of a coin. **3.** *sport* throw(ing): *~a discului* the discus throw(ing). # *~a greutății* (*sport*) shot put.
aruncător *sm. sport* thrower.
aruncătură *sf.* fling, throw: *la o ~ de băț* at a stone's throw.
arvună *sf.* earnest (money), advance.
arzător I. *sn.* (*de aragaz etc.*) burner, ring. **II.** *adj.* **1.** ardent, burning, consuming, flaming, glowing. **2.** (*d. o dorință*) fervent. **3.** (*d. o problemă*) live. # *problemă arzătoare* topical problem.
as *sm.* **1.** ace: *~ de cupă* the ace of hearts. **2.** *fig.* ace, *fam.* whizz: *un ~ în mânecă* an ace in the hole; *e un ~ la scrabble* he is a whizz at scrabble.
asalt *sn.* assault, onrush, onset, push. # *a lua cu ~ mil.* to storm, to assault.
asalta *vt.* **1.** to assault, to assail. **2.** (*cu întrebări etc.*) to besiege. **3.** (*pe cineva*) *fig.* to mob: *vedeta fu ~tă de fani* the star was mobbed by her fans. **4.** (**cu**) to inundate (with), to swamp (with).
asambla *vt.* to assemble, to put together. # **~re** assembly.
asana *vt.* to reclaim. # **~re** reclamation.
asasin *sm.* killer, assassin, cutthroat, murderer. # **a ~a** to murder; **~at** murder, killing.
ascendent *adj.* upward.
ascendență *sf.* pedigree, birth, origin, ancestry.
ascensiune *sf.* **1.** ascension. **2.** (*și fig.*) climb, ascent. # *în ~* in progress.
ascensor *sn.* lift, *amer.* elevator.

ascet *sm.* ascetic: *de ~* ascetic.

asculta I. *vt.* **1**. to hear: *ascultă-mă până la capăt* hear me out. **2**. *şcol.* to examine. **II**. *vi.* **1**. to listen (to): *a ~ radioul* to listen to the radio; *a ~ o piesă la radio* to listen to a play on the radio. **2**. (*se supune*) to listen: *nu ascultă de sfaturile mele* she never listens to my advice; *a refuzat să ne asculte* he wouldn't listen to us. # *a nu ~* to disobey.

ascultare *sf.* listening. # *a da ~* (*cuiva*) to obey; *a nu da ~* to defy, to disobey.

ascultă *interj.* look (here)!, see here!

ascultător *sm.* **I**. (*la radio*) listener. **II**. *adj.* docile, obedient, biddable, submissive, amenable, compliant.

ascunde I. *vt.* **1**. to conceal, to hide. **2**. *fig.* to obscure, to conceal, to withhold. **3**. (*camufla*) to disguise, to mask, to cover, to screen. **4**. (*intenţii etc.*) to cloak, to disemble. **5**. (*sentimente etc.*) to veil, to dissimulate. **6**. (*adevărul*) to smother. **7**. (*droguri etc.*) to plant. **II**. *vr.* to hide.

ascuns *adj.* **1**. concealed, hidden, covert, out of sight: *stai ~* keep out of sight. **2**. (*secret*) secret, surreptitious, stealthy, sneaking, ulterior. **3**. (*d. cineva*) sly, insidious: *în ~* on the sly. # *v-aţi ~elea* hide-and-seek; *pe ~* secretly, furtively, on the quiet, by stealth; *a sta ~* to lie low, to lurk.

ascunzătoare *sf.* hiding place, lair, hideaway, *amer.* hide-out.

ascunziş *sn.* **1**. concealments, hide, lair. **2**. secret.

ascuţi I. *vt.* **1**. to sharpen, to hone. **2**. (*un cuţit*) to whet, to edge, to grind. **3**. (*un creion*) to point. **II**. *vr.* **1**. to sharpen. **2**. (*spre vârf*) to taper.

ascuţime *sf.* **1**. sharpness. **2**. (*a minţii*) acumen.

ascuţiş *sn.* (*tăiş*) edge.

ascuţit *adj.* **1**. sharp, keen, pointed, *fam.* pointy. **2**. (*d. minte*) astute, ready, keen. **3**. (*d. unghi*) acute. **4**. (*d. durere*) poignant, mordant, violent, acute. **5**. (*d. sunet*) penetrating, shrill, piercing. **6**. (*d. voce*) piping. # **~oare** (pencil) sharpener.

aseară *adv.* last night.

asedia *vt.* to besiege. # **~t** under siege; **~tor** besieger.

asediu *sn.* siege: *sub stare de ~* under siege. # *stare de ~* state of siege, curfew.

asemăna I. *vt.* (**cu**) to liken (to). **II**. *vr.* to resemble. # **~re** likeness, analogy, (re)semblance, similarity, similitude. # *fără ~re* incomparable.

asemănător *adj.* similar, concurrent, parallel, like: *cu păreri asemănătoare* of like mind.

asemenea *adj.* similar, alike, such. # *de ~* also, too, likewise, as well; ~! (*după o urare*) the same to you!

asemui I. *vt.* (*confunda*) to mistake. **II**. *vr.* to resemble.

asentiment *sn.* agreement, consent. # *a fi în ~ul cuiva* to meet smb.'s appoval.

aseptic *adj.* sterile.

aservi *vt.* to subdue. # **~t** subservient: *presa este ~tă guvernului* the press is subservient to the government.

asezona *vt.* to flavour, to season.

asfalt *sn.* asphalt, *amer.* macadam. # **a ~a** to asphalt; **~at** made-up; *gaură în ~* pothole.

asfinți *vi.* (*d. soare*) to set (down), to dip, to sink. # **~t** sunset, dusk, twilight.

asfixia I. *vt.* to smother, to stifle. **II**. *vr.* to choke.

asiatic *sm., adj.* Asiatic, Asian.

asiduitate *sf.* assiduity.

asiduu *adj.* assiduous, hard-working, unceasing. # *cititor ~* omnivorous reader.

asigura I. *vt.* **1**. to ensure. **2**. (*şi ec.*) to assure, to insure. **3**. (*linişti*) to reassure. **4**. (*garanta*) to secure, to insure, to guarantee. **II**. *vr.* (**că**) to ascertain, to make certain/sure (that). # **~t** secure; **~tor** insurer.

asigurare *sf.* **1**. (*şi ec.*) assurace, insurance. **2**. (*de bunuri etc.*) insurance: *~ pe viață* life insurance: *agent de ~* insurance agent/broker. **3**. (*de risc*) *ec.* cover. **4**. (*garanție*) guarantee. **5**. (*socială*) social security, welfare. # *~ de transport aerian* aviation insurance; *bani de ~* insurance.

asimetric *adj.* asymmetric(al), irregular.

asimetrie *sf.* asymmetry.

asimila *vt.* to assimilate. # **~re** assimilation.

asin *sm.* ass, jack.

asista I. *vt.* (*ajuta*) to help, to assist. **II**. *vi.* (**la**) to witness: *a ~ la accident* to witness the accident.

asistent *sm.* assistant, auxiliary. # *~ă medicală* nurse practitioner.

asistență *sf.* **1**. (*persoane*) onlookers, attendance. **2**. (*ajutor*) help, assistance: *~ tehnică şi financiară* technical and financial assistance. **3**. (*public*) audience. # *~ medicală* (*pentru bătrâni*) medicare.

asmuți *vt.* **1**. (*un câine*) to set on. **2**. (*ațâța*) to urge, to incite.

asocia I. *vt.* **1**. (*pe cineva*) to couple, to team. **2**. (*asemui*) to connect, to tie. **II**. *vr.* **1**. to partner. **2**. (**cu**) to associate (with). **3**. (**cu**) (*adversarul*) to fraternize (with). # **~t** (co)partner, associate.

asociație *sf.* association, union, society. # *în ~ cu* in league with.

asociere *sf.* **1**. association, fellowship, partnership: *~ de idei* association of ideas. **2**. (*cu o altă companie*) tie-up.

asolament *sn.* rotation.

asorta I. *vt.* to assort, to match, to fit. **II**. *vr.* **1**. to suit, to match. **2**. (**cu**) to tone with: *rochia roşie se ~ cu pălăria ei neagră* the red dress toned with her black hat. # **~re** assortment; **~t** assorted.

asortiment *sn.* assortment.

aspect *sn.* **1**. aspect, look, appearance, air, mien. **2**. *gram.* aspect. # ~**uos** agreeable, pleasing; *toate ~ele fam.* every nook and cranny.

asperitate *sf.* asperity, roughness.

aspic *sn.* jelly.

aspira **I**. *vt.* (*aer*) to breathe in. **II**. *vi.* (**la/să**) to aspire (to) # ~**nt** aspirant; ~**re** suction; ~**ție** *fig.* hunger, yearning.

aspirator *sn.* (*de praf*) vacuum cleaner. # *a da cu ~ul* to vacuum.

aspirină *sf.* aspirin.

aspri *vt.*, *vr.* to coarsen, to roughen.

asprime *sf.* (*şi fig.*) asperity. # *cu ~* sharply.

aspru *adj.* **1**. (*şi fig.*) hard. **2**. severe, tough, sharp: *pedeapsă aspră* severe punishment; *critică aspră* sharp criticism. **3**. (*zgrunțuros*) coarse, rough. **4**. (*d. o privire*) grim. **5**. (*d. voce*) raucous. **6**. (*d. o stofă*) scratchy. **7**. (*d. mâini*) horny, gnarled. **8**. (*d. piele*) callous, scabrous. **9**. (*d. cineva*) severe, stern, stiff, harsh: *tată ~* severe father. **10**. (*d. vreme*) raw. **11**. (*d. trăsături*) rugged.

asta **I**. *adj.* this: *masa ~* this table. **II**. *pron.* this one: *dă-mi-o pe ~* give me this one. # *~ e tot* that's all; *~ e*! that's it!

astăzi *adv.* today: *de ~ într-o săptămână* today week. # *de ~ încolo* from now on.

astâmpăr *sn.* # *fără ~* (*continuu*) ceaselessly, (*agitat*) restless.

astâmpăra *vr.* to calm down. # ~**t** quiet, obedient.

astenie *sf.* asthenia.

asterisc *sn.* star, asterisk.

asteroid *sm.* asteroid.

astfel **I**. *adj.* such. **II**. *adv.* thus, (like) so: *şi ~ ziua a luat sfârşit* and so the day ended. # *~ de* such; *~ că* therefore; *în ~ de ocazii* on such occasions.

astm *sn.* asthma.

astringent *adj.* astringent.

astrolog *sm.* astrologer, *fam.* stargazer. # ~**ie** astrology.

astronaut *sm.* astronaut, *fam.* spaceman.

astronom *sm.* astronomer, *fam.* stargazer. # ~**ie** astronomy.

astru *sm.* star.

astupa *vt.* **1**. to fill up, to stop up. **2**. (*o fisură etc.*) to plug. **3**. (*o uşă*) to wall.

astupătoare *sf.* stopper.

asuda *vi.* to transpire, to perspire, to sweat. # ~**t** sweaty, *fam.* sticky.

asuma *vt.* **1**. to assume, to incur: *a-şi ~ riscuri* to incur risks. **2**. (*o responsabilitate*) to shoulder. # *a-şi ~ o răspundere* to undertake a task.

asupra *prep.* **1**. about, with: *am bani ~ mea* I have money about me. **2**. (*cu privire la*) regarding, on, concerning. **3**. (*deasupra*) over. **4**. (*împotriva*) up(on), at: *a se năpusti ~ lui* to rush at him.

asupri *vt.* to oppress. # ~**re** oppression, yoke; ~**t** oppressed.

asupritor **I**. *sm.* oppressor. **II**. *adj.* oppressing.

asurzi I. *vt.* to deafen, to din. **II**. *vi.* to become deaf. # ~**re** deafening; ~**tor** deafening, shattering.

aşa I. *adj.* such, so: ~ *şi* ~ so, so; ~ *ceva* such a thing. **II**. *adv.* thus, so: *chiar* ~ quite so; *şi* ~ *mai departe* and so on; ~ *să fie*! so be it!; ~ *e*? is that so?; *de ce* ~? why so? # ~ *cum* (just) as; ~ *că* so; ~ *de* so; *tot* ~ so; ~ *e*! well said!, quite (so)! *chiar* ~? oh yes?

aşadar *adv.* then, thus, so.

aşchia *vt.*, *vr.* to splinter.

aşchie *sf.* chip, splinter, sliver. # *aşchii de lemn* shavings.

aşeza I. *vt.* **1**. (*pune*) to place, to position, to put, to seat, to lay, to set, to locate. **2**. (*ordona*) to arrange, to dispose. **3**. (*o tabără*) to camp. **II**. *vr.* **1**. to sit (down): ~*ţi-vă*! sit down! *s-a dus şi s-a* ~*t lângă ea* he went and sat beside her; *a se* ~ *comod* (*în fotoliu etc.*) to sit back. **2**. (*instala*) to settle.

aşezare *sf.* **1**. (*plasare*) location, position, disposal. **2**. (*localitate*) locality, place, settlement.

aşezat *adj.* **1**. (*serios*) demure. **2**. (*liniştit*) decorous, mild, sedate. **3**. (*şezând*) sitting. **4**. (*d. masă*) spread. **5**. (*d. viaţă*) quiet.

aşijderea *adv.* likewise.

aştepta I. *vt.* **1**. to expect, to (a)wait. **2**. (*la gară etc.*) to meet. **II**. *vi.* to wait for. **III**. *vr.* **1**. (**să**) to expect. **2**. (**la**) (*ceva*) to reckon (on). # *a* ~ *cu nerăbdare ceva/să* to look forward to, to long for; *aşteaptă să-ţi vină rândul* wait your turn; *a fi lăsat să aştepte* to cool one's heels; *a* ~ *ca un prost* to kick one's heels; *să aştepte*! *amer. fam.* shove it!; *aşteaptă o clipă*! (*la telefon*) hold on!.

aşteptare *sf.* expectation, expectancy, waiting: *sală de* ~ waiting room; *contrar* (*tuturor*) *aşteptărilor* contrary/against to (all) expectations. # *în pofida aşteptărilor* against all (the) odds; *în* ~*a* in anticipation of.

aşterne I. *vt.* to spread. **II**. *vr.* (*depune*) to settle.

aşternut *sn.* bed clothes/linen, sheets.

atac *sn.* **1**. attack, offensive, raid, in-road, onrush. **2**. (*aerian*) strike. **3**. *med.* fit, attack, stroke: ~ *de cord* (heart) attack, seizure. **4**. (*verbal, scris*) swipe, *fam.* hatchet job. **5**. *sport* attack, *amer.* offense. **6**. (*neaşteptat*) sally. **7**. (*armat*) hold-up. **8**. (*la persoană*) personalities. # ~ *furibund* (*şi fig.*) onslaught.

ataca I. *vt.* **1**. to assault, to attack. **2**. (**cu**) to assail (with). **3**. (*în ziar etc.*) to rap. **4**. (*molesta*) to molest. **5**. (*o boală etc.*) to affect. **6**. (*un subiect*) to tackle. **7**. (*pe neaşteptate*) to set on: *am fost* ~*t de un câine* I was set on by a dog. **8**. *mil.* to strike. **II**. *vi.* (*d. un animal*) to strike. # ~**nt** *sport* forward, striker; ~**t** (*ofensat*) *fam.* miffed; ~**tor** assailant.

atare *adj.* # *ca* ~ as such, therefore.

ataş *sn.* sidecar.

ataşa **I**. *vt.* **1**. to attach. **2**. (*un vagon*) to hitch. **II**. *vr*. (*de cineva*) to take (to somebody). # ~**t** devoted; ~**ment** attachment, affection.

atârna **I**. *vt.* (*un tablou etc.*) to suspend, to hang. **II**. *vi.* to dangle, to hang (down).

atât, atâta *adj., adv., pron.* so much, so. # ~ *de* such, so, this: *este* (*cam*) ~ *de gros* it's this thick; ~ *timp cât* as long as; *sunt* ~ *de fericit* I'm so happy; ~ *el cât şi ea* both he and she; *e* ~ *de frig* it's so cold; *cu* ~ *mai bine* so much the better; *cu cât... cu* ~... the more... the more...: *cu cât citea cu* ~ *îi plăcea mai mult* the more he read the more he liked it; *încă pe* ~ as much again; *nu e* ~ *de înalt ca sora lui* he is not so tall as his sister; *e tot* ~ *de înalt ca fratele lui* he is as tall as his brother; *atâta tot* that's all.

ateism *sn.* atheism.

atelă *sf.* splint.

atelier *sn.* **1**. (*în fabrică*) (work)shop, workroom. **2**. (*de pictură etc.*) studio.

atemporal *adj.* timeless.

ateneu *sn.* athenaeum.

atent **I**. *adj.* **1**. attentive, observant, watchful. **2**. (*grijuliu*) mindful, gentle, careful, caring. **3**. (*vigilent*) wakeful, eagle-eyed. **4**. (*precaut*) wary, careful. **II**. *adv*. attentively. # *a fi* ~ *la* to watch, to pay attention to; *fii* ~ *la treaptă* mind/watch the step; *foarte* ~ intent, all ears.

atentat *sn.* attempt, outrage. # ~**or** attempter.

atenție *sf.* **1**. attention, care: *a atrage atenția* to draw the attention. **2**. consideration. **3**. (*interes*) note, mind. **4**. (*grijă*) regard, heed: *a da atenția cuvenită la* to pay proper regard to. **5**. (*dar*) pledge. # *a da* ~ to mind; *centrul ~i* the centre stage, focus; *a fi în centrul ~i* to be in the limelight; *în centrul ~i publice* in the public eye; *cu* ~ attentively, narrowly; *a-şi îndrepta atenția asupra* to address oneself to, to zero in on: *şi-au îndreptat atenția asupra problemei principale* they zeroed in on the main issue; *a-şi îndrepta atenția spre* (*pentru a îmbunătăți ceva*) to look to; *a atrage atenția asupra sa* to get oneself noticed; ~! look out!

atenționa *vt.* to warn.

atenua **I**. *vt.* **1**. to lessen, to extenuate, to blunt, to deaden, to mitigate, to dull, to tone down, to subdue. **2**. (*tempera*) to moderate, to weaken. **3**. (*durerea*) to soften, to ease. **4**. (*un sunet*) to muffle, to mute. **5**. (*micşora*) to diminish. **II**. *vr.* to ease. # ~**re** mitigation; ~**t** subdued.

ateriza *vi.* to land.

aterizare *sf.* **1**. landing, touchdown. **2**. (*pe apă*) splashdown. # ~ *forțată* crash landing.

atesta *vt.* **1**. to certify, to certificate, to testify. **2**. (*un document*) to witness. # ~**re** certification.

atestat *adj.* (*confirmat*) certified.

ateu *sm.* atheist, unbeliever.

atinge *vt.* **1**. to touch, to feel: *nu ~ asta* don't touch it. **2**. (*uşor*) to dab, to tip. **3**. (*un scop*) to near, to attain, to achieve. **4**. (*ţinta*) to hit. # *nu ~ţi*! hands off!

atingere *sf.* **1**. touch, contact, reach: *la ~* to the touch. **2**. (*uşoară*) dab. **3**. (*pipăit*) feel. # *a aduce ~* (*cuiva*) to touch.

atitudine *sf.* **1**. attitude, demeanour, reaction, stand: *a lua ~ împotriva* to make a stand against; *~ ostilă* hostile reaction. **2**. (*poziţie*) posture, bearing: *~ agresivă* aggressive posture.

atlas *sn.* atlas.

atlet *sm.* athlete, sportsman. # **~ic** (*d. cineva*) burly, hefty, *fam.* beefy.

atletism *sn.* athletics, *amer.* track and field. # *de ~* athletic.

atmosferă *sf.* **1**. atmosphere. **2**. (*stare de spirit*) mood. **3**. (*ambianţă*) environment.

atmosferic *adj.* atmospheric.

atol *sm.* atoll.

atom *sm.* atom. # **~ic** atomic; **~ist** nuclear physicist.

atomizor *sn.* sprayer, atomizer.

atotcuprinzător *adj.* blanket, all-embracing, well-rounded.

atotputernic *adj.* almighty, omnipotent.

atotştiutor *adj.* omniscient, know-all.

atractiv *adj.* **1**. attractive, appealing, tempting, seductive, inviting, *amer. fam.* cunning. **2**. sexy.

atracţie *sf.* **1**. attraction, appeal, pull, lure: *forţa de ~ a oraşului* the pull of the city. **2**. (**pentru**) penchant (for). **3**. (*farmec*) glamour. **4**. *pl.* seductions, enticements: *atracţiile unui oraş* the seductions of a city. # *multe atracţii* many distractions.

atrage *vt.* **1**. to attract: *a ~ investitori străini* to attract foreign investors. **2**. (*tenta*) to allure, to tempt. **3**. (*pe cineva*) to draw: *a ~ atenţia* to draw the attention of; *mă simt atrasă de el* I feel drawn towards him. # *a ~ după sine* to trigger; *a ~ multe voturi* to pull many votes.

atrăgător *adj.* attractive, likable, pleasant, prepossessing.

atribui *vt.* **1**. to assign, to attribute, to credit, to ascribe. **2**. (*un premiu*) to award.

atribut *sn.* (*şi gram.*) attribute.

atribuţie *sf.* mission, task, function, duty.

atroce *adj.* atrocious, heinous, outrageous.

atrocitate *sf.* **1**. atrocity. **2**. *pl.* enormities, barbarities, cruelties.

atrofiat *adj.* atrophied, withered.

atu *sn.* trump (card). # *a juca ~* to trump.

atunci *adv., conj.* then: *chiar ~* just then. # *de ~* then: *profesorul de ~* the then teacher; *de ~* (*încoace*) since (then), from then on: *de ~ nu l-am mai văzut* I have not seen him since; *de ~* (*până acum*) ever since; *până ~* by/till then.

ață *sf.* thread. # *a pune ~ (în ac)* to thread.

ațâța *vt.* **1.** to rouse, to tantalize, to whet, to incite. **2.** (*excita*) to titillate, to turn on.

ațâțător I. *sm.* instigator. **II.** *adj.* inciting, tantalizing.

aținti *vt.* (*privirea*) (**la**) to focus (on), to fix (with).

ațipi *vi.* to nap, to drop off, to doze off.

au *interj.* ouch!

audia *vt.* to hear.

audiență *sf.* audience. # *oră de ~ maximă* (*la radio/TV*) prime time; (*procentaj de*) *~ la public* rating.

audiere *sf. jur.* hearing.

auditiv *adj.* auditory. # *aparat ~* hearing aid, *fam.* deaf-aid.

audiție *sf.* audition.

augur *sn.* omen, portent. # *de bun ~* of good omen, well-omened; *de rău ~* ominous, portentous, ill-omened.

august *sm.* August.

aulă *sf.* lecture theatre.

aur *sn.* gold. # **~ar** goldsmith; **~iu** gold(en); **~ifer** gold-bearing; **a ~i** to plate, to gild; *de/din ~* gold(en); *placat cu ~* gold-plated.

aureolă, aură *sf.* aureole, nimbus, halo, ring.

auricul *sn.* auricle.

auroră *sf.* aurora, dawn. # *~ boreală* Aurora Borealis.

auster *adj.* austere, prim, strait, stern. # **~itate** austerity.

australian *sm., adj.* Australian.

austriac *sm., adj.* Austrian.

aut *sn. sport* out.

autentic *adj.* **1.** authentic, real, true, genuine, *fam.* kosher. **2.** (*d. un tablou*) original. # **~itate** authenticity, verisimilitude.

autentifica *vt.* **1.** to authenticate, to certify. **2.** (*un act*) to legalize. **3.** (*un testament*) to probate. # **~re** (*a unui testament*) probate.

autoaccidenta *vr.* to hurt oneself.

autoafirmare *sf.* self-assertion.

autoamăgi *vr.* to deceive oneself. # **~re** self-deception.

autoapărare *sf.* self-defence.

autobasculantă *sf.* dump track.

autobiografie *sf.* **1.** autobiography. **2.** (*la angajare*) curriculum vitae, *amer.* resumé.

autobuz *sn.* bus: *a merge cu ~ul* to go by bus; *abonament de ~* bus pass; *stație de ~* bus stop. # *garaj de ~e* station; *poftiți în ~!* all aboard!

autocar *sn.* coach, charabanc.

autocisternă *sf.* tanker.

autocompătimire *sf.* self-pity.

autocontrol *sn.* self-control.

autocrat *sm.* autocrat.

autocritic *adj.* self-critical. # **~ă** self-criticism.

autocunoaştere *sf.* self-knowledge.

autodidact *adj.* self-educated, self-taught.

autogară *sf.* bus station, *amer.* depot.

autogol *sn.* own goal.

autograf *sn.* autograph.

autohton *adj.* native, homemade.

automat I. *sn.* **1.** automaton. **2** (*cu fise*) coin box. **3.** (*pentru țigări,*

ciocolată) sloth machine. **4**. (*armă*) automatic. **II**. *adj*. **1**. automatic, mechanical; unmanned. **2**. (*instinctiv*) mindless. # **~izare** automation.
automobil *sn*. car.
automobilism *sn*. motoring.
automulțumire *sf*. self-complacency.
automutilare *sf*. self-mutilation, self-maim.
autonom *adj*. autonomous. # **~ie** autonomy, opt-out.
autoportret *sn*. self-portrait.
autopsie *sf*. autopsy, postmortem.
autor *sm*. **1**. author, writer. **2**. (*realizator*) father, promoter. **3**. (*al unei invenții*) proprietor. # *drepturi de ~* copyright, royalties.
autoritar *adj*. authoritarian, authoritative, possessive, bossy, commanding, strong-willed, domineering, self-assertive, self-willed.
autoritate *sf*. **1**. authority, power. **2**. (*competență*) say, remit. **3**. prestige. # *autoritățile din oraș* the village worthies/officials.
autoriza *vt*. **1**. to authorize, to license, to commission, to permit, to clear. **2**. (*pe cineva*) to authorize. # **~re** sanction.
autorizație *sf*. authorization, permit, permission, warrant, licence, charter, fiat. # *a elibera* (*cuiva*) *o ~* to license.
autoservire *sf*. # (*cu*) ~ self-service.
autostop *sn*. hitchhiking. # **~ist** hitchhiker; *a face ~ul* to thumb, to hitchhike.
autostradă *sf*. **1**. throughway, expressway, motorway, freeway, *amer*. highway, thruway. **2**. (*cu plată*) tollway, *amer*. turnpike. # *taxă de intrare pe ~* toll; *drum de acces la ~* slip road; *ieșire din ~* turn-off.
autosugestie *sf*. autosuggestion.
autoturism *sn*. (motor)car, *fam*. motor, *amer*. sedan.
auxiliar I. *sm*. auxiliary. **II**. *adj*. auxiliary, ancillary, secondary: *memorie ~ă inf*. auxiliary storage; *personal ~* ancillary staff.
auz *sn*. hearing.
auzi *vt*., *vi*. **1**. to hear. **2**. (*afla*) to learn. # *a nu ~ bine* to be hard of hearing; *nici să nu aud așa ceva*! perish the thought!
aval *sn*. # *în ~* down(stream).
avalanșă *sf*. **1**. avalanche, inrush. **2**. *fig*. avalanche, inrush, stream. **3**. (*de întrebări*) fusillade. **4**. (*de proteste*) storm.
avangardă *sf*. vanguard.
avanpost *sn*. outpost.
avanpremieră *sf*. dress rehearsal. sneak preview. # *a da* (*un film etc*.) *în ~* to preview.
avans *sn*. **1**. earnest (money), advance. **2**. (*acont*) deposit. **3**. *sport* lead. **4**. *pl*. advances, *fam*. passes. # *în ~* (*d. plată*) upfront; *a plăti în ~* to advance; *a face ~uri cuiva* to make up to smb., to make passes to smb.
avansa I. *vt*. **1**. (*promova*) to promote. **2**. (*în rang*) to raise. **3**. (*o idee*) to nurture, to put forward. **II**. *vi*.

1. to advance. 2. to progress. # ~**ţi**! move along!

avansare *sf.* 1. progress(ion). 2. (*promovare*) promotion, preferment. 3. (*înaintare*) advance.

avansat *adj.* 1. advanced, up-to-date. 2. (*d. opinii*) forward.

avanscenă *sf.* forestage.

avantaj *sn.* 1. advantage, facility, favour, avail, upper hand, perquisite, *fam.* pro, perk: *în ~ul cuiva* in smb.'s favour; *~ele şi dezavantajele* the pros and cons. 2. *pl.* rewards. 3. *sport* lead, head start. # ~**os** advantageous, beneficial; *a avea un ~ faţă de* to have the edge on.

avantaja *vt.* 1. to favour. 2. (*d. o fotografie*) to flatter.

avar I. *sm.* miser, *sl.* screw. II. *adj.* miserly. # ~**iţie** avarice, cupidity, parsimony.

avaria *vt.* to damage, to wreck, *amer.* to total.

avarie *sf.* damage, breakdown.

avânt *sn.* 1. impetus, liveliness, momentum. 2. (*elan*) enthusiasm, spurt, upsurge, second wind. 3. (*progres*) advance. # ~**at** animated, enthusiastic; *a-şi lua ~* to rush; *în plin ~* in full swing.

avea I. *vt.* 1. to have (got), to possess: *am o maşină nouă* I've got a new car. 2. (*purta*) to wear. 3. (*deţine*) to hold, to wield. II. *v. aux.* to have: *am citit cartea* I have read the book. # *a se ~ bine/rău cu cineva* to be on good/bad terms with somebody; *a ~ loc* to take place; *a ~ de a face* (*cu*) to deal (with); *a ~ 30 de ani* to be 30; *a ~ să* to have to.

aventura *vr.* to venture.

aventură *sf.* 1. (ad)venture. 2. (*amoroasă*) (love) affair, romance, *fam.* romp. # *de aventuri* (*d. un film*) swashbuckling.

aventurier *sm.* (ad)venturer, buccaneer.

aventuros *adj.* venturesome.

avere *sf.* possession, property, asset, riches, fortune, wealth, money, *fam.* packet, *sl.* bundle.

aversă *sf.* torrent, shower, flurry.

aversiune *sf.* aversion, detestation, abhorrence, dislike, repulsion, repugnance, loathing.

avertisment *sn.* warning, caveat. # *grevă de ~ de o zi* a one-day token strike.

avertiza *vt.* to warn, to alert, to caution.

avertizare *sf.* 1. warning. 2. (*verbală*) caution.

aviator *sm.* aviator, flier, flyer, pilot.

aviaţie *sf.* 1. aviation. 2. (*forţă aeriană*) aircraft.

avid *adj.* 1. avid, voracious, insatiable, covetous. 2. (**de**) eager (for), hungry (for).

avion *sn.* 1. plane, aircraft, *sl.* kite: *cu ~ul* by plane. 2. (*de vânătoare*) fighter. 3. (*cu reacţie*) jet (plane). 4. (*de pasageri*) passenger aircraft.

aviz *sn.* 1. notice: *~ de primire* notice of receipt. 2. (*consimţământ*) approval. # **a ~a** to inform, to warn.

avizat *adj.* discerning, competent, *fam.* together: *un public cititor ~* a discerning readership.
avizier *sn.* (sign/notice) board, placard.
avocat *sm.* **1.** advocate, lawyer, solicitor, attorney, barrister, counsel: *~ al acuzării* prosecuting counsel, prosecution lawyer; *~ al apărării* defence counsel. **2.** *fig.* mouthpiece. **3.** (*consultant*) solicitor. # **~ură** bar.
avort *sn.* **1.** abortion, termination. **2.** (*spontan*) miscarriage. # **~on** abortion, freak.
avorta I. *vt.* to abort. **II.** *vi.* to miscarry.
avut I. *sf.* property, all: *şi-au pierdut ~ul* they lost their all. **II.** *adj.* (*înstărit*) rich, affluent, well-off, wealthy, prosperous.
avuţie *sf.* wealth, fortune.
ax *sn. tehn.* axle, pivot, shaft.
axă *sf.* **1.** axis. **2.** (*osie*) shaft.
axiomă *sf.* axiom.
azbest *sn.* asbestos.
azi *adv.* **1.** today. **2.** (*acum*) nowadays. # *~-mâine* soon; *de ~ pe mâine* from hand to mouth.
azil *sn.* **1.** asylum: *a cere ~ politic* to ask for political asylum. **2.** (*de nebuni*) asylum, madhouse, mental home. **3.** (*de săraci*) almshouse, poorhouse, workhouse. **4.** (*de bătrâni*) (rest) home, nurse/retirement home.
azimut *sn.* azimuth.
azot *sn.* nitrogen.
azur *sn.* azure. # **~iu** azure.
azvârli *vt.* **1.** to fling, to cast, to throw, to toss, to hurl, *fam.* to sling, to shy. **2.** (*cu ceva greu*) to heave. # **~re** cast, fling, throw, *fam.* shy; *la o ~tură* de băţ at a stone's throw.

Ă

ăia, alea *adj., pron.* those: ~ *care* those who; ~ *de colo* those over there.

ăla, aia *adj., pron.* that (one). # ~ *care* he who, the one who; *după aia* later on; *d-aia*! for the hell of it!

ălălalt, ailaltă *adj., pron.* the other (one).

ăsta, asta *adj., pron.* this: ~ *care* he/she who.

ăstălalt, astălaltă *adj., pron.* this (one).

B

ba *adv.* no, not at all. # *~ nu* of course not.
babalâc *sm.* dodderer.
babă *sf.* old woman. # *baba-oarba* blindman's buff.
babetă *sf. fam.* oldster, wrinkly.
babețică *sf.* tucker, bib.
babord *sn.* larboard.
babornițǎ *sf.* hag, harridan.
bac *sn.* ferry(boat), float, raft.
bacalaureat *sn.* school-leaving examination.
bacantă *sf.* maenad.
bacă *sf.* berry.
baci *sm.* shepherd.
bacil *sm.* bacillus.
bacon *sn.* bacon, ham.
bacşiş *sn.* tip, fee, gratuity. # *a da ~* to tip.
bacterie *sf.* bacterium, germ.
badminton *sn.* badminton.
baftă *sf.* (good) luck, *fam.* joy.
baga *sf.* # *ochelari cu ramă de ~* horn-rimmed spectacles.
bagaj *sn.* **1.** (*de mână*) handbag. **2.** *pl.* luggage; holdall, carryall; *amer.* baggage. # *casă de ~e* left-luggage office, *amer.* checkroom; *a-şi face ~ele* to pack; *plasă de ~e c.f.* rack; *birou de ~e* baggage room.
bagatelă *sf.* trifle, *fam.* picnic, cinch, pushover.
bagateliza *vt.* to trivialize, to minimize.
bageacă *sf.* lucarne.
baghetă *sf.* **1.** rod, wand. **2.** (*de dirijor*) baton, stick. **3.** (*de magician*) wand.
baie *sf.* **1.** bath: *~ de aburi* steam bath. **2.** (*în cadă*) bath. **3.** (*în mare etc.*) bathe. **4.** (*cadă*) tub. **5.** (*cameră*) bath(room). **6.** (*de ulei*) *auto amer.* oil pan. # *a face ~* to (take a) bath, *amer.* to bathe.
baieră *sf.* string.
baionetă *sf.* bayonet.
bairam *sn.* party, *fam.* hop.
bal *sn.* ball, dance: *~ mascat* fancy-dress ball.
baladă *sf.* ballad, lay.
balalaică *sf.* balalaika.
balama *sf.* loop, joint, hinge. # *a pune în ~le* to hinge.
balamuc *sn.* lunatic asylum.
balans *sn.* oscillation, swing.
balansa *vt., vr.* to rock, to wobble, to swing. # *~***re** oscillation, swing.
balansoar *sn.* rocker, rocking chair.
balanță *sf.* **1.** (*cântar*) balance. **2.** *ec.* balance: *~ comercială* trade balance.

Balanța *sf. art.* **1.** (*zodie*) Libra. **2.** (*constelație*) the Scales.

balast *sn.* ballast. # **a ~a** to jettison.

balaur *sm.* dragon.

balcanic *adj.* Balkan.

balcon *sn.* **1.** balcony, terrace. **2.** (*I*) *teatru* dress circle, mezzanine. **3.** (*II*) *teatru* upper circle.

baldachin *sn.* canopy.

bale *sf. pl.* **1.** froth. **2.** (*de melc, pește*) slime. # *a-i curge ~le* to froth, to slabber, to slobber, to dribble, *amer.* to drool, to slaver.

balenă *sf. zool.* **1.** whale. **2.** (*mascul*) bull. # *vânătoare de balene* whaling.

balerin(ă) *sm., sf.* ballet dancer.

balet *sn.* ballet: *trupă de ~* corps (de ballet). # *costum de ~* (*pe corp*) tights.

baligă *sf.* cowpat, dung, *fam.* muck.

baliverne *sf. pl.* **1.** ravings, *sl.* porkies. **2.** (*palavre*) twaddle, babble, gibber.

baliză *sf.* pole, float.

balnear *adj.* balneary. # *stațiune ~ă* spa.

balon *sn.* **1.** balloon. **2.** (*de săpun*) (*și fig.*) bubble. **3.** (*minge*) ball. **4.** (*haină*) raincoat.

balonare *sf. med.* distension; wind.

balot *sn.* bale, bundle, pack, parcel.

balotaj *sn.* ballotage.

balsam *sn.* **1.** balm. **2.** *fig.* comfort.

baltă *sf.* **1.** pool. **2.** (*băltoacă*) puddle. # *las-o ~*! forget it!

balustradă *sf.* banister, (hand)rail.

bamă *sf. bot.* **1.** okra. **2.** *pl.* lady's fingers.

bambus *sm.* bamboo.

ban *sm.* **1.** (*monedă*) coin. **2.** *pl.* money, *sl.* bread, dough, green: *~i numerar* ready money; *~i de cheltuială* spending money; *~i mulți* good money; *a fi în pană de ~i* to be loss for money. **3.** *pl.* (*lichizi/gheață*) (hard) cash: *~i peșin* cash down. **4.** *pl.* (*mărunți*) (small) change. **5.** *pl.* (*de buzunar*) allowance, pocket/pin money. # *fără ~i* penniless; *grămadă de ~i fam.* mint, small fortune; *de doi ~i* meretricious, *fam.* naff, trashy; *a arunca/risipi ~i* to squander, to waste money; *~i mărunți/de buzunar* loose change; *a se scălda în ~i fam.* to roll in money; *a da cu ~ul* to toss a coin; *~ul public* the public purse.

banal *adj.* banal, commonplace, ordinary, unspectacular, trivial, anodyne, trite.

banalitate *sf.* **1.** platitude, triviality, triteness. **2.** *pl.* commonplaces, frivolities.

banaliza *vr.* to becom trite, to pall. # **~t** trite.

banană *sf.* banana.

bananier *sm.* bananatree.

banc[1] *sn.* **1.** (*de nisip*) (sand)bank, shoal, *geol.* reef. **2.** (*de pești*) shoal, school. **3.** (*de lucru*) *tehn.* workbench, bed.

banc[2] *sn.* (*glumă*) joke, quip.

bancar *adj.* bank: *cont ~* bank account; *cambie ~ă* bank bill.

bancă[1] *sf.* **1.** (*în parc*) bench. **2.** (*a acuzaților*) dock, bar. **3.** (*fără *spătar*) form. **4**. (*în biserica catolică*) pew. **5**. (*la şcoală*) desk.

bancă[2] *sf. ec.* bank: ~ *de depuneri* bank of deposit; ~ *de emisiune* bank of issue; ~ *de investiţii* investment bank; ~ *comercială* commercial bank; ~ *de economii* savings bank; *a depune* (*bani*) *în* ~ to bank.

bancher *sm.* banker, financier.

banchet *sn.* banquet, reception, feast.

banchiză *sf.* ice bank.

bancnotă *sf.* (bank)note, paper money, *amer.* bill.

bancomat *sn.* cash dispenser, teller.

bandaj *sn.* bandage, dressing, swathe, *amer.* gauze. # **a ~a** to bandage, to bind, to dress, to swathe.

bandă[1] *sf.* (*şleahtă*) gang, pack.

bandă[2] *sf.* **1**. (*de magnetofon, adezivă etc.*) tape. **2**. (*radio*) band. **3**. (*de circulaţie*) lane. **4**. (*rulantă*) conveyer belt. **5**. (*video*) video tape. **6**. (*sonoră*) soundtrack. # ~ *de refugiu* (*pe autostradă*) *amer.* shoulder.

banderolă *sf.* band, sash.

bandit *sm.* bandit, raider, ruffian, thug, gunman, *sl.* hoodlum.

bandulieră *sf.* shoulder belt, sling.

bar *sn.* **1**. bar, *amer.* saloon. **2**. (*la restaurant*) counter. **3**. (*de noapte*) nightclub.

bara *vt.* **1**. to bar. **2**. (*un drum*) to obstruct. # **~j** barrage, dam, sluice.

barabulă *sf.* potato, *sl.* tater.

baracă *sf.* shanty, hut, shack.

baraj *sn.* baragge, dam.

bară *sf.* **1**. rod, stick, bar. **2**. (*de protecţie*) *auto* bumper. **3**. (*la scară*) banister. **4**. *sport* crossbar, woodwork, *fam.* post. **5**. *jur.* box. **6**. (/) slash, oblique. **7**. (*de metal*) rail. # ~ *de lemn pentru păsări* perch; *a o da în* ~ to draw a blank, to screw it up, to mess it up; ~ *la* ~ (*d. autovehicule*) nose to tail.

barbar **I**. *sm.* barbarian. **II**. *adj.* barbarian, barbarous, primitive. # **~ie** savagery.

barbă *sf.* **1**. beard. **2**. (*de câteva zile*) stubble. # *fără* ~ beardless; *în* ~ stealthily.

barbişon *sn.* goatee.

barbun *sm.* (*peşte*) mullet.

barbut *sn.* craps.

barcagiu *sm.* boatman.

barcă *sf.* **1**. boat. **2**. (*cu pânze*) sailboat, sailing boat. **3**. (*cu motor*) motorboat. **4**. (*gonflabilă*) raft. # *a duce cu barca* to row; ~ *mică de pescuit* smack.

bard *sm.* bard.

bardă *sf.* chopper, hatchet.

barem **I**. *sn.* norm. **II**. *adv.* at least.

baretă *sf.* strap.

baricada **I**. *vt.* to barricade. **II**. *vr.* to barricade oneself.

baricadă *sf.* barricade.

barieră *sf.* bar(rier): *bariere vamale* customs barriers.

bariton *sm.* baritone.

barjă *sf.* barge.

barman *sm.* barman, bartender. # **~iţă** barmaid.

baroană *sf.* baroness.
baroc *adj.* baroque.
barometru *sn.* barometer, weather glass.
baron *sm.* baron. # **~easă** baroness.
baros *sn.* sledgehammer.
barosan *adj.* **1.** (*mare*) king-sized. **2.** (*bogat*) wealthy.
barou *sn. jur.* bench, bar.
barză *sf.* stork.
bas *sm.* bass.
basarabean *sm., adj.* Bessarabian.
bască *sf.* beret, cap.
baseball *sn.* baseball.
baschet(bal) *sn.* basketball.
basculantă *sf.* dumper, tip-up truck.
basm *sn.* **1.** story, fairytale. **2.** (*născocire*) fib, yarn.
basma *sf.* kerchief.
basorelief *sn.* basrelief, high relief.
bastard *sm.* bastard, lovechild.
bastion *sn.* bastion.
baston *sn.* **1.** cane, (walking) stick, staff. **2.** (*la fanfară*) baton. **3.** (*de ceremonii*) mace. **4.** (*de polițist*) baton, truncheon, *amer.* nightstick.
batal *sm.* (*berbec*) wether.
batalion *sn.* battalion.
batant *adj.* (*d. ușă*) self-closing.
bate I. *vt.* **1.** to beat, to thrash, to fustigate, *fam.* to wallop. **2.** (*și fig.*) to cane. **3.** (*ciomăgi*) to club, to drub. **4.** (*lovi*) to knock, to pound. **5.** (*zdravăn*) to batter. **6.** (*cu nuiaua*) to thrash. **7.** (*cu bulgări de zăpadă etc.*) to pelt. **8.** (*din picior etc.*) to stamp, to tap. **9.** (*ora*) to chime, to toll. **10.** (*monedă*) to coin, to mint. **11.** (*un cui*) to drive. **12.** (*drumurile*) *fig.* to scour. **13.** (*o echipă*) to overcome, to trounce. **14.** (*învinge*) to worst. **15.** (*ouă etc.*) to whip, to whisk. **16.** (*ușor pe umăr*) to pat. **17.** (*la mașină*) to type. **II.** *vi.* **1.** (*d. inimă*) to pulsate, to flutter, to beat, to pound, to throb, (*puternic*) to thump. **2.** (*d. vânt*) to blow, to whiff. **3.** (*d. clopote*) to toll, to chime, to tinkle, to peal, to ring. **4.** (*ora*) (*d. ceas*) to strike. **5.** (**în**) (*ușă etc.*) to hammer (at), to tap (at). **6.** (*la ușă*) to knock, to bang, to rap. **7.** (*d. grindină*) to hail. **8.** (**în**) to knock (at). **III.** *vr.* to fight, to grapple. # *a ~ la ochi* (*d. lumină*) to dazzle; *a ~ cu ușurință sport* to thrash; *a ~ măr* (*o echipă*) *sport fam.* to slaughter, to murder, to wallop, to whitewash; *a ~ la cap* to pester; *a ~ cu putere* (**la, în**) to pound (at); *a ~ puternic* (*d. inimă*) to thud; *a ~* (*un copil*) *la fund* to spank.
baterie *sf.* **1.** *mil.* battery. **2.** *el.* pile, battery: *~ descărcată* dead battery.
batic *sn.* kerchief.
batiscaf *sn.* bathyscaphe.
batisferă *sf.* bathysphere.
batistă *sf.* (hand)kerchief, *fam.* hanky, hankie, *sl.* rag.
batjocori *vt.* **1.** to mock, to taunt. **2.** to insult. # **~re** mock; **~tor** mocking, derisive, jeering, sardonic.
batjocură *sf.* derision, mocking. # *obiect de ~* laughing stock.

baton *sn.* **1**. stick. **2**. (*de ciocolată*) bar.

batoză *sf.* thresher.

bau *interj.* boo!, peepbo!

bau-bau *sm.* (the) big bad wolf.

baza *vr.* (**pe**) to base (on), to found (on), to depend (on), to rely (on), to bank (on), to lean (on). # *a te ~ pe ceva* to ride on smth.; *pe care nu te poți ~* untrustworthy.

bazaconie *sf. fam.* scream, *amer. sl.* panic.

bazar *sn.* bazaar.

bază *sf.* **1**. base, basis, background, bottom, ground, foot. **2**. (*temei*) foundation, root, substance: *baza problemei* the root of the problem. **3**. (*navală etc.*) station. # *de ~* basic, essential, elemental, primary, fundamental, base, staple; *pe baza* on the grounds of; *~ de calcul* bench mark; *a sta la baza* to underlie.

bazilică *sf.* basilica.

bazin *sn.* **1**. (*cu apă*) pool. **2**. *anat.* pelvis. **3**. (*carbonifer*) coalfield. **4**. (*de râu*) basin.

băcan *sm.* grocer.

băcănie *sf.* grocery, grocer's shop. # *articole de ~* groceries.

bădăran *sm.* lout, boor, gruff.

băftos *adj.* lucky.

băga I. *vt.* **1**. to introduce, to insert, to tuck, to thrust, to put, to ram: *a fost ~t la închisoare* he was put in prison. **2**. (*în apă*) to dip, to immerse. **3**. (**la**) (*închisoare*) to commit (to). **4**. (*în teacă, toc*) to sheathe. **5**. (*ceva ascuțit*) to stick. **6**. (*frica etc.*) (**în**) to strike (into). **II**. *vr.* **1**. to intervene. **2**. (**în**) to interfere (between), to pry (into), to meddle (in): *nu te ~*! don't interfere! # *~***re** introduction; *a se ~ în discuție* to barge in, to chime in; *a nu se ~* to pussyfoot; *a ~ de seamă* to notice; *bagă de seamă*! be careful!, look out!

băgăreț I. *sm.* meddler, pusher, snoop. **II**. *adj.* **1**. meddlesome, busybody, nosy. **2**. (*d. o femeie*) pert.

băiat *sm.* **1**. boy, youngster, *fam.* lad. **2**. (*fiu*) son. **3**. (*de serviciu la hotel*) pageboy. **4**. (*individ*) fellow. # *băiete*! sonny!

băiețandru *sm.* stripling.

băiețaş, băiețel *sm.* kid, brat, mite.

băiețoi *sm.* (*d. o fată*) hoyden, tomboy.

bălai *adj.* fair. # *cu părul ~* fair-haired.

bălăbăni *vr.* to dangle, to stagger.

bălăceală *sf.* paddle, splashing.

bălăci *vr.* to splash.

bălăngăni I. *vt.* to swing. **II**. *vr.* to totter, to dangle, to swing.

bălărie *sf.* weed.

bălegar *sn.* **1**. dung, *fam.* muck. **2**. (*îngrășământ*) manure.

bălmăji *vi.* to sputter, to mumble, to stammer.

bălos *adj.* slimy.

băltoacă *sf.* puddle.

bălțat *adj.* dappled, variegated, mottled, many-coloured.

bănos *adj.* profitable.
bănui *vt.* **1.** (*presupune*) to suppose, to imagine, to guess. **2.** to suspect. # **~ală** suspicion, inkling, hunch: *a avea o ~ală* to have an inkling; **~tor** suspicious; **~t** suspected.
bănuț *sm.* **1.** coin. **2.** (*la ou*) cock tread.
bărăgan *sn.* moor.
bărbat *sm.* **1.** man, gentleman, male, *fam.* fellow, guy, bloke: *bărbați și femei* men and women; *~ înstărit* man of substance. **2.** (*soț*) husband, *fam.* man, hubby. **3.** (*bine/sexy*) *fam.* stud, *sl.* hunk. **4.** (*seducător*) *fam.* lady-killer. **5.** *pl.* menfolk. # *pentru bărbați* male; *un ~ și jumătate* a he-man.
bărbătesc *adj.* male, manly, masculine.
bărbătoasă *adj. f.* mannish.
bărbăție *sf.* virility, manhood.
bărbie *sf.* chin.
bărbier *sm.* barber. # **a (se) ~i** to shave.
bărbierit I. *sn.* shave. **II.** *adj.* shaven. # *aparat de ~* razor, shaver.
bărbos *sm.* beard man.
bărdacă *sf.* pitcher.
bărzăun *sm.* bumblebee.
bășcălie *sf.* jibe, mockery, *fam.* crack. # *a face ~ de* to jibe at.
bășcălios *adj. fam.* tongue-in-cheek.
bășică *sf.* **1.** bubble, pimple. **2.** (*pe piele*) blister. # *bășica udului* bladder.
băștinaș *sm.* native.
bătaie *sf.* **1.** beat(ing). **2.** (*ciocănitură*) rap, knock, hammering. **3.** (*corecție*) thrashing, *fam.* hiding. **4.** (*ușoară*) tap. **5.** (*pe umăr*) pat. **6.** (*a inimii*) pounding, pulsation, throb. **7.** (*și a inimii*) stroke. **8.** (*încăierare*) scuffle, set-to, *fam.* scrap. **9.** (*cu pumnii*) fisticuffs. **10.** (*zdravănă*) drub, *fam.* wallop. **11.** (*la fund*) spanking. **12.** (*luptă*) struggle, fight. **13.** (*a clopotelor*) toll, sound. **14.** (*a ploii*) pattering. **15.** (*a armei*) range. **16.** (*din picior*) stamp. # *~ de joc* derision, scorn, mockery; *a se lua la ~ cu* to grapple with, to come to grips with, *amer. fam.* to rumble with; *~ umilitoare sport* pasting; *dă-i ~!* double up!, look sharp!, push forward!, *fam.* make it snappy!
bătăios *adj.* aggressive, combative, truculent, pugnacious.
bătălie *sf.* **1.** battle, war, fight. **2.** (*eforturi comune*) push.
bătător *sn.* **1.** (*de covoare*) carpet beater. **2.** (*de ouă*) whisk.
bătători *vt.* to ram, to pack.
bătătorit *adj.* **1.** packed. **2.** (*d. mâini*) gnarled. **3.** (*d. o cărare*) well trodden. **4.** (*d. piele*) callous.
bătătură *sf.* **1.** (*curte*) yard. **2.** (*la picior*) corn.
bătăuș I. *sm.* **1.** beater, brawler. **2.** *școl.* bully. **II.** *adj.* truculent.
bătrân I. *sm.* old man, *amer.* oldtimer. **II.** *adj.* old, long in the tooth. # **~ețe** old age; **~el**, **~ică** *fam.*

oldster; ~ *morocănos* curmudgeon; *~ă şi grasă* matronly; *foarte* ~ dateless; as old as the hills.

bătucit *adj.* battered. # ~ *şi pârlit de soare* (*d. faţă*) weather-beaten.

bătut *adj.* 1. beated. 2. (*învins*) defeated. 3. (*zdravăn*) battered. # *a se da* ~ to give in.

băţ *sn.* stick. # ~**os** clumsy, standoffish, snooty; *la o aruncătură de ~ de aici* a hop skip and a jump from here.

băut I. *sn.* drinking. **II.** *adj.* drunk, tipsy. # ~**or** drinker.

băutură *sf.* 1. drink: ~ *nealcoolică* soft drink; ~ *răcoritoare* cooling drink. 2. (*în afară de apă*) beverage. 3. (*alcoolică*) alcohol, potation, spirit, liquor, *fam.* tipple, *sl.* booze. 4. (*tare*) hard liquor. 5. (*tonică*) *fam.* pick-me-up. 6. (*acidulată*) soda. # *a se fi apucat din nou de* ~ to be back on the bottle; *păhărel/înghiţitură de ~ tare* shot.

bâigui I. *vt.* to babble, to mumble, to mutter. **II.** *vi.* to gabble, to mumble, to stammer. # ~**ală** mumble.

bâjbâi *vi.* to fumble, to grope. # ~**ală** grope.

bâlbâi I. *vt.*, *vr.* to stutter, to stammer. # ~**ală** stutter, stammer; ~**t** stammerer.

bâlci *sn.* funfair, *amer.* carnival.

bâldâbâc *interj.* plop!, plonk!

bântui *vt.* (*d. o stafie*) to haunt.

bârfă *sf.* 1. gossip, scandal, *fam.* (tittle-)tattle. 2. *pl. amer. sl.* scuttlebutt.

bârfi I. *vt.* to backbite, to gossip, to blab. **II.** *vi. fam.* to tattle. # ~**tor** scandalmonger, gossipmonger.

bârlog *sn.* den, lair.

bârnă *sf. şi sport* beam.

bâtă *sf.* 1. bat, club. 2. (*măciucă*) mace.

bâtlan *sm.* heron.

bâţâi I. *vt.* to wiggle. **II.** *vr.* 1. to wriggle, to wiggle, to jerk, to fidget. 2. (*în ritmul muzicii*) to mosh.

bâzâi *vi.* 1. to buzz, to drone, to zoom. 2. (*plânge*) to whimper, to whine. # ~**t** buzz, zoom.

bea I. *vt.* 1. (*înghiţi*) to gulp, to down, to imbibe. 2. (*tot*) to empty, to drink up, *fam.* to kill. 3. (*cu nesaţ*) to quaff, to guzzle, to sink, to slurp, to gulp, to swill. 4. (*încet*) to sip. 5. (*băuturi alcoolice*) to swig, *fam.* to tipple. **II.** *vi.* to drink: *el ~ peste măsură* he drinks to excess. # *a ~ un păhărel* to have a drink; *a ~ pe rupte sl.* to lush.

beat *adj.* 1. drunk, inebriate, in drink, *fam.* high, *sl.* bottled, sloshed, stoned. 2. (*abţiguit*) *fam.* corked, tipsy, *sl.* tight, soused. # ~ *criţă* zonked, tanked-up, dead drunk, *sl.* wasted, smashed, sozzled; ~ *de fericire* intoxicated with happiness.

beatitudine *sf.* beatitude, bliss.

bebeluş *sm.* baby, *fam.* sprog.

bec *sn.* bulb, light.

becar *sm. muz.* natural.

becaţă *sf.* snipe.

beci *sn.* 1. cellar. 2. (*temniță*) dungeon.
behăi *vi.* to bleat. # **~t** bleat.
bej *adj.* beige.
belciug *sn.* loop, hook.
belea *sf.* trouble, bother, mischief, scrape, curse, nuisance, plague, bane, *fam.* liability: *a da de ~* to run into trouble. # *în ~* in deep water; *mare ~* (*ceva sau cineva*) stinker.
belgian *sm., adj.* Belgian.
belicos *adj.* belicose, warlike, pugnacious, hawkish.
beligerant *adj.* belligerent.
belşug *sn.* plenty, plenitude, abundance, wealth. # *din ~* amply, in plenty.
bemol *sm. muz.* flat.
benefic *adj.* 1. beneficient, beneficial, salutary, favourable. 2. (*d. climă*) salubrious.
beneficia *vi.* (**de**) to profit (by). # **~r** beneficiary, recipient.
beneficiu *sn.* benefit, profit, return, gain, earnings, yield, *fam.* perk.
benevol *adj.* voluntary.
benign *adj. med.* benign.
bentiță *sf.* band, bind, ribbon.
benzină *sf.* petrol, gas, *fam.* juice, *amer.* gasoline: *~ fără plumb* unleaded petrol. # *stație de ~* petrol/filling station, *amer.* gas station.
berar *sm.* brewer.
berărie *sf.* beer house, alehouse.
berbec *sm.* ram, tup.
Berbecul *sm. art.* 1. (*zodie*) Aries. 2. (*constelație*) the Ram.
bere *sf.* 1. beer, *amer. fam.* suds: *~ la butoi* draught beer. 2. (*blondă*) ale, (*nemțească*) lager. 3. (*tare*) barley wine, (*neagră*) stout. 4. (*amară şi tare*) bitter. 5. (*fără alcool*) root beer. # *a prepara ~* to brew; *fabrică de ~* brewery.
berechet *adv.* in plenty.
beregată *sf.* throat.
beretă *sf.* beret.
berlină *sf.* (*autoturism*) saloon.
bestial *adj.* bestial, brutish. # **~itate** bestiality.
bestie *sf.* 1. wild beast. 2. (*persoană*) brute, ruffian.
beşteleală *sf. fam.* earful, rap, stick.
beşteli *vt.* to rebuke, *fam.* to rap.
beteag *adj.* crippled.
beteală *sf.* tinsel.
beteşug *sn.* 1. (*fizic*) disability, infirmity. 2. (*cusur*) defect, flaw. 3. (*boală*) ailing, ailment.
beton *sn.* concrete: *~ armat* reinforced/steel concrete. # **a ~a** to concrete.
beție *sf.* 1. drunkenness. 2. (*petrecere*) spree, racket, *fam.* booze-up, *sl.* piss-up.
bețişor *sn.* stick.
bețiv *sm.* drunk(ard), sot. # **~an** *fam.* wino, *sl.* souse, boozer, lush.
bezea *sf.* meringue.
beznă *sf.* gloom, dark.
bianual *adj.* biannual.
biban *sm.* bass, perch.
bibelou *sn.* 1. bric-a-brac, curio, *fam.* knick-knack. 2. *pl.* china ornaments.

biberon *sn.* (sucking) bottle, teat, feeder, *amer.* nipple.

bibilică *sf.* guinea hen.

Biblie *sf.* Bible. # *Biblia* the Scripture, the Holy Writ.

bibliografie *sf.* bibliography, literature, syllabus.

bibliotecar *sm.* librarian.

bibliotecă *sf.* **1.** library: ~ *publică* public library. **2.** (*mobilă*) bookcase.

bicarbonat *sm.* (*de sodiu*) sodium bicarbonate.

bicepşi *sm. pl.* biceps.

bici *sn.* **1.** whip, scorge. **2.** (*pentru pedeapsă*) cat-o'-nine-tails. # *dă-i bice*! *sl.* shake a leg!

bicicletă *sf.* **1.** (bi)cycle, (push)bike: *a merge pe/cu bicicleta* to bicycle, to pedal, to ride a bicycle. **2.** (*de curse*) racer.

biciclist *sm.* cyclist, biker, rider.

biciui *vt.* **1.** to flog, to whip, to lash, to flagellate. **2.** (*critica*) to flay. # **~re** flogging, whiplash, lash(ing).

bidon *sn.* can.

bie *sn.* bias.

biet, biată *adj.* poor.

bifa *vt.* to tick, *amer.* to check. # **~re** tick, *amer.* check; *semn de ~re* tick.

biftec *sn.* beefsteak.

bifurca *vr.* to bifurcate, to branch, to fork. # **~re** (*de drumuri*) fork; **~t** forked.

bigam *sm.* bigamist. # **~ie** bigamy.

bigot *sm.* bigot. # **~ism** bigotry.

bigudiu *sn.* (hair) curler, roll(er).

bijuterie *sf.* **1.** jewel, ornament, gem. **2.** (*ieftină*) trinket. **3.** *pl.* jewellery.

bijutier *sm.* jeweller, goldsmith.

bikini *sn.* bikini.

bilanţ *sn.* balance sheet.

bilă *sf.* **1.** ball. **2.** *med.* bile. **3.** (*la popice*) bowl. **4.** (*cap*) *sl.* nut.

bilet *sn.* **1.** ticket: ~ *dus-întors* return ticket. **2.** (*de loto etc.*) coupon. **3.** (*numai dus*) *c.f.* single ticket. **4.** (*răvaş*) note. # *costul unui ~* (*de tren etc.*) fare.

bileţel *sn.* slip (of paper).

biliard *sn.* **1.** billiards, pool. **2.** (*un fel de*) snooker.

bilunar *adj.* bimonthly.

bine I. *sn.* good: *spre ~le tuturor* for the good of everyone; *a face un ~ cuiva* to do smb. good. **II.** *adj.* (*chipeş*) handsome, attractive. **III.** *adv.* **1.** well, all right, *fam.* okay, OK: *destul de ~* pretty well; ~ *îmbrăcat* well-dressed. **2.** (*corect*) correctly, rightly. # *cel mai ~* best: *ai face cel mai ~ să rămâi* you had best stay; *mai ~ aş/ai/ar* had better; *mai ~* better: *ai face mai ~ să rămâi* you'd better stay; *cum nu se poate mai ~* good and proper; *ei ~*! well now!; *rămâi cu ~*! good-bye!

bine-crescut *adj.* well-bred.

binecunoscut *adj.* well-known.

binecuvânta *vt.* to bless. # **~re** blessing, benediction, mercy; **~t** blessed.

binefacere *sf.* charity, benefaction, boon.

binefăcător I. *sm.* benefactor. **II.** *adj.* **1.** beneficial, merciful, grateful, salutary. **2.** (*d. climă etc.*) wholesome.

bineînțeles *adv.* ceartainly, of course, naturally, sure enough.

binețe *sf.* greeting.

bine-venit *adj.* **1.** (*d. cineva*) welcome. **2.** (*d. ceva*) opportune, salutary, merciful.

binevoi *vt.* **1.** to condescend. **2.** **(să)** to deign (to): *a ~t să răspundă* he deigned to answer.

binevoitor *adj.* cheerful, willing, kindly, warm-hearted, benevolent, sympathetic: *a fi ~ față de* to look kindly on.

binoclu *sn.* **1.** binoculars, field glasses. **2.** (*de teatru*) opera glasses.

biografie *sf.* biography.

biolog *sm.* biologist. # **~ie** biology.

biopsie *sf.* biopsy.

biped I. *sm.* biped. **II.** *adj.* bipedal.

bir *sn.* tribute. # *a da ~ cu fugiții* to take to one's heels.

birjar *sm.* cabman, *fam.* cabby.

birjă *sf.* hansom, cab.

birocrat *sm.* bureaucrat. # **~ic** bureaucratic, white-collar.

birocrație *sf.* bureaucracy, red tape.

birou *sn.* **1.** (*masă*) bureau, desk. **2.** (*încăpere*) study. **3.** (*serviciu*) office: *șef de ~* head office.

birt *sn.* pub, eatery.

birui *vt.* **1.** to vanquish, to defeat, to conquer. **2.** (*în luptă*) to triumph over. # **~tor** triumphant, victor(ious).

biruință *sf.* triumph, victory.

bis *sn., interj.* encore. # **a ~a** to encore.

biscuit *sm.* biscuit, wafer, cooky, cracker. *amer.* cookie.

biserică *sf.* church.

bisturiu *sn.* scalpel.

bișniță *sf.* pilfering, *fam.* racket.

bit *sm.* *tehn.* bit.

bitum *sn.* bitumen.

bivol *sm.* buffalo, ox. # **~iță** buffalo cow.

bizantin *adj.* byzantine.

bizar *adj.* bizarre, curious, quaint, peculiar, weird, strange. # **~erie** singularity, oddity, peculiarity, oddness, otherness.

bizon *sm.* bison, buffalo.

bizui *vr.* **(pe)** to depend (on, upon), to rely (on, upon), to calculate (on), to rest (on). # *pe care nu te poți ~* unreliable.

blajin *adj.* mild, placid, tame, quiet.

blam *sn.* censure, obloquy.

blama *vt.* **1.** to blame, to damn, to condemn, to castigate, to denounce, to rebuke. **2.** (*calomnia*) to slander. # **~re** condemnation, vituperation, impeachment, reproach; **~bil** blamable, culpable.

blană *sf.* **1.** (*de animal*) skin, pelt, hide, fur: *~ artificială* fake fur. **2.** (*scândură*) plank. # *haină de ~* fur (coat).

blanc *sn.* (*spațiu alb*) blank.

blasfemie *sf.* blasphemy.

blatiști *sm. pl.* fare dodgers.

blazat *adj.* apathetic, disgusted (*of life, etc.*).

blazon *sn.* emblem, coat of arms.
blănar *sm.* furrier. # **~ie** furrier's.
blând *adj.* **1.** (*d. cineva*) mild, gentle, benign, tractable, charitable. **2.** *fig.* easy: *legi ~e* easy laws. **3.** (*d. animale*) tame, harmless. **4.** (*d. climă*) kind. **5.** (*d. vreme*) balmy, clement. **6.** (*d. lumină*) tender. # **~ețe** gentleness, charity, kindness; *cu ~ețe* mildly, soothingly.
bleg I. *sm. fam.* wet. **II.** *adj.* **1.** soft, wimpish, floppy, gullible, limp, sapless. **2.** (*d. urechi*) loppy. # **a se ~i** *fam.* to wilt.
blenoragie *sf.* gonorrhoea, *sl.* clap.
blestem *sn.* **1.** curse, malediction. **2.** (*necaz*) plight. # **a ~a** to curse, to maladict; **~at** *fam.* cursed.
blestemăție *sf.* devilment, devilry.
bleu *adj.* (light) blue. # **~marin** dark/navy blue.
blindat *adj.* armoured, bombproof, bulletproof, shellproof.
bliț *sn.* flash(light).
bloc *sn.* **1.** (*morman*) mass. **2.** (*de locuințe*) (block of) flats, mansons. **3.** (*de piatră*) block. **4.** (*de desen*) drawing block. # *în ~* in bulk.
bloca I. *vt.* **1.** to block, to stop, to jam, to restrain: *a ~ inflația* to restrain inflation. **2.** (*un drum*) to obstruct, to bar. **3.** (*un volan*) to lock. **4.** (*o ușă pentru a sta deschisă*) to wedge. **II.** *vr.* (*d. un mecanism, o ușă*) to stick. # **~j** block(age), bottleneck, lock; **~dă** blockade; **~t** (*d. o ușă etc.*) stuck.
blocare *sf.* **1.** block, bottleneck, obstruction. **2.** (*a circulației*) jam, *fam.* snarl-up.
blocnotes *sn.* notebook, (note)pad.
blond I. *sm.* blond. **II.** *adj.* **1.** blond. **2.** (*d. păr*) fair, flaxen. # **~ă** blonde; *~-roșcat* sandy.
bluf *sn.* bluff.
blugi *sm. pl.* (blue) jeans.
bluză *sf.* blouse.
boa *sm. zool.* boa.
boabă *sf.* berry.
boacănă *sf.* blunder. # *a face o ~* to blunder.
boală *sf.* **1.** illness, sickness, disease, malady, trouble: *~ contagioasă* contagious disease; *~ gravă/ușoară* severe/slight illness. **2.** (*ușoară*) ailment.
boare *sf.* waft, whiff.
boarfă *sf.* **1.** rag. **2.** *pl.* junk. **3.** (*curvă*) baggage, whore.
bob[1] *sn.* **1.** berry. **2.** (*de cereale*) corn, grain. **3.** (*de cafea*) bean.
bob[2] *sn. sport* bobsleigh, bobsled.
bobârnac *sn.* fillip, flick: *a da un ~* to flick.
bobina *vt.* to wind, to wire.
bobină *sf.* **1.** reel, spool. **2.** (*și el.*) coil.
boboc *sm.* **1.** *bot.* bud. **2.** (*de gâscă*) gosling. **3.** (*de rață*) duckling. **4.** (*începător*) greenhorn, cub, *amer. fam.* rookie.
Bobotează *sf.* Epiphany.
bocanc *sm.* boot.
bocăni *vi.* to hammer.
boccea *sf.* bag, bundle.
bocet *sn.* **1.** lament, wailing. **2.** (*lamentare*) dirge, keen.

boci I. *vt.* (*un mort*) to keen, to dirge, to lament. **II.** *vi.* to lament, to wail. # **~toare** keener.

bocnă *sf.* # *înghețat* ~ chilled to the marrow.

bodegă *sf.* pub.

bodogăneală *sf.* growl, grumble.

bodogăni *vi.* to growl, to grumble.

boem *sm., adj.* bohemian.

bogat I. *sm.* rich man. **II.** *adj.* **1.** wealthy, rich, affluent, *fam.* well-to-do, well-heeled. **2.** (*d. recoltă*) plentiful. **3.** (*d. vegetație*) luxuriant. **4.** (*d. imaginație*) vivid. **III.** *adv.* richly. # *recoltă ~ă* bumper harvest.

bogătaș *sm.* wealthy/rich man.

bogăție *sf.* **1.** wealth, money, richness, opulence. **2.** *pl.* riches.

boi *vr.* to make up (*one's face*).

boia *sf.* (*iute*) cayenne, paprika.

boiangiu *sm.* dyer.

boicot *sn.* boycott. # **a ~a** to boycott, to derail.

boier *sm.* lord, *înv.* boyard, squire.

boiler *sn.* boiler, heater.

boit *adj.* (*sulemenit*) made-up.

bojdeucă *sf.* shack.

bojoc *sm.* lights.

bol *sn.* (*vas*) bowl.

bolboroseală *sf.* babble, gabble, splutter, gibberish.

bolborosi I. *vt.* to babble, to patter, to gabble, to slur, to splutter, to gasp (out). **II.** *vi.* to babble, to gabble, to sputter.

bold *sn.* pin. # *a prinde în ~uri* to pin.

boli *vi.* to sicken.

bolnav I. *sm.* **1.** patient, sufferer, invalid. **2.** (*în spital*) in-patient, inmate. **3.** (*mintal*) sociopath. **II.** *adj.* diseased, sick, ill, unsound, ailing, unwell, suffering. # *cam* ~ out of sort, *fam.* peaked, peaky, peculiar, ropy; *a face pe ~ul* to malinger; *a fi* ~ to ail, to be ill; *a fi cam* ~ to be in bad health.

bolnăvicios *adj.* sickly.

bolovan *sm.* boulder.

boltă *sf.* **1.** (*cupolă*) vault, dome. **2.** (*cerească*) canopy, firmament, heaven.

boltit *adj.* vaulted.

bomba *vr.* to bulge. # **~re** swell.

bombarda *vt.* **1.** to bomb(ard), to blast, to shell. **2.** (*în picaj*) to strafe. # **~ment** bombardment, shelling; *a ~ cu* (*întrebări*) to pester with, to ply with.

bombardier *sn.* bomber.

bombastic *adj.* **1.** emphatic, sententious. **2.** (*d. stil*) turgid, flamboyant. **3.** (*d. limbaj*) high-flown, *fam.* highfalutin. # *cuvinte ~e* fustian/sounding words.

bombat *adj.* convex, bulging.

bombă *sf.* **1.** bomb: ~ *atomică* atomic bomb, A-bomb; ~ *termonucleară* fusion bomb; ~ *fumigenă* smoke bomb; ~ *cu efect întârziat* time bomb. **2.** (*crâșmă*) *fam.* dive, *sl.* joint.

bombăneală *sf.* grumble, grumbling.

bombăni *vi.* to grumble, to mutter.

bomboană *sf.* **1.** candy, sweet(meet). **2.** (*de ciocolată*) chocolate.

bomfaier *sn.* hacksaw.
bon *sn.* **1**. (*de casă*) note, receipt. **2**. (*valoric*) voucher. **3**. ticket. # ~ *de tezaur* treasury, bond.
bonă *sf.* nanny, nurse, governess.
bondar *sm.* bumblebee.
bondoc *adj.* squat, pudgy, thickset, chunky, stubby, *fam.* tubby.
bonetă *sf.* bonnet, cap.
bonețică *sf.* bonnet.
bonificație *sf.* bonus, dividend.
bont *adj.* dull, blunt.
bor[1] *sn.* brim.
bor[2] *sn. chim.* boron.
borcan *sn.* jar, pot.
borcănat *adj.* bottle, bulbous: *nas* ~ bottle/bulbous nose.
bord *sn.* **1**. *nav.* board. **2**. *auto* panel, dash board. # *la* ~ aboard; *peste* ~ overboard; *~ul de sub vânt* lee.
bordei *sn.* shack, hut, shanty.
bordel *sn.* brothel, knocking shop, whorehouse, *fam.* crib, *amer.* cat house. # *patroană de ~ fam.* madam.
borderou *sn.* docket.
bordo *adj.* dark red.
bordura *vt.* **1**. to rim. **2**. (*o batistă etc.*) to edge.
bordură *sf.* **1**. border. **2**. (*margine*). skirting, ledge, verge. **3**. (*de trotuar*) kerb, *amer.* curb.
borfaș *sm.* pilferer, small-time crook.
borî *vt., vi.* to vomit, to throw up, *fam.* to puke.
bormașină *sf.* drill.
bornă *sf.* **1**. (*kilometrică*) milestone, signpost. **2**. *el.* terminal.
boroboață *sf.* prank, peccadillo.
bortă *sf.* pit.
borțoasă *adj. f.* (*însărcinată*) pregnant, *fam.* in the club, in the family way.
borțos *adj.* pot-bellied.
boschet *sn.* bower.
boscorodi *vt., vi.* **1**. (*mormăi*) to grumble. **2**. (*mustra*) to scold.
bostan *sm.* **1**. (*dovleac*) pumpkin. **2**. water melon.
bosumfla *vr.* to sulk, to pout, to pull a long face, to purse. # **~t** sulky.
boșorog *sm.* dotard, *fam.* wrinkly. # **~it** (*ramolit*) gaga.
bot *sn.* **1**. snout, muzzle. **2**. (*al avionului*) nose.
botanic *adj.* botanical. # **~ă** botany.
botez *sn.* christening, baptism. # *nume de* ~ given/Christian name.
boteza *vt.* **1**. to christen, to baptize. **2**. (*denumi*) to name. **3**. (*vinul*) to doctor, to adulterate.
botniță *sf.* muzzle. # *a pune* ~ to muzzle.
boț *sn.* pellet, clod, lump.
boți I. *vt.* to crumple. **II**. *vr.* **1**. to crumple. **2**. (*d. haine*) to crinkle.
bou *sm.* bullock, ox, steer.
box[1] *sn. sport* box(ing). # ~ *profesionist* prizefight.
box[1] *sn.* (*piele*) box calf.
boxa *vt., vi.* to box. # *a ~ la antrenament* to spar.
boxă *sf.* **1**. box room. **2**. (*a acuzaților*) dock. **3**. (*a martorilor*) box.
boxer *sm.* **1**. boxer, pugilist: ~ *de categorie grea* heavyweight boxer; ~ *de categorie ușoară* lightweight boxer; ~ *de categorie*

semimijlocie welterweight boxer. 2. (*profesionist*) (prize)fighter.
braconaj *sn.* poaching. # *a face ~* to poach.
braconier *sm.* poacher.
brad *sm.* fir(tree): *lemn de ~* fir.
brambura *adv. fam.* topsy-turvy. # *a umbla ~* to walk aimlessly, to ramble.
brambureală *sf.* commotion, muddle.
brancardă *sf.* stretcher.
brancardier *sm.* stretcher-bearer.
brandenburg *sn.* frog, toggle.
branhii *sf. pl.* gills.
branşă *sf.* field, domain, sphere.
branț *sn.* insole.
bras *sn.* (*stil de înot*) breast stroke.
brasardă *sf.* sash.
braserie *sf.* beerhouse.
braț *sn.* **1.** arm, limb: *cu ~ele deschise* with open arms. **2.** (*de lemne etc.*) armful. **3.** (*afluent*) branch, arm. **4.** (*de mare*) inlet. # *~ la ~* arm in arm; *a lua în ~e* to enfold, (*un copil*) to cradle; *a ține în ~e* to nurse.
brav *adj.* courageous, intrepid, valiant.
bravo! *interj.* bravo!, bingo!, well done!, good for you!
bravură *sf.* valour, courage, grit.
brazdă *sf.* **1.** (*de plug*) furrow. **2.** (*răzor*) bed. **3.** (*rid*) wrinkle.
brățară *sf.* **1.** bracelet. **2.** *tehn.* collar.
brăzda *vt.* **1.** to furrow. **2.** (*pământul*) to ridge. **3.** (**cu**) to streak (with): *față ~tă cu cicatrici* face streaked with scars. **4.** (*cerul*) (*d. reflector*) to sweep. # **~t** (*d. fața cuiva*) seamed, wrinkled.
brânci *sn.* dig, nudge, poke, thrust. # *a munci pe ~ fam.* to slog.
brânză *sf.* cheese: *~ de vaci* cottage/curd cheese.
brâu *sn.* **1.** (*curea*) girdle, belt. **2.** (*talie*) waist, *fam.* middle. # *până la ~* (*de jos*) waist-high, (*de sus*) waist-deep; *~ de munți* mountain range.
breaslă *sf.* guild, *fam.* tribe.
brelan *sn.* three of a kind.
breloc *sn.* trinket.
breşă *sf.* **1.** break, rift, gap. **2.** *fig.* niche.
bretea *sf.* **1.** (shoulder) strap, sling. **2.** *pl.* (*de pantaloni*) braces, *amer.* suspenders. # *fără bretele* strapless.
breton *sn.* fringe, *amer.* bang.
brevet *sn.* **1.** licence. **2.** (*de invenție*) patent. # *a elibera un ~* (*cuiva*) to license.
breveta *vt.* **1.** to license. **2.** (*o invenție*) to patent.
bric *sn. nav.* brig.
briceag *sn.* (clasp/pocket/jack) knife.
brichetă *sf.* (cigarette) lighter.
brici *sn.* razor. # *curea de ascuțit ~ul* strop.
bridă *sf.* strap.
bridge *sn.* (*joc de cărți*) bridge.
brigadă *sf.* brigade, squad.
brigadier *sm.* brigadier.
briliant *sn.* brilliant.
brioşă *sf.* bun.

britanic *adj.* British:*cetățean ~ amer.* Britisher. # *Marea Britanie* Great Britain.

briză *sf.* breeze.

broască *sf.* 1. *zool.* frog. 2. (*țestoasă*) tortoise: *carapace de ~ țestoasă* tortoise shell. 3. (*țestoasă de mare*) turtle. 4. (*râioasă*) toad. 5. (*de ușă*) lock.

broboadă *sf.* mantilla, wrap.

broboană *sf.* bead: *broboane de transpirație* beads of sweat.

broda *vt.*, *vi.* to embroider.

broderie *sf.* embroidery.

brodi *vr.* to happen to be (somewhere). # *a o ~* to guess (right).

bronhii *sf. pl.* bronchi.

bronșită *sf.* bronchitis.

bronz *sn.* 1. bronze. 2. (*al pielii*) (sun)tan.

bronza *vr.* to bronze, to tan. # **~re** (*a pielii*) (sun)tan; **~t** tanned.

broșat *adj.* (*d. o carte*) paperbacked.

broșă *sf.* brooch, clasp, *amer.* pin.

broșură *sf.* booklet, pamphlet.

brotac *sm.* frog.

bruftului *vt.* to bully, to terrorize.

bruia *vt.* to jam. # **~j** interference.

brumă *sf.* rime, (hoar)frost, white frost.

brunet *adj.* dark(-haired), swarthy. # **~ă** brunette (*sf.*).

brusc I. *adj.* 1. sudden, sneak, unexpected, rash, crash, smart: *oprire ~ă* crash halt; *atac ~* sneak attack. 2. (*d. o curbă*) sharp, tight. 3. (*d. scădere, creștere*) sharp. **II.** *adv.* suddenly, sharp(ly). # **a ~a** to hustle.

brut *adj.* 1. (*neprelucrat*) crude, raw, rough. 2. (*d. greutate, venit*) gross, total: *venit ~* gross income.

brutal *adj.* brutal, rough, violent, vicious, tough, gruff, brutish. # **~itate** brutality, violence.

brutaliza *vt.* to brutalize, to batter. # *a ~ pe cineva* to rough smb. up.

brutar *sm.* baker.

brută *sf.* brute, beast, ruffian, *fam.* tough.

brutărie *sf.* bakery.

bubă *sf.* boil, pustule. # *~-neagră* anthrax.

buboi *sn.* furuncle, carbuncle, boil.

bubui *vi.* 1. to boom, to rumble. 2. (*d. tunet*) to peal, to thunder.

bubuit(ură) *sn., sf.* 1. boom, report, rumbling. 2. (*de tunet*) clap, peal, roll, thunder, rumble.

buburuză *sf.* ladybird.

bucal *adj.* oral.

bucată *sf.* 1. (c)hunk, piece, slice, strip, lump, slab, loaf, tablet: *o ~ de carne* a hunk/piece of meat; *~ de săpun* tablet of soap; *~ de pâine* slice of bread. 2. (*bloc*) mass, bar. 3. (*de carne*) cut. 4. (*de stofă, hârtie*) shred. 5. (*muzicală*) piece. # *dintr-o ~* (*d. cineva*) blunt; *tăiat în bucăți mici* finely-cut.

bucate *sf. pl.* 1. dishes, food. 2. (*alese*) delicacies.

bucă *sf.* buttock.

bucălat *adj.* chubby, plump.

bucătar *sm.* 1. cook. 2. (*la hotel sau restaurant*) chef.

bucătăreasă *sf.* cook.

bucătărie *sf.* 1. kitchen. 2. *nav.* galley. # *ustensile de ~* kitchenware, pots and pans.

bucățică *sf.* 1. fragment, bit, morsel, flake, mote. 2. (*și fig.*) shred. 3. (*de săpun*) cake. 4. (*de ceva moale*) dab. 5. (*de hârtie etc.*) scrap. # *a face bucățele* to shred, to rip smth. up.

buchet *sn.* 1. (*de flori*) bouquet, bunch. 2. (*mănunchi)* tuft. 3. (*al vinului*) bouquet. # *cu ~* (*d. vin*) mellow.

buchețel *sn.* (*de flori*) posy.

buclat *adj.* curly, wavy.

buclă *sf.* 1. curl, ringlet, lock, sweep. 2. (*fir răsucit*) loop.

bucluc *sn.* ado, curse, trouble. # *a da de ~* to get into mischief/ trouble.

bucolică *sf.* idyll.

bucșă *sf.* socket, jack.

bucura I. *vt.* to gladden. II. *vr.* 1. to enjoy. 2. (**de**) to rejoice (at), to exult (at).

bucurie *sf.* gladness, glee, cheer, merrymaking, joy: *nebun de ~* delirious with joy; *a sări în sus de ~* to jump for joy.

bucuros *adj.* joyful, glad, gleeful.

budă *sf. sl.* bog, *amer.* can.

budincă *sf.* pudding.

bufant *adj.* (*d. haine*) full.

bufet *sn.* 1. (*local*) pub, buffet. 2. (*în fabrici etc.*) canteen. 3. (*mobilă*) sideboard, *amer.* buffet. 4. *școl.* tuck shop.

bufnitură *sf.* thud, thump, bump.

bufniță *sf.* owl. # *strigăt de ~* hoot.

bufon *sm.* buffoon, clown, jester, fool. # **~erii** antics; *tichie de ~* coxcomb.

buget *sn.* budget: *a aloca/face un ~* to budget; *elaborarea ~ului* budgeting; *~ de austeritate* shoestring/austerity budget; *de ~* budgetary.

bugetar *adj.* budget: *deficit ~* budget deficit; *excedent ~* budget surplus.

buhăit *adj.* (*d. față*) puffy.

buimac *adj.* muzzy, dizzy, in a daze.

buimăceală *sf.* dizziness, daze, confusion, fluster.

buimăci I. *vt.* 1. to confound, to confuse, to baffle, to fluster, *fam.* to flummox. 2. (*d. un drog*) to numb. 3. (*zăpăci*) to muddle, to puzzle. II. *vr.* to be confused/ dazed. # **~t** confused, dazed.

bujie *sf. auto* (spark) plug.

bujor *sm. bot.* p(a)eony.

bulă *sf.* (*de aer*) bubble.

bulb *sm. bot.* bulb.

bulboană *sf.* whirlpool, rapids.

bulbuc *sm.* bubble. # **~at** swollen, (*d. ochi*) goggled.

buldog *sm.* bulldog.

buldozer *sn.* bulldozer.

buleandră *sf.* 1. rag. 2. *pl.* lumber.

buletin *sf.* 1. (*ziar*) bulletin. 2. report. # *~ meteorologic* weather forecast/report; *~ de știri* newscast, news bulletin.

bulevard *sn.* avenue, boulevard.

bulgar *sm., adj.* Bulgarian. # *limba ~ă* Bulgarian.

bulgăre *sm.* ball, pellet, clod: *~ de zăpadă* snow ball.

bulină *sf.* 1. spot. 2. (*pilulă*) pill, tablet. 3. *pl.* (polka) dots. # *cu buline* spotted.

bulion *sn.* tomato sauce.

buluc *adv.* in great numbers. # **~eală** scramble; **a se ~i** to scramble, to rush, *fam.* to tear; **~ire** dash.

bulversa *vt.* to upset. # **~re** upheaval, upset; **~t** upset.

bumb *sm.* button.

bumbac *sm.* cotton: *rochie de bumbac* cotton dress; *zonă cultivată cu ~* cotton belt; *numai din ~* pure cotton.

bumbăceală *sf. fam.* hiding.

bumerang *sn.* boomerang.

bun I. *sn.* 1. *pl.* goods: *~uri de consum* consumer goods. 2. (*de consum*) commodity. 3. *pl.* (*personale*) possessions. 4. *pl.* (*avere*) asset. **II.** *adj.* 1. good, fine, *fam.* okay, OK: *oameni ~i* good people; *~ă creştere* good breeding; *~ă credinţă* good faith; *~ă dispoziţie* good humour. 2. (*potrivit*) fit: *~ pentru o slujbă* fit for a job. 3. (*la suflet*) kind(-hearted), benign, humane. 4. (*indulgent*) soft. **III.** *adv. fam.* okay, OK. # *~ mobil/personal* movables; *~ de nimic* good-for-nothing, (*om*) waster; *mai ~(ă)* better; *cel/cea mai ~(ă)* (the) best: *în cel mai ~ caz* at best; *cel mai ~* number one, top: *unul dintre cei mai ~i jucători* one of the top players; *a fi cel mai ~ în* (*sondaj etc.*) to top; *potrivit de ~* reasonable; *destul de bun* good enough, *fam.* use-ful; *a fi ~ cu* to sympathize with; *a făcut-o cu cele mai ~e intenţii* he ment it for the best; *de ~-venit* welcome; *toate cele ~e!* all the best!

Buna-Vestire *sf.* Annunciation.

bună! *interj.* hi!, hello!, hallo!, hullo!

bună-cuviinţă *sf.* decency, decorum, propriety.

bunăoară *adv.* for example.

bunăstare *sf.* (common)weal, prosperity, welfare, wellbeing.

bunătate *sf.* 1. goodness, kindness. 2. *pl.* dainties.

bunăvoie *sf.* # *de ~* voluntarily, of one's own accord.

bunăvoinţă *sf.* favour, grace, goodwill.

buncăr *sn.* bunker.

bungalou *sn.* bungalow.

bun-gust *sn.* good taste: *de ~* in good taste.

bunic *sm.* grandfather, *fam.* granddaddy. # **~ă** grandmother, nan(ny), granny.

bunicel *adj.* pretty good, good enough.

bun-simţ *sn.* common sense, decency.

bura *vi.* to drizzle.

burduf *sn.* bag, sack. # *a lega ~ pe cineva* to bind smb. tight.

burduhan *sn.* potbelly, *fam.* maw.

burduşi *vt.* (**cu**) to pile (with).

burete *sm.* 1. (*şi zool.*) sponge. 2. (*ciupercă*) mushroom. 3. (*de sârmă*) scourer. 4. (*de frecat*) scrubber. 5. (*de vase*) pad. 6. (*de şters tabla*) rubber. 7. (*pentru tapiţat*) foam rubber.

burghez *sm., adj.* bourgeois: *mic ~* petty bourgeois. # **~ie** bourgeoisie.

burghiu *sn.* auger, drill.

buric *sn.* **1.** navel, *fam.* belly button. **2.** (*la deget*) fingertip, pad. # *~ul pământului* the hub of the universe; *dans din ~* belly dance.

burlac *sm.* bachelor, unmarried man. # *petrecere a ~ilor* stag party.

burlan *sn.* pipe, spout.

burlesc *adj.* burlesque, mock.

burnița *vi.* to drizzle.

burniță *sf.* drizzle.

bursă *sf.* **1.** (*de studii*) scholarship, stipend. **2.** *ec.* (*de valori*) (stock) exchange: *~ de cereale* corn exchange. # *agent de ~* (stock)broker; *~ neagră* black market.

bursier *sm.* scholar.

bursuc *sm.* badger.

burtă *sf.* **1.** stomach, *fam.* belly, tum: *durere de ~* stomach ache. **2.** (*de vacă*) tripe.

burtică *sf. fam.* tum(my).

burtoi *sn.* potbelly, paunch, *fam.* pot.

burtos *adj.* pot-bellied.

buruiană *sf.* weed, grass. # *cu buruieni* weedy.

busculadă *sf.* rush, bustle, scrimmage.

busolă *sf.* compass.

bust *sn.* bust. # *cu ~ul gol* (*d. femei*) topless.

busuioc *sm.* (sweet) basil.

buşi *vt.* **1.** (*îmbrânci*) to push. **2.** (*cu pumnul*) to punch.

buştean *sm.* stock, log. # *adormit ~* fast asleep; *a dormi ~* to sleep like a log.

but *sn.* (*de carne*) saddle. # *~ de vită* rump.

butaş *sm.* cutting.

bute *sf.* cask.

butelcă *sf.* cask.

butelie *sf.* bottle. # *~ de aragaz* gas cylinder.

buticar *sm.* tradesman.

butoi *sn.* barrel, butt. # **~aş** cask; *ca un ~* (*d. cineva*) rotund, *fam.* roly-poly.

buton *sn.* **1.** button. **2.** (*capsă*) stud. **3.** (*de radio*) knob. **4.** (*de comandă*) push-button. # **~i** (cuff) link(er)s.

butonieră *sf.* buttonhole.

butuc *sm.* **1.** stump, block, stock, log. **2.** (*al roţii*) hub. **3.** (*de viţă*) vine. # **~ănos** coarse, crude, rough; *pe ~i fig.* on the rocks.

buturugă *sf.* stump, block, log.

buză *sf.* **1.** lip: *buza de jos* the under lip. **2.** (*tăiş*) edge. # *~ de iepure anat.* harelip; *a lăsa cu buza umflată sl.* to ditch; *a-şi ţuguia buzele* to pout.

buzdugan *sn.* bludgeon, mace.

buzunar *sn.* **1.** pocket: *de ~* pocket; *scoate tot ce ai în ~e* turn out your pockets. **2.** *fig.* purse, pocket. **3.** (*de cangur*) pouch. **4.** (*de la pantaloni*) hip pocket. # *a băga în ~* to pocket; *hoţ de ~e* pickpocket.

buzunări *vt.* to pick (smb.'s) pockets.

C

ca I. *adv.* **1**. (such) as, like: *oameni ~ el* people such as him; *animale sălbatice ~* wild animals such as. **2**. than: *e mai mare ~ acela* it's bigger than that. **3**. as regards, regarding: *~ formă* as regards the form of it. **4**. as... as: *înalt ~ masa* as tall as the table. **II**. *conj.* in order to: *a întins mâna ~ să ajungă la sare* he stretched his hand in order to reach the salt. # *~ şi cum* as if/ though, like; (*astfel*) *~ să* so as to; *~ să nu* lest; *~ şi* as well as; *la fel ~ şi* just like.

cabană *sf.* **1**. chalet. **2**. (*refugiu*) hut, lodge.

cabaret *sn.* (*spectacol de*) cabaret.

cabină *sf.* **1**. box. **2**. (*de telefon*) call/ telephone box, phone box, *amer.* (telephone) booth. **3**. (*de vot*) (voting) booth. **4**. (*în tren*) berth. **5**. (*a şoferului*) cab. **6**. (*a unui actor*) dressing room. **7**. (*pe vas*) cabin: *clasa ~ nav.* cabin class. **8**. (*la ştrand*) locker room.

cabinet *sn.* **1**. cabinet, office. **2**. (*medical*) surgery, *amer.* office.

cablaj *sn.* wiring: *plan de ~* wiring diagram.

cablu *sn.* **1**. *el.* wire, main, cord, lead, duct. **2**. (*de televiziune*) cable.

cabotin *sm.* (*actor*) ham.

cabra *vr.* (*d. animale*) to rear, to jib, to prance.

cabrioletă *sf.* trap, sulky, gig.

cacao *sf.* cocoa.

cacealma *sf.* bluff.

cacofonie *sf.* cacophony.

cactus *sm.* cactus.

cadavru *sn.* cadaver, body, corpse, *sl.* carcass, stiff.

cadă *sf.* (bath)tub.

cadență *sf.* cadence, beat, pulse, tempo, rhythm.

cadou *sn.* present, gift, *fam.* pressie, prezzie.

cadran *sn.* dial.

cadrilat *adj.* chequered.

cadru *sn.* **1**. (*ambianță*) milieu, setting. **2**. (*cercevea*) sash. **3**. (*al uşii*) doorway, frame. **4**. (*cinema*) take, still. **5**. *pl.* personnel, staff. **6**. *pl.* (*imagini*) views. # *în ~l* within (the framework), (*unei perioade*) inside of.

caduc *adj.* # *a deveni ~ jur.* to lapse.

cafea *sf.* coffee: *~ filtru* filter/drip coffee; *~ua o bei cu zahăr?* do you take sugar in your coffee?

café-bar *sn.* café.

cafenea *sf.* coffee bar/house.

cafeniu *adj.* brown. # ~ *roşcat* auburn.

cagulă *sf.* hood.

caiac *sn.* kayak.

caiet *sn.* copybook, notebook.

caimac *sn.* cream: *a lua ~ul de pe lapte* to cream.

cais *sm.* apricot tree. # ~**ă** apricot.

cal *sm.* **1.** horse: ~ *de mare* sea horse. **2.** (*de tracţiune*) carthorse, hack(ney), draught horse, shire horse. **3.** (*roib*) chestnut. **4.** (*de călărie*) mount, steed. **5.** (*de în-chiriat*) hack. **6.** (*sălbatic*) mustang. **7.** (*de curse*) racehorse, racer. **8.** (*pur sânge*) thoroughbred. **9.** (*la şah*) knight. **10.** *sport* (vaulting) horse: ~ *cu mânere* horse pommel. # *carne de* ~ horseflesh; ~-*putere* horsepower; *curse de cai* the turf; ~ *de bătaie fig.* stooge.

calabalâc *sn.* belongings, bag and baggage.

calambur *sn.* epigram, quibble, pun.

calamitat *adj.* (*d. o zonă*) stricken. # ~**e** calamity, disaster, plague.

calapod *sn.* last, boot tree.

calare *sf. tehn.* jam.

cală *sf. nav.* hold.

calc *sn.* (*hârtie de*) tracing paper. # *desen/copie pe* ~ tracing.

calcan *sm.* flat fish, plaice, sole, ray, turbot.

calcar *sn.* limestone.

calciu *sn.* calcium.

calcul[1] *sn.* **1.** calculation, account, count, tally, reckon. **2.** (*matematic*) calculus, sum. **3.** (*evaluare*) estimate.

calcul[2] *sm. med.* calculus, stone: ~ *biliar* gall stone.

calcula *vt.* **1.** to calculate, to compute, to tally, to count. **2.** (*evalua*) to estimate, to reckon. # *a ~ greşit* to miscalculate.

calculator *sn.* calculator, computer. # *putere/capacitate a unui* ~ throughput.

cald *adj.* **1.** warm, hot: *a ţine* ~ to keep warm; *îmi este* ~ I'm warm. **2.** (*d. cineva*) amiable, warm. **3.** (*d. culori*) mellow, rich, soft.

caldarâm *sn.* pavement.

cale *sf.* **1.** path, road, way, walk, track: ~ *de urmat* way of proceeding. **2.** (*filieră*) channel. **3.** (*mijloc*) road, medium, route: *pe ~a succesului* on the road of success. **4.** *pl.* (*mijloace*) means. **5.** (*direcţie*) course. **6.** (*ferată*) rail(way), track, *amer.* railroad. **7.** (*navigabilă*) waterway. **8.** (*maritimă*) seaway. **9.** (*de urmat*) track. # *a pune la* ~ to brew, to conspire, to scheme; *a pune la* ~ (*o lovitură de stat*) to plot; *a pune pe o ~ greşită* to misdirect; *~a cea mai bună de urmat* one's best bet; *a aduce pe ~a cea bună* to reclaim; ~ *de mijloc* middle course; *pe ~ să* about to, on course to; *pe ~ de a* (*vinde*) in the process of (selling).

caleidoscop *sn.* kaleidoscope.
calendar *sn.* calendar. # *a face cuiva capul* ~ to talk smb.'s head off.
calibra *vt.* **1**. to gauge, *amer.* to gage. **2**. (*o piesă*) to size.
calibru *sn.* **1**. calibre, magnitude, gauge, *amer.* gage. **2**. *tehn.* bore.
calic I. *sm.* niggard. **II**. *adj.* near, stingy, mean, illiberal, *fam.* close, mingy. # **~ie** parsimony; **a se ~i** to stint, to skimp.
caliciu *sn. bot.* chalice.
califica I. *vt.* **1**. to qualify. **2**. (*eticheta*) to tag. **II**. *vr. sport* to qualify. # **~tiv** (*notă*) mark.
calificare *sf.* **1**. qualification, training. **2**. (*în muncă*) skill. # *de* ~ training.
calificat *adj.* **1**. competent, qualified. **2**. (*pentru o slujbă*) skilled. **3**. (*competent*) skilful. # *muncitor* ~ skilled worker.
caligrafie *sf.* calligraphy, penmanship.
calitate *sf.* **1**. quality, capacity, virtue: *calități vindecătoare* healing virtues; *în ~a mea de* in my capacity of. **2**. *pl.* capabilities. # *în* ~ *de* as; *de* ~ quality, choice, first-class; *de proastă* ~ cheap, second rate, base; *de cea mai bună* ~ prime, first-class, first-rate, top-line, sterling; *de* ~ *inferioară* of low quality; *de* ~ *foarte proastă* third-rate.
calitativ *adj.* qualitative.
calm I. *sn.* **1**. calm, phlegm, composure, equanimity, poise, temper. **2**. (*liniște*) quiet, peace, tranquillity, lull. **II**. *adj.* **1**. calm, cool, quiescent, patient, unmoved, nerveless. **2**. (*liniștit*) quiet, placid, unstirred, collected, tranquil, serene, still. **3**. (*d. mare*) smooth. **4**. (*d. cineva*) sedate, self-possessed. **5**. (*imperturbabil*) unruffled. **III**. *adv.* patiently. # *a-și păstra ~ul* to keep one's head.
calma I. *vt.* **1**. to calm, to soothe, to compose, to hush. **2**. (*domoli*) to calm down, to lull, to quiet, to pacify, to tranquillize. **3**. (*nervii*) to steady. **II**. *vr.* **1**. to calm down, to relax, to quiet. **2**. (*d. pasiuni etc.*) to settle.
calmant I. *sn.* sedative, painkiller, tranquillizer. **II**. *adj.* anodyne, lenitive.
calmar *sm.* squid.
calomnia *vt.* to calumniate, to defame, to smear, to traduce, to slander, to libel. # **~tor** detractor, slanderer, *fam.* muckraker.
calomnie *sf.* calumny, slander, libel. # **~re** mud-slinging.
calomnios *adj.* slanderous, libellous.
caloric *adj.* thermal.
calorie *sf.* calorie.
calorifer *sn.* radiator.
calup *sn.* **1**. bar, loaf, lump. **2**. (*în cizmărie*) last. **3**. (*de săpun*) cake.
calvar *sn.* ordeal, torture, agony, plight, martyrdom.
cam *adv.* about, almost, rather, approximately, around, some, *fam.* pretty: *o întrebare* ~ *grea*

a rather difficult question; *~prea mult* rather too much; *acolo sunt ~ 40 de cărţi* there are some 40 books there.

camarad *sm.* **1.** comrade, (work)mate, fellow, *fam.* chum. **2.** (*partener*) partner. # **~erie** comradeship, fellowship, togetherness.

camarilă *sf.* (*politică*) cabal.

camătă *sf.* usury.

cambie *sf. ec.* bill of exchange.

cameleon *sm.* (*şi fig.*) chameleon.

camelie *sf.* camellia.

cameraman *sm.* cameraman.

cameră *sf.* **1.** room, chamber: *~ de comerţ* Chamber of Commerce. **2.** (*a copilului*) nursery. **3.** (*de zi*) drawing-room, parlour, sitting/living room. **4.** (*de dormit*) bedroom. **5.** *pl.* (*de închiriat*) rooms, lodgings, *fam.* digs. **6.** (*de oaspeţi*) spare/guest room. **7.** (*mobilată*) furnished room. **8.** (*retrasă*) closet. **9.** (*de luat vederi*) camera: *~ ascunsă* candid camera. **10.** (*video*) video (camera). **11.** *auto* tube. **12.** (*de lucru*) study. **13.** (*a parlamentului*) house: *camera lorzilor* the house of lords. # *~ pentru o persoană* (*la hotel*) single; *camere libere* (*la hotel*) vacancy. # *a împărţi o ~* (*cu*) to room (with); *~ plină de* roomful of; *casă cu camere mobilate de închiriat* rooming house.

cameristă *sf.* lady's maid, (chamber) maid.

camfor *sn.* camphor.

camion *sn.* **1.** truck, van, lorry. **2.** (*de mare tonaj*) juggernaut, *amer. fam.* rig. # **~etă** pick-up.

campanie *sf.* **1.** campaign, race: *campania* (*electorală*) *a început* the race is on. **2.** (*acţiune*) drive, push, crusade: *~ împotriva fumatului* crusade against smoking, antismoking drive. **3.** (*electorală*) election campaign, can-vass. **4.** (*de defăimare*) whispering campaign. # *a lua parte la o ~* to campaign; *a face ~ electorală* to canvass.

camping *sn.* camp.

campion *sm.* **1.** champion. **2.** *sport* title-holder: *~ul olimpic* the Olympic title-holder. # **~at** championship.

campus *sn.* campus, quadrangle.

camufla *vt.* **1.** to camouflage, to black out. **2.** (*ascunde*) to hide, to disguise. # **~j** blackout, camouflage.

canadian *sm., adj.* Canadian.

canaf *sn.* tassel.

canal *sn.* **1.** (*conductă*) channel. **2.** *geogr.* narrows, (*natural*) channel, (*artificial*) canal. **3.** (*de televiziune*) channel, *fam.* side. **4.** (*de scurgere*) drain, dyke, ditch, sewer, gutter, *amer.* sewer grate. **5.** *anat.* duct, passage, tube. **6.** (*îngust*) gut.

canalie *sf.* scoundrel, rascal, bad lot.

canaliza *vt.* **1.** to channel, to sewage. **2.** (*şi fig.*) to canalize.

canalizare *sf.* **1**. drainage, sewerage, grid: *sistem de ~* sewerage system. **2**. (*a unei case etc.*) piping.

canapea *sf.* couch, divan, sofa, settee, *amer.* davenport: *~ extensibilă* sofa bed.

canar *sm.* canary.

canava *sf.* canvas.

cană *sf.* **1**. mug. **2**. (*de apă*) jug. **3**. (*de vin, apă*) *amer.* pitcher. **4**. (*de bere cu capac*) tankard.

cancan *sn.* scandal.

cancelar *sm.* (*în Germania*) chancellor.

cancelarie *sf.* *şcol.* office.

cancer *sn.* cancer.

candelabru *sn.* candelabrum, chandelier.

candelă *sf.* votive light.

candid *adj.* ingenuous.

candida *vi.* **(pentru) 1**. to stand (for), *amer.* to try out (for). **2**. (*în alegeri*) to run (for).

candidat *sm.* **1**. aspirant, candidate, participant. **2**. *pol.* nominee. # **~ură** candidacy, candidature, nomination; *listă de candidaţi* (*în alegeri*) *amer.* slate, (*a unui partid*) ticket.

candoare *sf.* purity, innocence.

candriu *adj.* cracked, potty, screwy, *fam.* nut, *amer. fam.* dippy.

canea *sf.* tap.

canelură *sf.* *tehn.* groove, slot.

cangrena *vr.* to mortify.

cangrenă *sf.* *med.* gangrene.

cangur *sm.* kangaroo.

canibal *sm.* cannibal, maneater.

canicular *adj.* (*d. vreme*) sultry, sizzling, torrid, *fam.* scorching. # *zile ~e* dog days; *zi ~ă* scorcher; *~ şi umed* (*d. vreme*) sticky.

caniculă *sf.* dog days.

canin I. *sm.* eyetooth. **II.** *adj.* canine.

canion *sn.* canyon.

canistră *sf.* canister.

canoe *sf.* canoe.

canon *sn.* **1**. canon. **2**. (*chin*) ordeal. **3**. *muz.* round. # **a se ~i** to toil, to torment oneself.

canota *vi.* to row. # **~aj** row(ing), boating.

canotor *sm.* rower.

cant *sn.* edge.

cantină *sf.* **1**. canteen. **2**. *şcol.* refectory. # *cantina săracului* soup kitchen.

cantitate *sf.* **1**. amount, quantity. **2**. (*mare*) bulk, plenty. # *~ satisfăcătoare* sufficiency.

cantitativ *adj.* quantitative.

canton *sn.* cabin.

cantonament *sn.* cantonment.

cantor *sm.* cantor.

cap[1] *sn.* **1**. head, *sl.* dome, nut: *~ pătrat* block head. **2**. (*minte*) mind, brain. **3**. (*de linie ferată*) railhead. **4**. (*de listă*) top. # *a bate la ~* to badger, to nag; *a (se) da peste ~* (*se răsturna*) to capsize, (*face tumbe*) to somersault; *a da bătaie de ~* to put to trouble; *a da peste ~ pe cineva* to hit smb. for six; *a da peste ~* (*a bea*) to tip off; *a-şi face de ~* to do foolish things, *fam.* to sleep around, to put it about; *a-şi face de ~ cu cineva* to play around with smb.; *a-şi bate ~ul cu* to rack one's brains over; *a-şi pierde ~ul* to be taken aback; *bătut în ~ sl.* as thick as two planks; *~ sec* numbskull; *greu de ~* dull, lumpish, dumb, slow(-witted); *cu scaun la ~* sensible; *până peste ~* up to one's ears; *~ la ~* end to end; *cu ~ul înainte* head first; *cu ~ul pe umeri* thinking; *vai de ~ul meu!* woe is me!; *vai de ~ul lui!* poor fellow!

cap[2] *sm.* chief, leader.

cap[3] *sn. geogr.* cape.

capabil *adj.* **1.** efficient, apt, (cap)-able. **2.** competent, proficient, skilful.

capac *sn.* lid, cover, cap, top. # *cu ~ care se înşurubează* screwtop.

capacitate *sf.* **1.** (*volum*) capacity, volume, content. **2.** (*aptitudine*) ability, capability, talent. **3.** (*a unei săli*) seating. # *~a de a înţelege* comprehension.

capă *sf.* cape. # *de ~ şi spadă* cloak-and-dagger.

capăt *sn.* **1.** end, limit, finish, extremity, last: *până la ~* to the last/end. **2.** (*rămăşiţă*) piece, bit. # *a pune ~* to conclude, to quell; *a pune ~ la* to terminate, to put a stop to; *de la un ~ la altul* throughout; *de la ~* from the beginning; *a o scoate la ~* to carry through.

capcană *sf.* **1.** (*şi fig.*) trap, snare. **2.** *fig.* mesh, pitfall. **3.** (*pentru păsări etc.*) gin. **4.** *pl. fig.* toils. # *a prinde în ~* to snare.

capelan *sm.* chaplain.

capelă[1] *sf. bis.* **1.** chapel. **2.** (*mortuară*) mortuary.

capelă[2] *sf.* cap.

capia *sm.* pimento.

capilar *adj.* capillary.

capital I. *sn. ec.* capital, fund: *~ de investiţii* venture capital; *de ~* capital; *epuizare de ~* drain of capital; *~ circulant* floating capital; *majorare de ~* capital accretion. **II.** *adj.* essential, cardinal, momentous, prime: *păcate ~e* cardinal sins; *de importanţă ~ă* of prime importance. # **~ism** capitalism; **~ist** capitalist; **a ~iza** to capitalize; **~izare** capitalization; *reducere de ~* write-down; *~ de bază ec.* principal.

capitală *sf.* capital.

capitol *sn.* chapter.

capitona *vt.* to upholster, to pad. # **~re** wadding; **~t** upholstered.

capitula *vi.* to capitulate, to surrender, to yield, *fam.* to cave in. # **~re** surrender.

capodoperă *sf.* masterpiece.

caporal *sm. mil.* corporal.

capot *sn.* dressing gown.

capota *vi.* to capsize.

capotă *sf. auto* bonnet, *amer.* hood, top.

capră *sf.* **1.** (nanny) goat. **2.** (*a vizitiului*) box. **3.** *sport* vaulting horse. **4.** (*de tăiat lemne*) trestle. # *piele de ~* goatskin.

capricios *adj.* capricious, moody, flighty, fickle.

capriciu *sn.* mood, whim, vagary, fancy, *fam.* fad.

Capricornul *sn.* art. 1. (*zodie*) Capricorn. 2. (*constelație*) the Goat.
capsa *vt.* (*hârtii*) to staple. # ~**tor** stapler.
capsă *sf.* 1. (*la îmbrăcăminte*) snap, (press) stud, *fam.* popper. 2. (*clamă*) fastener. 3. (*amorsă*) fuse. 4. (*pentru hârtii*) staple. # *cu capsa pusă fam.* shirty.
capsulă *sf.* capsule: ~ *cosmică* space capsule.
capta *vt.* 1. *tehn.* to catch, to trap. 2. (*atenția, interesul*) to capture, to captivate, to catch.
captiv *adj.* captive. # ~**itate** captivity, bond.
captiva *vt.* to captivate, to absorb, to fascinate, to rivet, to mesmerize, to engross, to engage. # ~**t** rapt, riveting; *a ~ publicul* to grip the audience.
captivant *adj.* compelling, absorbing, fascinating, pulsating, mesmeric, breathtaking, exciting, riveting, thrilling, spellbinding. # *roman/film ~* thriller.
captura *vt.* 1. to capture, to seize, to rush. 2. (*din nou*) to retake. 3. (*un oraș etc.*) to take. # ~**re** capture, catch.
captură *sf.* 1. capture, seizure. 2. (*obiect*) loot.
car[1] *sn.* 1. cart. 2. (*cu boi*) oxcart. 3. (*alegoric*) float. 4. (*mortuar*) hearse.
car[2] *sm.* (*insectă*) woodworm.
carabină *sf.* carbine.
carabinier *sm.* carabiner.
caracatiță *sf.* octopus.
caracter *sn.* 1. character, nature, feature: *nu-i stă în ~ să* it's not in his nature to. 2. temperament, mettle. 3. (*de literă*) type, print: *în/cu ~e aldine* in bold print. # *tărie de ~* fibre; *lipsit de ~* characterless; *om de ~* trustworthy person.
caracteristic *adj.* characteristic, typical, peculiar, representative, specific.
caracteristică *sf.* 1. character(istic), peculiarity, specification, spirit, nature. 2. (*trăsătură*) feature, trait, quality, point. 3. *pl.* particulars.
caracteriza *vt.* to characterize, to define, to typify, to mark. # ~**re** characterization; *asta îl caracterizează!* typically of him!
carafă *sf.* decanter.
caraghios *adj.* 1. (*ridicol*) ridiculous, ludicrous. 2. (*amuzant*) funny, comical. # ~**lâc** drollery.
caramea *sf.* taffy, toffee.
carantină *sf.* quarantine.
carapace *sf.* 1. mail. 2. (*de broască țestoasă*) shell.
caras *sm.* crucian.
carat *sn.* carat, *amer.* karat.
caravană *sf.* caravan, train.
carbid *sn.* carbide.
carbon *sm.* carbon: *bioxid de ~* carbon dioxide.
carbonifer *adj.* carboniferous. # *bazin ~* coal basin.
carburant *sm.* fuel.
carburator *sn.* carburettor.
carcasă *sf.* 1. casing, frame, skeleton. 2. *tehn.* jacket. 3. (*de animal*) carcass, carcase. 4. (*de ceas*) case. 5. (*de motor etc.*) housing.

carceră *sf.* dungeon, lockup.
card *sn. ec.* card.
cardiac *adj.* cardiac: *stop* ~ cardiac arrest.
cardinal I. *sm.* cardinal. II. *adj.* cardinal: *numerale* ~*e* cardinal numbers.
cardiolog *sm.* cardiologist. # ~**ie** cardiology.
care I. *adj.* what, which. II. *pron.* 1. what, which. 2. (*relativ*) who: *omul* ~ *este la uşă* the man who is at the door. # *pe* ~ whom, which; ~ *va să zică* that is to say; *cel* ~ he who; cea ~ she who; *cei/cele* ~ those who, such; *prin* ~ whereby; *în* ~ wherein.
carenţă *sf.* deficiency.
careu *sn.* 1. square. 2. (*de cuvinte încrucişate*) crossword (puzzle). 3. (*de 16 m*) *sport* penalty area.
cargobot *sn.* cargoboat.
caria *vr.* to decay, to rot. # ~**t** decayed.
caric *sn. nav.* (ship)load, lading.
caricatură *sf.* caricature, cartoon: *a face o* ~ (*cuiva*) to caricature (someone).
carie *sf.* 1. *med.* caries. 2. (*dentară*) dental decay. # ~**re** decay.
carieră *sf.* 1. (*profesie*) career: *de* ~ career; *diplomat de* ~ career diplomat. 2. (*de piatră*) stonepit, quarry. # *soldat de* ~ regular.
carierist *sm.* careerist.
caritabil *adj.* charitable. # *acţiune* ~*ă* charity drive.
caritate *sf.* charity: *instituţie de* ~ charity. # *acte de* ~ works of mercy, good works.
carlingă *sf. av.* cockpit.
carnaj *sn.* killing.
carnal *adj.* carnal, fleshly, bodily, corporeal, physical.
carnaval *sn.* carnival, pageant.
carne *sf.* 1. meat: ~ *albă* white meat; ~ *afumată* smoked meat. 2. (*crudă*) flesh: *în* ~ *şi oase* in the flesh. 3. (*tocată*) minced meat, mince. # *cu multă* ~ meaty; *de* ~ (*d. miros*) meaty.
carnet *sn.* 1. notebook. 2. (*bancar*) bankbook. 3. (*de însemnări*) pocketbook.
carneţel *sn.* (*de însemnări*) notepad.
carnivor I. *sm.* carnivore. II. *adj.* carnivorous. # *animale* ~*e* flesh-eating animals.
caro *sn.* diamond: *asul de* ~ the ace of diamonds.
carosabil *sn.* road, carriageway, traffic road, *amer.* pavement: *parte* ~*ă* carriageway, roadway.
caroserie *sf. auto* body, shell.
carou *sn.* check: *în/cu* ~*ri* check(er)ed, chequered.
carpatin *adj.* Carpathian.
carpetă *sf.* mat, rug.
cart *sn. nav.* watch.
carte *sf.* 1. book, volume: ~ *de onoare* visitor's book. 2. card: ~ *de joc/vizită* card; ~ *de credit* credit/access card; ~ *verde auto* green card. 3. (*broşată*) paperback. 4. *şcol.* textbook. # ~ *de bucate* cookbook; ~ *de senzaţie* thriller; ~ *poştală* postcard; *ştiinţă de* ~ literacy; *ştiutor de* ~ literate; *om cu* ~ educated man.

cartel *sn.* cartel, trust, syndicate.
cartelă *sf.* card: ~*perforată* punched card. # ~ *telefonică* phonecard; ~ *de alimente* ration book.
cartier *sn.* **1**. district, neighbourhood, quarter, ward. **2**. (*foarte sărac*) slum, *amer.* skid row. # ~ *general* headquarters.
cartilaj *sn.* cartilage, gristle.
cartof *sm.* potato, *fam.* spud, *sl.* tater: ~*i noi* sweet potatoes; ~*i piure* mashed potatoes. # ~ *prăjiți* crisps, fries, fried potatoes, *amer.* chips.
cartofor *sm.* gambler, gamester.
cartografia *vt.* to map.
cartografie *sf.* cartography, mapping.
carton *sn.* **1**. pasteboard. **2**. card(board): ~**aş** (*la fotbal*) (*galben*) yellow card, (*roşu*) red card.
cartonat *adj.* (*d. carte*) hard-bound. # *carte* ~*ă* hardback.
cartotecă *sf.* card index.
cartuş *sn.* **1**. cartridge, bullet. **2**. (*de țigări*) carton. # ~*ieră* cartridge belt.
carusel *sn.* carousel.
casa *vt.* **1**. to nullify. **2**. *jur.* to quash.
casabil *adj.* brittle, breakable.
casant *adj.* breakable.
casă[1] *sf.* **1**. house, dwelling, building, place: ~ *nelocuită* empty house; *de* ~ house. **2**. (*cămin*) home, hearth: *de* ~ home-made; ~ *de nebuni* mental home. **3**. (*gospodărie*) household. **4**. (*menaj*) home, family. **5**. (*la țară*) cottage, country house, villa. **6**. (*impunătoare*) mansion, residence. **7**. (*de odihnă*) rest home. **8**. (*de vacanță*) chalet, villa. **9**. (*de melc*) shell. # *în* ~ indoors; ~ *şi masă* bed and board, accommodation; *proprietar de* ~ householder; ~ *de economii* savings bank; *casa liftului/scării* well.
casă[2] *sf.* **1**. (*de bani*) safe, strongbox. **2**. (*de plată*) cash/pay desk, checkout, *fam.* till. **3**. (*de bilete*) booking office. **4**. (*de bilete la teatru*) box office. # *registru de* ~ *ec.* till; ~ *de litere amer. tehn.* font.
cascadă *sf.* cascade, chute, waterfall, falls.
cascador *sm.* stuntman. # ~**ie** stunt.
cască *sf.* **1**. (*de protecție*) (crash) helmet, cap. **2**. *pl.* (*de ascultat*) headphones, earphones, headset, *sl.* cans.
caschetă *sf.* cap: ~ *de baie* bathing cap.
caserolă *sf.* carton.
casetă *sf.* **1**. case, chest, box. **2**. (*de bijuterii etc.*) casket. **3**. (*video etc.*) cassette, tape: ~ *neînregistrată* blank tape.
casetofon *sn.* tape/cassette recorder.
casier *sm.* **1**. cashier, booking clerk. **2**. (*la bancă*) teller. # ~**ie** pay office.
casnic I. *sm.* stay-at-home. **II**. *adj.* **1**. domestic, home. **2**. (*de casă*) menial. # ~**ă** housewife.
cast *adj.* chaste, pure. # ~**itate** chastity, purity.

castan *sm.* chestnut. # **~ă** chestnut, nut; **~iu** chestnut; *~iu-roşcat* (*d. păr*) auburn.
castaniete *sf. pl.* castanets.
castă *sf.* caste.
castel *sn.* castle: *~ de nisip* sandcastle.
castitate *sf.* chastity.
castor *sm.* beaver.
castra *vt.* **1.** to castrate, to emasculate, to neuter, *amer.* to alter. **2.** (*animale*) to geld, to spay.
castravecior *sm.* gherkin.
castravete *sm.* **1.** cucumber. **2.** (*cornişon*) gherkin, *amer.* pickle.
castron *sn.* basin, bowl, dish.
caş *sn.* green cheese.
caşcaval *sn.* pressed cheese.
caşmir *sn.* (*ţesătură*) chashmere.
cat *sn.* storey, floor.
cataclism *sn.* cataclysm.
catacombă *sf.* catacomb.
catadicsi *vi.* **1.** to condescend. **2.** (**să**) to deign (to).
catafalc *sn.* catafalque, bier.
catalige *sf. pl.* stilts.
catalog *sn.* **1.** cataloque, roll. **2.** (*la şcoală*) register. # *a striga ~ul* to call the register/roll.
cataloga *vt.* to tag. # **~re** tag.
cataplasmă *sf.* compress, poultice.
cataractă *sf.* **1.** (*de apă*) waterfall. **2.** *geogr., med.* cataract.
cataramă *sf.* buckle, clasp, fastener: *a prinde în ~* to buckle. # *prieteni la ~* bosom friends, *fam.* as thick as thieves.
catarg *sn.* mast. # *~ mic* spar.
catastrofal *adj.* disastrous.
catastrofă *sf.* catastrophe, debacle, disaster.
catâr *sm. zool.* (*şi fig.*) mule.
catedrală *sf.* cathedral.
catedră *sf.* **1.** desk. **2.** *univ.* department: *catedra de franceză* the French department.
categoric I. *adj.* **1.** categorical, definite, emphatic, decided. **2.** (*d. un refuz*) outright, point-blank. **II.** *adv.* peremptorily, outright clearly, absolutely.
categorie *sf.* **1.** category, type, kind. **2.** (*rang*) degree, order, rank. **3.** (*socială*) class. # *de categoria a doua* second-class.
categorisi *vt.* **1.** to rate, to type, to grade, *amer.* to rank. **2.** (*pe cineva*) *amer.* to peg.
caterisi *vt.* to unfrock.
catetă *sf.* cathetus.
catgut *sn.* catgut.
catifea *sf.* **1.** velvet. **2.** (*reiată*) cord(uroy), ribbed cotton.
catifelat *adj.* soft, velvety, smooth.
catod *sn.* cathode.
catolic *adj.* catholic.
catrafuse *sf. pl.* belongings, lumber.
catran *sn.* tar.
catren *sn.* quatrain.
caţă *sf.* shrew, scold, vixen.
caucazian *adj.* Caucasian.
cauciuc *sn.* **1.** rubber. **2.** (*natural*) gum: *arbore de ~* gum tree. **3.** *auto* tyre. # **~at** rubberized; *~ reşapat* retread.
caustic *adj.* **1.** (*şi fig.*) caustic. **2.** *fig.* acrimonious, mordant. **3.** (*d. o replică*) poignant, pungen **4.** (*d. o remarcă*) tart.

cauteriza *vt.* to cauterize. # ~**re** cauterization.

cauțiune *sf.* **1**. bail: *a plăti* ~ to bail (out). **2**. *ec.* collateral.

cauza *vt.* to cause, to determine, to occasion, to bring about, to induce, to inflict. # ~**l** causal.

cauză *sf.* cause, motive, reason, root, trigger, source, why: *cauza răului* the root of the evil; *cauza grevei* the trigger of the strike. # *din cauza* because of, through, owing to, by reason of; *din aceastā* ~ therefore; *din* ~ *că* because, seeing that; *în necunoştință de* ~ off-the-cuff, unaware.

cavaler *sm.* **1**. knight: ~*ul rătăcitor* the knight errant. **2**. (*de onoare*) bestman, groomsman. **3**. (*burlac*) bachelor. # ~**ism** chivalry; ~**esc** knightly; *rang/titlu de* ~ knighthood.

cavalerie *sf.* cavalry, horse.

cavalerist *sm.* cavalryman.

cavernă *sf.* **1**. cavern. **2**. (*la plămâni*) cavity. # *omul cavernelor* caveman.

cavernos *adj.* **1**. (*şi fig.*) cavernous. **2**. (*d. voce*) sepulchral.

caviar *sn.* caviare.

cavitate *sf.* cavity, hole, hollow. # ~ *toracică* ribcage.

cavou *sn.* vault.

caz *sn.* **1**. case, event, instance, fact: *după cum e* ~*ul* as the case may be; *în orice* ~ at all events, in any case; *şi într-un* ~ *şi în altul* in either event; *în multe* ~*uri* in many instances. **2**. *jur.*, *gram.* case. # ~ *de forță majoră* case of absolute necessity; ~*uri de forță majoră* contingencies, extremities; *în* ~*ul în care* in the event of, on the chance that; *în acest* ~ under the circumstances; *în* ~ *contrar* otherwise; *în nici un* ~ on no account; *a face* ~ *de* to make a fuss of; *a face mare* ~ *de ceva* to make a thing of it.

caza *vt.* to quarter, to accommodate, to board, to lodge. # ~**re** accommodation.

cazan *sn.* cauldron, vat.

cazare *sf.* accommodation. # ~ *şi masă* board and lodging, bed and board.

cazarmă *sf.* barracks.

cazier *sn.* charge sheet, criminal record.

cazino *sn.* casino.

cazma *sf.* spade, shovel.

caznă *sf.* **1**. torture. **2**. (*trudă*) strain, grind. **3**. (*la naştere*) labour.

cazon *adj.* **1**. military, martial. **2**. *fig.* regimented.

că *conj.* **1**. that: *i-am spus* ~ *nu pot veni* I told him (that) I can't come. **2**. because: *fac asta* ~*-mi place* I do it because I like it. # *aşa* ~ so (that); *numai* ~ but; *pentru* ~ because.

căci *conj.* for, because.

căciulă *sf.* fur cap. # *cu musca pe* ~ guilty.

căciuli *vr.* to bow down.

căciuliță *sf.* bonnet.

cădea *vi.* **1**. to fall (down), to tumble: *a* ~ *bolnav* to fall ill. **2**. (*la schi* *etc.*) to fall over, *fam.* to wipe out. 3. (*din picioare*) to pitch. 4. (*la examen*) to fail. # *a ~ cu un zgomot surd* (*d. un obiect*) to thud; *nu se cade să* you ought not to.

cădelniță *sf.* censer.

cădere *sf.* 1. fall(ing), tumble: *~ liberă* free fall. 2. (*nervoasă*) breakdown, crackup. 3. (*năruire*) collapse, dissolution: *~a imperiului roman* the dissolution of the Roman Empire. 4. (*a guvernului etc.*) downfall. 5. (*a unui sistem de computere*) crash. 6. (*decădere*) decline, undoing. # *~ de apă* chute, waterfall; *~ de pietre* rockfall, slide.

căi *vr.* to repent. # **~nță** remorse, repentance, contrition, regret.

căina *vt.*, *vr.* to lament, to snivel. # **~re** lamentation.

căință *sf.* 1. (*remușcare*) remorse. 2. *bis.* penitence.

călare *adv.* on horseback. # *a merge ~ pe* to ride.

călăreț *sm.* rider, horseman.

călări *vt.*, *vi.* to ride. # **~t** ride, riding.

călărie *sf.* 1. ride. 2. *sport* riding. # *de ~* riding.

călător *sm.* traveller, voyager, passenger.

călători *vi.* 1. to travel, to journey, to go: *a ~ cu trenul* to travel by train. 2. (*cu vaporul*) to voyage. # *a ~ pe un loc în față amer. fam.* to ride shotgun.

călătorie *sf.* 1. tour, travel, journey. 2. (*pe apă*) voyage: *prima ~ pe apă a unui vas* maiden voyage. 3. (*de plăcere a unui guvernant*) junket. 4. (*cu mașina*) ride. 5. *pl.* wanderings. # *a face o ~* to (go on a) journey, to tour; *a face o ~ pe apă* to voyage; *~ sprâncenată*! good riddance!

călău *sm.* 1. hangman, executioner. 2. (*torționar*) tormentor.

călăuză *sf.* guide.

călăuzi *vt.* 1. to guide, to shepherd. 2. (*îndruma*) to direct, to lead.

călca *vt.* 1. to tread: *a ~ apa* to tread water. 2. (*rufe*) to press, to iron. 3. (*apăsat*) to tramp. 4. (*în picioare*) to trample. 5. (*pe nervi*) to irk, *fam.* to aggravate. # *a ~ pe cineva cu mașina* to run over smb.; *a ~ strâmb* (*d. un bărbat*) to stray.

călcâi *sn.* heel: *a se răsuci pe ~e* to turn on one's heel.

căldare *sf.* 1. cauldron, bucket, *amer.* pail. 2. (*depresiune*) depression.

căldicel *adj.* lukewarm, tepid.

căldură *sf.* 1. warm, heat: *în călduri* (*d. un animal*) in/on heat. 2. (*și fig.*) warmth. # *rezistent la ~* heatproof; *cu ~* warmly.

călduros *adj.* 1. warm. 2. *fig.* warm, rousing: *primire călduroasă* rousing reception.

călduț *adj.* lukewarm, tepid.

căli I. *vt.* 1. *fig.* to toughen. 2. *tehn.* to temper. II. *vr.* to toughen. # *grad de ~re tehn.* temper.

călimară *sf.* ink pot, ink stand.

călugăr *sm.* monk, friar. # **~iță** sister, nun.
călugări *vr.* **1.** (*d. bărbați*) to enter a monastery. **2.** (*d. femei*) to take the veil.
căluş *sn.* gag. # *a pune ~* (*cuiva*) to gag.
căluşei *sm. pl.* roundabout, merry-go-round, *amer.* carousel.
căluț *sm.* (*de lemn*) hobbyhorse.
căluț-de-mare *sm.* seahorse.
cămară *sf.* pantry, storeroom, larder.
cămaşă *sf.* **1.** shirt: *~ cu mâneci scurte* short-sleeved shirt. **2.** (*de noapte*) nightdress, night gown. **3.** (*de forță*) straightjacket, strait-jacket.
cămătar *sm.* pawnbroker, debt collector, usurer, money-lender, *fam.* loan shark.
cămilă *sf.* camel.
cămin *sn.* **1.** home, hearth. **2.** (*şemineu*) fireplace, hearth. **3.** (*studențesc*) hostel, *amer.* dormitory. # *placă deasupra ~ului* mantel-shelf.
căpăstru *sn.* halter, bridle.
căpăta *vt.* **1.** to obtain, to receive, to get, to win. **2.** (*experiență*) to gain. **3.** (*un renume*) to earn. **4.** (*un obicei*) to pick up. # *de ~t* for nothing, gratis.
căpătâi *sn.* (*de pat*) head. # *om fără ~* feckless man, dawdler; *de ~* fundamental.
căpătui *vr.* **1.** to settle down, to establish a home. **2.** to get married. # **~t** *fam.* well-heeled.
căpățână *sf. fam.* noddle, nut, skull, pate.
căpățânos *adj.* obstinate, mulish, obdurate, pig-headed.
căpcăun *sm.* (*şi fig.*) ogre.
căpetenie *sf.* chief, head, leader.
căpiat *adj. fam.* dotty.
căpitan *sm.* **1.** captain. **2.** (*de vas*) skipper. **3.** (*de echipă sportivă*) captain, *amer.* skipper.
căpiță *sf.* **1.** cock, rick, stack. **2.** (*de fân*) haycock, haystack.
căprar *sm.* goatherd.
căprioară *sf.* **1.** chamois, deer, hind, doe, roe(deer): *piele de ~* chamois, kid. **2.** (*pui*) fawn. # *carne de ~* venison.
căprior *sm.* roebuck.
căprui *adj.* (*d. ochi*) **1.** brown. **2.** (*deschis*) hazel.
căpşun(ă) *sm., sf.* strawberry.
căptuşeală *sf.* **1.** lining, wadding. **2.** (*matlasată*) pad.
căptuşi *vt.* (*o haină*) to line. # **~re** wadding.
căpuşă *sf.* tick.
căra I. *vt.* to carry, to drag, to bear. **II.** *vr.* to go away. # *cară-te! fam.* clear off!, sling your hook!, sod off!, get lost!
cărare *sf.* **1.** path(way), track, walk, way, trail. **2.** (*în păr*) parting, *amer.* part: *~ într-o parte* side parting.
cărăbăni *vr.* to go away.
cărăbuş *sm.* cock chafer.
cărămidă *sf.* brick. # **~rie** brickyard.
cărămiziu *adj.* red-coloured.
cărăuş *sm.* carrier. # **~ie** haulage, carrying trade.
cărbune *sm.* coal, black diamond: *magazie de cărbuni* coal bunker; *vânzător de cărbuni* coalman.

cărnos *adj*. meaty.

cărpănos I. *sm*. niggard. **II**. *adj*. cheap, skimpy, near, mean, niggardly, stingy, miserly, cheese-paring, *fam*. tight(-fisted), mingy, *amer*. tightwad.

cărpănoşenie *sf*. avarice, itching palm.

cărturar *sm*. scholar.

cărucior *sn*. **1**. perambulator, pram, baby carriage, pushchair. **2**. (*pliant*) buggy, *amer*. stroller. **3**. (*la magazin etc*.) trolley, *amer*. cart.

cărui, cărei *pron*. # *a/al/ale/ai* ~ whose.

cărunt *adj*. white-haired, hoar(y), grizzled.

căruţ *sn*. **1**. (*de copil*) perambulator, pram. **2**. (*la autoservire*) trolley, *amer*. cart.

căruţaş *sm*. carter.

căruţă *sf*. **1**. cart, carriage, wag(g)on. **2**. (*cu coviltir*) caravan.

căsăpi *vt*. to massacre.

căsători I. *vt*. to marry, to wed. **II**. *vr*. to marry, to wed, to get married, *fam*. to get hitched/spliced, to tie the knot: *a se ~ pentru bani* to marry money. # **~t** married, wedded; *a se ~ cu* to marry, *sl*. to hook up with.

căsătorie *sf*. marriage, match, matrimony, wedding, union: *~ civilă* civil marriage; *~ religioasă* wedding; *~ de convenienţă* marriage of convenience; *~ din dragoste* love match. # *a lua în ~* to marry; *cerere în ~* proposal.

căsca I. *vt*. (*gura*) to open. **II**. *vi*. to yawn. **III**. *vr*. (*d. un abis*) to yawn. # *a ~ gura fig*. to gape.

căscat I. *sn*. yawn. **II**. *adj*. (*neatent*) absent-minded.

căsnicie *sf*. married life. # *o ~ fericită* a happy marriage.

căsuţă *sf*. **1**. little house, cottage. **2**. (*poştală*) (letter)box.

căşuna *vr*. # *a i se ~ că* to occur to smb. that.

cătrănit *adj*. furious, wrathful.

către *prep*. towards, to: *mergeau ~ oraş* they walked towards town; *drumul ~ Arad* the road to Arad; *~ sfârşitul secolului* towards the end of the century; *~ seară* towards/by evening.

cătun *sn*. hamlet.

cătuşe *sf. pl*. handcuffs, fetters, gyves, manacles, shackles, *fam*. cuffs. # *a pune în ~* to shackle, to fetter.

căţăra *vr*. **1**. to clamber, to mount. **2**. (*într-un copac*) to shin(ny). **3**. (*greu*) to scramble. # **~re** clamber, scramble.

căţărător *sm*. climber.

căţea *sf*. bitch.

căţel *sm*. **1**. doggy, pup, whelp. **2**. (*de usturoi*) clove. # **~uş** whelp, puppy.

căuş *sn*. scoop.

căuta I. *vt*. **1**. to search, to look for, to hunt, to seek: *a ~ peste tot* to hunt high and low; *a ~ fericirea* to seek happiness. **2**. (*scotoci*) to comb, to scour, to search for. **3**. (**ceva**) to fish for, to look for, to quest for. **4**. (**să**) to try to. **5**. (*un cuvânt în dicționar*) to look up. **6**. (*aur etc.*) to prospect for (*gold, etc.*). **7**. (*ceartă*) to pick. **II**. *vi*. to seek (after, for). **III**. *vr*. to be wanted.

căutat *adj*. **1**. (*pe piață*) in demand. **2**. (*d. o marfă*) sought-after. # ~ *de poliție* wanted.

căutare *sf*. quest, search, hunt, pursuit: *în* ~ *de* in search/quest of; *în ~a fericirii* in quest of happiness.

căutător *sm*. (*de aur etc.*) prospector.

căutătură *sf*. eye, look, glance, once-over.

căzătură *sf*. tumble, fall.

căzni *vr*. to try hard.

câine *sm*. **1**. dog. **2**. (*de pază*) watchdog, mastiff, guard dog. **3**. (*lup*) wolfhound. **4**. (*ciobănesc*) sheepdog. **5**. (*de vânătoare*) (fox)hound. **6**. (*de salon*) lapdog. **7**. (*polițist*) tracker dog.

câmp *sn*. field: ~ *de luptă* battle field/ground. # ~**ie** plain, table land, level, flat; ~ *vizual* visual field, field of vision; *de* ~ (*d. flori*) wild.

când I. *adv*. when: *până* ~ till when. **II**. *conj*. **1**. as, once, when, if. **2**. (*atunci*) when. # (*pe*) ~ as, while; *din* ~ *în* ~ every now and again, occasionally, off and on, once in a while; ~ *și* ~ occasionally; *ca și* ~ as if/though; ~ (*fierbinte*) ~ (*rece*) now (hot) now (cold); *de* ~ since when: *e un an de* ~ *n-am mai văzut-o* it's a year since I saw her; *de* ~ *e aici*? how long has he been here?

cândva *adv*. ever, sooner or later, once: ~ *am locuit la Paris* I once lived in Paris; ~ *ai să știi* sooner or later you'll know it.

cânepă *sf*. hemp.

cânta I. *vt*. **1**. (**la**) to play: *a* ~ *la vioară* to play the violin; *a* ~ *o melodie la pian* to play a tune on the piano. **2**. (*din gură*) to sing. **II**. *vi*. **1**. (*din gură*) to sing. **2**. (*d. o pasăre*) to warble, to pipe. **3**. (*la fluier, cimpoi*) to pipe. **4**. (*la pian*) to play. **5**. (*la un instrument de suflat*) to tootle. **6**. (*d. cocoș*) to crow. # ~*t în grup* singalong, sing-song; *a* ~ *nesigur* to warble; *a* ~ *rap* to rap.

cântar *sn*. balance, scales, weighing machine.

cântăreață *sf*. songstress, singer, vocalist.

cântăreț *sm*. songster, singer, vocalist.

cântări I. *vt*. **1**. to balance, to weigh. **2**. (*situația*) to ponder, to weigh. **II**. *vi*. to weigh. # *a* ~ *din ochi pe cineva* to size smb. up.

cântător *adj*. singing.

cântec *sn*. **1**. song, melody, tune. **2**. (*al cocoșului*) crow. **3**. (*religios*) hymn, anthem. **4**. (*de leagăn*) lullaby. **5**. (*pentru copii*) nurse rhyme.

cârâi *vi*. **1**. to grouch. **2**. (*d. păsări*) to squawk.

cârâit *sn*. **1**. (*de pasăre*) squawk. **2**. (*la radio*) rattle. # ~**oare** (*jucărie de bebeluși*) rattle.

cârcă *sf*. # *în* ~ pick-a-back.

cârcel *sm.* 1. *med.* cramp, spasm, stitch. 2. *bot.* tendril.
cârciumar *sm.* publican, bar keeper.
cârciumă *sf.* pub, tavern, public house, *amer.* saloon, *sl.* boozer.
cârciumăreasă *sf. bot.* zinnia.
cârcotaş I. *sm. fam.* grouch, nag. II. *adj.* captious, querulous, grumbler.
cârcoti *vi.* to complain, *sl.* to bitch.
cârd *sn.* 1. troop, group. 2. (*stol*) flock. 3. (*de vite*) herd. 4. (*de peşti*) school, shoal.
cârdăşie *sf.* clique. # *în ~ cu* in association with.
cârjă *sf.* crutch, stick.
cârlig *sn.* 1. hook. 2. (*de rufe/cuier*) peg. 3. *tehn.* staple. # *a pune ~e la* to peg.
cârlionţ *sm.* ringlet, curl, tendril, lock. # **~at** frizzy, curled, waved.
cârmaci *sm.* (*şi fig.*) helmsman.
cârmă *sf.* rudder, helm, steering wheel.
cârmi *vt.* to steer.
cârmui *vt.* to command. # **~re** (*domnie*) reign, rule.
cârn *adj.* snub(-nosed).
cârnat *sm.* 1. sausage. 2. *pl.* (*picanţi*) pepperoni.
cârpaci *sm.* 1. botcher. 2. (*cizmar*) cobbler.
cârpă *sf.* 1. cloth, rag. 2. (*de praf*) duster. 3. (*de bucătărie*) dish-cloth. 4. *fig. fam.* (*om*) wimp, milksop.
cârpi *vt.* 1. to mend, to patch up. 2. (*ciorapi*) to darn. 3. (*o palmă*) to slap.
cârteală *sf.* grumbling.
cârti *vi.* to murmur, to grumble, to mutter.
cârtiţă *sf.* (*şi fig.*) mole.
câştig *sn.* 1. gain, earnings, return, benefit. 2. (*venit*) income. 3. (*prin muncă*) earnings. 4. (*la loterie etc.*) win. # *~ neaşteptat* windfall; *în ~* at a profit.
câştiga I. *vt.* 1. to gain: *a ~ teren* to gain ground. 2. (*şi fig.*) to win. 3. (*bani*) to earn, to make: *a ~ bani* to earn money. 4. (*timp*) to save. 5. (*alegeri*) to carry. 6. (*pe cineva*) to win back: *a ~ votanţi* to win back voters. II. *vi.* (**la**) to win (at). # *a ~ la mustaţă* to win by a neck.
câştigător *sm.* 1. winner, victor. 2. (*al unui premiu*) prizewinner. # *bilet ~* prizewinning ticket.
cât I. *sn.* quotient. II. *adv.* how: *~ de mult vrei?* how much do you want?; *~ timp ia?* how long does it take? *~ de frumoasă e!* how beautiful she is! III. *pron.* how many? IV. *prep.* as… as…: *eşti înalt ~ tatăl tău* you're as tall as your father. V. *conj.* as much as, as long as, however: *vom merge ~ vremea e bună* we'll go as long as the weather is good; *munceşte ~ mine* he works as much as me; *~ de mult ne-ar lua, o să terminăm* however long it takes, we'll finish it. # *~ de ~* some(what), a little; *~ despre* (*el*) as for (him); *~ pe ce* almost, nearly; *~ mai curând posibil* as soon as possible;

~ *ai bate din palme* in no time; ~ *se poate de repede* as quickly as possible; *atât el ~ şi ea* both him and her; *cu ~ mâncăm mai mult cu atât ne îngrăşăm* the more we eat, the fatter we become.

câteodată *adv.* sometimes.

câteva *adj.* some, several.

câtuşi *adv.* # ~ *de puţin* not at all, not in the least.

câtva *adj.* some(what). # *întru ~* somewhat, *fam.* sort of.

câţi, câte *pron.* how many. # *una câte una* one by one; *ori de câte ori* whenever.

câţiva, câteva *adj., pron.* some, several, few, two or three: ~ *băieţi* several boys; ~ *ouă* a few eggs; ~ *dintre băieţi* several of the boys; ~ *dintre prietenii ei* some of her friends; *acum ~ ani* some years ago.

ce I. *adj.* what, which, such: ~ *bărbat*! such a man!; ~ *carte vrei*? what book do you want? **II.** *adv.* how. **III.** *pron.* what: ~ *altceva*? what else. # *de ~* wherefore, why; ~ *de* (*lume*) how many (people); *din ~ în ~ mai bine* better and better; *din ~ în ~ mai* (*frumos*) more and more (beautiful).

cea *adj., pron.* that: ~ *de colo* that one over there. # ~ *care* she who; ~ *roşie* the red one; ~ *mai bună* the best; ~ *mai inteligentă* the most intelligent.

ceafă *sf.* **1.** nape. **2.** (*la animale*) scruff.

ceai *sn.* **1.** tea: ~ *verde* green tea; ~ *cu gheaţă* iced tea; ~ *de mentă* mint tea. **2.** (*petrecere*) tea party. # ~**nic** teapot, kettle; ~**nărie** tea-house, tea room/shop; *a face ~* to brew (up).

ceapă *sf.* **1.** onion: *a tăia ~* to chop onion. **2.** (*verde*) green/spring onion, *amer.* scallion.

ceară *sf.* **1.** wax: ~ *pentru sigilat* sealing wax. **2.** (*de parchet*) polish. **3.** (*de albine*) beeswax. # *a da cu ~* to wax; (*ca*) *de ~* waxy, *de ~* waxen.

cearcăn *sn.* bag, pouch, ring, shadow.

cearşaf *sn.* (bed) sheet.

ceartă *sf.* **1.** quarrel, wrangle, fracas, jangle, row, set-to, *fam.* earful: *certuri familiale* family rows. **2.** (*dispută*) argument, tiff. # *a căuta ~* (*cu lumânarea*) to pick a quarrel.

ceas *sn.* **1.** clock, timepiece: *mecanism de ~* clockwork; *în direcţia acelor de ~* clockwise. **2.** *tehn.* timer. **3.** (*deşteptător*) alarm clock. **4.** (*de mână*) (wrist)watch. **5.** (*oră*) hour. # *a potrivi ~ul* to set the watch; *cât e ~ul*? what time is it?

ceasornic *sn.* clock. # ~**ar** watch-maker.

ceasornicărie *sf.* **1.** (*meserie*) clock-making. **2.** (*atelier*) clockmaker's, watchmaker's.

ceaşcă *sf.* cup: ~ *de ceai* tea cup.

ceată *sf.* group, pack, troop, gang.

ceață *sf.* 1. fog, mist, vapour. 2. (*fină*) haze. 3. (*rară*) gauze. 4. (*cu fum*) smog. 5. *fig.* confusion.

ceaun *sn.* pan.

cec *sn. ec.* cheque, *amer.* check: ~ *nerecuperabil/nesolvabil* bad cheque; *carnet de ~uri* cheque-book, *amer.* checkbook; ~ *în alb* blank cheque; ~ *la purtător* cheque to bearer.

ceda I. *vt.* 1. to yield: *a nu ~ deloc* not to yield an inch. 2. (*și fig.*) to give: *a ~ sub greutate* to give under weight, to give way. 3. (*un drept*) to convey. 4. (*un bun*) to demise. 5. (*o proprietate*) to assign. 6. (*presiunilor etc.*) to give way to. 7. *jur.* to relinquish. **II.** *vi.* 1. to capitulate, to give in. 2. (*și fig.*) to yield. 3. (**la**) to yield (to). 4. (*d. durere*) to ease, to recede. 5. (*nervos*) to crack, to give way. 6. (*tentației*) to succumb. 7. (*d. un acoperiș etc.*) to cave (in).

cedare *sf.* 1. demise. 2. *fig.* give.

cedru *sm.* cedar.

ceferist *sm.* rail(way)man.

cegă *sf.* sterlet.

ceh *sm., adj.* Czech.

cei *adj., pron.* those: ~ *de colo* those ones over there. # ~ *care* those who; ~ *negri* the black ones.

cel *adj., pron.* that: ~ *de colo* that one over there. # ~ *care* he who; ~ *negru* the black one; ~ *mai bun* the best; ~ *mai rău* the worst; ~ *mai frumos* the most beautiful.

cela, ceea *adj., pron.* that. # *ceea ce* what, which.

celălalt, cealaltă, ceilalți, celelalte I. *adj.* the other. **II.** *pron.* the other one(s). # *ceilalți* (*restul*) the rest.

cele *adj., pron.* those: ~ *de colo* those ones over there. # ~ *care* those who; ~ *roșii* the red ones.

celebra *vt.* 1. to celebrate. 2. (*o căsătorie*) to solemnize. # ~**re** celebration.

celebritate *sf.* celebrity. # *prețul celebrității* the penalty of fame.

celebru *adj.* famous, fabled, famed.

celibat *sn.* celibacy, singleness. # ~**ar** bachelor, celibate; ~**ară** spinster.

celofan *sn.* cellophane.

celofibră *sf.* rayon.

celtă *sf.* (*limbă vorbită în Scoția și Irlanda*) Gaelic.

celtic *adj.* Celtic.

celular *sn.* (*telefon*) cellphone.

celulă *sf.* (*și anat.*) cell.

celuloid *sn.* celluloid.

celuloză *sf.* cellulose, wood pulp.

cenaclu *sn.* literary circle.

cent *sm.* cent. # (*monedă de*) *un ~ amer.* penny; (*monedă de*) *zece cenți* dime.

centenar *sn.* centenary, *amer.* centennial.

centigrad *sn.* centigrade.

centigram *sn.* centigramme.

centilitru *sm.* centilitre.

centimetru *sm.* 1. centimetre. 2. (*de croitorie*) tape (measure).

centra *vt.* to centre.

central *adj.* central. # **a ~iza** to centralize.

centrală *sf.* 1. central. 2. (*telefonică*) exchange. 3. (*electrică*) power station/house.

centru I. *sm.* centre: ~ *înaintaş* centre forward. II. *sn.* 1. centre, focus, hub: ~ *de gravitate* centre of gravity. 2. (*mijloc*) middle, heart.

centură *sf.* 1. belt: ~ *de salvare* life belt. 2. (*de siguranţă*) safety/seat belt. 3. (*pentru hernie*) truss.

cenuşă *sf.* ash(es), cinders.

Cenuşăreasa *sf.* Cinderella.

cenuşiu *adj.* grey, ashen, *amer.* gray.

cenzor *sm.* censor, auditor.

cenzura *vt.* to censor, to blue pencil, to emasculate. # **~re** censoring.

cenzură *sf.* censorship.

cep *sn.* plug, spigot, tap. # *a da ~* to tap.

cer *sn.* sky, blue, heaven. # **~esc** heavenly; *~ul-gurii* the (hard) palate, roof; *spre ~* skywards; *sub ~ul liber* in the open.

ceramică *sf.* 1. ceramics, earthenware. 2. (*vas din*) earthenware. # *vase de ~* pottery.

cerb *sm.* buck, deer, stag, hart.

cerc *sn.* 1. circle, ring: ~ *vicios* vicious circle; ~ *de prieteni* circle of friends. 2. (*la butoi, de joacă*) hoop. # *în ~* round.

cercel *sm.* earring.

cerceta *vt.* 1. to (re)search 2. (*examina*) to examine, to explore, to study, to survey. 3. (*şi jur.*) to investigate. 4. (*ancheta*) to probe.

cercetare *sf.* 1. research: ~ *medicală* medical research. 2. (*examinare*) inquiry, look, survey. 3. (*atentă*) scrutiny. 4. (*a poliţiei*) investigation. # *a face cercetări* to investigate.

cercetaş *sm.* scout, cub.

cercetător I. *sm.* researcher, research worker. II. *adj.* searching.

cercevea *sf.* 1. (window) frame, casing. 2. (*verticală*) mullion.

cerdac *sn.* porch, verandah.

cere I. *vt.* 1. (*solicita*) to solicit, to ask, to claim, to beg, to demand, to request, to invoke: *a cerut ajutorul lor* he invoked their help; *a ~ voie* to ask permission; *cer iertare*! I beg forgiveness! 2. (*implica*) to imply, to require. 3. (*ajutor etc.*) to summon. 4. (*bani, ajutor*) to solicit. 5. (*iertare*) to preach. 6. (*mereu*) to importune. II. *vr.* to be requested. # *a ~ ca plată* (*pentru*) to charge (for); *a cerut ceva de băut* he asked for a drink.

cereală *sf.* 1. corn. 2. *pl.* cereals, grains.

cerebel *sn.* cerebellum.

cerebral *adj.* cerebral.

ceremonial *sn.* ceremonial, rite, solemnity.

ceremonie *sf.* **1.** ceremony, reception. **2.** (*procesiune*) parade. **3.** (*religioasă*) festival. # *de ~* of state.

ceremonios *adj.* ceremonious.

cerere *sf.* **1.** request, claim: *oficiu de cereri* claim department; *la ~* on request. **2.** (*scrisă*) petition, application. **3.** (*a unei mărfi*) demand. # *la ~* at/on call, on demand; *~ de serviciu* application for a job; *a face o ~ pentru* to petition for; *~ în căsătorie* offer of marriage, proposal.

cerință *sf.* **1.** claim, requirement, demand. **2.** (*nevoie*) necessity, need. **3.** *pl.* needs.

cerne *vt.* **1.** to sieve, to sift. **2.** (*făină*) (*și fig.*) to sift.

cerneală *sf.* ink: *~ simpatică* invisible/sympathetic ink. # *pătat cu ~* inky.

cernit *adj.* **1.** black. **2.** (*supărat*) downcast.

cernoziom *sn.* chernozem, loam.

cerșetor *sm.* beggar, bum, mendicant, vagrant, tramp, *fam.* cadger, *amer. fam.* panhandler.

cerși *vt., vi.* to beg, *fam.* to cadge: *a ~ de mâncare* to beg (for) food.

cert *adj.* certain, conclusive, sure, secure. # *dovadă ~ă* conclusive proof.

certa I. *vt.* **1.** to scold, to chide, to dress down, *fam.* to tick. **2.** (*aspru*) *fam.* to roast. **II.** *vr.* **1.** to argue, to dispute, to squabble, to quarrel, to wrangle, to bicker. **2.** (**pentru**) to fight (over/about). **3.** (**cu**) to differ (with). **4.** (**cu**) (*mereu*) to feud (with). **5.** (*vehement*) to row.

certăreț I. *sm.* wrangler. **II.** *adj.* cantankerous, quarrelsome, truculent.

certifica *vt.* **1.** to certify, to certificate, to confirm. **2.** (*un act*) to attest. # **~re** certification.

certificat *sn.* certificate, testimonial: *~ medical* health certificate.

certitudine *sf.* certitude, certainty, surety.

cerui *vt.* to wax.

cerut *adj.* **1.** (*necesar*) requisite. **2.** (*d. o marfă*) sought-after.

cesiune *sf.* cession, demise.

cetate *sf.* fortress.

cetățean *sm.* citizen, national, subject: *cetățenii unguri care trăiesc în România* Hungarian nationals living in Romania.

cetățenie *sf.* citizenship, nationhood. # *fără ~* stateless.

cețos *adj.* misty, foggy, hazy.

ceva I. *adj.* any, some: *ai ~ bani*? have you got any money? **II.** *adv.* some, any: *se simte ~ mai bine*? is he any better? **III.** *pron.* anything, some(thing), what: *să-ți spun ~* I'll tell you what. # *așa ~* such.

cezariană *sf.* Caesarean section.

charismă *sf.* charisma.

cheag *sn.* **1.** (*de sânge*) clot. **2.** (*pentru lapte*) rennet.

chef *sn.* **1.** (*petrecere*) carousal, merrymarking, revel(ry), spree, *fam.* jamboree. **2.** *fam.* (*mare*) shindig, binge. **3.** (*dorință*) wish, mood: *fără ~ pentru* in no mood for. # **a ~ui** to revel; **~liu** reveller; *cu ~* tipsy; *a avea ~ de* to feel like.

chei *sn. nav.* quay, jetty.

cheie *sf.* **1.** (pass)key, latchkey: *~ de contact* ignition key; *~ de rezervă* spare key. **2.** *muz.* clef. **3.** (*soluție*) solution, key. **4.** *tehn.* key, spanner, wrench. **5.** (*franceză*) *tehn.* monkey wrench. **6.** (*a unui mister*) clue. # *legătură de chei* bunch of keys; *gaura cheii* the keyhole.

chel *adj.* hairless, bald, *fam.* thin on top. # **~ie** baldness; **a ~i** to thin, to go bald.

chelălăi *vi.* to yelp. # **~t(ură)** yelp.

chelfăneală *sf.* whipping, *fam.* wallop.

chelfăni *vt.* to thrash, *fam.* to wallop.

chelner *sm.* waiter, *amer.* server. # **~iță** waitress.

cheltui I. *vt.* **1.** (*risipi*) to dissipate, to waste. **2.** (*bani*) to spend. **3.** (*cu nemiluita*) *sl.* to blow. **II.** *vi.* to spend. # **~tor** wasteful, extravagant, profligate, spendthrift; *a ~ peste măsură* to overspend.

cheltuială *sf.* **1.** expenditure, expense, *fam.* spend: *pe cheltuiala lui* at his expense. **2.** *pl.* outgoings. # *a suporta cheltuieli* to incur expenses; *cheltuieli indirecte/de regie* overheads.

chema I. *vt.* **1.** to call. **2.** (*un taxi*) to hail. **3.** (*chelnerul*) to summon. **4.** (*în justiție*) to summon. **5.** (*la telefon*) to ring up. **II.** *vr.* to be called. # *cum te cheamă*? what is your name?

chemare *sf.* **1.** (*strigăt*) call, cry, yell. **2.** (*aptitudine*) call(ing), bent, vocation.

chenar *sn.* frame.

chepeng *sn.* hatch.

chercheli *vr.* to get tipsy/tight. # **~t** *adj. fam.* merry, tipsy, mellow, picked, tight.

cherem *sn.* # *la ~ul cuiva* at smb.'s beck and call.

cherestea *sf.* timber, *amer.* lumber: *depozit de ~* lumberyard.

chestie *sf.* question, problem, matter, thing, *fam.* widget, whatsit, stuff: *~ de gust* a matter of taste; *ce e chestia aia lipicioasă*? what's that sticky stuff?

chestiona *vt.* **1.** to question, to quiz. **2.** *jur.* to (cross)examine. **3.** (*la un sondaj*) to sample. # **~t** respondent; **~r** questionnaire.

chestiune *sf.* **1.** question. **2.** (*problemă*) matter, problem, affair, *fam.* stuff: *chestiuni importante* matters of substance; *chestiuni de interes public/general* public affairs. **3.** (*pe ordinea de zi*) item. # *~ în discuție* business at issue.

chetă *sf.* **1.** collection. **2.** (*la biserică*) offertory.

chezaş *sm.* warrant(er), guarantor, custodian. # *a se pune ~ pentru* to go bail for.

chezăşie *sf.* guarantee, security.

chiar I. *adj.* very: *~ acest bărbat* this very man. **II.** *adv.* even, only, very, just, really directly, fairly, right, *fam.* slap bang: *~ şi aşa* even so; *~ acum* just now; *~ dacă* even if; *~ în spatele ei* right behind her; *~ înainte* directly before; *~ aşa*! just so! # *~* (*aşa*) indeed; *şi ~* at that.

chibiţ *sm.* kibitz, bystander. # **a ~a** to watch.

chibrit *sn.* **1.** match. **2.** (*foc*) light. # *cutie de ~uri* match box.

chibzui I. *vt.* to calculate, to deliberate, to ruminate, to weigh. **II.** *vi.* to think over. # **~ală** wisdom, thrift; **~t** wise, thrifty, economical, balanced, prudent.

chibzuinţă *sf.* **1.** calculation, wisdom. **2.** (*deliberare*) deliberation, consideration, debate: *după o matură ~* after careful consideration.

chichiţe *sf. pl.* niceties.

chiciură *sf.* (white) frost, hoar (frost). # *a* (*se*) *acoperi cu ~* to frost.

chicot *sn.* snigger, giggle, chuckle. # **~eală** giggle, chuckle; **a ~i** to giggle, to titter.

chiflă *sf.* roll, scone, *amer.* biscuit.

chiftea *sf.* **1.** meatball, rissole. **2.** (*de peşte*) fishball.

chifteluţă *sf.* meatball.

chihlimbar *sn.* amber.

chilă *sf. nav.* keel.

chilie *sf.* cell.

chilipir *sn.* bargain, gift, *fam.* snip. *amer.* steal. # **~giu** bargain hunter.

chiloţi *sm. pl.* **1.** drawers. **2.** (*de damă*) knickers, pants, *amer.* panties. **3.** (*de plajă*) trunks. **4.** (*tanga*) thong.

chimen *sm.* caraway.

chimic *adj.* chemical.

chimie *sf.* chemistry.

chimist *sm.* chemist.

chimono *sn* kimono.

chin *sn.* **1.** torment, torture, anguish, struggle. **2.** (*calvar*) ordeal, agony, plight. **3.** *pl.* pangs, throes, labours.

chinez *sm., adj.* Chinese. # **~esc** Chinese; *limba ~ă* Chinese.

chingă *sf.* strap, girth, belt.

chinină *sf.* quinine.

chintal *sn.* quintal.

chintă *sf.* (*la pocher*) straight: *~ roială* straight flush. # *~ roială* (*la as*) royal flush.

chintesenţă *sf.* quintessence.

chinui I. *vt.* **1.** to rack, to torment, to torture. **2.** (*tracasa*) to annoy, to exasperate, to consume. **3.** (*d. durere, remuşcări*) to sear. **4.** (*d. gelozie*) to plague. **5.** (*d. o boală*) to trouble. **II.** *vr.* **1.** to struggle, to labour. **2.** **(cu)** to wrestle (with). # **~tor** gnawing, trying, searing.

chiolhan *sn.* spree, carousal, *fam.* shindy, shindig.

chior, chioară *sm., sf.* one-eyed person.
chiorăi *vi.* to rumble. # **~t** rumble.
chiorâş *adv.* # *a se uita ~* to squint; *fig.* to look askance.
chioşc *sn.* **1.** booth. **2.** (*în parc*) kiosk. **3.** (*în grădină*) alcove. **4.** (*de ziare*) news-stand.
chiot *sn.* cry, shout.
chip *sn.* **1.** face, physiognomy. **2.** aspect, look. **3.** (*fel*) kind, sort: *fel şi ~ de* all sorts of. # **~urile** reportedly; *cu orice ~* at all costs; *cu nici un ~* by no means.
chiparos *sm.* cypress.
chipeş *adj.* well-favoured, handsome, good-looking.
chipiu *sn.* cap.
chirci *vr.* **1.** to crouch, to scrunch, to shrink. **2.** (*de frică*) to cringe.
chiriaş *sm.* **1.** tenant, lodger, inmate, *amer.* roomer. **2.** (*stabil*) sitting tenant.
chirie *sf.* **1.** rent, lease, hire. **2.** (*foarte mică*) peppercorn rent. # *a da cu ~* to let out, to rent; *a lua cu ~* to hire, to rent; *cuantum al ~i* rental; *scutit de plata ~i* rent-free.
chiromanţie *sf.* palmistry.
chirpici *sn.* adobe.
chirurg *sm.* surgeon. # **~ie** surgery: *~ie estetică* plastic surgery; **~ical** surgical.
chist *sn.* **1.** growth. **2.** *med.* cyst.
chiştoc *sn.* butt, stub, stump, (cigarette) end.
chit[1] *sn.* putty.
chit[2] *adv.* quits: *suntem ~* we're quits. # *a fi ~ cu cineva* to be even with smb.
chitanţă *sf.* receipt, voucher, docket.
chitară *sf.* guitar, *sl.* axe.
chitarist *sm.* guitarist.
chitic *adv.* # *a tăcea ~* to keep silent.
chiţăi *vi.* **1.** to squeak. **2.** (*d. un şoarece*) to peep. # **~t** peep, squeak.
chiţcan *sm.* shrew.
chiţibuşar I. *sm.* stickler. **II.** *adj. fam.* pernickety.
chiui *vi.* to shout, to shriek. # **~t** shout, shriek.
chiul *sn.* truancy, French leave. # **a ~i** to play truant/hookey; **~angiu** *şcol.* truant; *a ~i de la* to skip; *a trage ~ul fam.* to skive.
chiuretaj *sn.* curettage.
chiuretă *sf.* scoop.
chiuvetă *sf.* **1.** (wash)basin, *amer.* washbowl. **2.** (*în bucătărie*) sink. **3.** (*în baie*) *amer.* sink.
chivernisi I. *vt.* (*banii*) to husband. **II.** *vr.* to get rich.
chix *adv.* # *a da ~* to fail, to fizzle out.
ci *conj.* **1.** but: *nu eu ~ el* not I but he; *nu numai… ~ şi…* not only… but also. **2.** (*deci*) so that; therefore. **3.** (*totuşi*) however.
cianură *sf.* cyanide.
cibernetică *sf.* cybernetics.
cicatrice *sf.* scar. # *cu ~* scarred; *~ mică* (*pe faţă*) pit.
cicatriza *vr.* to scar.

cică *adv.* reportedly, supposedly.
cicăleală *sf.* niggle, nagging.
cicăli *vt.* 1. to nag, to annoy. 2. (*un bărbat*) to henpeck.
cicălitor *adj.* 1. nagging. 2. (*d. femei*) shrewish.
ciclic *adj.* cyclic(al).
ciclism *sn.* cycling.
ciclist *sm.* biker, cyclist.
ciclon *sn.* cyclone.
ciclu *sn.* 1. cycle, circle. 2. (*menstrual*) period, *amer. fam.* monthly.
cicoare *sf. bot.* chicory.
cidru *sn.* cider, cyder.
cifră *sf.* digit, number, figure, numeral: ~ *romană* Roman numeral; ~ *rotundă* round figure; *număr din 6 cifre* number of six digits. # ~ *binară* bit; ~ *de afaceri* turnover.
cifru *sn.* cipher, cypher, code, combination.
cilindric *adj.* cylindrical.
cilindru *sm.* cylinder, roller.
cimbru *sm.* thyme.
ciment *sn.* cement. # **a ~a** (*şi fig.*) to cement.
cimilitură *sf.* riddle.
cimitir *sn.* 1. burial ground, cemetery, graveyard. 2. (*lângă biserică*) churchyard. 3. (*de maşini*) scrapyard.
cimpanzeu *sm.* chimpanzee.
cimpoi *sn.* (bag)pipes. # **~er** piper.
cina *vi.* to take supper.
cină *sf.* supper.
cinci *num.* five: (*bancnotă de*) ~ *lire* fiver. # **~sprezece** fifteen; **~zeci** fifty; *al ~lea, a cincea* (the) fifth.
cine *pron.* (*interogativ*) who?: ~ *e acolo*? who is there?; ~ *este bărbatul acela*? who is that man?; ~ *altcineva* who else? # *pe* ~ whom; *cu* ~ with whom.
cinefil *sm.* film fan.
cinema *sn.* cinema, screen, *fam.* the flicks, *amer.* movies: *actor de* ~ a screen actor.
cinematograf *sn.* cinema, *fam.* the flicks. # **~ie** cinematography; *industria ~ică* the silver screen.
cineva *pron.* 1. somebody, someone. 2. (*cu negativ/interogativ*) anybody, anyone: *e* ~ *acolo*? is anybody there?
cingătoare *sf.* belt.
cinic I. *sm.* cynic. II. *adj.* cynic(al).
cinism *sn.* cynicism.
cinste *sf.* 1. honesty, honour, integrity: *în ~a* (*cuiva*) in honour of. 2. (*loialitate*) faithfulness. 3. (*respect*) esteem. # *a face* ~ *cuiva* (*cu băutură*) to stand smb. a drink, to treat smb.; *a face* ~ (*la restaurant etc.*) to stand treat; *pe ~a mea*! cross my heart!, on/upon my honour!
cinsti *vt.* 1. to honour. 2. (*respecta*) to esteem. 3. (*trata*) to treat.
cinstit I. *adj.* 1. honest, true, righteous, trustworthy, foursquare. 2. (*corect*) fair, just, (up)right, proper. 3. (*sincer*) upfront, loyal. II. *adv.* outright, fairly, straight, on the square.
cinteză, cintezoi *sf.*, *sm.* finch.
cioară *sf.* crow.

ciob *sn.* chip, fragment, splinter, sliver, shiver, shard. # **~itură** chip; **a (se) ~i** to chip, to splinter.
cioban *sm.* shepherd, sheepherder.
ciobăniță *sf.* shepherdess.
cioc[1] *interj.* knock-knock!
cioc[2] *sn.* **1.** beak, bill, nib. **2.** (*barbişon*) goatee. **3.** (*vârf ascuțit*) point.
ciocan *sn.* **1.** hammer: *aruncarea ~ului* throwing the hammer. **2.** (*de lemn*) mallet. # *a bate cu ~ul* to hammer.
ciocănel *sn.* (*la bursă etc.*) gavel.
ciocăni I. *vt.* **1.** to hammer. **2.** (*în uşă*) to knock, to batter. **II.** *vi.* **1.** to rap. **2.** (**la**) to knock (at). # **~t** (*în uşă*) knock; **~tură** rap.
ciocănitoare *sf.* woodpecker.
ciocârlie *sf.* (sky)lark.
cioclu *sm.* pallbearer.
ciocni I. *vt.* **1.** to knock. **2.** (*sparge*) to break. **3.** (*pahare*) to clink. **4.** (*o maşină*) to smash. **II.** *vr.* **1.** (*d. vehicule*) to collide, to crash. **2.** (*se bate*) to clash. **3.** (**de**) to knock (against).
ciocnire *sf.* **1.** collision, encounter, knock, clash, impact. **2.** (*accident*) crash. **3.** (*înfruntare*) scuffle, clash, fighting, melee. # *~ în lanț* (*de autovehicule*) multiple pile-up.
ciocolată *sf.* chocolate. # *~ amăruie* plain chocolate.
ciolan *sn.* **1.** bone. **2.** (*afumat*) gammon.
ciolănos *adj.* bony.
ciomag *sn.* cudgel, club.
ciomăgi *vt.* to club, to drub, to cudgel.
ciondăneală *sf.* tiff, bickering, squabble, *fam.* breeze.
ciondăni *vr.* to bicker, to wrangle, to squabble.
ciopârți *vt.* to mangle, to hack.
ciopli I. *vt.* **1.** to carve, to chisel, to cut. **2.** (*lemn*) to whittle. # **~tor** carver; **~re** (*în lemn*) woodcarving. **II.** *vr. fig.* to polish.
ciorapi *sm. pl.* **1.** (*de damă*) stockings. **2.** (*dres*) tights, *amer.* pantyhose. **3.** (*şosete*) socks. # *negustor de ~* hosier; *raion de ~* hosiery counter.
ciorbă *sf.* borsch, soup: *~ de vacă* beef soup.
ciorchine *sm.* bunch (of grapes).
ciordi *vt. fam.* to swipe, to pinch.
ciornă *sf.* draft, rough (copy).
ciorovăi *vr.* to squabble, to bicker. # **~ală** squabble, bickering.
ciot *sn.* **1.** stump, snag. **2.** (*de copac, creion*) stub. # **~uros** gnarled.
cipici *sm. pl.* slippers.
circ *sn.* circus.
circa *adv.* approximately, some, about.
circă *sf.* (*de poliție*) station.
circuit *sn.* **1.** round, circle: *în ~* round, circular; *călătorie în ~* round trip/tour. **2.** (*şi el.*) circuit: *scurt ~* short circuit.
circula *vi.* **1.** to circulate, to move. **2.** (*merge*) to travel. **3.** (*d. tren etc.*) to run. **4.** (*se răspândi*) to spread.

circulant *adj.* circulating: *capital ~* circulating capital.

circular *adj.* circular, round, rotary.

circulară *sf.* **1**. circular. **2**. (*internă*) memorandum.

circulație *sf.* **1**. circulation. **2**. (*rutieră*) traffic. **3**. (*mişcare*) traffic. # *a pune în ~* to issue, (*ştiri false*) to circulate.

circumferință *sf.* circumference, perimeter.

circumscripție *sf.* (*electorală*) constituency, district, *amer.* precinct.

circumspect *adj.* discreet, wary, guarded, heedful.

circumstanță *sf.* circumstance, condition, occasion: *circumstanțe atenuante* extenuating circumstances. # *de ~* occasional.

circumvoluțiune *sf.* convolution.

cireadă *sf.* herd.

cireaşă *sf.* **1**. cherry. **2**. (*amară*) morello.

cireş *sm.* cherry (tree).

ciripi *vi.* to chirp, to pipe, to trill, to warble, to twitter. # **~tor** informer, *fam.* snitch, fink.

ciripit *sn.* chirp, trill, warble, twitter, piping. # *~ (al păsărilor) în zori* dawn chorus.

ciroză *sf.* cirrhosis.

cisternă *sf.* (*camion*) tanker.

cistită *sf. med.* cystitis.

cişmea *sf.* pump.

cita *vt.* **1**. to cite, to quote. **2**. *jur.* to summon, to subpoena. **3**. *jur., mil.* to cite. # **~re** *mil.* citation; **~ție** *jur.* subpoena, summons.

citadelă *sf.* citadel, city.

citadin *adj.* urban.

citat *sn.* citation, quotation, tag. # *a da un ~ din* to quote from.

citeț *adj.* (*d. scris*) legible, readable.

citi **I**. *vt.* **1**. to read: *a ~ ceva cu glas tare* to read smth. out. **2**. (*gândurile*) to guess. **3**. (*cu atenție*) to peruse. **II**. *vi., vr.* to read. # **~tor** reader; **~re** reading; *a ~ pe buze* to lip-read; *carte de ~re* reader.

citit *adj.* **1**. reading. **2**. (*instruit*) learned, educated. # *de ~* reading.

citronadă *sf.* lemon juice.

ciubăr *sn.* butt, tub, pail.

ciubuc *sn.* **1**. chibouk. **2**. (*şperț*) unexpected gain, *fam.* boodle. # **~ar** profiteer.

ciuciulete *adv.* # *ud ~* wet to the bone, soaking wet.

ciucure *sm.* tassel. # *cu ciucuri* tasselled.

ciudat **I**. *adj.* bizarre, curious, extravagant, funny, peculiar, odd, queer, strange, weird, freakish, *fam.* way-out, rum. **II**. *adv.* oddly: *destul de ~* oddly enough.

ciudă *sf.* resentment, rancour, spite: *în ciuda* (*faptului*) in spite of (the fact). # *în ciuda* despite of, in the face/tooth of, notwithstanding.

ciudățenie *sf.* **1**. curiosity, oddity, oddness, peculiarity, quirk, singularity, otherness. **2**. (*a naturii*) freak.

ciufuli *vt.* to rough, to rumple, to dishevel, to tousle, to ruffle. # **~t** shaggy, tousled.

ciufut *adj.* morose, grumpy, surly.
ciuguli I. *vt.* to peck. II. *vi.* 1. (*şi fig.*) to peck, to pick. 2. (**din**) to nibble (at).
ciuli *vt.* (*urechile*) to prick up.
ciulin *sm.* thistle, tumbleweed. # *puf de* ~ thistledown.
ciumă *sf. med.* plague.
ciung *sm.* one-handed person.
ciunti *vt.* to cut off, to truncate.
ciupercă *sf.* mushroom, fungus. # *a merge la cules ciuperci* to go mushrooming.
ciupi *vt.* 1. to pinch, to nip. 2. *fam.* (*şterpeli*) to pinch, to pilfer, to purloin. 3. (**din**) (*mâncare*) to nibble (at). 4. (*o coardă*) to strike, to pluck. # ~**re** nip; ~**t**, ~**tură** pinch.
ciur *sn.* sieve.
ciuruc *sn.* 1. rubbish, discard. 2. (*persoană*) nonentity, *fam.* worm, scum.
ciurui *vt.* (**cu**) (*gloanţe*) to riddle (with). # ~**t** riddled.
ciută *sf. zool.* hind.
civic *adj.* civic. # *alianţă* ~*ă* civic league.
civil I. *sm.* civilian. II. *adj.* civil. # *parte* ~*ă* plaintiff.
civiliza *vt.* to civilize. # ~**ţie** civilization.
civilizat *adj.* 1. urbane, civilized. 2. (*politicos*) polite, well-mannered.
cizela *vt.* 1. to chisel. 2. *fig.* to polish, to refine. # ~**re** polish.
cizelat *adj.* 1. chiselled. 2. (*d. stil*) elaborate, polished. 3. (*d. persoane*) refined.
cizmar *sm.* 1. shoemaker. 2. (*reparator*) cobbler.
cizmă *sf.* 1. boot. 2. (*de cauciuc*) wellington, gumboot, *fam.* wellie, welly, *amer.* rubber boot. 3. *mil.* jackboot. # ~**rie** shoe-maker's; ~ *de cauciuc peste genunchi* wader.
claca *vi. sport* to collapse.
claie *sf.* 1. rick (of hay). 2. (*de păr*) fleece, thatch. # ~ *peste grămadă* topsy-turvy.
clamă *sf.* 1. (paper) clip, fastener, clasp. 2. (*de păr*) hair pin.
clan *sn.* clan, clique, circle. # *de* ~ clanish; *membru al unui* ~ clansman.
clandestin *adj.* 1. clandestine, unlawful, underground, underhand. 2. (*d. o afacere*) off-licence.
clanţă *sf.* 1. (door) handle. 2. (*sferică*) knob.
clapă *sf.* 1. (*la pian etc.*) key. 2. (*la îmbrăcăminte*) flap.
clapon *sm.* capon.
clar I. *adj.* 1. clear, visible, distinct, sharp: *contur* ~ sharp outline. 2. (*limpede*) limpid, pellucid, transparent. 3. (*evident*) evident, unambiguous, obvious, definite. 4. (*d. o descriere*) vivid. II. *adv.* clearly, plainly. # *foarte* ~ self-evident; *a deveni* ~ to make sense, *fam.* to click; *e* ~ *ca lumina zilei* it stands to reason.
clarifica *vt.* to clarify, to clear, to elucidate, to illuminate. # ~**re** clarification, enlightenment.

claritate *sf.* **1.** clarity, accuracy. **2.** (*a imaginii*) definition.

clarinet *sn.* clarinet. # **~ist** clarinetist.

clarvăzător *adj.* clear-sighted, prescient, far-seeing.

clarviziune *sf.* penetration, perspicacity, second sight.

clasa *vt.* **1.** to classify, to rate, *amer.* to rank: *a se ~ după cineva* to rank after smb. **2.** *jur.* to dismiss. **3.** (*la tenis*) to seed. **II.** *vr.* to rate. # **~re** rating.

clasament *sn.* **1**: classification. **2.** *sport* league table, ranking, standings.

clasă *sf.* **1.** class, category, rank. **2.** (*calitate*) grade. **3.** (*socială*) class: *~ dominantă* upper class; *~ mijlocie* middle class; *clasa muncitoare* the working class. **4.** *şcol.* classroom. **5.** (*de elevi*) class, form: *e în clasa a doua* he is in the second form. **6.** (*de plante etc.*) genus.

clasic I. *sm.* classic. **II.** *adj.* classic(al). # **~ism** classicism.

clasifica *vt.* to class(ify), to distribute, to range. # **~re** classification, rating; **~t** classified.

clasor *sn.* **1.** file. **2.** (*de timbre*) album.

clauză *sf.* clause, stipulation, condition, previso.

claviatură *sf.* keyboard.

claviculă *sf.* clavicle, collarbone.

claxon *sn.* **1.** klaxon, hoot(er), horn. **2.** (*sunet de*) toot, hoot, honk. # **a ~a** to klaxon, to honk, to toot, to hoot.

clăbuc *sm.* lather, (soap)suds.

clădi *vt.* to build. # **~re** building, construction, house, edifice.

clănțăni *vi.* **1.** (*din dinți*) to chatter, to gibber. **2.** (*de frig*) to tremble.

clăpăug *adj.* lopeared, flopping.

clăti *vt.* **1.** to swill. **2.** (*rufe*) to rinse. # **~re, ~t** rinse.

clătina I. *vt.* **1.** to swing, to dangle, to rock, to wobble, to wag, to wiggle. **2.** (*capul*) to toss. **3.** (*mişca*) to stir. **II.** *vr.* **1.** to reel, to swing, to dangle, to rock, to roll, to wobble, to wag, to wiggle. **2.** (*pe picioare etc.*) to lurch, to stagger, to falter.

clătinare *sf.* **1.** shake. **2.** (*pe picioare*) stagger, lurch.

clătită *sf.* pancake, flapjack.

clefăi *vt., vi.* to munch.

clei *sn.* glue, paste.

cleios *adj.* tacky, viscous, sticky, gluey, gummy, clammy.

clemă *sf.* **1.** clip, clamp, clasp. **2.** *tehn.* staple.

clemență *sf.* mercy.

clepsidră *sf.* sand glass, hourglass.

cleptoman *sm.* kleptomaniac. # **~ie** kleptomania.

cler *sn.* clergy. # **~ic** ecclesiastic; **~ical** ecclesiastical.

cleşte *sm.* **1.** tongs, pincers. **2.** (*de rac etc.*) claw, nipper. **3.** (*de tăiat sârmă*) nippers, wire-cutters. **4.** (*cu cioc*) pliers. **5.** (*de unghii*) clippers. # *braț de ~ tehn.* jaw.

clevetealǎ *sf.* gossip, *fam.* tattle.

cleveti *vt.* to gossip, to slander, *fam.* to tattle, to blab. # **~tor** blab; **~re** slander, gossip.

clic *sn.* click, snap: *şi-a închis poşeta cu un ~* she closed her purse with a snap.

clică *sf.* 1. clique, pack, gang. 2. (*politică*) cabal.

client *sm.* 1. client, customer. 2. (*al unui hotel*) resident, visitor, guest. 3. (*al unui restaurant*) diner. 4. (*în taxi*) fare. 5. (*al unui magazin*) customer, *fam.* punter. # *fără clienţi* (*d. un avocat*) briefless; *~ bun* regular.

clientelă *sf.* 1. custom(ers). 2. (*a unui doctor*) patients.

climat *sn.* climate. # **~ic, ~eric** climatic.

climă *sf.* climate.

clin *sn.* (*la rochie*) gusset.

clinchet *sn.* 1. ring, tingle, tinkle, jingle. 2. (*de pahare*) clink.

clinică *sf.* clinic, surgery, hospital.

clinti *vt., vr.* to budge, to move. # **~re** move.

clipă *sf.* minute, moment, instant, second, trice, *fam.* tick: *dintr-o ~ în alta* at any moment; *aşteaptă o ~!* hang on a tick!; *o ~!* just a minute! # *într-o ~* in a second/ jiffy/trice; *stai o ~!* (*la telefon*) hang on!

clipi *vi.* 1. (*din ochi*) to blink, to bat. 2. (*şi fig.*) to wink. # **~re, ~t** blink, wink, flicker; **~tă** twinkling; *cât ai ~* (*din ochi*) (as) quick as a flash, in the twinkling of an eye; *fără să clipească* unflinchingly.

clipoci *vi.* 1. to purl, to murmur. 2. (*d. apă*) to slap. 3. (*d. valuri*) to lap. # **~t** slap.

clips *sn.* 1. clip, earring, clasp. 2. (*de păr*) (hair)slide.

cliring *sn. ec.* clearing.

clismă *sf.* enema.

clişeu *sn.* negative.

cloacă *sf.* (*la păsări*) vent.

cloci I. *vt.* to hatch, to brood. II. *vi.* to brood. # **~re** hatch.

clocit I. *sn.* hatch. II. *adj.* (*d. ou*) addled. # **~oare** incubator.

clocot *sn.* 1. boiling. 2. *fig.* fever, turmoil.

clocoti *vi.* 1. to boil, to bubble. 2. *fig.* (**de**) to simmer (with): *a ~ de furie* to simmer with anger. # **~tor** boiling, tumultous.

clon *sn. biol.* clone. # **a ~a** to clone.

cloncăni *vi.* to cluck. # **~t** cluck.

clonţ *sn.* beak, bill. # **~os** truculent, catankerous, crotchety.

clopot *sn.* bell: *a trage ~ele* to ring the bells. # **~ar** ringer.

clopotniţă *sf.* 1. belfry. 2. (*turn*) steeple. # *vârf de ~* spire; *reparator de clopotniţe* steeplejack.

clopoţel *sm.* small bell.

clor *sn.* chlorine.

clorofilă *sf.* chlorophyl.

cloroform *sn.* chloroform.

closet *sn.* 1. (*ca obiect*) pan, toilet. 2. (water) closet, WC, toilet, lavatory, *fam.* loo *sl.* bog, can. # *~ public* public convenience.

cloşcă *sf.* brood-hen, sitter.
clovn *sm.* clown: *de ~* clownish.
club *sn.* club, house.
cnocaut *sn.* knockout.
coacăză *sf.* **1**. currant: *~ neagră* black currant. **2**. cranberry, red-currant.
coace I. *vt.* **1**. (*la cuptor*) to bake, to roast. **2**. *fig.* to meditate. **II**. *vi.* (*d. un furuncul*) to gather, to fester. **III**. *vr.* **1**. to bake. **2**. (*d. fructe*) to mellow, to ripen. **3**. (*de căldură*) to swelter. **4**. (*maturiza*) to age.
coadă *sf.* **1**. (*de animal*) tail: *~ de cal* (*pieptănată*) pony tail. **2**. (*de păr*) braid, plait. **3**. (*stufoasă*) brush. **4**. (*de iepure*) scut. **5**. (*de topor etc.*) helve, shank. **6**. (*şir*) queue, line. # *de la ~ la cap* backwards; *a sta la ~* to queue, to stand in a queue; *coada cozii* tail end.
coafa *vt., vr.* to dress. # **~re** set; *spălare şi ~re* shampoo and set.
coafeză *sf.* hairdresser.
coafor *sn.* (*atelier*) hairdresser's.
coafură *sf.* hairdo, hairstyle.
coagula *vt., vr.* to coagulate.
coajă *sf.* **1**. (*scoarţă*) bark. **2**. (*de pâine*) crust. **3**. (*de ou*) eggshell. **4**. (*de lămâie etc.*) rind, zest. **5**. (*de ou, nucă*) shell. **6**. (*de măr, cartof etc.*) peel. **7**. (*de nucă, castană*) shuck. **8**. (*de fruct*) skin. **9**. (*de sământă*) husk. **10**. (*pe rană*) scab. # *a curăţa de ~* (*o roşie etc.*) to skin.
coală *sf.* sheet of paper.
coaliţie *sf.* coalition, league.
coamă *sf.* **1**. (*de cal*) mane. **2**. (*de păr*) fleece. **3**. (*culme*) ridge. **4**. (*de deal*) crown, shoulder.
coapsă *sf.* thigh, haunch.
coardă *sf.* **1**. string, braid, rope. **2**. *mat., med.* chord. **3**. *muz.* chord, string. **4**. (*de sărit*) skipping rope. **5**. *pl.* (*la box*) ropes. # *a sări coarda* to skip; *a pune coarde la* to string.
coasă *sf.* scythe.
coase *vt., vi.* to sew, to stitch.
coastă *sf.* **1**. *anat.* rib: *o ~ ruptă* a broken rib. **2**. (*ţărm*) coast, seaboard, shore(line). **3**. (*pantă*) slope. **4**. (*de munte*) mountain-side. # *~ abruptă* scarp; *de ~* coastal.
coautor *sm.* coauthor.
cobai *sm.* guinea pig.
cobalt *sn.* cobalt.
cobe *sf.* **1**. bad omen, portent. **2**. (*piază-rea*) croaker.
cobi *vt.* to forebode, to portend.
cobiliţă *sf.* yoke.
coborâre *sf.* descent.
coborâş *sf.* fall, descent, acclivity, slope.
coborâtor *adj.* descending, down.
coborî I. *vt.* **1**. (*o pantă*) to climb down. **2**. (*o scară*) to descend. **3**. (*vocea*) to lower. **4**. (*un preţ*) to reduce. **II**. *vi.* **1**. (*din vehicul*) to get off. **2**. (*d. un drum*) to slope. **3**. (*în zbor*) to alight. **4**. (*apune*)

to set. **5.** (*d. întuneric*) to fall. **III.** *vr.* (*înjosi*) to demean oneself.

cobră *sf.* cobra.

coc *sn.* bun, loop of hair.

coca-cola *sf.* coke.

cocaină *sf.* cocaine, *sl.* coke, crack.

cocardă *sf.* colours, sash.

coca *sf.* dough, paste.

cocârjat *adj.* **1.** (*gârbovit*) hunchbacked. **2.** (*coroiat*) hooked.

coccis *sn. anat.* tailbone.

cocean *sm.* (corn)cob.

cochet *adj.* chic, smart, snug, neat.

cocheta *vi.* **1.** (**cu**) to dally (with), to flirt (with), to toy (with). **2.** (**cu**) (*o idee*) to nibble (at).

cochilie *sf.* **1.** (*de melc*) shell. **2.** (*de moluscă*) shuck.

cocină *sf.* **1.** piggery, sty. **2.** (*şi fig.*) pigsty.

cocioabă *sf.* shank, hovel.

cocleală *sf.* verdigris.

cocli *vi.* to rust.

cocoaşă *sf.* hump(back), hunchback.

cocoli *vt.* **1.** (*înfofoli*) to muffle. **2.** (*răsfăţa*) to pamper.

cocoloş *sn.* **1.** pellet, ball, clod. **2.** (*bulgăre*) lump.

cocoloşi I. *vt.* **1.** to crumple. **2.** (*pe cineva*) to indulge, to coddle, to pamper, to mollycoddle. **II.** *vr.* (*mototoli*) to crumple.

cocon *sm.* **1.** cocoon. **2.** (*a viermelui de mătase etc.*) pod.

cocor *sm.* crane.

cocos *sm.* # *nucă de* ~ coconut.

cocostârc *sm.* stork.

cocoş *sm.* **1.** cock, *amer.* rooster. **2.** (*de munte*) grouse. **3.** (*de armă*) cock. # **~el** cockerel; *cântec de* ~ crow; *luptă de ~i* cockfight.

cocoşat I. *sm.* humpback, hunchback. **II.** *adj.* crooked, humpbacked, hunchbacked.

cocotă *sf.* whore, *sl.* tart.

cocotier *sm.* coconut tree.

cocoţa *vr.* to perch, to climb up. # **~t** perched.

cocs *sn.* coke.

cocteil *sn.* cocktail. # ~ *Molotov* petrol bomb.

cod[1] *sm. zool.* cod.

cod[2] *sn.* code, cipher, cypher: *~ul penal* the criminal/penal code. # **a ~ifica** to codify; ~ *poştal* postcode, *amer.* zip code.

codană *sf.* lass(ie).

codaş *sm.* straggler, laggard.

codi *vr.* to hesitate, to vacillate.

codicil *sn.* codicil.

codiţă *sf.* **1.** (*de măr etc.*) stalk. **2.** *pl.* (*de păr*) pigtails. # *ea purta codiţe* she wore her hair in plaits.

codobatură *sf.* wagtail.

codoş *sm.* pander, pimp, *fam.* ponce.

codru *sm.* **1.** forest. **2.** (*de pâine*) hunk.

coechipier *sm.* partner, team-mate.

coeficient *sm.* coefficient, quotient.

coercitiv *adj.* coercive.

coerent *adj.* coherent.

coerenţă *sf.* coherence.

coexista *vi.* to coexist.

coexistenţă *sf.* coexistence.

coeziune *sf.* cohesion.

cofă *sf.* pail.
cofetar *sm.* confectioner.
cofetărie *sf.* confectionery, sweet-shop. # *preparat de ~* confection.
coif *sn.* helmet.
coincide *vi.* **1**. to coincide, to concur. **2**. (*d. date etc.*) to clash. # **~nță** coincidence.
coiot *sm. zool.* coyote.
coji I. *vt.* to peel, to strip. **II**. *vr.* to peel, to flake. # **~re** peeling.
cojoc *sn.* waistcoat. # **~ar** furrier.
colabora *vi.* **1**. to collaborate. **2**. (*la o revistă etc.*) to contribute. # **~re** collaboration; **~tor** helpmate, contributor, partner; **~ționist** quisling.
colac *sm.* **1**. (*de sfoară*) coil. **2**. (*de salvare*) life belt/buoy.
colant *adj.* (*d. rochie etc.*) clinging, slinky.
colaps *sn.* collapse, smash.
colateral *adj.* collateral, extraneous, secondary, peripheral, subsidiary.
colaționa *vt.* to collate.
colb *sn.* dust.
colcăi *vi.* (**de**) to swarm (with).
colea *adv.* (over) here.
colecta *vt.* to collect, to gather. # **~re** collection.
colectă *sf.* **1**. collection. **2**. *bis.* offertory.
colectiv I. *sn.* collective. **II**. *adj.* collective, team, joint. # **~itate** community.
colector *sn., adj.* collector.
colecție *sf.* collection.
colecționa *vt.* **1**. to collect, to accumulate, to gather. **2**. (*obiecte*) to save.
colecționar *sm.* **1**. collector. **2**. (*de mărci*) philatelist.
colecționare *sf.* **1**. accumulation. **2**. (*de mărci*) stamp collecting.
coleg *sm.* **1**. comrade, mate, fellow. **2**. (*de clasă*) classmate. **3**. (*de serviciu*) colleague. **4**. (*de cameră*) roommate. **5**. (*de școală*) schoolmate. # **~ialitate** comradeship, fellow feeling.
colegiu *sn.* **1**. college, school. **2**. (*organizație*) college.
coleretă *sf.* ruff.
colesterol *sm.* cholesterol.
colet *sn.* package, parcel. # **~ărie** parcel post.
colibă *sf.* **1**. cabin, cot(tage), shack, shanty, hut, lodge. **2**. (*de lemn*) log cabin.
colică *sf. med.* gripe, twinge.
colier *sn.* **1**. necklace, beads. **2**. (*pe gât*) necklet, choker. **3**. (*de mărgele*) rope. **4**. *tehn.* collar.
colină *sf.* elevation, knoll, hill.
colind *sn.* carol: *a cânta ~e* to carol. # **~ător** carol singer.
colinda I. *vt.* (*cutreiera*) to prowl. **II**. *vi.* **1**. to wander, to rove. **2**. (*cânta*) to carol.
colivie *sf.* cage.
coliziune *sf.* **1**. collision, clash, impact. **2**. (*de mașini*) smash. # *a intra în ~ cu* to run into.

colo *adv.* (over) there: *ici şi ~* here and there. # *când ~* in fact; (*în loc de asta*) instead of it.

coloană *sf.* **1**. (*de oameni*) file. **2**. *arhit*. column, pillar: *~ dorică* doric pillar. **3**. (*de maşini*) trail. **4**. (*vertebrală*) back, spinal column. # *trunchi de ~ arhit*. shank; *~ oficială de maşini* motorcade.

colocatar *sm.* co-inhabitant.

colocvial *adj.* colloquial.

colocviu *sn.* discussion, examination.

colon *sn. anat.* colon.

colonel *sm.* colonel.

colonial *adj.* colonial.

coloniale *sf. pl.* groceries.

colonie[1] *sf.* colony, dependency.

colonie[2] *sf.* (eau-de-)cologne, perfume, scent.

colonist *sm.* colonist, colonial, settler.

coloniza *vt.* to colonize, to settle in.

colora *vt.* **1**. to colour, to tint. **2**. (*uşor*) to tinge. # **~re** colouring; **~nt** colouring, dyestuff.

colorat *adj.* **1**. coloured. **2**. (*d. limbaj*) picturesque. **3**. (*viu*) flamboyant. **4**. (*frumos*) colourful.

colorit *sn.* colour(s).

colos *sm.* colossus, giant, *fam.* whopper. # **~al** colossal, huge, titanic, howling, prodigious, tremendous.

colporta *vt.* to spread (*rumours etc.*).

colportor *sm.* schemer, rumourmonger.

colt *sn.* (*pistol*) colt.

coltuc *sn.* (*de pâine*) heel.

colţ I. *sn.* **1**. corner, nook, angle: *lovitură de ~* corner kick; *după ~* round the corner. **2**. (*de pâine*) heel. **II**. *sm.* **1**. (*dinte*) tooth. **2**. (*de animal*) fang. **3**. (*de elefant, mistreţ etc.*) tusk. **4**. (*la furcă*) tine. **5**. (*stâncă*) peak. **6**. (*de stâncă*) jag. # **~uros** rugged, angular, jaggy; **~os** mouthy; *a-şi arăta ~ii* to snarl.

columnă *sf.* column, pillar.

comanda *vt.* **1**. to command, to order, to dictate. **2**. (*o carte etc.*) to order. **3**. (*o navă*) to sail.

comandant *sm.* **1**. commandant, commander. **2**. (*de poliţie*) superintendent.

comandă *sf.* **1**. (*conducere*) lead. **2**. (*ordin*) command, order. **3**. *tehn*. control. **4**. (*de marfă*) order: *~ suplimentară* (*la restaurant*) side order. **5**. (*de la distanţă*) *tehn*. remote control/zapper. # *de ~* (*d. haine*) tailor-made.

comando *sn.* commando.

comasa *vt.* to fuse.

comă *sf.* coma.

combatant *sm.* combatant, militant, champion.

combate *vt.* **1**. to combat, to disprove. **2**. (*stârpi*) to control. **3**. (*o acuzaţie*) to rebut. # **~re** control; rebuttal.

combativ *adj.* combative, militant. # **~itate** combativity.

combina I. *vt.* **1.** to combine, to mix, to concoct. **2.** (*compune*) to compound. **3.** (*culori*) to match. **II.** *vr.* **1.** to combine, to mix, to dash, to meld, to mingle. **2.** (*d. culori*) to merge. # **~re** combination; *a se ~ cu o femeie măritată* to involve oneself with a married woman.

combinație *sf.* **1.** combination, blend. **2.** plan, scheme. # *a intra în ~ cu* to associate with.

combină *sf.* **1.** (*maşină*) combine, harvester. **2.** (*muzicală*) music centre. **3.** (*stereo*) stereo.

combinezon *sn.* (*furou*) slip.

combustibil *sm.* combustible, fuel.

combustie *sf.* combustion.

comedie *sf.* **1.** comedy. **2.** (*muzicală*) musical. # *de ~* comic; *actor de ~* entertainer.

comemora *vt.* to commemorate. # **~tiv** memorial; **~re** commemoration, remembrance.

comensurabil *adj.* measurable.

comenta *vt., vi.* to comment, to analyse.

comentariu *sn.* **1.** comment(ary), remark. **2.** (*recenzie*) notice. **3.** (*scurt*) note. **4.** (*la un meci*) *amer.* play-by-play.

comentator *sm.* **1.** commentator. **2.** *T V* narrator.

comercial *adj.* commercial, trade, mercantile, merchant: *navă ~ă* merchant ship. # *centru ~ amer.* mall; *activitate ~ă* trading.

comercializa *vt.* to merchandise, to commercialize, to market. # **~re** (*de mărfuri*) marketing, merchandising.

comerciant *sm.* merchant, trader, tradesman, shopkeeper, dealer.

comerț *sn.* **1.** commerce, trade: *~ interior* home trade; *~ exterior* foreign trade; *de ~* trade. **2.** (*cu amănuntul*) retail (trade). **3.** (*cu ridicata*) wholesaling. # *a face ~ cu* to trade with; *~ ilicit* traffic.

comesean *sm.* table/dinner companion.

comestibil *adj.* eatable, edible.

cometă *sf.* comet.

comic I. **1.** *sm.* comedian, entertainer. **2.** *sn.* (*al situației*) comedy, humour. **II.** *adj.* comic(al), humorous, droll, jocular, funny. # **~ărie** drollery.

comisar *sm.* (*de poliție*) commissioner, policeman. # **~iat** (*de poliție*) (police) station, *amer.* station house.

comisie *sf.* commission, board, working party: *~ de examinare* board of examiners. # *membru al unei comisii* commissioner.

comision *sn.* **1.** commission. **2.** (*serviciu*) service, favour.

comisionar *sm.* **1.** messenger, roundsman, carrier, conveyor, conveyer. **2.** broker.

comis-voiajor *sm.* commercial traveller.

comitat *sn.* district, borough, county, region: *reşedinţă de ~* county town.
comite *vt.* **1**. to commit. **2**. (*un delict*) to perpetrate.
comitet *sn.* committee, board: *~ de conducere* executive committee; *~ permanent* standing committee.
comoară *sf.* **1**. treasure. **2**. (*persoană*) gem, treasure. **3**. (*avere*) wealth.
comod *adj.* **1**. comfortable, cosy, cushy, *amer.* hom(e)y. **3**. (*d. haine*) snug. **4**. (*d. persoane*) indolent, lazy. **5**. (*la îndemână*) handy.
comodă *sf.* tallboy, chest of drawers, dresser, *amer.* highboy.
comoditate *sf.* **1**. comfort, convenience. **2**. (*lene*) indolence.
comoţie *sf.* concussion.
compact *adj.* **1**. compact, thick, solid, serried, dense. **2**. (*d. un grup*) tight.
companie[1] *sf.* **1**. *ec.* (*societate*) company. **2**. (*comercială*) business. **3**. (*anturaj*) society, company.
companie[2] *sf. mil.* company.
compara I. *vt.* to compare, to contrast, to parallel. **II**. *vr.* **1**. to compare. **2**. (**cu**) to touch. # **~bil** comparable; **~tiv** relatively speaking; *nici nu se compară cu* nothing like.
comparaţie *sf.* **1**. comparison, parallel, simile, relation: *grade de ~ gram.* degrees of comparison. **2**. (*figură de stil*) simile. # *în ~ cu* in proportion to, in relation to; as against.
compartiment *sn.* **1**. compartment. **2**. (*domeniu*) section, domain. # **~are** partition(ing).
compas *sn.* compasses, dividers.
compasiune *sf.* **1**. compassion, feeling, pity. **2**. (*sentimentul de*) sympathy.
compatibil *adj.* compatible.
compatibilitate *sf.* **1**. compatibility. **2**. (*de idei*) sympathy.
compatriot *sm.* compatriot, countryman, fellowman.
compătimi *vt.* to pity, to sympathize. # **~tor** sympathetic.
compătimire *sf.* **1**. commiseration, pity. **2**. (*sentimentul de*) sympathy.
compensa *vt.* to compensate, to redeem. # **~re** compensation.
compensaţie *sf.* **1**. recompense, remedy, reparation, redress. **2**. (*sumă*) consideration, indemnification, bonus.
competent *adj.* competent, qualified, efficient, proficient, able, adroit, *fam.* together.
competenţă *sf.* **1**. competence, proficiency, qualification, ability, capacity. **2**. (*domeniu*) province: *asta nu e de competenţa mea* that is outside my province. **3**. *fam.* know-how.
competitor *sm.* contender, contestant.
competiţie *sf.* **1**. competition, contest, tournament. **2**. (*sportivă*) meet(ing).
compila *vt.* to compile. # **~ţie** compilation.

complăcea *vr.* (**cu**) to be content (with).

complement *sn. gram.* complement, object: ~ *drept* direct object.

complementar *adj.* complementary.

complet I. *adj.* **1.** complete, entire, whole, total, perfect, full, out-and-out, absolute, *fam.* right: ~ *străin* perfect stranger. **2.** (*d. o ediție*) unabridged. **II.** *adv.* fully, all, wide, entirely, through and through, quite, utterly, wholly, altogether, thoroughly, sheer, well and truly, soundly, dead, *amer. fam.* plumb: *e ~ nebun* he is plumb crazy. # ~ *gol* quite empty; ~ *treaz* wide-awake.

completa I. *vt.* **1.** to complete. **2.** (*un formular*) to fill in. **II.** *vr.* to complete. # **~re** complement, supplement, accompaniment; **~mente** wholly, utterly.

complex I. *sn.* complex. **II.** *adj.* **1.** complex. **2.** (*d. o problemă*) many-sided, intricate. **3.** (*d. un mecanism etc.*) elaborate. # **~itate** complexity, convolution; **a ~a** to overawe; **~at** overawed, timorous.

complezent *adj.* complaisant, amiable.

complezență *sf.* complaisance. # *acceptare de ~* accommodation acceptance.

complica I. *vt., vi.* to complicate, to entangle, to tangle, to involve. **II.** *vr.* to tangle. # **~ție** complication, intricacy, morass.

complicat *adj.* **1.** complicated, complex, intricate, fancy, knotty, sophisticated. **2.** (*încâlcit*) cumbrous, tortuous. **3.** (*d. un mecanism etc.*) elaborate.

complice *sm.* accessory, accomplice.

complicitate *sf.* complicity.

compliment *sn.* **1.** compliment. **2.** *pl.* compliments, regards, respects.

complini *vt.* to complete.

complot *sn.* conspiracy, plot, machination. # **a ~a** to connive, to conspire, to intrigue, to plot, to machinate, to scheme; **~ist** conspirator.

component *adj.* constituent built-in.

comporta I. *vt.* to imply. **II.** *vr.* **1.** to behave, to bear oneself, to deport (oneself), to conduct: *a se ~ urât* to behave badly. **2.** (**ca**) to act (like): *se comportă ca o doamnă* she acts like a lady. # **~ment, ~re** behaviour, conduct, demeanour, manner, bearing; *a se ~ bine* to acquit oneself well.

composta *vt.* to punch.

compostor *sn.* ticket-nipper.

compot *sn.* compote.

compozitor *sm.* composer; songwriter.

compoziție *sf.* **1.** composition, texture, structure. **2.** (*de prăjitură*) mix.

comprehensiune *sf.* comprehension, understanding.

comprehensiv *adj.* comprehensive.

compresă *sf.* compress, poultice. # *a pune o* ~ to foment.
compressor *sn.* compressor.
comprima *vt.* **1**. to (com)press, to condense. **2**. (*restrânge*) to suppress, to reduce. # ~**re** nip.
compromis I. *sn.* compromise. **II**. *adj.* disgraced.
compromite I. *vt.* to compromise, to sully, to undermine, to discredit. **II**. *vi.* to compromise. # ~**re** discredit.
compromițător *adj.* compromising.
compune I. *vt.* **1**. to make up. **2**. *muz.* to compose, to write. **3**. (*combina*) to compound. **II**. *vr.* to compose: *a se ~ din* to be composed of, to consist of.
compunere *sf.* **1**. making. **2**. (*literară*) composition, essay.
compus I. *sm.* (*chimic*) compound, mixture. **II**. *adj.* compound.
computer *sn.* computer. # **a ~iza** to computerize.
comun *adj.* **1**. common, general, joint, mutual: *prieten* ~ mutual friend. **2**. concerted: *campanie ~ă* concerted campaign. **3**. (*oarecare*) ordinary, nondescript, plain, routine, unspectacular: *o persoană ~ă* a nondescript person. # ~**itar** communal; *ieşit din* ~ eccentric, original, singular, queer, extreme, unusual, extravagant, freakish, out of the ordinary, *fam.* off the wall, rum; (*în*) ~ communal, together.
comună *sf.* village.
comunica I. *vt.* **1**. to communicate, to report, to inform, to let know. **2**. (*un ordin etc.*) to transmit, to announce. **II**. *vi.* (**cu**) to communicate (with). # ~**ție** communication; ~**tiv** demonstrative, voluble, effusive, gregarious, companionable.
comunicare *sf.* **1**. communication. **2**. (*înştiințare*) notice, message. **3**. (*informare*) report. **4**. (*lucrare*) paper, essay.
comunicat *sn.* announcement, statement, message, pronouncement.
comunism *sn.* communism: *pieirea ~ului* the death of communism.
comunist *sm., adj.* communist, red.
comunitate *sf.* community.
comuta *vt.* to switch. # ~**re** commutation; ~**tor** *el.* commutator, (toggle) switch.
con *sn. geom., bot.* cone. # *trunchi de* ~ frustum.
conac *sn.* manor (house), mansion.
concav *adj.* concave.
concedia *vt.* to discharge, to dismiss, to fire, *fam.* to sack. # *a fi ~t fam.* to get the sack; *a ~ pe cineva fam.* to give smb. the push.
concediere *sf.* discharge, dismissal, *fam.* sack(ing).
concediu *sn.* **1**. holiday, *amer.* vacation: *a-şi petrece ~l amer.* to vacation. **2**. (*medical*) sick leave. **3**. (*de paternitate*) paternity leave. **4**. (*fără plată*) leave of

absence. # *în* ~ on leave, (*medical*) *fam.* on the club.

concentra I. *vt.* to compress, to concentrate. **II.** *vr.* **1.** to concentrate. **2.** (**asupra**) to focus (on). # **~re** concentration.

concentrat I. *sn.* concentrate. **II.** *adj.* (*atent*) intent.

concentrație *sf.* **1.** concentration, density. **2.** (*de alcool*) proof, strength.

concepe *vt.* **1.** to conceive, to father, to frame, to imagine. **2.** *tehn.* to engineer. **3.** (*redacta*) to write.

concept *sn.* concept, notion.

concepție *sf.* **1.** conception, vision, idea, view, perception: *concepții politice* political views. **2.** (*de viață etc.*) outlook. **3.** (*politică, religioasă*) persuasion, thought. **4.** *pl.* lights: *potrivit concepțiilor sale* according to one's own lights.

concern *sn.* concern.

concert *sn.* concert: *sală de* ~ concert hall; *~maistru* concert master. # **~at** concerted.

concesie *sf.* concession, favour.

concesionar *sm.* concessionaire, holder.

concesiune *sf.* *ec.* concession.

concesiv *adj.* clement, forgiving, tolerant.

conchide *vt., vi.* to conclude, to surmise.

concilia *vt.* to conciliate, to reconcile.

conciliator I. *sm.* smoother. **II.** *adj.* conciliatory, pacific.

conciliere *sf.* conciliation.

concis *adj.* **1.** concise, succinct, curt, laconic, brief, terse, short. **2.** (*d. stil*) spare, terse. **3.** (*d. comentariu*) pithy.

concizie *sf.* concision.

conclav *sn.* conclave.

concludent *adj.* convincing, revealing.

concluzie *sf.* **1.** conclusion, inference, outcome. **2.** deduction, corollary.

concluziona *vt.* to deduce, to infer.

concomitent *adj.* concomitant, concurrent, simultaneous.

concorda *vi.* **1.** (**cu**) to be in accord(ance) (with), *amer. fam.* to jibe (with). **2.** to correspond to.

concordanță *sf.* **1.** concord(ance), harmony, overlap, conformity. **2.** *gram.* agreement. # *în* ~ *cu* consistent/consonant with, in keeping with, in agreement with.

concret *adj.* concrete, material, real, tangible. # **a se ~iza** to materialize.

concubinaj *sn.* concubinage.

concubin *sm.* paramour, lover.

concubină *sf.* concubine, kept woman.

concura *vi.* **1.** (**cu**) to compete (with), to vie (with). **2.** (**pentru**) (*un post etc.*) *amer.* to try out (for).

concurent *sm.* **1.** contestant, contender, rival. **2.** *sport* competitor.

concurență *sf.* competition, rivalry. # *a fi în* ~ *cu* to rival with; *în* ~ *cu* vying with.

concurs *sn.* **1.** competition, contest, tournament. **2.** (*hipic*) race meeting.

condamna *vt.* 1. to condemn, to blame, to deplore. 2. (*înfiera*) to denounce, to revile. 3. (*sorti*) to doom. 4. *jur.* to convict, to sentence. # ~**bil** blamable, despicable, shameful, discreditable, objectionable, reprehensible; ~**t** convict; *~t la închisoare pe viață* lifer.

condamnare *sf.* 1. condemnation, denunciation, exposure. 2. *jur.* conviction.

condei *sn.* 1. pen(holder). 2. *fig.* writing . # *bine adus din ~* (*d. o frază*) well turned.

condensa I. *vt.* 1. to condense. 2. *fig.* to compress. **II.** *vr.* to condense. # ~**re** (*şi fig.*) condensation; ~**tor** condenser.

condescendent *adj.* condescending, civil, affable.

condescendență *sf.* condescension.

condică *sf.* register, book: *~ de prezență* attendance register.

condiment *sn.* condiment, spice, seasoning, flavour. # **a ~a** to spice, to season, to flavour, *fam.* to pep up; ~**at** spicy, piquant, seasoned.

condiție *sf.* 1. condition, circumstance: *în condițiile actuale* under the circumstances; *cu condiția ca* on condition that, provided that. 2. (*clauză*) stipulation, proviso. 3. (*stare*) state, plight, posture, way. 4. (*rang*) status. 5. (*a unui contract*) term: *condiții avantajoase* easy terms; # *~ fizică* form, shape, (*bună*) fitness; *~ necesară* prerequisite.

condiționa *vt.* to condition, to stipulate. # ~**t** conditioned.

condițional *adj. gram.* conditional.

condoleanțe *sf. pl.* condolences.

conducător I. *sm.* 1. leader, manager, administrator. 2. (*şef*) chief, boss, master, head. 3. (*guvernant*) ruler. **II.** *adj.* ruling, guiding, governing: *forță conducătoare* guiding force. # *~ auto* motorist.

conduce *vt.* 1. to lead, to head. 2. (**la**) to conduce (to). 3. (*călăuzi*) to shepherd, to direct, to guide. 4. (*însoți*) to see, to accompany: *te pot ~ acasă*? may I see you home? 5. (*prezida*) to moderate. 6. (*guverna*) to govern. 7. (*la gară*) to see off. 8. (*o navă*) to navigate, to sail. 9. (*pilota*) to fly. 10. (*o firmă*) to lead, to manage, to run. 11. (*o țară etc.*) to rule, to administer. 12. (*o maşină*) to drive, to ride. 13. (*o ambarcațiune*) to steer. 14. (*pe jos*) to walk. # *a ~* (*pe cineva*) *cu maşina* to run.

conducere *sf.* 1. leadership, direction, guidance: *sub ~a* under the direction of. 2. *fam.* management. 3. (*autoritate*) rule. 4. (*guvern*) administration. # *la ~* in charge, in the saddle; *de ~* executive, driving, governing; *auto* motoring; *examen de ~* driving test.

conduct *sn. anat.* passage.

conductă *sf.* 1. conduit, tube, duct, main. 2. (*de apă*) drain. 3. (*de apă menajeră*) sewer. 4. (*de petrol, gaze*) pipe.

conductor *sm.* conductor.

conducție *sf.* conduction.

conduită *sf.* behaviour, demeanour, conduct: ~ *profesională* professional conduct. # ~ *rea* misbehaviour.

conecta I. *vt.* **1.** to connect. **2.** (*la rețea*) *el.* to wire. **II.** *vr.* (**la**) (*internet*) to surf (the net). # **~t** *el.* wired.

confecții *sf. pl.* ready-made clothes.

confecționa *vt.* **1.** to manufacture, to make. **2.** (*o rochie etc.*) to fashion. # **~re** manufacture, manufacturing, making.

confederație *sf.* confederation, brotherhood.

conferențiar *sm.* **1.** (*vorbitor*) speaker, lecturer. **2.** (*universitar*) lecturer.

conferi *vt.* to confer. # **~re** conferring.

conferință *sf.* conference, lecture, speech: ~ *de presă* news/press conference.

confesiune *sf.* confession.

confident *sm.* confidant. # **~ă** confidante.

confidență *sf.* confidence.

confidențial *adj.* private, classified, secret, *amer.* hushhush.

configurație *sf.* **1.** configuration, complexion, profile, form. **2.** (*a corpului*) frame.

confirma *vt.* **1.** to confirm, to certify, to uphold, to prove, to corroborate, to acknowledge. **2.** (*dovedi*) to sustain. # **~t** confirmed, certified; **~re** confirmation, corroboration; **~ție** *bis.* confirmation.

confisca *vt.* to confiscate, to seize, to sequestrate. # **~re** confiscation, forfeit, seizure.

conflict *sn.* **1.** conflict, encounter, strife, incident, clash. **2.** (*război*) war. # *a veni în ~ cu* to conflict with.

confluență *sf.* confluence.

conform *adj.* suitable, proper, identical. # ~ *cu* corresponding to, in accordance with; ~ *instrucțiunilor* according to/in pursuance of (your) instructions.

conforma *vr.* to conform (to), to comply (with), to obey: *s-a conformat dorințelor lor* he complied with their wishes.

conformație *sf.* conformation, habit, physical constitution, physique.

conformist I. *sm.* conformist. **II.** *adj.* formal.

conformitate *sf.* # *în ~ cu* according to.

confort *sn.* comfort, ease, cosiness. # *cu tot ~ul de ultimă oră* with all the latest conveniences.

confortabil *adj.* **1.** comfortable, cosy, cushy, *amer.* hom(e)y, toasty. **2.** (*d. o cameră*) snug.

confrate *sm.* brother.

confrunta I. *vt.* (**cu**) to confront (with), to grapple (with). **II.** *vr.* (**cu**) to encounter (with).

confruntare *sf.* **1.** confrontation, battle. **2.** (*sportivă*) competition.

contest. # ~ *politică* (*de idei*) skirmish.

confunda *vt.* (**cu**) to confuse (with), to mistake (for), to mix up (with). # ~**re** confusion.

confuz *adj.* **1**. unclear, vague, dim, turbid, woolly, addled, blurred, *fam.* wishy-washy: *imagine ~ă* blurred image; *concepţie ~ă* woolly conception. **2**. (*d. un sunet*) dull, confused. **3**. (*d. o explicaţie*) tortuous. **4**. (*d. cineva*) mixed-up, *amer.* woozy. **5**. (*d. idei*) muzzy. # ~**ie** confusion, muddle, welter.

congela *vt., vr.* to (deep-)freeze. # ~**tor** deep freeze, freezer; ~**t** deep-frozen.

congenital *adj.* congenital.

congestie *sf.* congestion, concussion. # ~ *cerebrală* cerebral hemorrhage.

congestionat *adj.* **1**. *med.* congested. **2**. (*la faţă*) flushed.

conglomerat *sn.* **1**. conglomerate. **2**. *fig.* mixture, concoction.

congregaţie *sf.* fellowship.

congres *sn.* **1**. congress, convention, symposium. **2**. (*de partid etc.*) conference.

coniac *sn.* cognac, brandy.

conic *adj.* conic(al).

conifer *sn.* **1**. fir. **2**. *pl.* conifers.

conjuga *vt., vr.* to conjugate. # ~**re** conjugation.

conjugal *adj.* conjugal, connubial, marital, married, wedded: *viaţă ~ă* wedded life.

conjunctură *sf.* conjencture, condition, *amer.* score.

conjuncţie *sf. gram., astron.* conjunction.

conjuraţie *sf.* conspiracy.

conlucrare *sf.* collaboration.

conopidă *sf.* cauliflower.

conotaţie *sf.* connotation, denotation.

consacra I. *vt.* to dedicate. **II**. *vr.* to devote oneself (to). # ~**t** well-known, recognized.

consătean *sm.* countryman.

consecinţă *sf.* aftermath, consequence, result, repercussion, reaction, upshot: *a suporta consecinţele* to face/take the consequences. # *în* ~ consequently.

consecutiv *adj.* consecutive, *fam.* on the trot.

consecvent *adj.* consistent, steadfast.

consecvenţă *sf.* persistency.

consemna *vt.* (*în scris*) to write, to record.

consens *sn.* consensus, concurrence, agreement, accord.

conserva *vt.* **1**. to conserve. **2**. (*fructe etc.*) to preserve. # ~**re** conservation, preservation; ~**nt** preservative; ~**t** (*d. alimente*) canned, tinned.

conservator[1] *sn. muz.* conservatoire, *amer.* conservatory.

conservator[2] *sm., adj.* conservative.

conservă *sf.* tin, can: ~ *de fasole* tin of beans. # *fabrică de con-*

serve cannery; *deschizător de conserve* (tin)-opener.

consfătuire *sf.* meeting, session, council, conference.

considera *vt.* **1**. to consider, to esteem, to envisage, to regard, to view, to think, to count, to perceive, to account: *a se ~ bogat* to account oneself rich; *a fi ~t drept* to be regarded as. **2**. (**că**) to deem. # ~**bil** considerable, notable, sizeable, sensible, appreciable, substantial, *fam.* respectable; ~**t** (*d. cineva*) reputed.

considerație *sf.* **1**. consideration, esteem, respect. **2**. *pl.* reflections. # *a lua în ~* to take into account, to consider.

considerent *sn.* consideration, motive, motivation, reason: *~e economice* economic considerations.

consignație *sf.* junk shop.

consilier *sm.* **1**. counsellor, adviser, councillor, consultant: *~ juridic* counsellor at law. **2**. (*al unui ministru*) consultant, undersecretary. **3**. (*juridic*) solicitor.

consiliu *sn.* **1**. council, board: *~ de administrație* board of directors. **2**. (*municipal*) town council, parish council. **3**. (*local*) district council. **4**. (*de miniștri*) cabinet.

consimțământ *sn.* consent, approval, assent, *amer. fam.* okay, OK.

consimți *vi.* (**să**) to consent (to), to agree (to), to acquiesce (in), to assent (to), to approve (of). # ~**re** consent, acquiescence, approval.

consistent *adj.* **1**. (*solid*) solid, hard. **2**. (*sățios*) filling, satisfying.

consoană *sf.* consonant.

consoartă *sf.* spouse, wife, *fam.* better half, missus.

consola *vt.* to console, to comfort, to soothe. # ~**re** consolation, comfort.

consolă *sf.* **1**. bracket. **2**. *tehn.* lug.

consolida *vt.* to consolidate, to strengthen, to reinforce. # ~**re** consolidation, strengthening.

consort *sm.* husband, spouse *fam.* hubby, better half.

conspect *sn.* conspectus, synopsis.

conspira *vi.* to conspire, to plot. # ~**tor** conspirator, plotter; ~**tiv** underground, deep-laid; ~**ție** conspiracy, plot, cabal.

consta *vi.* (**din**) to consist (in), to reside (in), to lie (in).

constant **I**. *adj.* constant, changeless, equal, uniform, invariable, steady, even, unswerving: *creștere ~ă* steady increase. **II**. *adv.* steadily. # ~**ă** *mat.* constant.

constanță *sf.* constancy.

constata *vt.* to remark, to note, to observe, to see, to ascertain, to perceive, to find out.

constatări *sf. pl.* findings.

constelație *sf.* constellation.

consterna *vt.* to stupefy, to overwhelm. # ~**t** shocked, bewildered; ~**re** consternation, bewilderment.

constipat *adj.* constipated, costive.

constipație *sf.* constipation.

constitui *vt.* to constitute, to make up. # ~**re** constitution.

constituție *sf.* **1.** (*a unei țări*) constitution: *conform ~i* constitutionally. **2.** (*fizic*) physique, conformation, build.

constituțional *adj.* constitutional.

constrânge *vt.* to constrain, to oblige, to coerce, to push, to press. # ~**re** coercion, screw, constraint, duress, pressure, compulsion.

constructiv *adj.* constructive.

constructor *sm.* **1.** builder. **2.** (*de drumuri*) roadman. **3.** (*de nave*) shipbuilder, shipwright. **4.** (*de mori*) millwright.

construcție *sf.* **1.** construction, building, structure: ~ *din lemn* wooden structure. **2.** *pl.* (*mecanice*) engineering. # *de* ~ structural.

construi *vt.* to build, to construct, to erect, to put up. # ~**re** construction, erection, making.

consul *sm.* consul. # ~**at** consulate.

consulta *vt.* **1.** to consult. **2.** (*un doctor etc.*) to see. **3.** (*un avocat*) to confer with. **4.** (*un dicționar etc.*) to refer to. # ~**nt** consultant; ~**tiv** consultative; ~**nță** advice; *grup ~tiv* think tank.

consultare *sf.* **1.** consultation. **2.** (*sfat*) advice, counsel.

consultație *sf.* **1.** consultation. **2.** (*sfat*) advice. # *ore de* ~ surgery (hours).

consum *sn.* consumption, expenditure: ~ *de timp* expenditure of time.

consuma *vt.* **1.** to consume, to use, to spend. **2.** (*mânca*) to eat. # *a ~ tot* to eat up, *sl.* to kill.

consumator *sm.* **1.** consumer, user. **2.** (*la restaurant*) diner.

conștient *adj.* conscious, aware, sensible, self-conscious: *sunt ~ de defectele mele* I'm aware/sensible of my defects. # ~ *de îndatoririle noastre* mindful of our resposibilities.

conștiincios *adj.* conscientious, thorough, diligent, meticulous.

conștiinciozitate *sf.* conscientiousness, diligence.

conștiință *sf.* conscience, consciousness. # ~ *de sine* self-awareness; *fără* ~ unscrupulous.

cont *sn.* (*la bancă*) (bank) account: ~ *curent* current account; ~ *de economii* savings account; ~ *de depuneri* deposit account; *pe ~ propriu* on one's own account, independently. # *a trece în ~ ec.* to debit; *a ține ~ de* to heed, to take account of; *a ține ~ de faptul* to make allowances for the fact; *a nu ține ~ de* to make no allowance for; *reglare de ~uri fig.* showdown.

conta *vi.* **1.** (*însemna*) to matter. **2.** (**pe**) to count (on), to depend (on, upon), to rely (on), to trust, to figure (on).

contabil *sm.* accountant, bookkeeper. # ~-*şef* accountant general.

contabilitate *sf.* bookkeeping, accountancy. # *a ţine ~a* to keep the books, to keep accounts.

contact *sn.* **1**. contact, touch, connection: *a veni în ~ cu* to come into touch with. **2**. *el*. contact. **3**. (*relaţie*) relation(ship), connection. # **a ~a** to contact.

contagios *adj.* contagious, catching.

container *sn.* container, receptacle.

contamina *vt.* **1**. to contaminate, to infect. **2**. (*influenţa*) to influence. # **~re** contamination.

conte *sm.* count, earl: *rangul/ domeniile unui ~* earldom. # **~să** countess.

contempla *vt.* to behold, to look attentively at.

contemporan 1. *sm.* contemporary. **2**. *adj.* contemporaneous, contemporary, present-day, modern, up-to-date.

contencios *sn.* claim department.

conteni *vi.* to cease.

contesta *vt.* **1**. to contest, to object, to oppose. **2**. (*renega*) to deny, to dispute, to refute. # **~t** refuted, contested; **~bil** contentious, debatable, disputable; **~re** rebuttal; **~ţie** appeal.

context *sn.* context.

continent *sn.* continent. # **~al** continental.

contingent *sn.* contingent.

continua I. *vt.* **1**. to continue, to go on, to pursue, to resume. **2**. (*studiile*) to further. **II**. *vi.* **1**. to continue. **2**. (**să**) to proceed (with). **3**. (**prin**) to procceed (to). **4**. (*în rău*) to persist (in). # **~re** continuation, sequel, continuance; *în ~re* further.

continuitate *sf.* continuity, continuance.

continuu I. *adj.* **1**. continuous, continual, endless, ceaseless, incessant, permanent, unceasing, persistent, perpetual, unbroken, relentless. **2**. (*d. dezvoltare*) sustainable. **II**. *adv.* continually, steadily, at a stretch.

contondent *adj.* blunt: *obiect ~* blunt instrument.

contopi I. *vt.* to melt. **II**. *vr.* to fuse into, to melt, to coalesce. # **~re** merging.

contor *sn.* meter, counter: *~ de gaze* gas meter; *~ electric* electric meter. # **a ~iza** to meter.

contorsiona *vr.* to contort, to twist, to wriggle, to squirm. # **~re** contortion, writhe; **~t** twisted, contorted.

contra[1] *vt.* **1**. to contradict. **2**. (*la bridge*) to double.

contra[2] **I**. *adv.* counter; (*la vot*) nay, no, con: *pro şi ~* pro and con. **II**. *prep.* against, versus. # *din ~* on the contary.

contraamiral *sm.* rear admiral.

contraatac *sn.* counterattack, fightback. # **a ~a** to counter-attack.

contrabalansa *vt.* to counterbalance, to offset, to poise.
contrabandă *sf.* **1.** contraband, smuggling, *fam.* racket. **2.** (*cu arme*) gunrunning. **3.** (*cu droguri*) drugrunning. # *a face ~* to smuggle; *a face ~ cu alcool* to bootleg.
contrabandist *sm.* **1.** smuggler, *fam.* racketeer. **2.** (*de alcool*) bootlegger. **3.** (*de arme*) gunrunner.
contrabas *sn.* contrabass, double bass.
contracara *vt.* **1.** to counteract. **2.** (*pe cineva*) to cross.
contract *sn.* **1.** contract: *pe bază de ~* on contract; *parte la un ~* contractor. **2.** (*comercial*) agreement. # **~ual** contractual; *~ de vânzare-cumpărare* deed of conveyance.
contracta I. *vt.* **1.** to contract. **2.** (*o boală*) to catch. **II.** *vr.* to shrink, to contract. # **~re** contraction.
contracție *sf. med.* contraction.
contradictoriu *adj.* contradictory, inconsistent.
contradicție *sf.* contradiction, polarity. # *a veni în ~ cu* to contravene.
contraface *vt.* **1.** to fake. **2.** (*băutură*) to adulterate. # **~re** counterfeit, forgery.
contrafăcut *adj.* counterfeit, false, fake, phoney: *obiect ~* fake.
contraindicat *adj.* contraindicated.
contraindicație *sf.* contraindication.
contralovitură *sf.* counterattack.
contramanda *vt.* **1.** to countermand, to call off, to cancel, to annul, *fam.* to pull. **2.** (*o vizită etc.*) to put off. # **~re** cancellation.
contramarcă *sf.* counterfoil.
contraofensivă *sf.* counteroffensive.
contrapagină *sf.* verso.
contrapantă *sf.* counter-slope.
contrapiuliță *sf.* locknut.
contrapunct *sn. muz.* counterpoint.
contrar I. *sn.* obverse, reverse: *subțire este ~iul lui gros* thin is the obverse of thick; *a fi chiar ~iul* to be quite the reverse. **II.** *adj.* contrary, opposite, counter. **III.** *adv.* crisscross. **IV.** *prep.* against. # **~iu** opposite; *în caz ~* otherwise.
contrarevoluție *sf.* counter-revolution.
contraria *vt.* to vex, to shock, to upset, to ruffle. # **~t** vexed, upset.
contraspionaj *sn.* counterespionage.
contrast *sn.* contrast. # **a ~a** to contrast.
contratimp *sm.* contretemps.
contravenient *sm.* contravener, offender, trespasser.
contravenție *sf.* contravention, misdemeanour, (minor/petty) offence, infringement.
contrazice I. *vt.* **1.** to contradict, to antagonize. **2.** (*o afirmație*) to gainsay. **II.** *vr.* to contradict, to disagree, to dispute. # **~re** contradiction.

contribuabil *sm.* ratepayer, taxpayer.

contribui *vi.* (**la**) **1**. to contribute (to). **2**. (*cu bani*) to subscribe (to).

contributoriu *adj.* contributory.

contribuție *sf.* **1**. contribution, part, toll, tribute, stake. **2**. (*bănească*) tax, rate, stake, *fam.* mite.

control *sn.* **1**. control, check, regulation, verification: ~ *inopinat* spot check. **2**. (*medical periodic*) *fam.* checkup. # *a ține sub* ~ to master, (*d. poliție*) to marshal; *de* ~ controlling; *lucrare de* ~ test, (writing) paper.

controla *vt.* **1**. to control, to check, to verify, to regulate. **2**. (*conturi*) to audit.

controlor *sm.* **1**. controller, supervisor. **2**. (*de bilete*) ticket inspector/collector.

controversat *adj.* disputed, (much) debated, charged.

controversă *sf.* controversy, dispute, polemic, difference, contention, sticking point.

contur *sn.* contour, circumference, outline, profile, silhouette.

contura I. *vt.* to contour. **II**. *vr.* to shape, to form. # *bine ~t* bold, clear-cut, (*d. personalitatea cuiva*) well-rounded.

contuzie *sf.* contusion, concussion, bruise.

conține *vt.* to contain, to hold, to comprise, to include: *sticla ~ un litru* the bottle holds one litre.

conținut *sn.* **1**. content. **2**. (*sumar*) contents. **3**. *fig.* substance. # *fără* ~ empty; ~ *de idei* (*al unei cărți etc.*) message.

conțopist *sm. fam.* pen pusher, *amer.* pencilpusher.

convalescent *sm.* convalescent.

convalescență *sf.* convalescence.

convenabil *adj.* **1**. convenient, commodious, opportune, reasonable. **2**. (*ieftin*) moderate, reasonable.

conveni *vi.* to agree (on, to), to suit: *o slujbă care să-mi convină* a job to suit me. # *vino când îți convine* come at your convenience.

conveniență *sf.* **1**. convenience. **2**. *pl.* proprieties.

convenție *sf.* convention, covenant, treaty, agreement.

convențional *adj.* **1**. conventional, traditional. **2**. (*d. cineva*) formal. # *persoană ~ă sl.* straight.

conversa *vi.* (**cu**) to converse (with), to talk (with).

conversație *sf.* **1**. conversation, dialogue. **2**. (*serioasă*) talk, discourse, interlocution, discussion.

converti *vt.* to convert. # **~bil** *ec.* convertible.

convertire *sf. bis.* conversion.

convex *adj.* convex. # **~itate** convexity.

conviețui *vi.* to cohabit.

convingător *adj.* **1**. convincing, conclusive, persuasive: *argument* ~ conclusive/persuasive argument. **2**. (*d. cineva*) assertive. **3**. (*d. o* *probă*) potent, telling, cogent: *probe convingătoare* cogent evidence. **4**. (*d. o scuză, un motiv*) valid. # *a fi ~* (*d. o dovadă*) to carry conviction.

convinge *vt.* **1**. to convince, to persuade, to coax, to induce. **2**. (**să**) to reason (into), to argue (into): *a ~ pe cineva să nu* (*se ducă acolo*) to reason smb. out of (going there).

convingere *sf.* **1**. conviction: *~ fermă* firm conviction. **2**. (*politică etc.*) persuasion, belief: *convingeri politice* political beliefs/persuasions/convictions; *putere de ~* power of persuasion. # *cu convingeri de neclintit* strong-minded.

convins *adj.* certain, sure, dye-in-the-wool: *un liberal ~* a dye-in-the-wool liberal.

convoca *vt.* **1**. (*o întrunire*) to convoke, to convene, to call. **2**. (*parlamentul, o şedinţă*) to summon. # **~re** calling, convening; *~re urgentă* summons.

convoi *sn.* **1**. caravan, convoy, line, train, file. **2**. (*procesiune*) parade.

convorbire *sf.* **1**. talk. **2**. (*oficială*) dialogue. **3**. (*interurbană*) trunk call. # *~ telefonică* telephone conversation; *taxă pentru o ~ interurbană amer.* toll.

convulsie *sf.* convulsion, spasm.

coopera *vi.* to co-operate. # **~re** co-operation; **~tist** co-operative; **~tivă** co-operative.

coopta *vt.* to co-opt, to admit.

coordona *vt.* to coordinate. # **~re** coordination; **~tor** (*de programe TV*) anchorman.

coordonată *sf.* coordinate.

copac *sm.* tree: *fără ~i* destitute of trees, treeless.

copaie *sf.* trough, tub.

copcă *sf.* **1**. clasp. **2**. *med.* clip, stitch. **3**. (*în gheaţă*) hole. # *a încheia cu copci* to hook.

copeică *sf.* copeck.

copertă *sf.* **1**. cover. **2**. (*de disc*) sleeve.

copia I. *vt.* **1**. (*transcrie*) to copy, to transcribe. **2**. (*la xerox etc.*) to duplicate. **3**. (*pe cineva*) to imitate, to mimic, to ape. **4**. (*după cineva*) to plagiarize. **II**. *vi. şcol.* to crib.

copie *sf.* **1**. copy, replica. **2**. duplicate. **3**. (*a unui tablou*) reproduction. **4**. (*fidelă*) facsimile. # **~re** duplication; *a face o ~ după* to make an exact copy after.

copil *sm.* **1**. child, offspring, *fam.* kid: *~ singur la părinţi* only child. **2**. (*nou-născut*) new-born child, new arrival. **3**. (*adoptiv*) foster child. **4**. (*nelegitim*) love child, illegitimate child. **5**. (*abandonat*) foundling, waif. **6**. (*mic*) baby, infant. # **~ăresc** childish; **~ăros** childish; **~ărie** childhood, babyhood, infancy, boyhood; **~ă** girl; *fără copii* childless; *~ al străzii* waif; *~ supradotat* prodigy.

copilot *sm.* copilot.

copios *adj.* copious, plentiful, generous, *fam.* slap-up.
copist *sm.* copyist.
copită *sf.* hoof.
copleşi *vt.* **1**. to overwhelm, to assail, to overcome. **2**. (*d. emoţie*) to thrill. **3**. (**cu**) to shower (with). **4**. (**cu**) (*atenţii*) to smother (with). # ~**t** (*de*) smitten (with): *a fi ~t de frică* to be smitten with fear.
copleşitor *adj.* **1**. overwhelming. **2**. (*d. tristeţe etc.*) piercing.
copoi *sm.* bloodhaund, sleuthhaund.
copt *adj.* **1**. *fig.* mature. **2**. (*d. fruct*) mellow, ripe. # *mort-copt* by all means.
cor *sn.* choir, chorus: *piesă ~ală* chorus; *în ~* in (the) chorus. # ~**al** choral; *toţi în ~*! all together now!
corabie *sf.* ship.
coral *sm.* coral.
Coran *sn.* Koran.
corb *sm.* raven, rook, crow.
corcitură *sf.* **1**. half-caste, half-breed. **2**. (*câine*) mongrel.
cord *sn.* heart.
cordial *adj.* cordial, warm, hearty, affable. # ~**itate** heartiness.
cordon *sn.* **1**. belt, girdle. **2**. *tehn.* duct.
corect I. *adj.* **1**. correct, accurate, precise, exact, true: *~ sau greşit* true or false. **2**. (*cinstit*) honest, straight. **3**. (*drept*) fair, just, right, upright. **II**. *adv.* fairly, rightly. # *absolut ~ fam.* spot-on.
corecta *vt.* **1**. to correct, to rectify, to redress, to improve, to reform. **2**. (*greşeli de ortografie*) to check. # ~**re** correction, touch; *de ~re* remedial.
corectitudine *sf.* correctitude, uprightness, propriety, rectitude.
corector *sm.* (*de carte*) (proof)reader.
corectură *sf.* **1**. proof. **2**. (*rectificare*) correction.
corecţional *adj.* corrective.
coreean *sm., adj.* Korean # *limba ~ă* Korean.
coregraf *sm.* choreographer. # ~**ie** choreography.
corela *vr.* (**cu**) to correlate (with). # ~**ţie** correlation, interrelation.
coresponda *vi.* (**cu**) to correspond (with), to exchange letters (with).
corespondent *sm.* (*de presă*) correspondent, contributor, *amer.* stringer.
corespondenţă *sf.* **1**. (*potrivire*) agreement, correspondence. **2**. (*poştă*) letters, mail, post.
corespunde *vi.* **1**. to answer, to fit: *a ~ condiţiilor cerute/aşteptărilor* to fit the bill. **2**. (**cu**) to agree (with), to correspond (with/to), to tally (with). # *a nu ~* (*în privinţa*) to desagree (on).
corespunzător *adj.* corresponding, appropriate, becoming, proper, adequate, fit, suitable, congruous, consistent, consonant: *comportare corespunzătoare rangului său* behaviour congruous with his rank.
coriandru *sm.* coriander.

coridă *sf.* bullfight. # *arenă de ~* bullring.
coridor *sn.* corridor, passage, hall, lobby, *amer.* hallway.
corija I. *vt.* to mend, to reclaim, to improve, to correct, to redress, to reform: *a-şi ~ vechile metehne* to mend one's old ways. **II.** *vr.* to improve, to correct.
cormoran *sm.* cormorant.
corn *sn.* **1.** (*de panificaţie*) croissant, roll. **2.** *zool., muz.* horn. **3.** (*de cerb*) antler. **4.** (*de vânătoare*) hunting bugle. # *cu coarne* horned; *a pune coarne* to cuckold.
cornee *sf. anat.* cornea.
cornet *sn.* (*şi muz.*) cornet.
cornişă *sf.* cornice, ledge.
cornos *adj.* hard, horny.
cornut *adj.* horned.
coroană *sf.* **1.** (*de flori*) wreath. **2.** (*dentară, monedă*) crown. **3.** (*de copac*) (tree)top.
corobora *vt.* to corroborate. # **~re** corroboration.
coroda *vt.* to corrode.
coroiat *adj.* hooked. # *cu nas ~* hook-nosed.
corolar *sn.* corollary.
corolă *sf.* corolla.
coroziune *sf.* corrosion.
coroziv *adj.* corrosive.
corp *sn.* **1.** body. **2.** substance: *~ chimic* chemical substance. **3.** (*siluetă*) figure: *~ mlădios* slender figure. **4.** (*diplomatic, de balet*) corps. **5.** (*de alegători*) constituency. # **~oral** corporal, bodily; *pe ~* skin-tight, *fam.* slinky.
corpolent *adj.* **1.** corpulent, bulky, husky, solid, gross, thickset, stout, heavy-set, fleshy. **2.** (*d. un bătrân*) portly.
corporal *adj.* corpor(e)al, physical.
corporaţie *sf.* corporation, fellowship, guild.
corsaj *sn.* corsage, bodice, bosom, breast.
corsar *sm.* pirate, corsair.
corset *sn.* corset, girdle, stays.
corso *sn.* walkway.
cort *sn.* **1.** tent: *a instala un ~* to pitch/put up a tent; *a demonta un ~* to take down a tent. **2.** (*al pieilor roşii*) tepee.
cortegiu *sn.* procession, train, suite.
cortină *sf.* curtain.
corupe *vt.* **1.** to corrupt, to pervert, to debauch. **2.** (*un martor*) *jur.* to suborn. # **~re** corruption, perversion.
corupt *adj.* corrupt, depraved, vicious, venal, *fam.* sleazy, crooked, rotten.
corupţie *sf.* corruption.
corvoadă *sf.* toil, chore, slog, drudgery, *fam.* grind.
cosi *vt.* to mow, to scythe.
cositor *sn.* tin.
cosiţă *sf.* **1.** plait. **2.** *pl.* tresses.
cosmetic *adj.* cosmetic. # **~ian(ă)** cosmetician, beautician; *salon de ~ă* (beauty) parlour, *amer.* beauty salon.

cosmic *adj.* cosmic.

cosmonaut *sm.* cosmonaut, astronaut. # *costum de ~* spacesuit.

cosmopolit *sm., adj.* cosmopolitan.

cosmos *sn.* cosmos, outer space, universe.

cost *sn.* cost, price, charge: *de ~* cost; *~ul vieții* the cost of living; *preț de ~* cost price. # **a ~a** to cost; *cât costă fusta?* how much is the skirt?

costeliv *adj.* raw-boned, thin, angular, skinny, lank, *fam.* scrawny.

costisitor *adj.* costly, expensive, dear, extravagant.

costișă *sf.* hillside, slope.

costiță *sf.* bacon.

costum *sn.* **1.** costume, dress, outfit, suit, *fam.* tog: *~ național* national costume; *~ din trei piese* three-piece suit. **2.** (*de purtare*) lounge suit. **3.** (*de seară*) dinner suit, evening dress, *amer. sl.* monkey suit. **4.** (*de baie*) bathing suit, swimsuit, swimming costume, trunks. **5.** (*de scafandru/scufundător*) wet suit. # *~-pantalon* trouser suit, *amer.* pantsuit.

coș *sn.* **1.** basket: *~ cu ouă* basket of eggs; *~ din nuiele* wicker basket. **2.** (*horn*) chimney. **3.** *nav.* funnel. **4.** (*de gunoi*) (litter) bin, waste-paper basket, *amer.* waste-basket, ashcan: *a arunca la ~* to bin. **5.** (*de merinde, rufe*) hamper. **6.** (*pe față*) pimple, *fam.* zit. # **~ar** chimney-sweep; *~ul pieptului* chest.

coșar *sn.* **1.** (*țarc*) corral. **2.** (*pătul*) barn.

coșciug *sn.* coffin, *fam.* box, *amer.* casket.

coșcovi *vr.* to peel.

coșmar *sn.* nightmare, incubus.

cot *sn.* **1.** elbow: *rupt în coate* out at elbows. **2.** (*cotitură*) bend, twist, convolution. **3.** (*ghiont*) poke. **4.** (*de râu*) curve, sweep, meander. # *~ la ~* side by side; *mă doare-n ~!* I don't care a fig!

cota *vt. ec.* to quote. # **~re**, **~ție** quotation.

cotarlă *sf.* mongrel, *amer.* mutt.

cotă *sf.* **1.** share, part, contribution. **2.** *ec.* quota.

cotcodăci *vi.* to cackle. # **~t** cackle.

coteț *sn.* **1.** (*de câine*) doghouse, kennel. **2.** (*de găini*) coop, hen house. **3.** (*de porci*) pen, sty.

coti **I.** *vt.* to turn. **II.** *vi.* to veer, to bend, to meander.

cotidian **I.** *sn.* daily (paper), newspaper, journal. **II.** *adj.* **1.** quotidian, routine: *îndatoriri cotidiene* quotidian duties. **2.** (*d. un ziar*) daily.

cotitură *sf.* **1.** turning, twist, bend, corner, crook, curve, meander. **2.** *fig.* change, watershed, turning point. **3.** *pl.* meanderings.

cotiza *vi.* (**la**) to subscribe (to). # **~ție** (membership) fee, subscription.

cotlet *sn.* cutlet, chop, steak.

cotlon *sn.* nook, recess, niche, *fam.* hideaway.

cotoi *sm.* tomcat.
cotonogi *vt.* to beat to pulp.
cotor *sn.* **1.** (*de carte*) spine. **2.** (*de chitanțier*) stub. **3.** (*tulpină*) stalk.
cotoroanță *sf.* **1.** (*babornița*) grimalkin, harridan, old hag. **2.** (*vrăjitoare*) witch.
cotrobăi *vi.* **1.** to rummage. **2.** (**prin**) to pry (about), to rake (among). **3.** (**după**) to scrabble (about).
cotropi *vt.* to invade, to conquer. # **~re** invasion; **~tor** invader, occupier.
coțcărie *sf.* trickery, *fam.* skulduggery.
coțofană *sf.* magpie.
covată *sf.* tub, trough.
covârșitor *adj.* **1.** paramount, *fam.* thumping. **2.** (*d. o majoritate*) overwhelming. **3.** (*extenuant*) gruelling. **4.** (*d. o înfrângere*) stunning. **5.** (*apăsător*) swingeing.
covor *sn.* carpet. # **~aș** mat, rug.
covrig *sm.* pretzel.
cowboy *sm.* cowboy.
cozeur *sm.* talker.
cozoroc *sn.* shade, (cap) peak, *amer.* visor.
crab *sm.* crab.
crac *sm.* (*de pantaloni*) leg.
cracă *sf.* **1.** branch. **2.** (*mare*) bough, limb. # *a-și tăia craca de sub picioare* to cut your own throat.
crah *sn.* **1.** (*faliment*) crash. **2.** (*financiar*) smash.
crai *sm.* **1.** (*rege*) king. **2.** philanderer, ladykiller, lady's man.
crainic *sm.* **1.** announcer, speaker. **2.** (*la știri*) newscaster.
cramă *sf.* wine cellar.
crampă *sf.* **1.** grip. **2.** *pl. med.* cramps.
crampon *sn.* **1.** spike. **2.** (*la ghete*) stud.
crampona *vr.* (**de**) to hold (to), to cling (to).
craniu *sn.* cranium, skull, *fam.* brainpan.
crap *sm.* carp.
cras *adj.* gross.
crater *sn.* crater.
cratimă *sf.* hyphen.
cratiță *sf.* **1.** pan, pot. **2.** (*cu coadă*) saucepan.
craul *sn.* (*înot*) crawl.
cravașă *sf.* thong.
cravată *sf.* tie, *amer.* necktie.
crăcăna *vr.* to straddle. # **~t** bandy-legged, bow-legged; *a sta/merge cu picioarele ~e* to straddle.
Crăciun *sn.* Christmas, Noel, *fam.* Xmas, *înv.* Yule: *brad/pom de ~* Christmas tree. # *Moș ~* Santa Claus; (*de*) ~ Yuletide.
crănțăni *vi.* to crunch.
crăpa I. *vt.* to crack, to break, to split, to slit. **II.** *vi.* **1.** to crack. **2.** (*muri*) to kick the bucket, to die. **III.** *vr.* to crack, to break, to split: *se crapă de ziuă* the day breaks.
crăpat *adj.* **1.** cracked, split. **2.** (*d. mâini*) horny.
crăpătură *sf.* **1.** aperture, gap, crack, chink, opening, split, slit,

fissure. **2**. (*breşă*) breach, rift, slot. **3**. (*în stâncă*) crevice.

crâcneală *sf.* rumbling, grumble.

crâcni *vi.* to murmur, to object to, to groan. # **~re** murmur; *fără ~re* without a murmur.

crâmpei *sn.* piece, fragment, crumb, smattering, snippet.

crâncen *adj.* cruel, dreadful, sharp, bitter.

crâng *sn.* coppice, copse, grove, spinney.

crâşmă *sf.* pub, *fam.* dive.

crea *vt.* **1**. to create, to elaborate, to make, to originate. **2**. (*înfiinţa*) to found, to set up. **3**. (*inventa*) to invent. **4**. (*modela*) to mould. **5**. (*modele de rochii etc.*) to style. **6**. (*o rochie etc.*) to model. **7**. (*probleme etc.*) to pose. # **~re** creation, making; **~t** made; **~ţie** creation, making; **~tivitate** creativity.

creangă *sf.* branch.

creanţă *sf.* debt.

creastă *sf.* **1**. (*culme*) crest, ridge, (mountain)top, summit. **2**. *zool.* comb, crest. # *~ de cocoş* cockscomb.

creator I. *sm.* **1**. creator, maker. **2**. (*de modele*) designer. **II**. *adj.* creative, inventive.

creatură *sf.* creature, being.

crede I. *vt.* **1**. to believe, to credit: *relatarea lui e greu de crezut* his account is hard to credit; *a ~ în Dumnezeu* to believe in God; *să nu-ţi vină să crezi*! don't you believe it! **2**. (*presupune*) to suppose, to reason, to think, to judge, to reckon, *amer.* to figure, to guess. **3**. (**că**) to esteem, to think: *cred că ai dreptate* I think you are right. **II**. *vi.* **1**. (*presupune*) to suppose. **2**. (**despre**) to think (of). **3**. (**în**) to trust (in). **III**. *vr.* to consider oneself: *a se ~ norocos* to consider oneself lucky. # *a nu ~* to disbelieve, to discredit; *a ~ pe cuvânt* to take one's word for it; *greu de crezut* unlike; *~-mă* (*pe cuvânt*)! take my word for it!, you may be sure!; *te cred*! I should think so!, you're telling me!; *nu te cred*! tell me another!

credibil *adj.* credible, plausible. # **~itate** credibility, credit, reliability.

credincios I. *sm.* believer, churchgoer. **II**. *adj.* **1**. pious, devout, religious. **2**. (*fidel*) faithful, constant, staunch.

credinţă *sf.* **1**. conviction, belief, faith: *credinţa creştină* the Christian faith: *de bună-~* in good faith; *rea-~* bad faith. **2**. (*fidelitate*) fidelity, loyalty, faithfulness.

credit *sn.* credit, trust, *fam.* tick: *pe ~* on trust/tick. # **a ~a** *ec.* to credit; *carte de ~* (credit) card, *fam.* plastic; *casă de ~* finance house.

creditor I. *sm.* creditor. **II**. *adj.* credit: *cont ~* credit account.

credul *adj.* credulous, confiding, gullible, naive, trustful, trusting, *fam.* sucker. # **~itate** credulity, naivety.

creier *sn.* **1.** brain: *spălare a ~ului* brain washing. **2.** *fig.* intelligence. # *~ul mic* cerebellum; *~ul unei acțiuni* mastermind.

creion *sn.* **1.** pencil. **2.** (*de gene*) wand. **3.** (*dermatograf*) eyebrow pencil. **4.** (*marcator*) marker. # **~are** *fig.* sketch(ing).

crematoriu *sn.* crematorium, *amer.* crematory.

crem *adj.* cream-coloured.

cremă *sf.* **1.** cream. **2.** (*de față*) cold/face cream. **3.** (*alifie*) cream, ointment. **4.** (*de ghete*) (shoe) polish. **5.** (*hidratantă*) moisturizer. **6.** (*de plajă*) sunblock, sunscreen. **7.** (*de ras*) shaving cream.

cremene *sf.* flint.

cremonă *sf.* hasp.

crenguță *sf.* twig.

creol *sm., adj.* creole.

crepuscul *sn.* twilight, dusk. # **~ar** twilight.

crescător *sm.* **1.** (*de animale*) raiser, grower. **2.** (*de vite*) breeder, grazier, rancher, stockman.

crescătorie *sf.* farm: *~ de păsări* poultry farm; *~ de pește* fish farm.

crescut *adj.* **1.** grown. **2.** (*d. ape*) turgid.

creson *sn. bot.* nasturtium.

cresta *vt.* **1.** to notch. **2.** (*însemna*) to score. # **~t** serrated.

crestătură *sf.* nick, notch, indent(ation). # *a face o ~ pe ceva* to notch smth.

creșă *sf.* (day) nursery.

crește **I.** *vt.* **1.** to augment, to increase, to raise. **2.** (*un copil*) to bring up, to nurture, to rear, *amer.* to raise. **3.** (*cultiva*) to grow. **4.** (*animale*) to rear, to breed. **5.** (*vite*) to farm. **II.** *vi.* **1.** (*se dezvolta*) to grow up. **2.** (*spori*) to swell. **3.** (*d. preț*) to increase, to mount, to go up. **4.** (*se umfla*) to rise, to swell. # *a ~ brusc* (*d. prețuri etc.*) to jump, (*d. temperatură etc.*) to soar; *a ~ treptat* (*d. preț*) to mount; *a ~ rapid* (*și fig.*) to shoot up; *a ~ mai repede decât* to outgrow; *prost crescut* mannerless; *bine crescut* mannerly, well-bred, well-behaved.

creștere *sf.* **1.** increase, rise, augmentation, increment, gain, *amer.* raise: *~ în greutate* gain in weight; *~ bruscă* sharp rise; *în ~* on the rise, on the up. **2.** (*dezvoltare*) development, growth. **3.** (*a copiilor, animalelor*) rearing. **4.** (*educație*) upbringing. **5.** (*intensificare*) swell. **6.** (*a vânzărilor etc.*) uplift. **7.** (*bruscă*) jump, surge. **8.** (*rapidă*) upsurge. # *a opri din ~* (*și fig.*) to stunt; *a opri/încetini ~a* (*unei plante*) to dwarf; *~a vitelor* animal husbandry; *în ~* growing.

creştet *sn.* 1. (*al capului*) crown. 2. (*la pat*) head.

creştin *sm., adj.* Christian. # **a ~iza** to Christianize; **~ism** Christianity.

cretă *sf.* chalk.

cretin *sm.* cretin, moron.

creț *adj.* curly.

crevasă *sf.* crevasse.

crevetă *sf.* shrimp.

crez *sn.* creed.

crezare *sf.* credit. # *a nu da ~ la* to disbelieve.

cric *sn. auto* jack, winch. # *a ridica cu ~ul* to jack.

crichet *sn.* cricket.

crimă *sf.* murder, killing, homicide. # *crima organizată* the organized crime, the gangland, (*oamenii*) the Mob; *~ cu premeditare* voluntary murder.

criminal I. *sm.* 1. killer, murderer, homicide. 2. (*periculos*) cutthroat, thug. II. *adj.* criminal, murderous. # **~ă** murderess; **~ist** criminalist; **~istică** criminalistics.

criminolog *sm. jur.* criminal jurist. # **~ie** criminology.

crin *sm.* lily.

criptă *sf.* crypt, vault.

criptic *adj.* cryptic.

crisalidă *sf.* chrysalis.

crispa *vr.* 1. to flinch, to twitch. 2. **(de)** to wince (at). # **~re** wince, twitch; **~t** clenched, cramped. # *față ~tă* wry face.

cristal *sn.* crystal. # **a se ~iza** to crystallize.

cristalin *adj.* 1. crystalline. 2. (*d. apă*) limpid. 3. (*d. voce*) musical. 4. (*d. sunet*) silvery.

cristelniță *sf. bis.* font.

criteriu *sn.* criterion, principle.

critic I. *sm.* 1. critic. 2. (*literar, de film*) reviewer. II. *adj.* critical, polemical, controversial.

critica *vt.* 1. to criticize, to fault, to slate, *fam.* to knock. 2. (*aspru*) to slam, *fam.* to zing. 3. (*violent*) to slash, *fam.* to pan.

critică *sf.* 1. criticism: *~ acerbă* scathing criticism. 2. (*aspră*) slating. 3. (*răuvoitoare*) stricture.

criță *sf.* # *beat ~* drink-sodden.

crizantemă *sf.* chrysanthemum.

criză *sf.* 1. crisis: *~ economică* economic crisis. 2. (*lipsă*) shortage, dearth. 3. (*în economie*) depression, recession, slump. 4. *med.* fit, stroke. 5. (*de inimă*) (heart) attack. # *a face ~ de nervi* to go into hysterics.

croat I. *sm.* Croat. II. *adj.* Croatian. # *limba ~ă* Croat.

croazieră *sf.* cruise, voyage. # *a face o ~* to cruise; *vas de ~* cruise liner.

crocant *adj.* crisp, scrunchy, *amer.* crispy.

crocodil *sm.* crocodile: *lacrimi de ~* crocodile tears.

croi *vt.* 1. (*o haină etc.*) to tailor, to cut (out). 2. (*drum*) to chop, to cleave, to weave. 3. (*o palmă*) to slap. # **~ală** (*a unei haine etc.*) cut, tailoring.

croitor *sm.* tailor. # **~easă** dressmaker.

croitorie *sf.* 1. (*meserie*) tailoring. 2. (*atelier*) tailor's.

crom *sn.* chrome, chromium.

croncăni *vi.* to croak, to caw. # **~t** croak, caw.

cronic *adj.* 1. chronic, confirmed. 2. (*d. boală*) acute.

cronicar *sm.* reviewer, chronicler.

cronică *sf.* 1. chronicle, review. 2. (*a unui roman etc.*) write-up.

cronologic *adj.* chronological.

cronologie *sf.* chronology.

cronometra *vt.* to clock, to (keep) time: *cronometrează cât îți ia să* time how long does it take to. # **~re** timing.

cronometru *sn.* clock, chronometer, stopwatch, timekeeper. # *contra ~* against time.

cros *sn.* run(ning).

crosă *sf. sport* 1. club, (hockey) stick. 2. (*de polo*) mallet.

croşeta *vt., vi.* to crochet.

croşetă *sf.* crochet-hook, needle, hook.

cruce *sf.* cross: *a-şi face ~* to cross (oneself); *Crucea Roşie* the Red Cross.

cruci *vr.* to marvel, to be bewildered/astonished.

cruciadă *sf.* crusade.

crucial *adj.* crucial.

crucifix *sn.* crucifix.

cruciş *adv.* # *a se uita ~ la* to squint at.

crucişător *sn.* cruiser.

crud *adj.* 1. (*necopt*) raw, unripe, green: *peşte ~* raw fish. 2. (*d. legume etc.*) uncooked. 3. (*nemilos*) cruel, pitiless, ruthless, heartless, brutish, brutal, barbarous, hard, merciless.

crunt *adj.* cruel, brutal, dreadful.

crupă *sf.* (*de mamifer*) rump, croup.

crupe *sf. pl.* grits.

crupier *sm.* croupier.

crustaceu *sn.* shellfish.

crustă *sf.* 1. crust. 2. (*de la brânză etc.*) rind.

cruța *vt.* to spare, to pardon. # *fără ~re* (*criticat etc.*) roundly.

cruzime *sf.* 1. cruelty, ferocity. 2. *pl.* barbarities. # *cu ~* cruelly.

ctitor *sm.* founder. # **a ~i** to found.

cu *prep.* 1. with, of, by, in, on: *~ avionul* by plane; *~ voce tare* in a loud voice; *un pahar ~ lapte* a glass of milk; *am venit ~ bicicleta* I came on my bike. 2. (*formează adverbe*) *~ răbdare* carefully.

cuantă *sf. fiz.* quantum. # *mecanică cuantică* quantum mechanics.

cuantum *sn.* quantum, rate, quantity, amount: *~ul salariilor* rate of wages.

cuarț *sn.* quartz.

cub I. *sn.* cube. II. *adj.* cubic(al). # **~ic** cubic(al); *a ridica* (*un număr*) *la ~* to cube.

cubanez *sm., adj.* Cuban.

cubitus *sn. anat.* ulna.

cuc *sm.* cuckoo: *ceas cu ~* cuckoo clock. # *singur ~* all alone.

cuceri *vt.* **1**. (*câştiga*) to win. **2**. (*supune*) to conquer. **3**. (*pe cineva*) to make a conquest of smb., to reach out to smb.

cucerire *sf.* conquest, gain: *cuceriri ale ştiinţei* gains of science.

cuceritor I. *sm.* conqueror. **II**. *adj. fig.* endearing, engaging, winsome, winning: *zâmbet ~* winning smile.

cucernic *adj.* devout, godly, god fearing, holy, pious.

cucoană *sf.* lady.

cucui *sn.* bump, lump.

cucurigu *interj.* cock-a-doodle-doo!

cucută *sf.* hemlock.

cucuvea *sf.* owl.

cufăr *sn.* coffer, trunk.

cufunda I. *vt.* to immerse, to plunge, to dip. **II**. *vr.* to submerge, to duck. # **~re** (*a pământului*) subsidence; *a fi ~t în citit* to be immersed in reding; *a fi ~t în gânduri* to be lost in thought.

cuget *sn.* **1**. (*gândire*) thinking. **2**. (*minte*) mind.

cugeta *vi.* **1**. to reason, to contemplate, to ponder. **2**. **(la)** to reflect (on), to meditate (on), to muse (on), to think (of).

cugetare *sf.* **1**. sentence, contemplation. **2**. *pl.* (*gânduri*) meditations.

cugetător *sm.* thinker. # *liber ~* free-thinker.

cui[1] *sn.* **1**. nail, tack, stud. **2**. (*de agăţat*) hook. # *a pune în ~* to hook; *a bate/fixa în ~e* to tack, to nail; *bătut în ~e fig.* cut-and-run, cut-and-dried; *a face ~e fig.* to tremble with cold.

cui[2] *pron.* # *al/a/ai/ale ~* whose.

cuib *sn.* **1**. (*şi fig.*) nest. **2**. (*origine*) cradle. # *a-şi face ~* to nest.

cuibări I. *vt.* to nest. **II**. *vr. fig.* to nestle, to snuggle.

cuier *sn.* hallstand.

culant *adj.* generous, free, large-handed, lavish, liberal, open-handed, unsparing.

culca I. *vt.* **1**. to put to bed. **2**. (*la pământ*) to put down. **II**. *vr.* to go to bed, to retire. # *a se duce la ~re* to go to sleep, *amer. fam.* to sack out.

culcat *adj.* **1**. (*la pământ*) prostrate. **2**. (*în poziţia*) recumbent. **3**. (*pe spate*) supine.

culcuş *sn.* couch, bed.

culegător *sm.* **1**. (*de fructe etc.*) reaper, picker. **2**. (*de mere etc.*) cropper.

culege *vt.* **1**. (*flori*) to gather. **2**. (*fructe*) to pick. **3**. (*un text*) to compose. **4**. (*roadele*) *fig.* to reap. **5**. (*informaţii*) to collect. **6**. (*spice*) to glean. # *~re de texte literare* omnibus.

cules *sn.* **1**. (*al grânelor*) harvesting, reaping. **2**. (*al strugurilor*) vintage.

culinar *adj.* culinary. # *preparat ~* cuisine, dish.

culise *sf. pl.* **1**. wings, the slips. **2**. (*şi fig.*) backstage. # *în* ~ behind the scenes, *fig.* in private.

culme *sf.* **1**. (*creastă*) crest, ridge, peak, top, height. **2**. (*apogeu*) culmination, acme, apex, top, prime. # *~a succesului* the pinnacle of success; *asta-i ~a*! that's the limit!

culminant *adj.* culminant. # *punct* ~ climax.

culoar *sn.* **1**. corridor, passage, hall, lane. **2**. (*între scaune*) aisle. **3**. (*aerian*) airlane.

culoare *sf.* **1**. colour, paint, dye: ~ *ştearsă* dead colour. **2**. (*a feţei*) complexion. **3**. (*la cărţi de joc*) suit: ~ *minoră* minor suit; *a răspunde la* ~ to follow suit. **4**. (*la pocher*) flush. # *fără* ~ colourless; *cu culori vii* colourful; *cu culori stridente fam.* jazzy.

culpabil *adj.* culpable, conscience-smitten, guilty.

culpă *sf.* guilt.

cult I. *sn.* **1**. cult. **2**. (*admiraţie*) worship. **II**. *adj.* cultivated, educated, learned, lettered, cultured. # **~ural** cultural.

cultiva *vt.* **1**. to cultivate, to grow. **2**. (*pământul*) to till, to husband. **3**. (*plante*) to breed, to rear, to plant. **4**. (*o prietenie*) to nurture. # **~re** cultivation; **~tor** cultivator, grower, breeder.

cultivat *adj.* **1**. *agr.* cultivated, under crop. **2**. *fig.* cultivated, cultured, educated. **3**. (*d. exprimare*) plummy.

cultură *sf.* **1**. culture, literacy. **2**. (*agricolă*) farming, crop. # *om de* ~ cultured man.

cum I. *adv.* how, what: ~ *aşa*? how come?; ~ *să o fac*? how can I do it?; ~ *se face că*? how is it that?; ~ *te simţi*? how do you feel?; ~ *e cartea*? what is the book like?; ~ *te cheamă*? what is your name? **II**. *conj.* as, how, since: *ca şi* ~ as if. # ~ *vrei*! whatever!; *şi încă* ~! and how!, *fam.* rather!

cumătră *sf.* godmother.

cumătru *sm.* godfather.

cuminte *adj.* obedient, good, sensible, quiet. # *fii* ~! behave yourself!

cumnat *sm.* brother-in-law. # **~ă** sister-in-law.

cumpănă *sf.* (*şi fig.*) balance. # ~ *de ape* watershed; *a fi în* ~ to hesitate.

cumpăni *vt.* **1**. to weigh, to balance. **2**. *fig.* to think over, to consider. # **~t** (*chibzuit*) (thrifty) balanced.

cumpăra *vt.* **1**. to buy, to purchase: *a* ~ *cu bani gheaţă* to buy for cash; *a* ~ *în rate* to buy on the instalment system. **2**. *fig.* to bribe. **3**. **(de la)** to trade (at).

cumpărare *sf.* **1**. purchase, trading: *preţ de* ~ purchase price. **2**. (*în rate*) hire purchase. # *putere de* ~ purchasing power.

cumpărător *sm.* buyer, shopper, purchaser.

cumpărătură *sf.* purchase, buy. # *a face cumpărături* to shop; *a merge la cumpărături* to go shopping.

cumpăt *sn.* **1**. balance: *a-şi pierde ~ul* to lose one's balance. **2**. (*stăpânire de sine*) poise, composure, self-possession. # **~are** thrift, economy.

cumpătat *adj.* **1**. sparing, economical, prudent, thrifty. **2**. (*d. viaţă*) quiet. **3**. (*cu banii*) frugal.

cumplit *adj.* **1**. fierce, terrible, awesome, grievous, awful. **2**. (*d. cruzime*) outrageous. **3**. (*d. durere*) excruciating.

cumsecade *adj.* understanding, decent, kind-hearted.

cumva *adv.* somehow: *o să ne descurcăm ~* we'll manage somehow. # *ştii ~...?* do you happen to know...?

cunoaşte I. *vt.* **1**. to know, can: *a ~ din vedere pe cineva* to know smb. by sight. **2**. (*ceva*) to become acquainted with. **3**. (*pe cineva*) to meet. **4**. (*o creştere etc.*) to witness. **II**. *vi.* to know. **III**. *vr.* to meet. # *care nu ~* unacquainted; *a ~ bine ceva* to know smth. inside out, to master smth.

cunoaştere *sf.* **1**. knowledge, familiarity, grasp: *~ bună a subiectului* good grasp of the subject. **2**. (*în filosofie*) cognition. **3**. (*a unui subiect*) mastery.

cunoscător I. *sm.* connoisseur, expert. **II**. *adj.* **1**. discerning, *fam.* clued-up: *public cititor ~* discerning readership. **2**. (*în ale*) conversant (with). **3**. (*d. public*) sophisticated.

cunoscut I. *sm.* acquaitance. **II**. *adj.* known, familiar, *fam.* savory: *bine ~* well known. # *a face ~* to notify, to inform, to publicize; *a-şi face ~e obiecţiile* to voice one's objections; *a-şi face ~e sentimentele* to give voice to one's feelings.

cunoştinţă *sf.* **1**. (*persoană*) acquaintance: *a face ~ cu cineva* to make the acquaintance of smb. **2**. (*conştiinţă*) consciousness: *a-şi pierde cunoştinţa* to lose conciousness. **3**. (*relaţie*) contact. **4**. *pl.* (*erudiţie*) knowledge. **5**. *pl.* (*de specialitate*) *fam.* know-how. # *a face ~* (*întâlni*) to meet; *a-şi pierde cunoştinţa* to become unconscious; *~ întâmplătoare* pickup; *fără ~* insensible, unconcious; *a aduce la ~* to let know, to announce, to report, to acknowledge; *în ~ de cauză* in the know, knowingly; *puţine cunoştinţe de limba franceză* a smattering of French.

cununa I. *vt.* to marry. **II**. *vr.* to get married.

cunună *sf.* (*de flori*) wreath.

cununie *sf.* marriage, wedding.

cupă[1] *sf.* **1**. cup, bowl. **2**. (*la sport*) cup, trophy.

cupă[2] *sf.* (*la cărţi*) heart: *riga de ~* the king of hearts.

cupla I. *vt.* **1**. to couple, to join, to team. **2**. (*două persoane*) to match. **II**. *vr.* to couple. # ~**t** *el.* wired; ~**re** *el.* wiring.

cuplu *sn.* pair, couple, *fam.* twosome.

cupolă *sf.* dome, arch.

cupon *sn.* **1**. coupon. **2**. (*de stofă*) remnant.

cuprinde I. *vt.* **1**. to comprehend, to comprise, to embrace, to include, to involve, to seize: *fu cuprinsă de panică* panic seized her. **2**. (*cu privirea*) to sweep. **3**. (*în brațe*) to embrace, to wrap. **II**. *vi.* **1**. (*d. emoție*) to thrill. **2**. (*d. sentimente*) to surge. # ~**re** comprehension.

cuprins I. *sn.* **1**. contents: ~ *al unei cărți* table of contents. **2**. (*zonă*) perimeter. **II**. *adj.* (**de**) smitten (with).

cuprinzător *adj.* **1**. capacious, comprehensive, whole, wide. **2**. (*d. un studiu*) thorough. # *scurt și* ~ in short, categorically.

cupru *sn.* copper.

cuptor *sn.* oven, stove, kiln. # *a prepara în* ~ *cu microunde* to zap.

cur *sn. vulgar* arse, *amer.* ass.

curabil *adj.* curable.

curaj *sn.* **1**. courage, mettle, *fam.* pluck, guts, *sl.* balls. **2**. (*tupeu*) hardihood, *fam.* nerve: *ce* ~! what a nerve! **3**. (*cutezanță*) nerve. # ~**os** courageous, valiant, manful, brave, gritty, dashing, daring, fearful, *fam.* plucky; *de* ~ brave; *lipsit de* ~ gutless; *a-i pieri* ~*ul* to lose heart; *a-și face* ~ to take heart; *un mare* ~ a bold stroke; *a-și pierde* ~*ul* to lose one's nerve.

curat *adj.* **1**. clean(ly), neat, trim. **2**. (*și fig.*) immaculate, unspotted. **3**. pure, innocent. **4**. (*veritabil*) genuine. # *foarte* ~ spotless.

cură *sf.* cure, diet: ~ *de slăbire* slimming diet.

curăța *vt.* **1**. to clean, to clear, to purify, to rub: *a* ~ *pielea* to clear the skin. **2**. (*șterge*) to wipe. **3**. (*frecând*) to scrub. **4**. (*un pui etc.*) to draw. **5**. (*cartofi, fructe*) to peel. **6**. (*un măr*) to pare. **7**. (*mazăre*) to shell. **8**. (*un staul*) to muck out. **9**. (*cu neofalină*) to dry-clean. **10**. (*o rană etc.*) to cleanse. # ~**re** cleaning; *a* ~ *de bani* to cheat out of one's money.

curățătorie *sf.* **1**. laundry. **2**. (*chimică*) cleaners.

curățenie *sf.* clearance, cleaning, cleanup, cleanliness, clearout. # *a face* ~ *generală* to spring-clean.

curând *adv.* soon, presently, by and by, shortly, in the short run: *vom fi acasă* ~ we'll be home soon, *pe* ~! see you soon! # *în* ~ before long; *de* ~ recently, lately; *mai* ~ sooner; *mai* ~ *mor decât*... I'd rather die than...

curb *adj.* curved. # **a (se) ~a** to curve; **~ură** curvature, twist, sweep.
curbă *sf.* curve, bend, turn(ing).
curcan *sm.* 1. turkey. 2. (*polițist*) cop, *sl.* fuzz. # *carne de ~* turkey.
curcă *sf.* turkey hen.
curcubeu *sn.* (rain)bow.
curea *sf.* 1. belt, girdle, thong, sling: *a strânge ~ua fig.* to tighten one's belt. 2. (*chingă*) strap. 3. (*de ceas*) wristband, watch strap, *amer.* watchband. 4. (*de transmisie*) driving belt. # *a bate cu ~ua* to belt.
curent I. *sm.* 1. *el.* current, power: *~ electric* electric current. 2. (*de aer*) current, draught, blast: *a sta în ~* to sit in a draught. 3. (*de apă*) flow. 4. (*în apă*) drift. II. *sn.* 1. current, trend: *~e de opinie* currents of opinion. 2. (*de idei*) school. III. *adj.* 1. present, current, quotidian. 2. (*obişnuit*) usual. 3. *ec.* instant, running: *cont ~* running account. 4. (*d. apă*) running. # *a pune la ~* to inform, to update; *întrerupere a ~ului electric* powercut, blackout.
curenta *vr.* to get a shock.
curgător *adj.* 1. (*d. apă*) running. 2. (*d. vorbire*) voluble, fluent.
curge *vi.* 1. to flow. 2. (*d. un robinet, nas*) to run. 3. (*apă dintr-o crăpătură*) to leak. 4. (*din tavan*) to seep. # **~re** flow.
curier *sm.* 1. courier, messenger. 2. (*poştal*) postman.
curios *adj.* 1. (*d. cineva*) curious, inquiring, inquisitive. 2. (*ciudat*) curious, strange, queer, odd, quaint. 3. (*indiscret*) meddlesome, nos(e)y, intrusive, inquisitive. # *curioşi* (*spectatori*) onlookers.
curiozitate *sf.* 1. curiosity, inquisitiveness. 2. (*ciudățenie*) curiosity, peculiarity, oddity. # *a stârni ~a* to intrigue.
curma I. *vt.* 1. (*rupe*) to tear. 2. (*opri*) to put a stop to, to stop, to cease. 3. (*viața*) to put an end to. II. *vr.* to stop, to cease. # *a ~ răul de la rădăcină* to scotch the snake.
curmal *sm.* date (tree). # **~ă** date.
curmătură *sf.* saddle.
curmeziş *sn.* # *de-a ~ul* across.
curs[1] *sn.* 1. course: *~ intensiv* crash course. 2. (*universitar*) lecture. 3. (*manual*) textbook. # **~ant** student; *a ține un ~* to lecture.
curs[2] *sn.* 1. (*curgere*) flow, tide. 2. (*al evenimentelor*) course, way, run. 3. (*cotare*) rate, quotation. 4. (*direcție*) tendency, trend. # *~ de apă* water course; *a nu da ~ jur.* to dismiss; *în ~* in progress, under way; *în tot ~ul* throughout: *în tot ~ul anului* throughout the year.
cursă[1] *sf.* 1. (*alergare*) racing, run(ning), race: *~ de cai* horse race; *~ contra cronometru* (*şi fig.*) race against time/the clock.

2. *av.* flight. 3. (*de maşini*) motor racing. 5 (*a unei nave*) sailing. 6. (*tren*) stopping train. 7. (*a pistonului*) *tehn.* stroke. # *~ cu obstacole* steeplechase; *de curse* racing; *plecare în ~ nav.* sailing; *~ regulată* (*tren, autobuz*) shuttle; *~ de viteză* sprint; *a organiza o ~* (*de cai etc.*) to race.

cursă² *sf.* 1. (*capcană*) *fig.* mesh. 2. (*şi fig.*) trap, snare. # *~ de şoareci* mousetrap; *a prinde în ~* to snare.

cursiv *adj.* 1. (*caracter de literă*) cursive. 2. (*d. vorbire*) fluent.

cursor *sn.* cursor.

curta *vt.* to woo, to court.

curte¹ *sf.* 1. (court)yard: *~a închisorii* the prison yard. 2. (*din spate*) backyard. 3. (*interioară*) court. 4. (*a şcolii*) quadrangle. 5. (*făcută unei femei*) pass, courtship, advances; *a face ~* (*unei femei*) to woo, to court.

curte² *sf. jur.* tribunal. # *~ de apel* court of appeals; *~ marţială* court martial; *~ de justiţie* court of law.

curtean *sm.* courtier.

curtenitor *adj.* courteous, gallant, chivalrous.

curtezan *sm.* wooer, swain. # **~ă** courtesan.

curtoazie *sf.* courtesy.

curvă *sf.* whore, slut, baggage, tart, trollop, *sl.* slag, slapper, *amer. fam.* tramp.

curvie *sf.* fornication.

cusătoreasă *sf.* sewer, seamstress, needlewoman.

cusătură *sf.* seam, needlework, stitch.

custode *sm.* 1. warden. 2. (*de muzeu*) custodian, curator.

custodie *sf.* custody, trust, charge. # *în ~* in keeping; *a reţine în ~* (*un deţinut*) to remand.

cusur *sn.* fault, flaw, defect, weakness, shortcoming, blemish, trouble, failing: *fără ~* flawless.

cusurgiu *adj.* fastidious, captious, fussy.

cuşcă *sf.* cage, coop, dog house, kennel.

cuşer *adj.* (*d. mâncare*) kosher.

cuşetă *sf.* 1. berth. 2. (*pe vas*) cabin.

cutare *pron.* so-and-so, such-and-such.

cută *sf.* 1. fold, crease, pleat, crinkle, tuck. 2. (*rid*) wrinkle, furrow, line.

cutărică *pron.* so-and-so.

cuter *sn.* cutter.

cuteza *vi.* to dare. # **~nţă** temerity, daring, boldness, nerve, *amer. fam.* moxie.

cutezător I. *sm.* daredevil. II. *adj.* manful, audacious, daring, intrepid, dauntless, gallant.

cutie *sf.* 1. box, package: *~ muzicală* music box. 2. carton, case, chest, file, casket. 3. (*de conserve*) tin, can. 4. (*de pâine etc.*) bin. 5. (*de margarină etc.*) tub. 6. (*de valori*) coffer. 7. (*de scrisori*) letter box, mailbox. # *~ de viteze* gearbox; *~ de scrisori* (*publică*) postbox, pillar box.

cutră *sf.* 1. (*intrigant*) plotter, schemer. 2. (*secătură*) scallywag.

cutreiera I. *vt.* 1. (*pe străzi*) to wander, to tramp. 2. (*magazine*) to prowl. 3. (*munții etc.*) to walk. II. *vi.* to rove, to roam.

cutremur *sn.* earthquake, *fam.* quake.

cutremura I. *vt.* to appal. II. *vr.* 1. to quiver, to shudder. 2. (*d. pământ*) to quake.

cutremurare *sf.* 1. quiver. 2. (*a pământului*) tremor.

cutremurător *adj.* 1. shattering. 2. (*d. o veste*) grim, dreadful.

cutumă *sf. jur.* prescription.

cuțit *sn.* 1. knife. 2. (*de măcelar*) gully. 3. (*pentru curățat legume*) peel. # **~ar** (*meşter*) cutler; *la ~e fig.* at daggers drawn; *lovitură de ~* stab.

cuvă *sf.* vat.

cuvânt *sn.* 1. word: *cu alte ~e* in other words; *~-cheie* key word. 2. (*termen*) term. 3. (*de onoare*) parole. # **~are** speech, discourse, address; *~ înainte* foreword; *purtător de ~* spokesman, mouthpiece; *fără cuvinte* wordless; *libertatea ~ului* the freedom of speech; *~ compus* compound (word); *cuvinte încrucişate* crossword puzzle(s); *pe drept ~* rightly; *~ de ordine mil.* watchword; *~ înrudit* (*cu altul*) cognate; *a lua ~ul* (*la o şedință*) to take the floor; *~-titlu* head-word; *~ greu de pronunțat* jawbreaker, tongue-twister; *cu alte cuvinte* that is to say; *~ cu ~* literal, verbatim, word for word; *a avea un ~ de spus în luarea deciziei* to have a voice in the decision; *a-şi da ~ul* to give one's word; *a nu se ține de ~* to go back on one's word; *pe ~!* on my word!, cross my heart!; *pe ~ul meu de onoare!* upon my word!

cuveni *vr.* (**să**) to ought (to). # *cum se cuvine* decent, fitly, properly, seemly, *fam.* kosher; *i-am dat ceea ce i se cuvenea* I gave him his due; *cum se cuvine* soundly, suitably, properly, seemly. # **~t** adequate, deserved; *la timpul ~t* in due time.

cuvertură *sf.* 1. cover(let), (bed)-spread, counterpane, *amer.* spread. 2. (*matlasată*) quilt.

cuviincios *adj.* decent, decorous, polite, civil.

cuviință *sf.* decency, politeness, propriety.

cuvios *adj.* pious, devout.

cvadripartit *adj.* quadruple.

cvadrant *sn.* quadrant.

cvadruplu *adj.* quadruple.

cvartal *sn.* quarter, district.

cvartet *sn. muz.* quartet, quartette.

cvintet *sn.* quintet.

cvorum *sn.* quorum.

D

da[1] *adv.* yes, *fam.* yep: *şi ~ şi nu* yes and no; *~ desigur*! yes, of course! # *cred că ~* I think so; *ba ~*! yes!, yes, of course!

da[2] **I**. *vt.* **1**. to give, to offer, to pass: *dă-mi, te rog, piperul* pass me the pepper, please. **2**. (*înmâna*) to hand. **3**. (*rod*) to produce, to bear. **4**. (*de greu*) to encounter. **5**. (*dona*) to grant. **6**. (*importanţă*) to attach. **7**. (*acorda*) to award. **8**. (*un rezultat*) to score. **9**. (*aloca bani etc.*) to allow. **10**. (*exemplu*) to set. **11**. (*mâna*) to shake, to wring. **12**. (*ajutor*) to help, to render. **13**. (*zăpada*) to shovel. **14**. (*colţul*) to turn. **15**. (*drumul*) to release, to set free. **16**. (*cărţile*) to deal. **17**. (*o sarcină*) to assign. **18**. (*plăti*) to pay: *a ~* (*pe ceva*) *cât nu face fam.* to pay through the nose. **19**. (*o recoltă*) to yield. **20**. (*un anunţ*) to place. **21**. (*asistenţă medicală etc.*) to provide. **22**. (*un verdict*) *jur.* to return. **23**. (*vina*) to throw. **24**. (*faliment*) to go bankrupt. **25**. (*alarma*) to sound. **26**. (*coarne*) to sprout. **II**. *vi.* **1**. **(pe)** to pay (for). **2**. **(spre)** to face/front (on), to (over)look: *casa dă spre stradă* the house faces the street. **3**. **(de)** to come/run (across), to meet. **4**. **(din)** (*coadă*) to wag. **5**. **(din)** (*cap*) to shake, to wag, to toss. **6**. **(din)** (*mână*) to wave. **7**. **(din)** (*umeri*) to shrug. **8**. **(din)** (*picior*) to wriggle. **9**. **(peste)** (*cineva*) to see. **III**. *vr.* **1**. **(cu)** to side (with). **2**. (*înapoi*) to recede, to back off. **3**. (*drept*) to pretent to be, to pose (as). # *a se ~ bătut* to yield; *a ~ greş* to fail; *a se ~ jos* to climb down, (*din autobuz*) to get off; *a ~ o petrecere* to throw a party; *a-şi ~ seama* to realize; *a ~ din întâmplare de* to hit on; *a ~ de greutăţi* to encounter hardships; *a ~ în* (*floare*) to sprout; *a ~ de* (*petrol*) to strike (oil); *nu da*! don't strike/slap me!; *cum ~i merele*? what's the price of the apples?

dac *sm., adj.* Dacian.

dacă *conj.* if, whether, in the event of, so long as, supposing: *să văd ~ este acasă* I'll see whether she is at home; *indiferent/chiar ~* even if; *dar ~* but if; *şi ~…?* what if…? # *doar/numai ~* if only, unless; ~ *nu* (*cumva*) unless, or else; *abia* ~ scarcely; *şi ce* ~? what though?, so what?

dactilograf(ă) *sm.*, *sf.* typist, typewriter. # **a ~ia** to type; **~ie** typewriting; **~iere** typing; *de ~ie* typing.

dafin *sm. bot.* bay, laurel.

dalac *sn. med.* anthrax.

dală *sf.* tile, slab, flag.

dalie *sf. bot.* dahlia.

daltă *sf.* chisel.

daltonist *adj.* colour-blind.

damă *sf.* 1. broad, whore. 2. (*de companie*) chaperon. 3. (*la şah, cărţi de joc*) queen. # *jocul de dame* checkers, draughts; *de* ~ women's.

damigeană *sf.* demijohn, carboy.

damna *vt.* to damn. # **~t** damned; **~bil** blamable.

dană *sf.* berth.

dandana *sf.* trouble, mess.

dandi *sm.* dandy, *fam.* toff.

danez I. *sm.* Dane. II. *adj.* Danish: *limba ~ă* Danish.

dangăt *sn.* ding-dong, chime, ring(ing), toll, knell, peal.

dans *sn.* dance, *fam.* hop: ~ *popular* country dance. # **a ~a** to dance, *fam.* to hop; **~ator** dancer, hoofer; *sală de* ~ (dance) hall; *ring de* ~ dance floor; *ore de* ~ dancing lessons.

dansatoare *sf.* 1. dancer, show girl. 2. (*de striptease*) *amer.* stripper.

dantelă *sf.* lace. # **~reasă** needlewoman.

dantură *sf.* teeth. # ~ *falsă* dental plate.

dar[1] *sn.* 1. gift, present, pledge: *în* ~ as a present. 2. (*de la natură*) gift.

dar[2] *conj.* 1. but, yet: *e scump ~ util* it's expensive but useful; ~ *de ce*? but why?; ~ *cum*? but how? 2. therefore, so that: *revin ~ la ce spuneam* so that I come back to what I said. # ~ *dacă* supposing; ~ *şi* moreover.

dara *sf.* tare.

darabană *sf.* # *a bate ~ în masă* to thrum on the table.

darămite *adv.* let alone.

darnic *adj.* lavish, generous, liberal, charitable, free.

dascăl *sm.* 1. (*profesor*) teacher. 2. *bis.* cantor.

dat *adj.* given. # ~ *fiind că* because; ~ *uitării* forsaken, forgotten.

data *vt.* to date.

dată *sf.* 1. (*calendaristică*) date: *cu aceeaşi* ~ of even date; *în ce ~ suntem azi*? what's the date today? 2. (*ştiinţifică*) datum. 3. time: *altă* ~ some other time; *de această* ~ this time; *data viitoare* next time. 4. *pl.* data. # *dintr-o* ~ suddenly, all at once, all of a sudden; *o* ~ once: *o ~ pe săptămână* once a week; *încă o* ~ (once) again, once more; *date personale* particulars; *de prima* ~ the first time, at one blow; *măcar de astă* ~ just this once; *pachet de date inf.* packet; *pe* ~ on the spot.

datină *sf.* 1. custom. 2. *pl.* observances.

dativ *sn. gram.* dative.
dator *adj.* 1. (*față de*) indebted (to). 2. (*cu bani*) in debt. # ~**nic** debtor, creditor.
datora I. *vt.* (*și fig.*) to owe. II. *vr.* (*cuiva*) to lie with. # *datorită ție* thanks to you.
datorat *adj.* 1. owing. 2. (*cuiva*) due to.
datorie *sf.* 1. (*îndatorire*) duty, job. 2. (*în bani*) debt: *a face datorii* to get/run into debt; *a nu* (*mai*) *avea datorii* to be out of debt; *înglodat în datorii* deep in debt. 3. (*morală*) obligation. 4. *ec.* debit. 5. *pl.* liabilities. # *la* ~ in harness; pe ~ *fam.* on tick; *a-și face datoria* to do one's duty/ part; *a fi de datoria cuiva să* to be incumbent upon smb. to.
datorită *prep.* thanks to, owing to, because of.
daună *sf.* 1. detriment, harm: *în dauna lui* in his detriment. 2. *jur.* tort. 3. *pl.* damages, reparations.
dădacă *sf.* nurse, nan(ny).
dăinui *vi.* 1. to last, to live, to subsist, to linger on. 2. to exist.
dăltui *vt.* to chisel.
dărăpăna *vr.* to fall into ruin, to deteriorate. # ~**t** derelict, tumbledown, dilapidated, shabby, ramshackle.
dărăpănătură *sf.* dilapidated house, *amer.* wreck.
dărâma *vt.* to demolish, to pull down.
dărâmat *adj.* 1. pulled down, ruined. 2. (*d. o clădire*) run-down. 3. (*d. cineva*) worn out, exhausted.
dărâmături *sf. pl.* debris.
dări *sn. pl.* dues, fees.
dărnicie *sf.* largess(e), generosity, liberality. # *cu* ~ richly, largely.
dărui *vt.* to give, to present: *i-a ~t un ceas de aur* he presented him with a gold watch.
dăruire *sf.* 1. dedication, devotion, commitment: *~a personalului* the dedication/commitment of the staff. 2. (*de sine*) self-abnegation.
dăscăli *vt.* 1. (*mustra*) to reprimand, to scold. 2. (*cicăli*) to nag.
dăuna *vt.* to damage, to harm, to prejudice.
dăunător I. *sm.* 1. pest. 2. *agr.* vermin. II. *adj.* 1. harmful, baneful, noxious, pernicious, deleterious: *efect* ~ pernicious/deleterious effect. 2. bad for, harmful to: ~ *sănătății* harmful to health.
dâmb *sn.* knoll, mound, hillock.
dânsa *pron.* she.
dânsul *pron.* he.
dânșii, dânsele *pron.* they.
dâră *sf.* 1. (*urmă*) trail, rut, track, trace: *o ~ de sânge* a track of blood. 2. (*fâșie*) stripe, streak. 3. (*de fum*) wisp, waft. 4. (*de parfum*) waft, scent.
dârdâi *vi.* to tremble (*with cold*).
dârz *adj.* adamant, firm, daring, dauntless, diehard, ruthless, *fam.* spunky. # ~**enie** determination mettle, stamina, staying power.
de I. *prep.* 1. of: *un pahar ~ ap* a glass of water; *o ceașcă ~ cea* a cup of tea. 2. by: *un tablou*

Aman a painting by Aman; *o carte* ~ *Cronin* a book by Cronin. **3**. from: *nu departe* ~ *aici* not far from here; *a muri* ~ *frig* to die from cold; ~ *acum încolo* from now on. **4**. with: *a tremura* ~ *frig* to tremble with cold. **5**. for: *a plânge* ~ *bucurie* to cry for joy; *aştept* ~ *două ore* I'm waiting for two hours; ~ *închiriat amer*. for rent. **6**. at: ~ *Crăciun* at Christmas. **7**. on: ~ *vânzare* on sale. **8**. since: *e bolnav* ~ *anul trecut* he has been ill since last year. **II**. *conj*. (*ca să*) and: *vino* ~ *mă ia* come and take me. # ~ *asemenea* as well; ~ *când* since when; ~ *la* from: ~ *la Paris la Roma* from Paris to Rome; ~ *fapt* as a matter of fact, in fact; ~ *cum* from the moment; *zi* ~ *zi* day in day out; ~ *îndată ce* as soon as; ~ *vreme ce* since, as; ~ *ce*? why?, what for?

deal *sn*. **1**. hill, elevation: *coastă de* ~ hillside. **2**. (*mic*) hillock, hummock. **3**. (*izolat*) mamelon. # *la* ~ uphill.

de-a-ndoaselea *adv*. upside down, topsy-turvy.

deasupra I. *adv*. over, overhead, above, on top, uppermost: *de* ~ from above; *a zbura* ~ *munţilor* to fly over the mountains; *camera mea e chiar* ~ my room is just above. **II**. *prep*. above, over: ~ *pământului* above the earth; *ţinea o umbrelă* ~ *capului* he held an umbrella over his head. # *de* ~ top; *pe* ~ besides, moreover, on top.

debandadă *sf*. disarray, commotion, confusion, pandemonium, chaos, debacle, hullabaloo, mayhem, disorder, disturbance.

debara *sf*. boxroom, closet, lumber-room, store room.

debarasa *vr*. (**de**) to dispose (of), to (get) rid (of), to slough (*smth.*) off. # *a se* ~ *de un obiect fam*. to get shot of smth.

debarca *vi*. to land. # ~**re** landing; ~**der** pier, landing stage, wharf, jetty.

debil *adj*. **1**. feeble, frail. **2**. *fig*. languid. # ~**itate** debility; ~ *mintal* idiot.

debit *sn*. **1**. *ec*. debit: *de* ~*are* debit. **2**. *tehn*. flow. **3**. (*de tutun*) tabacconist's. # ~**or** debtor.

debita *vt*. *ec*. to debit, to deliver. # *a* ~ *minciuni* to fable.

debloca *vt*. **1**. (*un drum*) to clear, to open. **2**. (*un mecanism*) to unblock.

deborda *vi*. (*revărsa*) (**de**) to teem (with). # ~**nt** gushing, overpowering.

debuşeu *sn*. *ec*. outlet.

debut *sn*. debut, start. # **a** ~**a** to start, to make one's first appearance.

debutant *sm*. **1**. (*începător*) beginner. **2**. novice, greenhorn.

decadă *sf*. decade.

decadent *adj*. decadent.

decadenţă *sf*. decadence, decline.

decalaj *sn*. **1**. disparity, difference, distance, lag. **2**. (*discrepanţă*) gap, gulf.

decan *sm.* **1**. dean. **2**. (*în Anglia*) provost.
decapita *vt.* to decapitate, to behead. # ~**re** decapitation, beheading.
decapotabil *adj*. convertible.
decar *sm.* (*la jocul de cărți*) ten.
decarta *vt.* (*o carte de joc*) to discard.
decatlon *sn. sport* decathlon.
decădea *vi.* **1**. to decay, to degrade, to decline. **2**. (*moral*) to lapse back.
decădere *sf.* **1**. (*declin*) decline, ruin, degradation. **2**. (*morală*) perdition, lapse. **3**. (*a cuiva*) undoing, downfall.
decăzut *adj*. depraved.
decât I. *adv*. (*după un comparativ*) than: *e mai înaltă ~ el* she's taller than him. **II**. *conj*. than, before, only: *nu putem ~ să presupunem* we can only guess; *mai bine am merge acolo ~ să stăm acasă* we had better go there than stay at home. # *n-ai* ~! that's your own business!
deceda *vi.* to decease, to die. # ~**t** deceased, departed, late.
decembrie *sm.* December: *pe zece* ~ on December the tenth.
deceniu *sn.* decade.
decent *adj.* decent, modest.
decență *sf.* decency, propriety.
decepție *sf.* disappointment.
decepționa *vt.* to disappoint. # ~**t** disappointed, underwhelmed.
decerna *vt.* (*un premiu*) to award.
deces *sn.* decease, death, demise: *certificat de* ~ death certificate.
deci *conj* so, therefore, hence, so that, then.
decide I. *vt.* to decide, to decree. **II**. *vr.* to make up one's mind.
decima *vt.* to decimate.
decis *adj.* **1**. firm, purposeful, resolute, resolved. **2**. (**să**) set (on). # ~**iv** decisive, final, conclusive, deciding.
decizie *sf.* **1**. decision, resolution. **2**. (*ordonanță*) ordinance. **3**. *jur*. rule, order. # ~ *judecătorească* verdict.
declama *vt.* **1**. to recite. **2**. (*vorbi*) to spout, to rant. # ~**re** recitation.
declanșa I. *vt.* **1**. to set up. **2**. (*un mecanism*) to release, to start, to trigger. **3**. (*o mină*) to spring. **II**. *vr.* **1**. to break. **2**. (*d. un dezastru*) to strike. # ~**re** burst, release; ~**tor** trigger.
declara I. *vt.* **1**. to declare, to affirm, to state, to assert, to announce. **2**. (*vinovat, falit etc.*) to adjudge. **3**. *jur*. to testify. **II**. *vr.* to declare oneself, to profess oneself, to pronounce oneself. # ~**t** professed; *a ~ oficial amer*. to post: *firma a ~t o pierdere de…* the firm posted a loss of…; *a ~ grevă* to call a strike; *a se ~ vinovat/nevinovat* to plead guilty/not guilty.
declarație *sf.* **1**. declaration, statement, assertion, protestation. **2**. *jur*. testimony. **3**. (*de presă*) press release. **4**. *nav*. (*de expediție*) manifest. **5**. (*de venit*) return of income, tax return. # *declarații de dragoste* professions of love.
declic *sn. tehn.* latch.

declin *sn.* **1**. decline, regression, fall, wane, descent, slide: *în ~* on the slide/wane **2**. (*decădere*) decadence, falling off.

declina *vt.* **1**. (*refuza*) to refuse, to decline. **2**. *gram.* to decline. # **~re** *gram.* declension.

declivitate *sf.* declivity, slope.

decoct *sn.* decoction.

decoda *vt.* to decode, to decipher.

decola *vi.* to take off. # **~re** takeoff.

decoloniza *vt.* to decolonize.

decolora I. *vt.* to blanch, to bleach. **II**. *vr.* to discolour, to fade, to weather, to lose colour. # **~t** faded, washed-out; **~nt** bleach.

decoltat *adj.* (*d. rochie*) low-necked, low-cut: *rochie ~ă* low-cut dress.

decolteu *sn.* **1**. cleavage, neckline, décolletage. **2**. (*în formă de V*) V-neck.

deconcerta *vt.* to disconcert, to discompose, *fam.* to throw. # **~nt** unsettling.

deconecta I. *vt.* to disconnect, to unplug. **II**. *vr.* to relax.

deconspira *vt.* to unmask.

decont *sn.* discount, deduction. # **a ~a** to discount, to deduct; **~are** settlement of accounts.

decor *sn.* **1**. *teatru* set(ting). **2**. (*şi fig.*) scene(ry).

decora *vt.* **1**. (*pe cineva*) to decorate. **2**. (*împodobi*) to decorate, to (be)deck, to ornament. # **~tiv** decorative, ornamental; **~tor** (*de interioare*) decorator.

decoraţie *sf.* **1**. decoration, ornament. **2**. decoration, medal.

decrepit *adj.* decrepit. # *persoană ~ă* dotard.

decret *sn.* decree, fiat: *a emite un ~* to issue a decree. # **a ~a** to decree, to ordain.

decupaj *sn.* cutout.

decupla *vt.* **1**. *tehn.* to detach, to disconnect. **2**. (*un vagon*) to uncouple. # **~re** cut off.

decurge *vi.* (**din**) to proceed (from), to result (from).

decurs *sn.* course. # *în ~ul* in the course of, during.

deda *vr.* (**la**) to descend (to), to be given (to): *s-au ~ la jigniri* they descended to insults.

dedesubt I. *sn.* (*partea de*) underneath, bottom. **II**. *adv.* beneath, below, under(neath). # **~ul** under; *de ~* under; *toate ~urile* the ins and outs; *a învăţa toate ~urile* (*unei meserii etc.*) to learn the ropes; *partea de ~* the underside.

dedica I. *vt.* **1**. to dedicate. **2**. (*energia etc.*) to devote (to): *şi-a ~t viaţa ajutorării orbilor* he devoted his life to helping the blind. **II**. *vr.* to dedicate onesellf. # **~ţie** dedication, inscription; **~t** (*unei îndeletniciri*) wedded to.

deduce *vt.* to deduce, to conclude, to gather, to infer, to understand, to surmise.

deducţie *sf.* deduction, inference, conclusion.

defavorabil *adj.* unfavourable contrary, disadvantageous.

defavorizat *adj.* deprived, under- [illegible]ged: *copii* [illegible] deprived/underprivileged children.

defăima *vt.* to defame, to slur, to slander, to traduce. # **~re** defamation, vituperation, slur, slander.

defăimător *sm.* slanderous, injurious.

defect I. *sn.* 1. defect, flaw, fault, blemish, failing, deficiency. 2. (*al cuiva*) weakness, vice, *fam.* wart: *~ul lui e băutura* drinking is his weakness. II. *adj.* 1. (*d. un aparat*) out of order, broken, defective, out of action, *amer. fam.* out of whack. 2. *tehn.* lame. # **~uos** faulty, imperfect; *fără* ~ flawless, sound; ~ *tehnic* technical hitch.

defecta *vr.* to break down, to fail. # **~re** disturbance.

defecțiune *sf.* defect, blemish, damage, fault, trouble.

defensiv *adj.* defensive. # **~ă** defence, defensive.

deferent *adj.* respectful.

deferență *sf.* deference, respect.

deferi *vt.* (*justiției*) to commit. # **~re** committal.

deficient *adj.* deficient, defective.

deficiență *sf.* deficiency, defect, shortcoming, demerit: *deficiențele raportului ei* the demerits of her report.

deficit *sn.* 1. deficit, deficiency, minus. 2. (*comercial*) trade deficit/gap. # **~ar** deficient, wanting.

defila *vi.* to parade, to defile. # **~re** parade.

defileu *sn.* defile, pass, ravine, gorge, narrows, *amer.* notch.

defini *vt.* to define. # **~ție** definition; *a da o ~ție* to define; *greu de ~t* non-descript.

definitiv I. *adj.* definitive, final, ultimate. II. *adv.* definitely, ultimately, finally. # **a ~a** (*un acord*) to conclude, *fam.* to clinch; *în ~* finally, at last.

deflație *sf. ec.* deflation.

deflora *vt.* to deflower.

deforma I. *vt.* 1. to deform. 2. (*şi fig.*) to distort, to warp. 3. (*adevărul*) to misrepresent. 4. (*sensul unui cuvânt*) to pervert. II. *vr.* (*şi fig.*) to warp. # **~t** (*denaturat*) corrupt.

deformare *sf.* 1. deformation, distortion, anormality. 2. (*a adevărului*) perversion. 3. (*denaturare*) parody.

defrauda *vt.* to defraud.

defrişa *vt.* to clear. # **~re** *sf.* clearance, reclamation.

defula *vt.* to release.

defunct I. *sm.* the deceased. II. *adj.* deceased, late.

degaja *vt.* 1. (*căldură etc.*) to radiate, to emit, to send out. 2. (*un drum*) to clear. 3. (*un miros*) to exude. # **~re** discharge, release, escape.

degajat *adj.* 1. (*d. o cameră*) uncluttered. 2. (*dezinvolt*) detached, rakish, jaunty.

degeaba *adv.* 1. gratis, for nothing. 2. (*inutil*) in vain, to no purpose.

degenera *vi.* (**în**) to degenerate (into). # **~t** degenerate, retrogressive; **~re** degradation, decadence.

degera *vi.* to be frost-bitten. # **~t** frost-bitten.

degerătură *sf.* frostbite, chilblain.

deget *sn.* **1.** (*la mână*) finger: *pocnește din ~e* snap your fingers. **2.** (*mijlociu*) middle finger. **3.** (*mare*) thumb. **4.** (*mic*) little finger, *amer.* pinkie. **5.** (*arătător*) forefinger, index. **6.** (*de la picior*) toe. # *încheietură a ~elor* knuckle; *a atinge cu ~ul* to finger; *a arăta cu ~ul* to point at.

degetar *sn.* thimble.

deghiza I. *vt.* to disguise. **II.** *vr.* to disguise oneself. # **~re** disguise.

degrabă *adv.* quickly. # *mai ~* first, rather; *mai ~ aș... decât să...* I'd sooner/ rather... than...

degrada *vr.* to degrade, to rot, to fall into ruin. # **~re** degradation, rot, wear and tear, dilapidation.

degradant *adj.* **1.** demeaning. **2.** (*d. o muncă*) menial.

degresa *vt.* to degrease.

degringoladă *sf.* pandemonium.

degusta *vt.* to taste. # **~re** (*de vinuri etc.*) tasting.

degustător *sm.* (*de vinuri etc.*) taster.

deîmpărțit *sn. mat.* dividend.

deja *adv.* already, yet.

dejuca *vt.* (*un plan*) to upset.

dejun *sn.* lunch. # *mic ~* breakfast.

dejuna *vi.* **1.** to have lunch. **2.** (*la restaurant*) to lunch.

delapida *vt.* to embezzle, to peculate, to misappropriate. # **~re** embezzlement.

delator *sm.* informer, *amer. sl.* dog, fink.

delăsa *vr.* to neglect. # **~re** (*în muncă*) slack.

delăsător *adj.* neglectful, negligent, remiss: *~ în muncă* slack/remiss in his work.

delecta I. *vt.* to delight, to entertain, to ravish, *fam.* to wow. **II.** *vr.* **1.** to delight, to feast. **2.** (**cu**) to revel (in), to relish, to indulge (with), to enjoy, to feed (on), to luxuriate (in): *a se ~ cu o baie fierbinte* to luxuriate in a hot bath, to indulge with a hot bath. # **~re** delight, pleasure, pastime, feast, relish, treat.

delega *vt.* to delegate. # **~t** delegate, deputy, proxy; **~ție** delegation, mission, deputation.

delfin *sm.* dolphin.

delibera *vi.* to deliberate. # **~re** deliberation, debate, conference, consideration.

deliberat I. *adj.* deliberate, calculated, wilful, *amer.* willful. **II.** *adv.* deliberately, studiously, wittingly, with calculation.

delicat *adj.* **1.** delicate, fragile, tender, frail, dainty, fine, light. **2.** (*d. culori*) mellow. **3.** (*d. o situație*) tricky. **4.** (*d. o problemă*) ticklish. # **~ețe** delicacy, nicety, finesse.

delicatesă *sf.* **1.** delicacy, titbit, *amer.* tidbit. **2.** *pl.* delicacies, dainties, titbits.

delicatețe *sf.* delicacy, gentleness.

delicios *adj.* delicious, tasteful, tasty, luscious, dainty, savoury, *fam.* moreish, scrumptious, yummy.

deliciu *sn.* 1. treat. 2. *pl.* delights.
delict *sn.* 1. crime, delinquency, offence, misdemeanour. 2. (*grav*) felony.
delimita *vt.* to delimit, to demarcate, to bound, to separate.
delincvent I. *sm.* delinquent, criminal, offender, lawbreaker, culprit, *fam.* villain. II. *adj.* delinquent, criminal. # ~ *minor* juvenile/young offender.
delincvență *sf.* delinquency.
delir *sn.* 1. rave. 2. (*și fig.*) delirium. 3. (*exaltare*) frenzy. # **a ~a** to rave; **~ant** delirious, raving.
deloc *adv.* no, none, not in the least, not at all, any, little: *nu-i îngrijorat* ~ he's not in the least worried; *nu-i pasă* ~ he doesn't care any; *nu se așteptau* ~ they little expected; *nu e proastă* ~ she's no fool. # *mai* ~ least of all; *absolut* ~ not in the slightest, none at all, *fam.* for toffee.
deltaplanism *sn. sport* hang-gliding.
deltaplanist *sm. sport* hand glider.
deltă *sf.* delta: *Delta Dunării* the Danube Delta.
deluros *adj.* hilly.
delușor *sn.* hummock.
demagog *sm.* demagogue. # **~ie** demagogy.
demarca *vt.* to demarcate. # **~ție** (line of) demarcation.
demasca *vt.* to unmask, to expose, to lay bare, *fam.* to nail. # **~re** exposure, denunciation.
dement I. *sm.* madman. II. *adj.* demented, foolish, crazy.
demență *sf.* madness.
demențial *adj.* (*d. viteză*) breakneck.
demers *sn.* 1. step. 2. *pl.* overtures, approaches.
demilitarizare *sf.* demilitarization.
demipensiune *sf.* (*la hotel*) half board.
demisie *sf.* resignation.
demisiona *vi.* to resign, to abdicate, to quit. # **~r** outgoing.
demisol *sn.* basement.
demistifica *vt. fam.* to debunk.
demite *vt.* to dismiss, to oust. # **~re** dismissal, discharge, *amer.* ouster.
demiu *sn.* topcoat.
demn *adj.* dignified, proud, whorthy: ~ *de respect* worthy of respect. # **~itate** dignity, self-respect, fortitude.
demnitar *sm.* 1. dignitary, official. 2. *pl.* officials.
demnitate *sf.* dignity.
demobiliza *vt.* 1. to demobilize. 2. (*descuraja*) to deflate, *fam.* to demob.
democrat I. *sm.* democrat. II. *adj.* democratic. # **~ic** democratic.
democrație *sf.* democracy.
demoda *vr.* to date.
demodat *adj.* 1. obsolete, (out)dated, out-of-date, out of fashion, old-fashioned, outmoded, superannuated. 2. (*d. haine*) dowdy.
demografie *sf.* demography.
demola *vt.* 1. (*și fig.*) to demolish. 2. to pull down, to tear down. # **~re** demolition.

demon *sm.* demon, fiend, incubus, devil, goblin.

demonstra *vt.* **1**. (*dovedi*) to demonstrate, to attest, to prove, to testify, to evince, to show: *a ~ curaj* to show courage. **2**. (*manifesta*) to demonstrate, to manifest. # **~nt** demonstrator.

demonstrativ *adj. gram.* demonstrative.

demonstrație *sf.* **1**. demonstration. **2**. (*dovadă*) show: *~ de forță* show of force.

demonta *vt.* **1**. to disassemble, to dismantle. **2**. (*un ceas etc.*) to take apart. **3**. (*un aparat etc.*) to take to pieces. **4**. (*o mașinărie*) to strip (down).

demoraliza *vt.* to discourage, to demoralize, to depress, to unman. # **~t** dejected, despondent, low, discouraged; **~nt** depressing; **~re** despondency.

demult *adv.* long ago/before/since, of yore, a long time ago. # *de ~* of yore; *mai ~* once, formerly.

denatura *vt.* **1**. to fake, to falsify, to massage, to misconstrue: *a ~t spusele mele* he misconstrued what I said. **2**. (*adevărul*) to distort, to misrepresent. **3**. (*date*) to skew. **4**. (*o știre*) to slant. **5**. (*sensul unui cuvânt*) to pervert. **6**. (*faptele*) to twist.

denaturare *sf.* (*a adevărului*) perversion, understatement, misrepresentation.

denaturat *adj.* **1**. unnatural. **2**. falsified. **3**. (*deformat*) corrupt. # *spirt ~* denatured alcohol.

denigra *vt.* to denigrate, to malign, to defame, to slander, to vilify, to smear, to traduce. # **~re** detraction, impeachment, smear.

denivelare *sf.* **1**. inequality. **2**. (*a drumului*) bump.

denivelat *adj.* (*d. drum*) uneven, hollow.

denota *vt.* to denote, to indicate.

dens *adj.* dense, compact, thick, solid, close. # **~itate** density.

dentar *adj.* dental.

dentist *sm.* dentist.

denumi *vt.* to denominate, to name, to term. # **~re** denomination, name, sobriquet. # *~re nepotrivită* misnomer.

denunț *sn.* **1**. denunciation. **2**. (*la poliție*) *fam.* tip-off. # **~ător** denouncer, *amer.* whistleblower.

denunța *vt.* **1**. to denounce. **2**. (*la poliție*) *fam.* to shop. **3**. (*un tratat*) to renounce. # **~re** denunciation. # *a ~ pe cineva fam.* to squeal on smb.

deoarece *conj.* as, because, since, for, in that.

deocamdată *adv.* for now, as yet, for the time being.

deocheat *adj.* (*d. un banc*) naughty, bawdy, smutty.

deodată *adv.* **1**. all of a sudden, suddenly. **2**. (*simultan*) together: *toți ~ (începeți)*! all together now!

deodorant *sn.* deodorant.

deoparte *adv.* apart, away, aside, by, on one side. # *a lăsa ~* to omit, to lay aside; *a sta ~* to keep back; *a pune* (*bani*) *~* to put aside/by.

deosebi I. *vt.* **1**. to differentiate. **2**. (*distinge*) to distinguish, to tell: *e greu să-i deosebeşti* it's difficult to tell them apart. **3**. (**de**) to differentiate (from), to mark off (from). **II**. *vr.* (**de**) to differ (from), to distinguish (from), to be different.

deosebire *sf.* distinction, difference, discrepancy, contrast. # *a face ~ (între)* to differentiate (between); *spre ~ de* unlike, in contrast to.

deosebit *adj.* **1**. (*diferit*) different, distinct, dissimilar, diverse, unlike, disparate, singular. **2**. (*special*) notable, remarkable. **3**. (*neobişnuit*) peculiar, unusual, striking, particular, uncommon: *idee ~ă* striking idea. # *~ de* (*bun etc.*) singularly, unusually, notably, unduly, particularly, uncommonly.

depana *vt.* (*un calculator*) to debug. # **~tor** (*radio, TV*) repairer, repairman.

departament *sn.* department, division, section.

departe *adv.* **1**. far (away), apart, off: *ceva mai ~* some way off; *de ~ (cel mai bun etc.)* far and away, by far. **2**. (*temporal*) way back. # *mai ~* further, forth, (*în text*) later; *mai ~ de* past; *şi aşa mai ~* and so on/forth; *cel mai ~* farthest; *nici pe ~* not by a long chalk; *de ~* remotely; *citeşte mai ~* go on reading.

depăna *vi.* **1**. (*înfăşura*) to wind. **2**. (*poveşti*) *fam.* to yarn. # *a ~ o poveste* to spin a yarn.

depărtare *sf.* distance: *în ~* in the distance; *din ~* from a distance.

depărtat *adv.* apart, away, far off.

depăşi *vt.* **1**. to exceed, to outdistance, to outpace, to surpass: *a ~ limita de viteză* to exceed the speed limit; *a-i ~ pe ceilalţi alergători* to outdistance/outpace the other runners; *a ~ recordul mondial* to surpass the world record. **2**. (*surclasa*) to exceed, to outdo, to outclass. **3**. (*răzbi*) to overcome. **4**. (*o maşină*) to overtake, to outpace. **5**. (*pe cineva*) to excel. **6**. (*o sumă*) to top. **7**. (*o dificultate*) to surmount. **8**. (*limitele decenţei*) to transgress. # **~t** (*perimat*) effete, obsolete, extinct, obsolescent, superannuated, played-out; (*asta*) *mă depăşeşte*! that's beyond me!, it beats me!.

dependent *adj.* (**de**) **1**. dependent (on). **2**. (*de droguri etc.*) addicted (to). # *a fi ~ de* (*un drog etc.*) to be addicted to (*a drug, etc.*).

dependenţă *sf.* **1**. dependence, reliance. **2**. (*de droguri etc.*) addiction.

depeşă *sf.* dispatch.

depila *vt.* to depilate.

depinde *vi.* (**de**) to depend (on, upon), to lean (on).

depista *vt.* **1**. to detect, to uncover, to spot, to find out, *fam.* to sniff. **2**. (*pe cineva*) *amer. fam.* to rumble: *am fost ~ţi de poliţie* we've been rumbled by the police. # **~re** detection, location.

deplasa I. *vt.* to move, to shift, to displace. **II**. *vr.* **1**. to move, to shift. **2**. (*merge*) to travel.

deplasare *sf.* **1**. (*mers*) passing, tour, drift. **2**. (*mişcare*) motion, movement. **3**. (*mutare*) moving.

deplasat *adj.* **1**. (*nepotrivit*) misplaced, uncalled for, unseemly, unbecoming, improper, amiss, ill-timed, out of season, *fam.* off-putting: *comentarii ~e* uncalled for/improper/off-putting comments; *vizită ~ă* ill-timed visit. **2**. (*d. o glumă etc.*) facetious. **3**. (*d. comportament*) unseemly.

deplânge *vt.* to deplore, to lament.

deplin *adj.* **1**. total, supreme, whole, full. **2**. (*d. linişte*) unbroken. **3**. (*d. putere*) plenary. # *pe ~* fully, richly, wholly, completely.

deplora *vt.* to lament.

deplorabil *adj.* **1**. deplorable, lamentable, miserable, underwhelming, pathetic. **2**. (*d. o stare*) pitiable, pitiful.

deporta *vt.* to deport, to transport. # **~re** deportation, transportation; **~t** deportee.

deposeda *vt.* (**de**) to dispossess (of), to strip (of).

depou *sn.* depot, shed.

depozit *sn.* **1**. store (house), depot, warehouse, shed, repository, stockroom. **2**. (*bancar*) deposit, savings acount. **3**. (*de mărfuri*) depository, warehouse. **4**. (*de arme*) armoury. **5**. (*de muniții*) magazine. **6**. (*de rezerve*) stockpile. **7**. (*de lemne*) lumber yard.

depozita *vt.* **1**. to deposit, to stock, to store, to stow. **2**. (*depune*) *ec.* to lodge. # **~re** storage; **~r** stake holder, repository.

depoziție *sf. jur.* **1**. deposition, testimony, evidence. **2**. (*sub jurământ*) affidavit.

depravare *sf.* **1**. corruption. **2**. (*desfrâu*) lechery, debauchery.

depravat I. *sm.* reprobate, perverse. **II**. *adj.* depraved, dissolute, libertine, licentious.

deprecia I. *vt.* **1**. to depreciate. **2**. (*moneda*) to decry. **II**. *vr.* to depreciate.

depreciere *sf.* **1**. (*a monedei*) devaluation, slippage. **2**. (*a dolarului*) weakness.

depresiune *sf.* **1**. (*nervoasă*) depression. **2**. (*economică*) slump.

deprima *vt.* to depress, to oppress. # **~nt** depressing, disappointing, soulless; **~t** depressed, dejected, low-spirited, down(cast), heavy-hearted; **~re** depression, gloom, despondency.

deprinde *vt.* **1**. to learn. **2**. (*dresa*) to train. # **~re** habit, custom.

depunător *sm.* (*la bancă*) depositor, saver.

depune I. *vt.* **1**. (*bani*) to deposit. **2**. (*icre*) to spawn. **3**. (*mărturie*) *jur.* to depose, to testify. **4**. (*o plângere*) to file. **5**. (*o cerere*) to hand in. **6**. *ec.* (*depozita*) to lodge. **7**. (*un proiect de lege*) *pol.* to table. **II**. *vr.* to settle.

depunere *sf.* **1**. sediment, deposit. **2**. *pl.* dregs. **3**. (*în bancă*) deposit.

deputat *sm.* deputy.

deraia *vi.* to derail.

deranj *sn.* 1. (*dezordine*) mess, disorder. 2. (*al cuiva*) annoyance, bother.

deranja I. *vt.* 1. (*lucruri*) to disturb, to mess up. 2. (*pe cineva*) to trouble, to bother, to disturb. 3. (*stomacul*) to upset. II. *vr.* 1. to trouble, to bother. 2. (**să**) to deign (to). # **~t** (*d. stomac*) upset; **~ment** *med.* disorder; **~nt** troublesome, annoying; **~re** disturbance; *dacă nu vă deranjează* if you don't mind; *te deranjează dacă fumez*? do you mind if I smoke?

derapa *vi.* to skid. # **~re**, **~j** skid(ding).

derâdere *sf.* derision, mock, snicker, snigger.

derbedeu *sm.* ruffian, scamp, rough, loiterer, *amer. fam.* roughneck.

derbi *sn.* derby.

derdeluş *sn.* snow-toboggan.

deregla *vr.* to be out of order. # **~t** deranged.

dereglare *sf.* 1. (*schimbare*) perturbation, dislocation, disruption. 2. (*stricare*) breaking down. 3. *med.* disorder.

deretica I. *vt.* to clean. II. *vi.* to do the room.

deriva *vt.*, *vi.* to derive. # **~t** derivative.

derivaţie *sf.* 1. derivation. 2. *tehn.* bypass.

derivă *sf. nav.*, *av.* leeway.

derizoriu *adj.* insignifiant, paltry, miserable, nugatory.

dermatolog *sm.* dermatologist. # **~ie** dermatology.

derogare *sf.* derogation.

derula *vt.* 1. (*un film*) to unreel. 2. (*o casetă*) to rewind, to (fast)-wind. 3. (*un text*) *inf.* to scroll. 4. (*înapoi*) to unwind. # **~re** (*a unei casete*) rewind; *în ~re* ongoing, in progress.

deruta *vt.* to confuse, to bluff, to nonplus, to mystify, *amer.* to throw. # **~t** confused, mixed-up, nonplussed, *fam.* at sixes and sevens; **~re** bluff.

derută *sf.* confusion, maze, disturbance, quandary.

des I. *adj.* 1. dense, thick, bushy: *supă deasă* thick soup; *barbă deasă* bushy beard; *ceaţă deasă* dense fog. 2. frequent: *crize ~e* frequent attacks. II. *adv.* often, frequently: *mult prea ~* all too often.

desagă *sf.* saddlebag, pannier.

desăvârşi *vt.* 1. to complete, to finalize, to finish. 2. to consummate, to perfect. # **~re** perfection. # **~t** accomplished, consummate, exquisite, perfect.

descalifica *vt.* to disqualify.

descălţa *vr.* to take off one's shoes. # **~t** unshod.

descărca I. *vt.* 1. to unload, to discharge. 2. (*o navă*) to discharge. 3. (*o basculantă*) to dump. 4. (*o armă*) to fire. II. *vr.* (*d. o baterie*) to run down. # **~re** *el.* discharge.

descătuşare *sf.* abandon, outburst, outbreak.
descătuşat *adj.* unrestrained.
descâlci *vt.* **1.** to disentagle. **2.** (*şi fig.*) to untangle.
descântec *sn.* spell.
descendent *sm.* descendant, progeny, offspring.
descendenţă *sf.* origin, ancestry, descent, extraction, pedigree, lineage.
descentraliza *vt.* decentralize. # ~**re** decentralization.
descheia *vt.* (*nasturi*) to unbutton, to undo. # ~**t** open, undone: *haina ei era ~tă* her coat was open.
deschide I. *vt.* **1.** to open: *a ~ uşa* to open the door. **2.** (*descuia*) to unlock. **3.** to inaugurate. **4.** (*un fermoar*) to undo. **II.** *vr.* **1.** to open. **2.** (*d. flori*) to burst. # *a ~ vorba despre* (*bani*) to broach the subject of (money).
deschidere *sf.* **1.** opening: *ora de ~* (*a unui local*) opening time. **2.** inauguration. **3.** *tehn.* span.
deschis I. *adj.* **1.** open: *larg ~* wide open. **2.** (*d. cineva*) frank, straight(forward), sincere, forthright, downright, outspoken. **3.** (*d. culori*) pale, light: *albastru ~* pale/light blue. **4.** (*pe faţă*) overt. **5.** (*d. rană*) raw. **II.** *adv.* **1.** (*sincer*) plainly. **2.** (*pe faţă*) openly, outright. # *~ la minte* open-minded.
deschizător *sm.* **1.** (*de conserve*) opener. **2.** (*de capace etc.*) ring pull, *amer.* pull-tab. # *~ de drumuri fig.* pathfinder, trailblazer, trendsetter.
deschizătură *sf.* opening, aperture, orifice, slot, gap, slit.
descifra *vt.* to decipher, to translate, to make clear.
descinde *vi.* (**din**) to descend (from). # ~**re** (*a poliţiei*) swoop; *a face o ~re la* to raid.
descoase I. *vt.* (*pe cineva*) to pump. **II.** *vr.* to come undone.
descompune I. *vt.* to decompose. **II.** *vr.* **1.** to decompose. **2.** (*putrezi*) to putrefy, to decay. # *în ~re* rotting.
desconsidera *vt.* to disregard, to despise, to scorn, to depreciate, to slight. # ~**re** disdain, disregard, scorn.
descoperi *vt.* **1.** (*inventa*) to discover, to invent. **2.** (*găsi*) to discover, to unearth, to find (out), to dig. **3.** (*dezveli*) to bare, to uncover. # ~**t** (*dezvelit*) uncovered.
descoperire *sf.* **1.** discovery, find. **2.** (*de petrol*) strike.
descotorosi *vr.* (**de**) to rid oneself (of).
descreierat *adj.* harebrained, madcap, mindless.
descrescător *adj.* descending, downward.
descreşte *vi.* to decrease, to wane. # ~**re** diminution, wane.
descrie *vt.* **1.** to describe, to depict, to paint, to represent. **2.** (*un personaj*) to present. **3.** (*d. un roman*) to portray.

descriere *sf.* **1**. description, portrayal, outline, overview. **2**. (*detaliată*) portrait. **3**. (*sumară*) thumbnail sketch.

descuia *vt.* to unlock.

descuiat *adj.* **1**. unlocked. **2**. (*d. cineva*) open-minded, broad-minded.

desculț *adj.* bare-footed, unshod.

descumpăni *vt.* to nonplus, to discomfit, *fam.* to throw. # **~t** nonplussed, at a loose end.

descuraja *vt.* to discourage, to dishearten, to daunt, to unman. # **~t** discouraged, down, dispirited, depressed; **~re** discouragement, despondency, dismay; **~tor** discouraging.

descurca *vr.* **1**. to manage: *s-a ~t bine* he managed well. **2**. (*și fig.*) to disentagle. **3**. (**cu**) to cope (with). **4**. (*bine etc.*) to succeed, to fare. **5**. (*cumva*) to muddle through. # *a se ~ cu ce are* to make do; *descurcă-te* (*de unul*) *singur* shift for yourself.

descurcăreț *adj.* resourceful, pushy, adroit.

deseară *adv.* tonight.

desemna *vt.* to designate, to denote, to nominate. # **~re** designation, nomination.

desen *sn.* **1**. draw(ing), picture. **2**. (*umoristic, animat*) cartoon. **3**. (*schematic*) *amer.* stick figure.

desena *vt.* **1**. to draw. **2**. (*schița*) to sketch. **3**. (*un corp geometric*) to construct.

desenator *sm.* **1**. drawer, designer, sketcher. **2**. (*tehnic*) draftsman, draughtsman.

deseori *adv.* often(times).

desert *sn.* dessert, sweet, *fam.* afters.

deservi *vt.* to serve. # **~re** self service; **~ciu** disfavour.

desface I. *vt.* **1**. (*comercializa*) to market, to sell. **2**. (*bagajele*) to unpack. **3**. (*un nod etc.*) to loose(n), to undo. **4**. (*un pachet etc.*) to open, to undo, to unbind, to unwrap. **5**. (*o cataramă*) unbuckle. **6**. (*o căsătorie*) to disolve. **II**. *vr.* **1**. (*d. o cusătură*) to split, to come undone/loose. **2**. (*o floare*) to open. # *~re de mărfuri* marketing.

desfășura I. *vt.* **1**. to unroll, to spread. **2**. (*o hartă*) to unfold. **3**. (*un cablu*) to unreel. **4**. (*trupe*) to deploy. **5**. (*o activitate*) to carry on. **II**. *vr.* **1**. to move, to unroll, to unfold, to lie, to pass, to procced, to revolve, to spread. **2**. (*întinde*) to sweep. # **~re** (*mers*) course, process; *în ~re* on-going, in progress.

desfăta *vr.* (**cu**) to indulge (in). # **~re** treat, delight, pleasure.

desfide *vt.* to defy.

desfigura *vt.* to disfigure, to maim, to deface. # **~t** disfigured.

desființa *vt.* **1**. to destroy, to liquidate, to do away with. **2**. (*anula*) to erase, to annul. **3**. (*aboli*) to abolish. **4**. (*a critica violent*) to pan. # ~**re** demise, dissolution: *~rea unui ziar* the demise of a newspaper.

desfrânat *adj.* **1**. licentious, abandoned, debauched, wanton. **2**. (*d. viață*) dissolute, rakish.

desfrâu *sn.* **1**. debauch(ery), lechery, licentiousness. **2**. (*și fig.*) orgy.

desfrunzit *adj.* bare, leafless: *pomi desfrunziți* bare trees.

deshidrata *vt.* to dehydrate, to desiccate.

deshuma *vt.* to disinter, to unearth. # ~**re** disinterment.

design *sn.* design.

desigur *adv.* sure, certainly, obviously, understandably. # ~! of course!

desiș *sn.* thicket.

desluși *vt.* **1**. (*distinge*) to distinguish, to perceive. **2**. (*lămuri*) to make sense of. **3**. (*rezolva*) to solve. **4**. (*clarifica*) to elucidate. **5**. (*un mister*) to unravel.

deslușit **I**. *adj.* clear, plain. **II**. *adv.* clearly.

despacheta *vt.* to unwrap, to unpack.

despădurit *adj.* bald, treeless, bare.

despăgubi *vt.* to compensate, to indemnify, to recompense.

despăgubire **1**. compensation, reparation, remedy, redress, recompense. **2**. *pl.* damages, restitution.

despărți **I**. *vt.* to part, to split, to separate. **II**. *vr.* to part, to split, to separate, to divorce, to sever. # ~**tură** partition; ~**re** parting, separation, break, split, divorce; *ei sunt ~ți* they live apart; *suntem ~ți* he and me are through.

desperecheat *adj.* odd, unmatched: *un pantof* ~ an odd shoe.

despica **I**. *vt.* **1**. to cleave, to split, to splinter, to slit, to sunder: *a ~ firul în patru* to split hairs. **2**. (*cu o pană*) to wedge. **II**. *vr.* to split, to cleave.

despicătură *sf.* cleft, split.

despot *sm.* despot, oppressor, tyrant, authoritarian. # ~**ism** despotism; ~**ic** tyrannical.

despovăra *vt.* to unburden.

despre *prep.* about, on: *o carte ~ India* a book on India; *cât ~* as regards/for: *cât ~ mine* as for me.

desprinde **I**. *vt.* (*separa*) to separate, to detach. **II**. *vr.* **1**. (*d. un nasture*) to come off. **2**. (**de**) to secede (from).

despuia **I**. *vt.* to denude, to strip. **II**. *vr.* to strip. # ~**t** unclothed, naked.

despuiere *sf.* strip.

destabiliza *vt.* to destabilize.

destăinui *vr.* to confide, to unbosom, to unburden oneself. # ~**re** confession.

destin *sn.* destiny, fate, stars.

destina *vt.* to destine, to intend.

destinație *sf.* destination.

destinatar *sm.* **1**. addresee, receiver, consignee. **2**. (*al unei trimiteri de bani*) remittee.

destinde **I**. *vt.* to relax, to slacken. **II**. *vr.* to relax, to calm down. # ~**re** repose, rest, relaxation.

destindere *sf.* **1.** recreation, relaxation. **2.** (*a unui arc*) recoil.
destins *adj.* (*relaxat*) relaxed, slack, lax.
destitui *vt.* to dismiss, to suspend, to sack, to fire. # **~re** removal, dismissal.
destoinic *adj.* capable, industrious.
destrăbăla *vr.* to lead a dissolute life. # **~re** debauchery, lechery.
destrăbălat I. *sm.* licentious man, libertine. **II.** *adj.* depraved, profligate, debauched, rakish.
destrăma *vr.* **1.** (*o țesătură*) to unravel. **2.** (*d. speranțe*) to wither. # **~re** *fig.* breakup; **~t** (*d. relații etc.*) tattered.
destul I. *adj.* enough: *bani destui* enough money. **II.** *adv.* **(de)** enough, relatively, resonably, rather, quite, fairly, *fam.* pretty: *~ de bătrân* old enough; *~ de cald* quite/rather warm. # *a fi ~* to suffice.
destupa *vt.* to uncork.
desuet *adj.* obsolete.
desuuri *sn. pl.* underclothes, smalls, *fam.* undies.
deșănțat *adj.* **1.** (*dezmățat*) debauched. **2.** (*dezordonat*) untidy.
deșert I. *sn.* desert, waste. **II.** *adj.* bare, empty, void.
deșerta *vt.* **1.** (*goli*) to empty, to void. **2.** (*o sacoșă etc.*) to dump. # **~re** dump.
deșeu *sn.* **1.** scrap. **2.** *pl.* waste (products), wastage, oddments, offal, trash: *~ri nucleare* nuclear waste; *~ri toxice* toxic waste.
deși *conj.* although, as, while, (even) though, notwithstanding, when: *~ e săracă, ea este darnică* though she is poor, she is generous.
deșira *vt.* (*lână etc.*) to unravel.
deșirat *adj.* (*d. cineva*) lanky, gangling, spare, tall and lean.
deștept *adj.* **1.** astute, bright, clever, shrewd, brainy, *amer.* smart. **2.** (*d. un aparat*) nifty.
deștepta *vt.*, *vr.* (*trezi*) to wake up. # **~rea** *mil.* the reveille.
deșteptător *adj.* # *ceas ~* alarm clock.
deșuruba *vt.* to unscrew.
detailist *sm.* stockist.
detalia *vt.* to detail. # **~t** detailed, minute, at length.
detaliu *sn.* **1.** detail, particular. **2.** *pl.* specifics. # *în ~* minutely; *toate detaliile* the ins and outs.
detartra *vt.* to descale.
detașa *vt.* **1.** (*separa*) to sever. **2.** (*pe cineva*) to detach. **3.** (*un angajat*) to second, to post. # **~re** (*a unui angajat*) posting; **~t** detached; **~bil** removable.
detașament *sn.* detachment, squad.
detecta *vt.* **1.** to detect, to descry, to espy, to nose. **2.** (*zări*) to spot. **3.** (*d. un aparat*) to sense. # **~re** detection; **~bil** traceable.
detectiv *sm.* **1.** detective, sleuth, *amer.* dick. **2.** (*particular*) inquiry agent, private detective/eye.
detector *sn.* detector.
detensionare *sf.* (*a relațiilor*) thaw.

detențiune, detenție *sf.* detention, confinement, imprisonment. # *perioadă de ~ sl.* lag; *~ preventivă* remand.

detergent *sm.* **1**. detergent, clean(s)er. **2**. (*pentru rufe*) washing soap/powder. **3**. (*pentru vase*) washing-up liquid.

deteriora I. *vt.* to deteriorate, to blemish, to debase, to ruin, to damage, to spoil, to impair, *amer.* to total. **II**. *vr.* **1**. to decay, to wear, to degrade, to perish. **2**. (*d. sănătate*) to decline. # **~t** worn-out, *fam.* ropy, tatty.

deteriorare 1. deterioration, decay, dilapidation, disrepair, ruin, labefaction, wear and tear, impairment. **2**. (*a sănătății*) decline.

determina *vt.* **1**. to determine, to induce, to condition. **2**. (*cauza*) to cause, to dictate. **3**. (*convinge*) to persuade, to coax. # **~nt** contributory.

detesta *vt.* to detest, to abhor, to loathe, to hate. # **~bil** hateful, abominable.

detona *vt.* to fire. # **~ție** report.

detracat *sm.* lowlife, degenerate.

detractor *sm.* muckraker.

detriment *sn.* detriment, disadvantage: *în ~ul cuiva* to smb.'s detriment. # *în ~ul* at the expense of.

detrona *vt.* (*și fig.*) to dethrone.

detunătură *sf.* thunder.

deturna *vt.* **1**. (*delapida*) to misappropriate, to misuse, to embezzle. **2**. (*un avion*) to skyjack, to hijack. # **~re** (*a unui avion*) hijack.

deținător *sm.* owner, possessor, holder: *~ de acțiuni* holder of shares.

deține *vt.* **1**. to own, to possess, to hold, to wield. **2**. (*o funcție*) to occupy. # *care ~* holding.

deținere *sf.* **1**. hold. **2**. (*a unui post*) tenure.

deținut *sm.* prisoner, convict, detainee, inmate: *~ politic* prisoner of conscience.

deunăzi *adv.* the other day, as late as yesterday.

devaloriza I. *vt.* **1**. to depreciate. **2**. *ec.* to debase. **3**. (*moneda*) to devalue. **II**. *vr.* **1**. to debase. **2**. (*d. monedă*) to slide, to sink. # **~re** (*a monedei*) devaluation.

devansa *vt.* to advance.

devasta *vt.* to devastate, to ravage, to raid, to lay waste, to vandalize. # **~tor** devastating, raging; **~t** ravaged.

developa *vt.* (*un film*) to develop.

deveni *vi.* to (be)come, to turn, to get, to run, to grow, to go: *a ~t doctor* he became a doctor.

devenire *sf.* making: *politician în ~* politician in the making. # *în ~* budding, latent, nascent, *fam.* up-and-coming.

deversa *vt.* to discharge, to spill. # **~re** discharge, spill.

devia I. *vt.* to detour, to veer, to deflect. **II**. *vi.* (**de la**) to depart (from), to stray (from). # *a ~ de la*

subiect to digress; *a ~ de la calea normală* to go off the rails.
deviație *sf.* **1.** deflection, swerve. **2.** (*în circulație*) detour.
deviere *sf.* **1.** deflection, diversion, detour. **2.** (*îndepărtare*) departure. **3.** **(de la)** deviation (from), aberration (from). **4.** *auto* detour. **5.** (*schimbare*) swing.
deviz *sn.* (cost) estimate. # *a face un ~* to estimate; *persoana care face ~ul* quantity surveyor.
devize *sn. pl.* foreign currency/bills.
devora *vt.* (*și fig.*) to devour. # **~nt** gnawing: *foame ~ntă* gnawing hunger.
devota *vr.* to dedicate oneself. # **~ment** devotion, abnegation, commitment, dedication; **~t** devoted, faithful, dedicated, staunch, true, (stead)fast, loyal, stalwart; *prieten ~t* true/loyal friend.
devreme *adv.* **1.** early, in good time: *persoană care se scoală ~* early riser. **2.** (*repede*) soon: *prea ~* too soon. # *mai ~ sau mai târziu* sooner or later; *cu cât (e) mai ~ cu atât (e) mai bine* the sooner the better.
dexteritate *sf.* dexterity, dexterousness, skill, sleight, cunning, handiness, knack, deftness, prowess.
dezabuzat *adj.* disappointed.
dezacord *sn.* **1.** *muz.* discord. **2.** disagreement, dispute, dissension, division, variance. **3.** (*nepotrivire*) disparity. # *a fi în ~ cu* to disagree with, to be out of line with, to be at variance with; *în ~* at odds.
dezacordat *adj.* (*d. un instrument*) out of tune, off-key.
dezagreabil *adj.* **1.** disagreeable, hateful, distasteful, uninviting, obnoxious. **2.** (*urât*) unsightly.
dezalcoolizare *sf.* rehabilitation, *amer.* rehab.
dezamăgi *vt.* to disappoint, to let down. # **~re** disappointment, discouragement, damper, dismay, *fam.* letdown; **~tor** disappointing; **~t** disappointed, disillusioned. # *foarte ~t* as sick as a parrot.
dezamorsa *vt.* **1.** (*și fig.*) to defuse. **2.** (*o bombă*) to explode.
dezaproba *vt.* to disapprove, to reprehend, to condemn, to repudiate, to reprobate, to deplore, to reprove. # **~re** disapproval, reproof, dissent, disfavour; *a ~ cu tărie (ceva)* to rage against, to deprecate.
dezarma *vt.* to disarm. # **~re** disarmament; **~t** *fig.* defenceless.
dezastru *sn.* **1.** catastrophe, disaster, plague. **2.** (*și fig.*) debacle. # **~os** disastrous, parlous: *starea ~oasă a economiei* the parlous state of ecomomy.
dezavantaj *sn.* **1.** disadvantage, drawback, penalty. **2.** (*inconvenient*) trouble, minus. # **~os** disadvantageous; **~at** disadvantaged, at a disadvantage; **a ~a** to disadvantage, to penalize.

dezavua *vt.* to decry, to deprecate.
dezaxat *adj.* (*d. persoane*) unbalanced.
dezbate *vt.* to debate, to discuss, to argue, to dispute, to deliberate.
dezbatere *sf.* **1.** debate, colloquy. **2.** *pl.* proceedings, deliberations.
dezbăra *vr.* **(de)** to break (with).
dezbina *vt.* to divide, to split, to disunite. # **~re** cleavage, split; **~t** riven: *partid ~t din cauza disputelor interne* party riven by internal disputes.
dezbrăca *vt.*, *vr.* to undress, to strip. # **~t** naked, nude, undressed; **~re** strip; *a-şi ~* (*haina*) to take off, *fam.* to peel off.
dezechilibra *vt.* (*pe cineva*) to unsettle.
dezechilibrat *adj.* **1.** deranged. **2.** (*d. cineva*) twisted, unbalanced.
dezerta *vi.* to desert. # **~re** desertion.
dezertor *sm.* **1.** deserter, runaway, fugitive. **2.** (*dintr-un partid etc.*) *fam.* turncoat.
dezgheț *sn.* thaw, debacle.
dezgheța **I.** *vt.* **1.** to thaw. **2.** (*carne etc.*) to defrost. **II.** *vr.* to thaw. # **~t** *fig.* lively, pert, mercurial, astute: *minte ~tă* mercurial mind.
dezghioca *vt.* to shell.
dezgoli *vt.* to denude. # **~t** naked.
dezgropa *vt.* to dishume, to disinter, to unearth, to dig out.
dezgust *sn.* disgust, repugnance, loathing, aversion. # **a ~a** to disgust, to sicken; **~at** disgusted, *fam.* sick.
dezgustător *adj.* **1.** disgusting, sickening, repugnant, repellent, abhorrent, preposterous, loathsome, hateful, obnoxius, foul, *fam.* lousy. **2.** (*şi fig.*) unsavoury: *incident ~* unsavoury incident.
deziluzie *sf.* disappointment.
deziluzionat *adj.* disillusioned, disappointed.
dezinfecta *vt.* to disinfect, to cleanse. # **~nt** disinfectant.
dezinforma *vt.* to misinform, to misdirect. # **~re** misinformation.
dezinteres *sn.* disregard. # **~at** unselfish.
dezinvolt *adj.* detached, uninhibited, pert, rakish, jaunty, offhand, *fam.* perky, happy-go-lucky. # **~ură** ease.
dezirabil *adj.* desirable, eligible.
dezlănțui **I.** *vt.* (*da curs liber*) to give free rain to. **II.** *vr.* to (run) riot, to burst, to unleash. # **~re** outburst, outbreak.
dezlănțuit *adj.* **1.** rampageous, unfettered, uninhibited, unrestrained. **2.** (*d. vânt etc.*) violent. **3.** (*d. forțele naturii*) elemental. **4.** (*nestăvilit*) rampant.
dezlânat *adj. fig.* loose, sprawling, illogical.
dezlega **I.** *vt.* **1.** (*pe cineva*) to loosen, to unbind. **2.** (*rezolva*) to solve, to unravel. **3.** (*un nod*) to undo. **4.** (*un câine*) to slip, to let loose. **II.** *vr.* (*d. limbă*) to loosen.
dezlipi *vt.* to unstick. # **~t** unstuck.
dezmăț *sn.* debauch(ery). # **~at** abandoned, profligate.

dezmembra I. *vt.* (*o țară*) to partition. II. *vr.* to splinter. # ~**re** division, partition; *pe cale de a se ~* (*d. un partid etc.*) ramshackle.

dezmierda *vt.* to caress, to stroke, to fondle, to pet.

dezminți *vt.* to contest, to refute, to deny. # ~**re** denial, retraction, disclaimer.

dezmoșteni *vt.* to disinherit.

deznădăjduit *adj.* desperate, disconsolate, desolate, miserable, hopeless, broken-hearted, lacerated, *fam.* sick-at-heart.

deznădejde *sf.* desperation, despondency, dismay, heartbreak, hopelessness.

deznoda *vt.* to untie.

deznodământ *sn.* denouement, ending, finale.

dezolant *adj.* cheerless, dingy, forlorn, gaunt: *aspect ~* forlorn look; *ruine ~e* gaunt ruins.

dezolare *sf.* grief.

dezolat *adj.* forlorn, dejected.

dezonoare *sf.* 1. dishonour. 2. (*rușine*) disgrace, discredit, taint.

dezonorant *adj.* shaming, ignominious: *înfrângere ~ă* ignominious defeat.

dezordine *sf.* disorder, disarray, mess, muddle, tumble, jumble, *fam.* shambles, mix-up: *în ~* disorderly, in a tumble, messy.

dezordonat *adj.* 1. disorderly, disgraceful. 2. (*d. cineva*) untidy. 3. (*d. viață*) dissolute, rakish.

dezorganiza *vt.* to disorganize. # ~**re** disorganization, upset.

dezorienta *vt.* to baffle. # ~**t** confused.

dezosa *vt.* to bone.

dezrădăcina *vt.* (*și fig.*) to uproot.

dezrobi *vt.* to emancipate.

dezumaniza *vt.* to dehumanize.

dezumfla I. *vt.* 1. (*un balon*) to deflate. 2. (*pe cineva*) *fig.* to puncture. II. *vr.* 1. (*d. un balon*) to deflate. 2. (*d. un cauciuc*) to go flat, to puncture. # ~**re** deflation; ~**t** (*d. un cauciuc*) flat.

dezvălui I. *vt.* 1. to disclose, to divulge, to unearth, to reveal, to lay bare. 2. (*un secret*) to unveil, to divulge, to unfold, to unlock. II. *vr.* to leak out. # ~**t** (*d. opinii*) disclosed, unconcealed; ~**re** disclosure, revelation. # *a face ~ri senzaționale* to take the lid off.

dezvăța *vt.* to unlearn.

dezveli *vt.* 1. to bare, to uncover. 2. (*o statuie*) to unveil.

dezvinovăți I. *vt.* to exonerate, to free from a blame. II. *vr.* to exculpate oneself. # ~**re** exoneration.

dezvolta I. *vt.* 1. to develop, to evolve. 2. (*mări*) (*și fig.*) to enlarge: *a ~ un subiect* to enlarge on a subject. II. *vr.* 1. to develop, to evolve. 3. (*crește*) to grow. # ~**re** development, progress, (out)growth; *în ~re* on the up; *a se ~ bine* (*d. plante, animale*) to thrive.

diabet *sn.* diabetes.

diabolic *adj.* diabolic(al), fiendish.
diacon *sm.* deacon, curate.
diademă *sf.* diadem.
diafan *adj.* delicate, diaphanous, transparent, filmy.
diafilm *sn.* filmstrip.
diafragmă *sf. anat.* diaphragm, midriff.
diagnostic *sn.* diagnosis, prognosis: *de ~* diagnostic. # **a ~a** to diagnose.
diagonal *adj.* diagonal, bias, slant. # **~ă** diagonal; *în ~ă* crisscross.
diagramă *sf.* diagram, chart, graph, *amer.* plot.
dialect *sn.* dialect, idiom, vernacular, patois. # **~ic** dialectical.
dializă *sf.* dialysis.
dialog *sn.* dialogue, colloquy. # **a ~a cu** to talk with, to reason with.
diamant *sn.* diamond, *amer. fam.* rock.
diametru *sn.* diameter.
diapazon *sn.* tune/tuning fork.
diapozitiv *sn.* slide, transparency.
diaree *sf.* diarrhoea, *fam.* shits.
diateză *sf. gram.* voice: *diateza pasivă* the passive voice.
diavol *sm.* devil, fiend.
dibaci *adj.* 1. dexterous, artful, skilled, resourceful, adroit, astute. 2. (*abil*) politic, tactful, wily.
dibăcie *sf.* dexterity, skill, artifice, prowess, adroitness.
diblu *sn. tehn.* tenon.
dibui *vt.* 1. (*căuta*) to fumble, to grope. 2. (*găsi*) to trace, to find out, *fam.* to sniff out. 3. (*pe cineva*) *sl.* to suss out, *amer. fam.* to rumble: *au fost ~ți de poliție* they've been rumbled by the police. # *pe ~te* gropingly.
dichisi I. *vt.* to titivate, to groom, to do up. II. *vr.* to tidy (oneself), to spruce up, to smarten up, to prink oneself, to dress neatly, *fam.* to titivate. # **~re** toilet.
dichisit *adj.* 1. (*d. cineva*) dressed to the nines. 2. (*d. ceva*) trim.
dicta *vt.* (*un text*) to dictate. # **~re** dictation.
dictator *sm.* dictator, tyrant, oppressor. # **~ial** dictatorial, peremptory.
dictatură *sf.* dictatorship.
dicton *sn.* maxim, saw.
dicție *sf.* diction, elocution.
dicționar *sn.* 1. dictionary, lexicon. 2. (*tezaur*) thesaurus.
didactic *adj.* didactic. # *cadre ~e* teaching staff.
dietă *sf.* diet.
dietetic *adj.* dietetic. # **~ian** nutritionist.
diez *sm., adj. muz.* sharp.
diferend *sn.* difference, dispute, argument, disagreement, controversy.
diferență *sf.* 1. difference, margin: *a câştigat la mică ~* (*de ceilalți*) he won by a narrow margin; *o mare ~* a world of difference. 2. (*deosebire*) contrast, discrepancy, distinction, disparity.
diferenția *vt.* 1. (*deosebi*) to differentiate, to set apart, to tell. 2. **(de)** to mark off from.

diferi *vi.* to differ, to contrast.

diferit *adj.* 1. (*felurit*) different, heterogeneous, miscellaneous, manifold, diverse, various, sundry: *~e motive* manifold reasons. 2. (*deosebit*) dissimilar, varied, unlike, distinct, separate, several: *trei nopți ~e* three several nights. # *complet ~* disparate.

dificil *adj.* 1. (*greu*) difficult, heavy, knotty, hard, tough, trying, *fam.* stickly. 2. (*delicat*) delicate, ticklish. 3. (*d. cineva*) tetchy, fastidious. # *problemă/chestiune ~ă fam.* teaser.

dificultate *sf.* 1. difficulty, complication, quandary, trouble, predicament, hitch. 2. (*problemă*) worry, hindrance. 3. (*impediment*) snag. 4. *pl.* exigencies: *dificultăți financiare* financial exigencies. # *cu ~* hardly, painfully; *fără ~* effortless, painless, without a hitch.

diform *adj.* deformed, unshapely, shapeless, misshapen.

diftong *sm.* diphthong.

difuz *adj.* 1. (*d. lumină*) diffuse, mellow. 2. (*neclar*) fuzzy. 3. (*d. stil*) verbose.

difuza *vt.* 1. (*un program*) to broadcast. 2. (*o știre etc.*) to transmit. 3. (*un film*) to screen. 4. (*o carte*) to release. # **~re** spreading.

difuzor *sn.* 1. (*radio*) (loud)speaker. 2. (*pentru frecvențe joase*) woofer. 3. (*pentru frecvențe înalte*) tweeter.

dig *sn.* 1. (*în râu*) dam, dike, jetty. 2. (*la mare*) pier, break water, jetty.

digera *vt., vr.* to digest.

digestie *sf.* digestion.

digestiv *adj.* digestive.

digit *sm. tehn.* digit, figure, number. # **~al** digital; **~aliza** to digitalize.

digresiune *sf.* digression.

dihanie *sf.* wild beast.

dihonie *sf.* dissension, enmity, strife.

dihor *sm.* polecat, ferret.

dilata I. *vt.* to dilate. II. *vr.* to dilate, to expand. # **~re** dilatation, expansion.

dilemă *sf.* dilemma, *fam.* toss-up.

diletant *sm.* dilettante, amateur.

diligență *sf.* (*vehicul*) diligence, (stage)coach.

dilua *vt.* 1. to dilute, to thin. 2. (*cu apă*) (*și fig.*) to water, to weaken. # **~re** dilution; **~nt** thinner.

diluat I. *sn.* dilution. II. *adj.* diluted, thinned, watery, wishy-washy.

dimensiune *sf.* 1. dimension, magnitude, size. 2. (*mare*) bulk. 3. *pl.* proportions.

dimineață *sf.* morning: *dimineața* in the morning; *dis-de-~* early in the morning; *bună dimineața*! good morning! # *cafea de ~* early coffee.

diminua I. *vt.* 1. to diminish, to decrease, to whittle away. 2. (*micșora*) to impair. II. *vr.* to diminish, to dwindle, to decrease, to wane, to weaken, to decline, to go down. # **~re** diminution, decrease, wane, decline, dent.

diminutiv *sn.* diminutive.

dimpotrivă *adv.* contrariwise, on the contrary.

dimprejur *adj., adv.* round about.

din *prep*. **1**. on: *aplica ~ perete* the sconce on the wall. **2**. out of: *a ieşi ~ casă* to walk out of the house. **3**. from: *~ România* from Romania; *~ floare în floare* from flower to flower. **4**. of: *o rochie ~ mătase* a dress of silk; *oamenii ~ Arad* the people of Arad. **5**. by: *~ întâmplare* by accident/chance; *~ greşeală* by mistake. **6**. for: *~ teamă* for fear; *~ dragoste* for love. # *unul ~ cinci* one in five; *a mânca ~ farfurii de argint* to eat off silver plates; *~ ce în ce mai* more and more.

dinadins *adv*. deliberately, on purpose, of set purpose.

dinafară *adv*. from outside. # *pe ~* by heart; *a da pe ~* (*d. un lichid*) to overflow, to slop over, *fam*. to slosh out.

dinainte **I**. *adj*. **1**. front, prior: *labele ~* the front legs. **2**. (*temporal*) before. **II**. *adv*. **1**. in front. **2**. (*temporal*) former. # *de ~* of a little time ago.

dinaintea *prep*. in front of, before.

dinam *sn*. dynamo.

dinamic *adj*. dynamic, energetic, *fam*. pushing, pushful. # **~ă** dynamics.

dinamita *vt*. to dynamite.

dinamită *sf*. dynamite.

dinapoi **I**. *adj*. back, hind: *labe ~* hind legs. **II**. *adv*. behind. # *de ~* from behind.

dinapoia *prep*. at the back of, behind.

dinastie *sf*. dynasty.

dinăuntru *adv*. from within.

dincoace *adv*. on this side, here.

dincolo *adv*. **1**. over (there). **2**. in the other room/side. # *~ de* over.

dincotro *adv*. where from.

dineu *sn*. dinner (party).

dinozaur *sm*. dinosaur.

dinspre *prep*. from.

dinte *sm*. **1**. tooth: *a-şi scoate un ~* (*la dentist*) to have a tooth (pulled) out; *a-i creşte un ~* (*d. un bebeluş*) to cut a tooth. **2**. (*de lapte*) milk tooth. **3**. (*canin*) eyetooth. **4**. *tehn*. sprocket. **5**. (*de furcă etc*.) prong. **6**. *pl*. teeth: *a se spăla pe dinţi* to brush one's teeth. # *dinţi ieşiţi în afară* buckteeth.

dintre *prep*. **1**. of: *unul ~ voi* one of you. **2**. between: *spaţiul ~ pat şi masă* the space between the bed and the table.

dioptrie *sf*. diopter.

diplomat *sm*. (*şi fig*.) diplomat. # **~ic** diplomatic, tactful.

diplomaţie *sf*. **1**. diplomacy, tact. **2**. *pol*. diplomacy.

diplomă *sf*. diploma, degree. # *~ universitară* baccalaureate, bachelor's degree. # *a-şi lua diploma* to graduate.

direct **I**. *adj*. **1**. direct, straight, immediate. **2**. (*d. şosea*) through. **3**. (*d. cineva*) honest, frank, blunt, curt, forthright. **4**. (*d. o lovitură*) straight. **II**. *adv*. **1**. direct(ly), frankly, baldly, true, outright, square. **2**. (*drept*) right, through, straight, due, sheer, *fam*. slap bang, smack: *trenul merge ~ la Paris* the train runs through to Paris; *vino ~ acasă* come straight home; *ateriză ~ în mijlocul* it landed smack in the middle. # *în ~ (d. o emisiune radio, TV)* live, on-air; *cu acces ~ inf.* online.

directivă *sf.* **1.** directive, norm, order. **2.** *pl.* brief, directions.

directoare *sf.* (*de şcoală*) headmistress.

director *sm.* **1.** director, manager: *~ comercial* business manager. **2.** (*de ziar*) editor. **3.** (*de şcoală*) principal, headmaster. **4.** (*de închisoare*) prison governor, *amer.* warden.

direcţie *sf.* **1.** direction, way: *în direcţia Arad* in the direction of Arad; *în toate direcţiile* every which way. **2.** (*tendinţă*) trend, tendency, course. **3.** (*conducere*) management, department. # *în ~ opusă* contrariwise, the other way round.

direcţiona *vt.* to direct, to channel, to slant. # **~l** directional.

direcţiune *sf.* management.

diriginte *sm.* **1.** class master. **2.** (*de poştă*) postmaster.

dirija *vt.* **1.** (*îndruma*) to direct, to lead, to guide. **2.** (*o activitate*) to supervise, to handle. **3.** (*un concert*) to conduct. **4.** (*circulaţia*) to wave. **5.** (*conversaţia*) to steer. # **~re** (*a circulaţiei rutiere*) point duty; *a ~ spre* to lead up to.

dirijor *sm.* conductor.

disc *sn.* **1.** disc, record, *amer.* disk. **2.** (*la telefon*) dial. **3.** *sport* discus: *aruncarea ~ului* discus throw. # *compact ~ amer.* compact disc, platter; *~ jockey fam.* deejay.

discernământ *sn.* discernment, discretion, purposefulness.

discerne *vt.* to discern, to sift.

dischetă *sf.* **1.** *tehn.* disc, *amer.* disk(ette). **2.** *inf.* platter.

disciplina *vt.* to discipline. # **~t** well-behaved, orderly; **~r** disciplinary.

disciplină *sf.* discipline, order, method. # *adept al disciplinei* disciplinarian.

discipol *sm.* disciple, follower.

disconfort *sn.* discomfort, uneasiness.

discordant *adj.* **1.** (*d. sunet*) discordant, jarring. **2.** *muz.* tuneless.

discordanţă *sf.* **1.** *muz.* dissonance. **2.** (*nepotrivire*) disagreement.

discordie *sf.* discord, disagreement. # *măr al ~i* bone of contention.

discotecă *sf.* discotheque, *fam.* disco.

discredita I. *vt.* to discredit, to disgrace, to disparage, to sully, to slur. **II.** *vr.* to compromise oneself. # **~re** discredit.

discrepanţă *sf.* discrepancy, chasm, gap, gulf.

discret *adj.* discreet, secretive, tight-lipped.

discreţie *sf.* discretion, secrecy. # *la ~* in abundance/plenty, at pleasure.

discreţionar *adj.* (*d. putere*) unchallengeable, sweeping. # *cu puteri ~e* unchallenged.

discrimina *vt.* to segregate. # ~**re** segregation, discrimination, disparity; ~**toriu** discriminating.

disculpa I. *vt*. to exonerate, to free from a blame. **II**. *vr*. to exculpate oneself. # ~**re** exculpation.

discurs *sn.* **1**. discourse, address, speech: *a ține un* ~ to deliver a speech. **2**. (*incoerent*) ramble. **3**. (*mobilizator*) harangue.

discuta I. *vt.* **1**. to discuss, to debate. **2**. (**despre**) (*politică etc*.) to talk. **II**. *vi.* **1**. (**cu**) to converse (with), to talk (with), to reason (with): *discută cu doctorul tău* talk to your doctor. **2**. (*aprins*) to argue.

discutabil *adj.* **1**. debatable, disputable. **2**. (*d. o teorie*) untenable. # *este* ~ it is questionable.

discuție *sf.* **1**. discussion, dialogue, talk, conversation, converse, *fam*. chat. **2**. (*dispută*) dispute, altercation, argument, *fam*. spat. **3**. (*dezbatere*) debate, colloquy: ~ *aprinsă* heated debate. **4**. *pl*. words, deliberations, proceedings. # *fără* ~ beyond all dispute, without doubt, *amer*. sure thing; *în* ~ at issue, on the tapis; *a aduce în* ~ to bring/throw into question.

dis-de-dimineață *adv.* early in the morning, bright and early.

diseca *vt.* (*și fig.*) to dissect.

disecție *sf.* dissection.

disensiune *sf.* altercation, rift.

disident *sm.* dissident, dissenter, dissentient.

disidență *sf.* dissidence, dissent.

disimula *vt.* to dissemble, to simulate. # ~**t** concealed, pretended, sham.

disjungere *sf. jur*. severance.

dislocare *sf.* dislocation.

disonanță *sf. muz*. dissonance, discord.

disparat *adj.* disparate, odd, heterogeneous, disconnected.

dispariție *sf.* disappearance, death, demise, extinction, passing: ~ *bruscă* sudden demise. # *pe cale de* ~ moribund: *firmă pe cale de* ~ moribund firm.

dispărea *vi.* **1**. to disappear, to vanish: *a* ~ *fără urmă* to vanish without (a) trace. **2**. (*muri*) to die, to slip away. # *a* ~ *definitiv/cu totul* to die out.

dispărut *adj.* **1**. (*d. cineva*) missing. **2**. (*d. o specie*) extinct. **3**. (*decedat*) departed.

dispensa *vr.* (**de**) to dispense (with), to do (without).

dispensar *sn.* dispensary.

dispensă *sf.* dispensation.

dispera *vi.* to despair. # ~**re** despair, anguish, desperation; ~**t** desperate, frantic, hopeless.

dispersa *vt., vr.* to disperse, to diffuse, to thin. # ~**re** dispersion, diffusion.

dispersie *sf.* stray.

displăcea *vt.* to dislike.

disponibil *adj.* available, spare, vacant. # **a** ~**iza** to axe, to lay off; ~**izat** redundant: *au fost ~izați* they were made redundant; *a avea* ~ (*timp, bani*) to spare.

disponibilizare *sf.* **1**. shakeout. **2**. (*temporară*) furlough.

dispozitiv *sn.* **1**. device, appliance, *fam.* gadget. **2**. (*ingenios*) contrivance.

dispoziție *sf.* **1**. stipulation, provision, regulation. **2**. (*stare*) humour, mood, spirit, vein: *într-o ~ proastă* in a bad mood. **3**. (*ordin*) order, ordinance. **4**. (**spre**) tendency (to). **5**. *pl.* instructions. # *la ~* at hand, at one's elbow; *a da ~* (*cuiva*) to instruct; *la dispoziția sa* at one's disposal, within one's grasp; *în bună ~* in (good) heart; *până la noi dispoziții* until further notice.

dispreț *sn.* contempt, disdain, scorn. # *cu ~* disdainfully, scornfully; *a trata cu ~* to disdain.

disprețui *vt.* to despise, to scorn, to look down on. # **~tor** disdainful, contemptuous, scornful, supercilious, defiant; (*demn*) *de ~t* contemptible, despicable.

disproporție *sf.* disproportion.

disproporționat *adj.* disproportionate, unequal.

dispune I. *vt.* to order, to arrange. **II**. *vi.* (**de**) to dispose (of). **III**. *vr.* to brighten (up). # **~re** disposition, arrangement, disposal.

dispus *adj.* **1**. arranged. **2**. (**să**) ready (to). # *bine ~* mettlesome, in high spirits, (*amețit*) tipsy; *foarte bine ~* in high feather; *prost ~* bad-tempered, moody, dispirited, out of humour, in low spirits, in a temper; *a fi ~ să* to be in a mood for, to be inclined to.

disputa *vt.* to dispute. # **~t** debated.

dispută *sf.* **1**. dispute, quarrel, ruffle, falling-out, argument, *fam.* spat. **2**. (*divergență*) divergence, difference, wrangle.

distant *adj.* distant, offish, remote, aloof, unapproachable.

distanță *sf.* distance, range. # *la o ~ de două mile* two miles away.

distila *vt.* to distil. # **~t** distillate; **~re** distillation.

distilerie *sf.* distillery.

distinct *adj.* **1**. (*deosebit*) distinct, separate, different, special. **2**. (*clar*) clear.

distincție *sf.* **1**. distinction. **2**. (*rafinament*) polish, refinement, *fam.* class. **3**. (*premiu*) prize, distinction. # *a face ~ între* to discriminate between.

distinge I. *vt.* **1**. (*deosebi*) to distinguish, to tell. **2**. (*observa*) to make out. **II**. *vr.* (**de**) to distinguish (from).

distins *adj.* **1**. (*rafinat*) refined, delicate, polished, *fam.* classy. **2**. (*eminent*) illustrious.

distonant *adj.* **1**. *muz.* tuneless, discordant. **2**. (*strident*) jarring.

distra I. *vt.* to amuse, to entertain, to divert. **II**. *vr.* to enjoy oneself. # **~ctiv** delectable, amusing. # *a se ~ fără opreliști* to live it up; *a se ~ bine* to have a good time.

distracție *sf.* **1**. distraction, entertainment, amusement, recreation, excitement, fun, delectation, treat, spree. **2**. (*haz*) frolic, *fam.* lark. **3**. (*în timpul liber*) pastime

4. (*neatenție*) absence of mind. 5. *pl.* gaieties, diversions, excitements. # ~ *mare* cakes and ale; ~ *plăcută*! have a good time!
distrage *vt.* (*atenția*) to divert.
distrat *adj.* (*neatent*) abstracted, forgetful, inattentive, oblivious, absent(-minded).
distribui *vt.* **1**. to distribute, to deliver, to allot, to share out. **2**. (*un actor*) to cast. # **~re** delivery, distribution.
distribuție *sf.* (*a actorilor*) cast. # *a schimba distribuția unui film* to recast.
district *sn.* district, county, province. # *reședință de* ~ county town.
distructiv *adj.* destructive, ruinous.
distrugător **I**. *sn. nav.* destroyer. **II**. *adj.* destructive, ruinous.
distruge **I**. *vt.* **1**. to destroy, to devastate, to raze, to ravage, to ruin, to vandalize, to annihilate, to waste, to wipe out, *fam.* to zap, to pulverize. **2**. (*pe cineva*) to shatter. **3**. (*o clădire*) to wreck. **4**. (*sufletește*) to prostrate. **5**. (*și fig.*) *fam.* to trash. **6**. (*d. foc*) to consume. **II**. *vr.* to perish. # **~re** destruction, damage, havoc.
distrus *adj.* **1**. (*stricat*) destroyed, broken, shattered, in shreds. **2**. (*sufletește*) devastated, prostrate, shattered. **3**. (*de durere*) stricken. # *a fi ~ sufletește* to be ravaged/devastated, to go to pieces.
diurnă *sf.* per diem allowance.
divaga *vi.* **1**. to veer, to prevaricate, to waffle, to ramble. **2**. **(de la)** to digress (from). # **~ție** digression, vagary; **~ții** meanderings, ramblings.
divan *sn.* divan, settee, coach.
divă *sf.* vamp.
divergență *sf.* divergence, discord, conflict, variance, falling-out, *fam.* run-in.
divers *adj.* varied, variegated, various, manifold, multiple, multifarious, sundry, several, miscellaneous. # **~itate** diversity, variety; **~iune** diversion.
diversifica *vt.* to diversify. # **~t** miscellaneous, multifarious.
divertisment *sn.* amusement, entertainment, diversions.
dividend *sn.* dividend.
divin *adj.* divine. # **~itate** divinity; **~izare** worship, adoration.
diviza **I**. *vt.* to divide, to split, to partition. **II**. *vr.* to split. # **~re** (*dezbinare*) cleavage, partition.
divizibil *adj.* divisible.
divizie *sf. mil.* division.
diviziune *sf.* division, section: ~ *a muncii* the division of labour.
divizor *sm. mat.* divisor.
divorț *sn.* divorce, dissolution: *proces de* ~ divorce proccedings; *a da* ~ to sue for divorce. # **a ~a** to divorce.
divulga *vt.* **1**. (*face cunoscut*) to divulge, to disclose, to give away, *fam.* to out. **2**. (*un secret*) to let up, to blab out. # **~re** revelation, disclosure; *a nu* ~ (*o informație*) to withhold.

dizenterie *sf.* dysentery.
dizertație *sf.* dissertation, thesis.
dizgrație *sf.* disgrace, shame. # *în ~* out of favour.
dizgrațios *adj.* disgraceful, ungraceful, unshapely, unsightly, ungainly.
dizolva I. *vt.* (*și fig.*) to dissolve. **II.** *vr.* to melt, to dissolve. # **~nt** thinner; *~re a parlamentului* dissolution of parliament.
do *sn. muz.* do.
doagă *sf.* lag, stave. # *a pune doage* to lag.
doamnă *sf.* **1.** lady. **2.** (*adresare către o clientă în magazin*) madam. # *dna* (*prescurtare*) Mrs.
doar *adv.* but, merely, only, solely, simply, just, nothing but, little more than: *e ~ un copil* he is but a child; *~ o singură dată* just once. # *fără ~ și poate* easily, obviously, patently, to be sure, without doubt; *~ că* but; *într-o ~ă* at random.
dobândă *sf.* interest.
dobândi *vt.* **1.** to obtain, to achieve, to acquire, to get, to attain. **2.** (*un renume*) to earn. # **~re** acquirement.
dobitoc I. *sn.* animal. **II.** *sm.* (*tâmpit*) moron, idiot, numskull, *sl.* prick.
doborî *vt.* **1.** (*și fig.*) to fell. **2.** (*un oponent*) to knock down, *sl.* to grass. **3.** (*un record*) to smash. **4.** (*la pământ*) to knock down, to poleaxe.
doc[1] *sn. nav.* dock.
doc[2] *sn.* (*pânză*) duck.
docher *sm.* docker, stevedore, *amer.* longshoreman, lumper.
docil *adj.* docile, pliable, pliant, obedient, tractable, submissive, tame.
doct *adj.* erudite, scholarly.
doctor *sm.* **1.** doctor, *fam.* doc, medic. **2.** (*internist, generalist*) physician. **3.** (*în științe etc.*) doctor. **4.** (*homeopat*) herbalist. **5.** (*stagiar în spital*) intern. # **~at** doctorate.
doctorie *sf.* medicine, drug.
doctrină *sf.* doctrine, teaching, tenet.
document *sn.* **1.** document, act, note, paper. **2.** *jur.* deed.
documenta *vt.* to document. # **~re** documentation; **~t** well-informed; *a se ~ temeinic despre ceva* to read up on smth.
documentar *sn., adj.* documentary: *film ~* documentary film.
dogar *sm.* cooper.
dogit *adj.* (*d. voce*) hollow.
dogmă *sf.* dogma, tenet.
dogoare *sf.* glow.
dogori *vi.* to burn, to scorch. # **~tor** torrid, fiery.
doi, două I. *sm.* (*la cărți de joc*) deuce. **II.** *num.* two: (~) *câte ~* two at a time, two by two. # *de două ori* twice; *al ~lea, a doua* (the) second: *locul al ~lea* the second place; (*din ~*) *cel de-al ~lea, cea de-a doua* the latter; *câte ~* in pairs; *a doua zi* next day; *a doua oară* next time.
doică *sf.* (wet)nurse.

doime *sf. muz.* minim.

doisprezece, douăsprezece *num.* twelve. # *al ~lea, a douăsprezecea* the twelfth.

dojană *sf.* rebuke, snub, harangue, reprimand, *fam.* talking-to.

dojeni *vt.* to admonish, to scold, to rebuke, to objurgate, to reprimand, *fam.* to carpet.

dolar *sm.* dollar, *amer. fam.* buck. # *o mie de ~i sl.* a grand.

doldora *adv.* full, crammed.

doleanță *sf.* 1. grievance, wish, complaint. 2. *pl.* wants.

doliu *sn.* mourning: *~ național* national mourning.

dolofan *adj.* chubby, plump, *fam.* roly-poly. # **~ă** buxom.

dom *sn.* dome.

domeniu *sn.* 1. domain, territory, province, property, manor. 2. (*de activitate*) domain, field, branch, province, realm: *~l politicii* the field of politics; *nu e ~l meu de activitate* it's outside my province; *din ~l științei* in the realm of science.

domestic *adj.* 1. domestic. 2. (*d. un animal*) tame. # **a ~i** to domesticate, to tame.

domiciliu *sn.* domicile, residence, abode, quarter: *schimbare de ~* removal; *la ~* (at) home; *~ forțat* house arrest; *fără ~ stabil* with no fixed abode.

domina I. *vt.* to dominate, to rule, to lord, to tower. **II.** *vi.* to reign. # **~re** domination, mastery; **~tor** dominant, possessive, masterful, masterly, domineering, commanding; **~ție** control, upper hand, rule, power.

dominant *adj.* 1. dominant, prevailing, overbearing. 2. (*autoritar*) commanding.

domn *sm.* mister, gentleman, lord: *Dl Ionescu* Mr. Ionescu. # **~ule**! sir!, mister!: *bună dimineața ~ule*! good morning, sir!

domni *vi.* 1. to rule. 2. (*d. un rege*) to reign. # **~e** (*perioadă*) reign; **~tor** monarch.

domnișoară *sf.* 1. miss, young lady: *domnișoara Mary* miss Mary. 2. (*de neam*) damsel. # *~ de onoare* bridesmaid, maid of honour.

domol I. *adj.* slow, lazy, quiet, mild. **II.** *adv.* slowly, quietly, gently.

domoli I. *vt.* 1. (*calma*) to quell, to pacify, to temper, to soothe, to lull, to mollify, to quiet, to tame. 2. (*atenua*) to weaken. 3. (*un sentiment*) to master. 4. (*entuziasmul*) to dampen. 5. (*durerea*) to deaden. 6. (*setea*) to quench. **II.** *vr.* 1. to calm down, *fam.* to simmer down. 2. (*d. cineva*) to mellow. 3. (*d. vânt*) to abate. 4. (*d. furtună, furie*) to subside.

dona *vt.* 1. to donate, to bequeath, to grant, to give. 2. (*bani*) to subscribe. # **~ție** donation, grant, subscription.

donator *sm.* 1. donor, grantee, grantor: *~ de sânge* blood donor. 2. (*de bani*) contributor, subscriber.

doniță *sf.* pail, bucket.

dop *sn.* **1.** cork, stopper, top. **2.** (*în cadă*) plug.

dor *sn.* longing. # *cu ~ de casă* homesick; *a duce ~ul* (*cuiva*) to miss, to pine after/for; *mi-e ~ de tine* I miss you.

dori *vt.* **1.** to wish, to desire, to want, to will: *el dorea ca ea să rămână* he wished her to stay; *îți doresc succes* I wish you good luck. **2.** (*ura*) to bid. **3.** (**să**) to long (to): *doresc să te revăd* I'm longing to see you again. **4.** (*foarte mult*) to lust after/for, to hanker after/for. # *a-și ~ ceva nespus de mult* to set one's heart on smth.

dorință *sf.* **1.** aspiration, desire, wish, will: *dorința de a trăi* the will to live; *a-și pune o ~* to make a wish. **2.** (*puternică*) urge, yearning, hunger, longing, yen, *amer.* itch. **3.** (*sexuală*) lust. **4.** *pl.* wishes, wants. # *~ de libertate* aching for freedom.

dormi *vi.* **1.** to sleep, *fam.* to kip: *a ~ profund* to sleep deeply; *a ~ până târziu* to sleep late; *a ~ buștean* to sleep like a log. **2.** (*liniștit*) to slumber. # *persoană care doarme* sleeper.

dormita *vi.* to doze.

dormitor *sn.* **1.** bedroom. **2.** *școl.* (*comun*) dormitory.

dornic *adj.* **1.** wishful, anxious, desirous, eager, willing, zealous: *~ de popularitate* desirous of fame; *~ să discute* willing to discuss. **2.** (**să**) keen (on). **3.** (**de**) ready (for).

dos *sn.* **1.** back, bottom: *ușa din ~* the back door. **2.** (*al unui obiect*) backing. **3.** (*șezut*) rear, buttock, posterior. # *pe ~* upside down; *pe ~* (*d. o haină etc.*) inside out: *și-a pus șosetele pe ~* he put on his socks inside out.

dosar *sn.* **1.** file, folder, roll. **2.** *jur.* (*de caz*) brief. **3.** (*cu acte*) dosier.

dosi *vt.* to hide, to put out of sight.

dosnic *adj.* (*d. un loc*) retired, secluded, isolated.

dota *vt.* (*și fig.*) to endow. # **~re** endowment; **~t** talented, gifted.

dotă *sf.* dowry.

douăzeci *num.* twenty. # *grup de ~* a score; *al ~lea* the twentieth.

dovadă *sf.* **1.** (*semn*) proof, mark(er), measure, token, pointer: *ca ~ a recunoștinței noastre* as a token of our gratitude. **2.** *jur.* evidence, testimony. # *a da ~ de* to manifest.

dovedi I. *vt.* **1.** to attest, to witness, to vindicate. **2.** (*demonstra*) to demonstrate, to prove, to testify. **3.** (*manifesta*) to evince, to show. **II.** *vr.* to prove. # *a ~ încă o dată* to substantiate.

dovleac *sm.* **1.** pumpkin. **2.** (*pentru tigve*) gourd. **3.** (*căpățână*) *fam.* nut.

dovlecel *sm.* courgette, marrow, *amer.* zucchini.

doză *sf.* **1.** dose. **2.** (*urmă*) streak: *o ~ de răutate* a streak of cruelty. **3.** (*de morfină etc.*) *fam.* shot.

drac *sm.* **1**. devil, satan, fiend, deuce. **2**. (*de copil*) brat, imp, *fam.* monkey. # *la ~u*'! bother!, confound it!, *sl.* damn!, shit!; *ce ~u*'? *sl.* what the deuce/dickens?; *la ~u-n praznic* at the back of beyond; *la ~u cu* to hell with; *du-te ~ului*! drop dead! go to hell!; *ca ~u*' *sl.* like shit.

drag *adj.* dear, beloved, precious. # *cu ~ă inimă* with pleasure.

draga *vt.* **1**. to drag. **2**. *nav.* to dredger.

dragă *sf.* **1**. *nav.* dredger. **2**. *tehn.* drag.

dragon *sm.* dragon.

dragoste *sf.* **1**. love, affection: *~ de adolescent* calf love; *căsătorie din~* love match. **2**. (*idilă*) romance. # *de ~* love, amatory; *a face ~* to make love/sex; *a face ~ cu* to make love to.

dramatic *adj.* dramatic, thespian, histrionic. # *artă ~ă* acting, dramatics, thespian art.

dramatism *sn.* tension.

dramatiza *vt.* (*şi fig.*) to dramatize.

dramaturg *sm.* dramatist, playwright, tragedian.

dramă *sf.* (*şi fig.*) drama, tragedy.

draniță *sf.* shingle.

drapel *sn.* flag, colours, standard, banner.

draperie *sf.* **1**. drape. **2**. *pl.* hangings, curtains, *amer.* drapes.

drastic *adj.* drastic, firm, extreme.

drăcesc *adj.* devilish.

drăcie *sf.* devilment, devilry, prank, trick, *fam.* widget. # *ei ~*! damn!

drăcovenie *sf.* devilment, devilry.

drăcuşor *sm.* brat, imp, elf.

drăgălaş *adj.* lovely, dainty, nice, cute, pretty, cuddlesome, *fam.* dinky.

drăgăstos *adj.* loving, fond, affectionate.

drăgosti *vr.* to bill and coo, to kiss and fondle.

drăguț *adj.* **1**. lovely, pert, cute, dainty, nice, pretty, *fam.* twee. **2**. (*amabil*) kind, sweet. # **~ă** sweetheart, lover.

dreaptă *sf.* line.

drege *vt.* to repair, to mend, to darn. # *a-şi ~ glasul* to clear one's throat.

dren *sn. med.* tube. # **~aj** drainage.

drept I. *sn.* **1**. law: *~ civil* Roman/civil law; *~ penal* criminal/penal law; *~ comercial* commercial law; *~ comun* common law. **2**. (*cuvenit*) claim, privilege, right: *de ~* rightful; *~uri de proprietate* property rights. **3**. *pl.* (*civile*) civil rights. **II**. *adj.* **1**. direct, straight: *linie dreaptă* straight line; *păr ~* straight hair. **2**. (*d. cineva*) objective, just, right(eous), fair. **3**. (*d. poziție*) erect, upright. **4**. (*d. un unghi*) square. **5**. (*neted*) flat, level, smooth, straight. **6**. (*nu stâng*) right: *partea dreaptă* the right; *la/spre dreapta* on the right (hand). **III**. *adv.* due, flush, full, sheer, square, straight, *fam.* smack: *~ spre est de aici* due east of here. # **~aci** (*d. cineva*) right-handed; *~uri cetăţeneşti* franchise; *~ care* here by; *de-a ~ul* straight away; *~ de vot* franchise, suffrage; *dreapta pol.* the right; *~uri de autor* royalties; *persoană de dreapta pol.* rightist.

dreptate *sf.* justice, right: *a avea ~* to be (in the) right. # *pe bună ~* with justice, deservedly, not for nothing, with reason; *a nu avea ~* to be wrong.

dreptunghi *sn.* rectangle. # **~ular** rectangular.

dres *sn.* tights, *amer.* panty hose.

dresa *vt.* to train, to school. # **~re**, **~j** dressage, training; **~t** trained.

dresor *sm.* trainer, tamer.

dribla *vi.* to dribble. # **~re** dodge.

dric *sn.* hearse.

droaie *sf.* **1**. crowd. **2**. great number, volley: *o ~ de întrebări* a volley of questions.

drog *sn.* **1**. drug, *fam.* dope, *sl.* junk: *persoană dependentă de ~uri* drug addict. **2**. (*mai ales canabis*) *fam.* weed. # **a ~a** *fam.* to dope; **~at** *fam.* high, wasted, *sl.* stoned; **a se ~a** to take drugs; *vânzător de ~uri* drug dealer, *fam.* pusher; *consumator de ~uri fam.* druggie.

drogherie *sf.* chemist's, drugstore.

drojdie *sf.* **1**. sediment, deposit, dregs. **2**. (*de vin*) lees. **3**. (*de bere*) yeast. # *drojdia societăţii* the dregs/scum of society.

dromader *sm.* dromedary.

drug *sm.* bar: *~ de fier* iron bar.

drum *sn.* **1**. road, path, way, track: *~ neasfaltat* dirt road; *peste ~* across/over the road; *a rătăci ~ul* to lose one's way. **2**. (*parcurs*) trip. **3**. (*filieră*) channel. **4**. (*de munte etc.*) track. **5**. (*de ocolire*) bypass. **6**. (*de ţară*) cart road/track. **7**. *pl.* wanderings. **8**. (*lăturalnic*) by-road. # *~ secundar* byroad, side road, turn-off; *~ (pe jos) obositor fam.* trek; *a da ~ul* to release, (*unei săgeţi*) to loose, (*din lesă*) to unleash, (*din mână*) to let drop, (*unui aparat*) to start, (*unei păsări*) to set free; *dă-i ~ul!* (*spune*) *fam.* spit it out!; *~ bun!* (I wish you a) good journey!, safe journey!

drumeţ *sm.* rambler, wanderer, rover, traveller, wayfarer. # **~ie** ramble; **a ~i** to ramble.

dubă *sf.* **1**. van. **2**. (*a poliţiei*) patrol wagon, *amer.* paddy wagon.

dubios *adj.* dubious, doubtful, suspicious, unreliable, fishy, *fam.* shady.

dubiu *sn.* confusion, doubt, dither, quandary, question, misgiving, uncertainty: *în ~* in doubt; *nu e nici un ~* there is no doubt. # *a fi în ~* to hesitate, to be in a quandary.

dubla I. *vt.* **1**. to double. **2**. (*un film*) to dub. **3**. (*un actor*) to understudy. **II**. *vr.* to double. # **~re** (*a unui film*) dubbing.

dublu I. *sn.* double. **II**. *adj.* double, dual. **III**. *adv.* doubly, twice as much.

dublură *sf.* **1**. (*copie*) double, replica. **2**. (*a unui actor*) stand-in. **3**. (*la teatru*) understudy. **4**. (*a unei persoane*) lookalike.

ducat *sn.* dukedom.

ducă *sf.* # *pe ~* (*gata de plecare*) on the rocks, ready to start; *mariajul lor era pe ~* their marriage was on the rocks.

duce[1] **I**. *vt.* **1**. to bear, to carry, to convey, to transport. **2**. (*conduce*) (**la**) to lead (to). **3**. (*înşela*) to take in, to outwit, *fam.* to welsh, *amer.* to gyp, to hoodwink.**4**. (*cu vorba*) to wheedle. **5**. (*cu maşina*) to drive. **II**. *vi.* **1**. (**la**) (*şi fig.*) to lead (to): *drumul ~ la* the road leads to. **2**. (**la**) *fig.* to lead (to), to point (in). **III**. *vr.* **1**. to go: *a se ~ acasă* to go home. **2**. (*muri*) to die. # *a-şi ~ zilele* to exist; *a ~ cu vorba fam.* to flannel; *a o ~ bine* to get on well; *a o ~ rău* to be badly off; *ducă-se*! good riddance!

duce[2] *sm.* duke. # **~să** duchess.

ductil *adj.* ductile, tensile.

dud(ă) *sm., sf.* mulberry.

dudui *vi.* **1**. to thud, to quake, to drone, to thunder. **2**. (*d. motor*) to purr, to roar, to whir(r), to throb.

duduie *sf.* miss.

duduit *sn.* **1**. zoom, whine, whir(r). **2**. (*de motor*) roar, throb.

duel *sn.* duel. # **a ~a** to duel, to fence.

duet *sn.* duet, duo.

duh *sn.* **1**. spirit, ghost: *Sfântul Duh* the Holy Ghost/Spirit. **2**. (*rău*) devil. **3**. (*suflet*) soul. **4**. *pl.* genii. # *a-şi da ~ul* to breathe one's last; *vorbă de ~* witticism; *sărac cu ~ul* soft-headed.

duhni *vi.* **1**. to reek. **2**. (**a**) to stink (of).

duhoare *sf.* reek, stench, stink, miasma.

duios *adj.* **1**. caressing, plaintive, gentle, touching, loving, woeful. **2**. (*d. sunete*) dulcet.

duioşie *sf.* soft-heartedness.

duium *sn.* # *cu ~ul* galore.

dulap *sn.* **1**. cabinet, cupboard, wardrobe, chiffonier, dresser. **2**. (*scândură*) plank. **3**. (*scrânciob*) swing. **4**. (*în perete*) built-in cupboard, *amer.* closet. **5**. (*de sufragerie*) *amer.* buffet. **6**. (*de bucătărie*) sideboard.

dulăpior *sn.* (*în vestiar*) locker.

dulău *sm.* mastiff, watchdog.

dulce I. *sn.pl.* sweets. **II**. *adj.* **1**. sweet, lovely. **2**. (*drăgălaş*) cuddlesome. **3**. (*d. somn*) peaceful. **4**. (*d. climă*) mild. **5**. (*d. lumină*) tender. **6**. (*d. voce*) mellow, melodious. **7**. (*d. sunet*) dulcet, smooth, soft, mellifluous. **8**. (*d. cuvinte*) honeyed. **9**. (*d. culori*) soft. **10**. (*d. băuturi etc.*) sugary. # *mare amator de dulciuri fam.* sweet-toothed; *ceva ~* sweetmeat.

dulceag *adj.* **1**. sweet(ish), sugary. **2**. (*sentimental*) soppy, sloppy, maudlin, mawkish. **3**. (*prietenos*) sweet, saccharine.

dulceaţă *sf.* (*gem*) jam, preserve.

dulgher *sm.* joiner, carpenter. # **~ie** joinery.

dulie *sn. el.* socket.

dumbravă *sf.* grove.

dumeri *vr.* to realize, to see daylight, *fam.* to click.

dumicat *sn.* nibble, morsel, bite.

duminică *sf.* Sunday: *Duminica Floriilor* Palm Sunday; *haine de ~ fam.* Sunday best.

dumneaei *pron.* she.

dumnealui *pron.* he.

dumneata *pron.* you.

dumneavoastră *pron.* you. # (*în scrisori*) *al ~* your affectionately.

dumnezeiesc *adj.* godlike.

Dumnezeu *sm.* God, Lord, Providence: *~le*! my God! *aşa să-mi ajute ~*! so help me God!. # *pentru numele lui ~*! *fam.* for God's/ Christ's sake!

dumping *sn.* dumping. # *a face ~ cu* to dump.

dună *sf.* dune, drift: *~ de nisip* sand dune.

dunărean *adj.* Danubian.

dungat *adj.* **1**. striped. **2**. (*în relief*) ribbed.

dungă *sf.* band, streak, stripe: *cămaşă în dungi* striped shirt. # *cu ~* (*d. ciorapi*) seamed; *în dungi fam.* stripy.

după I. *adv.* after: *a sosit imediat ~* he arrived soon after. **II**. *prep.* **1**. after: *~ aceea* afterwards, after that; *~ căderea nopţii* after dark. **2**. (a)round: *~ colţ* around the corner; *a dispărut ~ colţ* he vanished round the corner. **3**. behind: *~ uşă* behind the door; *de ~* from behind. # *o cunosc ~ nume* I know her by name; *~ două zile* two days later; *~ asta* with that.

duplicare *sf.* duplication.

duplicat *sn.* duplicate, copy, replica, counterpart. # *a face un ~ după* to replicate.

duplicitar *adj.* hypocrite, false.

duplicitate *sf.* duplicity.

dur I. *sm.* (*brută*) rough. **II**. *adj.* **1**. (*tare*) tough, stony, hard. **2**. (*d. cineva*) hard, harsh, severe, sharp, acerbic. **3**. (*brutal*) rough, tough. **4**. (*inflexibil*) steely. **III**. *adv.* roughly.

dura I. *vt.* to build. **II**. *vi.* to last, to persist, to live, to take: *călătoria durează zece zile* the journey takes ten days.

durabil *adj.* **1**. durable, (long)-lasting, persistent, permanent. **2**. (*d. culori*) lightfast. # **~itate** solidity.

durată *sf.* **1**. duration, length, span, term, standing, stretch: *durata vieţii noastre* our length of days; *durata existenţei umane* the span of human existence; *de* (*lungă*) *~* of long standing. **2**. (*a unui film etc.*) running time. # *de ~* time consuming; *de scurtă ~* short-(-lived).

durduliu *adj.* **1**. plump, round, full: *o femeie durdulie* a plump woman. **2**. (*d. femei*) *fam.* buxom

durea I. *vt.* to ache, to pain: *mă doare capul* my head aches. **II**. *vi.* to hurt: *doare*! it hurts!. # *care doare* painful; *ce te doare*? what ails you?

durere *sf.* **1**. ache, pain: ~ *de şale* back pain; *a plânge de* ~ to cry with pain. **2**. (*supărare*) grief, dolour, sore. **3**. *pl.* throes. **4**. (*acută*) twinge, sting, smart, acute pain, pang. **5**. (*de urechi*) earache. **6**. (*de dinți*) toothache. **7**. (*de cap*) headache. # ~ *insuportabilă* gyp; *fără* ~ painless.

dureros *adj.* **1**. sore, hurtful: ~ *la atingere* sore to the touch. **2**. (*şi fig.*) grievous, woeful, sorrowful. **3**. (*d. o rană*) painful. **4**. (*d. o parte a corpului*) tender.

duritate *sf.* **1**. toughness, hardness. **2**. (*coeficient de*) *tehn.* temper. # *cu* ~ hardly, sharply, roughly.

durui *vi.* (*d. motor*) to purr. # ~**t** (*al motorului*) purr.

dus *adj.* **1**. *fig.* gone. **2**. (*dispărut*) lost. **3**. (*d. un bilet*) single, *amer.* one-way. # ~ *pe gânduri* thoughtful; *a dormi* ~ to be fast asleep.

duş *sn.* shower. # *a face* ~ to shower; to take a shower.

duşcă *sf.* pull, swig, sip, draught. # *a da* ~ to drink up.

duşman *sm.* enemy, foe, opponent.

duşmăni I. *vt.* to hate. **II**. *vr.* to hate each other. # ~**e** enmity, ill will, hostility, hatred.

duşmănos *adj.* hostile, inimical, hateful, adverse.

duşumea *sf.* floor.

duză *sf.* nozzle, jet.

duzină *sf.* dozen. # *de* ~ ordinary, poor (quality), (*d. o carte*) pulp, (*d. un film*) rubbishy.

E

ea *pron.* **1**. she. **2**. (*pentru animale și lucruri*) it: *dă-i lapte* (*pisicii*) give it milk. # *ei* her, its; *pe* ~ her; *chiar* ~, ~ *însăși* she herself; *al/a/ai/ale ei* hers: *casa este a ei* this house is hers.

ebonită *sf.* ebonite.

ebraic *adj.* Hebrew. # ~**ă** (*limba*) Hebrew.

ebrietate *sf.* drunkenness.

ecartament *sn.* **1**. gauge. **2**. *tehn.* span.

eche *sf. nav.* tiller.

echer *sn.* (set) square, *amer.* triangle.

echidistant *adj.* equidistant.

echilibra *vt.* to balance, to poise: *a ~ bugetul* to balance the budget.

echilibrat *adj.* **1**. (well-)balanced, equable, poised, moderate. **2**. (*regulat*) even. **3**. (*d. cineva*) balanced, level, stable.

echilibru *sn.* **1**. equilibrium, balance. **2**. (*de sine*) poise. # *a-și pierde ~l* to overbalance; *a-și găsi ~l* (*și fig.*) to steady.

echinocțiu *sn.* equinox.

echipa *vt.* **1**. to equip, to outfit. **2**. (*un vas*) to man. # *a fi ~t cu fam.* to be togged up in.

echipaj *sn.* crew: *membru al unui ~* crewman. # *a angaja un ~* (*pe vas*) to man.

echipament *sn.* **1**. equipment, outfit, kit, rig, paraphernalia, *fam.* tog: ~ *de tenis* tennis togs. **2**. (*sportiv etc.*) gear, tackle.

echipă *sf.* **1**. team, party, *fam.* outfit: ~ *gazdă* home team; *spirit de ~* team spirit; ~ *puternică* strong team. **2**. (*de muncitori etc.*) crew, gang. **3**. *sport* side. # ~ *calificată sport* qualifier; *a face ~ cu* to team up with.

echitabil *adj.* **1**. equitable, reasonable, even, rightful. **2**. (*nepărtinitor*) impartial.

echitate *sf.* equity, justice.

echitație *sf.* horsemanship, riding.

echivalent I. *sn.* equivalent, parallel. **II**. *adj.* **1**. equivalent, comparable. **2**. (**cu**) tantamount (to), commensurate (with).

echivoc I. *sn.* doubt. **II**. *adj.* ambiguous, doubtful, vague, confused, uncertain. # *cuvânt* ~ weasel word.

eclipsa *vt.* **1**. (*și fig.*) to eclipse. **2**. (*pe cineva*) to obscure, to upstage.

eclipsă *sf.* eclipse.

ecluza *vt.* to lock.

ecluză *sf.* sluice.

ecolog *sm.* environmentalist. # ~**ic** ecological; ~**ie** ecology; *partidul ~ist* the green party.

econom *adj.* economical, sparing, provident, frugal, thrifty: ~ *cu banii lui* frugal with his money.

economic *adj.* **1**. economic: *recesiune ~ă* economic downturn; *creştere ~ă* economic growth. **2**. (*cumpătat*) economical. # **~os** economical.

economie *sf.* **1**. economy: ~ *de piaţă* market economy; ~ *politică* political economy; ~ *subterană* black economy. **2**. (*cumpătare*) thrift. **3**. (*ca ştiinţă*) economics. **4**. (*de bani etc.*) saving: ~ *de combustibil* saving of fuel. # *cu* ~ sparingly; *a face* ~ (*pentru*) to save (for); *a face* ~ *la* (*zahăr etc.*) to skimp on the (sugar); *a face economii* (*în bani*) to save (money).

economisi *vt.* to economize, to save, to put aside/by.

economist *sm.* economist.

ecosez *adj.* checked.

ecou *sn.* echo. # *a avea* ~ to echo.

ecran *sn.* **1**. screen: ~ *de cinema* cinema screen; *micul* ~ the small screen. **2**. (*protector*) shield.

ecraniza *vt.* (*un roman etc.*) to screen. # **~re** screenplay.

ecuator *sn.* equator. # **~ial** equatorial.

ecuaţie *sf.* equation.

ecuson *sn.* tab.

ecvestru *adj.* equestrian.

eczemă *sf.* eczema, rash.

edifica *vt.* to edify, to enlighten. # **~tor** demonstrative, illuminating, revealing, luminous; **~re** edification, enlightenment.

edificiu *sn.* edifice, building.

edita *vt.* to edit, to publish.

editor *sm.* editor, publisher. # **~ial** (*în ziar*) editorial, column; **~ialist** columnist.

editură *sf.* (publishing) house, publisher.

ediţie *sf.* **1**. edition, impression. **2**. (*a unei cărţi*) printing, issue. # ~ *specială* (*la ziar*) extra.

educa *vt.* **1**. to educate, to tutor, to train up, to school. **2**. to civilize. # **~tiv** educative, scholastic.

educator I. *sm.* educator. **II**. *adj.* educative.

educaţie *sf.* **1**. education, breeding, literacy, schooling: ~ *fizică* physical education. **2**. (*creştere*) upbringing.

efect *sn.* **1**. effect: *~e optice* optical effects; ~ *sonor* sound effect. **2**. *pl.* (*echipament*) paraphernalia. # *a-şi face ~ul* (*d. medicament*) to take effect; ~ *secundar* aftereffect, secondary effect, *med.* side effect; *de* ~ effective, showy.

efectiv I. *sn.* **(de)** number (of). **II**. *adj.* effective, real. **III**. *adv.* really.

efectua *vt.* to effectuate, to perform, to carry out.

efemer *adj.* ephemeral, short-lived, transient.

efeminat *adj.* effeminate, camp, effete, womanish, unmanly.

efervescent *adj.* (*d. lichide*) fizzy.

eficace *adj.* **1**. efficacious, efficient, effective, effectual, operative. **2**. (*d. un medicament*) potent.

eficacitate *sf.* efficacy, efficiency.

eficient *adj.* effective, effectual, efficacious, efficient. # **a ~iza** to streamline, to upgrade.

eficiență *sf.* efficacy, efficiency. # *cu ~* effectively.

efort *sn.* **1**. effort, exertion, strain. **2**. *pl.* pains. # *~uri susținute* unremitting efforts; *mare ~* hard slog; *a depune toate ~urile să* to make every effort to, to make a push to.

efuziune *sf.* (*sentimentală*) effusion, gush.

egal I. **1**. *sm.* equal, match, like, peer. **2**. *sn. mat.* equal. **II**. *adj.* **1**. equal, even, identical. **2**. (*d. voce*) level. **III**. *adv.* (*lin*) smoothly. # **a ~iza** to equal(ize), to level; *fără ~* matchless, incomparable, unmatched; *meci ~* tie.

egala *vt.* **1**. to equal(ize), to match, to parallel. **2**. (*pe cineva*) to touch. **3**. *sport* to square.

egalitate *sf.* **1**. equality, par: *la ~ cu* on a par with; *~ în drepturi* equality of rights. **2**. *mat.* equality. **3**. *sport* draw, tie: *meciul s-a terminat la ~* the match ended in a draw/tie. # *a fi la ~ cu sport* to tie with; *la ~* square.

egiptean *sm., adj.* Egyptian.

egocentric *adj.* self-centred.

egoism *sn.* egoism, selfishness.

egoist I. *sm.* egoist. **II**. *adj.* egoistic, selfish, self-seeking.

egotist *adj.* self-absorbed.

egretă *sf.* egret.

ei, ele *pron.* they # *pe ~, le, lor* them: *dă-le nişte ceai* give them some tea; *mi-au spus-o chiar ~* they themselves told me so.

ei *interj.* hay! # *~ şi?* so what?; *~ bine!* well!

ejacula *vi.* to ejaculate.

ejecta *vt.* to eject.

el *pron.* **1**. he. **2**. (*pentru animale şi lucruri*) it. # *lui* him, its; *chiar ~, ~ însuşi* he himself, itself; *pe/de ~* him; *al/a/ai/ale lui* his; *dă-i* (*lui*) *pălăria* give him the hat; *~ e* it's him.

elabora *vt.* **1**. (*o lucrare*) to draw up. **2**. (*un proiect*) to elaborate, to compile.

elan[1] *sn.* **1**. (*avânt*) impetus, spurt, second wind. **2**. impuls, stimulus, momentum, gusto: *a-şi pierde din ~* to lose momentum.

elan[2] *sm. zool.* elk, moose.

elastic I. *sn.* elastic. **II**. *adj.* elastic, limber, springy, tensile. # **~itate** elasticity, resilience, spring.

electoral *adj.* electoral, elective: *listă ~ă* electoral register. # *rezultate ~e* election results.

electorat *sn.* electorate, poll.

electric *adj.* electric(al): *energie ~ă* electric power. # **~ian** electrician.

electricitate *sf.* **1**. electricity. **2**. power. # *~ statică* static (electricity).

electrifica *vt.* to electrify.

electrocuta *vt., vr.* to electrocute.

electroliză *sf.* electrolysis.

electron *sm.* electron. # **~ic** electronic; **~ică** electronics.

electrotehnică *sf.* electrical engineering.

elefant *sm.* **1**. elephant. **2**. (*mascul*) bull.

elegant *adj.* **1**. elegant, well-dressed, dressy, stylish, smart, fashionable, *fam.* natty, snappy. **2**. (*d. un hotel etc.*) *fam.* posh. # *foarte ~* in full feather; *~ şi scump fam.* posh; *~ şi modern amer. fam.* spiffy.

eleganţă *sf.* elegance, polish, grace.

elegie *sf.* elegy.

element *sn.* element, factor. # *~e de bază* rudiments.

elementar *adj.* **1**. elementary, elemental, secondary: *învăţământ ~* secondary education. **2**. *şcol. amer.* primary.

elen I. *sm.* Hellene. **II**. *adj.* Hellenic.

eleşteu *sn.* mere, pool, pond.

elev *sm.* **1**. schoolboy, pupil, learner, *amer.* student. **2**. (*intern*) boarder. **3**. (*în primul an*) freshman. # *~ eminent* proficient pupil, *fam.* scholar.

elevat *adj.* elevated.

elevă *sf.* **1**. schoolgirl. **2**. (*la o şcoală mixtă*) coed.

elibera I. *vt.* **1**. to liberate, to loose, to (set) free. **2**. (**de**) to rid (of), to emancipate (from). **3**. (*o cameră*) to vacate. **4**. (*din funcţie*) to discharge, to dismiss. **5**. (*un deţinut*) to release. **6**. (*un oraş*) to liberate, to relieve. **II**. *vr.* to slip free. # *a fi ~t condiţionat* to be released on parole, to be put on probation; *a fi ~t* (*din închisoare*) to be released (from prison).

eliberare *sf.* **1**. liberation, release, deliverance, remission: *~ pentru bună purtare* remission for good behaviour. **2**. (*condiţionată*) *jur.* parole, probation. **3**. (*din funcţie*) discharge.

elice *sf.* propeller.

elicopter *sn.* helicopter, *fam.* chopper. # *aeroport pentru ~e* heliport.

eligibil *adj.* eligible.

elimina *vt.* **1**. to eliminate, to remove, to oust. **2**. (*expira*) to breathe out. **3**. (**din**) to expel (from), to oust (from). **4**. (*un cuvânt etc.*) to delete. **5**. (*tăia*) to cut. **6**. (*un elev*) to rusticate. # **~re** expulsion; *a ~ pe cineva* (*ucide*) *amer. sl.* to rub smb. out.

eliminare *sf.* **1**. expulsion. **2**. *sport* out. **3**. *fotbal* sending-off.

elipsă *sf.* **1**. ellipse. **2**. *gram.* ellipsis.

elipsoidal *adj.* ellipsoidal, oval.

eliptic *adj.* elliptic(al).

elită *sf.* **1**. choice. **2**. (*a societăţii*) pick, high society. # *de ~* choice, crack, select, picked: *trupe de elită* crack troops.

elixir *sn.* elixir, balm.

elocvent *adj.* eloquent.

elocvenţă *sf.* eloquence, oratory.

elogia *vt.* **1**. to praise, to celebrate, to eulogize, to extol. **2**. (*ceva, pe cineva*) to rave (about): *criticii i-au ~t cartea* the critics raved about his book.

elogios *adj.* eulogistic, laudatory, complimentary, glowing: *termeni elogioşi* laudatory/glowing terms.

elogiu *sn.* **1**. eulogy, praise, panegyric, rhapsody. **2**. *pl.* plaudits.

elucida *vt.* to clear (up), to puzzle out, to thrash out, to unravel. # **~re** enlightenment.

elucubrații *sf. pl.* absurdities.

eluda *vt.* **1.** to elude. **2.** (*un subiect*) to skirt.

elvețian *sm.*, *adj.* Swiss.

email *sn.* enamel, glaze. # **a ~a** to enamel, to glaze.

emana *vt.* **1.** to radiate, to discharge, to emit, to spread, to transpire, to exhale, to send out. **2.** (*și fig.*) to exude. **3.** *fig.* to ooze. **4.** (*fum etc.*) to eject, to fume, to spew. # **~re** discharge, emission; **~ție** emanation, emission.

emancipa *vr.* to emancipate. # **~re** emancipation.

embargo *sn.* embargo.

emblemă *sf.* emblem, ensign, mark.

embrion *sm.* embryo.

emfatic *adj.* sententious, turgid, pompous.

emfază *sf.* pompousness.

emigra *vi.* to (e)migrate. # **~re** migration; **~nt** (e)migrant.

eminent *adj.* (pre)eminent, proficient, *amer.* ranking.

emir *sm.* emir, amir.

emisar *sm.* emissary, messenger.

emisferă *sf.* hemisphere.

emisie *sf.* (*radio sau TV*) broadcast, transmission. # *aparat de ~-recepție* transceiver, walkie-talkie.

emisiune *sf.* **1.** transmission. **2.** (*radio sau TV*) broadcast, show. **3.** (*de bancnote etc.*) issue.

emite *vt.* **1.** to emit. **2.** (*emana*) to discharge, to send out, to radiate. **3.** (*bani, timbre*) to issue: *a ~ timbre* to issue stamps. # **~re** emission, discharge, radiation.

emițător *sn.* transmitter.

emolient *adj.* (*d. o cremă*) softening.

emotiv *adj.* emotive, emotional, soft-hearted, squeamish, susceptible, impressionable.

emoție *sf.* **1.** emotion, excitement, thrill, nervousness. **2.** *pl. fam.* shakes.

emoționa *vt.* to impress, to thrill. # **~l** emotional; **~t** thrilled, excited, nervous; **~nt** breathtaking, thrilling, moving.

empiric *adj.* empiric.

emulație *sf.* emulation.

emulsie *sf.* emulsion.

enciclopedie *sf.* encyclop(a)edia.

enclavă *sf.* enclave.

endocrinolog *sm.* endocrinologist. # **~ie** endocrinology.

energetică *sf.* energetics.

energic *adj.* **1.** energetic, dashing, vigorous. **2.** (*și fig.*) forceful, telling.

energie *sf.* **1.** energy, power, life. **2.** (*vigoare*) vigour, pith, stamina, vim, *sl.* pizzazz, *fam.* kick. # *plin de ~* mettlesome, full of beans, vital, spirited; *lipsit de ~* spiritless.

enerva **I.** *vt.* to annoy, to irritate, to rile, to madden, to chafe, to frustrate, to irk, to vex. **II.** *vr.* to chafe, to madden, *fam.* to get nervous/angry. # **~re** irritation, annoyance; **~t** nervous, excited, nervy, jittery, snappy, *fam.* narked, het-up, up the wall.

enervant *adj.* irritating, annoying, jarring, irksome, bothersome, tiresome, importunate, trying, wearisome, worrying, *fam.* nerve-racking. # *treabă/persoană ~ă fam.* drag.

englez I. *sm.* Englishman. **II.** *adj.* English: *gramatica ~ă* the English grammar; *limba ~ă* English; *~a cultă* literary English. # **~esc** English; **~oaică** Englishwoman.

enigmatic *adj.* enigmatic, mysterious, puzzling.

enigmă *sf.* enigma, mystery, puzzle(r), riddle.

enoriaş *sm.* churchgoer, parishioner, worshipper.

enorm I. *adj.* **1.** enormous, colossal, giant, prodigious, tremendous, huge, obscene, monstrous: *o sumă ~ă* an obscene amount of money. **2.** (*d. preţ*) sky-high. **II.** *adv.* enormously, very much.

enormitate *sf.* **1.** enormity, greatness, *fam.* whopper. **2.** (*absurditate*) nonsense.

entitate *sf.* entity.

entomologie *sf.* entomology.

entorsă *sf.* sprain, wrench.

entuziasm *sn.* enthusiasm, rapture, frenzy, alacrity, pep, zeal, *fam.* lift. # *lipsit de ~* languid, passionless, tepid.

entuziasma I. *vt.* to transport, to ravish, to enrapture. **II.** *vr.* to be ravished, *sl.* to flip. # **~t** elated, exultant, jubilant, wild, thrilled; *a fi ~t de* to walk on air, *fam.* to be sold on: *eram ~ţi de idee* we were sold on the idea.

entuziast I. *sm.* zealot. **II.** *adj.* bullish, mettled, mettlesome, rapturous, upbeat: *notă ~ă* upbeat note.

enumera *vt.* to enumerate. # **~re** itemization.

enunţ *sn.* wording. # **a ~ a** to word.

epata *vt.* to astound, to shock, *amer. fam.* to snow.

epavă *sf.* (*şi fig.*) wreck.

epic *adj.* epic.

epicurian *sm.*, *adj.* epicurean.

epidemic *adj.* epidemic.

epidemie *sf.* epidemic, plague.

epidermă *sf. med.* epidermis, skin.

epigramă *sf.* epigram.

epila I. *vt.* **1.** to shave. **2.** (*cu ceară*) to wax. **II.** *vi.* to shave.

epilepsie *sf. med.* epilepsy.

epilog *sn.* epilogue.

episcop *sm.* bishop. # **~ie** episcopacy.

episod *sn.* **1.** episode. **2.** *telev.* instalment.

epistolă *sf.* epistle, letter.

epitaf *sn.* epitaph.

epitet *sn.* epithet.

epocal *adj.* epoch-making.

epocă *sf.* epoch, era, age, period: *epoca de piatră* the stone age; *epoca de fier* the iron age. # *de ~* (*d. mobilier etc.*) period.

epopee *sf.* epic.

epolet *sm.* **1.** epaulet. **2.** *mil.* tab.

eprubetă *sf.* test-tube.

epuiza I. *vt.* **1**. to exhaust, to fag out, to fatigue, to jade, to drain. **2**. (*vlăgui*) to debilitate, to enervate, to sap. **3**. (*un subiect*) to discuss thoroughly. **II**. *vr*. (*d. cărţi*) to be out of print. # **~nt** arduous, tiring, demanding, taxing; **~re** exhaustion, prostration.

epuizat *adj*. **1**. exhausted, emaciated, worn-out, run-down, jaded, spent. **2**. (*d. o carte*) out of print.

epûrare *sf. fig.* purge.

erată *sf.* erratum.

eră *sf.* era, age, epoch.

erbacee *adj.* herbaceous.

erbicid *sn.* weedkiller.

erecţie *sf.* erection.

ereditar *adj.* hereditary.

ereditate *sf.* heredity.

eretic *sm.* heretic.

erezie *sf.* heresy.

ermetic I. *adj.* (*şi fig.*) hermetic, tight. **II**. *adv*. tight: *închis* ~ tight closed.

eroare *sf.* error, mistake, wrong, fault, miscarriage. # *a induce in* ~ to delude; ~ *judiciară* miscarriage of justice.

eroda I. *vt.* **1**. to erode, to corrode, to wear away, to gnaw. **2**. (*d. ape*) to scour. **II**. *vr*. to weather. # **~re** degradation.

eroic *adj.* heroic.

eroină *sf.* heroine.

eroism *sn.* heroism, valour, bravery.

eronat *adj.* erroneous, wrong, fallacious, perverse, untrue, faulty, unsound: *argument* ~ fallacious argument; *raţionament* ~ faulty reasoning.

erotic *adj.* erotic, amatory, *fam.* steamy.

erou *sm.* **1**. hero. **2**. (*în roman*) character.

eroziune *sf.* erosion.

erudit I. *sm*. scholar. **II**. *adj*. erudite, scholarly, literate, learned.

erudiţie *sf.* erudition, scholarship, learning.

erupe *vi.* to erupt, to jet.

erupţie *sf.* **1**. eruption. **2**. (*eczemă*) rash.

escadrilă, escadron *sf.*, *sn.* squadron.

escalada *vt.* **1**. to escalate. **2**. (*un munte*) to scale, to top. #**~re** escalation, clamber.

escală *sf.* stop(over), *amer*. layover. # *a face o* ~ to lay over; *loc de* ~ staging post.

escapadă *sf.* escapade, romance. # ~ *amoroasă fam.* romp.

escarpen *sm.* (*pantofi*) *pl. amer.* pumps.

eschimos *sm.* Eskimo.

eschiva *vr.* **1**. to duck, to sidestep, to dodge, to edge, to hadge. **2**. (**de la**) to weasel (out of). **3**. (**de la**) (*treabă*) to shirk (from).

eschivare *sf.* **1**. dodge, evasion. **2**. (*de la un răspuns*) quibble.

escorta *vt.* to escort.

escortă *sf.* escort, convoy, retinue.

escroc *sm.* rogue, swindler, crook, knave, fraud, hustler, *fam.* wide boy, twister. # **a ~a** to dupe, to deceive, to take in, to swindle, to juggle, to fob, *fam.* to fleece, to flimflam.

escrocherie *sf.* roguery, swindle, humbug, trickery.

eseist *sm.* essayist.

esență *sf.* 1. (*şi fig.*) essence. 2. (*miez*) pith, gist, core, kernel, crux, heart: *în* ~ at heart. 3. (*chintesență*) quintessence. 4. *fig.* meat, nub.

esențial *adj.* essential, material, primary, fundamental, built-in. # *parte ~ă* gist.

eseu *sn.* 1. essay, composition. 2. (*la rugbi*) try. # ~ *critic* critique.

esofag *sn. anat.* (o)esophagus, *fam.* gullet.

espadrile *sf. pl.* sneakers.

esplanadă *sf.* esplanade.

est *sn.* east: *camera este orientată spre* ~ the room faces east. # **~ic** eastern; *de/din* ~ east; *spre* ~ eastward(s); *spre/dinspre* ~ easterly; *la* ~ *de* east of.

estet *sm.* aesthete. # **~ic** aesthetic; **~ică** aesthetics.

estima *vt.* to estimate, to assess, to value, to rate. # **~re** estimate, estimation, valuation, assessment, prognostication, rating.

estompa I. *vt.* to blur, to dim. II. *vr.* 1. to blur, to recede, to mist, to fade. 2. (*d. culori*) to mellow. # **~t** misty, indistinct, muzzy, fuzzy.

eston *sm., adj.* Estonian.

estradă *sf.* podium, stand. # *spectacol de* ~ variety show.

estuar *sn. geogr.* estuary.

eşafod *sn.* scaffold.

eşalon *sn.* echelon. # **a ~a** to echelon; **~are** division.

eşantion *sn.* 1. pattern, sample, specimen: *mapă cu eşantioane* sample folder; ~ *gratuit* free sample. 2. (*de ţesătură*) swatch. 3. (*de lemn*) template. # **~are** sampling.

eşapament *sn.* exhaust. # *tobă de* ~ silencer, *amer.* muffler; *ţeavă de* ~ exhaust pipe; *gaze de* ~ emission.

eşarfă *sf.* 1. scarf, shawl, sash. 2. *med.* sling.

eşec *sn.* 1. failure, miscarriage, defeat, *fam.* damp squib. 2. (*financiar*) *amer.* bust. 3. (*total*) debacle, washout, *fam.* flop.

eşua *vi.* 1. to fail. 2. (*d. un vas*) to strand, to ground. 3. (*d. un plan*) to miscarry, to misfire. 4. (*d. o afacere*) to smash.

eşuat *adj.* 1. unsuccessful, abortive. 2. (*şi fig.*) wrecked.

etaj *sn.* floor, upstairs, storey, tier, *amer.* story: *~ul unu* the first floor; *la ultimul* ~ on the top floor; *tort cu trei ~e* cake with three tiers; ~ *superior/inferior* upper/lower storey. # *la* ~ upstairs; *un bloc cu patru ~e* a four-storied block.

etajeră *sf.* stand, rack.

etala *vt.* 1. to display, to exhibit, to unveil. 2. (*podoabele*) to flaunt. 3. (*o haină etc.*) to show off, to sport. # **~re** display, exposure; *a-şi* ~ (*cunoştinţele*) to parade.

etalon *sn.* standard, unit: ~ *de aur* gold standard. # **a ~a** to gauge, *amer.* to gage.

etanş *adj.* **1.** tight, impervious. **2.** (*la aer*) airtight. **3.** (*la apă*) watertight. # **~eitate** tightness.

etapă *sf.* **1.** phase. **2.** (*stadiu*) lap, stage.

etate *sf.* age. # *în* ~ old, aged, elderly.

eter *sn.* ether. # **~ic** etheric, *fig.* ethereal.

etern *adj.* eternal, timeless, everlasting, endless. # **~itate** eternity, perpetuity.

eterogen *adj.* heterogeneous.

etic *adj.* ethical, moral. # **~ă** ethic(s), moral(s).

eticheta *vt.* **1.** to qualify, to tag: *îl etichetezi drept prost* you qualify him as a fool. **2.** (*şi fig.*) to label. # **~re** label, tag.

etichetă *sf.* **1.** label. **2.** (*la bagaje, haine etc.*) tab. **3.** (*de preţ, măsură*) ticket, tag. # *a pune/ataşa o ~ la* to tag.

etimologie *sf.* etymology.

etiopian *sm., adj.* Ethiopian.

etnic *adj.* ethnic.

etnografie *sf.* ethnography.

etolă *sf.* stole.

etuvă *sf.* kiln.

eu I. *sn.* ego, self. **II.** *pron.* I. # (*pe*) *mine, mă, mie, îmi* me: *tu şi cu mine* you and me; *dă-mi-l mie* give it (to) me; *pe mine, mă* myself: *mă spăl* I'm washing myself. # *chiar eu* myself: *am fost acolo chiar eu* I myself was there.

eufemism *sn.* euphemism.

euforic *adj.* effusive, flushed.

euforie *sf.* euphoria, flush.

eunuc *sm.* eunuch.

european *sm., adj.* European.

eutanasie *sf.* mercy killing.

evacua *vt.* **1.** to evacuate. **2.** (*un chiriaş*) to evict. **3.** (*o sală*) to clear. # **~re** eviction, clearing, exit.

evada *vi.* (**din**) to escape (from). # **~t** fugitive, runaway, escapee; **~re** breakout, escape, jailbreak, *fam.* getaway; *a ajuta să evadeze fam.* to spring.

evalua *vt.* to evaluate, to estimate, to assess, to appraise, to rate. # **~re** appraisal, appreciation, assessment, estimate, valuation, rating.

evanghelic *adj.* evangelical.

Evanghelie *sf.* Gospel.

evantai *sn.* fan.

evapora *vt., vr.* to evaporate, to vaporize. # **~re** evaporation.

evazat *adj.* flaring.

evazionist *sm.* (*fiscal*) (tax) dodger.

evaziune *sf. ec.* evasion. # *~ fiscală* tax evasion/avoidance, dodge.

evaziv *adj.* evasive, vague, subtle, cagey, elusive, non-committal: *replică ~ă* non-committal reply.

eveniment *sn.* **1.** event: ~ *istoric* historic event. **2.** (*întâmplare*) occurrence, happening, occasion: *un ~ fericit* a happy occasion.

eventual I. *adj.* eventual, possible, prospective. **II.** *adv.* eventually, perhaps, possibly.

eventualitate *sf.* possibility, contingency, off-chance. # *în ~a că* in case of, on the off-chance of.

evident I. *adj.* **1.** evident, apparent, visible, pronounced, obvious: *este* ~ it is apparent/obvious. **2.** (*clar*) manifest, plain, transparent: *cinste ~ă* transparent honesty. **II.** *adv.* apparently, patently, plainly.

evidență *sf.* **1.** evidence. **2.** *ec.* record, accounts: ~ *contabilă* book-keeping. # *în* ~ (*d. cineva*) to the fore; *a scoate în* ~ to note, to set apart, to emphasize, to point out; *a ieşi în* ~ to stick out.

evidenția I. *vt.* (*d. cineva*) to set apart. **II.** *vr.* **1.** (*ieşi în evidență*) to stand out. **2.** (*se remarca*) to assert one-self.

eviscera *vt.* to eviscerate, to disembowel, to gut.

evita *vt.* **1.** to avoid, to elude, to dodge, to sidestep, to shun, to duck. **2.** (**să**) to fight shy (of): *am ~t să-i spun adevărul despre* I fought shy of telling her the truth about. **3.** (*un răspuns etc.*) to evade. **4.** (*o lovitură*) to parry. # **~re** avoidance, parry. # *a ~ un accident* to avert an accident.

evlavie *sf.* piety.

evlavios *adj.* godly, pious, god-fearing, religious.

evoca *vt.* **1.** to evoke, to call up. **2.** (*înfățişa*) to represent. **3.** (*ceva*) to reminisce (about). # **~re** memento, reminder, echo; **~tor** evocative, suggestive, redolent.

evolua *vi.* to evolve, to develop. # **~t** progressive, developed.

evoluție *sf.* **1.** evolution, progress, development. **2.** (*desfăşurare*) course, direction.

evreică *sf.* Jewess.

evreiesc *adj.* Jewish.

evreu *sm.* Jew, Hebrew. # *ne-~* gentile.

evrica! *interj.* Eureka!

exact I. *adj.* **1.** exact, accurate, on the nose, strict: *sensul ~ al cuvântului* the strict sense of the word. **2.** (*corect*) correct, actual, just. **3.** (*d. o descriere*) minute. **II.** *adv.* exactly, just, plumb, right: ~ *la timp* just in time; ~ *în mijlocul drumului* plumb in the middle of the road. # **~itate** precision, fidelity, exactitude, accuracy; *absolut* ~ *fam.* spot-on.

exagera *vt., vi.* to exaggerate, to overdo, to magnify, to overreact, *fam.* to pile it on. # **~re** exaggeration.

exagerat *adj.* **1.** exaggerated, excessive, overblown, unreasonable inordinate, undue, profuse, fulsome, immoderate, over the top: *ambiții ~e* overblown ambitions; *complimente ~e* fulsome compliments. **2.** (*d. preț*) fancy, extortionate. **3.** (*d. o critică*) rich.

exaltare *sf.* exaltation, elation.

exaltat *adj.* exultant, elated, delirious, lifted up.

examen *sn.* **1.** exam(ination). **2.** (*concurs*) competition. **3.** *amer.* (*de absolvire*) final. **4.** (*oral*) oral examination. **5.** (*medical*) examination, test.

examina *vt.* **1.** (*observa*) to view, to search, to observe, to look (through), to scan. **2**. *şcol.* to examine. **3**. *med.* to examine, to screen, to test. **4**. (*cerceta*) to probe, to study, to survey, to search. **5**. (*atent*) to scrutinize, to vet. # ~**tor** examiner.

examinare *sf.* **1**. observation, scan, look, trawl. **2**. (*şi med.*) examination. **3**. (*medicală*) medical. **4**. (*atentă*) scrutiny. **5**. (*cercetare*) survey.

exaspera *vt.* to exasperate, to madden. # ~**nt** importunate, maddening.

excava *vt.* to excavate, to dig. # ~**tor** excavator.

excedent *sn.* **1**. surplus, excess, glut, spillover: ~ *comercial* trade surplus. **2**. *pl. ec.* overs. # ~**ar** excess, surpassing.

excela *vi.* to excel.

excelent I. *adj.* excellent, exquisite, topping, fine, grand, sparking, outstanding, superlative, *fam.* stellar, terrific, tip-top, famous, fabulous, great, keen, super, *amer. fam.* swell, *sl.* crack. **II**. *interj.* bingo!

excelenţă *sf.* excellency.

excentric *adj.* **1**. eccentric, extravagant, *fam.* kooky. **2**. (*d. cineva*) picturesque. # ~**itate** eccentricity; *persoană ~ă fam.* weirdo.

excepta *vt.* **1**. to except. **2**. **(de la)** to exempt (from).

excepţie *sf.* exception. # *cu excepţia* but, except(ing), save, bar, aside ftom; *de* ~ world-beating, prize, towering.

excepţional *adj.* **1**. exceptional, extraordinary, cracking, excellent, stunning, sublime. **2**. (*deosebit*) special, unique, singular, *fam.* out of this world.

exces *sn.* excess, plethora, surfeit. # ~**iv** excessive, undue, profuse, over; *~iv de* overly; *~iv de politicos* over polite; *în* ~ redundant.

excita I. *vt.* to excite, to (a)rouse, to titillate, to turn on, to stir. **II**. *vr.* to get excited, *fam.* to get randy.

excitat *adj.* **1**. excited. **2**. (*sexual*) *fam.* randy.

exclama I. *vt.* to exclaim, to shout. **II**. *vi.* to exclaim, to put in, to ejaculate. # ~**ţie** exclamation: *semn de ~ţie* exclamation mark.

exclude *vt.* **1**. to to exclude, to except. **2**. **(din)** to expel (from).

exclus *adv.* impossible, out of the question.

exclusiv *adj.* exclusive, not counting. # ~**ist** opinionated.

excomunica *vt.* to excommunicate.

excrement *sn.* **1**. excrement, *sl.* turd. **2**. *pl.* ordure, *sl.* shit. **3**. *pl.* (*de câine, pisică*) mess.

excreta *vt.* to excrete, to transpire.

excrescenţă *sf.* (out)growth, projection.

excursie *sf.* **1**. excursion, trip, outing, ramble, hike, expedition. **2**. (*scurtă*) jaunt. # *a face o* ~ to go hiking, to hike; *a merge în* ~ to ramble.

excursionist *sm.* tripper, rambler, hiker.

execrabil *adj.* execrable, abominable, vile, outrageous, confounded, damnable, miserable.

executa *vt.* **1.** to execute, to do, to perform, to carry out/through, to implement. **2.** *jur.* (*un testament*) to execute. **3.** (*un ordin*) to execute, to fulfil, to carry out. **4.** (*un deținut*) to put to death. **5.** (*o lovitură de pedeapsă*) *sport* to take: *a ~ un penalti* to take a penalty. # **~re** execution, performance; **~t** (*făcut*) made; *a ~ cu grijă* to elaborate.

executant *sm.* **1.** doer, performer. **2.** (*docil*) myrmidon.

executiv *adj.* executive.

executor *sm. jur.* **1.** (*testamentar*) executor, administrator. **2.** (*judecătoresc*) officer of the court, *amer.* marshal.

execuție *sf.* **1.** (*a cuiva*) execution. **2.** (*a instrumentistului*) performance.

exemplar I. *sn.* **1.** copy, duplicate: *în două ~e* in duplicate. **2.** specimen, sample: *~e de pești tropicali* specimens of tropical fish. **3.** (*de carte*) copy; *~ semnal* advance copy. **II.** *adj.* exemplary. # *a face două ~e* to duplicate.

exemplifica *vt.* to exemplify, to typify, to quote.

exemplu *sn.* **1.** example, case, instance. **2.** model, paragon, study. # *de ~* for example/instance, such as; *a urma ~ul cuiva* to follow in smb.'s footsteps.

exercita *vt.* **1.** (*presiuni etc.*) to exert. **2.** (*o funcție, un drept*) to exercise. **3.** (*o meserie*) to practise. # **~re** practice, exercise.

exercițiu *sn.* **1.** drill, practice. **2.** (*antrenament*) exercise, practice: *exerciții de gimnastică* physical exercise.

exersa *vt.* (*la pian etc.*) to practise.

exhaustiv *adj.* exhaustive.

exhibiționism *sn.* exhibitionism, indecent exposure.

exhuma *vt.* to exhume.

exigent *adj.* exigent, exacting, strict, severe.

exigență *sf.* exigence, exigency.

exil *sn.* exile. # **~at** exile; **a ~a** to exile, to banish, *înv.* to transport; **~are** banishment.

exista *vi.* **1.** to exist, to be. **2.** (*se găsi*) to occur.

existent *adj.* **1.** existent, existing, in being. **2.** (*încă*) extant.

existență *sf.* **1.** existence. **2.** (*viață*) existence, living, being, life: *a-și câștiga ~* to make a living.

exmatricula *vt.* to expel. # **~re** expulsion.

exod *sn.* migration. # *~ul intelectualilor* brain drain.

exorbitant *adj.* **1.** massive. **2.** (*d. preț*) outrageous, stupendous, fancy, *fam.* stiff.

exotic *adj.* exotic.

expansiune *sf.* expansion.

expansiv *adj.* expansive, ebollient, exuberant.

expatria *vt.* to expatriate. # **~t** expatriate.

expectora *vt.*, *vi.* to expectorate.
expedia *vt.* **1.** to deliver, to dispatch, to mail. **2.** (*o marfă*) to forward, to consign, to ship. **3.** (*o scrisoare etc.*) to send, to post. **4.** (*pe cineva*) to ship off.
expedient *sn.* expedient, trick, artifice, contrivance.
expediere *sf.* **1.** dispatch, forwarding, send-off. **2.** (*de marfă*) consignment.
expeditiv *vt.* expeditious.
expeditor *sm.* **1.** sender. **2.** (*de marfă*) consignor.
expediție *sf.* **1.** expedition, trek. **2.** (*poştală*) dispatch. # *a face o ~* to trek; *a face o ~ în* to go trekking in.
experiență *sf.* **1.** experience: *~ de viață* experience of life. **2.** (*a cuiva*) background. **3.** (*de laborator*) experiment. # *a face experiențe* to experiment; *lipsit de ~* inexperienced, (*d. un tânăr*) callow.
experiment *sn.* experiment, trial, test, proof.
experimenta *vt.* to experiment. # **~t** trained, versed, skilled; **~al** experimental, tentative, testing.
expert I. *sm.* **1.** expert, (past) master, specialist, pundit, old hand, *amer.* maven. **2.** (*de artă*) connoisseur. **3.** (*ca artist*) technician. **4.** (*în evaluări*) surveyor. **II.** *adj.* expert, proficient, master, adept. # **a ~iza** to survey; *grup de experți* panel, think tank.
expertiză *sf.* valuation, survey.
expira I. *vt.* (*aer*) to exhale, to breathe out. **II.** *vi.* **1.** to exhale. **2.** (*d. un document*) to expire. # **~re** expiry; *dată de ~re* (*a unei conserve*) sell-by date.
expletiv *adj.* expletive.
explica *vt.* **1.** to explain, to comment, to read, to account for: *cum explici...?* how do you account for...?; *cum explici situația actuală?* how do you read the present situation? **2.** (*clar*) to spell out.
explicație *sf.* **1.** explanation, comment, purport. **2.** (*la ilustrații*) caption, legend.
explicit I. *adj.* explicit, clear, definite, lucid. **II.** *adv.* clearly.
exploata *vt.* **1.** to exploit, to oppress. **2.** (*o cale ferată etc.*) to operate. # **~tor** exploiter, *fam.* bloodsucker; **~re** exploitation; **~t** oppressed.
exploda *vi.* **1.** to explode, to burst, to blow up, to go off. **2.** (*d. prețuri*) to skyrocket, to zoom, to go through the roof. **3.** (*d. un balon*) to pop.
explora *vt.* to explore. # **~tor** explorer.
explozie *sf.* **1.** boom, burst. **2.** (*și fig.*) explosion.
exploziv I. *sn.* explosive. **II.** *adj.* **1.** explosive. **2.** (*d. o situație*) volatile. # *situație ~ă* tinder box.
exponat *sn.* exhibit.
export *sn.* export. # **a ~a** to export; **~ator** exporter.

expoziție *sf.* exhibition, show, fair. # *a expune (un câine) la ~* to bench.

expres I. *sn.* express. **II.** *adj.* express, intentional. **III.** *adv.* intentionally, on purpose.

expresie *sf.* **1.** (*locuțiune*) (set) phrase, idiom: *~ la modă* catch phrase. **2.** (*a feței*) countenance, mien, look, demeanour. # *fără ~* (*d. față*) vacant.

expresionism *sn.* expressionism.

expresiv *adj.* **1.** (*d. limbaj*) picturesque. **2.** (*d. stil*) expressive, suggestive, telling. **3.** (*d. o descriere*) graphic. # **~itate** expressiveness.

exprima *vt.* **1.** to express, to formulate, to voice. **2.** (*declara*) to declare, to state. **3.** (*clar*) to enunciate. **4.** (*spune*) to articulate, to verbalize, to put, to give tongue to. **5.** (*d. față*) to register: *fața ei exprimă dezaprobare* her face registers disapproval. **6.** to speak: *ochii ei exprimă afecțiune* her eyes speak affection. # **~re** expression, utterance, phraseology; *a-și ~ părerea* to give utterance to one's opinion.

expropria *vt.* to expropriate, to dispossess of.

expropriere *sf.* dispossession.

expulza *vt.* **1.** to banish. **2.** (**din**) to expel (from). # **~re** expulsion, banishment.

expune *vt.* **1.** to display, to exhibit, to expose, to unveil, to lay out, to disclose. **2.** (*exprima*) to voice, to state, to expose. **3.** (*unei situații*) to subject. **4.** (*tablouri*) to show, to exhibit. **5.** (*marfă*) to pitch.

expunere *sf.* **1.** display, exposure. **2.** (*vorbită*) address, speech, allocution. **3.** (*scrisă*) exposition.

expus *adj.* (*la vedere*) on view.

extaz *sn.* ecstasy, rapture, rave, bliss.

extensibil *adj.* **1.** extensible, tensile. **2.** (*d. un material*) stretchy. # **~itate** stretch.

extensiv *adj.* extensive, wide.

extensor *sn.* expander.

extenua *vt.* to exhaust, to prostrate, to waste/wear out. # **~re** exhaustion; **~nt** exhausting, arduous, strenuous; **~t** exhausted, tired out, overwrought, prostrate, wearisome, run-down, dead beat, wipedout.

exterior I. *sn.* exterior, surface, outside. **II.** *adj.* **1.** exterior, external, extraneous, outside, outward, outer. **2.** (*extern*) foreign, overseas: *comerț ~* foreign trade. # *spre ~* outwards; *în ~* outside.

extermina *vt.* to exterminate, to eradicate, to control. # **~re** extermination.

extern *adj.* external, extraneous, outside, outer, foreign: *ministru de ~e* foreign minister. # *Ministerul de Externe* Ministry of Foreign Affairs; (*al S.U.A.*) the State Department; (*al Angliei*) Foreign Office.

extinctor *sn.* (fire) extinguisher.

extinde I. *vt.* **1.** (*dezvolta*) to extend, to develop. **2.** (*o afacere*) to expand. **II.** *vr.* to extend. # **~re** extension, expansion.

extins *adj.* extensive, wide(-spread), large.

extirpa *vt.* to extirpate, to remove, to eradicate. # **~re** removal.

extorca *vt.* to extort, *amer. fam.* (*bani*) to shake down. # **~re** shakedown.

extracție *sf.* extraction.

extrage *vt.* **1.** to extract. **2.** (*o măsea*) to pull out. # **~re** extraction; *a ~* (*metal*) *din minereu* to smelt.

extraordinar I. *adj.* extraordinary, phenomenal, fabulous, terrific, gorgeous, brilliant, startling, stunning, surpassing, stupendous, tremendous, towering, consumedly, wondrous, *fam.* smashing, *amer. fam.* swell. **II.** *adv.* **(de)** drearfully, eminently, exceedingly, extremely, outstandingly.

extras *sn.* (*fragment*) excerpt.

extraterestru *sm.* **1.** spaceman, alien. **2.** *pl.* little green men.

extravagant I. *sm.* freak. **II.** *adj.* extravagant, fancy, outlandish.

extravaganță *sf.* extravagance, peculiarity.

extravertit *sm.* extrovert.

extrem *adj.* extreme, excessive, utmost: *până la ~* to the utmost. # **~ist** extremist; *~ de* screamingly, supremely, ridiculously, nothing if not, vitally, riotously, uncommonly.

extremă *sf.* **1.** utmost, uttermost. **2.** *sport* extreme, wing. # *extrema stângă pol.* the far/hard left; *extrema dreaptă pol.* the hard right.

extremitate *sf.* extremity, limit.

exuberant *adj.* exuberant, demonstrative, effusive, gushing, jubilant, expansive, *fam.* rumbustious, *amer.* rambunctious.

exulta *vi.* to exult.

ezita *vi.* to hesitate, to oscilate, to vacillate, to waver, to falter, to hover, *fam.* to dilly-dally. # **~nt** faltering, halting, irresolute, hesitant, wobbly; **~re** hesitation; *fără ~re* unflinchingly; *a accepta ceva fără ~re* to take it as read.

F

fa *sn.* (*nota*) fa.

fabrica *vt.* to manufacture, to produce, to make. # **~re** manufacture, making; **~nt** manufacturer, maker.

fabrică *sf.* factory, plant, mill.

fabula *vi.* to fable, to rave (about). # **~ție** fib.

fabulă *sf.* fable.

fabulos *adj.* fabulous, immense.

face I. *vt.* **1.** to do, to make, to rig up: *a ~ exerciții/socoteli* to do exercices/sums; *a ~ tot posibilul* to do or die. **2.** (*executa*) to perform: *a ~ o experiență* to perform an experiment. **3.** (*crea*) to create. **4.** (*construi*) to build. **5.** (*un plan*) to plan. **6.** (**pe**) to feign: *a ~ pe nevinovatul* to feign innocence. **7.** (*o poză*) to shoot. **8.** (*loc*) to worm. **9.** (*un salt*) to turn. **10.** (*aluzie*) to drop. **11.** (*un nod*) to tie. **II.** *vr.* **1.** to become. **2.** (**că**) to pretend (that). # *a ~ cu* (*mâna*) to wave; *a ~ minuni fig.* to work wonders; *a ~ pe tine* to shit yourself; *nu mai e nimic de făcut* nothing doing; *a ~ față* (*unei dificultăți*) to meet; *ai ~ mai bine să pleci* you had better go; *a i se ~ foame* to get hungry; *se ~ întuneric* it is getting dark; *a i se ~ de ducă* to feel like going; *gata/pregătit să o facă* just about to do it; *ce mai faci*? how are you?; *ce faci acolo*? what are you doing there?; *ce are a ~*? what difference does it make?; *nu ~ nimic*! you're welcome!; *s-a făcut*! it's a deal!

facil *adj.* facile, easy. # **a ~ita** to facilitate.

facilitate *sf.* **1.** facility. **2.** *pl.* conveniences, amenities.

facsimil *sn.* facsimile.

factor *sm.* **1.** factor: *~ comun* common factor. **2.** (*poştal*) postman, *amer.* mailman. **3.** (*determinant, decisiv*) determinant, contributor.

factura *vt.* to invoice.

factură *sf.* invoice, bill, voucher.

facțiune *sf.* faction.

facultate *sf.* **1.** faculty, college, school. **2.** (*aptitudine*) aptitude, capability, gift, faculty.

facultativ *adj.* optional, elective. # *stație ~ă* request stop.

fad *adj.* **1.** tasteless, mawkish, bland. **2.** *fig.* flat, dull, vapid. **3.** (*d. mâncare*) sloppy. **4.** (*d. cineva*) stodgy, namby-pamby.

fag *sm.* beech.
fagot *sn.* bassoon.
fagure *sm.* (honey)comb, cell.
faianță *sf.* faience. # *placă de ~* tile; *a pune ~* to tile.
faimă *sf.* fame, celebrity, renown, reputation. # *~ proastă* disrepute, bad name.
faimos *adj.* famous, illustrious, celebrated, prominent, storied.
fală *sf.* **1.** (*trufie*) haughtiness. **2.** (*faimă*) fame. **3.** (*măreție*) grandeur, magnificence.
falcă *sf.* **1.** jaw, jowl. **2.** *pl.* (*la animale*) chaps.
fald *sn.* fold.
faleză *sf.* promenade, front, walkway.
falie *sf.* fracture, fault.
faliment *sn.* bankruptcy, crash, smash. # **a ~a** to go bankrupt; **~are** ruin; *a da ~* to go bankrupt, to crash, *fam.* to go to the wall.
falit I. *sm.* bankrupt. **II.** *adj.* broke, insolvent, down and out, *fam.* hard-up.
falnic *adj.* haughty, stately, imposing, lofty.
fals I. *sn.* counterfeit, forgery, fake, phoney. **II.** *adj.* **1.** (*contrafăcut*) false, counterfeit, mock, fake, factitious. **2.** (*neadevărat*) false, erroneous: *adevărat sau ~* true or false. **3.** (*ipocrit*) constrained, insincere, spurious, specious, *fam.* phoney, *amer.* phony. **4.** (*d. o bijuterie*) sham. **5.** (*d. o notă*) *muz.* jarring. # **~itate** falsity. # *adresă ~ă* phoney address; *logică ~ă* spurious/specious logic.
falsifica *vt.* **1.** to falsify, to counterfeit, to fake. **2.** (*un document*) to fabricate. **3.** (*un cec etc.*) to forge. **4.** (*date, cifre*) to massage. **5.** (*realitatea*) to distort. **6.** (*bani*) to counterfeit. # **~re** counterfeit, forgery; **~t** counterfeit; **~tor** falsifier.
familial *adj.* familial, home.
familiar *adj.* familiar. # **~itate** familiarity; *limbaj ~* informal/colloquial language.
familiariza *vt.* **1.** to familiarize. **2.** (**cu**) to acquaint (with). # *a fi ~t cu* to be home with.
familie *sf.* family, kinsfolk, *amer.* kin: *relații de ~* family ties. # *de ~* home.
fan *sm.* devotee, groupie, enthusiast.
fana *vr.* to wither, to fade away. # **~t** withered, faded.
fanatic I. *sm.* fanatic, zealot. **II.** *adj.* fanatic.
fanatism *sn.* fanaticism, zealotry.
fanda *vi. sport* to lunge. # **~re** lunge.
fandosit I. *sm.* prude. **II.** *adj.* prudish.
fanfară *sf.* fanfare, brass band.
fantasmagorie *sf.* cock-and-bull story.
fantasmă *sf.* phantom.
fantastic *adj.* **1.** (*grozav*) fantastic, brilliant, excellent. **2.** (*ireal*) miraculous, magic, ghostlike, ghostly.
fantă *sf. tehn.* slot.
fante *sm.* dandy, philanderer.
fantezie *sf.* **1.** fantasy, phantasy, imagination. **2.** (*născocire*) fib.

fantezist *adj.* fanciful, fancy.
fantomatic *adj.* spectral.
fantomă *sf.* phantom, spectre, ghost, wraith.
fantoşă *sf.* puppet.
fapt *sn.* fact, event, occurrence. # *de* ~ actually, really, essentially, basically, in effect, in fact, virtually, as a matter of fact, in point of fact, in reality; (*prins*) *asupra ~ului* caught red-handed; *un ~ împlinit* an accomplished fact.
faptă *sf.* act, action, deed, handiwork. # ~ *bună* good deed, kind action; ~ *rea* wrongdoing; ~ *josnică* deceit, deception.
far *sn.* **1.** light(house), beacon. **2.** (*de ceață*) *auto* fog lamp.
farafastâcuri *sn. pl.* gew-gaws.
faraon *sm.* pharaoh.
fard *sn.* **1.** make-up. **2.** (*de ochi*) eye shadow. **3.** (*de față*) rouge, blusher.
farda *vt., vr.* to make up. # **~t** made-up.
farfurie *sf.* plate, *amer.* dish: ~ *adâncă* soup plate; ~ *întinsă* dinner plate. # ~ *zburătoare* flying saucer.
farfurioară *sf.* dessert plate, saucer.
faringe *sn. anat.* pharynx.
faringită *sf.* pharyngitis.
farmaceutic *adj.* pharmaceutical, medicinal.
farmacie *sf.* **1.** pharmacy, chemist's shop. **2.** (*în spital*) dispensary.
farmacist *sm.* pharmacist, chemist, *amer.* druggist.
farmec *sn.* **1.** charm, spell, sex appeal, seduction, glamour: *~ul muzicii* the spell of music; *a face ~e cuiva* to cast a spell over smb. **2.** (*încântare*) spice. **3.** *pl.* sorceries. # *ca prin farmec* all of a sudden.
farsă *sf.* farce, prank, trick, joke, jape, *fam.* wheeze: *a face cuiva o* ~ to play a trick on smb.
farsor *sm.* humbug, impostor.
fascicul *sn.* (*de lumină*) pencil.
fasciculă *sf.* (*dintr-o carte*) instalment.
fascina *vt.* to fascinate, to mesmerize, to thrill, to spellbind, to grip, to charm, *fam.* to wow: *a fi ~t de* to be thrilled with. # **~ție** fascination, magic, thrill, glitter; **~nt** fascinating, ravishing, mesmeric, striking, exciting, *fam.* catching; **~t** fascinated, rapt, thrilled.
fascism *sn.* fascism.
fascist *sm.* fascist.
fasoane *sn. pl.* graces, whims. # *fără* ~ unceremonious; *a face* ~ to turn up one's nose.
fasole *sf.* **1.** bean. **2.** (*verde*) runner/green beans, string bean. **3.** (*uscată*) haricot, *amer.* navy bean.
fason *sn.* fashion, tailoring, cut.
fasona *vt.* **1.** to shape, to model, to mould. **2.** (*o piesă*) to machine. # **~t** (*d. lemn*) turned.
fast *sn.* ostentation, pomp, state. # **~uos** luxurious, sumptuous.
fasung *sn. el.* socket.
fașă *sf.* **1.** (*pentru bebeluși*) swaddling-clothes. **2.** (*bandaj*) bandage.
fatal *adj.* fatal, deadly, mortal, fateful. # **~itate** fatality, fate.

fată *sf.* 1. girl, maid(en), lass(ie), gal. 2. (*virgină*) maid. # ~ *bătrână* spinster, old maid; ~ *băiețoasă* tomboy; *de* ~ girlish, (*d. nume*) maiden; ~ *în casă* maid(servant).

fațadă *sf.* 1. front part, face, façade: *fațada casei* the front of the house. 2. (*și fig.*) facet. # *de* ~ cosmetic, for show.

față *sf.* 1. face, *fam.* mug: ~ *rotundă* round face; ~ *în* ~ face to face; *cu două fețe fam.* two-faced. 2. (*partea din*) face, front, fore. 3. (*de masă*) table cloth. # *a face* ~ to manage; *în* ~ in the fore/front, ahead, forward, onward; *din* ~ front(al); *pe* ~ openly, overt, outright, to smb.'s face; *de* ~ present; ~ *de* towards, (relative) to: *crud* ~ *de animale* cruel to animals; *atitudinea lui* ~ *de mine* his attitude towards me; *tras la* ~ haggard; *a face* ~ *la* to cope with; *a fi de* ~ *la* to witness.

fațetă *sf.* side, face(t).

fault *sn. sport* foul. # **a** ~**a** to foul.

faună *sf.* fauna.

favoare *sf.* favour, concession, privilege. # *a fi în* ~*a* (*unei propuneri*) to agree to (a proposal).

favorabil *adj.* favourable, auspicious, propitious.

favorit I. *sm.* front-runner, favourite. **II.** *adj.* favourite, prefered, pet. # *persoană* ~*ă* pet.

favoriți *sm. pl.* whiskers.

favoriza *vt.* to favour, to encourage, to privilege. # ~**re** favouritism.

fazan *sm.* pheasant.

fază *sf.* phase, stage, step. # *pe* ~ awake.

făcăleț *sn.* rolling pin, roller.

făcător *sm.* maker, doer, creator.

făclie *sf.* torch.

făcut *adj.* 1. (*realizat*) made: ~ *de mână* handmade. 2. (*d. alimente*) done. # *bine* ~ (*d. cineva*) thickset.

făgaș *sn.* 1. rut, trail, track. 2. *tehn.* groove. 3. (*direcție*) way, path.

făgădui *vt.* to promise, to pledge. # ~**ală** promise.

făină *sf.* flour, meal: ~ *integrală* whole meal.

făinos *adj.* farinaceous, mealy.

făli *vr.* (**de, cu**) to boast (of), to take pride (in).

fălos *adj.* dashing.

făptaș, făptuitor *sm.* perpetrator, doer.

făptui *vt.* 1. to do. 2. (*comite*) to commit: *a* ~ *o infracțiune* to commit a crime.

făptură *sf.* creature.

făraș *sn.* dustpan.

fără *prep, conj.* 1. without: *două zile* ~ *hrană* two days without food; ~ *dificultate* without difficulty; *nu pleca* ~ *mine* don't go without me. 2. minus: *trei* ~ *unu fac doi* three minus one is two. 3. to: *ora două* ~ *zece* ten to two. # ~ *bani* penniless; ~ *rușine* shameless; ~ *să fie frumos e un bărbat bine* though he is not beautiful, he is handsome; *a rămâne* ~ *bani* to be short of money; *a rămâne ~ cafea* to run short of coffee.

fărădelege *sf.* 1. crime, misdeed, wrong(doing). 2. *pl.* evil deeds.

fărâmă *sf.* particle, bit, flake, mote, small piece, smattering, spark.

fărâmicios *adj.* breakable, friable.

fărâmița *vt.*, *vr.* to crumble.

făt *sm.* f(o)etus.

făta *vi.* 1. to pup. 2. (*d. oaie*) to lamb. 3. (*d. cățea*) to whelp.

fătălău *sm. fam.* sissy.

Făt-Frumos *sm.* Prince Charming.

fățarnic *adj.* devious, perverse, hypocrite, underhand. # ~ *și mieros* smooth-talking.

fățărnicie *sf.* hypocrisy.

fățiș *adv.* baldly, outspokenly.

fățos *adj. fam.* flash.

făuri *vt.* to create, to originate. # ~**tor** creator.

fâlfâi *vi.* 1. to flutter, to whir(r), to wave, to flap, to flicker. 2. (*d. un șal etc.*) to stream. # ~**re**, ~**t** flutter, whir(r).

fân *sn.* hay: ~ *de curând cosit* new-mown hay. # ~**eață** meadow.

fântână *sf.* fountain, well: ~ *arteziană* water fountain.

fârnâi *vi.* 1. to snort. 2. (*de la nas înfundat*) to snuffle. # ~**t** snort.

fâsâi *vi.* to fizz. # ~**t** fizz.

fâstâci *vr.* to get confused.

fâșâi *vi.* to rustle, to hiss, to sputter, to swish. # ~**t** rustle, hiss, whoosh, swish.

fâșie *sf.* streak, strip, swathe, band.

fâțâi *vr.* to fuss around, to wriggle.

feblețe *sf.* darling, favourite, pet, passion.

febră *sf.* fever, heat. # ~ *tifoidă* typhoid (fever).

febril *adj.* 1. (*și fig.*) feverish. 2. *med.* febrile. # ~**itate** fever.

februarie *sm.* February.

fecale *sf. pl.* shit, faeces, *amer.* feces, *sl.* turd.

fecioară *sf.* virgin. # *Fecioara Maria* Our Lady, the Virgin Mary.

Fecioara *sf. art.* 1. (*zodie*) Virgo. 2. (*constelație*) the Virgin.

fecior *sm.* 1. son. 2. (*flăcău*) lad. 3. (*valet*) page. 4. (*servitor*) man servant.

fecund *adj.* fecund, fertile. # **a ~a** to fertilize, to impregnate.

federal *adj.* federal.

federație *sf.* 1. federation, union. 2. (*de fotbal etc.*) league.

feeric *adj.* enchanting, magical.

fel *sn.* 1. (*soi*) type, sort, genre, kind, form, shade, variety: *de același ~* of the same kind, of a kind; *tot ~ul de păreri* all shades of opinions; *tot ~ul de probleme* all sorts of problems. 2. (*mod*) fashion, manner, style, mode, way: ~ *de viață* way of living; *un ~ de a vorbi* a manner of speaking; *într-un ~* in a way. 3. (*de mâncare*) course, dish. # *la ~* alike, (the) same, identical, similar; *în ~ul acesta* thus, (like) so; *în acest ~* thus and so; *de ~ul acesta* to that effect; *la ~ ca/de* as: *la ~ de fericiți ca noi* as happy as us; *într-un ~ sau altul* one way or another, somehow or other; *în nici un* ~ in no sense/way, *amer.* nohow.

felicita *vt.* to congratulate, to compliment.

felicitare *sf.* **1.** (*de Crăciun etc.*) card. **2.** *pl.* congratulations, greetings.

felie *sf.* **1.** slice, slab: ~ *de şuncă* slice of ham; ~ *de carne* slab of meat. **2.** (*de cartof/măr*) chip.

felin(ă) *sf.*, *adj.* feline.

felinar *sn.* lamp, lantern.

felurit *adj.* varied, diverse, manifold, multifarious, multiple, sundry.

femeie *sf.* **1.** woman, lady, female, *fam.* broad: *condiţia de* ~ womanhood. **2.** (*care aşteaptă un copil*) mother-to-be. # ~**sc** womenly; ~ *de serviciu* cleaner, (*la hotel*) chambermaid; ~ *cu ziua* daily; ~ *uşoară* whore, harlot; *comunitate de femei* sisterhood; ~ *trăsnet fam.* looker; *de* ~ womenish.

femeiuşcă *sf.* wench.

femelă *sf.*, *adj.* female, she.

feminin *adj.* **1.** womenly. **2.** (*şi gram.*) feminine.

feminitate *sf.* femininity.

femur *sm.* femur, thigbone.

fenomen *sn.* phenomenon.

fenomenal *adj.* phenomenal, extraordinary, prodigious.

fentă *sf.* feint.

ferăstrău *sn.* saw. # ~ *de mână* handsaw; *a tăia cu* ~*l* to saw.

ferchezui *vr.* to dress/tidy up, to primp, to smarten oneself.

fereală *sf.* **1.** (*precauţie*) caution. **2.** (*adăpost*) cover, shelter.

fereastră *sf.* **1.** window, casement. **2.** (*ghilotină*) sash window. # *a privi pe* ~ to look out (of) the window.

fereca *vt.* **1.** (*încătuşa*) to chain. **2.** (*zăvorî*) to bolt, to bar.

ferfeniţă *sf.* tatters.

feri I. *vt.* **1.** (**de**) to shelter (from), to keep off/out, to save. **2.** (*proteja*) to protect, to shield. **II.** *vr.* **1.** to duck. **2.** (**de**) to beware (of). **3.** (**să**) to refrain (from).

feribot *sn.* ferry(boat).

fericire *sf.* happiness, bliss, felicity. # *din* ~ luckily, fortunately, happily, mercifully, thankfully.

fericit *adj.* **1.** happy, jolly, merry. **2.** (*bucuros*) joyful, glad. # *au trăit fericiţi* they lived happily.

ferigă *sf.* fern.

ferit *adj.* **1.** secure. **2.** (*izolat*) lonely, unfrequented.

ferm I. *adj.* **1.** decided, decisive, resolute, unflinching, adamant. **2.** (*categoric*) definite, determined, unyielding, vehement. **3.** (*neabătut*) manful, firm, undaunted, unswerving, steadfast. **4.** (*d. voinţă*) unshakeable. **5.** (*d. o opoziţie*) sturdy. **II.** *adv.* peremptorily.

fermă *sf.* **1.** ranch, farm(stead), grange. **2.** (*de lapte*) dairy.

fermeca *vt.* **1.** (*face farmece*) to bewitch. **2.** (*încânta*) to fascinate, to enchant, to charm, to ravish, *fam.* to pull.

fermecat *adj.* **1.** bewitched. **2.** (*încântat*) fascinated.

fermecător *adj.* **1.** charming, glamorous, ravishing, delightful, *fam.* fetching, devastating, *amer. fam.* cunning. **2.** (*d. frumusețe*) raving, ravishing.

ferment *sm.* ferment. # **a ~a** to ferment.

fermier *sm.* **1.** farmer, *amer.* rancher. **2.** (*în Anglia*) yeoman. **3.** *pl.* yeomanry.

fermitate decision, resolution, determination. # *cu ~* firmly.

fermoar *sn.* zip, fastener, *amer.* zipper: *a închide ~ul de la, a se închide cu ~* to zip; *a trage un ~* to do up/undo a zip.

feroce *adj.* **1.** cruel, fiendish, cutthroat, grim, rabid, fierce, barbarous. **2.** (*d. un animal*) ferocious, vicious.

ferocitate *sf.* ferocity, savagery.

feronerie *sf.* ironwork, metalwork.

feros *adj.* ferrous.

fertil *adj.* **1.** fertile, fecund. **2.** (*d. sol*) rank, rich. # **~ilitate** fertility; **a ~iza** to fertilize, to impregnate.

fervent *adj.* fervent, ardent, zealous.

fes *sn.* fez.

fesă *sf.* buttock.

festă *sf.* prank, joke, trick, hoax, jape, *fam.* wheeze.

festin *sn.* feast, spread.

festiv *adj.* festive. # **~al** festival; **~itate** festivity, ceremony, function, pageant, *amer.* carnival.

feston *sn.* festoon. # **a ~a** to festoon.

feştilă *sf.* wick.

fetid *adj.* fetid, stinking, noisome.

fetiş *sn.* fetish.

fetişcană *sf.* wench, lass(ie), *fam.* gal, *sl.* chick.

fetiță *sf.* **1.** little/young girl. **2.** (*drăgălașă*) moppet.

fetru *sn.* felt.

fetus *sm.* f(o)etus.

feudal *adj.* feudal. # **~ism** feudalism.

feudă *sf.* feud, fief.

fezabil *adj.* feasible, practicable.

fezanda *vt.* to tenderize.

fi *vi.* **1.** to be. **2.** to exist. **3.** (*se afla*) to lie. # *fie ce-o ~* happen what may, win or lose; *nu a fost să ~e* it wasn't meant to be; *fie*! whatever you say!; *ce-o ~ o ~*! come what may!; *fii precaut*! be careful!

fiabil *adj.* (*d. un mecanism*) reliable.

fiară *sf.* brute, beast.

fiasco *sn.* **1.** fiasco, debacle. **2.** (*d. un film etc.*) *amer. fam.* turkey.

fibră *sf.* fibre.

fibrom *sn.* fibroma.

fibros *adj.* **1.** fibrous. **2.** (*d. carne*) stringy. # *alimente fibroase* roughage.

ficat *sm. anat.* liver.

fictiv *adj.* fictitious, imaginary, factitious, fictional, sham, mythic(al), *amer.* phony.

ficțiune *sf.* fiction, myth, fable.

ficus *sm.* ficus.

fidea *sf.* vermicelli.

fideicomis *sn. jur.* trust.

fidel *adj.* faithful, constant, loyal.

fidelitate *sf.* fidelity, constancy. # *de înaltă ~* (*a sunetului*) hi-fi.

fie *conj.* (*ori*) either.

fiecare I. *adj.* each, every, either: *la ~* each; *de ~ parte* on either side; *în ~ zi* every day. **II.** *pron.* each, everyone, either: *~ dintre ei* each of them.

fier *sn.* **1.** iron. **2.** (*forjat*) wrought iron. **3.** (*de călcat*) iron. # *de ~* (*şi fig.*) iron, (*d. voinţă*) unshakeable.

fierar *sm.* (black)smith, forger.

fierărie *sf.* **1.** (*atelier*) smithy. **2.** (*magazin*) ironmonger's. # *articole de ~* hardware.

fierbe *vt., vi.* **1.** to boil. **2.** (*şi fig.*) to seethe. **3.** (*la foc mic*) to simmer. **4.** (*înăbuşit*) to stew. # *a ~ de mânie* to fume, to seethe with anger.

fierbere *sf.* **1.** boil(ing). **2.** *fig.* turmoil. **3.** (*la foc mic*) simmer.

fierbinte *adj.* **1.** hot. **2.** (*d. o situaţie*) explosive. **3.** *fig.* ardent, red-hot. # *foarte ~* blistering, scalding, piping hot; *zonă ~* trouble spot.

fiere *sf. anat.* gall, bile.

fiert *adj.* **1.** (*d. alimente*) done. **2.** *fig.* dejected. # *~ tare* (*d. ou*) hard-boiled.

figura *vi.* (**în**) to figure (in).

figurant *sm.* **1.** (*în piesă*) walk-on. **2.** (*în film*) extra.

figurativ *adj.* figurative.

figură *sf.* **1.** figure, face: *~ schematică* matchstick figure. **2.** (*personalitate*) figure, *fam.* character. **3.** (*la cărţile de joc*) face card. # *~ de stil* figure of speech, trope, image; *figuri de stil* imagery; *~ de ceară* waxwork.

fiică *sf.* **1.** daughter, girl. **2.** (*vitregă*) stepdaughter.

fiindcă *conj.* because, since, as.

fiinţă *sf.* **1.** being, entity: *a lua ~* to come into being. **2.** (*umană*) person, (human) being, mortal.

fila *vt.* (*urmări*) to tail. # **~j** (*al poliţiei*) stake-out.

filament *sn.* fibre.

filantrop *sm.* philanthropist. # **~ic** philanthropic; **~ie** philanthropy.

filarmonică *sf.* philharmonic orchestra.

filatelie *sf.* philately.

filatelist *sf.* philatelist.

filatoare *sf.* spinner.

filă *sf.* page, leaf.

fildeş *sn.* **1.** ivory. **2.** (*de elefant*) tusk. # *de ~* ivory.

file *sn.* (*de carne*) fillet.

filet *sn. tehn.* worm, thread.

fileu *sn.* net, meshes.

filfizon *sm. fam.* swell, toff, *amer.* dude.

filial *adj.* filial.

filială *sf.* branch, offshoot.

filieră *sf.* channel, connection.

filiform *adj.* threadlike.

filigran *sn.* filigree.

film *sn.* **1.** (*de cinema*) pictures, film, motion picture, *amer.* movie: *~ artistic* feature film; *~ documentar* documentary film; *~ muzical* musical film. **2.** (*peliculă*) film. # *~ de groază fam.* chiller; *~ sonor* talking film/picture, *fam.* talkie; *~ de senzaţie* thriller, cliff-hanger; *~ de scurt metraj* short; *~ de acţiune fam.* romp; *secvenţă de ~* shot; *~ despre călătorii* travelogue; ~ *lacrimogen/melodramatic* slush.

filma *vi.* to film, to shoot. # **~re** shoot(ing), take; *aparat de ~t* camera; *scenă ~tă* take.

filolog *sm.* philologist. # **~ie** philology.

filon *sn.* 1. seam, lode. 2. (*de aur*) deposit. 3. *geol.* vein.

filosof *sm.* 1. philosopher. 2. thinker. # **~ic** philosophical; **~ie** philosophy.

filtra *vt., vr.* 1. to filter. 2. (*un lichid*) to percolate. # **~t** (*d. lumină*) subdued.

filtru *sn.* 1. filter. 2. (*de cafea*) percolator. 3. (*de țigară*) filter tip. # *cafea ~* drip coffee.

fin[1] *adj.* 1. delicate, fine, subtle: *ironie ~ă* subtle irony. 2. (*transparent*) gauzy. 3. (*d. simț*) acute. 4. (*d. ață*) tenuous. 5. (*d. stil, culoare*) understated.

fin[2] *sm.* godchild, godson. # **~ă** goddaughter.

final I. *sn.* 1. finish. 2. *muz.* finale. II. *adj.* ultimate, final, conclusive, terminal. # **~ă** *sport* final; **~ist** *sport* finalist; **a ~iza** to finalize, to consummate. # *în ~* in the end.

financiar *adj.* financial. # *piața ~ă* financial/capital market; *resurse ~e* finance, financial resources.

finanța *vt.* to finance, to fund.

finanțe *sf. pl.* finance. # *ministru de ~* (*în Anglia*) Chancellor of the Exchequer.

finanțist *sm.* financier.

fine *sn.* end. # *în ~* (*în sfârșit*) in the end, finally, (*în concluzie*) as a result.

finețe *sf.* 1. finesse, delicacy, nicety, grace. 2. (*rafinament*) subtlety, *fam.* class.

finisa *vt.* to finish. # **~j** finish.

finlandez I. *sm.* Finn. II. *adj.* Finnish. # *limba ~ă* Finnish.

fiolă *sf.* phial, vial.

fior *sm.* 1. frisson, quiver, shudder, shiver. 2. (*de frică*) ripple, thrill. 3. *pl.* tremors, shivers, willies.

fiord *sn. geogr.* fiord, fjord.

fioros *adj.* fierce, ferocious.

fir *sn.* 1. fibre. 2. grain: *~ de nisip* grain of sand. 3. (*de bumbac*) cotton. 4. (*ață*) thread. 5. (*de lână etc.*) yarn. 6. (*de păr, lână*) strand. 7. *el.* wire. # *a tăia ~ul în patru* to split hairs; *~ dus la ciorap* ladder, run.

firav *adj.* feeble, frail, meagre, puny, tender.

fire *sf.* 1. temperament, disposition, nature, way, temper: *~ veselă* cheerful disposition; *nu-i stătea în ~ să* it was not his way to; *și-a ieșit din ~* he lost his temper. 2. (*natură*) grain: *împotriva firii* against the grain. # *a scoate din ~* to drive mad; *scos din ~* wrought; *a-și ieși din ~* to fly into a rage, to fly off the handle, *fam.* to lose one's rag; *a-și ține ~a* to keep one's grip; *a-și veni în ~* to come to.

firesc I. *adj.* normal, natural, matter-of-course. II. *adv.* naturally.

fireşte *adv.* of course, naturally.

firet *sn.* braid, lace.

firidă *sf.* bay, niche, recess.

firimitură *sf.* crumb.

firmament *sn.* firmament.

firmă *sf.* firm, business, house. # *a deschide/înfiinţa o* ~ to set up shop.

fisă *sf.* **1.** (*pentru automate*) token. **2.** (*jeton*) chip, counter. **3.** (*de telefon*) coin.

fisc *sn.* fisc.

fiscal *adj.* fiscal. # *an* ~ fiscal/financial tax year.

fisiune *sf.* fission.

fisura *vr.* to fissure.

fisură *sf.* **1.** fissure, split, break, cleft, crack. **2.** (*în stâncă*) crevice, seam, rift. **3.** (*în perete*) cranny.

fişă *sf.* **1.** *ec.* card. **2.** *el.* plug, jack.

fişet *sn.* locker.

fişic *sn.* (*de monede*) roller.

fişier *sn.* file, card index, pigeonhole.

fitil *sn.* **1.** (*de lumânare*) wick. **2.** (*amorsă*) fuse.

fiţe *sf. pl.* # *a face* ~ to put on airs.

fiţuică *sf.* **1.** *şcol.* crib. **2.** (*ziar*) *fam.* rag.

fiu *sm.* **1.** son, boy, Junior: *stai jos ~le* sit down Junior. **2.** (*vitreg*) stepson.

fix I. *adj.* **1.** (*stabil*) firm, (stead)fast, changeless, set, steady: *preţ* ~ set price; *oră ~ă* set hour; *privire ~ă* steady gaze. **2.** (*nemişcat*) steady, fast, immobile. **3.** (*bine strâns*) tight. **4.** (*d. privire*) intent, unblinking. **5.** (*d. populaţie etc.*) sedentary. **6.** (*exact*) on the nose. **7.** (*permanent*) standing. **II.** *adv.* sharp: *ora unu* ~ one o'clock sharp. # **~aţie** mindset; *la* ~ on cue, promptly, punctually, *amer. fam.* on the button.

fixa *vt.* **1.** to fix, to fasten, to tighten, to secure. **2.** (*stabili*) to determine. **3.** (*un preţ*) to price, to set. **4.** (*o dată*) to set, to assign. **5.** (*un termen*) to settle. **6.** (*o întâlnire*) to time, to appoint.

fixare *sf.* attachment. # *dispozitiv de ~ tehn.* fixture.

fixat *adj.* **1.** embedded. **2.** (*stabilit*) stated, settled, fitted. **3.** (*bine*) tight.

fizic *adj.* **1.** physical, material, corporeal. **2.** (*trupesc*) physique, bodily.

fizică *sf.* physics: ~ *nucleară* nuclear physics.

fizician *sm.* physicist.

fiziolog *sm.* physiologist. # **~ie** physiology.

fizionomie *sf.* physiognomy.

fizioterapie *sf.* physical therapy.

flacără *sf.* flame, blaze: ~ *neprotejată* naked flame. # *în flăcări* burning, flaming, on fire.

flacon *sn.* phial.

flagel *sn.* calamity, disaster, scourge: *~ul războiului* the scourge of war.

flagela *vt.* **1.** to flagellate. **2.** (*d. durere, remuşcări*) to sear.

flagrant *adj.* flagrant, gross: *nedreptate ~ă* gross injustice. # *în ~ delict* red-handed, in the act.

flajolet *sn. muz.* flageolet, tin whistle.
flamă *sf.* flame.
flamingo *sm. zool.* flamingo.
flanc *sn.* **1.** wing. **2.** *anat., mil.* flank, side. **3.** (*de atac*) prong. # **a ~a** to flank.
flanelă *sf.* **1.** jersey. **2.** (*material*) flannel.
flasc *adj.* **1.** flaccid, limp, flabby. **2.** (*d. un muşchi*) slack.
flaşnetar *sm.* organ grinder.
flaşnetă *sf.* barrel organ, hurdy-gurdy.
flata *vt.* to flatter. # **~re** flattery.
flaut *sn. muz.* flute. # **~ist** flautist, *amer.* flutist.
flăcău *sm. fam.* lad.
flămând *adj.* **1.** hungry. **2.** (*foarte*) starving, ravenous.
flămânzi *vi.* to starve, to be hungry.
fleac *sn.* **1.** triviality, trifle, fluff, *fam.* zilch. **2.** *pl.* trivia. # *~uri*! fiddlesticks!
fleancă *sf. sl.* trap.
fleaşcă *sf.* **1.** wet through. **2.** (*om moale*) milksop. # *ud ~* sopping/soaking wet.
flecar *sm.* chatterbox, tattler.
flecăreală *sf.* idle talk, *fam.* tattle.
flecări *vi.* to chat, to tattle.
flecuşteţ *sn.* **1.** gadget. **2.** *pl.* odds and ends.
flegmatic *adj.* phlegmatic, saturnine.
flegmă *sf.* phlegm.
flenduros *adj.* ragged, shabby, seedy-looking.
fler *sn.* flair, scent, nose.
fleşcăit *adj.* **1.** flabby, flaccid, limp. **2.** (*d. un fruct*) mealy.
flexibil *adj.* **1.** flexible, plastic, limber. **2.** (*mlădios*) supple, lithe. **3.** (*d. cineva*) tractable, pliable, pliant. # **~itate** flexibility, resilience, spring.
flexionar *adj.* flexional.
flexiune *sf. gram.* inflexion.
flirta *vi.* (**cu**) to trifle (with), to dally (with).
floare *sf.* **I.** *sf.* **1.** flower. **2.** *fig.* prime. **3.** (*de trandafir etc.*) bloom: *în plină ~* in full bloom. **4.** (*de pom*) blossom: *în ~* in blossom. # **~a-soarelui** sunflower; *în ~a tinereţii* in the prime/heyday of youth; *~ la ureche fig.* cake-walk, easy as pie, *fam.* a piece of cake, *sl.* a piece of piss; *asta-i ~ la ureche*! that's pie!, that's a cinch!, *amer. fam.* that's a snap!
floral *adj.* floral.
floră *sf.* flora.
florăreasă *sf.* florist.
florărie *sf.* flower shop. # *la ~* at the florist's.
floretă *sf.* **1.** foil, rapier. **2.** *sport* sabre.
floricele *sf. pl.* popcorn.
Florii *sf. pl.* Palm Sunday.
flotant *adj.* floating.
flotare *sf.* flotation, press-up, *amer.* push-up.
flotă *sf.* **1.** *nav.* fleet, shipping. **2** (*de război*) navy. **3.** (*comercială*) merchant fleet.
fluctua *vi.* to fluctuate, to seesaw, to vary. # **~nt** erratic, variable; **~re**, **~ţie** oscillation, variability.

fluent *adj.* fluent.

fluid *sn., adj.* fluid. # **~itate** fluidity.

fluier *sn.* **1**. whistle. **2**. *muz.* pipe, reed, penny whistle. # *~ul piciorului anat.* shank, shin.

fluiera I. *vt.* **1**. (*o melodie*) to whistle. **2**. (*un orator*) to hiss. **II**. *vi.* to whistle. # **~r** (*cântăreț*) piper; **~t** whistle.

fluierătură *sf.* **1**. whistle. **2**. *pl.* (*de dezaprobare, indignare*) catcalls, hisses.

fluorescent *adj.* fluorescent.

flușturatic *adj.* dissipated, flighty, happy-go-lucky, light-headed, *fam.* slap-happy.

flutura I. *vt.* **1**. (*mâna*) to wave. **2**. (*un obiect*) to flourish. **II**. *vi.* **1**. (*d. steag*) to blow, to wave. **2**. (*din aripi*) to flutter. # **~re** flutter.

fluturaș *sm.* **1**. (*publicitar*) leaflet, *amer.* dodger, *fam.* flyer. **2**. (*de badminton*) shuttlecock.

fluture *sm.* butterfly.

fluvial *adj.* fluvial.

fluviu *sn.* river.

flux *sn.* **1**. flux, (high) tide. **2**. (*curgere*) flow.

foaie *sf.* **1**. (*de hârtie*) leaf, slip, piece of paper, sheet. **2**. (*de plăcintă*) pastry. # *~ de cort* tarpaulin.

foaier *sn.* foyer, lobby, *amer.* lounge.

foale *sf. pl.* bellows.

foame *sf.* hunger: *greva ~i* hunger strike. # **~te** hunger, starvation, famine; *a muri de ~* to starve, to perish from starvation; *lihnit de ~* starving, *fam.* famished; *a-i fi ~* to feel hungry/hollow.

foarfece *sn.* **1**. scissors. **2**. (*de grădină etc.*) shears, secateurs. **3**. (*de tăiat tablă*) snips. # *a tăia cu ~le* to clip, to cut, to snip.

foarte *adv.* very, jolly, (all) too, most, highly, greatly, extremely, only too, as/like hell, widely, really, *fam.* pretty, ever so, mortally, stiff, spanking, *amer.* quite, plenty: *~ impresionant* pretty impressive; *nu sunt ~ sigur* I'm not too sure. # *nu ~ fam.* not all that.

fobie *sf.* phobia.

foc *sn.* **1**. fire: *~ de tabără* campfire. **2**. (*de armă*) shot, report, volley. **3**. (*chibrit*) light. # *a da ~ la* to burn, to ignite, to set on fire, (*unei case*) to torch; *a deschide ~ul* to open fire; *a lua ~* to ignite, to catch fire; *a da în ~* to boil over; *~ de artificii* fireworks; *~ de urâtă* extremely ugly; *a se juca cu ~ul fig.* to play with edged tools.

focaliza *vt., vr.* to focus.

focar *sn.* focus, centre.

focă *sf.* seal. # *vânătoare de foci* sealing.

fochist *sm.* fireman, stoker.

focos I. *sn.* fuse. **II**. *adj.* (*d. temperament*) passionate, ardent, hot, amorous.

foehn *sn.* (hair) dryer.

fofează *sf.* (*la moară*) sail.

fofila *vr.* to edge, to wriggle, to skulk.

foi *vr.* to fuss, to bustle, to scuffle, to toss, *fam.* to fidget. # **~ală** scuffling.

foios *adj. bot.* deciduous.

foişor *sn.* (*turn*) tower.

foiță *sf.* **1**. thin paper. **2**. (*de metal*) foil.

fojgăială *sf.* scuffling.

folclor *sn.* folklore.

folk *adj.* folk: *muzică* ~ folk music.

folos *sn.* **1**. advantage, utility: *în ~ul meu* to my advantage. **2**. *pl.* spoils. # *cu* ~ profitably; *a fi de* ~ to avail, to serve: *eforturile lui nu au fost de* ~ his efforts availed him nothing; *de mare* ~ of great use.

folosi I. *vt.* to utilize, to use, to employ, to take. **II**. *vr.* (**de**) to make use (of). # **~t** used, spent; **~tor** useful, of use, practical; *a ~ greşit* (*o unealtă*) to misuse.

folosință *sf.* **1**. use, usage, wear. **2**. (*a unui teren*) tenure. # *de unică* ~ (*d. un pahar*) throwaway.

folosire *sf.* use, usage: ~ *deplină* full use of. # ~ *greşită* misuse.

fonem *sn.* *lingv.* phoneme.

fond *sn.* **1**. (*bază*) (back)ground, content, gist. **2**. (*bani*) fund, capital. **3**. (*miez*) crux. **4**. (*social*) social fund. **5**. *pl.* finances. # ~ *de rulment* deposit, working/venture capital; *~uri fixe* capital assets; *~uri circulante* current assets; ~ *de bani* purse; *în* ~ in fact.

fonda *vt.* **1**. to found, to establish, to institute. **2**. (*o companie*) to start. # **~tor** founder; **~re** foundation, establishment, institution.

fonetic *adj.* phonetic. # **~ă** phonetics.

fonic *adj.* phonic.

fontă *sf.* castiron.

fora *vi.* to drill. # **~j** drilling.

forăi *vi.* (*d. cal*) to snort.

forceps *sn.* nippers.

forestier *adj.* timber, forest.

forfecuță *sf.* nail scissors.

forfotă *sf.* bustle, rush, whirl.

forfoti *vi.* to swarm. # **~tor** milling.

forja *vt.* to forge. # **fier ~t** wrought iron.

forjă *sf.* forge.

forjor *sm.* forger.

forma I. *vt.* **1**. to form, to build. **2**. (*alcătui*) to make up, to constitute, to construct, to form, to shape. **3**. (*instrui*) to educate. **4**. (*modela*) to sculpt, to pattern. **II**. *vr.* (*lua naştere*) to come into being. # **~re** formation; *de ~t mare* king-size; *a* ~ (*un număr de telefon*) to dial (a number).

formal *adj.* **1**. formal, conventional. **2**. (*d. o anchetă*) perfunctory. # **~ist** formal, punctilious; **~itate** formality.

formație *sf.* **1**. formation, group, *fam.* outfit. **2**. *muz.* group. **3**. *muz.* (*de dans*) dance-band. **4**. (*echipă*) team.

formă *sf.* **1**. form, shape, configuration, aspect: *sub ~ de* in the shape of; *în ~ circulară* circular in shape. **2**. (*condiție fizică*) form, shape: *a se menține în* ~ to keep in shape; *a aduce* (*un sportiv etc.*) *în ~ bună* to lick into shape. **3**. (*mulaj*) mould. # *de* ~ for show, formally, (*d. o anchetă*) perfunctory; *a da* ~ to shape; *în ~ bună* fit, in trim; *în ~ de* shaped.

formidabil *adj.* formidable, tremendous, stupendous, *amer. fam.* swell.

formula *vt.* **1.** to formulate, to phrase, to couch, to frame: *~t în termeni vagi* couched in vague terms. **2.** (*o idee etc.*) to word. # **~re** wording, utterance.

formular *sn.* (application) form: *completează ~ul* fill in the form.

formulă *sf.* **1.** formula. **2.** (*formulare*) phrase.

fornăi *vi.* to snuffle. # **~t** snuffle.

fort *sn.* fort.

fortăreață *sf.* fortress, bastion, citadel, stronghold.

forte *adj.* hard: *valută* ~ hard currecy.

fortifiant I. *sn. med.* tonic, pick-me-up. **II.** *adj.* fortifying.

fortifica I. *vt.* **1.** to harden, to tone. **2.** (*și fig.*) to fortify. **II.** *vr.* to harden. # **~ție** fortification.

fortuit *adj.* fortuitous.

forța I. *vt.* **1.** (*obliga*) to compel, to coerce, to constrain. **2.** (**să**) to press (into). **3.** (*și fig.*) to force. **4.** (*ochii etc.*) to strain. **5.** (*o ușă*) to break down. **II.** *vr.* to strain. # **~re** compulsion, pressure.

forțat *adj.* **1.** (*nenatural*) contrived, far-fetched. **2.** (*d. surâs*) wry, strained. **3.** (*d. râs*) unnatural. # *a-și face* ~ (*loc prin*) to thrust (through); *intrare ~ă* forcible entry.

forță *sf.* **1.** (*putere*) force, power, strength, puissance, muscle. **2.** (*energie*) energy, might, sinew. **3.** *tehn.* thrust. # ~ *aeriană* air-force; ~ *de muncă* manpower; *cu forța* by force, forcibly; *de* ~ strong-arm; *a interveni în* ~ to muscle in.

forum *sn.* forum.

fosfor *sn.* phosphorus.

fosforescent *adj.* phosphorescent, luminous.

fosforescență *sf.* phosphorescence.

fosilă *sf.* (*și fig.*) relic, fossil.

fost I. *sm.* has-been. **II.** *adj.* former, late: *~ul meu șef* (*acum e altul*) my late boss.

foșnet *sn.* rustle, rustling, swish.

foșni *vi.* to rustle, to sough, to swish, to whisper. # **~tor** (*d. o bancnotă*) crisp.

fotbal *sn.* football, soccer. # **~ist** footballer.

fotocopia *vt.* (*un document*) to photocopy, to Xerox.

fotocopie *sf.* photocopy.

fotogenic *adj.* photogenic. # *a fi/a nu fi* ~ to photograph well/badly.

fotograf *sm.* photographer. # **~ic** photographic.

fotografia *vt.* to photograph, *fam.* to snap. # *aparat de ~t* camera; *am să te fotografiez* I'll make a photo of you.

fotografie *sf.* photo(graph), picture, print, snap(shot). # **~re** photography, shoot; ~ *mărită* blow-up; *a face fotografii* to take photographs, *amer.* to take pictures.

fotoliu *sn.* **1.** armchair, easy chair. **2.** (*la teatru*) stall. # *~-pat* bed-chair.

fotoreporter *sm. fam.* snapper.

frac *sn.* tailcoat, tails, dress suit.
fractura *vt., vr.* to fracture. # **~re** fracture.
fractură *sf.* fracture.
fracție *sf. mat.* fraction: *~ ordinară* vulgar fraction; *~ zecimală* decimal (fraction).
fracțiune *sf.* **1.** fraction. **2.** *pol.* wing, splinter group.
fragă *sf.* strawberry.
fraged *adj.* **1.** soft. **2.** (*d. alimente*) tender. **3.** (*d. vârstă*) unripe. **4.** (*d. prăjituri*) short.
fragil *adj.* **1.** (*casabil*) fragile, brittle. **2.** delicate, tender, frail, slight. **3.** (*d. un scaun*) unsteady. # **~itate** fragility, delicacy.
fragment *sn.* **1.** piece, segment, snippet. **2.** (*pasaj*) passage, fragment, extract, paragraph, text, excerpt, scrap. # **~are** segmentation; **~ar** fragmentary, piecemeal.
fraht *sn. ec.* bill of lading, way bill.
fraier *sm.* dupe, simpleton, easy mark/meat, *fam.* mug, sucker, patsy. # **a ~i** to trick, *amer. fam.* to snooker.
franc[1] *adj.* frank, plain, forthright, outspoken.
franc[2] *sm. ec.* franc.
franca *vt.* (*o scrisoare*) to stamp. # **~re** postage; **~t** post-paid.
francez I. *sm.* Frenchman. **II.** *adj.* French. # *limba ~ă* French.
franchețe *sf.* openness.
francmason *sm.* (free)mason. # **~erie** (free)masonry.
franco *adj., adv.* post-free.
franj *sn.* fringe.
franşiză *sf.* francize. # *a acorda o ~* to francize.
franțuzesc *adj.* French.
frapa *vt.* to smite, to strike: *m-a ~t ideea* the idea smote me. # **~nt** conspicuous, splashy, striking, *fam.* (eye-)catching.
frapieră *sf.* wine cooler.
frasin *sm.* ash (tree).
frate *sm.* **1.** brother: *~le meu mai mare* my elder brother. **2.** (*bun*) whole brother. **3.** (*vitreg*) stepbrother. **4.** (*de tată/mamă*) half-brother.
fratern *adj.* fraternal, brotherly. # **~itate** fraternity.
frauda *vt.* **1.** to cheat. **2.** (*alegerile*) to fix.
fraudă *sf.* fraud, cheat, *fam.* fix.
fraudulos *adj.* fraudulent.
frazare *sf. muz.* phrasing.
frază *sf. gram.* sentence.
frăgezi *vt.* to tenderize.
frământa I. *vt.* to knead. **II.** *vi.* (*d. ceva neplăcut*) to rankle. **III.** *vr.* **1.** (*se agita*) to fret, to fidget. **2.** (*se nelinişti*) to worry. # **~t** (*d. cineva*) troubled, torn.
frământare *sf.* **1.** unrest, turmoil, fret, agitation. **2.** (*socială*) unrest. **3.** *pl.* (*sociale*) convulsions, disturbances.
frățesc *adj.* brotherly, fraternal.
frăție *sf.* brotherhood.
frâna I. *vt.* **1.** to brake. **2.** *fig.* to hinder. **II.** *vi.* to put on the brake.
frână *sf.* **1.** (*şi fig.*) brake: *~ de mână* handbrake. **2.** *fig.* hindrance, curb.

frânge *vt., vr.* to break, to snap.
frânghie *sf.* rope, bond.
frânt *adj.* 1. (*rupt*) broken. 2. (*obosit*) fagged out, worn out, *fam.* zonked.
frântură *sf.* fraction, crumb, portion, piece, snatch, snippet: *frânturi de conversație* snatches of conversation.
frâu *sn.* rein, bridle: *a ține în ~* to rein. # *a pune ~* to rein, (*și fig.*) to bridle; *~ liber* leeway.
freamăt *sn.* rustling, sough.
freca I. *vt.* 1. to rub, to scratch. 2. (*podelele*) to scrub. 3. (*o cratiță etc.*) to scour. II. *vr.* 1. to chafe. 2. (**de**) to rub (against). # **~re** scrub, rub; *a îndepărta* (*ceva*) *prin ~re* to rub off.
frecție *sf.* frection.
frecționa *vt.* to knead, to massage. # **~re** rub, massage.
frecvent I. *adj.* frequent. II. *adv.* frequently, often.
frecventa *vt.* 1. to frequent. 2. (*cursuri etc.*) to attend. 3. (*un restaurant etc.*) to haunt, to patronize: *clubul e ~t de studenți* the club is patronized by students.
frecvență *sf.* 1. (*și radio*) frequency. 2. (*la cursuri etc.*) attendance. # *școl. fără ~* extramural; *bandă de ~* (*radio*) wave band.
fredona *vt.* to hum.
fremăta *vi.* 1. to quiver, to tremble. 2. (**de**) to tremble (with), to be thrilled (with).
fremătător *adj.* quivering, tremulous.
frenetic *adj.* frantic, delirious.
frenezie *sf.* frenzy, rave.
frescă *sf.* fresco.
freză *sf.* 1. haircut, hairdo. 2. (*la dentist*) drill.
frezie *sf. bot.* freesia.
friabil *adj.* friable.
frică *sf.* fear: *~ de întuneric* fear of the dark; *a tremura de ~* to tremble with fear; *de ~ să* for fear that; *de ~ să nu trezim copilul* for fear of waking the baby. # *a-i fi ~ de* to be afraid of; *fără ~* fearless; *a muri de ~* to have one's heart in one's mouth.
fricos I. *sm.* coward. II. *adj.* pusillanimous, white-livered, *fam.* weak-kneed, *sl.* chicken-hearted.
fricțiune *sf.* (*și fig.*) friction.
frig *sn.* cold, chill: *a se face ~* to grow cold. # *înghețat de ~ fam.* perished.
frigare *sf.* spit.
frige I. *vt.* 1. (*în tigaie, cuptor*) to roast. 2. (*la grătar*) to grill, *amer.* to broil. II. *vi.* to burn. III. *vr.* to get burnt, to burn oneself.
frigid *adj.* frigid, cold. # **~itate** frigidity.
frigider *sn.* refrigerator, *fam.* fridge: *~ cu congelator separat* fridge-freezer; *~ mic* (*în cameră de hotel*) minibar.
friguros *adj.* 1. cold: *anotimp ~* cold season. 2. (*d. cineva*) chilly.
fript *adj.* (*d. alimente*) done.
friptură *sf.* roast, steak.
frison *sn.* 1. frisson, tremor, quiver, tremble. 2. *pl.* shakes, willies. # *care are frisoane* shivery.
frișcă *sf.* (whipped) cream.
frivol *adj.* 1. frivolous, pleasure-loving, flighty, flippant, *fam.*

giddy, slap-happy. **2**. (*d. viață*) gay. # **~itate** frivolity.

frizer *sm*. **1**. hairdresser. **2**. (*bărbier*) barber. # **~ie** barber's, *amer*. barbershop.

front *sn*. front, battlefield. # *a face ~ comun* (*împotriva*) to range (against).

frontal *adj*. frontal.

frontieră *sf*. frontier, border.

fruct *sn*. fruit: *salată de ~e* fruit cocktail/salad. # **~ifer** fruit: *pom ~ifer* fruit tree; *~ căzut din pom* windfail; *~ zaharisit* comfit.

fructifica *vt*. to fructify

fructuos *adj*. fructuous, fruitful.

frugal *adj*. **1**. frugal, thrifty, sparing. **2**. (*d. o masă*) slight.

frumos *adj*. **1**. beautiful, fair, lovely, fine, nice. **2**. (*d. bărbați*) handsome, good-looking. **3**. (*d. ceva*) pretty, fine. # *~ din partea ta* it's considerate of you; *cel mai ~* the most beautiful.

frumusețe *sf*. beauty, looks, wonder, splendour. # *concurs de ~* beauty contest, pageant.

frumușel *adj*. pretty.

fruntaș *sm*. (*lider*) standard-bearer.

frunte *sf*. forehead, brow. # *de ~* remarkable, notable; *în ~a clasei* ahead of the class; *~a sus*! chin up!

frunză *sf*. leaf. # *a da frunze* to sprout; *grămadă de frunze* drift.

frunzări *vt*. (*o revistă etc*.) to leaf.

frunziș *sn*. foliage.

frunzos *adj*. leafy.

frunzuliță *sf*. leaflet.

frustra *vt*. (**de**) to deprive (of). # **~t** bereft.

fudul *adj*. proud, haughty. # *persoană ~ă* prig.

fuduli *vr*. (**cu**) to take pride (in), to be proud (of).

fugar *sm*. fugitive, runaway.

fugă *sf*. **1**. flight, run: *în ~* at a run, on the run; *a pune pe ~* to put to flight. **2**. (*precipitată*) stampede. **3**. (*din închisoare*) escape. **4**. *muz*. fugue. # **a ~ri** to chase; *a da o ~ până la fam*. to nip out to; *în fuga mare* at a round trot; *a o lua la ~* to take to flight, to break into a run, to streak off.

fugi *vi*. **1**. to run, to flee: *a scăpa ~nd* to make a run for it. **2**. (*din țară*) to defect. **3**. (*din închisoare*) to escape. **4**. (**din**) to flee: *a ~ din țară* to flee the country. # *a ~ cu iubitul/iubita* to elope.

ful *sn*. (*la pocher*) full house.

fular *sn*. muffler, comforter, scarf.

fulg **1**. flake: *~i de săpun* soap flakes. **2**. (*de zăpadă*) (snow)flake.

fulgarin *sn*. mackintosh, raincoat, *amer*. slicker, *fam*. mac.

fulger *sn*. lightning, bolt. # **~ător** like a flash; *a ~a cu privirea* to glare.

fulgera I. *vt*. (*cu privirea*) to glance fiercely at. **II**. *vi*. to lighten.

fum *sn*. **1**. smoke. **2**. (*la coș*) flue. **3**. (*nociv*) fume. # **~uriu** smoky; *nor de ~* plume; *a scoate ~* (*d. o sobă etc*.) to smoke; *plin de ~* smoky.

fuma *vt*., *vi*. to smoke: *fumează mult* she smokes heavily. # **~t** smoke, smoking; *vino afară să ~ăm* come outside for a smoke; *~tul oprit/interzis*! no smoking!

fumător *sm.* smoker.
fumega *vi.* to smoke. # *care fumegă* smoky.
fumoar *sn.* smoking room.
funciar *adj.* agrarian, land.
funcție, funcțiune *sf.* **1**. function, role. **2**. office, position, rank: *funcția de președinte* the office of President. **3**. *pl.* duties. # *în ~* (*d. un aparat, mecanism*) up and running; *scos din ~* (*d. un aparat*) out of action; *a pune în ~* (*pe cineva*) to actuate, to name; *a pune în ~* (*un aparat*) to put into service.
funcționa *vi.* **1**. to work. **2**. (*d. un aparat etc.*) to operate, to function. **3**. (*d. parlament*) to sit. **4**. (*d. motor*) to run. # **~l** functional, up and running; *a ~ prost* to go haywire; *a nu ~* (*d. un aparat*) to be out of order.
funcționar *sm.* **1**. clerk, official, functionary, office worker. **2**. (*de stat*) civil servant. **3**. (*public*) public servant/officer. **4**. (*de stare civilă*) registrar. **5**. (*angajat temporar*) *fam.* temp. # *a lucra ca ~ amer.* to clerk; *de ~* white-collar.
funcționare *sf.* **1**. function, action, work(ing), operation, service: *~ lină* smooth operation. **2**. (*a unui aparat, motor etc.*) operation, run(ning): *timp de ~* running time. # *sistem de ~ fig.* machinery; *în stare de ~* working, (*d. un computer*) up; *în stare bună de ~* (*d. un vehicul*) roadworthy.
funcționăresc *adj.* white-collar.
fund *sn.* **1**. (*partea de jos*) bottom: *fără ~* bottomless. **2**. (*de mare*) (sea)bed. **3**. (*de lemn*) trencher, board. **4**. (*de pantaloni*) seat. **5**. (*șezut*) behind, rear, buttocks, *fam.* rump, *amer.* ass. # *cu ~ul în sus* upside down; *a se da la ~ fam.* to make oneself scarce; *a da de ~* (*al apei*) to touch bottom; *ajuns la ~ul sacului fam.* on your uppers; *în/la ~ul* at the bottom of.
fundal *sn.* (back)ground.
fundament *sn.* (back)ground, base, basis, footing, foundation. # **a ~a** to underpin; **~al** fundamental, ultimate, basic, essential, capital, elemental; **~are** foundation.
fundaș *sm. sport* halfback, fullback.
fundație *sf.* foundation.
fundă *sf.* bow, ribbon, riband.
fundătură *sf.* blind alley, dead end.
funebru *adj.* funeral, mortuary: *marș ~* funeral march.
funeralii *sn. pl.* obsequies, funeral.
funerar *adj.* funerary, mortuary, sepulchral. # *ceremonii ~e* obsequies.
funest *adj.* fatal, mortal, evil.
funicular *sn.* funicular, telpher.
funie *sf.* rope, cable.
funingine *sf.* soot. # *pată de ~* smut; *plin de ~* sooty.
fura I. *vt.* to steal, to filch, to rifle, to thieve, *fam.* to pinch, to purloin, to lift, to nick, to pilfer. **II**. *vi.* to thieve, to steal. # *a ~ un sărut* to snatch a kiss.
furaj *sn.* forage, fodder, grass.
furcă *sf.* **1**. (pitch)fork. **2**. (*pentru tors*) distaff. **3**. (*de telefon*) cradle,

hook: *a pune în ~ (receptorul)* to cradle (the receiver).

furchet *sm. nav.* rowlock.

furculiță *sf.* fork.

furgonetă *sf.* van.

furibund *adj.* **1.** blistering, swingeing: *atac ~ la adresa politicii guvernului* swingeing attack on government policy. **2.** (*d. critică*) scathing.

furie *sf.* fury, anger, rage, wrath, ire. # *acces de ~* fit of passion; *cuprins de ~* in hot blood/temper.

furios *adj.* **1.** furious, angry, mad, rabid, raving, irate, hot, in a rage; *foarte ~* hopping mad. **2.** (**pe**) mad/angry (with, at).

furiș *adj.* furtive, surreptitious, sneak. # *a da pe ~* to slip; *pe ~* stealthily, on the sly.

furișa **I.** *vt.* to sneak. **II.** *vr.* **1.** to sneak, to steal, to squeeze, to sidle. **2.** (*chiulind*) to skulk. **3.** (*ca un laș*) to slink. **4.** (**în/din**) to slip (into/out of), to steal (into/out of). # ~**re** stealth; ~**t** surreptitious.

furnal *sn.* furnace, (smoke)stack. # ~**ist** stoker.

furnicar[1] *sm. zool.* anteater.

furnicar[2] *sn.* **1.** (*mușuroi*) anthill. **2.** (*mulțime*) crowd, multitude of people.

furnică *sf.* ant. # *mușuroi de furnici* anthill.

furnicătură *sf.* tingle. # *a simți furnicături în* to have pins and needles in.

furnir *sn.* veneer. # **a ~ui** to veneer.

furnituri *sf. pl.* trimmings.

furniza *vt.* **1.** to furnish, to provide, to offer, to deliver. **2.** (*fonduri etc.*) to supply. # ~**re** delivery, provision, supply; *a ~ cele necesare (cuiva)* to cater for.

furnizor *sm.* dealer, purveyor, provider, caterer, supplier.

furou *sn.* chemise, shift, *amer.* slip.

fursec *sn.* biscuit, shortbread.

furt *sn.* **1.** theft, larceny, thievery, thieving. **2.** (*de vite*) rustling. **3.** (*din magazine*) shoplifting.

furtiv *adj.* furtive, sneaky, stealthy.

furtun *sn.* hose, spout.

furtună *sf.* **1.** storm, thunderstorm, tempest. **2.** (*de nisip*) sandstorm. # *devastat/distrus de ~* storm-tossed.

furtunos *adj.* **1.** stormy, thunderous. **2.** (*și fig.*) stormy, tempestuous. **3.** (*d. aplauze*) loud, thunderous.

furuncul *sn.* furuncle, boil, carbuncle.

fus *sn.* **1.** *tehn.* spindle. **2.** (*orar*) time zone. # ~**iform** spindly.

fuselaj *sn. av.* fuselage.

fustanelă *sf.* (*scoțiană*) kilt.

fustangiu *sm.* philanderer.

fustă *sf.* skirt.

fușeri *vt. fam.* to botch.

fuzelaj *sn. av.* fuselage, body.

fuzibil *adj.* fusible.

fuziona *vi.* to consolidate, to coalesce, to merge. # ~**re** consolidation, merger.

fuziune *sf.* fusion.

G

gabarit *sn.* gauge, *amer.* gage.
gablonz *sn.* trinket.
gafa *vi.* to fault, to drop a brick/ clanger.
gafă *sf.* gaffe, bloomer, blunder, *fam.* howler, *amer.* pratfall: *a face o ~* to blunder, to fault, to drop a brick.
gag *sn.* gag.
gagică *sf. fam.* dish, *sl.* chick.
gaică *sf.* strap.
gaiță *sf.* jay.
gaj *sn.* gage, pledge, pawn. # *a lăsa în ~* to pledge.
galant *adj.* **1**. (*d. bărbați*) gallant, courteous. **2**. (*generos*) generous, open-handed, liberal.
galantar *sn.* showcase.
galanterie *sf.* **1**. (*curtoazie*) gallantry, chivalry. **2**. (*magazin*) *amer.* haberdashery. # *obiecte de ~* haberdashery, hosiery.
galanton *adj.* generous, open-handed, liberal.
galaxie *sf.* galaxy.
gală *sf.* gala. # *de ~* gala.
galben *adj.* **1**. yellow: *cartonaș ~* (*la fotbal*) yellow card. **2**. (*la față*) pale. **3**. (*la semafor*) amber.
galenți *sm. pl.* clogs.
galeră *sf.* galley.
galerie *sf.* **1**. gallery, tunnel. **2**. (*spectatori*) onlookers. **3**. (*la teatru*) gods, gallery. **4**. (*suporteri*) supporters.
galeș I. *adj.* amorous, longing: *privire ~ă* longing look. **II**. *adv.* longingly.
galet *sm.* (*pietricică*) pebble.
galon *sn.* **1**. *mil.* tab. **2**. (*măsură de capacitate = 3,79 l sau 4,55 l*) gallon.
galop *sn.* **1**. gallop: *a merge în ~* to gallop. **2**. (*mic*) canter. # **~ant** galloping.
galoș *sm.* **1**. overshoe. **2**. *pl.* galoshes.
galvaniza *vt.* to galvanize.
gamă *sf.* **1**. *muz.* scale. **2**. (*și fig.*) gamut. **3**. (*de produse*) range, selection: *o ~ largă de facilități* a wide range of facilities.
gambă *sf.* calf, shank.
gamelă *sf.* canteen.
gang *sn.* gallery, passage.
ganglion *sm. anat.* ganglion.
gangster *sm.* gangster, racketeer, hoodlum, *amer.* mobster, *fam.* tough *sl.* hood.
gara *vt.* to garage.
garaj *sn.* **1**. garage. **2**. (*de autobuze*) depot.

garant *sm.* guarantor, warranter, warrantor, surety, custodian, voucher.

garanta *vt.* 1. to guarantee, to grant, to warrant. 2. (**pentru**) to vouch (for). 3. (*asigura*) to insure, to secure. # **~t** secure.

garanție *sf.* 1. guaranty, guarantee, surety, pledge, warrant(y), collateral, seal, security: *în ~* under warranty. 2. (*la credit*) *ec.* cover.

gară *sf.* (railway) station, *amer.* depot: *şef de ~* station master/agent.

gard *sn.* 1. fence. 2. *sport* hurdle: *cursa de 110 m ~uri* one hundred and ten hurdles. 3. (*viu*) hedge. 4. (*de sârmă*) wire.

gardă *sf.* 1. (*pază*) guard, protection, patrol: *a fi de ~* to be on guard. 2. (*paznic*) watch, keeper. 3. *mil.* guard: *~ de onoare* guard of honour. # *~ de corp* bodyguard; *~ națională* militia.

gardenie *sf. bot.* gardenia.

garderob *sn.* cupboard, wardrobe.

garderobă *sf.* 1. (*îmbrăcăminte*) wardrobe. 2. (*la teatru*) cloakroom, coatroom, wardrobe, *amer.* checkroom.

gardian *sm.* 1. warden. 2. (*la închisoare*) warder, jailer.

gargară *sf.* gargle. # *a face ~* to gargle.

garnisi *vt.* 1. (*împodobi*) to garnish, to trim. 2. (**cu**) (*paiete*) to spangle (with).

garnitură *sf.* 1. (*la haine*) ornament, trim(ming). 2. (*la friptură etc.*) garnish, fixings. 3. (*set de obiecte*) set.

garnizoană *sf.* garrison.

garoafă *sf.* carnation, pink.

garsonieră *sf.* studio (flat), *amer.* studio apartment.

gastric *adj.* gastric.

gastrită *sf.* gastritis.

gastronomic *adj.* gastronomical.

gastronomie *sf.* gastronomy, cookery.

gaşcă *sf.* (*de prieteni*) gang, *fam.* bunch, crowd, clique: *~ de tineri* gang of youths.

gata *adj.* 1. ready, poised: *aproape ~* about ready. 2. (**să**) on the point (of), ready (to): *sunt ~ de plecare* I'm ready to go. 3. (**pentru**) poised (for), ripe (for). # *de ~* (*d. haine*) off-the-peg, ready-made, *amer.* off the rack; *a da ~* (*uza*) to wear out, (*ului*) *amer. fam.* to snow.

gater *sn.* sawmill.

gaură *sf.* 1. hollow, cavity. 2. (*orificiu*) bore, hole, vent. 3. (*deschizătură*) opening, slit. 4. (*spărtură*) leak. # *a face o ~* (*un tunel*) to burrow; *gaura cheii* the keyhole.

gaz *sn.* 1. gas: *~ lacrimogen* tear gas; *~ ilariant* laughing gas; *mască de ~e* gas mask. 2. (*petrol lampant*) kerosene. 3. *pl. anat.* gas. # **a ~a** to gas; **~os** gaseous; *~e de eşapament* (exhaust) fumes.

gazdă *sf.* 1. (*bărbat*) host, landlord. 2. (*femeie*) hostess, landlady. # *a sta în gazdă* to lodge.

gazelă *sf. zool.* gazelle.

gazetar *sm.* journalist, *fam.* pressman.
gazetă *sf.* (news)paper, gazette, *fam.* organ.
gazon *sn.* turf, sod, grass, green. # **a ~a** to turf.
găgăuță *sm., sf.* simpleton, ninny, simp.
găinar *sm.* small-time crook, pilferer.
găinaț *sn.* droppings.
găină *sf.* hen.
găinărie *sf. fig.* petty theft, pilferage.
găinușă *sf.* (*de baltă*) moorhen.
gălăgie *sf.* noise, din, *fam.* racket, row.
gălăgios *adj.* **1.** noisy, boisterous, riotous, uproarious, raucous. **2.** (*d. o mulțime*) vocal.
gălbejit *adj.* (*d. piele*) sallow.
gălbenuș *sn.* yolk.
gălbui *adj.* yellowish.
găleată *sf.* bucket, *amer.* pail. # *a ploua cu găleata* to rain cats and dogs.
gălețică *sf.* sandpail.
găligan *sm.* strapper.
gămălie *sf.* head. # *ac cu ~* pin.
gărgăriță *sf.* weevil.
gărgăun *sm.* hornet.
găselniță *sf.* **1.** find. **2.** (*politică, economică*) nostrum.
găsi I. *vt.* to find (out), to locate, to discover, to trace, to come across, to hit. **II.** *vr.* to be available, to occur: *în fructe se găsește zahăr* sugar occurs in fruit. # **~tor** finder.
găteală *sf.* frippery.
găti I. *vt.* **1.** to cook, to prepare. **2.** (*decora*) to bedeck. **II.** *vr.* to titivate, to dress up, to preen yourself, to smart up. # *fel/stil de a ~* cuisine.
gătit I. *sn.* cooking. **II.** *adj.* (*dichisit*) titivated, dressed up.
găunos *adj.* (*d. arbori*) hollow.
găuri *vt.* to bore, to drill, to hole. # **~t** hollow.
găzdui *vt.* to house, to lodge, to shelter, to accommodate, to board, *fam.* to host. # **~re** lodge, lodging. # *a ~ pe cineva* to put smb. up.
gâdila *vt.* to tickle. # **~t** tickle.
gâdilicios *adj.* ticklish.
gâdilitură *sf.* tickle.
gâfâi *vi.* to pant, to gasp, to puff. # **~t**, **~ală** pant, gasp.
gâgâi *vi.* to gaggle, to honk.
gâlcă *sf.* swelling.
gâlceavă *sf.* quarrel.
gâlcevitor *adj.* quarrelsome.
gâlgâi *vi.* to rumble. # **~t**, **~ală** rumble.
gâlmă *sf.* **1.** (*dâmb*) hillock, knoll. **2.** (*gâlcă*) swelling.
gând *sn.* thought, idea: *cufundat în ~uri* deep in thought. # *a avea de ~ să* to intend to; *pierdut în ~uri* abstracted, withdrawn in thought; *a fi dus pe ~uri fam.* to be miles away; *care te pune pe ~uri* thought-provoking; *a-l duce ~ul la* to think of; *a avea ~uri mari* to think big; *nici ~!* no way!
gândac *sm.* **1.** beetle, *amer.* bug, roach. **2.** (*de bucătărie*) (cock)-roach.
gândi I. *vi.* to think, to reason. **II.** *vr.* **1.** to reason, to think. **2.** (**la**)

to ponder (on, over). 3. (**să/la**) to consider. # *bine ~t* deliberate, judicious; *~ndu-mă mai bine* on second thoughts; *a nu se ~ la bani* to spare no expense; *a se ~ bine* to think over.

gândire *sf.* 1. thinking, thought, *fam.* think. 2. (*raționament*) reasoning.

gânditor I. *sm.* thinker. II. *adj.* pensive, wistful, thoughtful.

gânganie *sf.* insect, bug.

gângav *adj.* stammering.

gânguri *vi.* to prattle, to gurgle. # **~t** babble, crow, gurgle.

gârbovire *sf.* slouch.

gârbovit *adj.* crooked. # *a sta/merge ~* to slouch.

gârlă *sf.* stream, brook.

gâscan *sm.* gander.

gâscă *sf.* goose: *carne de ~* goose; *piele de ~ fig.* goose flesh. # *pui de ~* gosling; *cârd de gâşte* gaggle.

gât *sn.* 1. neck, gorge. 2. (*interior*) throat. 3. (*de stropitoare*) spout. # **~lej** throttle, gorge; *a băga pe ~ pe fig.* to thrust on; *pe ~* (*d. guler*) stand-up; *a fi sătul până-n ~* to be fed up.

gâtui I. *vt.* to strangle. II. *vr.* to narrow.

geam *sn.* 1. (window)pane. 2. (*ochi de*) pane. # **~giu** glazier; *a pune ~ la* to glaze.

geamandură *sf.* buoy, float.

geamantan *sn.* suitcase, trunk.

geamăn(ă) *sm., sf., adj.* twin: *o să nască gemeni* she's expecting twins.

geamăt *sn.* scream, moan, groan, wail, bellow.

geană *sf.* (eye)lash.

geantă *sf.* 1. (*poşetă*) handbag, *amer.* purse. 2. (*diplomat*) briefcase. 3. (*de voiaj*) holdall, bag, *amer.* carryall.

gel *sn.* (*de duş*) shower gel.

gelatină *sf.* gelatine, jelly.

gelatinos *adj.* gelatinous.

gelos *adj.* jealous, green(-eyed).

gelozie *sf.* jealousy, jaundice.

gem *sn.* 1. jam, conserve, preserve. 2. (*de citrice*) marmelade.

geme *vi.* to moan, to whimper, to groan, to wail, to bellow. # *a ~ de* (*peşti*) to teem with (fish).

Gemenii *sm. pl. art.* 1. (*zodie*) Gemeni. 2. (*constelație*) the Twin

gen *sn.* 1. (*fel*) sort, kind, genre. 2. (*literar, muzical*) genre. 3. *gram.* gender. 4. (*de om*) type. 5. *biol.* genus, class, order. # *nu e ~ul meu de* it's not my idea of.

genă *sf.* gene.

genealogie *sf.* genealogy, lineage.

genera *vt.* to generate, to produce. # **~re**, **~ție** generation; **~tiv** generative.

general I. *sm.* 1. general. 2. (*de brigadă*) brigadier. II. *adj.* 1. general, wide-spread, common. 2. (*global*) blanket, overall. 3. (*pe întreg statul*) statewide. III. *adv.* generally: *în ~ vorbind* generally speaking. # **a ~iza** to generalize; **~izare** generalization; **~itate** generality; *în ~* all in all, overall, commonly, usually, by and large.

generator *sn. el.* generator.
generație *sf.* generation.
genere *sn.* # *în* ~ generally, as a rule.
generic *sn.* generic. # ~ *de film* credits, credit titles.
generos *adj.* generous, free, liberal, lavish, large, charitable, munificent, unsparing, unstinting. # *bacșiș* ~ handsome tip.
generozitate *sf.* generosity, charity, bounty. # *cu* ~ amply.
genetic *adj.* genetic. # **~ă** genetics; **~ian** geneticist.
geneză *sf.* genesis.
genial *adj.* of genius.
genital *adj.* genital. # *zonă ~ă* crutch; *organe ~e* genitals, *fam.* private parts.
genitiv *sn. gram.* genitive.
geniu *sm.* genius.
genocid *sn.* genocide.
gentil *adj.* obliging, affable, benevolent, kindly-disposed. # **~ețe** gallantry.
gentilom *sm.* gentleman.
genunchi *sm.* knee. # *până la* ~ (*d. apă*) knee-deep, (*d. cizme*) knee-length.
genune *sf.* abyss, chasm.
geodezie *sf.* geodesy.
geofizică *sf.* geophysics.
geografic *adj.* geographical.
geografie *sf.* geography.
geolog *sm.* geologist. # **~ie** geology; **~ic** geologic(al).
geometric *adj.* geometric(al).
geometrie *sf.* geometry.
ger *sn.* frost, freeze, *fam.* nip. # **~os** frosty, nippy; ~ *cumplit fam.* perishing cold.
geriatrie *sf.* geriatrics.
german *sm.*, *adj.* German # **~ic** Germanic; *limba ~ă* German.
germen *sm.* (*și fig.*) germ.
germina *vi.* to germinate. # **~re** germination, shooting.
geros *adj.* crisp, frosty.
gest *sn.* **1**. gesture, move. **2**. (*mimică*) mime. **3**. (*semn*) signal, sign.
gestație *sf.* gestation.
gesticula *vi.* to gesticulate.
gestiona *vt.* to husband. # **~r** administrator.
gestiune *sf.* management.
get-beget *adj.* true-born.
gheară *sf.* **1**. claw. **2**. *tehn.* jaw. **3**. (*la păsări de pradă*) talon.
gheată *sf.* boot.
gheață *sf.* ice: *de* ~ ice. # *de/din/cu* ~ icy; *cu* ~ (*d. whisky*) on the rocks; *a se da pe* ~ to slide.
gheb *sn.* **1**. (*cocoașă*) hunch, hump. **2**. (*ridicătură*) hillock, knoll.
ghebos **I**. *sm.* hunchback. **II**. *adj.* hunchbacked.
ghem[1] *sn.* **1**. ball. **2**. (*de sfoară*) coil. # *a face* ~ (*lâna etc.*) to wind.
ghem[2] *sn.* (*la tenis*) game.
ghemotoc *sn.* pellet. # *a face* ~ (*o hârtie*) to screw.
ghemui *vr.* **1**. to crouch, to squat. **2**. (*în pat*) to snuggle. # **~re** squat.
ghepard *sm.* cheetah.
gheretă *sf.* **1**. box, booth. **2**. (*a portarului*) lodge. **3**. (*a paznicului*) guardroom.
gherilă *sf.* guerilla.
ghermea *sf. constr.* tenon.

ghetou *sn.* ghetto.
ghetre *sf. pl.* gaiters, spats.
ghețar *sm.* glacier.
ghețuș *sn.* glazed/silver frost, glaze ice, frostiness.
ghici *vt.* **1.** to divine, to guess: *a ~ răspunsul* to guess the answer. **2.** (*în palmă etc.*) to read. **3.** (*viitorul*) to tell (fortunes). # **~re** guesstimate.
ghicitoare *sf.* **1.** fortune-teller, sooth-sayer. **2.** (*cimilitură*) riddle. # ~ *în palmă* palmist.
ghicitor *sm.* fortune-teller, sooth-sayer. # ~ *în palmă* palmist.
ghid I. *sm.* **1.** (*călăuză*) guide. **2** (*în turism*) courier. **II.** *sn.* guide, handbook, primer.
ghida *vt.* to guide, to accompany, to show. # **~re** *tehn.* guidance.
ghidon *sn.* handle bars.
ghiduș *adj.* facetious, waggish, jocular. # **~ie** mischief, prank, farce.
ghiftui *vr.* to glut oneself, to stuff oneself. # **~t** *fam.* stuffed.
ghilimele *sf. pl.* quotation marks, inverted commas.
ghilotina *vt.* to guillotine.
ghilotină *sf.* guillotine.
ghimbir *sm.* ginger.
ghimpe *sm.* **1.** (*la plante*) thorn, prickle. **2.** (*la animale*) spine, prickle.
ghindă *sf.* **1.** *bot.* acorn. **2.** (*treflă*) club.
ghinion *sn.* bad/hard luck, misadventure, mischance, misfortune. # **~ist** unlucky (person); *care aduce* ~ unlucky; ~! tough luck!
ghioagă *sf.* mace.
ghiocel *sm.* snowdrop.
ghiont *sn.* dig, nudge, poke, jog. # **a ~i** to nudge, to poke.
ghiozdan *sn.* satchel.
ghips *sn.* **1.** gypsum, plaster. **2.** *med.* cast.
ghirlandă *sf.* **1.** garland. **2.** (*de flori*) wreath.
ghișeu *sn.* **1.** wicket. **2.** (*la bancă*) counter.
ghiulea *sf.* cannonball.
ghiveci *sn.* **1.** (*și fig.*) hotchpotch. **2.** (*de flori*) planter, (flower/plant) pot. # *a pune* (*o plantă*) *în ghiveci* to pot.
ghivent *sn.* *tehn.* thread.
gigantic *adj.* gigantic, titanic, giant.
gigolo *sm.* gigolo.
gimnast *sm.* gymnast.
gimnastică *sf.* **1.** gymnastics. **2.** (*aerobică*) aerobics. # *sală de ~* gymnasium, *fam.* gym; *exerciții de ~* physical exercise, *fam.* workout.
gin *sn.* gin.
ginecolog *sm.* gyn(a)ecologist. # **~ie** gyn(a)ecology.
ginere *sm.* son-in-law.
gingaș *adj.* delicate, tender, dainty, frail.
gingășie *sf.* grace, delicacy.
gingie *sf.* gum.
gioarsă *sf.* rag.
gips *sn.* **1.** gypsum, plaster. **2.** *med.* cast.
gir *sn.* endorse, seal.
gira *vt.* **1.** to endorse, to underwrite. **2.** (*pentru*) to warrant.

girafă *sf.* giraffe.
girant *sm.* guarantor, voucher.
giratoriu *adj.* # *sens* ~ roundabout, *amer.* traffic circle.
giroscop *sn.* gyroscope.
giruetă *sf.* **1.** (weather)cock. **2.** (*pe casă*) weather vane.
giugiuli *vr.* (*d. îndrăgostiţi*) to pet, to neck, to kiss and fondle, *fam.* to bill and coo.
giulgiu *sn.* shroud, winding sheet, pall.
giumbuşlucuri *sn. pl.* antics, *fam.* monkeytricks, *amer.* monkeyshines.
giuvaier *sn.* **1.** jewel. **2.** *fig.* gem. # **~giu** jeweller; **~gie** jeweller's.
glacial *adj.* **1.** glacial, icy, cool, ice-cold. **2.** (*şi fig.*) chill(y), cold, glacial, wintry: *surâs* ~ wintry smile.
glaciar *adj.* **1.** glacial, ice: *epoca ~ă* the ice age; *calotă ~ă* ice cap. **2.** *fig.* stony.
gladiator *sm.* gladiator.
gladiolă *sf.* sword lily, gladiolus.
glandă *sf.* gland.
glandular *adj.* glandular, glandulous.
glas *sn.* voice. # *a da* ~ to give tongue; *a-şi drege ~ul* to clear one's throat.
glaspapir *sn.* emery paper.
glastră *sf.* **1.** (flower) pot. **2.** (*vază*) vase.
glasvand *sn.* partition.
glazura *vt.* to ice, to glaze, *amer.* to frost.
glazură *sf.* glaze, icing.
gleznă *sf.* ankle.
glicerină *sf.* glycerine.
glie *sf.* **1.** (*pământ*) earth. **2.** (*patrie*) homeland.
glisa *vi.* to slide. # **~nt** sliding; **~re** slip; *uşă ~ntă* sliding door.
glisor *sn. tehn.* cursor.
gloabă *sf.* jade.
gloată *sf.* mob, throng, crowd, horde, *fam.* gaggle.
glob *sn.* **1.** sphere, orb. **2.** (*pământesc*) globe, earth, ball, world: *hartă a ~ului pământesc* map of the world. **3.** (*ocular*) eyeball, orb.
global *adj.* global, gross, overall, total, blanket, lump.
globulă *sf.* globule, corpuscle: *globule roşii/albe* red/white corpuscles.
glod *sn.* dirt, mire, mud, *fam.* muck.
glonte, glonţ *sn.* **1.** bullet, shot, *amer.* slug, shell. **2.** (*orb*) blank. # *sub gloanţe* under fire; ~ *tras la nimereală* potshot.
glorie *sf.* glory, fame.
glorios *adj.* glorious.
glosar *sn.* glossary, dictionary, vocabulary.
glucoză *sf.* glucose.
glugă *sf.* hood, cowl.
glumă *sf.* **1.** joke, gag, jest, wit, sport, crack: *a şti de* ~ to take the joke; *nu-i de* ~! it's no joke! **2.** (*festă*) trick, jape. **3.** (*scurtă*) one-liner. # *în* ~ laughingly, in/for fun; *fără* ~ no kidding; *se îngroaşă gluma* the plot thickens; (*spus*) *în* ~ tongue-in-cheek.

glumeț *adj.* playful, jocose, jocular. # *om* ~ joker, wag.
glumi *vi.* to joke, to jest, *fam.* to kid. # *nu e de ~t*! no joke!; *glumeşti*? are you kidding?
gnom *sm.* gnome.
gnoseologie *sf.* gnosiology.
goană *sf.* running, chase, bolt. # *a o lua la* ~ to bolt, to flee, to skedaddle, to turn tail.
goangă *sf.* insect, bug.
goarnă *sf.* bugle.
gogoaşă *sf.* **1**. doughnut. **2**. (*a viermelui de mătase etc.*) pod, cocoon.
gogoman *sm. fam.* gaby, *sl.* wuss, plonk, *amer. fam.* sap.
gogomănie *sf. fam.* stunt.
gogoşar *sm.* (bell) pepper.
gogoşi *sf. pl.* (*minciuni*) lies, fibs.
gol[1] **I**. *sn.* **1**. blank, lacuna, gap, vacancy. **2**. *fig.* void, vacant space. **II**. *adj.* **1**. empty, hollow, bare, void, vacuum, blank: *cu picioarele goale* in bare feet; *cutie goală* bare box, *valiză goală* empty suitcase; *străzi goale* empty streets; *casetă goală* blank cassette. **2**. (*dezbrăcat*) naked, nude, unclothed: *absolut* ~ starknaked, mother-naked. **3**. (*d. loc etc.*) vacant. # ~ *de aer* (air)pocket, hole in the air; *a da de* ~ to betray; *a se da de* ~ to give oneself away; *a umple un* ~ to fill a gap.
gol[2] *sn. sport* goal.
golan *sm.* cad, hooligan, hoodlum, *fam.* yob(bo).
golaş *adj.* **1**. bare. **2**. (*d. o pasăre*) bald.
golf[1] *sn. geogr.* gulf, bay.
golf[2] *sn.* golf: *teren de* ~ golf course/links. # *persoană care joacă* ~ golfer.
goli I. *vt.* **1**. to empty. **2**. (*un rezervor*) to drain. **II**. *vr.* to empty. # **~re** emptying.
goliciune *sf.* nudity.
gologani *sm. pl.* money, *amer. sl.* dough.
gonaci *sm.* tracker.
gondolă *sf.* gondola.
gong *sn.* **1**. gong. **2**. (*sunet de*) pip.
goni I. *vt.* **1**. to chase away/off. **2**. (*alunga*) to drive out. **II**. *vi.* **1**. to career, to chase, to tear off. **2**. (*d. vehicul*) to speed, to scorch.
gorilă *sf.* gorilla.
gospodărie *sf.* **1**. household. **2**. (*la țară*) farmstead. # *cunoştințe de* ~ home economics.
gospodină *sf.* housewife.
got *sm.* Goth. # **~ic** Gothic.
grabă *sf.* hurry, haste, rush: *în* ~ in a hurry; *în mare* ~ in hot haste, post-haste; *nu-i nici o* ~ there's no hurry/rush; *fără* ~ leisurely; in no haste.
grabnic *adv.* quickly.
grad *sn.* **1**. (*rang*) grade, rank. **2**. (*măsură*) degree. # **a ~a** (*un termometru*) to graduate; **~are** gradation, graduation; **~ație** (*de termometru*) scale; *înaintare în* ~ promotion; *de* ~ *superior mil.* ranking.
graden *sn.* (*de amfiteatru*) tier.
grafic I. *sn.* graph, chart. **II**. *adj.* graphic. # **~ă** graphic art; **~ian** drawer, sketcher.

grafie *sf.* writing.
grafit *sn.* graphite.
grafolog *sm.* graphologist. # **~ie** graphology.
grai *sn.* language, speech, idiom.
grajd *sn.* stable.
gram *sn.* gram(me).
gramatical *adj.* grammatical.
gramatică *sf.* grammar.
gramatician *sm.* grammarian.
gramofon *sn.* gramophone.
granat *sn.* (*piatră*) carbuncle.
grandilocvent *adj.* magniloquent.
grandilocvență *sf.* grandiloquence, heroics.
grandios *adj.* grand, august, monumental, stately, palatial, magnificent, spectacular, lofty, imposing.
grandoare *sf.* grandeur, magnitude, majesty.
grangur *sm.* **1**. *zool.* oriole. **2**. *fig.* person of consequence, *fam.* toff, big gun/bug.
granit *sn.* granite.
graniță *sf.* border, frontier, boundary, limit, confine. # *a trece peste ~* to cross the border/frontier.
granular *adj.* granular.
granulă *sf.* granule.
granulos *adj.* granular.
grapă *sf.* harrow.
gras *adj.* **1**. fat: *un câine ~* a fat dog. **2**. (*unsuros*) oily, unctuous. **3**. (*d. cineva*) bulky, fleshy, corpulent, stodgy. **4**. (*ca un butoi*) tubby. **5**. (*d. un bătrân*) portly. **6**. (*d. mâncare*) greasy. **7**. (*d. pământ*) rich.
gratifica *vt.* to reward. # **~ție** bonus, reward, recompense.
gratii *sf. pl.* railings.
gratis *adj.* gratis, free of charge, (scot-)free. # *pe ~* for nothing.
gratitudine *sf.* gratitude.
gratuit *adj.* free, gratuitous.
grația *vt.* to pardon.
grație *sf.* **1**. grace, delicacy. **2**. *pl.* graces. # *în grațiile cuiva* in favour with smb.
grațiere *sf. jur.* **1**. pardon: *a da o ~* to grant a pardon. **2**. (*parțială*) remission.
grațios *adj.* graceful, lissom, delicate, frail.
graur *sm.* starling.
grav I. *adj.* **1**. grave, serious. **2**. (*solemn*) solemn, *fam.* po-faced: *figură ~ă* solemn face. **3**. (*d. sunete*) deep, low. **4**. (*d. o boală*) severe: *boală ~ă* severe illness. **5**. (*d. o greșeală*) grievous. **6**. (*d. voce*) sepulchral. **7**. (*d. o rană*) serious. **II**. *adv.* (*rănit etc.*) sorely. # *cel mai ~* the worst.
grava *vt.* to engrave, to etch, to impress.
gravidă *adj. f.* pregnant.
graviditate *sf.* pregnancy.
gravitate *sf.* **1**. (*și fig.*) gravity. **2**. severity.
gravita *vi.* to gravitate. # **~ție** gravitation.
gravor *sm.* engraver.
gravură *sf.* **1**. gravure, engraving, etching. **2**. (*în lemn*) woodcut.
grăbi I. *vt.* to hurry, to hasten, to speed, to hustle, to rush, to precipitate. **II**. *vr.* to hurry, to hasten,

to rush, to bundle. # ~**t** hurried, fast, hasty, cursory; *a merge ~t* to speed; *grăbeşte-te*! look sharp!, hurry up!, *fam.* get your skates on!

grădinar *sm.* gardener.

grădină *sf.* **1.** garden. **2.** (*publică*) park. # ~**rit** gardening.

grădiniță *sf.* (*de copii*) kindergarten, nursery school, *amer.* preschool.

grăi *vt., vi.* to say.

grăitor *adj.* telling, convincing, eloquent.

grăjdar *sm.* groom, stableboy.

grămadă *sf.* **1.** heap, stack, clump, pile, cluster. **2.** (*la rugbi*) scrummage. **3.** *fig.* welter, *amer. fam.* slew: *o ~ de informații* a welter of information. **4.** *pl. fam.* scads, heaps, scores: *grămezi de* scores of; *grămezi de bani* scads of money. # *a pune ~* to pile, to lumber.

grănicer *sm.* **1.** frontier guard. **2.** (*de coastă*) coastguard.

grăpa *vt.* to harrow.

grăsime *sf.* **1.** grease, fat. **2.** (*untură*) lard.

grăsun *sm.* fat man.

grăsuț *adj.* plump, chubby, *fam.* podgy.

grătar *sn.* **1.** grid, grate, lattice. **2.** (*de fript*) gridiron, grill. # *~ în aer liber* barbecue.

grăunte *sm.* **1.** granule, small grain. **2.** (*de sare, nisip etc.*) grain. **3.** (*bob*) bean. **4.** (*sământă*) seed.

grânar *sn.* granary, garner.

grâu *sn.* wheat, *amer.* corn: *~ încolțit* sprouted wheat. # *de ~* wheaten.

greabăn *sn.* (*la cal*) withers.

greață *sf.* nausea, sickness. # *de ~* (*d. o senzație*) sick; *cu senzație de ~* queasy, *amer. fam.* woozy; *a-i fi ~* to be sick; *a face ~* to nauseate; *mi-e ~ de ea* I loathe/detest her.

grebla *vt.* to rake.

greblă *sf.* rake.

grec *sm., adj.* Greek. # **limba greacă** Greek; ~**esc** Greek, Grecian.

grefa *vt.* to graft.

grefă *sf. med.* graft: *~ de piele* skin graft. # *a face o ~* to graft.

grefier *sm. jur.* recorder.

greier *sm.* cricket.

grenadă *sf.* grenade.

grenadier *sm.* grenadier.

greoi *adj.* **1.** (*în mişcări*) ponderous, sluggish. **2.** (*d. mers*) heavy, plodding. **3.** (*şi leneş*) lumpish. **4.** (*la cap*) dull, slow. **5.** (*d. stil*) tangled, involved.

grepfrut *sn.* grapefruit.

gresa *vt.* to oil, to grease.

gresie *sf.* **1.** slate, whetstone. **2.** (*de ascuțit*) grind stone. # *placă de ~* tile, flag; *a pune ~* to tile.

gresor *sn.* oilcan, *sl.* greaser.

greş *sn.* **1.** error, mistake. **2.** miss. # *fără ~* without fail; *a da ~* (*nu nimeri*) to miss the target, (*nu reuşi*) to fail.

greşeală *sf.* **1.** error, mistake, fault, wrong, *fam.* slip-up. **2.** (*scăpare*) slip: *~ de exprimare* slip of the tongue. **3.** *bis.* trespass, sin. # *~ de tipar* misprint; *supus greşelii* fallible.

greşi *vi.* **1**. to err. **2**. (*adresa*) to mistake. **3**. *bis*. to trespass, to sin.

greşit I. *adj*. erroneous, mistaken, wrong, wrong-headed: *idei ~e* wrong-headed ideas; *răspuns ~* wrong answer. **II**. *adv*. wrongly: *tradus ~* wrongly translated. # *hotărâre ~ă* perverse decision.

greţos *adj*. **1**. nauseous: *miros ~* nauseous smell. **2**. (*d. mâncare*) queasy. **3**. *fig*. disgusting.

greu I. *sn*. **1**. burden, weight. **2**. *fig*. difficulty. **II**. *adj*. **1**. weighty, heavy: *o încărcătură grea* a heavy load. **2**. (*dificil*) difficult, laborious, trying, hard, tough: *sarcină grea* difficult/laborious task. **3**. (*d. muncă*) tough. **4**. (*anevoios*) onerous, strenuous. **5**. (*d. vremuri*) rough. **6**. (*d. cap*) thick. **7**. (*d. mâncare*) stodgy. **8**. (*d. miros*) umpleasant. **III**. *adv*. heavily, hard: *din ~* hard; *a munci din ~* to work hard. # *cu ~* hardly; *oricât ar fi de ~* (come) hell on high water.

greutate *sf*. **1**. (*şi fig*.) weight. **2**. (*încărcătură*) load, burden. **3**. (*dificultate*) difficulty, predicament. **4**. *pl*. (*materiale*) hardships. **5**. *pl*. (*necazuri*) trials. # *a trece prin* (*greutăţi*) to go through (hardships); *cu ~* heavily, painfully; *om cu ~* influential man, *fam*. heavyweight; *măsuri şi greutăţi* weights and measures.

grevă *sf*. strike: *~ de avertisment* warning/token strike; *~ neoficială* wild-cat strike; *~ de solidaritate* sympathy strike; *a face ~* to go on strike; *a fi în ~* to be (out) on strike. # *spărgător de ~* strikebreaker, blackleg, *fam*. scab, *amer. sl*. fink; *~ spontană* walkout; *~ prin care se blochează un drum* sit-down; *~ prin ocuparea locului de muncă* sit-in.

grevist *sm*. striker.

gri *adj*. grey, *amer*. gray. # *~ cafeniu* (*culoare*) taupe.

grijă *sf*. **1**. care, concern: *a avea ~ de* to take care of, to care for, to tend; *ai ~*! take care! **2**. (*atenţie*) regard, heed: *a avea ~ să facă ceva* to take heed to do smth. **3**. (*îngrijorare*) worry. # *lipsit de griji* carefree; *cu ~* carefully; *a avea ~ de* to look after, to minister to; *a avea ~ de* (*un copil*) to take care of, to foster, to sit for; *a purta de ~* (*cuiva*) to mother; *a-şi face griji* to worry.

grijuliu *adj*. mindful, prudent, cautious.

grilaj *sn*. **1**. grid, network, rail(ing), grating, lattice. **2**. (*de metal*) grate.

grilă *sf*. **1**. grid. **2**. (*de cuvinte încrucişate*) pattern.

grimasă *sf*. **1**. grimace. **2**. (*de durere etc*.) wince.

grimat *adj*. made-up.

grindă *sf*. beam. # *~ de susţinere constr*. truss.

grindină *sf*. (*ploaie cu*) hail. # *a cădea ~* to hail.

gripare *sf*. *tehn*. seizure.

gripă *sf*. flu, influenza.

griş *sn.* semolina.
grizonat *adj.* (*d. păr*) grey, grizzled.
groapă *sf.* **1**. hole, hollow, pit. **2**. (*mormânt*) grave, tomb. **3**. (*de gunoi*) tip.
groază *sf.* horror, dread, fright, funk. # *o ~ de bani* a great deal of money.
groaznic *adj.* **1**. horrible, horrid, terrible, awful, ghastly, dreadful, appalling, dire, *fam.* yucky. **2**. (*d. durere de cap*) splitting.
grohăi *vi.* to grunt. # **~t** grunt.
grohotiş *sn.* scree.
gropar *sm.* grave digger.
gropiţă *sf.* (*în obraz*) dimple.
gros I. *adj.* **1**. thick, voluminous, dense, fat: *pereţi groşi* thick walls. **2**. (*d. ceaţă, fum*) dense. **3**. (*d. haine*) warm. **4**. (*d. voce*) deep. **II**. *adv.* thickly. # **~ier** gross; **~ime** thickness.
grosolan *adj.* **1**. gross, rough, coarse. **2**. (*d. o greşeală*) glaring. **3**. (*mitocan*) churlish, uncouth.
grosolănie *sf.* boorishness, uncouthness.
grotă *sf.* grotto, cavern.
grotesc *adj.* grotesque.
grozav *adj.* extraordinary, scintillating, terrific. # *~ de* very, extremely, exceedingly.
grozăvi *vr.* **1**. to have airs and graces. **2**. (**cu**) to pride oneself (on).
grozăvie *sf.* **1**. (*urgie*) calamity, disaster, maelstrom. **2**. (*persoană*) horrible man.
grumaz *sn.* neck.
grund *sn.* primer.
grunjos *adj.* granular.
grup *sn.* **1**. group, band, pack, team, rank, troop, party clump, knot, lot, *fam.* crew, crowd, outfit. **2**. (*mic*) pocket. # **~are** group(ing); *a merge în ~* to troop.
grupa I. *vt.* **1**. to group. **2**. (*împărţi*) to distribute, to assort. **II**. *vr.* to group.
grupă *sf.* group.
gudron *sn.* pitch, tar.
gudura *vr.* **1**. (*d. animale*) to fawn. **2**. (*d. oameni*) to grovel.
guguştiuc *sm.* dove.
guinee *sf.* (*= 21 şilingi*) guinea.
guiţa *vi.* to squeal, to honk. # **~t** squeal, honk.
guler *sn.* **1**. collar, neck: *~ colant* high neck; *~ tare* wing collar; *~ pe gât* polo neck. **2**. (*la păsări*) ruff. # *~ plisat* ruffle.
gulie *sf.* turnip, kohlrabi, swede, *amer.* rutabaga.
gumă *sf.* **1**. (*de şters*) rubber, *amer.* eraser. **2**. (*de mestecat*) (chewing) gum.
gunoi *sn.* **1**. dust, waste, refuse, rubbish, litter, *amer.* trash, garbage. **2**. (*d. cineva*) dirt. # *ladă de ~* dustbin, rubbish bin, skip, *amer.* trashcan, dumpster, garbage can; *maşină de ~* dustcart; *a arunca la ~ fam.* to trash.
gunoier *sm.* **1**. dustman, scavenger, refuse collector, *amer.* garbage collector/man. **2**. *pl.* trashmen.
gura-leului *sf. bot.* snapdragon.
guraliv *adj.* voluble, talkative, garrulous.

gură *sf.* **1**. mouth, *sl.* cake-hole, trap. **2**. (*înghițitură*) gulp, bite, sip, *fam.* shot. **3**. (*de cafea*) swallow. **4**. (*de aer*) breath. # *~-cască* loiterer, onlookers; *~ de incendiu* hydrant; *~-mare fam.* motormouth; *de-ale gurii* refreshments, victuals, eats; *spurcat la ~* foul-mouthed; *gura lumii* the talk of the town; *în gura mare* in a loud voice; *a tăcea din ~* to keep mum; *gura! sl.* belt up!, shut your face!

gurmand *sm.* gourmand, gourmet, glutton.

gureș *adj.* garrulos.

gust *sn.* **1**. gustation, flavour, savour: *cu ~ de ceapă* with a savour of onion. **2**. (*și fig.*) taste: *~ amar* bitter taste; *pe ~ul meu* to my taste. **3**. *fig.* sniff: *~ul puterii* the sniff of power. **4**. (*preferință*) liking. # **a ~a** (*și fig.*) to taste; **~os** savoury, palatable, toothsome, tasty, tasteful, *fam.* scrumptious; *~ puternic* tang; (*îmbrăcat*) *cu ~* neatly; *fără ~* (*și fig.*) tasteless, (*d. mâncare*) insipid, watery; *de prost ~* tawdry, tasteless, vulgar, indecorous, *fam.* tacky; *de bun ~* decorous; *~uri costisitoare* expensive tastes; *a da ~ la* to relish, to taste, to flavour; *a avea ~ de* to taste of, to savour of; *după ~* to taste.

gustare *sf.* **1**. (*sandviș etc.*) bite, *fam.* snack: *a lua o ~* to snack. **2**. (*între ora 10 și 11*) brunch. **3**. (*încercare*) gustation. # *gustări și băutură* refreshments.

gușă *sf.* **1**. *zool.* crop, maw, gizzard. **2**. *med.* goitre. **3**. (*de grăsime*) jowl.

gută *sf. med.* gout.

gutui(e) *sm., sf.* quince.

guturai *sn.* running nose, cold in the head.

gutural *adj.* throaty.

guvern *sn.* government, cabinet, administration. # *știința ~ării* statesmanship.

guverna *vt.* **1**. to govern, to lead. **2**. (*o țară*) to rule, to control. **3**. (*o bancă*) to manage. # **~re** government, rule; **~nt** ruler; **~tor** governor; **~mental** governmental.

guvernantă *sf.* governess, nanny.

guvernământ *sn.* # *de ~* governing; *formă de ~* form of government.

guzgan *sm.* rat.

H

habar *sn.* # ~ *n-am*! I have no idea! *fam.* search me!
habitat *sn.* habitat, home.
habotnic *sm.* bigot, religiose.
hachițe *sf. pl.* vagaries.
hahaleră *sf.* scoundrel.
hai, haide *interj.* come on!, let's go!
haidamac *sm.* **1.** (*derbedeu*) scamp. **2.** (*vlăjgan*) strapper.
haiduc *sm.* outlaw. # **~ie** outlawry.
haihui *adv.* # *a umbla* ~ to wander (idly) about, to rome about.
haimana *sf.* bum, vagrant, tramp.
hain *adj.* wicked, malevolent.
haină *sf.* **1.** coat. **2.** *pl.* clothes, wear, attire, wardrobe, *amer. sl.* threads: *un rând de haine* a suit of clothes. **3.** *pl.* (*de corp*) underclothes. **4.** *pl.* (*de călugăr etc.*) habit. **5.** *pl.* (*civile*) plain clothes. **6.** *pl.* (*de gală*) *fam.* Sunday best. **7.** (*de doliu*) weeds.
haită *sf.* **1.** (*de lupi etc.*) pack. **2.** (*bandă*) gang, bunch, party.
hal *sn.* state: *în ce ~ ești*! what a state/plight you are in!
halat *sn.* **1.** dressing gown, *amer.* robe. **2.** (*de lucru*) smock, overall. **3.** (*al unui doctor*) gown. **4.** (*de baie*) bathtrobe.
hală *sf.* **1.** (*atelier*) shed. **2.** (*de carne etc.*) market hall.
halbă *sf.* mug.
halcă *sf.* **1.** chunk, loaf. **2.** (*de carne*) hunk, joint.
haleală *sf. fam.* tuck, *sl.* grub.
hali *vt. sl.* to grub, *amer. fam.* to scarf.
halo *sn.* halo, nimbus.
haltă *sf.* **1.** flag station. **2.** halt, stop.
halteră *sf.* **1.** dumbbell. **2.** *pl. sport* weightlifting.
halterofil *sm. sport* weight lifter.
halucinație *sf.* hallucination, rave, delusion.
halva *sf.* halvah.
ham *sn.* harness.
hamac *sn.* hammock.
hamal *sm.* **1.** porter. **2.** (*în port*) docker, stevedore.
hambar *sn.* granary, garner, barn, bin, grange.
hamei *sm. bot.* hop.
hamster *sm.* hamster, guinea pig.
han *sn.* inn. # **~giu/giță** innkeeper.
handbal *sn.* handball.
handicap *sn.* handicap. # **~at** handicapped, disabled, *amer. fam* retarded.
hangar *sn.* **1.** shed. **2.** *av.* hangar.

hanorac *sn.* anorak, windbreaker, *amer.* windcheater.
haos *sn.* 1. chaos, havoc, disarray, mayhem, confusion, *fam.* shambles. 2. (*zăpăceală*) tangle, disorder.
haotic *adj.* 1. chaotic, desultory, promiscuous: *un gând ~* a desultory thought. 2. (*d. o cuvântare*) rambling.
haplea *sm.* 1. (*lacom*) *fam.* glutton. 2. (*nătărău*) nincompoop.
hapsân *adj.* wicked.
har *sn.* 1. (*talent*) aptitude, gift, spark. 2. (*ceresc*) mercy.
harababură *sf.* 1. (*dezordine*) mess, jumble, disorder, *fam.* mix-up. 2. (*gălăgie*) uproar, fuss.
hardughie *sf. fam.* barn.
harem *sn.* harem.
harnaşament *sn.* harness.
harnic *adj.* laborious, industrious, hard-working.
harpagon *sm.* niggard, money-grubber.
harpă *sf.* harp. # *a cânta la ~* to harp.
harpie *sf. fig.* hag.
harpon *sn.* harpoon, spear.
harţan *sn. fam.* chunk, wodge, hunk, lump.
hartă *sf.* 1. map: *~ fizică* relief map. 2. (*maritimă*) chart. # *a face o ~* to map.
harţă *sf.* 1. tiff, quarrel. 2. (*încăierare*) brawl, scuffle, skirmish.
haşiş *sn.* hashish.
haşmă *sf. bot.* shallot.
hatâr *sn.* favour, boon. # *a face cuiva un ~* to do smb. a favour.
havuz *sn.* 1. basin. 2. (*fântână arteziană*) fountain.
haz *sn.* merriment, hilarity, gaiety, mirth, fun. # *a face ~ pe seama cuiva* to make sport of smb.; *a face ~ de* to make fun of, to snigger at.
hazard *sn.* hazard, chance, venture.
hazarda *vr.* to venture, to undertake a risk, to tempt fate. # **~t** imprudent, risky, touch-and-go, unsafe.
hazliu *adj.* humorous, hilarious, comical, droll, laughable, funny.
hazna *sf.* cesspit.
hăcui *vt.* to hack.
hăitaş *sm.* tracker.
hăitui *vt.* to chase: *vânat ~t* chase. # **~re** chase.
hămăi *vi.* to bark. # **~t** bark.
hămesit *adj.* 1. (*înfometat*) starving, famished. 2. (*lacom*) greedy.
hăpăi *vt.* to tuck in, to guzzle, to devour, to gulp.
hărăzi *vt.* to destine, to ordain.
hărmălaie *sf.* hullabaloo, hubbub, uproar, row, hurly-burly, *fam.* to-do.
hărnicie *sf.* industry.
hărţui *vt.* to harass, to harry, to bait, to chase, to plague. # **~re** harassment; *~re sexuală* sexual harassment.
hăt *adv.* # *~ departe* far away.
hăţiş *sn.* 1. morass, tangle, thicket. 2. *fig.* labyrinth, maze.
hăţ *sn.* bridle.
hău *sn.* abyss.

hâd *adj.* ugly, ill-favoured, *amer.* homely.

hârâi *vi.* **1**. (*respirând*) to wheeze. **2**. (*d. un aparat*) to grate. # **~ală**, **~it** hoarse sound, wheeze.

hârb *sn.* **1**. potsherd. **2**. (*decrepit*) *fam.* (old) crock. # **~uit** (*d. cineva*) decrepit.

hârdău *sn.* tub.

hârjoni *vr.* to skip about, to gambol.

hârleț *sn.* pick, spade, shovel.

hârșâi *vi.* to scrape, to jangle. # **~t** jangle.

hârtie *sf.* **1**. paper: *de/din ~* paper; *~ milimetrică* graph paper. **2**. (*igienică*) (toilet) paper. **3**. (*foaie, coală*) sheet of paper. **4**. (*de ziar*) newsprint. **5**. (*de ambalat*) wrap, packing paper. **6**. act, document. # *bucățică de ~* slip (of paper); *~ cerată* (*pentru ambalaj*) wax(ed) paper.

hârtoapă *sf.* bump, pothole. # *cu hârtoape* (*d. drum*) bumpy.

hâtru *adj.* jocose, jocular.

hâțâna **I**. *vt.* **1**. (*zgâlțâi*) to shake. **2**. (*legăna*) to swing, to rock. **II**. *vr.* (*balansa*) to swing, to rock.

hectar *sn.* hectare.

hegemonie *sf.* hegemony.

hei! *interj.* hello!, hallo!, hullo!

heleșteu *sn.* pond, pool.

heliu *sn. chim.* helium.

hematie *sf.* red cell.

hematologie *sf.* haematology.

hematom *sn.* haematoma.

hemofilie *sf.* haemophilia.

hemoglobină *sf.* h(a)emoglobin.

hemoragie *sf.* h(a)emorrhage. # *a avea ~* to h(a)emorrhage.

hemoroizi *sm. pl.* piles.

hepatită *sf.* hepatitis.

herghelie *sf.* **1**. herd (of horses). **2**. stud farm.

hering *sm.* **1**. herring. **2**. (*afumat*) bloater. **3**. (*afumat și sărat*) kipper.

hermină *sf. zool.* ermine, stoat.

hernie *sf. med.* hernia, *fam.* rupture. # *~ de disc* slipped disc; *bandaj pentru ~* truss.

heroină *sf.* heroin, *fam.* junk, smack, *sl.* scag.

herpes *sn.* herpes, cold sore.

heruvim *sm.* cherub.

heteroclit *adj.* **1**. (*eterogen*) heterogeneous. **2**. (*ciudat*) uncommon, odd.

heterosexual *sm., adj.* heterosexual, *sl.* straight.

hexagon *sn.* hexagon. # **~al** hexagonal.

hiat *sn.* (*și fig.*) hiatus.

hibă *sf.* hitch, drawback, flaw, failure, *fam.* catch.

hiberna *vi.* to hibernate. # **~re** hibernation.

hibrid *sm.* hybrid, crossbreed.

hidos *adj.* hideous, monstrous.

hidoșenie *sf.* eyesore.

hidrant *sn.* hydrant, *amer.* fire plug.

hidrata *vt., vr.* to hydrate. # **~re** hydration.

hidraulic *adj.* hydraulic. # **~ă** hydraulics.

hidră *sf.* hydra.

hidroavion *sn.* hydroplane, seaplane.

hidrocentrală *sf.* hydro-electric station.

hidrofor *sn.* hydrophore.

hidrofug *adj.* waterproof.

hidrogen *sn.* hydrogen.

hidroliză *sf.* hydrolysis.

hienă *sf.* hy(a)ena.

hieroglifă *sf.* hieroglyph.

hilar *adj.* hilarious.

himen *sn.* hymen, maidenhead.

himeră *sf.* **1.** chimera, illusion, nonentity, make-believe. **2.** (*vedenie*) vision, shadow, will-o'-the-wisp.

hingher *sm.* dogcatcher.

hiperbolă *sf.* hyperbole.

hipertensiune *sf.* hypertension.

hipic *adj.* horse.

hipism *sn.* horse racing.

hipnotism *sn.* hypnotism, mesmerism.

hipnotiza *vt.* to hypnotize, to mesmerize.

hipnoză *sf.* hypnosis.

hipodermic *adj.* hypodermic.

hipodrom *sn.* hippodrome, *amer.* racecourse, racetrack.

hipofiză *sf.* *anat.* hypophysis.

hipopotam *sm.* hippopotamus, *fam.* hippo.

hipotensiune *sf.* hypotension.

hirotonosi *vt.* to ordain, to consecrate. # **~re** ordination.

hirsut *adj.* **1.** hirsute. **2.** (*grosolan*) rough, unpolished. **3.** (*ursuz*) morose.

hitlerism *sn.* Hitlerism.

hlizeală *sf.* snigger, giggle.

hlizi *vr.* to cackle, to snigger, to giggle.

hoardă *sf.* horde.

hoaşcă *sf.* *fam.* hag, harridan.

hobby *sn.* hobby.

hochei *sn.* **1.** hockey **2.** (*de câmp*) field hockey. **3.** (*pe iarbă*) grass hockey. **4.** (*pe gheaţă*) ice hockey.

hodorog *sm.* *fam.* dodderer, crock.

hodorogi I. *vi.* to rattle. **II.** *vr.* **1.** (*strica*) to be out of order, to wear out, to get no better. **2.** (*d. cineva*) *fam.* to crock, to become softheaded.

hodorogit *adj.* **1.** (*d. o maşină etc.*) battered, ramshackle, *amer.fam.* beatup. **2.** (*d. cineva*) rickety, feeble.

hohot *sn.* **1.** (*de râs*) peal, roar, howl, guffaw, heehaw. **2.** (*de plâns*) sob. # *în ~e* in fits.

hohoti *vi.* **1.** to howl, to roar. **2.** (*râde*) to guffaw, to peal. **3.** (*plânge*) to sob.

hoinar *sm.* rambler, rover, loafer.

hoinăreală *sf.* loaf, rambling.

hoinări *vi.* to ramble, to wander, to loaf, to rove, to swan.

hoit *sn.* carcass, carcase, carrion.

hol *sn.* **1.** hall, vestibule, *amer.* hallway. **2.** (*la hotel*) parlour, lobby, foyer, *amer.* lounge.

holba I. *vi.* (*ochii*) to leer. **II.** *vr.* **(la)** to gawk (at), to gape (at), to gloat (over), to goggle (at), *fam.* to pop out. # **~re** gaze; **~t** popped-out.

holdă *sf.* # *~ de grâu* cornfield.

holding *sn.* *ec.* holding.

holeră *sf.* cholera.
holocaust *sn.* holocaust.
holtei *sm.* bachelor.
homar *sm.* lobster.
homeopat *sm.* homeopath. # **~ie** homeopathy.
homicid *sn.* homicid, murder.
homosexual **I**. *sm.* homosexual, *fam.* gay, *sl.* queer, *amer. sl.* faggot, fag, fruit. **II**. *adj.* homosexual, camp, *sl.* queer. # **~itate** sodomy; *bărbat ~* ponce, gay.
homunculus *sm.* manikin.
hop *sn.* **1**. hump, hurdle. **2**. *fig.* difficulty.
horă *sf.* hora, ring.
horcăi *vi.* to rattle. # **~ală**, **~t** rattle.
hormon *sm.* hormone.
horn *sn.* chimney.
horoscop *sn.* horoscope, stars.
hortensie *sf. bot.* hydrangea.
horticultor *sm.* horticulturist.
horticultură *sf.* horticulture.
hotar *sn.* frontier.
hotărâre *sf.* **1**. (*decizie*) determination, decision, resolution: *o ~ înțeleaptă* a sensible decision. **2**. (*fermitate*) decision, firmness, purpose: *~ nestrămutată* strength of purpose. **3**. (*dispoziție*) provision, decree. **4**. *jur.* ruling, verdict. # *cu ~* firmly; *a lua o ~* to make up one's mind; *~ judecătorească* sentence, *amer.* award.
hotărât **I**. *adj.* **1**. (*ferm*) firm, decisive, resolute. **2**. (*decis*) determined, hell-bent, intent, resolved. **3**. (**să**) set (on), intent (on): *~ să câștige* intent on winning. **II**. *adv.* peremptorily. # **~or** decisive, overriding.
hotărî **I**. *vt.* **1**. to decide, to determine, to resolve: *ei au hotărât să reia controlul asupra* they resolved to resume control over. **2**. (*decide*) to ordain, to determine. **3**. *jur.* to rule. **4**. (*o dată*) to appoint. **II**. *vi.* to will. **III**. *vr.* **1**. to decide, to resolve, to make up one's mind. **2**. (**asupra**) to settle (on), to set one's mind (on).
hotel *sn.* hotel, house. # *proprietar(ă) de ~* landlord, landlady; *proprietar/director de ~* hotelier.
hoț *sm.* **1**. robber, thief, burglar. **2**. (*de buzunare*) pickpocket. **3**. (*de vite/cai*) *amer.* rustler. # **~ie** robbery, theft; thieving, thievery; **~esc** thievish.
hoțoman *sm.* **1**. (*șmecher*) crafty fellow, *fam.* slyboots. **2**. (*șarlatan*) crook, quack.
hrană *sf.* **1**. food, nourishment, nutriment, sustenance. **2**. (*pentru animale*) feed. # *~ naturală* wholefood.
hrăni **I**. *vt.* to feed, to nurture, to nourish. **II**. *vr.* to feed oneself, to eat. # **~re** nutrition, feed(ing), nourishment; **~tor** nutritious, nutritive, nourishing, filling; *bine ~t* well-fed.
hrăpăreț *adj.* rapacious, grasping, grabbing. # *om ~* money-grubber.
hrean *sm.* horseradish.
hublou *sn.* porthole.

huhura *vi.* (*d. bufniță*) to hoot.

huidui I. *vt.* to boo, to hoot, to hiss, to barrack. II. *vi.* 1. to boo. 2. (**pe**) to jeer (at). # ~**ală** hoot, booing.

huidumă *sf.* colossus, giant.

huilă *sf.* pitcoal.

hulă *sf. nav.* swell.

huli *vt.* 1. to curse, to swear. 2. (*defăima*) to slander.

huligan *sm.* hooligan, ruffian, *amer. fam.* roughneck.

hulpav *adj.* greedy.

hulub *sm.* pigeon. # ~**ărie** loft, pigeon house.

humă *sf.* clay.

huo *interj.* boo!

hurduca *vr.* 1. to jerk, to judder. 2. (*d. un vehicul*) to bounce, to shudder.

hurducătură *sf.* jerk.

hurui *vi.* 1. to clatter, to hum, to rumble, *fam.* to rattle. 2. (*d. motor*) to purr, to whir(r), to throb. # ~**ală** rumble.

huruit *sn.* 1. clatter, hum, rumble. 2. roar, throb.

husar *sm.* hussar.

husă *sf.* 1. cover, *amer.* slip cover. 2. (*de mobilă*) loose cover.

huzur *sn.* ease. # *a ~i* to lead a life of ease, to live in clover.

I

ia *interj.* look!, now then!: ~ *te uită la tine*! look at you!; ~ *uite*! look here! # ~ *aşa*! just like that!; ~ *să* (*mergem*)! let's (go)!
iac *sm. zool.* yak.
iacă *interj.* **1.** (*uite*) look! **2.** (*deodată*) suddenly. # ~ *aşa*! just like that!
iad *sn.* hell. # ~*ul* the lower regions.
iadeş *sn.* wishbone.
iaht *sn.* yacht. # ~**ing** yachting.
iamb *sm.* iambus.
ianuarie *sm.* January.
iapă *sf.* mare.
iar *conj.* **1.** (*însă*) but. **2.** (*şi*) and.
iar(ăşi) *adv.* **1.** (yet) again. **2.** (*din nou*) one more time, once more. **3.** (*continuu*) continually.
iarbă *sf.* **1.** grass: *un fir de* ~ a blade of grass. **2.** (*înaltă*) tussock. **3.** (*buruieni*) weeds. **4.** (*pajişte*) grassland, meadow.
iarmaroc *sn.* fair, *amer.* carnival.
iarnă *sf.* winter: *în toiul iernii* in the dead of winter; ~ *blândă/grea* mild/hard winter. # *iarna, în timpul iernii* in winter; *a-şi petrece iarna* to winter; *de* ~ wintry.
iască *sf.* tinder.
iasomie *sf. bot.* jasmine.
iatac *sn.* bedroom.
iatagan *sn.* yataghan, scimitar.
iată *interj.* look here! # ~-*i*! there they are!; ~-*l pe Dan*! there is Dan!; ~ *că vine trenul* here comes the train!
iaurt *sn.* yoghurt. # ~ *aromatizat* junket.
iavaş *adv.* **1.** (*fără grabă*) slowly. **2.** (*binişor*) easily.
iaz *sn.* **1.** pond, mere. **2.** (*al morii*) millpond.
ibidem *adv.* ibidem.
ibovnic *sm.* lover, beau. # ~**ă** mistress, fancy woman.
ibric *sn.* **1.** kettle, pot, urn. **2.** (*de cafea*) coffeepot. # *cioc de* ~ spout.
ic *sn.* wedge.
ici *adv.* here: ~ *şi colo* here and there.
icoană *sf.* icon, ikon.
icni *vi.* to pant, to puff.
icre *sf. pl.* **1.** roe, spawn. **2.** (*negre*) caviar(e). **3.** (*preparate*) soft roe. # *a depune* ~ to spawn.
icter *sn.* jaundice.
ideal **I**. *sn.* ideal. **II**. *adj.* ideal, perfect: *zi* ~*ă pentru* perfect day for. # ~**ism** idealism; ~**ist** idealist, dreamer; **a** ~**iza** to idealize, to romanticize.
idee *sf.* **1.** idea, notion, thought: ~ *vagă* vague notion; *mi-a venit*

o ~ I've just had a thought. **2**. (*sugestie*) suggestion. # ~ *fixă* obsession, fetish, hobbyhorse; ~ *preconcepută* misconception; *o* ~ *genială* a stroke of genius.

idem *adv.* idem.

identic *adj.* **1**. identic(al), similar, indistinguishable, same, (all) of a piece, twin: *mi se par ~i* they look the same to me. **2**. equal, like: *cu păreri ~e* of like mind.

identifica *vt.* to identify. # **~re** identification.

identitate *sf.* identity. # *act de* ~ ID card.

ideolog *sm.* ideologist. # **~ie** ideology; **~ic** ideological.

idilă *sf.* idyll, romance, love affair.

idilic *adj.* idyllic, rosy.

idiom *sn.* idiom, patois. # **~atic** idiomatic; *expresie ~atică* idiom.

idiot **I**. *sm.* idiot. **II**. *adj.* idiotic.

idioţenie *sf.* **1**. idiocy. **2**. *pl. fam.* claptrap, poppycock, rubbish, *sl.* tosh.

idiş *sn.* Yiddish.

idol *sm.* (*şi fig.*) idol. # **~atrie** idolatry; **a ~atriza** to idolize.

ied *sm.* kid, young goat.

iederă *sf.* ivy, yew.

ieftin **I**. *adj.* **1**. cheap: *foarte* ~ dirt-cheap. **2**. (*prost*) tawdry, gimcrack, *fam.* twopenny: *bijuterii ~e* tawdry jewellery. **II**. *adv.* cheaply. # **a (se) ~i** to cheapen; **~ire** deduction in price; ~ *ca braga* dirt cheap; *glumă ~ă* trite joke.

ienupăr *sm.* juniper.

iepuraş *sm.* bunny.

iepure *sm.* **1**. rabbit, bunny, cony, coney. **2**. (*mascul*) buck. **3**. (*de câmp*) hare. # *carne de* ~ rabbit; *a se duce la vânătoare de iepuri* to go rabbitting.

iepuroaică *sf.* doe.

ierarh *sm.* hierarch.

ierarhie *sf.* hierarchy.

ierbar *sn.* herbarium.

ierbicid *sn.* herbicide.

ierbivor **I**. *sm.* herbivore. **II**. *adj.* herbivorous.

ieri *adv.* yesterday: *chiar* ~ as late as yesterday; ~ *dimineaţă* yesterday morning.

ierna *vi.* to winter. # **~t** wintering.

ierta *vt.* **1**. to pardon, to forgive, to excuse. **2**. (*d. un preot*) to absolve.

iertare *sf.* **1**. pardon, forgiveness. **2**. (*a păcatelor etc.*) remission, absolution.

iertător *adj.* clement, forgiving, merciful.

iesle *sf.* crib, manger.

ieşi *vi.* **1**. to go out. **2**. (*din scenă*) to exit. **3**. (*în afară*) to jut, to bulge, to project, to protrude. **4**. (*împreună*) to date. **5**. (*la iveală*) to come out. **6**. (*la pensie*) to retire. **7**. (*d. dinţi*) to teethe. **8**. (*în relief*) to stand out. # **~t** (*în afară*) prominent; *a ~ la iveală* (*d. un secret*) to leak; *a ~ bine dintr-o situaţie* to come off well.

ieşire *sf.* **1**. exit, gate, egress(ion), way: *intrarea/~a* the way in/out. **2**. (*enervare*) outburst. **3**. (*orificiu de*) outlet. **4**. *inf.* (*de date şi in-*

formații) output. 5. (*de incendiu*) fire escape. # *fără* ~ inextricable, no-win.

ieşitură, ieşind *sf.*, *sn.* 1. projection, prominence, protuberance, jut, ledge. 2. *tehn.* lug.

iezer *sn.* tarn.

ifose *sn. pl.* airs: *a-şi da* ~ to put on airs. # *plin de* ~ high-and-mighty.

igienă *sf.* hygiene. # *de* ~ sanitary.

igienic *adj.* hygienic, sanitary.

igienizare *sf.* sanitation.

igliță *sf.* crotchet.

iglu *sn.* igloo.

ignifug *adj.* fireproof.

ignora *vt.* 1. to ignore, to disregard, to neglect. 2. (*pe cineva*) to cut dead, to snub. # ~**nță** ignorance, darkness; ~**re** disregard.

ignorant I. *sm.* ignoramus. II. *adj.* ignorant, *fam.* clueless.

ignorare *sf.* 1. neglect. 2. (*a cuiva*) snub.

igrasie *sf.* (rising) damp, dankness.

ilar *adj.* laughable.

ilariant *adj.* laughable. # *gaz* ~ laughing gas.

ilegal *adj.* 1. illegal, lawless, illicit, unlawful, wrongful. 2. (*subteran*) underground. # ~**itate** illegality, lawlessness.

ilegitim *adj.* illegitimate.

ilicit *adj.* illicit, illegal, unlawful, illegitimate, unauthorized.

ilizibil *adj.* illegible.

ilogic *adj.* illogical.

ilumina *vt.* to illuminate. # ~**re** illumination.

ilustra *vt.* 1. (*şi fig.*) to illustrate. 2. to exemplify. # ~**re** illustration; ~**tor** illustrator; ~**tă** (*carte poştală*) card, picture postcard.

ilustrație *sf.* illustration, figure, picture, plate: *ilustrații color* colour plates.

ilustru *adj.* illustrious, renowned, famous, remarkable, distinguished.

iluzie *sf.* 1. illusion. 2. (*închipuire*) delusion, make-belive, fantasy. 3. (*optică*) trick.

iluzionist *sm.* illusionist.

iluzoriu *adj.* illusory, delusive.

imaculat *adj.* 1. immaculate, spotless. 2. (*şi fig.*) unspotted, unblemished, pure.

imagina *vt.* to imagine, to conceive, to picture, to visualize. # ~**bil** imaginable; ~**r** imaginary, unreal, fictitious, fanciful, fictional, phantom, *fam.* pretend; *a-şi* ~ to fancy.

imaginație *sf.* imagination, vision, fancy, fantasy. # *lipsit de* ~ unimaginative, pedestrian.

imagine *sf.* 1. image, vision. 2. (*la TV, mentală*) picture. 3. *pl.* views. 4. (*în oglindă*) reflection. # ~ *neclară* blur.

imaş *sn.* field, grass.

imaterial *adj.* immaterial, incorporeal.

imatur *adj.* immature, callow. # ~**itate** immaturity, nonage.

imbatabil *adj.* unbeaten, unbeatable, unvanquished.

imbecil *sm.* 1. imbecile, fool, idiot, dickhead, *fam.* twit. 2. *med.* moron. # ~**itate** imbecility; **a ~iza** to make stupid, to stupefy.

imberb *adj.* beardless, immature.

imbold *sn.* prod, spur, momentum, prompting.

imediat I. *adj.* **1.** immediate, instant, prompt. **2.** (*apropiat*) proximate. **II.** *adv.* immediately, direct(ly), quickly, readily, forthwith, right away/now, instantly, presently, shortly, on the instant, promptly, at/on the double, at a glance, straight(away), *fam.* right, *amer.* momentarily: ~ *după* directly/ shortly after; ~ *ce fam.* directly; ~ *după ore* straight after classes. # ~ *după aceea* soon after; ~! in a jiffy!, right away!

imens *adj.* immense, enormous, vast, tremendous, giant, huge, monstrous, yawning, prodigious, *fam.* whacking, whopping, thumping: *decalaj* ~ yawning gap; *cantități ~e de* prodigious amounts of. # **~itate** immensity.

imersiune *sf.* immersion.

imigra *vi.* to immigrate. # **~nt** immigrant; **~re** immigration.

iminent *adj.* imminent, near, (im)-pending, on the horizon, on-coming.

iminență *sf.* immediacy, scent: *iminența victoriei* the scent of victory.

imita *vt.* **1.** to imitate, to ape, to mock, to echo, to feign, to parrot. **2.** to copy. **3.** (*natura*) to mimic. # **~tor** mimic.

imitativ *adj.* **1.** imitative. **2.** (*fără originalitate*) slavish.

imitare *sf.* **1.** imitation, mock. **2.** (*a unei persoane*) parody, *fam.* send-up.

imitație *sf.* **1.** imitation, copy, mimicry. **2.** (*proastă*) parody, travesty.

imixtiune *sf.* interference, intrusion.

imn *sn.* hymn, anthem: ~ *național* national anthem.

imobil[1] *sn.* building, house.

imobil[2] *adj.* immobile, motionless, immovable.

imobiliar *adj.* immovable, real. # *agent* ~ real estate agent.

imobiliza *vt.* **1.** to immobilize. **2.** (*pe cineva*) to pin(ion). **3.** (*o barcă între stânci etc.*) to wedge.

imoral *adj.* **1.** immoral, corrupt, depraved, perverse, wanton, *fam.* sleazy. **2.** (*d. moravuri*) loose. # **~itate** immorality, decadence.

imortaliza *vt.* to immortalize.

impacienta *vr.* to grow impatient. # **~re** apprehension, *fam.* strop; **~t** fussy; *nu te* ~! don't get in a strop!

impact *sn.* impact, collision, clash, hit.

impar *adj.* odd, uneven: *numere ~e* odd numbers.

imparțial *adj.* impartial, neutral, unbiassed, objective, just, righteous. # **~itate** impartiality.

impas *sn.* **1.** impasse, dilemma, deadlock, predicament, stalemate, stand-off, exigency, *fam.* bind, fix. **2.** (*dubiu*) quandary. **3.** (*la joc de cărți*) finesse. # *a fi în* ~ to be in a fix/hole; *în* ~ at a loose end.

impasibil *adj.* impassive, unmoved, stolid, immovable.

impecabil I. *adj.* **1.** impeccable, unimpeachable. **2.** (*de curat*) immaculate, spick and span, squeaky clean. **II**. *adv*. impeccably, faultlessly.

impedanță *sf*. impedance.

impediment *sn*. impediment, hindrance, kink, snag.

impenetrabil *adj*. **1**. (*d. cineva*) inscrutable. **2**. (*d. o enigmă*) unfathomable.

imperativ *adj*. **1**. (*d. ton*) peremptory. **2**. *gram*. imperative.

imperceptibil *adj*. imperceptible, indistinguishable.

imperfect *sn*. *gram*. imperfect.

imperfecțiune *sf*. imperfection, deficiency.

imperial *adj*. imperial. # **~ism** imperialism; **~ist** imperialist.

imperios *adj*. imperative, stringent, urgent.

imperiu *sn*. empire.

impermeabil I. *sn*. mackintosh, raincoat. **II**. *adj*. impermeable, water-repellent, waterproof, watertight, rainproof.

impertinent *adj*. impertinent, insolent, cheeky, rude, uncivil, impudent.

impertinență *sf*. impertinence, impudence, sauce, temerity, audacity.

imperturbabil *adj*. imperturbable, untroubled, unmoved, unabashed, unruffled. # **~itate** equanimity.

impetuos *adj*. impetuous.

impiegat *sm*. (junior) clerk. # ~ *de mişcare* traffic manager.

impieta *vi*. to impinge.

implacabil *adj*. implacable, inexpiable.

implant *sn*. *med*. graft: ~ *de piele* skin graft. # **a ~a** *med*. to implant.

implica I. *vt*. to imply, to involve, to infer. **II**. *vr*. (**în**) to commit oneself (to). # **~re**, **~ție** implication, commitment, involvement, plunge; **~t** involved, concerned; *a nu se* ~ to pussyfoot.

implicit *adj*. implicit.

implora I. *vt*. to implore, to urge, to beseech, to entreat, to invoke. **II**. *vi*. (**să**) to plead (to). # **~re** plea, supplication.

implorator I. *adj*. suppliant. **II**. *adv*. pleadingly.

impolitețe *sf*. impoliteness.

imponderabil *adj*. weightless. # **~itate** weightlessness.

import *sn*. *ec*. import. # **a ~a** to import; **~ator** importer.

important *adj*. **1**. important, significant, notable, signal, valuable, meaningful, leading, prominent, salient, substantive: *discuție ~ă* meaningful discussion; *probleme ~e la ordinea zilei* leading topics of the day; *victorie ~ă* signal victory. **2**. (*mare*) big, major, serious, grand, great, weighty, wide. **3**. (*d. o funcție*) high. # *foarte* ~ momentous.

importanță *sf*. import(ance), significance, consequence, magnitude, value, weight, substance, moment: *a da* ~ (*unui lucru*) to attach importance to; *de mare* ~ of great moment/value; *de mică* ~ of slight/secondary importance, fiddling. # *fără* ~ unimportant, insignificant, trivial, poxy; *de* ~

mondială earthshattering; *a avea ~* to matter, to weigh; *de primă ~* premier; *persoană/lucru fără ~ fam.* small beer, *amer.* small potatoes; *ce ~ are?* what difference does it make?

importuna *vt.* to importune, to pester, to annoy, to bother.

imposibil *adj.* impossible, unachievable: *aproape ~* well-nigh/virtually/practically impossible, *fam.* all but impossible; *obiective ~e* unachievable goals.

impostor *sm.* impostor, fraud, cheat, sham, humbug, quack.

impostură *sf.* imposture, humbug, sham.

impotent *adj.* impotent.

impotență *sf.* impotence.

impozabil *adj.* taxable.

impozant *adj.* imposing, commanding, dashing, stately, grand.

impozit *sn.* **1.** tax, contribution, duty: *~ progresiv* graded tax; *~ pe venit* income tax. **2.** (*percepere de*) levy. **3.** *pl.* dues. # **a ~a** to tax; **~are** taxation; *scutit de ~* tax exempt.

impracticabil *adj.* (*d. drum*) impassable.

imprecație *sf.* imprecation.

imprecis *adj.* imprecise, evasive, indeterminate.

imprecizie *sf.* imprecision.

impregna *vt.* to impregnate.

impresar *sm.* manager, agent.

impresie *sf.* **1.** (*senzație*) impression, sensation, effect: *impresia generală* the general effect. **2.** (*părere*) opinion, idea.

impresiona *vt.* to impress, to move, to touch, to stir. # **~t** touched, moved; **~bil** impressionable, squeamish, susceptible.

impresionant *adj.* **1.** impressive, stirring, touching, moving, punchy: *discurs ~* punchy/telling speech. **2.** (*impunător*) imposing, stately, massive: *monument ~* massive monument.

impresionism *sn.* impressionism.

imprevizibil *adj.* unpredictable, unforeseen, mercurial, unexpected, unforeseeable: *temperament ~* mercurial temperament.

imprima *vt.* **1.** (*tipări*) to print. **2.** (*și fig.*) to imprint, to impress. **3.** (*un disc*) to record. # **~t** (*d. un material*) figured, patterned; **~re** printing; **~ntă** *inf.* printer.

imprimeu *sn.* print.

improbabil *adj.* improbable.

impropriu *adj.* improper, unfit.

improviza *vt.* to improvise. # **~ție** improvisation, makeshift.

improvizat *adj.* **1.** improvised, unprepared, scratch, offhand, impromptu. **2.** (*d. o cuvântare*) extemporaneus, extempore: *discurs ~* extempore speech.

imprudent *adj.* imprudent, heedless, reckless, improvident, uncautious.

imprudență *sf.* imprudence, carelessness.

impudic *adj.* (*d. o carte*) racy, risqué.

impuls *sn.* **1.** (*pornire*) urge, compulsion, whim. **2.** (*imbold*) impulse, prod, spur, boost, prompting, impetus, goad, fillip. # **a ~iona** to urge, to prod, to stir, to boost, to impel, to spur; *sub ~ul împrejurărilor* under the pressure of circumstances; *sub ~ul momentului* on the spur of the moment, in the heat of the moment.

impulsiv *adj.* impulsive, impetuous, hot-tempered, quick-tempered, *fam.* trigger-happy. # **~itate** impulsivity; *persoană ~ă* hot-head.

impunător *adj.* imposing, stately, majestic, lofty, towering.

impune I. *vt.* **1.** to impose, to dictate, to enforce: *a ~ legea* to enforce the law. **2.** (*un impozit*) to levy, to tax. **3.** (*respect*) to command. **4.** (*tăcere etc.*) to compel. **5.** (*părerile*) to intrude. **II.** *vr.* **1.** to impose, to dominate, to lord. **2.** (*în fața oamenilor*) to assert oneself. # **~re** taxation; *care se ~* incumbent.

impur *adj.* **1.** impure. **2.** (*amestecat cu*) adulterated. **3.** (*murdar*) defiled, unclean.

imputa *vt.* to impute. # **~re** imputation.

imuabil *adj.* unalterable, unchangeable, unchanging.

imun *adj.* (**la**) immune (from). # **~itate** immunity.

imund *adj. fig.* loathsome, offensive.

in *sm.* flax. # *pânză de ~* linen; *sămânță de ~* linseed.

inabil *adj.* ungainly, maladroit, awkward.

inabordabil *adj.* (*d. cineva*) unapproachable. # *~ pentru ea* out of her reach.

inacceptabil *adj.* unacceptable. # *lucru/comportament ~ fam.* no-no.

inaccesibil *adj.* **1.** inaccessible, unattainable. **2.** (*d. cineva*) unapproachable. # *~ pentru ea* out of her reach; *loc ~* off-the-map place.

inactiv *adj.* **1.** inactive, idle, dead. **2.** (*fără serviciu*) unemployed. **3.** (*d. un vulcan*) dormant. # **~itate** inactivity.

inadaptabil *adj.* maladjusted. # **~itate** maladjustment.

inadecvat *adj.* inadequate, unsuitable, unfit, unbecoming.

inadvertență *sf.* inadvertence.

inadmisibil *adj.* inadmissible.

inamic *sm.* enemy, foeman.

inamovibil *adj.* irremovable.

inaniție *sf.* starvation.

inapt *adj.* **1.** inapt, unsuitable, misfit. **2.** (**pentru**) unfit (for).

inaugura *vt.* to inaugurate, to open. # **~re** opening, inauguration.

incandescent *adj.* incandescent, red-hot.

incandescență *sf.* incandescence, glow.

incapabil *adj.* **1.** incapable, unsuitable, unable, feckless: *~ să se mişte* unable to move. **2.** (**pentru**) unfit (for).

incapacitate *sf.* disability.

incarnat *adj.* (*d. o unghie*) ingrowing.

incasabil *adj.* shatterproof, unbreakable.

incendia *vt.* to set fire to, to torch. # ~**r** incendiary; ~**tor** arsonist.

incendiere *sf.* arson.

incendiu *sn.* 1. fire, blaze. 2. (*provocat*) arson. # *gură de ~* plug; *ieşire/scară de ~* fire escape.

incert *adj.* uncertain, doubtful, unsure, improbable.

incertitudine *sf.* 1. incertitude, uncertainty. 2. (*ezitare*) vacillation, irresolution. 3. (*dubiu*) doubt.

incest *sn.* incest. # ~**uos** incestuous.

inch *sm.* inch (= *2,54 cm*).

inchiziţie *sf.* inquisition.

incident *sn.* 1. (*întâmplare*) incident, occurrence, *fam.* goings-on. 2. (*neplăcut*) incident, mishap.

incidental *adj.* incidental. # *ceva ~* one-off: *plată ~ă* one-off payment.

incidenţă *sf.* incidence.

incinera *vt.* to incinerate, to cremate. # ~**re** cremation.

incintă *sf.* precincts: *în incinta* within the precincts of.

incipient *adj.* incipient, rudimentary, budding, inchoate.

incisiv[1] *sm.* (*dinte*) incisor.

incisiv[2] *adj.* incisive, mordant, trenchant, acrimonius, biting, pungent.

incita *vt.* 1. to incite, to prod. 2. (*instiga*) to instigate, to rouse. # ~**re** incitement; ~**nt** challanging.

incizie *sf.* incision.

include *vt.* 1. to include, to comprehend, to throw in, to comprise, to involve. 2. (*număra*) to number, to contain. # *incluzând pe* together with.

inclus *adj.* inclusive. # ~**iv** included, including, inclusively.

incoerent *adj.* (*d. o cuvântare*) incoherent, rambling.

incoerenţă *sf.* incoherence.

incognito *adj.*, *adv.* incognito.

incolor *adj.* colourless.

incomensurabil *adj.* immeasurable.

incomod *adj.* 1. (*greu de mânuit*) cumbersome, cumbrous. 2. (*d. cineva*) undesirable. 3. (*d. pantofi*) uncomfortable.

incomoda *vt.* to distrub, to trouble.

incomparabil I. *adj.* incomparable. **II.** *adv.* incomparably, beyond compare.

incompatibil *adj.* inconsistent. # ~**itate** *sf.* incompatibility.

incompetent *adj.* incompetent, incapable, feckless, unqualified.

incompetenţă *sf.* incompetence, disability, incapacity.

incomplet *adj.* incomplete, partial, imperfect, inadequate, inchoate.

inconsecvent *adj.* inconsequent, inconsistent. # *a fi ~* to blow hot and cold.

inconsecvenţă *sf.* inconsequence.

inconstant *adj.* changeable, fickle.

inconştient *adj.* 1. (*stare*) unconscious. 2. (*iresponsabil*) reckless, foolhardy.

inconştienţă *sf.* (*stare de*) stupor.

incontestabil *adj.* incontestable, unquestionable, undeniable, indisputable, out of question.

inconvenient *sn.* **1**. inconvenience, disadvantage. **2**. difficulty. **3**. (*piedică*) hindrance.

incorect *adj.* **1**. incorrect, erroneous, mistaken, wrong. **2**. (*necinstit*) dishonest, corrupt, vicious. **3**. (*inexact*) false, inaccurate. # **~itudine** dishonesty.

incorigibil *adj.* incorrigible, irredeemable, irreclaimable, dye-in--the-wool.

incoruptibil *adj.* incorruptible, untouchable.

incredibil *adj.* incredible, unbelievable, beyond belief.

incrimina *vt.* to incriminate, to accuse. # **~tor** damning; **~re** incrimination, indictment.

incrusta *vt.* to inlay. # **~t** inlaid; **~ție** inlay.

incubație *sf.* # *perioadă de ~* (*a bolii*) latent period.

incubator *sn.* incubator.

inculca *vt.* to inculcate, to implant.

inculpa *vt.* to blame. # **~re** indictment; **~t** culprit, defendant; **~tul** the accused.

incult *adj.* illiterate, unlettered. # **~ură** illiteracy, ignorance.

incurabil *adj.* incurable.

incursiune *sf.* incursion, foray. # *a face o ~* to foray.

indecent *adj.* **1**. indecent, offensive. **2**. (*obscen*) salacious. **3**. (*d. o femeie etc.*) immodest: *o rochie ~ă* an immodest dress. **4**. (*d. un banc*) naughty, smutty.

indecență *sf.* indecency, impropriety.

indecis *adj.* hesitating, irresolute, undecided, uncommitted, unsettled; wishy-washy: *votanți indeciși* uncommitted voters.

indefinit *adj.* **1**. indefinite. **2**. unclear.

indemnizație *sf.* indemnity, allowance, benefit.

independent *adj.* **1**. independent, autonomous, unattached, self-contained, self-reliant, unaffiliated. **2**. (*d. o țară*) independent, free.

independență *sf.* independence.

indescifrabil *adj.* (*d. scris*) illegible.

indescriptibil *adj.* indescribable.

indestructibil *adj.* unbreakable.

indeșirabil *adj.* ladderless, ladderproof.

index *sn.* **1**. index. **2**. (*în atlas*) gazetteer. # **a ~a** (*pensii etc.*) to index; **~are** indexation; *a pune la ~* to scrap; *pus la ~ fam.* on the scrap heap.

indezirabil *adj.* undesirable.

indian *sm.*, *adj.* Indian.

indica *vt.* **1**. (*arăta*) to indicate, to denote, to mark, to point (out), to show, to proclaim. **2**. (*însemna*) to signify, to imply. **3**. (*semnala*) to signal. **4**. (*d. un instrument de măsură*) to read. **5**. (*d. un termometru etc.*) to record, to register, to read. **6**. (*pe hartă*) to pinpoint. **7**. (*sugera*) to point (to). **8**. (*prescrie*) to prescribe. # **~re** indication; **~t** (*convenabil*) proper; *a ~ precis* to pinpoint.

indicativ *sn.*, *adj.* indicative.

indicator *sn.* 1. indicator, sign(al), mark. 2. (*rutier*) signpost, traffic sign. 3. (*la instrumente de măsură*) pointer.

indicație *sf.* 1. indication, directive, specification. 2. *pl.* directives, guidelines.

indice *sm.* (*alfabetic*) index.

indiciu *sn.* 1. sign, indication, denotation. 2. (*dovadă*) proof, clue, signal, evidence, lead. 3. *pl.* (*semne*) evidences.

indiferent *adj.* 1. indifferent, unconcerned: *a făcut pe ~ul* he assumed indifferent. 2. (*nepăsător*) oblivious, heedless, listless, stolid, matter-of-fact. 3. (*impasibil*) unmoved. # ~ *de* regardless of, irrespective of; *mi-e* ~ I don't mind, it's all the same to me, *fam.* no odds to me.

indiferență *sf.* indifference.

indigen *adj.* indigenous, aboriginal, native, inland: *plantă ~ă, animal ~* native.

indigest *adj.* (*d. mâncare*) *fam.* stodgy. # **~ie** indigestion.

indigna I. *vt.* to outrage. II. *vr.* to revolt. # **~re** indignation, outrage; **~t** indignant.

indigo I. *sn.* 1. indigo. 2. carbon paper: *copie la ~* carbon copy. II. *adj.* indigo.

indirect *adj.* indirect.

indisciplină *sf.* indiscipline.

indiscret *adj.* 1. indiscreet. 2. (*curios*) intrusive, nos(e)y, inquisitive.

indiscreție *sf.* indiscretion.

indiscutabil *adj.* undeniable, unquestionable.

indispensabil I. *sm. pl.* (under)pants. II. *adj.* indispensable, necessary.

indisponibil *adj.* unavailable.

indispoziție *sf.* 1. (*proastă dispoziție*) low-spirits, black mood. 2. (*boală*) indisposition, ailment, complaint.

indispune *vt., vr.* to grieve.

indispus *adj.* indisposed, dispirited, low-spirited.

individ *sm.* individual, fellow, person, man, *fam.* buffer, dick, bloke, chap, stick, guy, *sl.* cat.

individual *adj.* individual, personal, separate. # **~itate** personality; **~ist** individualistic, self-absorbed.

indolent *adj.* indolent, lazy, sluggish, slack.

indolență *sf.* indolence, sloth.

indonezian *sm., adj.* Indonesian. # *limba ~ă* Indonesian.

indubitabil *adj.* undoubted, beyond all dispute.

induce *vt.* to induce. # *a ~ în eroare* to misdirect, to mislead.

indulgent *adj.* indulgent, clement, forbearing, lenient, permissive.

indulgență *sf.* indulgence, lenity, lenience, forbearance.

industrial *adj.* industrial. # **a ~iza** to industrialize.

industriaş *sm.* industrialist.

industrie *sf.* industry: *~ grea* heavy industry; *~ uşoară* light industry. # *industria de avioane* aviation; *industria de divertisment* show business, *fam.* showbiz; *~ minieră* mining.

inechitabil *adj.* inequitable, iniquitous, unjust, unfair, one-sided.
inechitate *sf.* inequity, iniquity, injustice.
inedit *adj.* original, novel, new.
ineficace *adj.* ineffectual, ineffective, feckless, futile.
ineficacitate *sf.* inefficacy.
ineficient *adj.* inefficient, ineffective.
inegal *adj.* 1. unequal, erratic. 2. (*neuniform*) uneven. # **~abil** unequalled, matchless, unmatched, unrivalled.
inegalitate *sf.* 1. inequality. 2. *pl.* excesses.
inel *sn.* 1. ring, circle, loop: ~ *de logodnă* engagement ring. 2. (*la conserve*) *amer.* tab. 3. (*cu o singură piatră*) solitaire. # **~ar** (*deget*) ring finger.
inept *adj.* inept, silly.
inepție *sf.* 1. ineptitude, nonsense. 2. *pl. fam.* rubbish, tommyrot.
inepuizabil *adj.* inexhaustible, tireless, unfailing, unflagging: *energie ~ă* unflagging energy.
inerent *adj.* inherent, built-in.
inert *adj.* 1. inert, passive, torpid, nerveless, sluggish. 2. *tehn.* lazy. 3. (*neînsuflețit*) lifeless.
inerție *sf.* inertia.
inestimabil *adj.* invaluable.
inevitabil I. *adj.* inevitable, unavoidable, imminent. II. *adv.* inevitably, necessarily.
inexact *adj.* inexact, inaccurate, loose, wide-of-the-mark: *preziceri ~e* wide-of-the-mark predictions; *calcul ~* inaccurate calculus.
inexistent *adj.* non-existent.
inexistență *sf.* absence, lack, nonexistence.
inexplicabil *adj.* 1. inexplicable, unaccountable. 2. (*de neînțeles*) incomprehensible.
inexpresiv *adj.* inexpressive, toneless.
infailibil *adj.* infallible, unerring, unfailing.
infam *adj.* 1. infamous, evil, dastardly, nefarious, vile, ignominous. 2. (*d. cineva*) caddish. # **~ie** infamy, ignominy.
infanterie *sf. mil.* infantry.
infanterist *sm.* infantryman.
infantil *adj.* infantile, puerile.
infarct *sn.* infarct.
infatuat *adj.* self-satisfied, vain. # *un ~ fam.* a smart alec, a big head, a coxcomb.
infect *adj.* 1. (*d. ceva*) disgusting, detestable, loathsome. 2. (*d. cineva*) despicable, vile, abject. 3. (*d. miros*) stinking, rank.
infecta I. *vt.* to infect, to contaminate. II. *vr.* 1. to fester. 2. (*d. o rană*) to rankle. # **~re** infection, contamination.
infecție *sf.* infection, sore.
infecțios *adj.* 1. infectious. 2. (*d. o boală*) catching.
inferior *adj.* 1. inferior, low. 2. (*de jos*) lower. # **~itate** inferiority.
infern *sn.* inferno, hell, underworld.
infernal *adj.* 1. beastly, *fam.* hellish. 2. (*groaznic*) terrible, dreadful, appalling. 3. (*d. zgomot*) shattering, ear-splitting.

infestat *adj.* infested, verminous.

infidel *adj.* faithless, unfaithful, untrue, inconstant. # **~itate** infidelity.

infiltra I. *vt.* (*un agent*) to plant. II. *vr.* (*d. apă etc.*) to penetrate, to percolate, to permeate through. # **~re** seepage.

infim *adj.* tiny, wee, diminutive, minute. # **~itate** infimity.

infinit I. *sn.* infinite. II. *adj.* 1. infinite. 2. (*în timp*) timeless, eternal. 3. (*în spațiu*) immeasurable, endless. # **~ate** infinity.

infinitiv *sn.* infinitive.

infirm *sm.* cripple, disabled person, invalid.

infirma *vt.* 1. to prove wrong, to confute. 2. (*anula*) *jur.* to quash.

infirmerie *sf.* infirmary, sickbay.

infirmieră *sf.* 1. sister, nurse. 2. (*şefă*) matron. # *a lucra ca ~* to nurse.

inflama *vr.* to fester. # **~bil** (in)flammable; **~bilitate** inflammability; **~t** (*d. o rană*) inflamed, swelled; **~ție** *med.* weal, welt.

inflație *sf.* inflation: *rata ~i* the rate of inflation.

inflexibil *adj.* 1. inflexible, stiff, unbending, steely. 2. (*d. cineva*) unrelenting, unyielding. 3. (*d. un politician*) diehard. # *un om ~* a resolute man.

inflexiune *sf.* inflexion, inflection.

inflorescență *sf.* inflorescence.

influent *adj.* influential. # *persoane ~e* movers and shakers.

influența *vt.* 1. to influence, to affect, to impact, to bias: *televiziunea influențează comportamentul copiilor* television affects children's behaviour. 2. (*pe cineva*) to sway: *e uşor de ~t* he is easily swayed. # **~bil** other-directed, suggestible, *fam.* wet.

influență *sf.* influence, effect, hold, impact, say, sway, *fam.* pull: *are ~ asupra lui* she has a hold on him; *a avea mare ~ asupra* to have a lot of pull with.

informa I. *vt.* to inform, to let know, to tell. II. *vr.* to inquire. # **~re** information, report; **~tiv** informative, instructive.

informator *sm.* 1. informer, informant, *sl.* dog, *amer. sl.* fink. 2. (*al poliției*) stool pigeon.

informație *sf.* 1. report, account, statement. 2. (*confidențială*) tip-off. 3. *pl.* information, data. # *birou de informații* inquiry office; *o ~* a piece of information.

infractor *sm.* 1. delinquent, criminal, offender, wrongdoer, lawbreaker. 2. (*înarmat*) *amer. sl.* gunsel.

infracțional *adj.* criminal.

infracțiune *sf.* crime, delinquency, wrongdoing, law-breaking, offence, malefaction. # *a comite o ~* to commit a crime/an offence.

infuzie *sf.* 1. decoction, infusion. 2. (*de ceai*) brew.

ingenios *adj.* 1. ingenious, cunning, subtle, adroit, neat, resourceful: *un plan ~* a subtle plan; *soluții ingenioase* neat solutions. 2. (*d. o idee*) cute.

ingeniozitate *sf.* ingenuity, inventiveness, contrivance, artifice, skill, knack.
ingenuă *sf.* ingénue.
ingenuitate *sf.* ingenuousness.
ingenuu *adj.* ingenuous, artless, candid.
ingerare *sf.* uptake.
ingerință *sf.* interference.
inginer *sm.* engineer: ~ *de sunet* sound engineer.
inginerie *sf.* engineering. # ~ *financiară fam.* scam.
ingrat I. *sm.* ingrate. **II.** *adj.* **1.** ingrate, thankless, ungrateful. **2.** (*d. o sarcină*) trying, demanding.
ingratitudine *sf.* ingratitude.
ingredient *sm.* ingredient, seasoning, constituent.
ingurgita *vt.* to ingurgitate.
inhala *vt.* to inhale. # ~**re** inhalation.
inhiba *vt.* to inhibit.
inhibiție *sf.* inhibition.
inie *sf.* drift ice.
inimă *sf.* heart, *fam.* ticker. # *a avea la* ~ to cherish; *cu dragă* ~ thank-fully, gladly, nothing loath; *cu tragere de* ~ willingly; *după pofta inimii* at pleasure; *a pune ceva la* ~ to take smth. to heart; *din toată inima* with all one's heart, wholeheartedly; *fără* ~ heartless; *a-şi lua inima în dinți pentru a face ceva* to nerve yourself for; *pe inima goală* on an empty stomach.
inimitabil *adj.* inimitable, unique.
inimos *adj.* **1.** courageous. **2.** (*mărinimos*) kind-hearted, magnanimous.
iniția *vt.* **1.** to initiate, to originate, to pioneer, to institute, *amer.* to author. **2.** (**în**) to induct (into). # ~**t** expert; ~**tor** author, pioneer, prime mover, originator.
inițial *adj.* initial, original, primary. # ~**ă** initial; **a** ~**iza** (*un aparat*) to reset; *de ~izare* reset.
inițiativă *sf.* initiative, brainchild. # *din proprie* ~ unprompted, of one's own free will.
inițiere *sf.* induction: *curs de* ~ induction course.
injecta *vt.* to inject. # ~**re** infusion.
injector *sn. tehn.* gun.
injecție *sf.* injection.
injurie *sf.* **1.** injury, insult, outrage, vituperation, hurt. **2.** *pl.* name-calling, insulting words. # *a profera injurii* (*la adresa*) to inveigh (against).
injurios *adj.* injurious, abusive, outrageous, malignant, offensive, scurrilous.
injust *adj.* unjust, wrongful.
inocent *adj.* innocent, naïve, guileless.
inocență *sf.* innocence, naivety.
inocula *vt.* (*şi fig.*) to inoculate.
inodor *adj.* inodorous, odourless.
inofensiv *adj.* innocuous, harmless.
inopinat *adj.* unexpected.
inoportun *adj.* **1.** inopportune, untimely, unwelcome, ill-timed, inauspicious, mistimed, off-key. **2.** (*d. cineva*) importunate. # ~**itate** mistiming.
inorog *sm.* unicorn.

inospitalier *adj.* 1. (*d. cineva*) inhospitable. 2. (*d. un loc*) desolate.
inova *vt.* to innovate. # **~tor** innovating; **~ție**, **~re** innovation.
inoxidabil *adj.* stainless.
ins *sm.* person, individual, fellow, *fam.* chap, fish, guy, character.
insalubru *adj.* insanitary, unwholesome, unhealthy.
insatisfacție *sf.* 1. (*nemulțumire*) dissatisfaction, grievance, discontent. 2. (*neplăcere*) discomfort.
insațiabil *adj.* insatiable, unappeasable.
inscripție *sf.* inscription, legend.
insectar *sn.* insectarium.
insectă *sf.* 1. insect. 2. (*care sare*) hopper. 3. *pl.* (*dăunătoare*) pests, vermin.
insecticid *sn.* insecticide, repellent.
insectivor I. *sn.* insectivore. II. *adj.* insectivorous.
insemina *vt.* to inseminate.
insensibil *adj.* 1. insensible, senseless, cold-hearted, soulless. 2. (*nepăsător*) insensible, unfeeling, callous.
insera *vt.* to insert, to interpolate.
insesizabil *adj.* indistinguishable.
insidios *adj.* insidious.
insignă *sf.* 1. badge, pin. 2. (*de polițist*) *amer.* shield.
insignifiant *adj.* negligible, paltry, *fam.* measly.
insinua *vt.* to insinuate, to suggest, to hint, to mean.
insinuare *sf.* 1. insinuation, innuendo, hint. 2. *pl.* (*răutăcioase*) aspersions.
insipid *adj.* 1. insipid, tasteless, mawkish, bland. 2. (*d. conversație*) vapid. 3. (*d. persoane*) colourless, stodgy.
insista *vi.* 1. to insist, to persist. 2. (**asupra**) to dwell (on).
insistent *adj.* 1. (*d. cineva*) insistent, persevering, pressing, persistent, assertive. 2. (*d. privire*) intent.
insistență *sf.* insistence, persistence.
insolație *sf.* sunstroke, heatstoke.
insolent *adj.* insolent, rude, impertinent, impudent, *fam.* cheeky.
insolență *sf.* impudence, effrontery, gall, cheek.
insolit *adj.* novel, new.
insolubil *adj.* insoluble.
insolvabil *adj.* insolvent.
insomnie *sf.* insomnia, wakefulness, sleeplessness. # (*persoană*) *care suferă de* ~ insomniac.
inspecta *vt.* to inspect, to survey. # **~re** inspection.
inspector *sm.* inspector, supervisor, surveyor. # **~at** inspectorate.
inspecție *sf.* inspection.
inspira *vt.* 1. (*și fig.*) to inspire. 2. (*aer*) to inhale, to breathe in, to sniff in. 3. (*încredere*) to breathe. 4. (*un sentiment*) to implant. # **~t** inspired; **~ție** inspiration.
instabil *adj.* 1. fickle, variable. 2. (*și fig.*) unstable. 3. (*d. poziție*) untenable. 4. (*d. vreme*) unsettled. 5. (*d. un scaun etc.*) shaky. # **~itate** instability, variability.

instala **I**. *vt.* **1**. to install, to settle. **2**. (*monta*) to fit, to set up, to fix. **3**. (*un cort*) to pitch. **4**. (*într-un post*) to install. **II**. *vr.* **1**. to settle, to set in. **2**. (*într-un loc*) *fam.* to park yourself: *s-a ~t pe marginea patului* he parked himself on the edge of the bed. # **~tor** plumber, fitter.

instalare *sf.* **1**. installation, setting. **2**. (*stabilire*) settlement. **3**. *tehn.* instalment.

instalație *sf.* **1**. installation, equipment, rig. **2**. *pl.* fixtures, furnishings, fittings, plant. **3**. (*electrică*) wiring. **4**. (*de apă curentă*) plumbing.

instantaneu **I**. *sn.* (*fotografic*) snapshot. **II**. *adj.* instantaneous.

instanță *sf. jur.* instance. # *în ultimă ~* in the last resort.

instaura *vt.* to institute, to set up, to establish.

instiga *vt.* to instigate, to incite, to provoke, to foment, to trouble, to set against. # **~re** instigation, incitement; **~tor** instigator.

instila *vt.* (*un medicament*) to instill.

instinct *sn.* instinct. # **~iv** instinctive, mechanical, mindless.

institui *vt.* to institute, to set up, to start. # **~re** institution, instituting.

institut *sn.* **1**. institute. **2**. (*de studii superioare*) college, faculty.

instituție *sf.* institution, institute, establishment.

instituțional *adj.* institutional.

instructaj *sn.* briefing.

instructiv *adj.* instructive, educational.

instructor *sm.* instructor, trainer.

instrucție *sf.* **1**. drill. **2**. *mil.* physical training, exercises.

instrucțiune *sf.* **1**. instruction, rule: *instrucțiuni scrise* written instructions. **2**. *pl.* directives, directions, specifications. # *carte de instrucțiuni* manual; *instrucțiuni de folosire* work book.

instrui *vt.* **1**. (*da instrucțiuni*) to brief, to prime. **2**. (*un elev*) to instruct, to educate, to teach, to school. **3**. (*soldați*) to drill, to train. **4**. (*medita*) to tutor. # **~t** cultured, educated, cultivated, literate.

instruire *sf.* **1**. instruction, education, tuition, training. **2**. *școl.* teaching, grounding.

instrument *sn.* **1**. (*și fig.*) instrument. **2**. tool, appliance, implement, device: *un ~ neprețuit* an invaluable tool. **3**. *fig.* engine, vehicle: *~e de tortură* engines of torture; *~ de propagandă* vehicle for propaganda. **4**. (*de măsură*) measure, meter. **5**. (*cu coarde*) *muz.* string instrument. **6**. *pl.* (*de suflat*) wind instruments, winds, brasses, reeds. # **~al** instrumental.

instrumentist *sm.* **1**. instrumentalist. **2**. (*violonist, pianist etc.*) performer.

insucces *sn.* defeat, failure.

insuficient *adj.* insufficient, scanty, scarce, inadequate, meagre: *probe*

~*e* scanty evidence; *resurse ~e* scarce/inadequate resources; *venit* ~ meagre income.

insuficiență *sf.* deficiency.

insufla *vt.* **1**. to inculcate. **2**. (*curaj*) to infuse.

insular *sm.* islander.

insulă *sf.* island, isle: *insula Capri* the isle of Capri.

insulină *sf.* insuline.

insuliță *sf.* islet.

insulta *vt.* to insult, to affront, to offend, to vituperate.

insultă *sf.* **1**. insult, affront, invective, slur, taunt, vituperation, *amer.* offense. **2**. *pl.* abuse, name-calling: *potop de insulte* stream of abuse. # ~**tor** insulting, abusive, uncomplimentary: *remarci insultătoare* uncomplimentary remarks.

insuportabil *adj.* **1**. (*d. cineva*) impossible, pestilential. **2**. (*împovărător*) oppressive. **3**. (*d. durere*) unbearable, excruciating. # *persoană ~ă* pest, *fam.* twit; *a fi* ~ to be the limit.

insurecție *sf.* insurrection, uprising.

insurgent *sm.* insurgent.

intact *adj.* **1**. intact, unbroken, unimpaired, complete. **2**. (*teafăr*) safe, unhurt. **3**. (*neatins*) untouched. **4**. (*d. reputație*) undamaged, unblemished.

intangibil *adj.* intangible, unassailable, untouchable.

integra *vt.*, *vr.* to integrate. # ~**nt** integral; ~**re** integration.

integral *adj.* **1**. integral, whole, complete. **2**. (*d. o ediție*) unabridged.

integritate *sf.* integrity, uprightness.

integru *adj.* upright, upstanding, untouchable.

intelect *sn.* intellect.

intelectual *sm.*, *adj.* intellectual. # ~**ă** blue stocking; ~**itate** intelligentsia.

inteligent *adj.* intelligent, clever, witty, brilliant, quick-witted, brainy, bright, *amer.* smart. # *persoană ~ă* intellect.

inteligență *sf.* **1**. intelligence, intellect, brains, cleverness. **2**. (*minte*) mind, wits. # *coeficient de* ~ intelligence quotient (IQ).

inteligibil *adj.* intelligible.

intemperie *sf.* bad weather.

intempestiv *adj.* unexpected, unlooked for, unforeseen.

intendent *sm.* **1**. bailiff. **2**. *mil.* quartermaster.

intens **I**. *adj.* **1**. intense, intensive, profound, great, heavy. **2**. (*d. culori*) bright, vibrant. **3**. (*puternic*) powerful. **II**. *adv.* intensely, heavily.

intensifica **I**. *vt.* to intensify, to enhance, to heighten. **II**. *vi.* to deepen. **III**. *vr.* **1**. to intensify, to freshen, to swell: *vântul se va* ~ the wind will freshen. **2**. (*d. vânt*) to strengthen. # ~**re** intensification, swell.

intensitate *sf.* **1**. intensity. **2**. (*sonoră*) volume. **3**. (*a culorii etc.*) depth.

intensiv *adj.* **1**. intensive. **2**. (*d. un curs*) crash. # *curs* ~ intensive/ crash course.

intenta *vt.* (*un proces*) to sue: *a ~ proces de divorț* to sue for divorce.

intenție *sf.* intent(ion), mind, purpose, thought, idea. # *a avea intenții serioase* to mean business; *a avea intenții bune* to mean well; *cu intenția de a* with a view to.

intenționa *vt.* to intend, to aim, to mean, to contemplate, to envisage.

intenționat I. *adj.* intentional, voluntary, deliberate, *amer.* wilful. **II**. *adv.* designedly, purposely, deliberately. # *a face ~ ceva* to do smth. with intent; *a fi bine ~* to mean well.

interacțiune *sf.* interaction, interplay.

interbelic *adj.* interwar.

intercala *vt.* to interpolate. # **~re** interpolation.

intercepta *vt.* **1**. to intercept. **2**. (*convorbiri telefonice*) to tap. # **~re** (*a convorbirilor telefonice*) wire/ telephone tapping, tap.

interdicție *sf.* interdiction, prohibition, ban.

interes *sn.* **1**. interest, regard, concern, behalf: *în ~ul lui* in behalf of him. **2**. curiosity, preoccupation. # *a-și pierde ~ul fam.* to go off the boil; *lipsit de ~* void of interest, offhand; *lipsă de ~* unconcern; *a avea ~e contrare* to be at cross purposes.

interesa I. *vt.* to interest, to concern, to preoccupy: *mă interesează politica* I'm interested in politics. **II**. *vr.* **1**. to inquire, to query. **2**. (**de**) to inquire (for). # **~ant** interesting, of interest; **~t** interested, concerned, curious; *a fi ~t de* to care about, to be interested in.

interfon *sn.* entryphone.

interimar *adj.* temporary, provisional.

interior I. *sn.* **1**. interior. **2**. (*parte din*) inside. **II**. *adj.* interior, internal, inner, inward. # *comerț ~* home trade; *în ~ul* within; *în ~* inward, inside, in, within; *spre ~* inwards, in; *de/din ~* inside; *de ~* indoor.

interjecție *sf. gram.* interjection.

interlocutor *sm.* interlocutor, collocutor.

interludiu *sn. muz.* interlude.

intermedia I. *vt.* to arbitrate, to mediate. **II**. *vi.* to arbitrate.

intermediar I. *sm.* **1**. intermediary, go-between, contactman, mediator. **2**. (*la vânzări*) middleman, jobber. **II**. *adj.* intermediary, in between, intermediate.

intermediere *sf.* mediation, medium.

intermediu *sn.* medium. # *prin ~l* through.

interminabil *adj.* **1**. (*nesfârșit*) endless. **2**. (*mare*) interminable.

intermitent I. *adj.* intermittent, discontinuous. **II**. *adv.* by fits and starts.

intern *adj.* internal, inward, interior, inland.

interna *vt.* to hospitalize. # **~re** hospitalization.

internat *sn. şcol.* 1. (*cămin*) hostel. 2. (*şcoală*) boarding school.

internaţional *adj.* international. # *de talie ~ă* world-famous.

internist *sm. med.* internist.

interoga *vt.* 1. to question. 2. *jur.* to (cross) examine, to interrogate. 3. (*pentru un sondaj*) to poll.

interogare *sf.* 1. examination, quiz, questioning. 2. (*a unui martor la proces*) cross-examination.

interogatoriu *sn.* cross-examination.

interpela *vt.* interpellate.

interpola *vt.* interpolate. # **~re** interpolation.

interpret *sm.* 1. (*cântăreţ*) vocalist. 2. (*translator*) interpreter. 3. (*actor*) actor. 4. (*la pian etc.*) executant, player.

interpreta *vt.* 1. to interpret. 2. (*un rol*) to perform, to render. 3. (*o melodie*) to play. 4. (*un cântec*) to render. 5. (*la pian etc.*) to execute, to perform. 6. (*explica*) to explain. # *a ~ greşit* to misconstrue.

interpretare *sf.* 1. interpretation. 2. (*a unui actor*) performance, playing, rendering. 3. (*a unei situaţii etc.*) reading, understanding. 4. (*a unei melodii*) rendition.

interpune *vt., vr.* to interpose.

intersecta I. *vt.* to cross. II. *vr.* 1. (*d. un drum*) to intersect, to meet. 2. to cross. # **~re** intersection.

intersecţie *sf.* 1. intersection, crossing, crossroads, crisscross. 2. (*în T*) T-junction.

interval *sn.* 1. (*de timp*) interval, period, spell, space, lag. 2. (*spaţial*) interval, space, span. 3. (*între scaune*) gangway.

interveni *vi.* 1. to intervene, to interfere. 2. (**pe lângă**) to intercede (with). 3. (**în**) (*conversaţie*) to chime (in).

intervenţie *sf.* intervention. # *forţă de ~* task force.

interviu *sn.* interview. # *a lua un ~* to interview.

interzice *vt.* 1. to interdict, to prohibit, to forbid. 2. (*prin lege*) to ban. 3. (*intrarea*) to bar. 4. (*publicarea*) to suppress. # **~re** prohibition, suppression.

interzis *adj.* forbidden, taboo. # *fumatul ~* no smoking; *intrarea ~ă* no admittance.

intestin *sn.* 1. intestine, gut. 2. *pl.* bowels, entrails, insides.

intim *adj.* 1. intimate, private: *viaţă ~ă* private life. 2. (*apropiat*) near, close. # *sentimente ~e* interior feelings.

intimida *vt.* to intimidate, to overbear. # **~re** intimidation, determent, threatening.

intimidat *adj.* 1. timorous, fearful. 2. (**de**) nervous (of).

intimitate *sf.* intimacy, familiarity, privacy.

intitula *vt.* to title, to entitle, to head.

intolerabil *adj.* intolerable.

intolerant *adj.* intolerant, illiberal.

intoleranță *sf.* intolerance.

intona *vt.* (*o melodie*) to break into (*a song*). # **~ție** intonation, tone, inflection.

intoxica **I**. *vt. fig*. to poison. **II**. *vr.* to be intoxicated.

intra *vi.* **1**. to enter, to go in, to come in, to step in. **2**. (**în**) to slip (into), to penetrate. **3**. (*la apă*) (*d. un material*) to shrink. **4**. (*într-un club*) to enrol, to join. # *a lăsa să intre* to let in, to admit; *a ~ fără bilet* to gate crash; *a ~ în stație* (*d. un tren*) to pull in; *a ~ ca o vijelie în* to storm into; *nu i s-a permis să intre* he was refused admittance.

intransigent *adj.* intransigent, uncompromising.

intranzitiv *adj. gram.* intransitive.

intrare *sf.* **1**. entrance, entry, gate, ingress, access, way: *intrarea/ieşirea* the way in/out. **2**. (*loc*) admittance, gateway. **3**. *tehn.* input, inlet. **4**. (*la un spectacol etc.*) admission. **5**. (*într-un tunel*) mouth. **6**. *pl. ec.* receipts. # *~ la apă* (*a unui material*) shrinkage; *~a oprită* no entry/admittance.

intrând *sn.* bay, inlet.

intrepid *adj.* intrepid, fearless.

intriga *vt.* to intrigue, to mystify, to puzzle. # **~nt** intriguer, plotter, schemer; **~t** intrigued.

intrigă *sf.* **1**. (*uneltire*) conspiracy. **2**. (*a unui film etc.*) plot. # *intrigi politice* political manoeuvres.

intrinsec *adj.* intrinsic, inner.

introduce *vt.* **1**. to introduce. **2**. (*insera*) to insert, to interpolate. **3**. (*în calculator*) to enter, to input. **4**. (*pe cineva*) to let in. **5**. (*include*) to include. # *a ~ treptat* to phase in.

introducere *sf.* **1**. preface, foreword, introduction, preamble. **2**. (*băgare*) introduction, insertion. **3**. *tehn.* input.

introductiv *adj.* introductory.

intrus *sm.* intruder, outsider, trespasser, interloper.

intruziune *sf.* (*în viața cuiva*) violation.

intui *vt.* to intuit, to scent, to divine. # **~ție** intuition, penetration, insight.

inuman *adj.* inhuman(e), subhuman.

inunda *vt.* **1**. to inundate, to deluge, to overflow, to flood, to submerge, to swamp. **2**. (*năpădi*) to suffuse. # **~ție** deluge, flood; **~re** overflow.

inutil *adj.* **1**. useless, worthless, needless, pointless, superfluous, bootless. **2**. (*zadarnic*) aimless, vain, unavailing, fruitless, futile, nugatory, to no purpose. # **~itate** aimlessness, worthlessness; **~izabil** unusable.

invada *vt.* **1**. to invade, to infest, to overrun. **2**. to flood. **3**. (**cu**) to shower (with). # **~tor** invader.

invalid *adj.* invalid, disabled. # **~itate** invalidity, disability.

invalida *vt.* **1**. to invalidate, to infirm. **2**. *jur.* to quash. # **~re** invalidation.

invariabil *adj.* invariable, changeless, constant, unchanging.

invazie *sf.* **1**. invasion, in-road. **2**. (*de lăcuste etc.*) plague.

invectivă *sf.* invective, vituperation.

inventa *vt.* **1**. (*descoperi*) to invent, to discover. **2**. (*născoci*) to invent, to make up, to fabricate. **3**. (*un cuvânt*) to coin, to mint. # **~t** (*scornit*) made-up; **~tor** inventor, discoverer.

inventar *sn.* **1**. inventory, list. **2**. (*viu*) stock. # **a ~ia** to inventory; **~iere** stocktaking.

inventiv *adj.* inventive, resourceful. # **~itate** inventiveness, contrivance.

invenție *sf.* **1**. (*și fig.*) invention. **2**. discovery, innovation.

invers I. *sn.* reverse. **II**. *adj.* inverse, opposite, reverse, the other way round: *în ordine ~ă* in reverse order.

inversa *vt.* **1**. to invert. **2**. (*ordinea*) to reverse. # **~re** reversal, inversion.

inversiune *sf.* inversion.

investi *vt.* to invest. # **~tor** investor; **~ție** investment, stake; *~ții sigure* secure investments.

investiga *vt.* to investigate, to examine, to survey, to study, to probe, to research.

investigație *sf.* **1**. investigation, survey, inquiry, sleuthing. **2**. (*în presă*) probe.

inveterat *adj.* inveterate, deeply-rooted: *mincinos ~* inveterate liar.

invidia *vt.* to envy, to grudge: *nu-l invidiez pentru slujba sa* I don't envy him his job. # *de ~t* enviable.

invidie *sf.* envy, jaundice, grudge.

invidios *adj.* envious, jaundiced, jealous, covetous.

invincibil *adj.* invincible, unvanquished, unbeatable, unbeaten, undefeated.

inviolabil *adj.* inviolable.

invita *vt.* to invite, to ask, to bid: *a ~ pe cineva la* (*ceai*) to ask smb. to (tea). # **~ție** invitation; **~t** guest.

invizibil *adj.* invisible.

invoca *vt.* to invoke. # **~re** invocation.

involuntar *adj.* involuntary, reflex, mechanical, unconscious.

involuție *sf.* involution.

invulnerabil *adj.* invulnerable.

iobag *sm.* serf.

ioc *adv.* nothing.

iod *sn.* iodine.

iolă *sf.* yawl.

ion *sm. fiz.* ion.

iotă *sf.* iota, morsel, jot. # *nici o ~* not a jot/whit.

ipocrit I. *sm.* hypocrite, phoney. **II**. *adj.* hypocritical, sham, *fam.* two-faced.

ipocrizie *sf.* hypocrisy, pose.

ipohondrie *sf.* hypochondria.

ipohondru *sm.* valetudinarian, hypochondriac.

ipostază *sf.* **1**. state. **2**. situation, position. **3**. aspect.

ipoteca *vt.* to mortgage, to pledge. # **~re** mortgage.

ipotecă *sf.* mortgage.

ipotenuză *sf.* hypotenuse.

ipotetic *adj.* hypothetical, virtual, presumptive, theoretic(al), notional.

ipoteză *sf.* hypothesis, conjecture.
ipsos *sn.* plaster. # *a acoperi cu ~* to plaster.
iradia *vt.* to radiate.
iradiere *sf.* radiation.
iranian *sm., adj.* Iranian.
irascibil *adj.* irascible, cantankerous, peppery, testy, touchy, irritable, hot-tempered, quick-tempered, high-strung, *fam.* ratty. # **~itate** short temper.
irațional *adj.* irrational, preposterous, unreasonable, illogical.
ireal *adj.* unreal.
irealizabil *adj.* unfeasible, impossible, unachievable, unattainable.
ireconciliabil *adj.* irreconcilable.
irecuperabil *adj.* irretrievable.
irecuzabil *adj. jur.* unchallengeable.
iredentist *sm.* irredentist.
iregularitate *sf.* irregularity.
irelevant *adj.* irrelevant, extraneous, immaterial.
iremediabil *adj.* irremediable.
ireparabil *adj.* irreparable.
ireproșabil *adj.* irreproachable, unimpeachable, faultless, flawless, perfect, consummate, unblemished, above/beyond reproach, spotless.
iresponsabil *adj.* irresponsible. # **~itate** irresponsibility.
ireverențios *adj.* inconsiderate, *amer. fam.* snippy.
ireversibil *adj.* irreversible.
irevocabil *adj.* irrevocable, past recall.
irezistibil *adj.* irresistible, winsome.
iridiu *sn.* iridium.
iriga *vt.* to irrigate. # **~bil** irrigable; **~re** irrigation.
iris *sm.* **1.** *anat.* iris. **2.** *bot.* flag, iris.
irita **I.** *vt.* to irritate, to annoy, to nettle. **II.** *vr.* to irritate, to chafe. # **~bil** irritable, jumpy; **~re** annoyance, displeasure, vexation; **~t** edgy, petulant, snappy; **~ție** (*și med.*) irritation.
irlandez **I.** *sm.* Irishman. **II.** *adj.* Irish.
ironic *adj.* ironic(al), quizzical, wry: *zâmbet ~* quizzical/wry smile.
ironie *sf.* irony, taunt, banter, chaff, teasing.
ironiza *vt.* to taunt, to tease, to banter, to chaff, to rally, *fam.* to needle.
irosi *vt.* **1.** to dissipate, to waste, to spill. **2.** (*bani*) to scatter, to lavish. **3.** (*timpul*) to idle, to kill. **4.** (*bani, șanse*) to squander. # **~re** dissipation, waste, wastage.
irupe *vi.* to gush. # **~re** gush.
irupție *sf.* irruption.
isca *vt.* **1.** to arise, to give rise to, to rouse, to stir. **2.** (*râs*) to raise.
iscăli *vt., vr.* to sign. # **~tură** signature.
iscoadă *sf.* spy, *fam.* mole, snoop.
iscodi *vt.* **1.** *fam.* to snoop (on). **2.** (*prin întrebări*) to sound. **3.** (*scorni*) to invent, to fib.
iscoditor *adj.* **1.** searching. **2.** (*bănuitor*) suspicious. **3.** (*născocitor*) inventive.

iscusință *sf.* dexterity, adroitness, finesse, skill, knack, artifice.

iscusit *adj.* adroit, deft, proficient, consummate, skilful, *amer. fam.* mean.

isoscel *adj.* isosceles.

ispăși *vt.* **1.** to expiate. **2.** (*o pedeapsă*) to serve. # **~re** expiation; *țap ~tor* scapegoat.

ispită *sf.* (al)lure, enticement, temptation, attraction, invitation.

ispiti *vt.* to entice, to tempt, to invite, to lure.

ispititor *adj.* **1.** tempting, inviting. **2.** (*d. o femeie*) luscious.

ispravă *sf.* **1.** work, exploit, feat, handiwork. **2.** (*poznă*) trick, prank.

isprăvi *vt.* to complete, to finish, to end. # **~re** completion; **~t** complete, done.

isteric *adj.* hysteric(al). # **~ale** hysterics, tantrums.

isterie *sf.* hysteria.

isteț *adj.* **1.** (*deștept*) bright, cute, clever. **2.** (*iute la minte*) nimble, quick, shrewd, astute. # **~ime** acumen, perspicacity.

istm *sn.* isthmus.

istoric I. *sm.* historian. **II.** *adj.* historic(al). # *de importanță ~ă* historic.

istorie *sf.* history: *~ naturală* natural history.

istorisi *vt.* to narrate. # **~re** narration, story, tale.

istovi I. *vt.* to exhaust, to prostrate. **II.** *vi.* to flag. # **~t** prostrate, worn-out, weary, zonked, jaded, effete, *fam.* all in, whacked, *amer. fam.* pooped; **~re** exhaustion; **~tor** exhausting, taxing, strenuous, weary, arduous.

italian *sm., adj.* Italian. # *limba ~ă* Italian.

italic *adj.* (*cursiv*) italic.

itinerant *adj.* itinerant, peripatetic.

iță *sf.* (*fir*) thread.

itinerar *sn.* itinerary.

iubi *vt.* to love. # **~re** love, affection, romance; *a ~ la nebunie pe* to be infatuated with; to dote on.

iubit I. *sm.* beau, lover, boyfriend, sweetheart, fancy man. **II.** *adj.* (be)loved, dear, precious. # **~ă** love(r), girlfriend, sweetheart, fancy woman, baby; **~o**!, **~ule**! darling!, dearie!, deary!, honey!, sugar!

iubitor I. *sm.* devotee, lover. **II.** *adj.* loving, affectionate, fond, amorous.

iulie *sm.* July.

iunie *sm.* June.

ireș *sn.* **1.** assault, onslaught. **2.** (*goană*) run, chase.

iută *sf.* jute.

iute *adj.* **1.** rapid, quick, fast. **2.** (*d. o apă curgătoare*) sweeping. **3.** (*la gust*) pungent, hot. **4.** (*vioi*) nimble, swift. **5.** (*de picior*) pacy. **6.** (*la mânie*) hot-tempered.

iuțeală *sf.* swiftness, celerity, speed, quickness. # *~ de mână* sleight of hand.

iuți I. *vt.* (*grăbi*) to quicken, to hasten. **II.** *vr.* (*înteți*) to intensify.

ivăr *sn.* latch, bolt.

iveală *sf.* open: *a scoate la ~ ceva* to bring smth. into the open. # *a da la ~* to reveal; *a ieși la ~* to (rise to the) surface.

ivi *vr.* **1**. to appear, to become visible, to emerge, to peep out, to pop out, to turn up, to spring, to peek out, to arise, to show up. **2**. (*amenințător*) to loom. # **~re** appearance, dawn; *a se ~ pe neaşteptate* to appear suddenly, *fam.* to pop up.

ivoriu *adj.* ivory.

iz *sn.* smack, flavour. # *a avea ~ de* to taste of.

izbăvire *sf.* redemption.

izbândă *sf.* victory.

izbândi *vi.* **1**. (*birui*) to conquer, to vanquish. **2**. (*reuşi*) to succeed in.

izbelişte *sf.* # *lăsat de ~* high and dry; *a lăsa* (*pe cineva*) *de ~* to leave smb. high and dry.

izbi I. *vt.* **1**. to bang, to bump, to dash, to hit, to jar, to jolt, to knock, to strike. **2**. (*un autovehicul*) to crash, to ram. **3**. (*d. valuri*) to lash. **II**. *vr.* **1**. to bump, to dash, to collide, to crash, to hurtle. **2**. (**de**) to charge (into), to smash (into), (*în cădere*) to thump (against). **3**. (*d. valuri*) to slap, to lash. # **~re** dash; *a se ~ unul de altul* to smack into each other.

izbitor *adj.* (*frapant*) striking, *amer.* splashy.

izbitură *sf.* **1**. bang, bump, thrust, jolt, knock, hit, jar, jog, rattle, pounding. **2**. (*de uşă*) slam.

izbucni *vi.* **1**. to gush, to spew. **2**. (**în**) to burst (into): *a ~ în plâns* to burst into tears. **3**. (*d. furtună*) to break out. **4**. (*d. foc*) to burst out, to spurt out.

izbucnire *sf.* **1**. explosion, burst, outbreak, fit, gush, flare, rush. **2**. (*de râsete etc.*) outbrust. **3**. (*de furie*) blow-up, blaze, access, rush.

izbuti *vt.* to succeed in, to contrive. # **~t** successful.

izgoni *vi.* to drive out, to send away, to cast out, to pitch out.

izlaz *sn.* pasture, grassland, common.

izmă *sf. bot.* mint.

izmeni *vr.* to put on airs.

izola I. *vt.* **1**. (*şi fig.*) to insulate. **2**. to isolate, to segregate. **II**. *vr.* to seclude oneself. # **~nt** insulating; **~ție** *el.* sheath.

izolare *sf.* **1**. confinement. **2**. (*singurătate*) retirement, seclusion. **3**. *el.* insulation.

izolat *adj.* **1**. (*separat*) isolated, remote, secluded: *plajă ~ă* remote beach. **2**. (*răzleț*) stray. **3**. (*d. un loc*) retired, secluded. **4**. (*d. o casă*) lonely, solitary. **5**. (*d. cineva*) solitary, companionless. **6**. (*fonic*) soundproof. **7**. *el.* insulated. # *substanță ~oare* sealant.

izvor *sn.* **1**. spring. **2**. (*şi fig.*) source, origin. **3**. (*sursă*) well: *~ de cunoştințe* well of knowledge. **4**. (*al unui râu*) source, stream. # **a ~î** to spring; *~ nesecat fig.* repository: *~ nesecat de cunoştințe* repository of knowledge.

Î

îmbarca I. *vt.* to embark, to ship. II. *vr.* to embark. # **~re** embarkation, shipping.

îmbăia *vt.* to bath.

îmbăiere *sf.* bath.

îmbălsăma *vt.* to embalm. # **~t** embalmed.

îmbărbăta *vt.* to cheer. # **~re** encouragement.

îmbăta I. *vt.* 1. to inebriate, *fam.* to souse. 2. (*şi fig.*) to intoxicate. II. *vr.* to get drunk.

îmbătător *adj.* 1. (*d. un miros*) fragrant, odorous, sweet-smelling. 2. (*încântător*) enchanting, ravishing.

îmbătrâni *vi.* to age, to grow old. # **~re** ageing, senescence; **~t** senescent; *proces de ~re* ageing process.

îmbâcsi *vt.* 1. (*umple*) to fill. 2. (*ticsi*) to overfill, to jam, to cram. # **~t** overfilled, crammed.

îmbelşugare *sf.* abundance, wealth.

îmbelşugat *adj.* 1. plentiful, plenteous. 2. (*d. o masă*) copious. 3. (*d. trai*) easy. # *trai ~* life of ease.

îmbia *vt.* 1. to tantalize, to lure. 2. (**să**) to inveigle (into).

îmbiba *vt.* to imbibe, to impregnate. # *~t cu apă* waterlogged, soaked with water.

îmbietor *adj.* 1. tantalizing, luring. 2. (*d. preparate culinare*) mouth-watering.

îmbina I. *vt.* to blend, to combine, to join, to connect, to splice. II. *vr.* 1. to combine, to join. 2. (*d. culori*) to melt.

îmbinare *sf.* 1. combination, join(t), blend, splice. 2. *tehn.* junction.

îmblăni *vt.* to line with fur.

îmblânzi *vt.* 1. to tame. 2. (*şerpi*) to charm. # **~tor** charmer, tamer.

îmboboci *vi.* to bud. # **~t** in bud.

îmbogăţi I. *vt.* to enrich. II. *vr.* to grow rich. # **~re** enrichment.

îmboldi *vt.* 1. to nudge. 2. (*îndemna*) to prod, to push, to spur, to urge.

îmbolnăvi *vr.* to fall ill, to be taken ill, to get sick.

îmbrăca I. *vt.* 1. to dress, to clothe, to attire. 2. *fig.* to sheathe. 3. (*o haină*) to put on. II. *vr.* to dress: *a se ~ bine* to dress up. # **~re** dressing; **~t** clad; *femeie prost ~tă* dowdy; *a fi ~t cu* to be dressed in, *fam.* to be togged up in.

îmbrăcăminte *sf.* 1. clothes, vestments, wear, raiment, dress, garb: *~ de damă* lady's wear.

2. (*garderobă*) wardrobe. 3. (*de călugăr*) habit. 4. (*articol de*) garment. # ~ *bărbătească* menswear.

îmbrățișa I. *vt.* 1. to embrace, to enfold, to hug, to cuddle, to fold. 2. (*pe cineva*) to hold closely, to lock. II. *vr.* to cuddle, to hug. # ~**re** embrace, cuddle, hug, clasp.

îmbrânci I. *vt.* to nudge, to push, to thrust, to jostle. II. *vr.* to jostle, to hustle. # ~**tură** poke.

îmbrobodi *vt. fig.* to swindle, to cheat.

îmbuca I. *vt.* to swallow, to eat. II. *vr. tehn.* to interlock, to joint. # ~**re** overlap.

îmbucătăți *vt.* to hack, to chop.

îmbucătură *sf.* bite, nibble, morsel, swallow, mouthful.

îmbucurător *adj.* glad.

îmbufna *vr.* to sulk. # ~**t** sulky.

îmbuiba I. *vt.* (**cu**) to ply (with), to stuff (with). II. *vr.* to stuff oneself (with food). # ~**t** (*cu mâncare etc.*) glutted, replete, *fam.* stuffed.

îmbujora *vr.* to blush, to flush. # ~**t** red, rosy, flushed, ruddy; ~**re** flush.

îmbulzeală *sf.* rush.

îmbulzi *vr.* to crowd, to throng, to cluster, to crush, to pile.

îmbuna *vt.* to mollify.

îmbunătăți I. *vt.* to better, to improve, to fine, to meliorate. II. *vr.* to better, to improve.

îmbunătățire *sf.* 1. improvement, refinement. 2. *pl.* extras, additions: *mașina nouă are multe îmbunătățiri* the new car has many extras.

îmbutelia *vt.* (*vin etc.*) to bottle.

împacheta *vt.* to pack(age), to wrap, to parcel. # ~**re** packing.

împăca I. *vt.* to conciliate, to reconcile. II. *vr.* 1. to make up. 2. (**cu**) to make it up with. # ~**re** rapprochement, reconciliation; *nu mă împac cu clima* the climate doesn't agree with me.

împăciuire *sf.* reconciliation.

împăduri *vt.* to afforest. # ~**t** wooded, woody; *regiune ~tă* woodland.

împăia *vt.* to stuff. # ~**t** stuffed.

împăienjeni *vr.* (*d. ochi*) to mist. # ~**t** (*d. ochi*) moist.

împământeni *vt.* (*un obicei etc.*) to sanctify, to perpetuate.

împăna *vt.* (*friptura*) to lard.

împărat *sm.* emperor, monarch.

împărăteasă *sf.* empress.

împărăție *sf.* kingdom.

împărtășanie *sf.* Eucharist.

împărtăși I. *vt.* to give the Eucharist. II. *vr.* to receive the Eucharist.

împărți I. *vt.* 1. to divide, to split, to share, to partition: *a ~ banii* to split the money; *a ~ prăjitura* to share the cake; *camera e ~tă în trei părți* the room is partitioned into three sections. 2. (*distribui*) to deal, to distribute, to dispense, to spread. 3. (**cu**) to share (with): *a ~ o cameră cu* to share a room with. 4. (**la**) to share (between). 5. (*în două*) to part. 6. (*în patru*) to quarter. 7. (*cărți de joc*) to deal. II. *vr.* 1. (*diviza*) to split, to divide. **2**. (*în două*) to part.

împărțire *sf*. **1**. *mat*. division. **2**. division, partition, distribution, split. **3**. (*a cărților de joc*) deal.

împărțitor *sm*. *mat*. divisor.

împătri *vt*., *vr*. to quadruple. # ~**t** fourfold.

împături *vt*. to fold.

împăuna *vr*. (**cu**) to brag (about), to boast (about), to talk big (about).

împerechea **I**. *vt*. to mate, to couple, to pair. **II**. *vr*. **1**. to mate, to pair. **2**. (*d. animale*) to copulate, to couple.

împerechere *sf*. mating: *perioada de* ~ the mating season.

împestrițat *adj*. mottled, speckled.

împiedica **I**. *vt*. **1**. (*opri*) to block, to stop. **2**. (*zădărnici*) to hinder, to prevent, to frustrate, to hamper, to thwart, to encumber, to check, to stymie. **3**. (*luarea unei hotărâri*) *amer*. to filibuster. **4**. (*stânjeni*) to handicap. **5**. (*circulația*) to obstruct. **II**. *vr*. to stumble, to trip.

împielițat *adj*. dashed.

împietrit *adj*. **1**. petrified. **2**. (*încremenit*) dumbfounded, stone-still.

împila *vt*. to oppress.

împinge **I**. *vt*. **1**. to push, to shove, to thrust: ~ *ușa* push the door; *a împins-o pe scări* he shoved her down the stairs. **2**. (*și fig*.) to nudge. **3**. (*îmboldi*) to spur, to goad, to propel, to impel. **4**. (*un cărucior etc*.) to wheel. **II**. *vr*. **1**. to push, to shove. **2**. (**în**) to jostle (against) # ~**re** shove, push.

implânta *vt*. (*un cuțit etc*.) to thrust (into).

împleti **I**. *vt*. **1**. to twine, to twist. **2**. (*tricota*) to knit. **3**. (*părul etc*.) to plait, to braid. **4**. (*flori*) to wreathe. **5**. (*ghirlande*) to weave. **II**. *vr*. to interlace. # ~**tură** (*de plasă*) network.

împletici *vr*. **1**. (*la mers*) to falter, to reel, to teeter, to totter, to stagger, to sway, to wobble. **2**. (*la vorbă*) to stammer, to stutter, to mutter.

împlini **I**. *vt*. **1**. (*realiza*) to achieve, to accomplish. **2**. (*o vârstă*) to turn: *în mai împlinește 14 ani* she turns 14 in May. **II**. *vr*. **1**. (*realiza*) to come true: *i s-a ~t visul* her dream has come true. **2**. (*la trup*) to plump, to put on weight.

împodobi *vt*. **1**. to adorn, to decorate, to ornament, to pattern, to trim. **2**. (*un brad*) to deck. # ~**re** decoration.

împopoțona *vr*. to tart oneself up, to bedizen oneself. # ~**t** flamboyant, florid.

împotmoli *vr*. to stick in the mud.

împotriva *prep*. against: ~ *voinței mele* against my will. # *a fi* ~ to oppose.

împotrivi *vr*. **1**. to oppose. **2**. (**la**) to resist (to), to object (to). **3**. (**să**) to jib (at). **4**. (*cuiva*) to withstand. # ~**re** opposition, resistance.

împovăra *vt*. to burden, to load, to weight, to charge, to encumber. # ~**t** (*încărcat*) laden.

împovărător *adj.* **1.** cumbersome, cumbrous, onerous, *fam.* burdensome. **2.** (*greu de suportat*) oppressive.

împrăştia I. *vt.* **1.** to scatter, to diffuse, to disperse, to dissipate, to strew. **2.** (*lucruri*) to litter, to throw. **II.** *vr.* **1.** to scatter, to spread. **2.** (*d. ceaţă*) to dissipate, to disperse. **3.** (*d. mulţime*) to melt, to spill.

împrăştiat *adj.* **1.** scattered. **2.** (*d. cineva*) absent-minded. # *persoană ~ă* scatterbrain.

împrăştiere *sf.* dispersion, diffusion, scatter, dissipation, spread.

împrejmui *vt.* **1.** to bound. **2.** (*o casă*) to enclose, to fence, to rail. **3.** (*cu un zid*) to wall. # **~re** enclosure; **~tor** surrounding.

împrejur *adv.* (a)round # **~ul** (a)round; *~ul taliei* round the waist; *de jur ~* all (a)round.

împrejurare *sf.* circumstance, event, occasion.

împrejurimi *sf. pl.* **1.** purlieus, surroundings. **2.** (*ale unui oraş*) precincts. # *prin ~* around.

împresura *vt.* to encircle, to veil, to surround.

împreuna I. *vt.* to unite, to joint, to connect. **II** *vr.* to copulate. # **~re** joint.

împreună *adv.* **1.** together: *am crescut ~* we grew up together. **2.** (**cu**) alongside (with), together (with).

împricinat *sm.* defendant, litigant. # **~ul** the accused.

împrieteni *vr.* **1.** to become friends. **2.** (**cu**) to mix (with), *fam.* to pal (with).

împroprietări *vt.* to appropriate (land) to.

împrospăta I. *vt.* **1.** to freshen up, to invigorate. **2.** (*cunoştinţele*) to brush up. **3.** (*o rezervă*) to replenish. **II.** *vr.* to freshen up.

împroşca I. *vt.* **1.** to spray, to splash, to spatter, to squirt. **2.** (*reproşuri, injurii etc.*) to hurl. **II.** *vi.* to splash, to spatter. # **~re** splash, spatter.

împroşcătură *sf.* spatter.

împrumut *sn.* loan, credit, borrowing. # *persoană care ia cu ~* borrower; *a da cu ~* to lend, to loan; *a lua cu ~* to borrow; *de ~* on loan.

împrumuta *vt.* **1.** to loan, to lend: *lucru ~t* loan. **2.** (**de la**) to borrow (of/from).

împuia *vt.* # *a ~ capul cuiva* to talk smb.'s head off.

împunge *vt.* **1.** to jab, to thrust, to poke. **2.** (*cu degetul*) to jab, to prod.

împunsătură *sf.* **1.** dig. **2.** (*de ac*) stitch. **3.** (*cu degetul etc.*) prod, jab.

împurpura *vr.* to flame.

împuşca *vt.* to shoot. # **~re** shooting; *a omorî* (*un animal*) *prin ~re* to pot.

împuşcătură *sf.* shot.

împuternici *vt.* to empower, to authorize, to accredit, to invest, to commission, to delegate. # **~re**

commission, mandate, deputation; ~**t** warrantee, delegate.

împuțit *adj.* stinking.

în *prep.* **1**. in, inside, within, on, at, through, under: ~ *stația de autobuz* at the bus stop; ~ *călătorie* on tour; ~ *1999* in 1999; ~ *ploaie* in the rain; ~ *garanție* under guarantee. **2**. (*indicând mișcare/ transformare*) into: *vino ~ grădină* come into the garden.

înadins *adv.* purposely, expressly, on purpose.

înainta *vi.* **1**. to advance, to progress. **2**. (*cu greutate*) to plod. # ~**re** motion ahead, advance, headway, progress(ion).

înaintaș *sm.* **1**. precursor, forerunner. **2**. *sport* forward: *centru* ~ centre forward.

înaintat *adj.* **1**. advanced. **2**. (*târziu*) late. # *a fi ~ în vârstă* to be of age.

înainte I. *adj.* (*în spațiu*) forward, onward. **II**. *adv.* **1**. forward, onwards, along. **2**. (*în timp*) formerly, ahead, before: ~ *de 1989* before 1989; ~ *vreme* once; ~ *de vreme* ahead of the time; *cu puțin timp* ~ shortly before. # (*de*) *mai* ~ above; *care o ia* ~ (*d. ceas*) fast; *de acum* ~ from now on, in future; ~ *de* prior to; ~ *de acel moment* before then; *nu ~ de* not till.

înaintea *prep.* before, in front of.

înalt *adj.* tall, high: *turn* ~ high tower; ~ *de șase metri* six meters high; *foarte* ~ towering.

înapoi *adv.* **1**. back(wards): *a da* ~ (*un vehicul*) to reverse, to back; *pune cartea* ~ put the book back. **2**. round: *s-a uitat* ~ she looked round. # **a ~a** to return, to reimburse; *a da* ~ (*se retrage*) (*și fig.*) to retreat; *a da* ~ (*de la*) to shrink (from); *a se da* ~ to recoil; *dați-vă* ~! stand back!.

înapoiat I. *sm.* moron, dunce. **II**. *adj.* **1**. backward, retarded, feeble-minded. **2**. (*sălbatic*) savage, primitive. **3**. (*d. o țară*) undeveloped.

înapoiere *sf.* **1**. restitution, giving back. **2**. (*acasă etc.*) return, coming back.

înaripat *adj.* winged.

înarma *vt., vi.* to arm. # ~**re** arming; ~**t** armed.

înăbuși *vt.* **1**. (*și fig.*) (*sufoca*) to smother, to stifle, to choke. **2**. (*un foc*) to damp. **3**. (*reprima*) to repress, to suppress, to put down, to quash, to quell. # ~**tor** hot, close, sultry, stifling.

înăbușit *adj.* **1**. (*d. emoții*) pent-up. **2**. (*d. sunet*) muted.

înăcrit *adj.* **1**. (*d. lapte*) soured. **2**. (*d. cineva*) morose, sullen.

înălbi *vt.* to whiten, to bleach. # ~**tor** bleach.

înălțuț *adj.* tallish.

înălța I. *vt.* **1**. to raise, to lift. **2**. (*un zmeu*) to fly. **3**. (*spiritual*) to uplift. **II**. *vr.* to rise. # ~**re** (up)lift.

Înălțarea *sf. art.* the Ascension.

înălțime *sf.* **1**. (*altitudine*) elevation, height: *rău de* ~ height sickness.

2. (*a sunetului*) pitch. 3. (*alteță*) Highness: *~a voastră*! Your Highness!

înăspri I. *vt.* 1. to roughen, to toughen. II. *vr.* 1. to harden. 2. (*d. vreme*) to worsen.

înăuntru *adv.* in, within, inside.

încadra I. *vt.* 1. (*angaja*) to engage, to employ. 2. *mil.* to recruit, to enlist. 3. (*înrăma*) to frame. II. *vr.* (**în**) (*colectiv*) to integrate (with).

încartirui *vt.* to quarter.

încasa *vt.* to cash, to collect, to gather (*money*). # **~tor** collector.

încasare *sf.* 1. (*de bani*) take. 2. *pl.* receipts, takings.

încă *adv.* more, yet, still: *mai ia ~ unul* take yet another; *n-a venit ~* he hasn't come yet; *este ~ în viață* she is yet alive; *îl mai aștept ~* I am still waiting for him. # *~ pe atât* as many again; ~! (*o porție, un rând*) the same again!; *și ~ cum*! and how!

încăiera *vr.* to skirmish, to tussle, to scuffle, to clash, *amer. sl.* to rumble. # **~re** skirmish, tussle, scuffle, fracas, tangle, melee, scrimmage, brawl, *fam.* scrap, set-to, punch-up, *amer. sl.* rumble.

încălca *vt.* 1. (*o lege*) to violate, to break, to contravene, to infringe, to encroach, to transgress. 2. (*o proprietate*) to trespass, to encroach, (*pentru braconaj*) to poach. 3. (*un contract etc.*) to breach. 4. (*o promisiune*) *fam.* to rat on (smth.): *guvernul și-a ~t promisiunile* the government has ratted on his promises.

încălcare *sf.* (*a unei legi*) breach, contravention, infringement, violation, encroachment: *~ grosolană a drepturilor omului* gross violation of human rights. # *~a cuvântului dat* breach of promise.

încăleca *vt.*, *vi.* to mount.

încălța I. *vt.* to put on (smb.'s shoes). II. *vr.* to put on one's shoes. # **~t** shod.

încălțăminte *sf.* footwear.

încălțător *sn.* shoehorn.

încălzi I. *vt.* 1. to warm. 2. (*la microunde*) *amer. fam.* to zap. II. *vr.* 1. to warm. 2. (*la foc*) to toast: *a-și ~* (*picioarele*) *la foc* to toast (his feet). 3. (*d. atmosferă la o petrecere*) to enliven.

încălzire *sf.* 1. (*a vremii*) warming. 2. *sport* warm-up. 3. (*sistem de*) heating.

încăpător *adj.* capacious, commodious, roomy.

încăpățâna *vr.* to hold on, to persist in, *fam.* to dig one's heels in. # **~re** obstinacy.

încăpățânat I. *sm.* diehard, *fam.* mule. II. *adj.* stubborn, obstinate, opinionated, unyielding, headstrong, wayward, pig-headed.

încăpere *sf.* room.

încărca *vt.* 1. (*împovăra*) to burden, to load, to charge. 2. (*un acumulator*) to charge. 3. (*o armă*) to load. 4. (*o notă de plată*) *amer.* to pad (*bills*).

încărcare *sf.* 1. (*de mărfuri*) shipment, loading. 2. (*a unei baterii*) charging.

încărcat *adj.* 1. laden, loaded: *un prun ~ cu prune* a plum tree laden with plums. 2. (*d. program*) tight. 3. (**cu**) *fig.* fraught (with). 4. (*d. stil*) luxuriant.

încărcătură *sf.* 1. weight, charge, lading. 2. (*de mărfuri*) shipment, load. 3. *nav.* bulk, cargo, freight.

încărunți *vi.* to turn grey. # **~t** grizzled.

încătușare *sf.* chains, bondage.

încâlceală *sf.* 1. tangle, twine. 2. *fig.* morass, intricacy.

încâlci *vt., vi., vr.* to (en)tangle. # **~tură** (*de străzi etc.*) web (of street).

încâlcit *adj.* 1. confused, muddled: *gândire ~ă* muddled thinking. 2. (*complicat*) involved, cumbersome, inextricable, cumbrous, intricate: *proceduri legale ~e* cumbersome legal proceedings. 3. (*d. păr*) matted. 4. (*d. o explicație*) tortuous. 5. (*d. stil*) turgid.

încânta *vt.* to charm, to enchant, to thrill, to fascinate, to ravish, to enrapture, *fam.* to wow. # **~re** delight, rapture, relish, thrill, enchantment, treat, feast, *fam.* lift; **~t** delighted, jubilant, pleased, thrilled; *a fi ~t de* to be delighted with, to thrill to.

încântător *adj.* delightful, enchanting.

încât *conj.* so that.

începător *sm.* beginner, neophit, novice, greenhorn, tyro, cub, new, raw, *fam.* rookie.

începe *vt.* 1. to begin, to commence, to start. 2. (*o investigație*) to open. # **~re** lead-off; *a ~ o nouă meserie* to embark on a new career; *a ~ o treabă* to set to work.

început *sn.* 1. beginning, start, outset, commencement, opening: *de/la ~* early, from the start. 2. origin. 3. (*parte de*) prime. # *de ~* initial, opening, start-up; *pentru ~* firstly, initially; *să reluăm totul de la ~* back to square one; *a o lua de la ~* to start over.

încerca *vt.* 1. to try, to attempt, to essay, to test, to sample: *mai încercă o dată* have another try. 2. (*un sentiment*) to experience. # **~t** tried.

încercare *sf.* 1. trial, try, attempt, test, essay, endeavour, *fam.* stab, *sl.* whack. 2. (*și fig.*) shot: *a face o ~* to give it a shot, to have a shot at it. 3. (*tentativă*) move, *fam.* crack, go: *a face o ~* to have a go. 4. (*grea*) tug, ordeal, hardship, wrench. 5. *pl.* (*greutăți*) trials. # *a pune la ~* to test; *de la prima ~* at the first try; *de ~* (on) trial.

încercănat *adj.* ringed.

încercui *vt.* to encircle, to ring.

încet I. *adj.* 1. slow, easy. 2. (*d. sunet*) low. II. *adv.* 1. slow(ly), easy: *condu ~* drive slow; *a se mișca ~* to move slowly. 2. (*d. sunet*) low. # *~ul cu ~ul* by degrees; *persoană înceată fam.*

slowcoach, *amer. fam.* slowpoke; ~-~ slowly; ~ *dar sigur* slowly but surely.

înceta I. *vt.* 1. to cease, to leave off. 2. (**să**) to stop. II. *vi.* to stop, to cease: *ploaia a ~t* the rain has stopped.

încetare *sf.* 1. cessation. 2. (*oprire*) letup, lull. # *fără ~* incessantly, without pause.

încetini I. *vt.* (*şi fig.*) to slow. II. *vi.* 1. (*şi fig.*) to slow down. 2. (*din mers*) to slacken, to slow down.

încetinire *sf.* 1. slackening. 2. (*a circulaţiei*) *amer.* tie-up.

înceţoşa *vt.* 1. (*ochii*) to blur. 2. (*mintea*) to obfuscate. # **~t** foggy, misty, hazy.

închega *vr.* (*d. sânge*) to clot.

încheia I. *vt.* 1. to finish, to terminate, to finalize. 2. (*un tratat*) to conclude. 3. (*cu nasturi*) to button up. 4. (*un târg*) to strike. II. *vr.* to terminate, to close, to finish. # *a ~ coloana* to bring up the rear.

încheiere *sf.* 1. conclusion. 2. (*a unei activităţi etc.*) close.

încheietură *sf. anat.* joint. # *încheietura mâinii* wrist.

închide I. *vt.* 1. to close, to shut, to fasten: *a ~ lăsând afară* to shut out; *a ~ înăuntru* to shut in. 2. (*un robinet etc.*) to turn off. 3. (*bine*) to secure. 4. (*pe cineva*) to imprison. 5. (*graniţa*) to seal. 6. (*cu clic*) *amer.* to snap. 7. (*încuia*) to lock. 8. (*o firmă*) to close down. 9. (*un aparat*) to turn off. II. *vr.* to close, to shut, to fasten, to snap.

închidere *sf.* 1. closing: *oră de ~* closing time. 2. (*a unei fabrici*) closedown, shutdown. 3. (*a unei firme*) closure.

închina I. *vt.* to dedicate. II. *vr.* to cross oneself. # *a ~ un pahar în sănătatea cuiva* to drink smb.'s health.

închipui *vt.* 1. to imagine, to picture. 2. (**că**) to fancy: *~e-ţi*! fancy! # **~re** delusion, mirage, illusion, phantom; *a-şi ~* to fancy.

închiria *vt.* 1. (*da cu chirie*) to rent, to let, to hire out. 2. (*a lua cu chirie*) to hire, *amer.* to rent.

închiriat *adj.* (*d. o casă*) hired. # *de ~* for/on hire, *amer.* for rent; *proprietate ~ă* leasehold; *obiect ~* rental; *casă cu apartamente de ~* tenement house; *agenţie de ~ automobile* renter, car hire agency/firm.

închiriere *sf.* 1. rent, tenancy, let, hire. 2. (*de autocare, avioane*) charter. 3. (*contract de*) lease.

închis *adj.* 1. shut, closed, to: *banca este ~ă acum* the bank is shut now; *vântul a închis uşa* the wind blew the door to. 2. (*ermetic*) tight, secure. 3. (*mohorât*) dreary. 4. (*d. aer*) close, stuffy, frowsty. 5. (*d. culori*) dark, deep. 6. (*d. vreme*) dull, cheerless, gloomy. # *~ în sine* withdrawn.

închisoare *sf.* 1. (*şi fig.*) prison: *a fi băgat la ~* to be sent to prison. 2. jail, hold, gaol, *sl.* can, slammer.

a băga la ~ to jail, to jug, to imprison, to grab; *băgare la* ~ imprisonment; *director de* ~ *amer.* warden.

închistat *adj.* (*d. cineva*) fusty, hidebound.

închizătoare *sf.* lock.

încinge[1] **I**. *vt.* to encircle/fasten on with a belt, to belt. **II**. *vr.* (*cu curea*) to gird oneself.

încinge[2] **I**. *vt.* (*înteţi*) to intensify. **II**. *vr.* **1**. (*d. mâncare*) (*înfierbânta*) to get hot. **2**. (*înfierbânta*) *fig.* to get excited. **3**. (*înteţi*) to intensify, *fam.* to hot up.

încins *adj.* (*d. un cuptor*) hot, overheated.

înciudat *adj.* spiteful.

încleşta *vt.* (*pumnii*) to clench.

înclina I. *vt.* **1**. to incline, to tip, to tilt, to stoop, to slant. **2**. (*capul*) to bend. **II**. *vr.* **1**. to incline, to tilt, to stoop, to slant, to slope, to lean. **2**. (*d. o navă*) to list. **3**. (*ca salut*) to bow. # **~t** oblique, slanting; *~t spre minciună* prone/liable to lie.

înclinare *sf.* **1**. (*pantă*) declivity, slope: *unghi de* ~ angle of slope. **2**. (*predispoziţie*) bias, turn, bent: *~ spre artă* bent for art. **3**. (*aplecare*) inclination, tilt, slant, pitch. **4**. (*a capului etc.*) bend.

înclinaţie *sf.* **1**. (*pantă*) slope, gradient, cant, slant. **2**. (**spre**) proclivity (to), penchant (for), bent (for). **3**. (*predispoziţie*) inclination, disposition, tendency. **4**. (*a şoselei*) *amer.* grade.

încoace *adv.* over here. # *~ şi încolo* to and fro.

încolăci I. *vt.* to twine, to wind. **II**. *vr.* **1**. to twine, to twist, to coil, to wind, to wreathe. **2**. (*d. şarpe*) to writhe. # **~re** (*a şarpelui*) fold.

încolo *adv.* over there. # *a se da mai* ~ to shove up; *mai* ~ (*în spaţiu*) further on, (*în timp*) later on; *de azi* ~ from now on, *fugi* ~! you don't say so! *du-te* ~! go to hell! *dă-l* ~! hang it!

încolţi I. *vt.* **1**. (*şi fig.*) to germinate. **2**. (*pe cineva*) to beset, to corner. **II**. *vi.* (*d. seminţe*) to spring, to come out, to shoot, to sprout. # **~re** germination.

înconjur *sn.* detour. # **~ător** surrounding; *fără* ~ straight out/off.

înconjura *vt.* **1**. to round, to rim, to ring, to skirt. **2**. (*şi fig.*) to surround. **3**. (*pământul*) to circle. **4**. (*învălui*) to envelop.

încorda I. *vt.* **1**. (*muşchii etc.*) to strain. **2**. (*un muşchi*) to tauten. **II**. *vr.* **1**. (*d. muşchi*) to strain. **2**. (*d. o sfoară*) to tighten. **3**. (*d. relaţii*) to get (more) tense. **4**. (*d. cineva*) to tense oneself.

încordare *sf.* **1**. stress, tension. **2**. (*a relaţiilor*) strain.

încordat *adj.* **1**. (*d. cineva*) strung-up, *fam.* uptight. **2**. (*d. un muşchi*) tense, taut. **3**. (*d. atmosferă*) tense, strained.

încornorat I. *sm.* (*soţ*) cuckold. **II**. *adj.* **1**. horned. **2**. (*înşelat*) cuckold.

încorona *vt.* to crown. # **~re** coronation; **~t** crowned.

încorpora *vt.* **1.** to incorporate, to blend. **2.** *mil.* to recruit, to enlist, to call up.

încotoşmăna *vr.* to muffe up, to wrap up.

încotro *adv.* where, *înv.* whither.

încovoia I. *vt.* **1.** to bend. **2.** (*spatele*) to hump, to stoop. **II.** *vr.* to buckle, to sag, to bend, to stoop. # **~t** (*d. cineva*) crooked, bent.

încovoiere *sf.* **1.** sag. **2.** (*a spatelui*) stoop.

încrâncenat *adj.* **1.** (*înspăimântat*) frightened. **2.** (*care nu se lasă*) relentless.

încrede *vr.* (**în**) to confide (in), to trust.

încredere *sf.* confidence, credit, trust, faith, belief: *a avea ~ în* to trust. # *de ~* reliable, trustworthy, trusty; *persoană de ~* trustworthy person, *fam.* brick; *demn de ~* trustworthy; *a nu avea încredere* to distrust, to mistrust.

încredința *vt.* **1.** (**de**) to assure (of). **2.** (*cuiva, ceva*) to vouchsafe. **3.** (*o sarcină*) to entrust: *a ~ o misiune cuiva* to entrust smb. with an assignment. # **~re** conviction, belief; **~t** sure, convinced.

încremeni *vt.* to stand still, to numb.

încremenit *adj.* **1.** numb: *~ de groază* numb with shock. **2.** (*de frică*) petrified, transfixed (*with fright*). **3.** (*de uimire*) stock-still.

încreți I. *vt.* **1.** to wrinkle, to line. **2.** (*buzele*) to purse. **3.** (*fruntea*) to knit. **II.** *vr.* **1.** to wrinkle. **2.** (*şifona*) to crumple. **3.** (*d. față*) to pucker. **4.** (*d. buze*) to curl. **5.** (*d. păr*) to frizz. # **~tură** crease, crinkle, wrinkle.

încrezător *adj.* confident, trustful, trusting, hopeful. # *~ în sine* self-assertive.

încrezut *adj.* haughty, bumptious, vain(glorious), conceited.

încropi *vt.* to knock up, to scrape, to scratch, to patch, to rig up.

încrucişa I. *vt.* **1.** (*plante*) to cross. **2.** (*brațele*) to fold. **II.** *vr.* to (criss)cross. # **~t** crisscross; **~re** crossing, crisscross.

încrunta *vr.* to frown, to knit one's brow. # **~re** frown, scowl.

încuia *vt.* **1.** to lock. **2.** (*d. o întrebare*) to stump.

încuiat I. *sm.fam.* stick-in-the-mud, fogy, square. **II.** *adj.* **1.** locked. **2.** (*d. cineva*) narrow-minded, fusty, stuffy, *fam.* nerd.

încuietoare *sf.* **1.** bolt, hasp. **2.** (*cu cifru*) combination lock. **3.** (*întrebare etc.*) puzzler.

încumeta *vr.* (**să**) to venture (to), to dare (to).

încunoştința *vt.* to let know.

încuraja *vt.* **1.** to cheer, to encourage, to hearten, to countenance. **2.** (*artele etc.*) to promote. **3.** (*o idee*) to foster. # **~re** encouragement, inducement; **~tor** encouraging, heartening.

încurca I. *vt.* **1.** to baffle, to entangle, to tangle. **2.** (*stânjeni*) to embarrass. **3.** (*socotelile*) to confuse, to upset, to obfuscate. **4.** (*zăpăci*) to confuse, to puzzle, to baffle.

II. *vr.* to entangle, to muddle, to tangle: *a se ~ cu cineva* to get entangled with smb.; *ai ~t firele* you muddled the threads. # *a i se ~ limba în gură* to stammer, to stutter.

încurcat *adj.* 1. (*şi fig.*) involved, tangled. 2. (*complicat*) cumbersome. 3 (*d. o explicaţie*) tortuous. 4. (*d. o situaţie*) ticklish.

încurcătură *sf.* entanglement, imbroglio, trouble, scrape, morass, *fam.* mess, fix: *a intra într-o ~* to get into a scrape. # *a pune în ~* to embarrass.

încuviinţa *vt.* 1. to agree to, to concede, to permit, *fam.* to okay. 2. (*din cap*) to nod.

încuviinţare *sf.* 1. consent, acquiescence, permission, *fam.* okay, OK. 2. (*dând din cap*) nod.

îndată *adv.* immediately, soon, presently. # *de ~ ce* once, as soon as, *fam.* directly.

îndatorat *adj.* 1. indebted, grateful, obliged. 2. (*cuiva*) beholden to.

îndatorire *sf.* 1. (*atribuţie*) task, responsibility, mission. 2. obligation, duty, burden. 3. (*treabă*) stint. 4. *pl.* duties.

îndatoritor *adj.* accommodating, obliging, benevolent, officious.

îndărăt *adv.* behind, in the rear. # **~ul** at the back of.

îndărătnic *adj.* obstinate, stubborn, pertinacious, refractory, perverse, pig-headed, wilful, *amer.* willful. # **~ie** self-will, obstinacy.

îndârji I. *vt.* to make more resolute. II. *vr.* to become more resolute. # **~t** ruthless, unabated.

îndeajuns *adv.* enough.

îndelete *adv.* # *pe ~* leisurely.

îndeletnici *vr.* (**cu**) to deal (with). # **~re** occupation, craft.

îndelungat *adj.* long, prolonged, protracted.

îndemânare *sf.* cunning, skill, hand(iness), knack, sleight, dexterity. # *lipsă de ~*maladdress; *a-şi fi pierdut ~a* to have lost one's touch.

îndemânatic *adj.* deft, dexterous, skilful, handy, adroit.

îndemână *adv.* # *la ~* nearby, hand(il)y, (near) at hand, at one's elbow, within reach.

îndemn *sn.* impulse, stimulus, spur. # **a ~a** to prod, to urge, to exhort, to push, to spur.

îndeobşte *adv.* usually, generally.

îndeosebi *adv.* chiefly, (e)specially, particularly.

îndepărta I. *vt.* to estrange. II. *vr.* 1. to move away, to recede. 2. (**de**) to depart (from). # **~re** departure.

îndepărtat I. *adj.* 1. distant, remote, far(away), far-off: *în trecutul ~* in the dim and distant past, in the far past. 2. (*izolat*) solitary. II. *adv.* beyond. # *mai ~* further; *cel mai ~* outermost.

îndeplini *vt.* 1. (*o condiţie*) to fulfil. 2. (*un rol*) to perform. 3. (*o pedeapsă*) to serve. 4. (*o sarcină*) to accomplish, to carry out.

îndeplinire *sf.* **1.** fulfilment, implementation. **2.** (*a unei sarcini*) performance. **3.** (*realizare*) achievement, accomplishment.

îndesa *vt.* to jam, to crowd, to cram, to stuff.

îndesat *adj.* **1.** stuffed, crammed. **2.** (*apăsat*) pressed. **3.** (*d. cineva*) thickset, podgy.

îndesi *vt.*, *vr.* to thicken.

îndestulare *sf.* abundance.

îndestulător *adj.* sufficient.

îndigui *vt.* to dam. # **~re** embankment.

îndobitocire *sf.* # *de* ~ stultifying.

îndoctrina *vt.* to inoculate, to imbue.

îndoi I. *vt.* **1.** to bend, to fold. **2.** (*dubla*) to double. **II.** *vr.* **1.** to bend, to fold. **2.** (*de spate*) to stoop. **3.** (**că/de**) to doubt: *mă ~esc*! I doubt it!

îndoială *sf.* **1.** doubt, uncertainty, suspiciousness, question, reservation. **2.** *pl.* misgivings. # *fără* ~ doubtless, without doubt/question; *a pune la* ~ to question, to impeach; *a sta la* ~ to waver.

îndoielnic *adj.* debatable, doubtable, doubtful, improbable, dubious, questionable, specious.

îndoit *adj* **1.** (*dublu*) double. **2.** (*şovăitor*) wavering, reluctant. **3.** (*încovoiat*) bent. **4.** (*împăturit*) folded. # **~ură** fold.

îndopa I. *vt.* **1.** to stuff, to force-feed. **2.** (*un copil*) to glut. **3.** (**cu**) to ply (with). **II.** *vr.* to stuff oneself, to gorge oneself.

îndosaria *vt.* to file. # **~t** on file.

îndrăgi *vt.* **1.** to take to, to cherish, to love. **2.** (**pe**) to be fond (of). # **~t** beloved.

îndrăgosti *vr.* to fall in love. # **~t** in love, infatuated; *~t lulea de* madly in love with.

îndrăzneală *sf.* **1.** boldness, daring, hardihood, *fam.* gut. **2.** (*tupeu*) impudence, forwardness, temerity, audacity. # *cu* ~ boldly.

îndrăzneţ *adj.* **1.** bold, daring, presumptuous. **2.** (*obraznic*) impudent, forward, pert, familiar, audacious.

îndrăzni *vt.* to dare.

îndrepta I. *vt.* **1.** (*direcţiona*) to direct, to channel. **2.** (*corecta*) to correct, to remedy, to redress. **3.** (*un răufăcător*) to reclaim. **4.** (**spre**) to lead up to. **5.** (*arma etc.*) (**spre**) to point (at), to direct (at), to level (at). **6.** (*un atac*) to target. **7.** (*aranja*) to tidy. **8.** (*spatele*) to square. **9.** (*conversaţia*) to steer. **II.** *vr.* **1.** to straighten. **2.** (**spre**) to make (for/towards), to point (to). **3.** (**spre**) (*şi fig.*) to head (for). **4.** (*după boală*) to recover. # *a se ~ agale spre fam.* to mosey to; *a ~ o nedreptate* to right a wrong.

îndreptar *sn.* manual, guide, handbook.

îndreptare *sf.* **1.** redress. **2.** (*a cuiva*) reclamation. **3.** (*corectare*) remedy.

îndreptăţi *vt.* to entitle. # **~t** rightful, righteous.

îndritui *vt.* to entitle.

îndruga *vi.* to gibber, to gabble, to splutter. # *a ~ verzi şi uscate* to talk rot.

îndruma *vt.* to conduct, to direct, to lead, to guide, to show the way. # **~r** primer.

îndrumare *sf.* **1**. direction, guidance. **2**. *pl.* hints, instructions.

îndrumător *sm.* guide.

înduioşa *vt.*, *vr.* to move, to melt. # **~re** soft-heartedness; **~t** moved.

înduioşător *adj.* impressing, moving, touching.

îndulci *vt.* **1**. (*şi fig.*) to sweeten. **2**. (*ceai etc.*) to sugar. **3**. (*vocea*) to soften. # **~tor** sweetener; *a ~ adevărul* to gloss the truth.

îndupleca **I**. *vt.* to persuade, to convince. **II**. *vr.* (**de**) to have pity (on).

îndura *vt.* **1**. to endure. **2**. (*o durere etc.*) to bear, to stand: *nu mai pot ~* I can bear it no longer.

îndurare *sf.* clemency, mercy, grace, quarter: *a cere ~* to ask for mercy.

îndurera *vt.* to embitter, to numb, to pain. # **~t** doleful, mournful, grief-stricken, aggrieved, embittered, heavy-hearted.

înec *sn.* drowning.

îneca **I**. *vt.* to drown. **II**. *vr.* **1**. (**cu**) to choke (over). **2**. (*în apă*) to get drowned.

înfăptui *vt.* to perform, to accomplish.

înfăşa *vt.* (*un prunc*) to swaddle.

înfăşura **I**. *vt.* **1**. to coil, to wind, to wrap. **2**. (*o sfoară*) to loop. **II**. *vr.* to wind.

înfăţişa *vt.* to depict, to represent, to present, to paint, to picture, to profile, to render.# **~re** look, aspect, appearance, air, countenance, face: *~re plăcută* pleasant countenance.

înfia *vt.* to adopt (*a child*). # **~t** adopted.

înfiera *vt.* to condemn, to castigate, to impeach, to revile, to brand, to denounce, to flay, to expose. # **~re** impeachment, obloquy, denunciation, exposure.

înfierbântat *adj.* **1**. (*încins*) hot: *discuţie ~ ă* hot argument. **2**. (*şi fig.*) fevered. **3**. (*cu febră*) feverish. **4**. (*focos*) passionate, amorous.

înfiere *sf.* adoption.

înfigăreţ *adj.* **1**. pushing. **2**. (*d. o femeie*) pert.

înfige **I**. *vt.* **1**. to thrust, to put in. **2**. (*în pământ*) to fix, to plant. **3**. (*ceva ascuţit*) to stick, to stab. **II**. *vr.* to stick.

înfiinţa *vt.* **1**. to found, to set up, to bring into being. **2**. (*o societate*) to start. # **~re** establishment.

înfiora **I**. *vt.* to thrill. **II**. *vr.* to be appalled. # **~re** thrill; **~t** thrilled, appalled.

înfiorător *adj.* **1**. appalling, dire, dreadful, fearful, gruesome. **2**. (*d. un film etc.*) grisly.

înfipt *adj.* (*îndrăzneţ*) daring, pert, bold, pushing, *fam.* spunky.

înfiripa *vr.* to start, to come into being, to patch. # *care se înfiripă* nascent.

înflăcăra I. *vt.* to inflame. **II**. *vr.* to get excited. # **~re** passion, animation, heat; **~t** elated, passionate, animated, ardent, mettled, mettlesome, rousing.

înflori *vi.* **1**. (*şi fig.*) to bloom, to blossom, to flourish, to flower: *a începe să înflorească* to begin to bloom. **2**. (*prospera*) to prosper, to boom, to flourish, to thrive. **3**. (*d. flori*) to burst.

înflorire *sf.* **1**. (*şi fig.*) flowering. **2**. (*economică*) boom. # *perioadă de ~* (*a cuiva*) purple patch.

înflorit *adj.* **1**. (*d. flori*) in bloom. **2**. (*d. arbori*) in blossom.

înfloritor *adj.* **1**. prosperous, thriving, blooming. **2**. (*d. o afacere*) roaring.

înfocat *adj.* **1**. warm, torrid. **2**. *fig.* passionate, ardent, fervent. **3**. (*d. privire*) impassioned, ardent, fervid.

înfofoli *vt.* to muffle up, to wrap up.

înfoia *vt.* to fluff.

înfometa *vt.* to starve. # **~t** ravening, hungry, *fam.* famished.

înfrăţi *vt.* (**cu**) to twin (with).

înfrâna *vt.* **1**. to bridle, to contain, to temper, to stymie. **2**. *fig.* to curb, to restrain, to check, to master: *a-şi ~ sentimentele* to master one's feelings; *a ~ inflaţia* to restrain inflation. # **~t** (*d. simţăminte*) pent-up.

înfrânge *vt.* to conquer, to defeat, to overcome, to vanquish. # **~re** defeat; *~re umilitoare/ruşinoasă sport* pasting, rout.

înfricoşa *vt.* to scare. # **~t** frightened.

înfricoşător *adj.* frightening, spooky, creepy, *fam.* scary.

înfrigurare *sf.* anticipation, trepidation, *fam.* tizzy.

înfrigurat *adj.* (*agitat*) nervous, restless, fussy, uptight, *amer. fam.* psyched.

înfrumuseţa *vt.* to embelish, to beautify.

înfrunta I. *vt.* **1**. to confront, to encounter, to front. **2**. (*un pericol*) to face. **3**. (*pe cineva*) to defy. **II**. *vr.* to confront, to clash, to scuffle. # **~re** confrontation, scuffle.

înfrunzi *vi.* to leaf, to come into leaf.

înfrupta *vr.* (**din**) to regale oneself (with).

înfuleca *vt.* to tuck in, to gobble, to guzzle, to gulp, *fam.* to wolf (down).

înfumurat *adj.* haughty, *fam.* cocky, stand-offish, hoity-toity.

înfunda I. *vt.* to stop up, to choke up, to block. **II**. *vr.* (*d. o ţeavă*) to clog up. # **~re** (*a unei conducte*) obstruction; **~t** (*d. ochi*) hollow, sunken; (*d. nas*) stuffed-up; *a i se ~* to be in for it.

înfuria I. *vt.* to anger, to (en)rage. **II**. *vr.* to get angry, *fam.* to get steamed up, *sl.* to go ballistic. # **~t** mad, irate, furious, in a rage.

îngădui *vt.* to allow, to permit, to let, to tolerate. # **~nţă** permission, forbearance; *cu ~nţă* kindly.

îngăduitor *adj.* indulgent, tolerant, permissive, clement, understanding, well-disposed, relaxed, lenient, forbearing, acquiescent, lax. # *a fi ~ cu* to sympathize with.

îngăima *vi.* to mumble, to gabble, to gibber, to stammer.

îngălbeni I. *vt.* to yellow. **II**. *vr.* **1**. to pale, to yellow. **2**. (*d. frunze*) to wither.

îngâmfare *sf.* conceit, vanity.

îngâmfat I. *sm. fam.* bighead. **II**. *adj.* haughty, self-important, conceited, vain, supercilious, proud, bumptious, *fam.* snooty, uppity, uppish.

îngâna *vt.* **1**. (*o melodie*) to hum. **2**. (*imita*) to mimic.

îngândurat *adj.* pensive, thoughtful, in deep thought, wistful, reflective.

îngemăna *vt.* to conflate, to fuse together, to combine.

îngenunchea *vi.* to kneel.

înger *sm.* angel. # *slab de ~* frail, weak.

înghesui I. *vt.* to cram, to crowd, to squash, to squeeze, to stuff, to jam. **II**. *vr.* to cluster, to crush, to press, to throng, to push, to pack. # **~ală** squash, crush, jam, squeeze; **~t** crowded, serried.

îngheț *sn.* freeze, frost.

îngheța I. *vt.* **1**. to freeze. **2**. (*ceva*) to ice. **II**. *vi.* to frost, to freeze. # **~re** (*și fig.*) freeze; **~t** frozen; *ferestre ~te* frosted window-panes.

înghețată *sf.* ice (crem).

înghionti *vt.* to nudge, to poke, to push, to jog.

înghiți I. *vt.* **1**. to swallow, to gulp down, to ingurgitate. **2**. (*și fig.*) to gobble, to swallow. **3**. (*accepta*) to tolerate, *fam.* to stick, *sl.* to buy. **II**. *vi.* (*și fig.*) to swallow. # *nu o pot ~* I can't stomach her.

înghițitură *sf.* **1**. swallow, gulp, mouthful. **2**. (*de băutură*) draught, *fam.* shot, nip.

îngloba *vt.* to comprise, to involve, to include.

îngrădi *vt.* (*un loc*) to fence, to rail. # **~tură** enclosure, inclosure.

îngrădire *sf.* **1**. (*restricție*) stricture. **2**. (*constrângere*) constraint.

îngrămădi I. *vt.* to cram, to crowd, to pack, to heap, to pail, to stuff. **II**. *vr.* to cluster, to press, to throng, to pack. # **~t** close.

îngrășa I. *vt.* **1**. to fat(ten). **2**. (*pământul*) to enrich, to manure. **II**. *vr.* to put on weight/flesh, to gain weight, to fat(ten).

îngrășământ *sn.* fertilizer, manure, dung, *fam.* muck.

îngreuna *vt.* to weight.

îngriji I. *vt.* **1**. to tend. **2**. (*un bolnav*) to nurse, to tend. **3**. (*un copil*) to foster, to mother, to nurture. **4**. (*cai*) to groom. **5**. (*o plantă*) to nurture. **II**. *vr.* (**de**) to attend to. # *a se ~ de ceva* to see to smth.; *a se ~ de cineva* to take care of smb., to look after smb.

îngrijire *sf.* **1**. care, attendance. **2**. (*custodie*) custody, trust. **3**. (*a unui copil*) breeding, nurture. **4**. (*medicală*) treatment. # *a lua în ~* (*un copil*) to foster (a child).

îngrijit *adj.* **1**. (*ordonat*) trim, neat, tidy, smart: *scris ~* neat handwriting. **2**. (*d. ceva*) prim, trim. **3**. (*d. cineva*) well-groomed. **4**. (*d. o traducere*) close. **5**. (*d. o grădină etc.*) well-kept. **6**. (*d. oameni şi locuri*) spruce, clean.

îngrijitor *sm.* **1**. keeper, caretaker, attendant, *amer.* janitor. **2**. (*de teren de sport*) groundsman. **3**. (*de vite*) stockman.

îngrijora *vt.* to worry, to concern. # **~re** worry, apprehension, anxiety, concern.

îngrijorat *adj.* **1**. worried, concerned, strained. **2**. (**de**) nervous (of). # *a fi ~ de* to fear for; *foarte ~* beside oneself with worry.

îngrijorător *adj.* alarming, distressing, *amer.* worrisome.

îngropa *vt.* to bury. # **~re** burying.

îngroşa *vt.*, *vr.* to thicken.

îngrozi *vt.* to terrify, to horrify, to appal, to petrify. # **~t** petrified, panic-stricken, terrified, terror-stricken, horror-struck; **~tor** terrible, rotten, awful, gruesome, grewsome, *fam.* hellish. # *vreme îngrozitoare* abominable/hellish weather.

îngust *adj.* (*şi fig.*) narrow: *stradă ~ă* narrow street; *cu vederi ~e* narrow-minded.

îngusta I. *vt.* to narrow. **II**. *vr.* **1**. to narrow. **2**. (*spre vârf*) to taper.

înhăita *vr.* (**cu**) to herd (with).

înhăma *vt.* to harness. # *a se ~ la* (*o treabă*) to saddle oneself with.

înhăţa *vt.* **1**. to seize, to snatch. **2**. (*şi fig.*) to grab. **3**. *fam.* (*aresta*) to collar. # **~re** snatch, seizure, grab.

înhuma *vt.* to bury, to inter. # **~re** interment.

înjgheba *vt.* to scrape up.

înjosi *vr.* to debase, to condescend, to degrade/demean oneself. # **~tor** humiliating.

înjuga *vt.* to yoke.

înjumătăţi *vt.* to halve.

înjunghia *vt.* to stab, to knife.

înjunghiere *sf.* stab(bing).

înjura *vt.* to curse, to swear at, to revile at: *nu-l lăsa să te înjure* don't let him swear at you.

înjurătură *sf.* curse, oath, swear-word, swearing.

înlăcrimat *adj.* in tears, tearful.

înlănţui *vt.* **1**. (*pune în lanţuri*) to chain, to fetter. **2**. (*cu braţele*) to clasp in one's arms.

înlătura *vt.* **1**. to eliminate, to erase. **2**. (*un pericol*) to prevent.

înlemni *vi.* to numb. # **~t** speechless, transfixed, stock-still.

înlesni *vt.* to facilitate. # **~ri** conveniences, facilities.

înlocui *vt.* **1**. to displace, to supersede, to interchange, to supplant. **2**. (*substitui*) to displace, to replace, to substitute. **3**. (*o santinelă*) to relieve. **4**. (**cu**) (*pe cineva*) to substitute (for), to deputize (for). # **~re** replacement.

înlocuitor *sm.* **1**. deputy, replacement, substitute, *fam.* fill-in. **2**. (*surogat*) makeshift.

înmagazinare *sf.* storage.

înmatricula *vt.* (*o maşină*) to register.

înmatriculare *sf.* (*a unei maşini*) registration: *număr de ~ auto* registration number. # *plăcuță de ~ auto* number plate.

înmănuşat *adj.* gloved.

înmărmurit *adj.* spell-bound, thunder-struck.

înmâna *vt.* to hand.

înmiresmat *adj.* scented, fragrant, perfumed.

înmormânta *vt.* 1. to bury. 2. *fig.* to shelve. # **~re** burial, funeral; *ca de ~re* funereal; *mutră de ~re* hang-dog look.

înmuguri *vi.* to bud, to sprout.

înmuia I. *vt.* 1. to moisten, to dip, to impregnate. 2. (*a face moale*) to soften. 3. (*rufe etc.*) to soak. 4. (*pâine în supă etc.*) to souse. II. *vr.* to soften.

înmuiere *sf.* 1. dip. 2. (*a rufelor*) soak.

înmulți I. *vt.* 1. to propagate. 2. *mat.* to multiply. II. *vr.* 1. to proliferate, to propagate. 2. (*d. animale*) to multiply, to breed. # **~tor** *mat.* multiplier.

înmulțire *sf.* 1. (*şi mat.*) multiplication. 2. (*reproducere*) reproduction. # *tabla înmulțirii* multiplication table.

înnămoli *vr.* to stick in the mud.

înnăscut *adj.* (in)born, native, natural, innate.

înnebuni I. *vt.* 1. to dement, to madden. 2. (*de cap*) to drive mad. II. *vi.* to go mad.

înnebunit *adj.* 1. demented, distrought: *~ de durere* distrought with grief. 2. (**de**) (*frică, durere*) frantic (with). 3. (**de**) distracted (with). 4. (**după**) infatuated (with), potty (about), *fam.* mad (about, on), mad keen (on).

înnegri *vt., vi.* to blacken.

înnegurat *adj.* murky.

înnobila *vt. fig.* to dignify.

înnoda *vt.* to knot.

înnoi *vt.* to renew, to innovate, to reform. # **~re** renewal, innovation; **~t** up-to-date; **~tor** innovative.

înnora *vr.* to cloud. # **~t** cloudy, overcast.

înnopta *vi.* to put up for the night. # *se înnoptează* it is getting dark.

înot *sn.* 1. swim(ming), bathe. 2. (*subacvatic*) skin-diving, snorkelling. 3. (*pe spate*) backstroke. 4. (*în pielea goală*) *fam.* skinny-dipping. # **a ~a** to swim; *stil de ~* stroke.

înotătoare *sf.* (*de peşte*) flapper, fin.

înotător *sm.* 1. swimmer. 2. (*sub apă*) frogman.

înrădăcinat *adj.* (deep-)rooted.

înrăit *adj.* wicked, inveterate, compulsive, heavy: *fumător ~* heavy smoker; *mincinos ~* inveterate/compulsive liar.

înrăma *vt.* to frame.

înrăutăți I. *vt.* to aggravate, to worsen. II. *vr.* to worsen, to get worse. # **~re** worsening.

înrâurire *sf.* influence, *fam.* pull.

înregistra I. *vt.* 1. to book, to record, to register. 2. (*o emisiune*) to record.

3. (*pe bandă*) to (video)tape, to tape-record. 4. (*un document, o plângere*) to file. 5 (*o creştere etc.*) to witness. 6. (*d. un termometru etc.*) to read. II. *vr.* (*la hotel*) to check in (at a hotel). # ~**t** (*d. muzică*) canned.

înregistrare *sf.* 1. record, registration. 2. (*pe bandă magnetică*) reproduction, tape recording. # (*orice fel de*) *aparat de ~* recorder.

înrobi *vt.* to enslave.

înrola *vr.* to enlist, to enrol.

înroşi I. *vt.* to redden. II. *vr.* 1. to redden. 2. (*şi fig.*) to glow. 3. (*la faţă*) to blush, to colour, to flush up.

înrourat *adj.* dewy.

înrudi *vr.* (**cu**) to be related (to), to be connected (with). # ~**re** kindred, relation(ship).

înrudit *adj.* 1. connected, kindred, cognate. 2. (**cu**) related (to).

însă I. *conj.* but. II. *adv.* (*dar*) nevertheless.

însăila *vt.* to tack.

însămânţa *vt.* to sow, to seed. # ~**re** sowing.

însănătoşi *vr.* to recover, to regain health. # ~**re** (*şi fig.*) recovery; ~**t** cured.

însărcina *vt.* to charge, to commission, to task. # ~**re** assignment, errand, mission, task, duty.

însărcinată *adj.* preagnant, with child, expectant, *fam.* in the club.

însăşi *pron.* herself: *ea ~ a scris-o* she herself wrote it.

însângerat *adj.* with blood, bloody.

înscăunare *sf.* (*a unui preşedinte etc.*) swearing-in.

înscenare *sf. fig.* frame-up, *fam.* set-up.

înscrie I. *vt.* 1. to enter. 2. (*un gol*) to score. II. *vr.* 1. to enter: *a se ~ la o cursă* to enter for a race. 2. (*la un curs*) to enlist, to enrol. 3. (*la facultate*) to enter in.

înscriere *sf.* 1. (*la un curs etc.*) registration. 2. (*la o competiţie*) entry.

înscris *sn. act,* writ.

însemn *sn.* 1. mark, ensign. 2. *pl.* insignia, regalia.

însemna *vt.* 1. (*semnifica*) to signify, to mean, to purport, to imply, to represent, to signal. 2. (*nota*) to write down, to mark, to jot. 3. (*conta*) to matter.

însemnare *sf.* 1. note. 2. *pl.* jottings. # *a face o ~ despre* to jot; *carneţel de însemnări* notebook.

însemnat *adj.* 1. (*şi fig.*) marked. 2. (*mare*) wide, big, great. 3. *fig.* important, significant. 4. (*d. o persoană*) influential.

însemnătate *sf.* significance, moment. # *fără ~* immaterial.

însenina *vr.* to brighten, to clear up, to lighten.

însera *vr.* to get dark. #~**re** nightfall, twilight, *amer.* sundown; *pe ~te* at dusk.

însetat *adj.* 1. thirsty. 2. (*avid*) (**de**) mad (on), hungry (for).

însingurat *adj.* single, lorn, *amer. fam.* lonesome.

însorit *adj.* sunny. # *mereu* ~ (*d. o plajă etc.*) sun-drenched.

însoţi *vt.* **1**. to accompany, to escort. **2**. (*conduce*) to see off, to lead, to steer.

însoţitoare *sf.* **1**. (*în turism*) guide, courier. **2**. (*de bord*) stewardess.

însoţitor *sm.* **1**. companion, escort, follower. **2**. *pl.* (*suită*) attendants, retinue, suite. **3**. (*la muzeu etc.*) attendant. **4**. (*în turism*) guide, courier. **5**. (*de bord*) steward. **6**. (*de tren*) *amer.* porter.

înspăimânta I. *vt.* to spook, to awe, to terrify, to frighten. **II**. *vr.* to spook, to become frightened. # ~**t** panicky, terrified, frightened, scared.

înspăimântător *adj.* scary, frightening, grisly, fearful, spine-chilling.

înspre *prep.* towards.

înstărit *adj.* affluent, well-off, wealthy, moneyed, *fam.* well-to--do.

înstelat *adj.* starry.

înstrăina *vt.* to estrange, to alienate. # ~**re** alienation.

însufleţi *vt.* to animate, to uplift. # ~**re** rapture, verve, transports; *a ~ mulţimile* to whip up a crowd.

însufleţit I. *adj.* **1**. (*înflăcărat*) fervid, ardent, passionate, rapturous, wild. **2**. (*animat*) animated, raging. **3**. (*d. o discuţie*) warm. **II**. *adv.* hotly.

însuma *vt.* **1**. to totalize. **2**. (*şi fig.*) to tot up.

însumi, însămi *pron.* myself.

însura *vr.* to get married, *fam.* to get spliced. # ~**t** married.

însuşi[1] *vt.* **1**. to learn. **2**. (*banii cuiva*) to appropriate. **3**. (*ceva*) to get hold of.

însuşi[2] *pron.* himself: *el ~ a făcut-o* he himself did it.

însuşire *sf.* characteristic feature, attribute, merit, property, capability, asset, quality.

însuţi, însăţi *pron.* yourself: *tu ~* you yourself.

înşela I. *vt.* **1**. to cheat, to deceive, to dupe, to gyp, to trick, to take in, to swindle, to fob, to hoodwink, to jockey. **2**. (*speranţele*) to belie, to disappoint. **3**. (*amăgi*) to delude. **4**. (*la rest*) to short-change. **5**. (*în dragoste*) to cheat (on), *sl.* to double-cross. **6**. (*soţul*) to cuckold. **7**. (*iubita*) to two-time. **II**. *vr.* to be wrong. # *a ~ la cântar* to give shortweight.

înşelăciune *sf.* deceit, deception, delusion.

înşelător *adj.* delusive, deceitful, fallacious, deceptive, misleading, tricky, catchy. # ~**ie** swindle, fiddle, fraud, trickery.

înşeua *vt.* to saddle.

înşfăca *vt.* to grab, to snatch.

înşine *pron.* ourselves: *noi ~* we ourselves.

înşira I. *vt.* **1**. (*enumera*) to enumerate. **2**. (*mărgele*) to thread, to string. **II**. *vr.* to line up.

înşirui *vr.* to line up, to stack up.

înşişi, înseşi *pron.* themselves: *ei/ele ~* they themselves.

înşivă, însevă *pron.* (you) yourselves: *voi ~* you yourselves.

înştiinţa *vt.* to let know, to inform, to report, to notify. # **~re** notice, notification.

înşuruba *vt.* to screw. # **~re** screw.

întărâta *vt.* to stir, to arouse.

întări I. *vt.* 1. to consolidate, to strengthen, to harden, to stiffen. 2. (*căli*) to toughen. 3. (*şi fig.*) to reinforce. 4. (*muşchii*) to tone up. II. *vr.* 1. to stiffen, to harden, to solidify. 2. (*d. ciment*) to set. # **~tor** *med.* tonic; **~re** reinforcement; **~ri** *mil.* reinforcements.

întâi *adv.* first: *mai ~ de toate* first and foremost, first of all. # *mai ~* chiefly, first(ly), to begin with, initially, for one thing. # *a-ntâia*! *fam.* pukka!

întâlni I. *vt.* to encounter, to meet. II. *vr.* 1. to meet, *amer.* to date. 2. (**cu**) to socialize (with). # *a ~ din întâmplare* to come up against.

întâlnire *sf.* 1. appointment, date, rendezvous, encounter, engagement: *a fixa/anula o ~* to fix/cancel an appointment. 2. (*adunare*) meeting: *~ întâmplătoare* chance meeting. 3. (*la nivel înalt*) summit. # *loc de ~* venue.

întâmpina *vt.* 1. (*pe cineva*) to greet, to welcome. 2. (*la gară etc.*) to meet. 3. (*greutăţi*) to encounter. # **~re** (*a cuiva*) welcome.

întâmpla *vr.* 1. to occur, to happen, to intervene, to transpire, to befall, to come about. 2. (**cu**) to become (of): *ce s-a ~t cu el*? what became of him? # *orice s-ar ~* at all events; *cum se întâmplă adesea* as so often happens; *ce se-ntâmplă*? what's up?

întâmplare *sf.* 1. (*eveniment*) event, experience, affair, happening, occurrence, *amer.* happenstance, one-off, *fam.* hap. 2. (*şansă*) chance, occurrence, hazard. 3. incident. 4. (*nefericită*) misadventure. # *din ~* by accident; *la ~* (at) random, casual, indiscriminate, helter-shelter; *~a a făcut* as luck would have it.

întâmplător I. *adj.* 1. occasional, accidental, random, chance, casual, serendipitous, adventitious, unwitting: *întâlnire întâmplătoare* casual/chance meeting. 2. (*d. o remarcă*) throwaway. II. *adv.* accidentally, as it happens, unwittingly.

întârzia I. *vt.* 1. to delay, to set back. 2. (*un proces biologic*) to retard. II. *vi.* 1. to be late. 2. (*zăbovi*) to linger. # *a ~t* he was late.

întârziat I. *sm.* latecomer. II. *adj.* late, tardy.

întârziere *sf.* 1. delay. 2. (*a unui proces biologic*) retardation. # *fără ~* without delay/more ado, immediately; *trenul e în ~* the train is behind time.

întemeia *vt.* to establish, to found.

întemeiat *adj.* 1. valid, solid: *motive ~e* valid reasons. 2. (*d. o suspiciune*) reasonable.

întemeiere *sf.* establishment, foundation.

întemeietor *sm.* founder.

întemniţa *vt.* to put to jail, to imprison. # **~re** imprisonment.

înteţi *vr.* **1**. to intensify. **2**. (*d. furie*) to flame.

întina *vt.* (*pângări*) to defile, to profane.

întinde I. *vt.* **1**. to spread. **2**. (*o sfoară*) to tauten, to tighten, to stretch. **3**. (*mâna*) to stretch. **4**. (*un cablu*) to unreel. **5**. (*aşeza*) to lay: *a ~ masa* to lay the table. **II**. *vr.* **1**. (*lărgi*) to stretch. **2**. (*desfăşura*) to range, to spread, to sprawl, to sweep. **3**. (**după**) to reach out (for): *a se ~ după piper* to reach out for the pepper. # *a se ~ pe iarbă* to lie on the grass; *~ mâna* hold/stretch out your hand.

întindere *sf.* **1**. (*spaţiu*) expanse, extent, range, scope. **2**. (*desfăşurare*) spread. **3**. (*după*) reach. **4**. (*anvergură*) spread. **5**. (*musculară*) protraction. **6**. (*a corpului*) stretch. **7**. (*de apă etc.*) stretch. **8**. (*vastă*) sweep.

întineri *vi.* to get young. # **~re** rejuvenation.

întins *adj.* **1**. extensive, spread, stretched. **2**. vast, large, sweeping. **3**. (*la pământ*) prostrate. **4**. (*pe burtă*) prone. **5**. (*pe spate*) recumbent. **6**. (*la soare etc.*) spreadeagle(d). # *bine ~* (*d. o sfoară, coardă*) tight, taut; *a sta ~* to lie down.

întipări *vt.* **1**. (*şi fig.*) to imprint. **2**. (*în minte*) to fix, to engrave, to print. **3**. (*o idee*) to instill. # **~t** (*în minte*) embedded.

întoarce I. *vt.* **1**. to turn. **2**. (*un compliment, o invitaţie*) to return. **3**. (*pe dos*) to invert. **4**. (*capul*) to twist. **5**. (*un ceas*) to wind up. **6**. (*răsuci*) to roll. **II**. *vr.* **1**. to come back, to (re)turn. **2**. (**împotriva**) to rebound, to recoil. **3**. (*brusc*) to swerve. **4**. (*să vadă ceva*) to twist. **5**. (*în pat*) to turn over, to roll. # *a fi întors pe dos fig.* to be in a sulk.

întoarcere *sf.* **1**. return, coming back. **2**. (*la 180°*) (*şi fig.*) U-turn.

întocmai *adv.* just so.

întocmi *vt.* to draw up.

întorsătură *sf.* turn, quirk, twist, *amer. fam.* spin. # *o ~ fericită* a lucky break.

întortocheat *adj.* **1**. crooked, tortuous. **2**. (*d. o stradă*) rambling. **3**. (*complicat*) intricate, ticklish, knotty.

întortochere *sf.* convolution, squiggle.

întortochetură *sf.* tangle.

întotdeauna *adv.* always, ever: *~ ocupat* ever busy. # *ca ~* as usual.

întovărăşire *sf.* association.

într-adevăr *adv.* indeed, actually, quite, really, truly, admittedly.

între *prep.* between, among, amidst: *~ tine şi mine* between you and me; *suntem ~ prieteni* we're among friends. # *~ timp* meanwhile.

întreba I. *vt.* to ask, to enquire, to quiz: *întreabă-l cât e ceasul* ask him the time. **II**. *vi.* (**de**) to inquire (about). **III**. *vr*. to wonder: *mă întreb cine să fie* I wonder who he is.

întrebare *sf.* question, quiz, query: *semn de* ~ question mark; *a pune o* ~ to ask a question; *a răspunde la o* ~ to answer a question. # *luare la întrebări* questioning; *a pune sub semnul întrebării* to query, to question; *persoana care pune întrebări* (*la un concurs TV*) question/quiz master; ~ *încuietoare* poser; ~ *de baraj* tie-breaker.

întrebător *adj.* inquiring, questioning.

întrebuința *vt.* to use, to employ. # ~**re** use; *a da o ~re unui lucru* to put smth. to use.

întrece I. *vt*. **1**. (*depăşi*) to outdo, to outdistance, to surpass. **2**. (*prin calităţi*) to outclass, to excel. **II**. *vr.* **1**. to compete, to race. **2**. (**cu**) to vie (with). # *a* ~ *la mustaţă* to beat narrowly, *fam.* to pip.

întrecere *sf.* **1**. competition, tournament, tourney, emulation. **2**. (*sportivă*) contest, meet(ing). # *a se lua la* ~ (*cu*) to vie (with).

întredeschis *adj.* ajar, half-open.

întreg I. *sm. mat.* unit, whole. **II**. *adj.* **1**. whole, entire, total: *număr* ~ whole number. **2**. (*nevătămat*) safe, unhurt. # *pe de-a ~ul* plain; *noaptea întreagă* all night through.

întregime *sf.* totality, whole. # *în* ~ completely, all, out-and-out, entirely, bodily, wholly, through-(out), through and through, *sl.* thoroughly.

întreit *adj.* treble, threefold.

întrema *vr.* to strengthen, to perk up, to pick up. # ~**re** recovery.

întreprinde *vt.* (*efectua*) to undertake, to carry out, to accomplish.

întreprindere *sf.* **1**. (*societate*) company, enterprise: ~ *privată* private enterprise. **2**. (*acţiune*) enterprise, undertaking.

întreprinzător I. *sm.* enterpriser. **II**. *adj.* enterprising, resourceful.

întrerupător *sn. el.* (toggle) switch, commutator, cutout: ~ *automat* time switch.

întrerupe I. *vt.* **1**. to interrupt, to break off, to cut short. **2**. (*opri*) to suspend. **3**. (*o activitate*) to stop, to halt. **4**. (**din**) (*vorbă*) to chime (in), to barge (in). **5**. (*relaţiile*) to sever. **6**. (*curentul electric*) to cut, to disconnect. **7**. (*o şedinţă*) to adjourn. **II**. *vr.* to adjourn.

întrerupere *sf.* **1**. break, halt, stop. **2**. (*pauză*) intermission, cessation. **3**. (*a unei plăţi*) severance. **4**. (*de relaţii*) rupture. **5**. (*a unei şedinţe etc.*) adjournment, suspension. # *fără* ~ incessantly, at a stretch.

întrerupt *adj.* broken.

întretăia I. *vt.* to cross. **II**. *vr.* to (criss)cross. # ~**t** crisscross.

întretăiere *sf.* crisscross.

întreţese *vt., vr.* to intertwine.

întreţine I. *vt.* **1**. (*o familie*) to keep, to sustain, to maintain, to support. **2**. (*o maşină*) to service. **3**. *fig.* to nourish. **II**. *vr.* to maintain oneself.

întreținere *sf.* **1**. upkeep, maintenance: # *cheltuieli de ~* upkeep. **2**. (*a unei mașini*) maintenance, service.

întrevedea I. *vt*. **1**. (*întrezări*) to perceive, to glimpse, to scent. **2**. (*prevedea*) to divine, to suspect, to foresee. **II**. *vr*. to come into view, to peep. # *a nu se ~* (*și fig*.) to be nowhere in sight.

întrevedere *sf.* meeting, encounter, get-at-together.

întrezări I. *vt*. to glimpse. **II**. *vr*. **1**. to peek out. **2**. (*și fig*.) to discern. # **~re** glimpse.

întrista I. *vt*. to affect, to sadden. **II**. *vr.* to grieve. # **~re** grief; **~t** woeful, sorrowful, sorry.

întrucât *conj*. since, as.

întrucâtva *adv*. somewhat, to a degree, after a fashion, *fam*. kind of.

întruchipa *vt*. to embody, to personify, to impersonate. # **~re** embodiment, personification, paragon, representation.

întruna *adv*. invariably, never-ending. # *ei se învârteau ~* they were spinning round and round.

întruni *vr*. to assemble, to meet. # **~re** conference, meeting, reunion, gathering, assembly.

întuneca *vt., vr.* to darken. # *se întunecă* it is getting dark.

întunecat *adj*. **1**. dark, dusky, black. **2**. (*sumbru*) sombre, dismal. **3**. (*posac*) sullen.

întunecime *sf.* darkness, obscurity.

întunecos *adj*. **1**. dark, dusky, shadowy, gloomy. **2**. (*d. noapte*) moonless.

întuneric *sn*. **1**. dark(ness), shadow, gloom, murk: *în ~* in the dark; *înainte de lăsarea ~ului* before dark. **2**. *fig*. night.

înțărca *vt*. to wean.

înțelegător *adj*. understanding, sympathetic.

înțelege I. *vt*. **1**. to comprehend, to understand, to figure out, to grasp, to catch on, to gather, *fam*. to twig. **2**. (*ceva*) to make sense of, to realize. **II**. *vr.* **1**. to understand each other. **2**. (**din**) to make (of). # *a nu se ~* to disagree; *a se ~ bine cu* to get along with. # *a ~ greșit* to misunderstand, to misconcieve; *se ~ de la sine* needless to say, it goes without saying.

înțelegere *sf.* **1**. (*pricepere*) perception, comprehension, understanding, grasp, grip. **2**. (*pact*) pact, convention, agreement, deal, bargain, arrangement, settlement. **3**. (*compasiune*) sympathy. # *bună ~* consensus, understanding; *a ajunge la o ~ cu cineva* to come to terms with smb.; *~ greșită* misapprehension; *în bună ~ cu* on good terms with.

înțelepciune *sf.* wisdom, sagacity.

înțelept I. *sm*. sage. **II**. *adj*. **1**. sagacious, sapient, enlightened, sage, practical. **2**. (*rezonabil*) wise, reasonable. **3**. (*d. o acțiune*) sensible, sane.

înțeles *sn.* meaning, sense, import, drift. # *a da de* ~ to imply, to intimate: *a dat de ~ că vrea să se retragă din activitate* he intimated (that) he intends to retire; *prost* ~ misguided: *propuneri prost ~e* misguided proposals; *plin de* ~ pregnant: *liniște plină de* ~ pregnant silance; (*ușor*) *de* ~ understandable.

înțepa I. *vt.* **1.** to prick(le). **2.** (*d. albine*) to sting. **3.** (*d. țânțari*) to bite. **4.** (*pe cineva*) to chaff, *fam.* to needle. **5.** (*un balon*) to puncture. **II.** *vr.* to prick: *s-a ~t la deget* he pricked her finger. # **~t** (*d. cineva*) standoffish.

înțepător *adj.* **1.** (*ironic*) biting, stinging. **2.** (*d. miros*) pungent.

înțepătură *sf.* **1.** prick(le), puncture. **2.** (*împunsătură*) *fig.* dig. **3.** (*de insectă*) sting, bite. **4.** (*ironie*) taunt. **5.** (*junghi*) twinge, pang.

înțepeni I. *vt.* to fasten, to fix, to secure. **II.** *vi.* **1.** to stiffen. **2.** (*bloca*) to stick.

înțepenit *adj.* **1.** (*d. un sertar*) stuck. **2.** (*de frig etc.*) numb (with cold), stiff: *ferestre ~e* stiff windows; *gât* ~ stiff neck.

înțesa *vt.* to stuff, to cram, to jam.

înțesat *adj.* **1.** stacked. **2.** (**cu**) imbued (with), replete (with).

învălătuci *vr.* to wreathe.

învălmășeală *sf.* **1.** (*dezordine*) mess. **2.** (*de oameni*) rush. **3.** (*încăierare*) scuffle.

învălui *vt.* **1.** to envelop, to veil, to wrap, to cover. **2.** (**în**) to shroud (in).

învăpăiat *adj.* **1.** (*aprins*) burning. **2.** (*d. față*) blushing. **3.** (*d. ochi*) sparkling. **4.** (*înflăcărat*) passionate.

învăța I. *vt.* **1.** (*ceva*) to study, to read, to learn, to train. **2.** (*instrui*) to instruct, to teach: *îi învață engleza* he teaches them English. **II.** *vi.* to read for, to learn. **III.** *vr.* (**cu**) to become accustomed (to), to get used (to). # **~re** learning; *a ~ noaptea* to lucubrate; *a ~ minte* to teach (smb.) a lesson.

învățat I. *sm.* scholar. **II.** *adj.* cultured, erudite, learned.

învățământ *sn.* **1.** education, teaching. **2.** (*mixt*) coeducation. **3.** (*superior*) higher education. # *de* ~ teaching.

învățător *sm.* educator, teacher.

învățătură *sf.* **1.** teaching, learning. **2.** (*a unei fabule etc.*) moral. # *să-ți fie ~ de minte*! it serves you right!

învârti I. *vt.* **1.** to revolve, to rotate, to whirl, to twist, to turn, to twirl, to spin. **2.** (*o manivelă etc.*) to wind, to turn, to crank. **II.** *vr.* **1.** to revolve, to rotate, to reel, to whirl, to twiddle, to twirl, to gyrate, to turn, to wheel, to spin, to swirl. **2.** (*la amețeală*) (*d. pereți etc.*) to swim. # **~tură** turn, wind; **~re** rotation, twirl, turn, spin, gyration, twiddle, twirl.

învârtoșa *vr.* to harden.

învechi *vr.* (*d. vin*) to mature.

învechit *adj.* **1.** dated, old. **2.** (*perimat*) obsolete, played-out, obsolescent.

învecina *vr.* **1**. to border. **2**. (**cu**) to neighbour (with). # **~t** contiguous, neighbouring, nearby, surrounding.

înveli *vt.* to cover, to wrap, to tuck.

înveliş *sn.* **1**. casing, cover. **2**. (*strat*) layer.

învelitoare *sf.* **1**. (*de învelit, de carte*) cover. **2**. (*înveliş*) case, covering.

învenina *vt.* to envenom.

înverşunat *adj.* **1**. ruthless, adamant, rabid: *fanatici înverşunaţi de extrema dreaptă* rabid right-wing fanatics. **2**. bitter: *duşman ~* bitter enemy. **3**. (*d. o luptă*) mortal, grim. **4**. (*d. critică*) unrelenting, strident.

înverzi *vi.* to grow green. # **~t** green.

înveseli I. *vt.* to exhilarate, to cheer up. **II**. *vr.* to cheer up.

învesti *vt.* to (in)vest, to induct. # **~tură** investiture.

învestire *sf.* **1**. investiture. **2**. (*a unui preşedinte etc.*) swearing-in.

înveterat *adj.* inveterate, confirmed: *celibatar ~* confirmed bachelor.

învia *vi.* to return to life.

Învierea *sf.* the Resurrection.

învineţit *adj.* livid, black and blue.

învingător I. *sm.* victor, conqueror. **II**. *adj.* victorious.

învinge *vt.* **1**. (*o echipă*) to defeat, to beat, to overcome, to vanquish, to worst, to trounce. **2**. (*în luptă*) to conquer, to surmount. **3**. (*greutăţi*) to overcome.

învinovăţi *vt.* to blame, to incriminate, to charge.

învins *adj.* defeated.

învinui *vt.* to blame, to incriminate, to charge, to tax. # **~re** charge.

înviora I. *vt.* **1**. (*pe cineva*) to invigorate, to revive, to exhilarate, to animate, to enliven, *fam.* to pep up: *aerul proaspăt l-a ~t* the fresh air revived him. **2**. (*o petrecere*) to juice up. **3**. (*interesul*) to quicken. **4**. (*o încăpere*) to brighten. **II**. *vr.* to refresh, to perk up, to pick up.

înviorare *sf.* **1**. revival: *~ a comerţului* the revival of trade. **2**. (*a artelor*) renaissance. **3**. (*a afacerilor*) upturn.

înviorător *adj.* **1**. brisk, refreshing, crisp, lively. **2**. (*d. aer*) bracing.

învoi I. *vt.* to allow, to permit. **II**. *vr.* **1**. (**cu**) to come to turns (with). **2**. (*de la şcoală etc.*) to ask permission. # **~ală** settlement, bond; **~re** permission.

învrăjbi *vt.* to set against.

învrednici *vr.* (*catadicsi*) (**să**) to condescend (to), to deign (to).

înzăpezit *adj.* **1**. snowbound. **2**. (*d. un drum*) snowed up.

înzdrăveni *vr.* to recover.

înzecit *adj.* tenfold.

înzestra *vt.* **1**. to endow, to equip. **2**. (**cu**) to furnish (with). **3**. (*o fată*) to dower. **4**. (*cu calităţi*) to endow. # **~re** (*şi fig.*) endowment; **~t** (*d. cineva*) gifted.

înzorzona I. *vt.* to over ornament. **II**. *vr.* to titivate.

înzorzonat *adj.* **1**. over ornamented, ornate. **2**. (*d. stil*) florid.

J

jabou *sn.* frill.
jac(k) *sn. el.* jack, socket.
jachetă *sf.* **1**. jacket. **2**. (*de lână*) cardigan.
jacuzzi *sn.* jacuzzi, *amer.* spa.
jad *sn.* jade.
jaf *sn.* **1**. plunder, robbery, pillage, raid. **2**. (*armat*) hold-up.
jaguar *sm. zool.* jaguar.
jale *sf.* grief, heartbreak. # *cântec de ~* dirge, lament.
jalnic *adj.* **1**. piteous, tearful, woeful, painful, distressing, pathetic. **2**. (*d. o stare*) pitiable, pitiful, parlous, sorry: *într-o stare ~ă* in a sorry state.
jalon *sn.* pole, stake.
jaluzea *sf.* blind, shutter, *amer.* window shade.
jambon *sn.* ham.
jandarm *sm.* gendarme, ranger.
jantă *sf. auto* rim.
japiță *sf. fig.* shrew.
japonez *sm., adj.* Japanese. # *limba ~ă* Japanese.
jar *sn.* embers.
jardinieră *sf.* flower stand.
jaret *sn. zool.* ham.
jargon *sn.* jargon, vernacular, cant, patter.
jartieră, **jartea** *sf.* suspender, garter.
javră *sf.* **1**. tyke. **2**. (*şi fig.*) cur.
jaz *sn.* jazz.
jăratic *sn.* embers.
jder *sm. zool.* marten.
jefui *vt.* **1**. to rob, to mug, to pillage, to plunder, to raid. **2**. (*d. o armată*) (*un oraş*) to sack. **3**. (*o casă*) to ransack. # **~re** (*a unui oraş*) sack; **~tor** pillager, plunderer, marauder, raider.
jeg *sn.* filth, dirt, *fam.* muck.
jegos I. *sm.* scruff. **II**. *adj.* filthy, scruffy.
jeleu *sn.* jelly.
jeli *vt.* to bewail, to mourn, to lament.
jena *vt.* **1**. to embarrass, to hamper. **2**. (*d. un pantof etc.*) to pinch. # **~t** embarrassed, abashed, uncomfortable, uneasy; **~nt** embarrassing.
jenă *sf.* **1**. constraint, unease. **2**. (*ruşine*) discomfort. **3**. (*financiară*) embarrass, *fam.* pinch.
jerbă *sf.* wreath, garland of flowers.
jerpelit *adj.* shabby, down at heels, tattered, ragged, *fam.* seedy.
jerseu *sn.* jersey, sweater.
jertfă *sf.* **1**. sacrifice. **2**. victim.
jertfi *vt., vr.* to sacrifice (oneself).
jet *sn.* **1**. spurt, squirt. **2**. (*de apă*) jet. **3**. (*de lichid*) spout.

jeton *sn.* counter, chip, token.
jeț *sn.* armchair.
jgheab *sn.* **1**. (*pentru vite*) trough. **2**. (*conductă*) spout, pipe. **3**. (*streașină*) eaves. **4**. (*înclinat*) chute.
jigărit *adj.* gaunt, *fam.* scrawny.
jigni *vt.* to insult, to affront, to offend, to slight, to hurt. # **~re** offence, insult, outrage, umbrage, resentment; **~tor** derogatory, offensive, hurtful, wounding; **~t** wounded; *a se simți ~t de* to take offence/umbrage at; *a ~ profund pe cineva* to cut smb. to the quick.
jigodie *sf.* **1**. (*și fig.*) cur. **2**. (*ticălos*) *fam.* heel, swine.
jilav *adj.* damp, moist.
jiletcă *sf.* waistcoat.
jilț *sn.* easy chair.
jind(**uire**) *sn., sf.* longing, yearning.
jindui I. *vt.* to covet. **II**. *vi.* (**la**) to thirst (for), to long (for), *fam.* to be dying (for). # **~tor** covetous, greedy.
jir *sn.* mast.
jivină *sf.* creature, animal.
jivraj *sn. av.* icing.
joacă *sf.* game, play: *copii la ~* children at play. # *din ~* in jest; *loc de ~* playground.
joagăr *sn.* sawmill.
joardă *sf.* stick, rod.
joben *sn.* top hat, *fam.* topper.
joc *sn.* **1**. game, play: *~ video* video game. **2**. (*de noroc*) gamble. **3**. (*de cuvinte*) quibble, pun, wordplay. **4**. (*enigmistic*) puzzle. **5**. (*la bursă*) speculation. **6**. (*al unui actor*) performance, acting. # *a-și bate ~ de* to mock at, to jeer at; *a face un ~ de cuvinte* to pun; *carte de ~* playing card; *întrerupere a ~ului sport* stoppage.
jocheu *sm.* jockey.
joi *sf.* Thursday.
joker *sm.* (*la cărți*) joker, wild card.
joncțiune *sf.* junction, linkage, joint.
jongla *vi.* to juggle.
jongler *sm.* juggler, conjuror, magician. # **~ie** (*și fig.*) juggle.
jos I. *adj.* low. **II**. *adv.* **1**. (*în partea de*) under, low, below, beneath. **2**. (*la parter*) downstains. **3**. (*dedesubt*) under. # *de sus până ~* from head to foot; *în ~* down, downward(s); *mai ~* (*pe pagină*) below; *și mai ~* further down; *a pune/trânti ~* to put/throw down; *pe ~* (*d. mers*) on foot.
josnic *adj.* base, mean, ignoble. # **~ie** (*faptă josnică*) villainy.
jovial *adj.* jovial, debonair, good-natured, outgoing, breezy.
jubila *vi.* to jubilate, to exult, to rejoice.
jubileu *sn.* jubilee.
juca I. *vt.* **1**. (*un joc etc.*) to play, to gamble. **2**. (*un rol*) to perform, to act. **3**. (*atu*) to trump. **II**. *vi.* (*la bursă*) to speculate. **III**. *vr.* **1**. to play. **2**. (**cu**) to toy (with). # *a se ~ distrat cu* to twiddle with, to trifle with.
jucărie *sf.* **1**. toy. **2**. (*și fig.*) plaything. # *de ~* toy.
jucător *sm.* **1**. player. **2**. (*de jocuri de noroc*) gambler.

jucăuş *adj.* playful, frolicsome, frisky, coltish.

judeca I. *vt.* **1**. (*chibzui*) to think over, to weigh, to reason. **2**. *jur*. to try, to judge. **II**. *vr.* (*cu cineva*) to litigate. # *a fi ~t pentru fraudă* to stand trial for fraud.

judecată *sf.* **1**. judg(e)ment, reason(ing), doom; *ziua judecăţii de apoi* the day of doom. **2**. *jur*. judg(e)ment, trial: *~ în contumacie* judgement by default. # *complet de ~* (jury) panel; *sală de ~* courtroom; *a da în ~* to prosecute, to sue, to summon; *a da pe cineva în ~ pentru daune materiale* to sue smb. for damages; *dare în ~* prosecution; *cheltuieli de ~* costs.

judecător *sm.* **1**. judge, magistrate, justice. **2**. (*în Scoţia*) sheriff. # **~ie** (law) court, courthouse; **~esc** court, judicial; *sesiune ~ească* assize.

judeţ *sn.* county, region, district: *reşedinţă de ~* county seat/town.

judiciar *adj.* judicial.

judicios *adj.* **1**. thoughtful, politic, reasonable, well-advised, sensible, balanced, wise. **2**. (*d. o acţiune*) sane. **3**. (*d. o măsură*) judicious.

judo *sn.* judo.

jug *sn.* (*şi fig.*) yoke. # *a pune la ~* to yoke.

juli I. *vt.* to scratch. **II**. *vr.* to scratch, to graze, to scrape. # **~tură** *sf.* scrape, graze, bruise, scratch.

jumări *sf. pl.* (*de ouă*) scrambled eggs.

jumătate *sf.* half: *~ de oră* half an hour; *~ de duzină* half a dozen; *a doua ~ a* the latter half of. # *pe ~* half, by halves; *juma-juma* fifty-fifty; *a face pe ~* to do smth. by halves.

jumuli *vt.* (*o pasăre*) to pluck.

juna *sf.* wench, lassie.

juncă *sf.* heifer.

june *sm.* stripling, young man.

junghi *sn.* pang, prick, twinge, stab.

junglă *sf.* jungle.

junior *sm., adj.* junior.

juntă *sf.* junta.

jupă *sf.* petticoat.

jupon *sn.* underskirt.

jupui *vt.* to flay, to strip, to skin.

jur *sn.* # *de ~ împrejur* round about; *în ~ul* (a)round; *în ~ul lumii* round the world; *în ~ de* about or so.

jura I. *vt.* to vow, to swear: *a ~ să se răzbune* to swear revenge. **II**. *vi.* to swear: *a ~ pe Biblie* to swear on the Bible; *a ~ pe Dumnezeu* to swear by God. # *a ~ strâmb* to forswear.

jurat *sm.* juror.

jurământ *sn.* **1**. oath, vow. **2**. (*fals*) perjury. **3**. (*angajament*) pledge. # *a declara sub ~* to testify; *sub ~* sworn.

juridic *adj.* judicial, legal: *persoană ~ă* legal person.

jurisconsult *sm.* jurisconsult, legal adviser.

jurisdicţie *sf.* jurisdiction.

jurisprudenţă *sf.* jurisprudence.

jurist *sm.* jurist.

juriu *sn.* **1**. (*şi jur.*) jury, panel. **2**. (*la un concurs*) judge. # *membru al unui* ~ juror.

jurnal *sn.* **1**. newspaper, paper. **2**. (*intim*) diary, journal. **3**. (*de bord*) log. **4**. (*de modă etc.*) fashion journal. **5**. (*de actualităţi la cinema*) newsreel. **6**. (*la radio*) news bulletin. # *a trece în ~ul de bord* to log.

jurnalist *sm.* journalist, newspaperman, *fam.* pressman.

just I. *adj.* **1**. just, correct, fair, right. **2**. (*legitim*) legitimate, rightful. **II**. *adv.* rightly. # **~eţe** propriety, validity, rightness.

justifica I. *vt.* to justify, to motivate, to warrant, to vindicate. **II**. *vr.* to account for, to defend oneself, to excuse oneself. # **~bil** justifiable; **~re** justification, reasoning, excuse, motivation; **~t** well-founded; **~tiv** relevant; *act ~tiv* document in proof.

justiţie *sf.* justice, law: *a se adresa ~i* to go to law. # *chemare în ~* summons; *a aduce în faţa ~i* to bring into court; *a apela la ~* to go to court; *urmărire în ~* prosecution.

juvenil *adj.* juvenile.

juxtapune *vt.* to juxtapose. # **~re** juxtaposition.

K

kaki *adj.* khaki.
kamikaze *sm.* kamikaze.
kerosen *sn.* kerosene.
kilo *sn. fam.* kilo.
kilogram *sn.* kilogram, *fam.* kilo.
kilolitru *sm.* kilolitre.
kilometraj *sn.* mileage. # *bornă de* ~ milestone, *amer.* milepost.
kilometru *sm.* kilometre.
kilowatt *sm.* kilowatt.
kilt *sn.* kilt.
kripton *sn.* krypton.
kurd I. *sm.* Kurd. **II.** *adj.* Kurdish: *limba ~ă* Kurdish.

L

la[1] *sm. muz.* la(h).

la[2] *prep.* **1**. at, on, over, with, in, about: *am bani ~ mine* I have money about me; *~ birou* at the office; *~ pagina 6* on page 6; *stă ~ părinţi* he lives with his parents. **2**. (*cu verbe în mişcare*) to: *a merge ~ mare* to go to the seaside; # *până ~* to: *de ~ Buzău până ~ Brăila* from Buzău to Brăila; *am plecat ~ Sinaia* I left for Sinaia; *de ~* since.

labă *sf.* **1**. (*şi fig.*) paw. **2**. (*de picior*) foot. **3**. (*din faţă*) forefoot. **4**. (*din spate*) hindleg. # *laba gâştei* (*riduri*) crow's foot; *în patru labe* on all fours.

labil *adj.* labil.

labirint *sn.* **1**. (*şi fig.*) labyrinth, maze. **2**. (*de străzi etc.*) web, warren.

laborant *sm.* laboratory assistant.

laborator *sn.* lab(oratory).

laborios *adj.* **1**. laborious, toilsome. **2**. (*sârguincios*) industrious.

lac[1] *sn.* **1**. *geogr.* lake. **2**. (*de acumulare*) dam, reservoir.

lac[2] *sn.* **1**. (*de lustruit*) lacquer, polish. **2**. (*pentru lemn etc.*) varnish. **3**. (*de lăcuit*) glaze. **4**. (*de unghii*) nail varnish, *amer.* nail polish. # *a da cu ~* to varnish.

lacăt *sn.* padlock. # *a închide cu ~* to padlock.

lacheu *sm.* lackey, page, valet, footman, flunkey.

lacom I. *sm.* glutton. **II**. *adj.* ravenous, voracious, greedy, gluttonous, covetous hoggish.

laconic *adj.* **1**. laconic. **2**. (*d. cineva*) terse.

laconism *sn.* brevity.

lacrimă *sf.* tear(drop), eyedrop: *a mişca pe cineva până la lacrimi* to move smb. to tears; *cât pe ce să-i dea lacrimile* on the verge of tears; *carte/film care îţi stoarce lacrimi* tear jerker.

lacrimogen *adj.* **1**. (*d. un roman*) sloppy. **2**. (*d. un film*) maudlin. # *gaz ~* tear gas.

lactoză *sf.* milk sugar.

lactat *adj.* lacteous. # **~e** dairy produce.

lacună *sf.* **1**. gap, vacancy. **2**. (*într-o carte*) lacuna. **3**. (*defect*) flaw.

lacustru *adj.* lacustrine, lacustral.

ladă *sf.* **1**. case, chest, crate. **2**. (*de gunoi*) *fig.* receptacle.

lagăr *sn.* **1**. camp. **2**. *tehn.* bearing. # *a băga în ~* to intern.

lagună *sf. geogr.* lagoon.

laic I. *sm.* layman. **II**. *adj.* laic(al), secular, lay.

lalea *sf.* tulip.
lamă[1] *sf. zool.* llama.
lamă[2] *sf.* **1**. blade. **2**. (*de cuțit etc.*) edge. **3**. (*de ras*) razor blade.
lambrisa *vt.* to panel.
lambriu *sn.* panel(ling).
lamelă *sf.* **1**. slide. **2**. (*de microscop*) mount.
lamenta *vr.* to lament, to moan, to ululate, to slobber, to cavil. # ~**bil** lamentable, regrettable, deplorable, woeful; ~**re** lamentation.
lamina *vt.* to laminate. # ~**t** laminate.
laminor *sn.* rolling mill.
lampadar *sn.* standard lamp, *amer.* floor lamp.
lampă *sf.* **1**. (*electronică*) tube, valve. **2**. (*de gaz*) lamp.
lan *sn.* field (of wheat).
lance *sf.* **1**. lance, pike. **2**. *mil.* spear.
landou *sn.* pram, *amer.* buggy.
languros *adj.* **1**. languorous, languid, amorous, languishing, longing. **2**. (*d. uitătură*) lustful.
lanolină *sf.* lanoline.
lansa I. *vt.* **1**. (*și fig.*) to launch. **2**. (*pe piață*) to release. **3**. (*la apă*) to float. **4**. (*o idee*) to push. **5**. (*o modă*) to set. **6**. (*un nou produs*) to roll out. **7**. (*o săgeată*) to shoot. **8**. (*un zvon*) to rumour. **9**. (*o afacere*) to set going. **II**. *vr.* (*în politică etc.*) to enter, to plunge into.
lansare *sf.* **1**. (*și fig.*) launch. **2**. (*a unui produs*) release. # *bază de* ~ (*a unei nave spațiale*) launch pad.
lanternă *sf.* lantern, torch, lamp, *amer.* flashlight. # ~ *din spate* (*la mașină*) tail light.
lanternou *sn. constr.* lantern.
lanț *sn.* **1**. chain, bond: *a pune în ~uri* to chain. **2**. (*de munți*) ridge. **3**. (*la ușă*) latchstring. **4**. (*legătură*) bond. **5**. *pl.* fetters, gyves, shackles.
lanțetă *sf. med.* lance(t).
laolaltă *adv.* together.
lapida *vt.* to lapidate.
lapidar *adj.* **1**. general. **2**. (*d. stil*) concise, terse.
lapon *sm.*, *adj.* Lapp.
lapoviță *sf.* sleet.
lapsus *sn.* lapse, blackout, slip of the memory.
lapte *sn.* **1**. milk: *produse din* ~ milk foods. **2**. (*prins*) curd. **3**. (*degresat*) skimmed milk. # *a da* ~ (*d. vacă*) to milk; *ca ~le* lacteal, milky; *cu* ~ (*d. cafea*) white; *dinte de* ~ milk/baby tooth; *vacă de* ~ milchcow.
lapți *sm. pl.* milt.
larg I. *adj.* **1**. wide, broad: *umeri ~i* broad shoulders. **2**. *fig.* large, ex-tensive. **3**. (*d. pantaloni etc.*) baggy. **4**. (*d. îmbrăcăminte*) loose, full. **5**. (*lălâu*) sloppy. **6**. (*d. gest*) sweeping. **7**. (*d. fustă etc.*) voluminous. **II**. *adv.* wide: ~ *deschis* wide open. # *în* ~ offshore; ~ *răspândit* widespread; *mână ~ă* spendthrift; *vederi ~i* advanced ideas/views.
largheţe *sf.* largesse.
larice *sf. bot.* larice.

laringe *sn. anat.* larynx.
laringită *sf.* laryngitis.
larmă *sf.* din, hubbub, hullabaloo.
larvă *sf.* larva, grub, maggot.
lasciv *adj.* lascivious, voluptous, lustful, lecherous, lewd.
laser *sn.* laser.
lasou *sn.* lasso, *amer.* lariat.
laş I. *sm.* coward, poltroon, *fam.* quitter. **II.** *adj.* coward, pusillanimous, lily-livered, *sl.* chicken. # **~itate** cowardice.
lat I. *sn.* width, breadth: *~ de palmă* width of the hand. **II.** *adj.* broad, wide: *~ de doi metri* two meters wide.
latent *adj.* **1.** latent. **2.** (*d. o boală*) quiescent.
lateral *adj.* lateral, marginal, side: *uşă ~ă* side door. # *pe ~* edgeways, side-on, lateral.
latin *adj.* **1.** Latin. **2.** (*d. alfabet*) Roman. # *limba ~ă* Latin.
latitudine *sf.* **1.** latitude. **2.** (*libertate de acțiune*) discretion.
latrină *sf.* latrine, toilet.
latură *sf.* side.
laț *sn.* **1.** noose, loop. **2.** *fig.* trap. # *a prinde cu ~ul amer.* to rope.
laudativ *adj.* laudatory.
laudă *sf.* praise, laud. # *~ de sine* self-praise; *demn de ~* praiseworthy.
laur *sm.* **1.** *bot.* laurel. **2.** *pl. fig.* laurels.
laureat *sm.* laureate.
lavabil *adj.* washable.
lavabou *sn.* washstand.
lavandă *sf.* lavander water.
lavă *sf.* lava.
lavoar *sn.* washstand.
laxativ I. *sn.* laxative, *amer. fam.* opener. **II.** *adj.* laxative, *amer.* opening.
lăbărța *vr.* to sprawl.
lăbărțat *adj.* **1.** sprawling. **2.** (*d. pantaloni etc.*) baggy.
lăcaş *sn.* place, house.
lăcătuş *sm.* locksmith. # **~erie** locksmith's.
lăcomie *sf.* **1.** cupidity, gluttony. **2.** (*aviditate*) lust, greed. # *cu ~* greedily.
lăcrămioară *sf. bot.* lily-of-the--valley.
lăcrima *vi.* **1.** (*plânge*) to cry, to weep. **2.** (*d. ochi*) to water.
lăcui *vt.* **1.** to lacquer, to polish. **2.** (*lemn*) to varnish. # **~re** polish.
lăcustă *sf.* locust, grasshopper.
lăfăi *vr.* **1.** to wallow. **2.** (*huzuri*) to lead a life of ease.
lălâu *adj.* sloppy: *tricou ~* sloppy jumper.
lămâi *sm.* lemon. # **~e** lemon, lime; *suc de ~* lemon squash; *ca ~a* lemony; *~ pitic* lime.
lămuri *vt.* **1.** to edify, to enlighten, to induce, to persuade, to coax. **2.** (**să**) to argue (into), to reason (into), to talk (into). **3.** (**să nu**) to dissuade. # *a ~ pe cineva de ceva* to bring smth. home to smb. # **~tor** explanatory, luminous.
lămurire *sf.* **1.** explanation, side, sidelight, pointer. **2.** *pl.* particulars.
lămurit *adj.* **1.** clear. **2.** explicit. **3.** (*edificat*) enlightened.

lăncier *sm.* spear man, lancer.
lăptar *sm.* milkman.
lăptărie *sf.* 1. (*magazin*) creamery, dairy, milk shop. 2. (*lactobar*) milk bar.
lăptişor *sn.* (*de matcă*) royal jelly.
lăptos *adj.* lacteal, milky.
lărgi I. *vt.* 1. to broaden, to widen. 2. (*pantofi*) to stretch. II. *vr.* 1. to broaden, to widen. 2. (*întinde*) to stretch. # ~**me** width; ~**t** (*d. o şedinţă etc.*) plenary.
lăsa *vt.* 1. to leave, to quit, *fam.* to dump: *şi-a ~t banii acasă* he left his money at home. 2. (*un subiect*) to dismiss. 3. (*îngădui*) to permit, to allow, to let. 4. (*în jos*) to tip. 5. (*să cadă din mână*) to let drop. 6. (*urme de apă*) *fam.* to slosh. 7. (*mustaţă*) to sprout. II. *vr.* 1. to sag. 2. (*în jos*) to lower, to tip. 3. (**de**) to give up, *amer. fam.* to quit: *a se ~ de fumat* to give up smoking. 4. (*d. o sfoară întinsă*) to slacken. # *care nu se lasă* indomitable; *a o ~ mai moale* to slack(en) off, *amer.* to dog it; *a ~ deoparte* to let aside; *a nu se ~* to stand one's ground, to stand pat; *a se ~ pradă* (*viciului etc.*) to grovel in; *a (se) ~ în jos* to lower; *a se ~ într-o parte* to slope; *lasă-mă în pace*! let me alone!; *nu te ~*! don't give in!
lăsare *sf.* 1. (*afundare*) sag. 2. (*a unei funii întinse*) slack. 3. (*a pământului*) subsidence.
lăsat *adj.* 1. (*adâncit*) sagged, concave. 2. (*d. o funie întinsă*) slack.
lăsător *adj.* negligent.
lăstar *sm.* scion, offshoot, sucker, sprout.
lătra *vi.* 1. to bark, to yap. 2. (*continuu*) to bay. # ~**t** bay, bark, yap.
lăturalnic *adj.* side, by: *stradă ~ă* side street; *drum ~* by way.
lături *sf. pl.* wash, slops, dishwater.
lăţime *sf.* breadth, width: *are o ~ de 10 m* it's 10 m. in width.
lăţos *adj.* shaggy, fleecy, hirsute.
lăuda I. *vt.* to compliment, to praise. II. *vr.* to boast, to brag, to talk big. # ~**bil** laudable, praiseworthy; *a se ~ singur fam.* to blow one's own horn.
lăudăros *sm.* boaster, braggart, self-glorious.
lăudăroşenie *sf.* bragging, boastfulness.
lăutar *sm.* musician.
lăută *sf.* lute. # *cântăreţ la ~* lutenist, lutist.
lână *sf.* wool. # *de/din ~* woollen, woolly.
lâncezeală *sf.* idleness, langour.
lâncezi *vi.* to languish, to vegetate.
lângă *prep.* near, beside, (close) to, next to: *casa de ~ râu* the house near the river; *obraz ~ obraz* cheek to cheek. # *pe ~* besides, by, past, over and above: *a trece pe ~ casă* to pass past the house; *de ~* near.
leac *sn.* 1. remedy, cure. 2. (*băbesc*) nostrum, quack remedy. # *fără ~* incurable.

leafă *sf.* salary, pay, wage.
leagăn *sn.* **1**. (*pentru doi copii*) seesaw. **2**. (*pătuț*) cradle, crib. **3**. (*în curte*) swing. # *cântec de ~* lullaby.
lealitate *sf.* dedication, devotion.
leandru *sm. bot.* oleander.
leaț *sn.* lath.
lebădă *sf.* **1**. swan. **2**. (*mascul*) cob. # *cântecul lebedei* swansong.
lebărvurșt *sm.* liverwurst.
lector *sm.* (*universitar*) lecturer, reader.
lectură *sf.* reading.
lecție *sf.* **1**. lesson. **2**. *școl.* unit. **3**. (*oră la școală*) class. # *a da lecții* to teach, to instruct.
lecui I. *vt.* to cure. **II**. *vr.* to recover.
lefter *adj.* penniless, *fam.* skint, hard-up.
lega I. *vt.* **1**. to tie, to bind. **2**. (*îmbina*) to join. **3**. (*asocia*) to couple. **4**. (**de**) to attach (to). **5**. (*uni*) to connect, to link: *sunt ~ți prin căsătorie* they are connected by marriage. **6**. (*bine*) to truss. **7**. (*la ochi*) to blindfold. **8**. (*o carte*) to bind. **9**. (*cu sfoară*) to rope, to bind, to cord. **II**. *vr.* to link. # *a ~ de mâini și de picioare* to bind (smb.) hand and foot.
legal *adj.* legal, lawful, official, rightful, legitimate. # **~itate** legality, lawfulness; **a ~iza** (*un act*) to legalize.
legat[1] *sn.* # **~ar** heir; *a lăsa prin ~* to bequeath.
legat[2] *adj.* (*și fig.*) bound.
legație *sf. pol.* legation.
legământ *sn.* vow, bond, pledge.
legăna *vt.* **1**. to rock, to swing, to jig. **2**. (*un copil*) to dandle, to bounce. **II**. *vr.* **1**. to rock, to swing, to sway. **2**. (*d. un vas*) to heave. # **~re** swing, sway, oscillation.
legător *sm.* (*de cărți*) binder. # **~ie** (*de cărți*) bindery.
legătură *sf.* **1**. (*de obiecte*) bundle. **2**. (*relație*) relation(ship), connection, connexion, intercourse, linkage. **3**. bearing, touch: *ținem legătura* we keep in touch. **4**. (*de rudenie*) kinship. **5**. (*amoroasă*) affair, intrigue, liaison. **6**. (*de prietenie*) friendship, rapport. **7**. (*afectivă*) bond. **8**. *pl.* ties. # *a avea ~ cu* to mix with, to associate with; *a lua legătura cu* to establish contact with, to reach; *drum/șosea de ~* link; *în ~ cu* in relation to, in connection with; *fără ~ cu* unconnected with.
lege *sf.* law, act, statute: *~ caducă* dead law. # *proiect de ~* bill; *a vota un proiect de ~* to pass a bill; *a respinge un proiect de ~* to throw out a bill; *culegere de legi* code; *a acționa împotriva legii* to act counter to the law; *în afara legii* lawless; *imperfecțiune a unei legi* technicality; *violare/încălcare a unei legi* trespass, infringement, lawbreaking.
legendar *adj.* **1**. (*și fig.*) legendary. **2**. fabulous, mythic(al).
legendă *sf.* **1**. legend, fable, myth, folktale. **2**. (*explicație*) legend, caption.
leghe *sf.* league (= *3 mile*).

legifera *vt.* to legislate.

legislativ *adj.* legislative.

legislație *sf.* legislation.

legist *sm.* # *medic* ~ forensic specialist, coroner.

legitim *adj.* legitimate.

legitimație *sf.* pass, permit, card.

legiuitor *sm.* law-maker.

legiune *sf.* legion. # *soldat într-o* ~ legionary.

legumă *sf.* 1. vegetable, *fam.* veg. 2. (*persoană*) vegetable, *amer.* cabbage.

lehamite *sf.* tediousness, ennui.

leit *adj.* alike. # *e* ~ *maică-sa* he is the very image of his mother.

lejer *adj.* 1. easy, lax. 2. (*d. îmbrăcăminte*) loose, easy-fitting.

lemn *sn.* 1. wood, timber. 2. (*de esență tare*) hardwood. 3. (*de esență moale*) softwood. 4. (*de construcție*) timber. # **~ărie** timber; *de/din* ~ wooden, woody; *obiect din* ~ woodwork; *bate-n* ~! touch wood!

lemurian *sm. zool.* macaco.

lene *sf.* laziness, idleness, sloth, sluggishness, lassitude.

leneș I. *sm.* idler, laggard, loafer, wastrel, *fam.* slacker, lazybones, slob. II. *adj.* lazy, (bone)idle, shiftless, work-shy.

lenevi *vi.* to idle away, to loaf, to laze, to loll about. # **~e** laze, laziness, idleness.

lenjerie *sf.* 1. linen, white goods. 2. (*de corp*) underwear, underclothes, *fam.* undies, smalls. 3. (*de pat*) bedclothes, bedding.

lent *adj.* slow, sluggish, dilatory, torpid, dull, lazy: *minte ~ă* torpid mind; *moarte ~ă* slow death; *proces* ~ slow process; *trafic* ~ sluggish traffic. # *foarte* ~ (*d. un jucător*) poky.

lentilă *sf.* 1. lens. 2. *pl.* (*de contact*) contact lens, *fam.* contacts.

leoaică *sf.* lioness.

leoarcă *adv.* 1. soaking (wet), dripping wet, sodden, soppy. 2. (*d. haine*) wringing wet.

leopard *sm. zool.* leopard, cat.

lepăda I. *vt.* 1. to cast. 2. (*părul, pielea*) to shed, to slough. 3. (*pene etc.*) to moult. II. *vr.* (**de**) *bis.* to forswear.

lepădătură *sf. fam.* scum, *sl.* dead loss, *amer. fam.* trash.

lepră *sf. med.* leprosy.

lepros I. *sm.* leper. II. *adj.* leprous.

lesă *sf.* leash, lead.

lesbiană *sf.* lesbian.

lesne *adv.* easily.

lesnicios *adj.* easy, painless. # *simplu și* ~ (*d. un manual etc.*) rough-and-ready.

lespede *sf.* slab.

lest *sn.* ballast.

leș *sn.* corpse, carrion.

leșin *sn.* swoon, blackout, faint. # *a-și reveni din* ~ to come to.

leșina *vi.* to swoon, to faint.

leșinat *adj.* 1. senseless, out, unconscious. 2. (*slăbit*) faint: ~ *de foame* faint with hunger.

letal *adj.* lethal, deadly.

letargie *sf.* lethargy.

letcon *sn.* soldering hammer/iron.

leton I. *sm.* Lett. **II**. *adj.* Lettish.
lețcaie *sf.* # *n-am nici o* ~ I haven't a bean.
leu *sm. zool.* lion, cat: *partea ~lui* the lion's share. # **gura--lui** *bot.* snapdragon; *pui de* ~ whelp.
leucemie *sf. med.* leuk(a)emia.
leucoplast *sn.* plaster.
Leul *sm. art.* **1**. (*zodie*) Leo. **2**. (*constelație*) the Lion.
leuștean *sm.* lovage.
levată *sf.* (*la bridge etc.*) trick, round.
levănțică *sf. bot.* lavander.
levier *sn. tehn.* lever.
levitație *sf.* levitation.
lexic *sn.* lexic(on), vocabulary. # ~**al** lexical; ~**ografie** lexicography.
leza *vt.* to outrage, to harm. # ~**re** outrage, prejudice.
leziune *sf.* lesion, wound, injury.
liană *sf. bot.* liana.
liant *sm.* binder.
libelulă *sf.* dragonfly.
liber *adj.* **1**. free, unrestrained, unfettered, loose: ~ *arbitru* free will; *intrarea ~ă* admission free. **2**. (*neocupat*) void, vacant, blank, off: *ea este ~ă* (*azi*) she's off (today). **3**. (*d. o cuvântare*) extemporaneous, extempore, unprepared, unscripted. **4**. (*neîncătușat*) at liberty. **5**. (*după serviciu*) off-duty. **6**. (*d. un drum*) open. **7**. (*nestingherit*) unimpeded. **8**. (*disponibil*) spare: *timp* ~ spare time, leisure. # ~**tin** libertine, licentious, rakish; *cuvântare ~ă* verbatim speech; *în aer* ~ in the open; *cu ochiul* ~ with the naked eye; „*liber*“ (*la taxi*) "for hire".
liberal *sm., adj.* liberal.
libertate *sf.* **1**. liberty, freedom. **2**. (*de acțiune*) latitude, space. # *în* ~ free, at liberty/large; *a pune în* ~ to set free, to loose(n).
libidinos *adj.* lewd, lecherous, lubricous, lascivious.
librar *sm.* bookseller.
librărie *sf.* bookshop.
libret *sn. muz.* book.
licări *vi.* to shimmer, to gleam, to glimmer, to glitter, to flicker, to twinkle. # ~**re** shimmer, flash, gleam, glimmer, flicker, twinkle, sparkle.
licență *sf.* **1**. degree, baccalaureate: ~ *în biochimie* degree in biochemistry. **2**. (*autorizație*) permit, warrant, licence. **3**. (*poetică*) poetic licence.
licențiat *sm.* licentiate, bachelor.
licențios *adj.* licentious.
liceu *sn.* grammar/secondary/high school.
lichea *sf.* rascal, scamp, scallywag, *fam.* punk.
lichefia I. *vt.* to liquefy. **II**. *vr.* to liquefy, to liquesce.
lichefiere *sf.* liquefaction.
lichen *sm. bot.* lichen.
lichid *sn., adj.* liquid.
lichida *vt.* **1**. (*o firmă etc.*) to liquidate, to close, to wind up. **2**. *ec.* (*un cont*) to close, to settle. **3**. (*un stoc*) to clear. **4**. (*ucide*) to kill, to do in.
lichidare *sf.* **1**. (*de cont*) *ec.* clearing. **2**. (*de stoc*) clearance. **3**. (*a unei

datorii) (*şi fig.*) liquidation. **4**. (*a unei întreprinderi*) liquidation, closure, close down. **5**. (*de mărfuri*) sell-out, *amer*. close out.

lichidități *sf. pl. ec.* liquidity.

lichior *sn.* liqueur.

licit *adj*. licit, lawful.

licita *vt.* **1**. to auction. **2**. (*şi la bridge*) to bid. # **~nt** bidder; *a supra~* to outbid.

licitație *sf.* **1**. auction: *a cumpăra la ~* to buy by auction. **2**. (*şi la bridge*) bid(ing). # *a vinde la ~* to auction; *agent de ~* auctioneer.

licoare *sf.* beverage.

licurici *sm.* firefly, glow-worm, *amer*. lightning bug.

lider *sm.* leader, standard-bearer.

lift *sn.* lift, *amer*. elevator. # **~ier** lift boy; *bloc/clădire fără ~ amer*. walk-up.

ligament *sn. anat*. ligament.

ligă *sf.* league.

lighean *sn.* basin, *amer*. wash-bowl.

lighioană *sf.* animal, wild beast.

lignit *sm.* lignite.

lihnit *adj*. starving.

lila *sf., adj.* lilac.

liliac[1] *sm. bot*. lilac. # **~hiu** lilac.

liliac[2] *sm. zool*. bat.

liman *sn.* **1**. (*mal*) coast, shore. **2**. (*adăpost*) refuge, haven.

limax *sm. zool*. slug.

limbaj *sn.* language, speech, phraseology: *~ prin semne* sign language. # *~ maşină inf.* machine code; *~ vulgar* ribaldry.

limbă *sf.* **1**. tongue: *a scoate ~ la* to stick out one's tongue at. **2**. (*grai*) language, tongue: *limbi străine* foreign languages; *~ maternă* mother tongue. **3**. (*limbaj*) language, speech, tongue. **4**. (*la ceas*) hand. **5**. (*de clopot*) clapper. **6**. (*de pământ*) neck, tongue, spit. **7**. (*de foc*) flame. # *cu limba ascuțită* evil-tongued; *~ stâlcită* pidgin.

limbric *sm.* worm.

limbut *adj.* voluble, talkative, glib, loquacious, garrulous.

limbuție *sf.* verbosity.

limfatic *adj*. lymphatic.

limfă *sf.* lymph.

limfocită *sf.* lymph cell.

limita **I**. *vt.* **1**. to limit, to confine. **2**. (*un număr*) to restrict. **II**. *vr.* (**la**) to confine (to). # **~re** limitation.

limitat *adj.* **1**. limited, narrow, restricted. **2**. (*la minte*) narrow-minded. **3**. (*restrâns*) sparing.

limită *sf.* **1**. limit, brink, boundary. **2**. *fig*. confines: *peste limitele înțelegerii umane* beyond the confines of human knowledge. **3**. (*şi fig.*) verge, brink. **4**. (*margine*) edge, margin. # *la ~* narrow, by a nose: *victorie la ~* narrow victory.

limitrof *adj*. limitrophe.

limonadă *sf.* lemonade.

limpede *adj.* **1**. (*şi fig.*) pellucid, transparent. **2**. (*d. apă*) limpid, crystalline. **3**. (*desluşit*) plain, overt. **4**. (*d. ochi*) clear.

limpezi **I**. *vt.* **1**. (*un lichid*) to clarify. **2**. (*vin*) to fine. **3**. (*rufe*) to rinse. **4**. (*clarifica*) to ellucidate. **II**. *vr.*

(*d. lichide*) to clear, to settle. # ~**me** clarity.

limuzină *sf.* limousine, sedan, *fam.* limo.

lin I. *sm.* (*pește*) tench. **II**. *adj.* **1**. slow. **2**. (*d. o pantă*) gentle, rolling. **III**. *adv.* (*egal*) smoothly.

lindină *sf.* nit.

lingav *adj.* squeamish.

lingău *sm.* sycophant, lackey, flunkey, yesman.

linge I. *vt.* to lick. **II**. *vi* (*d. animale*) (*lapte etc.*) to lap. # ~**re** lick; *a-și ~ buzele* to lick one's lips.

lingou *sn.* **1**. ingot. **2**. (*de aur sau argint*) bullion. # *~ de aur* gold bullion/ingot.

lingură *sf.* **1**. spoon: *~ de lemn* wooden spoon; *~* (*mare*) *de servit* table spoon. **2**. (*plină*) spoonful. # *~ de servit* (*salată etc.*) server; *a hrăni cu lingura* to spoon-feed.

linguriță *sf.* teaspoon.

lingușeală *sf.* flattery, cajolery.

linguși *vt.* to flatter, to cajole, to toady, *amer. fam.* to stroke. # ~**re** flatter; ~**tor** flatterer, lackey, toady, sycophant.

lingvist *sm.* linguist. # ~**ic** linguistic; ~**ică** linguistics.

linia *vt.* to line, to rule. # ~**r** linear; ~**t** (*d. hârtie*) ruled.

linie *sf.* **1**. line. **2**. (*riglă*) rule(r). **3**. (*peron*) platform. **4**. *c.f.* track, (*secundară*) siding. **5**. (*de înaltă tensiune*) power line. # *~ dreaptă* (*și la curse*) straight line; *linii directoare* guidelines; *~ de demarcație* limit; *capăt de ~* terminal.

liniște *sf.* **1**. silence, quiet(ude), peace, tranquillity, still(ness), calm; hush: *~ mormântală* deathly quiet. **2**. (*tihnă*) ease, rest, lull. # *a face ~* to hush. # *în ~* silently.

liniști I. *vt.* **1**. to calm, to appease, to hush, to quieten, to mollify. **2**. (*consola*) to comfort, to ease. **3**. (*asigura*) to reassure. **4**. (*durerea*) to soothe, to relieve, to alleviate. **5**. (*nervii*) to tranquillize. **II**. *vr.* **1**. to calm down, to fall silent, to quieten. **2**. (*d. furtună*) to subside, to abate.

liniștit I. *adj.* **1**. calm, silent, quiescent, quiet, tranquil, restful, unafraid, anabashed, serene. **2**. (*așezat*) mild, *fam.* mellow. **3**. (*pașnic*) peaceful, pacific, gentle. **4**. (*nemișcat*) unstirred, still. **5**. (*d. mare*) smooth. **6**. (*d. o localitate*) drowsy, sedate, *fam.* tame. **II**. *adv.* patiently. # ~**or** restful, reassuring; *a fi ~* to be at ease, to rest easy; *poți să fii ~* you may rest assured.

liniuță *sf.* (*de unire*) hyphen.

lins I. *sn.* lick. **II**. *adj.* (*d. păr*) smooth, lank. # *~ și lucios* (*d. păr*) sleek.

linșa *vt.* to lynch # ~**j**, ~**re** lynch.

linte *sf. bot.* lentil.

lintiță *sf.* duckweed.

linţoliu *sn.* pall, shroud.

linx *sm. zool.* lynx, caracal.

lipăi I. *vt.* (*laptele etc.*) to lap, to lick. **II**. *vi.* to shuffle one's feet. # ~**re**, ~**t** lap.

lipi I. *vt.* **1**. to glue, to attach, to join, to splice, to stick, to paste.

2. (*un timbru*) to stick. 3. (*o etichetă*) to label. 4. (*cu bandă adezivă*) to tape. 5. (*un afiş*) to post. 6. (*un plic*) to seal. 7. (*metale*) to solder. II. *vr.* 1. to cling, to stick. 2. (**de**) to adhere (to). # **~ci** glue, gum, paste; **~re** join, splice; **~tură** *tehn.* junction.

lipicios *adj.* 1. gluey, sticky, slimy, gummy, tacky, glutinous, syrupy. 2. (*d. cineva*) attractive, appealing, alluring.

lipitoare *sf.* 1. bloodsucker. 2. (*şi fig.*) leech.

lipsă *sf.* 1. absence, lack, shortage, default: *în ~ de* in default of; *~ de apă* lack of water; *din ~ de* for lack of. 2. (*sărăcie*) necessity, dearth, paucity, want, privation: *~ de alimente* want of food. 3. (*criză*) shortage: *~ de orez* (*pe piaţă*) shortage of rice. 4. (*carenţă*) deficiency. 5. (*puţinătate*) scarcity: *~ de bani* scarcity of money. # *a duce ~ de* to want for, to lack.

lipsi I. *vt.* 1. (*simţi lipsa*) to miss: *mi-ai ~t* I missed you. 2. (**de**) to deprive (of). II. *vi.* (**de la**) to be absent (from). # **~t** destitute; *~t de* deficient in, devoid of, bereft of; *a fi ~t de* to lack: *i-a ~t decenţa* he lacked decency.

liră[1] *sf.* 1. (*unitate monetară*) lira. 2. (*sterlină*) pound, *fam.* quid.

liră[2] *sf.* *muz.* lyre.

liric *adj.* lyric(al).

lista *vt.* *inf.* to queue. # **~re** *inf.* queue.

listă *sf.* 1. list, docket, schedule, register. 2. (*de nume*) roll. 3. (*de preţuri*) tariff. 4. (*de cuvinte*) lexicon. # *~ de bucate* bill of fare; *a pune/înscrie pe ~* to list.

literal *adj.* literal, word for word, verbatim.

literalmente *adv.* literally.

literar *adj.* literary.

literat *sm.* writer.

literatură *sf.* literature, fiction.

literă *sf.* 1. letter, character: *litera legii* the letter of the law. 2. (*de tipar*) type: *corp de ~* type body. # *litere cursive/italice* italics.

litigant *adj.* # *parte ~ă jur.* litigant.

litigios *adj.* litigious, contentious.

litigiu *sn.* litigation, contention. # *în ~ jur.* unsettled; *caz în ~* moot case.

litografia *vt.* to lithograph.

litografie *sf.* 1. (*ca imagine*) lithograph. 2. (*ca procedeu*) lithography.

litoral *sn.* littoral, shore, seaside, coast.

litosferă *sf.* lithosphere.

litotă *sf.* litotes.

litotomie *sf.* *med.* lithotomy.

litru *sm.* litre, *amer.* liter.

lituanian *sm.*, *adj.* Lithuanian.

liturghie *sf.* liturgy, prayer, Mass.

livadă *sf.* 1. orchard. 2. (*păşune*) meadow, grass.

livid *adj.* livid, pale, pallid, sallow. # **~itate** lividity, paleness.

livra *vt.* to deliver. # **~re** delivery, conveyance: *plata la ~re* cash on delivery; *notă de ~re* delivery note; **~t** delivered.

livră *sf.* pound (*0,454 kg*).

livrea *sf.* livery.
livret *sn. mil.* record.
lizibil *adj.* legible.
lizieră *sf.* **1.** outskirts, margin, fringe, verge. **2.** (*de pădure*) skirts.
lob *sn.* (*al urechii*) lobe.
lobodă *sf.* orache.
loc *sn.* **1.** place, position, location, stead: *a schimba ~urile* to change places; *la ~ul lui/ei* in place; *în diferite ~uri* in places; *în ~ul cuiva* in smb.'s stead; *a avea ~* to take place. **2.** (*spațiu*) room: *a face ~* (*pe bancă*) to make room; *~ în picioare* standing room. **3.** (*zonă*) spot: *pe ~* on the spot; *~ turistic* tourist spot. **4.** (*de stat jos*) seat: *ia ~* take a seat. **5.** (*în parlament*) seat. **6.** (*de onoare*) chair. **7.** (*retras*) nook. **8.** (*de muncă*) post. **9.** (*retras*) recess, retreat. **10.** (*unde se află cineva*) whereabouts. **11.** (*în societate*) standing. **12.** (*lot*) plot. **13.** (*localitate*) locality. # *din capul ~ului* from the beginning; *din ~ în ~* here and there; *în ~ul* (*cuiva*) in/on behalf of (someone); *în ~ de asta* instead of it; *la ~* back; *~ liber* (*pe pagină*) blank; (*a plăti etc.*) *pe ~* to pay (in) cash; *~ sfânt* shrine; *~ de frunte* lead; *din partea ~ului* local; *a-și găsi ~ul potrivit* (*serviciu etc.*) to find one's level; *a ține ~ul cuiva* (*la serviciu etc.*) to sit in for smb.; *a o lua din ~* to make off, to scuttle, to get moving, *fam.* to scoot; *a face ~* (*să treacă*) to make way, (*d. un vehicul*) to nose; *a-și face ~ prin* (*mulțime*) to make room for oneself, to navigate, to thread one's way through; *a pune la ~* to put (it) back.
local I. *sn.* public house, pub. **II.** *adj.* local.
localitate *sf.* place, settlement, locality.
localiza *vt.* (*pe hartă*) to pinpoint. # **~re** localization.
localnic native, local.
locaș *sn.* **1.** place, house. **2.** *tehn.* groove, slot, seat.
locatar *sm.* **1.** lodger, inmate, occupant, occupier, *amer.* roomer. **2.** (*chiriaș*) tenant.
locație *sf.* (*închiriere*) hire.
locomotivă *sf.* engine, *amer.* locomotive: *mecanic de ~* engine driver, *amer.* engineer.
locotenent *sm.* lieutenant.
locțiitor *sm.* deputy, proxy.
locui *vi.* **1.** to live, to dwell, to reside, to inhabit. **2.** (**la**) to stay (at). # **~tor** inhabitant, resident; **~bil** habitable; *de ~t* housing.
locuință *sf.* house, dwelling house, place, rooms, tenement, habitation: *drum pentru locuințele de pe coastă* road for the habitations along the coast. # *criza de locuințe* the housing problem; *bloc de locuințe* tenement block.
locuțiune *sf.* phrase, idiom.
locvace *adj.* loquacious.
logaritm *sm.* logarithm.

logic *adj.* logical. # **~ă** (*şi ştiinţa*) logic; **~ian** logician.
logodi *vr.* to get engaged. # **~t(ă)** engaged.
logodnă *sf.* engagement.
logodnic *sm.* fiancé. # **~ă** fiancée.
loial *adj.* loyal, true, faithful. # **~itate** loyalty, fidelity.
lojă *sf.* **1.** (*la teatru*) box. **2.** (*a orchestrei*) (orchestra) pit. **3.** (*masonică*) lodge.
lombar *adj. anat.* lumbar: *puncţie ~ă* lumbar puncture.
longevitate *sf.* longevity.
longitudinal *adj.* longitudinal.
longitudine *sf.* longitude.
lopată *sf.* **1.** spade, shovel. **2.** (*vâslă*) paddle. # *a lua* (*nisip etc.*) *cu lopata* to shovel.
lor *adj.* their, them: *casa lor* their house. # *al/a/ai/ale ~* theirs: *casa asta e a ~* this house is theirs.
lord *sm.* lord. # *ca un ~* lordly; *rangul de ~* lordship.
lornion *sn.* monocle.
lot *sn.* **1.** (*parcelă*) parcel, patch. **2.** (*de pământ*) plot, *amer.* lot. **3.** (*de mărfuri*) batch: *~ de produse* batch of products. **4.** (*grup*) lot, squad, group.
loterie *sf.* (*şi fig.*) lottery.
lotus *sm. bot.* lotus.
loţiune *sf.* **1.** lotion. **2.** *med.* wash, liniment.
lovi I. *vt.* **1.** (*bate*) to beat, to bang, to bump, to buffet, to pound, to knock. **2.** (*vătăma*) to harm. **3.** (*izbi*) to ram, to strike. **4.** (*cu piciorul*) to kick, (*mingea*) to hit. **5.** (*cu putere*) to zap, to thwack, to swipe, *fam.* to wallop. **6.** (*tare, pe cineva*) to whack, to smite. **7.** (*un pieton*) (*d. o maşină*) to strike. **8.** (*cu palma*) to slap. **II.** *vr.* **1.** to hurt oneself. **2.** (**de**) to knock (against), (*în cădere*) to thump (against). # **~re** (*cu ciocanul*) hammerring; **~t** (*de soartă*) stricken.
lovitură *sf.* **1.** knock, bang, thrust, buffet, stroke. **2.** (*şi fig.*) blow, hit, coup: *a dat lovitura* he made a great coup; *~ de graţie* death blow; *~ de stat* coup d'état. **3.** (*de picior*) kick: *~ liberă* (*la fotbal*) free kick. **4.** (*puternică*) whack, *fam.* thump. **5.** (*cu palma etc.*) slap, *fam.* clip. # *~ de trăsnet fig.* bombshell; *a da lovitura* to hit the jackpot, to make it; *~ cu mâna dreaptă* right.
loz *sn.* **1.** ticket. **2.** (*care se rade*) scratchcard. # *~ necâştigător* blank.
lozincă *sf.* slogan, watchword. # *scandare de lozinci* sloganeering.
lua I. *vt.* **1.** to take, to get: *a o ~ de bună* to take it for granted. **2.** (*servi*) to have: *a ~ masa* to have dinner. **3.** (*apuca*) to seize. **4.** (*cumpăra*) to buy. **5.** (*o curbă*) to round. **6.** (*droguri*) *fam.* to pop. **7.** (*timp*) to occupy. **8.** (*o boală*) to catch. **9.** (*în autobuz*) to load, to pick up. **II.** *vr.* **1.** (*căsători*) *fam.* to get spliced. **2.** (**după**) to follow: *ia-te după mine* follow

me. 3. (**după**) (*imita*) to imitate. # *a ~ în* (*greutate*) to gain (weight); *a ~ parte la* to take part in; *a o ~ înainte* (*d. ceas*) to gain; *a nu ~* (*un examen*) to fail; *a ~ de* (*nevastă*) *pe* to marry, to wed; *a fi ~t drept* to pass for; *a o ~ din loc* to be off; *a o ~ la fugă* to take to flight; *a ~ la rost* to fly at smb.; *a ~ în brațe* to embrace; *a ~ pe departe* to beat about the bush; *cât ia ca să ajungi la...*? how long does it take to reach...?

lubrifia *vt.* to grease. # **~nt** lubricant, grease.

lucarnă *sf.* lucarne, skylight, luthern.

luceafăr *sm.* 1. (*de seară*) evening star. 2. (*de dimineață*) morning star.

lucernă *sf.* lucerne, alfalfa.

luci *vi.* to shimmer, to shine, to glisten, to gleam. # **~os** slick, shiny. # **~re** shimmer; **~tor** shining; *neted și ~os* glossy, shining.

lucid *adj.* lucid.

luciu *sn.* 1. (*lustru*) lustre, glaze, polish, varnish, shine, sheen. 2. (*strălucire*) gloss.

lucra I. *vt.* (*pământul*) to cultivate, to farm, to work. **II.** *vi.* 1. to work. 2. (**ca**) to serve (as).

lucrare *sf.* 1. work: *lucrări publice* public works. 2. (*scrisă*) control/term paper, *amer.* paper. 3. (*de artă, muzicală*) piece. 4. (*științifică*) thesis. 5. (*de control*) test, paper. 6. *pl.* (*ale unui congres*) workings. 7. *pl.* (*dezbateri*) proceedings.

lucrativ *adj.* lucrative, profitable.

lucrător *sm.* worker, workman.

lucrătură *sf.* (*a unui obiect*) workmanship.

lucru *sn.* 1. object, thing. 2. (*chestie*) *fam.* whatsit, stuff. 3. (*muncă*) work. 4. (*chestiune*) matter. 5. *pl.* effects. 6. *pl.* (*personale*) belongings. # *~ de nimic* trifle; *~ manual* handiwork; *de ~* working; *~ri de aruncat* junk; *și alte ~ri de felul acesta* and so on, and what not; *așa stând ~rile* such being the case, at this rate; *după cum stau ~rile* from the sound of things; *încetare a ~lui* (*în semn de protest*) stoppage.

lufă *sf. bot.* loofah.

lugubru *adj.* lugubrious, dismal, bleak, grim, dire, funereal, macabre.

lui I. *adj.* his, its: *mașina ~* his car. **II.** (*ca dativ*) to: *salutări ~ Jim* greetings to Jim.

lujer *sm.* stem, stalk.

lulea *sf.* pipe.

lumânare *sf.* 1. candle: *a stinge o ~* to snuff/put out a candle. 2. (*mică*) taper.

lumbago *sn.* lumbago.

lume *sf.* 1. people, public. 2. (*omenire*) world, mankind: *~a arabă* the Arab world; *în toată ~a* all over the world, throughout the world; *~a materială* the physical world. # *~a interlopă* the underworld; *~a scenei* the boards; *~a cealaltă* the next world, the lower regions; *pentru nimic în ~*

not for love or money; *toată ~a* everybody.

lumesc *adj.* worldly, earthly, mundane, secular.

lumina I. *vt.* to light(en), to illuminate, to irradiate. **II.** *vr.* **1.** to brighten. **2.** (*d. cer*) to lighten, to clear up. **3.** (*d. față*) to brighten up. # **~tor** *constr.* lantern.

luminat *adj.* **1.** lit, lighted. **2.** (*instruit*) cultured, well-informed. **3.** (*progresist*) progressive. **4.** (*lămurit*) enlightened. **5.** (*d. față*) brightened.

lumină *sf.* **1.** light: *~ orbitoare* glaring light; *~ stradală* street light. **2.** (*de reflector*) floodlight, spotlight. **3.** (*a zilei*) daylight. **4.** (*a stelelor*) starlight. **5.** (*intermitentă*) strobe (light). # *a face ~ în* (*cameră*) to light (the room); *luminile rampei* the footlights; *a aprinde/stinge lumina* to switch on/off the light; *a ieși la ~* to come out; *la lumina lumânării* by the light of the/a candle; *pe ~* in the daytime.

luminiș *sn.* clearing, glade.

luminos *adj.* **1.** luminous, bright. **2.** (*d. ochi*) limpid.

lunar *adj., adv.* monthly: *salariu ~* monthly salary. # *peisaj ~* moonscape.

lună *sf.* **1.** month: *luna mai* the month of May. **2.** (*pe cer*) moon: *~ plină* full moon; *~ nouă* new moon; *la lumina lunii* by the light of the moon. **3.** (*de miere*) honeymoon. # *fără ~* moonless; *lumina lunii* the moonlight; *rază de ~* moonbeam.

luncă *sf.* water meadow, flat(s), everglades.

luneca *vi.* **1.** to slip. **2.** (*în mers*) to glide, to slide along.

lunecos *adj.* slippery.

lunecuș *sn.* glazed ice.

lunetă *sf.* field glass, spyglass.

lung *adj.* **1.** long: *coadă ~ă* long tail. **2.** (*înalt*) tall. **3.** (*vast*) vast, extensive. **4.** (*apos*) watery. # **~uieț** longish; *de-a ~ul* along; *cam ~* lengthy, longish; *~ și subțire* spidery; *în ~ și-n lat* along and across.

lungi I. *vt.* to lengthen, to elongate, to stretch. **II.** *vr.* to stretch, to lengthen.

lungime *sf.* length: *e de șase metri ~* it's six metres in length. # *în ~* lengthwise.

luni *sf.* Monday.

luntre *sf.* boat.

lup *sm.* wolf, dog. # **~oaică** she-wolf; *ca de ~* (*d. pofta de mâncare*) wolfish, ravenous.

lupanar *sn.* brothel.

lupă *sf.* magnifying glass.

lupta *vi., vr.* **1.** to battle, to fight. **2.** (**cu**) to wrestle (with), to struggle (with). **3.** (**cu**) *fig.* to contend (with). **4.** (**împotriva**) to combat (against), to crusade (against). **5.** (**pentru**) to fight (for), to struggle (for).

luptă *sf.* **1.** battle, struggle, combat, contest, fight(ing): *~ dreaptă* fair fight; *căzut în* ~ killed in combat. 2. (*confruntare*) competition. 3. (*război*) warfare. 4. (*cu arme*) gunfight. 5. (*campanie*) drive. 6. (*corp la corp*) single combat. 7. *fig*. struggle, war: *lupta împotriva criminalității* the war against crime; ~ *pentru putere* power struggle. 8. *pl. sport* wrestling. # *a intra în* ~ to get into a fight, to enter the list; *lupta pentru existență* the fight for life, *fam.* the rat race.

luptător *sm.* 1. fighter. 2. *sport* wrestler.

lupus *sn. med.* lupus.

lustragiu *sm.* shoeblack, bootblack.

lustră *sf.* chandelier, lamp.

lustrin *sn.* lustre.

lustru *sn.* glaze, polish, varnish, gloss.

lustrui *vt.* 1. to polish, to gloss. 2. (*pantofi*) to (shoe)shine. 3. (*tacâmuri*) to rub up. # ~**re** polish; ~**t** polished.

lut *sn.* clay, daub, loam. # *de/din* ~ earthen.

lux[1] *sm.* (*unitate de măsură a iluminării*) lux.

lux[2] *sn.* luxe, luxury. # ~**os** luxurious, expensive, rich, *fam.* swish; *de* ~ luxe, luxurious, prestigious, upmarket, *fam.* posh, *amer.* upscale, (*d. un hotel*) luxury, plush; *obiect de* ~ luxury.

luxa *vt.* to luxate, to displace, to sprain, to rick. # ~**t** twisted; *a-și* ~ (*glezna*) to twist (one's ankle).

luxație *sf.* 1. sprain. 2. *med.* dislocation, twist.

luxuriant *adj.* luxuriant, abundant, exuberant, rank, lush, rampant.

M

mac[1] *interj.* quack!
mac[2] *sm. bot.* poppy.
macabru *adj.* macabre, gruesome, grim, grewsome.
macac *sm.* macaque.
macadam *sn.* macadam.
macagiu *sm.* pointsman, switchman.
macara *sf.* crane, derrick. # **~giu** craner; *braț de ~* jib.
macaroane *sf. pl.* macaroni.
macaz *sn.* point, *amer.* switch.
macedonean *sm., adj.* Macedonian.
macera *vt., vr.* to macerate.
machetă *sf.* **1.** pattern, model. **2.** (*la mărime naturală*) mock-up.
machia *vt., vr.* to make up. # **~j** make-up, face pack; **~t** made-up.
macrobiotică *sf.* macrobiotics.
macroeconomie *sf.* macroeconomics.
macrou *sn.* mackerel.
maculator *sn.* notebook.
maculatură *sf.* (*scriere proastă*) pap.
maestru *sm.* master, expert, *fam.* whizz: *mare ~* past master. # *~ de cermonii* marshal.
mafiot *sm.* mafioso.
magazie *sf.* **1.** store (house), depot, shed, repository, warehouse. **2.** (*a puştii*) magazine.
magazin *sn.* shop, store, business: *lanț de ~e* chain store, parade; *~ universal* department store. # *afluență de oameni într-un ~* throughput.
maghernită *sf.* hut.
maghiar *sm., adj.* Magyar. # *limba ~ă* Magyar, Hungarian.
magic *adj.* magic(al), mysterious. # **~ian** magician, enchanter.
magie *sf.* magic: *~ albă* white magic; *~ neagră* black magic.
magistral *adj.* master(ly), masterful.
magistrală *sf.* thoroughfare.
magistrat *sm.* magistrate, *sl.* beak. # **~ură** magistracy, magistrature.
magiun *sn.* jam.
magmă *sf.* magma.
magnat *sm.* magnate, tycoon, lord.
magnet *sm.* (*şi fig.*) magnet. # **~ic** (*şi fig.*) magnetic; **~ism**. magnetism.
magnetiza *vt.* **1.** *tehn.* to magnetize. **2.** (*fascina*) to mesmerize.
magnetofon *sn.* (tape) recorder. # *bandă de ~* tape.
magneziu *sn.* magnesium.
magnific *adj.* magnificent.
magnitudine *sf.* magnitude.
magnolie *sf.* magnolia.
mahala *sf.* outskirts. # **~gioaică** (*ță*) vixen, scold, termagant.

mahmur *adj.* with a hangover, with a head. # ~**eală** hangover.
mahomedan *sm., adj.* Muhammadan, Mohammedan, Moslim.
mahon *sm.* mahogany.
mahonă *sf.* (*împinsă cu prăjina*) punt.
mai[1] *sn.* **1.** (*ciocan*) mallet. **2.** *tehn.* ram. **3.** (*de nivelat pământ*) road roller.
mai[2] *adv.* **1.** yet, still: ~ *putem câştiga încă* we may win yet; ~ *este bolnav* he's still ill. **2.** (*pentru comparativ*) more: ~ *frumos* more beautiful. # ~-~ *să* on the point of; ~ *încearcă* try again; ~ *târziu* later on; *să nu* ~ *minţi* you shouldn't lie any more; ~ *vrei sare?* do you want any more salt?; *din ce în ce* ~ more and more, progressively; *mult* ~ much more: *mult* ~ *inteligent* much more intelligent; (*înainte de un comparativ*) *şi* ~ even; *cu atât* ~ more so; *cel/cea* ~ the most: *cel/cea* ~ *greu/grea* the most difficult.
mai[3] *sm.* (*lună*) May. # *întâi* ~ May Day.
maia *sf.* yeast, leaven.
maiestate *sf.* **1.** majesty. **2.** (*ca adresare*) sire.
maiestuos *adj.* majestic, august, stately, imposing.
maimuţă *sf.* ape, monkey. # ~**reli** antics.
maimuţăreală *sf.* tomfoolery.
maimuţări I. *vt.* to mimic, to feign, to mock, to parrot. **II.** *vr.* to clown.
maioneză *sf.* mayonnaise.
maior *sm.* major.
maiou *sn.* vest, *amer.* undershirt.
maistru *sm.* foreman, ganger.
major *sm., adj.* major.
majora I. *vt.* **1.** to raise. **2.** (*preţuri*) to increase, to lift. **3.** (*o primă de asigurare*) to load. **II.** *vr.* to increase, to rise. # ~**re** (*a preţurilor, salariului*) rise.
majorat *sn.* majority. # *a ajunge la* ~ to come of age.
majordom *sm.* butler.
majoritate *sf.* majority: *marea* ~ the vast majority. # ~**a** the body, the many; *în* ~ for the most part; ~*a profesorilor* the mass of teachers; *în* ~*a cazurilor* in most cases.
majusculă *sf.* capital (letter), initial.
mal *sn.* **1.** coast, waterside. **2.** (*de râu*) bank, riverside. **3.** (*de mare*) shore. **4.** (*de lac*) border, front. # *de/la/pe* ~ beach side; ~*ul mării* the sea front.
malac *sm.* (*om*) lubber, lump.
maladie *sf.* malady, disease, illness.
maladiv *adj.* morbid.
malaiez *sm., adj.* Malay.
malarie *sf.* malaria.
maldăr *sn.* mound, pile, stack, heap, lump: ~ *de scrisori* pile of letters.
maleabil *adj.* **1.** malleable, pliable, pliant. **2.** (*d. cineva*) tractable, ductile, resilient, yielding. # ~**itate** malleability.
malefic *adj.* malefic, malign.
malformaţie *sf.* deformity, malformation.
malign *adj. med.* malign(ant): *tumoare* ~*ă* malignant tumour.

malițios *adj.* malicious, impish.
malițiozitate *sf.* malice.
maltez *sm., adj.* Maltese.
maltrata *vt.* to maltreat, to abuse, to maul, to ill-treat. # **~t** battered, misused.
malț *sn. bot.* malt.
malversație *sf.* skulduggery.
mamar *adj.* mammary: *glandă ~ă* mammary gland.
mamă *sf.* 1. mother, *fam.* mum: *~ naturală* birth mother. 2. (*vitregă*) stepmother. # *de ~* maternal, motherly; *din partea mamei* maternal; *ca o ~* maternally; *calitate de ~* motherhood.
mamelă *sf.* breast.
mamelon *sn.* mamelon, nipple.
mamifer *sn.* mammal.
mamoș *sm.* gynecologist.
mamut *sm.* 1. mammouth. 2. *fig.* (*industrial*) giant.
management *sn.* management.
manager *sm.* boss, manager.
mană *sf.* 1. *bot.* blight. 2. (*mălură*) rust. # *~ cerească fam.* godsend, windfall.
mandarin *sm. bot.* mandarin. # **~ă** mandarin, tangerine.
mandat *sn.* 1. mandate, commission. 2. (*procură*) authority, warrant. 3. (*de președinte etc.*) tenure. 4. (*poștal*) (postal) order. 5. (*de arestare*) warrant. # **~ar** proxy.
mandea *sm. sl.* muggins.
mandibulă *sf.* jaw.
mandolină *sf.* mandoline.
manechin *sn.* 1. manikin. 2. (*femeie*) mannequin. 3. (*femeie model*) cover girl. 4. (*în vitrină*) dummy. 5. *fig.* man of straw.
manej *sn.* # *maestru de ~* ringmaster.
manetă *sf.* handle, lever.
manevra *vt.* 1. to manoeuvre, to operate, to handle. 2. (*pe cineva*) to manipulate. 3. (*o locomotivă*) to shunt. 4. (*cu dexteritate*) to ply. # *ușor de ~t* handy.
manevră *sf.* 1. *c.f.* shunting. 2. *mil.* manoeuvre. 3. (*a unui aparat*) handling, operation.
manevre *sf. pl.* 1. *mil.* manoeuvres. 2. intrigues.
mangal *sn.* charcoal.
mangan *sn.* manganese.
mangli *vt. sl.* to nick.
mango *sn. bot.* mango.
mangustă *sf.* mongoose.
maniabil *adj.* 1. (*d. o unealtă*) handy. 2. (*d. cineva*) tractable.
maniac *sm.* maniac, crank, stickler, *fam.* merchant. # *de ~* maniacal.
manichiură *sf.* manicure. # *a face ~* to manicure.
manichiurist(ă) *sm., sf.* manicurist.
manie *sf.* mania, whim, fad, fetish, freak, mindset, obsession, fixation.
manierat *adj.* 1. genteel, decorous. 2. (*d. copil etc.*) well-behaved, well-mannered, civil.
manieră *sf.* manner, way, style, fashion, mode. # *fără maniere* uncouth.
manifest *sn. pol.* manifesto, leaflet.
manifesta *vt.* 1. (*arăta*) to display, to evince, to manifest. 2. to demonstrate, to manifest. 3. (*un

sentiment) to exhibit. # ~**nt** demonstrator, militant; ~**ție** manifestation, demonstration, rally.
manifestare *sf.* **1**. display, exhibition, showing. **2**. (*demonstrație*) show.
manipula *vt.* **1**. to manipulate, to handle. **2**. (*pe cineva*) to manipulate, to rig.
manipulare *sf.* **1**. (*și fig.*) manipulation. **2**. *tehn.* operation.
manipulant *sm.* **1**. (*de aparat*) operator. **2**. (*de tramvai*) tram driver.
manivelă *sf.* lever, crank.
manometru *sn.* manometer.
manoperă *sf.* manual work.
mansardă *sf.* **1**. loft, garret, attic. **2**. (*luxoasă*) penthouse.
manșă *sf.* **1**. *av.*, *inf.* joystick. **2**. *sport* round.
manșetă *sf.* **1**. cuff, wristband. **2**. (*la pantaloni*) turn-up. # ~ *plisată* ruffle.
manșon *sn.* muff.
manta *sf.* mantle, great coat.
mantie *sf.* cloak, mantle, *amer.* wrap.
mantou *sn.* (over)coat.
manual I. *sn.* **1**. handbook, guide. **2**. *școl.* textbook. **II**. *adj.* manual.
manufactură *sf.* manufacture.
manuscris *sn.* **1**. manuscript, copy. **2**. (*dactilografiat*) typescript.
mapă *sf.* **1**. (*dosar*) jacket. **2**. (*pentru hârtii*) bind. **3**. (*pentru acte*) wallet. **4**. (*pentru desene etc.*) portfolio.
marafeți *sm. pl.* (*bani*) dough, *sl.* green.
maraton *sn.* (*și fig.*) marathon.
marca I. *vt.* **1**. (*însemna*) to mark, to sign. **2**. (*o scrisoare*) to stamp. **3**. (*vite etc.*) to brand. **4**. (*cu stegulețe*) to flag. **5**. (*metale prețioase*) to hallmark. **6**. (*un gol*) *sport* to score, to kick, to net. **7**. (*indica*) to signal. **II**. *vi. sport* to score. # ~**tor** *sport* scorer.
marcaj *sn.* **1**. marker. **2**. (*pe metale prețioase*) hallmark. **3**. mark, sign. # *tabelă de* ~ scoreboard.
marcant *adj.* marked, important, remarkable.
marcat *adj.* **1**. marked. **2**. (*d. cineva*) scarred.
marcă[1] *sf.* **1**. (*semn*) mark, sign. **2**. (*a fabricii*) brand, make, label, trademark: ~ *de țigări* brand of cigarettes; ~ *înregistrată* registered trademark. **3**. (*renume*) note: *scriitor de* ~ writer of note. # *de* ~ (*d. vin*) vintage.
marcă[2] *sf. înv.* (*unitate monetară*) mark.
marcă[3] *sf.* (*poștală*) stamp.
marchiz *sm.* marquis.
marchiză *sf.* **1**. marchioness. **2**. vestibule, small hall.
mare[1] *adj.* **1**. big, massive, considerable, long: *casă* ~ big house; *distanță* ~ long distance. **2**. (*spațios*) roomy, large, ample: *spațiu* ~ ample space. **3**. (*important*) grand, great. **4**. (*ca număr*) large: *familie* ~ large family. **5**. (*d. dimensiune*) queen-sized, king-sized. **6**. heavy: *un* ~ *mâncău* a heavy eater. # *mai* ~ bigger, greater; *cel/cea mai* ~ the biggest, the greatest, utmost, uttermost; *foarte* ~ (*d. preț*) sky-high; *în* ~

(*parte*) (*corect etc.*) fundamentally (correct); *a se face* ~ to grow up; *a se da* ~ to walk tall; *greşeală* ~ gross error; *strada* ~ the main street.

mare[2] *sf. geogr.* sea: ~ *agitată* rough sea; *a călători pe* ~ to travel by sea; *departe pe* ~ out to sea. # **~a** the brine, the deep; (*din*)*spre* ~ seaward; *pe* ~ sea-borne: *atac pe* ~ seaborne attack.

maree *sf.* tide. # *referitor la* ~ tidal.

mareşal *sm.* marshal.

marfă *sf.* **1**. product, commodity, merchandise. **2**. (*transportată*) freight. **3**. *pl.* wares, goods: *mărfuri în vrac* bulk goods. # ~! (*super*) *sl.* wicked!

margaretă *sf.* daisy.

margarină *sf.* margarine.

marginal *adj.* marginal, lateral, peripheral.

marginaliza *vt.* **1**. to marginalize. **2**. (*pe cineva*) to sideline, to disregard.

margine *sf.* **1**. border, edge, limit, circumference, side: *la ~a apei* at the water's edge; *pe ~a patului* on the side of the bed. **2**. (*şi fig.*) verge. **3**. periphery, fringe, outskirts: *la ~a Aradului* on the periphery/outskirts of Arad. **4**. (*tiv*) hem, selvage, selvege. **5**. (*buză*) lip, brim. **6**. (*lizieră*) fringe. **7**. (*de prăpastie*) brink. **8**. (*de drum*) (way)side. **9**. (*a unui corp rotund*) rim. **10**. (*extremitate*) margin.

mariaj *sn.* marriage, match, union, matrimony.

marijuana *sf.* marijuana, *fam.* pot, *sl.* grass. # *ţigară cu* ~ *sl.* joint.

marin *adj.* marine, maritime, naval, nautical. # *hărţi ~e* sea maps.

marina *vt.* (*peşte*) to souse. # **~t** soused.

marinar *sm.* mariner, seaman, sailor, seafarer, jack. # *a se face* ~ to go to sea.

marină *sf.* **1**. marine: ~ *comercială* merchant marine. **2**. *mil.* navy.

marionetă *sf.* marionette, puppet: *guvern-~* puppet government.

maritim *adj.* marine, maritime.

marjă *sf.* margin, range: ~ *de siguranţă* margin of safety.

marmeladă *sf.* jam.

marmotă *sf. zool.* marmot.

marmură *sf.* marble.

maro *sn., adj.* brown. # **~niu** brownish; *~-roşcat* maroon, russet; *~-gălbui* tawny; ~ *deschis* biscuit; ~ *închis* umber.

marochin *sn.* morocco.

marsupiu *sn. zool.* pouch.

marş *sn.* march: *în* ~ on the march; ~ *funebru* dead march; ~ *forţat* quick march.

marşarier *sn.* reverse: *a merge în* ~ to go into reverse. # *a pune/băga în* ~ to reverse.

martie *sm.* March.

martir *sm.* martyr. # **a ~iza** to martyr.

martor *sm.* **1**. bystander, witness: *boxa ~ilor* the witness box/stand. **2**. (*ocular*) eyewitness. **3**. (*la duel*) second. # *a fi* ~ *la* to witness.

marţ *sn.* (*la table*) gammon.

marţi *sf.* Tuesday.

marţial *adj.* martial.
marţian *sm.* Martian.
marxism *sn.* Marxism.
masa I. *vt.* to massage. **II.** *vr.* **1.** to cluster, to mass. **2.** (*d. zăpadă etc.*) to drift. # **~j** massage.
masacra *vt.* **1.** to massacre, to butcher, to slaughter, to mangle. **2.** (*o piesă de teatru etc.*) *fam.* to murder. # **~re** *amer.* mayhem.
masacru *sn.* massacre, slaughter, blood bath.
masă[1] *sf.* **1.** table: ~ *de bucătărie* kitchen table; *a pune/strânge ~* to lay/clear the table. **2.** (*mâncare*) dinner, meal, repast: ~ *cu trei feluri* (*de bucate*) three-course meal; ~ *copioasă* square meal. **3.** (*festivă*) dinner (party). **4.** (*cu contribuţie*) *amer.* potluck. **5.** (*frugală*) bite. **6.** (*rece*) cold table. # *a lua masa* to dine, to eat; ~ *de dimineaţă* breakfast; ~ *de prânz* lunch; ~ *de seară* dinner; ~ *de scris* desk, bureau; *faţă de ~* tablecloth; *loc la ~* cover; *oră de ~* mealtime; *pe nepusă ~* unexpectedly, on spec; ~ *şi casă* board and lodgings.
masă[2] *sf.* **1.** (*mulţime*) mass, crowd, concourse. **2.** (*de obiecte*) volume, bulk. **3.** *fiz.* (*specifică*) density. # *de ~* mass.
masca I. *vt.* **1.** to mask, to disguise. **2.** (*sentimente etc.*) to veil. **II.** *vr.* to mask oneself. # **~re** disguise.
mascaradă *sf.* masquerade.
mască *sf.* **1.** (*şi fig.*) mask. **2.** (*aparenţă*) veil, veneer. **3.** *fig.* guise. **4.** (*cosmetică*) (face) pack. # ~ *de gaze* gas mask, respirator.
mascotă *sf.* mascot.
mascul *sm.* **1.** male, *fam.* he. **2.** (*de iepure, cangur, cerb*) buck. **3.** (*de pasăre*) cock.
masculin *adj.* **1.** male, masculine. **2.** *gram.* masculine.
maseză *sf.* masseuse.
masiv I. *sn.* (*muntos*) massif. **II.** *adj.* **1.** (*d. ceva*) massive, solid. **2.** (*d. cineva*) massive, hefty, stout, ponderous.
masochism *sn.* masochism, self-torture.
mason *sm.* freemason. # **~erie** freemasonry.
masor *sm.* masseur.
mass-media *sn.* the media.
masterat *sn.* master's (degree).
masturba *vr.* to masturbate, to abuse oneself.
maşcat *adj.* coarse.
maşinal *adj.* involuntary, mechanical, mindless.
maşinaţie *sf.* **1.** manoeuvre. **2.** schemes, hanky-panky.
maşină *sf.* **1.** machine. **2.** (motor)car: ~ *a poliţiei* squad car. **3.** (*de gătit*) cooker. **4.** (*de tocat*) mincer, meat grinder. **5.** (*de tuns iarba*) mower. **6.** (*de spălat*) washing machine, *fam.* washer. **7.** (*de cusut*) sewing (machine). **8.** (*de scris*) typewriter. **9.** (*de curse*) racing car, racer, *amer.* race car. **10.** *pl.* machinery. # **~rie** machine(ry), device, *fam.* contraption; *de ~* motor; ~ *unealtă* machinetool;

deplasare cu maşina drive; *a duce cu maşina* to give (smb.) a lift; ~ *decapotabilă* softtop.

mat[1] *adj.* mat(t). # *a deveni* ~ (*d. oglinzi*) to tarnish.

mat[2] *sn.* (*la şah*) mate.

mata *pron.* you.

matador *sm.* matador.

matahală *sf.* giant, bulk, colossus.

matcă *sf.* **1**. (*de râu*) riverbed. **2**. (*la albine*) queen bee.

matelot *sm.* sailor, seaman.

matematică *sf.* mathematics. # *cunoaştere a matematicii* numeracy.

matematician *sm.* mathematician.

material I. *sn.* **1**. (*substanţă*) stuff. **2**. (*ţesătură*) material, fabric, cloth. **3**. (*scris*) copy. **4**. (*lemnos*) *amer.* lumber. **II**. *adj.* material, physical, corporeal, wordly: *bunuri ~e* wordly goods. # **~ism** materialism; **a ~iza** to materialize; ~ *rulant* rolling stock.

materialist I. *sm.* materialist. **II**. *adj.* materialistic.

materie *sf.* **1**. (*substanţă*) matter. **2**. (*obiect de studiu*) discipline, subject (matter). # *materii prime* raw materials; *tablă de materii* table of contents.

matern *adj.* maternal, motherly. #~ **itate** maternity.

matinal *adj.* early.

matineu *sn.* matinée.

matlasa *vt.* to pad. # **~t** quilted.

matracucă *sf.* virago, termagant, scold, spitfire.

matrapazlâc *sn.* **1**. fraud, trickery. **2**. *pl.* goings-on.

matriarhat *sn.* matriarchy.

matrice *sf. mat.* matrix.

matrimonial *adj.* matrimonial.

matriţă *sf.* matrix, die, mould.

matroană *sf.* (*de bordel*) madam.

matroz *sm.* seaman, sailor.

matur I. *sm.* grown-up. **II**. *adj.* mature, ripe, grown-up, big, *fam.* mellow.

maturaţie *sf.* maturation.

maturitate *sf.* **1**. maturity, adulthood, ripeness. **2**. (*pentru femei*) womanhood. # *de* ~ mature.

maturiza *vr.* to mature. # **~re** maturation.

maţe *sn. pl.* bowels.

maur I. *sm.* Moor. **II**. *adj.* Moorish.

maus *sn. inf.* mouse.

mausoleu *sn.* mausoleum.

maxilar *sn. anat.* **1**. cheekbone, jaw. **2**. (*inferior*) mandible.

maxim *adj.* maximum, maximal, peak, top: *în formă ~ă de sănătate* in peak condition; *note ~e* top marks. # **~al** maximal; **~um** maximum; *a atinge cota ~ă* to peak; *la ~um* to the full.

maximă *sf.* maxim, sentence, saw.

mazăre *sf.* **1**. pea. **2**. (*planta*) sweet pea.

mazetă *sf.* duffer.

măcar *adv.* at least. # *nici* ~ even; ~ *că* although.

măcăi *vi.* (*d. raţă*) to quack. # **~t** quack.

măcăleandru *sm.* robin.

măcel *sn.* slaughter, massacre, bloodshed, killing, carnage. # **a**

~ări to slaughter, to butcher, to lacerate.

măcelar *sm.* butcher: (*de*) *la măcelărie* at the butcher's.

măceş *sm. bot.* **1**. sorrel, hawthorn, (sweet) brier. **2**. (*fruct*) (rose) hip.

măcina *vt.* **1**. to mill, to grind, to crush. **2**. *fig.* (*roade*) to undermine. **3**. (*pisa*) to pound. # **~re** grinding; **~t** ground; *de ~t* milling.

măciucă *sf.* bludgeon, mace.

măciulie *sf.* **1**. tip, head. **2**. (*de baston*) knob.

măduvă *sf.* **1**. marrow. **2**. *anat.* pith.

măgar *sm.* **1**. ass, donkey, jack. **2**. (*mascul*) jackass.

măgăriță *sf.* she-ass.

măguli *vt.* to flatter, to cajole, to tickle. # **~re** flattery; **~t** self-satisfied; **~tor** flattering, gratifying.

măgură *sf.* hill, mound.

măi *interj.* hey!, I say!

măiestrie *sf.* **1**. skilfulness, craftsmanship, dexterity, wizardry, prowess. **2**. (*a unui pianist etc.*) polish. # *cu ~* neatly.

măiestrit *adj.* master, *fam.* nifty.

mălai *sn.* cornflour, cornmeal, Indian meal, *amer.* cornstarch. # **~-mare** simpleton, ninny.

mălură *sf. bot.* blight, rust.

mămăligă *sf.* hominy, mush.

mămică *sf.* mummy, *fam.* ma.

mănăstire *sf.* **1**. monastery, nunnery, abbey. **2**. (*de maici*) convent. **3**. (*de călugări*) friary.

mănos *adj.* fertile, rich.

mănunchi *sn.* cluster, tuft, sheaf, bundle, wisp: ~ *de iarbă* tuft/wisp of grass.

mănuşă *sf.* **1**. glove: *a-şi pune mănuşile* to pull on one's gloves; *a-şi scoate mănuşile* to take off one's gloves. **2**. (*cu un deget*) mitt(en). **3**. (*de protecție, în sport*) gauntlet. # *cu mănuşi* gloved; *fără mănuşi* gloveless.

măr *sn., sm.* **1**. apple. **2**. (*pom*) apple tree. **3**. (*pădureț*) crab. # *~ul discordiei* the bone of contention.

mărar *sm.* dill.

mărăcine *sm.* bramble.

măreț *adj.* **1**. magnificent, majestic, imposing, mighty, monumental. **2**. (*d. idealuri*) lofty. # **~ie** grandeur, majesty, pomp, greatness.

mărgăritar *sn.* pearl.

mărgea *sf.* **1**. bead. **2**. *pl.* (*ale curcanului*) gills, wattle.

mărgean *sn.* coral.

mărginaş *adj.* **1**. peripheral. **2**. (*lăturalnic*) lateral, side.

mărgini I. *vt.* to border. **II**. *vr.* (**cu**) to be adjacent (to), to border (on).

mărginit *adj.* (*d. cineva*) obtuse, witless, simple/narrow-minded, illiberal.

mări I. *vt.* **1**. to enhance, to increase, to enlarge, to raise, to augment. **2**. (*cu lupa*) to magnify, to heighten. **3**. (*spori*) to multiply. **4**. (*o şansă etc.*) to multiply, to enhance. **5**. (*salarii*) to jack up. **6**. (*prețul*) to raise, to up, to swell. **7**. (*o fotografie*) to blow up. **8**. (*intensifica*) to heighten. **II**. *vr.* to enlarge.

mărime *sf.* dimension, magnitude, size: *asemănător ca ~ cu* similar in size to. # *de ~ mijlocie* middle-sized.

mărinimie *sf.* magnanimity.

mărinimos *adj.* beneficient, magnanimous, benevolent, large-hearted.

mărire *sf.* **1**. growth. **2**. (*în dimensiune*) enlargement. **3**. (*în număr*) increase. **4** (*cu microscopul*) magnification. **5**. (*de preț, salariu, rang*) rise, *amer.* raise. **6**. (*rapidă*) upsurge.

mărita I. *vt.* to marry. **II**. *vr.* to get married. # **~tă** married.

măritiș *sn.* marriage.

mărșălui *vi.* to march, to trek. # **~re** (*prin munți*) trek.

mărturie *sf.* **1**. testimony, witness, deliverance, testimonial. **2**. *jur.* evidence. **3**. *pl.* records. # *a depune ~ împotriva/pentru* to testify against/for.

mărturisi *vt.* **1**. (*recunoaște*) to admit, to confide, to own. **2**. (*declara*) to declare, to assert. **3**. to confess. # **~re** confession.

mărțișor *sn.* trinket.

mărunt *adj.* **1**. small, petty, trivial, niggle, *fam.* dinky, piddling: *delicte ~e* petty crimes; *chestiuni ~e* trivial matters. **2**. (*d. cineva*) short, low. **3**. (*d. o problemă*) parochial. # *articole/lucruri ~e* sundries; *bani mărunți* small change; *oameni mărunți* ordinary people.

măruntaie *sf. pl.* **1**. entrails, bowels. **2**. (*de pasăre*) giblets. **3**. (*de animal*) offal.

mărunțiș *sn.* **1**. small change. **2**. *pl.* trifles.

măscărici *sm.* zany, fool: *a face pe ~ul* to play the fool.

măsea *sf.* **1**. tooth. **2**. *pl.* teeth. **3**. (*de minte*) wisdom tooth. # *durere de măsele* toothache.

măslin *sm.* olive: *ramură de ~* olive branch. # **~ă**, **~iu** olive.

măslui *vt.* **1**. (*conturi etc.*) to fiddle, to manipulate. **2**. (*cărți de joc*) to stack. **3**. (*zaruri*) to load. **4**. (*alegerile etc.*) to rig. # **~re** manipulation; **~tor** trickster.

măsura I. *vt.* **1**. to measure, to quantify. **2**. (*cu pasul*) to pace. **II**. *vi.* to measure. # **~bil** measurable; **~re** measurement; **~t** (*d. cineva*) measured, moderate.

măsură *sf.* **1**. dimension, size, degree, measure: *costum făcut pe ~* suit made to measure: *ce ~ ai/porți*? what size do you take? **2**. *muz.* time, measure. **3**. (*unitate de*) unit. **4**. moderation, sanity. **5**. (*demers*) step, measure: *măsuri de austeritare* austerity measures; *a lua măsuri* to take steps. **6**. *pl.* procedures: *măsuri disciplinare* disciplinary procedures. # **~toare** measurement; *~ drastică* crackdown; *în mare ~* rather, largely, greatly; *într-o oarecare ~* after a fashion, up to a point, somewhat, sort of; to a certain extent; *într-o mare ~* to a high degree; *pe ~ ce* as; *peste ~* beyond measure; *peste ~ de* exceedingly; *a depăși măsura* to overdo; *cu ~* moderately; *în măsura în care* according as, in so far as; *în mare* ~ largely; *în cea mai mare* ~ in full measure; *în ce* ~? to what extent?

măsuță *sf.* 1. (*joasă*) coffee table. 2. (*pe rotile*) trolley, *amer.* wagon.

mătase *sf.* silk. # *de* ~ silken, silky.

mătăhălos *adj.* bulky, massive, whacking.

mătănii *sf. pl.* rosary.

mătăsos *adj.* silken, silky, soft: *păr* ~ soft hair.

mătreață *sf.* dandruff, scurf.

mătura *vt.* 1. (*și fig.*) to sweep. 2. (*străzi*) to scavenge. # **~re**, **~at** sweep(ing).

mătură *sf.* broom: ~ *cu coadă* broom stick. # **~tor** sweeper.

mătușă *sf.* aunt.

mâhni *vt.* to sadden, to grieve. # **~re** grief, sorrow, sadness; **~t** sad, dejected, crestfallen, embittered, heartsick, overcast, despondent, aggrieved, heavy-hearted.

mâine *adv.* tomorrow: *de* ~ *într-o săptămână* tomorrow week. # *ziua de* ~ tomorrow.

mâl *sn.* ooze, mud, slim, sludge, mire, slush.

mâna I. *vt.* 1. (*un cal*) to run. 2. (*vite*) to drive, to herd, to drove. 3. *fig.* to push, to urge. II. *vi.* (*d. vehicul*) to scorch.

mână *sf.* 1. hand, *sl.* mitt: *făcut de* ~ by hand; *mâini reci* cold hands; ~ *forte* heavy hand; ~ *servită* (*la pocher*) pat hand; *a da/strânge mâna cuiva* to shake smb.'s hand. 2. (*măsură de o palmă*) hand breadth. 3. (*levată*) round. # *de* ~ manual; ~ *spartă* spendthrift; ~ *de lucru* work force, staff, hand; *de prima* ~ first rate, top-class, *fam.* tip-top; *de mâna a doua* second-hand; *a face* (*semn*) *cu mâna* to wave; *a pune mâna pe* to grasp, (*și fig.*) to get hold of, *fam. fig.* to scoop; *a-i da mâna să* can afford to; *a cere mâna fam.* to pop the question; *a da pe* ~ *poliției* to turn (smb.) over to the police; ~ *de fier* (*persoană*) martinet, strongman; *mâna dreaptă* (*a cuiva*) right-hand man; *o* ~ *de zahăr* a handful of sugar; *mâinile sus*! hands up!

mânca I. *vt.* 1. to consume, to eat: *bun de* ~*t* eatable; *mănâncă tot*! eat up! 2. (*cu lăcomie*) to devour, *amer. fam.* to scarf. 3. (*cu zgomot*) to munch. 4. (*gusta*) to taste. II. *vi.* 1. to eat, to dine, to feed: *a* ~ *în oraș* to dine out. 2. (*la popotă*) to mess. # *nu pot* ~ *nimic dimineață* I couldn't stomach any breakfast; *a* ~ *bătaie* to get it hot; *mă mănâncă palma* my hand is itching; *a* ~ *cât șapte* to be a big eater.

mâncare *sf.* 1. food, meal, dish, *fam.* tuck: ~ *favorită* favourite dish. 2. (*pentru animale*) feed. 3. (*grea*) *fam.* stodge. # *poftă de* ~ appetite.

mâncăcios *adj.* voracious, gluttonous.

mâncărime *sf.* itch. # *a avea* ~ to itch.

mâncău *sm.* guzzler, glutton.
mândrețe *sf.* beauty. # *o ~ de fată* a peach of a girl.
mândri *vr.* 1. to boast. 2. (**cu**) to pride oneself (on), to glory (in). # **~e** pride, vanity.
mândru *adj.* proud.
mânecă *sf.* sleeve: *mâneci scurte* short sleeves. # *fără mâneci* sleeveless.
mâner *sn.* 1. handle, shaft, lever, helve. 2. (*plăsea*) hilt. 3. (*de cuțit, spadă*) haft.
mângâia *vt.* 1. to caress, to fondle, to pat, to pet, to stroke: *pot să mângâi pisica*? may I stroke the cat? 2. (*d. vânt*) to brush. 3. (*alina*) to soothe, to console. # **~t** caressed.
mângâiere *sf.* 1. pat, caress, stroke. 2. (*alinare*) solace. # *mângâieri amoroase* petting, caressing.
mângâietor *adj.* 1. caressing. 2. (*d. cuvinte, voce*) mellifluous.
mânia I. *vt.* to enrage, to rile, to vex, to make angry. II. *vr.* to grow angry.
mânie *sf.* anger, rage, wrath, ire. # *iute la ~* irascible, quick-tempered.
mânios *adj.* 1. angry, furious, in a temper, *fam.* shirty. 2. (*d. privire*) glaring.
mânji *vt.* 1. (*păta*) to spot, to blot, to smudge. 2. (*murdări*) to dirty, to soil, to stain, to smear. # **~t** bedaubed, smudgy.
mântui *vt. rel.* to redeem. # **~re** salvation, redemption; *de ~ală* careless, perfunctory, shoddy; *a face o treabă de ~ală* to bungle.
Mântuitorul *sm.* the Saviour, the Redeemer.
mânui *vt.* 1. to manoeuvre, to manage, to wield, to handle: *a ~ un ciocan* to wield a hammer. 2. (*un aparat*) to operate. 3. (*cu dexteritate*) to ply. # **~re** (*a unei mașini*) operation; *ușor de ~t* (*d. un aparat*) user-friendly (*d. cineva*) manageable; *greu de ~t* (*d. un obiect*) unwieldy.
mânz *sm.* colt, foal. # **~ă** filly; *~ de un an* yearling.
mârâi *vi.* 1. (*și fig.*) to snarl. 2. to growl. # **~t** snarl, growl.
mârlan *sm.* boor, lout, riff-raff.
mârșav *adj.* 1. base, mean, paltry, dastardly, nefarious, scurrilous, vile. 2. (*d. o faptă*) scurvy, despicable.
mârșăvie *sf.* 1. indignity, villainy. 2. *pl.* enormities.
mârțoagă *sf.* hack, jade.
mâță *sf.* (pussy) cat.
mâțișor *sm. bot.* catkin.
mâzgă *sf.* slime.
mâzgăleală *sf.* daub.
mâzgăli I. *vt.* 1. to daub, to smear. 2. (*în scris*) to scrawl. II. *vi.* 1. to scribble. 2. (*în scris*) to scrawl. # **~tură** scribble, daub, squiggle.
meandru *sn.* meander, twine, convolution.
mecanic I. *sm.* 1. mechanic, machinist, operator, technician. 2. *nav.* engineer. 3. *c.f.* engine

driver, motorman. **II.** *adj.* **1.** *tehn.* mechanical: *inginer* ~ mechanical engineer. **2.** (*instinctiv*) involuntary. # ~**ă** mechanics.

mecanism *sn.* **1.** mechanism, machinery, mechanics, working. **2.** (*dispozitiv*) device, contrivance. **3.** *fig.* wheel. **4.** (*de ceas etc.*) works. **5.** (*de închidere*) catch.

mecaniza *vt.* to mechanize. # ~**t** mechanized.

mecena *sm.* patron.

meci *sn. sport* match, game: *minge de* ~ match point; ~ *retur* return match. # ~ *în reluare* replay; ~ *nul* draw; (*la fotbal*) ~ *de campionat* cup tie; *program al ~urilor* list of fixtures; ~ *de calificare* qualifier; ~ *de baraj* play-off; ~ *în nocturnă* floodlit match.

medaliat *sm.* medallist.

medalie *sf.* **1.** decoration, medal. **2.** *sport* medal, trophy. # ~ *de argint* silver (medal).

medalion *sn.* medallion, locket.

media *vt.* (*o dispută*) (**între**) to arbitrate (between).

median *adj.* median. # ~**ă** *mat.* median.

mediatizare *sf.* media coverage.

medic *sm.* **1.** doctor, physician. **2.** (*rezident*) registrar. **3.** (*stagiar*) resident, houseman, *amer.* intern. **4.** (*generalist*) general practitioner. **5.** (*chirurg*) surgeon. **6.** (*internist*) general practitioner, internist. **7.** (*legist*) coroner.

medical *adj.* medical, *fam.* med. # *din punct de vedere* ~ medically.

medicament *sn.* drug, medicine, remedy: *~e chinezeşti pe bază de plante* Chinese herbal medicines.

medicaţie *sf.* medication.

medicinal *adj.* medicinal: *plante ~e* medicinal herbs.

medicină *sf.* medicine: ~ *legală* forensic medicine.

medie *sf.* **1.** average: *peste/sub* ~ above/below average; *în* ~ on the average; *media vânzărilor* average sales. **2.** *mat.* median, mean. # *peste* ~ above par.

mediere *sf.* mediation.

medieval *adj.* medi(a)eval.

mediocritate *sf.* mediocrity.

mediocru *adj.* **1.** mediocre, average, obscure, fair to middling, passable: *poet* ~ obscure poet; *un student* ~ an average sort of student. **2.** (*oarecare*) ordinary, routine. **3.** (*potrivit*) middling.

medita I. *vt.* to coach, to prepare, to tutor. **II.** *vi.* **1.** (*cugeta*) to ruminate, to muse, to meditate. **2.** (**la**) to reflect (on), to ruminate (on). # ~**tor** (*profesor*) coach, tutor. ~**ţie** (*gândire*) contemplation, deep thought.

mediteranian *adj.* Mediterranean.

mediu[1] *sn.* **1.** (*ambianţă*) environment, surroundings, milieu, setting. **2.** (*la spiritism*) medium.

mediu[2] *adj.* median, average, mean, medium, middling, intermediate: *cost* ~ average cost; *temperatura medie* the mean temperature; *unde medii* (*la radio*) medium waves.

meduză *sf.* jellyfish.
megafon *sn.* megaphone, tweeter, loudspeaker, *amer.* bullhorn.
megaloman *sm., adj.* megalomaniac. # **~ie** megalomania.
mei *sn. bot.* millet.
melancolic *adj.* melancholic, wistful, pensive.
melancolie *sf.* melancholy, melancholia, despondency.
melanj *sn.* miscellany.
melasă *sf.* molasses, treacle.
melc *sm.* **1.** snail: *ca ~ul* at a snail's pace. **2.** (*de apă*) limpet.
meleag *sn.* land, region.
melodic *adj.* melodic.
melodie *sf.* melody, song, air, tune, ditty, lay. # *melodii la cerere* requests; *~ ritmică/vioaie* lilt.
melodios *adj.* melodious, melodic, musical, tuneful, sweet, easy to the ear, mellifluous.
melodramatic *adj.* melodramatic.
melodramă *sf.* melodrama.
meloman *sm.* musical mad.
melon *sn.* bowler hat, *amer.* derby.
membrană *sf.* **1.** membrane. **2.** (*la laba raței etc.*) web.
membru I. *sm.* member, part: *~ de familie* member of the family. **II.** *sn. anat.* member, limb. # *a deveni ~* (*al unui club etc.*) to join; *număr de membri* membership.
memento *sn.* reminder.
memora *vt.* to memorize. # **~bil** memorable, momentous, notable.
memorandum *sn.* memo(randum).
memorie *sf.* **1.** memory, mind, recall, remembrance. **2.** (*amintire*) recollection. **3.** *inf.* store, storage. **4.** *pl.* reminiscences.
memoriu *sn.* **1.** memorial, memorandum. **2.** *pl.* memories, memoirs.
memoriza *vt.* to memorize, to memory, to learn. # **~re** retention.
menadă *sf.* maenad.
menaj *sn.* housekeeping, housework. # *articole de ~* hardware; *obiecte de ~* housewares.
menaja *vt.* to spare: *nu ~ caii* don't spare the horses.
menajament *sn.* tact. # *cu ~e* gently; *fără ~e* in no uncertain terms: *i-am spus ce cred despre el fără ~e* I told him in no uncertain terms what I thought of him.
menajer *adj.* house, domestic. # **~ă** housekeeper.
menajerie *sf.* menagerie.
menestrel *sm.* minstrel, gleeman.
menghină *sf.* **1.** vice, *amer.* vise. **2.** (*de mână*) clamp.
meni *vt.* to destine. # **~t** destined.
meningită *sf.* meningitis.
menire *sf.* mission, purpose, role, part.
meniu *sn.* **1.** menu, bill of fare. **2.** (*fix*) table d'hôte, set lunch.
menopauză *sf.* menopause.
menstruație *sf.* period, menses, *amer. fam.* monthly, *sl.* curse.
mental *adj.* mental.
mentalitate *sf.* mentality, conception, (mental) habit, turn of mind.
mentă *sf. bot.* (pepper)mint, spearmint. # *de ~* minty.

mentor *sm.* mentor.

menține I. *vt.* **1**. to maintain, to retain, to keep. **2**. (*un obicei etc.*) to preserve: *a ~ pacea* to preserve the peace. **3**. (*interesul*) to sustain. **II**. *vr.* **1**. to maintain, to persist, to preserve, to stay, to subsist, to reverberate, to hold, to keep, to live, to stand. **2**. (*d. un miros*) to cling. **3**. (*d. alimente*) to keep. **4**. (*d. vreme, preț*) to keep up. # **~re** retention; *a se ~ pe poziție* to stand pat; *care nu poate fi menținut* untenable.

menționa *vt.* **1**. to mention, to refer to, to remember. **2**. (*cita*) to quote. # **~re** mention, reference; **~t** stated, itemized.

mențiune *sf.* (*și școl.*) mention.

mercantil *adj.* mercantile, mercenary.

mercenar *sm.* mercenary, soldier of fortune.

mercerie *sf.* haberdashery, smallware shop. # *articole de ~ amer.* notions.

mercur *sn.* mercury, quicksilver.

mereu *adv.* forever, always, all the time, again and again, ceaseless, never-ending, over and over again, on and on.

merge *vi.* **1**. to tread, to go, to travel, to step: *a ~ ca pe roate* to go like clockwork; *~a cu grijă* he stepped carefully, he was treading cautiously. **2**. (*continuu*) to plod on. **3**. (*pe jos*) to walk, to hoof it. **4**. (*pe bicicletă*) to ride. **5**. (*cu pași mici*) to trip, to mince. **6**. (*cu pași mari*) to stride. **7**. (*țanțoș*) to strut, to swagger. **8**. (*legănându-se*) to shimmy, to waddle. **9**. (*relaxat*) to saunter. **10**. (*șontâc-șontâc*) to hobble, to stump. **11**. (*alene/agale*) to sounter, *fam.* to toddle. **12**. (*greoi*) to lumber, to trundle. **13**. (*împleticindu-se*) to totter. **14**. (*cu pas apăsat*) *amer.* to tromp. **15**. (*încet etc.*) to proceed, *fam.* to traipse. **16**. (*în urmă*) to follow. **17**. (*anevoios*) to trudge. **18**. (*cu mașina*) to drive, to motor, to ride. **19**. (*d. un aparat*) to run, to work. **20**. (*la biserică*) to worship (at). **21**. (*se întinde*) to range: *conversația a mers de la filme la politică* the conversation ranged from films to politics. **22**. (*crăcănat*) to straddle. **23**. (*încolonați*) to troop. # *a ~ prost* (*d. o activitate*) to falter; *a ~ bine* (*d. o afacere etc.*) to be riding high; *a ~* (*bine etc.*) (*d. o mașină*) to steer; *a ~ în gol* (*d. un motor*) to idle, to tick; *fel de a ~* pace; *a-i ~ prost* to be down on one's luck; *a-i ~* (*bine/rău*) to do (well/badly); *a ~ prin apă/noroi* to wade; *a ~ mai departe cu* to proceed (with); *a ~ în jos* (*d. un drum*) to slope; *a ~ clătinându-se pe picioare* to stagger; *a ~ târșâind picioarele* to shuffle; *a ~ la cumpărături* to go shopping; *să ~m*! let's go!

meridian *sn.* meridian.

merinos *sm., sf.* (*oaie*) merino.

merit *sn.* merit. # **~oriu** meritorious, praiseworthy, creditable; **~uos** worthy; *pe* ~ fair and square.

merita *vt.* to merit, to deserve, to rate, to pay: *a ~ să fie menționat* to rate/deserve well a mention; *după cum meriți* as you deserve. # *care merită* worth; *care merită să fie făcut* (to be) worth-while.

mers *sn.* **1**. walking, pace, tread: *~ lent* slow pace; *~ greoi* (*auzit*) heavy tread. **2**. (*desfășurare*) progress, course: *~ul negocierilor* the progress of negociations. **3**. (*rapid*) trot. **4**. (*legănat*) waddle. **5**. (*anevoios*) trudge. **6**. (*țanțoș*) strut, swagger. **7**. (*al cuiva*) gait, stride, step, foot. **8**. (*al evenimentelor*) run. **9**. (*al unui aparat*) running.

mesager *sm.* messenger, envoy, herald.

mesaj *sn.* message, communication, dispatch, note: *~ pe e-mail* e-mail message.

mesă *sf. rel.* Mass.

meschin *adj.* mean, parsimonious, niggardly, small, narrow, illiberal, *fam.* near: *interese ~e* narrow interests. # **~ărie** meanness.

meseriaș *sm.* artisan, craftsman, journeyman.

meserie *sf.* craft, trade, handicraft: *e instalator de ~* he is a plumber by trade. # *~ bănoasă* money-spinner; *~ liberală* private practice.

Mesia *sm.* Messiah.

mesteacăn *sm.* (silver) birch.

mesteca *vt.* **1**. to chew. **2**. (*cu zgomot*) to munch. **3**. (*mâncare*) to masticate. **4**. (*cărți de joc*) to shuffle. # **~re** (*a cărților de joc*) shuffle.

meșă *sf.* hairpiece.

meșter *sm.* (*meseriaș*) journeyman, craftsman, handiman. # *~ bun la toate* jack-of-all-trades.

meșteri *vi.* **1**. to contrive. **2**. (**la**) to fiddle (with), to tinker (with).

meșteșug *sn.* **1**. (*meserie*) profesion, trade, (handi)craft. **2**. (*măiestrie*) craftsmanship. # **~ar** journeyman, *amer.* tradesman; *~ar desăvârșit* technician.

metabolism *sn.* metabolism.

metaboliza *vt.* to metabolize.

metafizică *sf.* metaphysics.

metaforă *sf.* metaphor.

metaforic *adj.* metaphorical, figurative.

metal *sn.* metal. # *de/din ~* metallic.

metalic *adj.* **1**. metallic. **2**. (*d. sunet*) sharp, wiry, tinny.

metalurgie *sf.* metallurgy.

metamorfoza *vr.* to metamorphose.

metamorfoză *sf.* metamorphosis.

metan *sn.* methane.

meteahnă *sf.* **1**. defect, flaw, quirk, trouble, shortcoming, peccadillo. **2**. (*pasiune*) whim, craze, kink, fad, quirk: *una din metehnele lui e să* one of his quirks is to.

meteorit *sm.* meteorite.

meteorolog *sm.* meteorologist. # **~ie** meteorology.

meteorologic *adj.* meteorological. # *buletin ~* weather forecast; *stație ~ă* weather station.

meterez *sn.* **1**. rampart. **2**. *pl.* battlements.
meticulos *adj.* meticulous, methodical, thorough(going), punctilious, scrupulous, conscientious.
meticulozitate *sf.* meticulosity.
metis *adj.* half-caste.
metodă *sf.* **1**. method, way, fashion, manner. **2**. (*de chitară etc.*) tutor. **3**. (*de lucru*) system.
metodic *adj.* methodic(al), orderly.
metodologie *sf.* methodology.
metonimie *sf.* metonymy.
metresă *sf.* mistress.
metric *adj.* metric(al). # *sistemul* ~ the metric system.
metronom *sn.* metronome.
metropolă *sf.* metropolis. # *locuitor al unei metropole* metropolitan.
metropolitan *adj.* metropolitan, *amer. fam.* metro.
metrou *sn.* metro, underground, *fam.* tube, *amer.* subway. # *cu ~l* on the metro, by metro; *stație de* ~ station.
metru *sm.* metre, *amer.* meter. # *măsurat în metri* metric.
meu, mea, mei, mele *adj.* my: *fiul meu* my son; *casa mea* my house; *pantofii mei* my shoes; *fiicele mele* my daughters. # *al meu, a mea, ai mei, ale mele* mine: *asta-i a mea* that's mine.
mexican *sm., adj.* Mexican.
mezalianță *sf.* misalliance.
mezanin *sn.* mezzanine.
mezin *sm.* the youngest child, baby.
mi *sm.* (*nota*) mi.
miasmă *sf.* miasma.
miau *interj.* mew!
miazănoapte *sf.* north.
miazăzi *sf.* south.
mic *adj.* **1**. little, small, short, exiguous: *pași ~i* short steps; *casă ~ă* small house. **2**. *fig.* minor, petty, slight, slim, low: *schimbare ~ă* slight change; *șansă ~ă* slim chance; *venituri ~i* low incomes. **3**. (*d. o diferență*) minute. **4**. (*d. lumină*) dim. **5**. (*d. un păcat*) venial. **6**. (*tânăr*) young: *sora mea mai ~ă* my younger sister. **7**. (*neînsemnat*) trifling, petty. # **~ime** smallness, littleness; **~uț** tiny, midget, diminutive, smallish, *fam.* teeny; *mai* ~ less; *cel mai* ~ the least; *foarte* ~ fine, wee, *fam.* teeny, tiddly, itsy-bitsy, (*d. cantitate*) miserly; ~ *și subțire* (*d. cineva*) slight; ~ *și solid* (*d. cineva*) stocky; ~ *de tot* titchy.
mică *sf.* mica.
micologie *sf.* mycology.
microb *sm.* microbe, germ. # **~ian** microbial, microbian.
microbuz *sn.* minibus, *amer.* (mini)-van.
microcosmos *sn.* microcosm.
microfon *sn.* **1**. microphone, *fam.* mike. **2**. (*de spionare*) *sl.* bug.
micron *sm.* micron.
microscop *sn.* microscope. # **~ic** microscopic.
microundă *sf.* microwave: *cuptor cu microunde* microwave oven.
micșora I. *vt.* **1**. (*diminua*) to diminish, to lessen, to reduce,

to dwarf, to derogate, to whittle away. **2**. (*lumina*) to dim. **3**. (*lumina farurilor*) to dip. **4**. (*un preț*) to reduce, to lower. **5**. (*viteza*) to drop, to slacken. **6**. (*atenua*) to soften. **7**. (*scurta*) to shorten. **II**. *vr.* **1**. to wane, to drop, to lower, to slacken, to lessen, to shrink. **2**. (*fig.*) to wane. **3**. (*d. lumină*) to dim. **4**. (*d. prețuri etc.*) to decline, to sag. **5**. (*d. viteză*) to slacken. # **~re** derogation, shrinkage, reduction; *a ~ pasul* to slacken.

mie *num.* thousand. # *al miilea, a mia* thousandth.

miel *sm.* lamb. # *blană de ~* lambskin; *carne de ~* lamb.

miercuri *sf.* Wednesday.

miere *sf.* honey.

mierlă *sf.* blackbird.

mieros *adj.* **1**. (*d. ton*) dulcet, smooth. **2**. (*d. cineva*) unctuous, mealy-mouthed, *fam.* smarmy.

mieuna *vi.* to mew. # **~t** mew.

miez *sn.* **1**. (*şi fig.*) pith. **2**. *fig.* core, substance, bones, kernel, crux, heart: *~ul problemei* the core of the problem, the crux of the matter. **3**. (*de nucă*) kernel. **4**. (*de pâine*) crumb. **5**. (*de fructe*) pulp, core. **6**. (*toi*) dead. # *~ de noapte* midnight; *~ul zilei* midday.

migălos *adj.* **1**. meticulous, punctilious, narrow. **2**. (*d. o treabă*) finicky.

migdal *sm.* almond. # **~ă** almond, nut.

mignon *adj.* short and slender. # *persoană ~ă* leptosome.

migra *vi.* to migrate. # **~re** migration, drift; **~tor** migratory; **~ție** migration.

migrenă *sf.* headache.

miji *vr.* # *se mijea de ziuă* the day was breaking.

mijloc *sn.* **1**. (*centru*) middle, center: *în ~ul curții* in the middle of the yard. **2**. (*cale*) medium, way. **3**. (*talie*) waist. **4**. (*toi*) thick, midst: *în ~ul iernii* in the midst of winter. **5**. (*jumătate*) half. **6**. *pl.* (*pentru un scop*) means. # **~iu** mean, medium, middle, average; *în ~ul nostru* among-us; *de ~* medium, mean, mid(dle); *mijloace de trai decente* decencies; *mijloace fixe* fixed assets, *mijloace băneşti* funds; *cale de ~* middle course.

mijlocaş *sm. sport* halfback, midfielder. # *~ central* centre half.

mijloci *vt.* to mediate. # **~re** agency; **~tor** intermediary, go-between. # *a face pe ~torul între* to intermediate between.

milă[1] *sf.* **1**. pity, charity, compassion, heart: *a-i fi ~ de* to take pity on; *din ~* out of pity; *n-ai pic de ~* you have no heart; *fie-ți milă*! have a heart! **2**. (*îndurare*) clemency, mercy. **3**. (*sentimentul de*) sympathy. **4**. (*şi cerească*) grace. # *cutia milei* almsbox; *fără ~* merciless.

milă[2] *sf.* mile: *~ marină* nautical/sea mile.

milenar *adj.* millenary.

mileniu *sn.* millenium.

miliard *num.* milliard, *amer.* billion. # **~ar** billionaire.
miligram *sn.* milligram.
mililitru *sm.* millilitre.
milimetru *sm.* millimetre.
milion *sn.*, *num.* million. # **~ar** millionaire; **~ară** millionairess.
milita *vi.* **1**. (**pentru**) to militate (for), to fight (for), to agitate (for), to champion. **2**. (**împotriva**) to militate (against).
militant **I**. *sm.* militant man, contestant, protagonist. **II**. *adj.* militant.
militar **I**. *sm.* serviceman. **II**. *adj.* military. # **a ~iza** to militarize; *serviciu ~* military/national service; *de ~* military, soldierly.
milog *sm.* beggar, mendicant. # *a merge cu miloaga* to be on the scrounge.
milos *adj.* **1**. compassionate, merciful, tenderhearted, sympathetic. **2**. (*indulgent*) soft, humane. **3**. (*emotiv*) soft-hearted. # **~tenie** alms.
milostiv *adj.* charitable, generous, merciful, gracious, forgiving. # **~ire** pity, compassion.
mim *sm.* mime, mimic. # **~ică** mime, mimicry.
mima *vt.* **1**. to mime. **2**. (*simula*) to sham.
mimetism *sn.* mimicry.
mimoză *sf.* mimosa.
mina *vt.* to mine. # *teren ~t* minefield.
mină[1] *sf.* **1**. mine: *~ de aur* gold mine. **2**. *fig.* (*izvor nesecat*) repository. **3**. (*explozivă*) mine: *detector de mine* mine detector. **4**. (*de creion*) lead. # *~ de cărbune* (coal)mine, colliery, pit; *vas distrugător de mine* mine-sweeper; *plantare de mine* mining; *~ de aur fig.* money-spinner; *gură de ~* pithead.
mină[2] *sf.* (*fizionomie*) mien, look, countenance.
mincinos **I**. *sm.* liar. **II**. *adj.* **1**. (*d. cineva*) mendacious. **2**. (*neadevărat*) untruthful. **3**. (*înşelător*) deceptive.
minciună *sf.* **1**. lie, mendacity, untruth, falsehood, deceit, deception, *fam.* whopper, story: *detector de minciuni* lie detector; *~ nevinovată* white lie; *~ sfruntată* whopping/rank lie; *~ abominabilă* egregious lie; *a prinde pe cineva cu minciuna* to give smb. the lie; *a demasca o ~* to nail a lie. **2**. *pl. sl.* porkies. # *a spune minciuni* to fib, to tell stories/lies.
miner **I**. *sm.* miner, collier. **II**. *adj.* mining.
mineral *sn.*, *adj.* mineral. # **~og** mineralogist; **~ogie** mineralogy.
minereu *sn.* ore.
minge *sf.* **1**. ball. **2**. (*de fotbal*) football.
miniatură *sf.* miniature. # *în ~* miniature.
minier *adj.* mining.
minijupă *sf.* miniskirt.
minim *sn.*, *adj.* minimum. # **~um** minimum; **~al** minimal, minimum.

minimaliza, minimiza *vt.* to minimize, to depreciate, to disparage, to stultify.

minister *sn.* ministry, department, office: *~ul de Externe* the Foreign Office. # **~ial** ministerial; *~ de finanțe* (*în Anglia*) Exchequer.

ministru *sm.* minister, secretary. # *prim-~* premier, prime minister.

minor I. *sm.* **1.** minor. **2.** (*ca stare*) nonage, minority. **II.** *adj.* **1.** (*d. cineva*) minor, under age: *a fi ~* to be under age. **2.** (*neînsemnat*) petty, slight, trifling, trivial. **3.** (*d. un păcat*) venial. **4.** (*d. o problemă*) parochial. # **~itate** minority.

mintal *adj.* mental.

minte *sf.* **1.** mind, reason, thinking, head: *a veni în ~* to come into mind. **2.** (*inteligență*) brains, wits: *~ ageră* sharp wits; *~ ascuțită* rapier wit. # *a ține ~* to remember, to retain, to bear in mind; *ținere de ~* memory, recollection; *deschis la ~* large-minded; *fără ~* silly; *îngust la ~* small-minded; *a învăța ~* to read (smb.) a lesson; *nu ești în toate mințile* you're not in your right senses; *scos din minți fam.* up the wall; *cu ~a la cap* right-minded.

minți *vi.* to lie: *a ~ cu nerușinare fam.* to lie in one's teeth. # **~re** mendacity.

minuna *vr.* to marvel, to wonder. # **~t** delightful, marvellous, wonderful, wondrous, peachy, *fam.* divine, super, gorgeous; *absolut ~t* simply wonderful.

minunăție *sf.* wonder.

minune *sf.* **1.** magic, marvel, prodigy, wonder: *a face minuni* to work wonders; *copil ~* child prodigy. **2.** (*și fig.*) miracle. # *de ~* swimmingly, like a charm, *fam.* fine; *ca prin ~* out of a hat.

minus *sn., adv.* minus. # *în ~* minus.

minuscul *adj.* **1.** minuscule, minute, wee, diminutive, tiny, midget, pinpoint, fine, titchy, pint-sized, *fam.* teeny. **2.** (*d. o cameră*) poky.

minut *sn.* minute: *două fără zece ~e* ten minutes to two. # **~ar** minute hand; **~ă** (*document*) minutes.

minuțios *adj.* **1.** close, exhaustive, elaborate, thorough(going), scrupulous. **2.** (*d. o descriere*) minute. **3.** (*d. o relatare*) particular, exact.

minuțiozitate *sf.* particularity. # *cu ~* minutely.

mioară *sf.* sheep.

miop *adj.* myopic, short-sighted, *amer.* near-sighted. # **~ie** myopia, short-sightedness.

miorlăi *vi.* (*d. pisici*) to caterwaul, to mew, to yowl. # **~t** mewing.

mir *sn.* unction.

mira *vr.* to wonder. # **~re** wonder; **~t** amazed, astonished.

miracol *sn.* miracle, marvel, magic, prodigy, wonder: *~ele tehnologiei* the marvels of technology.

miraculos *adj.* miraculous, magic(al), fabulous.

miraj *sn.* (*și fig.*) mirage.

moved, touched; *mişcă-te*! look alive; *mişcă-te mai repede*! shift yourself!

mişcare *sf.* **1**. motion, movement, exercise: *lipsă de* ~ lack of exercise. **2**. (*la şah*) move. **3**. (*curent*) current, school. **4**. (*socială*) movement. **5**. (*gest*) gesture. **6**. (*circulaţie*) traffic. **7**. (*agitare*) stir. **8**. *pl.* (*frământări sociale*) disturbances, convulsions. **9**. (*unduitoare*) sway. **10**. (*bruscă*) flounce. # *în* ~ astir, moving, on the move; *a face* ~ to exercise; *a pune în* ~ to start; *în continuă* ~ on the go.

mişcător *adj.* (*impresionant*) appealing, moving.

mişel *sm.* scoundrel, scamp, dastard, scallywag. # ~**eşte** cowardly, meanly; ~**ie** indignity, villainy.

mişmaş *sn.* jumble.

mişto *adj.* excellent, *fam.* swell.

mişuna *vi.* to teem, to swarm.

mit *sn.* myth, fable. # ~**ic** mythical.

mită *sf.* pay-off, bribe, *sl.* bonus. # *a lua/primi* ~ to take.

miting *sn.* meeting, rally.

mititel *adj.* small(ish), minute, *fam.* teeny, dinky.

mitocan *sm.* lout, boor, *fam.* peasant.

mitocănie *sf.* boorishness.

mitologic *adj.* mythological.

mitologie *sf.* mythology.

mitoman *sm., adj.* mythomaniac. # ~**ie** mythomania.

mitralieră *sf.* machinegun, machine-pistol.

mitropolie *sf.* metropolitan church.

mitropolit *sm.* metropolitan.

mitui *vt.* to bribe, to corrupt, to buy off, to oil the wheels, *fam.* to fix, to nobble, to grease, to square. # ~**re** bribery; ~**tor** briber.

miţos *adj.* shaggy.

mixa *vt.* to mix.

mixer *sn.* mixer.

mixt *adj.* **1**. mixed, joint. **2**. (*d. şcoală*) coed.

mixtum compozitum *sn.* miscellany.

mixtură *sf.* mix(ture), cross.

miza *vt.* **I**. to stake. **II**. *vi.* (**pe**) to gamble (on).

mizantrop *sm.* misanthrope, man-hater. # ~**ie** misanthropy.

miză *sf.* **1**. stake, ante. **2**. (*la pocher*) pot. **3**. (*la pariuri*) pool.

mizer *adj.* **1**. dingy, beggarly, squalid, tawdry, *fam.* seedy. **2**. (*d. condiţii de viaţă*) miserable. **3**. (*d. un cartier*) *fam.* sleazy.

mizerabil I. *sm. sl.* sod, scumbag. **II**. *adj.* **1**. (*d. cineva*) mean, damnable, disreputable, despicable. **2**. (*d. ceva*) abject, miserable, wretched, dirty, *fam.* lousy, rotten. **3**. (*de nimic*) *fam.* measly.

mizerie *sf.* **1**. misery, penury, grime, squallor. **2**. (*dezordine*) mess. # *de* ~ (*d. cantitate*) miserly; *salariu de* ~ pittance.

mlaştină *sf.* marsh, morass, quagmire, bog, slough, swamp.

mlădia *vr.* to undulate.

mlădios *adj.* lissom(e), lithe, graceful, slender, supple.

mlădiţă *sf.* scion, offshoot, twig, sprout, shoot.

mlăştinos *adj.* swampy, marshy. # *ţinut* ~ moor.

moale *adj.* 1. soft: *pământ* ~ soft soil. 2. (*şi fig.*) yielding. 3. (*catifelat*) smooth and soft, silky. 4. (*flasc*) limp, flabby, flaccid. 5. (*d. carne*) tender. 6. (*d. cineva*) languid, weak, shiftless, spineless, lax. 7. (*d. ou*) soft-boiled. # *a face* ~ to soften; *a deveni* ~ to soften; *om* ~ mollycoddle; *las-o mai* ~! cool it!

moară *sf.* 1. (flour)mill. 2. (*de apă*) water mill. 3. (*de vânt*) windmill. # *piatră de* ~ millstone; *roată de* ~ millwheel; ~ *stricată fig. fam.* gasbag, windbag; *a se bate cu morile de vânt* to tilt at windmills.

moarte *sf.* 1. death, passing (away), end, exit, finish: ~ *prin accident* death by misadventure; ~ *naturală* natural death. 2. (*deces*) decease. # *de* ~ deadly, (*d. un duşman*) sworn; ~*a cuiva* one's last hour; *pe* ~ on one's last legs; *fără* ~ eternal, everlasting; *pe viaţă şi pe* ~ by tooth and nail.

moaşă *sf.* midwife.

moaşte *sf. pl.* relics.

mobil I. *sn.* 1. (*cauză*) trigger. 2. *jur.* (*al unei crime*) motive. 3. (*telefon*) mobile telephone. II. *adj.* 1. mobile, mov(e)able, removable. 2. (*volant*) portable. # ~**tate** mobility.

mobila *vt.* (*o casă*) to furnish.

mobilă *sf.* furniture: *fără* ~ devoid of furniture; *corp de* ~ a piece of furniture. # *garnitură/set de* ~ suite; (*d. o cameră*) *fără multă* ~ uncluttered.

mobiliar *adj.* movable.

mobilier *sn.* furniture.

mobiliza *vt.*, *vr.* (*şi fig.*) to mobilize.

mocăi *vr.* to dally, to linger, *fam.* to dawdle. # ~**ală** dalliance.

mochetă *sf.* moquette.

mocirlă *sf.* 1. mud, mire, morass, quagmire, slough. 2. *fig.* gutter.

mocni *vi.* 1. to smoulder. 2. *fig.* to simmer.

mocofan *sm.* 1. (*necioplit*) clodhopper, bumpkin. 2. (*prost*) simpleton, ninnny.

mod *sn.* 1. mode, way, manner, style, fashion: ~ *de a gândi* way of think7ing. 2. *gram.* mood. # ~**al** modal; ~**alitate** manner, method; *în* ~ *special* particularly, pecu-liarly.

modă *sf.* fashion, vogue, *fam.* rage: *sclav al modei* fashion victim; *casă de* ~ fashion house. # *prezentatoare de* ~ model; *la* ~ in fashion, fashionable, modern, in vogue; *industria modei* the rag trade.

model *sn.* 1. model, design, sample, piece. 2. (*exemplu*) paragon, model: *un* ~ *de virtute* a paragon of virtue. 3. (*manechin*) model, cover girl. 4. (*pentru un pictor*) sitter. 5. (*prototip*) type. 6. (*tipar, machetă*) pattern.

modela *vt.* 1. to model, to form, to pattern, to fashion, to sculp, to mould, to shape. 2. *fig.* to build. # ~**re** (*a caracterului*) formation.

modera *vt.* to moderate. # **~tor** *TV* moderator.

moderat I. *sm. pol.* wet. **II**. *adj.* **1**. (*d. cineva*) moderate, temperate. **2**. reasonable, mild, gradual. **3**. (*d. preț*) reasonable. **4**. (*d. calitate*) middling.

moderație *sf.* moderation, self-control, temperance. # *cu ~* reasonably.

modern *adj.* modern, advanced, new, present-day, up-to-date, fashionable. # *~ și șic fam.* sharp; *foarte ~ fam.* trendy.

moderniza *vt.* **1**. to modernize, to update, to revamp. **2**. (*o fabrică*) to streamline. **3**. (*o încăpere*) to smarten up. # **~re** modernization.

modest *adj.* **1**. (*sărăcăcios*) poor, mean, humble: *casă ~ă* humble house. **2**. (*d. cineva*) modest, demure, unassuming, unobtrusive, self-effacing. **3**. (*d. origine*) low, humble. **4**. (*d. venit*) meagre, exiguous.# **~ie** modesty, shyness; *cu ~ie* simply.

modic *adj.* **1**. (*d. venit*) meagre, exiguous. **2**. (*d. preț*) reasonable.

modifica *vt.* **1**. to modify, to alter, to change. **2**. (*îmbunătăți*) to improve. **3**. (*corecta*) to set right.

modificare *sf.* **1**. modification, alteration, change. **2**. *pl.* readjustments.

modistă *sf.* milliner.

modul *sn. mat.* mode.

modula *vt.* to modulate.

mofluz *adj.* sullen, grumpy, morose, surly.

moft *sn.* **1**. (*fleac*) trifle. **2**. (*lucru ușor de făcut*) piece of cake. **3**. *pl.* whims. # *a face ~uri* (*la mâncare*) to be choosy.

mofturos *adj.* choosy, dainty, sniffy, fastidious, *fam.* queasy, finicky, pernickety, *amer. fam.* picky.

mogâldeață *sf.* (*ca adresare*) *fam.* titch.

mohorât *adj.* **1**. colourless, sombre, dark: *oraș ~* colourless town; *cer ~* sombre sky. **2**. (*trist*) dismal, blue, dejected, sullen. **3**. (*d. vreme*) cheerless, dreary.

moină *sf.* thaw.

mojar *sn.* mortar, pestle.

mojic *sm.* **1**. (*mitocan*) churl, cad, *fam.* peasant. **2**. (*om de rând*) ordinary man. # **~ie** churlishness.

molar *sm.* molar.

molatic *adj.* soft, languid, lackadaisical.

molâu I. *sm.* laggard, dullard, milksop, *fam.* weakling, namby-pamby, wet, *sl.* lug. **II**. *adj. fam.* namby-pamby, soft, dull.

molcom *adj.* (*domol*) slow, mild.

moleculă *sf.* molecule.

molesta *vt.* **1**. to molest, to batter. **2**. (*în grup*) to mob.

moleșeală *sf.* torpor, languor, lassitude.

moleși I. *vt.* to weaken. **II**. *vr.* to lose vigour, *fam.* to wilt. # **~t** torpid, sluggish, numb.

molfăi *vt.* to mumble, to chew, to masticate.

molid *sm. bot.* (*lemn de*) spruce.

molie *sf.* moth.

molimă *sf.* epidemic, plague, pestilence.

molipsi I. *vt.* (*şi fig.*) to infect. **II.** *vr.* (*de o boală*) to catch. # **~tor** contagious.

moloz *sn.* rubble.

moluscă *sf.* mollusc, shellfish.

momâie *sf.* (*sperietoare*) scarecrow.

momeală *sf.* **1.** lure. **2** (*şi fig.*) bait. **3.** *fig.* carrot. **4.** (*persoană*) decoy.

moment *sn.* moment, instant, second, *fam.* tick, *sl.* mo. # *de ~* momentary; *în ~ul de faţă* at present; *la un ~ dat* suddenly; *pentru ~* for the time being; *dintr-un ~ într-altul* any minute.

momentan *adv.* momentarily, temporarily, at the moment.

momi *vt.* to decoy, to lure, to entice, to bait, to tout.

monah *sm.* monk. # **~al** monastic.

monarh *sm.* monarch, lord. # **~ie** monarchy, royalty; **~ist** monarchist, royalist.

monastic *adj.* monastic.

monden *adj.* fashionable. # *persoană ~ă* socialite.

mondial *adj.* world(wide): *război ~* world war.

monedă *sf.* **1.** (*de metal*) coin. **2.** (*naţională*) currency.

monetar *adj.* monetary. # *piaţa ~ă* money market.

monetărie *sf.* mint.

mongol *sm., adj.* Mongol(ian).

monitor *sn.* **1.** (*electronic*) display. **2.** *inf.* monitor. **3.** *şcol.* monitor, prefect. # **~iza** to monitor.

monoclu *sn.* monocle.

monogamie *sf.* monogamy.

monografie *sf.* monograph.

monogramă *sf.* monogram, name tape.

monolit *sm.* (*şi fig.*) monolith.

monolog *sn.* monologue, soliloquy. # **a ~a** to soliloquize; *în ~* (*d. un actor*) stand-up.

monopol *sn.* monopoly.

monopoliza *vt.* **1.** (*şi fig.*) to monopolize. **2.** (*o piaţă*) to corner.

monoteist *sm.* monotheist.

monoton *adj.* **1.** monotone, monotonous, drab, humdrum, dreary. **2.** (*d. viaţă*) flat. # **~ie** monotony, sameness.

monstru I. *sm.* **1.** (*şi fig.*) monster. **2.** (*avorton*) freak. **II.** *adj.* (*d. un succes*) *fig.* roaring. # **~os** monstrous; **~ozitate** *fam.* monstrosity.

monta *vt.* **1.** (*instala*) to install. **2.** (*piesele*) to fit, to assemble. **3.** (*o piatră*) to set, to mount. **4.** (*o piesă de teatru*) to stage. # **~re** setting.

montor *sm.* fitter.

montură *sf.* setting.

monument *sn.* **1.** monument. **2.** (*comemorativ*) memorial, pillar. # **~al** monumental.

moral I. *sn.* (*stare de spirit*) morale. **II.** *adj.* ethical, moral. # **~ist** moralist; *a ridica ~ul cuiva* ro raise smb.'s spirits.

morală *sf.* **1.** (*pildă*) moral. **2.** (*dojană*) harangue, reprimand, lecture. **3.** (*ştiinţă*) ethics. **4.** (*etică*) morals. # *a face ~* (*cuiva*) to lecture.

moralitate *sf.* moral(s), morality.

moralizator *adj.* (*d. o fabulă etc.*) cautionary.

morar *sm.* miller.

moratoriu *sn.* moratorium.
moravuri *sn. pl.* customs, habits. # *de ~ uşoare* easy of virtue; *bunele ~* the good manners.
morbid *adj.* morbid. # **~itate** morbidity.
morcov *sm.* carrot. # *a avea ~ fig. fam.* to have kittens.
morfină *sf.* 1. *med.* morphine. 2. (*drog*) morphia.
morfinoman *sm.* morphia addict.
morfoli *vt.* (*molfăi*) to mumble, to chew.
morfologic *adj.* morphological.
morfologie *sf.* morphology.
morgă *sf.* 1. morgue. 2. (*în spital*) mortuary.
morişcă *sf.* (*râşniţă, moară*) mill. # *~ de vânt* weather cock.
morman *sn.* mass, pile, stack, heap, block.
mormăi *vt., vi.* to mumble, to murmur, to mutter, to grumble, *fam.* to bumble.
mormânt *sn.* 1. tomb, grave, resting place: *piatră de ~* tomb/grave stone. 2. (*sfânt*) shrine.
mormoloc *sm.* tadpole.
mormon *sm.* Mormon.
morocănos *adj.* moody, crusty, surly, morose, grumpy, peevish, crabbed, *fam.* crabby.
morsă *sf.* walrus, sea cow.
mort I. *sm.* 1. dead man, *sl.* stiff. 2. (*la bridge*) dummy. 3. (*decedat*) deceased. II. *adj.* dead, cold, extinct, below ground: *~ de-a binelea* stone dead; *era aproape ~* he was all but dead; *ca şi ~* as good as dead; *a face pe ~ul* to play dead; *a cădea ~* to fall dead. # *ca de ~* deathly; *~-copt* neck or nothing; *~ de foame* starving; *~ de frică* scared stiff, scared to death; *~ de oboseală* dead bit, fagged out; *beat ~* sodden.
mortal I. *adj.* mortal, deadly, lethal, deathly. II. *adv.* mortally, fatally. # **~itate** mortality, deathrate.
mortar *sn.* mortar, plaster.
mortieră *sf. mil.* mortar.
mortuar *adj.* mortuary. # *cameră ~ă* mortuary.
moschee *sf.* mosque.
mosor *sn.* 1. reel. 2. (*cu aţă*) spool. 3. (*de maşină de cusut*) bobbin.
mostră *sf.* pattern, sample, specimen.
moş *sm.* old man, old timer, gaffer. # **~ulică**, **~neag** *fam.* oldster; *~ Ene* sandman; *Moş Crăciun* Santa Claus.
moşie *sf.* 1. estate. 2. (*feudală*) manor. # **~r** squire, landlord.
moşmondi *vr. fam.* to dilly-dally.
moşteni *vt.* to inherit. # **~tor** inheritor, heir; **~toare** heiress. # *avere ~tă* patrimony.
moştenire *sf.* 1. (*şi fig.*) legacy. 2. inheritance, heritage, bequest. 3. (*de familie*) heirloom. # *a lăsa ~* to bequeath.
motan *sm.* tomcat.
motel *sn.* motel.
motiv *sn.* 1. motivation, motive, excuse, reason, pretext, cause: *~ pentru o petrecere* excuse for a party; *dintr-un ~ sau altul* for

some reason; *din ~e personale* for private reasons; *pe ~ că* by reason of. 2. (*floral etc.*) motif. 3. *muz.* motif, theme. # *fără ~* groundlessly; *pe ~ că* on the pretext/grounds of; *sub nici un ~!* in no case!, on no condition/consideration!, no way!

motiva *vt.* to motivate, to justify. # **~re** motivation, justification.

moto *sn.* motto.

motocicletă *sf.* motorcycle, motorbike.

motociclist *sm.* biker, motorcyclist.

motocros *sn.* motocross.

motor I. *sn.* 1. motor, engine. 2. (*cu benzină*) petrol engine. 3. (*cu reacție*) jet engine. II. *adj. med.* motor.

motorină *sf.* Diesel oil.

motorizat *adj.* motorized.

mototol I. *sm.* (*om*) laggard, milksop, *fam.* namby-pamby. II. *adj.* mollycoddle, lackadaisical, spineless, *fam.* namby-pamby. # **a ~i** to crumple.

motrice *adj.* motive.

moț *sn.* 1. (*de păr*) tuft. 2. (*la păsări*) crest.

moțăi *vi.* to doze, to drowse, to nap, *fam.* to snooze. # **~ală** doze, nap, nod, *fam.* zizz, catnap.

moțiune *sf. pol.* motion: *~ de neîncredere* motion of no confidence.

mov *sn., adj.* mauve.

movilă *sf.* 1. (*de pământ*) knoll, mound, hump. 2. (*grămadă*) heap, pile, mass.

mozaic *sn.* 1. mosaic. 2. (*joc*) jigsaw.

mreje *sf. pl. fig.* trap.

muc *sn.* 1. (*de țigară*) butt, end. 2. (*de lumânare*) candlewick.

mucalit *sm.* joker, wag, *fam.* scream.

muced *adj.* mouldy.

mucegai *sn.* mould, rot, decay. # *cu miros de ~* fusty.

mucegăi *vi* to moulder. # **~t** mouldy.

muchie *sf.* 1. (*margine*) rim. 2. (*de cuțit*) edge. # *pe ~ de cuțit* on thin ice.

muci *sm. pl. fam.* snot. # *plin de ~* snotty.

mucos I. *sm.* nipper. II. *adj.* 1. snotty. 2. (*obraznic*) rude, brassy.

mufă *sf.* plug.

muget *sn.* 1. bellow, boom, low, moo. 2. (*al mării*) rave, roar.

mugi *vi.* to bellow, to low, to boom, to moo.

mugur *sm.* bud.

muia I. *vt.* 1. (*face moale*) to soften. 2. (*rufe*) to soak. II. *vr.* 1. to soften. 2. (*îndupleca*) to give in. 3. (*potoli*) to wane.

muieratic *sm.* philanderer, ladies' man.

muiere[1] *sf.* (*femeie*) jade, dame.

muiere[2] *sf.* 1. (*a rufelor*) moistening. 2. (*a mușchilor*) softening.

mula I. *vt.* to mould. II. *vr.* (*d. o rochie*) to be skin-tight. # **~j** mould.

mulatru *sm.* mulatto.

mulgătoare *sf.* milkmaid.

mulgător *sm.* milker.

mulge *vt.* (*și fig.*) to milk. # **~re** milking.

muls *sn.* milking.

mult I. *adj.* 1. much, considerable, plenty, a lot of: *ia ~ timp* it takes much time; *~ spațiu/loc* plenty of room. 2. (*ca timp*) long: *cu ~ă vreme în urmă* a long time ago. II. *adv.* much, long, considerably, well, a good deal: *de ~* long ago; *~ peste limita de viteză* well over the speed limit. # *mai ~* more, plus; *ba mai ~* nay; *mai ~ sau mai puțin* more or less; *cel mai ~* most: *el are cel mai ~ de pierdut* he has the most to lose; *~ prea* much too, way; *~ prea cald* much too hot; *~ mai bine* much better; *~ mai ~* plenty/much more; *~ mai ~ decât atât* what's more; *atât de ~* to such an extent; *foarte ~* very much, vastly; *cu ~ mai* by half; *cu atât mai ~* all the more; *și chiar mai ~ decât atât*! even more so, *sl.* with knobs on!.

multicolor *adj.* multicoloured, variegated.

multifuncțional *adj.* multi-purpose, versatile.

multilateral *adj.* multilateral, many-sided.

multiplica *vt.* to multiply. # *mașină de ~t* duplication machine.

multiplicitate *sf.* multiplicity.

multiplu I. *sm. mat.* multiple. II. *adj.* manifold, multiple, multifarious.

multitudine *sf.* multitude, plurality.

mulți, multe *adj., pron.* (great) many. # *mai ~* more, several: *dă-mi mai ~* give me more; *cei/cele mai ~* most: *cei mai ~ dintre ei* most of them; *de cele mai multe ori* as often as not.

mulțime *sf.* 1. crowd, mass, mob, rabble, throng, flood, wealth, *fam.* stack: *o ~ de informații* a wealth of information. 2. (*de oameni*) flock, swarm. # *o ~ fam.* a good few; *o ~ de* a lot of, *fam.* a mound of, *amer. fam.* a mass of.

mulțumesc *interj.* thanks!, *sl.* ta!

mulțumi I. *vt.* 1. to thank: *mulțumesc lui Dumnezeu* thank God. 2. (*satisface*) to please, to gratify, to contend: *nimic nu-l mulțumește* nothing pleases him. II. *vr.* (**cu**) to make do (with), to be content (with).

mulțumire *sf.* 1. content. 2. *pl.* thanks. 3. (*stare de*) contentment. 3. (*sufletească*) well-being. 4. (*satisfacție*) satisfaction. # *~ de sine* complacency.

mulțumit *adj.* 1. pleased, content(ed), thankful. 2. (*sufletește*) relieved. # **~or** passable, pleasing, satisfactory; *~ de sine* (self-)complacent, smug.

mulură *sf.* (*în arhitectură*) moulding.

mumie *sf.* mummy.

muncă *sf.* 1. work, labour, activity: *~ silnică* hard labour. 2. (*în acord*) piecework. 3. (*grea*) drudgery, toil, *fam.* grind. 4. (*de birou*) paperwork. # *forță de ~* manpower, labour, work-force; *loc de ~* post, job; *la ~* in harness; *~ la domiciliu* outwork.

munci I. *vt.* 1. (*pentru*) to serve. 2. (*pământul*) to work. II. *vi.* 1. to work. 2. (*din greu*) to drudge, to labour, to toil, to sweat. **3**. (*cu sârguinţă*) to plod away. **III**. *vr*. (**să**) to strive (to).

muncitor I. *sm*. **1**. worker, workman, labourer, operative. **2**. (*în fabrică*) factory hand. **3**. (*în acord*) jobber. **4**. (*necalificat*) unskilled worker. **5**. (*calificat*) skilled worker, operator. **II**. *adj*. industrious, assiduous, sedulous.

municipal *adj*. municipal. # **~itate** municipality.

municipiu *sn*. town.

muniţie *sf*. **1**. ammunition, ordnance. **2**. *pl*. munitions.

munte *sm*. mountain, massif, mount: *a merge pe ~* to walk in the mountains; *a urca pe ~* to climb a mountain.

muntos *adj*. mountainous.

mur(ă) *sm., sf*. blackberry. # *a da* (*cuiva*) *~-n gură* to spoon-feed.

mura *vt*. (*legume*) to pickle.

murătură *sf*. pickle.

murdar *adj*. dirty, unclean, filthy, dingy, foul, grubby, *fam*. mucky. # *persoană ~ă fam*. scruff.

murdări *vt*. **1**. to dirty, to soil, to sully, to defile, to foul, to smear, *fam*. to muck up. **2**. (*şi fig*.) to blemish.

murdărie *sf*. **1**. (*şi fig*.) filth, dirt. **2**. mess, litter, grime, *fam*. muck. # *a face ~ pe* to foul.

murg *sm., adj*. bay.

muri *vi*. **1**. to die, to expire, to slip away, *fam*. to pop off: *a ~ în plină activitate* to die with one's boots on; *a ~ pe capete* to die off; *a ~ de foame/frig* to die of hunger/ cold. **2**. (*în luptă*) to fall. **3**. (*subit*) to drop. **4**. (*pieri*) to perish. # *a ~ după cineva* to be nuts about smb., to be infatuated with smb.; *a ~ de râs* to split with laughter; *a ~ de ruşine* to burn with shame.

muribund *adj*. (*şi fig*.) moribund.

muritor I. *sm*. mortal, earthborn. **II**. *adj*. mortal.

murmur *sn*. **1**. murmur, whisper, hum. **2**. (*de voci*) rattle, babble, mutter.

murmura I. *vt*. to murmur, to whisper. **II**. *vi*. (*cârti*) to grumble.

musafir *sm*. **1**. visitor, visitant, guest, caller, comer. **2**. *pl*. people. # *~ nepoftit* gatecrasher.

muscă *sf*. **1**. fly. **2**. (*verde*) blue bottle. **3**. (*la tir*) bull's eye. # (*boxer de*) *categoria ~* flyweight.

musculiţă *sf*. midge.

music-hall *sn*. music-hall, vaudeville.

muson *sm*. monsoon.

must *sn*. must.

mustang *sm*. mustang.

mustaţă *sf*. **1**. moustache, *amer*. mustache. **2**. *pl*. (*ale pisicii etc*.) whiskers. # *cu ~* moustached; *la ~* (*foarte aproape*) by a nose; *victorie la ~ amer*. razor-thin victory.

musti *vi*. **1**. (**de**) to seethe (with). **2**. (*de apă etc*.) to ooze.

mustra *vt*. to scold, to rebuke, to reprimand, to rate, *fam*. to carpet.

mustrare *sf*. scolding, rebuke, reprimand, reproof, *fam*. rollicking. # *~ de conştiinţă* qualm, twinge of conscience.

mustrător *adj.* reproachful.
musulman *sm., adj.* Moslem.
muşama *sf.* oilcloth.
muşamaliza *vt.* to cover up, to paper. # ~**re** cover-up, whitewash.
muşca I. *vt.* **1**. to bite. **2**. (*d. un câine*) to nip. **II**. *vi.* **1**. to bite. **2**. (**de**) to nip (at). **3**. (*d. peşte*) to take, to nibble.
muşcată *sf. bot.* geranium, pelargonium.
muşcătură *sf.* **1**. bite. **2**. (*a peştelui*) nibble.
muşchetar *sm.* musketeer.
muşchi[1] *sm. bot.* moss: *acoperit de* ~ mossy.
muşchi[2] *sm.* **1**. *anat.* muscle: ~ *fleşcăiţi* flabby muscles. **2**. (*forţă*) sinews, brawn, thew. **3**. (*de vită*) sirloin. # ~**ulos** muscular, brawny, sinewy; ~**uleţ** (*de vită, porc*) tenderloin.
muşeţel *sn.* c(h)amomile.
muştar *sn.* mustard: *compresă cu* ~ mustard plaster.
muşteriu *sm.* customer, client.
muştiuc *sn.* **1**. *muz.* mouthpiece. **2**. nozzle.
muştrului *vt.* to rap, to reprimand, to tick off, to lecture. # ~**ală** rap, reprimand, lecture, *fam.* (*blândă*) telling-off.
muşuroi *sn.* **1**. cast. **2**. (*de furnici*) anthill. **3**. (*de cârtiţă*) molehill.
mut I. *sm.* dumb person, mute. **II**. *adj.* **1**. dumb, mute: ~ *din naştere* born dumb. **2**. silent, soundless: *film* ~ silent film. # (*rămas*) ~ (*de emoţie*) speechless; ~ *de uimire* dumbfounded.
muta I. *vt.* **1**. (*din loc*) to diplace, to shift. **2**. (*o piesă la şah*) to move. **3**. (*pe cineva*) to remove. **II**. *vr.* to (re)move, to shift.
mutare *sf.* **1**. move, diplacement. **2**. (*din casă*) removal. **3**. (*la şah*) move.
mutila *vt.* to maim, to mutilate.
mutră *sf.* face, pout, *sl.* mug, clock. # ~ *acră* scowl.
mutual *adj.* mutual, reciprocal.
muză *sf.* muse.
muzeu *sn.* museum: *piesă de* ~ (*şi fig.*) museum piece; ~ *al figurilor de ceară* wax museum.
muzical *adj.* **1**. musical. **2**. (*melodios*) tuneful. # *film/spectacol* ~ musical.
muzică *sf.* music: ~ *de cameră* chamber music; ~ *uşoară* light music.
muzicant *sm.* musician.
muzician *sm.* musician: ~ *înnăscut* born musician.
muzicolog *sm.* musicologist. # ~**ie** musicology.
muzicuţă *sf.* harmonica, *fam.* mouth-organ.

N

na *interj.* **1**. (*poftim*) here you are! **2**. (*nemulțumire*) botheration!, oh no!
nacelă *sf. av.* nacelle.
nadă *sf.* bait, lure.
nadir *sn. astr.* nadir.
naftalină *sf.* naphtalene, mothballs.
nai *sn. muz.* pan pipes.
naiba *sf.* deuce, devil: *unde ~?* where the deuce? # *al naibii de gustos* extremely tasteful; *ce ~!* what the hell!
nailon *sn.* nylon.
naiv *adj.* naive, innocent, childish, credulous, ingenuous, trustful, *fam.* sucker. # **~itate** naivety, simplicity, innocence.
nalbă *sf. bot.* mallow.
namilă *sf.* giant, colossus.
naos *sn.* nave. # *~ transversal* transept.
nap *sm.* kohlrabi.
narativ *adj.* narrative.
narator *sm.* narrator.
narațiune *sf.* narration, narrative, tale, story.
nară *sf.* nostril.
narcisă *sf. bot.* **1**. narcissus. **2**. (*galbenă*) daffodil, lent lily.
narcisism *sn.* self-admiration.
narcoman *sm.* drug addict, *sl.* user.
narcotic *sn., adj.* narcotic.
nas *sn.* **1**. nose, *fam.* snout, schnozzle: *~ înfundat* blocked nose; *a-și sufla ~ul* to blow one's nose. **2**. (*coroiat*) hooked nose. **3**. (*fler*) flair, nose. # *a duce de ~* to fool; *a-și băga ~ul* (*în*) to nose (into), to pry (into), *fam.* to sniff around; *a da cuiva peste ~* to rap smb. on the knuckles; *a-și lua ~ul la purtare* to get uppity.
nasture *sm.* button: *a încheia cu nasturi* to button.
naș *sm.* godfather. # **~ă** godmother.
naște I. *vt.* to give birth to. **II**. *vr.* to be born. # *pe cale să nască* heavy with child; *care se ~* nascent; *născut mort* stillborn.
naștere *sf.* **1**. nativity, confinement, delivery. **2**. (child)birth. # *a da ~* (*unui băiat*) to give birth to (a boy); *a da ~* to bringforth; *a da ~ la* to spawn; *~a lui Iisus* the Nativity; *~ a unui copil mort* stillbirth; *sală de ~* delivery room; *din ~* naturally; *prost din ~* natural; *zi de ~* birthday.
natal *adj.* natal, native, home: *oraș ~* home town.
natalitate *sf.* natality, birth rate.
natație *sf.* swimming.

nativ *adj.* native, innate, inborn.

natural *adj.* **1**. natural, real, matter-of-course: *a muri din cauze ~e* to die of natural causes. **2**. (*simplu*) simple, unsophisticated, plain. **3**. (*spontan*) unstudied, unaffected. **4**. (*neprefăcut*) artless, pure, unaffected. **5**. (*d. hrană*) unadulterated. # **a ~iza** (*o persoană*) to naturalize; **~ist** naturalist; **~ețe** naturalness; *în stare ~ă* (*d. legume etc.*) uncooked.

natură *sf.* **1**. nature: *contra naturii* contrary to nature. **2**. (*însuşire*) kind, sort. # *~ moartă* (*în pictură*) still life.

nație *sf.* nation.

național *adj.* national: *datorie ~ă* national debt. # **~itate** nationality; **~ist** nationalist; **~ism** nationalism; *stat ~* nation state; *pe scară ~ă* nationally, nationalwide.

naționaliza *vt.* to nationalize. # **~re** nationalization.

națiune *sf.* nation.

naufragiat I. *sm.* castaway. **II**. *adj.* shipwrecked.

naufragiu *sn.* (ship)wreck, wreckage.

nautic *adj.* nautical.

neautorizat *adj.* unauthorized.

naval *adj.* naval, nautic(al), marine, maritime. # *şantier ~* shipyard.

navă *sf.* **1**. ship, craft, vessel: *pe ~* on board the ship. **2**. (*spațială*) (space)craft, (space)ship. **3**. (*de război*) warship, battleship. **4**. (*comercială*) trader. **5**. (*portavion*) carrier. # *constructor de nave* shipwright.

navetă *sf.* **1**. (*cu trenul etc.*) commute. **2**. (*ladă*) box. # *a face naveta* to commute, to shuttle.

navetist *sm.* commuter.

naviga *vi.* to navigate, to voyage, to sail. # **~bil** navigable; **~re** navigation, sail(ing), shipping; **~tor** navigator, voyager; *măiestria de a ~* seamanship.

navigație *sf.* **1**. navigation, sail(ing), shipping. **2**. (*comercială*) traffic.

navlosire *sf.* charter, freighting.

navlu *sn.* freight.

nazal *adj.* nasal.

nazist *sm., adj.* Nazi.

nazuri *sn. pl.* caprices. # *a face ~* (*la mâncare*) to pick and chose, to be finicky.

năbădăios *sm.* **1**. wayward, unruly, quick-tempered. **2**. (*mai ales un politician*) maverick.

nădăjdui *vt.* to expect, to hope.

nădejde *sf.* (*speranță*) hope. # de ~ (*d. cineva*) trustworthy.

năduşeală *sf.* perspiration, sweat.

năduf *sn.* **1**. (*sufocare*) choking. **2**. (*arşiță*) sultriness.

năduşi *vi.* to transpire, to perspire, to sweat. # **~tor** sultry.

nălucă *sf.* apparition, spirit, vision, shadow.

nălucire *sf.* hallucination, delusion.

nămete *sm.* snow drift/bank.

nămol *sn.* mud, slime, sludge: *baie de ~* mud bath.

năpastă *sf.* calamity, misadventure, disaster.

năpădi I. *vt.* **1.** (*d. buruieni*) to overgrow. **2.** (*d. fluide*) to suffuse. **II.** *vi.* (*copleşi*) to overwhelm: *a fi ~t de tristețe* to be overwhelmed by grief.

năpăstui *vt.* to persecute, to oppress. # **~t** destitute, unfortunate, ill-starred.

năpârli *vi.* to moult.

năpârstoc *sm.* **1.** (*copil*) knee-high child. **2.** (*om*) midget, pigmy, mannikin.

năprasnic *adj.* **1.** (*cumplit*) awful, terrible. **2.** (*neaşteptat*) unexpected, unforeseen. **3.** (*năvalnic*) impetuous, rash.

năpusti *vr.* **1.** to bolt, to dart, to swoop, to dive, to stampede. **2.** (**la**) to charge (at), to pounce (on), to make a run (at), to make a rush (for). **3.** (**asupra**) to fly (at), to turn (on).

năpustire *sf.* **1.** charge, dive, pounce, bolt, dart. **2.** (*a unei păsări de pradă*) stoop.

nărav *sn.* custom, bad habit, vice, quirk, kink.

nărăvaş *adj.* restive.

nărui I. *vt.* **1.** to destroy, to crush. **2.** (*speranțe etc.*) to blast, to dash, to shatter. **II.** *vr.* **1.** (*d. o casă*) to tumble, to fall down. **2.** (*d. planuri etc.*) to collapse. # **~re** collapse, dissolution; **~t** (*dărâmat*) tumbledown.

născoci *vt.* **1.** to fabricate, to make up, to contrive, to invent. **2.** (*o scuză etc.*) to feign. # **~re** make-up, phantasy, yarn, tale, fiction; **~t** made-up.

născocitor *adj.* **1.** inventive, imaginative. **2.** (*mincinos*) mendacious.

născut *adj.* born. # *nou-~ fam.* new arrival.

năstruşnic *adj.* striking, odd.

nătăfleț *sm.* gull, simpleton, dupe, sucker.

nătărău, nătâng *sm.* nincompoop, dunce, tomfool, jackass, *fam.* juggins, lump, nit, *amer.* dip, numskull, *amer. fam.* dope, *sl.* dummy.

năuc I. *sm.* (*nătâng*) blockhead. **II.** *adj.* **1.** (*buimac*) muzzy, dazed. **2.** (*zăpăcit*) scatter-brained.

năuci *vt.* **1.** to baffle, to confuse, to confound, to flurry, to bemuse, to stun, to bewilder, *fam.* to flummox. **2.** (*d. un drog*) to numb. # **~t** confused, dazed.

năut *sn. bot.* chickpea.

năvală *sf.* crush, onrush, irruption. # *a da ~ în* to rush in, to break into.

năvalnic *adj.* (*d. cineva*) compulsive, heady.

năvăli *vi.* **1.** (*d. mulțimi*) to surge, to invade. **2.** (**în**) to sweep (in), to rush (in). # **~re** irruption; **~tor** invader.

năvod *sn.* trawl.

năzări *vr.* # *a i se ~ că* to imagine that.

năzbâtie *sf.* **1.** prank, frolic, lark, mischief. **2.** *pl.* monkey tricks.

năzdrăvan *adj.* **1.** magic. **2.** (*poznaş*) prankish.

năzdrăvănie *sf.* (*poznă*) prank, frolic.

năzui *vi.* to aspire, to covet, to long for. # **~nță** desire, crave, aspiration.
năzuros *adj.* petulant, whimsical, fickle, capricious.
nea *sf.* (*zăpadă*) snow.
neabătut *adj.* **1.** unabated, undaunted, determined. **2.** unflinching, unswerving: *hotărâre de ~* unflinching determination. **3.** (*d. o opoziție*) sturdy.
neaccentuat *adj.* (*d. o silabă*) unstressed.
neachitat *adj.* (*d. datorie*) unsettled, unpaid.
neadevăr *sn.* untruth, lie. # **~at** false, untrue, untruthful.
neafectat *adj.* unaffected.
neafiliat *adj.* unaffiliated.
neagresiune *sf.* non-aggression.
neajuns *sn.* **1.** difficulty, trouble, bother, misfortune. **2.** (*cusur*) drawback, handicap.
neajutorat *adj.* **1.** (*lipsit de apărare*) helpless, defenceless, powerless. **2.** (*stângaci*) maladroit.
nealterat *adj.* (*neschimbat*) unspoiled.
neam *sn.* **1.** nation. **2.** (*rudă*) relative, kin. # *~urile cuiva* one's own flesh and blood.
neamestec *sn.* non-intervention, non-interference. # **~at** pure, simple.
neamortizabil *adj. ec.* irredeemable.
neamț, nemțoaică *sm., sf.* German.
neangajat *adj.* (*d. state*) non-aligned.
neant *sn.* nothingness.
neanunțat *adj.* (*d. o vizită*) inopportune.
neaoș *adj.* **1.** (*autentic*) genuine, veritable. **2.** (*indigen*) native.
neapărat *adv.* absolutely (necessary), without fail, simply: *trebuie ~ să vezi filmul* you simply must see the film. # *nu ~* not necessarily.
neascultător *adj.* (*d. un copil*) naughty, disobedient, insubordinate.
neascuțit *adj.* blunt, dull.
neasemuit *adj.* unmatched, surpassing.
neastâmpăr *sn.* fidget, fret, fuss, itch, restlessness.
neastâmpărat *adj.* **1.** restless, fractious. **2.** (*d. un copil*) naughty, frolicsome, mischievous.
neașteptat *adj.* **1.** unexpected, unforeseen, unanticipated, unannounced, unscheduled, unlooked-for: *vizită ~ă* unscheduled visit. **2.** (*brusc*) sudden, abrupt. **3.** (*neobișnuit*) unwonted. # *~ și neplăcut* untoward.
neatent *adj.* inattentive, absent-minded, careless.
neatenție *sf.* abstraction, absence of mind.
neatins *adj.* untouched. # *de ~* untouchable, intangible.
neatractiv *adj.* unappealing.
neautorizat *adj.* illegitimate, unauthorized.
neavariat *adj.* undamaged.
neavenit *adj.* untimely, uncalled for.
neavizat *adj.* unacquainted. # *persoană ~ă* layman.
nebănuit *adj.* unsuspected.
nebătut *adj.* (*d. o cale*) unbeaten.

nebăut *adj.* sober.
nebulos *adj.* nebulous.
nebun I. *sm.* **1.** madman, fool, lunatic, *fam.* nut, *amer. fam.* screwball: *azil de ~i* lunatic asylum. **2.** (*la şah*) bishop. **II.** *adj.* mad, insane, fool, potty, deranged, *fam.* crazy, zany. # **~atic** playful, wanton, zany, wild; **~esc** foolish, mad, crazy; **~eşte** madly; *casă de ~i* madhouse; *cam ~ sl.* round the bend; (*a munci*) *ca un ~* (to work) like fury.
nebunie *sf.* **1.** madness, insanity, lunacy, frenzy. **2.** (*prostie*) folly. # *a face nebunii* to lark, to frolic; *a iubi la ~ pe* to be madly in love with.
necalificat *adj.* **1.** unqualified, unskilled. **2.** (*d. muncitori*) blue-collar, unskilled.
necaz *sf.* **1.** trouble, adversity, affliction, distress, trial, sorrow, bother, woe. **2.** (*mare*) ordeal, extremity. **3.** *pl.* misfortunes, worries. # *a face în ~ cuiva* to spite smb.
necăji I. *vt.* **1.** (*nu da pace*) to annoy, to bother, to distrub. **2.** (*tachina*) to taunt, to tease. **3.** (*supăra*) to trouble, to distress. **II.** *vr.* to worry.
necăjit *adj.* **1.** (*supărat*) miserable, wretched. **2.** (*sărac*) poor, needy, indigent.
necăsătorit *adj.* unmarried, unattached, single.
necâştigător *adj.* # *loz ~* blank.
necenzurat *adj.* not censored, uncut.
necesar *adj.* necessary, needful. # *strictul ~* the basic necessities; *a fi ~ să* to need; *lucru ~* requisite; *neapărat ~* imperative.
necesita *vt.* to necessitate, to require.
necesitate *sf.* **1.** (*nevoie*) need, necessity, emergency: *stare de ~* state of emergency. **2.** *pl.* needs, wants.
necheza *vi.* to neigh, to whinny. # **~t** neigh.
nechibzuit *adj.* reckless, rash, inconsiderate.
necinste *sf.* dishonesty.
necinsti *vt.* **1.** to dishonour. **2.** (*profana*) to profane. **3.** (*viola*) to rape.
necinstit *adj.* to dishonest, corrupt, shady, *fam.* crooked, *amer.* cozy.
necioplit *adj.* (*d. cineva*) coarse, uncouth, rough.
neciteţ *adj.* (*d. scris*) crabbed, illegible.
neclar *adj.* **1.** unclear, inexplicit, nebulous, mistys, *fam.* woolly: *descriere ~ă* nebulous description; *amintiri ~e* misty memories; *idei ~e* woolly ideas. **2.** (*d. zgomot*) confused. **3.** (*d. o imagine*) vague, dim, indistinct, fuzzy.
neclasificat *adj.* (*d. documente*) unclassified.
neclintit *adj.* **1.** motionless, stock-still. **2.** (*ferm*) unflinching. # *de ~* unflinching, steadfast.
necomestibil *adj.* inedible.
necompetitiv *adj.* uncompetitive.
necomplet *adj.* incomplete, imperfect.
necomunicativ *adj.* reserved, reticent, undemonstrative.
neconceput *adj.* # *de ~* inconceivable.

neconcordanță *sf.* incongruity.
necondimentat *adj.* unseasoned.
necondiționat *adj.* unconditional.
neconfirmat *adj.* (*d. un zvon*) unsubstantiated.
neconsemnat *adj.* unrecorded.
neconstituțional *adj.* unconstitutional.
necontenit *adj.* persistent, relentless, unceasing.
necontestat *adj.* unchallenged, uncontested. # *de* ~ irrefutable, unarguable.
necontrolat *adj.* 1. unchecked. 2. (*d. sentimente*) irrepressible. 3. (*d. furie*) unrestrained. # *de* ~ ungovernable, (*d. mulțimi*) turbulent.
necontroversat *adj.* uncontroversial.
neconturat *adj.* unclear.
neconvenabil *adj.* 1. inconvenient. 2. (*d. o propunere*) unsuitable.
neconvingător *adj.* 1. unconvincing, feeble, thin. 2. (*d. argument*) weak, thin, *fam.* shaky. 3. (*d. o scuză*) *fam.* lame.
necopt *adj.* 1. unripe. 2. (*verde*) green.
necorespunzător *adj.* unsuitable, unfit, inadequate.
necredincios I. *sm.* unbeliever. II. *adj.* 1. godless, pagan, faithless. 2. infidel, untrue, unfaithful, inconstant. # *a fi ~ cuiva fam.* to cheat on smb.; *Toma ~ul* doubting Thomas.
necrezut *adj.* # *de* ~ unbelievable.
necrofag *adj.* necrophagous.
necrolog *sn.* obituary.
necromant *sm.* necromancer.
necromanție *sf.* necromancy.
necruțător *adj.* 1. merciless, ruthless, unsparing, remorseless. 2. (*d. o critică*) scorching.
nectar *sn.* nectar.
nectarină *sf.* nectarine.
necugetat *adj.* rash, reckless, thoughtless, unwise, unconsidered, ill-advised, impolitic, *fam.* crazy: *investiție ~ă* unwise investment.
necultivat *adj.* (*d. un teren*) waste.
necumpătat *adj.* intemperate.
necunoscut I. *sm.* stranger. II. *adj.* 1. unknown, obscure, anonymous. 2. (*neștiut*) unacknowledged. 3. (*d. ceva*) uncharted: *tărâm* ~ uncharted territory. # *în* ~ into the blue.
necurat *adj.* 1. (*murdar*) unclean. 2. (*d. activități*) nefarious.
necuvântător *adj.* dumb.
necuviincios *adj.* rude, discourteous, cheeky.
necuviințe *sf. pl* familiarities.
nedefinit *adj.* undefined, vague.
nedemn *adj.* unworthy.
nedepășit *adj.* # *de* ~ unbridgeable, unsurpassable.
nedeslușit *adj.* unclear.
nedespărțit *adj.* inseparable.
nedeterminat *adj.* undefined.
nedezvoltat *adj.* (*d. o țară*) undeveloped.
nediminuat *adj.* unimpaired.
nedisimulat *adj.* unconcealed, undisguised, unfair, unfeigned.
nedistribuit *adj.* retained.
nedorit *adj.* inopportune, undesirable, unwanted, unwelcome. # ~ *și inoportun* unsolicited.

nedrept *adj.* **1.** unjust, unfair, iniquitous, wrongful. **2.** (*d. o lege*) oppressive, iniquitous. # **a ~ăți** to wrong; *pe ~* wrongly.
nedreptate *sf.* wrong, iniquity, injustice, grievance, *fam.* swizz: *a repara o ~* to redress a grievance.
nedumeri *vt.* **1.** to nonplus, to confound, to puzzle, to bewilder. **2.** (*d. o întrebare*) to stump. # **~re** wonder, puzzlement, uncomprehending; **~t** puzzled.
nedureros *adj.* painless.
neeconomicos *adj.* wasteful.
neegalat *adj.* (*d. un record*) *sport* unbroken.
neelucidat *adj.* (*d. un caz*) unanswered. # *de ~* unfathomable.
neexplodat *adj.* (*d. obuz*) live.
nefast *adj.* fatal, baneful, dire, evil, malign, ill-fated: *influență ~ă* malign/baneful influence; *preziceri ~e* dire predictions.
nefalsificat *adj.* unadulterated.
nefavorabil *adj.* unfavourable, adverse, unkind, baneful, contrary, untoward.
nefăcut *adj.* (*d. friptură*) uncooked.
nefericire *sf.* unhappiness. # *din ~* unfortunately.
nefericit **I.** *sm.* wretch. **II.** *adj.* unhappy, unfortunate, wretched, forlorn, hapless, joyless, desolate, ill-fated, miserable.
nefiresc *adj.* unnatural.
nefixat *adj.* loose.
nefolosit *adj.* unemployed. # **~or** useless, worthless.
nefondat *adj.* unfounded, insubstantial, baseless, groundless: *argument ~* insubstantial argument.
nefumător **I.** *sm.* non-smoker. **II.** *adj.* non-smoking.
neg *sm.* wart.
nega *vt.* to negate, to deny, to repudiate, to gainsay, to disavow. # **~re** denial, negation; **~ție** negation.
negativ **I.** *sn. foto* negative. **II.** *adj.* negative, minus. # *a da ~ din cap* to shake one's head. # **~ism** negativity.
negăsit *adj.* # *de ~* unavailable.
neghină *sf. bot.* tare.
neghiob **I.** *sm.* simpleton, *fam.* goof, goon. **II.** *adj.* stupid.
neglija *vt.* **1.** to neglect. **2.** (**să**) to fail (to). # **~bil** negligible; **~re** neglect; **~t** uncared-for, neglected.
neglijent *adj.* **1.** negligent, careless, thoughtless, perfunctory, *amer.* derelict, slapdash. **2.** (*neîngrijit*) slipshod, sloppy, slovenly. **3.** (*delăsător*) remiss.
neglijență *sf.* negligence, neglect. # *~ în serviciu* malpractice.
negocia **I.** *vt.* to negotiate, to transact. **II.** *vi.* **1.** to bargain. **2.** (**cu**) to treat (with). # **~tor** negotiator.
negociere *sf.* **1.** negotiation. **2.** *pl.* negotiations, talks, parleys.
negoț *sn.* trade, traffic.
negresă *sf.* Negress.
negreșit *adv.* by all means.
negricios *adj.* (*d. chip*) swarthy.
negru **I.** *sm.* **1.** Negro. **2.** black, *fam.* nigger. **II.** *adj.* **1.** black. **2.** (*ca smoala*) jet-black. **3.** (*d. vin*) red.

negură *sf.* 1. fog. 2. (*obscuritate*) murk.

negustor *sm.* 1. shopkeeper, dealer, merchant, trader, tradesman, retailer, *amer.* storekeeper: *asociație de ~i* merchant guild. 2. (*de materiale textile*) draper. 3. (*de pește*) fishmonger. 4. (*de mărunțișuri, galanterie bărbătească*) haberdasher. 5. (*de vinuri*) vintner. 6. (*ambulant*) pedlar, hawker.

nehotărâre *sf.* indecision.

nehotărât *adj.* 1. undecided, uncertain, irresolute. 2. (*ezitant*) hesitant, *fam.* dilly-dally. 3. *gram.* indefinite.

neidentificat *adj.* unidentified.

neiertat *adj.* # *de ~* inexcusable, inexpiable, unpardonable, irredeemable, unforgivable.

neigienic *adj.* insanitary.

neimplicare *sf.* detachment.

neimplicat *adj.* unconcerned.

neimportant *adj.* meaningless, petty, trifling, trivial, small, superficial: *schimbări ~e* small changes; *detalii ~e* trifling/trivial details.

neimpozabil *adj.* untaxed.

neindicat *adj.* unwise.

neinfluențat *adj.* unaffected.

neinteligibil *adj.* unintelligible, opaque.

neintenționat I. *adj.* unintentional. II. *adv.* unwittingly, unintentionally.

neinteresant *adj.* uninteresting, mundane, featureless.

neintervenție *sf.* non-interference.

neinvitat *adj.* unannounced, unasked, unbidden.

neisprăvit I. *sm.* good-for-nothing, *sl.* toehold. II. *adj.* unfinished.

neizbutit *adj.* unsuccessful, ineffectual, abortive: *plan ~* ineffectual plan.

neîmblânzit *adj.* (*d. un animal*) untamed.

neîmpăcat *adj.* # *de ~* irreconcilable.

neîmpărtășit *adj.* (*d. dragoste*) unrequited, unanswered.

neîmplinit *adj.* (*d. o speranță*) unfulfilled.

neînarmat *adj.* unarmed.

neîncetat *adj.* ceaseless, incessant, constant.

neîncredere *sf.* distrust, suspicion, disbelief, mistrust. # *~ în sine* self-doubt.

neîncrezător *adj.* incredulous, unbelieving, unconvinced.

neîncuiat *adj.* unlocked.

neîndemânatic *adj.* awkward, clumsy, maladroit, gawky, *fam.* ham-fisted. # *a fi foarte ~* to be all thumbs.

neîndeplinit *adj.* (*d. promisiune*) unredeemed.

neîndoios *adj.* self-evident.

neînduplecat *adj.* adamant, unyielding, unbending, uncompromising, diehard. # *de ~* stiff-necked.

neînfrânt *adj.* unconquered, invincible.

neînfricat I. *sm.* daredevil. II. *adj.* dauntless, unafraid, fearless, nerveless, intrepid.

neîngenuncheat *adj. fig.* unbowed.
neîngrijit *adj.* 1. (*d. ceva*) neglected, uncared-for, untidy, unkept, *fam.* tatty. 2. (*d. cineva*) slipshod, sloppy.
neînlocuit *adj.* # *de* ~ irreplaceable.
neînregimentat *adj.* (*politic*) unaffiliated, unattached.
neînrudit *adj.* unrelated.
neînsemnat *adj.* minor, paltry, slim, petty, puny, insignificant, unimportant, trivial, humble, *fam.* piddling.
neînsorit *adj.* sunless.
neînsoțit *adj.* unaccompanied, solitary.
neînsuflețit *adj.* inanimate.
neîntârziat *adj.* prompt.
neîntemeiat *adj.* groundless.
neîntins *adj.* (*d. o sfoară*) slack.
neîntrerupt *adj.* continual, permanent, unceasing, unbroken.
neînțelegere *sf.* 1. (*ceartă*) argument, discord, dissension, wrangle. 2. (*divergență*) crisscross, disagreement, divergence, friction, variance. 3. (*confuzie*) misunderstanding, misapprehension.
neînțeles *adj.* misunderstood. # *de* ~ incomprehensible, puzzling.
neînvins *adj.* unbeaten, unvanquished. # *de* ~ impregnable.
nejust *adj.* unfair. # **~ificat** mindless, undue, gratuitous.
nelalocul *adj.*, *adv.* # ~ *lui/ei* out of season/place.
nelămurire *sf.* query.
nelămurit *adj.* unclear.
nelegitim *adj.* 1. illegitimate. 2. (*d. un copil*) unlawful.
nelegiuire *sf.* 1. misdeed, iniquity, felony. 2. *pl.* enormities.
nelegiuit *adj.* infamous, villainous.
nelimitat *adj.* 1. unlimited, limitless, blanket, boundless, indefinite. 2. *fig.* unrestrained.
neliniște *sf.* 1. agitation, fret, trepidation, unrest. 2. (*sufletească*) anxiety, worry, distress.
neliniști *vt.* 1. to agitate, to distress, to trouble. 2. (*îngrijora*) to worry, to perturb.
neliniștit *adj.* 1. (*îngrijorat*) worried, anxious, concerned, strained. 2. (*agitat*) nervous, restive, restless, fretful, uneasy, troubled: *somn* ~ uneasy sleep. # **~or** unquieting, distressing.
nelipsit *adj.* ubiquitous.
nelocuit *adj.* 1. uninhabited. 2. (*d. o casă*) empty, desolate. 3. (*d. o regiune*) unsettled.
neloial *adj.* unfair, unfaithful, faithless, untrue.
nemaipomenit *adj.* extraordinary, matchless, special, outstanding, *fam.* terrific. # ~ *de* desperately, monumentally, unusually, *fam.* super.
nemaivăzut *adj.* outlandish.
nemărginit *adj.* 1. boundless. 2. *fig.* unrestrained.
nemăritată *adj. f.* unmarried.
nemăsurat *adj. fig.* unbounded.
nemâncat *adj.* 1. uneaten: *mâncare ~ă* uneaten food. 2. (*d. cineva*) hungry, foodless.

nemeritat *adj.* undue, undeserved.
nemernic *sm.* cad, creep, dirty dog, miscreant, *fam.* rotter, *sl.* toehold, *amer.* jerk.
nemijlocit *adj.* direct.
nemilos *adj.* **1.** pitiless, cruel, relentless, cutthroat, merciless, ruthless, heartless, uncharitable, remorseless, devoid of pity. **2.** (*d. o critică*) cutting.
nemişcat *adj.* motionless, unstirred, steady, stock-still.
nemțesc *adj.* German.
nemulțumi *vt.* to dismay, to disappoint. # **~tor** disappointing.
nemulțumire *sf.* **1.** displeasure, complaint, dissatisfaction, grievance, gripe, discontent. **2.** (*protest*) remonstrance, murmur, quibble. **3.** (*stare de*) discomfort. # *murmur de ~* grumble; *motiv de ~* quarrel.
nemulțumit **I.** *sm.* grumbler, malcontent. **II.** *adj.* dissatisfied, resentful, disaffected, discontented, displeased. # **~or** unsatisfactory.
nemurire *sf.* immortality.
nemuritor *adj.* deathless, immortal.
nenatural *adj.* **1.** (*afectat*) stilted, studied. **2.** (*forțat*) contrived.
nenăscut *adj.* unborn.
nene *sm. fam.* uncle.
nenoroc *sn.* bad luck. # **~os** unlucky.
nenoroci *vt.* (*distruge*) to ruin. # **~re** misfortune, blight, blow, extremity; *din ~re* unfortunately.
nenorocit *adj.* **1.** (*necăjit*) miserable, poor. **2.** (*d. o situație*) unfortunate, pitiable. **3.** (*nefericit*) wretched, unhappy.
nenumărat *adj.* **1.** countless, numberless, without number, umpteen. **2.** *pl.* a great many. # *de ~e ori* heaps of time, umpteen times.
neobişnuit *adj.* **1.** (*ieşit din comun*) uncommon, offbeat, inordinate, singular, unwonted, unusual, *fam.* way-out. **2.** (*ciudat*) odd, out, unusual, strange, peculiar. **3.** (**să**) unaccustomed (to). **4.** (**cu**) unused (to). # *~ de* wonderfully, excessively.
neobosit *adj.* tireless, energetic, unabated, unrelenting, indefatigable, untiring.
neobrăzare *sf.* sauce.
neobrăzat *adj.* audacious, shameless, saucy, rude, cheeky, bold.
neobservat *adj.* unobserved undetected, unnoticed, unobtrusive, inconspicuous. # *a rămâne ~* to remain in the background.
neocupat *adj.* **1.** (*spațiu*) void, blank. **2.** (*d. un loc, o casă*) vacant, free.
neofalină *sf.* benzine.
neoficial *adj.* **1.** informal, officious. **2.** *jur.* unofficial. **3.** (*d. o ştire*) off the record, unconfirmed.
neofit *sm.* neophyte.
neologism *sn.* neologism.
neon *sn.* neon.
neonorat *adj.* (*d. o plată*) unsettled.
neorânduială *sf.* mess, disorder, disarray, litter, muddle.
neostoit *adj.* unrelieved.
nepărtinitor *adj.* impartial, neutral, unbiased, detached, balanced, righteous.

nepăsare *sf.* carelessness, insouciance, unconcern.

nepăsător *adj.* **1.** neglectful, lackadaisical, unthoughtful, unsympathetic, heedless, uncaring, matter-of-fact. **2.** (*delăsător*) negligent, supine. **3.** indifferent, careless, thoughtless.

nepătat *adj.* **1.** unspotted, untainted. **2.** (*pur*) clean. **3.** *fig.* unblemished, untainted. **4.** (*d. reputație*) undamaged.

nepătruns *adj.* # *de* ~ (*și fig.*) impenetrable, impervious.

nepedepsit *adj.* unpunished, scot-free.

nepericulos *adj.* safe: *distanță nepericuloasă* safe distance.

nepermis *adj.* forbidden.

nepieritor *adj.* perpetual, everlasting.

neplată *sf.* insolvency, non-payment.

neplăcere *sf.* **1.** (*stare de*) discomfort, dissatisfaction. **2.** (*necaz*) nuisance, trouble.

neplăcut *adj.* **1.** disagreeable, ugly, offensive, painful, bad, unappealing, unpleasant: *vești ~e* bad news. **2.** (*regretabil*) regrettable, unfortunate. **3.** (*d. miros*) nasty, obnoxious. **4.** (*la gust*) unpalatable. **5.** (*d. o problemă*) noxious. # ~ *și puternic* (*d. miros*) ripe.

nepoată *sf.* **1.** (*de frate, soră*) niece. **2.** (*de bunici*) granddaughter.

nepoftit **I.** *sm.* intruder. **II.** *adj.* uninvited.

nepoliticos *adj.* impolite, discourteous, uncivil, rude.

nepoluat *adj.* unpolluted.

nepopular *adj.* **1.** (*d. cineva*) out of favour. **2.** (*d. o măsură*) unpopular.

nepot *sm.* **1.** (*de unchi/mătușă*) nephew. **2.** (*de bunici*) grandson, grandchild.

nepotolit *adj.* (*d. sete*) unquenched.

nepotrivire *sf.* discrepancy, disparity, incongruity.

nepotrivit *adj.* **1.** unfit, inadequate, unsuitable, unseemly, mismatched, improper, wrong, inappropriate: *la o oră ~ă* at the wrong time. **2.** (*inadecvat*) unbecoming, inapt, facetious, off-putting, misplaced. # *lucru* ~ misfit.

neprecizat *adj.* indefinite.

neprefăcut *adj.* (*d. un aliment*) unadulterated.

nepregătit *adj.* **1.** (*improvizat*) unprepared, impromptu. **2.** (*d. elev*) weak.

neprelucrat *adj.* crude, raw, rough.

nepreparat *adj.* raw.

nepretențios *adj.* **1.** (*simplu*) homely, uncomplicated, simple. **2.** (*d. cineva*) unpretentious.

neprețuit *adj.* priceless, inestimable, invaluable.

neprevăzător *adj.* improvident.

neprevăzut *adj.* fortuitous, contingent, unannounced, unanticipated, unforeseen, unexpected, unscheduled, unlooked-for, inadvertent: *ședință ~ă* fortuitous meeting. # *situație ~ă* contingency.

nepricepere *sf.* **1.** inability. **2.** lack of understanding.

nepriceput *sm.* bungler.
neprielnic *adj.* adverse, unfavourable, unpropitious.
neprihănire *sf.* chastity, purity.
neprihănit *adj.* chaste, clean, pure, sinless.
neprimitor *adj.* unwelcoming.
neprotejat *adj.* (*d. o relație sexuală*) unprotected.
neprotocolar *adj.* informal, free-and-easy.
nepublicat *adj.* unpublished.
neputincios *adj.* powerless, infirm.
neputință *sf.* **1.** disability. **2.** impotence.
nerambursabil *adj. ec.* irredeemable.
nerăbdare *sf.* impatience, anticipation, itch. # *a arde de ~* to itch.
nerăbdător *adj.* **1.** impatient, agog, anxious, expectant. **2.** (**să**) eager (to), keen (on).
nerăsfățat *adj.* unspoiled.
nerealist *adj.* unreal.
nerealizat *adj.* (*d. o speranță*) unfulfilled.
nerecunoscător *adj.* ungrateful, thankless.
nerecunoscut *adj.* unacknowledged. # *de ~* beyond recognition, unrecognizable.
nerecunoștință *sf.* ingratitude.
nerecuperat *adj.* # *de ~* irredeemable.
neregularitate *sf.* irregularity.
neregulat *adj.* **1.** irregular, erratic: *mese ~e* irregular meals. **2.** (*d. puls*) uneven. **3.** (*d. verb*) irregular.
neregulă *sf.* # *în ~* amiss, wrong: *ce e în ~?* what's amiss?
nerentabil *adj.* unprofitable, uneconomic.
nerespectare *sf.* non-compliance. # *~ a legii* defiance of the law.
nerespectuos *adj.* irreverent.
nereușit *adj.* unsuccessful, wasted: *vacanță ~ă* wasted vacation.
nereușită *sf.* miscarriage, miss, fail(ure), *fam.* damp squib, washout.
nerevendicat *adj.* unclaimed.
nerezistent *adj.* weak.
nerezolvat *adj.* unsettled, pending.
nerod *sm.* fool, simpleton, blockhead, *fam.* ninny.
neroditor *adj.* (*d. pământ*) barren.
nerozie *sf.* stupidity, (tom)foolery.
nerușinare *sf.* impudence, impertinence, nerve, brass, cheek.
nerușinat *adj.* shameless, impudent, brazen, unashamed, barefaced, blatant.
nerv *sm.* **1.** *anat.* nerve. **2.** *pl.* tantrums, nerves. # *plin de ~i* edgy; *a călca pe ~i* to frustrate, to jangle. # *un pachet de ~i* a nervous wreck.
nervos *adj.* nervous, jumpy, restive, twitchy, *fam.* nervy, fidgety, on edge, jittery, uptight, strung-up: *sistemul ~* the nervous system; *depresiune nervoasă* nervous breakdown.
nervozitate *sf.* nervousness, *fam.* twitter(ation).
nervură *sf. bot.* vein, rib.
nesatisfăcător *adj.* unsatisfactory.
nesatisfăcut *adj.* unsatisfied, dissatisfied.

nesaț *sn.* appetite, greediness. # *cu* ~ thirstily.
nesăbuință *sf.* recklessness, foolery.
nesăbuit *adj.* reckless, inconsiderate, incautious, foolhardy, rash: *acțiune ~ă* reckless action. # *persoană ~ă* harum-scarum.
nesănătos *adj.* **1.** unhealthy, unsound, *fam.* dicky: ~ *la minte* of unsound mind. **2.** (*d. un aliment etc.*) unwholesome.
nesărat *adj.* **1.** unsalted. **2.** (*d. cineva*) boring, insipid. **3.** (*d. un banc*) flat.
nesătul *adj.* insatiable.
nesățios *adj.* insatiable.
neschimbat *adj.* unchanged, unaltered, changeless, invariable.
nesemnificativ *adj.* insignificant, irrelevant, slight, trivial, meaningless, minimal, small: *schimbare ~ă* slight change.
neserios *adj.* frivolous, unreliable, flippant.
neseriozitate *sf.* frivolity, levity.
nesfârşit *adj.* endless.
nesigur *adj.* **1.** insecure, unsafe, unsure, precarious. **2.** (*incert*) doubtful, uncertain, tentative, up in the air, improbable. **3.** (*nehotărât*) uncertain, faltering, hesitating. **4.** (*în mişcări*) unsteady. **5.** (*pe picioare*) shaky, wobbly. **6.** (*d. voce*) quavery. **7.** (*şi periculos*) treacherous. **8.** (*instabil*) unsettled. # **~anță** uncertainty, incertitude.
nesilit *adj.* unconstrained.
nesimțire *sf.* **1.** shamelessness. **2.** (*leşin*) swoon.
nesimțit *adj.* insensitive, callous, thick-skinned, shameless. # **~or** senseless, hard-hearted; *pe ~e* unawares.
nesincer *adj.* insincere, devious, hollow.
nesociabil *adj.* unsociable.
nesocoti *vt.* **1.** (*ignora*) to ignore, to overlook. **2.** (*o lege*) to contravene, to encroach on. # **~re** (*a unei legi*) contravention; **~t** thoughtless, incautious, inconsiderate; *a ~ regulile* to break/ bend the rules.
nesomn *sn.* insomnia. # *de* ~ wakeful.
nestabil *adj.* **1.** (*d. un scaun*) shaky. **2.** *fig.* unstable. # **~itate** instability.
nestatornic *adj.* fickle, inconstant. # **~ie** inconstancy.
nestăpânit *adj.* **1.** compulsive, heady, intemperate, irrepressible, *fam.* trigger-happy. **2.** (*d. elementele naturii*) elemental.
nestăvilit *adj.* rampant: *corupție de* ~ rampant corruption.
nestânjenit *adj.* unchallenged.
nestemată *sf.* gem. # *piatră* ~ precious stone.
nestingherit *adj.* unhindered, unimpeded.
nesuferit I. *sm.* wretch, *fam.* killjoy, sourpuss, squirt, stinker, twerp, nerd, *sl.* tosser. *amer. sl.* fink. **II.** *adj.* **1.** repulsive, hateful, repellent. **2.** (*d. cineva*) disagreeable, unbearable, obnoxious.
nesuportat *adj.* # *de* ~ unbearable.

nesupravegheat *adj.* unattended, uncared for.
nesupunere *sf.* disobedience, noncompliance.
nesupus *adj.* insubordinate, rebellious, turbulent, refractory.
neşansă *sf.* mischance, misfortune, bad luck, misadventure.
neşters *adj.* # *de* ~ indelible.
neştirbit *adj.* intact.
neştiut *adj.* unacknowledged, unbeknown. # **~or** ignorant.
net *adj.* **1**. net, gross: *profit* ~ net profit. **2**. (*clar*) decided, decisive. **3**. *ec.* clear.
netăiat *adj.* uncut.
neted *adj.* level, even, flat, smooth.
netemeinicie *sf.* invalidity.
neterminat *adj.* **1**. unfinished, incomplete, uncompleted. **2**. (*d. o treabă*) undone.
netezi *vt.* **1**. (*şi fig.*) to smooth(en). **2**. (*o margine*) to edge. **3**. (*mângâia*) to stroke.
neto *adv.* net.
netot **I**. *sm.* simpleton, *fam.* goof. **II**. *adj.* stupid.
netrebnic **I**. *sm.* villain, cad. **II**. *adj.* base.
netulburat *adj. fig.* unperturbed, unruffled.
neuitat *adj.* # *de* ~ unforgettable.
neuniform *adj.* uneven, irregular.
neurastenie *sf.* neurasthenia.
neurolog *sm.* neurologist. # **~ie** neurology.
neutilizat *adj.* unused.
neutralitate *sf.* neutrality.
neutraliza *vt.* to neutralize, to counteract.
neutru *adj.* **1**. neutral, uncommitted: *ţară neutră* uncommitted country. **2**. *gram.* (*d. gen*) neuter.
nevastă *sf.* wife. # *de* ~ wifely; *a lua de* ~ to marry; *m-a cerut de* ~ he proposed to me, *fam.* he popped the question to me.
nevăstuică *sf. zool.* weasel.
nevătămat *adj.* unharmed, unhurt, untouched, unscathed, uninjured, safe, scot-free: *e* ~ he's safe and sound.
nevăzător *adj.* unseeing, sightless. # *~ii* the blind.
nevăzut *adj.* unseen. # *a se face* ~ to disappear, to melt away, *fam.* to make oneself scarce.
neverosimil *adj.* unbelievable, incredible: *relatare ~ă* unbelievable account.
nevertebrat *adj.* spineless.
nevinovat *adj.* **1**. innocent, blameless, guiltless, scot-free. **2**. (*d. un acuzat*) unguilty.
nevinovăţie *sf.* innocence. # *a dovedi nevinovăţia* (*cuiva*) to vindicate.
nevoiaş **I**. *sm.* miser, pauper, pinchpenny. **II**. *adj.* destitute, needy, penniless, poor, poverty-stricken.
nevoie *sf.* **1**. emergency, need: *nu e ~ de violenţă* there is no need for violence. **2**. (*nenorocire*) misfortune, trouble, distress. **3**. *pl.* wants. # *a avea ~ de* to need, to want: *am ~ de tine* I need you; *dacă este* ~ if necessary; *la* ~ in case of necessity/need, if need be; *a-şi face nevoie* to relieve oneself.

nevoit *adj.* obliged.
nevralgic *adj.* neuralgic.
nevralgie *sf. med.* neuralgia.
nevricos *adj.* irritable, high(ly)-strung, *fam.* strung-up.
nevrotic *adj.* neurotic.
nevroză *sf.* neurosis.
nezdruncinat *adj.* # *de ~* (*ferm*) steadfast, unflinching.
nicăieri *adv.* nowhere, no place.
nichel *sn.* nickel. # **a ~a** to nickel.
nici I. *adv.* **1.** neither: *„Nu-mi place filmul.“ „Nici mie.“* “I don’t like the film.” “Neither do I.” **2.** (*în propoziții negative*) either. **II.** *conj.* nor, neither: *~ bun ~ rău* neither good nor bad. # *~ un/o* no, any, neither, whatever: *~ un copil* no child; *sub ~ un motiv* in no case; *~ unul/una* none, neither: *~ unul dintre ei* neither/none of them.
nicicând *adv.* never.
nicicum *adv.* in no way/case, noways, nowise.
nicidecum *adv.* not at all, not in the least.
niciodată *adv.* never, ever: *să nu mai spui asta ~* never ever say it again.
nicotină *sf.* nicotine.
nicovală *sf.* anvil. # *între ciocan și ~* between hammer and anvil; between a rock and a hard place.
nimb *sn.* nimbus, halo, ring.
nimbus *sm.* nimbus.
nimeni I. *sm.* nonentity. **II.** *pron.* nobody, none, no one: *~ în afară de el* none but he; *absolut ~* none at all; *~ altcineva* nobody else.
nimereală *sf.* # *la ~* hit-or-miss, at a guess, at random.
nimeri I. *vt.* (*ținta*) to hit. **II.** *vr.* to happen to be. # *a nu ~* (*ținta*) to miss (the target).
nimerit *adj.* suited, proper, opportune, convenient, fit.
nimfă *sf.* **1.** (*și fig.*) nymph. **2.** (*la insecte*) cocoon.
nimfomană *sf.* nymphomaniac.
nimic I. *sn.* **1.** nought, naught, nil, *fam.* zilch: *un om de ~* a man of naught. **2.** (*fleac*) trifle. **3.** (*un nimeni*) nonentity, nobody. **4.** *pl.* odds and ends, trivia(lities), sundries. **II.** *pron.* nothing, none, *fam.* nowt. # **~nicie** nothingness; *~a-toată* (*ușor*) *fam.* push-over, piece of cake; *de ~* good for nothing, *fam.* naff, *amer. fam.* two-bit; *lucru de ~ fam.* rubbish; *care nu face ~* inactive, idle; *absolut ~* not a bit of it, not a thing, *fam.* not a sausage; *de ~* worthless, futile, *sl.* crappy, jerk water, shit; *cu ~ mai puțin/prejos* none the less; *pentru ~ în lume* not for the world, *fam.* not for all the tea in China; *bun de ~* (*d. cineva*) worthless, *amer.* no-account; *~ nu se compară cu* there’s nothing like; (*a cumpăra*) *pe ~ fam.* for a song; *pentru ~!* you’re welcome!, not at all!, think nothing of it!; *nu-i ~!* never mind!; *nu face ~!* think nothing of it!
nimici *vt.* **1.** to destroy, to raze, to devastate. **2.** to kill. # **~re** ruin, destruction; **~t** destroyed, in shreds; **~tor** destructive.

nimicnicie *sf.* nothingness.
ninge *vi.* to snow.
ninsoare *sf.* snowfall.
nipon *adj.* Nippon.
nirvana *sf.* nirvana.
nisetru *sm.* sturgeon.
nisip *sn.* sand: *~uri mişcătoare* shifting/quick sands. # **~os** sandy; *banc de ~* shoal; *fir de ~* pebble; *castel de ~* sand castle; *furtună de ~* sandstorm.
nişă *sf.* niche, recess, bay, alcove.
nişte *adj.* some, any: *~ copii* some children; *doriţi ~ cafea*? would you like some coffee?
nit *sn.* bolt, nail, rivet. # **a ~ui** to rivet.
niţel I. *adj.* (a) little. II. *adv.* slightly.
nivel *sn.* 1. (*şi fig.*) level: *la ~ul ochiului* at eye level; *pasaj la ~* level crossing. 2. grade, pitch, plane, standard: *la cel mai înalt ~* to the highest pitch; *~ de performanţă* plane of achievement; *~ de trai* standard of living. 3. (*etaj*) stor(e)y, tier. 4. (*stadiu*) stage. # *la acelaşi ~ cu* flush (with); *la ~ul* (*de calitate*) *dorit* up to scratch; *la ~ul cel mai scăzut* (*d. preţ etc.*) at rock bottom.
nivela *vt.* 1. to flatten. 2. (*uniformiza*) to level.
nivelă *sf. tehn.* (spirit) level.
noapte *sf.* night: *~ albă* sleepless night; *~ bună*! good night! # **~a** at night, nights; *miez de ~* midnight; *peste ~* overnight; *la ~* tonight; *cu ~a-n cap* at an early hour.
nobil I. *sm.* noble(man), peer. II. *adj.* noble, genteel, whorthy, dignified, gentle: *viţă ~ă fig.* gentle blood; *o cauză ~ă* a whorthy cause. # **~ă** peeress; **~ime** nobility, peerage, gentry.
nobleţe *sf.* nobility.
nociv *adj.* noisome, noxious, pernicious, poisonous, toxic, deleterious. # **~itate** noxiousness.
noctambul *sm.* sleep walker.
nocturn *adj.* nocturnal.
nod *sn.* 1. knot, kink. 2. (*în gât*) lump. 3. (*de cale ferată*) junction. 4. (*la copac*) knob, knot. 5. (*la cravată*) loop. 6. *mat., el., bot.* node. 7. *nav.* knot (= 1852 m).
nodul *sn. med.* nodule, node, knot.
noduros *adj.* 1. knotty. 2. (*d. copaci*) gnarled.
noi *pron.* we. # *nouă, pe ~* us; *ne* us, ourselves: *hai să ne distrăm* let's enjoy ourselves; *~ înşine, chiar ~* ourselves; *spune-ne* tell us.
noian *sn.* multitude, mass.
noiembrie *sm.* November.
nomad I. *sm.* nomad, migrant. II. *adj.* travelling, wandering.
nomenclator *sn.* schedule.
nomenclatură *sf.* nomenclature.
nominal *adj.* nominal. # **a ~iza** to (de)nominate.
nominativ *sn. gram.* nominative.
nonconformist *sm.* nonconformist, nonconformer, maverick.
nonsens *sn.* nonsense, absurdity, *amer.* trash.
nonstop *adj.*, *adv.* nonstop, round-the-clock.

nonşalant *adj.* nonchalant, casual, debonair.

nonşalanţă *sf.* ease, abandon, panache.

noptieră *sf.* night stand.

nor *sm.* **1**. (*şi fig.*) cloud: *~i amenințători* angry clouds. **2**. (*de praf etc.*) pall. **3**. (*de lăcuste*) swarm. # **~os** cloudy, overcast; *rupere de ~i* cloudburst.

noră *sf.* daughter-in-law.

nord *sn.* north: *la ~ de* to the north of; *malul de ~* the north bank. # **~ic** northern, northerly, Nordic; **~-est** north-east; **~-estic** north-eastern; **~-vest** north-west; **~-vestic** north-western; *spre ~* north(wards); *de ~* north(ern); *dinspre ~* northerly; *care duce spre ~* northbound.

normal I. *adj.* **1**. normal, typical, average. **2**. (*firesc*) natural. **3**. (*d. vreme*) seasonably. **4**. (*obişnuit*) ordinary. **II**. *adv.* naturally: *vorbeşte ~* speak naturally. # **~itate** normality, normalcy; **a (se) ~iza** to normalize; **~izare** normalization; *în mod ~* normally, ordinarily, typically.

normală *sf. mat.* normal.

normă *sf.* **1**. (*regulă*) norm, rule, code, law. **2**. (*principiu*) precept. **3**. (*de lucru*) workload.

noroc I. *sn.* (good) luck, fortune, coup, hazard: *a-şi forţa ~ul* to press/push one's luck. **II**. *interj.* (*la ciocnit pahare*) cheers! # **~os** lucky, fortunate; *fără ~* luckless; *a-şi încerca ~ul* to have a fling, to try one's fortune, to have a tilt; *la ~* on the chance, *fam.* on spec; *un mare ~* a stroke of luck.

norod *sn.* people.

noroi *sn.* **1**. mire, mud, sludge. **2**. (*mocirlă*) dirt, *fam.* muck. # **~os** muddy; *a mânji cu ~* to mire; *plin de ~* muddy; *a împroşca cu ~ fig. fam.* to sling ink; *împroşcare cu ~ fig.* mud-slinging.

norvegian *sm., adj.* Norwegian. # *limba ~ă* Norwegian.

nostalgic *adj.* nostalgic, wistful, melancholy.

nostalgie *sf.* nostalgia, longing, hankering. # *cu ~* wistfully.

nostim *adj.* **1**. droll, funny: *partea ~ă* the funny side. **2**. (*d. ceva*) pert, jaunty.

nostru, noastră, noştri, noastre *adj.* our: *copilul nostru* our son. # *al nostru, a noastră, ai noştri, ale noastre* ours; *numai al nostru* to ourselves.

nota *vt.* **1**. to note (down), to record, to jot, to putdown. **2**. (*un nume*) to take. **3**. (*o adresă etc.*) to take down. **4**. (*un elev*) to mark. # **~re** notation; **~bil** notable; *a ~ în grabă* to scribble.

notabil *adj.* notable.

notar *sm.* notary, registrar. # **~iat** notary office.

notă *sf.* **1**. (*însemnare*) note, record. **2**. (*calificativ*) mark: *nota de trecere* the pass mark. **3**. *muz.* note. **4**. (*scrisă*) report, memorandum. **5**. (*minută*) minute. **6**. (*de plată*) bill, *amer.* check: *a achita nota de plată* to foot the bill. **7**. (*de trecere la un examen*) pass. **8**. (*de subsol*) footnote. # *a lua ~ de* to take into account; *a forța nota* to overdo; *~ întreagă muz.* semibreve, *amer.* whole note.

notes *sn.* scratch pad.

notifica *vt.* to notify. # **~re** warning, notice, notification.

notiță *sf.* **1**. note, minute: *a lua notițe* to take notes. **2**. *pl.* jottings.

notorietate *sf.* notoriety.

notoriu *adj.* notorious, well-known.

noțiune *sf.* notion.

nou *adj.* **1**. new, novel, recent, up-to-date: *mașina mea cea ~ă* my new car. **2**. (*proaspăt*) fresh. **3**. (*inedit*) original. **4**. (*d. vin*) unseasoned. # *din ~* (yet) again, anew, over: *numără-i din ~* count them over; *ca ~* pristine; *~-nouț* brand-new; *~-născut* newborn; *~-venit* newcomer; *destul de ~* newish; *a face ca ~* to furbish.

nouă *num.* nine. # **~sprezece** nineteen; **~zeci** ninety; *al ~lea, a noua* ninth.

noutate *sf.* **1**. novelty. **2**. news: *nu-i o ~* that's no news.

novator **I**. *sm.* trendsetter. **II**. *adj.* creative, inovating.

novice *sm.* novice, neophyte, tyro, green, *amer. fam.* tenderfoot.

nu *adv.* **1**. no. **2**. (*negativul verbelor*) not: *~ (prea)* not really; *~ e frig* it's not cold; *~ e acasă* he's not in. # *~ știu* I don't know; (*ca*) *să ~* lest: *îmi era teamă să ~ cadă* I feared lest he should fall.

nuanța *vt.* to tinge.

nuanță *sf.* **1**. hue, tinge, cast, touch, undertone. **2**. (*de culoare*) shade, tint, tone.

nuc *sm.* **1**. walnut. **2**. (*din America*) hickory. # *lemn de ~* walnut.

nucă *sf.* (wal)nut. # *~ de cocos* coconut.

nuclear *adj.* nuclear.

nucleu *sn.* (*și fig.*) nucleus.

nucșoară *sf.* nutmeg.

nud *sn., adj.* nude. # **~ist** nudist, naturist; **~ism** nudism; **~itate** nudity.

nufăr *sm.* water lily. # *frunză de ~* lily pad.

nuia *sf.* stick, twig, cane, rod, switch. # *nuiele împletite* (*pentru gard*) wattle; *din nuiele* wicker.

nul *adj.* null, void, invalid. # **~itate** nullity, nobody, nonentity, *fam.* also-ran; *meci ~* draw.

nulă *sf.* zero, nil.

numai *adv.* only, but, just, alone, merely, solely, exclusively, simply, nothing but, little more than: *~ ea îl credea* she alone believed him; *~ o singură dată* just once; *~ am observat că* I simply observed that; *~ că* the only thing is, *fam.* only; *~ dacă* only if; *nu ~... ci și...* not only... but also...; *~ (și ~) pentru mine* for my very own. # ~ (și ~) purely.

numaidecât *adv.* immediately, at once, right away.

număr *sn.* **1**. number, numeral; *~ de telefon* phone number; *~ (de telefon) greșit* wrong number; *~ mare de* large/sheer number of; ~ *par/impar* even/odd number; ~ *prim* prime number; ~ *întreg* whole number; ~ *de ordine* serial number; *plăcuță cu ~ de înmatriculare auto* number plate. **2**. (*cifră*) digit, figure. **3**. (*la pantof*) size. # ~ *de înmatriculare auto amer*. license; *a forma un ~* (*la telefon*) to dial; *în ~ mic fam*. thin on the ground; *în ~ mare fam*. thick on the ground.

număra I. *vt*. to count, to number. **II**. *vi*. to count, to reckon. **III**. *vr*. (**printre**) to number (among).

numărătoare *sf*. count: ~ *inversă* (*în secunde*) countdown.

numărător *sm*. *mat*. numerator.

nu-mă-uita *sf*. *bot*. forget-me-not.

nume *sn*. **1**. name, *sl*. moniker: *numai cu ~le* in all but name; *cu ~le de* by the name of; *sub ~le de* under the name of. **2**. (*de familie*) surname, family/last name. **3**. (*de botez/mic*) Christian/first name. **4**. (*de fată*) maiden name. # *a da un ~ la fam*. to christen; *în ~le* (*cuiva*) in/on behalf of; *fără ~* nameless; *şef numai cu ~le* the nominal leader.

numeral *sn*. numeral: ~ *ordinal* ordinal (numeral).

numerar *sn*. (hard) cash: *în ~* in cash; *avans în ~* cash in advance; *plată în ~* cash payment; *a schimba în ~* to cash.

numeric *adj*. numerical.

numeros *adj*. numerous. # *foarte ~* multitudinous: *rude foarte numeroase* multitudinous relatives.

numerota *vt*. to number.

numi I. *vt*. **1**. (*chema*) to name, to call. **2**. (*denumi*) to term, to dub. **3**. (*eticheta*) to qualify. **4**. (*menționa*) to quote. **5**. (*în funcție*) to name, to appoint, to nominate, to commission. **II**. *vr*. to be called/named. # **~re** (*într-un post*) appointment, nomination.

numismat *sm*. numismatist. # **~ică** numismatics; **~ic** numismatic.

numit *adj*. **1**. named, called. **2**. (*în post*) appointed.

numitor *sn*. *mat*. denominator.

nuntă *sf*. marriage, wedding (reception), nuptials. # ~ *de argint* silver jubilee/wedding, *amer*. silver anniversary.

nupțial *adj*. nuptial.

nurcă *sf*. mink: *blană de ~* mink.

nuri *sm*. *pl*. sex appeal, looks.

nutreț *sn*. fodder, silage, forage, chaff.

nutri *vt*. **1**. (*un sentiment*) to foster, to cherish, to nurse, to nurture. **2**. (*o speranță*) to harbour, to nourish.

nutrie *sf*. *zool*. nutria, coypu.

nutritiv *adj*. nourishing, nutritious, nutritive, nutritional. # *substanță ~ă* nutrient.

nutriție *sf*. nutrition. # *de ~* nutritional.

nuvelă *sf*. novella, short story.

O

o I. *art. nehot.* a, an: *o casă* a house; *o oră* an hour. II. *pron.* her, it: *am iubit-o* I loved her; *am citit-o* I (have) read it. III. *num.* one. # *o* (*oarecare*) some: *văd o* (*oarecare*) *schimbare la el* I see some change in him.

oac *interj.* croak!

oacheş *adj.* swarthy.

oaie *sf.* sheep, ewe. # *blană de ~* fleece, sheepskin; *carne de ~* mutton; *a o face de ~ fam.* to slip up.

oală *sf.* 1. pot. 2. (*cu coadă*) pan. 3. (*sub presiune*) steamer, pressure cooker.

oară *sf.* time, once: *prima ~* the first time; *ultima ~* last time; *de multe ori* many times.

oare *adv.* really? # *cine ~*? whoever?

oarecare I. *sm.* nobody. II. *adj.* 1. certain, nondescript, some, one, such-and-such: *am vorbit cu un ~ domn Pop* I spoke to one Mr. Pop. 2. (*mediocru*) ordinary.

oarecum *adv.* in a way, somehow, rather, *fam.* kind of.

oaspete *sm.* 1. guest, visitor. 2. *pl.* people.

oaste *sf.* army.

oază *sf.* (*şi fig.*) oasis.

obârşie *sf.* 1. origin, extraction, lineage. 2. (*provenienţă*) stock.

obedient *adj.* obedient, yielding, pliable, (com)pliant.

obedienţă *sf.* obedience.

obelisc *sn.* obelisk, pillar.

oberliht *sn.* transom.

obez I. *sm.* obese. II. *adj.* obese, fat, overfed, overweight. # **~itate** obesity, corpulence.

obicei *sn.* 1. custom, usage, convention, ritual: *~ al locului* local custom. 2. (*obişnuinţă*) habit, way, fashion, tendency, wont: *~urile britanice* the British ways; *a te lăsa de ~ul de a fuma* to kick the habit of smoking. 3. (*nărav*) bad habit, trick. # *de ~* usually, habitually, generally, commonly, mostly, normally, as often as not, ordinarily; *ca de ~* as usual; *mai târziu decât de ~* later than usual.

obiect *sn.* 1. object, thing. 2. (*de îmbrăcăminte*) article. 3. *pl.* effects. 4. (*scop*) aim. # *~ de uz casnic* (fix) fixture; *la ~* to the point.

obidi *vt.* to oppress. # **~t** oppressed.

obiecta *vt.* to object, to reproach.

obiectiv I. *sn.* 1. (*scop*) object(ive), purpose, aim. 2. *mil.* target.

3. (*din programul partidului*) *pol.* plank. 4. (*lentilă*) lens. II. *adj.* objective, real, unbias(s)ed: *realitatea ~ă* the objective reality.

obiectivitate *sf.* 1. objectivity. 2. impartiality.

obiecție *sf.* objection, query, quibble. # *a face obiecții* to quibble.

obişnui I. *vt.* 1. (**să**) to use (to), to habit (to). 2. (**cu**) to accustom (to), to habit (to). II. *vr.* 1. to readjust. 2. (**cu**) to accustom oneself (to), to put up (with). # *după cum ~a* as was her wont.

obişnuință *sf.* habit(ude), wont, routine: *a-i intra în ~ să* to make a habit of; *din ~* out of habit; *o chestiune de ~* a matter of routine.

obişnuit *adj.* 1. normal, customary, typical, common(place), trivial. 2. (*uzual*) usual, habitual, current, everyday, regular, quotidian, workaday, routine: *la ora ~ă* at the usual hour. 3. (*d. un obiect*) common, ordinary. # *~ să (mănânce etc.)* used to (eating etc.); *în mod ~* typically, usually.

oblăduire *sf.* protection, umbrella.

oblic *adj.* oblique, slant, sloping.

obliga *vt.* to oblige, to coerce, to compel, to force. # **~ție** obligation, commitment, duty, responsibility; **~t** obliged, forced.

obligatoriu I. *adj.* obligatory, compulsory, mandatory. II. *adv.* necessarily.

obligație *sf.* 1. obligation, duty, engagement. 2. *ec.* bond.

obligațiune *sf. ec.* bond. # *~ la purtător* bearer bond.

oblon *sf.* (rolling) shutter.

oboi *sn. muz.* oboe.

obol *sn.* contribution, toll.

obor *sn.* 1. (*târg*) market. 2. (*ocol de vite*) fold.

oboseală *sf.* fatigue, tiredness, lassitude, distress, *fam.* frazzle. # *mort de ~* exhausted, *fam.* shattered, fagged-out.

obosi I. *vt.* to exhaust. II. *vi.* to fatigue, to tire, to flag. # **~tor** tiresome, wearisome, wearing, tiring, toilsome.

obosit *adj.* jaded, (dog-)tired, raddled, ragged. # *~ mort* dead tired, *sl.* shagged; *foarte ~* fagged/tired out, *fam.* dead beat.

obraz *sm.* cheek. # *de la ~* to smb.'s face.

obraznic *adj.* cheeky, rude, saucy, pert, impudent, defiant, *fam.* brassy. # *a fi ~ cu* to be impudent to, to cheek, *amer. fam.* to sass.

obrăznicătură *sf.* baggage.

obrăznici *vr.* to get cheeky/saucy. # **~e** impudence, cheek, nerve, *fam.* sauce, neck, *amer. fam.* sass. # *cu ~e* rudely.

obscen *adj.* 1. obscene, rude, filthy, prurient, ribald, salacious, scabrous, lewd, *fam.* naughty: *gest ~* rude gesture; *banc ~* naughty joke. 2. (*d. cuvinte etc.*) dirty. 3. (*d. limbaj*) foul, strong.

obscenitate *sf.* 1. obscenity, filth. 2. *pl.* ribaldries, *fam.* smut.

obscur *adj.* **1.** obscure, murky: *trecut ~* murky past. **2.** (*d. un actor etc.*) unknown. # **~itate** obscurity, darkness, murk; *cameră ~ă* dark room.

obseda *vt.* to obsess, to possess, to haunt. # **~t** crank (*sm.*); **~nt** obsessional, haunting, persistent; *gândul îl ~* the thought preyed on his mind.

observa *vt.* **1.** to observe, to notice, to mark. **2.** (*constata*) to perceive, to note, to register. **3.** (*cerceta*) to behold, to watch. **4.** (*vedea*) to see. **5.** (*exprima*) to mention, to remark. # **~re** observation, notice.

observator **I.** *sm.* observer. **II.** *sn.* (*astronomic*) observatory.

observație *sf.* **1.** (*obiecție*) objection, quibble. **2.** (*remarcă*) observation, remark. **3.** (*reproș*) reproach.

obsesie *sf.* obsession, fixation.

obsesiv *adj.* obsessive.

obstacol *sn.* obstacle, hindrance, hurdle: *cursa cu ~e* obstacle race.

obstetrică *sf.* obstetrics. # *~ și ginecologie fam.* ob-gyn.

obstetrician *sm.* obstetrician.

obstrucție *sf.* obstruction, bottleneck.

obstrucționa *vt.* **1.** to block, to hinder, to impede. **2.** (*un plan etc.*) to obstruct, *amer.* to filibuster. **3.** *pol.* to stonewall.

obstrucționare *sf.* **1.** obstruction. **2.** *jur.* bar.

obstrucționist *sm.* obstructionist, *amer.* filibusterer.

obște *sf.* community. # **~sc** public, common.

obtuz *adj.* **1.** (*și fig.*) obtuse. **2.** (*d. cineva*) narrow-minded, thick-headed.

obține *vt.* **1.** (*primi*) to obtain, to achieve, to attain, to receive, to get, to gain, to secure: *a ~ un contract* to secure a contract. **2.** (*câștiga*) to win. **3.** (*o victorie*) to notch up. **4.** (*prin vicleșug/șiretenie*) to wangle.

obuz *sn.* shell, shot.

ocară *sf.* **1.** insult, oath, abuse, curse. **2.** *pl.* names, ructions. # *vorbă de ~* swearing.

ocazie *sf.* occasion, chance, opportunity. # *cu prima ~* next time; *cu altă ~* some other time; *nu scăpa ocazia*! *fam.* jump to it!.

ocazional *adj.* occasional, casual, throwaway: *remarcă ~ă* throwaway remark.

ocărî *vt.* to call names.

occident *sn.* Occident, West. # **~al** occidental, western; **a ~aliza** to westernize.

ocean *sn.* ocean, main. # **~ic** oceanic; **~ografie** oceanography; (*situat*) *pe malul ~ului* oceanfront.

ocheadă *sf.* leer, peep. # *a trage ocheade* to leer.

ochean *sn.* field/spy glass.

ochelari *sm. pl.* **1.** spectacles, glasses, *fam.* specs. **2.** (*de soare*) sun-glasses, dark glasses, *fam.* shades. **3.** (*de protecție*) goggles.

ochi[1] **I.** *sm.* eye: *~ de sticlă* glass eye; *~ de cunoscător* practised eye; ~ *alunecoşi* wandering eyes; *a-şi da ~i peste cap* to roll one's eyes; *cu ~ul liber* with the naked eye. **II**. *sn*. **1**. (*verigă*) link. **2**. (*de plasă*) mesh. **3**. (*de geam*) pane. **4**. (*la tricotat*) stitch, loop, purl. **5**. *pl*. (*culinar*) poached eggs. # *a face cu ~ul* to wink; *bătător la ~* flashy, striking, blatant; *a sări în ~* to be obvious, to glare; *a da cu ~i de* to sight; *cu ~i mari* (*de uimire*) round-eyed; *cu ~i în patru* hawk-eyed; *între patru ~* privately; *a trage cu ~ul* to leer, to peek, (*la*) to ogle (at); *cu ~ de vultur* lynx-eyed; *aruncătură de ~* once-over; *a apărea în fața ~lor* to come into view; *a închide ~i la* to pander to; *cât ai clipi din ~* in a second/jiffy; *a măsura din ~ pe cineva* to take stock of smb.; *de ~i lumii* for show; *plin ~* brimful.

ochi[2] **I**. *vt*. to aim, to level (a gun) at. **II**. *vi*. to take aim.

ocnaş *sm*. jailer.

ocnă *sf*. **1**. (*de sare*) saline, salt mine. **2**. (*închisoare*) jail, prison.

ocol *sn*. **1**. round(about), detour: *a face un ~* to make a detour. **2**. (*țarc*) enclosure, pen, pound. **3**. (*de vite*) corral, stockyard. # *a face ~ul* (*unui loc*) to round.

ocoli *vt*. **1**. to round, to go around. **2**. (*un răspuns etc*.) to avoid, to evade. # **~tor** devious; **~t** (*d. un răspuns*) oblique; *pe ~te* obliquely.

ocolire *sf*. **1**. diversion, *amer. auto* detour. **2**. (*eschivare*) evasion, avoidance.

ocroti *vt*. **1**. to protect, to cocoon, to safeguard. **2**. (**de**) to shelter (from). **3**. (*păzi*) to guard. # **~re** protection, shelter, care, cover, keep; **~tor** protective.

ocru *adj*. ochre.

octavă *sf*. octave.

octombrie *sm*. October.

ocular *adj*. ocular.

oculist *sm*. oculist, eye doctor.

ocult *adj*. **1**. (*şi fig*.) occult. **2**. mysterious. # **~ist** occultist.

ocupa I. *vt*. **1**. (*cuceri*) to occupy, to conquer. **2**. (*un post, o cameră*) to fill. **3**. (*o funcție*) to serve. **4**. (*un loc*) to take. **II**. *vr*. (**de/cu**) to deal (with/in). # **~re** (*a unui post*) tenure; *a se ~ de ceva* to see to smth.

ocupat *adj*. **1**. occupied. **2**. (*cu ceva*) busy, at it. **3**. (*indisponibil*) unavailable, engaged. **4**. (*d. cineva*) busy, *fam*. pushed. **5**. (*d. telefon*) busy, engaged: *ton de ~* busy signal. # *foarte ~ fam*. on the trot.

ocupație *sf*. **1**. occupation, profession, trade, pursuit, job, business. **2**. (*îndeletnicire*) preoccupation. **3**. *mil*. occupation. **4**. (*plăcută*) pastime. # *fără ~* idle, out of a job; *~ secundară* bywork; *oameni fără ~* people of leisure.

odaie *sf*. room.

odată *adv*. **1**. once: *a fost ~* once there was; *~ pentru totdeauna* once and for all. **2**. (*în viitor*) someday. # *~ şi ~* sooner or later.

odă *sf.* ode.
odgon *sn.* stay, cable.
odihnă *sf.* 1. pause, rest, ease. 2. (*somn*) repose. 3. (*după masă*) forty winks.
odihni *vr.* to (take a) rest, to repose, to relax. # **~t** fresh; **~tor** restful, soothing.
odinioară *adv.* once, formerly. # *de ~* former, one-time, sometime.
odios *adj.* odious, monstrous, obnoxious, detestable, heinous.
odisee *sf.* odyssey.
odor *sn.* 1. (*giuvaier*) jewel. 2. (*copil*) mother's darling.
odraslă *sf.* offspring, progeny, *fam.* spawn.
of *interj.* oh!
ofensa *vt.* to offend, to affront, to vex, to outrage, to lacerate, to slight, to mortify, to pique, to hurt. # **~t** offended, vexed, piqued, resentful, *amer.* sore; **~tor** derogatory; *a ~ pe cineva* to ruffle smb.'s feathers; *a fi* (*foarte*) *~t de* to (deeply) resent smth.
ofensă *sf.* 1. offence, affront, outrage, slight, snub. 2. *jur.* tort.
ofensiv *adj.* offensive, aggressive.
ofensivă *sf.* 1. offensive, attack. 2. (*campanie*) crusade, campaign.
oferi I. *vt.* to offer, to afford, to give, to bestow, to present, to proffer, to hold forth: *a ~ plăcere* to afford pleasure. II. *vr.* 1. to offer. 2. (**să**) to volunteer (for). # **~re** presentation; *a-şi ~ serviciile* (*d. o prostituată*) to solicit; *i-am ~t o masă* I stood her a meal.
ofertant *sm.* offerer, tenderer.
ofertă *sf.* 1. offer, proposal, proposition. 2. *ec.* bid, tender: *~ de plată* tender of payment. # *a face o ~ pentru* to tender for; *~ şi cerere* supply and demand; *oferte de serviciu* situations vacant.
oficia *vt.* 1. to officiate. 2. (*o căsătorie etc.*) to solemnize.
oficial *adj.* official, legal, formal, state. # **~itate** official; **~ităţi** worthies.
oficiu *sn.* 1. office. 2. (*poştal*) post office. 3. (*de stare civilă*) register/ registry office.
ofili *vr.* to wither, to wilt, to fade, to shrivel. # **~t** (*d. plante*) withered.
ofiţer *sm.* 1. officer. 2. (*de stare civilă*) registrar. 3. (*superior*) *fam.* brasshat.
ofrandă *sf.* 1. sacrifice, offering. 2. (*omagiu*) homage.
ofsaid *sn. sport* offside.
ofta *vi.* 1. to sigh. 2. (**după**) to pine (for). # **~t** sob, sigh.
oftalmolog *sm.* ophtalmologist, eye doctor. # **~ie** ophtalmology.
oftica *vr. fig.* to flare up, to feel offended.
ofticos I. *sm.* consumptive person. II. *adj.* consumptive.
ogar *sm.* greyhound.
oglindă *sf.* mirror, looking glass, *fam.* glass: *~ retrovizoare* rear view mirror.
oglindi I. *vt.* (*şi fig.*) to mirror. II. *vr.* to reflect. # **~re** mirroring.
ogor *sn.* field, land.
ogradă *sf.* courtyard, farmyard, barn yarsd.

oişte *sf.* shaft.
ojă *sf.* nail polish/varnish. # *a da cu ~* to paint, to varnish.
olan *sn.* tile.
olandez **I**. *sm.* Dutchman. **II**. *adj.* Dutch. # *limba ~ă* Dutch.
olar *sm.* potter.
olărie, olărit *sf.*, *sn.* pottery.
olfactiv *adj.* olfactory.
oligarhie *sf.* oligarchy.
olimpiadă *sf.* Olympiad.
olimpic *adj.* Olympic.
oliță *sf. fam.* potty. # *a învăța* (*un copil*) *cu olița* to potty train.
oliv *adj.* olive.
olog **I**. *sm.* cripple. **II**. *adj.* crippled.
om *sm.* **1**. man: *drepturile ~ului* the rights of man. **2**. *pl.* people, folk(s): *oameni de la țară* country folk; *o mulțime de oameni* a lot of people. # **~uleț** manikin; *oameni grei fig.* top brass; *~ de lume fam.* swinger; *~ de rând* ordinary man, commoner; *~ de culoare* Negro; *~ de treabă fam.* sport; *~ de la țară* country cousin; *~ de nimic* bum, bad egg, *sl.* no-hoper, runt, *amer. fam.* trash; *~ cu carte* well-read man, *fam.* egghead; *~ al străzii* derelict; *~ul zilei* the man of the hour; the lion of the day; *oameni de nimic/jos* riff-raff; *~ul de pe stradă* the man in the street; *~ de lume* playboy; *~ de încredere* right-hand man; *tip de ~ fam.* sort: *nu e tipul de om care să se plângă* he's not the complaining sort.
omagia *vt.* (**pe**) to pay homage (to), to remember. # **~l** laudatory.
omagiu *sn.* **1**. homage, obeisance. **2**. *pl.* respects: *omagiile mele*! my respects!
ombilic *sn.* navel.
omăt *sn.* snow.
omenesc *adj.* human, earthly. # *neamul ~* humankind, humanity.
omenește *adv.* **1**. humanly. **2**. (*cum se cuvine*) decently, properly.
omeni *vt.* **1**. to treat, to feed. **2**. (*onora*) to honour. # **~e** humanity, humaneness.
omenire *sf.* world, humankind, humanity, mankind.
omidă *sf.* caterpillar, worm.
omisiune *sf.* omission, oversight.
omite *vt.* to omit, to leave out, to miss, to overlook, to neglect.
omletă *sf.* omelette.
omnibuz *sn.* omnibus.
omniprezent *adj.* ubiquitous.
omniprezență *sf.* ubiquity.
omnivor **I**. *sm.* omnivore. **II**. *adj.* omnivorous.
omogen *adj.* **1**. homogeneous. **2**. (*d. un amestec*) smooth. # **~itate** homogeneity.
omolog *sm.* homologue, counterpart. # *~ul tău* your opposite number.
omonim *sn.* homonym. # **~ie** homonymy.
omoplat *sm. anat.* shoulder blade, scapula.
omor *sn.* murder, killing, homicide: *~ cu premeditare* premeditated murder.

omorî *vt.* **1.** to murder, to kill, *fam.* to do in, to zap, *amer.* to slay. **2.** (*un deținut*) to put to death.
omucidere *sf.* homicide, murder.
omuşor *sm. anat.* uvula.
onanist *sm.* onanist.
oncologie *sf.* oncology.
onctuos *adj.* **1.** greasy, oily, sleek, slimy. **2.** *fig.* mealy-mouthed, unctuous.
ondula I. *vt.* **1.** to ripple. **2.** (*părul*) to wave. **II.** *vr.* to ripple. # **~t** curly, wavy.
ondulație *sf.* **1.** ripple. **2.** (*a părului*) wave.
onest *adj.* **1.** honest, genuine, square. **2.** (*corect*) correct, upright, straight. # **~itate** honesty.
onoare *sf.* **1.** honour: *este în joc ~a noastră* our honour is at stake. **2.** dignity. # *de ~* honourable; *membru de ~* honorary member.
onomastică *sf.* name day.
onomatopee *sf.* onomatopoeia.
onomatopeic *adj.* onomatopoeic, echoic, imitative.
onor *sn. mil.* salute.
onora *vt.* **1.** to honour, to respect. **2.** (*achita*) to pay. # **~t** honoured.
onorabil *adj.* **1.** honourable, venerable, whorthy, respectable, decent: *viață ~ă* whorthy life. **2.** (*integru*) upright.
onorariu *sn.* honorarium, fee, retainer.
onorific *adj.* honorary.
opac *adj.* (*şi fig.*) opaque. # **~itate** opacity.
opaiț *sn.* candle.
opăreală *sf.* scald.
opări *vt.* to scald.
opera *vt., vi. med.* to operate (on). # **~țiune** operation; **~țional** operational.
operativ *adj.* operative. # **~itate** efficiency.
operator *sm.* **1.** operator. **2.** cameraman. **3.** (*de sunet*) mixer. **4.** (*de film*) projectionist. **5.** (*la telefoane*) telephonist.
operatoriu *adj. med.* operative.
operație *sf.* **1.** *mat.* operation, calculation. **2.** *med.* surgery, operation, procedure. **3.** *mil.* action. # *a face o ~* to operate on; *sală de ~* (operating) theatre.
operă *sf.* **1.** opera: *cântăreț de ~* opera singer. **2.** (*clădire*) opera house. **3.** (*literară*) work, writing.
operetă *sf.* operetta, comic/light opera.
opinie *sf.* **1.** opinion, idea, mind, point of view, stand, take, say, thinking. **2.** (*politică etc.*) strand. **3.** *pl.* sentiments. # *opinia publică* public opinion/sentiment.
opinti *vr.* to strain oneself.
opiu *sn.* opium.
oploşi *vr.* to nestle, to settle oneself down.
oponent *sm.* opponent, antagonist, rival.
oportun *adj.* opportune, proper, timely, well-timed, convenient, salutary, pat: *avertisment ~* salutary warning. # **~itate** opportunity, occasion, start, possibility.
oportunist *sm.* opportunist, timeserver.

opozant *sm.* opponent, objector, adversary.

opoziție *sf.* 1. opposition, backlash. 2. contrast. 3. *pol.* opposition, outs: *cei* (*intrați*) *în* ~ the outs.

opreliște *sf.* 1. restriction. 2. hindrance, impediment, drag, dyke. # *fără* ~ freely.

opresiune *sf.* oppression.

opresiv *adj.* oppressive.

opri I. *vt.* 1. to stop, to halt, to check, to arrest. 2. (*pe cineva din drum*) to accost, to waylay. 3. (*pe cineva să nu plece*) to retain. 4. (*un obiect*) to appropriate. 5. (*păstra*) to keep. 6. (*interzice*) to interdict, to forbid. 7. (*bani*) to hold back, to withhold. 8. (*evoluția unei boli*) to stay. 9. (*rezerva*) to book (*a place*). 10. (*lumina, gazele*) to shut off. II. *vr.* 1. to stop, to halt. 2. (*înceta*) to stop, to cease. 3. (*stabili*) to settle down. 4. (*la stop*) to pull up. 5. (*abține*) (**de la**) to abstain (from). # *a* (*se*) ~ *din funcționare* to shut off; *a se* ~ *brusc* (*d. un vehicul*) to stall.

oprima *vt.* to oppress, to grind down, to intimidate. # ~**re** oppression.

oprire *sf.* 1. (*staționare*) stop, halt, arrest. 2. (*întrerupere*) cessation, letup, stoppage. 3. (*a unei instalații*) shutdown. 4. (*a circulației*) interruption, *amer.* tie-up. 5. interdiction. 6. stagnation. # *fără* ~ nonstop, without cessation, ceaseless, on and on; ~ *bruscă* (*a unui motor*) stall.

oprit *adj.* 1. (*întrerupt*) interrupted. 2. (*interzis*) forbidden. 3. (*rezervat*) booked. # *intrarea* ~*ă* no admittance; *fumatul* ~ no smoking.

oprobriu *sn.* opprobrium, obloquy.

opt *num.* eight. # ~**sprezece** eighteen; ~**zeci** eighty; ~**ime** *muz.* quaver; *al* ~*ulea*, *a* ~*a* eighth.

opta *vi.* (**pentru**) to opt (for).

optic *adj.* optic(al), visual: *nervul* ~ the optic nerve; *instrumente* ~*e* optical instruments. # ~**ă** (*știință*) optics; ~**ian** optician.

optim *adj.* optimal, optimum. # **a** ~**iza** to optimize.

optimism *sn.* optimism, buoyancy.

optimist I. *sm.* optimist. II. *adj.* optimistic, sanguine, *fam.* upbeat: *notă* ~*ă* upbeat note.

opțional *adj.* optional, elective.

opțiune *sf.* option.

opune *vr.* 1. to oppose, to declare against. 2. (**la**) to dissent (from), to demur (at), to object (to). 3. (*cu vehemență*) (**la**) to remonstrate (against).

opus *adj.* opposed, opposite, opposing, reverse, contrary, converse: *în direcție* ~*ă* in reverse direction.

opuscul *sn.* pamphlet.

or *conj.* 1. (*sau*) or. 2. (*dar*) but.

oracol *sn.* oracle.

oral *adj.* 1. oral, vocal, verbal. 2. (*bucal*) oral.

oranj *adj.* orange.

orar *sn.* 1. (time)table: ~*ul școlii* the school timetable. 2. (*program*) schedule: ~ *al trenurilor amer.* schedule.

oraş *sn.* 1. town, city. 2. (*mare*) metropolis.

orator *sm.* orator, speaker. # **~ie** oratory, elocution; **~ic** oratorical.

oră *sf.* 1. hour, time: *ora mesei* dinner time; *ora locală* local time; *ora locală oficială* standard time; *ora H* zero hour; *o jumătate de ~* half an hour; *un sfert de ~* a quarter of an hour; *la oră fixă* on the hour; *de o ~* hour-long; *din ~ în ~* hourly; *pe ~* per hour; *ore de vârf* rush hours; *ore în şir* for hours together. 2. (*de curs*) class, lesson, period. 3. (*la dentist etc.*) appointment. 4. *pl.* tuition: *ore particulare* private tuition; *ore de franceză* tuition in French. # *ora unu* one o'clock; *de ultimă ~* latter-day; *la ora fixată* to the minute; *~ suplimentară* overtime.

orăcăi *vi.* to croak. # **~t** croak.

orăşean *sm.* 1. townee, townie, townsman, city dweller. 2. *pl.* townspeople.

orăşenesc *adj.* urban, town.

orătănii *sf. pl.* poultry.

orânduire *sf.* regime, system, order: *~a feudală* the Feudal system.

orb *adj.* blind, unseeing, sightless: *aproape ~* purblind.

orbecăi *vi.* to fumble, to grope, to poke about.

orbi I. *vt.* 1. to blind. 2. (*d. lumină*) to dazzle, to glare. 3. (*cu lumina*) to flash. 4. (*înşela*) to deceive. II. *vi.* to become blind.

orbire *sf.* 1. (*ca stare*) blindness. 2. (*de lumină*) dazzle.

orbită *sf.* 1. (*traiectorie*) orbit. 2. (*a ochiului*) socket.

orbitor *adj.* dazzling, glaring.

orchestra *vt.* to orchestrate, to score. # **~l** orchestral.

orchestră *sf.* orchestra, band: *~ de cameră* chamber orchestra; *~ de muzică pop* band.

ordin *sn.* 1. *biol.*, *zool.*, *rel.* order, category. 2. command, order: *~ de plată* money order. 3. (*decoraţie*) medal. # *a da ~e cuiva* to instruct smb., to order smb.

ordinar *adj.* 1. (*obişnuit*) ordinary, common. 2. vulgar, cheap.

ordine *sf.* 1. order, array, succession, sequence: *în ~ descrescătoare/crescătoare* in descending/ascending order. 2. discipline. 3. (*de stat*) system, establishment. 4. (*rânduială*) tidiness, order: *~ perfectă* applepie order. # *~ de zi* agenda, timetable; *la ~a zilei* (*d. un subiect*) live, on the map, topical; *a pune în ~* to dispose, to arrange, to trim, to order; (*idei etc.*) to marshal; *punere în ~* disposition; *a face ~* to tidy up; *număr de ~* serial number; *în ~ desăvârşită* shipshape, neat.

ordona *vt.* 1. to command, to order, to dictate. 2. (*rândui*) to arrange, to array, to tidy, to (as)sort, to range. # **~re** (*aranjare*) ordering.

ordonanţă *sf.* 1. (*ordin*) decree, ordinance, fiat, law. 2. *mil.* batman, orderly.

ordonat I. *adj.* 1. orderly, trim, methodic(al). 2. tidy, neat, trim. II. *adv.* neatly.
oreion *sn. med.* mumps.
orez *sn.* rice: *bob de ~* grain of rice; *~ cu lapte* rice pudding. # **~ărie** (rice) paddy.
orfan I. *sm.* 1. orphan. 2. (*de mamă*) motherless child. II. *adj.* orphan, parentless.
orfelinat *sn.* orphanage.
organ *sn.* 1. organ: *~e de simț* sensory organs; *donator de ~e* organ donor. 2. (*instituție*) organ, body: *~ legislativ* legislative body; *~e guvernamentale* governmental organs. 3. *pl.* (*pentru consum*) offal. 4. (*mecanism*) machinery. # **~ic** organic, structural; *~ele vitale* the vitals.
organism *sn.* 1. (*și fig.*) organism. 2. system.
organist *sm. muz.* organist.
organiza I. *vt.* 1. to organize, to arrange, to structure. 2. (*institui*) to institute. 3. (*un miting*) to hold, to set up. 4. (*o demonstrație etc.*) to stage. 5. (*o expoziție*) to mount. II. *vr.* to organize. # **~re** organization; **~t** organized; **~tor** organizer.
organizație *sf.* establishment, organization, institution.
orgasm *sn.* orgasm, climax.
orgă *sf. muz.* organ.
orgie *sf.* orgy, debauch, revel.
orgolios *adj.* conceited, vain(glorious), haughty.
orgoliu *sn.* conceit, vanity.
orhidee *sf. bot.* orchid.
ori *conj* or, either: *~ roșu ~ albastru* either red or blue. # *~ de câte ~* whenever.
oribil *adj.* 1. horrible, awful, horrendous, sickly, appalling, ghastly, gruesome, abominable, repulsive, *fam.* vile. 2. (*d. vreme*) horrid. 3. (*despre un film etc.*) terrible, grisly. 4. (*d. miros*) noisome. # **~itate** abomination.
oricare I. *adj.* any, either, whatever, whichever: *~ decizie* whatever decision; *trage ~ carte* pick any card. II. *pron.* any, either, whatever, whoever, whichever: *~ din cei doi* either of then.
oricând *adv.* (when)ever, any time.
oricât *adj.* as much as. # *~ de* however.
orice I. *adj.* any, whatever: *în ~ fel* anyhow, anyway, however. II. *pron.* any(thing), whatever: *fă ~ vrei* do whatever you want.
oricine *pron.* anybody, anyone, everyone, whoever, *fam.* any fool. # *pe ~* whomever.
oricum *adv.* anyhow, anyway, in any case, however. # *~ ar fi* be that as it may, either way.
orient *sn.* Orient, East: *Orientul Apropiat* the Near East; *Orientul Mijlociu* the Middle East; *Orientul Îndepărtat* the Far East.
orienta I. *vt.* 1. (*dirija*) to guide. 2. (*un plan*) to orient(ate), *amer.* to orient. II. *vr.* to orientate oneself. # **~re** orientation, direction; *a fi ~t spre* (*d. o casă*) to look out on.

oriental *sm., adj.* oriental.
orificiu *sn.* 1. orifice, aperture, vent. 2. (*de ieşire/evacuare*) outlet. 3. (*de scurgere din cadă*) plughole.
original I. *sn.* original. II. *adj.* 1. original, authentic, genuine, novel. 2. (*d. cineva*) picturesque. # **~itate** originality, novelty.
originar *adj.* 1. (*inițial*) original, initial, prime. 2. (**din**) native (of).
origine *sf.* 1. (*descendență*) origin, descent, extraction, parentage, pedigree. 2. (*proveniență*) provenance, root, birth. 3. (*început*) beginning.
oripila *vt.* to horrify, to appal.
orişicum *adv.* either way, anyhow.
oriunde I. *adv.* anywhere, wherever, anyplace: ~ *altundeva* wherever else. II. *conj.* wherever.
orizont *sn.* 1. horizon: *la* ~ on the horizon. 2. (*priveliște*) outlook, vista. # **~ală** horizontal; **~al** horizontal; *a apărea la* ~ to heave into sight.
orna *vt.* to decorate. # **~re** decoration; **~t** ornate, adorned.
ornament *sn.* 1. ornament. 2. *pl.* frills. # **a ~a** to ornament; **~al** ornamental, decorative; **~at** ornate; **~are** ornamentation; **~ații** trimmings.
ornitolog *sm.* ornithologist. # **~ie** ornithology.
oroare *sf.* horror, dread, recoil.
orologiu *sn.* horologe, timepiece.
oropsit *adj.* 1. unfortunate, destitute. 2. (*părăsit*) forsaken.
ortac *sm.* miner.
ortodox *adj.* orthodox.
ortografia *vt.* (*un cuvânt*) to spell.
ortografie *sf.* orthography, spelling. # **~re** spelling.
ortoped(ist) *sm.* orthop(a)edic surgeon. # **~ie** orthop(a)edics; **~ic** orthop(a)edic.
orz *sm.* barley.
os *sn.* bone. # **~os** bony; *cu oase* bony.
osana *sf.* hosanna. # *a ridica ~le* to rhapsodize.
osatură *sf.* 1. (*schelet*) skeleton. 2. *constr.* frame(work).
osândă *sf.* 1. (*pedeapsă*) sentence, punishment. 2. (*năpastă*) doom, perdition.
osândi *vt.* to doom, to condemn.
osânză *sf.* lard, shortening.
oscila *vi.* 1. (*şi fig.*) to oscillate. 2. (*ezita*) to hesitate, to vacillate, to waver, to blow hot and cold. 3. (*fluctua*) to seesaw. # **~ție** oscillation, variation; **~nt** variable.
oscilare *sf.* 1. swing. 2. *fig.* oscillation.
oseminte *sn. pl.* 1. bones. 2. (*rămășițe pământești*) relics.
osie *sf.* 1. axle. 2. *tehn.* spindle, shaft.
osifica *vr.* to ossify. # **~t** ossified.
osmoză *sf.* osmosis.
osos *adj.* osseous, bony.
ospăta I. *vt.* to treat, to feed. II. *vr.* to eat, to feast. # **~r** waiter.
ospătărie *sf.* eatery, *amer.* diner.
ospăț *sn.* banquet, feast, *fam.* spread, feed.
ospiciu *sn.* mental hospital.

ospitalier *adj.* hospitable.
ospitalitate *sf.* hospitality.
ostaş *sm.* soldier.
ostatic *sm.* hostage.
osteneală *sf.* **1**. (*istovire*) effort, fatigue. **2**. (*trudă*) toil, pains.
osteni I. *vi.* to flag. **II**. *vr.* to exert oneself. # **~t** exhausted, *fam.* fagged out.
ostentativ *adj.* ostentatious.
ostentaţie *sf.* ostentation, dash, parade.
osteoporoză *sf.* osteoporosis, brittle-bone disease.
ostil *adj.* hostile, adverse, inimical, contrary, forbidding. # **~itate** hostility.
ostraciza *vt.* to ostracize.
ostrov *sn.* island.
osuar *sn.* osuary.
oştean *sm.* soldier.
oştire *sf.* army.
otavă *sf.* grass.
otită *sf.* otitis.
otravă *sf.* bane, poison.
otrăvi *vt.* (*şi fig.*) to poison: *a muri ~t* to die of poison. # **~re** poisoning.
otrăvitor *adj.* **1**. poisonous. **2**. (*d. un şarpe, o insectă*) venomous.
otreapă *sf.* (*femeie*) hussy.
oţel *sn.* steel: ~ *turnat* cast steel. # **~ar** steelworker; **~ărie** steelworks.
oţeli *vt.* **1**. *tehn.* to temper. **2**. (*pe cineva*) to toughen, to fortify.
oţet *sn.* vinegar: ~ *din vin* wine vinegar. # **a se ~i** to turn sour; **~it** (*d. vin*) vinegary.
ou *sn.* egg: ~ *fiert tare* hard-boiled egg; ~ *fiert moale* soft-boiled egg; *albuş de* ~ white of an egg. # **a se ~a** to lay (eggs); *a ieşi din* ~ (*d. pui*) to hatch.
oval *adj.* oval.
ovar *sf. anat.* ovary.
ovaţie *sf.* **1**. ovation, cheer. **2**. *pl.* acclamation, plaudits.
ovaţiona I. *vt.* to cheer, to barrack, to hail. **II**. *vi.* to cheer, to barrack, to roar.
ovăz *sn.* oats. # *din* ~ oat; *făină de* ~ oatmeal.
ovipar *adj. zool.* oviparous.
ovul *sn.* egg, ovum.
oxid *sm. chim.* oxide.
oxida I. *vt.* to oxidize. **II**. *vr.* **1**. to oxidize. **2**. (*d. argint*) to tarnish. # **~bil** oxidable.
oxigen *sn.* oxygen: *mască cu* ~ oxygen mask. # **a ~a** to oxygenate.
ozon *sn.* ozone: *strat de* ~ ozone layer.

P

pa *interj.* bye(-bye)!, good bye!, see you (later)!, ta-ta!, so long!

pace *sf.* **1**. peace: *tratative de ~* peace negotiations. **2**. (*tihnă*) ease, repose. **3**. (*linişte*) quiet, calm, peace: *lăsat în ~* left in peace. # *menţinere a păcii* peace-keeping; *lasă-mă în ~* leave me alone; *dă-mi ~*! give me a break!; *fii pe ~*! never fear!

pachebot *sn.* packet-boat.

pachet *sn.* **1**. pack(et), bundle, parcel: *~e de mâncare* food parcels. **2**. (*colet*) parcel, package. **3**. (*de ţigări*) pack(et). **4**. (*de cărţi de joc*) deck.

pacheţel *sn.* (*de ceai etc.*) packet, sachet.

pacient *sm.* patient, case.

pacifica *vt.* to pacify. # *~***tor** smoother.

pacoste *sf.* **1**. bane, curse, plague, torment, trial, nuisance, blight. **2**. (*om*) pest, drag, bother, menace. **3**. (*de copil*) *fam.* mischief. # *o ~ de om fam.* a pain in the butt/ass.

pact *sn.* pact, convention, covenant, agreement. # *a ~iza cu* (*duşmanul*) to come to terms with (the enemy), to make a pact with (the enemy); *a ~iza la* to rally to.

padelă *sf.* paddle.

padoc *sn.* paddock.

paf *interj.* # *a lăsa ~ pe cineva* to poleaxe smb., to take smb.'s breath away.

pager *sn.* pager, bleeper, *amer.* beeper. # *a trimite* (*cuiva*) *mesaj prin ~* to pager.

pagina *vt.* to page.

pagină *sf.* **1**. page, leaf, side: *josul paginii* the foot of the page; *la pagina 22* on page 22; *~ titlu* title page. **2**. (*episod*) page.

pagubă *sf.* **1**. damage, detriment, mischief, loss. **2**. (*mare*) havoc. # *~-n ciuperci*! good riddance!

pahar *sn.* **1**. glass: *la un ~ de bere* over a glass of beer. **2**. (*fără picior*) tumbler. **3**. (*pentru coniac*) *amer.* snifter. # ~**nic** cupbearer.

pai *sn.* straw, stalk: *om de ~e* straw man.

paiaţă *sf.* clown.

paietă *sf.* **1**. spangle, sequin. **2**. *pl.* spangles.

paisprezece *num.* fourteen.

paj *sm.* page.

pajişte *sf.* meadow, lawn, grass(land), sward.

pajură *sf.* **1**. eagle. **2**. (*la monedă*) tail.

pal *adj.* 1. pale, pallid, wan. 2. (*d. culori*) faint, light, watery.
palan *sn.* tackle, hoist.
palat *sn.* 1. palace: *lovitură de ~* palace coup. 2. (*regal*) court. 3. (*cerul-gurii*) *anat.* palate. # *ca un ~* palatial.
palavragiu *sm.* chatterbox, jabber, windbag.
paleontologie *sf.* pal(a)eontology.
paletă *sf.* 1. (*a pictorului*) palette. 2. *sport* racket. 3. (*pentru tenis de masă*) bat, paddle.
paliativ *sn.* palliative, makeshift.
palid *adj.* 1. pallid, pale, pasty, white, livid, sallow, wan, lurid. 2. (*d. lumină*) mellow.
palma *vt.* (*o carte de joc*) to palm.
palmă *sf.* 1. palm: *a ghici în ~* to read smb.'s palm. 2. (*lovitură de*) box, buffet, smack, slap, cuff. # *a da o ~* (*cuiva*) to cuff, to slap; *a bate din palme* to clap one's hands; *bate palma*! it's a deal!
palmier *sm.* palm (tree).
paloare *sf.* pallor.
paloş *sn.* sabre.
palpa *vt. med.* to palpate, to touch, to paw, to feel. # **~bil** material, palpable, tangible.
palpita *vi.* 1. to pulsate. 2. (*tremura*) to quiver to tremble, to shiver. 3. (*de emoție*) to thrill, to vibrate.
palpitant *adj.* breathtaking, vibrant, compelling, thrilling, gripping. # *roman/film ~* thriller; *viață ~ă* hectic life.
palpitație *sf.* 1. quiver. 2. (*a inimii*) throb.
palplanşă *sf.* lath.
palton *sn.* (over)coat, great coat.
pamflet *sn.* pamphlet, lampoon. # **~ar** pamphleteer.
panaceu *sn.* panacea, cure-all, elixir, heal-all.
pană[1] *sf.* 1. feather: *boxer categoria ~* feather weight. 2. (*de scris*) quill. 3. (*ornamentală*) plume. 4. (*de despicat*) wedge. 5. *muz.* pick. 6. *pl.* plumage.
pană[2] *sf.* 1. (*de motor*) breakdown. 2. (*de curent*) blackout, powercut, failure, cut off. 3. (*de cauciuc*) puncture, *amer.* flat.
pancartă *sf.* placard, banner.
pancreas *sn. anat.* pancreas.
panda *sm.* (*urs*) panda.
pandalie *sf.* tantrum: *a-l apuca pandaliile* to throw a tantrum.
pandantiv *sn.* pendant, spray.
pandişpan *sn.* sponge cake.
panegiric *sn.* panegyric.
panel *sn.* panel.
panglică *sf.* ribbon, riband, tape, bind.
panicard *sm.* panic-monger, worrier.
panică *sf.* panic, alarm, mayhem, scare. # *a intra în ~* to panic, to get worried.
panoramă *sf.* panorama, outlook, scenery, view.
panou *sn.* 1. panel: *~ de comandă* control panel. 2. (*de afişaj*) bill board. 3. (*de publicitate*) placard.
pansa *vt.* to dress, to bandage up.
pansament *sn. med.* dressing, bandage.
panseluță *sf.* pansy.

pantaloni *sm. pl.* **1**. trousers, *fam.* breeches, *amer.* pants, dungarees. **2**. (*bufanţi*) *amer.* knickers. **3**. (*evazaţi*) flares. **4**. (*cu talia joasă*) hipsters. **5**. (*de purtare*) *amer.* slacks. **6**. (*de golf*) plus fours. **7**. (*cadrilaţi*) trews.

pantă *sf.* **1**. slope, descent, declivity, gradient, incline, slant, decline, dip, *amer.* grade: ~ *lină* slight slope. **2**. (*taluz*) ramp. # ~ *abruptă* scarp; *a fi/merge în* ~ to decline.

panteră *sf.* panther.

pantofar *sm.* shoemaker.

pantofi *sm. pl.* **1**. shoes. **2**. (*decupaţi*) slingbacks. **3**. (*cu toc înalt*) heels. **4**. (*fără şiret*) slip-ons. **5**. (*cu toc cui*) stilettoes. **6**. (*de sport*) trainers. # *faţă de* ~ upper.

pantomimă *sf.* **1**. (panto)mime. **2**. (*spectacol*) dumb show.

pap *sn.* paste.

papagal *sm.* **1**. parrot. **2**. (*de talie mare*) macaw. # ~**iceşte** parrot-fashion.

papalitate *sf.* papacy.

papă *sm. bis.* pope.

papă-lapte *sm.* milksop.

papetar *sm.* stationer.

papetărie *sf.* stationery. # *articole de* ~ stationery.

papilă *sf.* (*gustativă*) taste bud.

papion *sn.* bow(tie), dickybow. # ~ *alb* white tie.

papiotă *sf.* spool.

papiţoi *sm.* dandy, fop, popinjay.

papuaş *sm., adj.* Papuan.

papuc *sm.* **1**. slipper. **2**. (*de damă*) mule. **3**. (*de scufundător*) flipper. # *sub* ~ (*d. bărbaţi*) henpecked; *a da* ~*ii cuiva sl.* to give smb. the gate/elbow, to jilt smb.

papură *sf.* rush.

par[1] *sm.* **1**. pale, post, stake. **2**. (*ţăruş*) stave.

par[2] *adj.* (*d. un număr*) even: *pe paginile* ~*e* on the even pages.

para[1] *vt.* **1**. (*o lovitură*) to parry, to fend off. **2**. *fig.* to counter. **3**. (*un gol*) *sport* to save.

para[2] *sf.* dime, mite, coin. # *de două* ~*le* gimcrack; *a nu avea* ~*le* not to have a bean; *a nu face nici o* ~ not to be worth a farthing.

parabolă *sf.* **1**. *geom.* parabola. **2**. (*pildă*) parable.

paraclis *sn.* chapel. # ~**er** verger, sacristan, sexton.

paradă *sf.* **1**. (*defilare*) parade: ~ *a modei* dress parade. **2**. (*ostentaţie*) parade. # *a face* ~ *de* to parade, to stage; *de* ~ ostentatious, for show.

paradis *sn.* paradise, heaven, Eden.

paradox *sn.* paradox. # ~**al** paradoxical.

parafa *vt.* to seal.

parafină *sf.* paraffin.

parafrază *sf.* paraphrase.

paragină *sf.* decay, dilapidation. # *în* ~ derelict, (*d. o clădire*) run-down, dilapidated, in rack and ruin.

paragraf *sn.* paragraph, passage.

paralel I. *adj.* parallel, square: *linii* ~*e* parallel lines; ~ *cu peretele* square with the wall. **II**. *adv.* **1**. in parallel. **2**. *fig.* simultaneously. # ~**ism** (*şi fig.*) parallelism.

paralelă *sf.* 1. parallel. 2. *pl. sport* parallel bars.
paralitic *sm.* paralytic.
paraliza *vt.* 1. (*şi fig.*) to paralyse, to benumb. 2. (*încremeni*) to numb. # **~t** *fig.* numb.
paralizie *sf. med.* paralysis, palsy.
parametru *sm.* parameter.
paranoia *sf. med.* paranoia, monomania.
paranoic *sf. med.* paranoiac, monomaniac.
paranteză *sf.* 1. parenthesis, bracket: *a pune în ~* to bracket; *paranteze pătrate/rotunde* square/round brackets. 2. (*digresiune*) digression.
parapet *sn.* 1. parapet. 2. (*pe şosea*) crash barrier.
parare *sf.* 1. (*a unei lovituri*) parry. 2. (*a unui gol*) save.
parastas *sn.* requiem.
paraşuta *vt.*, *vr.* to parachute.
paraşută *sf.* 1. parachute, *fam.* chute. 2. (*curvă*) baggage, whore, *amer. fam.* tramp.
paraşutism *sn.* 1. parachuting. 2. (*acrobatic*) skydiving.
paraşutist *sm.* parachutist. # *trupe de paraşutişti* paratroops.
paratrăsnet *sn.* lightning rod.
paravan *sn.* (*şi fig.*) screen.
paravânt *sn.* windbreak.
parazit *sm.* 1. (*şi fig.*) parasite. 2. (*corporal etc.*) vermin. 3. *pl.* (*la radio*) atmospherics, statics, noise. 4. (*persoană*) sponger.
pară[1] *sf. bot.* pear.
pară[2] *sf.* flame.
parbriz *sn.* windscreen, *amer.* windshield.
parc *sn.* park, gardens. # *~ de distracţii* funfair, amusement/pleasure park.
parca *vt.* (*o maşină*) to park.
parcare *sf.* 1. parking. 2. (*cu bufet*) pull-in. 3. (*loc de*) parking lot.
parcă *adv.* it seems: *~ scrie poezii* it seems she writes poetry; *~ nu* it seems not. # *de ~* as if.
parcela *vt.* 1. to parcel out. 2. (*un oraş*) to zone.
parcelă *sf.* parcel, plot, patch, lot.
parchet *sn.* 1. (*pardoseală*) parquet. 2. *jur.* prosecuting office.
parcurge *vt.* 1. (*o distanţă*) to cover, to make. 2. (*cu privirea*) to skim through.
parcurs *sn.* way, distance. # *pe tot ~ul* all along the line.
pardesiu *sn.* (top)coat.
pardon *interj.* sorry!, excuse me!, (*când îţi faci loc*) mind out!
pardoseală *sf.* floor. # *scândură de ~* floor board.
pardosi *vt.* to floor.
parfum *sn.* 1. (*şi fig.*) perfume. 2. scent, fragrance, aroma: *~ul florii* the scent of the flower; *sticluţă de ~* bottle of scent. # **~erie** perfumery; *eşantion de ~* tester.
parfuma I. *vt.* 1. to perfume. 2. (*o încăpere*) to fragrance. II. *vr.* to perfume (oneself).
parfumat *adj.* 1. perfumed. 2. (*d. aer*) fragrant.
paria I. *vt.* 1. to bet, to wager, to stake. 2. (**pe**) (*un cal etc.*) to back.

3. (**pe**) (*cu o sumă*) to gamble.
II. *vi.* (**pe**) to wager (on).

paritate *sf.* par(ity). # *valoare la ~ ec.* par.

parior *sm.* (*la curse de cai*) *fam.* punter.

pariu *sn.* **1**. bet, wager, *fam.* punt: *a face un ~* to lay a bet. **2**. (*la curse etc.*) stake. # *a pune ~* to bet.

parlament *sn.* **1**. parliament. **2**. (*în S.U.A.*) congress.

parlamentar I. *sm.* parliamentarian. **II**. *adj.* parliamentary.

parodia *vt.* to parody.

parodie *sf.* **1**. parody, travesty. **2**. (*film etc.*) *fam.* spoof.

paroh *sm.* vicar, rector. # **~ie** parish.

parohial *adj.* parochial. # *casă ~ă* rectory, vicarage, manse, parsonage.

parolă *sf.* password, watchword.

parolist *sm. fam.* man of his word.

partaj *sn.* partition.

parte *sf.* **1**. part, portion, area, segment, side, party, *fam.* slice: *~a stângă* the left side; *cealaltă ~ a râului* the other side of the river; *~a centrală a podului* the central portion of the bridge; *~a de sus* the upper side; *~a de jos* the under side; *din toate părțile* from all sides; *e de ~a mea* he is on my side; *din ~a mea* for my part; *~a vătămată* the injured party; *pe de o ~* on the one side; *pe de altă ~* on the other side. **2**. (*bucată*) piece, share, section. # *~ vătămată jur.* plaintiff; *în mare ~* largely, substantially; *a face ~ din* to belong to; *a se da la o ~* to step/stand aside; *a lua ~a cuiva* to take sides with smb., to take smb.'s part; *a lua ~ la* to take part in, to participate in; *în altă ~* elsewhere; *pe de altă ~* contrariwise, conversely, then again; *într-o ~* crabwise; *~ slabă* flaw; *în ~* partly, partially; *dintr-o ~ în alta* from side to side; *de ~a cealaltă* over.

partener *sm.* **1**. partner, associate, helpmate. **2**. (*camarad*) companion. # **~iat** partnership, tie-up.

parter *sn.* ground floor, *amer.* first floor. # *la ~* downstairs, below.

participa *vi.* (**la**) to attend, to take part (in), to participate (in). # **~nt** participant.

participare *sf.* **1**. participation, commitment. **2**. (*la ore*) attendance. **3**. (*la vot etc.*) turnout.

participație *sf.* **1**. share. **2**. *ec.* (*la o firmă*) shareholding.

participiu *sn. gram.* participle: *~ trecut* past participle; *~ prezent* present participle.

particular *adj.* particular, personal, private, proprietary: *viață ~ă* private life; *sector ~* private sector. # **a ~iza** to particularize; *în ~* privately.

particularitate *sf.* **1**. particular(ity), peculiarity, spirit, characteristic. **2**. *pl.* individualities.

particulă *sf.* particle, flake, fleck.

partid *sn.* party: *~ de centru* centre party; *a înființa un ~* to make up a party; *politica ~ului* the party politics. # ~ *majoritar* majority.

partidă *sf.* 1. match, play, game. 2. (*persoană*) match, catch, prospect: *el e o ~ bună pentru ea* he's a good match/prospect for her.

partitură *sf. muz.* music, score.

partizan I. *sm.* 1. partisan, upholder, supporter. 2. (*luptător*) partisan. II. *adj.* partisan.

parțial *adj.* partial, part(ly), incomplete, half, in part.

parveni *vi.* (*se ajunge*) to get on. # **~t** parvenu, upstart; *scrisoarea nu mi-a ~t* the letter didn't reach me.

pas[1] *sn. geogr.* pass, defile, gate, *amer.* notch.

pas[2] *sm.* 1. step, stride: *a lungi ~ul* to lengthen the stride. 2. (*mers*) pace, tread: ~ *susținut* steady pace. 3. (*acțiune*) move. # *în ~ alergător* at/on the double; *la un ~ de* within an ace of; ~ *greșit* (*și fig.*) trip, *amer.* misstep; *a face un ~ greșit* to trip; *a bate ~ul pe loc* to tread water; *aud pașii ei* I hear her footsteps; *urmă de pași* footprint.

pasa I. *vt.* (*mingea*) to pass. II. *vi.* (*la joc de cărți*) to pass. # **~bil** passable, decent.

pasager I. *sm.* 1. passenger, voyager, occupant, occupier. 2. (*în taxi*) fare. II. *adj.* transient, fleeting, passing. # *vas/avion de ~i* liner; ~ *clandestin* stowaway.

pasaj *sn.* 1. fragment, extract, paragraph, passage, text, excerpt, snatch. 2. (*de trecere*) passage, gallery. 3. (*subteran*) underpass, tunnel, subway.

pasarelă *sf.* 1. (foot) bridge. 2. (*nav.*, *galerie*) gangway.

pasă *sf. sport* pass.

pasăre *sf.* 1. bird. 2. (*cântătoare*) songbird, warbler. 3. (*migratoare*) visitor, bird of passage. 4. (*de curte*) fowl. 5. (*prădătoare*) vermin. 6. (*de pradă*) bird of prey. 7. *pl.* (*de curte*) poultry: *carne de ~* poultry. 8. *pl.* (*sălbatice de apă*) wildfowl.

pască *sf.* (*evreiască*) matzo.

pasibil *adj.* (**de**) liable (to), subject (to).

pasiență *sf.* patience, *amer.* solitaire.

pasiona *vt.* to be passionately interested. # **~nt** thrilling, captivating, exciting; *îl pasionează tenisul* he is mad on tennis.

pasional *adj.* 1. passional, passionate, flaming. 2. (*d. un amor*) torrid, sizzling. # *crimă ~ă* crime of passion.

pasionat *adj.* passionate, ardent, fervent, avid, omnivorous, heated, impassioned, voracious: *cititor ~* omnivorous/voracious reader. # *a fi ~ de ceva* to be fond of smth.; *fam.* to be bitten with smth.

pasiune *sf.* 1. passion, infatuation, hobby. 2. fervent love.

pasiv I. *sn.* 1. passive. 2. *ec.* liabilities. II. *adj.* 1. (*și gram.*) passive. 2. (*d. cineva*) idle, inactive. # **~itate** passivity.

paspartu *sn.* master key.
paspoal *sn.* piping.
pastă *sf.* **1**. paste. **2**. (*de fructe, legume*) pap, pulp. **3**. (*de dinți*) toothpaste. # *paste făinoase* macaroni.
pastel *sn.* pastel.
pastilă *sf. med.* **1**. pill, tablet: ~ *energizantă* pep pill. **2**. (*care se suge*) lozenge.
pastișă *sf.* parody.
pastor *sm.* **1**. pastor, clergyman, cleric, parson. **2**. (*la biserică reformată*) minister.
pastoral *adj.* rustic, idyllic, countrified.
pastramă *sf.* pastrami.
pașaport *sn.* passport: *titular de* ~ passport bearer. # *a da ~ul fam.* to give the bird.
pașă *sm.* pasha.
pașnic *adj.* pacific, peaceful, peaceable, quiet, tranquil.
paște *vi.* to browse, to graze, to pasture. # *te ~ un pericol* a danger threatens you.
Paști *sm.* Easter. # *până la ~le cailor* till dooms day.
pat *sn.* **1**. bed, *sl.* kip, *amer. fam.* sack: ~ *de campanie* camp bed; ~ *de moarte* death bed; ~ *pliant* folding bed; *fotoliu-~* chair bed. **2**. (*culcuș*) couch. **3**. (*în cușetă*) bunk. **4**. (*de pistol*) butt. **5**. (*la șah*) stalemate. # *cameră cu două ~uri* double room, twin-bedded room; *cameră cu ~ dublu* double-bedded room; *cameră cu un singur ~* single room; ~ *de suferință* sickbed; ~ *cu saltea cu apă* waterbed; ~ *improvizat* (*pentru musafiri*) put-you-up; *jos din ~! fam.* rise and shine!
pată *sf.* **1**. patch, blemish, mark, taint, spot, spatter, streak, smudge, smear: ~ *de vopsea* smear of paint. **2**. (*și fig.*) stain. **3**. (*de cerneală*) blotch. **4**. (*de culoare*) fleck, spot, speckle. **5**. (*mică*) speck. **6**. (*de noroi etc.*) splash, splodge, spot. # *fără ~* unblemished; *substanță de scos pete* remover.
patefon *sn.* record player. # *ac de ~* stylus.
patent(ă) *sn., sf.* patent, licence.
patenta *vt.* (*o invenție*) to patent.
patern *adj.* paternal, fatherly. # **~itate** paternity, parenthood, fatherhood.
patetic *adj.* pathetic, pitiful.
pateu *sn.* **1**. pie. **2**. (*cu brânză etc.*) pastry. **3**. (*mic*) patty. **4**. (*cu carne*) pasty.
patimă *sf.* passion, ardent enthusiasm, zeal.
patina *vi.* to skate. # **~tor** (ice) skater.
patinaj *sn.* (ice) skating: ~ *artistic* figure skating; ~ *viteză* speed skating.
patină *sf.* **1**. (ice-)skate: *patine cu rotile* roller skates. **2**. (*a vremii*) patina.
patinoar *sn.* (ice/skating) rink.
patiserie *sf.* cake shop.
patolog *sm. med.* pathologist. # **~ie** pathology; **~ic** morbid.
patos *sn.* pathos, verve, enthusiasm.

patriarh *sm.* patriarch. # **~al** patriarchal; **~ie** patriarchate; **~at** patriarchy.

patrie *sf.* **1**. country, (father)land, homeland, mother country. **2**. (*natală*) motherland.

patrimoniu *sn.* patrimony, heritage.

patriot *sm.* patriot. # **~ic** patriotic.

patriotism *sn.* patriotism. # *~ local* parochial spirit.

patron *sm.* **1**. boss, employer, chief. **2**. *fig.* protector. **3**. (*de ziar, de hotel etc.*) proprietor. # **~aj** patronage.

patru *num.* four. # **~zeci** forty; *al ~lea, a patra* the fourth; *a împărți/tăia în ~* to quarter.

patrula *vt.* to patrol. # **~re** patrol.

patrulater *sn.* quadrangle, quadrilateral.

patrulă *sf.* patrol.

patruped *sm.* quadruped.

pauperiza *vt.* to pauperize. # **~re** pauperization.

pauză *sf.* **1**. pause, respite, break, lull, halt, repose, *fam.* breather. **2**. *școl.* break, *amer.* recess. **3**. *teatru* interval, *amer.* intermission. **4**. *jur.* recess. **5**. (*semn grafic*) dash. **6**. *muz.* rest. **7**. (*scurtă*) hold. # *a face o ~* to take a break.

pava *vt.* to pave. # **~j** pavement. # *piatră de ~j* cobble(stone).

pavăză *sf.* **1**. (*scut*) shield. **2**. (*ocrotire*) protection, umbrella.

pavilion *sn.* **1**. pavilion. **2**. (*la spital*) wing. **3**. *nav.* ensign, pennant.

pavoaza *vt.* to deck, to decorate. # **~re** decoration, decking.

pază *sf.* guard, watch, lookout. # *a face de ~* to patrol.

paznic *sm.* **1**. watch(man), guard, keeper. **2**. (*de noapte*) (night)-watchman. **3**. (*de pădure*) warden: *~ de vânat* game warden. **4**. (*de parc, rezervație*) ranger, keeper.

păcat *sn.* **1**. sin, *fam.* crime: *~ capital* mortal sin; *a face un ~* to commit a sin. **2**. *bis.* trespass. # *din ~e* regrettably, regretfully, unfortunately, unluckily, sad to say; *ce ~!* what a pity/shame!

păcăleală *sf.* farce, hoax.

păcăli *vt.* **1**. to trick, to outwit, to fool, to hoax, to fox, *fam.* to shaft, *amer.* to hocus, *fam.* to snooker. **2**. (*pe cineva*) to deceive, to take in.

păcăni *vi.* to click. # **~t** clack, click.

păcătos **I**. *sm.* sinner. **II**. *adj.* sinful.

păcătui *vi.* to trespass, to sin.

păcură *sf.* crude oil.

păduche *sm.* **1**. louse. # *~ lat* crab louse. **2**. *pl.* lice.

păduchios *adj.* lousy.

pădurar *sm.* ranger, woodsman, forester.

pădure *sf.* woods, forest.

pădureț *adj.* crab.

păgân *sm.* pagan, heathen.

păgubaș *sm.* loser. # *a se lăsa ~* to give up, to chuck up.

păgubi *vt.* **1**. to damage, to cause damage to. **2**. **(de)** (*bani*) to deprive of.

păgubitor *adj.* **1**. damaging. **2**. (*dăunător cuiva*) detrimental to.

păgubos *adj.* unlucky.

păhărel *sn.* (*cu băutură*) *fam.* snifter.

păi *interj.* well, I say.

păianjen *sm.* spider. # *pânză de ~* (cob)web.
pălărie *sf.* **1.** hat. **2.** (*de soare*) sunhat. **3.** (*moale*) trilby. **4.** (*de paie*) straw hat. **5.** (*cu bor lat*) slouch hat. # **~r** hatter; *magazin de pălării de damă* millinery; *a-şi scoate pălăria* to take off one's hat, to bare one's head; *a-şi pune pălăria* to put on one's hat; *jos pălăria*! hats off!.
pălăvrăgeală *sf.* chatter, chit-chat, tattle, *sl.* gaff.
pălăvrăgi *vi.* to chatter, to tattle.
păli I. *vt.* to slap, to hit. **II.** *vi.* **1.** to pale. **2.** (*d. plante*) to wilt, to wither. **3.** (*la faţă*) to turn pale.
pălmui *vt.* to smack, to slap, *fam.* to wallop.
pămătuf *sn.* **1.** (powder) puff. **2.** (*de bărbierit*) shaving brush.
pământ *sn.* **1.** (*glob*) earth, world. **2.** (*sol*) ground, earth, soil, land, dust. **3.** (*arabil*) plough land, topsoil. # *sub ~* underground; *la ~* downward(s); *de/din ~* earthen; *a lega/pune la ~ el.* to earth, *amer.* to ground; *a cultiva ~ul* to till the land.
pământesc *adj.* **1.** eartly, terrestrial. **2.** (*laic*) temporal.
pănuşă *sf.* husk.
păpădie *sf.* dandelion: *măciulie de ~* dandelion clock.
păpuşar *sm.* puppeteer.
păpuşă *sf.* doll, puppet.
păpuşică *sf.* dolly.
păr[1] *sm.* **1.** hair. **2.** (*de animal, din barbă, din perie*) bristle. # **~os** hairy, hirsute; *cu ~ alb* white-haired, grizzled; *cu ~ roşu* carroty; *în doi peri* ambiguous, equivocal; *în ~* all of us; *tras de ~ fig.* far-fetched; *peri din barbă* whiskers.
păr[2] *sm. bot.* pear (tree).
părăgini *vr.* to go to rack and ruin, to fall into decay/ruin. # **~t** dilapidated, ramshackle.
părăsi *vt.* **1.** to abandon, to leave, to desert, to dump, to quit: *şi-a ~t familia* he left his family. **2.** (*o casă, un loc*) to vacate. **3.** (*un partid*) to defect, to bolt. **4.** (*un iubit*) to throw over, to walk out on. # **~re** abandon(ment), dereliction.
părăsit *adj.* **1.** abandoned, neglected. **2.** (*d. o casă*) derelict, deserted, desolate, forlorn.
părea I. *vi.* to appear, to seem, to look: *s-ar ~ că* it would appear/seem that; *a ~ obosit* to seem tired; *pare interesant* it looks interesting; *a ~ bolnav* to look ill. **II.** *vr.* to seem. # *se pare că nu* apparently not; *s-ar părea că nu* it seems not; *îmi pare rău de ce am făcut* I'm sorry for what I've done; *a-i ~ bine* to be glad.
părere *sf.* **1.** (*opinie*) opinion, point (of view), thought, bet, mind, reckoning, stand, voice, thinking, say: *~a mea este că* my bet is that; *păreri diferite* different views; *a-şi spune ~a* to speak one's mind; *a fi de aceeaşi ~* to be of a mind. **2.** (*convingere*)

convinction. 3. (*impresie*) idea, impression. 4. *pl.* reflections. # ~ *de rău* compunction, regret; *după ~a generală* by all accounts; *de aceeași ~* of the same mind, at one; *după ~a mea* as I see it, in my sight, to my mind, in my opinion, to my way of thinking; *a avea o ~ proastă despre* to make little of; *a avea o ~ (foarte) bună despre* to think highly of.

părinte *sm.* 1. parent: ~ *vitreg* step parent. 2. *bis.* priest. 3. *fig.* founder. # **~sc** paternal; **~ște** paternally.

păros *adj.* 1. hirsute, hairy. 2. (*d. un câine*) shaggy, rough-haired.

părtini *vt.* to favour, to privilege. # **~re** partiality, bias, favour; **~tor** one-sided, partial.

păruială *sf.* scuffle, skirmish, rough-and-tumble.

păs *sn.* 1. (*suferință*) distress, mental ailment, affliction. 2. (*supărare*) anxiety, trouble.

păsa *vi.* (**de**) to care (about).

păsărică *sf.* birdie.

păscut *sn.* browsing. # *a duce la ~* to pasture.

păstaie *sf.* shell, capsule, pod, hull, *amer.* shuck.

păstârnac *sm.* parsnip.

păstor *sm.* shepherd, herdsman. # **~iță** shepherdess.

păstra I. *vt.* 1. (*menține*) to maintain, to keep, to preserve. 2. (*reține*) to keep, to retain. 3. (*un obicei, ordinea publică*) to preserve. 4. (*un loc*) to reserve. II. *vr.* to preserve. # **~re** conservation, storage.

păstrăv *sm.* trout.

păstură *sf.* bee bread.

păsuire *sf.* respite, grace.

păși *vi.* 1. to step, to tread, to stride. 2. (*țanțoș*) to saunter, to prance. 3. (*aferat*) to stalk.

pășune *sf.* pasture, grass, meadow, *amer.* range.

păta I. *vt.* 1. to streak, to mark, to smear, to maculate, to spot. 2. (*și fig.*) to sully, to stain, to blemish, to taint. 3. (*cu cerneală*) to blot. 4. (*un nume*) to disgrace. 5. (*imaginea, reputația*) to tarnish, to sully. II. *vr.* (*și fig.*) to stain.

pătat *adj.* 1. spotty, blotchy. 2. (*bălțat*) dappled, mottled, speckled. 3. (*întinat*) tainted. 4. (*murdar*) stained.

pătimaș I. *sm.* enthusiast. II. *adj.* passionate, fiery, sizzling, flaming, hot, fervent.

pătimi *vt.*, *vi.* to suffer, to endure.

pătlăgică *sf.* 1. (*roșie*) tomato. 2. (*vânătă*) eggplant.

pătrar *sn.* (*al lunii*) quarter.

pătrat *sn.*, *adj.* square: *masă ~ă* square table; *un metru ~* one square metre. # *a ridica la ~ mat.* to square.

pătrime *sf.* 1. fourth: *trei pătrimi* three fourths. 2. *muz.* crotchet, *amer.* quarter note.

pătrunde *vt.* 1. to penetrate, to permeate, to enter, to pervade: *aerul curat a pătruns în casă* fresh air pervaded the house. 2. (*pe un teren privat*) to trespass. 3. (*impresiona*) to move, to touch. 4. (*înțelege*) to perceive. # **~re** penetration.

pătrunjel *sm.* parsley.
pătruns *adj.* **1**. (*fiert*) done. **2**. (*mişcat*) moved.
pătrunzător *adj.* **1**. (*d. privire*) penetrating, piercing. **2**. (*d. minte*) astute, perspicacious. **3**. (*d. miros*) obtrusive, poignant, pungent. **4**. (*d. vânt*) biting, bitter, piercing. **5**. (*d. o judecată*) profound. **6**. (*d. frig*) keen, piercing. **7**. (*d. sunet*) shrill, sharp.
pătuiac, pătul *sn.* loft.
pătură *sf.* blanket, rug, wrap, coverlet.
pătuţ *sn.* cot, cradle, *amer.* crib.
păţanie *sf.* mishap.
păţi *vt.* to undergo. # **~t** (much)-‑tried; *a o* ~ to get into trouble, to get hurt.
păun *sm.* peacock. # **~iţă** peahen.
păzi I. *vt.* **1**. to guard, to watch over: *câinele păzea casa* the dog guarded the house. **2**. (*pe cineva*) to protect. **II**. *vr.* to beware. # **~tor** guardian; **~t** guarded.
pâclă *sf.* thick mist.
pâine *sf.* **1**. bread, loaf: ~ *rotundă* round loaf. **2**. (*prăjită*) toast. # *cutie pentru* ~ bin; *~a noastră cea de toate zilele* our daily bread; *prăjitor de* ~ toaster; *a avea ~a şi cuţitul fam.* to rule the roost.
pâlc *sn.* **1**. troop, group, knot: *~uri de oameni* knots of people. **2**. (*de copaci*) clump, cluster, grove, stand.
pâlnie *sf.* funnel.
pâlpâi *vi.* to flare, to flicker, to flutter, to glimmer, to waver, to wink. # **~re** flicker, glimmer; **~t** flare.
până *prep., conj.* till, until: ~ *dimineaţă* till morning; *am să dorm ~ va veni* I will sleep till he comes; *din zori şi ~-n seară* from daybreak till evening. # ~ *la* pending, up; ~ *atunci* until then; ~ *şi* even; *a fi înduioşat ~ la lacrimi* to be moved to tears.
pândă *sf.* **1**. prowl, watch. **2**. (*loc de*) hide.
pândi *vt.* to spy, to stalk, to watch on.
pângări *vt.* (*un nume*) to disgrace, to defile.
pântece *sn.* belly, womb.
pânză *sf.* **1**. material, cloth. **2**. (*velă*) sail. **3**. (*de păianjen*) cobweb. **4**. (*de cort*) canvas, tarpaulin. **5**. (*de sac*) sacking.
pânzeturi *sf. pl.* textiles.
pâră *sf.* denunciation, telltale, *amer.* tattletale.
pârâcios *sm.* snoop, *fam.* telltale, sneak.
pârâi *vi.* **1**. to crackle, to sputter. **2**. (*d. un radio*) to rattle. # **~tură** crackle, snap; **~t** (*al unui radio*) rattle.
pârâiaş *sn.* stream, rivulet, *amer.* creek.
pârât *sm. jur.* defendant, culprit.
pârâu *sn.* brook, stream.
pârghie *sf.* (*şi fig.*) lever. # *mecanism cu pârghii* linkage.
pârgui *vr.* to ripen. # **~t** ripe, mellow.
pârî *vt.* to tell on, to sneak on, to tattle on: *l-a pârât* she told on him.

pârjoli *vt.* to parch, to scorch, to sear. # *~t de soare* sun-baked.

pârleaz *sn.* stile.

pârli *vt.* 1. to singe. 2. (*înşela*) to gyp, to cheat.

pârlit *adj.* 1. (*de soare*) sun-baked. 2. (*nevoiaş*) destitute, poor, wretched.

pârloagă *sf.* fallow, wasteland.

pârnaie *sf.* jail, *sl.* can, nick, *amer. sl.* pen.

pârtie *sf.* 1. track. 2. (*de bob*) slide. 3. (*de schi*) ski run/slope.

pârţ *sn.* fart. # *a trage un ~* to fart.

pe *prep.* 1. on, upon, at, in, over, *fam.* out: *~ alocuri* in places; *~ cer* in the sky; *~ scaun* on the chair; *~ toată podeaua* all over the floor; *a privi ~ fereastră* to look out (of) the window; *şo ~ el*! at him! 2. per: *~ noapte* per night. 3. (*cu verbe de mişcare*) onto. # *~ la* round; *~ urmă* then; *de ~* off: *am căzut de ~ scară* I fell off the ladder.

pecete *sf.* seal.

pecetlui *vt.* to seal.

pechinez *sm.* pekin(g)ese.

pectoral *adj.* pectoral: *muşchii ~i* pectorals.

pecuniar *adj* pecuniary.

pedagogie *sf.* pedagogy.

pedala *vt.*, *vi.* to pedal.

pedală *sf.* pedal, treadle.

pedant **I.** *sm.* pedant. **II.** *adj.* pedantic, punctilious. # **~erie** pedantry.

pedeapsă *sf.* **1.** punishment, correction, sanction, discipline, *amer. fam.* rap: *a scăpa de ~* to beat the rap. **2.** (*şi jur.*) penalty: *~ capitală* death penalty; *lovitură de ~ sport* penalty shot. **3.** (*meritată*) retribution. # *pasibil de ~* punishable.

pedepsi *vt.* **1.** to punish, to penalize, to sanction. **2.** (*un copil*) to correct.

pederast *sm.* p(a)ederast.

pediatrie *sf.* p(a)ediatrics.

pediatru *sm.* pediatrist, *amer.* pediatrician.

pedichiură *sf.* pedicure.

pedichiurist(ă) *sm.*, *sf.* chiropodist, *amer.* podiatrist.

pedigriu *sn.* pedigree. # *cu ~* pedigree.

pedofil *sm.* p(a)edophile.

peiorativ *adj.* pejorative, derogatory.

peisaj *sn.* sight, scenery, landscape, view. # *~ marin* (*pictură*) seascape.

pelerin *sm.* pilgrim. # **~aj** pilgrimage.

pelerină *sf.* cloak, mantle, *amer.* wrap.

pelican *sm.* pelican.

peliculă *sf.* film, sheet, coating. # *~ de petrol* (*pe mare*) slick.

pelin *sm.* *bot.* wormwood, sagebrush.

peltea *sf.* jelly.

peltic *adj.* lisping. # *a vorbi ~* to lisp, to have a lisp.

peluză *sf.* **1.** lawn, ground. **2.** *sport* stand.

penaj *sn.* plumage.

penal *adj.* penal, criminal: *Cod ~* penal code; *Drept ~* criminal law.

penaliza *vt.* *sport* to penalize.

penalizare *sf.* penalty: *fără* ~ without penalty.

penalti *sn.* penalty (kick).

penar *sn.* pencil box/case.

pendul *sn.* pendulum. # **~ă** clock.

pendula *vi* **1**. (*legăna*) to swing. **2**. to hesitate, to waver.

penel *sn.* brush.

penetra *vt.* to penetrate, to pierce. # **~re**, **~ție** penetration.

penetrant *adj.* **1**. piercing. **2**. (*d. un miros*) obtrusive, poignant.

peni *sm.* **1**. (*monedă*) penny (*pl.* pennies). **2**. (*valoare în peni*) penny (*pl.* pence). # *de doi* ~ *fam.* tupenny; *monedă de doi* ~ two pence.

penibil *adj.* **1**. (*jenant*) embarrassing, uncomfortable. **2**. (*supărător*) unpleasant, disagreeable.

penicilină *sf.* penicillin.

peninsulă *sf.* peninsula.

penis *sn.* penis, member, *sl.* cock, dick, prick, tool, *amer. sl.* pecker.

penitenciar *sn.* penitentiary.

penitent *sm.* penitent.

penitență *sf. bis.* penitence, penance.

peniță *sf.* pen, nib.

pensa *vt.* (*sprâncene*) to pluck.

pensă *sf.* (*fald*) pleat, fold.

pensetă *sf.* nippers, tweezers, pincers.

pensie *sf.* **1**. pension: *a trăi din* ~ to live on a pension. **2**. (*alimentară*) alimony, allowance, maintenance; *la* ~ retired; *a scoate la* ~ to pension off; *a ieși la* ~ to retire.

pensiona I. *vt.* to pension off. **II**. *vr.* to retire. # **~re** retirement; **~r** pensioner, *amer.* retiree.

pensiune *sf.* **1**. pension, board(ing) house, hostel, lodging house. **2**. (*completă*) fullboard. # *turist/chiriaș în* ~ boarder.

pensulă *sf.* brush, paintbrush.

pentagon *sn.* pentagon.

pentru *prep.* for, against: ~ *iarnă* against the winter; *un cadou* ~ *tine* a present for you; ~ *nimic în lume* not for the world. # ~ *că* since, because; ~ *a* (so as) to: *prea bătrân* ~ *a munci* too old to work; ~ *asta a venit* that's why he's come; ~ *puțin*!, *n-ai* ~ *ce*! (*ca răspuns la „mulțumesc“*) you're welcome!; ~ *ce*? why?.

penultim *adj.* penultimate. # *~ul* the last but one; *~a oară* the time before last.

penurie *sf.* penury, poverty, dearth, famine, shortage, lack of money.

pepene *sm.* **1**. melon. **2**. (*verde*) watermellon.

pepinieră *sf. bot.* nursery.

pepit *adj.* checked.

pepită *sf.* (*de aur*) nugget.

percepe *vt.* **1**. (*simți*) to feel, to sense, to perceive. **2**. (*impozite etc.*) to levy.

perceptibil *adj.* perceptible, discernible, noticeable.

perceptor *sm.* (tax) collector, taxman.

percepție *sf.* perception.

percheziție *sf.* search, shakedown: *mandat de* ~ search warrant; ~ *domiciliară* house search. # *a face* ~ *în* to ransack; ~ *corporală* body-search.

percheziționa *vt.* **1**. to search. **2**. (*pe cineva*) to frisk.

perciuni *sm. pl.* whiskers.

percuție *sf. muz.* percussion.

perdaf *sn.* reprimand. # *a trage cuiva un* ~ to take smb. to task.

perdea *sf.* **1**. curtain, drape: *a pune perdele* to curtain. **2**. (*de ceață*) veil. **3**. *pl.* hangings. # *fără* ~ (*d. un banc*) smutty.

perdiție *sf.* perdition.

pereche *sf.* **1**. couple, double, pair, match, twin, *fam.* twosome: *o* ~ *de șosete* a couple of socks; *tânăra* ~ the young couple. **2**. (*mascul sau femelă*) mate. **3**. (*de pantofi etc.*) pair. **4**. (*de dans*) partner. # *fără* ~ matchless, surpassing, sublime; *grup din două perechi* foursome.

peregrin *sm.* pilgrim.

peren *adj.* perennial. # **~itate** pereniality.

perete *sm.* **1**. wall. **2**. (*despărțitor*) partition. # *fixat în* ~ wall-mounted.

perfect *adj.* **1**. perfect, exquisite, faultless, flawless, accomplished, consummate: *un dansator* ~ an accomplished danser; *un gentleman* ~ a consummate gentlemen. **2**. (*ideal*) perfect, ideal. # **~ibil** perfectible; *mai mult ca ~ul gram.* the past perfect.

perfecta *vt.* (*un contract*) to conclude.

perfecționa *vt.* to perfect, to improve. # **~re** perfection; *curs de ~re* refresher (course); *a se perfecționa în spaniolă* to brush up one's Spanish.

perfecțiune, perfecție *sf.* **1**. perfection. **2**. (*persoană*) paragon. # *la* ~ perfectly.

perfid *adj.* perfidious, hypocrite, treacherous, devious, shifty, insincere, sanctimonious, sly. # **~ie** perfidy, hypocrisy, guile.

perfora *vt.* **1**. to perforate, to drill, to pierce, to punch. **2**. (*un bilet*) to clip, to punch.

perforator *sn.* **1**. drill. **2**. (*de bilete*) punch.

performanță *sf.* **1**. performance, achievement, excellence, feat: ~ *economică* economic performance. **2**. *pl.* proficiencies.

performer *sm.* achiever.

perfuzie *sf. med.* perfusion.

pergament *sn.* parchment, scroll.

peria *vt.* **1**. to brush. **2**. (*linguși*) to flatter, to sweet talk, *amer.* to stroke.

periclita *vt.* to endanger, to jeopardize, *fam.* to snooker. # **~re** jeopardy.

pericol *sn.* **1**. peril, danger, menace: (*d. viața cuiva*) *în afara oricărui* ~ out of danger, out of harm's way. **2**. risk, hazard: *a-și pune viața în* ~ to risk your neck. # *a pune în* ~ to endanger, to risk, to jeopardize, to imperil, to venture.

periculos *adj.* **1**. dangerous, perilous, precarious, insecure. **2**. (*riscant*) risky, hazardous, unsafe. **3**. (*dăunător*) harmful, wicked. **4**. (*înșelător*) treacherous. # *o curbă periculoasă* a nasty bend.

perie *sf.* 1. brush. 2. (*de păr*) hairbrush. 3. (*de frecat*) scrubber. # **~re** brush.

periferic *adj.* peripheral.

periferie *sf.* 1. (*şi fig.*) periphery, fringe, margins. 2. (*de oraş*) outskirts, purlieus.

perifrază *sf.* periphrasis.

perima *vr.* to date, to lapse. # **~t** effete, obsolete, extinct, out-of-date, outdated, played-out, time-worn.

perimetru *sn.* perimeter.

perinda *vr.* to pass one after the other, to pass to and for.

perinită *sf.* 1. cushion. 2. (*pentru ace*) pincushion. 3. (*de îngenuncheat*) hassock.

perioadă *sf.* 1. period, phase, cycle, moment, stretch, run: *o ~ de vreme rea* a run of bad weather. 2. (*interval*) period, span, term, spell, season, *fam.* patch: *~ de vânătoare* hunting season; *~ rece* cold spell; *~ proastă* bad patch; *pe o ~ de două luni* for a period of two months; *o ~ de şase ani* a span of six years. 3. (*la putere a unui partid*) inning. # *~ de detenție* term; *pentru toată perioada* for the duration; *a trece printr-o ~ grea fam.* to have a thin time.

periodic *adj.* periodic(al), cyclic(al), recurrent.

peripeție *sf.* experience, incident, unexpected event.

periplu *sn.* long journey.

perisabil *adj.* (*d. alimente*) perishable.

periscop *sn.* periscope.

periuță *sf.* 1. (*de dinți*) toothbrush. 2. (*linguşitor*) toady, sycophant.

perlă *sf.* pearl: *colier de perle* pearl necklace.

permanent I. *sn.* (*la păr*) perm. II. *adj.* permanent, regular, round-the-clock, unending, unswerving, standing: *armată ~ă* standing army; *serviciu ~* regular job; *comitet ~* standing committee; *supraveghere ~ă* round-the--clock watch. # *a-şi face ~* to perm.

permanență *sf.* permanence, fixity, stability.

permeabil *adj.* permeable.

permis I. *sn.* 1. pass, permit, licence, card: *~ de vânătoare* game licence. 2. (*vamal*) bond note. II. *adj.* permissible. # **~iune** permission, consent; *a elibera un ~ cuiva* to license smb.

permisie *sf. mil.* furlough, leave of absence.

permite *vt.* to permit, to allow, to tolerate, to let, to admit. # *a-şi ~* to afford: *îmi pot permite o maşină nouă* I can afford a new car; *a-şi ~ cam multe cu* to make free with; *a nu ~* to deny, to prohibit; *îmi permit luxul unui vin bun* I indulge in the luxury of a good wine.

pernă *sf.* 1. pillow. 2. (*ornamentală*) cushion. # *față de ~* pillowcase, pillowslip; *~ de aer* cushion of air; *vehicul pe ~ de aer* hovercraft.

perniță *sf.* 1. cushion. 2. (*pentru ace*) pincushion. 3. (*de îngenuncheat*) hassock.

pernuță *sf.* (*a labei*) pad.
peron *sn.* platform.
perora *vt.* to declaim. # **~ție** harangue.
perpeli I. *vt.* (*frige*) to grill. **II.** *vr.* (*zvârcoli*). **1.** (*în pat*) to toss. **2.** (*de durere*) to writhe.
perpendicular *adj.* perpendicular, upright. # **~ă** perpendicular.
perpetua *vt.* to perpetuate. # **~re** perpetuity.
perpetuu *adj.* perpetual, never-ending.
perplex *adj.* puzzled, bewildered. # **~itate** *sf.* perplexity, bewilderment.
persecuta *vt.* to persecute, to victimize.
persecuție *sf.* persecution.
persevera *vi.* to persevere.
perseverent *adj.* persevering, tenacious, dauntless.
perseverență *sf.* perseverance.
persifla *vt.* to banter, to tease. # **~re** banter.
persista *vi.* **1.** to persist, to linger, to reverberate. **2.** (*d. miros*) to cling.
persistent *adj.* **1.** persistent, lasting, lingering. **2.** (*d. o pată*) obstinate. **3.** (*d. o boală*) refractory. **4.** (*d. tuse etc.*) stubborn.
persoană *sf.* **1.** person, individual, man, soul, *amer.* guy: *nu era nici o ~ prin preajmă* there wasn't a soul in sight. **2.** *pl.* people. # *~ importantă* personage, worthy, notable; *~ neutră/imparțială* neutral; *~ de excepție amer. fam.* standout; *în ~* in person, personally.
personaj *sn.* **1.** personage. **2.** (*în roman*) character. **3.** (*în roman etc.*) hero. **4.** (*negativ*) villain.
personal I. *sn.* personnel, staff. **II.** *adj.* personal, own, peculiar, proper, individual: *mașina mea ~ă* my own car. # *reducere de ~ fam.* shake-out; *cu lipsă de ~* short-handed; *surplus/exces de ~* redundancy; *a dota cu ~* to staff.
personalitate *sf.* **1.** personality, figure, celebrity, individuality. **2.** (*marcantă*) personage.
personifica *vt.* to personify. # **~re** personification.
perspectivă *sf.* **1.** perspective, prospect, outlook, promise, purview: *perspectiva economică a țării noastre* our country's economic outlook; *elev cu perspective frumoase* pupil of great promise; *în ~* in prospect. **2.** (*priveliște*) panorama, prospect, view. **3.** *pl.* expectations.
perspicace *adj.* perspicacious.
perspicacitate *sf.* perspicacity, insight.
pertinent *adj.* **1.** pertinent, reliable, relevant, cogent, percipient. **2.** (*d. un sfat*) sound.
perturba *vt.* to perturb, to disturb, to violate, to ruffle. # **~re** upset, disturbance.
perucă *sf.* periwig, wig.
peruzea *sf.* turquoise.
pervaz *sn.* ledge, (window) sill.
pervers I. *sm.* pervert. **II.** *adj.* perverse. # **~itate** perversity.

perversiune *sf.* perversion: ~ *sexuală* sexual perversion.

perverti *vt.* to pervert, to corrupt. # ~**re** perversion; ~**t** corrupt, depraved, warped.

pescar *sm.* **1**. angler, fisher(man). **2**. (*de cod*) codder.

pescărie *sf.* fishmonger's.

pescăruş *sm.* (sea)gull.

pescui I. *vt.* **1**. to fish. **2**. (*cu năvodul*) to trawl. **3**. (*cu undiţa*) to angle. **4**. (*ilegal*) to poach. **II**. *vi.* **1**. to fish. **2**. (*din barcă*) to troll (for).

pescuit *sn.* fishing: *unelte de* ~ fishing tackle; ~*ul interzis* no fishing. # ~**or** fisherman.

pesemne *adv.* probably.

pesimism *sn.* pessimism.

pesimist I. *sm.* pessimist. **II**. *adj.* pessimistic.

pestă *sf.* pestilence.

peste I. *adv.* up. **II**. *prep.* above, over, across, beyond: *a alergat ~ drum* he ran across the road; *am dat ~ ea acolo* I came across her there; *a sărit ~ gard* he jumped above the wall; *pod ~ râu* bridge over/across the river; *priveşte ~ gard* look over the fence; ~ *zece cărţi* over ten books. # ~ *tot* everywhere.

pesticid *sn.* pesticide.

pestilenţial *adj.* (*d. miros*) fetid, noisome.

pestriţ *adj.* variegated, motley.

peşte *sm.* **1**. fish: *a curăţa un* ~ to gut a fish. **2**. (*proxenet*) pimp, *sl.* ponce. # *industria ~lui* fishery; *crescătorie de* ~ fish farm, fishery.

peşteră *sf.* **1**. cave. **2**. (*mare*) cavern.

Peştii *sm. pl. art.* **1**. (*zodie*) Pisces. **2**. (*constelaţie*) the Fishes.

peştişor *sm.* fry.

petală *sf. bot.* petal.

petardă *sf.* petard.

petic *sn.* patch, snip. # **a ~i** to mend, to patch.

petiţie *sf.* petition, memorial, appeal: *a depune o* ~ to present a petition.

petiţionar *sm.* petitioner, applicant.

petrecăreţ *sm.* reveller, roisterer, merry-maker.

petrece I. *vt.* (*timpul*) to pass, to spend. **II**. *vi.* (*chefui*) to revel. **III**. *vr.* to occur, to happen, to take place.

petrecere *sf.* **1**. party, carousal, feast, festivity, frolic, jamboree, merrymarking: ~ *numai pentru bărbaţi* stag party; ~ *numai pentru femei* hen party; ~ *cu dans* dancing party, shinding. **2**. (*zgomotoasă*) revel(ry). # ~ *frumoasă*! have a good time! enjoy yourself!

petrol *sn.* oil, petroleum. # ~**ist** oilman; ~**ier** *nav.* (oil) tanker; ~**ogie** petrology; ~ *lampant* kerosene; *platformă ~ieră* oil rig; *pată de* ~ oil slick.

petunie *sf.* petunia.

peţi *vt.* to ask in marriage. # ~**tor** *sm.* matchmaker, go-between.

peţiol *sn.* stalk.

pezevenchi *sm.* crook, scoundrel.

pian *sn.* **1**. piano: *a cânta la* ~ to play the piano. **2**. (*cu coadă*) *fam.* grand (piano). # ~**ist** pianist; ~**ină** upright piano.

piatră *sf.* **1**. rock, stone: *de/din ~* stone; *epoca de ~* the Stone Age. **2**. *med.* calculus. **3**. (*prețioasă*) jewel, gem, stone. **4**. (*de grindină*) hailstone. **5**. (*la rummy*) tile. # *~ de hotar* (*și fig.*) landmark; *~ ponce* pumice; *~ de încercare* touchstone; *plin de pietre* stony; *~ de kilometraj* land mark; *~ de pavaj* cobble.

piață *sf.* **1**. market, *amer.* mart: *~ neagră* black market; *~ a forței de muncă* labour market. **2**. (*intersecție*) square, circus. **3**. (*la bursă*) pit. # *pe ~* (*d. o carte*) in print; *cerut pe ~* in demand.

piațetă *sf.* square.

pic *sn.* **1**. (*strop*) drop, blob. **2**. (*puțin*) particle, morsel, jot, iota, sprinkle, scintilla, sprinkling, touch, vestige, spark, whit, trifle, shade, shadow, smidgen, *fam.* tad: *un ~ cam prea scurtă* a shade/trifle too short; *un ~ cam scump* a tad too expensive; *nu e nici un ~ de adevăr în* there's not a vestige of truth in; *un ~ de sare* a smidgen/sprinkle of salt; *n-ai ~ de minte* you haven't a particle of sense. # *nici un ~* not a bit of it.

pica I. *vt.* (*la examen*) to fail, *amer. fam.* to flunk. **II**. *vi.* **1**. (*cădea*) to fall down. **2**. (*d. clădiri*) to colapse. **3**. (*d. o țeavă*) to dribble, to drip. **4**. (*la examen*) to fail, *sl.* to plough, *amer. fam.* to flunk. **5**. (*d. un musafir*) to turn up, *fam.* to pop up. # *frumos de pică* extremely beautiful; *a ~ de somn* to drop with sleep.

picaj *sn.* dive, swoop.

picamer *sn.* pneumatic drill.

picant *adj.* **1**. piquant, hot, spicy. **2**. (*d. o relatare*) racy. **3**. *fig.* juicy: *amănunte ~e* juicy details.

pică[1] *sf.* malice, spite, grudge, resentment: *a purta ~ cuiva* to bear smb. a grudge.

pică[2] *sf.* (*la cărți de joc*) spade: *riga de ~* the king of spades.

picătură *sf.* **1**. drop, bead, bit, globule, speck. **2**. (*puțin*) dot. # *ultima ~* the last straw.

picățea *sf.* **1**. fleck. **2**. *pl.* dots, spots.

picher *sm. c.f.* lineman.

pichet *sn.* **1**. (*de grevă/pază*) picket. **2**. (*grup*) pocket. # **a ~a** to picket.

pici *sm.* brat, tot, *fam.* trot, tyke.

picior *sn.* **1**. leg: *a lua peste ~ pe cineva* to pull smb.'s leg. **2**. (*labă*) foot: *a călca pe cineva pe ~* to tread on smb.'s foot. **3**. *pl. fam.* pins. **4**. (*ca aliment*) trotter. **5**. (*de pahar*) stem. # *loc de pus ~ul* foothold; *în picioare* upright, (*d. loc*) standing; *a bate din picioare* to stamp; *a da din picioare* to kick; *a pune pe picioare* to build, (*o afacere*) to set up; *cu picioarele pe pământ* earthbound; *a o lua la ~* to scurry, *amer. fam.* to take a powder; *a pune pe picioare* (*o afacere*) to launch; *iute de ~* swift of foot; light-footed; *cu picioarele pe pământ* wordly; *în vârful picioarelor* on tiptoe.

picioroange *sn. pl.* **1**. stilts. **2**. (*păsări*) wader.

picnic *sn.* picnic.
picoteală *sf.* doze, wink, nap, snooze.
picoti *vi.* to doze, *fam.* to snooze.
picromigdală *sf.* macaroon.
picta *vt.* **1.** to paint. **2.** (*pe cineva*) to picture.
pictor *sm.* painter: ~ *prost* bad painter. # ~**iță** paintress.
pictură *sf.* painting, picture. # ~ *proastă* daub(ery).
piculină *sf. muz.* piccolo.
picup *sn.* record player. # *braț de* ~ pick-up.
picura I. *vt.* **1.** to drop. **2.** (*un medicament*) to instill. **II.** *vi.* (*d. o țeavă*) to drip, to trickle, to dribble. # ~**re**, ~**t** drip.
piedestal *sn.* pedestal.
piedică *sf.* **1.** obstacle, hindrance, obstruction. **2.** *pl. fig.* reversals. **3.** (*la armă*) lock. # *a pune* ~ *cuiva* to trip smb.
pieire *sf.* **1.** (*distrugere*) destruction. **2.** (*moarte*) extinction, death.
pielar *sm.* tanner, currier.
piele *sn.* **1.** (*epidermă*) skin: ~ *sensibilă* sensitive skin; ~ *de iepure* rabbit skin. **2.** (*tăbăcită*) leather: ~ *de lac* patent leather. **3.** (*de animal*) pelt, hide. # *de* ~ leather; *ca de* ~ leathery; *numai* ~ *și os* scrawny, a bag of bones, *fam.* skinny; *în* ~*a goală* naked, in the raw.
pieliță *sf.* **1.** membrane. **2.** (*pojghiță*) film. **3.** (*la unghie*) hangnail, cuticle.
piept *sn.* **1.** bosom, bust, chest. **2.** (*sân*) breast. # ~**os** chesty; *a ține* ~ *cuiva* to resist smb.; *a strânge la* ~ to fold.
pieptăna *vt., vr.* to comb. # ~**t**, ~**re** comb.
pieptănătură *sf.* coiffure, hairstyle.
pieptene *sm.* comb.
pierde I. *vt.* **1.** to lose, to waste: *a* ~ *la mustață* to lose by a hair. **2.** (*un obiect*) to misplace, to miscarry. **3.** (*trenul, o petrecere etc.*) to miss. **4.** (*ocazia*) *fam.* to sink, *sl.* to blow. **II.** *vr.* **1.** (*și fig.*) to lose: *m-am pierdut cu firea* I lost my nerve. **2.** (*d. sunete*) to die away. **3.** (**de**) to stray (from). **4.** (*de emoție*) to lose oneself. # *a* ~ *vremea* to idle away, to sit around; *a* ~ *ocazia fam.* to miss the boat.
pierdere *sf.* **1.** loss, waste: ~ *de timp* waste of time, dalliance; ~ *în greutate* loss in weight. **2.** (*a unei scrisori*) miscarriage. **3.** (*de vieți*) casualties.
pierdut *adj.* **1.** lost: *câine* ~ lost dog; ~ *în gânduri* lost in thought. **2.** (*rătăcit*) stray. **3.** (*d. privire*) distant, blank, vacant, vacuous. **4.** (*d. ceva*) missing: *o scrisoare* ~*ă* a missing letter.
pieri *vi.* **1.** (*muri*) to perish, to die. **2.** (*dispărea*) to disappear, to vanish. # ~**tor** evanescent, transient.
piersic *sm.* peach (tree). # ~**ă** peach; *ca* ~*a* peachy.
pierzanie *sf.* perdition, doom.
pierzător *sm.* loser.
piesă *sf.* **1.** *tehn.* (*de schimb*) (spare) part. **2.** (*de teatru*) play, drama.

3. (*la şah*) piece, man. 4. (*la muzeu*) specimen. 5. (*la rummy etc.*) tile. # ~ *muzicală* (*de pe un CD*) track.

pietate *sf.* piety, devotion.

pieton *sm.* passerby, pedestrian, walker. # *trecere de ~i* pedestrian/ zebra crossing, *amer.* crosswalk; *refugiu pentru ~i* traffic island, *amer.* safety island. # **~al** pedestrian.

pietrar *sm.* (stone)mason.

pietricică *sf.* pebble, grit.

pietriş *sn.* gravel, grit, shingle: *plajă cu ~* shingle beach.

pietroi *sn.* boulder.

pietros *adj.* stony.

pietrui *vt.* to pave.

pietruit *adj.* 1. (*d. un drum*) metalled. 2. (*d. străzi*) (*cu pietriş*) cobbled.

pieziş I. *adj.* slant(ing), bias: *poziţie ~ă* slant. II. *adv.* aslant, edgeways. # *a cădea ~* (*d. raze de soare*) to slant.

piftie *sf.* brawn, *amer.* headcheese.

pigment *sm.* pigment. # **a ~a** to pigment.

pigmeu *sm.* 1. (*şi fig.*) pigmy, pygmy. 2. runt.

pijama *sf.* pyjamas, *amer.* pajamas.

pilaf *sn.* pilaff.

pilastru *sm.* prop.

pilă *sf.* 1. rasp, file. 2. (*de unghii*) nail file. 3. (*relaţie*) contact, relation. 4. (*electrică*) cell.

pildă *sf.* 1. example: *de ~* for example. 2. moral, model.

pili I. *vt.* 1. to rasp, to file. 2. (*bea*) to tipple, to booze. II. *vr.* to get drunk.

pilit *adj.* (*cherchelit*) intoxicated, drunk, *fam.* pickled, tight; *sl.* soused.

pilon *sm.* 1. pile, post, prop, pillar. 2. *arhit.*, *el.* pylon. 3. *pl.* stilts

pilot *sm.* 1. pilot, aviator, flyer, operator. 2. (*de încercare*) test pilot.

pilota I. *vt.* 1. to pilot, to steer, to fly. 2. (*o navă*) to navigate. II. *vi.* to fly.

pilotă *sf.* eiderdown.

pilulă *sf.* pill, tablet, lozenge: *~ contraceptivă* birth control pill.

pin[1] *sm.* pine. # *lemn de ~* pine.

pin[2] *sm.* *el.* pin.

pingea *sf.* sole. # *a pune pingele la* to sole.

pingeli *vt.* to heel, to sole.

ping-pong *sn.* table tennis.

pinguin *sm.* penguin.

pinion *sn.* *tehn.* pinion.

pinten *sm.* 1. spur. 2. (*de cocoş*) heel. # *a da ~i* (*calului*) to spur.

pion *sm.* (*la şah*) pawn.

pionier *sm.* pioneer. # *de ~at* pioneering.

pios *adj.* pious, devout, godly.

pipă *sf.* pipe.

pipăi *vt.* 1. to touch, to finger, to feel. 2. (*o femeie*) to paw. # *pe ~te* gropingly.

pipăit *sn.* feel, touch: *simţul ~ului* the sense of touch; *moale la ~* soft to the touch.

piper *sn.* pepper: *puţin ~* a sprinkling of pepper. # **a ~a** to pepper;

~niță castor, *amer.* pepper pot/ shaker; *boabă de ~* peppercorn.
piperat *adj.* 1. (*d. mâncare*) peppery. 2. (*d. preț*) usurious, steep.
pipernicit *adj.* 1. stunted, scrawny, wizened. 2. (*d. copaci*) scrubby.
pipetă *sf.* pipette, dropper.
pipi *sn. fam.* pee. # *a face ~ fam.* to pee, to piddle.
pipotă *sf.* gizzard.
piramidă *sf.* pyramid.
pirat *sm.* 1. pirate, sea rover, buccaneer. 2. (*pe calculator*) hacker. # **~erie** piracy.
piroman *sm.* pyromaniac, arsonist. # **~ie** pyromania.
piron *sn.* nail, peg.
pironi *vt.* to fix, to secure, to nail. # *~t locului* rooted to the spot.
pirotehnic *adj.* pyrotechnic.
pirotehnie *sf.* pyrotechnics.
pirpiriu *adj.* 1. scrawny, stunted, *fam.* weedy. 2. (*firav*) frail. 3. (*jerpelit*) shabby, ragged. # *un ~* a weakling.
piruetă *sf.* whirligig.
pisa *vt.* 1. to pound. 2. (*cicăli*) to nag, to badger, to pester.
pisălog I. *sn.* (*de pisat*) pestle. II. *sm.* (*persoană*) gadfly, nagger. # **~eală** pestering.
pisc *sn.* peak, pike, top.
piscicultură *sf.* pisciculture.
piscină *sf.* pool: *~ acoperită* indoor pool.
pisică *sf.* 1. pussy(cat). 2. (*bătrână*) grimalkin. 3. (*tărcată*) tabby. # *pui de ~* kitten.
pisicuță *sf.* kitten, kitty.
pisoi *sm.* 1. (*motan*) tomcat. 2. (*castrat*) gib.
pistă *sf.* 1. track. 2. *av.* runway, taxiway, landing field/strip, macadam, tarmac. 3. (*de alergare*) track. 4. (*pentru curse de viteză*) speedway. 5. *fig.* trail: *~ falsă* false trail.
pistil *sn. bot.* pistil.
pistol *sn.* 1. pistol, revolver, gun, firearm, *fam.* shooter, *sl.* equalizer, *amer. sl.* piece: *~ mitralieră* machine gun; *~ cu apă* water gun. 2. (*automat*) repeater. # **~et** *amer. sl.* rod.
pistolar *sm.* gunfighter, gunman, sharpshooter, *amer.* gun(slinger). # *înfruntare între ~i* shoot-out.
piston *sn. tehn.* piston, ram. # **~ări** *fig.* exhortations.
pistrui *sm.* freckle. # **~at** freckled.
pişa *vr. sl.* to piss. # **~re** piss.
pişca I. *vt.* 1. (*ciupi*) to pinch, to nip. 2. (*d. albină*) to sting. 3. (*d. purici*) to bite. II. *vi.* 1. (*d. vânt*) to lash. 2. (*d. ardei iute*) to smart.
pişcătură *sf.* (*de insecte*) sting, bite.
pişcot *sn.* wafer.
piti I. *vt.* to hide. II. *vr.* to hide, to skulk, to nestle.
pitic I. *sm.* dwarf, manikin, midget, pygmy. II. *adj.* pigmy, undersized.
piton *sm. zool.* piton, python.
pitoresc *adj.* picturesque.
pitula *vr.* to skulk, to lurk, to nestle.
pitulice *sf.* wren.
pițigăiat *adj.* (*d. voce*) piercing, thin, reedy, high-pitched.
pițigoi *sm.* titmouse, chaffinch.

piui *vi.* 1. to cheep. 2. (*d. pui*) to peep. # **~t** cheep, peep, tweet.
piuliță *sf.* 1. *tehn.* nut, washer. 2. (*de bucătărie*) mortar, pestle.
piuneză *sf.* drawing pin, (thumb)-tack.
piure *sn.* (*de cartofi*) mash.
pivniță *sf.* cellar, vault.
pivot *sm. tehn.* pivot, lug. # **a ~a** to pivot.
pix *sn.* (ball) pen. # *rezervă de ~* refill.
pizmă *sf.* envy.
pizmui *vt.* to envy.
plac *sn.* liking: *pe ~ul său* to one's liking.
placa *vt.* 1. to plate, to face, *amer.* to metal. 2. *sport* to tackle. # **~t** (*cu aur*) overlaid.
placaj *sn.* 1. plywood, veneer. 2. *sport* tackle.
placardă *sf.* poster.
placă *sf.* 1. (*de metal*) plate, sheet. 2. (*dentară*) plate. 3. (*fibrolemnoasă*) fibre. 4. (*de lemn/sticlă*) panel. 5. (*disc*) record. 6. (*comemorativă*) tablet.
placid *adj.* placid, stolid.
plafon *sn.* (*și ec.*) ceiling.
plagă *sf.* 1. wound. 2. *fig.* disaster, calamity.
plagia *vt.* to plagiarize, to copy. # **~t** plagiarism; **~tor** plagiarist.
plai *sn.* 1. lawn. 2. region, realm.
plajă *sf.* beach, shore, sands. # *a face ~* to sunbathe.
plan I. *sn.* 1. (*schiță*) design, draft, outline, plan, project, scheme, sketch, draught. 2. plan, program, intention: *~ de acțiune* plan of action; *~ de dezvoltare* development plan. 3. (*geometric*) plane: *~ul vertical* the vertical plane. **II.** *adj.* plane, flat, level, smooth, straight: *suprafață ~ă* plane surface. # *prim-~* close-up; *~ de lucru* schedule; *a avea ~uri mari* to think big; *a se desfășura conform ~ului* to go according to plan.
plana *vi.* 1. (*d. păsări*) to plane, to soar, to hover, to glide, to circle. 2. (*d. avion*) to hover, to glide. # **~t** (*d. un zbor*) sweeping.
planetar *adj.* planetary. # **~iu** planetarium.
planetă *sf.* planet, star.
planifica *vt.* to plan, to time(table), to schedule, to slate. # **~re** planning; **~tor** planner.
planor *sn.* sailplane, glider. # **~ism** gliding.
planșă *sf.* (drawing) board.
planșetă *sf.* (*pentru desen*) drawing board.
planșeu *sn.* floor.
planta *vt.* 1. to plant. 2. (*într-un strat*) to bed. # **~ție** plantation.
plantă *sf.* 1. plant. 2. (*agățătoare*) creeper. 3. (*medicinală*) herb. 4. (*dăunătoare*) vermin.
planturos *adj.* fleshy, sturdy.
planturoasă *adj. f.* buxom, plump and comely.
plapumă *sf.* blanket.
plasa I. *vt.* 1. to place, to position, to station, to seat, to set, to sit, to lay, to put, to poise, to locate. 2. (*bani*) to invest, to deposit.

3. (*o prostituată*) to procure. 4. (*clasa*) to rank, to rate. **II**. *vr.* 1. (*clasa*) to rank, to rate. 2. (*situa*) to range. # **~tor/toare** (*la cinema etc.*) usher/usherette; **~ment** investment, placement.

plasare *sf.* 1. location, placement. 2. (*aşezare*) placing, lay. 3. (*a unui teren*) lie. 4. (*de capital*) investment.

plasă *sf.* 1. net, meshes, network. 2. (*sacoşă*) bag. 3. (*de păianjen*) web. 4. (*de pescuit*) fishnet. 5. (*la geam*) *amer.* screen. 6. *c.f.* (*de bagaje*) rack. # *a prinde în ~* to net.

plastic **I**. *sn.* 1. (*material*) plastic. 2. (*de ambalat*) wrap. **II**. *adj.* 1. plastic. 2. (*d. o descriere*) vivid, graphic. # **~itate** plasticity; *de ~* plastic; *arte ~e* fine arts.

plastilină *sf.* plasticine.

plastografia *vt.* to counterfeit (*a signature*).

plastron *sn.* dicky, shirtfront.

plasture *sm.* plaster. # *a pune un ~* to plaster.

plat *adj.* 1. even, smooth, flat, level. 2. (*şters*) insipid, dull, pedestrian.

platan *sm. bot.* plane (tree).

plată *sf.* 1. pay(ment), discharge. 2. (*în bani*) cash payment. 3. (*în natură*) truck (system). 4. (*în rate*) instalment. 5. (*în acord*) piece rate. 6. (*a unei datorii*) discharge, satisfaction. 7. (*onorariu*) fee. 8. *fig.* deserts. # *obligaţii de ~ ec.* liabilities; *beneficiar al unei plăţi* payee.

platcă *sf.* yoke.

platformă *sf.* 1. platform, deck, ramp. 2. (*petrolieră*) oil rig. 3. *pol.* platform, plank, program.

platfus *sn.* flatfeet. # *cu ~* flat-footed.

platină *sf.* platinum. # *blondă platinată* platinum blonde.

platitudine *sf.* platitude, triteness.

platnic *sm.* payer: *bun/rău ~* good/slow payer.

platonic *adj.* platonic.

platou *sn.* 1. server, charger, tray, *amer.* platter. 2. *geogr.* table-land, plateau. 3. (*de filmare*) set.

plauzibil *adj.* 1. plausible, credible. 2. (*posibil*) conceivable, likely.

plăcea **I**. *vt.* to like, to enjoy, to love, to fancy: *mi-ar ~ să* I'd like to; *îmi place literatura* I love literature; *îmi place să citesc* I enjoy reading; *nu-i place propunerea* he doesn't fancy the proposal. **II**. *vi.* 1. to appeal to, to care for. 2. (**la**) to see (in): *ce-ţi place la el?* what do you see in him? 3. (*simpatiza*) to take to: *mi-a plăcut imediat de el* I took to him immediately. # *a nu-i ~* to dislike; *a-i ~ să* to be fond of.

plăcere *sf.* 1. pleasure, liking, treat: *cu ~* gladly, with pleasure; *de ~* for pleasure; *e o adevărată ~* it' a real treat. 2. (*delectare*) delight, relish, enchantment, thrill, enjoyment, indulgence. 3. *pl.* delights. # *fără ~* reluctantly, unwillingly; *a face ~* (*cuiva*) to please; *cu ~!* (*ca răspuns la „mulţumesc!"*) don't mention it!

plăcintă *sf.* 1. pie: ~ *cu fructe* mince pie. 2. (*cu brânză*) cheese cake. 3. (*cu mere*) applepie. # *foaie de* ~ pastry.

plăcut *adj.* 1. agreeable, appealing, lovable, lik(e)able, pleasing, cosy. 2. (*d. voce*) musical, easy on the ear. 3. (*d. cineva*) pleasant, winsome, attractive, debonair. 4. (*d. înfăţişare*) neat. 5. (*d. culori*) mellow, warm. 6. (*la vedere*) comely, shapely.

plămân *sm.* lung: *boală de ~i* lung trouble.

plănui *vt.* 1. to plan, to scheme. 2. (**să**) to think (of).

plăpând *adj.* delicate, frail, dainty, fragile.

plăsea *sf.* hilt.

plăsmui *vt.* to fib, to invent. # **~re** make-up, phantasy, figment.

plăti I. *vt.* to pay, to honour, to satisfy: *a ~ un şofer de taxi* to pay a taxi driver; *a ~ o datorie* to satisfy a debt. II. *vi.* 1. to pay: *a ~ în numerar* to pay cash. 2. (**pentru**) *fig.* to pay (for). # **~tor** payer.

plângăcios, plângăreţ *adj.* lachrymose, querulous, plaintive, tearful, *fam.* weepy: *copil ~* lachrymose child; *voce plângăreaţă* plaintive voice.

plânge I. *vi.* 1. to cry, to weep, to sob: *a plânge cu foc* to cry one's eyes out. 2. (**după**) to mourn (for). 3. (*amarnic*) to bawl. 4. (*cu sughiţuri*) to sob. II. *vr.* (**de**) to complain (of), to lament, to whinge (about). # *a-şi ~ de milă* to mope; *a începe să plângă* to burst into tears; *cât pe ce să plângă* close to tears.

plângere *sf.* 1. complaint, *sl.* beef. 2. petition. # *a înainta o ~* to lodge a complaint.

plâns *sn.* cry, weep. # *de ~* pitiable; *o criză de ~* a fit of crying.

pleasnă *sf.* lash.

pleavă *sf.* husk.

plebeu I. *sm.* plebeian. II. *adj.* 1. plebeian. 2. (*sărac*) destitute, ignoble.

pleca I. *vt.* (*capul etc.*) to bend. II. *vi.* 1. to go, to leave, to depart: *a ~t la Roma* she left for Rome. 2. (*în grabă*) *fam.* to shoot off. 3. (**din**) to quit. III. *vr.* to bow, to stoop, to prostrate oneself. # **~re** departure, leave, going; *~re pe şest* French leave; *pleacă de aici*! run along!

plecat *adj.* 1. (*prosternat*) prostrate, meek. 2. (*absent*) gone, out: *e ~* (*nu-i acasă*) he is out, (*nu-i în localitate*) he's away.

plecăciune *sf.* bow, curtsy. # *a face o ~* to bow.

pled *sn.* rug, blanket.

pleda *vi.* 1. *jur.* (**pentru**) to plead (for). 2. *jur.* (**împotriva**) to plead (against), to rule (against). 3. (*o cauză*) to further, to promote.

pledoarie *sf. jur.* 1. pleading. 2. (*scrisă*) brief.

plenar *adj.* 1. supreme. 2. (*d. o şedinţă etc.*) plenary. # **~ă** plenary, plenum.

pleoapă *sf.* (eye)lid.

pleonasm *sn.* pleonasm, redundancy.
pleoştit *adj.* floppy.
plescăi *vi.* **1.** to smack. **2.** (*d. zloată*) (*la mers*) to squelch. # **~tură** (*prin cădere în apă*) flop.
plesni I. *vt.* (*lovi*) to strike, to buffet, to whack, to clip, to slap, to rap. **II.** *vi.* (*crăpa*) to break, to split.
pleşuv *adj.* bald.
plete *sf. pl.* tresses, shock.
pletos *adj.* shock-headed.
pleurezie *sf.* pleurisy.
plevuşcă *sf. fig. fam.* (small) fry.
plia *vt., vr.* to fold. # **~bil** collapsible, folding.
pliant I. *sn.* prospectus. **II.** *adj.* collapsible, folding.
plic *sn.* envelope. # *~ dat la concediere* pink slip.
plicticos *adj.* boring, dull, tedious, drab, flat, humdrum. # *persoană plicticoasă* bore; *monoton şi ~* ponderous.
plictiseală *sf.* boredom, ennui, tediousness, tiredness, lassitude. # *mare ~ fam.* yawn.
plictisi I. *vt.* to bore, to weary. **II.** *vr.* to bore. # **~t** bored, weary, tired: *~ de* (*atâta*) *aşteptat* tired of waiting; *~t de moarte* bored to tears.
plictisitor *adj.* **1.** dull, boring, tedious, *fam.* dreary. **2.** (*d. un comentariu*) prosy. # *foarte ~ fam.* boring to death.
plimba I. *vt.* (*un animal*) to exercise. **II.** *vr.* **1.** to walk, to stroll, to promenade. **2.** (*agale*) to saunter. **3.** (*prin cameră*) to pace. **4.** (*cu maşina*) *amer.* to go for a drive, *fam.* to tool along. # *persoană care se plimbă* walker, stroller.
plimbare *sf.* **1.** walk, stroll, promenade, constitutional: *a merge la ~* to go for a walk, to take a walk. **2.** (*cu maşina*) drive. **3.** (*cu bicicleta, maşina*) ride. # *loc de ~* promenade, walk. # *a trimite pe cineva la ~* to send smb. packing.
plin *adj.* **1.** full, filled: *un pahar ~* a full glass; *~ de* full of; *din ~* to the full. **2.** (*durduliu*) plump. **3.** (*încărcat*) laden. **4.** (*d. voce*) rich. **5.** (*d. o zi*) eventful. # **~uţ** *fam.* podgy; *~ de* thick with; *~ ochi* brimful; full to the brim; *a fi ~ de* to abound in/with; *a face ~ul la* (*maşină*) to fuel; *cuvinte ~e de înţeles* words pregnant with meaning; *în ~ă desfăşurare* in full swing; *~ de bani* flush with money.
plisa *vt.* to tuck. # **~t** pleated.
plisc *sn.* beak, bill.
pliseu *sn.* frill, tuck.
plită *sf.* (kitchen) range.
pliu *sn.* crease, pleat, tuck, fold.
plivi *vt.* to weed, to thin.
ploaie *sf.* **1.** rain, wet: *ploaia a încetat* the rain is over. **2.** (*torenţială*) deluge, downpour, heavy rain. **3.** (*uşoară*) sprinkle. **4.** (*aversă*) shower. **5.** *pl.* rainfall. # *apă de ~* rainwater; *strop de ~* raindrop; *a se amâna din cauza ploii* to be rained off/out.
ploconi *vr.* to bow down, to kowtow.

plod *sm.* toddler, pickaninny.
ploicică *sf. amer.* sprinkle.
ploios *adj.* rainy, showery.
plomba *vt.* to stop, to fill.
plombă *sf. med.* stopping, cement, filling, inlay.
plonja *vi.* (*în apă*) to dive, to plunge. # **~re** (*în apă*) dive, plunge.
plonjon *sn.* dive.
plop *sm.* **1**. poplar. **2**. (*tremurător*) aspen.
ploscă *sf.* **1**. (*pentru băutură*) canteen. **2**. *med.* bedpan.
ploşniţă *sf.* (bed)bug.
ploua *vi.* **1**. to rain: *stă să plouă* it looks like rain. **2**. (*torenţial*) to shower, to pour, *fam.* to bucket down. **3**. (*bura*) to drizzle, *amer.* to sprinkle.
plouat *adj.* **1**. wet. **2**. (*până la piele*) soaking wet. **3**. (*supărat*) dejected, depressed, downcast.
plug *sn.* **1**. plough, *amer.* plow. **2**. (*de zăpadă*) snowplough. # **~ar** ploughman; *a ara cu ~ul* to plough.
plumb *sm.* **1**. lead. **2**. (*la undiţă*) sinker. # **~uriu** leaden; *de/din ~* leaden; *fir cu ~* plumb (line).
plural *sn., adj.* plural.
plus I. *sn.* plus. **II**. *prep.* plus: *unu ~ patru fac cinci* one plus four is five. # *în ~* moreover, besides, and what is more, in addition, furthermore. # **a ~a** to ask for more.
plută *sf.* **1**. (*material*) cork. **2**. *nav.* raft. **3**. (*la undiţă*) float. # **~rit** rafting; *a merge cu o ~* to raft.
pluti *vi.* **1**. (*pe apă*) to sail, to float, to drift. **2**. (*în aer*) to hover, to soar. **3**. (*d. frunze veştede*) to whirl. **4**. (*în mers*) to glide. # **~tor** floating.
pluton *sn.* **1**. squad. **2**. *mil.* platoon. # **~ier** warrant officer.
plutoniu *sn.* plutonium.
pneu *sn.* tyre, *amer.* tire.
pneumatic *adj.* pneumatic.
pneumonie *sf.* pneumonia.
poală *sf.* lap: *a sta în poala cuiva* to sit in smb.'s lap. **2**. *pl.* (*de munte etc.*) foot, bottom.
poamă *sf.* **1**. fruit. **2**. (*uşuratică*) wanton, jade, *fam.* hot stuff.
poantă *sf.* (*la o glumă*) sally, gag, tag line, *fam.* punch. # *dans în poante* toe dance.
poartă *sf.* **1**. entrance, gate, *amer.* entry. **2**. (*trecere*) gateway. **3**. *sport* goal. # *spaţiul porţii sport* goal-mouth.
pocăi *vr.* to penance. # **~t** penitent.
pocăinţă *sf.* **1**. *bis.* penance. **2**. contrition.
pocher *sn.* poker.
poci *vt.* to make ugly, to uglify. # **~t** ugly, plain, hideous; **~tanie** fright.
pocinog *sn.* mishap, trouble, nuisance.
pocnet *sn.* click, crack, crash, rattle, ping.
pocni I. *vt.* **1**. to click. **2**. (*lovi*) to buffet, to thwack, to smite, to slug *fam.* to whack. **3**. (*un balon*) to pop. **4**. (*o muscă*) to swat. **II**. *vi.* **1**. to crack, to click. **2**. (*d. un dop*) to pop. **3**. (*din degete*) to snap. # **~toare** (fire)cracker.

pocnitură *sf.* **1.** bang, pop, crack: *o ~ puternică* a loud pop. **2.** (*lovitură*) swat. **3.** (*din degete*) snap.

pod *sn.* **1.** bridge: *~ suspendat* suspension bridge. **2.** (*de casă*) garret, attic, loft. **3.** (*basculant*) drawbridge, swing bridge.

podea *sf.* floor.

podeț *sn.* bridge.

podgorie *sf.* vineyard.

podidi *vt.* **1.** (*d. râs*) to burst out. **2.** (*d. plâns*) to burst into. **3.** (*copleşi*) to overcome.

podiş *sn. geogr.* plateau, tableland.

podium *sn.* podium, stand.

podoabă *sf.* **1.** ornament. **2.** *pl.* decorations. **3.** *pl.* (*ieftine*) fripperies.

poem *sn.* poem, lyric.

poet *sm.* **1.** poet. **2.** (*liric*) lyricist. # **~ă** poetess; **~ic** poetic(al).

poezie *sf.* **1.** verse, poem. **2.** (*lirică*) lyric. **3.** (*pentru copii*) nursery rhyme. **4.** (*scrieri*) poetry.

poezioare *sf. pl.* rhymes.

pofidă *sf.* spite. # *în pofida* in spite of, in the tooth of.

poftă *sf.* **1.** (*de mâncare*) appetite. **2.** (**de**) wish (for), gusto, zest (for), yearning (for), hunger (for), thirst (for), *fam.* itch (to): *~ de viață* zest for life. **3.** (*sexuală*) lust, desire. # *cu ~* heartily: *a mânca cu ~* to eat heartily; *după pofta inimii* after one's own heart; *a avea ~ de* (*dans*) to feel like (dancing).

pofti *vt.* **1.** to invite, to bid, to ask: *l-am ~t înăuntru* I asked him in. **2.** (*dori*) to wish, to desire.

pofticios *adj.* **1.** wishful, desirous. **2.** (*d. uitătură*) lustful.

poftim *interj.* **1.** (*nu am auzit bine*) I beg your pardon? **2.** (*iată*) here you are!, there you are!

poiană *sf.* meadow, glade, links.

poimâine *adv.* the day after tomorrow.

pojar *sn. med.* measles.

pojghiță *sf.* **1.** (*coajă*) crust. **2.** (*strat*) film, skin.

pol *sm.* pole. # *Polul Sud* the South Pole; **~ar** polar.

polaritate *sf.* polarity.

polariza *vr.* (**pe**) to focus (on). # **~re** *tehn.* polarization.

polcă *sf. muz.* polka.

polei[1] *sn.* glazed frost.

polei[2] *vt.* (*cu aur*) to gild, to coat. # **~ală** gold leaf/foil; **~t** gilt, gilded.

polemic *adj.* polemic(al). # **~ă** controversy, argument, discussion.

polen *sn. bot.* pollen. # **a ~iza** to pollinate.

policlinică *sf.* dispensary, clinic.

poligam *sm.* polygamist. # **~ie** polygamy.

poliglot *sm.* polyglot.

poligon *sn.* **1.** *geom.* polygon. **2.** (*de tragere*) shooting gallery, rifle range.

poligraf *sn.* lie detector.

poligrafie *sf.* polygraphy.

politehnic *adj.* polytechnic. # **~ă** polytechnic.

politețe *sf.* politeness, civility, courtesy, gentility.

politic *adj.* political: *azil* ~ political asylum. # *a-şi schimba apartenenţa* ~*ă* to cross the floor; *din punct de vedere* ~ politically; *convingeri/vederi* ~*e* politics, political views; *om* ~ politician.

politică *sf.* **1**. politics: *a intra în* ~ to go into politics; ~ *de forţă* power politics; *a discuta* ~ to talk politics. **2**. (*tactică*) policy: *politica guvernului* government policy.

politician *sm.* politician. # ~**ism** politicking; ~ *versat fam.* wheeler-dealer.

politicos *adj.* civil, polite, duteous, urbane, courteous, dutiful.

poliţă *sf.* **1**. (*raft*) shelf, ledge. **2**. (*de asigurare*) (insurance) policy. **3**. (*factură*) bill.

poliţie *sf.* police, *sl.* nick: *circă/secţie de* ~ police station; *forţe ale* ~*i* police force; *căutat de* ~ wanted.

poliţist *sm.* **1**. policeman, (police) officer, sergeant, *fam.* cop, *sl.* fuzzy. **2**. (*de cartier*) patrolman. **3**. (*călare*) *amer.* trooper. # *roman etc.* ~ whodunnit.

polivalent *adj.* (*d. cineva*) versatile.

polizor *sn.* polisher.

polo *sn.* polo: ~ *pe apă* water polo.

polonez I. *sm.* Pole. **II**. *adj.* Polish. # *limba* ~*ă* Polish.

polonic *sn.* dipper, ladle, scoop.

poltron *adj.* pusillanimous, faint-hearted.

polua *vt.* to defile, to poison, to pollute, to foul. # ~**re**, ~**nt** pollution.

pom *sm.* tree: ~ *fructifer* fruit tree. # *în* ~ *fig.* out on a limb; *fam.* in the cart.

pomadă *sf.* ointment, unguent, salve.

pomană *sf.* **1**. charity, alms. **2**. (*chilipir*) gift. # *de* ~ free of charge, gratis; *a cere de* ~ to beg, to scrounge; *a arde gazul de* ~ *sl.* to slob around.

pomeni I. *vt.* to mention. **II**. *vr.* (*într-un loc*) to find oneself.

pomenire 1. *sf.* mentioning. **2**. (*ceremonie*) memorial. # *slujbă de* ~ remembrance service, requiem; *veşnica* ~ memory eternal.

pompa *vt.* **1**. to pump. **2**. (*petrol etc.*) to pipe. # ~**re** pump(ing).

pompă *sf.* **1**. pump: ~ *de benzină* petrol pump; ~ *de picior* foot pump. **2**. (*fast*) pomp, state. # *antreprenor de pompe funebre* undertaker, *amer.* mortician.

pompier *sm.* **1**. fireman. **2**. *pl.* fire brigade. # *maşină de* ~*i* fire engine; *remiză de* ~*i* fire station.

pompon *sn.* tassel.

pompos *adj.* **1**. pompous, fustian. **2**. (*d. stil*) turgid.

ponderabilitate *sf.* ponderability.

ponderat *adj.* even-tempered, moderate, poised, equable, temperate.

ponderaţie *sf.* moderation, deliberation.

ponegri *vt.* to slander, to defame, to abuse, to malign, to smear, to traduce, *sl.* to bitch, to slag off. # ~**re** smear, slander.

ponei *sm.* pony.

ponosit *adj.* sloppy, dingy, threadbare, shabby, frowzy, *fam.* tatty, *amer.* ragged(y), *fam.* ratty.

pont *sn.* (*secret*) tip.
ponta I. *vt.* to check in, to tally. II. *vi.* to clock on/off.
pontaj *sn.* tally. # *cartelă de ~* time card; *ceas de ~t* time/check clock; *foaie/cartelă de ~* time sheet.
pontif *sm.* pontiff.
ponton *sn.* pontoon, flying bridge, pier.
pop *sn.* (*muzică*) pop music.
popas *sn.* halt, stop, *amer.* way station.
popă *sm.* priest. # *a da ortul popii* to meet your Maker, *sl.* to snuff it.
popic *sn.* pin, skittle. # **~e** bowling, skittles, tenpins.
popor *sn.* **1.** people, nation, populace: *~ul francez* the French people. **2.** (*seminție*) race.
poposi *vi.* **1.** to stop, to halt. **2.** (*peste noapte*) to put up (for the night).
popotă *sf. mil.* mess.
popri *vt.* **1.** (*reține*) *jur.* to detain. **2.** (*interzice*) to forbid.
popula *vt.* to people, to inhabit, to populate. # **~ție** population, populace.
popular *adj.* folk, popular. # **~itate** popularity; **a ~ iza** to popularize.
por *sm. anat.* pore.
porc *sm.* **1.** pig, swine. **2.** (*pentru carne*) (*și fig.*) hog. **3.** (*spinos*) porcupine. # *ca un ~* piggish; *carne de ~* pork; *picior de ~* (*pentru mâncare*) knuckle; *cotlete de ~* pork chops; *a mânca precum un ~* to pig; *crescătorie de ~i* piggery; *cocină de ~i* pigsty; *~ îngrășat pentru tăiere* porker.
porcărie *sf.* **1.** piggery. **2.** *fig.* filth, rubbish, *fam.* tripe, swizz. **3.** (*d. un film etc.*) *fam.* trash. **4.** (*roman etc.*) smut.
porcos *adj.* **1.** (*d. limbaj*) foul mouthed, ribald. **2.** (*d. o glumă*) ribald, filthy, obscene.
poreclă *sf.* nickname, sobriquet.
porecli *vt.* to dub, to nickname.
porni I. *vt.* **1.** (*începe*) to begin, to originate, to start. **2.** (*un motor*) to start. **3.** (*o afacere*) to set up. **4.** (*un aparat de filmat*) to roll. II. *vi.* **1.** (*la drum*) to set off/out, to depart. **2.** (*d. motor*) to start. # **~t** (*îndârjit*) hell-bent; *motorul nu pornește* the engine won't go; *a se ~ pe* (*plâns*) to burst out (crying).
pornire *sf.* **1.** (*impuls*) impulse, urge. **2.** (*plecare*) setting off. **3.** *auto* ignition. **4.** (**spre**) (*predispoziție*) proclivity (to), bent (for). **5.** (*a unui aparat*) starting.
pornografic *adj.* **1.** pornographic. **2.** (*d. un film*) blue.
pornografie *adj.* pornography.
poros *adj.* porous, spongy, cavernous.
port *sn.* **1.** port, haven: *~ de escală* port of call; *~ fluvial* river port. **2.** *nav.* harbour. # *~ la mare* seaport.
portabil *adj.* portable, mobile.
portal *sn.* portal.
portar *sm.* **1.** doorkeeper, gatekeeper, janitor. **2.** (*la hotel etc.*) porter, commissionaire. **3.** *sport* goal(keeper).

portativ *sn. muz.* stave, *amer.* staff.
portavion *sn.* carrier.
portavoce *sf.* loudspeaker, megaphone.
portăreasă *sf.* (*la bloc*) concierge.
portărel *sm.* bailiff.
portbagaj *sn.* **1.** boot, *amer.* trunk. **2.** (*pe maşină*) carrier, (roof)rack.
portbaionetă *sf.* frog.
portchei *sn.* key ring.
portieră *sf.* door.
portiță *sf.* **1.** wicket. **2.** (*de scăpare*) outlet, window.
portjartier *sn.* suspender belt, *amer.* garter.
portmoneu *sn.* purse, wallet.
portocal(**ă**) *sm., sf.* orange: *suc de ~e* orange squash. # **~iu** orange; *seră de ~i* orangery.
portofel *sn.* purse, wallet, *amer.* billfold.
portofoliu *sn.* portfolio.
portret *sn.* portrait: ~ *în mărime naturală* full-length portrait. # **~ist** portraitist; ~ *robot* identikit.
porttigaret *sn.* **1.** (*tabacheră*) (cigarette) case. **2.** (*tub*) cigarette holder.
portughez *sm., adj.* Portuguese. # *limba ~ă* Portuguese.
portvizit *sn.* purse, wallet, *amer.* billfold.
porțelan *sn.* **1.** porcelain. **2.** (*obiect de*) china. # **~uri** chinaware.
porție *sf.* **1.** ration. **2.** (*de mâncare*) serving, portion, helping: *o ~ de carne* a portion of meat; *încă o ~* a second helping.
porționa *vt.* **1.** to ration. **2.** (*carne*) to fillet, to chop. **3.** (*un pui etc.*) to joint. **4.** (*un peşte*) to fillet.
porțiune *sf.* portion, part, share, section, segment, patch, *fam.* slice: ~ *de chelie* bald patch.
porumb *sm.* **1.** maize, *amer.* (Indian) corn: *cocean de ~* corn cob; *fulgi de ~* corn flakes. **2.** (*pentru fiert*) sweetcorn. # *floricele de ~* popcorn.
porumbar *sn.* dovecote.
porumbel *sm.* pigeon, dove: ~ *mesager* carrier pigeon.
poruncă *sf.* **1.** commmand, order, bidding. **2.** (*din biblie*) commandment.
porunci *vt.* to order, to commmand, to bid.
posac *adj.* sulky, gloom, morose, sour, sullen.
poseda *vt.* to possess, to own, to have. # **~t** (*nebun*) possessed.
posesie, posesiune *sf.* possession, hold. # *a pune* (*pe cineva*) *în ~* to make (smb.) the legal owner of, to vest; *punere în ~ jur.* reversion.
posesiv *adj.* possessive.
posesor *sm.* possessor, holder.
poseur *sm.* show-off.
posibil I. *sn.* possible. **II.** *adj.* **1.** possible, practicable, conceivable, feasible, potential. **2.** (*de imaginat*) thinkable. **III.** *adv.* possibly, perhaps. # **~itate** possibility; *a face tot ~ul* to try/make one's best.
posomorât *adj.* peevish, glum, woebegone, sombre, sullen, dismal.
post[1] *sn.* **1.** (*slujbă*) job, place, post, situation. **2.** (*funcție*) position.

3. (*de radio*) station. 4. (*de profesor*) chair. # ~ *potrivit* (*pentru cineva*) niche; ~ *liber* available job, opening; ~ *vacant* available job, vacancy.

post[2] *sn.* fast: ~*ul Paştelui* Lent. # **a ~i** to fast.

postament *sn.* support, mount, rack, pedestal, socle.

poster *sn.* poster, sticker, *amer.* billboard.

posterior *adj.* 1. (*dinapoi*) posterior, hind. 2. (*ulterior*) later.

posteritate *sf.* posterity.

post-restant *sn. amer.* general delivery.

post-scriptum *sn.* postscript.

postum *adj.* posthumous.

postuniversitar *adj.* postgraduate.

postură *sf.* posture, position.

poşetă *sf.* 1. (hand)bag, *amer.* purse. 2. (*de ţinut în mână*) clutch bag. 3. (*mică*) reticule.

poştal *adj.* mail. # *formular* ~ postal form; *curier* ~ postman.

poştalion *sn.* coach.

poştaş *sm.* postman, *amer.* mailman.

poştă *sf.* 1. post (office): *prin* ~ by post; *la* ~ in the post. 2. (*corespondenţă*) post, mail. # *a expedia/trimite prin* ~ to mail, to post.

pot *sn.* (*la pocher*) pot.

potabil *adj.* potable, drinkable.

potaie *sf.* cur, *amer.* mutt.

potârniche *sf.* partridge.

potcoavă *sf.* (horse)shoe.

potcovar *sm.* farrier, smith.

potcovărie *sf.* smithy.

potcovi *vt.* to shoe.

potecă *sf.* path(way), track, trail, *amer.* walk.

potent *adj.* potent.

potenţă *sf.* potency.

potenţial I. *sn.* 1. potential. 2. (*capacitate*) scope. II. *adj.* potential, prospective.

poteră *sf. amer.* posse.

poticni *vr.* to stumble. # **~re** trip, stumble.

potir *sn. bis.* chalice.

potlogar *sm.* fraud, charlatan, *fam.* crook.

potlogărie *sf.* roguery, juggle.

potoli I. *vt.* 1. (*pe cineva*) to appease, to soothe, to calm (down), to quiet. 2. (*setea*) to assuage, to quench. 3. (*foamea*) to satisfy. II. *vr.* 1. (*d. cineva*) to lull, to (become) quiet. 2. (*d. o furtună*) to abate, to subside. 3. (*d. ploaie etc.*) to relent. 4. (*d. furie*) to subside. # *a ~ furia cuiva* to tame smb.'s anger; *potoleşte-te*! pull together!

potolit *adj.* 1. (*d. cineva*) nerveless, quiet, subdued. 2. (*d. culori*) muted. 3. (*lin*) slow. 4. (*mocnit*) smouldering.

potop *sn.* deluge, flood.

potou *sn.* post.

potpuriu *sn. muz.* medley.

potrivi I. *vt.* 1. to match, to fit, to harmonize. 2. (**la**) (*adapta*) to key (to) 3. (*ceasul*) to reset. 4. (*regla*) to regulate, to set, to tune. 5. (*adapta*) *fam.* to tailor. II. *vr.* 1. to concur, to match, to fit, to harmonize, to meld, to suit:

albastru ți se potrivește blue suits you. **2**. **(cu)** to assort (with), to tone (with), to tally (with), to go (with): *roșu se potrivește cu negru* red goes with black. **3**. (*d. idei etc.*) to mesh. # *care se potrivește* matching.

potrivire *sf.* **1**. correspondence, fitness, harmony, overlap. **2**. (*reglare*) regulation.

potrivit *adj.* **1**. (*corespunzător*) appropriate, compatible, adequate. **2**. fit, proper, suitable, right: *la timpul/vremea ~ă* at the right/proper time. **3**. (*convenabil*) convenient, moderate. **4**. (*mediu*) middling, moderate.

potrivnic *adj.* hostile, adverse, contrary: *condiții ~e* hostile conditions. # *vreme ~ă* unfavourable weather.

poțiune *sf.* potion.

povară *sf.* **1**. burden, burthen, weight, load, charge. **2**. (*și fig.*) dead weight.

povață *sf.* advice, counsel, warning.

povârniș *sn.* **1**. slope, slant, declivity. **2**. (*foarte abrupt*) scarp.

poveste *sf.* story, (fairy)tale, *fam.* yarn: *a spune povești* to spin yarns. # *carte de povești* storybook.

povesti **I**. *vt.* **1**. to narrate. **2**. to tell, to relate. **II**. *vi.* **(despre)** to tell (of). # **~tor** narrator, (story)teller.

povestire *sf.* story, narration, tale, recital. # *~ incoerentă* rigmarole.

poza **I**. *vt.* to photograph. **II**. *vi.* **1**. (*și fig.*) to pose. **2**. *fig.* to posture as. **3**. **(pentru)** (*un pictor*) to sit (for).

poză *sf.* **1**. (*poziție*) pose, posture. **2**. photo(graph), shot. # *carte cu poze* picture book.

pozitiv *adj.* positive.

poziție *sf.* **1**. position, situation, pose: *~ de mijloc* mid position; *~ avantajoasă* pole position; *~ relaxată* relaxed pose. **2**. (*rang*) position, place, standing, status: *~ socială* social standing, station. **3**. (*atitudine*) posture, stance. **4**. (*loc*) place, location. **5**. (*într-un top*) slot. # *semnalizator/lumină de ~ auto* sidelight; *a rămâne/se menține pe ~* to sit tight; *poziția sa față de* his slant on.

pozițional *adj.* positional.

poziționare *sf.* positioning, posture.

poznaș **I**. *sm.* wag, joker. **II**. *adj.* (*d. un copil*) mischievous, naughty.

poznă *sf.* **1**. mischief, prank: *e pus pe pozne* he is up to mischief. **2**. (*farsă*) farce, trick.

practic **I**. *adj.* **1**. practical, utilitarian. **2**. (*nu teoretic*) operative. **II**. *adv.* practically.

practica *vt.* to practise, to profess. # **~re** (*a unei meserii*) practice; **~bil** (*d. un drum*) practicable.

practică *sf.* **1**. practice: *a pune în ~* (*un plan*) to put into practice; *teorie și ~* theory and practice. **2**. (*în producție*) training. **3**. *pl.* observances. **4**. (*examen*) practical, *fam.* mock: *examen practic la chimie* chemistry practical. # *punere în ~* application.

practician *sm.* practitioner.

pradă *sf.* **1**. prey, quarry, booty: *păsări de* ~ birds of prey. **2**. *fig.* quarry, victim. **3**. (*din jaf*) plunder, loot, swag. **4**. (*de război etc.*) spoil. # *de* ~ predatory; *s-a lăsat* ~ *tristeții* she abandoned herself to sadness.

praf *sn.* **1**. dirt, dust, powder: ~ *și pulbere fig.* dust and ashes; *fir de* ~ mote/fleck of dust. **2**. (*de pușcă*) gunpowder. # *lapte* ~ powder milk; *plin de* ~ dusty; *a face* ~ *fig.* to hack to bits, (*într-o competiție*) to rout, *amer. fam.* to waste, (*un vehicul*) *fam.* to prang; *a se face* ~ *și pulbere fig.* to fall to pieces; *făcut* ~ (*distrus*) *fam.* shot.

prag *sn.* **1**. (*și fig.*) threshold. **2**. (*al ușii*) doorstep. # *~ul cel mai de jos fig.* the rock bottom; *în ~ul morții* on the brink of death; *în ~ul alegerilor* on the eve of the election.

pragmatic *adj.* pragmatic.

pramatie *sf.* scoundrel.

praștie *sf.* catapult, sling, *amer.* slingshot.

praz *sm.* leek.

praznic *sn.* feast, banquet.

prăbuși *vr.* **1**. to collapse. **2**. (*și fig.*) to sink. **3**. (*d. un avion, o afacere*) to crash. **4**. (*în fotoliu etc.*) to slump.

prăbușire *sf.* **1**. collapse. **2**. (*și fig.*) crash. **3**. (*a guvernului etc.*) downfall. **4**. (*a prețurilor*) tumble.

prăda *vt.* **1**. to plunder, to ravish, to rob, to pillage, *sl.* to knock off. **2**. (*d. o armată*) (*un oraș*) to sack, to loot.

prădare *sf.* **1**. plunder, pillage. **2**. (*a unui oraș*) sack.

prăfuit *adj.* dusty.

prăji I. *vt.* **1**. to fry: *a* ~ *în mult ulei* to deep fry. **2**. (*pâine*) to toast. **3**. (*cafea*) to roast. **II**. *vr.* to fry, to roast. # *a se* ~ *la soare* to bake in the sun, to sunbathe.

prăjină *sf.* pole. # *săritura cu prăjina* pole vault.

prăjitură *sf.* **1**. cake, sweetmeat. **2**. *pl.* confectionery.

prăpastie *sf.* precipice, gulf, chasm, void. # *pe marginea ~i fig.* on the razor's edge.

prăpăd *sn.* disaster, calamity.

prăpădi I. *vt.* to destroy. **II**. *vr.* to die. # **~t** (*d. cineva*) pathetic; *a se* ~ *de râs* to laugh one's head off, to shriek/roar with laughter.

prăpăstios *adj.* **1** (*abrupt*) steep, precipitous **2** (*d. un munte*) rugged. **3**. (*d. cineva*) pessimistic.

prăși *vt.* to weed.

prăvăli *vr.* **1**. (*prăbuși*) to fall down, to tumble. **2**. (*rostogoli*) to roll. **3**. (*d. vânt*) to burst, to get up.

prăvălie *sf.* shop, business, *amer.* store.

prânz *sn.* **1**. (*masă de*) dinner, lunch: *pauză de* ~ lunch break. **2**. (*ușor*) luncheon. # **a ~i**, *a servi ~ul* to lunch.

prâslea *sm.* the little one.

prâsnel *sn.* **1**. (*titirez*) top, whirligig. **2**. (*om vioi*) livewire. # *ca ~ul* zappy.

prea *adv.* too, over(ly): ~ *bătrân* too old; ~ *târziu* too late; *mult* ~ all too. # *nu* ~ not quite.
preajmă *sf.* vicinity, proximity: *în preajma* in the vicinity of. # *în* ~ near; *în preajma Paştelui* on the eve of Easter.
prealabil *adj.* prior.
preamări *vt.* to glorify, to extal, to hymn, to praise. # ~**re** praise, worship.
preambul *sn.* preamble, curtain, preliminary.
preaslăvi *vt.* to glorify.
preaviz *sn.* notice, warning. # *a da* ~ to notice.
precar *adj.* **1.** precarious, uneasy. **2.** (*d. sănătate*) poor. **3.** (*d. poziţie*) untenable.
precaut *adj.* prudent, cautious, provident, wary, vigilant, careful, chary.
precauţie *sf.* precaution, prudence, caution, vigilance, wariness. # *cu* ~ warily; *măsură de* ~ provision.
precădere *sf.* priority. # *cu* ~ especially.
preceda *vt.* to precede.
precedent I. *sn.* precedent. **II.** *adj.* previous. # *fără* ~ unprecedented, unparalleled.
precept *sn.* **1.** precept, rule of conduct. **2.** suggestion.
precipita *vr.* **1.** to precipitate, to rush, to hurry, to scuttle. **2.** *chim.* to precipitate. # ~**re** (*grabă*) hurry, rush, dart.
precipitat I. *sn.* precipitate. **II.** *adj.* **1.** precipitate. **2.** (*grăbit*) precipitous, hasty, rash.
precipitaţii *sf. pl.* precipitation, rainfalls.
precis I. *adj.* **1.** precise, exact, accurate, distinct, specific: *instrucţiuni ~e* specific instructions. **2.** (*clar*) clear, definite, unambiguous, distinct. **3.** (*d. o descriere*) minute. **II.** *adv.* precisely. # *mai* ~ rather.
preciza *vt.* to specify, to prescribe, to state, to define, to name, to pinpoint.
precizare *sf.* **1.** illustration, sidelight. **2.** *pl.* particulars.
precizie *sf.* precision, accuracy. # *de* ~ precision.
precoce *adj.* precocious.
precocitate *sf.* precocity.
preconceput *adj.* preconceived.
precum *adv., conj* as, like: ~ *urmează* as follows; ~ *vezi* as you can see. # *aşa* ~ as; ~ *şi* as well as.
precupeţ *sm.* marketeer, stallholder.
precupeţi *vt.* to spare: *a nu precupeţi nici un efort* to spare no effort.
precursor *sm.* precursor, predecessor, harbinger, forerunner.
preda I. *vt.* **1.** (*da*) to deliver, to hand. **2.** (*învăţa*) to teach: *ea predă istoria* she teaches history. **II.** *vi.* to teach. **III.** *vr.* to surrender.
predare *sf.* **1.** delivery. **2.** (*la şcoală*) teaching. **3.** (*capitulare*) surrender.
predecesor *sm.* predecessor.
predestina *vt.* to predestinate. # ~**t** fated, doomed.
predica *vt.* to preach. # ~**tor** preacher.
predicat *sn. gram.* predicate.

predică *sf.* **1**. sermon. **2**. (*morală*) rebuke, lecture, sermon. **3**. *bis*. (*şi fig*.) homily. # *a ţine o ~* (*şi fig*.) to preach.

predicţie *sf.* prophecy.

predilecţie *sf.* predilection, preference.

predispoziţie *sf.* predisposition, bent, inclination, propensity: *~ spre violenţă* propensity for violence.

predispune *vt.* (**să/spre**) to dispose (to/towards).

predispus *adj.* (**la**) liable (to), disposed (to), prone (to): *~ la infecţii* prone to infection.

predomina *vi.* to predominate, to dominate, to prevail, to reign, to tower (over). # **~nt** predominant, dominant, prevailing, prevalent, uppermost; **~re** domination.

preface I. *vt.* to change, to alter. **II**. *vr.* **1**. (**în**) to change (into). **2**. (*simula*) to pretend, to fake, to sham: *s-a prefăcut că e bolnav* he pretended to be ill.

prefaţa *vt.* to preface.

prefaţă *sf.* preface, introduction, foreword.

prefăcătorie *sf.* pretence, sham, play-acting.

prefăcut *adj.* artificial, false, affected, sham, meretricious, stagy.

prefect *sm.* prefect. # **~ură** prefecture.

prefera *vt.* to prefer, to choose. # **~bil** preferable; **~t** favourite, preferred.

preferenţial *adj.* discriminating.

preferinţă *sf.* **1**. preference, liking, predilection, partiality. **2**. *pl.* likes. # *de ~* for choice; *preferinţe costisitoare* expensive tastes.

prefigura *vr.* to take shape, to shape up.

prefix *sn. gram.* prefix.

pregăti I. *vt.* **1**. to prepare, to ready. **2**. (*pe cineva*) to qualify, to groom, to instruct, to train, to teach: *ea pregăteşte echipa olimpică* she trains the Olympic team. **3**. (*un elev*) to tutor, to coach. **4**. (*un atac*) to mount. **5**. (*masa*) to fix. **II**. *vr.* **1**. to train, to ready oneself. **2**. (**pentru**) to qualify (for), to practise (for). # **~tor** preparatory; *a ~ sufleteşte fam.* to psych up.

pregătire *sf.* **1**. preparation, readiness. **2**. education: *~ universitară* university education. **3**. *pl.* arrangements, preparations. **4**. (*profesională*) background, qualification(s). **5**. *şcol.* grounding, tuition.

pregătit *adj.* **1**. competent. **2**. (**pentru**) ripe (for), poised (to, for): *a fi ~ să câştige campionatul* to be poised to win the championship. # *a fi gata ~* to be in readiness.

preget *sn.* # *fără ~* continually.

preîntâmpina *vt.* to forestall, to prevent.

prejudecată *sf.* prejudice, bias. # *fără prejudecăţi* open-minded.

prejudicia *vt.* to prejudice, to wrong, to harm.

prejudiciu *sn.* **1**. prejudice, damage, harm. **2**. *jur.* tort. # *a aduce prejudicii* to prejudice.

prelat *sm.* prelate.

prelată *sf.* tarpaulin.
prelegere *sf.* course, lecture. # *a ține o ~* to lecture.
preliminar *adj.* preliminary.
prelinge *vr.* to ooze, to trickle, to seep, to stream. # **~re** (*a apei etc.*) seepage.
prelua *vt.* **1.** to (over)take, to take over. **2.** (*puterea*) to seize, to wrest. # **~re** takeover, assumption.
prelucra *vt. tehn.* to process, to machine.
prelung *adj.* oblong.
prelungi *vt.* **1.** to prolong, to elongate. **2.** (*o discuție*) to protract. # **~t** prolonged; *mult ~t* long-drawn-out.
prelungire *sf.* **1.** prolongation, extension. **2.** (*a unui proces*) protraction. **3.** *pl.* (*la meci*) extra time.
prematur *adj.* premature, untimely, early: *moarte ~ă* early death.
premedita *vt.* to premeditate. # **~re** premeditation; **~t** premeditated, calculated, deliberate; *cu ~re* with malice prepense/aforethought, deliberately.
premergător *adj.* previous, precursory.
premia *vt.* to award a prize.
premiant *sm.* (*elev*) eminent pupil.
premier *sm.* premier, prime minister.
premieră *sf.* premiere, first/opening night.
premiere *sf.* prize award.
premisă *sf.* premise.
premiu *sn.* **1.** premium, recompense, reward, prize. **2.** (*în bani*) award, bonus.
premoniție *sf.* premonition.
prenume *sn.* forename.
preocupa *vt.* **1.** to preoccupy, to concern. **2.** to obsess, to absorb, to engross, to fixate. # **~t** thoughtful.
preocupare *sf.* preoccupation, concern, pursuit, interest: *~ crescândă* growing concern; *preocupări artistice* artistic pursuits.
preot *sm.* **1.** priest, pastor, father, parson, vicar, churchman, clergyman, preacher. **2.** (*care spovedește*) confessor. # **~easă** priest's wife.
preoțesc *adj.* priestly.
preoție *sf.* priesthood.
prepara I. *vt.* **1.** to prepare, to mix, to compound, to make up. **2.** (*găti*) to prepare, to cook, to dress. **3.** (*medita*) to coach, to teach. **II.** *vr.* (*pregăti*) to train. # **~tive** preparations; **~tor** (*la universitate*) tutor.
preparat *sn.* (*farmaceutic*) preparation.
prepelicar *sm.* spaniel.
prepeliță *sf.* quail.
preponderent *adj.* preponderant, predominant.
preponderență *sf.* preponderancy, preponderance. # *cu ~* peculiarly; *a avea ~ față de* to prevail over.
prepoziție *sf.* preposition.
prerie *sf.* prairie.
prerogativă *sf.* prerogative.
presa I. *vt.* **1.** to press, to crush, to tamp, to squeeze. **2.** (*constrânge*) to squeeze, to push, to urge. **3.** (*înghesui*) to pack. **II.** *vi.* **1.** to

squeeze. **2**. (*d. timp etc.*) to press. # **~t** (*şi fig.*) pressed; **~re** pressure, squeeze; **~nt** pressing, urgent, burning, exigent.

presă *sf.* **1**. press: *mult dezbătut în ~* wide press coverage; *~ de scandal fam.* gutter press; *birou de ~* (*al unui partid, minister*) press office. **2**. (*pentru tipărit, struguri*) *tehn.* press.

presăra *vt.* **1**. to sprinkle, to spread, to scatter, to strew. **2**. (**cu**) to sprinkle (with), to lace (with).

presbiteriu *sn.* parsonage.

prescrie I. *vt.* (*un medicament*) to prescribe, to recommend. **II**. *vi. jur.* to prescribe.

prescripţie *sf. med.* prescription.

prescură *sf.* wafer.

prescurta *vt.* to abbreviate, to abridge, to clip. # **~re** abbreviation.

presentiment *sn.* presentiment, intuition, misgiving.

presimţi *vt.* **1**. to smell.**2**. (*ceva rău*) to forebode. # **~re** premonition, hunch.

presiune *sf.* **1**. (*şi fig.*) pressure: *~a apei* water pressure; *grup de ~* pressure group. **2**. stress, tension, strain. **3**. (*politică etc.*) muscle: *a exercita presiuni politice asupra* to exercise political muscle over. **4**. *tehn.* pression.

presopunctură *sf.* acupressure.

prespapier *sn.* paperweight.

prestanţă *sf.* stature, moral standing, stateliness.

prestidigitator *sm.* juggler, conjurer.

prestigios *adj.* **1**. reputable. **2**. (*d. o lucrare etc.*) seminal.

prestigiu *sn.* prestige, eminence, kudos. # *de ~* prestigious.

presupune I. *vt.* to presume, to allege, to (pre)suppose, to induce, to assume, to infer, to surmise, to fancy, to judge. *amer.* to guess. **II**. *vi.* to suppose, to surmise. # *presupun că* I dare say; *presupunând că* allowing for.

presupunere *sf.* presumption, assumption, supposition, guesswork, allegation, *amer.* guess: *~ greşită* bad guess; *a face presupuneri* to speculate.

presupus *adj.* presumptive, reputed, so-called, assumed, purported.

presuriza *vt.* to pressurize.

presus *adv.* # *mai ~ de toate* above all.

preş *sn.* mat, rug.

preşedinte *sm.* **1**. president. **2**. (*de şedinţă*) chair(man).

preşedinţie *sf.* presidency.

preta *vr.* (**la**) to lend oneself (to): *nu m-aş ~ la o treabă atât de murdară* I would't lend myself to such a mean trick.

pretendent *sm.* **1**. pretender, suitor. **2**. (*curtezan*) wooer.

pretenţie *sf.* **1**. pretence, claim, demand. **2**. *pl.* pretensions. # *cu pretenţii* pretentious; *a avea pretenţia* to purport, to pretend: *lucrarea lui are pretenţia de a fi o autobiografie* his work purports to be an autobiography.

pretenţios *adj.* **1**. pretentious, exigent, exacting. **2**. (*mofturos*) choosy, particular, finicky: *~ la mâncare* finicky eater.

pretext *sn.* pretext, excuse, pretence, veil: *sub ~ul* on the pretext. # **a ~a** to plead, to pretend.

pretinde *vt.* to claim, to allege, to purport, to pretend, to profess: *~ că nu ai dreptate* he claims/pretends you are wrong.

pretins *adj.* pretended, professed, ostensible, supposed: *motivul ~ pentru* the ostensible reason for.

pretutindeni *adv.* everywhere, overall, round, all over (the place), far and wide/near, on all hands, high and low, wherever, right and left, at every turn. # *~ în lume* all over the world, the world over.

preț *sn.* **1**. price, value, charge, cost: *~ de cost* prime/cost price; *~ de vânzare* selling price; *creştere/reducere de ~uri* rise/fall in prices; *~ promoțional amer. fam.* special price. **2**. *fig.* price, valuation: *pune mare ~ pe* she puts a high valuation on. # *lucru de ~* treasure, valuable; *listă de ~uri* tariff; *la ~ redus* cut-price: *mărfuri la ~ redus* cut-price goods; *a fixa/pune un preț la* to price; *stabilire a unui ~* pricing; *cu orice ~* at any price, by all means.

prețios *adj.* precious, priceless, rare.

prețui *vt.* **1**. to price. **2**. (*pe cineva*) to appreciate, to treasure, to value. **3**. (**la**) to set the price (at). # **~re** appreciation, praise, respect, tribute.

prevăzător *adj.* provident, cautious, prudent.

prevedea *vt.* **1**. to anticipate, to predict, to prognosticate, to forecast, to envisage, to foresee, to project, to prophesy. **2**. (*d. o lege etc.*) to stipulate, to provide.

prevedere *sf.* **1**. precaution. **2**. (*în viitor*) anticipation, provision, foresight. **3**. (*a unui act normativ*) stipulation, provision.

preveni *vt.* **1**. (*un accident etc.*) to prevent, to avert, to deter. **2**. (*avertiza*) to caution, to warn. # **~re** prevention; **~tor** courteous, caring, courtly, gallant, sympathetic.

preventiv *adj.* preventive: *arest ~* preventive custody.

prevesti *vt.* **1**. to portend, to predict, to foretell, to prophesy. **2**. (*cobi*) to forebode. # **~re** prediction, forecast, prophecy.

prevestitor I. *sm.* harbinger. **II**. *adj.* portentous.

previzibil *adj.* predictable, anticipated, foreseeable, obvious.

previziune *sf.* prevision, prediction, foresight.

prezbit *adj.* longsighted, *amer.* farsighted.

prezbiteriu *sn.* presbytery.

prezent *sm., adj.* present. # *în ~* at present, at the present time, nowadays; *a fi ~* to be present.

prezenta I. *vt.* **1**. to present: *a ~ un raport* to present a report. **2**. (*descrie*) to describe, to depict, to outline. **3**. (*oferi*) to offer, to put forward. **4**. (*expune un obiect*) to display. **5**. (*la radio*) to announce. **6**. (*un program*) to unfold. **7**. (*pe cineva*) to introduce.

8. (*haine*) to model. 9. (*demisia*) to tender. 10. (*recomanda*) to recommend. II. *vr.* 1. (*cuiva*) to introduce oneself. 2. (**la**) to apply (to), to present oneself (for): *a se ~ la interviu* to present oneself for interview. # ~**bil** presentable, appealing, clean-cut; *a nu se ~ la* to default in; *a ~ (un câine) la expoziție* to bench (a dog).

prezentare *sf.* 1. presentation, description, portrayal, representation. 2. (*expunere*) display. 3. (*a cuiva*) introduction. # *~ de modă* (*ca meserie*) modelling.

prezentator *sm.* 1. (*de spectacol*) showman, host. 2. (*TV, radio*) presenter, announcer, host. 3. (*de muzică*) *fam.* deejay. 4. (*de program TV*) linkman. 5. (*de evenimente sportive*) sportscaster. # *prezentatoare de modă* model.

prezență *sf.* 1. presence: *~ de spirit* presence of mind. 2. (*la cursuri etc.*) attendance. 3. (*strigare*) roll call.

prezervativ *sn.* condom, sheath, *fam.* French letter, *amer. fam.* rubber.

prezicător *sm.* 1. soothsayer, clairvoyant. 2. (*de dezastre*) doom sayer.

prezice *vt.* 1. to predict, to prognosticate, to foretell. 2. (*ghici*) to tell fortunes, to cast. # ~**re** prediction, prognostication.

prezida I. *vt.* (*o ședință*) to chair, to moderate. II. *vi.* to preside (at, over).

prezidiu *sn.* pr(a)esidium.

prezumptiv *adj.* presumptive, putative, supposed.

prezumpție *sf.* presumption, conjecture. # *prezumpția de nevinovăție* the presumption of innocence, the benefit of the doubt.

pribeag I. *sm.* wanderer. II. *adj.* errant.

pricăjit *adj.* stunted, scrawny, gaunt.

pricepe I. *vt.* to understand, to comprehend, to grasp, to see, *fam.* to twig, *amer.* to figure out. II. *vi.* to see, to make of. III. *vr.* (**la**) to be skilled (in/at), to be a good hand (at). # *a ~ repede/greu* to be quick/slow on the uptake.

pricepere *sf.* 1. competence, ability, proficiency, skill, discernment. 2. (*înțelegere*) perception, grasp, understanding.

priceput *adj.* capable, experienced, practised, clever, proficient, versed, canny, *amer.* skillful. # *o persoană ~ă la* a dab hand at.

prichindel *sm.* 1. (*copil*) mite, brat, pickaninny. 2. (*om*) pygmy, midget.

pricină *sf.* motive, reason, sake: *din pricina sănătății mele* for the sake of my health. # *din pricina* as a result of, because of.

pricinui *vt.* to cause, to occasion.

pricopsi *vr.* to become rich.

pridvor *sn.* 1. verandah. 2. *bis.* porch.

prielnic *adj.* propitious, auspicious, favourable.

prieten *sm.* 1. friend, *fam.* pal, chum, mate: *~ apropiat* bosom/close friend; ~ *de suflet* soul mate. 2. (*iubit*) boyfriend. # ~**ă** (*iubită*) girlfriend, *fam.* girl; ~**esc** friendly, neighbourly; ~**eşte** kindly; ~**ie** amity, friendship; ~**os** friendly, sociable, chummy, *fam.* matey, pally; ~ *credincios* boon companion; *a fi ~ la cataramă cu* to hobnob with.

prigoană *sf.* persecution.

prigoni *vt.* to persecute.

prihană *sf.* # *fără ~* faultless, umblemished.

prii *vt* to suit: *canicula asta nu-mi prieşte* this hot weather doesn't suit me.

prilej *sn.* chance, occasion, opportunity: *a pierde un ~* to miss an opportunity/the bus.

prim *num., adj.* first: *~ul, ~a, ~ii, ~ele* the first; ~ *ajutor* firstaid; *~a dată* first (time); *de ~ rang fam.* of the first water. # ~**ul**, ~**a** (*din doi*) the former.

primadonă *sf.* primadonna.

primar **I.** *sm.* **1.** mayor. **2.** (*în Scoţia*) provost. **II.** *adj.* primary, ultimate.

primat *sn.* (*prioritate*) primacy.

primă *sf.* bonus, premium. # ~ *de export ec.* bounty.

primărie *sf.* town hall, *amer.* city hall.

primăriţă *sf.* mayoress.

primăvară *sf.* spring. # *primăvara* in spring(time).

primejdie *sf.* **1.** danger, menace, peril. **2.** (*risc*) risk.

primejdios *adj.* **1.** dangerous, perilous. **2.** (*riscant*) risky, *fam.* dicey.

primejdui *vt.* to imperil, to jeopardize, to endanger: *a-şi ~ sănătatea* to endanger one's health.

primi *vt.* **1.** to get, to obtain, to receive. **2.** (*oaspeţi*) to entertain, to receive. **3.** (*accepta*) to accept, to admit. # ~**tor** hospitable; *pe cale de a ~* (*un serviciu*) in line for; *a ~ cu entuziasm* (*o propunere*) to welcome.

primire *sf.* **1.** (*cooptare*) admission. **2.** (*prin poştă*) receipt: *la primirea* on receipt of. **3.** (*de musafiri*) reception, welcome: ~ *rece* cold welcome; ~ *călduroasă* warm reception.

primitiv *adj.* **1.** primitive, rudimentary, pristine, savage, primeval. **2.** (*barbar*) barbarous, uncivilized.

prim-ministru *sm.* prime minister.

primordial *adj.* primordial, prime, uppermost.

prin *prep.* about, around, through, via, per: *plimbându-te ~ oraş* walking about town; *cu maşina ~ Italia* driving around Italy; *trimis ~ mesagerie* sent per carrier; *tren care trece ~ Roma* train going through Rome.

princiar *adj.* princely.

principal *adj.* **1.** principal, chief, main, leading. **2.** (*important*) major, grand, great, lead, high, master: *strada ~ă* the high street. **3.** (*de bază*) primary, fundamental.

principat *sn.* principality.

principe *sm.* prince. # ~**să** princess.

principial *adj.* principled.

principiu *sn.* **1**. principle, tenet: *chestiune de* ~ matter of principle; ~ *director* guiding principle. **2**. (*normă*) precept. # *în* ~ as a rule, generally; *cu principii* principled.

prinde I. *vt.* **1**. to catch, to capture, to get. **2**. (*agăța*) to hitch, to hang, to snag. **3**. (*cu mâna*) to grasp, to seize. **4**. (*un post*) to receive, to tune in. **5**. (*un pește*) to hook. **6**. (*viteză*) to gain. **7**. (*un hoț etc.*) to nab, *fam.* to nail. **8**. (*în cursă, mreje*) to trap. **9**. (*rădăcină*) (*d. o plantă*) to strike. **10**. (*o conversație*) to overhear. **II**. *vi.* (*d. o plantă*) to take, to set. **III**. *vr.* **1**. (*agăța*) to catch. **2**. (*d. lapte*) to curdle. **3**. (*pricepe*) to catch on, *fam.* to get it. # *a* ~ (*o haină etc.*) *în ușă* to trap (smth.) in the door; *a* ~ *cu minciuna* to find out in a lie; *a* ~ *curaj* to pluck up courage; *a* ~ *din urmă* to catch up with; *a* ~ *dragoste de* to grow fond of; *te-ai prins*? got the message?

prindere *sf.* **1**. (*cu mâna*) grasp, hold, grip. **2**. (*a unui post*) reception. **3**. (*a unei mingi*) catch. **4**. (*capturare*) capture.

prins *adj.* (*cu treburi*) engaged, at it.

prinsoare *sf.* wager, bet.

printre *prep.* among, amid(st), twixt, midst: ~ *altele* among other things.

prinț *sm.* **1**. prince. **2**. (*moștenitor*) crown prince. # ~**esă** princess.

prioritar *adj.* prior, major.

prioritate *sf.* priority, precedence, primacy. # ~ *de trecere* right of way.

pripă *sf.* rush, haste: *o treabă făcută în* ~ a rush job.

pripi *vr.* to rush.

pripit *adj.* rash, hasty, brusque, pat, precipitous, *fam.* trigger-happy: *acțiune* ~*ă* precipitous action; *decizii* ~*e* rash/hasty decisions.

pripon *sn.* paling, tether, stake.

priponi *vt.* **1**. (*un animal*) to tether. **2**. (*un cal*) to hitch.

prismă *sf.* prism.

prisos *sn.* surplus, excess. # *de* ~ pointless, redundant, futile, in vain; *e de* ~ *să spun* (*că*) needless to say.

prispă *sf.* porch.

priva *vt.* (**de**) to deprive (of).

privat *adj.* private.

privată *sf.* privy, *amer.* outhouse.

privatiza *vt.* to privatize. # ~**re** privatization.

privațiune *sf.* privation, hardship, self-denial: *o viață de privațiuni* a life of self-denial.

priveghi *sn.* wake, deathwatch.

priveliște *sf.* panorama, view, landscape, vista, scene, sight, outlook.

privi I. *vt.* **1**. to eye. **2**. (**la**) to look (at). **3**. (*interesa*) to concern. **II**. *vi.* to look. # ~**tor** beholder; *în ce mă privește* I for one, for my part; *în* (*ceea*) *ce privește* as for/to, in/with reference to, as regards; *a* ~ *în gol* to stare into vacancy.

privighetoare *sf.* nightingale.
privilegia *vt.* to privilege. # **~t** privileged.
privilegiu *sn.* **1.** privilege, advantage. **2.** (*drept*) right. **3.** *pl.* spoils: *privilegiile unei funcții înalte* the spoils of high office.
privință *sf.* regard, respect, way. # *în privința* regarding, concerning; *în această ~* in this regard/respect, on that/this score; *în unele privințe* in some senses.
privire *sf.* **1.** look, glance: *~ pierdută* distant look; *a arunca o ~ la* to glance at. **2.** (*furișă*) peep. **3.** (*fixă*) stare. **4.** (*piezișă, rea*) leer. **5.** (*insistentă*) gaze. **6.** (*cruntă*) scowl, glare: *a arunca o ~ furioasă la* to glare at. **7.** (*scurtă*) glance, squint: *dintr-o ~* at a glance. # *~ în gol* vacant stare.
priza *vt.* to snuff.
priză *sf.* **1.** *el.* plug, socket, *amer.* receptacle. **2.** (*la public*) profile: *mare ~ la public* high profile. **3.** (*de drog*) *sl.* snort. # *a pune în ~* to plug; *a scoate din ~* to unplug.
prizonier *sm.* prisoner, captive: *~ de război* prisoner of war.
proaspăt *adj.* **1.** fresh, clear, good. **2.** (*d. fructe, legume*) crisp, fresh, green. **3.** (*nou*) recent, new. **4.** (*d. aer*) pure, clear. **5.** (*d. alimente*) fresh.
proba *vt.* **1.** to test, to sample. **2.** (*o rochie*) to try on. # **~re** test.
probabil I. *adj.* probable, possible, likely. **II.** *adv.* maybe, perhaps, possibly, presumably. # **~itate** probability, likelihood, odds; *puțin ~* unlikely; *foarte ~* like enough, as like as not, most likely; *a fi ~* must: *~ că ți-e foame* you must be hungry.
probă *sf.* **1.** (*dovadă*) evidence, proof: *probe indirecte* circumstantial evidence; *~ beton* cast-iron proof. **2.** (*testare*) test, trial. **3.** (*stagiu*) probation: *perioadă de ~* period of probation. **4.** *jur.* exhibit. **5.** (*sportivă*) event. **6.** (*la croitor*) fitting. **7.** (*concurs*) audition. **8.** (*mostră*) sample, specimen. **9.** *med.* swab. **10.** (*de laborator*) test. # *de ~* trial, tentative; *a da ~* (*d. un actor*) to audition.
probitate *sf.* probity.
problematic *adj.* problematic, touch-and-go.
problemă *sf.* **1.** problem, matter, question: *~ nelămurită/deschisă* open question; *care-i problema*? what's the matter? **2.** (*inconvenient*) trouble, worry, knot: *probleme familiale* family worries. **3.** (*chestiune*) issue: *a pune în discuție o ~* to state an issue; *~ colaterală* side issue. **4.** (*treabă*) proposition. # *o ~ grea fam.* a hard nut to crack, (*dar fascinantă*) brain-teaser.
proceda *vi.* to act, to take action.
procedeu *sn.* procedure, method, proceeding.
procedură *sf.* procedure, proceeding: *~ legală* legal procedure; *proceduri de divorț* divorce

proceedings. # ~ *complicată* rigmarole.

procent(aj) *sn.* percentage, rate, quota.

proces *sn.* **1.** *jur.* case, trial, (law)-suit, action, proceeding: ~ *public* public trial; ~ *de divorț* divorce suit. **2.** (*desfășurare*) process, course: ~ *mental* mental process; ~ *de fabricație* manufacturing process. # **a ~a** *inf.* to process, to run; ~-*verbal* minutes, records of proceeding.

procesiune *sf.* procession, parade.

procesat *adj.* typewritten.

proclama *vt.* to proclaim. # **~re**, **~ție** proclamation.

procrea *vt.* to procreate.

procura *vt.* to procure, to acquire, to get, to supply. # **~re** procurement.

procură *sf.* mandate, proxy, warrant: *a vota prin ~* to vote by proxy.

procuror *sm. jur.* prosecutor. # ~ *districtual* district attorney; ~ *general* attorney general.

prodigios *adj.* prodigious, monumental.

producător *sm.* maker, manufacturer, producer.

produce I. *vt.* **1.** to produce, to make, to manufacture, to create. **2.** (*provoca*) to determine, to occasion, to generate, to cause, to wrought, to afford, to trigger, to spawn, to effect: *a ~ efectele scontate* to cause the expected effects; *a ~ o schimbare* to effect a change. **3.** (*declanșa*) to set up, to give rise to. **4.** (*d. un pom*) to yield, to bring forth. **5.** (*un venit*) to yield. **II.** *vr.* (*întâmpla*) to happen, to occur. # **~re** manufacture, production; *a ~ o impresie asupra* to impress upon.

productiv *adj.* productive, fertile, yielding. # **~itate** productivity.

producție *sf.* production, output, manufacture: ~ *în serie* mass production; ~ *record* peak output; ~ *pe cap de locuitor* per capita production; *mica ~* small--scale production. **2.** (*de grâu etc.*) yield: ~ *de lapte* milk yield. # *mijloace de ~* capital goods; ~ *globală* gross output.

produs *sn.* **1.** product, commodity, merchandise: ~ *național brut* gross national product; ~*e din carne* meat products. **2.** *pl.* (*mărfuri*) wares. **3.** *mat.* product. **4.** (*agricol*) produce. **5.** (*rezultat*) product, result. # ~ *alimentar* food stuff; ~ *intern brut* gross domestic product; ~ *secundar/derivat* byproduct; ~*e de bază* (*ale unei țări*) staples.

proeminent *adj.* prominent, dominant, conspicuous.

proeminență *sf.* prominence, bulge, projection, protuberance.

profan *adj.* **1.** mundane, layman. **2.** (*laic*) profane.

profana *vt.* to profane, to violate. # **~re** desecration, violation; **~tor** profaner.

profera *vt.* (*injurii*) to mouth, to spit.

profesi(un)e *sf.* profession, career, occupation, job, pursuit: *de ~ electrician* electrician by profession.

profesional *adj.* **1**. occupational. **2**. (*d. învăţământ*) vocational.
profesionist I. *sm.* **1**. professional, practitioner. **2**. *sport* pro. **II**. *adj.* **1**. professional. **2**. *sport* pro. # *liber* ~ freelance.
profesoară *sf.* schoolmistress.
profesor *sm.* **1**. teacher, educator, pedagogue, schoolmaster. **2**. instructor. **3**. (*universitar*) professor. **4**. (*particular*) tutor. # ~**al** professorial; *post de ~ universitar* professorship.
profet *sm.* prophet, seer, soothsayer. # ~**ic** prescient.
profeţi *vt.* to prophecy. # ~**e** prophecy, prognostication.
profil *sn.* profile, contour, silhouette, outline: *din* ~ in profile.
profila *vr.* to profile, to silhouette, to stand out in relief.
profilactic *adj.* preventive.
profit *sn.* profit, earnings, return, increment, gain, income, benefit, yield: *participare la ~uri* share in profits; *~uri rapide* quick returns. # ~**or** profiteer.
profita I. *vt.* (*de cineva*) to use. **II**. *vi.* (**de**) to profit (by), to avail oneself (of), to take advantage (of). # ~**bil** profitable, lucrative, gainful.
profund I. *adj.* **1**. profound. **2**. (*d. sunete*) deep. **3**. (*d. un sentiment*) unshakeable. **II**. *adv.* sound(ly): *tu dormi* ~ you sleep soundly; *doarme* ~ he's sound asleep.
profunzime *sf.* profundity, depth. # *în* ~ deep, in depth, *fig.* thoroughly.
progenitură *sf.* offspring, progeny.
prognostic *sn. med.* prognosis. # **a** ~**a** to prognose.
prognoză *sf.* prognosis, forecast, prediction.
program *sn.* **1**. program(me), schedule. **2**. (*de calculator*) package. **3**. (*de lucru*) timetable, schedule: *conform ~ului* according to schedule. **4**. (*al unui partid*) ticket. **5**. (*la teatru*) playbill. # *~ă analitică şcol.* curriculum; *~pilot* (*la TV*) pilot (program). # ~**ă** *şcol.* curriculum, syllabus.
programa I. *vt.* **1**. to time(table), to oganize, to plan, to slate, to schedule: *şedinţa e ~tă săptămâna viitoare* the meeting is slated for next week. **2**. *inf.* to program. **II**. *vr.* to make an appointment.
programare *sf.* **1**. programming, timing. **2**. (*la doctor*) appointment.
programator *sm.* **1**. *inf.* programmer, liveware. **2**. *tehn.* (*de timp*) timer.
progres *sn.* progress, development, advance, forward, furtherance, ascension, jump, stride. # ~**ist** progressive; **a** ~**a** to progress, to make headway.
progresiv *adj.* **1**. progressive. **2**. (*treptat*) gradual.
prohab *sn.* flies, fly.
prohibi *vt.* to prohibit, to forbid, to interdict. # ~**tiv** (*d. o taxă etc.*) punitive; ~**ţie** prohibition.
proiect *sn.* **1**. project. **2**. (*schemă*) design, pattern, draught. **3**. (*de

viitor) plan. # *a întocmi un* ~ to draft; ~ *de lege* bill.

proiecta *vt.* **1**. (*schița*) to design. **2**. (*o clădire etc.*) to project. # **~nt** designer, draftsman.

proiectare *sf.* **1**. (*a unei raze, a unui film*) projection. **2**. *tehn.* designing, projection.

proiectil *sn.* projectile, shell.

proiecție *sf.* projection. # *aparat de* ~ projector.

proletar *sm.* proletarian. # **~iat** proletariat.

prolifera *vi.* to proliferate. # **~re** proliferation.

prolific *adj.* prolific, fecund, fertile.

prolix *adj.* prolix, verbose, wordy.

prolog *sn.* prologue.

promenadă *sf.* **1**. (*plimbare*) promenade, walk. **2**. (*loc de*) walkway, (*la mare*) seafront.

promiscuitate *sf.* promiscuity.

promiscuu *adj.* promiscuous.

promisiune *sf.* promise, assurace, pledge, undertaking: ~ *personală din partea lui* personal undertaking from him; *a nu se ține de* ~ to go back on your promise.

promite *vt.* **1**. to promise. **2**. (*solemn*) to pledge. **3**. (*garanta*) to undertake.

promițător *adj.* promising, auspicious, hopeful, *fam.* up-and-coming.

promontoriu *sn.* promontory.

promotor *sm.* prime mover, promoter.

promova I. *vt.* **1**. to promote. **2**. (*o idee*) to nurture, to advance. **3**. (*pe cineva*) to upgrade. **II**. *vi.* (*în muncă*) to rise. # **~re** promotion.

prompt *adj.* **1**. prompt, ready, quick, immediate, speedy: *refuz* ~ speedy denial. **2**. (*d. o replică*) unhesitating, quick.

promptitudine *sf.* promptness, readiness. # *cu* ~ promptly.

pronosport *sn.* pool.

pronostic *sn.* forecast, prediction. # **a ~a** to prognosticate, to foretell, to foreshadow, to presage.

pronume *sn. gram.* pronoun: ~ *personal* personal pronoun.

pronunța I. *vt.* **1**. (*și jur.*) to pronounce. **2**. (*un verdict*) to deliver, to bring in. **3**. (*un discurs*) to speak, to deliver. **4**. (*clar*) to enunciate, to articulate. **5**. (*o literă*) to sound. **6**. (*rosti*) to utter. **II**. *vr.* **1**. (**pentru**) to pronounce (for). **2**. (**pentru, împotriva**) to decide (for, against).

pronunțare *sf.* **1**. pronunciation, utterance. **2**. (*a unui discurs*) delivery.

pronunțat *adj.* **1**. (*accentuat*) pronounced, marked. **2**. (*reliefat*) prominent, protuberant. **3**. (*d. trăsături*) rugged, sharp.

propaga *vt., vr.* **1**. to propagate, to spread. **2**. (*d. sunet*) to carry. # **~re** spread.

propagandă *sf.* **1**. propaganda. **2**. (*electorală*) canvass.

propăși *vi.* to progress, to develop. # **~re** furtherance.

propice *adj.* propitious, auspicious, conducive, favourable: *atmosfera nu era favorabilă studiului* the atmosphere was not conducive to study.

proporție *sf.* 1. (*procentaj*) percentage, proportion, rate. 2. *pl.* proportions. 3. (*raport*) ratio. # *a lua proporții* (*d. cineva*) to grow fat, (*d. ceva*) to increase.

proporțional *adj.* proportional, commensurate, in proportion, proportionate.

propovădui *vt.* to preach. # **~tor** preacher.

propoziție *sf. gram.* 1. sentence. 2. (*în frază*) clause.

proprietar *sm.* 1. owner, occupier, possessor. 2. (*de ziar, de hotel etc.*) proprietor. 3. (*funciar*) landowner, freeholder. 4. (*de casă*) householder, freeholder. 5. (*de hotel, han, local*) landlord. 6. (*de drept*) *amer.* title-holder. # *de ~* proprietorial; *mic ~ de pământ* smallholder.

proprietate *sf.* 1. property, estate, possession, ownership: *~ funciară* landed property; *~ particulară* private property; *~ imobiliară* immovable property, real estate, *amer.* realty. 2. (*agricolă*) farm. 3. (*însuşire*) property: *proprietăți vindecătoare* healing properties. # *care deține o ~ funciară* propertied; *de ~* proprietary; *drept de ~* title.

propriu *adj.* 1. personal, own, particular, proper, individual: *cu proprii mei ochi* with my own/proper eyes. 2. (*caracteristic*) distinctive, peculiar, specific: *stilul său ~* his own peculiar style. # *~-zis* so called.

proptea *sf.* 1. prop, strut. 2. *fig.* (*pilă*) contact, relation.

propti *vt.* to prop.

propulsa *vt.* to propel.

propulsie *sf.* propulsion.

propune *vt.* 1. to propose, to recommend, to suggest, to propound, to put forward. 2. (*un candidat*) to nominate. 3. (*o lege etc.*) to move.

propunere *sf.* 1. proposal, suggestion, recommendation. 2. (*ofertă*) offer, proposition. 3. (*scrisă*) submission. # *a face o ~ cuiva* to propose to smb.

proră *sf. nav.* prow, bow.

proroc *sm.* prophet. # **a ~i** to prophesy, to predict; **~ire** prophecy.

proscris *sm.* outcast, outlaw.

proslăvi *vt.* to revere, to extol, to praise.

prosop *sn.* towel. # *material pentru prosoape* towelling.

prospect *sn.* prospectus.

prospecta *vt.* 1. to explore. 2. (*un teren etc.*) to prospect.

prosper *adj.* prosperous, flourishing, thriving. # **a ~a** to boom, to prosper, to flourish, to thrive, to get ahead; **~itate** prosperity, welfare, wellbeing.

prost I. *sm.* 1. fool, simpleton, stupid, moron, nitwit, *fam.* ninny: *~ul satului* the village fool. 2. (*incult*) ignoramus. II. *adj.* 1. stupid, brainless, dense, fool, silly, *fam.* dim: ~ *de-a binelea* plain stupid. **2**. (*inferior*) bad, poor: *mâncare proastă* poor food. **3**. (*naiv*) simple. **4**. (*mărginit*) witless. **5**. (*d. un obiect*) shoddy. **6**. (*d. condiții de viață*) miserable. **III**. *adv.* badly, ill: *condus* ~ badly managed. # ~**ălău** numbskull; ~**esc** stupid, foolish, silly, inane, fatuous; ~**uț** soft-headed, foolish, *fam.* daft; *a face pe ~ul* to act the giddygoat; ~ *crescut* ill-bred, ill-mannered; *reputație proastă* ill repute; *proastă dispoziție* ill humour; ~ *de dă în gropi* *fam.* thickheaded; *mai* ~ (*rău*) worse; *cel mai* ~ (the) worst: *cel mai ~ film* the worst film; *femeia cel mai ~ îmbrăcată* the worst dressed woman; *un* ~ a nitwit; *foarte* ~ (*d. calitate*) *fam.* trashy: *romane proaste* trashy novels; *nu fi* ~! don't be silly!

prostată *sf. anat.* prostate.

prostănac *sm.* dunce, ninny, dolt, oaf, *amer. fam.* sap.

prosterna *vr.* to prostrate oneself, to cringe, to grovel. # ~**re** prostration, obeisance; ~**t** prostrate.

prosti I. *vt.* **1**. (*induce în eroare*) to mislead. **2**. (*păcăli*) to take in, to outwit. **II**. *vr.* to clown, to fool, *fam.* to mess about.

prostie *sf.* **1**. stupidity, folly. **2**. *pl.* nonsense, shit, *fam.* rot, *sl.* tosh. # *a vorbi prostii* to talk rot.

prostime *sf.* mob.

prostitua *vr.* **1**. to prostitute yourself. **2**. to play the harlot. # ~**re** prostitution.

prostituată *sf.* **1**. prostitute, harlot, whore, street walker, *fam.* scrubber, *amer. sl.* hooker. **2**. (*prin telefon*) call-girl.

prostituție *sf.* prostitution.

prostovan *sm.* donkey, sap, *sl.* prat.

protagonist *sm.* protagonist, hero.

protector I. *sm.* protector. **II**. *adj.* protective, caring.

protecție *sf.* **1**. protection, defence, support. **2**. (*adăpost*) shelter, cover. **3**. (*pază*) watch, security. **4**. (*ocrotire*) umbrella, shield. **5**. (*sprijin*) support, security: ~ *socială* social security. **6**. (*ajutor*) help. # *de* ~ protective; *dispozitiv de* ~ guard; *mijloace de* ~ safeguards; *fără* ~ defenceless.

protecționism *sn.* protectionism.

proteină *sf.* protein.

proteja *vt.* **1**. to protect, to shield, to patronize, to cocoon, to safeguard. **2**. (*păzi*) to protect, to guard. **3**. (**de**) to shelter (from). # ~**re** protection, shelter.

protejat I. *sm.* protégé. **II**. *adj.* protected.

protest *sn.* protest, remonstrance, revolt, uproar, outcry: *în semn de* ~ in protest; *mişcare de* ~ protest movement. # *de* ~ protest; ~ *vehement* hue and cry.

protesta I. *vt.* to protest. **II**. *vi.* **1**. (**împotriva**) to protest (against), to rebel (against), to rail (against). **2**. (**la**) to demur (at), to object (to). # ~**tar** protester, rioter.

proteză *sf.* **1**. prothesis. **2**. (*dentară*) plate.

protipendadă *sf.* high society, top people, *fam.* the upper class/ten/ crust. # *protipendada* the smart set.
protocol *sn.* protocol. # **~ar** punctilious, ceremonial, ceremonious, formal: *întâlnire ~ară* formal meeting.
protoplasmă *sf.* protoplasm.
protopop, protoiereu *sm.* dean.
prototip *sn.* prototype.
protuberanță *sf.* protuberance, bump, bulge.
provă *sf.* prow.
proveni *vi.* (**din**) to derive (from), to evolve (from), to originate (from), to issue (from), to stem (from). # **~ență** provenance, origin.
proverb *sn.* proverb.
providență *sf.* providence.
providențial *adj.* providential, heaven-sent.
provincial I. *sm.* provincial, countryman. II. *adj.* provincial.
provincie *sf.* 1. (*nu capitală*) provinces. 2. (*regiune*) province: *provinciile Canadei* the provinces of Canada.
provizie *sf.* 1. stock, reserve, supply, store, hoard. 2. *pl.* (*de alimente etc.*) provisions. # *a face provizii* to lay up: *a face provizii pentru iarnă* to lay up food for the winter.
provizoriu *adj.* 1. provisional. 2. (*temporar*) temporary, tentative. # *cineva/ceva ~* stopgap.
provoca *vt.* 1. (*stârni*) to provoke, to stir, to challenge, to spark, to rouse. 2. (*pricinui*) to occasion, to breed, to prompt, to wrought, to parallel: *furtuna a ~t haos în* the storm wrought havoc in. 3. (*întărâta*) to instigate. 4. (*nemulțumiri*) to raise. # **~re** provocation, instigation, challenge, inducement.
provocator *adj.* 1. instigator, turbulent. 2. (*sfidător*) defiant. 3. (*d. zâmbet*) tantalizing. # *agent ~* provocateur.
proxenet *sm.* pimp, ponce.
proximitate *sf.* proximity, vicinity.
prozaic *adj.* prosaic, trite.
prozator *sm.* (prose) writer.
proză *sf.* prose.
prozelit *sm.* proselyte.
prudent *adj.* prudent, cautious, provident, vigilant, heedful.
prudență *sf.* prudence, vigilance, caution. # *cu ~* warily.
prun *sm.* plum (tree). # **~ă** plum; *~ă uscată* prune.
prunc *sm.* baby. # **~ie** babyhood.
prund *sn.* pebble.
pseudonim *sn.* pseudonym, pen-name.
psihanalist *sm.* psychoanalyst.
psihanaliză *sf.* psychoanalysis.
psihiatrie *sf.* psychiatry.
psihiatru *sm.* psychiatrist, *fam.* shrink.
psihic *sn.* psyche, mind.
psiholog *sm.* psychologist. # **~ie** psychology; **~ic** psychological.
psihopat *sm.* psychopath, *fam.* psycho, crank.
psihoză *sf.* 1. *med.* psychosis. 2. (*provocată de război*) shellshock.

pubertate *sf.* puberty.
pubian *adj. anat.* pubic.
public I. *sn.* public, audience. **II.** *adj.* public, open: *dezbatere ~ă* open debate; *opinie ~ă* public opinion. # *făcut ~* overt, (*d. documente*) unclassified; *a face ~* (*informații secrete*) to declassify.
publica *vt.* **1.** to publish, to issue. **2.** (*o fotografie*) to print. **3.** (*un articol*) to run. # **~re** publication.
publicație *sf.* **1.** publication, review. **2.** (*lunară etc.*) periodical.
publicitar *adj.* promotional.
publicitate *sf.* publicity, marketing, *fam.* plug. # **agent de ~** publicist, adman, (*al unui actor, sportiv*) press agent; **a face ~** to publicize; **mica ~** want ads.
puc *sn.* (*la hochei*) puck.
puchină *sf.* (*urdoare*) *fam.* blearedness.
puci *sn.* putsch.
pudel *sm.* poodle.
pudic I. *sm.* shrinking violet. **II.** *adj.* coy, bashful, prudish.
pudra *vt.* to powder. # *~t cu zahăr* sugary.
pudră *sf.* powder.
pudrieră *sf.* powder case, compact, puff box.
pueril *adj.* puerile, juvenile, childish.
puf *sn.* **1.** fluff, down, fuzz. **2.** (*pămătuf*) puff. # **~os** fluffy, fuzzy.
pufăi *vi.* to puff. # **~t** puff.
pufni *vi.* to burst out: *a ~ în râs* to burst out laughing.
puhav *adj.* **1.** (*buhăit*) puffy, swollen. **2.** (*flasc*) flabby, flaccid.
puhoi *sn.* **1.** torrent, shower. **2.** (*mulțime*) mob, throng. # *~ de oameni* swarm of people.
pui *sm.* **1.** (*de animal*) pup(py), whelp, young, (*firav*) runt: *o leoaică ce-și hrănește puii* a lioness feeding her young. **2.** (*de pasăre*) chicken: *carne de ~* chicken. **3.** (*de câine, urs*) whelp. **4.** (*de leu, vulpe, tigru*) cub. **5.** (*de elefant, rinocer etc.*) calf. **6.** (*de găină*) pullet. **7.** (*de pisică*) kitten.
puiet *sm. bot.* seedling, sapling.
puișor *sm.* **1.** (*și fig.*) chick. **2.** (*din cuib*) nestling.
pul *sn.* (*la table*) piece.
pulbere *sf.* **1.** powder. **2.** (*de aur*) dust. # *a face ~* to pulverize.
pulmonar *adj.* pulmonary.
pulover *sn.* **1.** pullover, sweater, jumper. **2.** (*pe gât*) turtleneck.
pulpă *sf.* **1.** (*de animal*) haunch, leg: *~ de miel* leg of lamb. **2.** (*a piciorului*) calf. **3.** (*coapsă*) thigh. **4.** (*de legume, fructe*) pulp.
puls *sn.* **1.** pulse, heartbeat: *~ slab* weak pulse; *~ accelerat* quick pulse. **2.** *fig.* tide.
pulsa *vi.* **1.** to pulsate. **2.** (*și fig.*) to pulse. **3.** (*d. inimă*) to throb, to beat, to palpitate, to pound.
pulsație *sf.* **1.** pulsation, beat. **2.** (*a inimii*) heartbeat, throb.
pulveriza *vt.* to pulverize, to spray. # **~tor** spray(er); *lichid/apă ~t(ă)* spray.
puma *sf. zool.* cougar, mountain lion, *amer.* puma.
pumn *sm.* **1.** fist: *mi-am încleștat ~ii* I clenched my fists. **2.** (*lovi-*

tură de) punch, wallop buffet, *fam*. poke, sock. **3**. (*la box*) jab. # *a ține ~ii cuiva* to keep one's fingers crossed; *un ~ de* (*semințe etc.*) a fistful of; *a lovi cu ~ii* to pummel; *a bate cu ~ul în masă* to thump; *a da un ~* to poke; *a lovi cu ~ul* to punch, to jab; *a trage* (*cuiva*) *un ~ fam*. to sock.

pumnal *sn*. dagger.

punci *sn*. (*băutură*) punch.

punct *sn*. **1**. point, *amer.* (*și fig.*) period. **2**. (*ca semn*) (full) stop. **3**. (*cardinal*) point. **4**. (*mort*) deadlock, stalemate, stand-off. **5**. (*pe i*) dot. **6**. (*la zar*) pip. **7**. (*culminant*) climax, culmination, zenith: *a atinge ~ul culminant* to climax. **8**. (*maxim*) peak. **9**. (*dintr-un program*) item. **10**. (*de reper*) landmark, bench mark. **11**. (*critic*) turning point, juncture, knife-edge. **12**. (*de sprijin*) hold, (*la cățărare*) purchase. # **~at** dotted; **~aj** score; *două ~e* colon; *~ și virgulă* semi-colon; *~ de vedere* (view)point, point of view, angle, slant, stand point; *pus la ~* (*ordonat*) ship-shape, prim, tidy, straight, (*d. un aparat*) up and running; *nu merg, ~*! I'm not going, period!

punctual *adj*. **1**. punctual. **2**. (*d. cineva*) prompt. # **~itate** punctuality.

punctuație *sf*. punctuation.

puncție *sf*. *med*. puncture.

pune I. *vt*. **1**. (*așeza*) to put, to set, to lay, to deposit, to settle, to sit. **2**. (*plasa*) to place, to position, to station, to seat, to poise. **3**. (*adăuga*) to add. **4**. (*o haină*) to put on. **5**. (*o problemă*) to raise. **6**. (*la loc*) to replace. **7**. (*o plombă, un dop*) to fill. **8**. (*o broșă*) to pin. **9**. (*o întrebare*) to question, to pose. **10**. (*frână*) to apply. **11**. (*pe o listă*) to schedule. **12**. (*o casetă, un disc*) to play. **13**. (*un afiș, o notiță*) to post. **14**. (*unul peste altul*) to stack. **15**. (*la loc sigur*) to stow. **16**. (*un diagnostic*) to diagnose. **II**. *vr*. **1**. (**pe**) (*treabă etc.*) to set about. **2**. *amer*. (*bine cu cineva*) to curry favour (with). **3**. (*la punct*) to dress up, to titivate, to trim oneself, to spruce up. # *a ~ în aplicare* to carry into effect; *a ~ în valoare* to put to account; *a ~ la cale* to plot; *a ~ de-a valma* to fudge; *a ~ sub semnul întrebării* to impeach; *a ~ deoparte* to put/set aside, to save; *a ~* (*bani*) *deoparte* to scrimp; *pus pe* intent on, set on; *a ~ la loc* (*un os dislocat*) to reset; *a ~ la loc sigur fam*. to stash; *a ~ lucrurile la punct* to put things to rights; *a ~ la punct* (*ordona*) to sort out; *a ~ în evidență* to make obvious; *a ~ în mișcare* to set going; *a ~ ochii pe cineva* to set one's heart on smb.; *a ~ o vorbă bună pentru cineva* to speak in favour of smb.; *a ~ pe hârtie* to commit to paper; *a ~ umărul la treabă* to put one's shoulder to the wheel; *e pus pe rele* he is up to no good.

pungaş *sm.* robber, rogue, thief, *fam.* crook, *sl.* spiv.
pungă *sf.* **1.** (*de plastic*) bag, carrier. **2.** (*cu bani*) purse. **3.** *zool.* pouch.
pungăşi *vt. fam.* to sting. # **~e** knavery, swindle.
punitiv *adj.* punitive.
punte *sf.* **1.** (*pod*) (foot) bridge. **2.** *nav.* deck.
pup *sn.* kiss, *fam.* peck. # **a ~a** *fam.* to smack; **~ătură** kiss, *fam.* smacker; **~ic** *fam.* kiss, peck.
pupă *sf.* **1.** *nav.* poop, stern. **2.** (*de insectă*) cocoon, pupa.
pupăză *sf.* hoopoo. # *colac peste ~* to top it all.
pupil(ă) *sm., sf.* ward.
pupilă *sf. anat.* pupil.
pupitru *sn.* **1.** desk. **2.** *tehn.* (*de comandă*) control panel, console. **3.** (*de dirijor*) rostrum. **4.** (*de note*) *muz.* music stand.
pur *adj.* **1.** (*curat*) pure, clear, clean, spotless. **2.** (*neprihănit*) clean, taintless, innocent, chaste. **3.** (*veritabil*) genuine, unadulterated. **4.** (*neamestecat*) unmixed. # **~itate** purity, chastity; *~ şi simplu* merely, literally, pure and simple.
puradel *sm.* brat, kid.
purcea *sf.* sow.
purcede *vi.* (*la drum*) to set off/out.
purcel *sm.* piggy. # **~uş** piglet.
purgativ I. *sn.* purgative, purge, *amer. fam.* opener. **II.** *adj.* purgative.
purgatoriu *sn.* purgatory, hell.
purica *vi. fig.* to vet, to check carefully.
purice *sm.* flea: *pişcătură de ~* flea-bite.
purifica *vt.* **1.** (*şi fig.*) to purify. **2.** (*un lichid*) to clarify. # **~re** purification.
puritan I. *sm.* puritan. **II.** *adj.* puritan, strait-laced.
puritate *sf.* purity, fineness, cleanness.
puroi *sn.* pus. # *a face ~* to fester.
purpuriu *sn., adj.* purple.
purta I. *vt.* **1.** to bear, to transport. **2.** (*asupra sa*) to carry. **3.** (*ochelari, pălărie etc.*) to wear. **4.** (*un război*) to wage. **II.** *vr.* **(cu)** to behave (with), to deal (with), to treat. # *a-şi ~ singur de grijă* to fend for oneself; *a se ~ urât cu cineva* to use smb. ill; *poartă-te frumos*! behave yourself!
purtare *sf.* **1.** conduct, behaviour, manner: *bună ~* good behaviour/conduct. **2.** (*a hainelor*) wear. # *de ~* (*d. haine*) casual, everyday.
purtător *sm.* bearer: *la ~* bearer; *cec la ~* bearer cheque. # *~ de cuvânt* mouthpiece, spokesman.
pustietate *sf.* **1.** wilderness. **2.** *pl.* wilds.
pustii *vt.* to lay waste, to desolate.
pustiu I. *sn.* desert. **II.** *adj.* **1.** wild, waste. **2.** (*d. o stradă etc.*) empty: *cameră pustie* empty room. **3.** (*d. o casă*) desolate, deserted. **4.** (*singur*) forlorn, solitary, lonely.
pustnic *sm.* hermit, recluse, solitary.
pustulă *sf.* pustule, blister.
puşcaş *sm. mil.* rifleman.
puşcă *sf.* **1.** rifle, gun. **2.** (*de vânătoare*) shotgun. **3.** (*automată*)

repeater, tommy gun. # *gol* ~ stark naked; *ca din* ~ like a shot, (*d. întrebări etc.*) quick-fire.

puşcăriaş *sm.* convict, prisoner, jailbird, goalbird, goaler, *sl.* lag.

puşcărie *sf.* prison, jail, goal, penitentiary, *amer. sl.* pen: *locul tău e în* ~ you belong in jail. # *a face* ~ to do time.

puşculiţă *sf.* piggybank, money-box.

puşlama *sf.* rascal, scamp.

puşti *sm.* kid, brat, nipper.

puştoaică *sf.* chit, lassie, wench, damsel.

putea I. *vt.* can, may, to be able to, to manage: *pot să-l duc* I can carry it; *poţi să pleci* you may leave; *nu pot să-l sufăr* I can't stomach him; *n-am putut s-o fac* I couldn't/was not able to do it; *pot fuma aici*? may I smoke here?; *cu ce vă putem servi*? what can I do for you? **II.** *vr.* can, may: *s-ar* ~ *să câştige* they may win. # *s-ar* ~ *ca* haply, it may be possible that; *a spus că ar* ~ *veni mâine* he said he might come tomorrow; *fără doar şi poate* beyond all doubt; *se* (*prea*) *poate* possibly; *aş* ~ *da un telefon de la dumneavoastră*? might I use your phone?; *aţi* ~ *să*...? will you kindly?

putere *sf.* **1.** power, force, strength, muscle, puissance, might, kick. **2.** (*autoritate*) power, authority, command, weight, office, sway: *la* ~ in office; ~ *navală* (*ţară*) sea power; ~ *mondială* world power; *a fi la* ~ to be in office/power; *a veni la* ~ to come to power; ~ *executivă* executive power. **3.** (*la maşină*) poke: *o maşină cu* ~ *un pic mai mare* a car with a bit more poke. # *cu toată* ~*a* mightily, with might and main; *lipsit de* ~ powerless; *în* ~*a nopţii* at dead of night; *divizare/împărţire a puterii politice* power-sharing.

puternic *adj.* **1.** powerful, strong, mighty, vigorous, potent, firm, hard: *armă* ~*ă* potent weapon; *braţe* ~*e* strong arms; *om* ~ powerful/strong man. **2.** (*şi fig.*) forceful: *o personalitate* ~*ă* a forceful personality. **3.** (*intens*) great. **4.** (*d. lumină*) vivid. **5.** (*d. voce*) stentorian, vibrant. **6.** (*d. vânt*) strong, cutting, rough, sharp. **7.** (*d. sunet*) sonorous, loud: *voce* ~*ă* loud voice. **8.** (*d. miros*) pungent. **9.** (*d. emoţii*) towering. **10.** (*d. culori*) vibrant.

putină *sf.* tub, churn, barrel, cask.

putinţă *sf.* power. # *a face tot ce-i stă în* ~ to try as hard as possible, to do one's utmost.

putoare *sf.* reek, stench, stink, pong.

putred *adj.* rotten. # ~ *de bogat* rolling in money.

putrefacţie *sf.* putrefaction. # *a intra în* ~ to decay; *în* ~ putrid.

putregai *sn.* rot, decay.

putrezi *vi.* to putrefy, to rot. # **~ciune**, **~re** rot; **~t** rotten.

puturos I. *sm.* (*leneş*) *fam.* lazy-bones, slacker, wastrel. **II.** *adj.* **1.** (*leneş*) lazy, slothful, layabout, do-nothing, work-shy. **2**. (*d. un miros*) stinking, rank, fetid.

puţ *sn.* **1**. well. **2**. (*de ascensor*) shaft. **3**. (*de mină*) (mine)shaft.

puţi *vi.* to reek, to stink.

puţin I. *sn.* bit, whit, jot, morsel. **II**. *adj.* **1**. some, short, (a) little, scarce: ~ *mai înainte* (*în timp*) a short time ago; *aşteaptă* ~ wait a little. **2**.*pl.* few: *~i bărbaţi* few men; *~e cărţi* few books. **III**. *adv.* slightly, little, mildly: ~ *mai mult* little more; ~ *mai bine* slightly better. # *mai* ~ less; *chiar mai* ~ even/still less; *cel mai* ~ the least; *cel* ~ at (the) least, fully; *din ce în ce mai* ~ less and less; ~ *câte* ~ inch by inch; *foarte* ~ scanty, wee; *câtuşi de* ~ not in the least; *nici mai mult nici mai* ~ *decât* nothing less than; *cu* ~ *mai* (*mult etc.*) marginally; *cu nimic mai* ~ none the less; *mai ~i* fewer; ~ *de tot fam.* a wee bit; *pentru* ~! not at all!

puzderie *sf.* **1**. rash, *fam.* zillion. **2**. (**de**) a large number (of), a hoard (of), heaps (of), *amer.* zillions (of): ~ *de reporteri* zillions/ a large number of reporters.

R

rabat *sn. ec.* reduction, discount, rebate, allowance: ~ *comercial* trade discount; ~ *în numerar* cash discount.
rabatabil *adj.* collapsible, convertible, folding.
rabie *sf. med.* rabies.
rabin *sm.* rabbi.
rablagi *vr.* **1.** (*uza*) to wear out. **2.** (*ramoli*) to crock.
rablagit *adj.* **1.** (*şi fig.*) broken-down, *fam.* ropy. **2.** (*d. o maşină*) dilapidated, ramshackle. **3.** (*d. cineva*) senile, gaga.
rablă *sf.* (*maşină*) *fam.* crock, *amer.* beater, banger.
rac *sm.* crayfish, crawfish.
rachetă *sf.* **1.** rocket, missile: ~ *spaţială* space rocket; *lansator de* ~ rocket launcher; ~ *de croazieră* cruise missile; *atac cu rachete* rocket attack. **2.** *sport* racket, racquet. # *a bombarda cu rachete* to rocket.
racilă *sf.* (*cusur*) flaw, defect.
raclă *sf.* **1.** coffin. **2.** box, case.
racola *vt.* **1.** (*membri*) to enlist, to recruit. **2.** (*clienţi*) to attract, to tout (*for customers*).
racorda *vt.* to connect, to join.
Racul *sm. art.* **1.** (*zodie*) Cancer. **2.** (*constelaţie*) the Crab.
radar *sn.* radar.
radă *sf.* roadstead.
rade I. *vt.* **1.** to scrape, to erase, to efface. **2.** (*barba*) to shave. **II.** *vr.* to shave. # *a ~ de pe faţa pământului* to level to the ground, to raze.
radia *vt.* (*căldură etc.*) to radiate. # **~ţie** ray, radiation.
radiator *sn.* **1.** (*electric*) space heater. **2.** *auto. el.* radiator.
radical I. *sm.* radical. **II.** *adj.* **1.** radical, decided. **2.** (*d. schimbări*) thoroughgoing, extreme, sweeping, fundamental. # **a ~iza** to radicalize.
radieră *sf.* rubber, *amer.* eraser.
radiere *sf.* (*a unui vehicul*) write-off.
radio *sn.* (*aparat*) radio (set), receiver, wireless. # ~ *casetofon stereo* stereo.
radioactiv *adj.* radioactive. # **~itate** radioactivity; *praf* ~ fallout.
radioamator *sm.* radio amateur.
radiografie *sf.* radiography, X-ray. # *a face o* ~ to X-ray.
radiojurnal *sn.* news bulletin.
radiolog *sm.* radiologist. # **~ie** radiology.
radios *adj.* beaming, joyful.

radioscopie *sf.* radioscopy.
radiu *sn.* radium.
radius *sn. anat.* radius.
rafală *sf.* **1.** gust, puff, blast. **2.** (*de armă*) blaze, outburst, fusillade. **3.** (*de vânt*) blow. # *a bate în rafale* to swirl.
rafie *sf. bot.* rafia.
rafina *vt.* (*petrol etc.*) to refine. # **~re** *tehn.* refinement.
rafinament *sn.* refinement, polish, style, subtlety, distinction, *fam.* class.
rafinat *adj.* **1.** (*şi fig.*) refined. **2.** *fig.* polished, stylish, delicate, genteel. **3.** (*d. stil*) tenuous.
rafinărie *sf.* refinery.
raft *sn.* shelf, stand: *~ul de sus* the top shelf. # *a pune (cărți) în raft* to shelve.
rage *vi.* **1.** (*d. leu*) to roar. **2.** (*d. măgar*) to bray, to heehaw. **3.** (*d. taur*) to bellow.
rahat *sn.* Turkish delight.
rahitic *adj.* rachitic, rickety.
rahitism *sn.* rickets.
rai *sn.* paradise, heaven, Eden.
raid *sn. mil.* raid, incursion, foray, sortie: *~ aerian* air raid.
raion *sn.* **1.** region, district. **2.** (*de magazin*) department: *~ de materiale textile* drapery department. # *şef de ~ (în magazin)* shop walker.
raită *sf.* tour, raid.
ralia *vr.* to rally.
raliu *sn.* rally.
ramă *sf.* **1.** (*vâslă*) oar, paddle. **2.** (*cercevea*) sash. **3.** (*de ochelari*) rim, frame. **4.** (*de tablou*) frame. # *a trage la rame* to pull; *fără ~ (d. ochelari)* rimless.
rambursa *vt.* **1.** to reimburse, to repay. **2.** *ec.* to redeem. **3.** (*bani*) to return. # **~bil** defrayable, redeemable, repayable.
rambursare *sf.* **1.** retrieval, repayment, payback. **2.** (*de bani*) refund, return.
ramifica *vr.* to branch.
ramificație *sf.* **1.** ramification, branch. **2.** (*de drum*) crossroads. **3.** (*la coarne*) tine.
ramoleală *sf.* dotage.
ramoli *vr.* (*d. cineva*) to crock.
ramolit **I.** *sm. fam.* crock. **II.** *adj.* decrepit, soft-headed, *fam.* gaga.
rampă *sf.* **1.** (*platformă*) ramp, platform. **2.** (*la teatru*) footlights.
ramură *sf.* **1.** bough, branch. **2.** (*domeniu*) domain, realm.
rană *sf.* **1.** wound, lesion, hurt, sore: *a pune sare pe ~* to rub salt into the wound. **2.** (*tăietură*) cut. **3.** (*adâncă*) gash.
ranchiună *sf.* rancour, malice, grudge, pique.
ranchiunos *adj.* rancorous, malicious, vindictive, malignant, spiteful.
randament *sn.* **1.** productivity, return, yield, turnover. **2.** (*al unei maşini*) duty, performance.
rang *sn.* **1.** (*categorie*) order, class, degree, rank, grade, title. **2.** (*poziție*) position, standing, condition, status. **3.** (*nobiliar*) peerage. **4.** (*înalt*) dignity. # *de ~ inferior* junior.
rangă *sf.* crowbar.

raniță *sf.* knapsack.

rapace *adj.* rapacious, predatory, grasping. # *om* ~ money-grubber.

rapacitate *sf.* rapacity.

rapid I. *sn.* (*tren*) fast train. **II.** *adj.* rapid, speedy, express, snap, snappy, smart, whirlwind, quick, swift, fast, nippy: *însănătoșire ~ă* quick/speedy recovery; *schimbare ~ă* rapid change; *decizie ~ă* snap decision; *hotărâre ~ă* swift decision; *mașină ~ă* fast car. **III.** *adv.* fast, quickly. # **~itate** rapidity, quickness; *foarte* ~ double-quick.

rapiță *sf. bot.* rape: *ulei de* ~ oilseed rape.

raport *sn.* **1.** proportion, ratio. **2.** relation(ship): *~ul dintre salarii și prețuri* the relationship between wages and prices. **3.** (*dare de seamă*) report, account, working paper. **4.** (*scris*) record. # **a ~a** to report.

raportor *sn. școl.* protractor.

rapsod *sm.* rhapsode. # **~ie** rhapsody.

rar I. *adj.* **1.** (*în spațiu*) rare, sparse, thin, wispy, *amer. fam.* scraggly: *barbă ~ă* wispy/scraggly beard; *pădure ~ă* thin forest. **2.** (*în timp*) infrequent. **3.** (*d. păr*) scanty. **4.** (*neobișnuit*) rare, uncommon: *boală ~ă* rare disease. **II.** *adv.* **1.** (*în timp*) seldom, rarely, little: *mergem foarte ~ acolo* we go there very little. **2.** slowly: *a vorbi mai rar* to speak more slowly.

rarefiat *adj.* rarefied, thin, tenuous.

rareori *adv.* rarely, seldom.

rariște *sf.* clearing.

ras I. *sn.* shave. **II.** *adj.* shaven. # *aparat de* ~ shaver, (safety) razor.

rasă[1] *sf.* **1.** race. **2.** (*de animale*) breed. # *de* ~ pedigree, thoroughbred, purebred, truebred.

rasă[2] *sf.* (*de călugăr*) frock, cowl.

rasial *adj.* racial.

rasism *sn.* racialism, racism.

rasist *sm.* racialist, racist.

rasoli *vt.* (*o treabă*) to fudge.

rașchetă *sf.* polisher.

rașpă *sf.* rasp.

rata I. *vt.* **1.** to miss, to fail. **2.** *sport* to fluff. **3.** (*o ocazie etc.*) to muff. **II.** *vi.* (*d. o armă*) to misfire. # **~re** miss.

ratat I. *sm.* loser, failure, also-ran. **II.** *adj.* **1.** (*d. cineva*) ruined, lost. **2.** (*nereușit*) unsuccessful, *fam.* washed-up.

rată *sf.* **1.** (*procent, curs*) rate, ratio. **2.** (*plată*) instalment. # *în rate* on hire purchase, on the never-never.

rateu *sn.* (*de armă, motor etc.*) misfire. # *a da ~ri* (*d. motor etc.*) to misfire, to pink, to miss.

ratifica *vt.* to ratify. # **~re** ratification.

raton *sm. zool.* rac(c)oon.

rață *sf.* **1.** duck. **2.** (*sălbatică*) mallard.

rație *sf.* ration.

raționa *vi.* to reason. # **~l** rational, reasonable.

raționaliza *vt.* **1.** to rationalize. **2.** (*un aliment*) to ration. # **~re** rationing.

raționament *sn.* reasoning.

raţiune *sf.* **1**. judg(e)ment, mind. **2**. motive, reason: *a asculta de glasul raţiunii* to listen to reason.

ravagiu *sn.* **1**. rampage. **2**. *pl.* ravages, calamities, outrages. # *a face ravagii* to rampage.

ravenă *sf.* ravine, gorge, gill.

rază *sf.* **1**. beam, ray: *razele soarelui* the sun's rays. **2**. (*şi fig.*) gleam; *o ~ de speranţă* a gleam of hope. **3**. (*de acţiune*) reach, span, scope, compass, range. **4**. (*de cerc*) (*şi fig.*) radius. **5**. (*de lumină*) flash. **6**. (*de soare*) sunbeam. **7**. (*întindere*) range. # *în raza* within; *în raza vizuală* in sight; *~ vizuală* line of sight; *~ X* X-ray; *aparat de raze ultraviolete* sunlamp.

razie *sf.* raid. # *a face o ~* to raid.

razna *sf.* # *a o lua ~* to go haywire, to let rip.

răbda *vt.* to endure, to bear, *amer.* to hack. # **~re** patience: *a-şi pierde ~rea cu* to lose patience with, to run out of patience with.

răbdător *adj.* patient.

răboj *sn.* tally.

răbufni I. *vt.* to burst out. **II**. *vi.* (*de mânie*) to gust.

răbufnire *sf.* **1**. burst, outbreak, fit, wave: *~ de furie* wave of anger. **2**. (*şi fig.*) gush, gust. **3**. (*de mânie etc.*) surge.

răcan *sm. sl.* squaddie.

răceală *sf.* **1**. (*frig*) cold. **2**. *med.* chill, cold. **3**. *fig.* coldness.

răchită *sf. bot.* osier.

răci I. *vt.* to chill, to ice. **II**. *vi.* to catch a cold/chill. **III**. *vr.* **1**. to chill, to cool. **2**. (*d. relaţii de prietenie*) to sour. # **~re** (*şi fig.*) chill; **~tor** coolbox.

răcnet *sn.* roar, yell, squall. # *ultimul ~ fig. fam.* the last word: *ultimul ~ în modă* the last word in fashion.

răcni *vi.* to roar, to yell, to squall, to scream, to bawl, *amer.* to holler.

răcoare *sf.* **1**. cool, chill. **2**. (*închisoare*) *sl.* can, jug.

răcori *vt., vr.* to cool. # **~tor** cooling; **~toare** cooling drinks.

răcoros *adj.* cool, chill.

rădăcină *sf.* **1**. root: *~ patrată* square root. **2**. (*a unui cuvânt*) stem. # *a prinde ~* (*d. plante*) to root.

rădăcinoase *sf. pl.* root vegetables.

răfui *vr.* **1**. to quarrel. **2**. (*bate*) to grapple. # **~ală** rumble, *fam.* roughhouse, hassle.

răgaz *sn.* rest, pause, respite: *fără ~* without respite.

răget *sn.* **1**. roar. **2**. (*de măgar*) bray, heehaw.

răguşeală *sf.* hoarseness.

răguşi *vi.* to hoarsen. # **~t** hoarse, raucous, raspy, throaty, husky. # *a vorbi ~t* to croak.

rămas-bun *sn.* farewell, adieu, valediction.

rămăşag *sn.* bet.

rămăşiţă *sf.* **1**. remainder, end, remnant, rest. **2**. *pl.* remains, scraps, oddments, offal, leavings. **3**. *pl.* (*de la tăiat*) parings. # *rămăşiţe pământeşti* relics; *rămăşiţe ale unei maşini avariate* wreckage.

rămâne *vi.* **1**. to remain. **2**. (*calm etc.*) to stay, to keep. **3**. (*în urmă*) to drag, to lag/fall behind, to straggle. **4**. (*undeva*) to stop, to stay. # *a ~ fără (zahăr etc.)* to run out of (sugar), to run short of (sugar); *a ~ peste noapte* to stay overnight, (*la un prieten*) to sleep over; *a mai ~* (*undeva*) to linger; *a ~ în urmă* (*d. ceas*) to lose; *a ~ în picioare* (*valabil*) to hold good; *rămâi cu bine*! farewell!

rămurea, rămurică *sf.* twig, sprig.

răni I. *vt.* **1**. to hurt. **2**. (*și fig.*) to wound, to injure. **3**. (*d. insulte*) to mortify, to sting. **4**. (*ofensa*) to pique. **II**. *vr.* to get hurt. # **~t** wounded; **~re** *fig.* injury.

răpăi *vi.* **1**. (*d. grindină, gloanțe*) to rattle. **2**. (*d. ploaie*) to beat, to patter, to spatter.

răpăit, răpăială *sn., sf.* **1**. (*de ploaie*) patter. **2**. (*de grindină*) rattle.

răpi *vt.* (*o persoană*) to kidnap, to abduct. # **~re** kidnap(ping), abduction.

răpitor I. *sm.* (*de persoane*) kidnapper. **II**. *adj.* **1**. (*de pradă*) of prey. **2**. (*d. frumusețe*) gorgeous, ravishing.

răposa *vi.* to pass away, to expire. # **~t** deceased, dead (and buried).

răpune *vt.* to kill, to dispatch.

rări *vt., vr.* to thin. # **~t** wispy.

răsad *sn.* seedling, transplant, sapling.

răsădi *vt.* (*o plantă*) to transplant.

răsări *vi.* **1**. (*ivi*) to appear, to loom. **2**. (*d. plante*) to sprout, to shoot. **3**. (*d. soare*) to rise.

răsărit *sn.* **1**. east. **2**. (*de soare*) sunup, rise. **3**. (*zori*) sunrise. # **~ean** eastern.

răscoală *sf.* revolt, uprising, rebellion, riot.

răscoli I. *vt.* **1**. (*lucruri*) to rummage. **2**. (*impresiona*) to upset, to disturb. **3**. (*o casă*) to search, to ransack. **II**. *vi.* to rummage. # **~t** (*sufletește*) upset; **~tor** upsetting.

răscrăcăra *vr.* to straddle, to sit with the legs wide apart.

răscruce *sf.* **1**. (*de drumuri*) crossing, crossroads, intersection, concourse. **2**. *fig.* watershed: *o ~ în cariera lui* a watershed in his career.

răscula *vr.* to revolt. # **~t** mutineer, rebel, rioter.

răscumpăra *vt.* **1**. (*pe cineva*) to ransom. **2**. (*un obiect*) to buyback, to redeem. # **~re** ransom.

răsfăț *sn.* spoiling.

răsfăța *vt.* to pamper, to spoil, to indulge, *fam.* to mollycoddle. # **~t** spoilt: *e foarte ~t* he is spoilt rotten.

răsfira *vr.* to scatter, to spread. # **~t** sparse.

răsfoi *vt.* (*o carte*) to leaf through, to browse through, to skim, to scan, to riffle.

răsfrânge *vr.* (**asupra**) to rebound (on).

răspândi I. *vt.* **1**. to spread, to emit, to radiate, to diffuse, to propagate, to irradiate. **2**. (*împrăștia*) to spread, to sow, to disseminate. **3**. (*emana*) to ooze, to rad... **4**. (*zvonuri*) to circulate, to whisper, to rumour. **II**. *vr.* **1**. to spread, to diffuse, to propagate, to radiate. **2**. (*d. un zvon*) to circulate. 3. (*d. idei*) to permeate. 4. (*d. molimă*) to rage. # **~t** widespread, rife; *larg ~t* prevalent.

răspândire *sf.* **1**. diffusion, circulation, emission, spread, dispersion. **2**. (*de căldură*) radiation.

răspicat I. *adj*. categorical, vehement. **II**. *adv.* bluntly.

răsplată *sf.* **1**. retribution, return. **2**. (*pedeapsă*) deserts, *fam*. comeuppance. **3**. (*recompensă*) reward, payment.

răsplăti *vt.* to recompense, to reward, to requite.

răspopi *vt.* to defrock, to unfrock.

răspunde I. *vt.* **1**. to answer: *a ~ la telefon* to answer the phone; *a ~ prompt* to answer pat. **2**. to reply, to retort: *eu l-am întrebat, dar el n-a răspuns* I asked him but he didn't reply. **II**. *vi.* **1**. (*replica*) to reply. **2**. (**la**) to respond (to). # *a ~ la o scrisoare* to write back; *a ~ obraznic* to answer/talk back; *a ~ răstit* to snort out an answer.

răspundere *sf.* responsibility, liability, charge: *simț de ~* sense of responsibility; *a face ceva pe propria ~* to do smth. on one's own responsibility; *a-și asuma ~a pentru* to claim responsibility for. # *a trage la ~* to call to account.

răspuns *sn.* **1**. response, answer. **2**. (*replică*) reply, retort: *~ repezit* curt reply. **3**. (*scurt, sec*) rejoinder. # *un ~ greșit* a bad guess; *a încerca un ~* to make a shot at an answer; *fără ~* unanswered, unanswerable; *știu ~ul*! I have it!

răspunzător *adj.* (**pentru**) responsible (for), accountable (for), answerable (for), liable (for). # *~ de* in charge of; *a fi ~ de* to answer for.

răstălmăci *vt.* **1**. (*faptele*) to twist. **2**. (*adevărul*) to distort.

răsti *vr.* (**la**) to rave (at).

răstigni *vt.* to crucify. # **~t** crucified.

răstimp *sn.* interval, space, span, course. # *din ~ în ~* from time to time.

răstit I. *adj.* brusque, curt, short. **II**. *adv*. shortly.

răsturna I. *vt.* **1**. to topple, to upset, to capsize, to reverse, to overturn. **2**. (*ordinea*) to reverse. **3**. (*un guvern*) to overthrow, to oust. **4**. (*un pahar*) to upset. **II**. *vr.* **1**. to topple over, to capsize, to overturn: *mașina s-a ~t* the car overturned; *teancul de cărți s-a ~t* the pile of books toppled over. **2**. (*d. o barcă*) to capsize, to turn turtle. # **~t** upset, upended.

răsturnare *sf.* **1**. upset. **2**. (*a unui guvern*) overthrow, *amer.* ouster.

răsuci I. *vt.* **1**. to roll, to twist, to coil, to wriggle. **2**. (*roti*) to rotate, to turn, to twirl, to spin. **II**. *vr.* **1**. to twist, to contort, to squirm, to roll, to wriggle, to swirl. **2**. (*roti*) to rotate, to turn, to twirl, to wind, to spin. **3**. (*rostogoli*) to somersault. **4**. (*în pat*) to toss. # **~re** contortion, torsion, twirl, twiddle, spin; ~**t** (*d. ramuri*) gnarled; ~**tură** wind.

răsufla *vi.* to breathe: *a ~ uşurat* to breathe freely. # *a ~ cu greutate* to pant.

răsuflare *sf.* breath, wind: *a-şi ţine ~a* to hold one's breath; *a-i tăia ~a* to knock the wind out of him. # *cu ~a tăiată* breathless, out of breath.

răsuflat *adj.* **1.** (*demodat*) trite, played-out, superannuated. **2.** (*d. un banc*) stale, threadbare.

răsuna *vi.* **1.** to (re)sound, to boom, to reverberate. **2.** (*vui*) to whizz. **3.** (**de**) to echo (with), to ring (with).

răsunător *adj.* **1.** resonant, resounding. **2.** (*d. voce*) sonorous. **3.** (*d. succes*) resounding, tremendous.

răsunet *sn.* **1.** echo. **2.** (*impresie*) effect, impact.

răşină *sf.* resin.

răşinos *adj.* resinous.

rătăci I. *vt.* **1.** (*un obiect*) to misplace, to mislay. **2.** (*drumul*) to mistake, to lose. **II.** *vi.* **1.** (*hoinări*) to ramble, to wander, to roam, to rove. **2.** (**prin**) to meander (around). **3.** (*d. minte*) to wander. **III.** *vr.* **1.** to lose one's way, to stray. **2.** (*d. o scrisoare*) to miscarry.

rătăcire *sf.* **1.** straying. **2.** *fig.* aberration: *într-un moment de ~* in a moment of aberration. **3.** (*a unei scrisori*) miscarriage.

rătăcit *adj.* **1.** lost, stray. **2.** (*răzleţ*) random. # ~**or** errant, itinerant, wandering.

răţoi[1] *sm.* drake.

răţoi[2] *vr.* (**la**) to rave (at).

răţuşcă *sf.* duckling.

rău I. *sn.* **1.** ill, evil, wrong, harm: *a vorbi de ~ pe cineva* to talk ill of smb.; *nu vreau ~l nimănui* I wish nobody ill. **2.** (*suferinţă*) affliction, illness. **II.** *adj.* **1.** bad, evil, naughty, hard-hearted, malignant, malicious, bitchy, ill: *copil ~* naughty/bad child; *un conducător ~* an evil ruler; *fapte rele* ill deeds. **2.** (*d. cineva*) nasty, unkind, mischievous. **3.** (*afurisit*) confound, wicked, wretched, *amer.* mean. **4.** (*inferior*) poor. **5.** (*sever*) harsh, severe. **6.** (*d. un animal*) vicious. **III.** *adv.* badly, ill: *rănit ~* badly hurt. # *~ de avion* airsick(ness), motion sickness; *~ de mare* seasick(ness), motion sickness; *~ de maşină* car sickness; *mai ~* worse; *cel mai ~* the worst; *a face ~* to harm; *pus pe rele* impish; *îmi pare foarte ~* I'm really sorry.

răufăcător *sm.* malefactor, evildoer, villain, wrongdoer.

răutate *sf.* malice, wickedness, spite: *din ~* out of malice/spite.

răutăcios *adj.* **1.** (*d. o remarcă etc.*) mischievous, malicious, spiteful, impish, nasty, bitchy. **2.** (*d. cineva*) wicked, roguish, mischievous. **3.** (*d. o critică*) *fam.* snide. # *aluzii răutăcioase* nasty/unkind remarks.

răuvoitor *adj.* malevolent, malicious.

răvaş *sn.* **1.** letter. **2.** *pl.* fortune cakes.

răvăşi *vt.* **1.** to rummage, to disarrange. **2.** (*sufleteşte*) to muddle, to confuse. # ~**tor** raving.

răvăşit *adj.* **1**. disarranged, in a mess. **2**. (*dezorientat*) confused. **3**. (*la faţă*) distraught.

răzătoare *sf.* rasp, scraper, grater. # *a da pe* ~ to grate.

răzbate I. *vt.* to pervade. **II**. *vi.* (*cutreiera*) to wander about.

răzbătător *adj.* enterprising, tenacious, *fam.* pushy, pushful.

răzbi I. *vt.* to overcome: *a-l ~ somnul* to be overcome by sleep. **II**. *vi.* **1**. (*d. mirosuri*) to spread. **2**. (*reuşi*) to succeed.

război I. *sn.* **1**. war(fare): ~ *rece* cold war; ~ *bacteriologic* germ warfare; ~ *nuclear* nuclear warfare; *a începe un* ~ to go to war; *a fi în* ~ to be at war; *criminal de* ~ war criminal. **2**. conflict. **3**. (*mondial*) world war. **4**. (*vremuri de*) wartime. **5**. (*de ţesut*) loom. **II**. *vr.* to struggle. # ~**nic** warrior; *de* ~ military, martial; *aţâţător la* ~ warmonger; *distrus de* ~ wartorn; *pe picior de* ~ on a war footing.

răzbuna I. *vt.* to avenge, to revenge. **II**. *vr.* **1**. to revenge. **2**. (**pe**) to take vengeance (on), to take revenge (on). # ~**re** revenge, vengeance.

răzbunător *adj.* (re)vengeful, vindictive.

răzgâia *vt.* to pamper, to spoil, to mollycoddle.

răzgândi *vr.* to change one's mind: *m-am răzgândit* I've changed my mind. # *a se ~ în privinţa* to think better of.

răzleţ *adj.* **1**. (*d. cineva*) single. **2**. (*rătăcit*) stray. **3**. (*desperecheat*) odd: *un pantof* ~ an odd shoe. # **a se ~i** to straggle.

răzmeriţă *sf.* mutiny, riot, rising.

răzui *vt.* to rasp, to scrape, to abrade, to file, to grate. # ~**re** abrasion; ~**ală** scrape.

răzvrăti *vr.* to rebel, to riot, to revolt. # ~**re** revolt, rebellion, mutiny.

răzvrătit I. *sm.* insurgent, mutineer, rebel, rioter. **II**. *adj.* rebellious.

râcă *sf.* quarrel, conflict.

râcâi *vt.* to scrape.

râde *vi.* **1**. to laugh. **2**. (**de**) to snigger (at), to laugh (at), to jibe (at), to jeer (at). **3**. (*zgomotos*) to guffaw. # *a-şi ~ de* to scoff at; *a-şi ~ în barbă* to laugh up one's sleeve; *a ~ cu lacrimi* to laugh till one cries; *a ~ în hohote* to shriek with laughter.

râgâi *vi.* to belch, to burp. # ~**ală**, ~**t** belch, burp.

râie *sf.* scabies, itch.

râios *adj.* scabby.

râma *vi.* to root(le).

râmă *sf.* (earth)worm.

rânced *adj.* rancid.

râncezi *vr.* to become/grow rancid.

rând *sn.* **1**. (*coadă*) queue. **2**. (*şir*) file, rank, row, line: *a rupe ~urile* to break ranks; *un ~ de case* a row of houses. **3**. (*la joc*) move, go. **4**. round, turn: *e ~ul meu să fac cinste* it's my round; *e ~ul meu* (*la joc*) it's my turn. # *în primul* ~ in the first place, chiefly, for one thing; *în al doilea* ~ secondly; *de* ~ (*d. oameni*) common, folksy; *la* ~ running: *trei* *ani la* ~ three years running; *la ~ul său* in one's turn; *pe* ~ by turns, in turn; *la un* ~ (*d. un costum*) single-breasted; *la două ~uri* (*d. un costum*) double-breasted; *în repetate ~uri* again and again, over and over again; *a se aşeza la* ~ to queue.

rândui *vt.* to tidy up.

rânduială *sf.* **1.** (*ordine*) order, tidiness. **2.** (*directivă*) directive, rule.

rândunică *sf.* **1.** martin, swallow. **2.** (*de mare*) tern.

rânjet *sn.* smirk, sneer, grin.

rânji *vi.* to sneer, to grin, to smirk.

rânză *sf.* gizzard.

râpă *sf.* scarp. # *a se duce de* ~ to go to pot.

râpos *adj.* steep, rugged, craggy.

râs[1] *sm. zool.* lynx.

râs[2] *sn.* **1.** laugh(ter): ~ *amar* mirthless laughter. **2.** (*hohot de*) guffaw. # **~et** laugh; *de* ~ laughable; *a izbucni în* ~ to burst out laughing; *a lua în* ~ to deride, to ridicule, to make fun of, to scorn; *a lua în ~ pe* to jeer at, to snicker at, to mock at, to snigger at; *a face de ~ pe cineva* to hold smb. up to mockery, to show smb. up; *a fi făcut de* ~ to be subjected to ridicule.

râşni *vt.* to mill, to grind. # **~ţă** mill, grinder: *~ţă de cafea* coffee mill.

rât *sn.* snout.

râu *sn.* river: *~l a secat* the river ran dry. # **~şor** rill.

râvnă *sf.* zeal, diligence, *fam.* pep.

râvni I. *vt.* to covet: *a ~t trofeul* he coveted the trophy. **II.** *vi.* (**la**) to crave (for), to languish (for). # **~t** coveted.

râzător *adj.* **1.** smiling, laughing. **2.** (*vesel*) joyous.

râzgâia *vt.* to spoil. # **~t** spoilt.

re *sm.* (*notă*) re.

reabilita I. *vt.* to rehabilitate. **II.** *vr.* (*în ochii cuiva*) to redeem.

reactant *sm. chim.* reactant.

reactiva *vt.* to reactivate.

reactor *sn.* **1.** reactor. **2.** jet plane.

reacţie *sf.* **1.** reaction, answer, response. **2.** *tehn.* feedback. # *a intra în* ~ to react.

reacţiona *vi.* (**la**) to respond (to), to react (to).

reacţionar *sm., adj.* reactionary.

reacţiune *sf. pol.* reaction.

readuce *vt.* to resurrect, to bring back.

reafirma *vt.* to reassert.

real *adj.* real, actual, veracious, true, factual. # **~ism** realism.

realege *vt.* to reelect.

realist I. *sm.* realist. **II.** *adj.* **1.** realistic, matter-of-fact. **2.** (*d. cineva*) practical, earthbound.

realitate *sf.* reality, actuality, fact. # *în* ~ in fact; *aşa cum este în* ~ in the raw; *rupt din* ~ (*d. un personaj*) true to life.

realiza I. *vt.* **1.** to realize, to achieve, to obtain, to accomplish, to effect: *a ~ imposibilul* to achieve/accomplish the impossible. **2.** (*un film*) to produce. **3.** (*modele de rochii etc.*) to style. **II.** *vr.* to materialize, to come true. # **~bil** attainable, workable; **~t** made, achieved.

realizare *sf.* 1. realization, accomplishment, attainment, achievement, fulfilment, fruition. 2. (*de film etc.*) production.
realmente *adv.* actually, really.
reamenaja *vt.* to refit, to rehabilitate.
reaminti *vt.* 1. to remember, to remind. 2. to recollect, to recall. # *a-şi ~ despre* to reminisce about; *care reaminteşte de* reminiscent of.
reanima *vt.* to reanimate, to resurrect. # **~re** *med.* recovery room.
reaprinde *vt.* (*şi fig.*) rekindle.
reaudiere *sf. jur.* rehearing.
reavăn *adj.* (*d. pământ*) moist.
rea-voinţă *sf.* ill-will.
reazem *sn.* prop, stay.
rebegit *adj.* 1. (*de frig*) chilled. 2. (*obosit*) exhausted.
rebel I. *sm.* rebel, maverick, rioter, mutineer. II. *adj.* 1. rebellious, mutinous, obstreperous. 2. (*d. febră*) obstinate. 3. (*d. tuse etc.*) stubborn.
rebeliune *sf.* 1. rebellion, riot, upheaval, uprising, mutiny. 2. *pl.* rioting.
rebut *sn.* 1. reject. 2. *pl.* wastage. # **a ~a** to reject, to scrap.
recalcitrant *adj.* rebellious, defiant, turbulent, refractory.
recalcula *vt.* to calculate again.
recalifica *vt.* to requalify, to retrain.
recapitula *vt.* to repeat, to review, to sum up. # **~re** summing-up.
recăpăta *vt.* 1. to regain, to retrieve, to win back, to reclaim. 2. (*ceva pierdut*) to recover.
recăsători *vr.* to remarry.
recâştiga *vt.* to retrieve, to regain.
rece I. *adj.* 1. cold, cool, chill(y), bleak: *~ de tot* stone cold. 2. (*indiferent*) indifferent, casual, *fam.* off. 3. (*şi fig.*) frigid, stony: *inimă ~* stony heart. 4. (*d. cineva*) distant, remote, undemonstrative. # *foarte ~* icy; *~ ca gheaţa* ice-cold; *a lăsa ~ pe cineva* to cut no ice with smb.
recensământ *sn.* census.
recent I. *adj.* recent, last, new: *o teorie ~ă* a new theory. II. *adv.* recently, freshly: *~ căsătoriţi* recently married, newly weds.
recenza *vt.* (*o carte etc.*) to review.
recenzent *sm.* reviewer.
recenzie *sf.* review.
recepta *vt.* (*prin semnale radio*) to intercept.
receptiv *adj.* 1. receptive, amenable, responsive: *public ~* responsive audience. 2. (**la**) susceptible (to). # **~itate** receptivity.
receptor *sn.* (*de telefon*) receiver.
recepţie *sf.* 1. (*banchet*) reception. 2. (*la hotel*) reception desk. 3. (*la aeroport*) check-in desk, *amer.* check-in counter. 4. (*de mărfuri*) taking over/delivery. 5. (*radio*) reception. # *aparat de ~* receiver.
recepţiona *vt.* (*un post de radio etc.*) to receive: *a ~ un program prin satelit* to receive a programme via satellite. # **~re** reception.
recepţioner *sm.* 1. booking clerk. 2. (*la hotel*) receptionist, *amer.* desk clerk.

recesiune *sf.* (*economică*) recession, depression.
rechema *vt.* to call back, to recall. # **~re** recall.
rechin *sm.* (*şi fig.*) shark.
rechizitoriu *sn.* accusation, indictment.
rechiziţie *sf.* requisition.
rechiziţiona *vt.* to requisition.
recicla *vt.* (*deşeuri*) to recycle, to reclaim.
recidiva *vi.* to relapse (into crime).
recidivă *sf.* **1.** second offence. **2.** *med.* relapse.
recidivist *sm.* recidivist, relapsed criminal.
recif *sn. geol.* reef: *~ de corali* coral reef.
recipient *sn.* receptacle, vessel.
recipisă *sf.* receipt, docket.
reciproc *adj.* reciprocal, mutual, two-way. # **~itate** reciprocity.
recita *vt.* to recite, to declaim. # **~re** recital, recitation, declamation.
recital *sn.* recital.
reciti *vt.* to reread.
reclama *vt.* **1.** (*cere*) to (re)claim, to require. **2.** (*denunţa*) to denounce, to report.
reclamant *sm.* **1.** claimant, petitioner, accuser. **2.** *jur.* complainant, plaintiff, prosecutor.
reclamaţie *sf.* **1.** complaint. **2.** (*scrisă*) petition.
reclamă *sf.* **1.** (*publicitate*) marketing. **2.** (*publicitară*) promotion, ad(vertisement), commercial, *fam.* advert. **3.** (*la un film etc.*) *fam.* plug. **4.** (*afiş*) poster, bill. # *a face ~ la* to promote, to advertise, *fam.* to plug.
reclădi *vt.* to rebuild.
recolta *vt.* to harvest.
recoltă *sf.* yield, crop, harvest: *~ record* bumper crop. # *cu ~ bună* (*d. un an*) vintage.
recomanda *vt.* **1.** to recommend, to propose, to advise, to suggest. **2.** (*prezenta*) to introduce, to present. **3.** (*un medicament*) to prescribe. # **~bil** indicated, advisable, suitable; *a trimite ~t* (*o scrisoare*) to register.
recomandare *sf.* **1.** recommendation, proposal, proposition, cue, warning, *fam.* tip. **2.** (*pentru angajare*) reference, character. **3.** (*dată unui angajat*) testimonial. **4.** *pl.* (*îndrumări*) guidelines.
recomandată *sf.* registered letter.
recompensa *vt.* to recompense, to requite, to reward.
recompensă *sf.* reward, recompense, recognition, gratification.
reconcilia *vt.* to reconcile.
reconciliere *sf.* reconciliation, rapprochement.
recondiţiona *vt.* to recondition, to restore. # **~re** restoration.
reconfortant I. *sn.* pick-me-up. **II.** *adj.* **1.** (*d. somn*) refreshing. **2.** (*întăritor*) invigorating.
reconsidera *vt.* to reconsider, to rethink. # **~re** reconsideration.
reconstitui *vt.* to reconstitute, to re-enact.
reconstrui *vt.* to rebuild. # **~re** rebuilding.

record *sn., adj.* record: ~ *mondial* world record; *a bate ~ul* to break the record; *a stabili un nou* ~ to set a new record; *recoltă* ~ record/bumper crop.

recrea *vr.* to relax, to rest. # ~**re** relaxation, rest.

recreaţie *sf. şcol.* pause, break, *amer.* recess.

recrudescenţă *sf.* tidal wave, tide.

recrut *sm.* recruit, conscript, *amer.* draftee, inductee.

recruta *vt.* to recruit, to conscript, to enlist, *amer.* to draft. # ~**re** conscription, *amer.* draft.

rect *sn. anat.* rectum.

rectangular *adj.* rectangular.

rectifica *vt.* **1.** to rectify. **2.** (*bugetul*) to chop. # ~**re** rectification, correction.

rectitudine *sf.* propriety, correctness, becomingness.

rector *sm.* rector, chancellor. # ~**at** rectory.

recul *sn.* recoil.

reculegere *sf.* (*concentrare*) meditation.

recunoaşte *vt.* **1.** to recognize: *am recunoscut-o după părul roşu* I recognized her by her red hair. **2.** (*admite*) to admit, to accept, to acknowledge, to submit, to allow, to plead: *a se ~ vinovat* to plead guilty. **3.** (*public*) to acclaim. **4.** (**că**) to concede. # *a nu* ~ to disclaim.

recunoaştere *sf.* **1.** acclaim, admission. **2.** scout: *a merge în* ~ to go on the scout, to reconnoitre. **3.** (*a cuiva*) recognition. **4.** *mil.* reconnaissance: *detaşament de* ~ reconnaissance party. # *~a meritelor* acknowledgement.

recunoscător *adj.* thankful, indebted, grateful.

recunoscut *adj.* recognized, confirmed, (well-)known.

recunoştinţă *sf.* recognition, gratitude, acknowledgement: *în semn de ~ pentru* in recognition of. # *Ziua Recunoştinţei* Thanksgiving Day.

recupera *vt.* **1.** to recover, to retrieve, to redeem. **2.** (*o pierdere*) to recuperate. **3.** (*deşeuri etc.*) to reclaim. **4.** (*ceva dintr-un incendiu etc.*) to salvage. **5.** (*o sumă de bani*) to recoup. # ~**bil** recoverable, redeemable; *a ~ timpul pierdut* to make up for lost time.

recuperare *sf.* **1.** *med.* recovery. **2.** (*a unei pierderi*) retrieval. **3.** (*a deşeurilor*) reclamation, salvage.

recurge *vi.* (**la**) to resort (to). # ~**re** reference, resort; *fără a se ~ la* without recourse to: *fără a se ~ la violenţă* without resort to violence.

recurs *sn.* **1.** recourse. **2.** *jur.* review, appeal: *a face* ~ to appeal.

recuza *vt.* to impeach.

recuzită *sf. teatru* prop, stage property.

recuzitier *sm.* prop man, property man.

recviem *sn.* requiem, memorial.

reda *vt.* **1.** (*înfăţişa*) to present, to render. **2.** (*d. un roman*) to portray.

redacta *vt.* **1**. to word, to write. **2**. (*un text*) to draw up. # **~re** drawing up.

redactor *sm.* **1**. redactor, editor, writer. **2**. (*de carte*) reader. **3**. (*de reclame*) copywriter.

redacție *sf.* **1**. (*de ziar*) newsroom. **2**. (*de editură*) editorial office.

redobândi *vt.* to recover, to regain, to retrieve. # **~re** recovery.

redresa I. *vt.* **1**. to redress. **2**. (*și fig.*) to set to rights. **II**. *vr.* **1**. (*d. economie*) to recover. **2**. *ec.* to rally, to rebound.

redresare *sf.* **1**. (*economică etc.*) rebound. **2**. *ec.* rally.

reduce *vt.* **1**. to reduce, to diminish, to depreciate, to curtail, *fam.* to chop. **2**. (*încetini*) to slow. **3**. (*un efort*) to slack off. **4**. (*cheltuielile*) to trim, to cut. **5**. (*numărul de trenuri*) to prune. **6**. (*un număr*) to restrict. **7**. (*un preț*) to discount, to pare. # *a ~ drastic* (*salarii etc.*) to slash; *a ~ drastic* (*bugetul etc.*) to pare; *a ~ la absurd* to stultify.

reducere *sf.* **1**. reduction, decrease, cutback. **2**. (*deficit*) shortfall. **3**. (*rabat*) allowance. **4**. (*de preț*) discount, rebate, cut, reduction. **5**. (*a unui text*) cutting.

redundant *adj.* redundant.

redundanță *sf.* redundancy.

redus *adj.* **1**. reduced, low, scarce, faint, scanty, slim, modest, narrow: *șansă ~ă* faint/slim chance; *varietate ~ă de produse* narrow range of goods. **2**. (*mărginit*) witless, dense, illiberal, *fam.* dim. **3**. (*d. o activitate*) slack. **4**. slender: *majoritate ~ă* slender majority.

redută *sf.* redoubt, stronghold.

reedita *vt.* (*o carte etc.*) to republish, to reissue. # **~re** reissue.

reeduca *vt.* to reeducate.

reface I. *vt.* **1**. to redo, to restore, to reform, to rehabilitate. **2**. (*un raport*) to recast. **3**. (*rescrie*) to redraft. **4**. (*un film etc.*) to remake. **II**. *vr.* (*după boală*) to recover, to convalesce.

refacere *sf.* **1**. restoration, rehabilitation. **2**. recovery.

referat *sn.* report.

referendum *sn.* referendum. # *a face un ~* to hold a referendum.

referi *vr.* (**la**) to refer (to), to relate (to). # **~re** reference, mention: *a nu face nici o ~re la* to make no reference to; *~tor la* relative to, referring to.

referință *sf.* **1**. reference: *lucrări/cărți de ~* works of reference. **2**. *pl.* credentials. # *punct de ~* reference point.

reflecta I. *vt.* **1**. to reflect. **2**. (*și fig.*) to mirror. **II**. *vi.* **1**. (*gândi*) to ruminate, to ponder, to muse, to reason. **2**. (**la**) to meditate (on), to ponder (over, on). **III**. *vr.* to reflect. # **~re** reflection.

reflector *sn.* **1**. searchlight. **2**. *auto* reflector. **3**. (*la teatru*) spot light. # *lumină de ~* flood light.

reflecție *sf.* reflection.

reflex *sn., adj.* reflex. # **~ie** reflection; **~iv** *gram.* reflexive.

reflux *sn.* ebb, low water, (low) tide: *în ~* on the ebb.

reforma *vt.* **1.** to reform **2.** (*un militar*) to dismiss. # **~tor** reformer.

reformă *sf.* reform.

reformula *vt.* to reword. # **~re** paraphrase.

refracta *vt.*, *vr.* to refract.

refractar *adj.* **1.** *tehn.* refractory. **2.** *fig.* refractory, stubborn, contrary, reluctant, unwilling. **3.** (**la**) loath (to). # *~ la critică* impervious to criticism.

refracție *sf. fiz.* refraction.

refren *sn.* **1.** *muz.* reprise, burden, burthen. **2.** (*şi fig.*) refrain.

refugia *vr.* **1.** (**în**) to take refuge (in). **2.** (**de**) (*adăposti*) to take shelter (for). # **~t** refugee.

refugiu *sn.* **1.** (*adăpost*) shelter, retreat, harbour, haven, *fam.* hideaway. **2.** (*loc*) recess, nook. **3.** (*cabană*) cabin, hut, lodge. **4.** (*pe autostradă*) clearway. **5.** (*pentru pietoni*) refuge, (traffic) island.

refula *vt.* to repress. # **~re** repression; **~t** pent-up.

refuz *sn.* **1.** refusal, denial, rejection: *răspunsul ei aduce a ~* her reply amounts to a refusal. **2.** (*categoric*) rebuff. # *plin până la ~* full to overflowing.

refuza I. *vt.* **1.** to refuse, to deny, to spurn. **2.** (**să**) to resist. **3.** (*politicos*) to decline. **4.** (*o propunere*) to scorn. **5.** (*un candidat*) to reject. **6.** (*categoric*) to rebuff. **II.** *vi.* to refuse. # *a ~ să dea ascultare cuiva* to turn a deaf ear to smb.

regal *adj.* regal, royal, kingly: *familie ~ă* royal family. # **~ist** royalist; **~itate** royalty.

regat *sn.* kingdom, monarchy, realm.

regată *sf. sport* regatta.

regăsi I. *vt.* to find again. **II.** *vr.* (*d. doi prieteni*) to meet again.

rege *sm.* **1.** king, monarch, sovereign. **2.** (*la şah*) (*şi fig.*) king. # **~sc** royal; **~şte** royally.

regie *sf.* **1.** (*la teatru*) direction. **2.** management, administration. # *cheltuieli de ~* overhead/management expenses.

regim *sn.* **1.** regime, rule, system: *~ militar* military rule. **2.** (*alimentar*) diet, regime. **3.** *med.* regimen. # *a ține ~* to diet.

regiment *sn. mil.* regiment. # *de ~* regimental.

regină *sf.* **1.** (*şi fig.*) queen. **2.** (*la şah*) queen. **3.** (*matcă*) queen bee. # *de ~* queenly; *regina-mamă* queen mother.

regional *adj.* regional.

registratură *sf.* registry, registered office.

registru *sn.* **1.** register, (copy)book, catalogue. **2.** (*contabil*) books. **3.** (*de conturi*) account book. **4.** *ec.* (*de casă*) register. **5.** (*de mişcare*) traffic register. **6.** (*al vocii*) register.

regiune *sf.* **1.** region, district, province, territory, tract. **2.** area, part. # *~ auriferă* gold field.

regiza *vt.* to direct (*a play/film*).

regizor *sm.* director, stage manager.

regla *vt.* 1. to adjust. 2. (*un mecanism*) to regulate. 3. (*un aparat*) to set, to tune, to tweak. 4. (*un cont*) to settle. # **~re** regulation, setting, tuning; **~bil** adjustable, variable.

reglementa *vt.* 1. to regulate, to arrange. 2. (*prețuri*) to control. 3. (*un cont*) to settle. # **~r** regular, statutory.

reglementare *sf.* 1. regulation, arrangement. 2. (*a unei probleme*) resolution. 3. (*a unei stări de lucruri*) settlement.

regn *sn.* kingdom: *~ul animal* the animal kingdom.

regres *sn.* regress(ion), rundown, setback, slump. # **~iune** regression.

regresa *vi.* 1. to regress. 2. (*d. economie*) to go into reverse.

regret *sn.* regret, compunction, contrition, remorse, repentance. # **a ~a** to regret, to repent of, to rue; **~abil** regrettable, unfortunate; **~at** regretted; *plin de ~* regretful; *cu ~* regretfully; *regret ce am făcut* I'm sorry for what I've done.

regrupa *vt.*, *vr.* to realign, to rally.

regulament *sn.* regulation, code, rule, charter, law, mission statement. # **~ar** statutory, regular.

regularitate *sf.* regularity.

regulariza *vt.* to regularize, to steady.

regulat I. *adj.* 1. regular, steady: *la intervale ~e* at regular intervals; *venit ~* steady income. 2. (*uniform*) even. **II.** *adv.* regularly.

regulă *sf.* 1. regulation, norm, rule: *a încălca o ~* to break a rule; *reguli de circulație* traffic regulations. 2. (*obicei*) ritual. # *de ~* as a (general) rule, habitually, generally, usually; *reguli de bună purtare* decencies; *în ~!* all right!, *fam.* okay!, OK!

reiat *adj.* ribbed.

reieși *vi.* to emerge.

reinstaura *vt.* (*ordinea*) to restore.

reintegra *vt.* (*în muncă*) to reinstate, to restore.

reintroduce *vt. fig.* to reinstate.

reinvesti *vt.* (*profitul*) to plough back.

reitera *vt.* to reiterate, to rehash.

reîmprospăta *vt.* 1. (*memoria*) to jog, to refresh. 2. (*garderoba*) to replenish.

reînarma *vt.* to rearm.

reîncarna *vr.* to reincarnate.

reîncepe *vt.* to recommence, to resume.

reînnoi *vt.* to renew, to rehash, to revive, to update. # **~re** renewal, revival.

reîntineri *vt.* to rejuvenate.

reîntoarce *vr.* to return, to come back.

reîntoarcere *sf.* 1. return. 2. *fig.* reversion: *~ la metodele vechi* reversion to the old methods.

reînviere *sf.* resurrection.

rejuca *vt.* (*un meci*) to replay.

relata *vt.* 1. to relate, to report, to narrate, to tell, to count. 2. (*lucruri picante*) to retail.

relatare *sf.* report(ing), narration, account, tale, statement, recital. # *~ incoerentă* rigmarole; *~ trasă de păr* tall story.

relativ *adj.* relative. # **~itate** *fiz.* relativity; ~ *la* concerning.
relație *sf.* 1. (*legătură*) relation-(ship), bond, connection, intercourse, knot, liaison: *relații cu publicul* public relations; ~ *sexuală* sexual intercourse. 2. (*pilă*) contact, relation. 3. *pl.* data. 4. (*amoroasă*) affair, liaison.
relaxa I. *vt.* to relax. II. *vr.* to relax, to lounge, to repose. # **~re** relaxation, repose, recreation; **~t** relaxed, slack.
releu *sn.* 1. *tehn.* relay. 2. (*de radio, TV*) mast.
releva *vt.* to point out, to indicate. # **~nt** relevant, marked, pertinent, to the purpose; *a ~ ceva* to testify to smth.
relicvă *sf.* relic, survival.
relief *sn.* relief.
religie *sf.* religion.
religios *adj.* religious.
relua *vt.* 1. (*o activitate*) to resume, to rehash, to retake. 2. (*un program etc.*) to rerun. 3. (*un subiect*) to return to. 4. (*o povestire*) to take up.
reluare *sf.* 1. (*a unei scene*) replay, retake. 2. (*a unui film, program*) repeat. 3. (*a celor spuse*) rehearsal. 4. (*a unui program TV*) rerun. 5. (*a unei activități*) resumption.
remania *vt.* (*un guvern*) to recast, to reshuffle, to shake up.
remaniere *sf.* 1. reshuffle. 2. (*guvernamentală*) shakeout, *fam.* shake-up.
remarca I. *vt.* to (re)mark, to perceive, to notice, to note, to witness. II. *vr.* to excel, to distinguish oneself. # *a se face ~t* to come to the fore, to get oneself noticed.
remarcabil *adj.* remarkable, notable, noteworthy, outstanding, singular, unique, distinguished. # *persoană ~ă fam.* corker; *ceva ~* scorcher.
remarcă *sf.* 1. remark, observation: *~ impertinentă* rude remark. 2. (*spirituală*) wit(ticism), one-liner, wisecrack. # *~ sarcastică* sally.
remedia *vt.* 1. to remedy, to repair. 2. (*o situație*) to salvage.
remediere *sf.* refit. # *de ~* remedial.
remediu *sn.* 1. remedy. 2. (*leac*) antidote, cure. # *~l cel mai bun fig.* the best medicine.
reminiscență *sf.* reminiscence.
remite *vt.* (*o sumă etc.*) to remit. # **~re** (*de bani*) remittance.
remiză *sf.* 1. (*comision*) commission. 2. (*la restaurant*) service charge. 3. (*la şah*) draw game.
remonta *vt.* (*pe cineva*) *fam.* to set up.
remorca *vt.* 1. to tow, to tug, to haul. 2. (*o maşină*) to trail. # **~re** tow, haulage; *cablu de ~re* tow.
remorcă *sf.* *auto* trailer.
remorcher *sn.* tug (boat).
remunera *vt.* to remunerate. # **~re**, **~ție** remuneration, emolument, pay; **~toriu** rewarding.
remuşcare *sf.* remorse, compunction, contrition, qualm, regret, repentance: *a avea remuşcări* to feel remorse; to be filled with remorse.

ren *sm.* reindeer.
renal *adj. med.* renal.
renaştere *sf.* (*în artă*) renaissance, renascence: *perioada Renaşterii* the renaissance period.
renega *vt.* to repudiate, to disown, to deny, to contest. # **~t** renegade; **~re** denial.
renghi *sn.* trick.
renglotă *sf.* greengage.
renova *vt.* to renovate, to refurbish, to revamp, to restore. # **~re** refurbishment.
renta *vi.* to pay, to be worth while.
rentabil *adj.* 1. economic, lucrative, remunerative. 2. (*d. o afacere*) profit-making.# **~itate** profitability, profitableness.
rentă *sf.* rent, income. # *~ viageră* annuity.
rentier *sm.* rentier.
renume *sn.* repute, fame, name, celebrity, renown, eminence. # *de ~ mondial/internaţional* world-famous, of international renown.
renumit *adj.* 1. celebrated, reputed, famous, prominent, famed. 2. (*de seamă*) renowned, noted.
renunţa *vi.* 1. (**la**) to renounce, to abandon, to give up, to abjure, to forgo, to relinquish: *a ~ la un privilegiu* to renounce a privilege; *a ~ la orice speranţă* to relinquish all hope. 2. (*la un nărav*) to give up, to kick. 3. (**la**) (*o slujbă*) to throw up, (*un drept*) to surrender.
renunţare *sf.* 1. renunciation. 2. (*privaţiune*) self-denial.
reorganiza *vt.* to reorganize, to reform, to rationalize, *fam.* to shake up, *amer. fam.* to retool. # **~re** reorganization.
repara *vt.* 1. to repair, to remedy, to restore, to mend, to fix, to refit. 2. (*pantofi*) to cobble. 3. (*o situaţie*) to salvage. 4. (*o maşină*) to service. 5. (*o nedreptate*) to redress. # **~re** repair, mending; **~tor** *med.* remedial; *la ~t* under repair; *persoană care repară* repairer, repairman.
reparaţie *sf.* 1. repair, refit, remedy: *reparaţii curente* running repairs. 2. *jur.* remedy. 3. (*a unei nedreptăţi*) satisfaction, redress. 4. *pl.* (*băneşti*) restitution.
repartiţie *sf.* repartition, allocation.
repartiza *vt.* to allocate, to allot, to share out, to distribute. # **~re** distribution, division.
repatria *vt.* to repatriate. # **~t** repatriate, *amer.* returnee.
repaus *sn.* 1. repose, pause, respite. 2. (*odihnă*) rest: *în* (*stare de*) *~* at rest. # *pe loc ~!* at ease!
repauza *vr.* to rest.
repede I. *adj.* 1. quick, fast, rapid. 2. (*d. o apă curgătoare*) sweeping. II. *adv.* 1. quick(ly), fast. 2. (*curând*) soon: *cât de ~ vei fi aici?* how soon can you get here? # *foarte ~* double-quick, *fam.* at a rate of knots.
reper *sn.* 1. mark. 2. (*indicator*) sign. # *~ orar* slot, (*al unui program TV etc.*) running order.
repera *vt.* to spot, to notice, to locate. # **~re** location.
repercusiune *sf.* 1. repercussion, consequence. 2. *pl.* reverberations.

repercuta *vr.* (**asupra**) to rebound (on), to reflect (on), to recoil (on).

repertoriu *sn.* **1**. repertoire, repertory. **2**. *muz.* set: *un ~ de zece melodii* a set of ten songs.

repeta I. *vt.* **1**. to repeat, to reiterate. **2**. (*o piesă etc.*) to rehearse. **3**. (*un examen*) to resit, to retake. **4**. (*recapitula*) to review. **II**. *vr.* to recur, to repeat. # **~t** recurrent, repeated.

repetare *sf.* **1**. repetition, recurrence, repeat. **2**. (*a unui examen*) retake.

repetent *sm.* pupil repeating the class/year/grade.

repetiție *sf.* **1**. repetition, revision, rehearsal. **2**. (*generală*) dress rehearsal.

repezeală *sf.* haste. # *la ~* in haste, in a hurry/rash.

repezi *vr.* **1**. to swoop. **2**. (**la**) to rush (at), to make (for), to snatch (at), to pounce (on), to thrust (at), to go (at), to lunge (at), to make a run (at). **3**. (**până la**) to nip out to, *fam.* to zip. **4**. (**la**) (*cu vorba*) to snap (at).

repeziciune *sf.* # *cu ~* rapidly.

repezit *adj.* **1**. rash, brusque, hasty, abrupt, impetuous. **2**. (*răstit*) sharp, short, curt.

replica *vt., vi.* to reply, to retort.

replică *sf.* **1**. reply, response. **2**. (*la teatru*) cue. **3**. (*spirituală*) repartee. **4**. (*insolentă*) retort.

reporta *vt.* (*o sumă*) to carry.

reportaj *sn.* **1**. reportage, reporting. **2**. (*în ziar*) feature report. **3**. (*de călătorii*) travelogue.

reporter *sm.* reporter.

represalii *sf. pl.* reprisals.

represiune *sf.* repression.

represiv *adj.* repressive, punitive.

reprezenta *vt.* **1**. to (re)present. **2**. (*însemna*) to signify. **3**. (*d. un parlamentar*) to sit (for): *el reprezită (în parlament) Brașovul* he sits for Brașov. **4**. (*d. un tablou*) to portray. # **~tiv** representative; **~re** (*redare*) mirroring, representation; **~ție** performance; **~nță** agency, subsidiary.

reprezentant *sm.* representative, delegate, agent, deputy.

reprima *vt.* (*o revoltă*) to repress, to crush, to put down, to suppress, to stifle.

reprimare *sf.* **1**. repression. **2**. (*a unei revolte*) suppression.

repriză *sf. sport* **1**. (*de box*) round. **2**. (*de fotbal*) half: *prima ~* the first half.

reproba *vt.* to reprobate. # **~tor** reproachful.

reprobabil *adj.* reprovable, reprehensible. # *faptă ~ă* impropriety, sinful act.

reproduce I. *vt.* **1**. to reproduce, to copy, to duplicate. **2**. (*natura*) to mimic. **3**. (*vorbele cuiva*) to quote. **4**. (*reconstitui*) to re-enact. **II**. *vr.* to reproduce.

reproducere *sf.* **1**. (*a animalelor*) reproduction, breeding. **2**. (*copie*) copy, replica. # *~ exactă* (*a unui text*) word-perfect reproduction.

reprofila *vt.* (*o fabrică etc.*) to retool, *fam.* to shake up.

reproş *sn.* **1**. reproach, rebuke, imputation, remonstrance. **2**. *pl.* ructions. # **a ~a** to reproach, to rebuke.

reptilă *sf.* reptile.

republica *vt.* to republish. # **~re** republication.

republican *sm., adj.* republican.

republică *sf.* republic.

repudia *vt.* to repudiate, to disavow.

repulsie *sf.* repulsion, revulsion, repugnance, dislike, aversion. # *a inspira ~* to repel; to ward off.

repune *vt.* **1**. (*un disc, o bandă*) to replay. **2**. (*în drepturi*) to reinstate. **3**. (*în posesie*) to repossess. # **~re** (*în posesie*) repossession.

repurta *vt.* (*o victorie*) to gain, to score.

reputat *adj.* reputed, famous, illustrious.

reputaţie *sf.* reputation, repute, name: *a aduce atingere ~i cuiva* to detract from smb.'s reputation; *de proastă ~* of evil repute, raffish.

rescrie *vt.* to rewrite, to redraft.

resemna *vr.* to resign. # **~re** resignation; **~t** resigned, meek.

resentiment *sn.* **1**. resentment, pique. **2**. *pl.* hard feelings.

resimţi *vr.* **1**. to tell (on). **2**. (*după o înfrângere etc.*) to smart.

resort[1] *sn.* (*domeniu*) domain, province. # *nu e de ~ul meu* it's outside my area of competence.

resort[2] *sn.* (*arc*) spring.

respect *sn.* respect, consideration, esteem, regard, deference: *din ~ faţă de* in honour of. # *lipsit de ~* cavalier, offhand, brusque.

respecta *vt.* **1**. to respect, to esteem, to honour. **2**. (*o promisiune*) to keep. **3**. (*o lege*) to observe. **4**. (*un sfat, instrucţiuni etc.*) to follow. # **~re** (*a unei legi*) observance; *a nu ~* (*un contract etc.*) to breach; *a nu ~* (*o lege*) to defy; *a nu ~* (*regulile etc.*) to disobey.

respectabil *adj.* respectable, venerable, honourable, decent, genteel. # **~itate** respectability, gentility.

respectiv I. *adj.* respective. **II**. *adv.* respectively: *el şi ea, ~ Dan şi Ana* he and she, Dan and Ana respectively.

respect(u)os *adj.* respectful, reverent, reverential, regardful, dutiful.

respingător *adj.* **1**. repugnant, repellent, repulsive: *miros ~* repulsive smell. **2**. (*d. un chip*) forbidding, unsightly.

respinge *vt.* **1**. (*şi fig.*) to repel. **2**. to repudiate, to dismiss, to renounce, to spurn. **3**. (*pe cineva*) to shrug, to push. **4**. *jur.* (*un caz*) to dismiss. **5**. (*o acuzaţie*) to rebut. **6**. (*o propunere*) to turn down, to scorn, to negative, to reject. **7**. (*revendicări etc.*) to thrust aside. # **~re** rejection.

respira *vt.,vi.* to respire, to breathe. # *a ~ greu* (*la răceală*) to sniff.

respirator I. *sn. med.* respirator. **II**. *adj.* respiratory.

respiraţie *sf.* **1**. respiration, breath: *cu ~ tăiată* out of breath. **2**. (*grea*) snort, gasp. # *~ artificială* kiss of life.

responsabil *adj.* responsible.

responsabilitate *sf.* responsibility, commitment, task, liability, load, weight: ~ *morală* moral responsibility; *a-şi asuma o* ~ to undertake a task.

rest *sn.* **1.** rest, remnant. **2.** (*rămăşiţă*) remainder. **3.** (*de bani*) change, rest of money. **4.** *pl.* leavings, leftovers, oddments. **5.** *pl.* (*de mâncare etc.*) remnants, scraps, remains. **6.** *pl.* (*de la tăiat*) parings.

restabili I. *vt.* to rally, to restore. **II.** *vr.* (*după boală*) to recover, to rally, to recuperate, *fam.* to mend.

restabilire *sf.* **1.** restoration. **2.** (*după boală*) recovery.

restant *adj.* **1.** back, overdue: *plată ~ă* overdue payment. **2.** (*d. o datorie*) outstanding. # *dobândă ~ă* back interest.

restanţe *sf. pl.* arrears.

restaura *vt.* to restore, to rehabilitate. # **~re**, **~ţie** restoration; **~tor** restorer.

restaurant *sn.* **1.** restaurant, house: *vagon* ~ restaurant car; ~ *pe şosea* road house. **2.** (*familial*) *amer.* diner. **3.** (*cu autoservire*) cafeteria.

restitui *vt.* **1.** to return, to give back, to restore. **2.** (*bani*) to repay, to pay back.

restituire *sf.* **1.** restitution, return. **2.** (*de bani*) payback, repayment. **3.** *jur.* reversion.

restrânge *vt.* to restrict, to limit, to narrow. # **~re** restriction, squeeze.

restrâns *adj.* **1.** restricted, sparing. **2.** (*d. o activitate*) slack, limited.

restrictiv *adj.* restrictive.

restricţie *sf.* **1.** restraint, constraint, stricture. **2.** *pl.* restrictions, restraints, ties, limitations. # *fără restricţii* unrestrained, open-ended.

restrişte *sf.* adversity, misfortune.

restructura *vt.* to restructure. # **~re** restructuring.

resursă *sf.* **1.** resource, resort. **2.** *pl.* means, possibilities. **3.** *pl.* (*materiale/financiare*) resources, coffers.

resuscita *vt. med.* to resurrect. # **~t** resurgent; **~re** resurrection.

reşedinţă *sf.* **1.** residence, abode, seat. **2.** (*domiciliu*) quarter.

reşou *sn.* electric stove.

retardat *adj.* (*d. cineva*) backward, retarded.

retehnologiza *vt.* to streamline.

retenţie *sf. med.* retention.

reteza *vt.* **1.** to cut off, to pare, to trim, to sever, to clip. **2.** (*o tufă*) to clip. **3.** (*ramuri etc.*) to lop, to prune.

retezare *sf.* **1.** clip. **2.** (*a bărbii etc.*) trim.

reticent *adj.* reticent, restrained, undemonstrative, reserved.

reticenţă *sf.* reticence.

retină *sf. anat.* retina.

retipări *vt.* to reprint.

retoric *adj.* rhetorical. # **~ă** rhetoric, oratory.

retortă *sf.* retort, flask.

retracta *vt.* to retract, to withdraw, to unsay, to recant. # **~re** withdrawal. # *a ~ cele spuse* to swallow one's words.

retrage I. *vt.* to withdraw, to retract. II. *vr.* 1. (*şi fig.*) to retreat. 2. to recede, to retract, to withdraw, to pull back: *melcul s-a retras în casa lui* the snail retracted into its shell. 3. (*pensiona*) to retire. 4. (*d. ape*) to ebb, to subside. # *armata s-a retras* the army pulled back, the army withdrew.

retragere *sf.* 1. withdrawal: ~ *a sprijinului* withdrawal of support. 2. (*a apelor*) recession. 3. (*şi mil.*) retreat. # *în* ~ retired.

retras *adj.* 1. (*d. cineva*) secluded, withdrawn, distant, remote. 2. (*liniştit*) quiescent. 3. (*singuratic*) solitary, retiring. 4. (*nesociabil*) unsociable.

retribui *vt.* to remunerate.

retribuţie *sf.* retribution, emolument.

retroactiv *adj.* retroactive.

retroceda *vt.* to retrocede. # **~re** *jur.* reversion.

retrograd I. *sm. fam.* stick-in-the-mud, fuddy-duddy. II. *adj.* retrograde, retrogressive.

retrograda *vt.* 1. to degrade, to downgrade, to demote. 2. (*şi sport*) to relegate. 3. (*pe cineva*) to shunt. # **~re** relegation, degradation, demotion: *echipe ameninţate cu ~rea* teams threatened with relegation.

retrospectivă *sf.* 1. retrospect(ion). 2. (*expoziţie*) retrospective.

retrovizor *adj.* rear-view.

retur *sn.* return.

returna *vt.* to return.

returnare *sf.* 1. return, restitution. 2. (*de fonduri*) diversion.

retuş *sn.* finish, retouch. # **a ~a** to retouch, to finish.

reţea *sf.* 1. net(work), lattice, system: ~ *de drumuri* road network; ~ *de transport* transport system; ~ *de căi ferate* railway network. 2. *el.* (*de fire*) grid. 3. (*de drumuri etc.*) matrix. 4. (*de spionaj etc.*) ring.

reţetă *sf.* 1. (*culinară*) receipt, recipe. 2. *med.* prescription. 3. *fig.* recipe: ~ *a reuşitei* recipe for success.

reţine *vt.* 1. to retain, to detain, to keep. 2. (*în minte*) to keep in mind. 3. (*locuri*) to reserve, to book. 4. (*pe cineva*) to hold, to waylay, to stall. 5. (*atenţia*) to fix, to rivet. 6. (*apă etc.*) to retain. 7. *jur.* (*preventiv*) to remand.

reţinere *sf.* 1. (*scădere*) deduction. 2. (*reticenţă*) reserve, reticence. 3. (*de locuri*) reservation. 4. (*în arest*) detention. 5. (*în arest preventiv*) remand.

reţinut *adj.* (*d. cineva*) reserved, collected, undemonstrative.

reumatism *sn.* rheumatism.

reumple *vt.* to refill, *amer. fam.* to refresh.

reuni I. *vt.* to reunite, to rally. II. *vr.* to reunite. # **~re** reunion; **a ~fica** to reunify.

reuniune *sf.* reunion, meet(ing), sitting, convention: ~ *familială* family reunion.

reuşi I. *vt.* (**să**) to manage. II. *vi.* (**să**) to succeed (in), to contrive (to), to make it: *a ~t să câştige premiul* he succeeded in winning the prize. # ~**t** well-achieved, successful; *a nu* ~ to fail.

reuşită *sf.* triumph, success, hit. # *mare* ~ win, *(film, piesă)* smash.

reutila *vt.* (*o fabrică*) to retool.

revalorifica *vt.* to revalue.

revanşa *vr.* **1**. (*pentru un serviciu*) to recompense, to give return, to reward. **2**. (*răzbuna*) to pay back.

revanşă *sf.* **1**. return: *ca ~ pentru ajutorul dat* in return for your help. **2**. (*răzbunare*) revenge: *a-şi lua revanşa pentru* to take/get revenge for. # *a-şi lua revanşa fam.* to get one's own back (on smb.); *meci*-~ return match.

revărsa *vr.* **1**. to flood, to gush, to overflow, to slop over, *fam.* to slosh out. **2**. (*în jos*) to cascade, to run. **3**. *fig.* to spread over.

revărsare *sf.* **1**. gush, shower, overflow. **2**. *fig.* outpouring, overflow.

revăzut *adj.* revised.

revedea **I**. *vt.* (*un text*) to review. **II**. *vr.* to meet again.

revedere *sf.* seeing again. # *la* ~! (good)bye!, see you soon!

revelator **I**. *sn. foto* developer. **II**. *adj.* revelatory, telltale.

revelaţie *sf.* revelation.

revelion *sn.* New Year's Eve.

revendica *vt.* **1**. to (re)claim, to demand. **2**. (*un drept*) to vindicate. # ~**re** claim, demand.

reveni *vi.* **1**. to return, to come back. **2**. (*cuiva*) to lie (with), to rest (with): *ţie îţi revine sarcina să* it rests with you to. **3**. (**la**) to turn (to), to relapse (into), to revert (to): *a ~t la prostul lui obicei* he relapsed into his bad habit. **4**. (*în minte*) to recur. **5**. (*din leşin etc.*) to revive, to come to. **6**. (*însănătoşi*) to recover, to pick up. **7**. (*d. economie etc.*) to rebound. **8**. (*după o decepţie*) to recover. **9**. (*la un subiect*) to return, to revert. # *a ~ mereu la* (*un subiect*) to harp on; *a ~ la starea normală* to get back on the rails.

revenire *sf.* **1**. comeback, return. **2**. (*la bursă etc.*) *ec.* rally. **3**. (*a unei boli*) recurrence. **4**. (*la un obicei vechi*) reversion.

rever *sn.* lapel.

reverberaţie *sf.* reverberation.

reverend *sm.* reverend.

reverenţă *sf.* bow.

reverenţios *adj.* reverential, respectful, deferential.

reverie *sf.* reverie, contemplation, daydream.

revers *sn.* reverse. # *~ul medaliei fig.* the other side of the coin.

revigora **I**. *vt.* to invigorate, to refresh. **II**. *vr.* (*şi fig.*) to pick up.

reviriment *sn.* turn(a)round: *~ în economie* turnround in economy.

revistă *sf.* **1**. magazine, review, journal. **2**. (*săptămânal*) weekly. **3**. (*lunară etc.*) periodical. **4**. (*lunară*) monthly. **5**. (*teatru de*) revue. **6**. (*spectacol de*) variety show. # *a trece în* ~ to review, to survey.

revitalizant *adj.* (*d. o cremă*) softening.

revitalizare *sf.* revival.

revizie *sf.* **1.** check, revision. **2.** *auto* checkup, overhaul.
revizionist *sm., adj.* revisionist.
revizor *sm.* controller, auditor, inspector.
revizui *vt.* **1.** to revise, to review, to run back over. **2.** (*o maşină*) to overhaul. # ~**re** revision, review.
revoca *vt.* **1.** to cancel, to revoke, to annul, *fam.* to pull: *concertul a fost ~t* the concert was cancelled/pulled. **2.** (*o lege*) to repeal. **3.** (*o stare de asediu etc.*) to lift. **4.** (*din funcţie*) to recall.
revocare *sf.* **1.** revocation. **2.** (*destituire*) removal, dismissal.
revolta I. *vt.* to revolt. **II.** *vr.* to revolt, to riot, to rise. # ~**t** mutinous, rebellious.
revoltă *sf.* **1.** revolt, mutiny, rebellion, riot, uprising. **2.** (*indignare*) indignation. **3.** *pl.* rioting. # ~**tor** revolting, disgusting.
revoluţie *sf.* revolution, revolt: *~ de catifea* velvet revolution.
revoluţiona *vt.* to revolutionize. # ~**r** revolutionary, insurgent.
revolver *sn.* revolver, gun, pistol, *amer. sl.* equalizer.
rezema I. *vt.* to prop, to rest. **II.** *vr.* **(de)** to rest (on), to lean (on, against).
rezemătoare *sf.* rest.
rezerva *vt.* **1.** (*un loc etc.*) to keep, to reserve: *a ~ o masă* to reserve a table. **2.** (*bilete etc.*) to book. **3.** (*o cameră*) to engage, to reserve. # ~**re** (*de locuri*) reservation, booking.
rezervat *adj.* **1.** (*d. cineva*) reserved, aloof, distant, offish, uncommunicative, undemonstrative. **2.** (*d. un loc*) spoken for.
rezervaţie *sf.* reserve, *amer.* reservation. # *~ naturală* nature reserve, *amer.* preserve.
rezervă *sf.* **1.** (*provizie*) reserve, stock, supply. **2.** (*reţinere*) reserve, reticence, self-restraint. **3.** (*de pix etc.*) refill. **4.** *sport* reserve. **5.** (*la restaurant*) snug. **6.** (*supliment*) stand-by: *ţin o pizza de ~ în congelator* I keep a pizza in the freezer as a stand-by. # *piesă/obiect de ~* spare; *de ~* spare, (*d. un jucător*) *amer.* second-string.
rezervor *sn.* **1.** reservoir, vessel, container. **2.** (*de benzină etc.*) tank. **3.** (*de apă*) cistern.
rezida *vi.* **(în)** to lie (in).
rezident *adj.* resident. # *doctor ~* (*la spital*) houseman.
rezidual *adj.* **1.** residual. **2.** (*d. ape*) waste.
reziduu *sn.* residue, scrap. # *~ri lichide/menajere* sludge.
rezilia *vt.* **1.** to cancel, to void, to invalidate, to nullify. **2.** (*un contract*) to break.
reziliere *sf.* cancellation, termination, annulment.
rezista *vi.* **1.** to resist, to withstand, to stand up to. **2.** (*ţine*) to hold, to last: *frânghia a ~t* the rope held. **3.** (*la uzură*) to wear. **4.** **(la)** to stand: *inima lui nu va ~ la stres* his heart won't stand the strain. # *a ~ mai mult decât* to outlast; *a nu mai ~ la* to succumb, to give way, to submit to.

rezistent *adj.* **1**. resistant, strong, solid, tough. **2**. proof: ~ *la* (*forța valurilor*) proof against (the strength of the waves). **3**. (*d. obiecte*) rugged, sturdy. **4**. (*d. culori*) fast. **5**. (*care durează*) lasting.

rezistență *sf.* **1**. resistance, endurance, strength. **2**. (*împotrivire*) stand. **3**. *el.* resistor. # *a opune* ~ to resist.

rezoluție *sf.* resolution.

rezolva *vt.* **1**. to (re)solve, to settle. **2**. (*o situație încurcată*) to navigate. **3**. (*elucida*) to puzzle out. # **~re** resolution, solution.

rezonabil *adj.* **1**. reasonable, fair, moderate: *preț* ~ fair/moderate price. **2**. (*d. cineva*) sensible. **3**. (*d. o propunere*) viable.

rezonanță *sf.* resonance, ring.

rezulta *vi.* to result. # *care rezultă* resultant.

rezultat *sn.* **1**. result, effect, product, outcome, consequence, return, issue: ~ *final* end result; *a avea ca* ~ to result in; ~ *al alegerilor* election returns. **2**. (*consecință*) reaction. **3**. *pl. sport* standings. # ~ *final* (*al unui meci*) scoreline; *a da ~e foarte bune* to work wonders; *fără* ~ useless.

rezuma *vt.* to summarize, to brief, to sum up.

rezumat *sn.* resumé, summary, summation, synopsis, brief, abstract, précis, digest. **2**. (*al știrilor*) round-up.

ricin *sm. bot.* castor bean, castor oil plant. # *ulei de* ~ castor oil.

ricoșa *vi.* **1**. to rebound, to deflect, to ricochet. **2**. (*d. minge*) to skew. # **~re** rebound, deflection, ricochet.

ricoșeu *sn.* ricochet, rebound.

ricșă *sf.* rickshaw.

rid *sn.* wrinkle, line, furrow, crease. # **a se ~a** to shrivel; **~at** wrinkled, wrinkly; **~are** wrinkling; *fără ~uri* unlined.

ridica I. *vt.* **1**. to elevate, to lift, to heave, to hoist. **2**. (*și fig.*) to raise: *a ~ glasul* to raise one's voice. **3**. (*construi*) to erect, to put up. **4**. (*o problemă*) to put, to pose, to moot. **5**. (*un cort*) to set up, to erect, to pitch. **6**. (*o interdicție*) to relax. **7**. (*ancora*) to weigh. **II**. *vr.* **1**. to lift, to arise, to rise. **2**. (**deasupra**) to tower (over). **3**. (**împotriva**) to revolt (against), to rage (against), to stand (against), to rebel (against). **4**. (*d. o sumă*) (**la**) to amount (to), to total. **5**. (*d. ceață*) to lift. **6**. (*d. o rachetă etc.*) to soar. **7**. (*în picioare*) to stand up. # *a ~ în slăvi* to glorify; *a ~ mâna* to put up one's hand; *a ~ receptorul* to pick up the receiver.

ridicare *sf.* **1**. hoist, (up)lift, rise. **2**. (*a unei interdicții*) remove. # ~ *de mâini* (*pentru vot*) show of hands.

ridicat *adj.* **1**. high: *temperatură ~ă* high temperature. **2**. (*d. poziție*) erect, upright. # *vânzare cu ~a* wholesale.

ridicătură *sf.* **1**. elevation. **2**. (*deal*) hump. **3**. (*de pământ*) rise, eminence, swell.

ridiche *sf.* radish.

ridicol *adj.* **1.** ridiculous, risible, ludicrous, silly, laughable, funny. **2.** (*d. un preţ*) derisive.

ridiculiza *vt.* to ridicule, to deride. # **~re** ridicule, mockery.

rigă *sf.* king: *riga de caro* the king of diamonds.

rigid *adj.* **1.** rigid, stiff, erect. **2.** *fig.* rigid, ossified, stiff-necked. # **~itate** stiffness.

riglă *sf.* rule(r), straight edge: *~ de calcul* slide rule.

rigoare *sf.* rigour, harshness, strictness: *rigorile unei ierni aspre* the rigours of a harsh winter. # *de ~* necessary.

rigolă *sf.* gutter, trench.

riguros *adj.* rigorous, rigid, tight, strict, severe, searching, painstaking, crash: *test ~* severe test.

rigurozitate *sf.* rigorousness.

rima *vi.* (**cu**) to rhyme (with).

rimă *sf.* rhyme.

rimel *sn.* eyeliner, mascara.

rindea *sf.* plane(r). # *a da la ~* to plane.

rindelui *vt.* to plane.

ring *sn.* **1.** (*de patinaj*) rink. **2.** (*de box*) ring. **3.** (*de dans*) floor.

rinichi *sm.* kidney.

rinocer *sm.* rhinoceros.

riposta *vi.* **1.** to retort. **2.** (**la**) to react (against), to retaliate (against).

ripostă *sf.* reaction, reply, retort, rejoinder, retaliation: *ca ~ la* in retaliation for.

risc *sn.* risk, danger, peril, trouble, hazard, jeopardy, chance, venture: *a-şi asuma ~ul* to run the hazard; *cu ~ul de a* at the risk of. # **~ant** risky, dangerous, perilous, hazardous, *fam.* chancy; *cu orice ~* neck or nothing.

risca I. *vt.* to risk, to chance, to stake, to jeopardize, to venture, to hazard. **II.** *vi.* to run risks, to take a risk.

risipă *sf.* dissipation, wastage, waste.

risipi I. *vt.* **1.** to waste, to spend, to spill. **2.** (*şi fig.*) to dispel: *vorbele lui ne-au ~t îndoielile* his words dispelled our doubts. **3.** (*bani*) to lavish, to scatter. **II.** *vr.* **1.** to scatter. **2.** (*d. ceaţă etc.*) to clear, to lift, to dissipate. **3.** (*d. nori*) to break. # **~t** sparse; **~tor** wasteful, extravagant, profligate, lavish, prodigal.

rit *sn.* rite, cult.

ritm *sn.* **1.** rhythm, beat, cadence, pace, rate, measure: *~ alert* rapid pace; *~ de creştere alarmant* alarming increasing rate. **2.** (*al versului*) metre. **3.** (*cadenţă*) tempo. **4.** *muz.* pulse, lilt, tempo. # **~ic** rhythmic(al), regular, metrical; *a-şi găsi ~ul normal* (*de lucru etc.*) to pace yourself.

ritos *adv.* firmly.

ritual I. *sn.* rite, ritual. **II.** *adj.* ritual.

rival *sm.* rival, opponent. # **~itate** rivalry, competition.

rivaliza *vi.* (**cu**) to rival, to compete (with), to vie (with).

riveran *adj.* river.

rizibil *adj.* risible.

rizom *sm.* rhizome.

roabă *sf.* (*tărăboanță*) (wheel)-barrow, *amer.* pushcart.

roade I. *vt.* **1**. to gnaw. **2**. (*uza*) to wear. **3**. (*eroda*) to erode, to gnaw, to undermine. **4**. (*obseda*) to prey. **5**. (*d. pantofi etc.*) to chafe, to rub. **6**. (*unghiile*) to bite. **7**. (*un os*) to pick. **II**. *vi.* **1**. (*şi fig.*) to gnaw. **2**. (*d. gelozie etc.*) to niggle. **3**. (*d. ceva neplăcut*) to rankle: *nereuşita lui încă îl ~* his failure still rankles. **III**. *vr.* (*uza*) to wear away, to chafe.

roată *sf.* **1**. wheel. **2**. (*de rezervă*) spare wheel/tyre. **3**. (*dințată*) sprocket, cog wheel. **4**. (*de tortură*) rack. # *ca pe roate* smoothly.

rob *sm.* (*şi fig.*) slave. # **~ie** slavery, bond(age).

robă *sf.* robe, gown.

robinet *sn.* tap, *amer.* faucet, spigot: *~ul de la apă caldă* the hot tap; *apă de la ~* tap water.

robot *sm.* robot, automaton. # *~ de bucătărie* food processor; *~ telefonic* answer phone. # **~ică** robotics.

roboti *vi.* to potter about.

robust *adj.* robust, vigorous, stout, stalwart, sinewy, hearty, lusty, sturdy. # **~ețe** hardiness.

rocadă *sf.* castle: *a face ~* to castle.

rocă *sf.* rock.

rochie *sf.* **1**. dress, frock. **2**. (*lejeră cu bretele*) chemise. **3**. (*la ocazii*) gown. **4**. (*pe corp*) sheath, skintight dress. **5**. (*de seară*) evening dress. **6**. (*largă*) smock.

rod *sn.* fruit, harvest. # *a da roade* to crop, to fructify.

roda *vt.* (*o maşină*) to run in. # **~j** test run, running-in.

rodeo *sn.* rodeo.

rodi *vi.* to yield fruit.

rodie *sf. bot.* pomegranate.

roditor *adj.* **1**. fecund, yielding. **2**. (*d. pământ*) rich, fertile.

roi I. *sn.* **1**. cluster, horde. **2**. (*de albine*) swarm. **II**. *vi.* (*şi fig.*) to swarm.

roib *sm., adj.* sorrel.

rol *sn.* **1**. role, mission, function: *inversare de ~uri* role reversal. **2**. (*al unui actor*) part, role: *~ principal* title/leading/starring role, title part; *a pune în ~ul principal* to star; *a deține ~ul principal* to star.

rolă *sf.* roll(er), spool, reel.

rolfilm *sn.* roll.

rom[1] *sm., adj.* Romany, gypsy, gipsy. # *limba ~ilor* Romany.

rom[2] *sn.* rum: *un pahar cu ~* a glass of rum.

roman[1] *sm., adj.* Roman: *cifre ~e* Roman numerals. # **~ice** (*d. limbi*) Romance.

roman[2] *sn.* **1**. novel: *~ de duzină* dime novel; *~ polițist* detective novel. **2**. (*de dragoste*) romance. **3**. (*de acțiune*) romp. **4**. (*melodramatic/lacrimogen*) slush. **5**. *pl.* fiction. # **~cier** novelist; **a ~ța** to romanticize; *~ de dragoste mediocru* novelette; *~ de senzație* thriller.

romaniță *sf.* daisy.

romantic *sm., adj.* romantic.
romantism *sn.* romanticism.
român *sm., adj.* Romanian. # **~esc** Romanian; *limba ~ă* Romanian.
romb *sn.* rhombus.
rond *sn.* 1. (*patrulare*) patrol, round. 2. (*piațetă*) circus. 3. (*de flori*) bed.
rondelă *sf.* (*de ceapă*) ring.
ronțăi *vt.* 1. to crunch. 2. (*biscuiți*) to nibble. # **~t, ~ală** crunch.
ropot *sn.* 1. (*de copite*) clatter. 2. (*de aplauze*) burst, roar, storm, ripple. 3. (*al ploii*) patter.
ros *adj.* gnawed, worn-out. # *~ de remușcări* stung by remorse.
rosătură *sf.* gall, graze.
rost *sn.* 1. point, reason, sense, use: *nu are nici un ~* it's no use. 2. role, attribution. # *fără ~* aimless, purposeless, nugatory, paltry, useless, wanton, pointless, futile; *a lua la ~* to harangue; *pe de ~* by heart/rote.
rosti *vt.* 1. to pronounce, to utter. 2. (*un discurs*) to deliver. # **~re** utterance; *a ~ printre dinți* to mouth.
rostogoli I. *vt.* to roll. II. *vr.* to roll, to somersault. # **~re** roll.
roșcat I. *sm.* redhead. II. *adj.* reddish, ruddy. # *cu păr ~* red.
roșcovan *sm.* redhead.
roșeață *sf.* (*în obraz*) blush.
roși *vi.* to blush.
roșie *sf.* (*pătlăgea*) tomato.
roșu *adj.* 1. red, ruddy. 2. (*aprins*) crimson, scarlet, vermillon. 3. (*închis*) purple.
rotar *sm.* wheelright.
rotativ *adj.* rotary. # **~ă** (*la tipografie*) web offset.
rotație *sf.* 1. rotation. 2. *tehn.* revolution. # *prin ~* rotating; *de ~* rotatory.
roti I. *vt.* to rotate, to revolve, to spin, to turn, to twirl. II. *vr.* to rotate, to spin, to gyrate, to revolve, to pivot, to whirl, to wheel, to turn, to twirl, to swivel. # **~tor** rotating.
rotilă *sf.* castor.
rotire *sf.* 1. turning round, rotation, whirl, spin, gyration, twirl. 2. (*a ochilor etc.*) sweep.
rotocol *sn.* (*de fum*) wreath.
rotofei *adj.* (*d. cineva*) plump, fleshy, well-rounded, round.
rotor *sn.* rotor.
rotulă *sf. anat.* patella, kneecap.
rotund *adj.* round, even, full: *sumă ~ă* round sum; *față ~ă* full face; *minge ~ă* round ball.
rotunji *vt., vr.* (*și fig.*) to round (down/off). # **~me** roundness.
rotunjor *adj.* (*dolofan*) chubby, well-rounded.
rouă *sf.* dew. # *picătură de ~* dewdrop.
roz *adj.* 1. rose, pink: *~ țipător* shocking pink. 2. (*și fig.*) rosy.
rozaliu *adj.* pinkish.
rozariu *sn. bis.* 1. rosary, beads. 2 (*carte*) rosary.
roză *sf.* rose (bush).
rozător *sn. zool.* rodent.
rozmarin *sm.* rosemary.
rubedenie *sf.* relative, *amer.* relation.

rubicond *adj.* rubicund, florid, sanguine.
rubin *sn.* ruby.
rublă *sf.* r(o)uble.
rubrică *sf.* column: *rubrica financiară* the financial column.
rucsac *sn.* rucksack, knapsack, (back)pack.
rudă *sf.* **1.** relative, *amer.* relation: *nu suntem rude* we're no relation. **2.** *pl.* kinsfolk, kindred, *amer.* kin. **3.** (*îndepărtată*) connection, connexion, distant relative. **4.** *pl.* (*prin alianţă*) *fam.* inlaws.
rudenie *sf.* kindred, kinship.
rudimentar *adj.* **1.** rudimentary, basic, simple, undeveloped. **2.** (*d. stil*) elemental.
rufe *sf. pl.* **1.** linen and clothes. **2.** (*de spălat, spălate*) laundry.
rug *sn.* pyre, stake.
ruga I. *vt.* **1.** to beg, to entreat, to beseech, to plead: *l-a ~t să nu plece* she entreated/begged him not to go. **2.** (*cere*) to request, to ask. **3.** (*ajutor, iertare*) to invoke. **II.** *vr.* to pray. # *te/vă rog* if you please; *stai jos, te rog* please sit down; *mă rog*! whatever!
rugăciune *sf.* **1.** prayer, worship: *~ de dimineaţă* morning worship. **2.** *pl.* devotions.
rugăminte *sf.* **1.** appeal, request, entreaty, plea. **2.** *pl.* pleadings, pleas.
rugător *adj.* beseeching, imploring, supplicatory.
rugbi *sn.* rugby, *fam.* rugger.
rugină *sf.* rust.
rugini *vt., vi.* to rust. # **~t** rusty; **~u** rust-coloured.
ruina *vt.* **1.** to ruin. **2.** (*sănătatea*) to corrode. # **~re** ruin(ation).
ruinat *adj.* **1.** (*d. cineva*) ruined, bankrupt. **2.** (*d. o casă*) dilapidated.
ruină *sf.* **1.** (*paragină*) dilapidation, *fam.* wreck. **2.** *pl.* remains, ruins.
ruj *sn.* (*de buze*) lipstick. # *a-şi da cu ~* to rouge.
rujeolă *sf. med.* measles.
rula I. *vt.* (*înfăşura*) to roll. **II.** *vi.* **1.** (*d. un avion*) (*pe pistă*) to taxi. **2.** (*d. un vehicul*) to roll. **3.** (*d. un film*) to be on: *ce rulează la Aro*? what's on at Aro?
rulant *adj.* **1.** rolling, revolving: *scenă ~ă* revolving scene. **2.** (*d. o scară*) moving, travelling. # *scară ~ă* escalator.
ruletă *sf.* (*joc*) roulette.
rulment *sm. tehn.* bearing.
rulotă *sf.* caravan, trailer.
rulou *sn.* roller.
rumega I. *vt.* to munch. **II.** *vi. zool.* to ruminate.
rumegător *sm., adj.* ruminant.
rumeguş *sn.* sawdust.
rumen *adj.* rosy, ruddy, rubicund, florid. # **~eală** blush.
rumenit *adj.* **1.** (*d. friptură*) well-done. **2.** (*d. cineva*) rosy, ruddy.
rumoare *sf.* rumour, babble, uproar.
rundă *sf.* round: *~ de tratative* a round of talks.
rupe I. *vt.* **1.** to break, to rend, to rip, to tear: *a ~ în bucăţi* to tear to piece; *a-şi ~ un picior* to break

one's leg; *mi-am rupt rochia în gard* I ripped my dress on the fence. **2**. (*separa*) to separate. **3**. (*sfâşia*) to rend. **4**. (*relaţiile*) to sever, to break up: *a rupt relaţiile cu prietenul ei* she's broken up with her boyfriend. **5**. (*o ramură etc.*) to snap. **6**. (*o logodnă*) to call off, to break off. **II**. *vr.* to rip, to rend, to tear, to rupture, to split, to snap. # **~re** (*a relaţiilor*) severance, rupture; *a o ~ la fugă* to break into a run; *a o ~ pe englezeşte* to speak English a little; *mi se ~ inima de milă* it makes my heart ache.

rupt *adj.* **1**. broken: *mână ~ă* broken arm. **2**. (*zdrenţuit*) tattered. **3**. torn: *rochie ~ă* torn dress. # *~ în coate* out at elbows.

ruptură *sf.* **1**. rupture, cut, tear, split, rent, rip. **2**. *fig.* break, chasm.

rural *adj.* rural, country, rustic: *mediu ~* country; *zonă ~ă* countryside, rural area.

rus I. *sm., adj.* Russian. # **~esc** Russian; *limba ~ă* Russian (language).

Rusalii *sf. pl.* Whit Sunday, Whitsun.

rustic *adj.* rustic, country, countrified.

ruşina *vt.* to mortify. # **~t** ashamed, abashed, shamefaced.

ruşine *sf.* **1**. shame, dishonour, discredit, disgrace, taint, ignominy: *a fi o ~ pentru familia sa* to be a disgrace to one's family; *el e o ~ pentru familia lui* he is a dishonour to his family; *spre ~a mea* to my shame; *a muri de ~* to burn with shame; *~ să-ţi fie*! shame on you! **2**. (*jenă*) discomfort, embarrassment. # *a face de ~* to shame, to degrade, to disgrace, to dishonour, to put to shame; *e o ~ că* it is a scandal that; *fără ~* shameless.

ruşinos *adj.* **1**. (*blamabil*) disgraceful, ignominious, shaming, mortifying. **2**. (*sfios*) shy, bashful.

rut *sn.* (*perioada de*) rut. # *în perioada de ~* rutting.

rută *sf.* **1**. route, way, itinerary. **2**. (*traseu*) line.

rutier *adj.* vehicular, road. # *indicator ~* road sign.

rutină *sf.* **1**. routine, rut, rote, groove, round, treadmill: *rutina zilnică* the daily round; *rutina vieţii de birou* the office treadmill. **2**. *inf.* routine. # *de ~* routine, perfunctory.

S

sa *adj*. his; her: *fiica* ~ his/her daughter. # *a* ~ his; hers.
sabat *sn*. sabbath.
sabie *sf*. sword: *dansul săbiilor* sword dance. # *peşte* ~ swordfish.
sabot *sm*. sabot, clog.
sabota *vt*. **1**. to sabotage. **2**. (*pentru compromitere*) to snub. # **~j** sabotage.
sabotor *sm*. saboteur.
sac *sm*. **1**. sack: ~ *de cartofi* sack of potatoes: *pânză de* ~ sack cloth. **2**. (*la box*) punchbag, punchball. **3**. (*de dormit*) sleeping bag.
sacadat *adj*. jerky, intermitent.
sacâz *sn*. rosin.
sacoşă *sf*. bag, carrier, net.
sacou *sn*. jacket, coat.
sacralitate *sf*. sanctity.
sacrifica **I**. *vt*. **1**. to sacrifice. **2**. (*animale*) to butcher, to slaughter. **II**. *vr*. to sacrifice oneself. # **~re** (*de animale*) slaughter.
sacrificiu *sn*. sacrifice: ~ *de sine* self sacrifice.
sacrilegiu *sn*. sacrilege.
sacristie *sf*. *bis*. vestry.
sacru *adj*. sacred, sainted, holy.
sadic **I**. *sm*. sadist, *amer*. *fam*. sicko. **II**. *adj*. sadistic, fiendish.
sadism *sn*. sadism.
safir *sn*. sapphire.
sagitat *adj*. (*d. frunze*) spiky.
salahor *sm*. labourer, unskilled worker, drudge, freighter.
salam *sn*. salami, sausage.
salamandră *sf*. salamander.
salariat *sm*. **1**. employee, wage earner. **2**. *pl*. staff.
salariu *sn*. **1**. salary, wage, earnings, emolument, pay, income: *salarii mici* low wages; *reduceri de salarii* wage cuts. **2**. (*de mizerie*) pittance.
salarizare *sf*. remuneration.
salată *sf*. **1**. salad: ~ *de fructe* fruit salad. **2**. (*verde*) lettuce, *amer*. romaine.
salatieră *sf*. salad dish.
sală *sf*. **1**. chamber, hall. **2**. (*de spectacol*) auditorium. **3**. (*de aşteptare*) waiting room. **4**. (*de dans etc.*) saloon, studio. **5**. (*de întruniri*) hall. **6**. (*de gimnastică*) gymnasium, *fam*. gym. **7**. (*de conferinţe/festivităţi*) lyceum. **8**. (*de masă*) refectory. **9**. (*de cinema*) cinema hall. **10**. (*de concert*) concert room. # *de* ~ *sport* indoor.
salbă *sf*. necklace.
salcă *sf*. *bot*. sallow.

salcâm *sm.* acacia.
salcie *sf. bot.* willow: *~ plângătoare* weeping willow.
sale *adj.* his; her: *fiicele ~* his/her daughters. # *ale ~* his, hers.
salină *sf.* salt mine.
saliva *vi.* to salivate, to dribble, to slobber, to drool. # **~r** salivary.
salivă *sf.* saliva, spit, slaver.
salon *sn.* **1**. salon, drawing-room, parlour, living room. **2**. (*de spital*) ward. **3**. (*la o pensiune*) lounge. **4**. (*pe vas*) saloon. **5**. (*pentru musafiri*) reception room. **6**. (*de cosmetică*) beauty salon, *amer.* beauty parlor.
salopetă *sf.* (*de lucru*) smock, dungarees, overall.
salt *sn.* **1**. vault, spring, jump, hop, bounce, bound. **2**. (*şi fig.*) leap. **3**. (*de acrobat*) tumble. **4**. (*tumbă*) somersault. # *în ~uri* by fits and starts; *triplu ~* triple jump.
saltea *sf.* **1**. mattress. **2**. (*pneumatică*) airbed. **3**. *sport* mat.
saltimbanc *sm.* acrobat, clown.
salubritate, **salubrizare** *sf.* sanitation.
salubru *adj.* salubrious, wholesome.
salut I. *sn.* **1**. salutation, greeting. **2**. (*cu mâna*) salute. **3**. (*dând din cap*) nod. **II**. *interj.* hello!, hallo!, hullo! # **~ări** compliments; *de ~* (*d. o formulă*) salutatory.
saluta *vt.* **1**. to salute, to greet. **2**. (*o propunere*) to welcome. # **~r** welcome; **~re** salutation, greeting.
salva *vt.* **1**. to save, to rescue, to redeem: *a ~ situaţia* to save the day. **2**. (**de la**) to deliver (from). **3**. (*un vas etc.*) to salvage.
salvamar *sm.* lifeguard.
salvare *sf.* **1**. salvation, rescue, deliverance. **2**. (*a unui vas etc.*) salvage. **3**. (*maşină*) ambulance (car). # *echipă de ~* salvage team, search and rescue team, search party.
salvator I. *sm.* saviour, saver. **II**. *adj.* saving.
salvă *sf.* (*de puşcă etc.*) volley, gun, round.
salve *interj.* cheerio!
salvgarda *vt.* to safeguard.
salvie *sf. bot.* sage(brush).
samar *sn.* pack saddle.
samavolnic *adj.* iniquitous, abusive.
samsar *sm.* middleman, intermediary, go-between.
samur *sm. zool.* sable.
sanatoriu *sn.* sanatorium.
sanctifica *vt.* to sanctify, to consecrate, to hallow.
sanctitate *sf.* sanctity.
sanctuar *sn.* sanctuary, shrine.
sancţiona *vt.* to sanction, to penalize, to punish, to discipline.
sancţiune *sf.* sanction, punishment.
sandale *sf. pl.* sandals.
sandviş *sn.* sandwich, *fam.* sarnie.
sanguin *adj.* sanguineous, blood.
sanie *sf.* sledge, sleigh, tobog-gan, *amer.* sled. # *a se da cu sania* to sledge.
sanitar *adj.* sanitary. # *inspector ~* health visitor.

sanscrit *adj.* Sanskrit. # **~ă** (*limba*) Sanskrit.

santal *sm. bot.* sandalwood.

santinelă *sf.* sentinel, sentry, look-out.

sapă *sf.* hoe. # *a ajunge la ~ de lemn* to be reduced to poverty.

sarabandă *sf.* **1.** (*dans*) saraband. **2.** *fig.* unrest. **3.** **(de)** succession (of).

sarafan *sn.* pinafore.

saramură *sf.* brine, pickle. # *a pune în ~* to salt, to pickle.

sarcasm *sn.* sarcasm, bite, irony, sneer.

sarcastic *adj.* sarcastic, arch, bantering, acrimonius, withering, *fam.* sarky.

sarcină *sf.* **1.** (*povară*) burden, weight. **2.** (*îndatorire*) task, charge, responsibility, assignment, mission: *~ grea* hard/heavy task. **3.** (*graviditate*) pregnancy. **4.** *el.* charge.

sarcofag *sn.* sarcophagus.

sardea *sf.* sardine.

sare *sn.* salt. # *~ amară* Epson salts; *~ şi piper fig.* zest.

saşiu *adj.* cross-eyed, squinting, *sl.* cock-eyed.

sat *sn.* village.

satan(a) *sm., sf.* Satan.

satanic *adj.* satanic.

satâr *sn.* cleaver, chopper.

satelit *sm.* **1.** (*şi fig.*) satellite: *antenă pentru ~* satellite dish. **2.** moon.

satiră *sf.* satire, skit, lampoon.

satiric *adj.* satiric(al) # *scriitor/poet ~* satirist.

satiriza *vt.* to satirize.

satisface *vt.* **1.** to satisfy, to content, to please. **2.** (*o cerinţă*) to meet, to fulfil, to cater to, to serve. **3.** (*o dorinţă*) to indulge, to gratify, to humour: *a ~ gusturile cuiva* to gratify smb.'s whims. **4.** (*nevoi*) to cover. # **~re** satisfaction.

satisfacţie *sf.* satisfaction, enjoyment, gratification. # *care dă satisfacţii* rewarding.

satisfăcător *adj.* satisfactory, acceptable, passable, satisfying.

satisfăcut *adj.* satisfied, pleased, content.

satrap *sm.* taskmaster.

satura *vt.* (*şi fig.*) to saturate. # **~re** saturation; **~ţie** (*şi fig.*) satiety.

saţ *sn.* satiety.

sau *conj* or, either.

savană *sf.* savannah.

savant *sm.* savant, scientist, scholar.

savarină *sf.* savarin.

savoare *sf.* savour, relish, flavour.

savonieră *sf.* soap dish/box.

savura *vt.* **1.** (*şi fig.*) to savour. **2.** *fig.* to relish, to enjoy.

savuros *adj.* **1.** savoury, appetizing, delicious, palatable, tasteful, tasty, toothsome. **2.** (*d. o relatare*) racy.

saxofon *sn.* saxophone. # **~ist** saxophonist.

să *conj.* **1.** (*nu se traduce*): *nu pot ~ dorm* I cannot sleep; *pot ~ fumez aici*? may I smoke here? **2.** (*pentru viitor*) shall, will: *o ~ vin acasă deseară* I shall come home tonight. **3**. (*subjonctiv*) should: *e necesar ~ te duci acolo* it is necessary that you should go there. **4**. (*la interogativ*) shall: *~-ți aduc o umbrelă*? shall I get you an umbrella? **5**. let: *~ mergem* let's go. **6**. (*cu un infinitiv*) to: *pare ~ te cunoască* he seems to know you. **7**. (*la imperativ*) should: *~ te duci acolo!* you should go there!. # (*pentru*) *ca ~* in order that; *măcar ~* if at least; *până ~* until.

sădi *vt.* to plant. # **~re, ~t** planting.

săgeată *sf.* **1**. arrow, bolt, dart, shaft. **2**. (*ironie*) biting remark.

săgeta *vt.* (*şi fig.*) to pierce.

Săgetătorul *sm. art.* **1**. (*zodie*) Sagittarius. **2**. (*constelație*) the Archer.

săi *adj.* his; her: *fiii ~* his/her sons.

sălaş *sn.* **1**. (*adăpost*) refuge, shelter. **2**. (*casă*) dwelling.

sălbatic I. *sm.* savage. **II**. *adj.* **1**. wild, untamed: *animale ~e* wild animals. **2**. (*şi fig.*) savage. **3**. (*d. un animal*) (*temător*) shy. **4**. (*d. peisaj*) rugged.

sălbătici *vr.* to run wild. # **~e** wilderness; **~une** wild animal; *cu ~e* fiercely.

sălciu *adj.* (*d. apă*) brackish, tasteless.

sălta I. *vt.* **1**. to lift, to raise, to elevate. **2**. (*ceva greu*) to heave. **II**. *vi.* (*sări*) to hop, to jig, to jump. # **~re** lift, heave; **~t** jerky.

sământă *sf.* **1**. (*şi fig.*) seed: *semințe de floarea-soarelui* sunflower seeds. **2**. *fig.* whiff *~ de scandal* whiff of scandal. **3**. (*din mură etc.*) berry. # *a da semințe* (*d. o plantă*) to seed; *vânzător de semințe* seedsman.

sănătate *sf.* **1**. health. **2**. (*mintală*) sanity. # *stare de ~ amer.* wellness.

sănătos *adj.* **1**. healthy, sound, well, healthful: *minte sănătoasă* sound mind; *economie sănătoasă* healthy economy. **2**. (*d. hrană*) wholesome. **3**. (*d. climă*) salubrious. # *~ tun* as fit as a flea, *fam.* as right as rain; *a fi ~* to be in good health; *a o lua la sănătoasa* to take to one's heels.

săniuță *sf.* toboggan. # *a se da cu ~* to toboggan.

săpa *vt.* **1**. to hoe, to scoop, to dig, to excavate, to mine. **2**. (*d. o apă*) to scour. **3**. (*un tunel*) to drive, to bore. **4**. (*o groapă*) to dig, to burrow, to sink. **5**. **(pe)** (*cineva*) to plot (against). # **~re** dig(ging).

săpăligă *sf.* shovel, hoe. # *a da cu săpăliga* to hoe.

săpător *sm.* digger.

săpătură *sf.* dig.

săptămânal I. *sn.* (*ziar*) hebdomadal. **II**. *adj.* weekly.

săptămână *sf.* week: *săptămâna trecută* last week; *Săptămâna Mare/Patimilor* the Holy Week. # *~ de lucru* weekday; *sfârşit de ~* weekend; *două săptămâni* fortnight; *de două săptămâni* fortnightly.

săpun *sn.* **1**. soap. **2**. (*bucată de*) bar, tablet. # **~ieră** soapdish.

săpuneală *sf.* **1**. soaping. **2**. (*mustrare*) rating.
săpuni I. *vt.* to soap, to lather. **II**. *vr.* to soap (oneself).
săra *vt.* to salt. # **~t** salt(y).
sărac I. *sm.* pauper. **II**. *adj.* **1**. poor, needy, destitute, penniless. **2**. (*d. o familie*) ignoble. **3**. (*neproductiv*) lean. # *foarte* ~ indigent, penurios; *extrem de* ~ poverty-stricken.
sărăcan *sm.* pauper, destitute person.
sărăcăcios *adj.* **1**. meagre, poor, skimpy: *masă sărăcăcioasă* meagre/skimpy meal. **2**. (*d. îmbrăcăminte*) modest, shabby.
sărăci *vt.* **1**. (*şi fig.*) to impoverish. **2**. to ruin. # **~re** ruin(ation); **~t** impoverished.
sărăcie *sf.* **1**. misery, penury. **2**. (*şi fig.*) poverty, paucity: *pragul de* ~ the poverty line/level; ~ *lucie* unrelieved/dire poverty. **3**. (*lipsă*) want, necessity, privation: *trăind în* ~ living in want. **4**. (*stare de*) beggary. # *oameni care trăiesc în* ~ people in need.
sărăntoc *sm.* pauper, destitute person.
sărbătoare *sf.* holiday, feast, festivity, fete. # *de* ~ festive; *zi de* ~ red-letter day; *haine de* ~ Sunday best; *a ţine o* ~ to observe.
sărbătoresc *adj.* festive.
sărbători *vt.* to celebrate, to observe. # *a* ~ *revelionul* to see the old year out.
sărbătorire *sf.* **1**. celebration, observance, ceremony, gala. **2**. (*de adio*) *fam.* send-off.
sări I. *vt.* **1**. (*peste ceva*) to leap, to jump, to hop: *a ~t gardul* he jamped the fence. **2**. (*omite*) to miss, to skip. **II**. *vi.* **1**. to spring, to jig: *a ~t în picioare* he sprang to his feet. **2**. (**peste**) to fly/vault (over). **3**. (*ţopăi*) to jump, to leap, to hop: *a ~ în sus de bucurie* to leap for joy. **4**. (*d. minge*) to bounce. **5**. (*d. siguranţă*) to blow. **6**. (**în**) (*apă*) to plunge (into), to dive (into). **7**. (**la**) (*cineva*) to rush (at). # **~t** (*nebun*) *fam.* nut, crazy, off one's rocker; **~tor** *fig.* willing, solicitous; *a ~ în sus fig.* to throw a fit, *sl.* to flip; *a ~ în ochi* to strike the eye, to glare; *a ~ cu prăjina* to pole vault.
săritură *sf.* **1**. jump, leap, bounce, vault, spring: *săritura în lungime* the long jump, *amer.* the broad jump; *săritura la înălţime* the high jump; *săritura cu prăjina* the pole vault. **2**. (*în apă*) dive.
sărman I. *sm.* wretch. **II**. *adj.* penurious, penniless, destitute, poor, deprived.
sărut *sn.* **1**. kiss, *fam.* peck, smacker. **2**. (*prelung*) *fam.* snog.
săruta *vt., vr.* to kiss. # **~re** kiss; *a se tot* ~ to snog; *persoană care ~ă* kisser.
sătean *sm.* villager, peasant.
sătesc *adj.* village.
sătuc *sn.* hamlet.
sătul *adj.* **1**. satiated, *fam.* fed up. **2**. (*plictisit*) weary, *fam.* fed up. **3**. (**de**) (*şi fig.*) sated (with). # ~ *de viaţă* world-weary.

sătura I. *vt.* to satiate. **II**. to have one's fill. # *m-am ~t*! I've had enough!

sățios *adj.* rich, nourishing, stodgy.

său, sa, săi, sale *adj.* **1**. *masc.* his. **2**. *fem.* her # *al/a/ai/ale ~ masc.* his, *fem.* hers.

săvârşi I. *vt.* **1**. (*face*) to perform, to make. **2**. (*înfăptui*) to accomplish. **II**. *vr.* (*muri*) to pass away, to breathe one's last. # *a ~ o crimă* to perpetrate a crime.

sâcâi *vt.* to bother, to pester, to niggle, to annoy, to tease, to harass, to trouble, to bait, to rag, to worry. # **~tor** nagging, niggling, *amer. fam.* pesky; **~ală** niggle.

sâmbătă *sf.* Saturday.

sâmbure *sm.* **1**. (*de fructe*) pip. **2**. (*de caisă etc.*) stone, *amer.* pit. # *fără sâmburi* (*d. struguri etc.*) seedless; *dispozitiv de scos sâmburi* seeder; *a scoate sâmburii din* (*măsline, vişine etc.*) to pit, to stone; *un ~ de adevăr* a grain/ring of truth.

sân *sm.* **1**. breast. **2**. *pl.* bosoms. # *în ~ul familiei* in the bosom of his family; *a sta cu mâinele în ~* to sit by.

sânge *sn.* blood: *donator de ~* blood donor; *frate de ~* blood brother; *cu ~ rece fig.* in cold blood; *vărsare de ~* bloodshed. # **~ros** bloody, gory; **~rând** bloody; **a ~ra** to bleed; *~ închegat* gore; *în ~* (*d. friptură*) rare, underdone; *cu ~ fierbinte* red-blooded; *cu ~ rece* (*şi fig.*) cold-blooded; *~ rece* composure, equanimity; *fără vărsare de ~* bloodless.

sârb *sm., adj.* Serb, Serbian. # *limba ~ă* Serbian.

sârguincios *adj.* industrious, persevering, thorough, diligent, laborious.

sârguință *sf.* diligence, assiduity, application.

sârmă *sf.* wire: *~ ghimpată* barbed/razor wire.

sârmos *adj.* (*d. păr*) wiry.

sâsâi *vi.* to lisp, to hiss, to fizz. # **~ială** lisp.

sâsâit *sn.* **1**. fizz. **2**. (*al şarpelui*) hiss(ing).

scabie *sf.* scabies.

scabros *adj.* scabrous, salacious.

scadent *adj.* due. # *a deveni ~ ec.* to fall due, to mature.

scadență *sf.* term. # *data scadenței* due date.

scafandru *sm.* diver.

scafă *sf.* scoop.

scai(ete) *sm.* thistle, teasel. # *a se ține ~ de cineva* to stick to smb.

scală *sf.* (tuning) dial.

scalp *sn.* scalp. # **a ~a** to scalp.

scamator *sm.* conjurer, magician. # **~ie** conjuring trick, magic, make-believe.

scamă *sf.* fluff, fuzz, lint.

scana *vt.* (*şi med.*) to scan. # **~re** scan.

scanda *vt.* to scan. # **~re** scanning.

scandal *sn.* **1**. scandal, brawl, uproar, rumpus, fuss, fracas, row, *fam.* dust, hassle. **2**. (*gălăgie*) tumult, jangle. # **~agiu** trouble-maker, *fam.* rowdy; *de ~ (d. o revistă)* pulp; *a face ~* to make the fur fly; *a face mare ~ fam.* to raise hell.

scandaliza I. *vt.* to scandalize, to outrage, to revolt. **II.** *vr.* to scandalize, to revolt.

scandalos *adj.* **1.** scandalous, revolting, disgraceful, flagrant, egregious, shameful. **2.** (*d. comportare*) outrageous.

scaner *sn. tehn.* scanner.

scarabeu *sm.* scarab.

scară *sf.* **1.** (*deplasabilă*) (*şi fig.*) ladder: *~ din sfoară* rope ladder. **2.** (*fixă*) stair(case): *în capul scării* at the top of the stairs; *~ de marmură* marble staircase. **3.** (*rulantă*) escalator, travolator. **4.** (*de serviciu*) backstairs. **5.** (*gradaţii*) (*şi fig.*) scale: *hărţi cu scara de* maps on the scale of; *pe ~ largă* widely, on a large/grand scale; *pe ~ redusă* on a smallscale. **6.** (*la şea*) stirrup. # *treaptă de ~ mobilă* rung; *~ mobilă* (*pentru încărcare/descărcare*) ramp; *~ de incendiu* fire escape.

scarlatină *sf.* scarlet fever.

scatoalcă *sf.* smack, *fam.* cuff, wallop.

scaun *sn.* **1.** chair. **2.** (*cu rotile*) wheelchair. **3.** (*turnant*) swivel chair. **4.** (*cu spătar reglabil*) recliner. **5.** (*fără spătar*) stool. **6.** *med.* motion, movement. **7.** (*electric*) electric chair. **8.** (*judecătoresc*) bench. **9.** (*episcopal*) see. **10.** (*rabatabil*) tip-up seat. # *Sfântul Scaun* the Holy Sea.

scădea I. *vt.* **1.** to decrease, to lower, to diminish. **2.** *mat.* to subtract. **3.** (**din**) to deduct (from). **II.** *vi.* **1.** to decrease, to fall. **2.** (*diminua*) to diminish, to drop, to lower, to decline. **3.** (*d. entuziasm etc.*) to wane. **4.** (*brusc/vertiginos preţurile*) to collapse, to tumble, to slump. **5.** (*în intensitate*) to pale. # *a ~ vertiginos* to spiral down, to plummet, to plunge.

scădere *sf.* **1.** (*diminuare*) diminution, decline, drop, decrease, sag, (short)fall. **2.** *mat.* subtraction. **3.** (*a preţurilor etc.*) reduction, drop, slide. **4.** (*a temperaturii etc.*) fall. **5.** (*bruscă*) slump, plunge. # *în ~* in decline; *tendinţă de ~* downtrend.

scăfârlie *sf. fam.* skull, pate.

scălda *vt., vr.* to bathe. # **~t** bathe, bathing, dip; *a se ~ în bani* to roll/ wallop in money.

scălâmbăia *vr.* to make faces/grimaces. # **~lă** grimace.

scăpa I. *vt.* **1.** (*din mână*) to drop. **2.** (*omite*) to elude, to escape: *ţi-a ~t din vedere* it escaped your notice. **3.** (*trenul*) to miss. **II.** *vi.* **1.** to get/slip free, to escape: *a ~ teafăr* to escape safely. **2.** (**de**) to escape (from), to evade (from), to (get) rid (of), to dispose (of): *eram bucuros să scap de maşină* I was glad to be rid of the car. # *a ~ ieftin* to get off cheap; *a ~ ca prin minune* to have a narrow escape.

scăpare *sf.* **1.** escape. **2.** (*greşeală*) slip, lapse. **3.** (*din vedere*) oversight.

scăpăra *vi.* to sparkle.
scăpăta *vi.* 1. to become poor. 2. (*d. soare*) to descend, to set. # ~**re** setting.
scărmăna *vt.* 1. to card. 2. (*bate*) to beat.
scărpina *vt., vr.* to scratch, to rub. # ~**re**, ~**t** scratch.
scăunel *sn.* (*fără spătar*) stool.
scăzământ *sn.* deduction.
scăzut *adj.* 1. moderate, low. 2. (*d. voce*) quiet.
scâlciat *adj.* worn-out.
scâncet *sn.* wail, snivel, whimper, whining.
scânci *vi.* 1. to wail, to whimper, *amer.* to snivel. 2. (*d. un copil*) to grizzle.
scândură *sf.* board, plank.
scânteia *vi.* 1. to sparkle. 2. to flash, to glint.
scânteie *sf.* (*şi fig.*) spark(le). # ~**re** glint; ~**tor** sparkling; *a produce scântei* to spark(le).
scârbă *sf.* disgust, loathing.
scârbi *vt.* to disgust. # ~**t** disgusted, resentful, *fam.* sick.
scârbos *adj.* disgusting, abominable, foul, sickly, *fam.* yucky.
scârnav *adj.* disgusting, abominable.
scârţar *sm.* cheapskate.
scârţâi *vi.* 1. to scrape, to creak, to squeak: *care ~e* creaky. 2. (*d. zăpadă*) to (s)crunch. 3. (*d. o activitate*) to falter. 4. (*d. o uşă*) to grate. 5. (**la**) (*vioară etc.*) to scrape (at), to strum (on), to rasp (at). # ~**t** creak, squeak, scrape; ~**ală** scrape, scratch; ~**tură** grate.
scelerat *sm.* scamp, punk.
scenarist *sm.* scriptwriter, screenwriter.
scenariu *sn.* 1. book. 2. (*de film*) script, screenplay.
scenarizare *sf.* staging.
scenă *sf.* 1. platform, scene. 2. (*de teatru*) stage. 3. (*într-o piesă*) scene. 4. (*scandal*) scene. # *a pune în ~* (*o piesă*) to mount, to stage; *punere în ~* setting, staging.
scenetă *sf.* sketch.
scenic *adj.* scenic.
scenograf *sm.* scenographer. # ~**ie** scenography.
sceptic I. *sm.* sceptic, *amer.* skeptic. **II.** *adj.* sceptical, unconviced, *amer.* skeptical. # ~**ism** scepticism.
sceptru *sn.* sceptre, mace, orb.
scheci *sn.* sketch, skit.
schelă *sf.* scaffold. # ~**rie** frame, scaffolding.
schelălăi *vi.* to yowl, to yelp. # ~**t** yelp, yowl.
schelet *sn.* (*şi fig.*) skeleton. # ~**ic** skeletal.
schematic *adj.* schematic.
schemă *sf.* scheme, design, draft, outline, pattern, plan, diagram, sketch, profile, skeleton: *schema muzeului* the plan of the museum.
scheuna *vi.* to whimper, to whine, to yelp. # ~**t** whimper, whine, yelp.
schi *sn.* ski: *~ sărituri* ski jumping. # **a ~a** to ski; ~**or** skier; ~**at** skiing; *~ pe apă* waterski(ing).
schif *sn.* skiff.
schijă *sf.* shell splinter.

schilod I. *sm.* cripple. **II.** *adj.* lame, crippled. # **a ~i** to cripple, to maim.

schimb *sn.* **1.** change, exchange: *a face ~ de* to exchange; *curs de ~* rate of exchange; *~ de locuri* change of places. **2.** (*tură*) shift, relay: *în ~uri* in relays. **3.** (*de idei*) interchange. **4.** (*de mărfuri*) barter. **5.** (*de haine*) change. **6.** (*troc*) swap, swop: *a face ~ de timbre* to swap stamps. # *agent de ~* bill broker; *în ~* instead; *cu ~ul* by turns; *~ de cuvinte* (*ceartă*) contest of words, spar; *a avea un ~ de cuvinte* to spar.

schimba I. *vt.* **1.** to change, to switch. **2.** (*modifica*) to modify, to alter. **3.** (*înlocui*) to replace. **4.** (*bani*) to exchange: *a ~ lei în dolari* to exchange lei for dollars. **5.** (*ceva*) to swap, to swop: *a ~ locurile* to swop place. **6.** (*direcția unei mașini*) to veer. **7.** (*subiectul*) to switch. **8.** (*canalul TV*) *fam.* to zap. **9.** (*o santinelă*) to relieve. **II.** *vr.* to change, to become, to shift. # **~t** changed; *a-și ~* (*traiectoria*) (*d. o rachetă*) to veer; *a ~ viteza auto* to shift the gear; *a ~ vorba* to shunt the conversation.

schimbare *sf.* **1.** change, conversion, reversal, turn, switch: *a face schimbări* to operate changes; *în ~* on the turn; *~ radicală* sea change; *~ în bine/rău* change for the better/worse. **2.** modification, alteration. **3.** (*înlocuire*) replacement. **4.** (*de opinie etc.*) shift. **5.** (*de domiciliu*) removal. **6.** (*bulversare*) upheaval. **7.** (*deviere*) swing.

schimbător *adj.* **1.** changeable, mutable, mercurial, mobile, uncertain. **2.** (*d. vânt*) unsteady, variable. **3.** (*d. cineva*) inconstant, capricious, flighty, fickle, volatile. # *~ de viteze* gear lever.

schimnic *sm.* hermit.

schimonoseli *sf. pl.* antics.

schimonosi *vr.* **1.** (*d. față*) to work, *amer. fam.* to mug. **2.** (*de durere etc.*) to twitch.

schingiui *vt.* to torture, to maim.

schit *sn.* hermitage.

schița *vt.* **1.** (*și fig.*) to sketch. **2.** to plan, to design, to outline, to frame. # **~t** (*d. un zâmbet*) wan; *a ~ un gest* to make a slight gesture.

schiță *sf.* **1.** sketch, design, pattern, project, skeleton. **2.** (*plan*) draft, plan, draught, profile. **3.** (*a unei hărți*) outline. **4.** (*literară*) short story. **5.** (*umoristică*) cartoon.

schizofrenie *sf.* schizophrenia.

sciatică *sf.* sciatica.

scinda *vt.*, *vr.* to splinter. # **~re** splitting; **~t** split.

sciziune *sf.* scission, split.

sclav *sm.* (*și fig.*) slave. # **~ie** slavery; **~agism** slave system.

scleroză *sf.* sclerosis.

sclifoseli *sf. pl.* affectations.

sclifosi *vr.* to simper.

sclifosit I. *sm.* prude. **II.** *adj.* prudish, *fam.* finicky, picky.

sclipi *vi.* **1.** to twinkle, to sparkle, to glance, to shimmer, to wink, to glitter, to flash. **2**. (*cu intermitență*) to flicker.

sclipire *sf.* **1**. twinkle, shimmer, sparkle, glitter, flash, glance. **2**. (*cu intermitență*) flicker.

sclipitor 1. (*și fig.*) brilliant, bright, sparkling. **2**. (*inteligent*) overclever, brainy.

scoabă *sf.* cramp.

scoarță *sf.* **1**. (*de copac*) bark, rind. **2**. (*terestră*) crust. **3**. (*copertă*) cover.

scoate *vt.* **1**. to extract, to pull out. **2**. (*publica*) to issue, to edit. **3**. (*la iveală*) to bring forward, to dig, to nose. **4**. (*o haină*) to take off. **5**. (*un sunet*) to heave, to fetch. **6**. (*un strigăt, cuvânt*) to utter. **7**. (*un oftat*) to heave. **8**. (*bani*) (**din**) to make money (by). **9**. (*capul etc.*) to poke, to stick. **10**. (*un dinte, un dop, mănuși*) to pull out. **11**. (*fum etc.*) to eject, to emit, to spew. **12**. (*din text*) to delete. **13**. (*bani din bancă*) to draw. **14**. (*pantofii etc.*) to pull off: *își scoase ghetele* she pulled off her boots. **15**. (*da afară*) to drive out. **16**. (*pete*) (*d. detergent*) to shift. **17**. (*informații*) *fam.* to pump. **18**. (*un disc*) to record. **19**. (*un dop*) to uncork. **20**. (*în evidență*) to point out. **21**. (*o carte de joc*) to draw. **22**. (*limba*) to pull out. # ~**re** removal; *a ~ din sărite pe* to drive (smb.) mad, to grate on; *a ~ din teren* (*un sportiv*) to sideline; *a ~ în afara legii* to outlaw; *a o ~ la capăt* to carry through, to make it out; *a ~* (*un câine*) *afară* to walk; *a ~ din* (*anonimat etc.*) to pluck; *a ~ brusc* (*capul*) to pop one's (head); *a ~ din minți pe cineva* to get on smb.'s nerves; *a ~ o înjurătură* to swear an oath; *a ~ un oftat* to heave a sigh.

scobi I. *vt.* to scoop. **II**. *vr.* (*în nas*) to pick (one's nose). # ~**t** hollow; ~**toare** (tooth)pick; ~**tură** hollow, hole.

scofală *sf.* feat. # *mare ~* big deal/ cheese, great deal.

scofâlcit *adj.* **1**. haggard, scraggy, wizened. **2**. (*d. obraji*) sunken, hollow.

scoică *sf.* **1**. clam, seashell. **2**. (*comestibilă*) mussel. **3**. (*cochilie*) shell.

scolastic *adj.* shcolastic.

sconcs *sm. zool.* skunk.

scont *sn.* discount: *rată de ~* discount rate.

sconta *vt.* **1**. to discount: *a ~ o poliță* to discount a policy. **2**. (**pe**) to count (on). # ~**t** *fig.* anticipated.

scop *sn.* aim, end, object(ive), purport, purpose, goal, point, intent: *în ~ul de a* with a view to, with the aim of; *banii sunt singurul lui ~ în viață* money is his sole object in life. # *a-și atinge ~ul* to hit home, to achieve one's purpose/ aim; *cu ce ~?* on what account?

scopi *vt.* to castrate. # ~**t** castrated.

scor *sn.* score: *~ egal* score draw.

scorbură *sf.* hollow.

scorburos *adj.* hollow.s

scorbut *sn.* scurvy.
scormoni **I**. *vt.* **1**. to rummage, to rake: *a ~ trecutul* to rake up the past. **2**. (*pământul*) to grub, to burrow, to rake. **II**. *vi.* to grub.
scorneală *sf.* invention, figment, eyewash, fabrication, fiction.
scorni *vt.* to invent, to fabricate, to concoct, to fib, to make up. # **~t** invented, made-up.
scoroji *vr.* to shrivel, to shrink. # **~t** shrivelled.
scorpie *sf. fig.* shrew, termagant, *fam.* cat, vixen.
scorpion *sm.* scorpion.
Scorpionul *sm. art.* **1**. (*zodie*) Scorpio. **2**. (*constelație*) the Scorpion.
scorțișoară *sf.* cinnamon.
scorțos *adj.* **1**. (*țeapăn*) stiff, rigid. **2**. (*d. cineva*) standoffish.
scotoci **I**. *vt.* **1**. to delve, to search, to root out, to rake, to ransack, to burrow, to comb, to scour. **2**. (*o casă*) to ransack. **II**. *vi.* **1**. (**prin**) to rummage (through), to rake (around), to rifle (through). **2**. (**după**) to scrabble (about). **3**. (*în căutare de*) to scout (for). **4**. (*prin gunoaie*) to scavenge (through). **III**. *vr.* to grope, to fumble.
scoțian **I**. *sm.* Scot(s), Scotch(man). **II**. *adj.* Scotch, Scottish. # *limba ~ă* Scotch.
scrânciob *sn.* swing, seesaw. # *a se da în ~* to seesaw.
scrânti *vt.* to twist, to wrench, to sprain, to rick. # **~tură** twist, sprain, rick.
scrâşnet *sn.* **1**. screech, scrape. **2**. (*din dinți*) gnash, grind.
scrâşni **I**. *vt.* **1**. to screech, to scrape **2**. (**din**) (*dinți*) to grind, to gnash. **II**. *vi.* to screech.
screme *vr.* to strain oneself, to exert oneself.
scrib *sm. înv.* scribe.
scrie **I**. *vt.* **1**. to write. **2**. (*o poezie*) to compose. **3**. (*un proces-verbal*) to minute. **4**. (*o scrisoare*) to pen. **II**. *vi.* to write. **III**. *vr.* to spell. # **~re** writing; *a ~ necitеț* to scrawl; *a ~ greşit* to misspell.
scriitor *sm.* writer, novelist, author. # *~ de duzină* hack.
scrijeli *vt.* to scrape, to rake. # **~tură** scrape, scratch.
scrimă *sf.* fencing.
scrimer *sm.* swordplayer, fencer.
scrin *sn.* chiffonier, chest of drawers, *amer.* bureau, highboy.
scripcar *sm. fam.* fiddler.
scripcă *sf. fam.* fiddle.
scripete *sm.* **1**. pulley, tackle, windlass, hoist. **2**. *constr.* sling.
scriptură *sf.* scripture.
scris **I**. *sn.* **1**. writing, hand: *~ înghe-suit* close writing. **2**. (*de mână*) hand writing. **3**. (*nu de tipar*) script. **II**. *adj.* written. # *~ indesci-frabil* scrawl, illegible hand, scribble; *de ~* writing.
scrisoare *sf.* **1**. letter: *~ recomandată* registered letter; *~ de credit* letter of credit. **2**. *pl.* post. # *~ de trăsură ec.* bill of lading. # *~ de recomandare* credentials; *~ comună* (*de protest etc.*) round robin.
scroafă *sf.* sow.
scrob *sn.* omelette, scrambled eggs.

scrobeală *sf.* starch.
scrobi *vt.* to size, to starch.
scrum *sn.* ash. # **~ieră** ashtray.
scrumbie *sf.* mackerel.
scrupul *sn.* scruple, qualm. # **~os** scrupulous, exact, particular, thorough; *fără ~e* unscrupulous.
scruta *vt.* to scrutinize, to scan, to peer. # **~re** scan.
scrutător *adj.* (*d. privire*) piercing.
scrutin *sn.* poll(s), vote, voting.
scuar *sn.* square, circus.
scufie *sf.* nightcap.
scufunda I. *vt.* **1.** to dip, to duck, to sink, to immerse. **2.** (*o navă*) to wreck. **II.** *vr.* **1.** to dive, to sink, to duck. **2.** (**în**) (*fotoliu etc.*) to ease oneself (into). **3.** (*d. submarin*) to submerge. # **~t** (*d. o navă*) sunken.
scufundător *sm.* (skin-)diver, frogman.
scuipa *vt., vi.* to spit. # **~t** spit(tle).
scuipătoare *sf.* spittoon.
scul *sn.* (*de lână etc.*) hank, skein.
scula I. *vt.* to wake. **II.** *vr.* to get up, to wake, to rise. # **~t** (*treaz*) astir, awake.
sculă *sf.* **1.** utensil, tool, implement: *trusă de scule* tool kit. **2.** *pl.* paraphernalia. **3.** (*penis*) *sl.* tool. # **~rie** (*atelier*) tool house.
sculpta *vt.* to sculpt(ure), to carve.
sculptor *sm.* sculptor, carver. # **~iță** sculptress.
sculptură *sf.* sculpture.
scump I. *adj.* **1.** (*la preț*) costly, dear, valuable, *fam.* pricey: *bijuterii ~e* valuable/dear jewellery. **2.** (*iubit*) beloved, dear, darling, precious. **3.** (*luxos*) expensive, rich. **II.** *adv.* dear(ly). # **~ete** (*ca adresare*) sweetie.
scumpi I. *vt.* to increase, to raise. **II.** *vr.* to rise. # **~re** price increase.
scund *adj.* small, short, low: *bărbat ~* small man. # *~ şi gras* squat, pudgy.
scurge *vr.* **1.** to flow, to drip, to trickle, to pump, to cascade. **2.** *fig.* to flock, to pour. **3.** (*prelinge*) to stream. **4.** (*picura*) to leak. **5.** (*d. timp*) to wear on, to pass away.
scurgere *sf.* **1.** flow, dripping. **2.** (*de gaze, de informații*) leak(age). **3.** (*de apă etc.*) seepage. **4.** (*de lichid*) leak, spill(age). **5.** (*de capital*) outflow.
scurma *vt.* **1.** (*cu laba*) to paw. **2.** (*cu râtul*) to nuzzle.
scurt *adj.* **1.** short, brief, low: *fustă ~ă* short skirt. **2.** (*în timp*) fleeting, flying: *vizită ~* fleeting visit. **3.** (*concis*) curt. # **~ime** brevity; *pe ~* in brief/short, in a word; *~ şi gras* stumpy, stubby.
scurta I. *vt.* to shorten, to curtail. **II.** *vr.* to shorten.
scurtătură *sf.* shortcut.
scurtcircuit *sn.* short(circuit).
scut *sn.* (*şi fig.*) shield.
scutec *sn.* **1.** napkin, nappy, *amer.* diaper. **2.** *pl.* swaddling clothes.
scuter *sn.* **1.** (motor) scooter. **2.** (*de apă*) jet-ski.
scuti *vt.* **1.** (**de**) to excuse (for), to relieve (of), to absolve (from), to dispense (from), to exempt (from), to save. **2.** (*cruța*) to spare. **3.** (*de taxe etc.*) to remit.

scutier *sm.* shield bearer.

scutit *adj.* (**de**) exempt (from), free (of).

scutire *sf.* **1.** *ec.* franchise. **2.** (*de impozite etc.*) exemption, remission. **3.** (*de o sarcină*) acquittal.

scutura *vt., vr.* to shake. # **~re** shake; *a ~ de bani fam.* to bleed, (*prin taxe*) to soak.

scuturătură *sf.* shake.

scuza **I.** *vt.* to excuse, to pardon: *~ţi-mă*! excuse me! **II.** *vr.* to apologize. # **~bil** excusable, pardonable; **~ţi**! pardon me!

scuză *sf.* **1.** excuse, apology, pardon. **2.** (*motiv*) reason. # *a-şi cere scuze* to apologize.

se *pron.* oneself, herself, himself, itself, themselves: *~ consideră norocoasă* she considers herself lucky; *~ consideră ghinionist* he considers himself unlucky. # *~face frig* it is getting cold; *~ zice* it is said, they say.

seamă *sf.* notice. # *de ~* notable, noted, famous, significant, prominent: *oameni de ~* notable people; *cel mai de ~* foremost; *dare de ~* report, working paper; *mai cu ~* especially; *băgare de ~* care; *nebăgat în ~* unnoticed; *a băga de ~* to observe, to register; *a-şi da seama că* to sense, to dawn on; *a-şi da seama de* to realize; *a ţine seama de* to take account of; *a lua în ~* to take into account, to mind; *a nu lua în ~* to ignore; *bagă de ~*! look here!

seamăn *sm.* peer. # *fără ~* unrivalled, unsurpassed.

seară *sf.* **1.** evening: *bună seara*! good evening! **2.** night. # *astă ~* tonight; *lăsarea serii* nightfall; *de/din fiecare ~* nightly; *seara* in the evening.

searbăd *adj.* insipid, mundane, humdrum.

sebaceu *adj.* sebaceous.

sec **I.** *adj.* **1.** (*d. băuturi alcoolice*) neat. **2.** (*d. vin*) dry. **3.** (*d. whisky*) straight. **4.** (*d. sunet*) hollow. **5.** (*d. voci*) husky. **II.** *adv.* (*a răspunde*) flatly.

seca *vt., vi.* to dry up. # **~t** (bone)dry.

secară *sf.* rye: *whisky din ~* rye whisky.

secătui *vt.* **1.** to deplete, to drain, to sap. **2.** *fig.* to squeeze.

secătură *sf.* scamp, rogue, *amer. sl.* jerk.

secera *vt.* **1.** to mow, to scythe. **2.** (*grâu*) to reap.

seceră *sf.* sickle, scythe: *secera şi ciocanul* hammer and sickle. # **~tor** reaper; **~toare** (*maşină*) mower.

seceriş, secerat *sn.* harvesting, reaping.

secesiune *sf.* secession.

secetă *sf.* drought.

secetos *adj.* droughty.

sechestra *vt.* **1.** to sequestrate, to sequester. **2.** (*o proprietate*) to levy, to seize. # **~re** sequestration, detention.

sechestru *sn.* attachment.

secol *sn.* century: *~ul XV* the 15th. century.

secret I. *sn.* 1. secret: *strict-~* top secret; *a ține un ~* to keep a secret. 2. (*d. un document*) classified. 3. *pl.* mysteries. II. *adj.* 1. hidden, concealed. 2. (*ascuns*) secret, confidential, underground, sneak: *raport ~* confidential report; *atac ~* sneak attack. # **~os** secretive; *a ține ~* to conceal; *~e intime* intimate secrets, dirty linen; *a nu face nici un ~ din* to make no secret of; *a divulga un ~* to spill the beans.

secreta *vt.* to secrete.

secretar(ă) *sm., sf.* 1. secretary, clerk. 2. (*la universitate*) registrar. # **~iat** secretariat.

secreție *sf.* 1. secretion. 2. *pl.* excreta.

sectant *sm.* sectarian.

sectar *adj.* sectarian.

sectă *sf.* sect, cult.

sector *sn.* 1. sector, division, section. 2. (*în oraș*) district, ward, borough. 3. (*de activitate*) sphere, domain.

secție *sf.* 1. section, department, division: *~ de votare* polling section. 2. (*de spital*) unit, ward. 3. (*de poliție*) station.

secționa *vt. med.* to section. # **~re** *med.* section.

secțiune *sf.* 1. (*parte*) section, part. 2. *geom.* section: *~ transversală* cross section.

secular *adj.* secular.

seculariza *vt.* to secularize. # **~re** secularization.

secund I. *sm. nav.* first mate/officer. II. *adj.* second, secondary.

secunda *vt.* to second.

secundar I. *sn.* second hand. II. *adj.* secondary, (col)lateral, side, peripheral.

secundă *sf.* second, *fam.* sec: *fracțiune de ~* split second; *9 metri pe ~* 9 metres per second; *o ~!* just a minute.

secure *sf.* hatchet, axe.

securitate *sf.* security, safety.

secvență *sf.* 1. sequence. 2. (*de film*) clip, sequence, shot.

seda *vt. med.* to sedate. # **~t** (*d. cineva*) under sedation.

sedativ *sn.* sedative, tranquillizer. # *administrare de ~e* sedation.

sedentar *adj.* sedentary. # **~ism** lack of exercise.

sedilă *sf.* cedilla.

sediment *sn.* 1. sediment. 2. (*drojdie*) deposit. # **a ~a** to deposit; **~are** sedimentation, depositing; **~ar** sedimentary.

sedițios *adj.* seditious.

sediu *sn.* seat.

seducător I. *sm.* seducer, lady-killer, womanizer. II. *adj.* seductive, attractive, endearing, engaging, *fam.* fetching.

seduce *vt.* to seduce, to decoy, to tempt, to lure, to debauch.

seducție *sf.* seduction.

segment *sn.* segment, section. # **a ~a** to section; **~are** segmentation.

segregație *sf.* segregation.

seif *sn.* 1. safe, strong box. 2. (*la bancă*) vault.

seism *sn.* earthquake. # **~ic** seismic. **~ologie** seismology.

sejur *sn.* sejurn, sojourn, stay.
select *adj.* **1.** select, exclusive, prestige, upmarket, *amer.* upscale. **2.** (*d. un hotel etc.*) smart. **3.** *fam.* (*d. un cartier*) posh. # *lucru/persoană ~at(ă)* choice.
selecta *vt.* **1.** to select, to pick, to sort. **2.** (**pentru**) *amer. fam.* to slate (for). # **~re** selection, pick.
selecție *sf.* selection, choice.
selecționa *vt.* **1.** to sort out, to grade. **2.** (*alege*) to select, to single out. **3.** *sport* (*un jucător*) to cap. # **~t** picked; **~re** choice.
selenar *adj.* selenic, moon: *peisaj ~* moon scape.
semafor *sn.* stop light, traffic light.
semantic *adj.* semantic. # **~ă** (*știință*) semantics.
semăna[1] *vt.* **1.** to plant, to seed. **2.** (*iarbă*) to grass. **3.** (*grâu etc.*) to sow.
semăna[2] *vi.* (**cu**) to resemble, to take (after), to look (like): *fiul tău seamănă cu tine* your son takes after you; *el seamănă a chinez* he looks like a Chinese.
semănătoare *sf.* sower, drill, seeder.
semestru *sn.* **1.** semester. **2.** *școl.* term.
semeț *adj.* proud, haughty. # **~ie** pride.
semicerc *sn.* semicircle.
semiconsoană *sf.* semivowel.
semifinală *sf. sport* semifinal.
semiîntuneric *sn.* semidarkness, gloom, half-light.
semilună *sf.* half-moon, crescent.
seminal *adj. anat.* seminal.
seminar *sn.* **1.** *școl.* seminar. **2.** *bis.* seminary.
seminție *sf.* race.
semiobscuritate *sf.* semiobscurity.
semipreparat *adj.* oven-ready.
semit(ic) *adj.* Semitic, Semite.
semiton *sn. muz.* semitone.
semn *sn.* **1.** sign, mark(er): *~ de carte* book mark; *nici un ~ de viață* no sign of life; *a da ~e de* to show signs of. **2.** (*semnal*) sign(al), cue. **3.** (*urmă*) mark, impress(ion), imprint. **4.** (*cu mâna*) wave, gesture, motion. **5.** (*prevestire*) omen, portent: *~ bun/rău* good/bad omen. **6.** (*indiciu*) denotation, evidence, index, pointer. **7.** (*grafic*) character, sign. **8.** (*de vărsat pe față*) pit. **9.** (*dovadă*) token: *acceptați acest dar ca ~ al recunoștinței noastre* accept this gift as a token of our gratitude. # *a face ~(e)* (*cuiva*) to signal, to motion, to gesture; *a face ~ cu mâna* to sign, to motion, to beckon; *a pune sub ~ul întrebării* to doubt; *a da un ~* to signal; *a fi un ~ de* to signify.
semna *vt.* to sign. # **~tar** signer, signatory.
semnal *sn.* **1.** sign(al), warning, cue: *~ de alarmă* alarm signal; *~ de avertizare* warning signal. **2.** (*luminos*) beacon. **3.** (*sonor*) bell, bleep. **4.** *tehn.* signal. **5.** (*la telefon*) pip. # **a ~a** to point out.
semnaliza I. *vt.* **1.** to signal. **2.** *auto* (*stânga etc.*) to indicate. **3.** (*cu*

stegulețe) to flag. **II**. *vi*. (*d. șofer*) to wink. # **~re** warning.

semnalmente *sn. pl.* distinctive ^haracteristics.

semnalizator I. *sn*. **1**. beacon. **2**. (*de direcție*) *auto* trafficator. **II**. *sm. c.f.* signaller, signalman.

semnătură *sf.* signature.

semnifica *vt*. to signify, to import, to signal, to mean. # **~tiv** significant, meaningful, pregnant, operative; **~ție** significance, meaning, purport, sense, tenor: *~ția mesajului* the purport of the message.

senat *sn*. senate, second chamber. # **~or** senator.

senil *adj*. senile, decrepit, doddering, *fam*. gaga. # **~itate** senility, dotage, second childhood.

senin *adj*. **1**. cloudless, clear. **2**. (*d. cineva*) serene. **3**. (*d. ochi*) limpid. # **~ătate** serenity; *cu ~ătate* serenely; *din ~* out of the blue.

senior *sm., adj.* senior.

sens *sn*. **1**. direction. **2**. (*rost*) use, reason, point, purport: *n-are nici un ~ să* there's no point in; it's no use to. **3**. (*semnificație*) sense, significance, import, meaning, drift, effect: *s-a exprimat în acest ~* he spoke to this effect; *diferitele ~uri ale unui cuvânt* the different senses of a word. # *a avea ~* to make sense, to add up; *fără ~* absurd, senseless, aimless, meaningless, purposeless; *stradă cu ~ unic* one-way street; *~ giratoriu* roundabout, *amer*. rotary; *~ interzis* no entry.

sensibil *adj*. **1**. susceptible, sensitive, sympathetic, tenderhearted: *~ la durere* susceptible to pain; *dinte ~ la mâncare rece* tooth sensitive to cold food. **2**. responsive: *motor ~* responsive engine. **3**. (*supărăcios*) touchy. **4**. (*mofturos*) *fam*. queasy. **5**. (*d. un instrument etc*.) delicate. **6**. (*d. o rană*) tender. # **~itate** sensibility, delicacy, sensitivity, sensitiveness, susceptibility.

sentențios *adj*. sententious.

sentiment *sn*. sentiment, feeling.

sentimental I. *sm*. sentimentalist. **II**. *adj*. **1**. sentimental, soulful. **2**. (*dulceag*) maudlin, soppy. # **~ism** sentimentalism; *excesiv de ~* mawkish.

sentință *sf. jur.* verdict, sentence.

senzație *sf*. **1**. sensation, impression, sentiment, feeling: *~ de foame* feeling of hunger; *~ de disconfort* sensation of discomfort. **2**. (*tare*) excitement. # *de ~* sensational; *a face ~* to set tongues wagging.

senzațional *adj*. sensational, exciting, thrilling, startling, lurid.

senzitiv *adj*. sensitive.

senzorial *adj*. sensory.

senzual *adj*. **1**. sensual, voluptuous, sensuous, lustful, lecherous, lascivious. **2**. (*d. o femeie*) sultry. # **~itate** sensuality.

sepală *sf*. sepal.

separa I. *vt*. **1**. to separate, to detach, to divide, to section off. **2**. (*dezbina*) to split, to divorce.

II. *vr.* **1**. to separate, to divide, to part, to sever. **2**. (*d. o țară*) (**de**) to secede (from). **3**. (*despărți*) to break up, to split up. # ~**ție** separation, splitting.

separare *sf.* **1**. separation, division, partition, severance. **2**. (**între**) divorce (between). **3**. (*dezbinare*) (**de**) split (with).

separat I. *adj.* separate, detached, unattached, unrelated, self-contained, several: *șase părți ~e* six separate parts. II. *adv.* apart, singly.

separeu *sn.* (*la restaurant*) booth.

sepia *sf.* (*cafeniu închis*) sepia.

sepie *sf. zool.* cuttlefish.

septembrie *sm.* September.

septic *adj.* septic.

septicemie *sf.* septicaemia.

ser *sn.* serum.

serafic *adj.* seraphic.

serafim *sm.* seraph.

seral *adj.* evening.

serată *sf.* soirée. # ~ *literară* literary salon.

seră *sf.* conservatory, hotbed, hothouse, green house.

serba *vt.* to celebrate. # ~**re** (*sărbătorire*) fete, celebration.

serenadă *sf.* serenade.

sergent *sm.* sergeant, *fam.* sarge: ~ *major* senior sergeant.

serial *sn.*, *adj.* serial.

serie *sf.* **1**. series, number, round, run, string: *o serie de succese* a string/series of successes; *o ~ de* a number of; *~ de nenorociri/necazuri* run of misfortunes. **2**. (*lot*) batch. **3**. (*la masă la cantină*) sitting. **4**. (*de produse etc.*) range: *o ~ de produse pentru păr* a range of hair products. # *în ~* serial.

seringă *sf.* syringe, hypodermic, *fam.* hypo.

serios *adj.* **1**. serious, earnest, steady, stern, sedate, sober. **2**. (*temeinic*) solid, rigorous: *o analiză serioasă* a rigorous analysis. **3**. (*grav*) grave, severe, serious: *pierderi serioase* serious losses. **4**. (*important*) substantive. **5**. (*d. fața cuiva*) straight-faced. **6**. (*d. o problemă*) real: *ceva ~ fam.* the real thing. **7**. (*d. un argument*) strong. **8**. (*d. o carte*) authoritative. # *a nu lua în ~* to discount, to soft-pedal; *~ și plicticos* staid; *o tânără serioasă* a demure young woman.

seriozitate *sf.* seriousness, soberness, sobriety: *cu toată ~a* in all seriousness.

serpentină *sf.* **1**. meander, winding course. **2**. *pl.* twists and turns. # *cu serpentine* serpentine; *drum/șosea în ~* switchback.

sertar *sn.* drawer.

servantă *sf.* trolley, chiffonier.

server *sn. inf.* server.

servi I. *vt.* **1**. to serve. **2**. (*un client*) to attend to. **3**. (*cărțile de joc*) to deal. **4**. (*masa*) to have: *ce ~ți?* what will you have? **5**. (*mâncare, băutură*) to serve. II. *vi.* **1**. (*la masă*) (**pe**) to wait (on). **2**. (**drept/ca**) to serve (as): *sofaua va ~ drept pat* the sofa will serve as a bed. **III**. *vr.* **1**. to help oneself to, to have: *~ţi-vă*! help oneself! **2**. (**cu**) to partake (of). # **~re** service; **~abil** obliging, willing, solicitous; *la ce serveşte asta*? *fam*. what's this in aid of?; *cu ce te/vă pot ~*? what can I do for you?

service *sn*. service station.

serviciu *sn*. **1**. job, service, place, employ, work: *a căuta ~* to look for a job; *~ militar* military service; *~ secret* secret service; *cu ~* in work; *a intra în ~* to take a job. **2**. (*birou*) office. **3**. favour, service: *fă-mi un ~* do me a favour. **4**. (*ocupaţie*) occupation, employment. **5**. (*de ceai etc.*) set. **6**. (*de masă*) dinner service. **7**. (*la tenis*) serve: *persoană la ~* server. **8**. *sport* service. # *de ~* on duty; *fără ~* jobless, out of work; *oferte de ~* (*în ziar*) situations vacant; *servicii publice* public services.

servietă *sf*. portfolio.

servil *adj*. servile, obsequious.

servitoare *sf*. **1**. servant, charwoman, maid(servant), help, housemaid. **2**. (*cu ziua*) *fam*. daily.

servitor *sm*. **1**. (man)servant, domestic, *amer*. help. **2**. (*slugă*) menial, flunkey. **3**. (*fecior*) page.

servitute *sf*. servitude, bond.

servus *interj*. hallo!, hello!, hullo!

sesiune *sf*. **1**. session. **2**. (*parlamentară*) term, sitting. # *a fi în ~* (*d. parlament*) to sit.

sesiza *vt*. **1**. (*remarca*) to perceive, to notice, to observe, to smell. **2**. (*o autoritate*) to make known. # **~bil** perceptible, sensible.

sesizare *sf*. **1**. understanding, apprehension. **2**. (*aviz*) notification.

set *sn*. **1**. (*garnitură*) set. **2**. (*de obiecte*) nest: *~ de măsuţe* nest of tables. **3**. *sport* set, round.

sete *sf*. **1**. thirst. **2**. (**de**) thirst (for): *a-şi potoli ~a* to quench one's thirst.

setos *adj*. thirsty.

seu *sn*. suet, tallow.

sevă *sf*. **1**. sap, juice. **2**. *bot*. pith.

sever I. *adj*. **1**. severe, stern, authoritarian, stiff, harsh. **2**. (*d. măsuri*) rigorous, strict. **II**. *adv*. **1**. severely. **2**. (*criticat*) roundly. # **~itate** severity, asperity.

sex *sn*. sex: *~ul slab* the gentle sex. # **~apil** sex appeal; **~ologie** sexology; *de ~ feminin/masculin* female/male; *a determina ~ul* (*unui animal*) to sex.

sexual *adj*. sexual: *relaţie ~ă* sexual intercourse. # *discriminare ~ă* sexism, sex discrimination; *obsedat ~* sex maniac.

sexy *adj*. **1**. sexy. **2**. (*d. o tânără*) sexy, nubile.

sezon *sn*. season: *~ mort* low season. # **~ier** seasonal.

sfadă *sf*. quarrel.

sfat *sn*. **1**. advice, counsel, hint. **2**. (*consfătuire*) debate, consultation.

sfădi *vr*. to quarrel.

sfărâma I. *vt*. to pound, to smash. **II**. *vr*. to splinter, to crumble.

sfărâmătură *sf.* splinter.

sfărâmicios *adj.* friable, crumbly, brittle.

sfătos *adj.* loquacious, communicative.

sfătui I. *vt.* to advise, to counsel. **II.** *vr.* **(cu)** to consult (with), to confer (with). # ~**tor** counsellor; ~**re** counsel; *a ~ pe cineva să nu facă ceva* to dissuade smb. from doing smth.

sfânt I. *sm.* (*şi fig.*) saint. **II.** *adj.* sainted, sacred, holy. # (*ca*) *de ~* saintly; *la ~u-aşteaptă* in a month of Sundays.

sfârâi *vi.* (*la prăjit*) to sputter, to sizzle, to spit. # ~**ală**, ~**t** (*la prăjit*) sputter, sizzle.

sfârc *sn.* **1.** nipple, mamilla, teat, *fam.* tit. **2.** (*la animale*) teat.

sfârlează *sf.* (*titirez*) whirligig, top.

sfârşi I. *vt.* to end, to terminate, to finish. **II.** *vr.* **1.** to end, to terminate, to close, to come to an end. **2.** (*trece*) to pass. **3.** **(prin)** to culminate (in). **4.** (*d. o şedinţă*) to rise. # *a se ~ cu bine* to turn out for the best.

sfârşit I. *sn.* **1.** finish, close, end(ing), last, curtain: *până la ~* to the last; *până la ~ul ~ului* to the hitter end; *~ fericit* happy ending. **2.** (*încheiere*) conclusion. **3.** (*al unui program TV*) closedown. **4.** (*moarte*) death. **II.** *adj.* **1.** done. **2.** (*epuizat*) spent. # *a duce la bun ~* to carry out/through; *fără ~* endless, dateless; *~ul cuiva* one's last hour; *fără de ~* unremitting; *în ~* finally, at last, in the end.

sfâşia, sfârteca *vt.* to rend, to shred, to rip, to pull apart.

sfâşietor *adj.* poignant, heart-rending.

sfâşietură *sf.* tear.

sfeclă *sf.* **1.** (*de zahăr*) (sugar) beet. **2.** (*roşie*) beetroot.

sfecli *vt. a o ~* to run/get into trouble; *a o ~ rău* to be in for it.

sferă *sf.* **1.** (*şi fig.*) sphere. **2.** globe, orb, ball. **3.** (*domeniu*) domain, realm, territory.

sferic *adj.* spherical, round.

sfert *sn.* quarter: *un ~ de oră* a quarter of an hour; *şase şi un ~* a quarter past six; *sticlă plină un ~* bottle a/one quarter full. # *~uri de finală* quarter-finals.

sfeşnic *sn.* candlestick.

sfetnic *sm.* counsellor.

sfială *sf.* bashfulness, shyness.

sfida *vt.* **1.** to defy. **2.** (*pericolul*) to court. # ~**re** contempt, defiance.

sfidător *adj.* defiant.

sfii *vr.* **(să)** to hesitate (to), to shy (at). # *nu m-am ~t să-i spun* I was bold enough to tell him.

sfinţenie *sf.* sanctity.

sfinţi *vt.* **1.** to sanctify, to bless. **2.** (*o biserică*) to dedicate. # ~**re** dedication.

sfinx *sm.* sphinx.

sfios *adj.* timid, bashful, coy, shy, demure, diffident, mousy.

sfoară *sf.* **1.** cord, rope, string. **2.** (*şnur*) tie. **3.** (*groasă*) twine. **4.** (*pentru pus rufe*) washing line. # *a lega cu ~* to string, to tie, to bind; *a trage pe ~* (*pe cineva*) to hoax, *fam.* to take smb. for a ride.

sforar *sm.* (*intrigant*) designing, intriguer, plotter, schemer.

sforăi *vi.* to snore. # ~**ală**, ~**t** snoring; ~**tor** *fig. fam.* highfalutin.

sforța *vr.* to strain oneself. # ~**re** strain.

sfredel *sn.* drill. # **a** ~**i** to drill, to bore; ~**itor** (*d. privire*) piercing.

sfrijit I. *sm. fam.* weakling. **II.** *adj.* gaunt, scraggy, scrawny.

sfruntat *adj.* blatant.

si *sm.* (*nota*) si.

siaj *sn. nav.* wake, wash.

sibir *sn.* fustian.

sicriu *sn.* coffin.

sidef *sn.* (mother-of-)pearl.

siderurgie *sf.* siderurgy.

siestă *sf.* siesta.

sifilis *sn. med.* syphilis, *fam.* pox.

sifon *sn.* **1.** soda, siphon. **2.** (*ca băutură*) soda water.

sigila *vt.* to seal, to stamp.

sigiliu *sn.* seal, stamp.

siglă *sf.* sigle.

sigur I. *adj.* **1.** certain, secure, sure, definite, unimpeachable, doubtless, foolproof, safe: *leac* ~ safe remedy; *pe mâini ~e* in safe hands; *loc* ~ safe place; *sursă ~ă* unimpeachable source; *răspuns* ~ definite answer; *venit* ~ secure income. **2.** (*d. o afacere*) sound. **II.** *adv.* absolutely, positive. # *mai mult ca* ~ as likely as not; ~ *că nu* certainly not; *absolut* ~ beyond a shadow of doubt, positive, sure as fate, sure-fire; *aproape* ~ odds-on, pretty sure; *nu sunt* ~ I don't really know; *ești* ~? are you positive?; *fii* ~! rest assured.

siguranță *sf.* **1.** certitude, certainty, surety. **2.** (*protecție*) safety, security: *măsuri de* ~ safety measures. **3.** (*de sine*) assurance. **4.** *el.* fuse: *tablou de siguranțe* fuse box. **5.** (*la armă*) safety catch, lock. # *cu* ~ surely, certainly, positively, definitely, safely, for certain/sure, by all manner of means; *sl.* you bet; *în* ~ safe(ly); *a se simți în* ~ to feel safe/secure; *pentru* ~ on the safe side; *a lua măsuri de* ~ *împotriva* to provide against.

sihastru *sm.* hermit, recluse, solitary.

sihăstrie *sf.* hermitage.

silabă *sf.* syllable. # *despărțire în silabe* word break/division.

silabisi *vt.* to syllabify, to spell. # ~**re** spelling.

silă *sf.* disgust, loathing, repugnance, aversion. # *cu sila* forced; *în* ~ reluctantly, unwillingly; *a-i fi* ~ *de* to loathe, to feel disgust at, to abhor.

silențios *adj.* silent, noiseless, quiet.

sili I. *vt.* **1.** to force, to oblige, to pressurize. **2.** (*constrânge*) to coerce. **II.** *vr.* (**să**) to strive (to), to exert oneself (to). # ~**t** forced, obliged; ~**tor** diligent, assiduous, industrious.

silice *sf. chim.* silica.

siliciu *sn. chim.* silicon.

silicon *sn. chim.* silicone.

silință *sf.* pains. # *a-și da silința* to strive; *a-și da toată silința* to do one's utmost.

silogism *sn.* syllogism.
siloz *sn.* silo.
siluetă *sf.* silhouette, figure, form.
silui *vt.* to violate, to rape. # ~**re** violation, rape.
silvic *adj.* sylvan. # ~**ultor** silviculturist; ~**ultură** silviculture, forestry.
simandicos *adj.* noteworthy, respectable, notable.
simbioză *sf.* symbiosis.
simbol *sn.* **1.** symbol, character, sign, mark. **2.** (*însemn*) insignia. # **a** ~**iza** to symbolize, to represent; ~**ic** symbolic; ~**ism** symbolism.
simetric *adj.* symmetrical.
simbrie *sf.* salary, pay.
simetrie *sf.* symmetry.
simfonic *adj.* symphonic.
simfonie *sf.* symphony.
similar *adj.* **1.** similar, semblable, parallel, (such)like, related, kindred, allied: *tendințe ~e* parallel trends; *mărfuri ~e* kindred/allied goods. **2.** (**cu**) tantamount (to).
simpatic *adj.* lovable, lik(e)able, personable, genial, jolly, *amer.* fun.
simpatie *sf.* affection, fondness. # *cu ~* fondly.
simpatiza *vt.* to like, to take to: *imediat l-am ~t* I took to him immediately. # ~**nt** sympathizer.
simplicitate *sf.* simplicity.
simplifica *vt.* to simplify. # ~**re** simplification.
simplitate, simplicitate *sf.* simplicity.
simplu I. *adj.* **1.** simple, common, bare, easy, mere, uncluttered, uncomplicated, *fam.* foolproof: *ca ~ spectator* as a mere spectator; *~l adevăr* the bare truth; *mecanism ~* foolproof machinery; *metodă simplă* simple method; *om ~* common/simple man. **2.** natural, unsophisticated, plain: *rochie simplă* plain dress. **3.** (*d. stil*) elemental. **4.** modest, humble, austere, homely. **5.** (*fără ornamente*) bald. **6.** (*d. hrană*) unadulterated. **II.** *adv.* simply: *mobilat ~* simply furnished.
simpozion *sn.* symposium.
simptom *sn.* **1.** (*și fig.*) symptom. **2.** sign. # ~**atic** symptomatic.
simț *sn.* sense: *~ de orientare* sense of direction; *~ul datoriei* the sense of duty; *~ul umorului* the sense of humour; *~ul gustului* the sense of taste; *~ul pipăitului* the sense of touch; *~ul mirosului* the sense of smell. # *bun ~* goodsense, common sense; *cu bun-~* reasonably, (*d. cineva*) sensible; *de ~* sensory.
simțământ *sn.* sense, feeling.
simți I. *vt.* to feel, to sense: *mă simt bine* I feel fine. **II.** *vr.* to feel: *a nu se ~ bine* to be below/under par, *fam.* to feel funny/seedy. # ~**re** feeling, sensibility; ~**t** (*de bunsimț*) considerate, civil, well-behaved; ~**tor** sensitive; *a-și veni în ~re* to come to, to recover consciousness.
simula *vt.* to simulate, to sham, to feign, to pretend. # ~**re** simulation, pretence, play-acting.
simulacru *sn.* simulacrum, semblance, mockery.

simulat *adj.* mock, factitious, stagy. # *afecțiune ~ă* counterfeit affection.

simultan *adj.* simultaneous. # **~eitate** simultaneousness.

sinagogă *sf.* synagogue.

sincer I. *adj.* **1.** (*d. cineva*) sincere, frank, honest, blunt, straightforward, guileless, upfront, *fam.* downright. **2.** (*d. un răspuns etc.*) hearty, forthright. **3.** (*natural*) unaffected, unfeigned: *admirație ~ă* unfeigned admiration. **II.** *adv.* sincerely, truly, openly, plainly. # *~ vorbind* honestly; *~ să fiu* to put it bluntly.

sinceritate *sf.* sincerity, candour. # *cu ~* sincerely, truly.

sinchisi *vr.* (**de**) to care (for). # *nici nu s-a ~t* he didn't turn a hair.

sincopat *adj.* synchopated.

sincopă *sf.* unconsciousness.

sincronic *adj.* synchronous.

sincroniza *vt., vr.* to synchronize. # **~re** synchronization, timing, *fam.* sync. # *~re în playback* lip-sinc(h).

sindical *adj.* (trade) union. # **~ist** (trade) unionist.

sindicat *sn.* syndicate (trade/labour), union.

sindrofie *sf.* party, social gathering.

sindrom *sn.* syndrom.

sine I. *sf.* self: *în ~ mea* in my own self. **II.** *pron.* **1.** self: *e mulțumit de ~* he is self-contented. **2.** oneself, myself, yourself, himself, herself, itself: *pentru ~* for oneself. # *de la ~* naturally; *plin de ~* self-assertive, conceited, too big for one's boots, *fam.* uppity, uppish; *sigur de ~* self-assured; *stăpânire de ~* self-control.

sinecură *sf.* sinecure.

single *sn. muz.* single.

singular I. *sn. gram.* singular. **II.** *adj.* (*aparte*) unique, unmatched. # *la ~ gram.* singular.

singur I. *adj.* **1.** alone, lone(ly). **2.** (*neînsoțit*) solitary, unaccompanied. **3.** (*unic*) single, sole, one, only: *~ul meu fiu* my only son; *un ~ lucru putem face* there is only one thing we can do; *~ul lui motiv* his sole reason. **4.** (*necăsătorit*) unmarried, unattached. **5.** (*izolat*) isolated. **II.** *adv.* **1.** singly, by yourself. **2.** *pl.* by yourselves; # **~ătate** solitude, loneliness; **~ul** the one and only; *persoană ~ă* (*necăsătorită*) single; *absolut ~* all/quite alone; (*de unul*) ~ (all) by himself/herself, single-handed, on one's own.

singuratic *adj.* **1.** solitary, lonesome, lone(ly), recluse, retiring. **2.** (*d. un animal*) rogue.

sinistru *adj.* sinister, grim, portentous, unearthly, eery.

sinod *sn.* synod.

sinonim I. *sn.* synonym. **II.** *adj.* synonymous. # **~ie** synonymy.

sintactic *adj.* syntactic.

sintagmă *sf.* (set) phrase, collocation.

sintaxă *sf.* syntax.

sintetic *adj.* synthetic, *fam.* plastic. # *produse/obiecte ~e* synthetics.

sintetiza *vt.* to synthesize. # **~re** (*a unei lucrări*) condensation.

sintetizor *sn.* synthesizer.
sinteză *sf.* synthesis.
sinucide *vr.* to kill oneself, to take one's own life. # **~re** (*şi fig.*) suicide.
sinucigaş *sm.* suicide.
sinuos *adj.* sinuous, tortuous.
sinuozităţi *sf. pl.* meanderings.
sinuzită *sf.* sinusitis.
sionism *sn.* Zionism.
sionist *sm.* Zionist.
sipet *sn.* coffer.
sire *sm.* sire.
sirenă *sf.* **1**. (*de fabrică*) hoot(er), horn. **2**. (*şi în mit.*) siren. **3**. (*femeie*) mermaid. **4**. (*sunet*) toot, hoot.
sirian *sm., adj.* Syrian.
sirop *sn.* syrup. # **~os** *fig.* syrupy, sugary, mawkish, *fam.* soppy.
sista *vt.* **1**. to cease, to suspend, to stop. **2**. (*o plată etc.*) to withhold.
sistem *sn.* **1**. system: *~ imunitar* immune system. **2**. (*reţea*) network. # **~atic** systematic; *~ de măsuri şi greutăţi* avoirdupois.
sistematiza *vt.* to systematize, to structure. # **~re** systematization, planning.
sitar *sm.* woodcock.
sită *sf.* **1**. sieve. **2**. (*mare*) riddle. **3**. (*pentru făină*) sifter. # *a da prin ~* to sieve, to sift.
situa I. *vt.* to set, to place, to locate. **II**. *vr.* to be situated. # **~re** position, location; **~t** placed, set; *bine ~t* well-off, well-to-do.
situaţie *sf.* **1**. situation, condition, state, picture, *fam.* score: *~ jenantă* embarrassing situation; *situaţia generală este diferită acum* the general picture is different now. **2**. (*poziţie socială*) position, status, standing: *~ familială* family status. # *~ complicată* imbroglio; *~ grea* predicament; *o ~ limită* a near thing, *fam.* a close shave; *în situaţia dată* as matters stand; *în situaţia de faţă* from the sound of things; *într-o ~ dificilă* in a (tight) spot, skating on thin ice; *o ~ precară* a tight corner; *în orice ~* in any case; *a evalua/aprecia din ochi o ~* to size smth. up; *răsturnare de ~* reversal of fortune; *asta-i situaţia*! the way of the world!
slab *adj.* **1**. (*d. cineva*) thin, lean, skinny, meagre, spare, slim. **2**. (*redus*) weak, meagre, faint, mild: *~ă speranţă* faint hope; *ţigară ~ă* mild cigarette; *prezenţă ~ă* (*la curs etc.*) meagre attendance. **3**. (*plăpând*) frail, feeble. **4**. (*fig.*) (*moale*) languid, languorous, soft. **5**. (*la minte*) feeble-minded. **6**. (*d. bere*) mild. **7**. (*d. carne*) lean. **8**. (*d. un sunet*) dull, faint, feeble. **9**. (*d. lumină*) diffuse, dim. **10**. (*neputincios*) weak, disabled. **11**. (*influenţabil*) weak, *fam.* wet. **12**. (*d. elev*) weak, poor. **13**. (*d. memorie*) poor. **14**. (*d. voce*) low. # *om ~ fig. fam.* wimp.
slav I. *sm.* Slav. **II**. *adj.* Slav, Slav(on)ic.
slavă *sf.* glory, fame. # *a ridica în slăvi* to rhapsodize, to eulogize.
slavon *adj.* Slavonic.

slăbănog I. *sm.* scrog, *fam.* weakling. **II**. *adj.* skinny, spare.
slăbi I. *vt.* **1**. (*vlăgui*) to enervate, to debilitate. **2**. (*diminua*) to impair, to weaken. **3**. (*o strânsoare, un nod, controlul*) to loosen, to slacken, to relax. **4**. (*în greutate*) to reduce. **5**. (*un şurub*) to weaken. **6**. (*un sunet*) to muffle. **7**. (*organismul*) to weaken. **II**. *vi.* **1**. to lose flesh/weight, to slim. **2**. (*şubrezi*) to weaken, to decay. **3**. (*d. nod*) to slacken. **4**. (*în intensitate*) to diminish, to fade away.
slăbiciune *sf.* **1**. (*fizică*) weakness, debility, infirmity. **2**. (*cusur*) frailty, foible. **3**. (**pentru**) partiality (for), fancy (to): *a avea o ~ pentru cineva* to take a fancy to smb.
slăbire *sf.* **1**. impairment. **2**. (*din cauza unei boli*) emaciation. **3**. (*a unei frânghii*) slack. # *a ţine cură de ~* to diet; *persoană care ţine cură de ~* slimmer.
slăbit *adj.* **1**. emaciated, faint, groggy, infirm, *fam.* shaky. **2**. (*larg*) loose. **3**. (*d. un nod*) slack. **4**. (*după boală*) weak, emaciated. **5**. (*d. vedere, auz*) impaired: *vedere ~ă* impaired vision.
slănină *sf.* lard.
slăvi *vt.* **1**. to glorify, to praise, to exalt, to extol. **2**. (*pe Dumnezeu*) to worship. # **~re** worship; **~t** worshipped.
slei I. *vt.* (*de putere*) to enervate. **II**. *vr.* to clot.
sleit *adj.* **1**. (*d. sos*) clotted. **2**. (*de puteri*) exhausted, spent, *fam.* whacked.
slinos *adj.* slimy, greasy.
slip *sn.* slips.
slobod *adj.* free, loose. # *~ la gură* scurrilous, foul-mouthed, saucy.
slobozi *vt.* to let free.
slogan *sn.* slogan, catchword.
sloi *sn.* drift ice.
slovac *sm.*, *adj.* Slovak.
sloven I. *sm.* Slovene. **II**. *adj.* Slovenian.
slugarnic *adj.* obsequious, servile, fawning, subservient.
slugă *sf.* menial, servant, domestic, *fam.* skivvy. # *sluga dumitale* yours to command.
slugărnicie *sf.* servility.
slujbaş *sm.* hireling, employee.
slujbă *sf.* **1**. job, service, work, employ, place, post, situation. **2**. (*religioasă*) prayer, service. # *~ de pomenire* requiem; *fără ~* unemployed, jobless; *o ~ călduţă fam.* a cushy number; *~ suplimentară* sideline.
sluji I. *vt.* to serve. **II**. *vi.* (**la**) to be used (for).
slujnică *sf.* servant, maid, *fam.* skivvy.
slut *adj.* plain, unsightly, ugly.
sluţi *vt.* to desfigure, to mar. # **~re** mar.
smalţ *sn.* enamel.
smarald *sn.* emerald.
smălţui *vt.* to enamel.
smântână *sf.* cream.
smârc *sn.* bog, morass, swamp.
smead *adj.* black, swarthy.
smerenie *sf.* **1**. humility, obedience. **2**. (*pioşenie*) piety, godliness.

smerit *adj.* **1.** humble, meek. **2.** (*pios*) pious, devout.

sminti *vr.* to go/run mad. # **~t** crazy, crackbrained, off one's head/nut, *fam.* batty, cracked, wacky.

smiorcăi *vr.* to whine, *amer.* to snivel. # **~ală** snivel; **~t** fractious, querulous, *fam.* weepy.

smirnă *sf.* myrrh.

smoală *sf.* pitch, tar. # *a acoperi/da cu ~* to tar.

smoc *sn.* **1.** wisp. **2.** (*de păr*) tuft, forelock.

smochin *sm.* fig tree. # **~ă** fig; *a se ~***i** to shrivel; **~it** shrunken.

smoching *sn.* dinner jacket, *amer.* tux(edo).

smog *sn.* smog.

smuci *vt.* to twitch, to yank, to hitch. # **~tură** twitch, pull, yank, jerk.

smulge *vt.* **1.** to rend, to wrench, to twitch, to yank, to wrest, to rip. **2.** (*pene*) to pluck. **3.** (*o mărturisire*) to screw. **4.** (*o poşetă*) (*d. un hoţ*) to snatch. **5.** (*o buruiană*) to pull. # **~re** wrench.

snob **I.** *sm.* snob, high-hat. **II.** *adj.* snobbish, *fam.* snobby. # **~ism** snobbism, snobbery.

snop *sm.* sheaf, truss.

snopi *vt.* (*în bătaie*) to beat to a frazzle.

soacră *sf.* mother-in-law.

soare *sm.* **1.** sun: *rază de ~* sun ray; *a sta la ~* to sit in the sun. **2.** star. # *apus de ~* sunset; *răsărit de ~* sunrise.

soartă *sf.* destiny, fate, fortune, portion, lot: *a-şi accepta soarta* to resign oneself to one's fate. # *~ crudă* doom.

sobă *sf.* stove.

sobrietate *sf.* sobriety, soberness, temperance.

sobru *adj.* **1.** serious, austere, solemn, aloof, earnest, prim, demure. **2.** (*d. culori etc.*) sober, dull.

soc *sm. bot.* elder.

sociabil *adj.* **1.** sociable, friendly, matey, companionable, approachable, *amer.* clubby, *fam.* social. **2.** (*comunicativ*) demonstrative, gregarious, outgoing. # *persoană ~ă* good mixer.

social *adj.* social: *~ democraţie* social democracy. # **~ism** socialism; **~ist** socialist, *fam.* pinko.

societate *sf.* **1.** society: *~ civilă* civil society. **2.** (*anturaj*) company. **3.** (*întreprindere*) company, society: *~ de construcţii* building society. **4.** (*asociaţie*) association. # *înalta ~* the upper class.

sociolog *sm.* sociologist. # **~ie** sociology.

soclu *sn.* (*de statuie*) socle, plinth.

socoteală *sf.* **1.** (*calcul*) calculation, count, computation, tally, reckoning, record: *a ţine socoteala cheltuielilor tale* to keep a record of your expenses. **2.** (*notă de plată*) bill. **3.** *pl.* figures. # *a da ~ de* to answer for.

socoti **I.** *vt.* **1.** to calculate, to count, to reckon. **2.** (*considera*) to consider, to think, to reason, to view, *fam.* to reckon, *amer.* to figure: *a ~ că e bine să* to think it right to. **3.** (*presupune*) to presume, to esteem. **4**. (**că**) to deem: *a ~t că e prudent să nu spună nimic* he deemed it prudent to say nothing. **II**. *vr*. (**cu**) to square accounts (with).

socru *sm*. father-in-law.

sodă *sf*. soda, sodium carbonate.

sodiu *sn*. sodium.

sodomie *sf*. sodomy.

sofa *sf*. sofa, couch, settee.

sofisticat *adj*. sophisticated.

soi *sn*. **1**. (*de plante, animale*) variety, species, genre, strain. **2**. sort, type, kind, stamp: *oameni de soiul ăsta* men of that kind/stamp. # *de ~* of (extremely) high quality, tip-top; *~ rău* bad lot.

soia *sf*. soy(a).

soios *adj*. dirty, dingy, grubby.

sol[1] *sn*. *muz*. sol, soh. # *cheia ~* the treble clef.

sol[2] *sn*. ground, earth, soil, dust. # *~-aer* (*d. o rachetă*) surface-to-air; *proba de ~ sport* floor.

sol[3] *sm*. messenger, herald.

solar *adj*. solar: *panou ~* solar panel. # **~iu** solarium.

sold *sn*. *ec*. **1**. balance: *~ de casă* cash balance. **2**. (*nevândut*) remainder. **3**. *pl*. bargainsale: *raion de ~uri* bargain basement.

solda I. *vt*. **1**. (*un cont*) to discharge, to pay off. **2**. (*marfă*) to clear, to sell off. **II**. *vr*. (**cu**) to result (in).

soldat *sm*. **1**. soldier, private. **2**. (*în marină*) *amer. sl*. leatherneck. # *de ~* soldierly; *~ în recunoaştere amer*. point man.

solemn *adj*. **1**. solemn, momentous, sententious, portentous, grave: *voce ~ă* portentous voice. **2**. (*d. un ceremonial*) sombre. # **~itate** solemnity, gala, function.

solfegiu *sn*. solfeggio.

solicita *vt*. **1**. to solicit, to demand, to require, to request. **2**. *fig*. to tax: *problema îi solicită serios pe experţii noştri* the problem is taxing the brains of our experts. **3**. (*ceva*) to apply (for): *a ~ o slujbă* to apply for a job. # **~re** demand, requirement, request, application; **~nt** applicant, claimant, petitioner, suppliant.

solicitudine *sf*. solicitude.

solid I. *sn*. (*corp*) solid. **II**. *adj*. **1**. (*nu lichid*) solid, firm, hard. **2**. (*d. cineva*) stout, sturdy, square. **3**. (*d. ceva*) solid, firm: *hrană ~ă* solid food. **4**. (*d. mărfuri*) dry. **5**. (*d. mobilă etc*.) robust. **6**. (*rezistent*) lasting, strong, sturdy. **7**. (*d. un argument*) water-tight. **III**. *adv*. **1**. solidly. **2**. (*şi fig*.) soundly. # **a** (**se**) **~ifica** to solidify; **~itate** solidity; *foarte ~* (*şi fig*.) rock solid.

solidar *adj*. solidary. # **~itate** solidarity, sympathy; **a se ~iza** to solidarize; *grevă de ~itate* sympathy strike.

solie *sf*. mission.

solist *sm*. **1**. soloist. **2**. (*cântăreţ*) vocalist.

solitar *adj*. solitary, unsocial, lonely.

solniţă *sf*. **1**. salt cellar. **2**. (*cu găurele*) castor.

solo *sn*. solo.

solstițiu *sn.* solstice.
solubil *adj.* soluble.
soluție *sf.* **1.** solution: ~ *alcalină* alkaline solution. **2.** (*la o problemă*) solution, clue, key.
soluționa *vt.* to solve, to settle, to resolve. # ~**re** (*a unei probleme*) solution, resolution.
solvabil *adj. ec.* solvent, creditworthy: *debitor* ~ solvent debtor. # ~**itate** solvency, creditworthiness.
solvent *sm., adj.* solvent.
solz *sm.* scale. # ~**os** scaly.
soma *vt.* **1.** to defy, to summon. **2.** (*d. o santinelă*) to challenge. # ~**re** (*a unei santinele*) challenge; ~**ție** warning, summons.
somieră *sf.* spring mattress.
somitate *sf.* prestigious person, authority.
somn[1] *sm.* (*pește*) sheat-fish.
somn[2] *sn.* sleep, slumber, repose, *fam.* kip, shut-eye: ~ *adânc* deep/sound sleep. # ~**oros,** ~**olent** somnolent, sleepy, drowsy, slumberous; *a pica de* ~ to drop with sleep; *a trage un pui de* ~ to take a nap; ~ *ușor*! sleep tight!, sweet dreams!
somnambul *sm.* somnambulist, sleep walker.
somnolent *adj.* sleepy, drowsy.
somnolență *sf.* somnolence, torpor, torpidity sleepiness.
somnifer *sn.* sleeping pill, soporific.
somon *sm.* salmon.
somptuos *adj.* sumptuous, expensive, magnificent.
sonat *adj.* (*țicnit*) moonstruck.
sonată *sf. muz.* sonata.
sonda *vt.* **1.** (*tatona*) to plumb. **2.** (*opinia publică*) to poll, to survey. **3.** (*o rană*) to probe. **4.** (*adâncimea apei*) (*și fig.*) to sound. # ~**re** poll; ~*re a opiniei publice* sounding.
sondaj *sn.* survey, test. # ~ *de opinie* opinion poll, survey, *pol.* straw poll.
sondă *sf.* **1.** *med.* probe, sound. **2.** (*spațială*) (space) probe. **3.** (*de petrol*) derrick, well.
sondor *sm.* driller.
sonerie *sf.* (door)bell, ring.
sonet *sn.* sonnet.
sonor **I.** *sn.* (*la film etc.*) sound. **II.** *adj.* **1.** (*răsunător*) resonant, resounding. **2.** (*d. voce*) sonorous, rich, loud. **III.** *adv.* loudly.
soporific *sn., adj.* soporific.
sopran(ă) *sm., sf.* soprano. # *de* ~ (*d. voce*) treble.
soră *sf.* **1.** sister: *sora mea cea mai mică* my kid sister. **2.** (*vitregă*) stepsister. **3.** (*de tată/mamă*) half-sister. **4.** (*medicală*) nurse, sister. **5.** (*călugăriță*) sister. # *de* ~ sisterly; ~ *șefă* matron; *profesia de* ~ nursing.
sorbi **I.** *vt.* **1.** (*ceai etc.*) to sup, to sip. **2.** (*bere etc.*) to swig. **3.** (*zgomotos*) to slurp. **II.** *vi.* to sip. # *a* ~ *din ochi* to gloat over.
sorbitură *sf.* pull, sip, gulp, slurp, draught: *a bea paharul dintr-o* ~ to empty the glass at one gulp.
sordid *adj.* sordid, dingy, seamy, squalid, *fam.* seedy.

sorg *sm. bot.* sorghum.
soroc *sn.* term (limit).
sort *sn.* type, kind.
sorta *vt.* to sort out, to grade, to select.
sorti *vt.* to doom. # **~t** fated, destined, doomed.
sortiment *sn.* **1**. assortment, sort, brand, flavour. **2**. (*selecționat*) selection, choice. **3**. (*de produse*) variety.
sorți *sm. pl.* luck, odds: *~i sunt de partea noastră* the odds are in our favour.
sos *sn.* **1**. sauce. **2**. (*de carne*) gravy. **3**. (*pentru salată*) (salad) dressing. # **~ieră** sauceboat, gravyboat.
sosi *vi.* to arrive, to come. # **~re** arrival, coming; *nou~t* new arrival, newcomer; *bine ai sosit*! welcome (to you)!
sote *sn.* sauté.
soț *sm.* husband, spouse, *fam.* man. # **~ior** *fam.* hubby; *~ul meu* my husband, *fam.* my better half; *cu ~* even; *fără ~* odd.
soție *sf.* **1**. wife, spouse, lady. **2**. (*de nobil*) Lady. # *soția mea* my wife, *fam.* my better half; *de ~* wifely.
sovietic *adj. înv.* Soviet.
spadasin *sm.* swordsman.
spadă *sf.* **1**. sword, sabre. **2**. (*cu două tăişuri*) rapier.
spaghete *sf. pl.* spaghetti.
spaimă *sf.* dread, scare, fear, fright, chill, *fam.* funk.
spalier *sn.* (*pentru plante*) trellis.
spanac *sn.* spinach.
spaniol **I**. *sm.* Spaniard. **II**. *adj.* Spanish. # *limba ~ă* Spanish.
sparge **I**. *vt.* **1**. to break, to smash, to sunder, to shatter: *a ~ banca* (*la cazino*) to break the bank; *a ~ o uşă* to smash a door open; *explozia a spart toate geamurile* the explosion shattered all the windows. **2**. (*sfărâma*) to pound. **3**. (*în două*) to cleave. **4**. (*un balon*) to pop. **5**. (*o casă*) to break into (*a house*). **6**. (*capul*) to split. **7**. (*despica*) to split. **8**. (*ciobi*) to chip. **9**. (*crăpa*) to crack. **II**. *vr.* **1**. to crack, to shatter, to smash. **2**. (*în bucăți*) to fragment. **3**. (*d. un pahar etc.*) to break. **4**. (*d. un balon*) to burst, to pop. **5**. (*d. valuri*) to beat, to crash. **6**. (*d. o țeavă*) to rupture. **7**. (*ciobi*) to chip.
spargere *sf.* **1**. breaking, smashing, smash. **2**. (*a unei case*) burglary.
spart *adj.* **1**. broken. **2**. (*d. voce*) hollow.
spasm *sn.* spasm, convulsion. # **~odic** spastic, jerky.
spată *sf.* (*de porc*) loin.
spate *sn.* **1**. back, behind: *duce copilul în ~* he's carrying the baby on his back. **2**. (*parte din*) rear, back. # *din/în ~* behind, backward, back; *cel mai din ~* backmost; *partea cea mai din ~* rearmost; *din ~* rear, (*la animale*) hind; *în ~* at/to the rear; *la/spre ~* rearward; *întins/culcat pe ~* supine; *durere de ~* backache; *în ~le casei* at the back of the house; *mă scuzați că stau cu ~le*! excuse my back!

spatulă *sf.* 1. (*de servit tort*) slice. 2. *med.* tongue depressor. 3. (*la bucătărie*) spatula.

spația *vt.* to space.

spațial *adj.* spatial, space.

spațios *adj.* spacious, commodious, roomy, large, capacious.

spațiu *sn.* 1. space: ~ *locativ* living space. 2. area, room: *mult* ~ plenty of room. 3. (*liber*) blank. 4. (*în program TV*) slot. 5. (*între scaune*) interval.

spăla I. *vt.* 1. to wash: *a ~ vase* to wash up. 2. (*rufe*) to launder. II. *vi.* (*țărmul*) (*d. mare*) to lap. III. *vr.* 1. to wash. 2. (*pe dinți*) to brush. # **~re** wash(ing); *a ~ rufele* to do the washing; *de ~t* washing; *rezistent la ~t* (*d. un material*) colourfast; *a ~ (o mașină) în interior* to valet; *mașină de ~t vase* dish washer; *a ~ cu jet de apă* to sluice.

spălăcit *adj.* faded, washed-out, wishy-washy.

spălătoreasă *sf.* laundress, washerwoman.

spălătorie *sf.* laundry. # *~ publică* launderette.

spărgător *sm.* 1. (*de case*) burglar. 2. (*de nuci*) nutcracker. 3. (*de gheață*) icebreaker. # *~ de grevă* strike breaker, blackleg, scab.

spărtură *sf.* 1. breach, break, leak. 2. (*crăpătură*) crack, gap. 3. (*bucățică*) shard. 4. (*în țeavă*) leakage, hole.

spășit *adj.* contrite, repentant.

spătar *sn.* (*de scaun*) back.

spân *adj.* beardless.

spânzura *vt.* (*pe cineva*) to hang, to halter.

spânzurătoare *sf.* scaffold, gallows, gibbet, the rope.

special *adj.* express, special, particular: *de interes ~* of particular interest. # *în ~* especially, mainly, notably, particular(ly), in chief, principally; *în mod ~* preeminently, primarily, specifically.

specialitate *sf.* 1. special(i)ty. 2. (*culinară*) special, titbit, *amer.* tidbit.

specialist *sm.* specialist, expert, consultant, authority, connoisseur, *amer.* maven. # *mare ~* wizard.

specializa *vr.* to specialize. # **~re** specialism, qualification.

specie *sf.* 1. species, genus. 2. (*de animal, plantă*) strain.

specific I. *sn.* 1. distinctive trait, peculiarity. 2. (*al cuiva*) peculiarity, *amer.* shtick. II. *adj.* specific, typical, peculiar. # **a ~a** to specify, to name, to state, to pinpoint, to mention; **~at** itemized; **~ație** specification, pointer, *fam.* spec; **~ații** details, instructions.

specimen *sn.* specimen, sample, model.

specios *adj.* specious.

spectacol *sn.* 1. show, spectacle, performance, entertainment: *a se duce la un ~* to go to a show; *~ de seară* evening performance. 2. (*muzical*) musical. 3. (*de circ*) circus. 4. (*de film*) showing. 5. *pl.* (*de teatru*) presentation, theatricals. # *~ de mare succes fam.*

show-stopper; *organizator de ~e* showman; *ora de începere a unui ~* showtime; *program de ~e* (*în ziar etc.*) listings.

spectaculos *adj.* spectacular, scenic.

spectator *sm.* 1. spectator, beholder. 2. *pl.* audience. 3. *pl.* (*curioşi*) onlookers, bystanders.

spectral *adj.* spectral.

spectru *sn.* (*şi fig.*) spectre, spectrum.

specula *vi.* to speculate. # **~nt** speculator; **~tiv** speculative.

speculaţie *sf.* (*consideraţie teoretică*) speculation, allegation. # *a face speculaţii* (*în legătură cu*) to speculate (about).

speculă *sf. ec.* speculation, profiteering, *sl.* ramp. # *~ pe piaţa neagră amer.* blackateering.

speluncă *sf.* joint, dive.

speolog *sm.* speleologist, *amer.* spelunker. # **~ie** speleology.

spera I. *vt.* to hope, *fam.* to expect: *a ~ să câştige* to expect to win. **II.** *vi.* to hope: *a ~ că toate se vor termina cu bine* to hope for the best; *sper că nu* I hope not; *aşa sper, sper* (*că da*) I hope so.

speranţă *sf.* hope, expectation, expectancy, prospect, trust: *a-şi pierde speranţa* to lose hope; *mare ~ sport* white hope; *mari speranţe* high hopes; *o rază de ~* a glimmer of hope; *vagă ~* vain hope. # *fără ~* hopeless.

speria I. *vt.* to scare, to frighten, to startle, to panic. **II.** *vr.* 1. to scare, to be scared. 2. (**de**) to shy (at). # *a ~ de moarte pe cineva* to give smb. a fit.

speriat *adj.* 1. scared, frightened, fearful. 2. (**de**) nervous (of).

sperietoare *sf.* (*de ciori*) scarecrow.

sperietură *sf.* scare, fright.

sperios *adj.* 1. timid, timorous, *fam.* jittery, yellow. 2. (*d. un cal*) skittish.

sperjur *sn.* perjury. # *a comite un ~* to perjure yourself, to commit perjury.

spermatozoid *sm.* spermatozoon.

spermă *sf.* sperm, semen.

spetează *sf.* (*de scaun*) back.

speti *vr.* 1. (*muncind*) to slave, to toil, to labour, *fam.* to fag at. 2. (**pentru**) to fetch and carry (for).

spic *sn.* ear. # **a ~ui** (*şi fig.*) to glean; *a da în ~* to ear.

spicher *sm.* announcer.

spilcuit *adj.* neat, spruce, spick and span, *fam.* natty.

spin *sm.* 1. thorn, prickle. 2. *zool.* spine. # *cu ~i* prickly.

spinal *adj.* spinal.

spinare *sf.* back # *şira spinării* backbone; *a purta în ~* (*un copil*) to carry (a child) pick-a-back.

spinos *adj.* 1. thorny. 2. (*d. o problemă*) intricate, vexed, prickly, ticklish.

spinteca *vt.* to rip, to cut through.

spion *sm.* spy, *amer. fam.* spook. # **~aj** espionage; **a ~a** to spy, to shadow, to follow, *fam.* to snoop (on).

spiral *adj.* spiral. # **~ă** spiral. # *în ~ă* spiral.

spiriduş *sm.* **1.** elf, pixie, pixy, goblin, sprite. **2.** (*copil*) urchin.

spirit *sn.* **1.** (*duh*) apparition, ghost. **2.** (*opusul materiei*) spirit, mind. **3.** (*glumă*) joke, crack, quip, wit. **4.** (*isteţime*) wit. # *stare de ~* morale, frame/state of mind.

spiritism *sn.* # *şedinţă de ~* seance.

spiritual *adj.* **1.** spiritual, immaterial. **2.** (*d. cineva*) witty. # **~itate** spirituality; *persoană ~ă* wit.

spiroidal *adj.* spiral.

spirt *sn.* **1.** spirit. **2.** (*denaturat*) meths. # **~ieră** spirit lamp; **~os** spirituous.

spital *sn.* hospital. # **a ~iza** hospitalize.

spiţă *sf.* (*la roată*) spoke.

splendid *adj.* splendid, stunning, beauteous, magnificent, marvellous, grand, glorious, *fam.* great, gorgeous.

splendoare *sf.* splendour, marvel, glory, blaze.

splină *sf. anat.* spleen, milt.

spoi *vt.* (*vărui*) to whitewash. # **~ală** *fig.* varnish; **~tor** (*de tigăi*) tinker, tinsmith.

spondiloză *sf.* spondylosis.

spongios *adj.* spongy.

sponsor *sm.* sponsor, patron, promoter. # **a ~iza** to sponsor, to patronize; **~izare** sponsorship, patronage.

spontan *adj.* spontaneous, unprompted, unaffected. # **~eitate** spontaneity.

spor[1] *sm.* (*de ciuperci etc.*) spore.

spor[2] *sn.* **1.** progress. **2.** (*creştere*) rise, increase.

sporadic *adj.* sporadic, fitful, *amer. fam.* scraggly: *averse ~e* fitful showers of rain.

spori I. *vt.* to augment, to boost, to raise, to increase, to multiply: *a ~ profiturile* to boost profits; *a-şi ~ şansele de succes* to multiply one's chances of success. **II.** *vi.* (*creşte*) to grow, to go up, to multiply, to rise, to proliferate, to swell. # **~re** increase, increment, augmentation, growth, rise, accretion, *amer.* raise.

spornic *adj.* **1.** economical. **2.** abundant, rich. **3.** productive.

sporovăi *vi.* **1.** to blabber, to gibber, to jabber, *fam.* to yap. **2.** **(despre)** *fam.* to witter (on, about). # **~ală** jabber.

sport *sn.* sport: *~uri de iarnă* winter sports. # *de ~* sporting; *bun la ~, căruia îi place ~ul* sporty.

sportiv I. *sm.* sportsman. **II.** *adj.* sporting, sports. # **~itate** sportsmanship; *~ care a bătut recordul mondial* record-breaker; *~ care deţine un record mondial* record holder.

spovedanie *sf.* confession.

spovedi *vr.* to confess.

spray *sn.* spray(er).

sprânceană *sf.* (eye)brow: *a încreţi sprâncenele, a se încrunta* to knit one's brows. # *a alege pe ~* to pick and choose.

spre *prep.* to, towards: *în drum ~ gară* on the way to the station; *~ dezamăgirea mea* to my dismay; *~ sfârşitul lui mai* towards the end of May; *primul pas ~*

dezarmare nucleară the first step towards nuclear disarmament.

sprijin *sn*. 1. prop, support. 2. (*ajutor*) support, aid, help. 3. (*financiar*) backing, financial support, patronage. 4. (*susținere*) support. 5. (*ocrotire*) protection.

sprijini I. *vt*. 1. (*rezema*) to prop, to lean, to rest. 2. (*şi fig*.) to shore up, to support. 3. (*ajuta*) to support, to aid, to help, to back, to favour, to second. II. *vr*. 1. to prop. 2. (**de**) to lean (against). # **~tor** backer.

sprint *sn*. sprint, run, *amer*. dash. # **~er** runner; **a ~a** to sprint.

sprinten *adj*. agile, brisk, nimble, sprightly, lissome, fleet, quick, *fam*. frisky, zippy.

sprințar *adj*. 1. (*sprinten*) sprightly, *fam*. zippy. 2. (*zburdalnic*) frolicsome.

spulbera I. *vt*. (*împrăştia*) to scatter, to disperse. II. *vr*. 1. to crumble. 2. (*d. speranțe*) to shatter, to wither away. # **~t** (*d. speranțe*) shattered.

spumant *sn*. (*de baie*) bubble bath.

spumă *sf*. 1. froth, foam. 2. (*clăbuc*) lather. 3. (*la supă*) scum: *a lua spuma* (*de pe supă*) to skim off the scum. 4. (*de bere*) head. 5. (*de val*) spume. # *a face ~* to lather, to foam, (*d. o bere*) to froth; *a face spume la* (*şi fig*.) to froth at; *a face spume la gură* (*de furie*) to hit the roof.

spumega *vi*. to foam.

spumos *adj*. 1. foamy. 2. (*d. vin*) sparkling, bubbly.

spune I. *vt*. 1. to tell, to say, to utter, to speak, *fam*. to spit: *lasă-mă să-ți spun ce am de spus* let me speak my mind; *ca să spun aşa* so to speak; *mie îmi spui*! you're telling me! 2. (*exprima*) to put, to say. 3. (*pe nerăsuflate*) to pant. 4. (*literă cu literă*) to spell. II. *vi*. to say: *cum ~am* as I said before; *ca să nu spun mai mult* to say the least; *vreau să spun* I mean to say. # *foarte greu de spus* it's anyone's guess; *se ~ că* they say that; *~ ce ai pe suflet* speak up; *a ~ lucrurilor pe nume* to call a spade a spade; *ce-ai spus*? how's that?; *ce tot spui*? what are you talking about?; *ascultă ce-ți spun eu*! mark my words!; *că bine spui*! now you're talking!; *nu mai ~*! you don't say so!, oh yes!, *fam*. get away with you!, *amer*. say what!; *~ ce ai de spus*! say your say!, make your point!; ~! fire away! spit it out!

spurcat *adj*. unclean, dirty, foul: *~ la gură* foul-mouthed.

spus *sn*. # *după ~ele tuturor* by all accounts.

spută *sf*. sputum, spittle.

sst *interj*. shush!

sta *vi*. 1. (*locui*) to dwell, to live, to stay. 2. (*rămâne*) to remain, to stay: *a ~ acasă* to remain home. 3. (*întins*) to lie, to recline. 4. (*în picioare*) to stand (up): *~i pe loc* stand still, stand where you are. 5. (*se opri*) to stop. 6. (*bine*) to become: *rochia asta îți stă bine* this dress becomes you. **7**. (*jos*) to sit (down). **8**. (*drept*) to sit up. # *a mai* ~ to linger; *a* ~ *temporar* (*la un hotel etc.*) to stay; *a* ~ *călare pe* (*cal, gard*) to straddle; *a* ~ *bine cu sănătatea* to be in good health; ~*i puțin*! hold on a minute!; ~*i așa*! hold it!; ~*i liniștit*! stop fussing!; ~*i să vezi*! wait and see!

stabil *adj*. **1**. stable, changeless, settled, permanent, steady: *slujbă* ~*ă* permanent job; *vreme* ~*ă* steady weather. **2**. (*fix*) standing, firm, fixed.

stabili **I**. *vt*. **1**. to establish, to determine, to decide, to ascertain, to nominate. **2**. (*o dată*) to assign, to time, to set, to settle. **3**. (*o întâlnire, un preț*) to fix. **4**. (*o oră*) to appoint. **II**. *vr*. (*undeva*) to settle (down). # ~**t** established, stated, settled; *a* ~ (*un preț*) (*pentru*) to quote (for); *persoană* ~*tă într-o țară străină* resident.

stabilire *sf*. **1**. establishment. **2**. (*instalare*) settlement. **3**. (*într-o țară străină*) residence, residency.

stabilitate *sf*. **1**. stability, permanence, constancy, fixity. **2**. (*perioadă de*) plateau.

stabiliza **I**. *vt*. **1**. to stabilize, to firm. **2**. (*moneda*) to steady. **3**. (*piața etc.*) *ec*. to peg. **II**. *vr*. **1**. to stabilize, to firm, to steady: *prețurile s-au* ~*t* the prices have firmed. **2**. (*d. vreme etc.*) to settle.

stacană *sf*. cup, mug.

stadion *sn*. stadium.

stadiu *sn*. stage, phase, level, step: *primul* ~ the first stage/phase/step.

stafidă *sf*. currant, sultana, raisin.

stafidi *vr*. to shrivel. # ~**t** shrunken.

stafie *sf*. phantom, ghost, apparition, *fam*. spook.

stagiar *sm*. trainee.

stagiu *sn*. **1**. (*probă*) probation. **2**. (*militar*) soldiering.

stagiune *sf*. theatrical season.

stagna *vt*. **1**. to stagnate. **2**. (*d. o activitate*) to slacken. # ~**re** stagnation, standstill, deadlock, stalemate, stasis.

stagnant *adj*. **1**. stagnant, static. **2**. (*d. o activitate*) slack, slow.

stai *interj*. halt! # ~ *pe loc*! stay put!, hold it!

stal *sn*. (*la teatru*) **1**. (*I*) stalls. **2**. (*II*) pit.

stalactită *sf*. stalactite.

stalagmită *sf*. stalagmite.

stamină *sf*. *bot*. stamen.

stand *sn*. stand, stall: ~ *de cărți* book stall; ~ *de ziare* news-stand.

standard *sn*., *adj*. standard: *peste/sub* (*nivelul cerut de*) *standard* above/below standard; *cheltuieli* ~ standard costs. # **a** ~**iza** to standardize.

staniol *sn*. (tin)foil.

staniu *sn*. tin.

star *sn*. (film) star.

stare *sf*. **1**. state, situation, position, way, condition: ~ *socială* social condition; *în perfectă* ~ in mint condition; *în* ~ *proastă* in a bad way; *în* ~ *bună* (*de funcționare*) in good state of repair. **2.** (*sufletească*) mood, heart, vein, humour, morale. # *cu ~* well-to-do; *bărbat cu ~* man of substance/means; *a fi în ~ să* to be able to, can; *~ de necesitate* emergency; *~ de spirit* mood; *în ~ pură* pristine.

stareț *sm.* abbot, superior. # **~ă** abbess, Mother Superior.

start *sn.* **1.** start. **2.** (*al unei curse*) off. # *linie de ~* start, mark; *~ greșit* flying start, *fam.* flier, flyer.

stat[1] *sn.* **1.** state: *probleme de ~* matters of state. **2.** (*țară*) state, country, commonwealth. # **~alitate** statehood; *de ~* state; *om de ~* statesman; *~ neutru* neutral.

stat[2] *sn.* (*de salarii*) paysheet, *amer.* payroll.

static *adj.* static. # *~ă* (*știință*) statics.

statistic *adj.* statistical. # **~ian** statistician.

statistică *sf.* **1.** (*dată*) statistic. **2.** (*știință*) statistics.

stativ *sn.* rack.

statornic *adj.* changeless, constant, steady. # **~ie** constancy; **a ~i** to perpetuate.

statuetă *sf.* statuette.

statuie *sf.* statue. # (*grup de*) *statui* statuary; *ca o ~* statuesque.

statură *sf.* stature, build, size, height: *~ atletică* athletic build.

statut *sn.* **1.** statute. **2.** (*poziție*) status. # **~ar** statutory.

stație *sf.* **1.** (*de tren*) station. **2.** (*de autobuz*) stop. **3.** (*de taxi*) rank. **4.** (*spațială*) space station. # *~ facultativă* request stop; *~ de benzină* filling station; *a face ~ la* to halt at.

staționa *vi.* to stop. # **~r** stationary; **~re** stop; *care staționează* stationary.

stațiune *sf.* **1.** station. **2.** (*balneară*) spa, resort: *~ montană* mountain resort. **3.** (*termală*) watering place.

staul *sn.* stall, cowshed, stable.

stavilă *sf.* obstacle, hindrance, check. # *fără ~* ceaseless.

stăpân *sm.* **1.** (*și fig.*) master. **2.** lord, boss. # **~ă** (*și fig.*) mistress; *~ pe situație* in full control of the situation.

stăpâni *vt.* **1.** to own, to posses. **2.** (*o limbă*) to master. **3.** (*reprima*) to repress: *a-și ~ furia* to repress one's fury. # **~t** (*reținut*) self-collected, self-possessed, cool.

stăpânire *sf.* **1.** (*de sine*) restraint, composure, equanimity, poise, self-control. **2.** (*a unei limbi etc.*) mastery, command. **3.** (*a unui subiect*) mastery. # *a pune ~ pe* (*d. frică etc.*) to possess.

stărui *vi.* **1.** to persevere, to insist. **2.** to persist. **3.** (**asupra**) to dwell (on). # **~tor** persevering, sedulous, pertinacious, tireless, insistent.

stăruință *sf.* **1.** perseverance, insistence. **2.** *pl.* exhortations.

stătător *adj.* stagnant.

stătut *adj.* (*d. aer*) stale.

stăvilar *sn.* weir, sluice, floodgate, dam.

stăvili *vt.* **1.** to damp, to stem. **2.** *fig.* to restrain, to stave off, to hinder, to curb, to inhibit, to stem, to dam: *a ~ inflația* to stave off inflation, to curb inflation; *a ~ sângerarea* to stem the bleeding.

stâlci *vt.* **1.** (*storci*) to crush. **2.** (*schilodi*) to mangle. **3.** (*o limbă*) to murder. **4.** (*un cuvânt*) to mangle.

stâlp *sm.* **1.** column, pole, prop, stake, stave post, pillar, bar. **2.** (*de înaltă tensiune*) *el.* pylon. # *~ al infamiei* pillory.

stână *sf.* sheepfold, pen, run.

stâncă *sf.* rock, cliff. # *colț de ~* crag.

stâncos *adj.* rocky.

stâng *adj.* left: *piciorul ~* the left leg. # **~a** the left; *la/spre ~a* on the left; *de ~a pol.* leftist; *moderat de ~a pol. fam.* pink, (*persoană*) pinko.

stângaci *adj.* **1.** (*și fig.*) left-handed. **2.** (*neîndemânatic*) awkward, clumsy, gawky, maladroit, unwieldy, ungainly.

stângăcie *sf.* left-handedness.

stânjeneală *sf.* embarrassment, constraint, unease, discomfiture.

stânjenel *sm. bot.* iris, flag.

stânjeni *vt.* to distrub, to embarrass, to encumber, to hamper, to hinder. # **~tor** embarrassing, awkward, disquieting, uncomfortable; **~t** uneasy, uncomfortable, ill-at--ease.

stârc *sm.* heron.

stârni *vt.* **1.** to provoke, to stimulate, to incite, *amer.* to spark. **2.** (*simpatie etc.*) to stir. **3.** (*interesul*) to kindle, to arouse. **4.** (*curiozitatea cuiva*) to whet. **5.** (*vânatul*) to rout out. # **~re** incitement; *a ~ hohote de râs* to raise a laugh.

stârpi *vt.* to eradicate.

stârpitură *sf.* midget, scrag.

stârv *sn.* carrion, carcass.

stea *sf.* **1.** star: *~ căzătoare* shooting/falling star. **2.** (*de cinema*) movie star. # *~ de mare* starfish; *~ua polară* the lodestar; *~ călăuzitoare* loadstar, lodestar; *fără stele* starless, void of stars; *plin de stele* starry.

steag *sn.* **1.** flag, colours, standard. **2.** (*pe navă*) ensign.

stegar *sm.* standard bearer.

stejar *sm.* oak. # *de/din ~* oaken.

stelar *adj.* stellar.

stemă *sf.* emblem, coat of arms.

stenograf(ă) *sm., sf.* stenographer. # **~ie** stenography, shorthand.

step *sn.* tap dance/dancing.

stepă *sf.* steppe, moor(land).

stereo *adj.* stereo. # **~fonic** stereo; **~fonie** stereophony.

stereotip *adj.* stereotype.

steril *adj.* **1.** sterile. **2.** (*d. pământ*) barren. # **~itate** sterility.

steriliza **1.** to sterilize. **2.** (*un animal*) to doctor.

stern *sn.* sternum, breast bone.

sterp *adj.* **1.** sterile, dry. **2.** (*și fig.*) barren.

stetoscop *sn.* stethoscope.

steward *sm.* steward. # **~esă** stewardess, airhostess.

sticlar *sm.* glassblower.

sticlă *sf.* **1.** glass: *făcut din ~* made of glass. **2.** (*mată*) frosted glass. **3.** (*de vin etc.*) bottle: *~ de lapte* milk bottle; ~ *de jumătate de litru* pint bottle. **4**. (*de buzunar*) flask. # ~**rie** glassware; *fabrică de* ~ glassworks; *ca sticla* glassy, vitreous.

sticlete *sm.* **1**. goldfinch. **2**. (*polițist*) *fam.* cop.

sticli *vi.* to sparkle.

sticlos *adj.* glassy, vitreous.

stigmat *sn.* stigma. # **a** ~**iza** to flay, to pillory.

stih *sn.* verse.

stihie *sf.* force. # *stihiile naturii* the elements.

stil *sn.* **1**. style, genre. **2**. *fig.* style. **3**. (*modalitate*) manner, mode. # **a** ~**iza** (*o lucrare*) to improve; ~**ist** stylist; ~ *gazetăresc* journalese.

stilat *adj.* polished, classy.

stilet *sn.* stiletto.

stilistic *adj.* stylistic. # ~**ă** stylistics.

stilou *sn.* (fountain) pen.

stima *vt.* to esteem, to respect. # ~**t** esteemed.

stimă *sf.* esteem, consideration, regard, respect.

stimul *sn.* stimulus, incitement, spur.

stimula *vt.* **1**. to stimulate, to challenge, to goad, to quicken. **2**. (*atenția*) to jag.# ~**tor**, ~**tiv** challenging.

stimulent *sn.* **1**. stimulus, incentive. **2**. (*și fig.*) stimulant. **3**. (*impuls*) fillip, impetus, prod(ding).

stindard *sn.* flag, banner.

stingător *sn.* (*de incendiu*) extinguisher.

stinge I. *vt.* **1**. (*și fig.*) to extinguish. **2**. (*un foc*) to quench, to put out. **3**. (*lumina*) to turn/switch off. **4**. (*țigara*) to stub. **5**. (*o lumânare*) to blow out. **II**. *vr.* **1**. to burn out. **2**. (*muri*) to die. **3**. (*d. sunet*) to die/fade away. # ~**rea** (*luminilor*) lights out.

stingher *adj.* **1**. lonely, isolated, lonesome. **2**. (*desperecheat*) odd.

stingheri *vt.* to trouble, to disturb, to hinder. # ~**t** uncomfortable, uneasy, ill-at-ease.

stinghie *sf.* **1**. (*pentru păsări*) perch, roost. **2**. *anat.* groin.

stins *adj.* **1**. (*d. foc etc.*) extinguished. **2**. (*d. un vulcan*) extinct. **3**. (*d. sunet*) feeble, dull. **4**. (*d. voce*) low.

stipendiu *sn.* stipend.

stipula *vt.* to stipulate, to provide.

stipulație *sf.* **1**. stipulation, proviso. **2**. (*a unei legi*) provision. **3**. *pl.* (*ale unui contract*) terms.

stivă *sf.* block, bulk, pile, stack. # *a face* ~ to pile, to stack.

stivui *vt.* to pile, to stack.

stoarce *vt.* **1**. to squeeze, to crush. **2**. (*rufe*) to wring out. **3**. (*de bani*) to extort, *fam.* to bleed, to sponge. **4**. (*fructe*) to press, to squash, to liquidize.

stoarcere *sf.* **1**. squeeze. **2**. (*a rufelor*) wring.

stoc *sn.* (*provizie*) stock, store, supply. # **a** ~**a** to store, to stock; ~**are** storage; *agent de* ~*uri* stockist.

stofă *sf.* **1**. material, cloth, fabric. **2**. *pl.* textiles.

stog *sn.* stack, haycock, haystack.

stoic I. *sm.* stoic. **II.** *adj.* stoical. # **~ism** stoicism, fortitude.

stol *sn.* flock, group, flight.

stomac *sn.* stomach, *fam.* belly: *durere de ~* stomach ache, heartburn, *fam.* bellyache; *pe ~ul gol* on an empty stomach. # *deranjament la ~* stomach upset.

stomatolog *sm.* dentist, *amer.* doctor. # **~ie** stomatology, dentistry.

stop *sn.* (*semafor*) traffic light.

stopa I. *vt.* **1.** to stop, to check, to halt. **2.** (*prin veto*) to veto. **II.** *vi.* to stop. # **~re** stoppage, cessation.

stor *sn.* shutter, roller blind, *amer.* shade.

storcător *sn.* **1.** (*de fructe*) squeezer, liquidizer. **2.** (*electric*) blender, juice extractor. **3.** (*la maşina de spălat*) spin dryer.

storcit *adj.* squashy, squishy.

stors *adj.* (*foarte obosit*) exhausted, *fam.* spent, fagged.

strabism *sn.* squint. # *a avea ~* to squint.

strachină *sf.* plate.

stradă *sf.* **1.** street, way: *~ laterală* side street; *~ principală* main street; *pe ~* in the street; *oameni ai străzii* street people. **2.** (*alee*) court. **3.** (*îngustă*) lane. **4.** (*comercială*) shopping street, *amer.* strip.

strai[1] *sn.* vestment, garb, dress.

strai[2] *sn. nav.* stay.

strajă *sf.* **1.** (*pază*) watch, patrol, guard. **2.** (*paznic*) warden, watch.

strană *sf. bis.* **1.** pew. **2.** (*pupitru*) lectern.

strangula *vt.* (*şi fig.*) to strangle, to scrag, to throttle. # **~re** strangulation.

straniu *adj.* bizarre, quaint, queer, eerie, weird, whimsical, uncanny.

strapontină *sf.* flap seat.

stras *sn.* paste.

straşnic I. *adj.* extraordinary, excellent. **II.** *adv.* extremely, very.

strat *sn.* **1.** stratum, streak, coat, ply, layer, blanket, seam, carpet. **2.** (*peliculă*) film, sheet. **3.** (*de flori*) (flower)bed. **4** (*pojghiță*) crust, skin. **5.** (*subțire*) (*de vopsea, ruj etc.*) dab. **6.** (*de zăpadă etc.*) mantle, carpet.

stratagemă *sf.* stratagem, contrivance, trick, manoeuvre.

strategic *adj.* strategic(al).

strategie *sf.* strategy.

stratifica *vt.* to stratify, to layer. # **~re** stratification.

stratosferă *sf.* stratosphere.

străbate I. *vt.* to penetrate, to traverse. **II.** *vi.* (*colinda*) to wander, to travel.

străbun *sm.* **1.** ancestor. **2.** *pl.* antecedents. # **~ic** great-grandfather; **~ică** great-grandmother.

strădanie, străduință *sf.* **1.** effort, endeavour, exertion. **2.** *pl.* pains.

strădui *vr.* **1.** to work, to struggle. **2.** (*să*) to strive (to), to search (for).

străduță *sf.* lane, alley.

străfulgerare *sf.* (*şi fig.*) flash.

străfunduri *sn. pl.* depths, reaches.

străin I. *sm.* **1.** stranger, foreigner. **2.** (*extraterestru*) alien. **3.** (*vene-*

tic) stranger. **4**. (*intrus*) outsider. **II**. *adj*. foreign, strange, alien, overseas: *oaspeți ~i* foreign/ overseas visitors.

străinătate *sf*. *în ~* abroard.

străluci *vi*. **1**. to twinkle, to shine, to glare, to glitter, to glow, to glance, to gleam. **2**. (*luci*) to glisten. **3**. (*d. soare*) to beam. # **~t** eminent.

strălucire *sf*. **1**. twinkle, shine, lustre, radiance, glare, gloss, glow. **2**. (*sclipire*) glitter. **3**. (*splendoare*) glory.

strălucitor *adj*. **1**. bright, brilliant, radiant, shiny, glossy, resplendent. **2**. (*poetic*) lucid. **3**. (*d. culori*) vibrant.

strămoş *sm*. ancestor, (fore)father, forebear.

strănepoată *sf*. great-granddaughter.

strănepot *sm*. great-grandson.

strănut *sn*. sneeze. # **a ~a** to sneeze.

străpunge *vt*. to pierce, to penetrate: *săgeata i-a străpuns umărul* the arrow pierced his shoulder.

străvechi *adj*. primitive, ancient, age-old, primeval.

străveziu *adj*. **1**. transparent. **2**. (*slab*) skinny.

strâmb *adj*. **1**. wry, twisted, distorted: *râs ~* wry smile **2**. oblique, *fam*. skew-whiff. **3**. (*înclinat*) slanting. **4**. (*încovoiat*) bent, crooked. # *a jura ~* to forswear; *a călca ~* to make a false step.

strâmba *vr*. **1**. to grimace, to make faces, *amer. fam*. to mug. **2**. (*de durere*) to wince.

strâmbătură *sf*. grimace.

strâmt *adj*. **1**. tight. **2**. (*d. haine*) skintight, close-fitting. **3**. (*îngust, mărginit*) narrow. # *prea ~* (*d. îmbrăcăminte*) snug, fitting too closely.

strâmta I. *vt*. **1**. to shrink. **2**. (*o rochie*) to take in. **II**. *vr*. to shrink.

strâmtoare *sf*. **1**. *geogr*. strait, gorge. **2**. *fig*. strait. **3**. (*financiară*) pinch.

strâmtorat *adj*. hard-up, in need.

strângător *adj*. (*econom*) provident, thrifty.

strânge I. *vt*. **1**. to amass, to assemble, to hoard: *a ~ informații* to amass information. **2**. (*aduna*) to collect, to accumulate. **3**. (*pumnii*) to clench. **4**. (*la piept*) to clutch, to hug, to clasp, to snuggle. **5**. (*în brațe*) to cuddle. **6**. (*în mână*) to clasp, to grip. **7**. (*mâna cuiva*) to press, to wring, to grip. **8**. (*rândurile*) to close. **9**. (*d. o rochie*) to pull. **10**. (*recolta*) to reap, to gather. **11**. (*informații*) to gather. **12**. (*bani*) to put aside/by. **13**. (*masa*) to clear. **14**. (*pânzele*) *nav*. to furl. **15**. (*un şurub etc.*) to tighten. **16**. (*d. pantofi*) to pinch. **II**. *vr*. **1**. to assemble, to rally, to gather. **2**. (*d. o masă rabatabilă*) to collapse. **3**. (*d. un scaun etc.*) to fold. **4**. (*d. oameni*) to mob, to muster. # *a ~* (*lucrurile*) *după cineva amer*. to pick up; *a ~ cureaua* (*şi fig*.) to tighten one's belt.

strângere *sf*. **1**. collection. **2**. (*strânsoare*) grasp, grip. # *~ de mână* hand shake.

strâns *adv.* **1.** (*legat etc.*) fast. **2.** (*dens*) close. # *bine* ~ tight.

strânsoare *sf.* **1.** (*şi fig.*) clutch. **2.** (*cu mâna*) grasp, grip.

streaşină *sf.* eaves.

streche *sf.* stampede.

strecura I. *vt.* **1.** (*ceva, cuiva*) to slide, to slip. **2.** (*un lichid*) to strain. **II.** *vr.* to creep, to sneak, to squeeze.

strecurătoare *sf.* strainer, colander, cullender.

stres *sn.* stress, tension, strain, pressure. # **~ant** stressful, gruelling.

striat *adj.* ridged.

striaţii *sf. pl.* ridges.

strica I. *vt.* **1.** to ruin, to spoil, to mar. **2.** (*avaria*) to injure, to damage. **3.** (*vicia*) to corrupt. **4.** (*planurile etc.*) to upset, to wreck. **5.** (*plăcerea*) to mar. **II.** *vr.* **1.** to degrade. **2.** (*deteriora*) to decay. **3.** (*d. alimente*) to spoil, to go bad, to be tainted. **4.** (*d. aparate*) to be out of order, to break. **5.** (*d. ceas*) to run down. **6.** (*d. vreme*) to change for the worse. # **~re** decay; *nu o să-ţi strice* it won't do you any harm.

stricat *adj.* **1.** bad, defective, *fam.* shot. **2.** (*alterat*) tainted, off. **3.** (*d. fructe*) unsound. **4.** (*d. aparate*) out of order, *fam.* bust. **5.** (*destrăbălat*) debauched. **6.** (*d. ou*) addled.

stricnină *sf.* strychnine.

strict *adj.* strict, stern, harsh, rigorous, stringent, severe. # **~eţe** strictness; *cu ~eţe* strictly.

strictură *sf. med.* stricture.

strident *adj.* **1.** strident, tawdry, fleshy. **2.** (*d. sunet*) shrill, penetrating, piercing, jarring. **3.** (*d. culori*) violent, glaring, garish, gaudy, showy, flamboyant. # *~ şi neclar* (*d. sunet*) scratchy.

stridie *sf.* oyster.

striga I. *vt.* to shout, to call: *a ~ din răsputeri* to call out. **II.** *vi.* to cry, to shout, to yell: *a ~ după ajutor* to cry/shout for help. # **~re** calling.

strigăt *sn.* **1.** cry, shout, call: *un ~ de bucurie* a shout of joy. **2.** (*de protest*) clamour. # *a scoate ~e* (*de bucurie*) to whoop.

strigoi *sm.* ghost, apparition.

stringent *adj.* stringent, dire, desperate.

striptease *sn.* striptease. # *persoană care face ~* stripper.

strivi I. *vt.* to squash, to crush, to pound, to squish. **II.** *vr.* to squash, to squish. # **~re** crush.

strofă *sf.* stanza, stave.

strop *sm.* **1.** drop, bead, blob. **2.** (*de ploaie*) raindrop. **3.** *fig.* dash, dot, whit, smidgen, lick, sprinkle, sprinkling, *fam.* ounce. **4.** (*de vopsea etc.*) speck. # *~i de val* spray.

stropi I. *vt.* **1.** to splash, to spatter. **2.** (*flori*) to water. **3.** (*cu stropitoarea*) to sprinkle. **II.** *vr.* to splash. # **~re** splashing; **~tură** spatter.

stropitoare *sf.* sprinkler, watering can.

structura *vt.* to structure. # **~l** structural; **~re** formation.

structură *sf.* 1. structure, constitution, frame. 2. (*alcătuire*) make-up, fabric, texture.
strugure *sm.* grape.
strună *sf.* 1. string. 2. *muz.* chord. 3. (*la zăbală*) curb. # *a cânta cuiva în* ~ to dance to smb.'s tune; *a merge* ~ to go like smoke.
strung *sn.* lathe. # **~ar** turner, lathe hand/operator.
strungă *sf.* glen, narrows.
struni *vt.* 1. (*un cal*) to put a bridle on. 2. (*pe cineva*) to keep a tight hand on, to keep a hold on.
strunji *vt.* to carve. # **~t** turned.
struț *sm.* ostrich.
student *sm.* 1. student: ~ *la medicină* med student. 2. (*în primul an*) freshman. 3. (*în anul doi*) *amer.* sophomore.
studia *vt.* 1. (*învăța*) to study, to learn, to read. 2. (*analiza*) to examine, to survey, to look (through), to research: *să studiem condițiile* let's look at the conditions. # **~t** (*d. cineva*) artificial, affected.
studio[1] *sn.* studio: ~ *de televiziune* television studio.
studio[2] *sn.* (*pat*) studio-couch.
studios *adj.* studious, scholarly. # *persoană studioasă* student.
studiu *sn.* 1. study, preparation, learning. 2. (*lucrare*) paper, treatise. 3. (*eseu*) essay. 4. (*expertiză*) survey.
stuf *sn.* reed. # **~ărie, ~ăriş** reed thicket.
stufiş *sn.* scrub, thicket, bush.
stufos *adj.* 1. (*d. păr*) bushy. 2. (*d. arbori*) leafy. 3. (*d. mustață etc.*) thick.
stup *sm.* (bee)hive.
stupefacție *sf.* stupefaction, astonishment, surprise.
stupefia *vt.* to stupefy, to astonish, to perplex, to stagger, to stun. # **~t** surprised, dumbfounded, confounded.
stupefiant I. *sn.* drug. II. *adj.* amazing.
stupid *adj.* 1. (*d. o remarcă etc.*) stupid, nonsensical, inane, fatuous, foolish, inept. 2. (*d. cineva*) stupid, silly. # **~itate** idiocy, ineptitude.
stupoare *sf.* puzzlement, amazement.
sturion *sm.* sturgeon.
sturz *sm.* thrush.
suav *adj.* 1. suave, delicate. 2. (*d. sunete*) mellifluous.
sub *prep.* under, beneath, below, underneath: ~ *apă* below the surface of water; *mult* ~ *medie* well below average; ~ *masă* under the table.
subacvatic *adj.* subaque(ous), submarine.
subalimenta *vt.* to underfeed. # **~t** underfed, undernourished.
subaltern *sm.* junior, inferior, *fam.* underling.
subaprecia *vt.* to underrate, to belittle, to underestimate.
subconştient *sn.* subconscious.
subcutanat *adj.* subcutaneous.

subdezvoltat *adj.* underdeveloped.
subdimensionat *adj.* undersized.
subdiviziune *sf.* subdivision.
subestima *vt.* to devalue, to underestimate, to understate, to disparage, to belittle, to minimize. # **~re** underestimate.
subevalua *vt.* to undervalue, to depreciate, to underrate, to underestimate. # **~re** underestimate.
subiect *sn.* **1.** subject, theme, matter: *~ de dispută* matter of dispute. **2.** *gram.* subject. **3.** (*de discuție*) topic, point: *treci la ~* get to the point. **4.** (*de roman*) subject matter. **5.** (*de film etc.*) story, plot. **6.** (*la ordinea zilei*) issue. # **~iv** subjective; **~ivism** subjectivism; *~ închis* closed book.
subit *adj.* unexpected, sudden.
subînchiria *vt.* to sublet.
subînțelege *vr.* to be obvious.
subînțeles I. *sn.* implied meaning. **II.** *adj.* implied, suggested.
subjonctiv *sn. gram.* subjunctive.
subjuga *vt.* to subjugàte, to subdue, to subject. # **~re** yoke.
sublim *adj.* sublime, unearthly.
sublinia *vt.* **1.** (*și fig.*) to underline, *amer.* to underscore. **2.** (*accentua*) to emphasize, to stress, to point out.
subliniere *sf.* (*accentuare*) emphasis.
sublocotenent *sm.* subaltern.
submarin *sn., adj.* submarine.
submina *vt.* to subvert, to (under)-mine.
subnutrit *adj.* underfed, undernourished.
subnutriție *sf.* malnutrition.
subofițer *sm.* non-commissioned officer.
subordona *vt.* to subordinate. # **~re** *sf.* subordination, dependence.
subordonat I. *sm.* subordinate, adjunct, *fam.* underling. **II.** *adj.* subordinate, subservient.
subprogram *sn. inf.* routine.
subscrie *vt.* to subscribe.
subscripție *sf.* subscription.
subsecretar *sm.* undersecretary.
subsemnatul *sm. art.* the undersigned, *fam.* muggins, number one.
subsidiar *adj.* subsidiary, ancillary.
subsol *sn.* **1.** subsoil. **2.** (*al unei clădiri*) basement. # *notă de ~* footnote.
substantiv *sn.* noun: *~ abstract* abstract noun; *~ propriu* proper noun.
substanță *sf.* **1.** substance, matter, stuff. **2.** essence, pith, content. **3.** (*chimică*) chemical. # *plin de ~* (*d. discuție*) meaty.
substanțial *adj.* **1.** substantial. **2.** (*d. un ajutor*) generous. **3.** (*d. un aliment*) nutritious.
substitui *vt.* to replace, to displace.
substitut *sm.* substitute.
substituție *sf.* # *de ~* (*d. metodă*) vicarious.
subsuoară *sf.* armpit.
subteran *adj.* subterranean, underground.
subterfugiu *sn.* subterfuge.
subtil *adj.* subtle, delicate, nice, tenuous: *aluzii ~e* subtle hints; *problemă ~ă* delicate problem. # **a**

~**iza** (*sustrage*) to purloin, *fam.* to nobble.
subtilitate *sf.* **1.** subtlety. **2.** (*finețe*) niceties.
subtitlu *sn.* subtitle, sub-heading.
subtitra *vt.* (*un film*) to subtitle.
subția *vt.* **1.** to thin. **2.** (*dilua*) to dilute. # ~**t** (*d. o țesătură*) threadbare.
subțire I. *adj.* **1.** (*fin*) delicate, refined. **2.** (*d. o rochie*) transparent, rare. **3.** (*d. un material*) flimsy, sheet. **4.** (*d. cineva*) thin, lean, slender. **5.** (*d. glas*) high-pitched, shrill. **II.** *adv.* finely. # *foarte* ~ wafer-thin.
suburbie *sf.* **1.** suburb, periphery. **2.** *pl.* environs.
subvenție *sf.* **1.** subvention, subsidy, grant. **2.** (*guvernamentală*) bonus.
subvenționa *vt.* to subsidize, to back.
subversiv *adj.* subversive, underground, seditious.
subzista *vt.* to subsist.
subzistență *sf.* subsistence, keep. # *mijloace de* ~ sustenance.
suc *sn.* **1.** juice. **2.** (*de carne*) gravy. **3.** (*de fructe*) crush. **4.** (*obținut prin stoarcere*) squash. # ~**ulent** juicy.
succeda I. *vi.* **(la)** (*tron etc.*) to succeed (to). **II.** *vr.* to succeed. # ~**re** succession.
succes *sn.* success, triumph, hit, smash: *cartea a avut* ~ the book was a hit. # *de* ~ successful; *a avea* ~ (*d. un roman etc.*) to be successful; *mare* ~ *fam.* wow, (*piesă, film*) smash; ~*e și eșecuri* ups and downs; *a avea mare* ~ to set the world on fire; ~! good luck!
succesiune *sf.* **1.** succession, train, sequence, round, order. **2.** *jur.* succession, inheritance.
succesiv *adj.* successive, gradual, running, straight: *trei ani* ~*i* three years running.
succesor *sm.* successor, heir.
succint *adj.* succinct, concise, short, compact.
suci I. *vt.* **1.** (*răsuci*) to wriggle, to twist. **2.** (*gâtul*) to wring. **3.** (*un buton*) to switch. **4.** (*luxa*) to sprain. **II.** *vr.* to wriggle, to squirm.
sucit *adj.* **1.** (*răsucit*) twisted. **2.** (*luxat*) sprained. **3.** (*încovoiat*) bent. **4.** (*d. drumuri*) meandering. **5.** (*d. cineva*) peculiar, strange, odd.
sucomba *vi.* to succumb.
sucțiune *sf.* suction.
suculent *adj.* succulent.
sucursală *sf.* branch, offshoot, subsidiary.
sud *sn.* south: *la* ~ *de* on/to the south of. # ~**ic** south(ern), southerly; ~**ist** southerner; ~**-est** south-east; ~**-estic** south-eastern; ~**-vest** south-west; ~**-vestic** south-western; *la/spre* ~ south; *în/spre* ~ southward; *spre* ~ southwards, down; *de* ~ south; *care duce spre* ~ southbound; *din* ~ southern; *spre* ~*-est* south-eastwards; *spre* ~*-vest* south-westwards.
suda I. *vt.* **1.** to solder. **2.** (*și fig.*) to weld. **II.** *vr.* (*d. oase*) to fuse. # ~**re** welding.
sudalmă *sf.* curse.

sudoare *sf.* perspiration, sweat.
sudor *sm.* welder.
sudui I. *vt.* to swear at. **II.** *vi.* to swear.
sudură *sf.* weld, solder.
suedez I. *sm.* Swede. **II.** *adj.* Swedish. # *limba ~ă* Swedish.
suferi I. *vt.* **1.** (*o pierdere*) to suffer, to sustain. **2.** (*trece prin*) to experience, to undergo. **3.** (*suporta*) to loath, to stand, to stomach: *nu o pot ~* I loath her; I can't stand/stomach her. **II.** *vi.* **1.** to suffer, to pine (away). **2.** (**de**) to suffer (from), to be ill (with); *suferă de astm* he suffers from asthma. # *a face să sufere* to afflict.
suferind I. *sm.* sufferer, sick person. **II.** *adj.* ailing.
suferință *sf.* **1.** suffering, affliction, distress, pain, woe: *suferințele bătrâneții* the afflictions of old age. **2.** (*fizică*) ailment, complaint, trouble, misery.
suficient *adj.* sufficient, enough.
sufix *sn.* suffix.
sufla I. *vt.* **1.** (*unui actor*) to prompt. **2.** (*la trompetă*) to blow. **II.** *vi.* **1.** (*respira*) to breathe. **2.** (*gâfâi*) to puff. **3.** (*d. vânt*) to blow, to whiff. **4.** (**în**) to blow (on). # **~re** blow, waft, whiff; *a ~ cu aur* to gild; *a-şi ~ nasul* to blow one's nose; *a ~ în lumânare* to blow/puff out the candle; *a nu ~ un cuvânt fam.* to keep mum; *a-şi da ultima ~re* to breathe one's last.
sufleca *vt.* (*o mânecă*) to roll.
sufler *sm.* prompter.
suflet *sn.* **1.** soul: *~e pereche* soul mates. **2.** spirit, heart, mind. # *a-şi trage ~ul* to catch one's breath; *copil de ~* adopted child; *cu ~ul la gură* breathless; *stare ~ească* frame of mind; *linişte ~ească* peace of mind; *bun la ~* warm-hearted; *fără ~* (*rău*) heartless; *a-şi da ~ul* to breathe one's last; *a cânta cu ~* to sing with feeling.
suflu *sn.* **1.** breath. **2.** (*adiere*) gust, breeze. **3.** (*al unei explozii*) blast.
sufoca *vt., vr.* to suffocate, to choke, to stifle, to smother. # **~re** suffocation, choke.
sufocant *adj.* **1.** (*şi fig.*) heavy. **2.** (*d. aer*) stifling.
sufragerie *sf.* dining room.
sufragiu *sn.* suffrage, vote.
sugar, sugaci *sm.* sucker, nurs(e)ling, suckling.
sugativă *sf.* blotting paper.
suge I. *vt.* to suck: *a ~ o bomboană* to suck a sweet. **II.** *vi.* **1.** to suck. **2.** (*d. copil*) to nurse.
sugera *vt.* **1.** to suggest, to imply, to hint. **2.** (*indica*) to point to.
sugestie *sf.* suggestion, hint, cue.
sugestiv *adj.* suggestive.
sughiț *sn.* hiccup, hiccough. # **a ~a** to hiccup, to hiccough.
sugruma *vt.* to strangle. # **~re** stranglehold.
sui I. *vt.* to ascend, to climb (up). **II.** *vr.* **1.** to ascend, to climb (up). **2.** (*pe bicicletă*) to mount. **3.** (*în tramvai etc.*) to get on. # **~re** climb, ascension; **~ş** ascent.
suicid *sn.* suicide.

suită *sf.* 1. suite, retinue. 2. (*la joc de cărți*) sequence.
sul *sn.* 1. roll. 2. (*de stofă*) bolt. 3. (*de hârtie/bani*) wad. # *a face* ~ to roll.
sulă *sf.* awl. # *a pune sula în coaste* to press smb. hard.
sulemenit *adj.* made-up.
sulf *sn.* sulphur. # **~at** sulphate; **~it** sulphite; **~ură** sulphide; **~uric** sulphuric.
suliță *sf.* 1. pike, lance. 2. *mil.* spear. 3. *sport* javelin. # *aruncarea suliței* javelin throwing.
sultan *sm.* sultan. # **~at** sultanate.
sumar I. *sn.* abstract, (table of) contents. II. *adj.* 1. summary, scanty, brief: *descriere ~ă* brief description. 2. (*d. o anchetă*) perfunctory. III. *adv.* scantily: *îmbrăcat ~* scantily dressed.
sumă *sf.* 1. sum, total. 2. *mat.* amount. 3. (*globală*) lump sum. 4. (*de bani*) sum, fund, figure. # ~ *derizorie* (*salariu etc.*) pitance; ~ *suplimentară* (*de plată*) premium; *în jurul sumei de* in the region of.
sumbru *adj.* 1. sombre. 2. *fig.* bleak, dismal: *peisaj* ~ bleak landscape. 3. (*întunecat*) dark, gloomy: *cameră sumbră* gloomy room. 4. (*d. o încăpere*) cheerless. 4. (*d. perspective*) grim.
sumedenie *sf. fam.* stack, hail, *amer. fam.* slew: *o ~ de injurii* a hail of abuse. # *o ~ de* a lot of, a rash of, loads of, a great number of, *fam.* lashings of; ~ *de* (*flori*) lots of (flowers).
suna I. *vt.* 1. (*deșteptarea*) to sound. 2. (*la telefon*) to call, to phone, to ring up. 3. (*la sonerie*) to ring. II. *vi.* 1. to sound, to ring: *a ~ ciudat* to sound strange; *a ~ din Arad* to ring from Arad; *a ~ pe cineva* to give smb. a bell, to ring smb. up; *îmi sună cunoscut fam.* it rings a bell; *a ~ a gol* to sound hollow. 2. (*d. un text*) to read. 3. (*d. clopoțel*) to sound.
sunet *sn.* 1. sound, tone. 2. (*al vocii*) voice. 3. (*strident*) jar. # *finețe a ~ului* fidelity.
supapă *sf.* valve, outlet.
supă *sf.* soup, broth.
supăra I. *vt.* 1. to anger, to irritate. 2. (*necăji*) to bother, to annoy, to disturb. 3. (*la ochi*) to offend. II. *vi.* (**la**) to jar (on). III. *vr.* (**pe**) to be cross (with).
supărare *sf.* 1. (*durere*) sadness, dolour, sorrow, grief, heartache. 2. (*necaz*) trouble, distress, woe. # *fără ~*! no offence!
supărat *adj.* 1. (*mâhnit*) sad, dejected, downcast, *amer.* sore. 2. (*mânios*) angry.
supărăcios *adj.* touchy.
supărător *adj.* 1. annoying, bothersome, vexatious: *obicei* ~ annoying habit. 2. (*d. un miros*) noisome, offensive.
super *adj. sl.* crack, wicked.
superb *adj.* 1. superb, marvellous, splendid, stunning. 2. (*d. vreme*) glorious.
superficial *adj.* 1. superficial, skin-deep, cursory, facile, slipshod, summary. 2. (*d. cineva*) super-

ficial, perfunctory, shallow, remiss. # **~itate** futility, levity.
superfluu *adj.* superfluous, redundant.
superior I. *sm.* superior. **II.** *adj.* superior, top, upper, high. # **~itate** superiority, excellence; *mult ~* head and shoulders above.
superlativ I. *sn. gram.* superlative. **II.** *adj.* superlative.
superstiție *sf.* superstition.
superstițios *adj.* superstitious.
supeu *sn.* supper.
supieră *sf.* tureen.
supleant *sm.* deputy.
suplețe *sf.* suppleness.
supliciu *sn.* torment, torture, ordeal, agony, martyrdom, *fam.* murder.
supliment *sn.* **1.** supplement, extra, adjunct, makeweight, add-on, *fam.* perk. **2.** (*anexă*) annex. **3.** (*rezervă*) stand-by. **4.** (*la salariu*) perquisite. # **a ~a** to supplement, to eke out.
suplimentar *adj.* **1.** supplementary, excess, additional, more, further, collateral, extra, second: *porție ~ă* second helping; *muncă ~ă* extra work. **2.** (*d. ore de muncă*) unsocial: *ore ~e* unsocial hours.
suplini *vt.* **1.** (*înlocui*) to replace. **2.** (*o lipsă*) to compensate. # **~tor** substitute teacher.
suplu *adj.* supple, slender, willowy, lithe.
suport *sn.* **1.** support, holder, prop, mount. **2.** (*ajutor*) aid, help. # *~ pentru note muzicale* music stand.
suporta *vt.* **1.** (*o povară*) to support, to bear. **2.** (*îndura*) to abide, to endure, to suffer, *amer. sl.* to hack. **3.** (*pe cineva*) to stomach. **4.** (*consecințele*) to suffer. **5.** (*o durere etc.*) to stand: *nu pot ~ frigul* I can't stand the cold. **6.** (*tolera*) to tolerate, *fam.* to stick. # **~bil** bearable; **~bilitate** endurance; *a nu putea ~* (*pe cineva*) to loathe, to abhore.
suporter *sm.* **1.** supporter, adherent, fan, henchman. **2.** *pl.* camp. # *~i fanatici de fotbal* football mad boys.
supozitor *sn.* suppository.
supoziție *sf.* supposition, presumption, guess, conjecture.
supraabundență *sf.* superabundance, glut.
supracopertă *sf.* (dust) jacket.
supradoză *sf.* overdose.
supraestima *vt.* to overrate.
supraevalua *vt.* to overestimate. # **~re** overestimation.
suprafață *sf.* **1.** area, surface: *~ plană* flat surface; *suprafața pământului* the earth's surface; *suprafața camerei mele* the area of my room. **2.** (*întindere de apă etc.*) stretch. # *~ defrișată* clearing; *de ~* external, surface; *de ~ fig.* outward; *la ~* (*în aparență*) seemingly, outwardly, on the outside; *a ieși la suprafața apei* to surface.
supraîncărca *vt.* **1.** (*și el.*) to overload. **2.** (*stomacul*) to glut. # **~t** (*și fig.*) overburdened.

supralicita *vt.* **1**. to outbid. **2**. (*şi la bridge*) to overbid.
supranatural I. *sn.* supernatural. **II**. *adj.* supernatural, surreal(istic).
supranumerar *sn.* overflow.
supraom *sm.* superman. # **~enesc** superhuman.
suprapune I. *vt.* to superpose, to overlap. **II**. *vr.* to overlap. # **~re** overlap.
suprarealism *sn.* surrealism.
suprarealist *sm., adj.* surrealist.
suprasatura *vt.* (*piața*) to glut.
suprasolicitare *sf.* overwork.
suprastructură *sf.* superstructure.
suprataxa *vt.* to surcharge.
suprataxă *sf.* surcharge.
supraveghea *vt.* **1**. to supervise, to control, to patrol. **2**. (*muncitori*) to oversee.
supraveghere *sf.* **1**. control, surveillance, oversight. **2**. (*pază*) ward, watch, patrol. # *a ține sub ~ pe* to keep a wary eye on.
supraveghetor *sm.* supervisor, superintendent, minder, caretaker, keeper, janitor.
supraviețui *vi.* to survive. # **~re** survival; **~tor** survivor.
suprem *adj.* supreme, sovereign, paramount.
supremație *sf.* supremacy, upper hand.
suprima *vt.* **1**. to cancel. **2**. (*pe cineva*) to do in, to kill. **3**. (*o revoltă, revistă*) to suppress. # **~re** suppression, cancellation.
supt[1] *sn.* suck.
supt[2] *adj.* (*d. obraji*) hollow, sunken.
supune I. *vt.* **1**. (**la**) to subject (to). **2**. (*pe cineva*) to bend. **3**. (*subjuga*) to subdue, to subject. **4**. (*aprobării*) to submit (for approval). **II**. *vr.* **1**. to comply (with), to obey, to give in, to bend the knee (to). **2**. (**la**) to submit oneself (to). # **~re** submission.
supura *vi.* (*d. o rană*) to suppurate, to seep.
supus I. *sm.* (*cetățean*) subject. **II**. *adj.* **1**. (*umil*) humble, meek, pliable, pliant, yielding, docile, submissive. **2**. (*ascultător*) compliant, submissive, obedient, amenable. **3**. (**la**) subject (to): *~ restricțiilor* subject to restriction. # *~ greşelii* fallible; *a fi ~ la* to undergo.
supuşenie *sf.* # *cu ~* obediently.
sur *adj.* **1**. hoar. **2**. (*d. păr*) grizzled.
surâde *vi.* to smile. # *îmi ~* (*ideea*) this suits me well.
surâs *sn.* smile.
surâzător *adj.* smiling, laughing.
surcea *sf.* **1**. stick. **2**. (*de aprins focul*) taper.
surclasa *vt.* to surpass, to excel.
surd I. *sm.* deaf person. **II**. *adj.* **1**. deaf. **2**. (*complet*) stone-deaf. **3**. (*d. durere*) dull. **4**. (*d. sunet*) hollow. **5**. (*d. o consoană*) *gram.* voiceless. # **~itate** deafness.
surdină *sf. muz.* mute, damper.
surdomut *sm., adj.* deaf-mute, *amer.* deaf-and-dumb.
surescitare *sf.* trepidation, overexcitement.
surescitat *adj.* agog, overexcited, overwrought, *amer. fam.* psyched.

surf *sn.* surf. # *scândură de* ~ surfboard; *a face* ~ to surf.

surghiun *sn.* exile. # **a ~i** to exile; **~ire** exile.

surioară *sf. fam.* sis.

surmena *vr.* to exhaust oneself, to overdo oneself. # **~j** exhaustion, overwork; **~t** overwrought, worn-out.

surogat *sn.* surrogate, ersatz.

surpa I. *vt.* **1**. to ruin. **2**. (*submina*) to undermine. **II**. *vr.* to fall in/down.

surplus *sn.* surplus, excess, redundancy, spillover: ~ *de personal* spillover of staff.

surprinde *vt.* **1**. to surprise, to amaze, to catch. **2**. to catch (unawares): *a ~ asupra faptului* to catch in the act. **3**. (*o conversație*) to overhear. **4**. (*d. furtună etc.*) to overtake.

surprindere *sf.* surprise: *spre marea mea* ~ much to my surprise. # *a lua prin* ~ to take (smb.) unawares, to surprise, to overtake; *prin* ~ by surprise, unawares; *cu* ~ in surprise.

surprins *adj.* surprised. # *puțin* ~ (*d. un zâmbet etc.*) quizzical.

surprinzător *adj.* surprising.

surpriză *sf.* surprise, wonder.

sursă *sf.* source, root, well, origin, basis: *din ~ sigură* from a reliable source.

surveni *vi.* to supervene.

surzeală *sf.* deafness.

surzi *vi.* to become deaf. # **~re** deafness.

sus *adv.* 1. over(head), up, above: ~ *mâinile*! hands up! **2**. (*la etaj*) upstairs. # *de mai* ~ (*d. un fragment*) above; *cel mai de* ~ (at the) top, the highest, uppermost; (*îndreptat*) (*în*) ~ upward, high up: *mișcare în* ~ upward movement; *de* ~ upper: *etajul de* ~ the upper floor; *mai* ~ (*în text*) herein above; *în ~ și în jos* up and down; *a sări în* ~ to jump up; *cu fundul în* ~ (*în dezordine*) in a mess, upside down, (*furios*) in a temper; *hopa* ~! up you come!, upsadaisy!

susan *sm.* sesame.

susceptibil *adj.* sensitive. # **~itate** susceptibility; **~ități** sensibilities, sensitivities; ~ *de* capable of.

suscita *vt.* to produce, to cause.

suspans *sn.* suspense.

suspect *adj.* suspect, unseemly, dubious, fishy. # **a ~a** to suspect, *fam.* to suss.

suspenda *vt.* **1**. (*din funcție*) to suspend, to exclude. **2**. (*un jucător*) *sport amer.* to bench. **3**. (*o pedeapsă*) *jur.* to reprieve, to stay. **4**. (*o revistă*) to suppress. **5**. (*o ședință*) to call off, to adjourn.

suspendare *sf.* **1**. suspension, suppression, abeyance. **2**. (*temporară*) moratorium. **3**. (*a unei execuții*) *jur.* stay. **4**. (*din funcție*) suspension. **5**. (*a unei ședințe*) adjournment, reprieve.

suspendat *adj.* **1**. (*în aer*) overhead. **2**. (*oprit*) suspended. # *pod* ~ suspension bridge.

suspensie *sf. tehn.* suspension.
suspensor *sn. sport* jockstrap.
suspicios *adj.* suspicious, distrustful.
suspiciune *sf.* suspicion, inkling.
suspin *sn.* sob, sigh. # **a ~a** to sigh, to heave a sigh.
sustrage I. *vt.* to steal, to purloin, *fam.* to nobble. **II.** *vr.* **1.** (*de la o întrebare*) to skulk, to shirk. **2.** (**de la**) to evade: *a se ~ de la plata impozitelor* to evade paying one's taxes. # **~re** (*de bani*) embezzlement.
susținător *sm.* **1.** supporter, adherent, follower, prop, backer, advocate, patron. **2.** (*al unei cauze etc.*) proponent. **3.** (*al unei propuneri*) seconder. **4.** *pl.* camp. # *~ devotat* henchman.
susține *vt.* **1.** (*propti*) to support, to sustain, to prop. **2.** (*sprijini*) to support, to back, to buoy up, to second, to shore up. **3.** (*cu bani*) to patronize. **4.** (*apăra*) to advocate, to nourish. **5.** (*pretinde*) to pretend, to claim. **6.** (*o idee*) to advocate, to foster, to hold: *a ~ o părere* to (up)hold an opinion. **7.** (*un examen*) to sit. **8.** (*o teorie*) to maintain, to assert. **9.** (*o cauză*) to further, to plead: *a ~ că e nevinovat* to plead not guilty. **10.** (*o echipă*) to support. **11.** (*material*) to sustain. # **~re** countenance, sustenance; *de ~re* (*și fig.*) supporting.
susținut I. *adj.* **1.** unceasing, steady, unflagging: *efort ~* unflagging effort; *creștere economică ~ă* steady economic growth. **2.** (*d. o campanie*) vigorous. **II.** *adv.* steadily.
susur *sn.* babble, sough, gurgle, whisper, murmur, purl. # **a ~a** to babble, to sough, to gurgle, to murmur, to purl.
sutană *sf. bis.* surplice, frock.
sută *sf., num.* hundred: *șase sute cinci* six hundred and five; *sute de păsări* hundreds of birds. # *la ~* percent; *al o ~lea, a o suta* the hundredth.
sutien *sn.* bra(ssiere).
sutura *sf. med.* to suture.
sutură *sf. med.* suture, seam.
suveică *sf.* shuttle.
suvenir *sn.* **1.** souvenir, token, keepsake, memento. **2.** *pl.* memorabilia.
suveran I. *sm.* monarch, sovereign, lord. **II.** *adj.* sovereign. # **~itate** sovereignty.
suzetă *sf.* comforter, *amer.* pacifier.

Ș

şa, şea *sf.* saddle. # ~ *din spate* (*la motocicletă*) pillion.

şablon *sn.* **1**. stencil. **2**. (*şi fig.*) pattern.

şacal *sm. zool.* jackal.

şah *sn.* **1**. (*jocul de*) chess: *partidă de* ~ game of chess. **2**. (*la rege*) check. # ~**ist** chess player; *piesă de* ~ chessman; *a da* ~ to check; *tablă de* ~ check, (chess)board; ~ *mat* (check)mate: *a da* ~ *mat* to checkmate.

şaibă *sf.* **1**. collar. **2**. *tehn.* washer.

şaisprezece *num.* sixteen. # *al* ~*lea*, *a* ~*a* the sixteenth.

şaisprezecime *sf. muz.* sixteenth note, semi-quaver.

şaizeci *num.* sixty. # *al* ~*lea*, *a* ~*a* the sixtieth.

şal *sn.* shawl, muffler, scarf, *amer.* wrap.

şalău *sm.* pikeperch.

şale *sf. pl.* the small of the back.

şalter *sn.* switch.

şalupă *sf.* cutter, launch.

şaman *sm.* shaman.

şambelan *sm.* chamberlain.

şampanie *sf.* champagne, *fam.* fizz.

şampon *sn.* shampoo.

şan *sn.* shoetree.

şandrama *sf.* barn, shanty.

şanjant *adj.* shot.

şansă *sf.* **1**. chance, luck, fortune, *fam.* hap: ~ *egală* even chance; *o* ~ *mică* an outside chance; *nu am nici o* ~ I don't stand a chance. **2**. occasion. **3**. *pl.* odds. **4**. *pl.* (*de succes*) possibilities.

şantaj *sn.* blackmail, extortion. # **a** ~**a** to blackmail; ~**ist** blackmailer.

şantier *sn.* yard, site: ~ *naval* dockyard, shipyard; ~ *de construcţii* building site.

şanţ *sn.* **1**. dyke, ditch. **2**. (*tranşee*) trench. **3**. (*de scurgere a apei*) gully. **4**. (*canelură*) groove.

şapcă *sf.* (cloth) cap.

şapte *num.* seven. # ~**sprezece** seventeen; ~**zeci** seventy; **al** ~**lea**, **a** ~**a** the seventh.

şaradă *sf.* charade, riddle, conundrum.

şaretă *sf.* chariot, gig.

şarjă *sf. tehn.* charge.

şarlatan *sm.* charlatan, fake, fraud, trickster, humbug, knave, *fam.* crook, twister, shyster, *sl.* chiseller. # ~**ie** deception, *fam.* gammon.

şarm *sn.* charm, glamour. # ~**ant** charming, fetching.

şarpantă *sf.* skeleton.

şarpe *sm.* snake, serpent: *îmblânzitor de şerpi* snake charmer; ~ *veninos* venomous serpent. # ~ *cu clopoţei* rattlesnake; *piele de* ~ snakeskin.

şase *num.* six. # *al ~lea, a ~a* the sixth; *al ~lea simţ* the sixth sense; *de ~ ori* (*mai mult*) sixfold.

şasiu *sn.* chassis.

şaten *adj.* **1**. brown: *păr* ~ brown hair. **2**. (*d. persoane*) brown-haired.

şatră *sf.* Gipsy camp.

şăgalnic *adj.* waggish, playful.

şchiop *adj.* lame, halt.

şchiopăta *vi.* (*şi fig.*) to limp. # ~**t** limp, hobble.

şcoală *sf.* **1**. school. **2**. (*serală*) night school. **3**. (*cu internat*) boarding school. **4**. (*de corecţie*) reformatory, community home, *înv.* approved school, remand home. **5**. (*secundară*) secondary/grammar school. **6**. *amer.* (*elementară*) grammar school. **7**. (*de meserii/profesională*) vocational/trade school. **8**. (*de idei*) school.

şcolar *sm.* pupil, schoolboy.

şcolarizare *sf.* schooling.

şcolăriţă *sf.* schoolgirl.

şcoli *vt.* to educate.

şedea I. *vt.* (*bine*) to become, to suit: *îţi şade bine pălăria* the hat suits you. **II**. *vi.* **1**. (*jos*) to sit (down). **2**. (*locui*) to live. **3**. (*degeaba*) to laze away.

şedere *sf.* stay.

şedinţă *sf.* meeting, sitting, session, conference.

şef *sm.* **1**. boss, chief, master, *fam.* gaffer: ~ *de gară* station master. **2**. (*de echipă*) ganger.

şelar *sm.* saddler.

şelărie *sf.* saddlery.

şemineu *sn.* fireplace, hearth.

şenilă *sf.* caterpillar, track.

şeptel *sn.* (live)stock.

şerb *sm.* *înv.* serf. # ~**ie** serfdom.

şerbet *sn.* sherbet.

şerif *sm.* *amer.* sheriff, marshal. # *ajutor de* ~ *amer.* deputy.

şerpui *vi.* **1**. to meander. **2**. (*d. drum*) to twine, to weave. **3**. (*d. şosea, râu*) to wander. **4**. (*d. o cărare*) to wind, to zigzag. # ~**re** convolution.

şerpuitor *adj.* **1**. sinuous, winding. **2**. (*d. un drum*) twisty.

şervet *sn.* **1**. (*de masă*) napkin, serviette. **2**. (*de vase*) towel.

şerveţel *sn.* (*de masă*) napkin, serviette.

şes *sn.* plain, table, level. # (*de*) ~ lowland.

şest *interj.* # *pe* ~ stealthily.

şevalet *sn.* easel.

şezlong *sn.* lounge chair, deckchair.

şezut *sn.* posterior, bottom, rear, the hams, seat, tail, *amer.* ass.

şfichi *sn.* lash, flick. # ~**uitor** biting; **a** ~**ui** to flick.

şi I. *conj.* **1**. and: *câini ~ pisici* cats and dogs. **2**. past: *şase ~ jumătate* half past six. **II**. *adv.* **1**. (*de asemenea*) too, also, so: ~ *mie îmi place de el* I like him too; *ţi-e sete, şi mie* you're thirsty, so am I. **2**. (*deja*) yet: *ai ~ terminat*? have you finished yet?

şic I. *adj.* stylish, dashing, exclusive, neat, classy, dressy, posh, smart, swanky, *fam.* snappy, *amer. fam.* tony: *haine* ~ posh/ smart clothes. **II**. *adv.* smartly, neatly: *îmbrăcat* ~ smartly dressed.

şicana *vt.* to annoy, to harass: **~tor** annoying.

şicană *sf.* cavil, trick.

şifona I. *vt.* to rumple, to crease. **II**. *vr.* to crumple, to crease, to crinkle, to rumple. # **~re** crumpling; **~t** crumpled.

şifonier *sn.* wardrobe, cupboard.

şiling *sm.* shilling.

şină *sf.* **1**. track. **2**. *pl.* (*de tren*) rails. **3**. *pl.* (*de tramvai*) tramlines.

şindrilă *sf.* shingle.

şipcă *sf.* lath.

şipot *sn.* **1**. (*izvor*) spring. **2**. (*jgheab*) chute.

şir *sn.* **1**. row, line, rank, series, train, chain: ~ *de copii* row of children; ~ *de întâmplări fericite* series of fortunate events. **2**. (*succesiune*) succession, sequence, train: *doi ani în* ~ for two years in succession. **3**. (*indian*) Indian/ single file. **4**. (*de oameni*) column, stream. **5**. (*de maşini*) trail. **6**. (*de idei*) thread: *mi-am pierdut ~ul gândurilor* I lost the thread of my thoughts. **7**. (*de produse etc.*) range. **8**. (*coadă*) queue, line, file.

şirag *sn.* **1**. string. **2**. (*de mărgele*) beads, necklace.

şiră *sf.* **1**. (*de paie*) rick. **2**. (*a spinării*) backbone, spine.

şiret[1] *sn.* lace, cord. # ~ *de ghete* bootlace; *~uri de pantof* shoelace; *a lega ~urile la* to lace; *a se trage de ~uri cu cineva* to rub shoulders with smb.

şiret[2] *adj.* **1**. (*viclean*) crafty, tricky, wily, artful, roguish. **2**. (*isteţ*) cute. # **~enie** craft, cunning, guile.

şiretlic *sn.* **1**. trick, artifice, device, ruse, stunt. **2**. *pl.* wiles.

şiroi I. *sn.* flow, torrent. **II**. *vi.* **1**. (**de**) to run (with). **2**. (*d. ploaie*) to pour, to teem. **3**. (*d. apă*) to sluice. **4**. (*d. sânge etc.*) to spout. # *şiroaie de transpiraţie* rivulets of sweat; *a cădea şiroaie* (*d. ploaie*) to teem.

şist *sn. geol.* schist, shale.

şiş *sn.* flick knife, *amer.* switchblade.

şiţă *sf.* shingle.

şlagăr *sn.* hit.

şlapi *sm. pl.* flip-flops.

şleahtă *sf.* pack, gang, band, rabble, ragtag. # *toată şleahta* lock, stock and barrel, *fam.* the whole kit/mob.

şleampăt *adj.* **1**. dishevelled, untidy, unkept, slovenly. **2**. (*d. o femeie*) dowdy, sluttish, slatternly. # *femeie ~ă* slut, trollop.

şleau *sn.* # *pe* ~ bluntly.

şlefui *vt.* **1**. to plane, to polish, to smooth. **2**. (*cizela*) to civilize, to refine. **3**. (*stilul*) to elaborate.

şlefuit *adj.* **1**. (*şi fig.*) polished. **2**. (*d. stil*) elaborate. # *maşină de* ~ sander.

şlem *sn.* (*la bridge*) slam.

şlep *sn. nav.* barge.

şliţ *sn.* **1.** (*la haină etc.*) vent. **2.** (*la pantaloni*) flies, fly: *ai ~ul desfăcut* your fly is undone.

şmecher *adj.* artful, canny, wily, *fam.* clever. # **~esc** rakish.

şmecherie *sf.* **1.** (*a cuiva*) craft, cunning. **2.** (*şiretlic*) artifice, trick, scheme, *fam.* gimmick. **3.** *pl.* wiles.

şmirghel *sn.* sandpaper, emery.

şnapan *sm.* scoundrel, twister, crook, shyster.

şniţel *sn.* schnitzel.

şnur *sn.* cord, braid, lace, tape, string, tie, band. # *a lega* (*un pachet*) *cu un ~* to tape (a package).

şoaptă *sf.* whisper, breath, murmur: *în ~* under one's breath. # *a spune în ~* to whisper.

şoarece *sm.* mouse. # *cursă de şoareci* mousetrap.

şobolan *sm.* **1.** rat. **2.** (*mascul*) buck.

şoc *sn.* **1.** (*şi fig.*) shock: *~ electric* electric shock; *în stare de ~* in a state of shock; *trupe de ~* shock troops. **2.** (*lovitură*) blow: *pierderea slujbei este un ~ teribil* losing one's job is a terrible blow. **3.** *auto* choke. # *stare de ~* concussion; *~ nervos* trauma.

şoca *vt.* **1.** (*neplăcut*) to shock, to jolt, to rock, to horrify: *ştirea a ~t lumea* the news shocked/horrified the world. **2.** (*uimi*) to astound, *fam.* to flabbergast. # **~nt** shocking, lurid; *pentru a ~* for effect; *carte/film care şochează* shocker.

şofa *vi.* to drive.

şofer *sm.* **1.** driver, motorist. **2.** (*personal*) chauffeur. **3.** (*de camion*) trucker, teamster, *amer.* truckman. # *loc al ~ului* dicky.

şofran *sm. bot.* saffron.

şoim *sm.* falcon, hawk: *vânătoare cu ~i* falconry.

şold *sn.* hip, haunch. # *cu mâinile în ~uri* with arms akimbo.

şolticărie *sf.* (*escrocherie*) trickery, hanky-panky.

şoma *vi.* to be out of work. # **~j** unemployment. # *ajutor de ~j* dole, unemployment benefit/compensation; *în ~j* jobless.

şomer **I.** *sm.* unemployed person. **II.** *adj.* out of job, unemployed. # **~ii** the unemployed.

şomoiog *sn.* mop. # a *şterge/curăţa cu ~ul* to mop.

şontâcăi *vi.* to hobble, *fam.* to dodder, to limp.

şontorog *adj.* lame.

şopârlă *sf.* lizard.

şopot *sn.* purl, whisper, murmur.

şopron *sn.* shed, shelter.

şopti *vt.* to murmur, to whisper, to breathe. # **~t** low, soft, quiet, subdued.

şorici *sn.* (*preparat*) pork scratchings.

şort *sn.* shorts, hotpants.

şorţ *sn.* (*de bucătărie*) apron, pinafore.

şosea *sf.* **1.** (high)road, highway, trunk road. **2.** (*de ocolire*) bypass. **3.** (*suprapusă*) overpass, flyover. **4.** (*de centură*) ring road, *amer.* belt way, outer belt. # *~ de acces* (*la autostradă*) ramp.

şosetă *sf.* **1**. sock. **2**. *pl.* (*raion cu*) hose, hosiery, *amer.* stockings.

şoşon *sm.* galosh.

şoşoti *vi.* to whisper.

şotie *sf.* prank, mischief. # *pus pe şotii* mischievous.

şotron *sn.* hop-scotch.

şovăi *vi.* **1**. to hesitate, to oscilate, to vacillate, to falter, to waver. **2**. (**să**) to shrink (from). # **~ală**, **~re** hesitation, wavering; **~tor** unsteady, wobbly, reluctant, *fam.* cagey; *fără ~re* unwaveringly.

şovăielnic I. *adj.* hesitant, uncertain, wishy-washy. **II**. *adv.* uncertainly.

şovin *sm.*, *adj.* chauvinist. # **~ism** chauvinism.

şpaclu *sn.* trowel.

şpagat *sn.* splits.

şpagă *sf.* bribe, *sl.* kickback.

şpalt *sn.* proof.

şperaclu *sn.* master key, passkey, skeleton key. # *a deschide* (*o uşă*) *cu ~* to pick a lock.

şperţ *sn.* bribe, *sl.* kickback.

şpil *sn.* knack.

şpilhozen *sn.* rompers.

şpriţ *sn.* wine with soda.

ştab *sm. fam.* big bug/ceese/gun, higher-up.

ştachetă *sf. sport* lath.

ştafetă *sf.* **1**. baton. **2**. *sport* relay (race).

ştampila *vt.* (*un document*) to stamp.

ştampilă *sf.* **1**. (rubber) stamp. **2**. (*de poştă*) postmark.

ştecăr *sn.* plug.

ştergar *sn.* towel.

ştergător *sn.* **1**. (*de picioare*) doormat. **2**. (*de parbriz*) (windscreen) wiper, *amer.* windshield wiper.

şterge *vt.* **1**. to delete, to erase, to efface: *a ~ o bandă* to erase a tape. **2**. (*curăţa*) to clean, to rub, to wipe, to dab: *s-a şters pe mâini cu* he wiped his hands on. **3**. (*şi fig.*) to wipe: *a ~ de pe faţa pământului* to wipe out. **4**. (*de praf*) to dust. **5**. *inf.* (*o informaţie*) to clear. **6**. (*o urmă*) to obliterate. **7**. (*o farfurie etc.*) to dry. # *a o ~ fam.* to decamp, to jog, to be off; *a ~ de murdărie* (*o haină*) to rinse; *a-şi ~ fruntea de sudoare* to mop/wipe one's brow; *~-o*! out you go!

şterpeli *vt.* to pilfer, to filch, *fam.* to pinch, to nick, to nab, to swipe.

şters *adj.* **1**. (*d. culori*) dull, faint, fated, drab, lurid. **2**. (*d. cineva*) insipid.

ştevie *sf.* patience.

şti I. *vt.* to know, can: *ştiu să patinez* I can skate; *a o ~ pe de rost* to know it backwards; *cine ~e*! who can say!; *mai ~i*! you never can tell! **II**. *vi.* to know: *nu se ştie niciodată* you never know; *de unde să ~u eu* ? why should I know it? # *~e-tot fam.* pseud; *a nu ~ că* to be unaware of; *de când mă ~u* in all my days; *din câte ~u* for all I know, to my knowledge; *nu se poate ~* there is no saying; *nu se ~e*! there's no telling!; *~i ce*? look here?; *~u şi eu*? ask me another!

ştift *sn. el.* terminal.

ştiinţă *sf.* science: ~ *şi tehnologie* science and technology; *ştiinţe naturale* natural sciences; *ştiinţe sociale* social sciences. # *om de* ~ scientist; ~ *de carte* literacy; *cu bună* ~ wittingly, knowingly.

ştiinţific *adj.* scientific. # *film ştiinţifico-fantastic* science fiction film, *fam.* sci-fi.

ştirb *adj.* toothless.

ştirbi I. *vt.* (*prejudicia*) to prejudice, to harm, to impair. **II**. *vr.* to chip, to splinter.

ştire *sf.* **1**. message, communication, report. **2**. *pl.* news: *o* ~ a piece of news; *ştirile de la ora şapte* the seven o'clock news; *ultimele ştiri* the latest news. **3**. *pl.* tidings. # *ştiri de senzaţie fam.* titbits, *amer.* tidbits; *ştiri pe scurt* bulletin; *ştiri de ultimă oră* hotnews, stop press; *fără ~a ei* without her knowledge; unbeknown to her; ~ *de senzaţie* (*în ziar*) splash.

ştiucă *sf.* pike, luce.

ştiulete *sm.* (corn) cob.

ştiut *adj.* known, familiar. # *~or de carte* literate.

ştrand *sn.* strand, beach.

ştreang *sn.* **1**. noose, halter. **2**. (*spânzurătoare*) the rope.

ştrengar *sm.* romp, scamp, rogue, rascal, *fam.* urchin, *fam.* scallywag, *amer. fam.* scalaway.

ştrengărie *sf.* prank, trick.

ştrengăriţă *sf.* minx.

şubred *adj.* **1**. shaky, unsteady, rickety, flimsy, weak, rocky: *o masă ~ă* a flimsy/rickety table; *pod* ~ weak bridge. **2**. (*d. sănătate*) weak, frail, feeble, *fam.* dicky. **3**. (*d. un scaun*) wobbly, shaky, wonky.

şubrezi *vr.* **1**. to weaken. **2**. (*d. sănătate*) to decline.

şuetă *sf.* talk, *fam.* (chit-)chat, *amer. fam.* gabfest, bull sesion, *sl.* rap.

şugubăţ *adj.* jocose, droll, jocular.

şui *adj.* off-centre.

şuiera *vi.* **1**. to whizz, to hiss, to wail. **2**. (*d. vânt*) to roar, to bluster, to whistle, to howl. **3**. (*d. gloanţe etc.*) to sing, to zip.

şuierat *sn.* **1**. whizz. **2**. (*al vântului*) bluster, roar. **3**. (*al glonţului*) zip, wind.

şuncă *sf.* ham.

şură *sf.* shed.

şurub *sn.* **1**. screw. **2**. (*de fixare*) bolt. # **~elniţă** screwdriver.

şuşoti *vi.* to whisper.

şuşoteală *sf.* whispering.

şut *sn. sport* shot, kick. # **a ~a** to shoot.

şuti *vt.* to filch, to pilfer, *fam.* to lift, *sl.* to rip off.

şuviţă *sf.* **1**. streak, clump. **2**. (*de păr*) lock.

şuvoi *sn.* **1**. torrent, tide. **2**. (*de oameni*) stream.

T

ta *adj.* your: *fiica* ~ your daughter. # *a* ~ yours: *maşina este a* ~? is this car yours?

tabac *sn.* snuff.

tabacheră *sf.* cigarette case.

tabără *sf.* (*de copii etc.*) camp.

tabel *sn.* table, list, chart. # *a aranja în* ~ to tabulate.

tabelă *sf.* (*de marcaj*) scoreboard.

tabiet *sn.* **1**. habit, custom, way, practice. **2**. *pl.* ways.

tablă *sf.* **1**. metal sheet. **2**. *şcol.* blackboard, *amer.* chalkboard. **3**. (*de şah*) board. **4**. (*tabel*) table: *tabla înmulţirii* multiplication table; ~ *de materii* table of contents.

table *sf. pl.* (*jocul de*) (back)gammon.

tabletă *sf.* (*pilulă*) pill, tablet.

tablou *sn.* **1**. (*şi fig.*) picture. **2**. *teatru* tableau. **3**. (*de bord*) dash board, *amer.* dash. **4**. (*electric*) fuse box. # ~ *de comandă* control panel.

tabu *adj.* taboo, forbidden.

tabular *adj.* tabular.

taburet *sn.* stool.

tac *sn.* (*la biliard*) cue.

tacâm *sn.* **1**. cover, setting: *~uri pentru şase persoane* cover for six. **2**. *pl.* cutlery, *amer.* flatware. # *suport de* ~ (*la masă*) knife rest.

tachet *sm. tehn.* pushrod.

tachina *vt.* to taunt, to tease, to chaff, to rag, *fam.* to rib. # ~**re** tease, wind-up, ribbing; *persoană care tachinează* teaser.

tachinărie *sf.* raillery.

tacit *adj.* tacit.

taciturn *adj.* taciturn, glum, uncommunicative, sombre.

taclale *sf. pl.* chat, *fam.* jaw: *a sta la* ~ to chat, *fam.* to jaw.

tact *sn.* **1**. tact, diplomacy, adroitness. **2**. rhythm, cadence, pace, beat. # ~**ic** tactical; *lipsit de* ~ tactless, maladroit, clumsy.

tactică *sf.* (*ştiinţă*) tactics.

tacticos *adj.* slow, leisurely, unhurried.

tactil *adj.* tactile.

tafta *sf.* taffeta.

tagmă *sf.* **1**. clan, group, tribe. **2**. (*şleahtă*) pack, gang.

taifas *sn. fam.* chit-chat, *sl.* rap, *amer.* gabfest. # *a sta la* ~ *sl.* to rap.

taifun *sn.* typhoon.

tain *sn.* portion, share.

taină *sf.* **1**. mystery. **2**. secret. **3**. *pl.* mysteries. # *în* ~ secretly, in secret.

tainic *adj.* **1**. mysterious, occult, secret, covert, cryptic. **2**. (*furiş*) surreptitious.

taior *sn.* costume.
talaş *sn.* sawdust, shavings.
talaz *sn.* billow, wave, surge.
talc *sn.* talc: *pudră de* ~ talc powder.
talcioc *sn.* flea market, ragfair.
tale *adj.* your: *casele* ~ your houses. # *ale* ~ yours.
talent *sn.* **1.** talent, gift, aptitude, accomplishment, endowment. **2.** (*muzical*) musicality. # **~at** talented, gifted; *om ~at* talent.
taler *sn.* **1.** (*la cântar*) scale, pan. **2.** *muz.* cymbal. **3.** (*tavă*) tray. **4.** (*farfurie*) plate. # ~ *cu două fețe* double dealer.
talger *sn. muz.* cymbal.
talie *sf.* **1.** stature, build, height. **2.** (*mijloc*) waist, *fam.* middle. **3.** (*la fustă*) waistband. **4.** (*mărime*) size. # *grosime a ~i* waistline.
talisman *sn.* talisman.
talmeş-balmeş *sn.* muddle, jumble, tumble, pell-mell, higgledy-piggledy.
talon *sn.* **1.** (*de chitanțe*) counterfoil. **2.** (*la ciorap*) heel.
talpă *sf.* **1.** (*a piciorului, pantofului*) sole. **2.** (*de sanie*) runner. # *talpa țării* grass roots.
taluz *sn.* ramp, bank, embankment.
tambur *sn. tehn.* reel, drum.
tamburină *sf. muz.* tambourine.
tampon *sn.* **1.** *tehn.* buffer. **2.** (*de vată*) pad, wad, swab. **3.** *med.* tampon.
tampona I. *vt.* **1.** (*o rană*) to swab. **2.** (*fața*) to mop, to dab. **3.** (*d. o mașină*) to ram, (*din față*) to rear-end. **II.** *vr.* (*ciocni*) to collide.
tamponare *sf.* **1.** (*nu frecare*) dab. **2.** *auto* collission, smash. **3.** (*în lanț*) pile-up.
tanc *sn.* **1.** *mil.* tank. **2.** (*petrolier*) oil tanker.
tandem *sn.* (*și fig.*) tandem.
tandrețe *sf.* tenderness.
tandru *adj.* tender, loving, gentle, fond, affectionate.
tangaj *sn. nav.* pitch. # *a avea* ~ *nav.* to pitch.
tangentă *sf.* tangent.
tangență *sf.* tangency.
tangențial *adj.* tangential.
tangibil *adj.* tangible.
tangou *sn.* tango. # *a dansa* ~ to tango.
tanin *sn.* tannin.
tanti *sf.* aunt(ie).
tapa *vt.* **1.** (*de bani*) *fam.* to tap, to sting. **2.** (*părul*) to fluff.
tapaj *sn.* din, scandal, to-do, fuss.
tapet *sn.* (wall)paper. # **a ~a** (*o cameră*) to paper; *pe* ~ on the tapis.
tapir *sm.* tapir.
tapisa, tapița *vt.* to upholster. # **~t** upholstered.
tapiserie *sf.* tapestry.
tapițer *sm.* upholsterer # **~ie** tapestry, upholstery.
tara *sf.* tare.
tarabagiu *sm.* stallholder.
tarabă *sf.* stand, stall, kiosk.
tarantulă *sf.* tarantula.
tară *sf.* defect, flaw.
tardiv *adj.* tardy, late.
tare I. *adj.* **1.** solid, tough, firm, hard, erect, sound. **2.** (*puternic*) strong, hardy, potent: *fii* ~! be strong!

3. (*d. sunet*) loud. 4. (*d. alimente*) chewy. 5. (*d. carne*) tough. 6. (*rezistent*) solid. 7. (*concentrat*) strong: *cafea* ~ strong black coffee. II. *adv.* 1. (*intens*) heavily. 2. (*puternic*) hard, worse: *plouă* ~ it rains hard. 3. (*foarte*) very, extremely: *e* ~ *urât* he is very ugly. 4. (*d. voce*) aloud, loud. # ~ *de cap* slow on the uptake; ~ *ca piatra* rock-hard; ~ *de înger* strong-hearted; ~ *de ureche* hard of hearing.

targă *sf.* stretcher, litter.

tarhon *sn. bot.* tarragon.

tarif *sn.* 1. tariff, price list, rate: ~ *de asigurare* rate of insurance. 2. (*poştal*) postage.

tartan *sn.* (*din Scoţia*) tart.

tartă *sf.* tart.

tartină *sf.* sandwich.

tartor *sm.* devil.

tartru *sn.* tartar, crust, scale. # *cu* ~ scaly.

tas *sn.* scale, pan.

tasa I. *vt.* 1. to press. 2. (*pământul*) to ram. II. *vr.* to settle. # ~**re** sag.

tastatură *sf.* 1. keyboard. 2. (*de la telecomandă*) keypad.

tastă *sf.* (*la calculator*) (function) key.

taşcă *sf.* bag.

tataie *sm.* grandpa.

tată *sm.* 1. father, pater, *fam.* dad(dy), pa. 2. (*vitreg*) stepfather. 3. (*armăsar*) sire. # *de* ~ paternal, fatherly; *din partea ~lui* (*ca rude*) paternal.

tati *sm. fam.* pop.

tatona *vt.* to explore, to sound, to plumb. # *a* ~ *terenul* to test the waters, *fam.* to put out feelers.

tatua *vt.* to tattoo. # ~**j** tattoo; ~**t** tattooed.

taur *sm.* bull, ox. # *a lua ~ul de coarne* to take the bull by the horns.

Taurul *sm. art.* 1. (*zodie*) Taurus. 2. (*constelaţie*) the Bull.

tautologie *sf.* tautology.

tavan *sn.* ceiling.

tavă *sf.* 1. charger, tray, server, salver. 2. (*de copt*) pan.

tavernă *sf.* tavern, *fam.* dive.

taxa *vt.* to tax, to rate, to toll. # ~**tor** (*de bilete*) conductor; ~**re** assessment; *aparat de ~re auto* meter, *fam.* clock.

taxă *sf.* 1. tax, charge, duty, levy, excise, rate, assessment: *taxe municipale* municipal rates. 2. (*vamală*) (custom) duty: *scutit de taxe vamale* duty free. 3. (*de import/export*) tariff. 4. (*de transport al mărfurilor*) carriage. 5. (*pe autostradă*) toll. 6. *pl.* dues. 7. *pl.* (*şcolare*) fees, *amer.* tuition. # ~ *pe valoarea adăugată* (*T.V.A.*) value added tax.

taxi *sn.* taxi, cab, *amer. fam.* hack: *a suna pentru un* ~ to ring for a cab. # ~**metrist** cab-man, *amer.* cabby; *staţie de* ~ cab-rank.

taxidermie *sf.* taxidermy.

taxonomie *sf.* taxonomy.

tăbăcar *sm.* tanner, currier.

tăbăcărie *sf.* tannery.

tăbăci *vt.* to tan, to curry.

tăbărî *vt.* (**asupra**) to descend (on), to pounce (on), to rash (upon).

tăblie *sf.* (*a mesei etc.*) leaf, top.

tăcea *vi.* to say nothing, to be/stay silent, *fam.* to keep mum. # *a face să tacă* to silence; *taci din gură*! shut up!

tăcere *sf.* **1**. silence, secrecy: ~ *mormântală* dead silence. **2**. (*linişte*) still, quiet. # *a reduce la* ~ to silence; *a trece sub* ~ *ceva* to draw a veil over smth.

tăciune *sm.* **1**. (*cărbune*) brand, cinder, coal. **2**. *bot.* blight. **3**. *pl.* embers.

tăcut *adj.* silent, dumb, mute, quiet, uncommunicative, reticent, soundless, subdued: *a rămâne* ~ to remain silent; *pe ~e* on the quiet.

tăgadă *sf.* denial. # *fără* ~ beyond doubt, indubitable.

tăgădui *vt.* to deny, to disavow.

tăi *adj.* your: *câinii* ~ your dogs.

tăia **I**. *vt.* **1**. to cut. **2**. (*şi fig.*) to dock: *a ~ coada unui câine* to dock a dog's tail; *au ~t 10% din leafa mea* they've docked 10% of my wages. **3**. (*în două*) to sever, to bisect. **4**. (*reteza*) to clip, to cut off. **5**. (*cresta*) to nick: *s-a ~t pe când se bărbierea* he nicked himself while shaving. **6**. *med.* to section. **7**. (*tunde*) to trim. **8**. (*friptura în bucăţi*) to carve. **9**. (*cartofi*) to chip. **10**. (*ceapă, lemne*) to chop. **11**. (*un copac*) to fell, to log. **12**. (*ramuri*) to prune. **13**. (*un animal*) to slaughter. **14**. (*cu cuţitul, sabia*) to slash. **15**. (*unghii*) to pare. **16**. (*despica*) to slice, to split. **17**. (*felii*) to slice. **II**. *vr.* to slice, to cut oneself: *a se ~ la mână* to cut one's hand; *s-a ~t la deget* he cut/sliced his finger.

tăiere *sf.* (*ornamentală a arborilor*) topiary.

tăietor *sm.* (*de lemne*) woodcutter, sawyer, lumberjack, logger.

tăietură *sf.* **1**. cut, tear. **2**. (*crestătură*) rip, nick, notch, slash. **3**. (*adâncă*) gash. **4**. (*din ceva*) cutting. **5**. *med.* section. **6**. (*de foarfecă*) snip. **7**. *pl.* (*din ziare*) press cuttings, *amer.* clippings.

tăinui *vt.* **1**. (*ascunde*) to hide, to conceal. **2**. (*o informaţie*) to withhold, to keep back. # **~re** concealment; **~tor** concealer.

tăios *adj.* **1**. (*şi fig.*) cutting. **2**. (*ascuţit*) sharp, keen. **3**. (*d. limbaj*) trenchant. **4**. (*d. vânt*) biting, bitter. **5**. (*d. ton*) curt. **6**. (*aprig*) mordant.

tăiş *sn.* edge: ~ *de cuţit* knife-edge; *cu două ~uri* (*şi fig.*) two-edged.

tăiţei *sm. pl.* noodles.

tălmăci *vt.* **1**. to translate. **2**. (*lămuri*) to clear up, to make clear.

tămădui *vt.* to cure.

tămăduitor **I**. *sm.* shaman, healer, *fam.* quack. **II**. *adj.* healing.

tămâie *sf.* (frank)incense.

tămbălău *sn.* uproar, hullabaloo, hurly-burly. # *a face mare* ~ to raise hell.

tântălău **I**. *sm.* numskull, *fam.* fathead, *amer.* ninny. **II**. *adj.* stupid, silly.

tărăboanță *sf.* (wheel)barrow, *amer.* pushcart.

tărăboi *sn.* fuss, *fam.* to-do, dust. # *a face ~* to raise the roof

tărăgăna *vt.* to stall, to delay, to dally. # **~t** slow.

tărâm *sn.* land, shore, realm.

tărâță *sf.* **1**. husk. **2**. *pl.* bran, chaff.

tărcat *adj.* spotted, dappled, variegated, motley, multicoloured.

tărie *sf.* **1**. (*rezistență*) power, hardness. **2**. (*a alcoolului*) proof. **3**. (*de caracter etc.*) strength. **4**. (*morală*) morale fibre. **5**. (*a mușchilor*) tone. **6**. (*concentrație*) strength. **7**. (*fermitate*) firmness. **8**. *pl.* (*alcool*) liquor.

tărtăcuță *sf.* *bot.* gourd.

tătar *sm.* Tartar. # *limba ~ă* Tartar.

tătic *sm.* *fam.* dad(dy), *amer.* papa # **~ule**! pa!

tău *sn.* (*heleșteu*) pool, pond.

tău, ta, tăi, tale *adj.* your: *numele tău* your name; *rochia ta* your dress. # *al/a/ai/ale ~* yours.

tăun *sm.* horsefly, gadfly.

tăvăli *vr.* **1**. to roll over, to welter, to grovel. **2**. (*d. animale*) to wallow.

tăvălire *sf.* **1**. roll. **2**. (*în noroi*) wallow.

tăvălug *sn.* roller.

tâlc *sn.* significance, message.

tâlhar *sm.* bandit, robber, plunderer, thug, mugger, *fam.* tough.

tâlhări *vt.* to rob, to mug. # **~e** robbery, thuggery.

tâmpenie *sf.* **1**. humbug, *fam.* tripe, tommy-rot, *amer.* trash, *sl.* crap. **2**. *pl.* nonsense, rubbish, fiddle-faddle, *fam.* piffle. # *tâmpenii*! bullshit!

tâmpit *sm.* dolt, moron, blockhead, nincompoop, *fam.* booby, knuckle head, *sl.* tit.

tâmplar *sm.* carpenter, joiner.

tâmplă *sf.* temple.

tâmplărie *sf.* **1**. carpentry, joinery. **2**. (*obiect de*) woodwork.

tânăr I. *sm.* youth, young man, juvenile, stripling, *fam.* lad, youngster: *tinerii din ziua de azi* the youth of today. **II**. *adj.* young, youthful: *cei tineri* the young. # *mai ~* junior; *pentru tineri* young, juvenile; *~ capabil/realizat* wunderkind, *fam.* whizz-kid; *~ de succes fam.* yuppie; *~ recalcitrant/neconformist* tearaway; *~ arogant* fop, puppy.

tândăli *vi.* to loiter, to dally. # **~tură** dalliance.

tângui *vr.* to lament, to wail. # **~re** lament, groan; **~tor** querulous, plaintive; **~ală** lamentation, wail.

tânji *vi.* (**după**) to yearn (for), to long (for), to pine (for), *fam.* to die (for/to), to hanker (after).

târâie-brâu *sm.* loiterer.

târcoale *sn. pl.* # *a da ~* to prowl.

târfă *sf.* whore, harlot, trollop, *sl.* tart.

târg *sn.* **1**. market, fair: *la spartul ~ului* after the fair; *zi de ~* market day. **2**. (*înțelegere*) bargain: *a face un ~* to strike up a bargain. **3**. (*afacere*) deal.

târgui I. *vt.* to buy. **II**. *vr.* to haggle.

târguială *sf.* **1**. shopping, purchase: *a face târguieli* to go shopping;

to make purchases. **2**. (*tocmeală*) haggling.

târî I. *vt*. **1**. (*şi fig*.) to drag. **2**. to lug, to trail. **II**. *vr*. **1**. to crawl, to trail, to trudge, to creep, *fam*. to traipse. **2**. (*d. şerpi*) to slither. # *animal târâtor* creeper.

tarlă *sf*. shipfold, fold.

târnăcop *sn*. pickaxe.

târşâi *vt*. (*picioarele*) to shuffle. # **~re** (*a picioarelor*) shuffle.

târtiţă *sf*. rump, *fam*. parson's nose, *amer*. pope's nose.

târziu *adj*., *adv*. late: *căsătorie târzie* late marriage; *s-a măritat* ~ she married late. # *mai* ~ later on, after a while.

te *pron*. **1**. you. **2**. yourself: *îmbracă-te* dress yourself.

teacă *sf*. **1**. (*de sabie*) sheath, scabbard. **2**. (*păstaie*) pod. # *a pune în* ~ to sheathe.

teafăr *adj*. **1**. unscathed, untouched, whole, safe (and sound), scotfree. **2**. (*la minte*) sane.

teamă *sf*. fear, awe: *de ~ să nu* for fear of; *a avea ~ de* to fear. # *a-i fi ~ de* to be afraid of.

teanc *sn*. **1**. mound, heap, pile, bundle, stack: ~ *de cărţi* pile of books. **2**. (*de bancnote etc*.) wad. **3**. (*de hârtii*) sheaf. **4**. (*mare*) *fam*. wodge.

teapă *sf*. sort, kind, stamp. # *oameni de aceeaşi* ~ bird's of a feather.

teasc *sn*. press.

teatral *adj*. theatrical, histrionic.

teatru *sn*. **1**. theatre, playhouse, stage. **2**. (*al unui eveniment*) locale. # *amator de* ~ theatregoer; *iubitor de* ~ theatre fan; ~ *de amatori* amateur dramatics; ~ *de păpuşi* puppet show.

tec *sm*. *bot*. teak.

tegument *sn*. husk.

tehnic *adj*. technical: *defecţiune ~ă* technical hitch. # **~ian** technician; **~ă** (*în pictură etc*.) technique; *consideraţii/detalii de ordin* ~ technicalities.

tehnocrat *sm*. technocrat.

tehnolog *sm*. technologist. # **~ic** technological.

tehnologie *sf*. **1**. technology. **2**. (*de vârf*) high tech(nology), hi-tech, *fam*. know-how.

tei *sm*. lime, *amer*. linden.

teism *sn*. *filos*. theism.

tejghea *sf*. counter, stand.

tel *sn*. whisk. # *a bate* (*ouă*) *cu ~ul* to whisk.

telecomandă *sf*. remote control/zapper, *fam*. (*la TV*) remote, *amer*. *fam*. zapper. # *a butona telecomanda* to zap.

telecomunicaţii *sf*. *pl*. telecommunications.

teleferic *sn*. cable car, ropeway.

telefon *sn*. **1**. telephone, phone: *cabină de* ~ telephone/phone box/booth; *a rezerva locuri prin* ~ to reserve seats over the telephone; *a avea* ~, *a vorbi la* ~ to be on the telephone/phone. **2**. (*convorbire*) call. **3**. (*public*) payphone. **4**. (*cu cartelă*) card phone. **5**. (*mobil*) mobile, handset. **6**. (*celular*) cellphone. **7**. (*cu fise*) coin box. # **a ~a** to phone; **~ic** telephonic; **~ist** operator; *carte de ~* (telephone) directory, phone book; *cartelă de ~* phonecard; *centrală ~ică* switchboard; *a închide ~ul* to hang up, to ring off; *a da ~* to make a phone call, (*pe cineva*) to ring up.

telegenic *adj*. telegenic.

telegraf *sn*. telegraph. # **a ~ia** to telegraph, *amer. fam*. to wire; **~ie** telegraphy; **~ic** telegraphic; *stâlp de ~* telegraph pole.

telegrafist *sm*. **1**. telegrapher, telegraphist. **2**. *nav*. operator.

telegramă *sf*. telegram, cable, *amer. fam*. wire. # *a trimite o ~* to cable, *amer*. to wire.

telemetrie *sf*. telemetry.

telenovelă *sf*. soap opera.

telepatie *sf*. telepathy.

telescop *sn*. telescope.

telespectator *sm*. (TV) viewer.

televiza *vt*. to televise.

televiziune *sf*. television, *fam*. telly: *~ prin cablu* cable television. # *program de ~* telecast.

televizor *sn*. television, TV set, *fam*. telly, box, *amer. fam*. (boob) tube, goggle box: *ce program e astă seară la ~* what's on television tonight. # *a transmite la ~* to telecast.

tematic *adj*. thematic.

temă *sf*. **1**. theme, matter. **2**. (*de roman*) subject matter. **3**. (*de discuție*) topic. **4**. *muz*. motif, theme. # *~ pentru acasă* homework.

temător *adj*. **1**. timorous, afraid, pusillanimous, timid. **2**. (*d. un animal*) shy.

tembel *adj*. **1**. (*nepăsător*) thoughtless. **2**. (*idiot*) weak-minded.

teme *vr*. **1**. to fear. **2**. (**de**) to be afraid (of).

temei *sn*. **1**. (*bază*) basis, background, substance. **2**. motive, cause, reason. # *fără ~* baseless.

temeinic I. *adj*. **1**. compelling, sound, solid, close, in-depth, exhaustive: *bază ~ă* sound basis; *motiv ~* compelling reason; *studiu ~* in-depth/exhaustive study. **2**. (*d. cunoştinţe*) intimate, thorough. **II**. *adv*. soundly, seriously.

temelie *sf*. foundation, base.

temenea *sf*. bow, curtsy.

temerar I. *sm*. daredevil. **II**. *adj*. daring.

temere *sf*. anxiety, fear.

temeritate *sf*. mettle, courage.

temnicer *sm*. jailer, gaoler.

temniță *sf*. prison, dungeon, jail.

tempera[1] **I**. *vt*. to temper, to moderate, to master. **II**. *vr*. to calm down, to mellow.

tempera[2] *sf*. distemper: *a picta în ~* to distemper.

temperament *sn*. temperament, disposition. # **~al** temperamental.

temperat *adj*. **1**. temperate, moderate. **2**. (*d. stil*) restrained. **3**. (*d. cineva*) equable, *fam*. mellow. **4**. (*d. culori, sunete*) neutral. **5**. (*d. climă*) temperate.

temperatură *sf*. temperature. # *rezistent la temperaturi înalte* (*d. un vas*) ovenproof.

templu *sn.* temple.
tempo *sn.* tempo.
temporal *adj.* temporal.
temporar *adj.* temporary, provisional, transient, transitory. # *a presta ~ o activitate fam.* to temp.
temporiza *vt.* to temporize.
temut *adj.* feared, dreaded.
ten *sn.* complexion.
tenace *adj.* tenacious, purposeful, persistent, persevering, pertinacious.
tenacitate *sf.* tenacity, mettle, perseverance. # *cu ~* like grim death.
tencui *vt.* to plaster. # **~ală** plaster, mortar.
tendențios *adj.* tendentious, not impartial.
tendențiozitate *sf.* bias, partiality.
tender *sn. c.f.* tender.
tendință *sf.* **1**. tendency, trend, habit, leaning. **2**. (**spre**) proclivity (to), propensity (for): *~ spre violență* propensity for violence. # *~ de creștere* (*a prețurilor etc.*) bullish tendency; *a avea tendința să* to trend to.
tendon *sn.* tendon, chord, sinew.
tenebros *adj.* dismal, dreary.
tenie *sf. med.* tapeworm.
tenis *sn.* **1**. tennis: *~ de câmp* lawn tennis; *costum de ~* tennis togs. **2**. (*de masă*) table tennis, *fam.* ping-pong.
tenişi *sm. pl.* runners, sneakers, gym shoes, plimsolls, pumps, trainers.
tenor *sm.* tenor.
tensiona **I**. *vt.* (*relațiile*) to strain. **II**. *vr.* (*d. o situație*) to tauten. # **~t** tense, taut, strained, *fam.* wired, uptight.
tensiune *sf.* **1**. *el.* tension. **2**. tension, strain, stress. **3**. *med.* pressure: *~ arterială* blood pressure. # *sub ~ el.* live.
tenta *vt.* to tantalize, to allure, to tempt, to seduce, to invite. # **~nt** inviting, tantalizing, seductive; **~ție** temptation, invitation, lure, enticement.
tentacul *sn.* tentacle.
tentativă *sf.* attempt, try, move, essay. # *~ de omor* attempted murder.
tentă *sf.* tinge, tint, shade, tang, touch, tone.
teodolit *sn.* theodolite.
teolog *sm.* theologian, ecclesiastic. # **~ie** theology.
teoremă *sf. mat.* theorem.
teoretic *adj.* **1**. (*d. o știință*) pure. **2**. (*nu practic*) theoretic(al). # **~ian** theorist; *~ vorbind* in theory.
teorie *sf.* theory.
teracotă *sf.* terracotta.
terapeut *sm.* therapist. # **~ic** therapeutic; **~ică** therapeutics.
terapie *sf.* therapy.
terasament *sn.* embankment.
terasă *sf.* terrace, veranda(h).
terci *sn.* **1**. mush, mash, pulp, gruel. **2**. (*de ovăz/cereale*) porridge. # **a ~ui** to mash.
terebentină *sf.* turpentine.
teren *sn.* **1**. terrain, field, plot, ground: *a câştiga ~* to gain ground. **2**. (*de*

sport) court, playing field. **3**. (*de golf*) course. **4**. (*de fotbal etc*.) ground, pitch. **5**. (*de fotbal, rugbi*) park. **6**. (*petrolifer*) oilfield. **7**. (*agricol*) farmland, (field) land. **8**. (*viran*) wasteland. **9**. (*plan*) level. # *a pregăti ~ul pentru* to set the scene/stage for.

terestru *adj*. terrestrial, land.

terfeli *vt*. **1**. (*murdări*) to soil. **2**. (*batjocori*) to insult, to offend.

tergiversa I. *vt*. **1**. (*tărăgăna*) to dally, to drag. **2**. (*amâna*) to put off, to postpone. **II**. *vi*. to drag. # **~re** procrastination.

teribil *adj*. terrible, dire, awful, awesome.

teritorial *adj*. territorial.

teritoriu *sn*. territory.

termal *adj*. thermal.

termen I. *sm*. term: *în ~i preciși* in distinct terms; *~i științifici* scientific terms. **II**. *sn*. (*limită*) term: *pe ~ de cinci ani* for a five-year term. # *pe ~ scurt* short-term, short-range; *la ~ ec*. in due time; *înainte de ~(ul fixat)* ahead of time.

termic *adj*. thermal.

termina I. *vt*. **1**. to terminate, to end, to put an end to, to finish, to exhaust, to complete, to close, to do, to stop, *fam*. to quit: *termină*! (*cu gălăgia etc*.) stop it! **2**. (*o discuție*) to close. **3**. (*înceta*) (**cu**) to desist (from), to put an end (to). **II**. *vr*. **1**. to terminate, to end, to finish, to stop. **2**. (**prin**) to issue (in). # **~re** completion, exhaustion; **~ție** termination, ending; *a nu se mai ~* to run and run; *ni se termină sarea* we're running out of salt; *ni s-a ~t sarea* we're short of salt.

terminal I. *sn*. *inf*. terminal. **II**. *adj*. terminal.

terminat *adj*. **1**. (*isprăvit*) done, completed, (all) over, through. **2**. (*d. o carieră*) washed-up.

terminologie *sf*. terminology, nomenclature, phrasing.

terminus *sn*. # *stație/gară ~* terminus, terminal.

termionică *sf*. thermionics.

termită *sf*. termite, white ant.

termocentrală *sf*. thermo-electric power plant, *amer*. thermo-electric power station.

termometru *sn*. thermometer.

termos *sn*. thermos, (vacuum) flask.

termoterapie *sf*. heat cure.

tern *adj*. lacklustre, dull, dead.

teroare *sf*. terror, mayhem.

terorism *sn*. terrorism.

terorist *sm*., *adj*. terrorist.

teroriza *vt*. **1**. to terrorize. **2**. (*pe cineva*) to hector, to terrify.

tertip *sn*. trick, manoeuvre, ploy, contrivance, stratagem, scheme, *fam*. gimmick.

terțarolă *sf*. *nav*. reef.

terțiar *adj*. tertiary.

tescui *vt*. (*struguri*) to press, to squeeze.

test *sn*. **1**. test, paper: *a da un ~* to do/sit a test; *a trece/nu lua un ~* to pass/fail a test. **2**. (*de verificare a cunoștințelor*) quiz. # *persoană supusă unui ~* testee.

testa *vt.* **1**. to test, to sample. **2**. (*încerca*) to test, to try. **3**. (*un elev*) to quiz. **4**. (*un produs nou etc.*) to pilot. # **~re** testing, sampling, trial.

testament *sn.* testament, will, bequest. # **~ar** testamentary; *a lăsa prin ~* to will, to bequeath.

testicul *sn.* **1**. testicle, testis. **2**. *pl.* groins, *sl.* nuts, balls.

teşit *adj.* flat, flattened.

tetanos *sn. med.* tetanus.

tetină *sf.* dummy, comforter, teat, *amer.* nipple.

teu *sn.* T-square.

tevatură *sf.* fuss, to-do, *fam.* palaver.

text *sn.* **1**. text. **2**. (*al unui cântec*) words, lyrics, vocal. **3**. legend. # **~ier** lyricist, songwriter.

textil *adj.* textile.

textual *adj.* **1**. textual. **2**. (*d. o traducere*) literal.

textură *sf.* texture, fabric, fibre.

tezaur *sn.* **1**. treasure, hoard. **2**. (*public*) treasury. # **a ~iza** to hoard; *bon de ~* bond, treasury bill.

teză *sf.* **1**. *şcol.* (term) paper, test. **2**. (*teorie, lucrare*) thesis. **3**. (*de doctorat*) thesis.

tibia *sf. anat.* tibia, shank, shinbone.

tic *sn.* tic, twitch. # *a avea un ~* to twitch.

ticăi *vi.* **1**. (*d. ceas*) to tick. **2**. (*d. inimă*) to pulsate. # **~t** tick.

ticălos **I**. *sm.* rascal, blackguard, cad, cur, miscreant, villain, dastard, *fam.* heel, punk, scallywag, *sl.* bastard, sod, son of a gun/bitch, *amer. fam.* scalawag. **II**. *adj.* villainous, dastardly.

ticăloşie *sf.* infamy, misdeed, outrage, villainy.

tichet *sn.* ticket.

tichie *sf.* nightcap, skullcap.

ticlui *vt.* (*întocmi*) to draw up. # *a ~ o poveste* to spin a yarn.

ticsi *vt.* to cram, to crowd, to jam, to overfill. # **~t** cramful.

tic-tac *interj.* tick-tock!

tifon *sn.* gauze.

tifos *sn.* typhus.

tigaie *sf.* (frying) pan, fryer, *amer.* skillet.

tighel *sn.* seam.

tigroaică *sf.* tigress.

tigru *sm.* tiger, cat.

tigvă *sf.* gourd.

tihnă *sf.* ease, quiet, peace.

tihnit *adj.* **1**. peaceful, easy, leisurely, relaxing. **2**. (*plăcut*) cosy. **3**. (*d. viaţă*) quiet. **4**. (*d. viaţa într-un oraş*) *fam.* tame.

tijă *sf.* **1**. rod. **2**. (*tulpină*) cane, stalk. **3**. (*de trestie*) cane. **4**. *med.* pin.

tildă *sf.* tilde.

timbra *vt.* to stamp. # **~t** stamped.

timbru *sn.* **1**. stamp: *~ fiscal* fiscal stamp; *~ poştal* postage stamp. **2**. *muz.* timbre, tone.

timid *adj.* timid, diffident, coy, shy, sheepish. # **~itate** timidity, shyness.

timonă *sf. nav.* (steering) wheel.

timonier *sm.* steersman.

timora *vt.* to overawe. # **~t** timorous, nervous, fearful.

timp *sn.* **1**. time, while: *cu ~ul* over time; *a câştiga ~* to buy time; *în* *acelaşi* ~ at the same time; *la* ~ in/on time; *la ~ul potrivit* in good time; *e mult ~ de când* it's a long time since; *pierdere de* ~ waste of time; *pentru un* ~ for a while; *tot ~ul* all the while; *în scurt* ~ in a little while, in a short space of time; *e ~ul să fam.* it's about time; *a nu avea* ~ to be pushed for time. **2**. (*răstimp*) course. **3**. *gram*. (*al verbului*) tense: *~ul trecut* the past tense; *~ul prezent* the present tense. **4**. *pl*. days. # *~ liber* leisure; *între* ~ meanwhile, in between, in the meantime; *în ~ul* during, under, by, over; *în ~ ce* while, whereas; *la ~ul cuvenit* in due course; *tot ~ul* day and night, all the time, all along, at all hours; (*la*) *mult* ~ long; *atât ~ cât* as long as; *în acelaşi* ~ at the same time; *în doi ~i* (*d. motor*) two-stroke.

timpan *sn*. **1**. eardrum, tympanum. **2**. *pl*. *muz*. timpani.

timpuriu *adj*. early.

tină *sf*. mud, slime.

tinctură *sf*. (*de iod*) tincture.

tinde *vi*. (**spre**) to tend (to).

tine *pron*. you.

tinerel I. *sm*. lad, youngster, stripling. **II**. *adj*. youngish.

tineresc *adj*. juvenile, youthful.

tineret *sn*. youth, young people. # *pentru* ~ juvenile.

tinereţe *sf*. youth: *în ~a lui* in his youth.

tinerică *sf*. *fam*. fluff: *o* ~ a bit of fluff.

tinichea *sf*. (tin) plate. # *de ~ fig*. tinpot.

tinichigerie *sf*. (*atelier*) tinman's shop.

tinichigiu *sm*. tinker, tinsmith.

tip I. *sm*. (*individ*) joker, *fam*. bloke, fellow, guy. **II**. *sn*. **1**. (*soi*) type, kind, variety. **2**. (*etalon*) standard. **III**. *adj*. standard: *eşantion* ~ standard sample. # *~ă bine* nymph, stunner, *sl*. chick; *~ ciudat* rum-fellow.

tipar *sn*. **1**. model, design, pattern. **2**. printing: *bun de* ~ ready for printing. # *greşeală de* ~ misprint; *~ înalt* offset; *sub* ~ in the press.

tipări *vt*. to print. # **~tură** print; **~re** print(ing), publication.

tipic[1] *sn*. custom.

tipic[2] *adj*. typical, characteristic, specific, peculiar, representative, quintessential, exemplary.

tipicar I. *sm*. stickler. **II**. *adj*. punctilious, *fam*. finicky.

tipograf *sm*. typographer, printer. # **~ie** typography, printing house, printer, *amer*. printery; *maşină ~ică* printing press.

tipologie *sf*. typology.

tiptil *adv*. noiselessly, stealthily. # *a se apropia* ~ to sidle up; *a merge* ~ to tiptoe.

tir *sn*. (target) shooting. # *concurs de* ~ shooting match; *cu ~ rapid* (*d. o armă*) quick-firing.

tiradă *sf*. tirade, declamation.

tiraj *sn*. **1**. (*al unui ziar*) circulation. **2**. (*al unei cărţi*) impression, number of copies, (print) run. 3. (*la sobă*) draught.

tiran *sm.* 1. tyrant, despot, task-master, oppressor, authoritarian. 2. *şcol.* bully. # **~ic** tyrannical, oppressive, authoritarian; **~ie** tyranny; **a ~iza** to tyrannize.

tirbuşon *sn.* corckscrew, opener.

tiribombă *sf.* firecracker.

tiroidă *sf.* thyroid.

tisă *sf. bot.* yew (tree).

titan[1] *sm.* titan. # **~ic** titanic.

titan[2] *sn. chim.* titanium.

titirez *sn.* top, whirligig: *a învârti un ~* to spin a top.

titlu *sn.* 1. caption, heading. 2. (*de carte etc.*) title: *~l cărţii* the title of the book. 3. (*de proprietate*) title deed. 4. (*academic*) degree. 5. (*în ziar*) headline. 6. (*la aur*) fineness. 7. (*de campion*) title. 8. *pl.* (*de valoare*) *ec.* securities: *~ri de stat ec.* public securities, stocks. # *cu ~ de nobleţe* titled.

titrare *sf.* (*a unui film*) caption.

titrat *sm.* diplomate.

titular *adj.* titular, incumbent. # **~izare** designation.

tiv *sn.* selvage, selvege, seam, hem. # **a ~i** to hem.

tiz *sm.* namesake.

toaletă[1] *sf.* 1. dress, toilet, apparel, outfit. 2. (*de plajă*) beachwear. 3. (*de seară/gală*) white tie, full dress.

toaletă[2] *sf.* 1. (*dichisire*) toilet. 2. (*mobilă*) dressing table, *amer.* vanity. # *trusă de ~* vanity/sponge bag; *obiecte de ~* toiletries.

toaletă[3] *sf.* 1. (W.C.) toilet, closet, lavatory, *sl.* bog, *amer.* can. 2. (*într-o clădire publică*) cloak-room. 3. (*într-un loc public*) washroom.

toamnă *sf.* autumn, *amer.* fall. # *de ~* autumnal.

toană *sf.* whim, caprice, mood, vagary, fancy, *fam.* fad. # *cu toane* moody, peevish.

toarce I. *vt.* (*lână*) to spin. II. *vi.* (*d. pisică*) to purr.

toartă *sf.* 1. ear, handle, helve, strap. 2. *tehn.* lug.

toast *sn.* toast. # **a ~a** (*pentru*) to toast (for).

tobă *sf.* 1. *muz.* drum: *a bate toba* to drum; *beţe de la ~* drum sticks. 2. (*caro*) diamond(s). # *~ de eşapament* exhaust (pipe), *amer.* tail pipe.

tobogan *sn.* 1. slide. 2. *av.* chute.

toboşar *sm.* drummer.

toc *sn.* 1. (*condei*) pen. 2. (*de ochelari*) case. 3. (*de pantof*) heel: *~ cui* spike/stiletto heel. 4. (*de pistol*) holster. 5. (*teacă*) sheath. 6. (*al uşii*) frame, casing. # *cu ~ înalt* high-heeled.

toca *vt.* 1. (*carne*) to mince. 2. (*ceapă etc.*) to chop. 3. (*bani*) to squander. # *a ~ pe cineva la cap* to pester/annoy smb.

tocană *sf.* (*un fel de*) stew.

toceală *sf. fam.* grind.

toci I. *vt.* 1. (*un cuţit*) to blunt. 2. *şcol. fam.* to swot, *amer.* to grind. II. *vr.* to become dull.

tocilar *sm.* 1. knife grinder. 2. *şcol. fam.* swot, square, *amer.* grind.

tocilă *sf.* grindstone.
tocit *adj.* **1.** blunt, dull. **2.** (*d. un cauciuc*) bald.
tocmai *adv.* quite, just: ~ *a plecat* he has just left; *nu* ~ *gata* not quite ready. # *nu* ~ not exactly/ quite.
tocmeală *sf.* haggling, bargain.
tocmi I. *vt.* (*angaja*) to hire. **II.** *vr.* to haggle, to bargain.
togă *sf.* toga, gown.
toi *sn.* dead, thick, heat, depth, height: *în ~ul iernii* in the dead/ depths of winter; *în ~ul luptei* in the thick of the battle; *în ~ul sezonului turistic* at the height of the tourist season. # *în* ~ in full swing.
toiag *sn.* crook, staff.
tolăni *vr.* to lie down, to sprawl, to lounge, to recline. # **~t** sprawled.
tolbă *sf.* (game) bag.
tolera *vt.* to tolerate, to abide, to put up with, *fam.* to stick. # **~bil** tolerable; **~nt** tolerant, permissive, forbearing, liberal; **~re** toleration, sufferance.
toleranță *sf.* tolerance, toleration. # *casă de* ~ brothel.
tolomac *sm.* numskull, *amer.* lamebrain.
tom *sn.* tome, volume.
tomată *sf.* tomato.
tomberon *sn.* rubbish bin, dustbin, *amer.* dumpster. # ~ *cu rotile fam.* wheelie bin.
tombolă *sf.* tombola, raffle.
ton[1] *sm.* (*pește*) tuna, tunny.
ton[2] *sn.* **1.** (*al vocii*) note, tang, tone. **2.** *muz.* key, pitch, *amer.* step. **3.** (*la telefon*) tone. # **~alitate** tonality; *~uri înalte* (*la stereo etc.*) treble.
tonaj *sn.* tonnage.
tonă *sf.* ton.
tonetă *sf.* booth.
tonic I. *sn. med.* pick-me-up, tonic. **II.** *adj.* tonic, invigorating. # **~ă** *muz.* tonic; *apă ~ă* tonic water.
tonifica *vt.* to tone up.
tonomat *sn.* jukebox.
tont I. *sm.* dunce, *fam.* numbskull. **II.** *adj.* stupid, silly.
tonus *sn.* (*al mușchilor*) tone.
top *sn.* top.
topaz *sn.* topaz.
topi I. *vt.* **1.** to melt, to fuse. **2.** (*metal*) to found. **II.** *vr.* **1.** to melt, to fuse. **2.** (*d. zăpadă*) to thaw. **3.** (*d. ceară*) to run. # **~t** (*d. metal etc.*) fusible, molten; **~torie** foundry.
topică *sf.* word order.
topire *sf.* melting, fusion. # *punct de* ~ fusion point.
topograf *sm.* topographist. # **~ie** topography.
topor *sn.* chopper, axe. # **~ișcă** axe; *lovitură de* ~ chop.
toporaș *sm. bot.* violet.
torace *sn.* thorax, chest.
toreador *sm.* toreador.
torent *sn.* torrent, tide. # *~e de ploaie* floods of rain.
torențial *adj.* torrential.
torid *adj.* torrid, sizzling.
tornadă *sf.* tornado, whirlwind, *amer. fam.* twister.
toropeală *sf.* torpor, torpidity, languor.

toropi *vt.* 1. (*moleşi*) to weaken. 2. (*copleşi*) to overcome. # **~t** numb, torpid.

torpila *vt.* (*şi fig.*) to torpedo.

torpilă *sf.* torpedo.

tors[1] *sn.* 1. (*al lânii*) spinning. 2. (*al pisicii*) purr.

tors[2] *sn. anat.* torso, trunk.

torsiune *sf.* torsion, torque.

tort *sn.* cake.

tortura *vt.* 1. to torture, to torment. 2. *fig.* to scoorge, to rack.

tortură *sf.* 1. torture, torment. 2. (*chin*) torture, anguish, ordeal, pang.

torță *sf.* torch, flare.

torționar *sm.* tormentor.

tot, toată I. *adj.* all, the whole, full: *~ timpul* all the time; *toată ziua* the whole day. II. *adv.* still, continually: *eşti ~ la pagina unu*? are you on page one still?; *~ cânta* she was singing continually. III. *pron.* all, everything: *asta-i ~*! that's all! # *cu ~ul altceva* altogether different; *~ aşa* in the same way; *întru ~ul* entirely, wholly; *peste ~* everywhere; all over the place, throughout: *mă durea peste ~* I was aching all over; *în toată* throughout: *în toată lumea* throughout the world; *absolut ~* every bit, the whole lot, neck and crop; *~ atât de bun* (*ca şi*) as good as.

total I. *sn.* 1. total, totality, sum. 2. (*al unei adunări*) *mat.* sum total. II. *adj.* 1. total, complete, entire, outright, overall, utter, rank, perfect, *fam.* right: *dezordine ~ă* right mess. 2. (*global*) gross. III. *adv.* (*complet*) absolutely, all, full, soundly, entirely, totally, dead, unqualified, *amer. fam.* plumb. # *în/per ~* in all, altogether.

totaliza I. *vt.* 1. to total(ize), to number, to tot. 2. (*şi fig.*) to tot up. II. *vi.* to tot.

totalitar *adj.* totalitarian. # **~ism** totalitarianism.

totalitate *sf.* totality, entirety. # *în ~* wholly, completely, altogether, every inch, thoroughly.

totdeauna *adv.* always, ever, at all times. # *pentru ~* forever, for good, for keeps.

totem *sn.* totem.

totodată *adv.* at the same time, moreover.

totuna *adv.* # *mi-e ~* it's all the same to me.

totuşi I. *adv.* nevertheless, still, nonetheless, though, even, all/just the same, be that as it may. II. *conj.* yet, however. # *şi ~* but yet.

toți, toate I. *adj.* every, all, one and all. II. *pron.* 1. everybody. 2. everyone. # *cu toate acestea* though, for all that, yet, nevertheless, all/just the same; *cu toate că* (al)though, while, when; *cu ~i* all together.

tovarăş *sm.* 1. comrade. 2. (*de viață*) companion.

toxic *adj.* toxic. # **~itate** toxicity; **~ologie** toxicology; **~oman** drug addict/fiend, dope, junkie, *sl.* junky.

toxină *sf.* toxin.
trabuc *sn.* cigar.
trac[1] *sn.* stage fright, nervousness.
trac[2] *sm., adj.* Thracian. # **~ic** Thracian.
tracasa *vt.* to pester, to harass, to worry, to plague. # **~nt** worrying, troublesome; **~re** harassment, vexation.
tractor *sn.* tractor. # **~ist** tractor driver.
tracțiune *sf. tehn.* traction, drive, thrust.
tradiție *sf.* tradition.
tradițional *adj.* **1.** traditional. **2.** conventional.
traducător *sm.* translator.
traduce I. *vt.* to translate, to render. **II.** *vr.* to translate. # **~re** translation.
trafic *sn.* **1.** traffic. **2.** (*comerț ilicit*) traffic. # **a ~a** to run; *a face ~ cu* (*o marfă ilicită*) to traffic in; *a face ~ de* (*arme etc.*) to run.
traficant *sm.* **1.** trafficker. **2.** (*de droguri*) drug dealer, *sl.* mule.
traforaj *sn.* fretsaw, jigsaw.
trage I. *vt.* **1.** to pull, to haul, to tug, to jerk: *~ ușa după tine* pull the door shut; *o trăgea de păr* he was tugging her hair. **2.** (*remorca*) to tow. **3.** (*o concluzie*) to conclude. **4.** (*peste cap*) to pull over, to draw. **5.** (*târî*) to trail, to drag, to tug. **6.** (*un clopot*) to toll. **7.** (*împușca*) to shoot, to pop, to fire (off). **8.** (*un fermoar*) to unzip. **9.** (*apa*) to flush. **10.** (*un sertar*) to slide. **11.** (*aer în piept*) to breathe. **12.** (*de urechi*) to tweak. **13.** (*ceasul*) to wind. **14.** (*o linie*) to trace. **15.** (*în jos*) to pull down. **16.** (*o înjurătură*) to rap out. **II.** *vi.* **1.** (**de**) to pull (on), to tear (at), to tug (at): *a ~ de o sfoară* to pull a rope. **2.** (*d. un coș*) to draw. **3.** (*din pipă*) to puff. **4.** (*cu o armă*) to fire. **5.** (**în**) to shoot (at). **6.** (**la**) (*hotel*) to put up (at). **7.** (**în**) (*stație*) to pull (in). **III.** *vr.* (**din**) to come/originate (from). # *a ~ după sine* to lug; *a ~ pe dreapta* to pull over; *a ~ înapoi* to retract; *a ~ tare de* to strain at; *a ~ un chef* to make a good cheer: *a ~ cu urechea* to eavesdrop; *a ~ de limbă* to sound; *a ~ folos de pe urma* to benefit by; *a ~ la măsea* to booze, to hit the bottle; *a ~ la răspundere* to call to account; *a ~ pe sfoară* to hoodwink, to take in; *a ~ o spaimă* to take fright.
tragedie *sf.* (*și fig.*) tragedy. # *actor de ~* tragedian; *de ~* tragic.
tragere *sf.* **1.** (*de ușă etc.*) pull. **2.** (*la loto*) draw.
tragic *adj.* **1.** tragic. **2.** (*d. un accident*) unfortunate. # *a nu lua în ~* to soft-pedal.
trahee *sf. anat.* trachea, (wind)pipe.
trai *sn.* life, living. # *mijloc de ~* livelihood; *nivel de ~* standard of living.
traiectorie *sf.* trajectory.
trainic *adj.* **1.** durable, lasting. **2.** (*d. un sentiment*) abiding. **3.** (*d. tradiții*) tenacious.
traistă *sf.* bag.

trambulină *sf.* 1. (*şi fig.*) springboard, jumping board. 2. (*la gimnastică*) trampoline.
trampă *sf. ec.* barter.
tramvai *sn.* tram, *amer.* trolley, streetcar. # *staţie de ~* tramstop; *depou de ~e* (tram) depot.
tranchilizant *sn.* tranquillizer.
trandafir *sm.* rose. # **~iu** rosy, pink.
transă *sf.* trance.
transbordare *sf.* transshiping.
transcendental *adj.* transcendental.
transcrie *vt.* to transcribe, to copy. # **~re** transcription: *~re fonetică* phonetic transcription.
transept *sn. bis.* transept.
transfer *sn.* transfer.
transfera I. *vt.* 1. to transfer. 2. (*un bun*) to demise. 3. (*o autoritate*) to devolve. 4. (*pe cineva*) to move. II. *vr.* to transfer.
transforma I. *vt.* 1. to transform, to turn. 2. (**în**) to transform (into), to change (into), to turn (into), to transmute (into). II. *vi.* (**în**) to make (into). III. *vr.* 1. to change, to transform, to turn. 2. (**din**) to pass (from). # **~re** transformation, conversion, make-over; **~tor** *el.* transformer.
transfug *sm.* runaway.
transfuzie *sf.* transfusion.
translator *sm.* interpreter.
translucid *adj.* translucent.
transmisie *sf.* 1. transmission. 2. (*radio sau TV*) broadcast. # *~ televizată* telecast; *~ sportivă* (*de orice fel*) *amer.* sportscast.
transmite I. *vt.* 1. to transmit, to communicate, to convey, to deliver, to give. 2. (*prin radio sau TV*) to broadcast. 3. (*prin cablu*) to pipe. 4. (*un program*) to relay: *a ~ prin satelit* to relay by satellite. 5. (*o boală*) to pass on, to communicate. II. *vr.* to be transmitted. # **~re** (*a unei boli*) transmission.
transmiţător *sn. tehn.* transmitter.
transoceanic *adj.* overseas.
transparent *adj.* 1. transparent, clear, pellucid, limpid, filmy. 2. (*fin*) gauzy. 3. (*d. un material*) sheer, see-through.
transparenţă *sf.* (*şi fig.*) transparency.
transperant *sn.* shutter, blind, *amer.* window shade.
transpira *vi.* 1. to transpire, to perspire, to sweat. 2. (*d. secrete*) to leak out, to percolate: *detaliile planului au ~t* details of the plan leaked out. # **~ţie** transpiration, perspiration, sweat; **~t** sweaty.
transplant *sn.* transplant. # *a face un ~ de* (*rinichi etc.*) to transplant.
transport *sn.* 1. transportation, conveyance: *~ aerian* air-conveyance. 2. (*de marfă*) freight, shipping, consignment, carrying trade. 3. (*rutier etc.*) transport: *~ maritim* sea transport. # *~ urban rapid amer.* rapid transit; *de ~* trucking; *mijloc de ~* means of transport/ conveyance.
transporta *vt.* 1. to transport, to carry, to convey, to transfer.

2. (*marfă*) to haul. # ~**re** conveyance, transport; ~**tor** (*de mărfuri*) shipper; ~**t** *fig*. absent-minded.

transpune *vt*. (*şi fig*.) to transpose. # ~**re** translation, rendering.

transversal *adj*. 1. transverse. 2. cross: *secţiune ~ă* cross section. # ~**ă** (*linie*) transversal.

tranşant *adj*. (*d. limbaj*) trenchant, biting, incisive.

tranşă *sf*. 1. part, portion. 2. (*de bani*) tranche.

tranşee *sf*. trench.

tranzacţie *sf*. 1. deal(ing), bargain: *a face o ~* to do a deal. 2. (*comercială*) transaction, proceeding, agreement. # *tranzacţii pe piaţa neagră amer*. blackateering.

tranzistor *sn*. *tech*. transistor.

tranzit *sn*. transit. # ~**iv** transitive; *de ~* through; *drum de ~* traffic road.

tranzitoriu *adj*. transitory, transient, temporary.

tranziţie *sf*. transition. # *de ~* transient, transitory.

trap *sn*. trot. # *a merge la ~* to trot.

trapă *sf*. trap(door), hatch.

trapez *sn*. 1. *mat*. trapezium, *amer*. trapezoid. 2. (*la circ*) trapeze.

tras *adj*. (*la faţă*) haggard, sunken. # *~ pe sfoară* taken-in; *~ de păr* far-fetched; *~ prin inel* slender.

trasa *vt*. 1. (*pe diagramă/grafic*) to plot. 2. (*un cerc*) to describe. 3. (*o linie*) to draw, to trace. 4. (*un plan*) to trace.

traseu *sn*. route, itinerary.

trasor *sn*. *mil*. tracer.

trata *vt*. 1. to negotiate, to bargain. 2. (**despre**) to deal (with), to dwell (on). 3. (*o boală*) to cure, to treat. 4. (*un musafir*) to serve. 5. (*ca pe un rege*) to lionize. # ~**re** treatment.

tratament *sn*. treatment, cure, remedy, *amer*. medication. # *a fi în ~, a urma un ~* to be on medication; *~ discriminatoriu* unfair treatment, *fam*. raw deal.

tratat *sn*. 1. treaty, convention, agreement: *~ de bună vecinătate* treaty of amity; *~ de pace* peace treaty. 2. (*studiu*) treatise. # *mic ~* tract.

tratative *sf. pl*. negotiations, overtures, talks.

trataţie *sf*. treat, refreshments.

tratǎ *sf*. *ec*. bill of exchange.

trauler *sn*. trawl.

traumatic *adj*. traumatic.

traumatism *sn*. trauma.

traumatiza *vt*. to traumatize.

travaliu *sn*. labours.

traversa *vt*. 1. to traverse, to cross. 2. (*un râu*) to wad. 3. (*d. un pod*) to span. 4. (*o criză morală etc*.) to experience, to pass through. # ~**re** crossing, passage.

traversă *sf*. 1. transom. 2. (*de cale ferată*) sleeper, *amer*. tie.

travesti[1] *sn*. disguise, *sl*. drag: *în ~* in disguise/drag.

travesti[2] *vr*. to disguise oneself. # ~**re** disguise.

trăda I. *vt*. 1. (*şi fig*.) to betray: *cuvinte care trădează ignoranţa*;

lui words that betray his ignorance. **2**. (*un secret*) to disclose, to reveal. **3**. (*un partid*) to defect. **4**. (*înşela*) to cheat, *sl*. to double-cross. **5**. (*în dragoste*) to cheat on. **II**. *vr*. to give oneself away.

trădare *sf*. betrayal, treachery, treason, breach of faith: *înaltă ~* high treason.

trădător I. *sm*. **1**. traitor, renegade, *fam*. weasel. **2**. (*de ţară*) quisling. **II**. *adj*. traitorous, treacherous, perfidious.

trăgaci *sn*. trigger: *a apăsa pe ~* to pull the trigger.

trăgător *sm*. shooter. # *~ de elită* marksman.

trăi *vi*. to live, to exist. # *a ~ din* (*scris etc*.) to live by (writing, etc.); *a ~ pe picior mare* to live high; *a ~ cu cineva* to live (on tally) with smb., *fam*. to rub along with smb.; *a ~ pe spinarea* (*cuiva*) to sponge off smb.; *a ~ singur* to live by oneself; *~ască* (*regele*)! long live (the king)!

trăinicie *sf*. permanence, solidity.

trăire *sf*. **1**. living. **2**. (*sufletească*) experience, thrill, *fam*. kick.

trăncăneală *sf*. jabber, gab, *fam*. tattle, jaw, waffle.

trăncăni *vi*. **1**. to chatter, to gab, to tattle, to yammer, *fam*. to jaw, to natter, to waffle. **2**. (**despre**) to prate (about), to twitter (about).

trăpaş *sm*. (*cal*) trotter.

trăsătură *sf*. **1**. (*de caracter*) trait, strain. **2**. (*a feţei*) feature. **3**. (*caracteristică*) characteristic. **4**. (*de condei*) trace. **5**. *pl*. (*ale feţei*) lineaments.

trăsnaie *sf*. prank.

trăsnet *sn*. **1**. (thunder)bolt. **2**. *fig*. *fam*. rip-roaring. # *bubuit de ~* thunderclap; *lovitură de ~* thunderbolt; *femeie ~* stunner.

trăsni *vi*. to thunder. # *a-i ~ prin cap* to cross one's mind.

trăsnit *adj*. **1**. crazy, nutty, *fam*. batty, wacko, wacky, way-out. **2**. (*d. o idee*) screwy.

trăsură *sf*. carriage.

trâmbă *sf*. (*de praf*) whirl.

trâmbiţa *vt*. to trumpet. # *mult trâmbiţat* much vaunted.

trâmbiţă *sf*. trumpet.

trândav *adj*. idle.

trândăvi *vi*. to lounge, to loaf, to loiter, to idle. # **~e** idleness, sloth.

trântă *sf*. wrestle.

trânti I. *vt*. **1**. (*un obiect*) to bang, to throw down, *fam*. to plonk: *~ cărţile pe masă* he plonked the books on the table. **2**. (*la pământ*) to throw/knock down. **3**. (*uşa*) to slam, to bang: *nu ~ uşa* don't bang the door. **4**. (*la examen*) to pluck. **II**. *vr*. **1**. to flop. **2**. (*d. uşă*) to slam. **3**. (**în**) (*pat etc*.) to tumble (into). **4**. (**în**) (*fotoliu*) to fling oneself (into), to flop down (into). # **~t**, **~tură** slam; *a ~* (*pe cineva*) *la pământ* to level smb. to the ground.

trântor *sm*. **1**. (*şi fig*.) drone. **2**. idler, *fam*. lazybones, slug.

treabă *sf*. **1**. occupation, activity, business, affair: *cu ~* on business.

2. (*muncă*) work, job: *treburi mărunte* odd jobs; *o grămadă de ~* a spate of work; *a se pune pe ~* to get down to work. 3. (*chestiune*) question, matter. 4. (*problemă*) proposition: *o ~ grea* a tough proposition. 5. (*îndatorire*) task, stint. 6. (*ispravă*) deed. # *a avea ~* to be busy; *a se pune pe ~* to launch oneself into work; *~ uşoară* walkover; *nu e o ~ uşoară* it is no picnic; *~ aranjată fam.* put-up job; *asta-i treaba ta*! that's your funeral!; *bună ~*! *fam.* good show!; *la ~*! look lively!

treacăt *sn.* # *în ~* in passing, casually.

treaptă *sf.* 1. (*de scară*) step, stair: *şir de trepte* flight of stairs. 2. (*stadiu*) stage, degree, phase, notch. 3. (*a unei navete spaţiale*) pod.

treaz *adj.* 1. awake, wakeful, watchful, astir: *complet ~* wide awake. 2. (*nebăut*) sober.

trebălui *vi.* to potter about.

trebui *vi.* 1. must, to need, to have to: *~e să spăl maşina* I must wash the car; *~e să plec* I have to go; *~e să recunosc* I must admit; *îmi ~e o maşină nouă* I need a new car; *dacă ~e neapărat*! if you must! 2. (**să**) ought (to), to be, to need: *~e să fii acolo la ora două* you are to be there at two o'clock; *~e să plătesc nota de plată*? need I pay the bill? # *~e* shall: *~e să rămâi acasă* you shall stay at home; *ar ~* should: *ar ~ să fii mai politicos* you should be more polite; *ar fi ~t să vii* you should have come; *exact ceea ce ~e* just the job/thing/ticket; *aşa-ţi ~e*! it serves you right.

trebuincios *adj.* necessary, needful, useful.

trebuinţă *sf.* necessity, need. # *de ~* useful.

trecătoare *sf. geogr.* defile, pass, gate.

trecător I. *sm.* 1. (*drumeţ*) passenger, traveller. 2. (*pe stradă*) passer-by. II. *adj.* passing, temporary, transient, transitory, evanescent, fleeting: *gând ~* passing thought; *fericire trecătoare* transient/fleeting happiness.

trece I. *vt.* 1. (*strada*) to cross. 2. (*un examen*) to pass. 3. (*graniţa*) to pass. 4. (*un râu*) to wad. 5. (*un proiect de lege*) to carry. II. *vi.* 1. to pass, to go by, to race. 2. (*d. timp*) to progress, to (e)lapse, to fly, to go. 3. (*d. o lege*) to carry, to pass. 4. (**prin**) (*greutăţi*) to experience, to live through. 5. (**pe la**) to drop (in), to call (at, in, on): *hai să ~m pe la el* let's call on him. 6. (**prin**) to pass (through), to lead (through). 7. (**la**) to proceed (to): *a ~ la subiectul principal* to proceed to the main subject. 8. (**peste**) to overlook: *a ~ peste detalii* to overlook the details. 9. (*d. durere*) to wear off. # *a ~ pe lângă* to pass by; *care ~* passing; *a ~ ca vântul* to flash by: *zilele trec ca vântul* the days flash by; *a ~ pe* (*roşu*) *fam.* to shoot; *a ~ cu vederea* to overlook, not to notice; *a ~ prin ceva* (*d. un lichid*) to soak through smth.; *a ~ de partea cuiva* to range on the side of smb.

trecere *sf.* **1**. (*a timpului*) passing, progress. **2**. (*poartă*) gateway. **3**. (*loc de*) traverse, path. **4**. (*a unui examen*) pass: *notă de ~* pass mark. **5**. (*influență*) influence. # *~ de pietoni* zebra crossing, *amer*. crosswalk; *~ la nivel* level crossing, *amer*. grade crossing; *~a timpului* the passage of time; *în ~* in passing; *perioadă de ~* transition period; *are ~ la femei* women take a liking for him.

trecut I. *sn.* **1**. past: *~ul apropiat/îndepărtat* the recent/distant past. **2**. (*al unei persoane*) antecedents. **II**. *adj.* past: *luna ~ă* the past month. # în ~ formerly.

treflă *sf.* club: *doi de ~* the two of clubs.

trei *num.* three. # **~me** third; **~sprezece** thirteen; **~zeci** thirty; *grup de ~* threesome; *de ~ ori* thrice; *în al ~lea rând* thirdly; *al ~lea, a ~a* the third; *lumea a ~a* the third world.

treiera *vt., vi.* to thresh. # **~t** threshing; *mașină de ~t* thresher.

tremur *sn.* **1**. tremor, shudder, quiver, tremble, shake, shiver. **2**. (*al glasului*) quaver. **3**. (*de emoție etc.*) tingle. # **~ătură** shudder.

tremura *vi.* **1**. to tremble, to shudder, to quiver, to quaver, to shiver: *a ~ de frig* to shiver with cold; *a ~ de frică* to shudder with fear. **2**. (*d. voce*) to quaver, to falter, to shake. **3**. (*de frică etc.*) to shake (with), to quail (with/at), to tremble (with). **4**. (**de**) (*emoție*) to throb (with). **5**. (*d. pământ*) to quake. # **~re** (*a vocii*) quaver; **~t** tremulous; *care tremură* shivery.

tremurător *adj.* **1**. trembling, tremulous. **2**. (*d. voce*) *fam.* shaky.

tremurătură *sf.* tremble.

tren *sn.* **1**. train: *însoțitor de ~* guard of train; *a călători cu ~ul* to travel by train; *a urca/coborî din ~* to get on/off a train. **2**. (*de marfă*) goods/freight train. # **~uleț** (*de jucărie*) train set; *mersul ~urilor* (time)table; *~ de aterizare av.* undercarriage; *~ personal* slow train; *~ rapid* fast train; *~ direct* through train.

trena *vi.* to drag, to lag, to dally.

trenă *sf.* train.

trening *sn.* track suit, sweatsuit.

trepăduș *sm.* slave, jack-of-all--trades, *sl.* doormat.

trepida *vi.* **1**. (*și fig.*) to vibrate. **2**. to tremble, to judder. **3**. (*fremăta*) to thrill. # **~ție** trepidation, tremor, vibration, judder.

trepidant *adj.* **1**. frenzied. **2**. hectic, *fam.* frantic: *viață ~ă* hectic life.

trepied *sn.* tripod.

treptat I. *adj.* gradual. **II**. *adv.* little by little, gradually.

tresă *sf. mil.* stripe, star.

tresălta *vi.* to quiver, to thrill: *a ~ de bucurie* to be thrilled with joy; *a ~ de frică* to quiver with fear.

tresări *vi.* **1**. to start, to jump. **2**. (*de frică, de oroare*) to wince. # **~re** wince, start, jump, quiver.
trestie *sf.* **1**. reed. **2**. (*de zahăr*) sugarcane. # *tijă de ~* cane.
trezi I. *vt.* **1**. to (a)rouse, to wake up, to waken, to stir, to awake: *trezeşte-mă la ora şase* wake me up at six. **2**. (*şi fig.*) to awaken. **II**. *vr.* **1**. to waken, to awake, to wake up. **2**. (*şi fig.*) to awaken. **3**. (*din beţie*) to sober up. # **~re** (*la realitate*) awakening; (*stare de*) **~e** sobriety; *a se ~ într-un oraş necunoscut* to find oneself in an unknown town.
trezit *adj.* (*d. vin*) stale.
trezorerie *sf.* treasury.
trezorier *sm.* treasurer.
tria *vt.* to sort (out).
triaj *sn. c.f.* siding lines.
trial *sn.* trial.
trib *sn.* tribe. # **~al** tribal.
tribord *sn.* starboard.
tribun *sm.* tribune.
tribunal *sn.* **1**. tribunal. **2**. court (of law), lawcourt, *amer.* courthouse. # *şedinţă a ~ului* assize.
tribună *sf.* **1**. tribune, platform, rostrum. **2**. *sport* terrace, stand. # *tribuna I* grandstand; *~ improvizată* soap box.
tribut *sn.* tribute. # **~ar** tributary.
tricicletă *sf.* tricycle, *fam.* trike.
tricolor *sn.* tricolour.
tricota *vt.* to knit. # **~re** knitting.
tricotaje *sn. pl.* knitwear, woollens.
tricotat *sn.* knitting. # *obiect ~t* knit; *maşină de ~* knitting machine.
tricou *sn.* tee shirt, T-shirt, jumper, *amer. sport* jersey.
trident *sn.* trident.
tridimensional *adj.* three-dimensional, three-D.
triere *sf.* sorting (out).
trifoi *sn.* trefoil, clover, shamrock.
triftong *sm.* triphthong.
trigonometrie *sf.* trigonometry.
tril *sn.* trill, pipe, warble. # *a scoate ~uri* to warble.
trilogie *sf.* trilogy.
trimestrial I. *adj.* **1**. quarterly, termly. **2**. *ec., şcol.* terminal. **II**. *adv.* quarterly. # *zi de plată ~ă* (*la bursă etc.*) quarter day.
trimestru *sn.* **1**. quarter. **2**. *şcol.* term, *amer.* trimester.
trimis *sm.* (*sol*) envoy, messenger.
trimite *vt.* **1**. to send. **2**. (**la, către**) to refer (to). **3**. (**după**) to send (for). **4**. (*expedia*) to dispatch, to consign, to forward. **5**. (*o scrisoare etc.*) to post. **6**. (*o marfă*) to ship. **7**. (*trupe*) to station.
trimitere *sf.* **1**. dispatch, consignation. **2**. (*poştală*) mail.
trinitate *sf.* trinity.
trio *sn.* trio.
tripla *vt., vr.* to triple, to treble.
tripleţi *sm. pl.* (*gemeni*) triplets.
triplu *adj.* triple, threefold, treble: *~ salt* triple jump.
tripou *sn.* gambling house.
triptic *sn.* triptych.
trismus *sn. med.* lockjaw.
trist *adj.* **1**. sad, miserable, cheerless, wretched, joyless, mournful,

tearful, black, soulful. **2**. (*d. privire*) doleful, woeful. **3**. (*d. o ştire*) grievous, dismal, rueful.

tristețe *sf.* sadness, gloom, sorrow. # *cu ~* sadly; *copleşit de ~ fam.* screwed-up.

trişa *vt.* to cheat.

trişor *sm.* **1**. bluffer, cheat, trickster. **2**. (*la cărți*) cardsharper.

triumf *sn.* triumph. # **~ător** triumphant, victorious, exultant; **a ~a** to triumph.

triunghi *sn. mat.* triangle. # **~ular** triangular.

trivial *adj.* vulgar. # **~itate** vulgarity.

troacă *sf.* trough. # *a face ~ de porci amer. fam.* to rubbish.

troc *sn.* barter, truck, swap, swop: *a face ~ cu* to barter with.

trofeu *sn.* trophy, spoil.

troglodit *sm.* (*şi fig.*) troglodyte.

troian *sn.* snowdrift.

troleibuz *sn.* trolleybus, *amer.* trackless trolley.

troleu *sn.* trolley.

troliu *sn.* winch.

trombă *sf.* tornado, whirlwind.

trombon *sn. muz.* trombone. # **~ist** trombonist.

tromboză *sf.* thrombosis.

trompă *sf.* **1**. (*de elefant*) trunk. **2**. *anat.* tube.

trompetă *sf.* **1**. trumpet **2**. *muz.* bugle.

trompetist *sm.* trumpeter.

tron *sn.* throne.

tronson *sn.* transom.

trop *sm.* trope.

tropăi *vi.* to tramp, to patter, to trot. # **~t**, **~ală** tramp, patter, stamp.

tropic *sn. geogr.* tropic. # **~e** tropics; **~al** tropical.

tropot *sn.* (*de copite*) clatter, clop. # **a ~i** to clatter.

trosnet *sn.* crackle, rattle.

trosni *vi.* to crackle, *fam.* to rattle. # **~tură** crash, snap.

trotinetă *sf.* scooter.

trotuar *sn.* causeway, pavement. *amer.* (side)walk.

trubadur *sm.* troubadour.

truc *sn.* **1**. trick, artifice, game, device, knack, dodge, ruse, *fam.* gimmick. **2**. *pl.* wiles.

trudă *sf.* toil, grind.

trudi *vi.* to toil, to slave, to labour, to drudge, *fam.* to slog. # **~t** worn-out.

trufaş *adj.* arrogant, overbearing, supercilious, haughty.

trufanda *sf.* early vegetable.

trufă *sf.* truffle.

trufie *sf.* hauteur.

trunchi *sn.* **1**. *anat.* torso, trunk. **2**. (*de con etc.*) frustum. **3**. (*de copac*) trunk.

trunchia *vt.* **1**. to truncate. **2**. *fig.* to mutilate. # **~t** sketchy.

trup *sn.* body, flesh: *poftele ~eşti* pleasures of the flesh. # **~esc** carnal, bodily, fleshly, corpor(e)al, physical.

trupă *sf.* **1**. *mil.* troop, **2**. *muz.* band. **3**. (*de balet etc.*) company. **4**. (*de actori etc.*) troupe.

trupeş *adj.* hefty, stout, sturdy.

trusă *sf.* kit, case..

trusou *sn.* trusseau.

trust *sn.* trust, syndicate.

tu *pron.* you. # *chiar* ~ yourself; *spală-te* wash yourself; *fă-o chiar* ~ do it yourself.

tub *sn.* 1. tube, tract: *~ul digestiv* the digestive tract. 2. (*conductă*) duct, pipe. 3. (*electronic*) tube, valve. 4. *anat.* passage, tube. 5. (*de orgă*) pipe, reed. 6. (*de respirat sub apă*) snorkel.

tubă *sf. muz.* tuba.

tuberculoză *sf.* tuberculosis, consumption.

tuciuriu *adj.* (*d. chip*) swarthy.

tufă *sf.* bush, shrub. # ~**riş** brushwood, scrub, shrubbery.

tufiş *sn.* thicket, bush.

tuia *sf.* white cedar.

tul *sn.* tulle.

tulbura I. *vt.* 1. (*un lichid*) to cloud. 2. (*nelinişti*) to perturb, to disturb, to distress, to upset. 3. (*mintea*) to obfuscate, to cloud, to muddy. **II.** *vr.* (*d. apă*) to cloud.

tulburare *sf.* 1. (*socială*) agitation, disorder, commotion. 2. (*mintală*) brainstorm. 3. (*a ordinii publice*) trouble, turmoil. 4. *pl.* (*sociale*) disturbance, turbulence.

tulburat *adj.* 1. (*d. lichide*) cloudy, turbid, muddy. 2. nervous, shaken. 3. (*stingherit*) ill at ease.

tulburător *adj.* raving, upsetting.

tulbure *adj.* 1. (*d. lichide*) cloudy, turbid, muddy, murky. 2. *fig.* troubled, troublous: *vremuri tulburi* troubled times. 3. (*d. lumină*) dim.

tulei *sn.* (*la barbă*) down.

tuli *vt.* # *a o* ~ to be off.

tulpină *sf.* 1. stem. 2. (*tijă*) cane, stalk.

tumbă *sf.* 1. somersault. 2. (*de acrobat*) tumble.

tumefacţie *sf.* swelling.

tumefiat *adj.* tumescent, tumid, swollen.

tumoare *sf.* tumour, growth.

tumult *sn.* tumult, turmoil, bustle, whirl(wind), whirligig, *fam.* flutter. # ~(**u**)**os** vociferous, turbulent; *în ~ul vieţii* in the turmoil of life, in the fast lane.

tun *sn.* cannon, gun: *carne de* ~ cannon fodder. # ~**ar** gunner.

tuna *vi.* (*şi fig.*) to thunder. # *a ~ şi fulgera împotriva* to fulminate against.

tunător *adj.* thunderous.

tunde I. *vt.* 1. to trim, to cut. 2. (*scurt*) to crop, to bob. 3. (*o oaie*) to clip, to shear. 4. (*iarba*) to mow. **II.** *vr.* to get one's hair cut.

tunel *sn.* tunnel. # *ieşire din* ~ outlet; *a săpa un* ~ to tunnel.

tunet *sn.* thunder, crack. # *bubuit de* ~ roll.

tunică *sf.* tunic.

tuns I. *sn.* trim. **II.** *adj.* (*scurt*) crew-cut. # ~**oare** (hair)cut; *maşină de ~ iarba* mower.

tupeu *sn.* brashness, effrontery, impudence, hardihood, *fam.* brass. # *cu* ~ brashly; *a avea* ~ *fam.* to have a neck.

tur *sn.* 1. round. 2. (*călătorie*) tour. 3. (*al unui oraş*) tour, circuit. 4. (*de pistă*) *sport* lap. 5. (*raită*) walk, sortie.

turaţie *sf.* revolution.

tură[1] *sf.* **1**. (*schimb*) relay, shift: *în ture* in relays; *a lucra în ture* to work in shifts. **2**. (*de noapte*) night duty.

tură[2] *sf.* (*la şah*) castle, rook.

turba *vt.* to become rabid. # **~re** rabies.

turban *sn.* turban.

turbat *adj.* **1**. (*d. câine*) rabid. **2**. (*furios*) mad.

turbă *sf.* peat.

turbină *sf.* turbine.

turboreactor *sn.* turbojet.

turbulent *adj.* **1**. turbulent, unruly, boisterous, obstreperous. **2**. (*d. mase*) riotous, disorderly, rowdy.

turbulență *sf.* (*atmosferică*) turbulence.

turc I. *sm.* Turk. **II**. *adj.* Turkish: *baie ~ească* Turkish bath. # **~esc** Turkish; *limba ~ă* Turkish.

turcoaz *adj* turquoise. # **~ă** turquoise.

turelă *sf. mil.* turret.

turism *sn.* tourism.

turist *sm.* tourist, visitant, visitor, traveller, sightseer. # *clasa ~* (*în avion*) economy class, *amer.* coach. # **~ic** tourist; *obiective ~ice* sights.

turlă *sf.* spire. # *reparator de turle* steeplejack.

turmă *sf.* **1**. (*de oi*) flock. **2**. (*de vite*) drove, herd. **3**. (*de oameni*) mob, rabble.

turmentat *adj.* tipsy, fuddled.

turn *sn.* **1**. tower: *bloc ~* tower block; *~ul Eiffel* the Eiffel Tower. **2**. (*de apă*) water tower. **3**. (*la şah*) rook. # **~uleț** turret.

turna I. *vt.* **1**. (*vărsa*) to pour. **2**. (*un film*) to shoot. **3**. (*metal*) to found. **II**. *vi.* (*ploua*) to shower.

turnător *sm.* **1**. founder, caster. **2**. (*denunțător*) informer, snitch, *amer.* whistleblower. **3**. (*la poliție*) tipster. # **~ie** *tehn.* foundry.

turneu *sn.* **1**. round. **2**. (*al unui teatru*) tour: *în ~* on tour. **3**. (*de tenis etc.*) tournament. **4**. (*electoral*) *amer. fam.* stump.

turnichet *sn.* turnstile.

turnir *sn.* tournament.

turnură *sf.* twist.

turtă *sf.* flat bread. # **~ dulce** gingerbread.

turti *vt.* to flatten, to level.

turtit *adj.* **1**. flat(tened). **2**. (*beat*) *fam.* zonked, *sl.* wrecked.

turturea, turturică *sf.* (turtle)dove.

turui *vi.* **1**. to chatter, to jabber. **2**. (*spunând ceva*) to reel off.

tuse *sf.* cough: *~ convulsivă* whooping cough.

tuş *sn.* Indian ink.

tuşă *sf. sport* touchline, (side)line.

tuşi *vi.* to cough. # **~t** coughing.

tuşieră *sf.* pad.

tutelar *adj.* tutelary, controlling, parent, holding: *bancă ~ă* parent bank.

tutelă *sf.* tutelage, trusteeship.

tutore *sm.* tutor, guardian, custodian, wardship, trustee.

tutun *sn.* tobacco. # **~gerie** tobacconist's; **~giu** tobacconist.

Ț

țambal *sn.* dulcimer, zither.
țanc *sn.* # *la* ~ on/in time.
țandără *sf.* splinter, shard. # *a (se) face țăndări* to shatter; *s-a făcut țăndări* it smashed into pieces.
țanțoș *adj.* haughty, stiff-necked. # *a merge/păși* ~ to strut.
țap *sm.* he-goat. # ~ *ispășitor* scapegoat; *a fi* ~ *ispășitor fam.* to be on the receiving end.
țapinar *sm.* logger.
țar(ină) *sm., sf. înv.* tsar(ina), czar(ina), tzar(ina).
țară *sf.* **1**. country, state, commonwealth, land. **2**. (*mediu rural*) country: *la* ~ in the country; *de la* ~ country. # ~ *natală* homeland.
țarc *sn.* **1**. enclosure, pen, pound. **2**. (*de vite*) corral, fold. **3**. (*pentru cai*) paddock.
țarcă *sf.* magpie.
țață *sf.* **1**. (*mătușă*) aunt. **2**. (*mahalagioaică*) gossip(monger), chatter box, rattle, tattler.
țăcăni I. *vi.* to click, to rattle. **II**. *vr.* to go mad/nuts.
țăcănit[1] *sn.* **1**. (*zgomot*) click, clack. **2**. (*de tastă*) rattle.
țăcănit[2] **I**. *sm.* (*candriu*) *fam.* nuts, crank, *amer.fam.* screwball. **II**. *adj. fam.* dotty, batty, *sl.* cuckoo.
țăran *sm.* **1**. peasant, farmer, villager. **2**. (*independent*) yeoman. # **~că** peasant, countrywoman.
țărănesc *adj.* peasant, rural.
țărănime *sf.* peasantry.
țărănoi *sm.* bumpkin, country lout, *fam.* rustic, *amer.fam.* hick, yokel, redneck.
țărână *sf.* dust.
țărm *sn.* **1**. coast, land. **2**. (*de mare*) seaboard, shore(line). **3**. (*de lac*) border. **4**. (*de râu*) bank. # *spre* ~ landwards.
țăruș *sm.* pole, post, pale, picket, bar, stake, stave.
țâfnos *adj.* peevish, touchy, testy, moody, prickly, spiky, sulky, surly, *fam.* grouch, stroppy, crabby. # *persoană țâfnoasă* blister.
țânc *sm.* infant, brat, kid, mite, nipper, urchin, *fam.* tyke, tike, tot, *sl.* sprog.
țânțar *sm.* mosquito, gnat: *plasă pentru ~i* mosquito net.
țârâi *vi.* **1**. to rattle, to jangle. **2**. (*d. telefon*) to buzz. **3**. (*d. apă*) to drop, to drip. **4**. (*d. ploaie*) to drizzle. **5**. (*d. greier*) to chirp.
țârâit *sn.* **1**. rattle, jangle. **2**. (*de sonerie*) ring. **3**. (*de telefon*) *fam.* tinkle, buzz.

țârcovnic *sm.* verger.
țâșni *vi.* **1**. to dash, to spring: *a ~ spre ușă* to spring to the door. **2**. **(din)** (*d. lichide*) to spurt (from), to gush (from), to well (from), to pump, (from) to spout (from), to jet (from), to squirt (from), to spew forth (from), to spring (from): *din rană țâșnea sânge* blood gushed from the wound. **3**. (*apărea brusc*) to leap out. # **~re** dash, gush; **~toare** bubbler, drinking fountain.
țâță *sf.* teat, *sl.* tit.
țâțâi *vi.* **(de)** to tremble (with).
țâțână *sf.* hinge.
țeapă *sf.* **1**. (*din lemn*) splinter. **2**. (*spin*) thorn. **3**. (*la plante, animale*) spine, prickle. **4**. (*pe gard*) spike. # *cu țepi* prickly.
țeapăn *adj.* **1**. stiff, rigid. **2**. inert. **3**. (*tare*) erect.
țeastă *sf.* skull.
țeavă *sf.* **1**. drain, pipe, tube, manifold. **2**. (*conductă*) duct, sewer, main. # *~ de eșapament* exhaust pipe/manifold, *amer.* tail pipe, exhaust tail.
țel *sn.* goal, object(ive), target, end.
țelină *sf. bot.* celery, prickle.
țep *sm.* **1**. *bot.* thorn, prickle. **2**. *zool.* spine, bristle, prickle. # **~os** *adj* spiny, thorny, prickly.
țepușă *sf.* **1**. (*pe gard*) spike. **2**. (*așchie*) splinter. **3**. (*spin*) thorn. **4**. (*de prins pește*) spear. # *a prinde (pește) cu ~* to spear.
țesăla *vt.* to groom, to curry.
țesător, țesătoare *sm., sf.* weaver. # **~ie** weaving mill.
țesătură *sf.* material, tissue, weave, fabric. # *~ în carouri* (*în Scoția*) tart.
țese I. *vt.* **1**. (*la război*) to weave. **2**. (*ciorapi*) to mend. **II**. *vi.* (*la război*) to weave.
țesut *sn. anat.* tissue.
țețe *sf.* (*musca*) tsetse.
țicneală *sf.* madness.
țicni *vr.* to go mad/nuts. # **~t** crack-brained, lunatic, moonstruck, *fam.* loon, screwy, *amer.* wacky.
țigan *sm., adj.* Romany, gipsy, gypsy. # *limba țigănească* Romany.
țigară *sf.* **1**. cigarette, *sl.* fag. **2**. (*de foi*) cigar. **3**. *pl. fam.* the weed.
țigaret *sn.* (cigarette) holder.
țigănesc *adj.* gipsy.
țiglă *sf.* tile, slate.
țiitoare *sf.* concubine, mistress.
ține I. *vt.* **1**. to hold: *~ copilul* hold the baby. **2**. (*păstra*) to keep: *a o ~ tot așa* to keep at; *a ~ legătura cu* to keep in touch with; *a ~ minte* to keep in mind; *a ~ morțiș să* to be keen on; *~ stânga*! keep to the left! **3**. (*strâns în mână*) to clasp, to grasp. **4**. (*piept*) to confront. **5**. (*un loc*) to reserve. **6**. (*o sărbătoare*) to observe. **7**. (*un secret*) to guard. **8**. (*susține*) to support. **9**. (*sub control*) to control. **II**. *vi.* **1**. (*dura*) to last, to hold, to run. **2**. **(cu)** to side (with). **3**. **(de)** to belong (to), to pertain (to), to go (in): *teme care țin de religie* subjects pertaining to religion. **4**. **(la)** to be fond (of). **III**. *vr.* **1**. **(de)** to cling (to).

2. (**după**) to follow (close), to dog. 3. (*strâns* (**de**) to cling (to), to clutch (at). 4. (**de**) (*treabă*) to attend (to). 5. (**de**) (*o promisiune)* to abide (by). # *a se ~ de mână* to hold hands; *a se ~ să nu plângă* to hold back/suppress one's tears; *a se ~ deoparte* to stand aside; to sit on the fence; *a se ~ departe fig.* to distance oneself from; *a o ~ întruna* to run and run; *a se ~ de cuvânt* to keep one's word; *a se ~ la curent cu* to keep up with; *a ~ o cuvântare* to deliver a speech; *a ~ de urât cuiva* to entertain smb.; *se ~ bine* he carries his age well; *~-te bine*! hang on it!, hold on!, stand firm!; *nu ~*! no go!

ţintaş *sm.* shot: *un ~ bun* a good shot.

ţintă *sf.* 1. (*la tir*) target, aim, mark, butt: *a nu nimeri ţinta* to miss the mark. 2. (*ţel*) goal, target, object, aim. 3. (*cui*) rivet, tack. 4. (*la bocanci*) spike. # (*drept*) *la ~* home; *~ uşoară fig. fam.* sitting duck; *a bate/fixa în ţinte* to tack.

ţinti *vt.* to aim: *a ~t bine* his aim was good.

ţintui *vt.* 1. to fix, to secure. 2. (*la pământ*) to pin. 3. (*bocanci*) to spike. # *~t locului* absolutely motionless; *a rămâne ~t locului* to be riveted to the spot.

ţinut *sn.* region, land, realm, county, province, tract.

ţinută *sf.* 1. (*postură*) pose, posture, bearing: *~ demnă* proud bearing. 2. (*a corpului*) carriage, poise, deportment. 3. (*vestimentară*) attire. # *~ de seară* white tie; *a fi în ~ de gală* to be in full rig.

ţipa *vi.* to cry, to yell, to scream, to shriek, to shrill, to shout, to squeal: *a ~ de durere* to shout with pain; *a ~ la cineva* to shout at smb. # *a ~t până a răguşit* he screamed himself hoarse.

ţipar *sm.* eel.

ţipăt *sn.* 1. cry, scream, shriek, shout, yell, squeal. 2. (*ascuţit*) screech.

ţipător *adj.* 1. (*d. haine*) tawdry, gaudy, flashy 2. (*d. culori*) violent, glaring, harsh, garish, loud, blatant.

ţiţei *sn.* petroleum, mineral oil.

ţiui *vi.* 1. to whiz, to screech. 2. (*d. un radio*) to rattle. # ~**tură** wizzing.

ţiuit *sn.* 1 wizzing. 2 (*în urechi*) ring.

ţoapă *sf.* (*femeie*) frump.

ţol[1] *sn.* rug.

ţol[2] *sm.* (*unitate de măsură = 2,54 cm*) inch.

ţopăi *vi.* 1. to jump, to skip, to gambol, to hop. 2. (*d. copii*) to cut a capers, to prance about. # ~**ală** hop, skip, bounce, gambol.

ţopârlan *sm.* lout, bumpkin, churl, riff-raff.

ţuguia *vt.* (*buzele*) to purse. # ~t tapering.

ţumburuş *sn.* round upper end, round top.

ţurloaie *sn. pl. fam.* pins.

ţurţure *sm.* icicle.

U

ucenic *sm.* apprentice. # **~ie** apprenticeship.

ucide *vt.* **1**. to kill, to murder, to liquidate, to assassinate, to execute, *sl.* to do in, to knock off, *amer.* to slay, *amer. fam.* to waste, *amer. sl.* to rub . **2**. (**pe**) to make away (with).

ucigaş *sm.* **1**. killer, murderer, assassin, cutthroat. **2**. (*plătit*) hatchet man, *amer. fam.* hit man.

ucigător *adj.* deadly, mortal, destructive: *armă ucigătoare* deadly weapon; *rană ucigătoare* mortal wound.

ucrainean *sm.*, *adj.* Ukrainian.

ud *adj.* wet. # ~ *leoarcă* soppy, soaked, soaking, sopping; ~ *până la piele* sodden, soaked to the skin.

uda I. *vt.* **1**. to dampen, to wet. **2**. (*grădina etc.*) to water. **3**. (*leoarcă*) to drench, to soak. **II**. *vi.* (*d. mare*) (*ţărmul*) to lap.

uger *sn.* udder, bag, dug.

ugui *vi.* to coo. # **~t** cooing.

uimi *vt.* to amaze, to astonish, to stagger, to astound, to confound, to bewilder, to confuse, to dumbfound, *fam.* to flabbergast. # **~re** astonishment, perplexity; **~tor** astonishing, amazing; **~t** astonished, wide-eyed; *a fi ~t de* to marvel at.

uita I. *vt.* **1**. to forget. **2**. (*omite*) to neglect, to omit, to overlook. **3**. to leave: *mi-am ~t poşeta în autobuz* I've left my bag on the bus. **II**. *vi.* to forget. **III**. *vr.* **1**. to look at. **2**. (**la**) to eye, to regard, to behold, to watch: *a se uita la televizor* to watch television. **3**. (*cruciş*) (**la**) to squint (at). **4**. (*insistent*) (**la**) to stare (at), to leer. **5**. (*urât*) to look dagger. **6**. (*pe furiş*) (**la**) to peep (at), to peek (at). **7**. (*lung*) (**la**) to gaze (at). **8**. (*admirativ*) (**după**) to stare (after). **9**. (*atent*) (**la**) to peer (at). # **nu-mă-~** *bot.* forget-me-not; *a se ~ ameninţător la* to scowl at, to glower at; *a se ~ chiorâş/strâmb la cineva* to skew at smb.; *uite-i că vin* there they come.

uitare *sf.* **1**. oblivion, obscurity: *a fi dat uitării* to be consigned to oblivion; *a scoate pe cineva din ~* to rescue smb. from obscurity. **2**. (*omitere*) omission.

uitătură *sf.* eye, wink. # *~ rea* leer.

uituc *adj.* **1**. oblivious, forgetful, *fam.* scatty. **2**. (*distrat*) absent-minded.

ulcea *sf.* pitcher.
ulcer *sn.* ulcer. # ~**ație** ulceration; *a produce o ~ație* to ulcerate.
ulcică *sf.* pitcher.
ulcior[1] *sf.* pitcher, jug.
ulcior[2] *sf. med.* sty.
ulei *sn.* oil: *~ de ricin* castor oil; *în ~* (*d. pictură*) in oils. # ~**os** oily.
uliță *sf.* lane.
uliu *sm.* goshawk.
ulm *sm. bot.* elm.
ulterior *adj.* ulterior, subsequent, later, posterior.
ultim *adj.* past, ultimate, latest, last, final, latter: *~a parte a filmului* (*din două părți*) the latter part of the film; *~ul* the last; *eu sunt ~a persoană* I'm the last; *a fi ~ul* to bring up the rear; *~a dată* last time; *în ~ele săptămâni* in the past few weeks; *știri de ~ă oră* the latest news.
ultimatum *sn.* ultimatum.
ultragia *vt.* to outrage. # ~**t** insulted, injured.
ultraj *sn.* outrage.
ultramarin *sn.* ultramarine.
ultramodern *adj.* ultramodern.
ultrascurt *adj.* ultrashort.
ultrasensibil *adj.* oversensitive.
ultrasunet *sn.* ultrasound.
ultraviolet *adj.* ultraviolet.
ului *vt.* to astonish, to amaze, to nonplus, to astound, to confound, to dumdfound, to bewilder, to flabbergast. # ~**re** wonder; ~**t** dumdfounded; ~**tor** astounding.
uman *adj.* (*și fig.*) human. # ~**ism** humanism; ~**istic** *școl.* (*nu real*) classical; ~**itar** *adj.* caring, humane, humanitarian.
umanitate *sf.* **1**. humanity, mankind, world. **2**. charity.
umăr *sm.* shoulder: *a pune ~ul la treabă* to put one's shoulder to the wheel. # *cu umeri lăsați* round-shouldered; *lat în umeri* broad-shouldered; *a pune pe ~* (*o poșetă*) to shoulder; *până la ~* (*de sus în jos*) shoulder-length, (*de jos în sus*) shoulder-high; *a da/ridica din umeri* to shrug (one's shoulders).
umbla *vi.* **1**. to walk, to tread. **2**. **(cu)** (*un aparat*) to work, to operate. **3**. **(cu)** (*bărbați*) to run around (with). **4**. **(la)** to tamper (with), to meddle (with): *cineva a ~t la calculatorul meu* somebody meddled with my computer. **5**. **(după)** to seek (after, for), to trawl (for). # *a ~ creanga/lela* to gad about, *amer*. to lallygag; *a ~ brambura* (*d. pietoni*) to jaywalk; *a ~ cu minciuni* to deal in lies; *a ~ tiptil* to walk on tiptoe.
umblet *sn.* walk.
umbrar *sn.* (*în grădină*) bower.
umbră *sf.* **1**. shade, shadow: *la ~* in the shade; *umbre chinezești* shadow show. **2**. (*neclară*) blur. **3**. (*întuneric*) dark(ness), obscurity. **4**. (*duh*) spectre, apparition. # *a rămâne în ~* to remain in the background.
umbrelă *sf.* **1**. umbrella: *a deschide/închide umbrela* to put up/fold up one's umbrella. **2**. (*de soare*) parasol.

umbri *vt.* **1.** to shade, to shadow. **2.** (*fericirea*) to dampen. # **~t** shady.

umbros *adj.* shady.

umed *adj.* **1.** humid, damp, moist, wet. **2.** (*neplăcut*) dank. # *~ şi lipicios* clammy; *~ şi moale* soggy; *~ şi rece* (*d. vreme*) raw, bleak.

umeraş *sn.* hanger.

umezeală *sf.* humidity, moisture, wet, damp(ness).

umezi I. *vt.* to humidify, to damp(en), to moisten, to wet. **II.** *vr.* **1.** to dampen. **2.** (*d. ochi*) to water, to mist.

umfla I. *vt.* **1.** to distend. **2.** (*un cauciuc*) to pump. **3.** (*un balon, un preţ*) to inflate. **4.** (*d. vânt*) (*pânzele*) to fill. **5.** (*un preţ etc.*) to increase. **II.** *vr.* **1.** to swell, to distend. **2.** (*d. ape*) to surge. # **~re** swell.

umflat *adj.* **1.** swollen. **2.** (*tumefiat*) tumescent, tumid. **3.** (*d. o critică*) rich. **4.** (*d. ape*) turgid.

umflătură *sf.* **1.** bulge, bump, lump, swell(ing). **2.** (*tumefacţie*) swelling.

umiditate *sf.* humidity, damp, moisture.

umil *adj.* **1.** (*supus*) meek, humble, submissive. **2.** (*modest*) poor, humble. **3.** (*d. o familie*) ignoble. **4.** (*d. origine etc.*) mean.

umili I. *vt.* to humiliate, to degrade, to humble, to demean. **II.** *vr.* to degrade oneself, to humble oneself, to crawl to.

umilinţă *sf.* **1.** humility, indignity. **2.** *pl.* indignities. # *cu ~* cap in hand.

umilitor *adj.* **1.** humiliating, degrading, demeaning, ignominious. **2.** (*d. o muncă*) menial.

umor *sn.* humour: *~ negru* gallows humour. # **~ist** humorist; **~istic** humorous.

umple I. *vt.* **1.** (**cu**) to stuff (with). **2.** (*pahare etc.*) to fill, to charge: *~ţi-vă paharele* charge your glasses. **3.** (*ardei etc.*) to stuff: *ardei umpluţi* stuffed peppers. **II** *vr.* to fill. # *a ~ până la refuz* to fill to overflowing; *a ~* (*cu băutură*) *paharul cuiva* to top smb. up.

umplutură *sf.* **1.** (*material de*) filler. **2.** (*carne etc.*) filling, *amer.* mince.

un *art. nehot.* a, an: *~ ou* an egg; *~ om* a man; *~ bâtrân* an old man.

unanim I. *adj.* unanimous, with one accord. **II.** *adv.* generally.

unanimitate *sf.* unanimity. # *în ~* with one accord/consent/voice.

unchi *sm.* uncle. # **~aş** oldster, gaffer.

uncie *sf.* ounce.

undă *sf.* (*şi el.*) wave: *~ de şoc* shock wave; *unde scurte* short waves; *unde lungi* long waves. # *lungime de ~* (*şi fig.*) wavelength.

unde *adv., conj.* where. # *de ~* where, whence; *~ şi ~* here and there; *da de ~!* far from it!

undeva *adv.* somewhere, someplace, anywhere. # *pe ~ pe aici* round here.

undiţă *sf.* rod, line. # *a prinde* (*un peşte*) *cu undiţa* to land.

undui I. *vi.* to ripple, to wave, to meander. **II.** *vr.* **1.** (*d. mare*) to heave. **2**. (*d. lanuri*) to undulate. # ~**tor** waving, rolling, serpentine; ~**os** wavy.

unealtă *sf.* **1**. utensil, tool, instrument, implement. **2**. *fig.* tool, *fam.* cat's paw. **3**. *pl.* (*de pescuit etc.*) tackle. **4**. *pl.* paraphernalia, gear.

unelti *vt.* to plot, to intrigue, to engineer, to scheme: *unelteau împotriva ei* they were plotting/ scheming against her. # ~**tor** designing.

uneltire *sf.* **1**. intrigue, scheme, plot, machination. **2**. *pl.* machinations, *fam.* goings-on.

uneori *adv.* sometimes, occasionally, rarely, every so often, at times.

unge *vt.* **1**. (*şi fig.*) to lubricate. **2**. (*cu grăsime*) to grease. **3**. (*mirui*) to anoint. **4**. (*cu vaselină*) to plaster, to salve. **5**. (*mitui*) to bribe, *fam.* to square. # *a ~ la inimă* to go to the heart.

ungher *sn.* nook, recess, corner.

unghi *sn.* angle: *~ ascuţit* acute angle; *~ drept* right angle; *~ obtuz* obtuse angle.

unghie *sf.* nail, fingernail.

unguent *sn.* unguent, cream, ointment, salve.

ungur *sm.* Magyar, Hungarian. # ~**esc** Hungarian.

uni I. *vt.* **1**. to unite, to connect, to join, to link. **2**. (*cupla*) to couple, to team, to match. **3**. (*unifica*) to unify. **4**. (*lega*) to bond. **II**. *vr.* **1**. to unite, to join, to merge, to link. **2**. (*cupla*) to couple. # ~**re** union; **a ~fica** to unify; *a ~ prin căsătorie* to join in/by marriage; *a-şi ~ forţele fam.* to muck in; *a rămâne uniţi* to hold together.

unic *adj.* unique, sole, single, one. # ~**itate** oneness.

unifica *vt.* to unify. # ~**re** unification.

uniform *adj.* uniform. # **a ~iza** to unify, to level; ~**itate** uniformity, sameness.

uniformă *sf.* uniform, garb, livery, suit, *fam.* tog: *~ de marinar* sailor suit. # *în ~* uniformed, liveried.

unii, unele *adj., pron.* some, several: *~ cărţi sunt scumpe* some books are expensive.

unilateral *adj.* unilateral, one-sided.

unire *sf.* **1**. union. **2**. marriage.

unison *sn.* unison.

unit *adj.* **1**. united. **2**. (*d. o comunitate*) tight-knit. # ~**ar** unitary.

unitate *sn.* **1**. unit(y): *~ de măsură* unit of measure. **2**. (*militară*) (military) unit. **3**. (*economică etc.*) enterprise. **4**. *mat.* unit. **5**. (*monetară*) unit.

uniune *sf.* union.

univers *sn.* universe, nature, world.

universal *adj.* **1**. universal, worldwide. **2**. general.

universitate *sf.* university, *amer. fam.* varsity.

unsoare *sf.* **1**. grease. **2**. (*alifie*) ointment.

unsprezece *num.* eleven.

unsuros *adj.* oily, greasy, fat.

unt *sn.* butter: *a unge cu ~* to butter.

untdelemn *sn.* oil.

untură *sf.* lard, fat, grease.

unu, **una** *num* one: *unu sau doi, una sau două* one or two. # *una peste alta* all in all; *eu unu/una* I for one.

unul, **una** *pron.* one: *unul din copiii mei* one of my children. # *unul altuia, unul pe altul/alta* each other, one another; *unul după altul* (*în şir*) one after the other, *fam.* on the trot: *au câştigat trei meciuri unul după altul* they've won three matches on the trot; *unul lângă altul* side by side, abreast; *unul câte unul* one by one, one at a time.

ura[1] *vt.* to bid, to wish: *a ~ drum bun* to bid farewell; *i-am ~t baftă* I wished him luck.

ura[2] *interj.* hooray!, hurray!

uragan *sn.* hurricane, typhon.

urale *sf. pl.* cheers, acclamations.

urangutan *sm.* orangoutang.

uraniu *sn.* uranium.

urare *sf.* # *urări de anul nou* new-year greetings.

ură *sf.* hatred, hate, bad blood. # *plin de ~* baleful, venomous.

urâcios *adj.* tetchy, morose.

urât *adj.* **1.** ugly, plain, shapeless. **2.** (*la faţă*) ill-favoured. **3.** (*d. miros*) nasty, rank, obnoxious. **4.** (*respingător*) repellent, unsightly, hideous. **5.** (*d. vreme*) nasty, bad.

urâţenie *sf.* ugliness, fright, *fam.* eyesore.

urâţi *vt.* to uglify, to make ugly.

urban *adj.* urban. # **~ism** town planning.

urbe *sf.* town, city.

urca I. *vt.* **1.** to ascend, to climb (up). **2.** (*scări etc.*) to mount. **3.** (*în tren, pe vapor*) to board. **4.** (*un munte până în vârf*) to top. **II.** *vi.* (*d. preţuri etc.*) to raise. **III.** *vr.* **1.** to mount, to climb (up). **2.** (*în autobuz etc.*) to get on. # **~re** climb, lift; *care urcă* up.

urcuş *sn.* climbing.

urdoare *sf. fam.* sleep.

ureche *sf.* **1.** ear, *fam.* lug: *a avea ~ muzicală* to have an ear for music; *după ~* by ear; *a fi numai urechi* to be all ears. **2.** (*de ac*) eye. # *a trage cu ~a* to eavesdrop; *tare de ~* hard of hearing.

urechelniţă *sf. zool.* earwig.

uree *sf.* urea.

uretră *sf.* urethra.

urgent *adj.* urgent, pressing, exigent, imperative, imperious, instant. # **a ~a** to quicken.

urgenţă *sf.* emergency, exigency: *camera de ~* emergency room; *în caz de ~* in an emergency; *urgenţe financiare* financial exigencies.

urgie *sf.* calamity, disaster, maelstrom, scourge: *urgia războiului* the maelstrom/scourge of war.

urgisit *adj.* unfortunate, star-crossed.

uriaş I. *sm.* colossus, titan, giant, *fam.* whopper. **II.** *adj.* gigantic, huge, titanic, giant, enormous, *fam.* monster, whopping.

urina *vi.* to urinate, to make/pass water, *fam.* to pee. # **~re** *fam.* pee, *sl.* slash.

urină *sf.* urine, *fam.* pee.

urî *vt.* to hate, to detest.

urla *vi.* **1**. to scream, to ululate, to bellow, to roar, to yell, to howl. **2**. (*d. vânt*) to rage. **3**. (*d. câine*) to yowl.

urlător *adj.* roaring.

urlet *sn.* **1**. scream, bellow, roar, wail, howl. **2**. (*de câine*) yowl.

urma I. *vt.* **1**. (*cuiva*) to succeed. **2**. to pursue: *a-şi ~ studiile* to pursue one's studies. **3**. (*un sfat etc.*) to follow. **4**. (*un curs*) *şcol.* to take. **5**. (*pe cineva*) to follow. **6**. (*o cale*) to trace, to tread. **7**. (*însoţi*) to accompany, to follow. **II**. *vi.* (**la**) to succeed (to). # *după cum urmează* as follows; *va ~* to be continued; *ce urmează?* what comes next?

urmare *sf.* **1**. (*consecinţă*) consequence, effect, result, upshot, outcome, repercussion: *urmările acestei boli* the effects of this illness. **2**. (*continuare*) sequel. # *prin ~* therefore, so that; *drept ~* consequently, as a consequence; *ca ~ a* in response to, as a result of, subsequent to.

urmaş *sm.* **1**. (*odraslă*) progeny, offspring. **2**. successor, follower, descendant. **3**. (*moştenitor*) heir.

urmă *sf.* **1**. trace, track, trail, imprint, mark, sign, touch, impress(ion): *a dispărut fără ~* he vanished without (a) trace; *pe urmele cuiva* on the trail of smb. **2**. (*pată*) smear, smudge. **3**. (*dâră*) track, trail. **4**. (*de roată*) rut. **5**. (*de pas etc.*) trace. **6**. (*de picior*) footprint, track. **7**. (*de animal*) spoor. **8**. (*puţin*) streak, *fam.* ounce: *nu e nici ~ de adevăr în* there's not an ounce of truth in. # *în ~* behind, (*în timp*) backward, ago: *cu un an în ~* a year ago; *parte din ~* tail; *pe ~* then, later on; *la ~* at the end; *a rămâne în ~* to lag behind; *în cele din ~* lastly, finally, eventually, at (long) last, in the long run; *până la ~* all in all, in the long run; *în cele din ~* ultimately; *acesta din ~* this last; *pe urmele cuiva* at the heels of smb.; *a lăsa urme de* (*noroi*) *pe* to track (mud) on; *care rămâne în ~* (*d. ceas*) slow; *a ajunge din ~ pe cineva* to catch smb. up.

urmări *vt.* **1**. to chase, to watch, to pursue, to trace: *a ~ un scop* to pursue an aim. **2**. (*un animal etc.*) to trace, to track. **3**. (*în justiţie*) to indict, to prosecute, to sue at law. **4**. (*spiona*) to follow. **5**. (*pe ascuns*) to shadow, *fam.* to tail. **6**. (*un program TV*) to view. **6**. (*un meci etc.*) to spectate. **7**. (*un spectacol*) to watch. # **~tor** chaser, pursuer, tail; *a ~ insistent* (*pe cineva*) to stalk.

urmărire *sf.* **1**. chase, pursuit: *în ~a lui* in pursuit of him. **2**. (*judiciară*) proceeding. **3**. (*în justiţie*) prosecution. **4**. (*supraveghere*) surveillance. **5**. (*spionare*) shadowing.

următor *adj.* next, subsequent, following, after.

urnă *sf.* **1**. urn. **2**. *pol.* ballot box.

urni I. *vt.* to move, to budge, to dislodge. **II**. *vr.* to stir, to budge.
urologie *sf.* urology.
urs *sm.* bear: ~ *polar* polar bear. # **~oaică** she-bear; **~uleţ** (*jucărie*) teddy bear.
ursită *sf.* fate, lot.
ursuz *adj.* sullen, gruff, morose, tetchy, dour, sour, *fam.* grumpy.
urticarie *sf.* urticaria, rash, hives.
urui *vi.* to whine, to whir(r), to rumble, to thunder. # **~t** zoom, whine, whir(r), rumble.
urzeală *sf.* warp, fabric, weft.
urzi *vt.* 1. to warp. 2. (*unelti*) to brew, to plot, to hatch up, to contrive.
urzica *vr.* to nettle.
urzică *sf.* nettle. # **~tură** sting.
usca I. *vt.* to dry, to sear, to parch. II. *vr.* 1. to dry, to drain: *lasă paharele ude să se usuce* let the wet glasses to drain. 2. (*d. vopsea*) to set. 3. (*d. flori*) to wither, to fade, to parch. # *a* ~ (*părul*) *cu foehnul* to blow-dry.
uscat I. *sn.* land, earth. II. *adj.* 1. dry. 2. (*ofilit*) withered. 3. (*d. pământ*) barren. 4. (*d. cineva*) skinny. # *foarte* ~ bonedry; *pe* ~ (*d. o călătorie*) overland; *de* ~ terrestrial.
uscăciune *sf.* dryness.
uscător *sn.* 1. (*cuptor*) kiln. 2. (*de păr*) (hair)dryer.
uscăţiv *adj.* meagre, raw-boned, angular, withered, skinny.
ustensilă *sf.* 1. utensil, tool, implement. 2. *pl.* gadgetry, gear, paraphernalia, requisites. # *ustensile casnice* household goods.
ustura *vt.* to smart, to sting: *mă ~u ochii de la fum* my eyes were smarting/stinging from the smoke.
usturător *adj.* 1. smarting. 2. (*d. critică*) scathing, pungent. 3. (*d. amendă*) stiff. 4. (*d. ironie*) biting, mordant. 5. (*d. o remarcă*) waspish, cutting.
usturime *sf.* smart, sting.
usturoi *sm.* garlic: *căpăţână de* ~ bulb of garlic; *un căţel de* ~ a garlic clove.
uşă *sf.* 1. door, entrance, *amer.* entry. 2. (*batantă*) swing door. 3. (*glisantă*) sliding door. 4. (*turnantă*) revolving door. 5. (*din faţă*) front door. # *judecat cu uşile închise* (*d. un proces*) in camera; *cineva mi-a băgat o scrisoare pe sub* ~ someone had poked a letter under the door.
uşier *sm.* 1. gatekeeper. 2. (*la hotel*) porter, doorman, doorkeeper.
uşor[1] *sn.* case, frame.
uşor[2] I. *adj.* 1. light: *geantă de voiaj uşoară* light holdall; ~ *ca un fulg* as light as a feather. 2. (*simplu*) easy, facile, straightforward, light: *întrebare uşoară* straightforward question; *pedeapsă uşoară* light punishment; *o treabă uşoară* an easy job; *a o lua* (*mai*) ~ *cu* to go easy on. 3. (*d. moravuri*) lax. II. *adv.* easily, lightly, simply: *a dormi uşor* to sleep lightly. # *foarte* ~ *fam.* easy as pie, a piece of cake.
uşura I. *vt.* 1. (*durerea*) to ease, to relieve. 2. (*o sarcină*) to lighten. II. *vr.* to ease nature, to relieve

oneself, to void. # ~**t** (*liniştit sufleteşte*) relieved; ~**tic** dissipated, frivolous, dissolute, flippant, pleasure-loving; *a ~ pe cineva de bani* to ease smb. of his purse; *a-şi ~ inima* to unburden one's heart.

uşurare *sf.* **1**. (*sentimentul de*) release. **2**. (*alinare*) relief: *oftat de ~* sigh of relief.

uşurel *adv.* **1**. (*cu grijă*) easily, gently. **2**. (*încet*) slowly.

uşurinţă *sf.* **1**. ease, facility. **2**. (*neseriozitate*) flippancy. # *cu ~* easily, handily, swimmingly.

uter *sn.* uterus, womb.

util *adj.* useful, practical, convenient, purposeful, helpful: *sfat ~* practical/helpful advice. # ~**itate** utility, usefulness; ~**itar** utilitarian.

utila *vt.* to equip, to outfit.

utilaj *sn.* **1**. equipment, machinery, rig. **2**. *pl.* fixings, machinery.

utiliza *vt.* to utilize, to employ, to use, to consume. # ~**re** usage, use; ~**tor** user; ~**t** used.

utopic *adj.* utopian.

utopie *sf.* utopia, pipedream.

uvertură *sf. muz.* overture.

uvulă *sf.* uvula.

uz *sn.* use, usage. # *scos/ieşit din ~* outdated, out-of-use; *pentru ~ul personal* to herself/himself; *a face ~ de* to resort to.

uza *vt., vr.* to wear. # ~**re** wear; ~**nţă** usage, way.

uzat *adj.* **1**. used. **2**. (*vechi*) old. **3**. (*deteriorat*) worn-out. **4**. (*d. o ţesătură*) threadbare. **5**. (*decolorat*) washed-out.

uzină *sf.* **1**. works, mill, plant. **2**. (*metalurgică*) forge, ironworks. **3**. (*de apă*) waterworks.

uzitat *adj.* used.

uzual *adj.* usual, current, habitual, customary, regular, frequent.

uzură *sf.* usage, wear (and tear). # *război de ~* war of attrition.

uzurpa *vt.* to usurp. # ~**re** usurpation; ~**tor** usurper.

V

vacant *adj.* **1**. (*d. un post*) vacant, empty. **2**. (*nelocuit*) unoccupied.

vacanță *sf.* **1**. holiday, vacation. **2**. *școl. fam.* vac. **3**. (*parlamentară*) recess. # *a-și petrece vacanța* to holiday, to vacation.

vacarm *sn.* tumult, row, din, uproar, clatter, *fam.* racket, rumpus.

vacă *sf.* **1**. cow: ~ *de lapte* milch cow. **2**. *pl.* kine.

vaccin *sn.* vaccine. # **a (se) ~a** to vaccinate, to inoculate.

vad *sn.* (*de râu*) shallows, ford.

vafelă *sf.* wafer.

vag I. *adj.* **1**. vague, confuse, hazy, inexplicit, evasive: *idee ~ă* hazy idea; *răspunsuri ~i* evasive answers. **2**. (*la vedere*) dim, misty, foggy: *formă ~ă* dim shape. **3**. (*la auz*) distant, faint. **II**. *adv.* remotely. # *amintiri ~i* dim/misty memories.

vagabond *sm.* vagabond, wanderer, tramp, rover, vagrant, loafer, bum, drifter. # **a ~a** to roam, to rove; **~aj** vagrancy.

vagin *sn.* vagina.

vagon *sn. c.f.* **1**. coach, van, car, *amer.* carriage: *în* ~ aboard. **2**. (*restaurant*) dining/restaurant car, *amer.* diner. **3**. (*cisternă*) tanker. **4**. (*de dormit*) sleeper, sleeping car. **5**. (*de marfă*) wagon, truck. **6**. (*de bagaje*) luggage van. **7**. (*platformă*) wag(g)on. **8**. (*poștal*) mail van. **9**. (*pentru fumători*) smoker.

vai *interj.* dear!

vaiet *sn.* moan, groan, wailing, lament.

vajnic *adj.* energetic, powerful.

val *sn.* **1**. (*și fig.*) wave: ~ *seismic* tidal wave. **2**. (*de mal*) beach comber. **3**. (*de stofă*) bolt, roll. **4**. (*mare*) billow, surf. # *~uri înspumate* white horser, *amer.* white caps.

valabil *adj.* valid: *un abonament de autobuz ~ o lună* a bus pass valid for one month. # **~itate** validity, force; *a fi* ~ to stand.

valah *sm., adj.* Wallachian.

vale *sf.* **1**. valley, dale, vale. **2**. (*mică*) dell, flat. **3**. (*îngustă*) glen. # *~a*! push off!, *sl.* beat it!, cheese it!, hop it!

valență *sf.* valence.

valet *sm.* **1**. valet, butler, page, footman. **2**. (*la jocul de cărți*) knave, jack: *~ul de cupă* the jack of hearts.

valid *adj.* **1**. valid. **2**. (*legal*) sound. **3**. (*în vigoare*) in force. # **~itate** validity; *a fi* ~ to hold.

valida *vt.* **1**. to validate, to confirm, to ratify, to uphold. **2**. (*un testament*) to probate. **3**. (*un document*) to authenticate. # **~re** validation.

valiză *sf.* valise, (suit)case. # ~ *mare* portmanteau.
valmă *sf.* # *de-a valma fam.* any old how, heaps on heaps, higgledy-piggledy.
valoare *sf.* value, worth: *de mare* ~ of great worth; *fără* ~ valuless, worthless, meretricious, of no value, *fam.* poxy; *fără nici o* ~ not worth a button; ~ *nominală* face value. # *a pune în* ~ *pe* to do justice to; *cameră de valori* (*la bancă*) vault; *de* ~ valuable; *obiecte de* ~ valuables; *titluri de* ~ securities.
valora *vi.* 1. to be worth. 2. (*însemna*) to matter.
valorifica *vt.* to turn to account, to put to good use. # ~**re** turning to account.
valoros *adj.* valuable, priceless, precious, worthy, notable, rare, of note: *informații valoroase* priceless/valuable information; *compozitor* ~ composer of note; *smaralde valoroase* precious emeralds.
vals *sn.* waltz. # **a** ~**a** to waltz.
valută *sf.* 1. currency. 2. (*forte*) hard currency.
valvă *sf.* 1. valve. 2. (*de scoică*) shell. 3. (*de stridie*) shuck.
valvulă *sf. anat.* valve.
vamal *adj.* customs: *taxe* ~*e* customs duties. # *declarație* ~*ă* bill of entry.
vamă *sf.* customs (house).
vameş *sm.* customs officer.
vampă *sf.* vamp.
vampir *sm.* vampire.
van *adj. în* ~ in vain, vainly.
vană *sf.* tub.
vandabil *adj.* saleable, marketable.
vandal *sm.* vandal. # ~**ism** vandalism, rampage.
vanilie *sf.* vanilla.
vanitate *sf.* vanity, conceit, pride, ego: ~ *masculină* male pride.
vanitos *adj.* vain.
vapor *sn.* 1. ship. 2. (*cu aburi*) steamship, steamboat, steamer. 3. (*de pasageri*) liner.
vapori *sm. pl.* 1. fumes. 2. (*de apă*) vapour, steam. # **a** ~**za** to vaporize.
vaporos *adj.* gauzy, flimsy: *rochie vaporoasă* flimsy dress.
var *sn.* 1. lime: ~ *nestins* quick lime. 2. (*stins*) whitewash. # *alb ca* ~*ul* chalky.
vară[1] *sf.* cousin: ~ *primară* first cousin.
vară[2] *sf.* summer. # **pierde**-~ idler, ne'er-do-well; *de* ~ vernal, summery.
vargă *sf.* rod.
varia I. *vt.* to vary. II. *vi.* 1. to vary. 2. (*ca dimensiune, preț*) to range. # ~**t** varied, variegated, miscellaneous, various; ~**ție** variation, variety, variance.
variabil *adj.* 1. variable, changeable, inconstant, volatile, protean. 2. (*d. vânt*) turbulent.
variantă *sf.* variant, version, side: *varianta mea a celor petrecute* my side of the story.
varice *sf. pl.* varix.
varicelă *sf.* chickenpox.
varietate *sf.* 1. (*diversitate*) variety, spread, choice, diversity: *o mare* ~ *de televizoare* a wide choice of TV sets. 2. (*soi*) sort, kind.
varietăți *sf. pl.* (*spectacol*) variety (show), *amer.* vaudeville.
varieteu *sn.* music-hall.
variolă *sf. med.* (small)pox.

varză *sf.* 1. cabbage. 2. (*de Bruxelles*) sprout. # ~ *murată* sauerkraut.

vas *sn.* 1. pot, receptacle, basin, dish: *~e de bucătărie* crockery, dishes. 2. (*navă*) vessel, ship. 3. *anat.* vessel, duct. 4. (*de ceramică*) pot. 5. (*de război*) man-of-war.

vasal *sm.* vassal.

vaselină *sf.* salve, unguent.

vast *adj.* 1. vast, wide, large, extensive, sweeping. 2. (*d. cunoştinţe*) thorough. # **~itate** expanse, immensity.

vată *sf.* cotton (wool): ~ *de zahăr* candy floss, *amer.* cotton candy.

vatman *sm.* tram driver.

vatră *sf.* 1. hearth. 2. (*acasă*) home.

vază *sf.* (*de flori*) vase, bowl. # *de ~* of note, prominent, distinguished.

văcar *sm.* cowboy.

văcsui *vt.* (*pantofi*) to black.

văduvă *sf.* widow.

vădi *vt.* to exhibit, to show. # **~t** observable, obvious.

văduv *sm.* widower. # **a ~i de** to deprive of.

văduvă *sf.* 1. widow. 2. (*bogată*) dowager.

văgăună *sf.* 1. cave, hollow. 2. *fig.* hole.

văicăreală *sf.* wail, whine, grouch, moan, wailing, *sl.* bellyache.

văicăreţ *sm.* grouch, maudlin.

văicări *vr.* to wail, to whine, to grouch, to moan, to snivel, *fam.* to yammer. # **~t** whine.

văita *vr.* to whine, to lament, to moan, to howl, to groan. # **~t** whining.

văl *sn.* 1. veil: *a acoperi cu un ~* to veil. 2. *fig.* cloak.

vălmăşag *sn.* 1. (*dezordine*) mess. 2. (*de oameni*) rush, bustle.

vălurel *sn.* ripple, wavelet.

văluri *vt.* (*nisipul*) to ridge.

văpaie *sf.* (*şi fig.*) blaze, flame.

văr *sm.* cousin: ~ *primar* first cousin; ~ *de al doilea* second cousin.

vărgat *adj.* striped.

vărsa I. *vt.* 1. (*un lichid*) to pour, to spill, to tip. 2. (*lacrimi*) to weep, to shed. 3. (*vomita*) to vomit, to throw up. 4. (*un pahar*) to upset. 5. (*bani*) to pay. II. *vr.* 1. (*d. un lichid*) to spill. 2. (*revărsa*) to slop over. 3. (**în**) (*d. un râu*) to flow (into), to discharge (into), to empty (into). # *a-şi ~ mânia asupra* to vent one's anger on. # **~re** (*a unui râu în mare*) mouth; *~re de sânge* bloodshed.

vărsat *sn.* (*de vânt*) *med.* chicken pox. # *urmă de ~* pockmark.

Vărsătorul *sm. art.* 1. (*zodie*) Aquarius. 2. (*constelaţie*) the Water Carrier.

vărsătură *sf.* vomit.

vărui *vt.* to whitewash, to paint.

vătăma *vt.* 1. to harm, to blight. 2. (*răni*) to injure, to wound, to hurt: *în accident au fost rănite două persoane* two persons were injured in the accident.

vătămare *sf.* injury, harm: ~ *gravă* serious injury. # ~ *corporală* (*gravă*) (grievous) bodily harm.

vătămat *adj.* 1. (*bolnav*) diseased. 2. (*rănit*) wounded. # *părţile ~e jur.* the aggrieved parties.

vătămător *adj.* noxious, pernicious, harmful, ill, injurious, maleficent.

vătrai *sn.* poker, rake.
vătui *vt.* (*o haină*) to pad.
văz *sn.* sight, view, vision. # **~ător** sighted.
văzduh *sn.* blue, air.
vâjâi *vi.* 1. to whizz, to zoom. 2. (*d. vânt*) to sigh, to roar, to rage.
vâjâit *sn.* 1. whizz. 2. (*al vântului*) bluster, sigh, roar.
vâlcea *sf.* dingle, ravine, dell.
vâltoare *sf.* 1. rapids, swirl, whirlpool. 2. (*zarvă*) turmoil, whirl, swirl.
vâlvă *sf.* sensation, bustle, stir. # *a face ~* to set tongues wagging.
vâlvătaie *sf.* flame, blaze.
vâlvoi *adj.* tousled, dishevelled.
vâna I. *vt.* 1. to hunt, to shoot, to chase. 2. *fig.* to troll: *a ~ voturi* to troll for votes. 3. (*ilegal*) to poach. **II.** *vi.* to shoot. # **~re** shooting; **~t** game; *carne de ~t* venison.
vână *sf.* 1. *anat.* vein. 2. (*filon*) lode. # *a sta pe vine* to hunker, to squat; *poziție pe vine* squat.
vânăt *adj.* 1. dark blue. 2. (*la față*) livid, pale.
vânătaie *sf.* bruise, contusion: *a-și face o ~* to bruise.
vânătă *sf. bot.* aubergine, *amer.* eggplant.
vânătoare *sf.* 1. hunt(ing), shoot-(ing): *sezon de ~* shooting season. 2. *sport* chase: *teren de ~* chase. 3. (*partidă de*) shoot.
vânător *sm.* hunter, huntsman. # *~ de zestre* fortune hunter; *~ de balene* whaler; *~ de stafii* ghost buster; *~ de recompense* manhunter.
vânjos *adj.* sturdy, burly, sinewy, *fam.* strapping.
vânt *sn.* 1. wind: *o rafală de ~* a gust of wind. 2. (*puternic*) gale: *contra ~ului* in the teeth of the gale. 3. (*din vest*) westerly. # **~os** windy, blowy, gusty; *dus de ~* windblown; *bătut de ~* windswept; *în direcția ~ului* windward; *fără ~* still, windless; *a se da în ~ după fam.* to be a sucker for.
vântura *vt.* to winnow.
vânzare *sf.* 1. sale, selling, trading: *de ~* for/on sale; *act de ~* bill of sale; *bon de ~* sales slip; *impozit pe vânzări* (*TVA*) sales tax; *~ de vechituri* rummage sale. 2. (*angro*) wholesale. 3. (*în bloc*) bulksale. 4. (*prin telefon*) telemarketing, telesales. # *~ cu plata în numerar* cash and carry.
vânzătoare *sf.* saleswoman, shop assistant, seller.
vânzător *sm.* 1. shop assistant, seller, vendor, salesman, tradesman, *amer.* clerk. 2. (*de ziare*) newsagent. 3. (*ambulant*) pedlar, coster-(monger), *amer.* peddler. 4. (*de pește*) fishmonger. 5. (*de fructe*) fruiterer.
vânzoli *vr.* 1. (*agita*) to fret, to fuss. 2. (*frământa*) to fidget.
vârcolac *sm.* werewolf, vampire bat.
vârf *sn.* 1. top, apex, peak. 2. (*de munte*) pike, summit, needle, mountaintop. 3. (*de ac*) (pin)-point. 4. (*capăt ascuțit*) tip, point: *~ul nasului tău* the tip of your nose. 5. (*punct culminant*) climax. # *de ~* peak; *cu ~ și înde-*

sat to the full, in full; ~ *de atac* spearhead.

vârî I. *vt*. **1**. (*băga*) to ram, to thrust, to tuck: ~ *cheia în broască* he rammed the key into the lock; *își* ~ *mâinile în buzunar* he thrust his hands into his pockets. **2**. (*înfige*) to put in, to thrust, to stick into: *infirmiera mi-a vârât acul în braț* the nurse stuck the needle into my arm. **II**. *vr*. **1**. (*băga*) to interfere. **2**. (*în conversație*) to butt into, to chime in.

vârstă *sf*. age, year: *arată tânără pentru vârsta ei* she looks young for her years; ~ *mijlocie* middle age; ~ *înaintată* advanced age; *a-și simți vârsta* to feel one's age. # *în* ~ old, elderly; *mai în* ~ elder.

vârstnic I. *sm*. old-ager. **II**. *adj*. old, elderly.

vârtej *sn*. **1**. vortex, eddy, swirl, gale. **2**. (*de apă*) whirlpool, maelstrom. **3**. (*de vânt*) whirl(wind).

vârtos *adj*. **1**. hard. **2**. compact, dense. **3**. (*robust*) sturdy, vigorous.

vâsc *sm*. mistletoe.

vâscos *adj*. viscous, viscid, tacky, syrupy.

vâslaș *sm*. oarsman.

vâslă *sf*. **1**. (*fixă*) oar, scull. **2**. (*de canoe*) paddle.

vâsli *vi*. to row, to paddle, to pull.

veac *sn*. century, age. # *de veci* for (all) eternity; *pe veci* forever.

vecernie *sf*. *bis*. vespers, evening worship.

vechi *adj*. **1**. old. **2**. (*d. pâine etc.*) stale. **3**. (*d. vin*) mature. **4**. (*d. haine*) used, second-hand. # *foarte* ~ ancient.

vechime *sf*. oldness. # *din* ~ (in days) of yore.

vechitură *sf*. **1**. (*mașină*) *fam*. crock. **2**. *pl*. (*mobilă etc.*) lumber, *fam*. junk. **3**. *pl*. (*haine*) rags.

vecie *sf*. eternity. # *pe* ~ for good, forever, in perpetuity.

vecin I. *sm*. neighbour. **II**. *adj*. nearby, next. # **~ătate** vicinity, neighbourhood, proximity, propinquity. # *între ~i* neighbourly.

vector *sm*. vector.

vedea I. *vt*. **1**. to see: *l-am văzut intrând în casă* I saw him entering the house; *ce-mi văzură ochii*? what should I see? **2**. (*asista la*) to witness. **3**. (*examina*) to view. **II**. *vi*. **1**. to see, to make out: *nu va mai* ~ *niciodată* she will never see again. **2**. (**de**) to take care (of), to look (after), to mind: *cine vede de copil*? who's minding the child? **III**. *vr*. to see each other. # *a* ~ *totul în negru* to look on the black side; *a se* ~ *de la o poștă* to stand out a mile; *nu l-am văzut în viața mea* I've never set eyes on him; *ai să vezi tu*! (just) you wait!; *ce să vezi*? lo and behold?; *cum te văd și cum mă vezi*! really and truly!

vedenie *sf*. vision, hallucination. # *a avea vedenii* to see things.

vedere *sf*. **1**. (*văz*) vision, eyes, (eye)-sight: *din* ~ by sight; ~ *perfectă* perfect vision; *a-și pierde ~a* to lose one's sight. **2**. (*peisaj*) scenery, landscape, sight. **3**. (*ilustrată*) picture postcard. **4**. *pl*. (*păreri*) views, lights. **5**. (*a unei case*) outlook. # *a trece cu ~a* *fig.* to condone, to neglect, to miss; *a avea în ~* to pursue; *~ panoramică* bird's-eye-view; *la prima ~* at first glance/sight, on the surface; *cu vederi largi* broad-minded; *plăcut la ~* easy on the eye; *având în ~* in view of; *în ~a* against, in anticipation of, in the view of, for the purpose of; *la ~* on view, in the fore; *nu la ~* out of sight; *punct de ~* viewpoint; *cameră cu ~ spre lac* room looking out on the lake.

vedetă *sf.* star. # *~ rapidă nav.* cutter; *~ de cinema* film star; *consacrare ca ~* stardom.

vegeta *vi.* to vegetate.

vegetal *adj.* vegetable. # *înveliş ~* vegetation.

vegetarian *sm., adj.* vegetarian, *fam.* vegan.

vegetaţie *sf.* vegetation.

veghe *sf.* **1.** wakefulness, vigil. **2.** (*pază*) watch, lookout. # *a ~a la* to watch over, to preside over; *a sta de ~* (*lângă*) to watch (by), to keep vigil (by).

vehement *adj.* vehement, impetuous, tempestuous, voluble.

vehemenţă *sf.* vehemence.

vehicul *sn.* vehicle, conveyance. # *~ de transport greu* transporter.

veioză *sf.* lamp.

velă *sf.* sail. # *~ de treime nav.* lug.

veleitate *sf.* velleity, mere wish.

velodrom *sn.* velodrome.

velur *sn.* velour.

venal *adj.* venal, corrupt. # **~itate** venality, corruption.

venă *sf.* vein.

venera *vt.* to venerate, to revere, to worship. # **~bil** venerable; **~ţie** veneration, praise, worship, reverence.

veneric *adj. med.* venereal: *boală ~ă* venereal disease.

venetic *sm.* stranger, foreigner.

veni I. *vt.* (*bine*) to become, to suit: *rochia asta îţi vine bine* this dress becomes you. **II.** *vi.* **1.** to come: *a ~ la putere* to come to power; *a ~ la timp* to come in/on time. **2.** (*sosi*) to arrive. **3.** (**după**) to succeed. # **~re** coming; *cu vino-încoace* dishy; *care va să vină* forthcoming; *a ~ târziu* to be late; *nou-~t* new comer; *ce-ţi ~?* what's the big idea?; *bine aţi ~t!* welcome!

venin *sn.* (*şi fig.*) venom. # **~os** venomous, poisonous.

venit *sn.* **1.** (*câştig*) return, income, revenue, yield: *~ brut/net* gross/ net income; *~ din reclame* advertising revenue. **2.** *pl.* earnings.

ventil *sn.* vent, stopcock.

ventila *vt.* to ventilate. # **~re** ventilation; **~tor** ventilator, fan.

ventricul *sn.* ventricle.

ventriloc *sm.* ventriloquist.

ventuză *sf.* (*de lipitoare*) sucker.

verandă *sf.* veranda, porch, *amer.* deck.

verb *sn.* verb: *~ auxiliar* auxiliary verb; *~ modal* modal verb.

verbal *adj.* **1.** verbal, oral. **2.** *gram.* verbal.

verde I. *sn.* green: *un ~ deschis* a light green. **II.** *adj.* **1.** green: *~ închis* bottle green. **2.** (*necopt*) unripe. **3.** (*d. lemn*) unseasoned.

~ață green; ~țuri vegetables; ~ *crud* (*culoare*) verdant.

verdict *sn.* 1. verdict, decision, finding. 2. *jur.* sentence.

vergea *sf.* 1. rod. 2. (*de curățat arma*) ramrod.

veridic *adj.* veracious, truthful, true to life. # ~**itate** veracity.

verifica *vt.* 1. to verify, to control, to review, to inspect, to check. 2. (*cunoștințele*) to test. # ~**bil** provable; ~**tor** tester.

verificare *sf.* 1. verification, trial, control, check, review, revision, inspection, scrutiny: ~ *superficială* cursory check. 2. (*contabilă*) audit. 3. (*a cunoștințelor*) test.

verigă *sf.* link, ring.

verighetă *sf.* wedding ring.

verișor, verișoară *sm., sf.* cousin.

veritabil *adj.* veritable, authentic, genuine, sheer, *fam.* kosher.

vermut *sn.* vermouth.

vernisaj *sn.* opening, showing.

verosimil *adj.* plausible, verisimilar.

vers *sn.* 1. verse, rhyme, line: ~ *alb* blank verse. 2. *pl.* poetry. # ~**et** verse.

versant *sm.* slope, side, flank, mountainside.

versat *adj.* versed, seasoned, experienced.

versatil *adj.* (*d. oameni*) versatile, changeable, protean.

versifica *vt.* to versify.

versiune *sf.* version. # ~ *nouă* (*a unui film etc.*) remake.

vertebrat *sn., adj.* vertebrate.

vertebră *sf.* vertebra.

vertical *adj.* vertical, upright. # ~**ă** vertical.

vertiginos *adj.* 1. vertiginous, precipitous: *o scădere vertiginoasă* a precipitous decline. 2. (*d. scădere, creștere*) steep.

vertij *sn.* vertigo.

vervă *sf.* verve, vigour, zest, *fam.* zing.

verzui *adj.* greenish.

vesel *adj.* 1. (*d. cineva*) joyous, jolly, jovial, gay, *fam.* chirpy. 2. (*d. ceva*) cheerful, merry, jocund, gleeful, sunny. # ~**ie** hilarity, glee, merriment, merrymaking, mirth, gaiety, frolic, *fam.* lark; **a se** ~**i** to rejoice, to revel.

veselă *sf.* (*de lut/porțelan*) dishes, crockery. # ~ *și tacâmuri* tableware.

vest *sn.* 1. west. 2. (*occident*) West. # ~**ic** west(erly), western; *de* ~ west(ern), westerly; *spre/către* ~ west(wards); *care duce spre* ~ westbound; *locuitor din* ~ westerner; *în extrema ~ică* westernmost.

vestă *sf.* 1. vest. 2. (*bărbătească*) singlet. 3. (*la costum*) waistcoat. # ~ *de salvare* life jacket.

veste *sf.* 1. (piece of) news, message: *iată o* ~ *bună* that's great news. 2. *pl.* tidings.

vesti *vt.* to herald, to promise, to announce.

vestiar *sn.* dressing room, cloakroom, *amer.* coatroom, locker room.

vestibul *sn.* vestibule, hall, lobby, *amer.* hallway.

vestigiu *sn.* 1. vestige. 2. *pl.* relics, remains, ruins.

vestimentar *adj.* vestmental, sartorial.
vestimentație *sf.* clothing, (style of) dress, apparel, garb: *vestimentația secolului al XVIII-lea era foarte colorată* the dress of the 18th century was very colourful.
vestit *adj.* renowned, celebrated, famous, notorious.
vestitor *sm.* **1.** messenger, forerunner, harbinger. **2.** (*și fig.*) herald.
veston *sn.* jacket.
veșmânt *sn.* **1.** vestment, robe. **2.** (*de călugăr etc.*) habit.
veșnic *adj.* timeless, everlasting, (for) evermore, undying. # **~ie** eternity; *pe ~ie* for ever; *de o ~ie* for ages.
veșted *adj.* withered.
veșteji I. *vt.* to wither, to shrivel. **II.** *vr.* to wither, to shrivel, to wilt.
veteran *sm.* veteran, *fam.* vet.
veterinar I. *sm.* (*medic*) vet, *amer.* veterinarian: *a duce câinele la ~* to take the dog to the vet's. **II.** *adj.* veterinary.
veto *sn.* veto.
veveriță *sf.* squirrel.
vexat *adj.* vexed, *fam.* miffed.
vezică *sf. anat.* (*urinară*) bladder.
veziculă *sf.* **1.** *med.* vesicle, blister. **2.** (*biliară*) gall bladder.
via *prep.* via.
viabil *adj.* viable.
viaduct *sn.* viaduct.
viață *sf.* life, living, being: *viața de apoi* the future life; *o ~ îmbelșugată* a good life. # *în ~* living, (a)live; *~ conjugală* married life, matrimony; *durată de ~* span of life, lifespan, lifetime; *a fi în ~* to be alive; *plin de ~* lively, brisk.
vibra *vi.* **1.** to vibrate, to quiver, to quaver, to pulsate, to pulse, to tremble, to judder. **2.** (**de**) (*emoție*) to tingle (with). # **~ție** tremble, judder, vibration, oscillation, tremor; **~tor** vibrator.
vibrant *adj.* **1.** vibrant, resonant, tremulous. **2.** *fig.* rousing: *discurs ~* rousing speech.
vicar *sm.* vicar. # **~iat** vicarage.
vicepreședinte *sm.* **1.** vicepresident, *amer. fam.* veep. **2.** (*în S.U.A.*) running mate.
vicerege *sm.* viceroy.
vicia *vt.* to corrupt, to defile.
viciat *adj.* **1.** depraved, corrupt. **2.** (*d. aer*) stale, foul.
vicios *adj.* vicious, addict, *fam.* rotten.
vicisitudine *sf.* vicissitude, uncertainty: *vicisitudinile vieții* life's uncertainties.
viciu *sn.* **1.** vice. **2.** (*al unui sistem*) malady.
viclean *adj.* crafty, cunning, treacherous, sly, slick, arftful, *fam.* shifty, foxy.
viclenie *sf.* cunning, guile, craft, ruse.
vicleșug *sn.* **1.** contrivance, device, trick, hanky-panky. **2.** *pl.* wiles.
viconte *sm.* viscount. # **~să** viscountess.
victimă *sf.* **1.** victim. **2.** *pl.* fatalities, casualties. # *victime omenești* (death) toll.
victorie *sf.* **1.** victory, triumph: *~ clară* clear-cut victory. **2.** (*în competiție*) win. **3.** (*la fotbal*) *fam.*

result. # *a repurta o* ~ to gain a victory, to triumph; ~ *uşoară sport* easy win/victory, *fam.* romp.

victorios *adj.* victorious, triumphant. # *a fi* ~ to triumph.

vid *sn.* (*şi fig.*) vacuum, void: *moartea lui a lăsat un* ~ *în viaţa ei* his death left a void/vacuum in her life. # **a ~a** to create a vacuum.

video *adj.* video. # **~casetofon** (*cu înregistrare*) video cassette recorder; **~telefon** videophone.

vidră *sf. zool.* otter.

vie *sf.* vineyard. # *viţă de* ~ vine.

vier *sm.* boar.

vierme *sm.* **1.** worm. **2.** (*de mătase*) silkworm.

viespar *sn.* (*şi fig.*) nest.

viespe *sf.* wasp, hornet.

vietate *sf.* creature, living being.

vieţui *vi.* **1.** to live. **2.** (**cu**) (*convieţui*) to live (with), to shack up (with). # **~toare** creature, living being.

viforniţă *sf.* snowstorm.

vigilent *adj.* vigilant, wary, alert, cautious, observant, wakeful, watchful.

vigilenţă *sf.* vigilance, cautiousness.

vigoare *sf.* **1.** vigour, vim, pith, potency, sap. **2.** *fig.* force. # *în* ~ (*d. lege*) in operation/force/effect; *a pune în* ~ (*o lege*) to put (a law) into effect; *a intra în* ~ to come into force/operation.

viguros *adj.* **1.** vigorous, robust, virile, strong, sturdy. **2.** (*şi fig.*) forceful.

viitor I. *sn.* **1.** future, morrow: *~ul apropiat/îndepărtat* the near/distant future; *plin de speranţe pentru* ~ full of hopes for the morrow. **2.** *gram.* future. **II.** *adj.* next, future, coming, would-be: *luna viitoare* next month; *~ul meu soţ* my future husband; ~ *actor* would-be actor.

viitură *sf.* debris.

vijelie *sf.* storm, gale, squall.

vilă *sf.* villa.

vileag *sn.* # *a da în* ~ to reveal.

vilegiatură *sf.* travel.

vilegiaturist *sm.* holidaymaker, traveller, wayfarer, *amer.* vacationer, vacationist.

vin *sn.* wine, *fam.* vino: ~ *alb* white wine; ~ *roşu* red wine. # *producţie de* ~ vintage.

vină *sf.* guilt, blame: *a arunca vina pe* to pass the blame to; *a fi de* ~ to be to blame; *nu am nici o* ~ I am in no way to blame. # *a da vina pe* to blame, to pin the blame on, to point at; *a lua vina asupra sa pentru ceva* to take the rap for smth.

vinci *sn.* winch, jack, hoist.

vinde I. *vt.* **1.** to sell, to vend, to merchandise. **2.** (*cu amănuntul*) to retail. **3.** (*droguri*) *fam.* to push. **4.** (*sub preţ*) to undercut. **II.** *vr.* to sell: *a se* ~ *bine* (*d. o marfă*) to sell well.

vindeca I. *vt.* to recuperate, to cure, to heal. **II.** *vr.* **1.** to cure, to recover, to heal. **2.** *fam.* (*d. o rană*) to mend. # **~re** recovery, cure; *pe cale de ~re* on the mend.

vindecător *sm.* healer.

vindicativ *adj.* vindictive.

vineri *sf.* Friday. # *Vinerea Mare* Good Friday.

vinietă *sf.* vignette.
vinovat I. *sm.* culprit. **II.** *adj.* guilty, culpable, responsible, at fault: ~ *de* responsible for.
vinovăție *sf.* guilt, culpability, blame.
vintre *sf. anat.* loins.
vioară *sf.* violin, *fam.* fiddle: *a cânta la* ~ to fiddle, to play the violin.
vioi *adj.* **1.** vivacious, alert, nimble, crisp, alive, lively, brisk, jaunty, *fam.* snappy, frisky, perky. **2.** (*d. conversație*) lively. **3.** (*d. minte*) quick, nimble, mercurial. **4.** (*d. pas etc.*) brisk, *fam.* spanking. # **~ciune** briskness, sparkle, ginger, *fam.* zing.
viol *sn.* rape. # **a ~a** to rape.
viola *vt.* **1.** (*d. un bărbat*) to violate, to rape, to ravish. **2.** (*o lege*) to violate, to infringe, to break, to breach. **3.** (*un domiciliu*) to trespass. # **~tor** violator, rapist.
violare *sf.* **1.** (*a unei proprietăți particulare*) trespass. **2.** (*a unei legi*) violation, breach.
violă[1] *sf. muz.* **1.** viola. **2.** (*de tip vechi*) viol.
violă[2] *sf. bot.* violet.
violent *adj.* **1.** violent, brutal, rough, tough, turbulent, impulsive, rabid, vicious, nasty, *fam.* trigger-happy, *amer.* mean: *a deveni* ~ to turn nasty. **2.** (*d. durere*) acute, sharp, stinging, keen. **3.** (*d. vânt*) rough, wild. **4.** (*d. ceartă*) stand--up. **5.** (*d. culori*) garish, flashy.
violență *sf.* **1.** violence, force. **2.** (*a vântului*) fury.
violet *adj.* violet, purple. # **~ă** *bot.* violet.
violoncel *sn.* (violon)cello. # **~ist** cellist.
violonist *sm.* violinist, fiddler.
viperă *sf.* viper, adder.
vira I. *vt.* (*bani*) to transfer. **II.** *vi.* **1.** to swerve, to veer: *a ~ spre dreapta* to swerve to the right. **2.** (*d. un vehicul*) to slew. # **~j** turningsweep, swerving; **~re** *ec.* transfer: *~re de fonduri* transfer of funds.
virament *sn.* transfer.
viran *adj.* vacant, waste: *teren* ~ vacant/waste land.
virgin *sm., adj.* virgin. # **~ă** virgin, maid; **~itate** virginity, chastity.
virgulă *sf.* comma. # *punct și* ~ semicolon.
viril *adj.* virile. # **~itate** virility, manhood.
viroagă *sf.* gully, dell.
viroză *sf.* virosis.
virtual *adj.* virtual.
virtuos *adj.* virtuous, righteous.
virtuoz *sm.* virtuoso.
virtuozitate *sf.* virtuosity.
virtute *sf.* virtue, virtuousness.
virulent *adj* (*d. critică etc.*) virulent, fierce, savage.
virus *sn.* virus.
vis *sn.* **1.** dream. **2.** (*dorință*) wish: *~ul i s-a împlinit* his wish came true. **3.** (*dorință arzătoare*) longing. # ~ *irealizabil* pipedream.
visa I. *vt.* **1.** to dream. **2.** (*medita*) to muse. **II.** *vi.* (**să, la**) to long (for, to) # **~re** dream.
visător I. *sm.* dreamer. **II.** *adj.* **1.** dreamy. **2.** (*îngândurat*) pensive. **3.** (*utopic*) quixotic, visionary.
viscere *sn. pl.* bowels, guts, insides.

viscol *sn.* blizzard, snowstorm, blast.
vistierie *sf.* treasury, coffers.
vistiernic *sm.* treasurer.
vişin(ă) *sm., sf.* cherry. # **~ată** cherry brandy.
vital *adj.* vital. # **~itate** vitality, *amer.* pizzazz, *fam.* zap.
vitamină *sf.* vitamin.
vită *sf.* **1.** beast: *carne de ~* beef; *supă de ~* beeftea. **2.** *pl.* cattle, (live)stock, kine. # *crescător de vite* stockbreeder; *ocol de vite* stock yard, corral.
viteaz *adj.* courageous, brave, gallant.
vitejesc *adj.* valiant, valorous.
vitejie *sf.* bravery, valour, gallantry, prowess.
viteză *sf.* **1.** speed, velocity, celerity, swiftness, momentum, *fam.* lick: *a prinde ~* to gather speed, to pick up speed, to gain momentum; *limită de ~* speed limit. **2.** *tehn.* gear: *viteza întâi auto* the first gear; *viteza a doua auto* second gear; *în ~* in gear; *scos din ~* out of gear. **3.** (*ritm*) rate. # *cutie de viteze* gearbox; *în plină ~* in full career/ tilt; *a băga în ~* (*şi fig.*) to zap, to speed; *cu toată viteza* at full speed/ pelt; *exces de ~* speeding; *dă-i ~!* step on it!.
vitezoman *sm. fam.* speed merchant.
vitezometru *sn. auto* speedometer, *fam.* clock.
viticultor *sm.* viticulturist, wine grower, vintner.
viticultură *sf.* viticulture, wine growing.
vitraliu *sn.* stained glass window.
vitreg *adj.* **1.** step: *soră ~ă* step sister. **2.** (*nefavorabil*) unkind, hostile.
vitrină *sf.* **1.** (*la muzeu*) showcase. **2.** (*de magazin*) (shop) window: *aranjare a vitrinei* window dressing. **3.** (*mobilă*) cabinet.
vitriol *sn.* vitriol.
viţă *sf.* **1.** (*de vie*) (grape)vine. **2.** (*neam*) kin. # *de ~ nobilă* highborn.
viţea, viţică *sf.* heifer.
viţel *sm.* calf: *piele de ~* calf (skin). # *carne de ~* veal.
viu *adj.* **1.** live, living, alive, quick, above ground. **2.** (*d. culori*) vivid, intense, lively. **3.** (*d. limbaj*) picturesque. **4.** (*d. o descriere*) vivid, graphic. **5.** (*d. o discuţie*) heated, hot. # *pe ~* (*d. transmisie TV*) live.
vivace *adj.* vivacious, sprightly, springy.
vivacitate *sf.* vivacity, livelines, life, sparkle, *fam.* zip.
vivant *adj.* (*d. descriere*) lively.
vivisecţie *sf.* vivisection.
viza *vt.* (*un paşaport*) to visa.
vizavi *adv.* vis-à-vis, across (from). # *de ~* opposite.
viză *sf.* visa.
vizetă *sf.* peephole, spy hole.
vizibil *adj.* visible, obvious, observable, conspicuous, noticeable, discernible, in evidence, prominent. # **~itate** visibility, view.
vizieră *sf.* (*la coif*) visor.
viziona *vt.* (*un progrtam TV, un film*) to view.
vizionar I. *sm.* visionary, dreamer. **II.** *adj.* visionary, dreamy.
vizita I. *vt.* to visit, to call on, to do, to see: *a ~ un oraş* to do a town.

II. *vr.* (**cu**) to mix with smb. # **~tor** visitor, caller, *fam.* comer.

vizită *sf.* **1**. visit: *~ din obligație* duty visit; *a face o ~* to pay a visit. **2**. (*scurtă*) call: *a face o ~ cuiva* to pay a call on smb. **3**. (*medicală*) examination, physical. **4**. (*a medicilor la spital*) round. **5**. (*oficială*) visitation. # *a fi în ~* to visit.

vizitiu *sm.* coachman.

viziune *sf.* **1**. vision, angle. **2**. (*opinie*) opinion, outlook.

vizor *sn.* **1**. peephole, spy hole. **2**. *foto* viewfinder.

vizual *adj.* visual, optical. # *materiale* (*didactice*) *~e* vizual aids; *în raza ~ă* within sight.

vizuină *sf.* burrow, den, nest, lair, hole, lie, lodge.

vlagă *sf.* vigour, energy.

vlăgui *vt.* to emaciate, to enervate, to weaken. # **~t** emaciated, sapless, haggard.

vlăjgan *sm.* strapper.

vlăstar *sn.* **1**. sprout, shoot, scion. **2**. (*și fig.*) scion, offspring, descendant.

voal *sn.* veil, gauze, voile, gossamer.

voala *vt.* (*o fotografie*) to blur. # **~t** (*estompat*) indistinct, dim.

voastră *adj.* your. # *a ~* yours.

vocabular *sn.* vocabulary, lexicon, glossary.

vocal *adj.* vocal: *coarde ~e* vocal cords.

vocală *sf.* vowel.

vocație *sf.* calling, vocation.

voce *sf.* **1**. voice: *~ afectată* plummy voice; *~ dulce* gentle voice; *~ puternică* stentorian voice. **2**. (*de sopran*) treble. # *~ uniformă* monotone.

vocifera *vi.* to vociferate, to clamour, to rant (and rave).

vociferare *sf.* **1**. clamour. **2**. *pl.* ructions.

vodevil *sn.* vaudeville.

vogă *sf.* vogue, fashion, fame, *fam.* rage: *în ~* in fashion.

voi[1] *vt.* to want. # *~ termina treaba* I will finish the job; *voi, vom* shall: *deseară voi veni acasă* I shall come home tonight.

voi[2] *pron.* you. # *vă, chiar ~* yourselves; *spălați-vă* wash yourselves; *faceți-o chiar voi* do it yourselves.

voiaj *sn.* voyage, tour, travel, journey. # **a ~a** to travel, to journey, to voyage.

voiajor *sm.* **1**. voyager, passenger, traveller, wanderer. **2**. (*comercial*) tradesman, travelling salesman. # *comis-~* commercial traveller.

voie *sf.* **1**. will: *după ~* at will; *e voia Domnului* it's God's will. **2**. (*învoire*) permission: *a cere ~ să* to ask permission for. # *~ bună* mirth, cheer; *de bună ~* of one's own free will, freely; *a da ~ cuiva* to give smb. the nod; *a da cuiva ~ să* to allow smb. to, to let smb.; *a fi la voia cuiva* to be at smb.'s beck and call; *a-i face cuiva pe ~* to do as smb. wishes; *de ~, de nevoie* willy-nilly; *fără voia cuiva* without smb.'s consent; *fără voia mea* unwittingly.

voievod *sm.* voivode, vaivode.

voinic *adj.* bulky, burly, stout, well-built, heavy-set, hefty.

voință *sf.* volition, will(power), wish: *o ~ de fier* an iron will; *împotriva voinței părinților ei* against her parents wishes.
voios *adj.* cheerful, merry, hilarious, genial, light-hearted, jocund, joyous, gleeful, chirpy, lively.
voioșie *sf.* gaiety.
voit I. *adj.* deliberate, intentional, calculated. **II.** *adv.* deliberately, intentionally.
volan *sn.* **1.** (*la un vehicul*) (steering) wheel: *la volan* at the wheel. **2.** (*la îmbrăcăminte*) frill, flounce. # *opritoare de ~ auto* lock; *~ plisat* ruffle; *cu volănașe* ruffled.
volatil *adj.* volatile.
volbură *sf.* **1.** *bot.* convolvulus. **2.** (*vârtej de vânt*) whirlwind. **3.** (*vârtej de apă*) whirlpool.
volei(bal) *sn.* volleyball.
voleu *sn. sport* volley.
volt *sm. el.* volt. # **~aj** voltage; **~metru** voltmeter.
volubil *adj.* voluble, garrulous, loquacious, glib. # *persoană ~ă* gusher.
volum *sn.* **1.** volume, capacity. **2.** (*tom*) volume, tome. **3.** (*intensitate sonor*) volume.
voluminos *adj.* voluminous, big, bulky, massive.
voluntar I. *sm.* volunteer. **II.** *adj.* **1.** voluntary: *muncă ~ă* voluntary work. **2.** (*autoritar*) self-willed, strong-willed, wayward. **3.** (*încăpățânat*) wilful, *amer.* willful. # *a se înrola ca ~* to volunteer.
voluptate *sf.* voluptuousness.
voluptos *adj.* **1.** voluptuous. **2.** (*d. o femeie etc.*) sultry.
vomita *vt.*, *vi.* to vomit, to throw up, to spew up, *fam.* to puke. # **~t** vomit; *a-i veni să vomite* to retch.
vomitiv *sn. med.* emetic.
vopsea *sf.* **1.** dye, paint, colouring: *strat de ~* coat of paint. **2.** (*de păr*) tint. **3.** *pl.* colours. # *cutie de ~* tin.
vopsi *vt.* **1.** to dye. **2.** (*părul*) to colour, to tint, to tinge. **3.** (*în ulei*) to paint. # **~tor** dyer; *proaspăt ~t!* wet paint!.
vorace *adj.* voracious, greedy, gluttonous, ravenous.
vorbă *sf.* **1.** word: *vorbe goale* empty words; *vorbe grele* acrimonious words; *a trimite ~* to send word. **2.** (*zvon*) rumour, talk. **3.** (*discuție*) discussion. **4.** *pl.* rumours, rumblings. # **~reț** talkative, garrulous, loquacious, *fam.* chatty, gabby; *~ de duh* witticism, sally; *vorbe de clacă* idle talk, *amer.* palaver; *~-lungă* motormouth; *vorbe dulci* sweet nothings; *a sta de ~ cu* to talk with, to confabulate with; *a nu scoate o ~* to keep mum; *a scoate vorbe* to talk; *a schimba vorba* to switch the conversation; *mai încape ~!* that's for sure!; *termină cu vorba!* stop talking!; *nici ~!* no way!, *fam.* no dice!
vorbărie *sf.* verbiage, patter. # *~ fără sens* gibberish; *~ goală fam.* twaddle, waffle.
vorbi I. *vt.* **1.** (*o limbă*) to speak. **2.** (*unei mulțimi*) to address. **II.** *vi.* **1.** to talk, to speak: *a ~ în numele cuiva* to speak for smb.; *a ~*

sforăitor to talk big; *a ~ la pereţi* to speak to the wind; *a ~ rar* to speak slowly. **2.** (**despre**) to refer to. **3.** (**despre**) (*pe larg*) to expand (on), to enlarge (upon). # *a ~ aiurea* to ramble; *a nu ~ serios* to kid; *în general ~nd* generally speaking, in the main; *a ~ afectat* to mince one's words; *a ~ pe cineva de bine/rău* to speak well/ill of smb.; *a ~ deschis* to say frankly; *a ~ serios* (*despre ceva*) *amer. fam.* to talk turkey; *la drept ~nd* as a matter of fact, actually; *a ~ întruna* to run on; *a ~ peltic* to lisp; *a ~ pe nas* to twang; *a ~ urât* to use bad language; *vorbeşti serios*? do you mean it?; *nu ~*! you don't say so! *vorbeşte încet*! keep your voice down!; *vorbeşte tare/răspicat*! speak up/out!

vorbire *sf.* **1.** speaking. **2.** speech: *~ directă/indirectă gram.* direct/reported speech; *darul vorbirii* the faculty of speech. # *~ pe nas* twang.

vorbitor *sm.* speaker.

vostru; voastră; voştri; voastre *adj.* your. # *al/a/ai/ale ~* yours.

vot *sn.* **1.** vote, ballot, poll(s): *~ prin reprezentanţi* block vote; *~ de încredere* vote of confidence; *~ prin poştă/scrisoare* postal vote, *amer.* absentee ballot; *a merge la ~* to go to the polls. **2.** (*drept de*) suffrage, franchize.# *buletin de ~* vote, ballot, voting paper; *număr de ~uri* ballot, poll.

vota I. *vt.* **1.** to vote, to poll. **2.** (*o lege*) to pass. **II.** *vi.* (**pentru**) to vote (for), to ballot (for). **III.** *vr.* (*d. o lege*) to carry. # **~nt** voter; *a ~ pentru/împotriva unui lucru* to thumb smth. up/down.

votare *sf.* vote, ballot, poll(ing): *cabină de ~* polling booth; *secţie de ~* polling station.

votiv *adj.* votive.

vrabie *sf.* sparrow.

vrac *sn.* bulk: *în ~* in bulk.

vraci *sm.* shaman, medicine man, witch doctor, charlatan, *fam.* quack.

vraf *sn.* heap, bundle.

vraişte I. *sf.* mess. **II.** *adv.* in a mess/tumble.

vrajă *sf.* **1.** magic. **2.** (*şi fig.*) spell.

vrajbă *sf.* **1.** (*duşmănie*) enmity. **2.** (*ură*) hate. **3.** (*ceartă*) quarrel. **4.** (*îndelungată*) feud.

vrăbioară *sf.* (*de vită*) loin.

vrăji *vt.* **1.** to bewitch. **2.** (*încânta*) to charm, to enchant. # **~t** enchanted.

vrăjitoare *sf.* witch, sorcerer, sorceress, hag. # *vânătoare de ~* witch-hunt.

vrăjitor *sm.* **1.** witch, sorcerer. **2.** (*în basme*) wizard, magician. # **~ie** magic, witchcraft, sorcery.

vrăjmaş *sm.* enemy.

vrând-nevrând *adv.* willy-nilly.

vrea I. *v. aux.* shall, will: *mâine mă voi duce la cinema* tomorrow I shall go to the cinema; *îţi vei face temele deseară* you will do your homework in the evening. **II.** *vt.* to wish, to want, to will: *~u o maşină nouă* I want a new car; *fă ce vrei* do what you will; *aş vrea să ştiu* I wish I knew. **III.** *vi.* to will, to please: *când vrei* when you please. # *aşa cum vrei* at your discretion; *fără să ~* unawares; *ce ai ~ să mănânci*? what would you like to eat?; *ce ~ să zică* what does he mean?; *cum vrei*! please yourself!; *cum vrei tu*! whatever you say!; *fă cum vrei*!, *fă ce vrei*! have it your own way!; *ce mai vrei*? now what?; vrei să-mi dai...? will you give me...?

vrednic *adj*. industrious, diligent. # **~ie** industry, diligence.

vrej *sn*. stalk, stem.

vreme *sf*. **1**. time, year: *a sosit ~a* time's up; *e multă ~ de când* it's years since; *la acea ~* at the time; *la ~* in/on time; *la ~a potrivită* when the time comes; *pe ~a mea* in my time; *pe ~a* (*revoluției etc.*) at the time of. **2**. (*meteo*) weather: *~ bună/frumoasă* good weather; *~a s-a mai încălzit* the weather became warmer; *dacă ~a* (*bună*) *se menține* if the (good) weather holds; *dacă se schimbă ~a* if the weather breaks; *dacă ~a va fi bună* weather permitting. **3**. (*perioadă*) period, while, season: *după o ~* after a while; *în ~ ce* while; *o bună bucată de ~* for a good while. **4**. occasion. # *în ultima ~* lately, of late; *de ~ ce* since; *~ rece* cold; *~ umedă* wet; *pe ~a ei* in her time/day; *pe vremuri* formerly; *în vremuri demult apuse* in days of old; *de pe vremuri* old-time: *un dans de pe vremuri* an old-time dance.

vremelnic *adj*. temporary, passing, evanescent.

vreodată *adv*. ever: *ai fost ~ în Japonia*? have you ever been in Japan?; *ai văzut ~ un cangur*? have you ever seen a kangaroo?

vrere *sf*. will, desire, wish, volition, discretion: *cum ți-e ~a* at your discretion.

vreun, vreo *adj*. **1**. some: *în vreun fel sau altul* some way or other. **2**. (*cu negativ sau interogativ*) any: *ai vreo speranță*? have you any hope?

vrie *sf*. *av*. (tail)spin.

vui *vi*. **1**. (*d. tunet*) to thunder. **2**. (*d. arme*) to boom. **3**. (*d. gloanțe*) to whizz. **4**. (*d. vânt*) to roar. **5**. (*d. urechi*) to tingle. **6**. (*d. motor*) to grate.

vuiet *sn*. **1**. (*de tunet*) thunder. **2**. (*de arme*) boom. **3**. (*de gloanțe*) whizz. **4**. (*de vânt*) roar. **5**. (*în urechi*) tingle. **6**. (*al unui oraș*) clatter.

vulcan *sm*. volcano: *~ noroios* mud volcano; *~ activ* active volcano; *~ stins* dormant volcano.

vulcanic *adj*. **1**. volcanic. **2**. *fig*. fiery: *temperament ~* fiery temper.

vulcaniza *vt*. to vulcanize, to cure. # **~t** (*d. un cauciuc*) vulcanized.

vulg *sn*. mob, rabble.

vulgar *adj*. **1**. (*ordinar*) vulgar, cheap, coarse, low, vile, ribald, gross, *fam*. twopenny. **2**. (*banal*) common, trite. **3**. vulgar, strong: *limbaj ~* strong language; *latina ~ă* vulgar Latin. # **~itate** vulgarity; **a ~iza** to vulgarize.

vulnerabil *adj*. vulnerable, open. # **~itate** vulnerability.

vulpe *sf*. **1**. fox: *vânătoare de vulpi* fox hunt. **2**. (*femelă*) vixen. # *coadă de ~* brush; *de ~*, *ca ~a* vulpine.

vultur *sm*. vulture, eagle. # *pui de ~* eaglet.

vulvă *sf*. *anat*. vulva.

W

wagon-lit *sn.* sleeping car, sleeper.
warant *sn. ec.* warrant.
watt *sm. el.* watt. # **~metru** wattmeter; *putere electrică în wați* wattage.
WC *sn.* water closet, WC.
weekend *sn.* weekend.
western *sn.* (*film*) western.
whisky *sn.* **1.** whisk(e)y. **2.** (*scoțian*) scotch. # *pahar cu ~* whisky.
wolfram *sn.* wolfram.

X

xenofob I. *sm.* xenophobe. **II.** *adj.* xenophobic. # **~ie** xenophobia.
xenon *sn. chim.* xenon.
xerografie *sf.* xerography.
xerox *sn.* **1.** Xerox machine. **2.** photocopy. # **a ~a** to xerox, to photocopy.
xilen *sm. chim.* xylene.
xilofon *sn.* xylophone. # **~ist** xylophonist.
xilografie *sf.* xylography.

Y

yală *sf.* Yale (lock).
yankeu *sm.* Yankee.
yard *sm.* yard (= *0,9144m.*).
yemenit *sm., adj.* Yemeni.
yen *sm.* (*unitate monetară în Japonia*) yen.
yoga *sf.* yoga.
yog(h)in *sm.* yogi.
yuan *sm.* (*unitate monetară în China*) yuan.

Z

za *sf.* **1**. link, shackle. **2**. *pl.* (*armură*) armour, mail.
zadar *sn.* # *în* ~ vainly, in vain, unsuccessfully.
zadarnic *adj.* vain, futile, fruitless, hopeless: *încercare ~ă* vain/futile attempt; *lacrimi ~e* hopeless tears.
za(l)hana *sf.* steak house.
zaharină *sf.* saccharin.
zaharniță *sf.* sugar box.
zahăr *sn.* **1**. sugar. **2**. (*candel*) candy. **3**. (*tos*) castor sugar. **4**. (*cubic*) sugar lump. # *căpățână de* ~ loaf (of sugar).
zaiafet *sn.* carousal, revelry, *fam.* binge.
zambilă *sf.* hyacinth.
zar *sn.* **1**. die, dice: *a da cu ~ul* to throw/cast the dice. **2**. *pl.* dice, bones: *a amesteca ~urile* to rattle the dice. # *aruncare a ~urilor* roll.
zare *sf.* horizon.
zarvă *sf.* ado, fuss, tumult, commotion, hubbub, *fam.* to-do.
zarzavagiu *sm.* greengrocer.
zarzavat *sn.* vegetable. # *grădină de* ~ market garden, (*pe lângă casă*) kitchen garden.
zarzăr *sm.* apricot tree. # **~ă** apricot.
zaț *sn.* dregs, grounds.
zăbală *sf.* bit.
zăbavă *sf.* **1**. (*întârziere*) delay. **2**. (*răgaz*) respite.
zăbovi *vi.* to tarry, to linger, to loiter, to tarry.
zăbrele *sf. pl.* network, railings, lattice work.
zăcământ *sn.* deposit, ore.
zăcea *vi.* **1**. to sit, to lie. **2**. (*la pat*) to be confined (to bed).
zădărî *vt.* **1**. (*sâcâi*) to annoy. **2**. (*întărâta*) to incite, to stir. **3**. (*un câine*) to set.
zădărnici *vt.* **1**. (*o acțiune*) to hinder, to frustrate, to ruin, to encumber. **2**. (*un plan*) to thwart, *fam.* to nobble, to snooker. # **~e** futility.
zăduf *sn.* **1**. scorching heat. **2**. (*supărare*) anger.
zăgaz *sn.* **1**. dam, lock. **2**. (*opreliște*) hindrance.
zăgăzui *vt.* **1**. to dam. **2**. (*împiedica*) to hinder.
zălog *sn.* gage, pawn, pledge, bail.
zămisli *vt.* **1**. (*un copil*) to conceive. **2**. (*crea*) to create.
zănatic *adj.* scatter-brained, *fam.* zany.
zăngăni *vi.* to zing, to clash, to clatter, to jingle, to jangle, *fam.* to rattle. # **~t** clatter, clash, jingle, jangle, *fam.* rattle.

zăpadă *sf.* snow: *bulgăre de ~* snowball; *strat de ~* blanket/carpet/coat of snow; *om de ~* snowman; *fulgi de ~* snowflakes; *acoperit cu ~* snow-white.

zăpăceală *sf.* **1**. muddle, tangle, tumult, fluster. **2**. (*năuceală*) absence of mind.

zăpăci I. *vt.* to confuse, to fluster. **II**. *vr.* to get muddled.

zăpăcit I. *sm. fam.* scatterbrain. **II**. *adj.* **1**. (*distrat*) absent-minded, oblivious, forgetful. **2**. (*zvăpăiat*) frolicsome.

zăpuşeală *sf.* scorching heat.

zăpuşitor *adj.* searing, sultry.

zărghit *adj. fam.* kooky.

zări *vt.* to notice, to sight, to espy, to glimpse, to spot, to spy, to descry: *a ~ pe* to catch sight of. # **~re** sighting.

zăvoi *sn.* everglade.

zăvor *sn.* **1**. bar, bolt, latch, click, hasp. **2**. (*la fereastră*) window catch. # **a ~î** (*uşa etc.*) to bar, to bolt; *a închide cu ~ul* to latch.

zâmbet *sn.* **1**. smile. **2**. (*larg*) grin, beam. **3**. (*afectat*) smirk.

zâmbi *vi.* **1**. to smile. **2**. (*larg*) to grin, to beam. # **~tor** smiling, laughing; *~ţi vă rog*! (*la fotograf*) say cheese!, keep smiling!

zână *sf.* fairy.

zâzanie *sf.* **1**. discord, strife, contention: *a băga ~ între* to sow discord between. **2**. (*vrajbă*) feud.

zbate *vr.* **1**. to thrash about: *peştii se zbăteau în plasă* the fishes were thrashing about in the net. **2**. (*d. ochi*) to twitch. **3**. (**pentru**) to strive (for), to search (for), to contend (for). **4**. (*zvârcoli*) to toss (*in bed*). **5**. (*d. peşte*) to flop.

zbârci *vr.* to wrinkle, to line. # **~tură** wrinkle, line.

zbârcit *adj.* **1**. (*îmbătrânit*) wizened, shrunken. **2**. (*d. faţa cuiva*) seamed, *fam.* wrinkly.

zbârli *vr.* (*d. un animal*) to bristle. # **~t** tousled, dishevelled.

zbârnâi *vi.* **1**. to rattle, to buzz. **2**. (*d. sonerie*) to ring.

zbârnâit *sn.* **1**. buzz, rattle. **2**. (*de sonerie, telefon*) ring.

zbengui *vr.* to prance, to frolic, to romp, *fam.* to lark. # **~ală** romp, gambol.

zbiera *vi.* to shout, to bawl, to roar, to scream, to squall, *amer.* to holler.

zbieret *sn.* scream, shout, bawl, *amer.* holler.

zbir *sm.* tyrant, bully.

zbor *sn.* **1**. (*şi fig.*) flight: *însoţitor de ~* flight attendant; *~ de încercare* trial flight. **2**. (*cu avionul*) flying. # *de ~* flying; *a-şi lua ~ul* to wing its way, to take wing; *în ~* on the wing/fly.

zbucium *sn.* **1**. (*sufletesc*) unrest, restlessness, anxiety. **2**. (*tumult*) tumult, turmoil. # **a se ~a** to fret; **~at** restless, under the harrow, wound-up, *fam.* worked-up.

zbughi *vi.* # *a o ~* to career, to take to one's heels.

zbura *vi.* **1**. to fly, to wing. **2**. (*plana*) to soar, to glide.

zburătăci *vt.* **1.** (*o pasăre*) to flush out, to shoo away. **2.** (*d. vânt*) (*frunze*) to scatter.

zburător *adj.* flying. # *aparat ~* aircraft.

zburda *vi.* to gambol, to scamper, to frisk, to frolic. # **~lnic** frolicsome, mischievous, frisky.

zburdălnicie *sf.* playfulness.

zburlit *adj.* dishevelled, tousled.

zdravăn *adj.* **1.** robust, vigorous, hefty, lusty. **2.** (*d. un obiect*) massive, solid. **3.** (*la minte*) sound, sane.

zdrăngăni *vi.* **1.** to jangle, to zing, *fam.* to rattle. **2.** (**la**) (*chitară etc.*) to strum (on), to twang. # **~t** rattle, jangle, twang.

zdreanță *sf.* **1.** rag. **2.** *pl.* tatters, *amer. sl.* threads. # *copil în zdrențe* ragamuffin.

zdrențăros I. *sm.* tatterdemalion. **II.** *adj.* (*d. cineva*) ragged, shabby, *amer.* raggedy.

zdrențuit *adj.* (*d. haine*) ragged, tattered, *amer.* raggedy.

zdrobi *vt.* **1.** to crush, to pound. **2.** (*sufletește*) to prostrate, to devastate. # **~t** (*de durere*) stricken (with grief), devastated.

zdrobitor *adj.* **1.** shattering. **2.** (*d. o victorie în sport*) scorching.

zdruncina I. *vt.* **1.** to jolt, to jerk, to jar. **2.** (*submina*) to undermine. **II.** *vr.* to shake, to quaver.

zdruncinătură *sf.* jar, jolt, jerk.

zdup *sn. sl.* nick, jug, slammer. # *a băga la ~ sl.* to jug.

zeamă *sf.* juice.

zebră *sf.* **1.** zebra, horse. **2.** (*trecere de pietoni*) zebra crossing.

zece *num.* ten. # *al ~lea, a ~a* the tenth.

zecimal *adj.* decimal: *sistem ~* decimal system. # **~ă** decimal fraction.

zecime *sf.* tenth.

zefir *sm.* zephir.

zeflemea *sf.* derision, mockery, jibe, snarl, gibe, *fam.* dig.

zeflemisi *vt.* to sneer to, to mock at.

zeflemitor *adj.* jeering, derisive, mocking, quizzical.

zeitate *sf.* deity, god.

zeiță *sf.* deity, divinity, goddess.

zel *sn.* zeal, mettle, ardour, vigour, *fam.* pep: *exces de ~* intemperate zeal. # *plin de ~* zealous.

zelos *adj.* zealous, ardent, fervent. # *prea ~* officious.

zemos *adj.* **1.** juicy, succulent. **2.** (*d. fructe*) lush.

zenit *sn.* zenith.

zer *sn.* whey.

zero *sn.* **1.** naught, nought, nil, null: *un milion se scrie cu șase ~uri* a million is written with six naughts. **2.** (*cifra*) zero, cipher, cypher. **3.** (*nulitate*) nonentity. **4.** *sport* love: *cincisprezece* (*la*) *~* fifteen love. # *redus la ~* reduced to naught; *~ virgulă șase* (*0,6*) nought point six (0.6); *a aduce la ~* (*un aparat*) to reset, to zero; *a începe de la ~* to start from scratch.

zestre *sf.* dowry. # *ladă de ~* hope chest.

zețar *sm.* compositor, typesetter.

zeu *sm.* deity, divinity, god.
zevzec *sm.* blockhead.
zgardă *sf.* **1**. (dog) collar. **2**. (*anti-purici*) flea collar.
zgâi *vr.* (**la**) to goggle (at), to gawk (at), to gawp (at).
zgâlțâi I. *vt.* to shake, to jiggle, to wobble. **II**. *vr.* to jerk, to jolt, to rock. # **~tură** shudder, jar; **~ală** jerk, jolt.
zgâmboi *sm.* brat, kid, *fam.* tike.
zgândări *vt.* **1**. (*o rană*) to scrape. **2**. (*agasa*) to annoy, to nag.
zgârcenie *sf.* avarice, parsimony.
zgârci[1] *sn.* cartilage, gristle.
zgârci[2] *vr.* **1**. (**la**) to skimp (on), to stint (on), to economize (on): *nu trebuie să ne ~m la mâncare* we should not skimp on food. **2**. (*strânge*) to shrink.
zgârciob *sm.* miser, *fam.* scrooge, *amer. fam.* tightwad.
zgârcit I. *sm.* miser, *fam.* scrooge, *amer. fam.* tightwad. **II**. *adj.* penny-pinching, parsimonious, *fam.* close, small.
zgâria I. *vt.* **1**. to scratch, to scrape, to rake. **2**. (*urechea*) to jar. **II**. *vr.* to scratch, to scrape.
zgârie-brânză *sm. fam.* scrooge, skinflint.
zgârie-nori *sm.* skyscraper.
zgârietură *sf.* scrape, scratch.
zglobiu *adj.* lively, vivacious, agile, alert, sprightly, *fam.* snappy.
zgomot *sn.* **1**. noise, dim. **2**. (*de pași*) tread, footfall, footstep, tramp, step. # **~os** noisy, uproarious, raucous, vociferous.
zgribuli *vr.* to huddle up. # **~t** (*de frig*) trembling (with cold).
zgripțuroaică *sf.* hag, hellcat, grimalkin, jade.
zgrunțuros *adj.* rough, raspy.
zgudui I. *vt.* **1**. (*și fig.*) to shake. **2**. to jar, to jolt. **3**. (*sufletește*) to devastate. **II**. *vr.* to shake, to rock, to quake. # **~tură** jar, jolt, hitch; **~tor** heart-rending.
zgură *sf.* slag.
zi, ziuă *sf.* **1**. day: *~ tristă* blue day; *într-o ~* (*oarecare*) on a certain day; *~ de ~* day by day; *~le în șir* day after day; *de două ori pe ~* twice a day; *de la o ~ la alta* from one day to the next; *într-o* (*bună*) *~* someday, one day; *în câteva ~le* in a couple of days; *o ~ da, o ~ nu* every other day; (*mai*) *~lele trecute* the other day; *~ua* (*nu noaptea*) in the day time; *o ~ bună*! have a nice day!. **2**. (*onomastică*) name day. **3**. (*de lucru*) workday, weekday, working day. **4**. (*liberă*) day off. # *a se face ~uă* to dawn; *la ~uă* at daybreak; *de fiecare ~* everyday; *~ pierdută fam.* write-off; *cu ~ua* daily; *în/din ~lele noastre* nowadays, these days; *în fiecare ~* daily; *de ~ cu ~* quotidian, workaday; *a-și pune capăt ~lelor fam.* to top yourself; *bună ~ua*! good afternoon!, good day!
ziar *sn.* **1**. daily, newspaper, paper, journal, print, *fam.* organ, *amer.* gazette: *~ de prestigiu/ținută* broadsheet, quality newspaper.

2. (*săptămânal*) weekly. 3. (*de format mic, de scandal*) tabloid. # *număr de* ~ issue; *hârtie de* ~ newsprint.

ziarist *sm.* journalist, newspaperman, *fam.* pressman. # ~**ică** journalism, press; ~ *de duzină* hack.

zibelină *sf. zool.* sable.

zicală, zicătoare *sf.* saw, saying.

zice I. *vt.* to say, to tell. **II.** *vi.* **1.** to say. **2.** (*d. un text*) to read. # *zis și făcut* no sooner said than done, so said so done; ~-*se* supposedly; *se* ~ *că* they/people say (that); *va să zică* in other words; *zi ce ai de zis* speak up; *ce-ai* ~ *să...?* how/what about...?; *ce vrei să zici?* what do you mean?; *ca să zic așa!* in a manner of speaking!; *bine zis!* well said!; *că bine zici!* right you are!

zid *sn.* wall: ~ *de piatră* stone wall. # ~**ărie** masonry; ~**ar** bricklayer; *a înconjura cu un* ~ to wall; *a pune la* ~ *fig.* to pillory.

zidi *vt.* **1.** to build, to erect **2.** (*o ușă*) to wall.

zigzag *sn.* zigzag, crisscross.

zilnic I. *adj.* daily, quotidian. **II.** *adv.* daily.

zimț *sm.* **1.** tooth, indent(ation). **2.** (*de roată dințată*) cog. # ~**at** serrated.

zinc *sn.* zinc.

zis *adj.* named, called. # *așa-*~ would-be, so-called, seeming; *mai bine* ~ what is more.

zloată *sf.* slush, sleet.

zmeu I. *sn.* (*de înălțat*) kite. **II.** *sm.* (*balaur*) dragon.

zmeură *sf.* raspberry.

zoaie *sf. pl.* slops.

zob *sn.* # *a (se) face* ~ to break to shivers.

zodiac *sn.* zodiac. # ~**al** zodiacal; *semn* ~*al* star sign.

zodie *sf.* zodiac.

zonal *adj.* zonal, area.

zonă *sf.* **1.** zone, area, belt, sector, perimeter, district, part: ~ *calamitată* disaster area. **2.** (*comercială*) precinct. # ~ *de conflict pol.* tinderbox; *zona Zoster med.* shingles.

zoolog *sm.* zoologist. # ~**ie** zoology.

zoologic *adj.* zoological. # *grădină* ~*ă* zoo, zoological garden; *îngrijitor la grădina* ~*ă* zookeeper.

zootehnic *adj.* zootechnic. # ~**ian** zootechnician.

zootehnie *sf.* zootechny.

zor *sn.* rash, hustle, hurry.

zorea *sf.* morning glory.

zori[1] *sm. pl.* daylight, sunrise, cockcrow. # ~ *de zi* dawn, daybreak; *se crăpa de* ~*uă* dawn was breaking.

zori[2] *vt.* to precipitate, to hustle, to hurry, to hasten. # ~**t** hurried, hastened.

zornăi *vi.* **1.** to jingle. **2.** (*d. lanțuri*) to clank. # ~**t** jingle.

zorzoane *sf. pl.* frills, furbelows, fripperies, gimcracks.

zugrav *sm.* decorator, house painter.

zugrăvi *vt.* **1.** (*vărui*) to whitewash, to paint. **2.** (*descrie*) to depict, to profile.

zuluf *sm.* ringlet.

zumzăi *vi.* to buzz, to drone, to hum. # **~t** zoom.

zumzet *sn.* buzz, drone, hum.

zurbagiu *sm.* brawler.

zurgălăi *sm. pl.* bells.

zurliu *adj.* zany, nutty, wacky.

zurui *vi.* to jiggle.

zvastică *sf.* swastika.

zvăpăiat *adj.* **1**. sportive, frolicsome, wild. **2**. (*d. un copil*) playful, naughty.

zvâcni *vi.* **1**. to throb, to pulsate, to twitch. **2**. (*d. inimă*) to palpitate. **3**. (*ţâşni*) to leap out.

zvâcnire *sf.* **1**. twitch. **2**. (*a unui muşchi*) jerk.

zvânta *vt., vr.* to dry. # *a ~ în bătaie* to beat (smb.) black and blue.

zvârcoli *vr.* **1**. to toss, to twist, to wriggle. **2**. (**de**) (*durere etc.*) to writhe (with). # **~re** writhe, contortion.

zvârli *vt.* **1**. to throw, to fling, to toss, to hurl, *fam.* to heave. **2**. (*risipi*) to waste. **3**. (*împrăştia*) to scatter. **4**. (*ceva vechi*) to throw away.

zvelt *adj.* svelte, willowy, supple, slim, slender, lissome.

zvon *sn.* **1**. rumour, talk, word: *a răspândi un ~* to spread a rumour. **2**. murmur, whisper. **3**. *pl.* rumblings. # **a se ~i** to be rumoured; **~ist** rumourmonger, talebearer, scandalmonger; *se ~eşte că* it is rumoured that, there are rumblings that; *a răspândi ~uri* to peddle rumours.

GEORGETA NICHIFOR

DICȚIONAR ENGLEZ-ROMÂN

METEOR PRESS

Simboluri fonetice folosite în dicționar

Simbol	Pronunție		Cuvânt englezesc	Cuvânt românesc asemănător
ʌ	a	scurt	cut [kʌt]	cat
ɑ:	a	lung (pronunțat cu vârful limbii spre fundul gurii sau rotunjind buzele)	dance [dɑ:ns]	dans
ə	ă	scurt	rocker ['rɒkə]	rocă
ɜ:	ă	lung (pronunțat cu buzele întinse)	burr [bɜ:]	băă!
e	e	ca în română	set [set]	set
æ		se pronunță *e* cu gura poziționată ca pentru *a*	bat [bæt]	beat (*ea* pronunțate într-un singur sunet)
ɩ	i	scurt (un *i* spre *e*)	sick [sɩk]	sic!
i	i		Billy ['bɩli]	Billy
i:	i	lung	tea [ti:]	tii!
ɒ	o	scurt (se pronunță *o* cu gura poziționată ca pentru *a*)	pot [pɒt]	pot
ɔ	o	se întâlnește numai în diftongul ɔɩ	toy [tɔɩ]	toi
ɔ:	o	lung	gall [gɔ:l]	gool!
ʊ	u	scurt (se pronunță *u* cu buzele întinse)	cook [kʊk]	cuc

u	u	fluidity [flu'ɪdəti]	fluid
u:	u lung	moo [mu:]	muu!
b	b mai sonor decât în română	boom [bu:m]	bum
ʒ	j	Cluj [klu:ʒ]	Cluj
k	c rostit mai apăsat	cloche [klɒʃ]	cloş
d	d pronunțat cu vârful limbii la rădăcina dinților de sus	dress [dres]	dres
ŋ	n ca în cuvântul *ring* fără să se rostească *g*	ring [rɪŋ]	ring
p	p urmat de un *h* abia perceput	peek [pi:k]	pic
r	r rostit cu vârful limbii spre fundul gurii	rob [rɒb]	rob
ʃ	ş	shock [ʃɒk]	şoc
t	t pronunțat cu vârful limbii la rădăcina dinților de sus	tick [tɪk]	tic
θ	t pronunțat cu vârful limbii între dinți	thorough [θʌrə]	tară
ð	d pronunțat cu vârful limbii între dinți	thence [ðens]	dens
w	u scurt pronunțat apăsat	whisky ['wɪski]	whisky
j	i pronunțat apăsat	yen [jen]	yen
ʤ	dge, dgi *sau* dj	gen [ʤen], gin [ʤin]	gen, gin
tʃ	tci, tce *sau* tş	check [tʃek], cha-cha ['tʃɑ:tʃɑ:]	cec cha-cha

Este util de amintit unele deosebiri de pronunție dintre engleza vorbită în Marea Britanie şi engleza vorbită în Statele Unite.

[ɪ] poziționat în silabă neaccentuată se pronunță uneori [ə] ca în:
desolate ['desələt]
diversity [daɪ'vɜ:səti]
valueless ['vælju:ləs]
analysis [ə'næləsɪs]
şi nu ['desəlɪt], [daɪ'vɜ:sɪti], ['vælju:lɪs], [ə'nælɪsɪs] ca în Anglia.

[ɒ] pe teritoriul american se pronunță mult mai spre [a] decât în Marea Britanie aşa cum îl aveți explicat în tabelul de mai sus.

Litera r plasată la sfârşitul cuvintelor se pronunță în engleza vorbită în S.U.A.

De ex.:
teacher ['ti:tʃər]
flower ['flaʊər]
car ['kɑ:r]
dar nu şi în Anglia: ['ti:tʃə], ['flaʊə], ['kɑ:]. Totuşi, în frază, dacă cuvântul terminat în litera r este urmat de un cuvânt care începe cu un sunet vocal, r-ul se pronunță şi în engleză.

Ex.: *This teacher is tall* se pronunță:

ðɪs 'ti:tʃər iz 'tɔ:l.

Cuvinte ca grass, fast, last [grɑ:s], [fɑ:st], [lɑ:st] în S.U.A. se pronunță: [græs], [fæst], [læst].

A

A, a [eɪ] (litera) A, a

a [ə] *art. nehot.* un, o: *a cat* o pisică; *a hat* o pălărie; *a year* un an; *a wall* un perete; *a universiy* o universitate. # *he is a German* el este neamț; *she is a teacher* ea este profesoară.

abacus ['æbəkəs] (*pl.* **abaci** ['æbəsaɪ] *sau* ~**es**) *s.* abac.

abandon [ə'bændən] **I.** *s.* **1.** nonșalanță; descătușare. **2.** iresponsabilitate. **II.** *vt.* a abandona, a părăsi, a lăsa. # *she ~ed herself to sadness* s-a lăsat pradă tristeții.

abandoned [ə'bændənd] *adj.* **1.** părăsit, abandonat. **2.** desfrânat.

abate [ə'beɪt] **I.** *vt.* a renunța la. **II.** *vi.* (*d. furtună*) a se domoli.

abattoir['æbətwa:] *s.* abator.

abbess['æbɪs] *s.* stareță.

abbey ['æbi] *s.* mănăstire; abație.

abbot ['æbət] *s.* stareț.

abbreviate [ə'bri:vieɪt] *vt.* a prescurta.

abbreviation [ə,bri:vi'eɪʃn] *s.* prescurtare.

abdicate ['æbdɪkeɪt] *vi.* **1.** a demisiona. **2.** a abdica.

abdication [,æbdɪ'keɪʃn] *s.* abdicare.

abdomen ['æbdəmən] *s.* abdomen.

abduct [æb'dʌkt] *vt.* a răpi. # ~**ion** răpire.

aberration [,æbə'reɪʃn] *s.* **1.** abatere, deviere. **2.** rătăcire. **3.** defecțiune.

abhor [əb'hɔ:] *vt.* a detesta. # ~**rence** aversiune; ~**rent** dezgustător.

abide [ə'baɪd] **I.** *vt.* **1.** a suporta, a tolera. **2.** a accepta. **II.** *vi.* (**by**) a se ține (*de o promisiune*).

ability [ə'bɪlɪti] *s.* aptitudine, pricepere.

abject ['æbdʒekt] *adj.* **1.** deplorabil. **2.** abject.

able [eɪbl] *adj.* **1.** în stare (*de ceva*): ~ *to swim* în stare să înoate. **2.** competent.

abnegation [,æbnɪ'geɪʃn] *s.* dăruire de sine.

abnormal [æb'nɔ:ml] *adj.* anormal.

aboard [ə'bɔ:d] *adv., prep.* la bord; pe bord; în vagon; în autobuz.

abode [ə'bəʊd] *s.* domiciliu; reședință: *of/with no fixed* ~ fără domiciliu stabil.

abolish [ə'bɒlɪʃ] *vt.* a aboli (*sclavia*); a abroga (*o lege*).

abolition [,æbə'lɪʃn] *s.* abolire; abrogare.

A-bomb ['eɪbɒm] s. bombă atomică.

abominable [ə'bɒmɪnəbl] *adj.* execrabil.

aboriginal [ˌæbəˈrɪʤɪnl] *adj.* indigen, autohton.

abort [əˈbɔːt] *vt.* **1.** a avorta. **2.** a întrerupe. # **~ion** avort; avorton; **~ive** eşuat, neizbutit.

abound [əˈbaʊnd] *vi.* **(in)** a abunda (în).

about [əˈbaʊt] **I.** *adj.* **1.** activ. **2.** sănătos. **II.** *adv.* **1.** aproximativ. **2.** aproape: ~ *ready* aproape gata. **3.** peste tot. **III.** *prep.* **1.** despre. **2.** prin: *walking ~ town* plimbându-te prin oraş. **3.** la: *I have money ~ me* am bani la mine. # *how/what ~ a drink?* ce-ai zice de un pahar cu băutură?

above [əˈbʌv] **I.** *adj.* (*d. un fragment*) de mai sus. **II.** *adv.* **1.** deasupra. **2.** mai înainte. **III.** *prep.* **1.** deasupra: ~ *the earth* deasupra pământului. **2.** peste: *he jumped ~ the fence* a sărit peste gard. # ~ *all* mai presus de toate; ~ *oneself* plin de sine; ~ *par* peste medie.

abrasion [əˈbreɪʒn] *s.* **1.** răzuire. **2.** *tehn.* şlefuire.

abreast [əˈbrest] *adv.* unul lângă altul, alături. # *to keep ~ of the times* a ţine pasul cu vremurile.

abridge [əˈbrɪʤ] *vt.* a prescurta.

abroad [əˈbrɔːd] *adv.* în străinătate.

abrogate [ˈæbrəgeɪt] *vt.* a abroga.

abrupt [əˈbrʌpt] *adj.* **1.** neaşteptat. **2.** repezit. **3.** abrupt.

abscess [ˈæbses] *s.* abces.

absence [ˈæbsəns] *s.* **1.** absenţă: ~ *from school* absenţă de la şcoală. **2.** lipsă. # *leave of ~* concediu fără plată.

absent I. [ˈæbsənt] *adj.* **1.** absent, care lipseşte. **2.** distrat. **II.** [əbˈsent] *vt. to ~ oneself from* a absenta de la. # **~-minded** preocupat.

absolute [ˈæbsəluːt] *adj.* **1.** complet. **2.** absolut. # **~ly** categoric.

absolution [ˌæbsəˈluːʃn] *s.* iertare a păcatelor.

absolve [əbˈzɒlv] *vt.* **1. (from)** a scuti (de). **2. (of)** a ierta (de).

absorb [əbˈsɔːb] *vt.* **1.** a absorbi. **2.** *med.* a resorbi. **3.** a captiva. # **~ent** absorbant; **~ing** captivant.

abstain [əbˈsteɪn] *vi.* **(from)** a se abţine (de la). # **~er** abstinent.

abstinence [ˈæbstɪnəns] *s.* abstinenţă.

abstract [ˈæbstrækt] **I.** *s.* rezumat. **II.** *adj.* abstract. # **~ed** pierdut în gânduri.

absurd [əbˈsɜːd] *adj.* aberant, absurd. # **~ity** aberaţie.

abundance [əˈbʌndəns] *s.* abundenţă.

abundant [əˈbʌndənt] *adj.* abundent.

abuse I. [əˈbjuːs] *s.* **1.** insulte. **2.** abuz: ~ *of power* abuz de putere. **II.** [əˈbjuːz] *vt.* **1.** a ponegri. **2.** a maltrata. # **to ~ oneself** a se masturba.

abusive [əˈbjuːsɪv] *adj.* insultător; abuziv.

abyss [əˈbɪs] *s.* abis.

academic [ˌækəˈdemɪk] *adj.* academic. # **~ian** academician.

academy [əˈkædəmi] *s.* academie.

accelerate [əkˈseləreɪt] *vt.* a accelera.

acceleration [əkˌseləˈreɪʃn] *s.* **1.** accelerare. **2.** *auto.* acceleraţie.

accelerator [əkˌseləˈreɪtə] *s. tehn.* accelerator.
accent I. [ˈæksənt] *s.* accent. **II.** [əkˈsent] *vt.* a accentua. # **to ~uate** a accentua.
accept [əkˈsept] *vt.* **1.** a accepta. **2.** a recunoaşte. # **~able** acceptabil; **~ance** accept(are).
access [ˈækses] *s.* **1.** intrare; acces. **2.** declanşare, izbucnire. # **~ible** accesibil; **~ory** complice.
accident [ˈæksɪdənt] *s.* accident: *by ~* întâmplător. # **~al** accidental.
acclaim [əˈkleɪm] *vt.* a aclama, a aplauda (*şi fig.*).
acclamation [ˌækləˈmeɪʃn] *s.* ovaţii. # *by ~* prin majoritate absolută (de voturi).
acclivity [əˈklɪvɪti] *s.* coborâş.
accommodate [əˈkɒmədeɪt] *vt.* a caza; a găzdui.
accommodating [əˈkɒmədeɪtɪŋ] *adj.* îndatoritor, prevenitor.
accommodation [əˌkɒməˈdeɪʃn] *s.* **1.** cazare: *hotel ~* cazare la hotel. **2.** învoială. # **~s** casă şi masă; *~ acceptance* acceptare de complezenţă.
accompaniment [əˈkʌmpənɪmənt] *s.* **1.** completare. **2.** acompaniament.
accompany [əˈkʌmpəni] *vt.* **1.** a însoţi. **2.** *muz.* a acompania.
accomplice [əˈkʌmplɪs] *s.* complice.
accomplish [əˈkʌmplɪʃ] *vt.* a realiza. # **~ed** desăvârşit; **~ment** talent.
accord [əˈkɔːd] *s.* acord, asentiment. # *with one ~* unanim; *in ~ance with* conform cu; *~ing as* în măsura în care.
accordion [əˈkɔːdiən] *s.* acordeon.
account [əˈkaʊnt] **I.** *s.* **1.** calcul: *to keep ~s* a ţine contabilitatea. **2.** cont (bancar). **3.** relatare. **II.** *vt.* a socoti, a considera: *to ~ oneself rich* a se considera bogat. # *on one's own ~* pe cont propriu; *to take ~ of* a ţine seama de; *to call to ~* a trage la răspundere; *it's of no ~ to me* pentru mine nu prezintă nici o importanţă; *by all ~s* după spusele tuturor; *to ~ for* a explica, a justifica.
accountable [əˈkaʊntəbl] *adj.* răspunzător.
accountancy [əˈkaʊntənsi] *s.* contabilitate.
accountant [əˈkaʊntənt] *s.* contabil.
accredit [əˈkredɪt] *vt.* **1.** a avea încredere în. **2.** a împuternici. # **~ed** acreditat.
accretion [əˈkriːʃn] *s.* sporire: *capital ~* majorare de capital.
accumulate [əˈkjuːmjəleɪt] *vt.* a strânge, a colecţiona.
accumulation [əˈkjuːmjəleɪʃn] *s.* acumulare, colecţionare.
accumulator [əˈkjuːmjəleɪtə] *s.* **1.** *tehn.* acumulator. **2.** colecţionar.
accuracy [ˈækjurəsi] *s.* exactitate, precizie, claritate.
accurate [ˈækjurət] *adj.* exact, precis, corect.
accusation [ˌækjuˈzeɪʃn] *s.* acuzaţie.
accusative [əˈkjuːzətɪv] *s., adj.* acuzativ.
accuse [əˈkjuːz] *vt.* (**of**) a acuza (de). # **the ~d** acuzatul; acuzaţii; **~r** acuzator, reclamant.

accustom [ə'kʌstəm] *vt.* (**to**) a obişnui (cu).

ace [eɪs] *s.* as (*şi fig.*). # *an ~ in the hole amer. fam.* un as în mânecă; *within an ~ of fam.* la un pas de...

ache [eɪk] **I.** *s.* durere: *a tummy ~* durere de burtă. **II.** *vi.* a durea. # *aching for freedom* dorinţă de libertate.

achieve [ə'tʃi:v] *vt.* **1.** a obţine. **2.** a realiza. # **~ment** realizare; **~r** performer.

acid ['æsɪd] *s., adj.* acid. # **~ity** aciditate.

acknowledge [ək'nɒlɪdʒ] *vt.* **1.** a recunoaşte, a admite. **2.** a confirma. # **~ment** recunoaştere a meritelor; recunoştinţă; recipisă.

acme ['ækmi] *s.* apogeu.

acne ['ækni] *s.* acnee.

acorn ['eɪkɔ:n] *s.* ghindă.

acoustic(al) [ə'ku:stɪk(l)] *adj.* acustic.

acoustics [ə'ku:stɪks] *s.* acustică.

acquaint [ə'kweɪnt] *vt.* (**with**) a familiariza (cu): *to become ~ed with...* a cunoaşte pe/ceva. # **~ance** cunoştinţă: *to make the ~ance of smb.* a face cunoştinţă cu cineva.

acquiesce [ˌækwi'es] *vi.* (**with**) a fi de acord (cu). # **~nce** consimţire; **~nt** îngăduitor.

acquire [ə'kwaɪə] *vt.* a dobândi; a achiziţiona. # **~ment** dobândire.

acquisition [ˌækwɪ'zɪʃn] *s.* achiziţie.

acquisitive [ə'kwɪzɪtɪv] *adj.* **1.** strângător. **2.** receptiv.

acquit [ə'kwɪt] *vt.* a achita (*o datorie, pe cineva*). # *to ~ oneself well* a se comporta bine.

acquittal [ə'kwɪtl] *s.* **1.** *jur.* achitare. **2.** scutire (*de o sarcină*).

acre ['eɪkə] *s.* acru (*4046 m²*).

acrimonious [ˌækrɪ'məʊniəs] *adj.* sarcastic, incisiv.

acrobat ['ækrəbæt] *s.* acrobat.

across [ə'krɒs] **I.** *adv.* **1.** de la un capăt la altul. **2.** vizavi. **II.** *prep.* peste: *a bridge ~ the river* pod peste râu.

act [ækt] **I.** *s.* **1.** faptă, acţiune. **2.** act, document. **3.** act (*al unei piese*). **II.** *vt.* **1.** a acţiona. **2.** a reacţiona. **3.** a juca (*un rol*). **III.** *vi.* **1.** (**for**) a reprezenta (pe). **2.** (**like**) a se comporta (ca): *she ~s like a lady* se comportă ca o doamnă. # **~ing** actorie.

action ['ækʃən] *s.* **1.** acţiune; faptă: *to take ~* a acţiona; *a man of ~* om de acţiune. **2.** acţionare. **3.** *jur.* proces. **4.** funcţionare: *out of ~* (*d. un aparat*) scos din funcţiune; defect.

active ['æktɪv] *adj.* activ.

activist ['æktɪvɪst] *s.* activist.

activity [æk'tɪvɪti] *s.* activitate; acţiune.

actor ['æktə] *s.* actor.

actress ['æktrɪs] *s.* actriţă.

actual ['æktʃuəl] *adj.* **1.** real, adevărat. **2.** exact. # **~ity** realitate; **~ly** de fapt.

actuate ['æktʃueɪt] *vt.* a pune în funcţiune.

acumen ['ækjumən] *vt.* ascuțime a minții.

acupressure ['ækjupreʃə] s. presopunctură.

acupuncture ['ækjupʌŋktʃə] *s.* acupunctură.

acute [ə'kju:t] *adj.* **1.** ascuțit: *an ~ angle* unghi ascuțit; *~ pain* durere ascuțită. **2.** (*d. boală*) cronic. **3.** (*d. auz etc.*) fin.

ad [æd] *s.* anunț publicitar. # **~man** agent publicitar.

adamant [ə'dæmənt] *adj.* dârz, înverșunat.

adapt [ə'dæpt] *vt.* a adapta: *to ~ oneself to* a se adapta la. # **~able** adaptabil; **~ation** adaptare, acomodare.

add [æd] *vt.* **1.** *mat.* a aduna. **2.** a adăuga. # **~ed** adăugat, în plus; **to ~ up** a avea sens: *the ideas do not ~ up* ideile nu se leagă.

addendum [ə'dendəm] *s.* anexă, addenda.

adder ['ædə] *s.* viperă.

addict ['ædıkt] *s.* vicios: *a drug ~* persoană dependentă de droguri. # **~ion** dependență *(de alcool etc.).*

addition [ə'dıʃn] *s.* **1.** *mat.* adunare. **2.** adaos. **3.** achiziție (*persoană*). **4.** anexă. # **~al** suplimentar.

addled ['ædld] *adj.* **1.** (*d. ou*) stricat. **2.** confuz.

address [ə'dres] **I.** *s.* **1.** adresă. **2.** alocuțiune. **3.** adresare. **II.** *vt.* **1.** a adresa (*o scrisoare*). **2.** a vorbi (*unei mulțimi*). # **~ee** destinatar; *to ~ oneself to* a-și îndrepta atenția asupra.

adept ['ædept] *s., adj.* expert (*și fig.*).

adequate ['ædıkwıt] *adj.* **1.** adecvat, corespunzător. **2.** suficient.

adhere [əd'hıə] *vi.* (**to**) a adera (la.) # **~nce** adeziune, raliere; **~nt** susținător, suporter.

adieu [ə'dju:] *interj.* adio!

adjacent [ə'ʤeısənt] *adj.* alăturat, apropiat.

adjective ['æʤıktıv] *s.* adjectiv.

adjourn [ə'ʤə:n] *vt., vi.* a (se) întrerupe. # **~ment** întrerupere; amânare; suspendare.

adjudge [ə'ʤʌʤ] *vt.* **1.** a declara (*vinovat, falit etc.*). **2.** a atribui (*un premiu*).

adjunct ['æʤʌŋkt] *s.* **1.** adaos, supliment. **2.** subordonat.

adjust [ə'ʤʌst] *vt.* **1.** a regla. **2.** a adapta. **3.** a aranja. # *to ~ oneself to* a se obișnui cu.

administration [əd'mınıstreıʃn] *s.* **1.** administrație. **2.** conducere. **3.** guvern. # *during the Reagan ~* în timpul mandatului/regimului Reagan.

administrator [əd'mınıstreıtə] *s.* **1.** administrator. **2.** conducător. **3.** executor testamentar.

admirable ['ædmrəbl] *adj.* admirabil.

admiral ['ædmrəl] *s.* amiral.

admiration [,ædmə'reıʃn] *s.* admirație.

admire [əd'maıə] *vt.* a admira. # **~r** admirator.

admission [əd'mɪʃn] *s.* **1.** primire, cooptare. **2.** recunoaştere: *by his own* ~ după cum singur recunoaşte. **3.** intrare (*la un spectacol*).

admit [əd'mɪt] *vt.* **1.** a recunoaşte (*o vină*). **2.** a admite, a lăsa să intre. **3.** a permite. # **~tance** intrare (*la un spectacol etc.*); **~tedly** într-adevăr.

admonish [əd'mɒnɪʃ] *vt.* a admonesta.

admonition [ˌədmə'nɪʃn] *s.* admonestare.

ado [ə'du:] *s.* bucluc. # *without more* ~ fără întârziere.

adolescence [ˌædə'lesəns] *s.* adolescenţă.

adolescent [ˌædə'lesənt] *s.* adolescent.

adopt [ə'dɒpt] *vt.* a adopta.

adore [ə'dɔ:] *vt.* a adora.

adorn [ə'dɔ:n] *vt.* a împodobi.

adroit [ə'drɒɪt] *adj.* competent.

adult ['ædʌlt] *s., adj.* adult. # **~hood** maturitate.

adultery [ə'dʌltəri] *s.* adulter.

advance [əd'vɑ:ns] **I.** *s.* **1.** avansare, înaintare. **2.** progres. **3.** arvună. **4.** *pl.* avansuri (*fig.*). **II.** *vt.* **1.** a înainta, a avansa. **2.** a promova (*o idee*). **3.** a devansa. **4.** a plăti în avans. # **~-copy** exemplar semnal (*carte*).

advanced [əd'vɑ:nst] *adj.* **1.** avansat (*fig.*) **2.** modern, înnoitor. # **~ age** vârstă înaintată.

advantage [əd'vɑ:ntɪʤ] *s.* avantaj, folos. # **~ous** avantajos.

adventure [əd'ventʃə] *s.* aventură. # **~r** aventurier.

adventurous [əd'ventʃərəs] *adj.* aventuros.

adverb ['ædvɜ:b] *s.* adverb.

adversary ['ædvəsri] *s.* adversar.

adverse ['ædvɜ:s] *adj.* **1.** duşmănos, ostil. **2.** neprielnic. **3.** antagonist.

adversity [əd'vɜ:sɪti] *s.* răstrişte.

advertise ['ædvətaɪz] *vt., vi.* a face reclamă la: *she ~d for a cook* a dat anunţ (la ziar) pentru bucătăreasă. # **~ment** reclamă; anunţ publicitar; **~r** agent publicitar.

advice [əd'vaɪs] *s.* **1.** sfat, povaţă. **2.** consultanţă.

advise [əd'vaɪz] *vt.* a sfătui; a recomanda. # **~r** consilier.

advocate I. ['ædvəkɪt] *s.* avocat; apărător. **II.** ['ædvəkeɪt] *vt.* a apăra; a susţine.

aerial ['eəriəl] **I.** *s.* **1.** antenă (*TV etc.*). **2.** aerian, din aer.

aerobics [eə'rəʊbɪks] *s. pl.* gimnastică aerobică.

aesthete ['i:sθi:t] *s.* estet.

aesthetic [i:s'θetɪk] *adj.* estetic. # **~s** estetică.

affair [ə'feə] *s.* **1.** întâmplare; chestie; treabă. **2.** relaţie/legătură amoroasă.

affect [ə'fekt] *vt.* **1.** a ataca (*metalul etc.*). **2.** a afecta (*pe cineva*); # **~ation** prefăcătorie; **~ed** afectat, studiat, prefăcut.

affection [ə'fekʃən] *s.* afecţiune, iubire. # **~ate** iubitor, tandru.

affidavit [ˌæfɪ'deɪvɪt] *s. jur.* depoziţie (*sub jurământ*).

affinity [ə'fɪnɪti] *s.* afinitate; potrivire; legătură.

affirm [ə'fɜ:m] *vt.* a afirma, a declara. # **~ative** afirmativ.

afflict [ə'flɪkt] *vt.* a face să sufere; a chinui. # **~ed** lovit: *~ed areas* zone calamitate; **~ion** suferință.

affluent ['æfluənt] **I.** *s., geogr.* afluent. **II.** *adj.* înstărit, avut.

afford [ə'fɔ:d] *vt.* a produce, a oferi: *to ~ plesure* a oferi plăcere. # *I can ~ a new car* îmi pot permite (să cumpăr) o maşină nouă.

afforest [ə'fɒrɪst] *vt.* a împăduri.

affront [ə'frʌnt] **I.** *s.* ofensă; insultă. **II.** *vt.* a ofensa; a insulta.

afraid [ə'freɪd] *adj.* temător; *to be ~ of* a se teme de, a-i fi frică de.

after ['ɑ:ftə] **I.** *adj.* **1.** următor. **2.** din spate. **II.** *adv.* după (aceea): *we arrived soon ~* am sosit imediat după aceea. **III.** *prep.* **1.** după: *~ dark* după căderea nopții; *the day ~ tomorrow* poimâine. **2.** în ciuda. **IV.** *conj.* după ce. # **~effect** efect secundar; **~math** consecință; **~words** după aceea.

afternoon [ˌɑ:ftə'nu:n] *s.* după amiază.

again [ə'gen] *adv.* iar, încă o dată: *say it ~* mai spune o dată, repetă; *~ and ~* sau *over and over ~* mereu, în repetate rânduri; *then ~* dar pe de altă parte.

against [ə'genst] *prep.* **1.** împotriva, contra: *~ my will* împotriva voinței mele. **2.** în: *throw it ~ the wall* aruncă-o în perete. **3.** pentru, în vederea: *~ the winter* pentru iarnă.

age [eɪʤ] **I.** *s.* **1.** vârstă: *middle ~* vârstă mijlocie; *old ~* bătrânețe; *under ~* minor. **2.** epocă: *the stone ~* epoca de piatră. **II.** *vi.* a îmbătrâni. # **~ing** îmbătrânire; **~-old** străvechi; *to come of ~* a deveni major.

agency ['eɪʤənsi] *s.* **1.** agenție, reprezentanță. **2.** mijlocire.

agenda [ə'ʤendə] *s.* **1.** ordine de zi. **2.** agendă.

agent ['eɪʤənt] *s.* agent; reprezentant.

aggravate ['ægrəveɪt] *vt.* **1.** a înrăutăți. **2.** *fam.* a călca pe nervi.

aggression [ə'greʃn] *s.* agresiune.

aggressive [ə'gresɪv] *adj.* **1.** agresiv. **2.** îndrăzneț.

aggressor [ə'gresə] *s.* agresor.

aggrieved [ə'gri:vd] *adj.* mâhnit.

agile ['æʤaɪl] *adj.* sprinten, zglobiu.

agitate ['æʤɪteɪt] **I.** *vt.* **1.** a agita (*un lichid*). **2.** a enerva. **II.** *vi.* **(for)** a milita (pentru).

agitation [ˌæʤɪ'teɪʃn] *s.* **1.** frământare, neliniște. **2.** tulburare socială.

agitator ['æʤɪteɪtə] *s. pol.* agitator.

ago [ə'gəʊ] *adv.* în urmă: *one year ~* acum un an.

agony ['ægəni] *s.* chin, supliciu, calvar.

agrarian [ə'greəriən] *adj.* agrar.

agree [ə'gri:] **I.** *vt.* a accepta. **II.** *vi.* **1.** **(to)** a consimți (să). **2.** **(with)** a fi de acord (cu).

agreeable [ə'gri:əbl] *adj.* agreabil. # *to be ~ to* a fi în favoarea (*unei propuneri*).

agreement [ə'gri:mənt] *s.* **1.** acord, înțelegere; asentiment, consens. **2.** *gram.* concordanță. **3.** contract (*comercial*). **4.** tratat, pact.
agriculture ['ægrɪˌkʌltʃə] *s.* agricultură.
ahead [ə'hed] *adv.* înainte: ~ *of the time* înainte de vreme; *to be* ~ a fi în frunte; *to get* ~ a prospera.
aid [eɪd] **I.** *s.* ajutor, sprijin; asistență: *in ~ of* pentru ajutorarea...; *what's this in ~ of? fam.* la ce servește asta? **II.** *vt.* a ajuta.
ail [eɪl] *vi.* a fi bolnav. # **~ing** bolnav, suferind; **~ment** boală, afecțiune.
aim [eɪm] **I.** *s.* **1.** țintă: *his ~ was good* a țintit bine. **2.** scop, obiectiv: *with the ~ of* în scopul de a... **II.** *vi.* **1.** a ținti. **2.** a intenționa. # **~less** inutil; **~lessness** inutilitate.
air [eə] **I.** *s.* **1.** aer: *fresh* ~ aer curat. **2.** atmosferă. **3.** emisie (*radio etc.*). **4.** aspect, aer: *an ~ of mistery* aer misterios. **5.** melodie. **II.** *vt.* **1.** a aerisi. **2.** a-și face publice (*părerile*). # **~-conditioning** aer condiționat; **~force** forță aeriană; **~hostess** stewardesă; **~ing** aerisire; **~lane** culoar aerian; **~port** aeroport; **~plane** aeronavă; **~ship** aeronavă; **~sick** rău de avion; **~tight** etanș; *to clear the ~* a aplana un conflict; *to give smb. the ~ sl.* a da cuiva papucii; *up in the ~* în aer, nesigur; *to walk on ~* a fi entuziasmat.
aisle [aɪl] *s.* culoar între scaune.
ajar [ə'dʒɑ:] *adj.* întredeschis.
alabaster ['æləbɑ:stə] *s.* alabastru.
alacrity [ə'lækrɪti] *s.* entuziasm.
alarm [ə'lɑ:m] **I.** *s.* **1.** alarmă. **2.** panică. # ~ **clock** ceas deșteptător. **II.** *vt.* a alarma, a alerta.
Albanian [æl'beɪniən] **I.** *s.* **1.** albanez. **2.** limba albaneză. **II.** *adj.* albanez.
albatross ['ælbətrɒs] s. albatros.
album ['ælbəm] *s.* album.
albumen ['ælbjumɪn] *s.* albuș.
alcohol ['ælkəhɒl] *s.* **1.** alcool. **2.** băutură alcoolică. # **~ic** alcoolic; **~-free** fără alcool.
alcove ['ælkəʊv] *s.* **1.** nișă. **2.** chioșc (*în grădină*).
ale [eɪl] *s.* bere.
alert [ə'lɜ:t] **I.** *s.* alarmă: *on the ~* atent, vigilent. **II.** *adj.* **1.** atent, vigilent. **2.** vioi, zglobiu. **III.** *vt.* a avertiza; a anunța.
alfalfa [æl'fælfə] *s.* lucernă.
alga ['ælgə] (*pl.* **algae** ['ældʒi:]) *s.* algă.
algebra ['ældʒɪbrə] *s.* algebră. # **~ic** algebric.
alibi ['æləbaɪ] s. alibi: *cast-iron ~* alibi beton.
alien ['eɪliən] **I.** *s.* **1.** extraterestru. **2.** cetățean străin. **II.** *adj.* **1.** străin. **2.** neobișnuit, ciudat. # **~ation** înstrăinare; **to ~ate** a înstrăina.
align [ə'laɪn] *vt.* a alinia. # **~ment** aliniere.
alike [ə'laɪk] *adj.* la fel.
alimony ['ælɪməni] *s.* pensie alimentară.

alive [ə'laɪv] *adj.* **1.** viu, în viață. **2.** vioi: *to come ~* a se anima.

all [ɔ:l] **I.** *s.* avut: *they lost their ~* și-au pierdut tot avutul. **II.** *adj.* tot; toată; toți; toate: *~ men* toți oamenii. **III.** *adv.* complet, total. **IV.** *pron.* tot; toți: *~ of them* toți. # *~ in* cu totul, per total; *fam.* istovit; *by ~ accounts* după părerea generală; *~ but impossible fam.* aproape imposibil; *~ over* pretutindeni; terminat; *~ in ~* una peste alta, până la urmă; *~ too* foarte; *not ~ that fam.* nu foarte.

allegation [ˌælə'geɪʃn] *s.* speculație, afirmație, declarație (*pe bază de deducții*); presupunere.

allege [ə'ledʒ] *vt.* a pretinde; a presupune.

allegory ['æləgəri] *s.* alegorie.

allergy ['ælədʒi] *s.* alergie.

alley ['æli] *s.* **1.** alee. **2.** străduță.

alliance [ə'laɪəns] *s.* alianță.

allied ['ælaɪd] *adj.* **1.** aliat. **2.** similar, apropiat.

alligator ['ælɪgeɪtə] *s.* aligator.

allot [ə'lɒt] *vt.* a distribui, a aloca.

allow [ə'laʊ] *vt.* **1.** a permite, a lăsa. **2.** a accepta, a recunoaște, a admite. **3.** a acorda, a da (*bani etc.*). # *~ing for* presupunând că.

allowance [ə'laʊəns] *s.* **1.** alocație; indemnizație. **2.** rabat, reducere. # *to make ~s for the fact* a ține cont de faptul...

alloy [æ'lɔi] *s.* aliaj.

allude [ə'lu:d] *vi.* (**to**) a face aluzie (la).

allure [ə'ljʊə] *vt.* a ispiti.

allusion [ə'lu:ʒn] *s.* aluzie.

alluvium [ə'lu:viəm] *s.* aluviune.

ally [ə'lai] **I.** *s.* aliat. **II.** *vt.*, *vi.* a (se) alia.

almanac ['ɔ:lmənæk] *s.* almanah.

almighty [ɔ:l'maɪti] *adj.* atotputernic.

almond ['ɑ:mənd] *s.* migdal(ă).

almost ['ɔ:lməʊst] *adj.* aproape, cam.

alms [ɑ:mz] *s.* pomană. # **~box** cutia milei; **~house** azil de săraci.

alone [ə'ləʊn] *adj.*, *adv.* **1.** singur: *all ~* absolut singur. **2.** numai: *she ~ believed him* numai ea îl credea. # *he can't afford beer let ~ brandy* el nu-și permite să bea bere, ce să mai vorbim de coniac.

along [ə'lɒŋ] **I.** *adv.* înainte, în față. **II.** *prep.* de-a lungul. #**~side** alături de; **~ with** împreună cu.

aloof [ə'lu:f] *s.* sobru, distant.

aloud [ə'laʊd] *adv.* (cu voce) tare.

alphabet ['ælfəbet] *s.* alfabet. # **~ical** alfabetic.

already [ɔ:l'redi] *adv.* deja.

also ['ɔ:lsəʊ] *adv.* de asemenea, și. # **~-ran** *fam.* nulitate; persoană ratată.

altar ['ɔ:ltə] *s.* altar.

alter ['ɔ:ltə] *vt.* a modifica. # **~ation** modificare.

alternative [ɔ:l'tɜ:nəntɪv] **I.** *s.* alternativă. **II.** *adj.* alternativ.

although [ɔ:l'ðəʊ] *conj.* deși, cu toate că.

altitude ['æltɪtju:d] *s.* altitudine.

altogether [ˌɔ:ltə'geðə] *adv.* **1.** complet, în totalitate. **2.** per total.

altruism ['æltruɪzəm] *s.* altruism.
altruist ['æltruɪst] *s.* altruist. # **~ic** altruist (*adj.*).
aluminium [ˌælјə'mɪniəm] *s.* aluminiu.
always ['ɔːlwɪz] *adv.* (în)totdeauna.
amass [ə'mæs] *vt.* a acumula, a aduna.
amateur ['æmətə] *s., adj.* amator, diletant.
amatory ['æmətri] *adj.* erotic.
amaze [ə'meɪz] *vt.* a uimi.
amazing [ə'meɪzɪŋ] *adj.* uimitor.
ambassador [æm'bæsədə] *s.* ambasador.
ambiguous [æm'bɪgjuəs] *adj.* ambiguu.
ambition [æm'bɪʃn] *s.* ambiție.
ambitious [æm'bɪʃəs] *adj.* ambițios.
ambulance ['æmbjuləns] *s.* ambulanță.
ambush ['æmbʊʃ] *s.* ambuscadă.
ameliorate [ə'miːliəreɪt] *vt., vi.* a (se) ameliora.
amen [ɑː'men] *interj.* amin!
amenable [ə'miːnəbl] *adj.* receptiv; supus; ascultător.
amend [ə'mend] *vt.* a amenda (*o lege*). # **~ment** amendament.
amenities [ə'miːnɪtɪz] *s. pl.* facilități; amenajări.
American [ə'merɪkən] *s., adj.* american.
amethyst ['æməθɪst] *s.* ametist.
amiable ['eɪmiəbl] *adj.* (*d. cineva*) agreabil, plăcut.
amicable ['æmɪkəbl] *adj.* amiabil.
amir [ə'mɪə] *s.* emir.
amiss [ə'mɪs] *adj.* deplasat, în neregulă: *what's ~?* ce nu merge?
amity ['æməti] *s.* amiciție.
ammeter ['æmɪtə] *s.* ampermetru.
ammunition ['æmjunɪʃn] *s.* muniție.
amnesia [æm'niːziə] *s.* amnezie.
amnesty ['æmnəsti] *s.* amnistie.
among [ə'mʌŋ] *prep.* **1.** în mijlocul. **2.** printre: *~ other things* printre altele.
amorous ['æmərəs] *adj.* **1.** focos. **2.** înfierbântat. **3.** languros.
amortization [əˌmɔːtaɪ'zeɪʃn] *s.* amortizare.
amount [ə'maʊnt] **I.** *s.* **1.** *mat.* sumă. **2.** cantitate. **II.** *vi.* (**to**) a se ridica (la). # *her reply ~s to a refusal* răspunsul ei aduce a refuz.
ample ['æmpl] *adj.* amplu, mare.
amply ['æmplɪ] *adv.* **1.** din abundență. **2.** cu generozitate.
amplifier ['æmplɪfaiə] *s.* amplificator.
amplify ['æmplɪfaɪ] *vt., vi.* a (se) amplifica.
amputate ['æmpjuteɪt] *vt.* a amputa.
amuse [ə'mjuːz] *vt.* a amuza. # **~ment** distracție.
an [ən] *art. nehot.* un, o: *an egg* un ou; *an hour* o oră; *an old man* un bătrân.
anaemia [ə'niːmiə] *s.* anemie.
anaemic [ə'niːmɪk] *adj.* anemic.
anaesthesia [ˌænəs'θiːziə] *s.* anestezie.
anaesthetist [ə'niːsθətɪst] *s.* anestezist.
anaesthetize [ə'niːsθətaɪz] *vt.* a anestezia.

analogous [əˈnæləgəs] *adj.* analog.
analogue [ˈænəlɒg] *adj.* analog.
analogy [əˈnælədʒi] *s.* analogie.
analyse [ˈænəlaɪz] *vt.* a analiza.
analysis [əˈnæləsɪs] (*pl.* **analyses** [əˈnæləsi:z]) *s.* analiză.
analytic(al) [ˌænəˈlɪtɪk(l)] *adj.* analitic.
anarchy [ˈænəki] *s.* anarhie.
anatomical [ˌænəˈtɒmɪkl] *adj.* anatomic.
anatomy [əˈnætəmi] *s.* anatomie.
ancestor [ˈænsəstə] *s.* strămoş.
ancestry [ˈænsəstri] *s.* descendenţă.
anchor [ˈæŋkə] **I.** *s.* ancoră: *at ~* ancorat; *to drop/weigh ~* a arunca/ridica ancora. **II.** *vi.* a ancora. # **~man** coordonator de programe (*la TV*).
ancient [ˈeɪnʃənt] *adj.* antic; foarte vechi.
ancillary [ænˈsɪləri] *adj.* subsidiar; auxiliar.
and [ən(d)] *conj.* **1.** şi: *cats ~ dogs* pisici şi câini. **2.** să: *try ~ get it* încercă să o iei. # *less ~ less* din ce în ce mai puţin; *~ so on* şi aşa mai departe.
anecdote [ˈænɪkdəʊt] *s.* anecdotă.
anew [əˈnju:] *adv.* din nou.
angel [ˈeɪndʒəl] *s.* înger. # **~ic** angelic.
anger [ˈæŋgə] **I.** *s.* mânie. **II.** *vt.* a înfuria.
angle [ˈæŋgl] **I.** *s.* **1.** unghi: *an acute ~* unghi ascuţit **2.** punct de vedere, viziune. **II.** *vi.* **1.** a pescui. **2.** **(to)** a o lua / coti (spre). # **~r** pescar.
angry [ˈæŋgri] *adj.* supărat, mânios. # *~ clouds* nori ameninţători.
anguish [ˈæŋgwɪʃ] *s.* tortură, chin; disperare.
angular [ˈæŋgjulə] *adj.* **1.** colţuros. **2.** costeliv, uscăţiv. **3.** (*d. cineva*) ţeapăn.
animal [ˈænɪml] **I.** *s.* animal. **II.** *adj.* animalic. # *~ desires* dorinţe carnale; *~ husbandry* creşterea vitelor.
animated [ˈænɪmeɪtɪd] *adj.* înflăcărat, însufleţit.
animation [ˌænɪˈmeɪʃn] *s.* înflăcărare.
animosity [ˌænɪˈmɒsɪti] *s.* animozitate.
anise [ˈænɪs] *s. bot.* anason.
ankle [ˈæŋkl] *s.* gleznă.
annex **I.** [ˈæneks] *s. amer.* anexă, supliment. **II.** [əˈneks] *vt.* a anexa, a adăuga.
annexe [ˈæneks] *s.* anexă, supliment.
annihilate [əˈnaɪəleɪt] *vt.* a anihila.
anniversary [ˌænɪˈvɜ:səri] *s.* aniversare.
announce [əˈnaʊns] *vt.* a comunica, a aduce la cunoştinţă. # **~ment** comunicat; **~r** crainic.
annoy [əˈnɔɪ] *vt.* a sâcâi. # **~ance** enervare; **~ing** enervant.
annual [ˈænjuəl] *adj.* anual.
annuity [əˈnju:ɪti] *s.* anuitate: *life ~* rentă viageră.
annul [əˈnʌl] *vt.* a anula. # **~ment** anulare.
Annunciation [əˌnʌnsɪˈeɪʃn] *s.* Buna Vestire.
anodyne [ˈænədaɪn] **I.** *s.* analgezic. **II.** *adj.* **1.** calmant. **2.** anodin, banal.

anoint [ə'nɔɪnt] *vt.* a mirui; a unge.
anomaly [ə'nɒməli] *s.* anomalie.
anonymous [ə'nɒnɪməs] *adj.* anonim; necunoscut.
anorak ['ænəræk] *s.* hanorac.
another [ə'nʌðə] *adj., pron.* **1.** încă (unul/una): *take yet ~* mai ia încă unul (*pe lângă celelalte*). **2.** altul; alta: *~ time* altădată; *one ~* unul pe altul. # *~ matter* cu totul altceva.
answer ['ɑːnsə] **I.** *s.* **1.** răspuns. **2.** rezolvare. **3.** reacție. **II.** *vt.* **1.** a răspunde la: *to ~ the phone* a răspunde la telefon. **2.** a reacționa la. **3.** a corespunde (*cerințelor*); # **~able** răspunzător, responsabil; **to ~ back** a răspunde obraznic; **to ~ for** a fi răspunzător de; **~ phone** robot telefonic.
ant [ænt] *s.* furnică. # **~eater** *zool.* furnicar; **~hill** mușuroi de furnici.
antagonist [æn'tægənɪst] *s.* adversar; concurent. # **~ic** antagonic.
antecedents [ˌæntɪ'siːdənts] *s. pl.* **1.** străbuni. **2.** trecutul (*unei persoane*).
antelope ['æntɪləʊp] *s. zool.* antilopă.
antenna [æn'tenə] (*pl.* **antenae** [æn'teniː]) *s. tehn., zool.* antenă.
anterior [æn'tɪəriə] *adj.* anterior.
anthem ['ænθəm] *s.* imn.
anthology [æn'θɒlədʒi] *s.* antologie.
antibody ['æntɪbɒdi] *s.* anticorp.
anticipate [æn'tɪsɪpeɪt] *vt.* a anticipa, a preîntâmpina. # **~d** previzibil, scontat.
anticipation [ænˌtɪsɪ'peɪʃn] *s.* **1.** prevedere: *in ~ of* în vederea/așteptarea. **2.** nerăbdare, înfrigurare.
antics ['æntɪks] *s. pl.* **1.** maimuțăreli, bufonerii. **2.** subterfugiu, manevră.
antidote ['æntɪdəʊt] *s.* antidot.
antipathy [æn'tɪpəθi] *s.* antipatie.
antique [æn'tiːk] *adj.* antic. # **~s** antichități, obiecte de artă.
antithesis [æn'tɪθɪsɪs] *s.* antiteză.
antler ['æntlə] *s.* corn (*de cerb*).
antonym ['æntənɪm] *s.* antonim.
anus ['eɪnəs] *s.* anus.
anvil ['ænvɪl] *s.* nicovală.
anxiety [æŋ'zaɪəti] *s.* neliniște, temere. # *~ to please* dorință de a face pe plac.
anxious ['æŋkʃəs] *adj.* **1.** neliniștit. **2.** dornic.
any ['enɪ] **I.** *adj., pron.* **1.** oricare; orice: *pick ~ card* trage orice carte (*de joc*). **2.** ceva, niște: *have you got ~ money?* ai ceva bani? **3.** nici un/o: *I haven't any friend* nu am nici un prieten. **II.** *adv.* **1.** ceva: *is he ~ better?* se simte ceva mai bine? **2.** deloc: *he doesn't care ~* nu-i pasă deloc. # **~body** cineva; oricine; **~how** oricum; **~one** cineva; oricine; **~place** oriunde; **~ thing** ceva; orice; **~way** oricum; **~where** oriunde; *at ~ moment* dintr-o clipă în alta; *~ time* oricând.
apart [ə'pɑːt] *adv.* **1.** departe, depărtat: *the trees were wide ~* copacii erau la distanță mare unul de celălalt. **2.** separat: *they live ~* ei sunt despărțiți. **3.** deoparte. # *~ from*

în afară de; cu excepția; *to take ~* a demonta (*un ceas etc.*).
apartment [ə'pɑːtmənt] *s.* **1.** garsonieră. **2.** *amer.* apartament.
apathetic [ˌæpə'θetɪk] *adj.* apatic.
apathy ['æpəθi] *s.* apatie.
ape [eɪp] *s.* maimuță.
aperture ['æpətʃə] *s.* deschizătură.
apex ['eɪpeks] *s.* vârf.
aphorism ['æfərɪzəm] *s.* aforism.
apodgee ['æpədʒi] *s.* apogeu.
apologize [ə'pɒlədʒaɪz] *vi.* a-și cere scuze.
apology [ə'pɒlədʒi] *s.* scuză.
apoplexy ['æpəpleksi] *s.* apoplexie.
apostle [ə'pɒsl] *s.* apostol.
apostrophe [ə'pɒstrəfi] *s.* apostrof.
apothecary [ə'pɒθɪkəri] *s. înv.* spițer.
appal [ə'pɔːl] *vt.* a îngrozi. # **~ling** înfiorător.
apparatus [ˌæpə'reɪtəs] *s.* aparat.
apparent [ə'pærənt] *adj.* **1.** vizibil, evident. **2.** aparent. # **~ly** evident; *~ly not* se pare că nu.
apparition [ˌæpə'rɪʃn] *s.* stafie.
appeal [ə'piːl] **I.** *s.* **1.** apel, chemare. **2.** rugăminte. **3.** petiție. **4.** *jur.* recurs. **II.** *vi.* **1.** (**to**) a face apel (*la*). **2.** *jur.* a face recurs. # **~ing** agreabil.
appear [ə'pɪə] *vi.* a apărea. # **~ance** apariție, ivire; *it would ~ that* s-ar părea că.
appease [ə'piːz] *vt.* a potoli.
appendicitis [əˌpendə'saɪtɪs] *s.* apendicită.
appendix [ə'pendɪks] *s.* (*și med.*) apendice.
appetite ['æpɪtaɪt] *s.* apetit.
appetizer ['æpɪtaɪzə] *s.* aperitiv.
applaud [ə'plɔːd] *vt., vi.* a aplauda.
applause [ə'plɔːz] *s.* aplauze.
apple ['æpl] *s.* măr. # **~pie** plăcintă cu mere; **~-pie order** odine perfectă; **~ tree** măr (*pom*).
appliance [ə'plaɪəns] *s.* dispozitiv, aparat.
applicant ['æplɪkənt] *s.* **1.** petiționar. **2.** solicitant.
application [ˌæplɪ'keɪʃn] *s.* **1.** aplicare, adaptare. **2.** punere în practică. **3.** cerere, solicitare: *~ for a job* cerere de serviciu; *~ form* formular.
apply [ə'plaɪ] **I.** *vt.* **1.** a pune (*frână*). **2.** a aplica (*alifie*). **II.** *vi.* **1.** a se aplica. **2.** (**for**) a solicita (*ceva*). **3.** (**to**) a se prezenta (la).
appoint [ə'pɔɪnt] *vt.* **1.** a numi (*în funcție*). **2.** a stabili (*o oră de întâlnire*). # **~ment** întâlnire; programare (*la doctor*).
appraisal [ə'preɪzl] *s.* evaluare.
appraise [ə'preɪz] *vt.* a evalua.
appreciable [ə'priːʃəbl] *adj.* considerabil.
appreciate [ə'priːʃieɪt] *vt.* a aprecia.
appreciation [əˌpriːʃi'eɪʃn] *s.* apreciere.
apprehension [ˌæprɪ'henʃn] *s.* impacientare.
apprentice [ə'prentɪs] *s.* ucenic. # **~ship** ucenicie.
approach [ə'prəʊtʃ] **I.** *s.* **1.** apropiere. **2.** abordare (*a cuiva*) **II.** *vt.* **1.** a se apropia de. **2.** a aborda (*pe cineva*). **III.** *vi.* a se apropia.

appropriate I. [ə'prəʃ priət] *adj.* adecvat. **II.** [ə'prəʃ prieɪt] *vt.* **1.** a aloca (*bani*). **2.** a-și însuși (*banii cuiva*).
approval [ə'pru:vl] *s.* acceptare; consimțire.
approve [ə'pru:v] **I.** *vt.* a accepta; a aproba. **II.** *vi.* **(of)** a fi de acord (cu).
approximate I. [ə'prɒksɪmɪt] *adj.* aproximativ. **II.** [ə'prɒksɪmeɪt] *vi.* **(to)** a se apropia (de) (*fig.*). # **~ly** cu aproximație.
apricot ['eɪprɪkɒt] *s.* **1.** cais. **2.** caisă.
April ['eɪprɪl] *s.* aprilie. # ~ **Fool** păcălit de întâi aprilie.
apron ['eɪprən] *s.* șorț.
apt [æpt] *adj.* **1.** adecvat, potrivit. **2.** isteț: *an ~ student* student ager la minte.
aptitude ['æptɪtju:d] *s.* aptitudine.
aquarium [ə'kweəriəm] (*pl.* **aquaria/~s**) *s.* acvariu.
Aquarius [ə'kweəriəs] *s.* Vărsător (*zodie*).
aquatic [ə'kwætɪk] *adj.* acvatic.
aqueous ['eɪkwiəs] *adj.* apos.
aquiline ['ækwɪlaɪn] *adj.* acvilin.
Arab ['ærəb] *s.* arab.
Arabic ['ærəbɪk] **I.** *s.* limba arabă. **II.** *adj.* arab.
arbitrage ['ɑ:bɪtrɑ:ʒ] *s.* arbitraj: *~ in exchange ec.* arbitraj de schimb.
arbitrate ['ɑ:bɪtreɪt] *vt.* **(between)** a media (*o dispută între*).
arc [ɑ:k] *s.* arc (de cerc).
arch [ɑ:tʃ] **I.** *s.* arc, arcadă; cupolă. **II.** *adj.* sarcastic. **III.** *vt., vi.* a (se) arcui.
archaeology [ˌɑ:kɪ'ɒlədʒi] *s.* arheologie.
archaic [ɑ:'keɪɪk] *adj.* arhaic.
archbishop [ˌɑ:tʃ'bɪʃəp] *s.* arhiepiscop.
archer ['ɑ:tʃə] *s.* arcaș.
archipelago [ˌɑ:kɪ'peləgəʃ] *s.* arhipelag.
architect ['ɑ:kɪtekt] *s.* arhitect. # **~ure** arhitectură.
archives ['ɑ:kaɪvz] *s. pl.* arhivă.
archivist ['ɑ:kɪvɪst] *s.* arhivar.
arctic ['ɑ:ktɪk] *adj.* arctic.
ardent ['ɑ:dənt] *adj.* înflăcărat (*fig.*).
ardour ['ɑ:də] *s.* zel, pasiune.
arduous ['ɑ:djuəs] *adj.* istovitor.
area ['eəriə] **I.** *s.* **1.** arie, suprafață: *the ~ of a triangle* aria unui triunghi. **2.** zonă, parte. **3.** regiune. **4.** domeniu. **II.** *adj.* zonal.
arena [ə'ri:nə] *s.* arenă.
argot ['ɑ:gəʃ] *s.* argou.
argue ['ɑ:gju:] **I.** *vt.* **1.** a discuta; a dezbate. **2.** **(into)** a convinge (să). **3.** a dovedi. **II.** *vi.* a discuta aprins.
argument ['ɑ:gjumənt] *s.* **1.** dispută. **2.** argument.
aria ['ɑ:rɪə] *s. muz.* arie.
arid ['ærɪd] *adj.* arid.
Aries ['eəri:z] *s.* Berbec (*zodie*).
arise [ə'raɪz] (*trec.* **arose,** *part. trec.* **arisen**) *vi.* **1.** a se ivi. **2.** a se ridica. **3.** a se isca, a se stârni.
aristocracy [ˌærɪ'stɒkrəsi] *s.* aristocrație.
aristocrat ['ærɪstəkræt] *s.* aristocrat.
arithmetic [ə'rɪθmətɪk] *s.* aritmetică; - **~al** aritmetic.

arm [ɑ:m] **I.** *s.* **1.** braţ: *with open ~s* cu braţele deschise. **2.** mânecă. **3.** armă. **4.** braţ de râu. **II.** *vt., vi.* a (se) înarma. # **~aments** armament; **~chair** fotoliu; **~ed** înarmat; **~pit** subsuoară; **~s manufacturer** armurier; **~y** armată.

armistice ['ɑ:mɪstɪs] *s.* armistiţiu.

armour ['ɑ:mə] *s.* armură. # **~ed** blindat; **~er** armurier; **~y** depozit de arme.

aroma [ə'rəʊmə] *s.* aromă, parfum.

arose [ə'rəʊz] *trec. de la* **to arise.**

around [ə'raʊnd] **I.** *adv.* **1.** împrejur. **2.** peste tot (locul). **3.** pe aproape. **II.** *prep.* **1.** în jurul. **2.** după: *~ the corner* după colţ. **3.** prin: *driving ~ Italy* cu maşina prin Italia.

arouse [ə'raʊz] *vt.* **1.** a trezi (din somn). **2.** a excita.

arrange [ə'reɪndʒ] *vt.* **1.** a pune în ordine. **2.** a reglementa. **3.** a aplana (*o ceartă*). # **~ment** aranjare; reglementare; aplanare.

arrears [ə'rɪəz] *s. pl.* **1.** restanţe. **2.** *ec.* arierate.

arrest [ə'rest] **I.** *s.* **1.** arestare. **2.** oprire: *a cardiac ~* stop cardiac. **II.** *vt.* **1.** a aresta. **2.** a opri.

arrival [ə'raɪvl] *s.* **1.** sosire. **2.** nou sosit. **3.** *fam.* nou-născut.

arrive [ə'raɪv] *vi.* **1.** a ajunge la, a sosi. **2.** (*d. cineva*) a se ajunge. **3.** **(at)** a ajunge (*la o concluzie*).

arrogance ['ærəgəns] *s.* aroganţă.

arrogant ['ærəgənt] *adj.* arogant.

arrow ['ærəʊ] *s.* săgeată.

arsenic ['ɑ:snɪk] *s.* arsenic.

arson ['ɑ:sn] *s.* incendiere. # **~ist** piroman.

art [ɑ:t] *s.* artă. # **~ ful** viclean; **~less** natural, neprefăcut.

artery ['ɑ:təri] *s.* arteră.

article ['ɑ:tɪkl] *s.* **1.** articol, obiect. **2.** articol de lege. # **the definite ~** *gram.* articolul hotărât.

articulate [ɑ:'tɪkjuleɪt] *vt.* **1.** a pronunţa clar. **2.** a exprima prin cuvinte.

artifice ['ɑ:tɪfɪs] *s.* **1.** truc, şmecherie. **2.** iscusinţă.

artificial [ˌɑ:tɪ'fɪʃl] *adj.* artificial.

artillery [ɑ:'tɪləri] *s.* artilerie.

artisan [ˌɑ:tɪ'zæn] *s.* meseriaş.

artist ['ɑ:tɪst] *s.* artist (*pictor, sculptor*). # **~e** artist (*cântăreţ, actor, dansator*); **~ic** artistic.

as [əz] **I.** *adv.* ca, la fel ca; la fel de: *as happy as us* la fel de fericiţi ca noi. **II.** *conj.* **1.** ca: *as a doctor* ca doctor. **2.** (pe) când: *as I was leaving* când eram pe picior de plecare. **3.** aşa cum: *as we all know* aşa cum se ştie. # *as for* în ceea ce priveşte; *as if* ca şi cum; *as such* ca atare; *as to* în ceea ce priveşte; *as well as* ca şi; *as yet* până acum.

ascend [ə'send] *vt., vi.* a (se) sui.

ascension [ə'senʃn] *s.* **1.** suire. **2.** progres.

ascent [ə'sent] *s.* **1.** ascensiune. **2.** suiş.

ascertain [ˌæsə'taɪn] *vt.* **1.** a constata. **2.** a stabili.

ascetic [ə'setɪk] **I.** *s.* ascet. **II.** *adj.* de ascet.

ascribe [ə'skraɪb] *vt.* a atribui.
ash [æʃ] *s.* **1.** frasin. **2.** scrum. # **~en** cenuşiu; **~es** cenuşă; **~tray** scrumieră.
ashamed [ə'ʃeɪmd] *adj.* ruşinat; jenat.
Asian ['eɪʃn] *s., adj.* asiatic.
aside [ə'saɪd] *adv.* deoparte: *to put ~* a pune deoparte, a economisi. # *~ from* cu excepţia.
ask [ɑ:sk] **I.** *vt.* **1.** a întreba: *~ him the time* întreabă-l cât e ceasul. **2.** a cere: *to ~ permission* a cere voie. **3.** a invita: *to ~ smb. to (tea)* a invita pe cineva la (ceai). **II.** *vi.* (**for**) a cere: *he ~ed for a drink* a cerut ceva de băut.
asleep [ə'sli:p] *adj.* **1.** adormit. **2.** amorţit.
aspect ['æspekt] *s.* aspect. # *flats with southern ~* apartamente cu orientare spre sud.
aspen ['æspən] *s.* plop tremurător.
asperity [æ'sperəti] *s.* asprime (*şi fig.*).
aspersions [ə'spɜ:ʃnz] *s. pl.* insinuări răutăcioase.
asphalt ['æsfælt] *s.* asfalt.
aspiration [ˌæspə'reɪʃn] *s.* năzuinţă.
aspire [ə'spaɪə] *vi.* (**to**) a aspira (la/să).
aspirin ['æsprɪn] *s.* aspirină.
ass [æs] *s.* **1.** măgar (*şi fig.*). **2.** şezut, fund.
assail [ə'seɪl] *vt.* **1.** (**with**) a ataca (cu). **2.** a copleşi. # **~ant** agresor.
assassin [ə'sæsɪn] *s.* ucigaş. # **to ~ate** a ucide.
assault [ə'sɔ:lt] **I.** *s.* atac violent (*şi fig.*) **II.** *vt.* **1.** a agresa. **2.** a lua cu asalt. **3.** a viola.
assemble [ə'sembl] **I.** *vt.* a monta, a asambala. **II.** *vi.* a se întruni, a se aduna.
assembly [ə'sembli] *s.* întrunire, adunare.
assent [ə'sent] **I.** *s.* acord, consimţământ. **II.** *vi.* (**to**) a fi de acord (cu).
assert [ə'sɜ:t] *vt.* a declara. # **to ~ oneself** a se impune (*în faţa oamenilor*); **~ive** insistent; impunător; **~ion** declaraţie.
assess [ə'ses] *vt.* a evalua, a estima. # **~ment** estimare; impozitare, taxare; taxă.
asset ['æset] *s.* **1.** *ec.* activ: *~s and liabilities* activ şi pasiv; *liquid ~s* activ lichid, disponibilitate. **2.** avere, bunuri. **3.** însuşire, calitate utilă (*cuiva*).
assiduous [ə'sɪdjuəs] *adj.* silitor.
assign [ə'saɪn] *vt.* **1.** a da, a atribui (*o sarcină*). **2.** a fixa (*o dată*). **3.** a ceda (*o proprietate*). # **~ment** sarcină, însărcinare, misiune.
assimilate [ə'sɪməleɪt] *vt.* a asimila (*şi fig.*).
assist [ə'sɪst] *vt.* a ajuta, a asista; # **~ance** ajutor: *technical and financial ~ance* asistenţă tehnică şi financiară; **~ant** asistent, ajutor.
assize [ə'saɪz] *s.* şedinţă de tribunal. # **~s** sesiune judecătorească.
associate **I.** [ə'səʊʃiət] *s.* asociat, partener. **II.** [ə'səʊʃieɪt] *vi.* a se asocia.

association [əˌsəʊsiˈeɪʃn] *s.* **1.** asociere; întovărăşire. **2.** asociaţie, societate. # ~ *of ideas* asociere de idei.

assort [əˈsɔːt] **I.** *vt.* **1.** a asorta. **2.** a grupa, a ordona. **II.** *vi.* a se asorta. # **~ment** asortiment; asortare; amestecătură.

assume [əˈsjuːm] *vt.* **1.** a presupune. **2.** a-şi asuma (*o sarcină*). # **~d** presupus; *he ~d indifference* a face pe indiferentul.

assumption [əˈsʌmpʃn] *s.* presupunere.

assurance [əˈʃʊərəns] *s.* **1.** *(şi ec.)* asigurare. **2.** siguranţă de sine.

assure [əˈʃʊə] *vt.* *(şi ec.)* a asigura.

asterisk [ˈæstərɪsk] *s.* asterisc.

asteroid [ˈæstərɔɪd] *s.* asteroid.

astir [əˈstɜːr] *adj.* **1.** treaz, sculat. **2.** în mişcare.

astonish [əˈstɒnɪʃ] *vt.* a uimi. # **~ing** uimitor; **~ment** uimire.

astound [əˈstaʊnd] *vt.* a ului, a şoca.

astrologer [əˈstrɒlədʒə] *s.* astrolog.

astrology [əˈstrɒlədʒi] *s.* astrologie.

astronaut [ˈæstrənɔːt] *s.* astronaut.

astronomy [əˈstrɒnəmi] *s.* astronomie.

astute [əˈstjuːt] *adj.* **1.** isteţ. **2.** dibaci.

asylum [əˈsaɪləm] *s.* **1.** azil (*de nebuni/săraci*). **2.** azil politic.

asymmetric(al) [ˌeɪsɪˈmetrɪk(l)] *adj.* asimetric.

at [ət] *prep.* **1.** la: *at the office* la birou. **2.** în: *at the bus stop* în staţia de autobuz. **3.** de: *at Christmas* de Crăciun. **4.** pe: *mad at him* supărat pe el. # *at him!* şo pe el! *at it* ocupat, prins cu treburi; băgat în acţiuni ilegale; *at one* de aceeaşi părere; *at that* în plus; şi chiar.

ate [et] *trec. de la* **to eat**.

atheism [ˈeɪθiɪzəm] *s.* ateism.

atheist [eɪθiɪst] *s.* ateu.

athlete [ˈæθliːt] *s.* atlet.

athletics [æθˈletɪks] *s., adj.* (de) atletism.

atlas [ˈætləs] *s.* atlas.

atmosphere [ˈætməsfɪə] *s.* atmosferă.

atmospheric [ˌætməsˈferɪk] *adj.* atmosferic. # **~s** paraziţi (*la radio*).

atoll [ˈætɒl] *s.* atol.

atom [ˈætəm] *s.* atom. # **~ic** atomic; **~ic bomb** bombă atomică.

atomizer [ˈætəmaɪzə] *s.* atomizor.

atrocious [əˈtrəʊʃəs] *adj.* atroce.

atrocity [əˈtrɒsɪti] *s.* atrocitate.

attach [əˈtætʃ] *vt.* **1.** (**to**) a ataşa (de), a lega (de). **2.** a da (*importanţă*). **3.** a lipi. # **~ment** ataşament; fixare.

attack [əˈtæk] **I.** *s.* atac. **II.** *vt.* a ataca.

attain [əˈteɪn] *vt.* **1.** a dobândi. **2.** a atinge (*un ţel*). # **~able** realizabil; **~ment** realizare.

attempt [əˈtempt] **I.** *s.* încercare, tentativă. **II.** *vt.* a încerca.

attend [əˈtend] *vt.* **1.** a participa la. **2.** a frecventa. # **to ~ to** a se îngriji de; **~ance** prezenţă; participare; **~ant** însoţitor, îngrijitor.

attention [əˈtenʃn] *s.* atenţie.

attentive [əˈtentɪv] *adj.* atent.

attic [ˈætɪk] *s.* pod; mansardă.

attire [ə'taɪə] *s.* haine.

attitude ['ætɪtju:d] *s.* atitudine.

attorney [ə'tɜ:ni] *s.* avocat.

attract [ə'trækt] *vt.* a atrage: *to ~ foreign investors* a atrage investitori străini. # **~ion** atracție, ispită; **~ive** seducător.

attribute ['ætrɪbju:t] *s. (și gram.)* atribut.

attrition [ə'trɪʃn] *s.* uzare, uzură.

aubergine ['əʊbədʒi:n] *s. bot.* vânătă.

aubun ['ɔ:bən] *adj.* castaniu-roșcat.

auction ['ɔ:kʃn] **I.** *s. ec.* licitație. **II.** *vt.* a vinde la licitație. # **~eer** adjudecător de licitație.

audacious [ɔ:'deɪʃəs] *adj.* îndrăzneț.

audacity [ɔ:'dæsəti] *s.* îndrăzneală.

audience ['ɔ:diəns] *s.* **1.** public. **2.** audiență.

audit ['ɔ:dɪt] **I.** *s.* verificare contabilă. **II.** *vt.* a controla (*conturi*).

audition [ɔ:'dɪʃn] **I.** *s.* probă, concurs. **II.** *vi.* (*d. un actor*) a da probă.

auditor ['ɔ:dɪtə] *s.* cenzor, revizor.

auditorium [,ɔ:dɪ'tɔ:riəm] *s.* sală de spectacol.

auditory ['ɔ:dətri] *adj.* auditiv.

augment [ɔ:g'ment] *vt.* a mări, a crește. # **~ation** creștere, sporire.

august ['ɔ:gəst] *adj.* maiestuos.

August ['ɔ:gəst] *s.* (luna) august.

aunt [ɑ:nt] *s.* mătușă. # **~ie** tanti.

auricle ['ɔ:rɪkl] *s. anat.* auricul.

auspicious [ɔ:'spɪʃəs] *adj.* prielnic, propice, favorabil.

austere [ɔ:'stɪə] *adj.* **1.** simplu, cumpătat. **2.** auster.

austerity [ɔ:'sterəti] *s.* austeritate.

Australian [ɒ'streɪliən] *s., adj.* australian.

Austrian ['ɒstriən] **I.** *s.* **1.** austriac. **2.** limba germană vorbită în Austria. **II.** *adj.* austriac.

authentic [ɔ:'θentɪk] *adj.* autentic. # **to ~ate** a autentifica; **~ity** autenticitate.

author ['ɔ:θə] *s.* autor; scriitor.

authoritarian [ɔ:,θɒrɪ'teəriən] **I.** *s.* despot, tiran. **II.** *adj.* sever; tiranic.

authoritative [ɔ:'θɒrətətɪv] *adj.* **1.** autoritar. **2.** (*d. o carte*) serios.

authority [ɔ:'θɒrəti] *s.* autoritate.

authorization [,ɔ:θəraɪ'zeɪʃn] *s.* autorizație, permisiune.

authorize ['ɔ:θəraɪz] *vt.* a autoriza, a împuternici.

autobiography [,ɔ:təbaɪ'ɒgrəfi] *s.* autobiografie.

autograph ['ɔ:təgrɑ:f] *s.* autograf.

automatic [,ɔ:tə'mætɪk] *s., adj.* automat.

automation [,ɔ:tə'meɪʃn] *s.* automatizare.

autonomous [ɔ:'tɒnəməs] *adj.* autonom, independent.

autonomy [ɔ:'tɒnəmi] *s.* autonomie.

autopsy ['ɔ:təpsi] *s.* autopsie.

autumn ['ɔ:təm] *s.* toamnă: *in the ~* toamna. # **~al** de toamnă.

auxiliary [ɔ:g'zɪliəri] **I.** *s.* **1.** asistent; personal ajutător. **2.** verb auxiliar. **II.** *adj.* auxiliar, ajutător: *~ storage inf.* memorie auxiliară.

avail [ə'veɪl] **I.** *s.* folos, avantaj: *of little ~* de puțin folos. **II.** *vt.* a folosi, a servi la (*ceva*): *his efforts*

~ed him nothing eforturile lui au fost zadarnice. **III.** *vi.* a fi de folos. # **~able** disponibil.

avalanche ['ævəlɑːnʃ] *s.* avalanşă.

avarice ['ævərɪs] *s.* zgârcenie.

avenge [ə'vendʒ] *vt.* a răzbuna.

avenue ['ævənjuː] *s.* bulevard.

average ['ævərɪdʒ] **I.** *s.* medie: *above/below ~* peste/sub medie; *on ~* în medie. **II.** *adj.* mediu, mijlociu: *~ cost* cost mediu; *~ sales* media vânzărilor. **III.** *vt.* a atinge o medie de.

aversion [ə'vɜːʃn] *s.* aversiune.

avert [ə'vɜːt] *vt.* a preveni (*un accident etc.*).

aviation [ˌeɪvi'eɪʃn] **I.** *s.* **1.** aeronautică. **2.** industria de avioane. **II.** *adj.* aerian: *~ insurance* asigurare de transport aerian.

aviator ['eɪvieɪtə] *s.* aviator.

avid ['ævɪd] *adj.* **1.** ahtiat, avid. **2.** pasionat.

avoid [ə'vɔɪd] *vt.* a evita. # **~ance** evitare.

avoirdupois [ˌævədə'pɔɪz] *s.* sistem de măsuri şi greutăţi.

await [ə'weɪt] *vt.* a aştepta.

awake [ə'weɪk] **I.** *adj.* **1.** treaz. **2.** pe fază. **II.** (*trec.* **~d** sau **awoke** [ə'wəʊk], *part. trec.* **awoken** [ə'wəʊkən]) *vt., vi.* a (se) trezi.

awaken [ə'weɪkən] *vt., vi.* a (se) trezi (*şi fig.*). # **~ing** trezire (la realitate).

award [ə'wɜːd] **I.** *s.* **1.** premiu. **2.** hotărâre judecătorească. **II.** *vt.* **1.** a decerna (*un premiu*). **2.** a da (*o sentinţă judecătorească*).

aware [ə'weə] *adj.* (**of**) conştient (de).

away [ə'weɪ] **I.** *adj.* **1.** absent, plecat. **2.** depărtat. **II.** *adv.* **1.** departe: *~ behind* departe în spate. **2.** deoparte. **3.** continuu. # *get ~ with you! fam.* nu mai spune!

awe [ɔː] **I.** *s.* sentiment de teamă şi admiraţie. **II.** *vt.* a inspira (*cuiva*) teamă şi admiraţie. # **~some** cumplit, teribil, extraordinar; **~struck** profund impresionat; înfricoşat.

awful ['ɔːfl] *adj.* **1.** teribil, cumplit. **2.** foarte mult.

awkward ['ɔːkwəd] *adj.* **1.** neîndemânatic. **2.** stânjenitor, incomod. **3.** inoportun.

awl [ɔːl] *s.* sulă.

awoke [ə'wəʊk] *trec. de la* **to awake**.

awoken [ə'wəʊkən] *part. trec. de la* **to awake**.

axe [æks] **I.** *s.* **1.** topor. **2.** *sl.* (orice) instrument muzical. **II.** *vt.* a disponibiliza, a da afară.

axiom ['æksiəm] *s.* axiomă.

axis ['æksɪs] (*pl.* **axes** ['æksiːz]) *s.* axă.

axle ['æksl] *s.* osie.

Azerbaijani [ˌæzəbaɪ'dʒɑːni] *s., adj.* azerbaidjan.

azure ['æʒə] **I.** *s.* azur. **II.** *adj.* azuriu.

B

B, b [bi:] (litera) B, b.

babble ['bæbl] **I.** *s.* **1.** murmur, rumoare. **2.** gângurit. **3.** susur. **II.** *vt.* a bâigui. **III.** *vi.* a susura.

baby ['beɪbi] **I.** *s.* **1.** bebeluş. **2.** mezin, prâslea. **3.** *fam.* prietenă, iubită. **II.** *vt.* a cocoloşi. # ~ **carriage** cărucior; ~**hood** copilărie; ~**ish** copilăros; ~**sitter** persoană care supraveghează copii în lipsa părinţilor.

baccalaureate [ˌbækə'lɔ:riət] *s.* licenţă.

bachelor ['bætʃələ] *s.* **1.** celibatar. **2.** licenţiat.

back [bæk] **I.** *s.* **1.** spate: *he's carrying the baby on his ~* duce copilul în spate. **2.** parte din spate: *at the ~ of the house* în spatele casei. **3.** coloană vertebrală. **II.** *adj.* **1.** din spate: *~ yard* curte din spate. **2.** restant: *~ interest* dobândă restantă. **III.** *vt.* **1.** a sprijini, a ajuta. **2.** a da înapoi (*un vehicul*). **3.** *ec.* a andosa. **4.** a paria pe. **IV.** *adv.* **1.** în spate, înapoi: *stand ~!* daţi-vă înapoi! **2.** la loc, înapoi: *put the book ~* pune cartea la loc; # **to ~bite** a bârfi; ~**bone** şira spinării; ~**er** susţinător; ~**gam-mon** jocul de table; ~**stage** culise; ~**stroke** înot pe spate; *at the ~ of beyond* la dracu în praznic; *excuse my ~!* mă scuzaţi că stau cu spatele!; *I'l pay him ~!* am să i-o plătesc eu lui!

background ['bækgraʊnd] *s.* **1.** fundal. **2.** fundament. **3.** pregătire, experienţă (*a cuiva*). # *to remain in the ~* a rămâne neobservat/în umbră.

backward ['bækwəd] *adj.* **1.** în spate, înapoi. **2.** (*d. cineva*) retardat.

backwards ['bækwədz] *adv.* **1.** înapoi. **2.** de la coadă la cap.

bacon ['beɪkən] *s.* costiţă.

bad [bæd] **I.** *s.* rău. **II.** (*comp.* **worse**, *superl.* **worst**) *adj.* **1.** rău: *a ~ child* copil rău. **2.** prost: *~ at sports* prost la sport. **3.** urât: *~ weather* vreme urâtă. **4.** neplăcut: *~ news* veşti proaste. **5.** nesolvabil: *a ~ cheque* cec fără acoperire. # *to go ~* a se strica; *to go to the ~* a se duce pe apa sâmbetei; a o lua pe căi greşite.

bade [beɪd] *trec. de la* **to bid**[2].

badge [bædʒ] *s.* insignă.

badger ['bædʒə] *s.* bursuc.

badly ['bædli] (*comp.* **worse**, *superl.* **worst**) *adv.* **1.** grav: *~ hurt* rănit grav. **2.** prost: ~ *managed* condus prost. **3.** urât: *to behave* ~ a se comporta urât. **4.** cu cruzime.

baffle ['bæfl] *vt.* a buimăci, a năuci.

bag [bæg] *s.* **1.** poşetă; geantă de voiaj; sacoşă; tolbă. **2.** uger. # **~s** cearcăne; *a ~ of bones* numai piele şi os; *in the ~* (*d. meci etc.*) ca şi câştigat.

baggage ['bægɪʤ] *s.* **1.** *amer.* bagaj. **2.** curvă, boarfă.

bagpipes ['bægpaɪps] *s. pl.* cimpoi.

bail [beɪl] **I.** *s.* cauţiune; zălog: *to go ~ for* a se pune chezaş pentru. **II.** *vt.* (**out**) a plăti cauţiune pentru a elibera pe (*cineva*).

bailiff ['beɪlɪf] *s.* **1.** aprod, portărel. **2.** administrator, intendent.

bait [beɪt] **I.** *s.* momeală (*şi fig.*). **II.** *vt.* **1.** a momi. **2.** a şicana.

bake [beɪk] *vt.*, *vi.* a (se) coace. # **~r** brutar; **~ry** brutărie.

balance ['bæləns] **I.** *s.* **1.** balanţă, cântar. **2.** *ec.* sold, balanţă; bilanţ: ~ *of trade* balanţă comercială. **II.** *vt.* a cântări, a cumpăni, a echilibra: *to ~ the budget* a echilibra bugetul. # **~d** echilibrat; nepărtinitor; judicios; ~ **sheet** *ec.* bilanţ.

balcony ['bælkəni] *s.* balcon.

bald [bɔ:ld] *adj.* **1.** chel. **2.** (*d. o pasăre*) golaş. **3.** despădurit. **4.** simplu, fără ornamentaţii. **5.** (*d un cauciuc*) tocit. # **~ly** făţiş, direct.

bale [beɪl] *s.* balot.

baleful ['beɪlfl] *adj.* ameninţător; răzbunător.

ball [bɔ:l] *s.* **1.** minge. **2.** sferă, glob. **3.** bal. # **~s** *sl.* testicule; curaj.

ballad ['bæləd] *s.* baladă.

ballet ['bæleɪ] *s.* balet: ~ *dancer* balerin(ă).

balloon [bə'lu:n] *s.* balon.

ballot ['bælət] **I.** *s.* **1.** vot, votare. **2.** buletin de vot. **3.** număr de voturi. **II.** *vt.* a vota.

balm [bɑ:m] *s.* **1.** balsam, elixir. **2.** alinare. # **~y** (*d. vreme*) blând.

bamboo [bæm'bu:] *s.* bambus.

ban [bæn] **I.** *s.* interdicţie. **II.** *vt.* a interzice.

banal [bə'nɑ:l] *adj.* banal.

banana [bə'nɑ:nə] *s.* banană: ~ *tree* bananier.

band [bænd] *s.* **1.** bentiţă; şnur; banderolă. **2.** dungă. **3.** grup, trupă. **4.** şleahtă.

bandit ['bændɪt] *s.* bandit.

bandy-legged ['bændilegd] *adj.* crăcănat.

bane [beɪn] *s.* **1.** belea, pacoste. **2.** otravă. # **~ful** nefast.

bang [bæŋ] **I.** *s.* **1.** pocnitură. **2.** lovitură, izbitură. **3.** surprindere. **4.** *amer.* breton. **II.** *vt.* **1.** a lovi. **2.** a trânti (*uşa*). **3.** a vinde rapid (*o marfă*) prin scăderea preţului.

banish ['bænɪʃ] *vt.* **1.** a expulza. **2.** a concedia. # **~ment** expulzare.

banister ['bænɪstə] *s.* balustradă, bară (*la scară*).

bank [bæŋk] **I.** *s.* **1.** *ec.* bancă: ~ *of deposit* bancă de depuneri; ~ *of issue* bancă de emisiune;

investment ~ bancă de investiții. 2. mal (*de râu*). 3. banc (*de nisip*). 4. nămete. 5. taluz. II. *adj.* bancar: ~ *account* cont bancar. III. *vt.* a depune (*bani*) la bancă. IV. *vi.* (**on**) a se baza (pe). # ~ **bill** cambie bancară; ~ **crash** crah bancar; ~**er** bancher; ~**note** bancnotă; ~**rupt** falit; ~ **ruptcy** faliment.

banner ['bænə] *s.* **1.** pancartă; afiş. **2.** drapel.

banquet ['bæŋkwɪt] *s.* banchet.

banter ['bæntə] **I.** *s.* persiflare. **II.** *vt.* a ironiza. # ~**ing** sarcastic.

baptism ['bæptɪzəm] *s.* botez.

bar [bɑ:] **I.** *s.* **1.** calup, bucată. **2.** stâlp, țăruş. **3.** barieră. **4.** barou, avocatură. **5.** *jur.* obstrucționare. **6.** banca acuzaților. **7.** bar. **II.** *vt.* **1.** a zăvorî (*uşa*). **2.** a bara. **3.** a interzice. **III.** *prep.* cu excepția. # ~ **keeper** cârciumar.

barbarian [bɑ:'beəriən] *s., adj.* barbar.

barbarities [bɑ:'bærɪtiz] *s. pl.* cruzimi, atrocități.

barbarous ['bɑ:brəs] *adj.* **1.** barbar. **2.** crud, feroce. **3.** *(de cineva)* necioplit.

barbecue ['bɑ:bɪkju:] *s.* petrecere în aer liber la care se face grătar.

barber ['bɑ:bə] *s.* bărbier. # ~**shop** frizerie.

bard [bɑ:d] *s.* bard.

bare [beə] **I.** *adj.* **1.** gol, golaş: *in ~ feet* cu picioarele goale; ~ *trees* pomi desfrunziți. **2.** deşert: *a ~ box* cutie goală. **3.** simplu: *the ~ truth* simplul adevăr. **II.** *vt.* a dezveli, a descoperi: *to ~ one's head* a-şi scoate pălăria. # ~**faced** neruşinat; ~**ly** abia.

bargain ['bɑ:gɪn] **I.** *s.* **1.** târguială, tocmeală. **2.** afacere; tranzacție: *to strike a ~* a încheia o afacere. **3.** chilipir. **II.** *vi.* **1.** a se târgui, a se tocmi. **2.** a negocia. # ~ **basement** raion de solduri; ~ **sale** solduri; ~ **hunter** chilipirgiu.

barge [bɑ:ʤ] **I.** *s.* barjă. **II.** *vi.* (**in**) a întrerupe o conversație, a se băga în discuție.

bark[1] [bɑ:k] *s.* scoarță (*de copac*).

bark[2] [bɑ:k] **I.** *s.* lătrat. **II.** *vi.* a lătra.

barley ['bɑ:li] *s.* orz. # ~ **wine** bere tare.

barn [bɑ:n] *s.* **1.** hambar. **2.** hardughie. # ~**yard** ogradă, curte.

barometer [bə'rɒmɪtə] *s.* barometru.

baron ['bærən] *s.* baron. # ~**ess** baroană.

barrack ['bærək] *vt.* **1.** a huidui. **2.** a ovaționa.

barracks ['bærəks] *s. pl.* cazarmă.

barrage ['bærɑ:ʒ] *s.* baraj.

barrel ['bærəl] *s.* butoi. # ~ **organ** flaşnetă.

barren ['bærən] *adj.* **1.** sterp (*şi fig.*). **2.** neroditor.

barricade ['berɪkeɪd] **I.** *s.* baricadă. **II.** *vt.* a baricada.

barrier ['bærɪə] *s.* barieră: *customs ~s* bariere vamale.

barrister ['bærɪstə] *s.* avocat.

barrow ['bærəʊ] *s.* tărăboanță.

bartender ['bɑ:tendə] *s.* barman.

barter ['bɑ:tə] **I.** *s.* troc, schimb în natură. **II.** *vt.* a face troc cu.

base [beɪs] **I.** *s.* bază, temelie, fundament. **II.** *adj.* **1.** de bază. **2.** mişel, netremnic. **3.** de calitate inferioară. # **~less** nefondat.

baseball ['beɪsbɔ:l] *s.* baseball.

basement ['beɪsmənt] *s.* demisol.

bashful ['bæʃfl] *adj.* sfios.

basic ['beɪsɪk] *adj.* de bază. # **~ally** de fapt.

basil ['bæzɪl] *s.* busuioc.

basin ['beɪsn] *s.* **1.** vas, castron. **2.** chiuvetă.

basis ['beɪsɪs] (*pl.* **bases** ['beɪsi:z]) *s.* bază, fundament; sursă.

basket ['bɑ:skɪt] *s.* coş: *a ~ of eggs* coş cu ouă. # **~ball** baschet(bal).

basrelief [ˌbɑ:rɪ'li:f] *s.* basorelief.

bass[1] [beɪs] *s.* bas.

bass[2] [bæs] *s.* biban.

bassoon [bə'su:n] *s.* *muz.* fagot.

bastard ['bæstəd] *s.* bastard.

bat [bæt] *s.* **1.** *zool.* liliac. **2.** bâtă.

batch [bætʃ] *s.* serie, lot (*de mărfuri*): *a ~ of products* lot de produse.

bath [bɑ:θ] **I.** *s.* **1.** (cameră de) baie. **2.** îmbăiere. **3.** cadă. **II.** *vt.* a îmbăia. # **~robe** halat de baie; **~room** (cameră de) baie; **~tub** cadă.

bathe [beɪð] **I.** *s.* scăldat; înot. **II.** *vt.*, *vi.* a (se) scălda.

bathing ['beɪðɪn] *s.* scăldat. # **~ cap** caschetă de baie; **~ suit** costum de baie.

batman ['bætmən] *s.* *mil.* ordonanţă.

baton ['bætən] *s.* **1.** baston de cauciuc. **2.** baghetă (*a dirijorului*).

battalion [bə'tæljən] *s.* batalion.

batter ['bætə] *vt.* **1.** a bate zdravăn. **2.** a ataca verbal. # **~ed** bătut, maltratat; hodorogit.

battery ['bætəri] *s.* acumulator.

battle ['bætl] **I.** *s.* **1.** bătălie; luptă. **2.** confruntare. **II.** *vi.* a se bate. # **~field, ~ground** câmp de luptă; **~ments** metereze; **~ship** navă de război.

batty ['bæti] *adj.* *fam.* capiu, smintit.

bawdy ['bɔ:di] *adj.* (*d. un banc*) deocheat.

bawl [bɔ:l] *vi.* a răcni.

bay [beɪ] **I.** *s.* **1.** *bot.* dafin. **2.** *geogr.* golf. **3.** nişă, intrând. **4.** (cal) murg. **5.** lătrat. **II.** *vi.* a lătra.

bayonet ['beɪənət] *s.* baionetă.

bazaar [bə'zɑ:] *s.* bazar.

be [bi:] (*trec.* **was, were,** *part. trec.* **been,** *part. prez.* **being**) **I.** *v. aux.* **1.** (*la forma continuă a verbelor*): *what are you doing there?* ce faci acolo? **2.** (*la forma pasivă a verbelor*): *he was beaten by his father* a fost bătut de tatăl lui. **II.** *v. modal.* **1.** (*cu sensul trebuie*): *you are to be there at two o'clock* trebuie să fiţi acolo la ora două. **2.** (*supoziţie*): *if I were you* dacă aş fi în locul tău. **III.** *v. impersonal* a fi: *it's early* e devreme. **IV.** *vi.* **1.** a fi. **2.** a exista. **3.** a se duce: *have you ever been to Rome?* ai fost vreodată la Roma? # *be that as it may* oricum (ar fi); în ciuda...; *to be to* a urma să.., a fi pe cale să; *are you with me?*

mă urmăreşti? eşti atent? *how are you?* ce (*mai*) faci?; *here I am!* iată-mă!; *to be at smth.* a fi prins cu o treabă.

beach [bi:tʃ] *s.* plajă. # **~comber** val de mal; **~side** de mal, la mal, pe mal; **~wear** toalete de plajă.

beacon ['bi:kən] *s.* **1.** far (*şi fig.*). **2.** semnalizator.

bead [bi:d] *s.* **1.** mărgea. **2.** picătură, strop. # **~s** colier, şirag de mărgele; *bis.* rozariu.

beak [bi:k] *s.* **1.** cioc, plisc. **2.** nas coroiat. **3.** *sl.* magistrat.

beam [bi:m] **I.** *s.* **1.** grindă, bârnă. **2.** rază de lumină. **3.** zâmbet. **II.** *vi.* a zâmbi.

bean [bi:n] *s.* **1.** fasole: *runner ~* fasole verde. **2.** bob de cafea. # *I haven't a ~ sl.* n-am nici o leţcaie; *full of ~s fam.* plin de energie; *amer.* greşit, eronat.

bear[1] [beə] **I.** *s.* urs. **II.** *adj.* în scădere, inactiv: *a ~ market* piaţă în scădere.

bear[2] [beə] (*trec.* **bore**, *part. trec.* **borne**) *vt.* **1.** a căra, a duce. **2.** a suporta (*o greutate*). **3.** a îndura (*o durere*). **4.** a da (*mere, pere*). **5.** a da naştere la. **6.** a tolera (*pe cineva*). # **to ~ oneself** a se comporta; **~able** suportabil; *to ~ in mind* a ţine minte.

beard [bɪəd] *s.* barbă. # **~less** spân.

bearer ['beərə] **I.** *s.* purtător: *a passport ~* titular de paşaport. **II.** *adj.* la purtător: *a ~ cheque* cec la purtător.

bearing ['beərɪŋ] *s.* **1.** ţinută; atitudine; compotare: *a proud ~* ţinută demnă. **2.** raport, legătură. **3.** *tehn.* rulment.

beast [bi:st] *s.* **1.** animal; vită. **2.** brută. # **~ly** dezgustător; infernal.

beat [bi:t] **I.** *s.* **1.** ritm, tact. **2.** cadenţă. **3.** pulsaţie. **II.** (*trec.* **beat**, *part. trec.* **beaten**) *vt.* **1.** a bate (*pe cineva*). **2.** a învinge (*o echipă*). **III.** (*trec.* **beat**, *part. trec.* **beaten**) *vi.* **1.** (*d. inimă*) a bate. **2.** (*d. ploaie*) a răpăi. # **~er** bătăuş; **carpet ~er** bătător de covoare; **~ing** bătaie; **~-up** *amer. fam.* hodorogit; *~ it! sl.* valea!; *it ~s me* mă depăşeşte; *you can't ~ a good book* nimic nu se compară cu o carte bună.

beatitude [bi'ætɪtju:d] *s.* beatitudine.

beauteous ['bju:tiəs] *adj.* splendid.

beautician [bju:'tɪʃn] *s.* cosmetician(ă).

beautiful ['bju:tɪfl] *adj.* frumos.

beautify ['bju:tɪfaɪ] *vt.* a înfrumuseţa.

beauty ['bju:ti] *s.* frumuseţe. # **~ mark** *amer./spot* aluniţă; **~ parlour/** *amer.* **salon** (salon de) cosmetică.

beaver ['bi:və] *s.* castor. # *to ~ away at* a munci din greu la.

became [bɪ'keɪm] *trec. de la* **to become**.

because [bɪ'kɒz] *conj.* deoarece. # *~ of the price* din cauza preţului.

beckon ['bekən] *vi.* a face semn cu mâna/capul.

become [bɪ'kʌm] (*trec.* **became**, *part. trec.* **become**) **I.** *vt.* a veni/sta bine (*cuiva*): *this dress ~s you* rochia asta îți vine bine. **II.** *vi.* **1.** a deveni: *he became a doctor* s-a făcut doctor. **2.** a se schimba: *the weather became warmer* vremea s-a mai încălzit. # *what became of him?* ce s-a întâmplat cu el?

becoming [bɪ'kʌmɪŋg] *adj.* **1.** (*d. o rochie etc.*) care stă bine. **2.** potrivit, corespunzător.

bed [bed] *s.* **1.** pat. **2.** fund de mare. **3.** strat (*de flori, roci*). # ~ **and board** casă şi masă; ~**bug** ploşniță; ~**clothes,** ~**linen** aşternut de pat; ~**room** dormitor; ~**spread** cuvertură.

bedaubed [bɪ'dɔ:bd] *adj.* mânjit.

bedeck [bɪ'dek] *vt.* a decora, a găti.

bee [bi:] *s.* albină. # ~ **bread** păstură; ~**hive** stup; ~**swax** ceară de albine.

beech [bi:tʃ] *s.* fag.

beef [bi:f] *s.* **1.** carne de vită. **2.** muşchi. **3.** *sl.* nemulțumire. # ~**tea** supă din carne de vită; ~**steak** biftec.

beeper ['bi:pə] *s. amer.* pager.

beer [biə] *s.* bere.

beet [bi:t] *s.* sfeclă. # ~**root** sfeclă roşie.

beetle ['bi:tl] *s.* gândac.

befall [bɪ'fɔ:l] *vi.* a se întâmpla.

before [bɪ'fɔ:] **I.** *adv., prep.* înainte: ~ *1989* înainte de 1989; ~ *long* în curând; *long* ~ demult. **II.** *conj.* **1.** înainte de. **2.** altfel. **3.** decât. # ~ *Christ* înainte de Cristos; ~ *hand* anticipat.

beg [beg] *vt.* **1.** a cerşi: *to ~ (for) food* a cerşi mâncare. **2.** a cere, a ruga: *I ~ forgiveness* cer iertare.

beggar ['begə] *s.* cerşetor. # ~**ly** mizer; ~**y** stare de sărăcie.

begin [bɪ'gɪn] (*trec.* **began**, *part. trec.* **begun**) *vt., vi.* a începe. # ~**ner** începător; ~**ning** început: *from ~ning to end* de la început până la sfârşit; *to ~ with* mai întâi.

behalf [bɪ'hɑ:f] *s.* interes; loc: *in ~ of him* în interesul lui; *on his ~* pentru el, în numele/locul lui.

behave [bɪ'heɪv] *vi.* a se comporta.

behaviour [bɪ'heɪvjə] *s.* comportare, conduită.

behead [bɪ'hed] *vt.* a decapita.

behind [bɪ'haɪnd] **I.** *adv.* în spate, îndărăt, în urmă: *to lag ~* a rămâne în urmă. **II.** *prep.* în spatele, în urma, după: ~ *the scenes* în culise.

behold [bɪ'həʊld] (*trec., part. trec.* **beheld**) *vt.* a se uita la. # ~**en** îndatorat, obligat (*cuiva*); ~**er** privitor (*persoană*).

beige [beɪʒ] *adj.* bej.

being ['bi:ɪŋ] *s.* **1.** ființă: *the human ~* ființa umană. **2.** existență, viață: *in ~* existent.

belch [beltʃ] **I.** *s.* râgâit, râgâială. **II.** *vi.* a râgâi.

belfry ['belfri] *s.* clopotniță.

belief [bɪ'li:f] *s.* **1.** credință: *beyond ~* incredibil. **2.** încredere. # ~**s** convingeri: *political ~s* convingeri politice.

believe [bɪ'li:v] *vt.* a crede: *don't you ~ it!* să nu-ți vină să crezi! # **~r** credincios (*s*).

belittle [bɪ'lɪtl] *vt.* a subestima, a subaprecia.

bell [bel] *s.* **1.** clopot. **2.** sonerie. **3.** telefon: *to give smb. a ~* a suna pe cineva.

bellicose ['belɪkəʊs] *adj.* belicos.

bellow ['beləʊ] **I.** *s.* **1.** muget. **2.** geamăt, vaiet. **II.** *vi.* **1.** a mugi. **2.** a geme. # **~s** foale.

belly ['beli] *s. fam.* burtă, pântece. # **~ache** durere de stomac; **~ button** buric; **~ dance** dans din buric.

belong [bɪ'lɒŋ] *vi.* (**to**) **1.** a aparține (*cuiva*). **2.** a face parte (din). **3.** a proveni (din). # **~ings** lucruri personale, catrafuse; *you ~ in jail* locul tău e în pușcărie.

beloved [bɪ'lʌvɪd] **I.** *s.* iubit(ă). **II.** *adj.* **1.** adorat, iubit. **2.** [bɪ'lʌvd] îndrăgit.

below [bɪ'ləʊ] **I.** *adv.* **1.** dedesubt, jos. **2.** jos, la parter. **3.** mai jos (*pe pagină*). **II.** *prep.* sub: *~ the surface of the water* sub apă; *well ~ average* mult sub medie.

belt [belt] *s.* **1.** curea, centură, cordon. **2.** zonă: *the cotton ~* zona cultivată cu bumbac. # **~ up!** *sl.* gura!; **~way** *amer.*, șosea de centură; *to tighten one's ~* a mai strânge cureaua (*fig.*).

bemuse [bɪ'mju:z] *vt.* a năuci.

bench [bentʃ] **I.** *s.* **1.** bancă (*în parc*). **2.** scaun judecătoresc. **3.** *jur.* barou. **II.** *vt.* **1.** a expune, a prezenta (*un câine*) la expoziție. **2.** *amer.* a scoate din joc (*un jucător*). # **~mark** bază de calcul; punct de reper.

bend [bend] **I.** *s.* curbă, cotitură. **II.** (*trec., part. trec.* **bent**) *vt., vi.* a (se) îndoi, a (se) încovoia, a (se) apleca. # *round the ~ sl.* cam sărit; *to ~ the rules* a nesocoti regulile; *to ~ over backward* a face tot ce-i stă în putință.

beneath [bɪ'ni:θ] **I.** *adv.* dedesubt. **II.** *prep.* sub.

benediction [ˌbenɪ'dɪkʃn] *s.* binecuvântare.

benefaction [ˌbenɪ'fekʃn] *s.* binefacere.

benefactor [ˌbenɪ'fektə] *s.* binefăcător.

beneficent [bɪ'nefɪsənt] *adj.* mărinimos.

beneficial [ˌbenɪ'fɪʃl] *adj.* benefic.

beneficiary [ˌbenɪ'fɪʃəri] *s.* beneficiar.

benefit ['benɪfɪt] *s.* **1.** beneficiu, câștig. **2.** ajutor, indemnizație: *sickness ~* ajutor de boală; *unemployment ~* ajutor de șomaj.

benevolent [bɪ'nevələnt] *adj.* mărinimos.

benign [bɪ'naɪn] *adj.* **1.** bun, blând. **2.** propice. **3.** *med.* benign.

bent [bent] *s.* înclinare, chemare, aptitudine.

benumb [bɪ'nʌm] *vt.* a amorți (*de frig*).

bequeath [bɪ'kwi:ð] *vt.* a lăsa (*moștenire*) prin testament/legat.

bequest [bɪ'kwest] *s.* **1.** moştenire. **2.** testament, legat.

berate [bɪ'reɪt] *vt.* a dojeni.

bereft [bɪ'reft] *adj.* (**of**) lipsit (de), frustrat.

beret ['bereɪ] *s.* bască, beretă.

berry ['beri] *s.* **1.** boabă, bob; sămânță din fruct. **2.** bacă.

berth [bɜ:θ] *s.* **1.** dană, chei. **2.** cuşetă; cabină.

beseech [bɪ'si:tʃ] (*trec., part. trec.* **besought** [bɪ'sɔ:t]) *vt.* a implora.

beside [bɪ'saɪd] *prep.* lângă; pe lângă. # ~ *oneself with worry* foarte îngrijorat.

besides [bɪ'saɪdz] **I.** *adv.* în plus, pe lângă asta. **II.** *prep.* în afară de.

besiege [bɪ'si:ʤ] *vt.* a asedia; a asalta.

best [best] **I.** (*superlativ de la* **good**) *adj.* cel mai bun. **II.** (*superlativ de la* **well**) *adv.* cel mai bine. # *you had ~ stay* ai face bine să rămâi; *he meant it for the ~* a făcut-o cu cele mai bune intenții; *at ~* în cel mai bun caz; *all the ~* toate cele bune.

bestial ['bestiəl] *adj.* bestial. # **~ity** bestialitate.

bestman ['bestmən] *s.* cavaler de onoare.

bestseller ['bestselə] *s.* carte de mare succes.

bet [bet] **I.** *s.* pariu, rămăşag. **II.** *vt.* a paria. # *my ~ is that...* părerea mea este că; *one's best ~* calea cea mai bună de urmat (*fig.*); *you ~! sl.* cu siguranță!

betray [bɪ'treɪ] *vt.* **1.** a trăda. **2.** a da de gol. # **~al** trădare.

better ['betə] **I.** (*comparativ de la* **good**) mai bun(ă). **II.** *vt.* a îmbunătăți. **III.** (*comparativ de la* **well**) *adv.* mai bine: *you'd ~ stay* ai face mai bine să rămâi.

between [bɪ'twi:n] *prep.* între: *in ~* între timp.

beverage ['bevərɪʤ] *s.* băutură.

beware [bɪ'weə] *vt., vi.* a (se) feri, a (se) păzi.

bewilder [bɪ'wɪldə] *vt.* a ului, a năuci.

bewitch [bɪ'wɪtʃ] *vt.* a fermeca.

beyond [bɪ'jɒnd] **I.** *adv.* îndepărtat. **II.** *prep.* **1.** peste: *~ recognition* de nerecunoscut **2.** exceptând.

bias ['baɪəs] **I.** *s.* **1.** bie. **2.** tendențiozitate; părtinire. **3.** predispoziție. **II.** *adj.* pieziş, diagonal. **III.** *vt.* a influența.

Bible ['baɪbl] *s.* Biblie.

bibliography [,bɪbli'ɒgrəfi] *s.* bibliografie.

bicker ['bɪkə] *vi.* a se certa.

bicycle ['baɪsɪkl] *s.* bicicletă.

bid[1] [bɪd] **I.** *s.* licitație. **II.** (*trec., part. trec.* **bid**) *vt.* a licita. # **~der** licitant.

bid[2] [bɪd] (*trec.* **bade**, *part. trec.* **bid** sau **bidden**) *vt.* **1.** a porunci. **2.** a invita, a pofti. **3.** a ura: *to ~ farewell* a ura drum bun. # **~dable** ascultător, obedient; **~ding** poruncă.

bier ['bɪə] *s.* catafalc.

bifurcate ['baɪfəkeɪt] *vi.* a se bifurca.

big [bɪg] *adj.* **1.** mare; voluminos. **2.** matur. **3.** important. # **~ bug/ cheese/gun** mare ştab; **~head**

infatuat (*s.*); *to talk ~* a se lăuda, a vorbi sforăitor; *too ~ for one's boots fam.* plin de sine.
bigamy ['bıgəmi] *s.* bigamie.
bike [baık] *s.* bicicletă. # **~r** motociclist, biciclist.
bilberry ['bılbəri] *s.* **1.** afin. **2.** afină.
bile [baıl] *s.* **1.** *anat.* fiere. **2.** mâhnire.
bill[1] [bıl] *s.* cioc.
bill[2] [bıl] *s.* **1.** notă de plată, socoteală: *to foot the ~* a achita nota de plată. **2.** poliță; factură: *~ of exchange* cambie, trată. **3.** bancnotă. **4.** afiș, anunț, reclamă: *post no ~s* afișajul interzis. **5.** proiect de lege: *to pass a ~* a vota un proiect de lege; *to throw out a ~* a respinge un proiect de lege. # **~-board** panou de afișaj; **~ broker** agent de schimb; **~ of entry** declarație vamală; **~ of fare** meniu; **~fold** *amer.* portvizit; **~ of indictment** act de acuzare; **~ of lading** scrisoare de trăsură; **~ of sale** act de vânzare.
billiards ['bılјədz] *s. pl.* billiard.
billion ['bılјən] *num.* miliard. # **~aire** miliardar.
billow ['bıləʊ] *s.* **1.** val mare. **2.** *fig.* val.
bin [bın] **I.** *s.* **1.** hambar; depozit. **2.** cutie (*de pâine etc.*). **3.** coș de gunoi. **II.** *vt.* a depozita.
bind [baınd] **I.** *s.* **1.** panglică, bentiță. **2.** *fam.* impas. **II.** *vt.* **1.** a lega (*cu o bentiță*). **2.** a lega (*o carte*). **3.** a perfecta (*o afacere*). # **~er** legător de cărți; mapă pentru hârtie; **~ery** legătorie (de cărți).
binge [bındʒ] *s. fam.* zaiafet, chef.
binoculars [bı'nɒkjuləz] *s. pl.* binoclu.
biography [baı'ɒgrəfi] *s.* biografie.
biology [baı'ɒlədʒi] *s.* biologie.
biopsy ['baıɒpsi] *s.* biopsie.
biped ['baıped] *s., adj.* biped.
birch [bɜ:tʃ] *s.* mesteacăn.
bird [bɜ:d] *s.* pasăre # *~s of a feather* oameni de aceeași teapă; *to give the ~* a da pașaportul; *~ of passage* pasăre migratoare; *a ~'s-eye-view* vedere panoramică.
birth [bɜ:θ] *s.* **1.** naștere: *to give ~ to a boy* a naște un băiat. **2.** origine, ascendență. # **~ control pill** pilulă contraceptivă; **~ mother** mamă naturală.
biscuit ['bıskıt] *s.* **1.** biscuit. **2.** (culoarea) maro deschis.
bisect [baı'sekt] *vt.* a tăia în două.
bishop ['bıʃəp] *s.* **1.** episcop. **2.** nebun (*la șah*).
bison ['baısən] *s.* bizon.
bit [bıt] *s.* **1.** bucățică, fărâmă, pic: *a ~* puțin, cam; *not a ~ of it* nici un strop, absolut nimic. **2.** zăbală. **3.** bit, cifră binară.
bitch [bitʃ] *s.* cățea. # **~y** răutăcios, rău.
bite [baıt] **I.** *s.* **1.** mușcătură, înțepătură, pișcătură. **2.** dumicat, gură. **3.** gustare, masă frugală. **II.** (*trec.* **bit,** *part. trec.* **bitten**) *vt., vi.* **1.** a mușca. **2.** a înțepa, a pișca. # *to be bitten with smth.* a fi pasionat de ceva.

biting ['baɪtɪŋ] *adj.* şfichiuitor.
bitter ['bɪtə] **I.** *s.* bere amară. **II.** *adj.* **1.** amar. **2.** (*d. vânt*) tăios. **3.** pornit, îndârjit. # **~-sweet** dulce-amar.
bizarre [bɪ'zɑ:] *adj.* bizar.
blab [blæb] **I.** *s.* clevetitor; bârfitor. **II.** *vt., vi.* a cleveti; a bârfi. # **to ~ber** a sporovăi.
black [blæk] **I.** *s.* negru. **II.** *adj.* **1.** negru. **2.** smead. **3.** întunecat. **4.** trist. **5.** mohorât. # **~berry** mur(ă); **~bird** mierlă; **~board** tablă (*de scris*); **~ economy** economie subterană; **to ~en** a înnegri; **~guard** ticălos; **~leg** spărgător de grevă; **~ly** amenințător; **~ market** piață negră; **~smith** fierar.
blackmail ['blækmeɪl] **I.** *s.* şantaj. **II.** *vt.* **1.** a şantaja. **2.** a amenința.
blackout ['blækaʊt] *s.* **1.** amnezie; lapsus. **2.** camuflaj. **3.** *el.* pană de curent.
bladder ['blædə] *s.* băşică urinară.
blade [bleɪd] *s.* lamă (*de ras*).
blame [bleɪm] **I.** *s.* vină, vinovăție. **II.** *vt.* a condamna, a învinovăți: *to be to ~* a fi de vină. # **~less** nevinovat.
blanch [blɑ:ntʃ] *vt., vi.* a (se) albi.
bland [blænd] *adj.* fad, insipid.
blank [blæŋk] **I.** *s.* **1.** spațiu liber, loc liber. **2.** glonte orb. **3.** loz necâştigător. **II.** *adj.* **1.** gol, liber, neocupat. **2.** (*d. privire*) pierdut. # **~ acceptance** accept în alb; **~ cheque** cec în alb; **~ verse** vers alb.
blanket ['blæŋkɪt] **I.** *s.* **1.** pătură. **2.** strat: *a ~ of snow* strat de zăpadă. **II.** *adj.* **1.** general; global. **2.** nelimitat.
blasphemy ['blæsfɪmi] *s.* blasfemie.
blast [blɑ:st] **I.** *s.* **1.** curent (*de aer*); rafală; suflu. **2.** explozie. **II.** *vt.* a arunca în aer, a exploda.
blatant ['bleɪtənt] *adj.* neruşinat; sfruntat.
blaze [bleɪz] **I.** *s.* **1.** văpaie (*şi fig*). **2.** splendoare. **3.** izbucnire. **II.** *vi.* a arde. # *what the ~s! sl.* ce dracu!
bleach [bli:tʃ] **I.** *s.* înălbitor. **II.** *vt., vi.* a (se) albi.
bleak [bli:k] *adj.* **1.** rece. **2.** înnegurat. **3.** (*d. perspective*) sumbru.
bleat [bli:t] **I.** *s.* behăit. **II.** *vi.* a behăi.
bleed [bli:d] (*trec., part. trec.* **bled**) **I.** *vt.* **1.** a lua sânge de la. **2.** *fam.* a stoarce de bani. **II.** *vi.* a sângera. # **~er** individ antipatic.
bleep [bli:p] *s.* semnal sonor. # **~er** pager.
blemish ['blemɪʃ] **I.** *s.* **1.** pată. **2.** defect, cusur. **II.** *vt.* **1.** a murdări (*şi fig.*). **2.** a deteriora.
blend [blend] **I.** *s.* **1.** amestec. **2.** îmbinare. **II.** *vt.* a amesteca (*ingrediente etc.*). **III.** *vi.* a se armoniza. # **~er** storcător de fructe.
bless [bles] (*trec., part. trec.* **blessed** sau **blest**) *vt.* **1.** a binecuvânta. **2.** a sfinți. # **~ed** binecuvântat; **~ing** binecuvântare; aprobare, acord.
blew [blu:] *trec. de la* **to blow**.
blight [blaɪt] **I.** *s.* **1.** uscare; mălură; mană. **2.** pacoste. **II.** *vt.* a vătăma; a distruge. **~er** *sl.* tip antipatic.

blind[1] [blaɪnd] **I.** *adj.* orb. **II.** *vt.* a orbi (*şi fig.*). # ~ **alley** fundătură; **to ~fold** a lega la ochi.

blind[2] [blaɪnd] *s.* jaluzea.

blink [blɪŋk] **I.** *s.* clipit, clipire. **II.** *vi.* a clipi.

bliss [blɪs] *s.* extaz, fericire.

blister ['blɪstə] *s.* **1.** pustulă; veziculă. **2.** *sl.* persoană ţâfnoasă. # **~ing** foarte fierbinte; furibund.

blizzard ['blɪzəd] *s.* viscol.

blob [blɒb] *s.* picur, strop.

block [blɒk] **I.** *s.* **1.** grămadă, morman. **2.** bloc (*de gheţă, piatră*). **3.** stivă. **4.** bloc de locuinţe. **5.** *ec.* pachet de acţiuni. **6.** blocare. **II.** *vt.* a bloca; a împiedica; a obstrucţiona. # **~ade** blocadă; **~age** blocaj; **~head** cap pătrat; **~house** fort; ~ **vote** vot prin reprezentanţi.

blood [blʌd] *s.* sânge. # **~bath** masacru; ~ **donor** donator de sânge; **~hound** copoi; **~less** fără vărsare de sânge; ~ **pressure** tensiune arterială; **~shed** vărsare de sânge; **~sucker** lipitoare; **~y** sângeros; **bad ~** ură; *in cold ~* cu sânge rece (*fig.*).

bloom [blu:m] **I.** *s.* floare: *in full ~* în plină floare. **II.** *vi.* a înflori. # **~ing** înfloritor.

bloomer ['blu:mə] *s. sl.* gafă.

blossom ['blɒsəm] **I.** *s.* floare (*de pom fructifer*): *in ~* în floare, înflorit. **II.** *vi.* a înflori.

blotch [blɒtʃ] *s.* pată (*de cerneală*). # **~y** pătat.

blotter ['blɒtə] *s.* sugativă.

blouse [blaʊz] *s.* bluză.

blow[1] [bləʊ] **I.** *s.* **1.** gură de aer. **2.** rafală de vânt, vântoasă. **II.** (*trec.* **blew**, *part. trec.* **blown**) *vt.* **1.** a sufla (*la un instrument*). **2.** *sl.* a pierde (*ocazia*). **3.** *sl.* a cheltui cu nemiluita. **III.** (*trec.* **blew**, *part. trec.* **blown**) *vi.* **1.** (*d. vânt*) a bate. **2.** (**on**) a sufla (în). **3.** *sl.* a-şi lua tălpăşiţa. # **to ~-dry** a usca (*părul*) cu foenul; **~y** vântos; *to ~ hot and cold* a oscila, a fi inconsecvent; *to ~ one's own horn. fam.* a se lăuda singur; *to ~ smb.'s mind sl.* a lua maul cuiva.

blow[2] [bləʊ] *s.* lovitură (*şi fig.*): *at one ~* de la prima încercare, de prima dată.

bludgeon ['blʌdʒən] *s.* măciucă.

blue [blu:] **I.** *s.* **1.** culoarea albastră. **2.** văzduh. **II.** *adj.* **1.** albastru. **2.** mohorât: *a ~ day* zi tristă. **3.** (*d. un film*) pornografic. # **~bottle** muscă verde; **~-collar** necalificat; **to ~ pencil** a cenzura; ~ **stocking** intelectuală; *into the ~* în necunoscut; *out of the ~* din senin.

bluff [blʌf] **I.** *s.* **1.** cacealma. **2.** derutare. **II.** *vt.* a deruta. # **~er** trişor.

bluish ['blu:ɪʃ] *adj.* albăstrui.

blunder ['blʌndə] **I.** *s.* gafă. **II.** *vi.* a face o gafă.

blunt [blʌnt] **I.** *adj.* **1.** bont; tocit. **2.** contondent. **3.** (*d. cineva*) dintr-o bucată. **4.** direct, sincer. **II.** *vt.* a toci (*un cuţit*). # **~ly** pe şleau.

blur [blɜ:] **I.** *s.* **1.** imagine neclară. **2.** amintire vagă. **II.** *vt.* a estompa.

blush [blʌʃ] **I.** *s.* roşeaţă, rumeneală. **II.** *vi.* a se înroşi (*la faţă*). # **~er** fard; *at first ~* la prima vedere.

boa ['bəʊə] *s.* şarpe boa.

boar [bɔː] *s.* vier.

board [bɔːd] **I.** *s.* **1.** scândură. **2.** fund de lemn. **3.** tablă de şah. **4.** *şcol.* tablă. **5.** consiliu; comisie; comitet: *a ~ of examiners* comisie de examinatori; *the ~ of directors* consiliu de administraţie. **6.** *nav.* bord. **II.** *vt.* **1.** a urca (*în tren, pe vapor*). **2.** a caza; a găzdui. # **~er** turist în pensiune; elev intern; **~ing house** pensiune; **~ and lodging** cazare şi masă; **full ~** pensiune completă; **the ~s** lumea scenei.

boast [bəʊst] **I.** *s.* laudă: *their proudest ~s* realizarea lor cea mai de seamă. **II.** *vi.* a se lăuda, a se făli. # **~er** lăudăros (*s.*).

boat [bəʊt] *s.* ambarcaţie, barcă.

bob [bɒb] *vt.* a tunde scurt. # **~tail** animal cu coadă scurtă.

bobsleigh ['bɒbsleɪ], **bobsled** ['bɒbsled] *s.* bob (*sanie*).

bodice ['bɒdɪs] *s.* corsaj.

bodily ['bɒdɪli] **I.** *adj.* corporal, trupesc, fizic, carnal: *~ harm* vătămare corporală. **II.** *adv.* în întregime, cu totul.

body ['bɒdi] *s.* **1.** corp, trup, trunchi. **2.** majoritate. **3.** cadavru. **4.** *auto.* caroserie. # **in a ~** in corpore, ca un tot unitar; **a legislative ~** organ legislativ; **~guard** gardă de corp; **~ search** percheziţie corporală.

bog [bɒg] *s.* **1.** mlaştină; smârc. **2.** *sl.* budă, closet.

bohemian [bə'hiːmiən] *s., adj.* boem.

boil[1] [bɔɪl] **I.** *s.* fierbere. **II.** *vt.*, *vi.* a fierbe. # **~er** boiler; **to ~ over** a da în foc; *to go off the ~* a-şi pierde interesul.

boil[2] [bɔɪl] *s.* furuncul.

boisterous ['bɔɪstərəs] *adj.* turbulent.

bold [bəʊld] *adj.* **1.** înfipt, îndrăzneţ. **2.** neobrăzat. **3.** clar conturat. # **~ face** caractere aldine; **~ly** cu îndrăzneală.

bolt [bəʊlt] **I.** *s.* **1.** zăvor, ivăr. **2.** şurub de fixare. **3.** fulger. **4.** val de stofă; sul de hârtie. **5.** năpustire. **II.** *vt.* **1.** a zăvorî (*uşa etc.*). **2.** a părăsi (*un partid*). **3.** a înfuleca. **III.** *vi.* a o lua la sănătoasa; a se năpusti.

bomb [bɒm] **I.** *s.* bombă. **II.** *vt.* a bombarda. # **to ~ard** a bombarda; **~ardier** artilerist; **~ardment** bombardament; **~er** bombardier; **~proof** blindat; **~shell** lovitură de trăznet (*fig.*).

bond [bɒnd] **I.** *s.* **1.** frânghie, lanţ. **2.** legătură, relaţie. **3.** robie; captivitate. **4.** învoială, legământ. **5.** *ec.* obligaţiune, bon de tezaur. **6.** angajament de plată: *a ~ note* permis vamal. **II.** *vt.* **1.** a lega, a uni. **2.** a ipoteca. **III.** *vi.* *amer.* a se lega sufleteşte. # **~s man** garant.

bonded ['bɒndɪd] *adj.* depozitat: *a ~ warehouse* antrepozit vamal.

bone [bəʊn] **I.** *s.* os: *his ~s* osemintele lui. **II.** *vt.* a dezosa. # **~ dry** secat, uscat; ~ **idle** foarte leneş; **~s** esenţă; zaruri; *the ~ of contention* mărul discordiei.

bonnet ['bɒnɪt] *s.* **1.** bonetă. **2.** *auto.* capotă.

bonus ['bəʊnəs] *s.* **1.** primă, gratificaţie. **2.** subvenţie guvernamentală. **3.** *sl.* mită.

bony ['bəʊni] *adj.* **1.** osos. **2.** cu oase.

book [bʊk] **I.** *s.* **1.** carte. **2.** registru: *an account ~* registru de conturi; *to keep the ~s* a ţine contabilitatea. **3.** scenariu; libret (*muzical*). **II.** *vt.* a rezerva (*o masă etc.*). # **~case** bibliotecă (*mobilă*); **~keeping** contabilitate; **~keeper** contabil; **~mark** semn de carte; **~seller** ~ librar; **~shop** librărie; **~stall** stand de cărţi.

booking ['bʊkɪŋ] *s.* **1.** rezervare (*de locuri*). **2.** angajare (*a unui actor*). # ~ **clerk** casier; recepţioner; ~ **office** casă de bilete.

boom [bu:m] **I.** *s.* **1.** bubuit; muget, vuiet. **2.** avânt economic. **II.** *vi.* **1.** a bubui; a mugi, a vui. **2.** a prospera.

boomerang ['bu:məræŋ] *s.* bumerang.

boon [bu:n] *s.* **1.** lucru foarte util. **2.** hatâr. # *a ~ companion* prieten credincios.

boor [bʊə] *s.* necioplit. # **~ishness** mitocănie.

boost [bu:st] **I.** *s.* **1.** săltare. **2.** impuls. **3.** sporire. **II.** *vt.* **1.** a impulsiona. **2.** a spori.

boot [bu:t] *s.* **1.** gheată. **2.** portbagaj. # **~black** lustragiu; **~lace** şiret de ghete; **~legger** contrabandist de alcool; **~less** inutil; ~ **tree** calapod; **~y** pradă (*de război*).

booze [bu:z] *s.* băutură alcoolică. # **~r** *sl.* beţivan.

border ['bɔ:də] **I.** *s.* **1.** margine. **2.** frontieră. **II.** *vi.* a se învecina.

bore[1] [bɔ:] *trec. de la* **to bear**.

bore[2] [bɔ:] **I.** *s.* **1.** gaură. **2.** *tehn.* calibru. **3.** persoană plicticoasă. **4.** treabă plicticoasă. **II.** *vt.* **1.** a găuri. **2.** a plictisi. # **~d** plictisit; **~dom** plictiseală.

boring ['bɔ:rɪŋ] *adj.* plictisitor.

born[1] [bɔ:n] *part. trec. de la* **to bear**.

born[2] [bɔ:n] *adj.* născut; înnăscut: *a ~ musician* muzician înnăscut; *in all my ~ days* de când mă ştiu.

borough ['bʌrə] *s.* urbe; sector (*de oraş*); comitat.

borrow ['bɒrəʊ] *vt.* (**of, from**) a împrumuta (de la). # **~er** persoană care ia cu împrumut; **~ing** împrumut.

bosom ['bʊzəm] *s.* **1.** piept. **2.** corsaj. # **~s** sâni; *a ~ friend* prieten apropiat; *in the ~ of his family* în sânul familiei sale.

boss [bɒs] *s.* şef; stăpân; patron. # **~y** autoritar.

botany ['bɒtəni] *s.* botanică.

botch [bɒtʃ] *vt.* a fuşeri, a rasoli.

both [bəʊθ] **I.** *adj.* ambii; ambele: *~ dogs* ambii câini. **II.** *pron.* amândoi; amândouă: *~ are guilty* amândoi sunt vinovaţi.

bother ['bʌðə] **I.** *s.* **1.** necaz, neajuns. **2.** pacoste (*persoană*).

II. *vt.* a sâcâi. II. *vi.* a se deranja. # **~some** enervant.

bottle ['bɒtl] **I.** *s.* **1.** sticlă: *a milk ~* sticlă de lapte. **2.** băut(ură): *to be back on the ~* a se fi apucat din nou de băut. **II.** *vt.* a îmbutelia (*vin etc.*). # **~d** *sl.* beat; **~ green** verde închis; **~neck** blocare, blocaj; obstrucție; **~ nose** nas borcănat.

bottom ['bɒtəm] *s.* **1.** parte de jos, poale. **2.** fund, dos. **3.** bază. **4.** fund (*de râu etc.*). **5.** *nav.* cală. # **~less** fără fund.

bough [baʊ] *s.* cracă.

bought [bɔ:t] *trec., part. trec. de la* **to buy**.

boulder ['bəʊldə] *s.* pietroi.

boulevard ['bu:lva:d] *s.* bulevard.

bounce [baʊns] **I.** *s.* salt. **II.** *vi.* a sări.

bound¹ [baʊnd] *trec., part. trec. de la* **to bind**.

bound² [baʊnd] **I.** *s.* salt. **II.** *adj.* **1.** sigur. **2.** obligat. **III.** *vt.* a delimita. **IV.** *vi.* a sări, a țopăi. # **~ary** graniță; limită; **~less** nelimitat.

bounty ['baʊnti] *s.* **1.** generozitate. **2.** premiu. **3.** dar. **4.** *ec.* primă de export.

bourgeois ['bʊəʒwa:] *s., adj.* burghez.

bow¹ [baʊ] **I.** *s.* plecăciune; reverență. **II.** *vt., vi.* a (se) pleca.

bow² [bəʊ] **I.** *s.* **1.** lucru/obiect arcuit/curbat. **2.** arc (*cu săgeți*). **3.** arcuș. **4.** papion. **5.** curcubeu. **II.** *vi.* a se arcui. # **~legged** crăcănat; **~man** arcaș; **~tie** papion.

bow³ [baʊ] *s. nav.* proră.

bowels ['baʊəlzl] *s., pl.* măruntaie, viscere, vintre; intestine.

bowl [bəʊl] *s.* **1.** bol; castron. **2.** bilă (*la popice*). # **~ing** popice.

box [bɒks] **I.** *s.* **1.** cutie; ladă. **2.** cabină; gheretă. **3.** lojă. **4.** *fam.* coșciug. **5.** *fam.* televizor. **6.** box. **II.** *vi.* a boxa. # **~er** boxer; **~ office** casă de bilete (*de teatru*); **~ room** debara.

boy [bɔɪ] *s.* băiat; fiu. # **~friend** iubit; **~hood** copilărie.

boycott ['bɔɪkɒt] **I.** *s.* boicot. **II.** *vt.* a boicota.

bra [bra:] *s.* sutien.

bracelet ['breɪslɪt] *s.* brățară.

bracing ['breɪsɪŋ] *adj.* revigorant.

bracket ['brækɪt] *s.* paranteză. # **square ~s** paranteze pătrate.

brackish ['brækɪʃ] *adj.* sălciu.

brag [bræg] **I.** *s.* fală, mândrie. **II.** *vi.* a se lăuda. # **~gart** lăudăros.

braid [breɪd] **I.** *s.* **1.** șnur. **2.** coardă. **II.** *vt.* a împleti.

brain [breɪn] *s.* **1.** creier. **2.** cap, minte. # **~child** invenție; **~less** tâmpit (*adj.*); **~pan** *fam.* craniu; **~-teaser** *fam.* problemă grea; **~y** deștept.

brake [breɪk] **I.** *s.* frână. **II.** *vt., vi.* a frâna.

bran [bræn] *s.* tărâțe.

branch [bra:ntʃ] **I.** *s.* **1.** ramură, creangă. **2.** domeniu. **3.** filială, sucursală. **II.** *vi.* a se bifurca; a se ramifica.

brand [brænd] **I.** *s.* **1.** marcă (*de fabrică, comercială*). **2.** sortiment. **II.** *vt.* a marca (*și fig.*).

brandy ['brændi] *s.* cognac.

brass [brɑ:s] *s.* **1.** alamă. **2.** *pl.* instrumente de suflat. **3.** *fam.* tupeu. # ~ **band** fanfară; ~ **hat** *fam.* ofițer superior; ~**y** ca arama; *fam.* obraznic.

brat [bræt] *s. fam.* puradel, țânc.

brave [breɪv] *adj.* **1.** curajos. **2.** *înv.* splendid.

bravo ['brɑ:vəʃ] *interj.* bravo.

brawl [brɔ:l] *s.* scandal; încăierare.

brawn [brɔ:n] *s.* **1.** mușchi puternici. **2.** piftie.

bray [breɪ] **I.** *s.* răget (*de măgar*). **II.** *vi.* (*d. măgar*) a rage.

breach [bri:tʃ] **I.** *s.* **1.** ruptură (*și fig.*). **2.** încălcare; violare: ~ *of faith* trădare; ~ *of promise* călcare a cuvântului dat; ~ *of trust* abuz de încredere. **II.** *vt.* a nu respecta, a încălca, a viola: *to ~ the law* a viola legea.

bread [bred] *s.* **1.** pâine. **2.** hrană.

breadth [bredθ] *s.* lățime.

break [breɪk] **I.** *s.* **1.** spărtură; ruptură. **2.** despărțire. **3.** pauză; întrerupere. **II.** (*trec.* **broke** *part. trec.* **broken**) *vt.* **1.** a sparge (*și fig.*): *to ~ the bank* a sparge banca. **2.** a rupe, a frânge. **3.** a întrerupe. **4.** a viola, a încălca (*o lege*). **5.** a rezilia (*un contract*). **III.** (*trec.* **broke,** *part. trec.* **broken**) *vi.* **1.** (*d. pahar etc*) a se sparge. **2.** (*d. funie etc.*) a se rupe. **3.** (*d. aparat*) a se defecta, a se strica. **4.** (*d. furtună*) a izbucni. # ~**able** casabil; ~**down** pană de motor, avarie; cădere nervoasă; ~**er** val mare; **to ~ into** *(a house)* a sparge (o casă); ~**neck** (*d. viteză*) demențial; ~**out** evadare; ~**up** destrămare (*fig.*); ~**water** dig; *a lucky ~* o întorsătură fericită; *give me a ~!* dă-mi pace !

breast [brest] *s.* **1.** piept, sân **2.** corsaj. # ~**bone** stern; ~**feeding** alăptare; ~**stroke** bras (*stil de înot*).

breath [breθ] *s.* **1.** respirație: *out of ~* cu respirația tăiată; *to catch one's ~* a-și trage sufletul. **2.** adiere. **3.** șoaptă: *under one's ~* în șoaptă. - ~**less** cu sufletul la gură; ~**taking** palpitant; emoționant.

breathe [bri:ð] **I.** *vt.* **1.** a șopti. **2.** a inspira (*încredere*). **II.** *vi.* **1.** a respira: *to ~ in* a inspira, a trage aer în piept: *to ~ out* a expira. **2.** a răsufla (*fig.*). **3.** a exista. # ~**r** *fam.* pauză; *to ~ one's last* a-și da ultima suflare.

breeches ['bri:tʃɪz] *s. pl.* pantaloni până la sau după genunchi.

breed [bri:d] **I.** *s.* **1.** rasă (*de animale*). **2.** fel, soi. **II.** (*trec., part. trec.* **bred**) *vt.* **1.** a crește (*animale*). **2.** a cultiva (*plante*). **3.** a provoca; a genera. **III.** (*trec., part. trec.* **bred**) *vi.* (*d. animale*) a se înmulți. - ~**er** crescător de animale; cultivator de plante; ~**ing** reproducere; educație.

breeze [bri:z] *s.* briză.

brevity ['brevɪti] *s.* scurtime; laconism.

brew [bru:] *vt.* a fabrica (*bere*). # ~**er** berar; ~**ery** fabrică de bere.

bribe [braɪb] **I.** *s.* mită, șperț. **II.** *vt.* a mitui, a cumpăra. - ~**ry** mituire.

brick [brɪk] *s.* **1.** cărămidă. **2.** persoană de încredere. - **~yard** cărămidărie.

bride [braɪd] *s.* mireasă. - **~groom** mire; **~smaid** domnișoară de onoare.

bridge [brɪʤ] *s.* **1.** pod; punte; pasarelă: *a flying ~* ponton. **2.** (jocul de) bridge.

bridle [braɪdl] **I.** *s.* frâu. **II.** *vt.* a pune frâu (*și fig.*).

brief [bri:f] **I.** *s.* **1.** rezumat: *in ~* pe scurt. **2.** *jur.* dosar (*de caz*); pledoarie. **3.** sarcină; directive. **II.** *adj.* scurt, concis. **III.** *vt.* **1.** a rezuma. **2.** a instrui. # **~case** geantă diplomat; **~ing** instructaj; **~less** (*d. avocat*) fără clienți.

brier [braɪə] *s.* măceș.

brigade [brɪ'geɪd] *s.* brigadă.

brigadier [ˌbrɪgə'dɪə] *s.* general de brigadă.

bright [braɪt] *adj.* **1.** strălucitor; luminos. **2.** sclipitor (*și fig.*). # **~ and early** dis-de-dimineață; **to ~en** a (se) înviora.

brilliant ['brɪljənt] *adj.* **1.** sclipitor (*și fig.*). **2.** extraordinar.

brim [brɪm] *s.* margine: *the ~ of a hat* borul unei pălării. - **~full** plin ochi.

brine [braɪn] *s.* saramură.

bring [brɪŋ] (*trec., part. trec.* **brought**) *vt.* **1.** a aduce (*cu sine*). **2.** a cauza, a produce. # **to ~ forth** a da naștere la; **to ~ up** a crește (*copii*); *to ~ home to smb.* a convinge, a lămuri pe cineva.

brink [brɪŋk] *s.* margine.

brisk [brɪsk] *adj.* vioi.

bristle [brɪsl] *s.* păr aspru (*din barbă, perie etc.*).

British ['brɪtɪʃ] *adj.* britanic. # **~er** *amer.* cetățean britanic.

brittle ['brɪtl] *adj.* fragil.

broad [brɔ:d] **I.** *s. amer. sl.* muiere. **II.** *adj.* **1.** larg (*și fig.*). **2.** lat. **3.** evident, clar. **4.** liberal, tolerant. # **to ~en** a (se) lărgi; **~ jump** *amer.* săritură în lugime; **~minded** descuiat la minte, cu vederi largi; *as ~ as it is long* ce mi-e una ce mi-e alta.

broadcast ['brɔ:dkɑ:st] **I.** *s.* transmisie, emisiune (*radio, TV*). **II.** *vt.* a transmite (*la radio, TV*).

broke[1] [brəʃ k] *trec. de la* **to break**.

broke[2] [brəʃ k] *adj.* falit.

broken[1] ['brəʃ kən] *part. trec. de la* **to break**.

broken[2] ['brəʃ kən] *adj.* **1.** spart; rupt. **2.** (*d. aparat*) defect, stricat. **3.** (*d. căsătorie etc.*) distrus. # **~-down** rablagit (*și fig.*). **~-hearted** deznădăjduit.

broker ['bəʃ kə] *s.* agent de schimb/bursă; comisionar.

bronchi ['brɒŋkaɪ] *s. pl.* bronhii.

bronze [brɒnz] *s.* bronz.

brooch [brəʃ tʃ] *s.* broșă.

brook [brʃ k] *s.* pârâu.

broom [bru:m] *s.* mătură. - **~stick** coadă de mătură.

broth [brɒθ] *s.* supă.

brothel ['brɒθl] *s.* bordel.

brother ['brʌðə] *s.* frate. # **~hood** frăție; **~-in-low** cumnat; **~ly** fratern.

brought [brɔ:t] *trec., part. trec de la* **to bring**.

brow [braʊ] *s.* **1.** frunte. **2.** sprânceană.

brown [braʊn] *adj.* maro. # **~ish** maroniu.

browse [braʊz] *vi.* a paşte.

bruise [bru:z] *s.* vânătaie, julitură.

brunch [brʌntʃ] *s.* gustare (*la ora 10-11*).

brunette [bru:'net] *s.* brunetă.

brush [brʌʃ] **I.** *s.* **1.** pensulă; penel; perie. **2.** coadă stufoasă. **3.** periere. **II.** *vt.* a peria. # **to ~ up** a-şi împrospăta (*cunoştinţele*); **~wood** tufăriş.

brusque [bru:sk] *adj.* pripit; repezit.

brutal ['bru:tl] *adj.* brutal. # **to ~ize** a brutaliza.

brute [bru:t] *s.* **1.** fiară, lighioană. **2.** brută, bestie.

brutish ['bru:tɪʃ] *adj.* **1.** animalic. **2.** crud, brutal.

bubble ['bʌbl] *s.* **1.** bulbuc; bulă, băşică. **2.** balon de săpun (*fig.*). # **~ bath** spumant de baie; **~r** ţâşnitoare.

buccaneer [,bʌkə'nɪə] *s.* **1.** pirat. **2.** aventurier.

buck [bʌk] *s.* **1.** mascul (*de iepure, cangur, cerb*). **2.** *amer. sl.* dolar.

bucket ['bʌkɪt] *s.* găleată; găleţică.

buckle ['bʌkl] *s.* cataramă.

buckteeth ['bʌkti:θ] *s. pl.* dinţi ieşiţi în afară.

bud [bʌd] **I.** *s.* boboc: *in ~* îmbobocit. **II.** *vi.* a îmboboci. # **~ding** în devenire, incipient.

budge [bʌdʒ] *vt., vi.* a (se) mişca din loc, a (se) urni.

budget ['bʌdʒɪt] **I.** *s.* buget: *an austerity ~* buget de austeritate. **II.** *adj.* bugetar: *~ deficit* deficit bugetar; *~ surplus* excedent bugetar. **III.** *vt.* a aloca (*o sumă*). **IV.** *vi.* a face bugetul. # **~ary** de buget, bugetar; **~ing** elaborare a bugetului.

buffalo ['bʌfələʊ] *s.* **1.** bivol. **2.** bizon.

buffer ['bʌfə] *s.* **1.** tampon (*la tren*). **2.** amortizor (*de şoc*). **3.** individ.

buffet[1] ['bʌfɪt] *s.* **1.** bufet (*unde se servesc sandvişuri*). **2.** *amer.* dulap (*cu vase*).

buffet[2] ['bʌfɪt] **I.** *s.* palmă; pumn; lovitură. **II.** *vt.* a plesni, a lovi.

bug [bʌg] **I.** *s.* **1.** ploşniţă. **2.** *fam.* manie, nebunie. **3.** *fam.* microfon (*pentru a asculta pe ascuns*). **II.** *vt.* **1.** a pune un microfon (*în cameră*). **2.** a agasa. # **~bear** bau-bau; **~gy** *amer.* landou; **~ house** *amer.* spital de nebuni; **~s** *fam.* defecţiune.

bugle ['bju:gl] *s. muz.* trompetă.

build [bɪld] **I.** *s.* statură: *an athletic ~* statură atletică. **II.** (*trec., part. trec.* **built**) *vt.* **1.** a clădi, a construi. **2.** a alcătui, a face, a pune pe picioare. **3.** a modela (*fig.*). **III.** (*trec., part. trec.* **built**) *vi.* a se forma. # **~er** constructor; **~ing** construcţie, edificiu, clădire; **~ing site** şantier de construcţii.

built-in ['bɪltɪn] *adj.* **1.** component: *a ~ cupboard* dulap în perete. **2.** inerent; esențial: *a ~ disadvantage* un dezavantaj inerent.

bulb [bʌlb] *s.* **1.** *bot.* bulb. **2.** bec. # **~ous** (*d. nas*) borcănat.

Bulgarian [bʌl'geəriən] **I.** *s.* **1.** bulgar. **2.** limba bulgară. **II.** *adj.* bulgar.

bulk [bʌlk] **I.** *s.* **1.** cantitate mare. **2.** stivă; vrac; masă. **3.** *nav.* încărcătură. **4.** matahală. **II.** *adj.* în vrac; în bloc: *~ goods* mărfuri în vrac; *~ sale* vânzare în bloc. # **~y** voluminos; corpolent.

bull [bʊl] *s.* **1.** taur. **2.** elefant (*mascul*). **3.** balenă (*mascul*). **4.** muscă (*la tir*). # **~fight** coridă; **~horn** *amer.* megafon; **~ock** bou; **~ring** arenă de coridă; **~ session** *amer. fam.* șuetă; **~'s eye** muscă (*la tir*); **~shit!** *fam.* tâmpenii!; **~y** *școl.* bătăuș.

bulldog ['bʊldɒg] *s.* buldog.

bulldozer ['bʊldəʊzə] *s.* buldozer.

bullet ['bʊlɪt] *s.* glonte. # **~-proof** blindat, antiglonț.

bulletin ['bʊlɪtɪn] *s.* **1.** știre: *a news~* buletin de știri. **2.** știri pe scurt. **3.** buletin (*ziar*).

bullion ['bʊljən] *s.* lingou.

bullish ['bʊlɪʃ] *adj.* **1.** de creștere, în creștere: *a ~ tendency* tendință de creștere (*a prețurilor etc.*). **2.** entuziast.

bumble ['bʌmbl] *vi. fam.* a mormăi.

bumblebee ['bʌmblbi:] *s.* bondar.

bump [bʌmp] *s.* **1.** bufnitură. **2.** cucui. **3.** hârtoapă. # **~y** (*d. drum*) cu hârtoape.

bumper ['bʌmpə] *s. auto.* bară.

bumptious ['bʌmpʃəs] *adj.* îngâmfat.

bunch [bʌntʃ] *s.* **1.** ciorchine. **2.** legătură de chei. **3.** *fam.* adunătură; gașcă.

bundle ['bʌndl] **I.** *s.* pachet; balot; vraf; teanc. **II.** *vt.* a îngrămădi. **III.** *vi.* a se grăbi.

bungalow ['bʌŋgələʊ] *s.* bungalou.

bunk [bʌŋk] *s.* pat.

bunny ['bʌni] *s.* iepuraș.

buoy [bɔɪ] *s.* geamandură.

burden ['bɜ:dn] **I.** *s.* **1.** povară, sarcină. **2.** obligație, îndatorire. **II.** *vt.* a împovăra. # **~some** împovărător.

bureau ['bjʊərəʊ] *s.* birou.

bureaucracy [bjʊə'rɒkrəsi] *s.* birocrație.

bureaucrat ['bjʊərəkræt] *s.* birocrat.

burglar ['bɜ:glə] *s.* spărgător de locuințe.

burial ['beriəl] *s.* înmormântare.

burly ['bɜ:li] *adj.* vânjos.

burn [bɜ:n] **I.** *s.* arsură. **II.** (*trec., part. trec.* **burnt**) *vt., vi.* a (se) arde. # **~er** arzător (*la argaz*); **~ing** în flăcări.

burp [bɜ:p] **I.** *s.* râgâială. **II.** *vi.* a râgâi.

burrow ['bʌrəʊ] **I.** *s.* vizuină. **II.** *vt.* a săpa (*o groapă*).

burst [bɜ:st] **I.** *s.* **1.** explozie. **2.** declanșare. **II.** (*trec., part. trec.* **burst**) *vi.* **1.** a exploda. **2.** (**into**) a izbucni (în).

bury ['beri] *vt.* a îngropa, a înhuma.

bus [bʌs] *s.* autobuz. # **~pass** abonament de autobuz; **~shelter** adăpost pentru călători; **~ stop** stație; *to miss the ~ fam.* a pierde un prilej.

bush [bʊʃ]. *s.* tufă. # **~y** stufos.

business ['bɪznɪs] *s.* **1.** ocupație, treabă. **2.** afacere. **3.** firmă; companie comercială; magazin; prăvălie. # **~ at issue** chestiune în discuție; **~man** om de afaceri; **~ manager** director comercial; *on ~* cu treabă; *to set up a ~* a pune pe picioare o afacere/firmă.

bustle ['bʌsl] **I.** *s.* forfotă, tumult. **II.** *vi.* a se foi.

busy ['bɪzi] *adj.* ocupat. # **~body** băgăreț; *a ~ signal* ton ocupat (*la telefon*).

but [bət] **I.** *adv.* doar, numai: *he was all ~ dead* era aproape mort. **II.** *prep.* cu excepția: *no one ~ Ann* nimeni în afară de Ana; *~ for Ann* dacă nu ar fi fost Ana. **III.** *conj.* dar, însă; doar că. # **~ yet** și totuși.

butcher ['bʊtʃə] **I.** *s.* măcelar: *at the ~'s* (de) la măcelărie. **II.** *vt.* a masacra.

butler ['bʌtlə] *s.* majordom, valet.

butt [bʌt] *s.* **1.** chiștoc. **2.** pat de pistol. **3.** butoi. **4.** țintă.

butter ['bʌtə] *s.* unt.

butterfly ['bʌtəflaɪ] *s.* fluture.

buttock ['bʌtək] *s.* bucă, fesă.

button ['bʌtn] **I.** *s.* **1.** nasture. **2.** *el.* buton. **3.** bobocel, mugurаș. **II.** *vt.* a încheia cu nasturi. # **~hole** butonieră; **~ up!** *sl.* gura!; *not to care a ~* a nu-ți păsa nici cât negru sub unghie; *not worth a ~* fără nici o valoare; *on the ~* la fix.

buxom ['bʌksəm] *adj.* (*d. o femeie*) durdulie, dolofană.

buy [baɪ] **I.** *s.* cumpărătură. **II.** (*trec., part. trec.* **bought**) *vt.* a cumpăra, a achiziționa: *to ~ by auction* a cumpăra la licitație; *to ~ for cash* a cumpăra cu bani gheață. # **~er** cumpărător, achizitor; **to ~ off** a mitui.

buzz [bʌz] **I.** *s.* bâzâit; zbârnâit. **II.** *vi.* a bâzâi, a zbârnâi. # **~er** zbârnâit.

by [baɪ] **I.** *adv.* **1.** pe lângă, prin apropiere; aproape. **2.** deoparte. **II.** *prep.* **1.** de: *a novel by Cronin* un roman de Cronin. **2.** cu: *by plane* cu avionul **3.** în timpul: *by day* pe ziuă, ziua. **4.** din: *by accident* din întâmplare. # **by-election** alegeri parțiale; **bypass** drum lateral/ocolit; **byproduct** produs secundar/derivat; **byroad** drum secundar; **bystander** spectator, gură-cască; **byword** cuvânt de referință; **bywork** ocupație secundară; *by and by* curând; *by and large* în general; *by the by/way* apropo.

bye-bye [baɪ'baɪ] *interj.* pa!

Byzantine [baɪ'zæntaɪn] *adj.* bizantin.

C

C, c [si:] (litera) C, c.

cab [kæb] *s.* **1.** taxi. **2.** cabină (*a şoferului*). # **~by** *amer.*, **~-man** taximetrist; **~-rank** staţie de taxi.

cabal [kə'bæl] *s.* **1.** conspiraţie, complot. **2.** clică/camarilă politică.

cabaret ['kæbəreɪ] *s.* (spectacol de) cabaret.

cabbage ['kæbɪdʒ] *s.* varză.

cabin ['kæbɪn] *s.* **1.** colibă. **2.** refugiu (*pe munte*). **3.** cuşetă. # **~ class** *nav.* clasa a doua, clasa cabină.

cabinet ['kæbɪnɪt] *s.* **1.** dulap; vitrină. **2.** guvern. # **~ maker** tâmplar de mobilă de lux.

cable ['keɪbl] **I.** *s.* **1.** funie, odgon. **2.** cablu (*TV*). **3.** telegramă. **II.** *vt.* a trimite (*un mesaj*) prin telegramă. # **~ car** teleferic; **~ television** televiziune prin cablu.

cacao [kə'kɑ:əʊ] *s.* cacao.

cackle ['kækl] **I.** *s.* cotcodăcit. **II.** *vi.* a cotcodăci.

cactus ['kæktəs] *s.* cactus.

cad [kæd] *s.* netrebnic. # **~dish** (*d. cineva*) infam.

cadge [kædʒ] *vt. fam.* a cerşi. # **~r** cerşetor.

cage [keɪdʒ] *s.* colivie; cuşcă.

cagey ['keɪdʒi] *adj. fam.* (*d. cineva*) şovăitor.

cajole [kə'dʒəʊl] *vt.* a măguli.

cake [keɪk] *s.* **1.** prăjitură. **2.** turtă: *it sells like hot ~s* se vinde ca pâinea caldă. # **~-hole** *sl.* gură; **~s and ale** mare distracţie; **a ~-walk** *sl.* floare la ureche (*fig.*).

calamity [kə'læmɪti] *s.* calamitate.

calcium ['kælsiəm] *s.* calciu.

calculate ['kælkjuleɪt] *vt.* a calcula. # **to ~ on** a se bizui pe; **~d** deliberat, voit.

calculating ['kælkjuleɪtɪŋ] *adj.* precaut.

calculation [ˌkælkju'leɪʃn] *s.* **1.** calcul, socoteală. **2.** prevedere, estimare.

calculator ['kælkjuleɪtə] *s.* calculator.

calculus ['kælkjuləs] (*pl.* **calculi** ['kælkjulaɪ] sau **~es**) *s. med.* calcul, piatră.

calendar ['kælɪndə] *s.* **1.** calendar. **2.** registru (*cu termene, date etc.*).

calf [kɑ:f] (*pl.* **calves**) *s.* **1.** viţel. **2.** pui de elefant, rinocer, balenă *etc.* **3.** gambă. # **~ love** dragoste de adolescent; **~ skin** piele de viţel.

calibre ['kælıbə] *s.* calibru.

call [kɔ:l] **I.** *s.* **1.** chemare; strigăt. **2.** apel telefonic. **3.** vizită scurtă. **4.** solicitare: *at/on* ~ la cerere. **II.** *vt.* **1.** a chema, a striga; a convoca. **2.** a suna la telefon. # ~ **box** cabină de telefon; ~**er** vizitator; ~-**girl** prostituată (*apelată prin telefon*); ~**ing** vocație; **to** ~ **off** a contramanda; **to** ~ **up** a evoca; *mil.* a încorpora.

calligraphy [kə'lıgrəfi] *s.* caligrafie.

callous ['kæləs] *adj.* **1.** (*d. mâini etc.*) aspru, bătătorit. **2.** nesimțitor.

callow ['kæləʊ] *adj.* (*d. un tânăr*) lipsit de experiență.

calm [ka:m] **I.** *s.* liniște. **II.** *adj.* calm. **III.** *vt.*, *vi.* a (se) calma.

calorie ['kæləri] *s.* calorie.

calumniate [kə'lʌmnıeıt] *vt.* a calomnia.

calumny ['kæləmni] *s.* calomnie.

came [keım] *trec. de la* **to come**.

camel ['kæml] *s.* cămilă.

camellia [kə'mi:liə] *s.* camelie.

camera ['kæmrə] *s.* aparat de fotografiat/filmat: *on* ~ în fața aparatului de luat vederi. # ~**man** cameraman; *in* ~ (*d. un proces*) judecat cu ușile închise.

camomile ['kæməmaıl] *s.* mușețel.

camouflage ['kæməfla:ʒ] **I.** *s.* camuflaj. **II.** *vt.* a camufla.

camp [kæmp] **I.** *s.* **1.** camping. **2.** tabără (*de copii etc.*). **3.** suporteri, susținători. **II.** *vt.* a așeza (*o tabără*). # ~ **bed** pat de campanie; ~**er** persoană care stă într-o tabără; ~**fire** foc de tabără.

campaign [kæm'peın] *s.* campanie.

camphor ['kæmfə] *s.* camfor.

can[1] [kæn] *s.* **1.** cutie de conserve. **2.** *sl.* răcoare, închisoare. **3.** *sl.* budă, closet. # ~**ned** conservat; ~**nery** fabrică de conserve; ~**s** *sl.* căști (de ascultat).

can[2] [kæn] (*negativ* **cannot**, **can't**, *trec.* **could**) *v. modal* **1.** a putea, a fi în stare: *I'll do all I* ~ am să fac tot ce pot. **2.** a cunoaște, a ști. **3.** a putea, a fi permis: ~ *I go home now?* pot pleca acasă acum?

Canadian [kə'neıdiən] *s.*, *adj.* canadian.

canal [kə'næl] *s.* canal artificial. # **to** ~**ize** a canaliza (*și fig.*).

canary ['kə'ŋeəri] *s.* canar.

cancel ['kænsl] *vt.* a anula, a contramanda. # ~**lation** anulare, contramandare, reziliere.

cancer ['kænsə] *s.* cancer.

Cancer ['kænsə] *s.* Rac (*zodie*).

candelabrum [ˌkændı'la:brəm] (*pl.* **candelabra** [ˌkændı'la:brə]) *s.* candelabru.

candid ['kændıd] *adj.* **1.** sincer. **2.** imparțial. # ~ **camera** camera ascunsă.

candidacy ['kændıdəsi] *s.* candidatură.

candidate ['kændıdıt] *s.* candidat.

candle ['kændl] *s.* lumânare: *not worth a* ~ nu face nici cât o ceapă degerată; *cannot hold a* ~ *to* a nu se compara nici pe departe cu.

~stick sfeşnic; **~wick** muc de lumânare.
candour ['kændə] *s.* sinceritate.
candy ['kændi] *s.* bomboană. # **~floss** vată de zahăr.
cane [keın] **I.** *s.* **1.** tijă, tulpină. **2.** nuia; arac; baston. **II.** *vt.* a bate (*şi fig.*).
cannibal ['kænıbl] *s.* canibal.
cannon ['kænən] *s.* tun. # **~ade** foc de artilerie; **~ball** ghiulea; **~ fodder** carne de tun.
canny ['kæni] *adj.* abil, priceput.
canoe [kə'nu:] *s.* canoe.
canopy ['kænəpi] *s.* **1.** baldachin. **2.** bolta cerului.
cant [kænt] *s.* **1.** vorbe goale; platitudine. **2.** jargon. **3.** înclinaţie, aplecare.
cantankerous [kæn'tæŋkərəs] *adj.* certăreţ.
canteen [kæn'ti:n] *s.* **1.** bufet (*în şcoli etc.*). **2.** gamelă.
canter ['kæntə] *s.* galop mic.
cantor ['kæntə] *s.* cantor.
canvas ['kænvəs] *s.* pânză de cort; canava.
canvass ['kænvəs] **I.** *s.* campanie/ propagandă electorală. **II.** *vi.* a face campanie electorală. # **~er** agent electoral.
canyon ['kænjən] *s.* canion.
cap [kæp] **I.** *s.* **1.** şapcă; bonetă; caschetă; bască. **2.** capac; acoperământ. **II.** *vt.* a acoperi. # *to set one's ~ at a man* (*d. o femeie*) a pune gând rău unui bărbat; *~ in hand* cu umilinţă.
capability [ˌkeıpə'bıləti] *s.* **1.** calitate, însuşire. **2.** aptitudine.
capable ['keıpəbl] *adj.* capabil.
capacious [kə'peıʃəs] *adj.* încăpător; spaţios.
capacity [kə'pæsəti] *s.* capacitate (*şi fig.*): *filled to ~* umplut la maxim; *in my ~ of* în calitatea mea de.
cape [keıp] *s.* **1.** capă. **2.** *geogr.* cap.
capital ['kæpıtl] **I.** *s.* **1.** capitală. **2.** majusculă. **3.** *ec.* capital: *venture ~* capital de investiţii; *working ~* fond de rulment. **II.** *adj.* **1.** *ec.* de capital. **2.** excepţional. # **~ assets** fonduri fixe; **~ cost** cost de investiţie; **~ flight** exod al capitalului; **~ goods** mijloace de producţie; **~ letter** majusculă; **~ market** piaţă financiară.
capitalism ['kæpıtəlızəm] *s.* capitalism.
capitalist ['kæpıtəlıst] *s.* capitalist.
capitalization [ˌkæpıtəlaı'zeıʃn] *s.* *ec.* capitalizare.
capitalize ['kæpıtəlaız] *vt.* **1.** a scrie cu majuscule. **2.** *ec.* a capitaliza.
capitulate [kə'pıtjuleıt] *vi.* a capitula.
capon ['keıpən] *s.* clapon.
capricious [kə'prıʃəs] *adj.* capricios.
Capricon ['kæprıkɔ:n] *s.* Capricorn (*zodie*).
capsicum ['kæpsıkəm] *s.* ardei gras.
capsize [kæp'saız] *vt.*, *vi.* a (se) da peste cap, a (se) răsturna.
capsule ['kæpsju:l] *s.* capsulă. # **space ~** capsulă cosmică.
captain ['kæptın] *s.* căpitan.

caption [ˈkæpʃn] *s.* **1.** legendă, explicație. **2.** titrare (*a unui film*). **3.** titlu.

captivate [ˈkæptɪveɪt] *vt.* a captiva.

captive [ˈkæptɪv] *s.* prizonier (*și fig.*).

captivity [kæpˈtɪvɪti] *s.* captivitate.

capture [ˈkæptʃə] **I.** *s.* captură. **II.** *vt.* **1.** a captura. **2.** a capta (*atenția*).

car [kɑː] *s.* **1.** automobil. **2.** vagon: *a sleeping ~* vagon de dormit. # **~port** loc acoperit de parcare a unei mașini lângă bloc; **~ sickness** rău de mașină.

carat [ˈkærət] *s.* carat.

caravan [ˈkærəvæn] *s.* **1.** rulotă. **2.** caravană.

caraway [ˈkærəweɪ] *s.* chimen.

carabine [ˈkɑːbaɪn] *s.* carabină. # **~r** carabinier.

caracal [ˈkærəkæl] *s.* *zool.* linx.

carbon [ˈkɑːbən] *s.* carbon. # **~ copy** copie la indigo; **~ dioxide** bioxid de carbon; **~ paper** indigo.

carbuncle [ˈkɑːbʌŋkl] *s.* **1.** furuncul, buboi. **2.** granat.

carburettor [ˌkɑːbjuˈretə] *s.* carburator.

carcass [ˈkɑːkəs] *s.* **1.** hoit, stârv. **2.** carcasă (*de porc etc.*). **3.** schelet (*fig.*).

card [kɑːd] *s.* **1.** carte de joc/vizită. **2.** legitimație, permis. **3.** ilustrată. **4.** *ec.* fișă; cartelă; card: *a ~ catalogue* catalog de fișe; *a ~ index* cartotecă, fișier; *a punched ~* cartelă perforată. **5.** *fam.* mucalit. # **~board** carton; **~holder** deținător de carte de credit; **~ phone** telefon cu cartelă; **~ sharper** trișor; **~ vote** vot prin reprezentanți.

cardiac [ˈkɑːdiæk] *s.*, *adj.* cardiac.

cardigan [ˈkɑːdɪgən] *s.* jachetă.

cardinal [ˈkɑːdɪnəl] **I.** *s.* *bis.* cardinal. **II.** *adj.* **1.** cardinal: *~ numbers* numerale cardinale. **2.** fundamental. **3.** capital: **~ sins** păcate capitale.

care [keə] **I.** *s.* **1.** grijă, ocrotire: *to take ~ of* a avea grijă de. **2.** îngrijorare. **3.** atenție, băgare de seamă: *take ~!* ai grijă!; *handle it with ~* mânuiește-l cu grijă. **II.** *vt.* a vrea, a dori. **III.** *vi.* **1.** (**about**) a-i păsa (de). **2.** (**for**) a avea grijă (de). **3.** (**for**) a-i plăcea (*ceva*). # **~ful** atent; precaut; **~less** neatent; neglijent; **~r** persoană care se îngrijește de cineva neajutorat; **~taker** supraveghetor; *for all I ~* din punctul meu de vedere; *I couldn't ~ less* nu mă interesează deloc.

career [kəˈrɪə] **I.** *s.* carieră, profesiune. **II.** *adj.* de carieră: *a ~ diplomat* diplomat de carieră. **III.** *vi.* a goni; a o zbughi. # **~ist** carierist.

caress [kəˈres] **I.** *s.* mângâiere, alintare. **II.** *vt.* a mângâia, a alinta.

cargo [ˈkɑːgəʊ] *s.* încărcătură, caric.

caricature [ˈkærɪkətʃʊə] *s.* caricatură.

caries [ˈkeəriːz] (*pl.* ~) *s.* carie (*dentară*).

caring [ˈkeərɪŋ] *adj.* **1.** protector, ocrotitor. **2.** atent, prevenitor.

carnation [kɑːˈneɪʃn] *s.* garoafă.

carnival ['kɑ:nɪvl] *s.* **1.** carnaval. **2.** iarmaroc.

carnivore ['kɑ:nɪvɔ:] *s.* carnivor.

carnivorous [kɑ:'nɪvərəs] *adj.* carnivor.

carol ['kærəl] **I.** *s.* colind. **II.** *vi.* a colinda. # ~ **singer** colindător.

carousal [kə'raʊzl] *s.* chef, zaiafet.

carp [kɑ:p] *s.* crap.

carpenter ['kɑ:pɪntə] *s.* tâmplar.

carpentry ['kɑ:pɪntri] *s.* tâmplărie.

carpet ['kɑ:pɪt] **I.** *s.* **1.** covor. **2.** strat: *a ~ of snow* strat de zăpadă. **II.** *vt.* a mustra, a dojeni.

carriage ['kærɪdʒ] *s.* **1.** vagon (de pasageri). **2.** căruță; trăsură. **3.** (taxă de) transport (*a mărfurilor*). **4.** ținută a corpului. # **~way** parte carosabilă, carosabil.

carrier ['kæriə] *s.* **1.** sacoşă. **2.** societate de transport; cărăuş; comisionar. **3.** navă portavion. # ~ **bag** sacoşă; ~ **pigeon** porumbel mesager.

carrion ['kæriən] *s.* hoit.

carrot ['kærət] *s.* **1.** morcov. **2.** *fam.* momeală (*fig.*). # **~y** cu păr roşu.

carry ['kæri] **I.** *vt.* **1.** a duce, a căra, a purta, a transporta. **2.** a aduce (*un profit*). **3.** a câştiga (*alegeri*). **4.** a reporta (*o sumă*). **5.** a propaga (*sunetul*). **II.** *vi.* **1.** (*d. sunet*) a se propaga. **2.** (*d. o lege*) a se vota. # **~all** geantă de voiaj; **~ing trade** cărăuşie, transport; **to ~ out/ through** a duce la bun sfârşit, a executa (*o treabă*).

cart [kɑ:t] *s.* **1.** căruță. **2.** cărucior (*la magazin*). # **~er** căruțaş; **~-horse** cal de tracțiune; ~ **road/track** drum de țară; ~ **wheel** roata (*la sport*); *in the ~ fam.* în pom (*fig.*).

cartel [kɑ:'tel] *s.* cartel.

cartilage ['kɑ:tɪlɪdʒ] *s.* cartilaj.

cartography [kɑ:'tɒgrəfi] *s.* cartografie.

carton ['kɑ:tn] *s.* cutie de carton; caserolă.

cartoon [kɑ:'tu:n] *s.* **1.** desen animat. **2.** caricatură; desen/schiță umoristică.

cartridge ['kɑ:trɪdʒ] *s.* cartuş.

carve [kɑ:v] *vt.* a ciopli, a strunji, a sculpta. # **~r** cioplitor; sculptor.

cascade [kæs'keɪd] *s.* cascadă.

case[1] [keɪs] *s.* *(şi jur., gram.)* caz: *as the ~ may be* după cum e cazul; *in any ~* oricum, în orice situație; *in ~ of* în eventualitatea că; *in no ~* nici cum, sub nici un motiv.

case[2] [keɪs] *s.* **1.** casetă; cutie; ladă. **2.** carcasă (*de ceas etc.*). **3.** valiză.

casement ['keɪsmənt] *s.* fereastră.

cash [kæʃ] **I.** *s.* numerar, bani gheață/lichizi: *~ -and-carry* vânzare cu plata în numerar; *~ down* bani peşin; *~ in advance* avans în numerar; *~ on delivery* plata la livrare. **II.** *adj.* în numerar; de casă: *~ balance* sold de casă; *~ payment* plată în numerar. **III.** *vt.* **1.** a încasa (*un cec*). **2.** a trans-forma în numerar; # ~ **card** card pentru obținerea de numerar; ~ **dispenser** bancomat.

casing ['keɪsɪŋ] *s.* **1.** înveliş, învelitoare. **2.** toc (*de uşă*); cercevea. **3.** carcasă, înveliş. **4.** anvelopă.

casino [kə'si:nəʊ] (*pl.* **~s**) *s.* cazino.

cask [kɑ:sk] *s.* butoi (mic), butelcă.

casket ['kɑ:skɪt] *s.* **1.** casetă, cutie. **2.** *amer.* coşciug.

cassette [kə'set] *s.* casetă. # **~ recorder** casetofon.

cast [kɑ:st] **I.** *s.* **1.** azvârlire, aruncare. **2.** movilă, muşuroi. **3.** *med.* ghips. **4.** distribuţie (*a piesei*). **5.** fel, soi. **6.** nuanţă. **II.** (*trec., part. trec.* **cast**) *vt.* **1.** a azvârli, a arunca. **2.** a lăsa să cadă. **3.** (*d. un animal*) a lepăda (*păr etc.*). **4.** a distribui (*un actor*) în rol. **5.** a ghici, a prezice. # **~away** naufragiat; **~ iron** fontă; **~off** lucru de aruncat; **~ steel** oţel turnat.

castanets [ˌkæstə'nets] *s. pl.* castaniete.

castigate ['kæstɪgeɪt] *vt.* a înfiera, a blama.

castle ['kɑ:sl] **I.** *s.* **1.** castel. **2.** tură (*la şah*). **II.** *vi.* a face o rocadă.

castor ['kɑ:stə] *s.* **1.** rotilă. **2.** piperniţă. # **~ oil** ulei de ricin; **~ sugar** zahăr pudră.

castrate [kæs'treɪt] *vt.* a castra.

casual ['kæʒuəl] *adj.* **1.** la întâmplare: *a ~ remark* remarcă (făcută) la întâmplare. **2.** ocazional: *a ~ meeting* întâlnire întâmplătoare. **3.** nonşalant. **4.** (*d. haine*) de toată ziua.

casualties ['kæʒuəltiz] *s. pl.* pierderi de vieţi omeneşti.

cat [kæt] *s.* **1.** pisică. **2.** leu, tigru, leopard. **3.** *fam.* scorpie. **4.** *sl.* individ. # **~calls** fluierături de dezaprobare/indignare; **~gut** catgut; **~house** *amer.* bordel; **~nap** *fam.* moţăială; **~'o-nine-tails** bici (*pentru pedeapsă*); **~'s paw** *fam.* unealtă (*persoană*); **~'s whiskers** *fam.* marfă, super.

cataclysm ['kætəklɪzəm] *s.* cataclism.

catacomb ['kætəku:m] *s.* catacombă.

catafalque ['kætəfælk] *s.* catafalc.

catalogue ['kætəlɒg] *s.* catalog; registru.

catapult ['kætəpʌlt] *s.* praştie.

cataract ['kætərækt] *s. geogr., med.* cataractă.

catastrophe [kə'tæstrəfi] *s.* catastrofă.

catch [kætʃ] **I.** *s.* **1.** prindere; apucare, capturare. **2.** mecanism de închidere/încuiere. **3.** achiziţie. **4.** partidă (*persoană*). **5.** prilej. **6.** capcană. **7.** hibă. **II.** (*trec., part. trec.* **caught**) *vt.* **1.** a prinde; a captura. **2.** a lua (*o boală*). **3.** a surprinde. **4.** a pricepe. **III.** (*trec. part. trec.* **caught**) *vi.* a se prinde, a se agăţa. # **~ing** infecţios; **to ~ on** a se prinde, a înţelege; **~penny** marfă făţoasă dar proastă; **~phrase** expresie la modă; **to ~ up** a ajunge din urmă; **~word** slogan; **~y** înşelător.

categorical [ˌkætɪ'gɒrɪkl] *adj.* categoric.

category ['kætɪgəri] *s.* categorie.

cater ['keɪtə] *vi.* **1.** (**for**) a furniza cele necesare (*cuiva*). **2.** (**to**) a satisface (*o cerinţă a cuiva*). # **~er** furnizor.

caterpillar ['kætəpɪlə] *s.* **1.** omidă. **2.** şenilă.
caterwaul ['kætəwɔ:l] *vi.* (*d. pisici*) a miorlăi.
cathedral [kə'θi:drəl] *s.* catedrală.
cathode ['kæθəʊd] *s.* catod.
catholic ['kæθəlɪk] *adj.* catolic.
catkin ['kætkɪn] *s. bot.* mâţişor.
cattle ['kætl] *s.* vite.
Caucasian [kɔ:'keɪziən] *s., adj.* **1.** caucazian. **2.** (persoană) cu ten alb şi păr închis la culoare.
caught [kɔ:t] *trec., part. trec. de la* **to catch**.
cauldron ['kɔ:ldrən] *s.* cazan.
cauliflower ['kɒlɪflaʊə] *s.* conopidă.
causal ['kɔ:zl] *adj.* cauzal.
cause [kɔ:z] **I.** *s.* **1.** cauză: *the ~ of the accident* cauza accidentului. **2.** motiv. **3.** justificare. **4.** mişcare, acţiune (*fig.*). **II.** *vt.* a produce, a cauza.
caustic ['kɔ:stɪk] *adj.* caustic (*şi fig.*).
caution ['kɔ:ʃn] **I.** *s.* **1.** prudenţă. **2.** avertizare. **II.** *vt.* a avertiza. # **~ary** (*d. fabulă etc.*). moralizator.
cautious ['kɔ:ʃəs] *adj.* prudent.
cavalry ['kævlri] *s.* cavalerie. # **~ man** cavalerist.
cave [keɪv] *s.* peşteră. # **~man** om al cavernelor.
caveat ['keɪviæt] *s.* avertisment.
cavern ['kævən] *s.* cavernă, grotă. # **~ous** imens; poros.
caviar(e) ['kævia:] *s.* caviar, icre negre.
cavil ['kævl] *vi.* a se lamenta.
cavity ['kævəti] *s.* cavitate.
caw [kɔ:] **I.** *s.* croncănit. **II.** *vi.* a croncăni.
cayenne [keɪ'en] *s.* boia iute.
cease [si:s] **I.** *s.* încetare. **II.** *vt.* a înceta. # **~less** continuu, fără oprire.
cedar ['si:də] *s.* cedru.
ceiling ['si:lɪŋ] *s.* tavan, plafon.
celebrate ['selɪbreɪt] *vt.* a sărbători. # **~d** reputat, vestit.
celebration [ˌselɪ'breɪʃn] *s.* celebrare, sărbătorire.
celebrity [sɪ'lebrɪti] *s.* **1.** celebritate. **2.** faimă.
celerity [sɪ'lerɪti] *s.* viteză.
celery ['seləri] *s.* ţelină.
celibate ['selɪbɪt] *s.* celibatar.
cell [sel] *s.* **1.** celulă (*şi anat.*). **2.** chilie. **3.** fagure. **4.** pilă electrică. # **~phone** telefon celular.
cellar ['selə] *s.* pivniţă.
cellist ['tʃelɪst] *s.* violoncelist.
cello ['tʃeləʊ] *s.* violoncel.
cellophane ['seləfeɪn] *s.* celofan.
cement [sɪ'ment] **I.** *s.* ciment. **II.** *vt.* a cimenta (*şi fig.*).
cemetery ['semɪtri] *s.* cimitir.
censer ['sensə] *s.* cădelniţă.
censor ['sensə] **I.** *s.* cenzor. **II.** *vt.* a cenzura. # **~ship** cenzură.
census ['sensəs] *s.* recensământ.
cent [sent] *s.* cent.
centenarian [ˌsentɪ'neəriən] *s.* persoană de o sută de ani.
centenary [sen'ti:nəri] *s.* centenar.
centigrade ['sentɪgreɪd] *s.* centigrad.
centigram ['sentɪgræm] *s.* centigram.
centimetre ['sentɪmi:tə] *s.* centimetru.
centipede ['sentɪpi:d] *s.* miriapod.

central ['sentrəl] *adj.* **1.** central. **2.** principal. # **to ~ize** a centraliza.

centre ['sentə] *s.* centru. # **~ half** *sport.* mijlocaş central; **~ party** partid de centru; **the ~ stage** centrul atenţiei.

century ['sentʃəri] *s.* secol.

ceramics [sɪ'ræmɪks] *s.* ceramică.

cereal ['sɪəriəl] *s.* cereală.

ceremonious [ˌserɪ'məʊniəs] *adj.* protocolar.

ceremony ['serɪməni] *s.* festivitate, sărbătorire.

certain ['sɜ:tn] *adj.* **1.** sigur. **2.** oarecare: *on a ~ day* într-o zi (oarecare). # **~ly** cu siguranţă: *~ly not* sigur că nu; **~ty** certitudine; *to make ~ that* a se asigura că.

certificate [sə'tɪfɪkeɪt] **I.** *s.* certificat. **II.** *vt.* a certifica, a adeveri, a atesta.

certification [ˌsətɪfɪ'keɪʃn] *s.* certificare, adeverire, atestare.

certify ['sɜ:tɪfaɪ] *vt.* **1.** a certifica, a atesta: *this is to ~* se adevereşte prin prezenta. **2.** a confirma.

certitude ['sɜ:tɪtju:d] *s.* certitudine.

cessation [se'seɪʃn] *s.* stopare, oprire.

cession ['seʃn] *s.* cesionare.

cesspit ['sespɪt] *s.* hazna.

chafe [tʃeɪf] *vt., vi.* **1.** a (se) freca, a (se)roade. **2.** a (se) enerva. # *to ~ at the bit* a sta ca pe ace.

chaff [tʃa:f] *s.* tărâţe.

chaffinch ['tʃæfɪntʃ] *s.* piţigoi.

chain [tʃeɪn] **I.** *s.* **1.** lanţ. **2.** şir. **3.** încătuşare. **II.** *vt.* **1.** a pune în lanţuri. **2.** a pune stavilă. # **~ store** magazin cu sucursale.

chair [tʃeə] **I.** *s.* **1.** scaun. **2.** loc de onoare. **3.** post (*de profesor*). **II.** *vt.* a prezida (*o şedinţă*). # **~man** preşedinte (*de şedinţă*).

chalet ['ʃæleɪ] *s.* cabană.

chalice ['tʃælɪs] *s.* **1.** *bis.* potir. **2.** *bot.* caliciu.

chalk [tʃɔ:k] *s.* cretă. # **~board** *amer.* tablă (*la şcoală*); **~y** alb ca varul; *not by a long ~* nici pe departe.

challenge ['tʃælɪndʒ] **I.** *s.* **1.** convocare. **2.** provocare. **II.** *vt.* **1.** a convoca. **2.** a provoca.

challenging ['tʃælɪndʒɪŋ] *adj.* incitant, stimulativ.

chamber ['tʃeɪmbə] *s.* cameră. # **~ maid** femeie de serviciu (*la hotel*); **~ music** muzică de cameră; **Chamber of Commerce** Camera de comerţ. **~ orchestra** orchestră de cameră.

chamberlain ['tʃeɪmbəlɪn] *s.* şambelan.

chameleon [kə'mi:liən] *s.* cameleon (*şi fig.*).

chamois ['ʃæmi] *s.* piele de căprioară.

chamomile ['kæməmaɪl] *s.* muşeţel.

champagne [ʃæm'peɪn] *s.* şampanie.

champion ['tʃæmpiən] **I.** *s.* **1.** campion. **2.** militant, combatant. **II.** *vt.* a milita pentru. # **~ship** campionat.

chance [tʃa:ns] **I.** *s.* **1.** şansă, prilej, ocazie. **2.** risc. **3.** hazard: *by ~* întâmplător; *on the ~* în cazul. **II.** *adj.* întâmplător. **III.** *vt.* a risca.

chancellor ['tʃa:nslə] *s.* **1.** cancelar. **2.** rector. # **Chancellor of the Exchequer** ministru de finanţe (*în Anglia*).

chancy ['tʃɑːnsi] *adj. fam.* nesigur, riscant.

chandelier [ˌʃændəˈlɪə] *s.* candelabru.

change [tʃeɪndʒ] **I.** *s.* **1.** schimbare. **2.** modificare. **3.** schimb (*de haine*). **4.** mărunțiș, rest (*la plată*). **II.** *vt.* a schimba; a modifica: *to ~ one's mind* a se răzgândi. **III.** *vi.* a se schimba, a se transforma. # **~able** schimbător; **~less** neschimbat; invariabil; fix.

channel ['tʃænl] **I.** *s.* **1.** canal natural. **2.** drum, cale, filieră. **3.** canal (*TV*). **II.** *vt.* a canaliza; a direcționa.

chaos ['keɪɒs] *s.* haos, debandadă.

chap [tʃæp] *s.* **1.** *fam.* ins. **2.** *pl.* fălci (*la animale*).

chapel ['tʃæpl] *s. bis.* capelă.

chaperon ['ʃæpərəʊn] *s.* însoțitoare.

chaplain ['tʃæplɪn] *s.* capelan.

chapter ['tʃæptə] *s.* capitol.

charabanc ['ʃærəbæŋ] *s.* autocar.

character ['kærɪktə] *s.* **1.** caracter. **2.** caracteristică. **3.** recomandare, caracterizare. **4.** personaj (*din carte*). **5.** *fam.* ins; figură. **6.** rol (*în piesă*). **7.** literă; simbol; semn grafic. # **~istic** caracteristic, tipic; **~ization** caracterizare; **to ~ize** a caracteriza; **~less** lipsit de caracter.

charcoal ['tʃɑːkəʊl] *s.* mangal.

charge [tʃɑːdʒ] **I.** *s.* **1.** încărcătură, povară. **2.** sarcină, răspundere. **3.** acuzație. **4.** taxă; preț, cost. **5.** custodie. **II.** *vt.* **1.** a încărca, a împovăra. **2.** a însărcina. **3.** a acuza. **4.** a cere (*un preț*). **III.** *vi.* **1.** (**at**) a se năpusti (asupra). **2.** (**into**) a se izbi (de). # **~d** controversat; **~r** tavă; **~ sheet** cazier; *in ~* la conducere; *in ~ of* răspunzător de; *on a ~ of* sub acuzația de...

chariot ['tʃæriət] *s.* șaretă.

charisma [kəˈrɪzmə] *s.* carismă.

charitable ['tʃærɪtəbl] *adj.* generos, darnic.

charity ['tʃærɪti] *s.* **1.** generozitate. **2.** binefacere. **3.** instituție de caritate.

charm [tʃɑːm] **I.** *s.* șarm, farmec. **II.** *vt.* **1.** a fascina. **2.** a vrăji, a fermeca. # **~er** îmblânzitor de animale; **~ing** fermecător; *like a ~* perfect, de minune.

chart [tʃɑːt] *s.* **1.** grafic, diagramă; tabel. **2.** hartă.

charter ['tʃɑːtə] *s.* **1.** regulament; statut. **2.** autorizație; licență. **3.** navlosire.

chary ['tʃeəri] *adj.* precaut.

chase [tʃeɪs] **I.** *s.* **1.** urmărire, hăituire. **2.** vânătoare. **3.** vânat hăituit. **II.** *vt.* **1.** a urmări, a hăitui, a fugări. **2.** a hărțui. **III.** *vi.* a goni, a alerga.

chasm ['kæzəm] *s.* **1.** prăpastie. **2.** ruptură (*fig.*).

chaste [tʃeɪst] *adj.* cast, pur.

chastity ['tʃæstəti] *s.* castitate, puritate.

chat [tʃæt] *fam.* **I.** *s.* **1.** taclale. **2.** șuetă. **II.** *vi.* a sta la taclale. # **~ter** pălăvrăgeală; **~terbox** palavragiu; **~ty** vorbăreț.

chauffeur ['ʃəʊfə] *s.* șofer.

chauvinist ['ʃəʊvɪnɪst] *s., adj.* șovin.
cheap [tʃi:p] *adj.* **1.** ieftin (*și fig.*). **2.** cărpănos. # **to ~en** a (se) ieftini; **~skate** scârțar.
cheat [tʃi:t] **I.** *s.* **1.** trișor. **2.** fraudă. **II.** *vt.* **1.** a înșela; a trăda. **2.** a trișa; a frauda.
check [tʃek] **I.** *s.* **1.** control, verificare. **2.** piedică; impediment. **3.** carou. **4.** *amer.* cec. **5.** *amer.* bifă. **6.** (tablă de) șah. **7.** notă de plată. **II.** *vt.* **1.** a controla, a verifica. **2.** a împiedica. **3.** *amer.* a bifa. # **~ed** în carouri; **~ers** jocul de dame; **~-in** recepție (*la hotel*); **~mate** șah mat; **~out** casă (*de plată*); *to ~ in at a hotel* a se înregistra la un hotel.
cheek [tʃi:k] **I.** *s.* **1.** obraz. **2.** obrăznicie. **II.** *vt. fam.* a se purta necuviincios cu. # **~bone** maxilar; **~y** obraznic.
cheep [tʃi:p] **I.** *s.* piuit. **II.** *vi.* a piui.
cheer [tʃɪə] **I.** *s.* **1.** ovații, urale. **2.** voie bună. **II.** *vt.* a îmbărbăta; a ovaționa. # **~ful** vesel; **~io!** salve!; **~leader** animator (*persoană*); **~less** mohorât; **~s!** noroc! (*la ciocnit pahare*).
cheese [tʃi:z] *s.* brânză. # **big ~** mare scofală; **~ it!** *sl.* valea! **say ~ !** zâmbiți, vă rog! (*la fotograf*); **~cake** plăcintă cu brânză; **~paring** cărpănos.
chef [ʃef] *s.* bucătar șef.
chemical ['kemɪkl] **I.** *s.* substanță chimică. **II.** *adj.* chimic.
chemise [ʃə'mi:z] *s.* **1.** furou. **2.** rochie lejeră cu bretele.
chemist ['kemɪst] *s.* **1.** chimist. **2.** farmacist. **3.** farmacie; drogherie. # **~ry** chimie.
cheque [tʃek] *s.* cec: *~ to bearer* cec la purtător; *blank ~* cec în alb; *~ book* carnet de cecuri.
chequered ['tʃekəd] *adj.* în/cu carouri.
cherish ['tʃerɪʃ] *vt.* **1.** a avea la inimă. **2.** a nutri.
cherry ['tʃeri] *s.* **1.** cireș. **2.** cireașă. # **~ brandy** vișinată.
cherub ['tʃerəb] *s.* heruvim.
chess [tʃes] *s.* șah. # **~board** tablă de șah; **~man** piesă de șah.
chest [tʃest] *s.* **1.** piept; torace; sân. **2.** cutie; casetă; ladă. # **~ of drawers** comodă, scrin; **~y** pieptos.
chestnut ['tʃestnʌt] **I.** *s.* **1.** castan. **2.** castană. **II.** *adj.* castaniu.
chew [tʃu:] *vt.* a mesteca. # **~ing gum** gumă de mestecat; **~y** (*d. aliment*) tare.
chick [tʃɪk] *s.* **1.** puișor (*și fig.*). **2.** *sl.* tipă bine.
chicken ['tʃɪkɪn] *s.* **1.** pui (de găină). **2.** carne de pasăre. **3.** *fam.* laș. # **~feed** *sl.* o nimica toată (*și ca sumă de bani*); **~hearted** fricos; **~ pox** vărsat de vânt; **~pea** năut.
chicory ['tʃɪkəri] *s. bot.* cicoare.
chide [tʃaɪd] *vt., vi.* a (se) certa.
chief [tʃi:f] **I.** *s.* șef, patron, conducător. **II.** *adj.* principal. # **in ~** în special; **~ly** îndeosebi.
chiffonier [ˌʃɪfə'niə] *s.* **1.** dulap. **2.** *amer.* scrin.
child [tʃaɪld] (*pl.* **children** ['tʃɪldrən]) *s.* copil: *with ~* însărcinată; *heavy*

with ~ pe cale să nască; *an only* ~ copil singur la părinți. # ~ **benefit** alocație pentru copii; ~**birth** naștere; ~**hood** copilărie; ~**ish** naiv; ~**less** fără copii; ~**like** copilăresc; ~**'s play** joacă de copii (*fig*.).

chill [tʃıl] **I.** *s.* **1.** răcoare; frig. **2.** frisoane: *to catch a* ~ a răci. **3.** spaimă. **II.** *adj.* răcoros; rece. **III.** *vt.*, *vi.* a (se) răci. # ~**er** *fam.* film de groază; ~**y** rece.

chime [tʃaım] **I.** *s.* **1.** clopot; clopoțel. **2.** dangăt. **II.** *vi.* (*d. clopot*) a bate. # **to ~ in** a se băga în discuție.

chimera [kaı'mıərə] *s.* himeră.

chimney ['tʃımni] *s.* coș, horn. # ~**-sweep** coșar.

chin [tʃın] *s.* bărbie: # ~ **up!** fruntea sus!

china ['tʃaınə] *s.* (obiect din) porțelan. # ~**ware** obiecte de porțelan.

Chinese [tʃaı'ni:z] **I.** *s.* **1.** chinez. **2.** limba chineză. **II.** *adj.* chinezesc.

chink [tʃıŋk] *s.* **1.** crăpătură. **2.** clinchet.

chip [tʃıp] **I.** *s.* **1.** așchie; ciob(itură). **2.** felie. **3.** fisă. **II.** *vt.*, *vi.* a (se) sparge, a (se) ciobi. # ~**s** cartofi prăjiți.

chiropodist [kı'rɒpədıst] *s.* pedichiurist(ă).

chirp [tʃ3:p] **I.** *s.* ciripit. **II.** *vi.* a ciripi. # ~**y** voios.

chisel ['tʃızl] **I.** *s.* daltă. **II.** *vt.* a dălțui. # ~**ler** *sl.* șarlatan.

chitchat ['tʃıttʃæt] *s. fam.* taifas.

chivalrous ['ʃıvəlrəs] *adj.* (*d. bărbați*) curtenitor.

chlorophorm ['klɒrəfɔ:m] *s.* cloroform.

chlorophyll ['klɒrəfıl] *s.* clorofilă.

chocked [tʃɒkt], **chockfull** ['tʃɒkfl] *adj.* arhiplin.

chocolate ['tʃɒklıt] *s.* ciocolată.

choice [tʃɔıs] **I.** *s.* **1.** alegere; selecționare. **2.** sortiment. **3.** persoană selectată; lucru ales/selectat. **4.** alternativă. **II.** *adj.* ales, fin.

choir [kwaıə] *s.* cor.

choke [tʃəʊk] **I.** *s.* **1.** sufocare. **2.** *auto.* șoc. **II.** *vt.*, *vi.* a (se) sufoca. # ~**d** mâhnit, îndurerat; ~**r** colier (*pe gât*).

cholera ['kɒlərə] *s.* holeră.

cholesterol [kə'lestərɒl] *s.* colesterol.

choose [tʃu:z] (*trec.* **chose**, *part. trec.* **chosen**) *vt.*, *vi.* **1.** a alege. **2.** a prefera.

choosy ['tʃu:zi] *adj.* mofturos.

chop [tʃɒp] **I.** *s.* cotlet, antricot. **II.** *vt.* **1.** a tăia (*lemne*); a tăia bucățele. **2.** *fam.* a reduce. # ~**per** topor; *sl.* elicopter.

chord [kɔ:d] *s. mat.* coardă.

choreography [,kɒri'ɒgrəfi] *s.* coregrafie.

chorus ['kɔ:rəs] *s.* cor.

chose [tʃəʊz] *trec. de la* **to choose**.

chosen ['tʃəʊzn] *part. trec. de la* **to choose.**

christen ['krısn] *vt.* a boteza. # ~**ing** botez.

Christian ['krıstʃən] *s.*, *adj.* creștin. # ~**ity** religia creștină; **to ~ize** a creștina; ~ **name** nume de botez.

Christmas ['krɪsməs] *s.* Crăciun. # ~ **card** felicitare de Crăciun; ~ **tree** brad.

chrome [krəʊm], **chromium** ['krəʊmiəm] *s.* crom.

chronic ['krɒnɪk] *adj.* cronic.

chronicle ['krɒnɪkl] *s.* cronică.

chronological [,krɒnə'lɒdʒɪkl] *adj.* cronologic.

chronology [krə'nɒlədʒi] *s.* cronologie.

chronometer [krə'nɒmɪtə] *s.* cronometru.

chrysanthemum [krɪ'sænθəməm] *s.* crizantemă.

chubby ['tʃʌbi] *adj.* rotunjor, dolofan.

chuckle ['tʃʌkl] **I.** *s.* chicot(eală). **II.** *vi.* a chicoti.

chum [tʃʌm] *s. fam.* amic. # ~**my** prietenos.

chunk [tʃʌŋk] *s.* halcă, bucată mare. # ~**y** bondoc.

church [tʃɜ:tʃ] *s.* biserică. # ~**man** preot; ~**yard** cimitir.

churn [tʃɜ:n] *s.* putină.

chute [ʃu:t] *s.* **1.** jgheab. **2.** cădere de apă.

cider ['saɪdə] *s.* cidru.

cigar [sɪ'gɑ:] *s.* țigară de foi.

cigarette [,sɪgə'ret] *s.* țigară. # ~ **end** chiştoc; ~ **holder** țigaret; ~ **lighter** brichetă.

cinch [sɪntʃ] *s. fam.* bagatelă.

cinder ['sɪndə] *s.* tăciune.

cinema ['sɪnɪmə] *s.* cinema. # ~**tography** cinematografie.

cinnamon ['sɪnəmən] *s.* vanilie.

cipher ['saɪfə] *s.* cifru.

circle ['sɜ:kl] *s.* **1.** cerc. **2.** inel. **3.** balcon (*la teatru*). **4.** circuit. **5.** ciclu. **6.** clan; coterie, gaşcă.

circuit ['sɜ:kɪt] *s.* circuit.

circular ['sɜ:kjulə] *adj.* circular; în circuit.

circulate ['sɜ:kjuleɪt] **I.** *vt.* a răspândi (*zvonuri*). **II.** *vi.* a circula.

circulating ['sɜ:kjuleɪtɪŋ] *adj.* circulant: ~ *capital* capital circulant.

circulation [,sɜ:kju'leɪʃn] *s.* **1.** circulație. **2.** răspândire, împrăştiere.

circumference [sə'kʌmfrəns] *s.* circumferință.

circumspect ['sɜ:kəmspekt] *adj.* circumspect.

circumstance ['sɜ:kəmstæns] *s.* **1.** circumstanță, împrejurare. **2.** condiție: *under the ~s* în condițiile actuale, în acest caz.

circumstantial [,sɜ:kəm'stænʃl] *adj.* accidental, întâmplător. # ~ **evidence** probe indirecte.

circus ['sɜ:kəs] *s.* **1.** circ. **2.** spectacol de circ. **3.** arenă. **4.** piață, scuar.

cistern ['sɪstən] *s.* rezervor (*de apă*).

citation [saɪ'teɪʃn] *s.* **1.** citat. **2.** *jur.* citație.

cite [saɪt] *vt.* a cita.

citizen ['sɪtɪzn] *s.* cetățean. # ~**ship** cetățenie.

city ['sɪti] *s.* oraş, citadelă. # ~ **dweller** orăşean; ~ **hall** *amer.* primărie.

civic ['sɪvɪk] *adj.* civic.

civil ['sɪvl] *adj.* **1.** civil. **2.** politicos. # ~**ian** civil (*s.*); ~**ity** politețe; ~**ization** civilizație; **to ~ize** a şlefui, a educa; ~ **law** drept civil; ~ **rights** drepturi civile; ~ **servant**

funcționar public; ~ **service** administrație de stat; ~ **society** societate civilă.

clack [klæk] *s.* păcănit, țăcănit, pocnet.

clad [klæd] *adj.* acoperit; îmbrăcat.

claim [kleɪm] **I.** *s.* **1.** revendicare, cerere, pretenție. **2.** drept (*la ceva*). **II.** *vt.* **1.** a revendica, a cere, a pretinde. **2.** a susține că. # **~ant** solicitant, reclamant; ~ **department** oficiu de cereri, contencios.

clam [klæm] *s.* scoică. # **~my** umed.

clamber ['klæmbə] **I.** *s.* cățărare, escaladare. **II.** *vi.* a se cățăra.

clamour ['klæmə] **I.** *s.* vociferare. **II.** *vi.* a vocifera.

clamp [klæmp] *s.* menghină.

clan [klæn] *s.* clan. # **~nish** de clan; **~sman** membru al unui clan.

clandestine [klæn'destɪn] *adj.* clandestin.

clap [klæp] **I.** *s.* **1.** bubuit(ură). **2.** aplaudare. **3.** *sl.* blenoragie. **II.** *vt.*, *vi.* a aplauda. # **~per** limbă de clopot; **~trap** *fam.* idioțenii.

clarification [ˌklærɪfɪ'keɪʃn] *s.* clarificare.

clarify ['klærɪfai] *vt.* a clarifica.

clarinet [ˌklærɪ'net] *s.* clarinet. # **~ist** clarinetist.

clarity ['klærɪti] *s.* claritate.

clash [klæʃ] **I.** *s.* **1.** ciocnire, coliziune. **2.** ciocnire, conflict. **II.** *vi.* **1.** a se înfrunta, a se încăiera. **2.** (*d. date etc.*) a coincide.

clasp [klɑːsp] **I.** *s.* **1** clamă; clemă; cataramă. **2.** broşă; clips. **3.** îmbrățișare. **II.** *vt.* **1.** a strânge în mână. **2.** a strânge la piept.

class [klɑːs] **I.** *s.* **1.** clasă (*socială*), clasă (*de elevi*). **2.** oră (*de curs*). **3.** categorie. **4.** finețe, distincție. **II.** *vt.* a clasifica. # **~mate** coleg de clasă; **~room** *școl.* clasă; **~y** şic.

classic ['klæsɪk] *s.*, *adj.* clasic. # **~al** clasic (*adj.*); **~ism** clasicism.

classification [ˌklæsɪfɪ'keɪʃn] *s.* clasificare.

classified ['klæsɪfaɪd] *adj.* **1.** clasificat. **2.** confidențial, secret. # **~ ad** anunț (*în ziar*).

classify ['klæsɪfai] *vt.* a clasifica.

clatter ['klætə] **I.** *s.* **1.** vacarm. **2.** zăngănit. **II.** *vi.* **1.** a hurui, a turui. **2.** a zăngăni.

clause [klɔːz] *s.* **1.** *gram.* propoziție. **2.** clauză.

clavicle ['klævɪkl] *s.* claviculă.

claw [klɔː] *s.* **1.** gheară. **2.** cleşte (*de rac etc.*).

clay [kleɪ] *s.* argilă, lut.

clean [kliːn] **I.** *adj.* **1.** curat. **2.** pur. **3.** cinstit. **II.** *vt.* a curăța. **III.** *adv.* complet. # **~-cut** prezentabil; bine conturat; **~er** femeie de serviciu; detergent; **~ing** curățenie; **~ly** curat.

cleanse [klenz] *vt.* **1.** a curăța, a dezinfecta. **2.** a ierta (*de păcat*). # **~r** detergent.

clear [klɪə] **I.** *adj.* **1.** clar, limpede, transparent. **2.** senin. **3.** desluşit, explicit. **4.** pur. **5.** *ec.* net. # **~ly** explicit; categoric; **~way** refugiu (*pe autostradă*). **II.** *vt.* **1.** a curăța: *to ~ the skin* a curăța pielea. **2.** a strânge (*masa*). **3.** a elucida, a decoda. **4.** a absolvi (*de vină*). **5.** a autoriza, a certifica. **6.** a reglementa (*un cont*). **7.** *inf.* a şterge (*o informaţie*). **8.** a lichida (*un stoc*). **III.** *vi.* **1.** a se însenina. **2.** (*d. nori etc.*) a se risipi.# **to ~ off** a achita (*o datorie*); **~ off!** cară-te!; **~-out** curăţenie; **to ~ up** a elucida. **IV.** *adv.* clar, desluşit. # **~cut** bine conturat; **~-headed** bine gândit; **~-sighted** clarvăzător.

clearance ['klɪərəns] *s.* **1.** curăţire. **2.** defrişare. **3.** achitare (*a unui cec*). **4.** *ec.* lichidare de stoc.

clearing ['klɪərɪŋ] *s.* **1.** suprafaţă defrişată. **2.** *ec.* cliring. **3.** *ec.* lichidare, validare.

cleave [kli:v] (*trec.* **clove, cleft, cleaved,** *part. trec.* **cleft, cloven**) *vt., vi.* a (se) despica. # **~r** satâr.

clef [klef] *s. muz.* cheie.

clemency ['klemənsi] *s.* milă; îndurare.

clement ['klemənt] *adj.* **1.** iertător, concesiv. **2.** (*d. vreme*) blând.

clench [klentʃ] *vt.* a încleşta, a contracta.

clergy ['klɜ:dʒi] *s.* cler. # **~man** preot.

clerk [klɑ:k] *s.* **1.** funcţionar. **2.** secretar. **3.** *amer.* vânzător.

clever ['klevə] *adj.* **1.** deştept. **2.** priceput, îndemânatic.

click [klɪk] **I.** *s.* **1.** pocnet, ţăcăneală, păcăneală. **2.** zăvor. **II.** *vi.* **1.** a pocni, a ţăcăni, a păcăni. **2.** *fam.* a se dumiri.

client ['klaɪənt] *s.* client.

cliff [klɪf] *s.* stâncă. # **~hanger** film senzaţional, triller.

climate ['klaɪmɪt] *s.* **1.** climă. **2.** climat, ambianţă; situaţie.

climatic [klaɪ'mætɪk] *adj.* climateric.

climax ['klaɪmæks] *s.* punct culminant.

climb [klaɪm] **I.** *s.* urcare, suire; ascensiune. **II.** *vt., vi.* a (se) urca, a (se) sui. # **to ~ down** a coborî; **~er** căţărător; **~ing** (*d. plantă*) agăţător.

clinch [klɪntʃ] *vt.* **1.** a definitiva (*un acord*). **2.** a aplana (*o neînţelegere*).

cling [klɪŋ] (*trec., part. trec.* **clung**) *vi.* **1.** **(to)** a se lipi (de); a se ţine strâns (de). **2.** (*d. miros*) a persista.

clinic [klɪnɪk] *s.* clinică.

clink [klɪŋk] *s.* clinchet.

clip[1] [klɪp] *s.* clamă, clemă, clips.

clip[2] [klɪp] **I.** *s.* **1.** retezare. **2.** *fam.* lovitură (*cu palma etc.*). **II.** *vt.* **1.** a reteza, a tăia. **2.** a tunde. **3.** a prescurta (*un cuvânt*). **4.** a plesni (*pe cineva*). # **~pers** cleşte de unghii; **~pings** tăieturi din ziare.

cloak [kləʊk] *s.* **1.** mantie; pelerină. **2.** văl, mască. # **~-and-dagger** de capă şi spadă; **~ room** garderobă (*la teatru*).

clock [klɒk] **I.** *s.* **1.** ceas; cronometru; vitezometru. **2.** pămătuf de păpădie. **3.** *sl.* mutră. **II.** *vt.* a cronometra. # **~maker** ceasornicar; **~making** ceasornicărie; **~wise** în direcţia acelor de ceasornic; **~-work** mecanism de ceas: *to go like ~work* a merge ca pe roate.

clod [klɒd] *s.* bulgăre, boţ, cocoloş. # **~hopper** mocofan.

clop [klɒp] *s.* tropot (de copite).

close I. [kləʊz] *s.* încheiere (*a activității etc.*). **II.** [kləʊs] *adj.* **1.** apropiat (*și fig.*): ~ *at hand* prin apropiere; *a ~ friend* prieten apropiat. **2.** dens, strâns: ~ *writing* scris înghesuit. **3.** (*d. traducere*) îngrijit. **4.** (*d. aer*) închis. **5.** reticent. **6.** *fam.* cărpănos. **III.** [kləʊz] *vt.* **1.** a închide (*ușa*). **2.** a termina, a lichida. **IV.** [kləʊz] *vi.* **1.** a se închide (*și fig.*). **2.** a se încheia, a se sfârși. **V.** [kləʊs] *adv.* aproape. # **~down** lichidare (*a unei fabrici etc.*); **~-fisted** zgârcit; **~out** lichidare de mărfuri; ~ **shave** situație limită; **~-up** prim plan.

closed [kləʊzd] *adj.* **1.** închis; încuiat; oprit. **2.** complet, întreg. # ~ **book** subiect închis; mister.

closet ['klɒzɪt] *s.* **1.** *amer.* dulap în perete. **2.** cotlon, cameră retrasă. **3.** closet.

closing ['kləʊzɪŋ] *s.* închidere: ~ *time* oră de închidere.

closure ['kləʊʒə] *s.* închidere, lichidare (*a unei întreprinderi*).

cloth [klɒθ] *s.* **1.** material; stofă; pânză. **2.** cârpă. # ~ **cap** șapcă; **to ~e** a îmbrăca; **~es** haine; **~ing** îmbrăcăminte.

cloud [klaʊd] **I.** *s.* **1.** nor. **2.** stol. **3.** primejdie. **II.** *vt.* **1.** a învălui. **2.** a tulbura (*și fig.*). **III.** *vi.* **1.** a se înnora. **2.** a se tulbura. # **~burst** rupere de nori; **~less** senin; **~y** înnorat.

clove [kləʊv] *s.* cățel de usturoi.

clover ['kləʊvə] *s.* trifoi.

clown [klaʊn] *s.* clovn. # **~ish** de clovn.

club [klʌb] **I.** *s.* **1.** club. **2.** ciomag. **3.** treflă: *the two of ~s* doi de treflă; **II.** *vt.* a ciomăgi; # **~by** sociabil; *in the ~ fam.* borțoasă, însărcinată; *on the ~ fam.* în concediu medical.

clue [klu:] *s.* indiciu. # **~d-up** *fam.* cunoscător; **~less** *fam.* ignorant.

clump [klʌmp] *s.* **1.** pâlc; grămadă; grup. **2.** șuviță.

clumsy ['klʌmzi] *adj.* **1.** neîndemânatic. **2.** lipsit de tact.

clung [klʌŋ] *trec., part. trec. de la* **to cling**.

cluster ['klʌstə] **I.** *s.* **1.** mănunchi; grămadă; grup; ciorchine. **2.** droaie, grămadă. **II.** *vi.* a se îmbulzi.

clutch [klʌtʃ] **I.** *s.* **1.** strânsoare (*și fig.*): *in the ~es of the mafia* în ghearele mafiei. **2.** *auto.* ambreiaj. **II.** *vt.* a înșfăca. **III.** *vi.* (**at**) a se agăța (de), a se ține strâns (de).

coach [kəʊtʃ] **I.** *s.* **1.** autocar. **2.** vagon de tren. **3.** *sport* antrenor. **II.** *vt.* **1.** a pregăti (*elevi*). **2.** *sport* a antrena.

coal [kəʊl] *s.* cărbune. # **~bunker** magazie de cărbuni; **~field** bazin carbonifer; **~man** vânzător de cărbuni; ~ **mine** mină de cărbuni.

coalesce [ˌkəʊə'les] *vi.* a se amesteca, a se contopi.

coalition [ˌkəʊə'lɪʃn] *s.* coaliție.

coarse [kɔ:s] *adj.* **1.** (*d. stofă*) aspru. **2.** butucănos, grosolan. **3.** vulgar. **4.** comun, banal. # **to ~n** a se aspri.

coast [kəʊst] *s.* **1.** coastă, mal, țărm. **2.** *înv.* graniță. **3.** litoral. # **~al** de coastă; **~guard** grănicer.

coat [kəʊt] *s.* **1.** haină; sacou; pardesiu. **2.** strat: *a ~ of snow* strat de zăpadă. # **~ of arms** blazon; **~room** garderobă (*la teatru*).

coax [kəʊks] *vt.* a convinge.

cob [kɒb] *s.* **1.** lebădă (*mascul*). **2.** știulete, cocean.

cobble ['kɒbl] *vt.* a repara (*pantofi*). # **~r** cizmar.

cobble(stone) ['kɒbl(stəʊn)] *s.* piatră de pavaj.

cobra ['kəʊbrə] *s.* cobră.

cobweb ['kɒbweb] *s.* pânză de păianjen.

cocaine [kəʊ'keɪn] *s.* cocaină.

cock [kɒk] *s.* **1.** cocoș. **2.** mascul (de pasăre). **3.** cocoș (*la armă*). **4.** giruetă. **5.** căpiță. **6.** *sl.* penis. # **~-and-bull story** fantasmagorie; **~crow** zori; **~erel** pui de cocoș; **~eyed** șașiu; **~fight** luptă de cocoși; **~scomb** creastă de cocoș; **~y** *fam.* înfumurat.

cockpit ['kɒkpɪt] *s.* **1.** *av.* carlingă. **2.** arenă pentru lupte de cocoși.

cockroach ['kɒkrəʊtʃ] *s.* gândac de bucătărie.

cocktail ['kɒkteɪl] *s.* cocteil.

cocoa ['kəʊkəʊ] *s.* cacao.

coconut ['kəʊkəʊnʌt] *s.* nucă de cocos.

cocoon [kə'ku:n] **I.** *s.* pupă, nimfă. **II.** *vt.* a ocroti, a proteja.

cod [kɒd] *s.* cod. # **~der** pescar de cod.

code [kəʊd] *s.* **1.** cod, cifru. **2.** *jur.* culegere de legi.

codicil ['kəʊdɪsɪl] *s.* codicil.

codify ['kəʊdɪfaɪ] *vt.* a codifica.

coed [kəʊ'ed] *fam.* **I.** *s.* elevă (*la școală mixtă*). **II.** *adj.* (*d. școală*) mixt. # **~ucation** învățământ mixt.

coefficient [ˌkəʊɪ'fɪʃnt] *s.* coeficient.

coerce [kəʊ'ɜ:s] *vt.* a constrânge.

coercion [kəʊ'ɜ:ʃn] *s.* constrângere.

coercive [kəʊ'ɜ:sɪv] *adj.* coercitiv.

coexist [ˌkəʊɪg'zɪst] *vi.* a coexista. # **~ence** coexistență.

coffee ['kɒfi] *s.* cafea. # **~ bar** cafenea; **~ mill** râșniță de cafea; **~pot** ibric de cafea; **~ table** măsuță joasă.

coffer ['kɒfə] *s.* cutie de valori, sipet. # **~s** resurse financiare, vistierie.

coffin ['kɒfɪn] *s.* coșciug. # **~ nail** *sl.* țigară.

cog [kɒg] *s.* zimț. # **~wheel** roată dințată.

cogent ['kəʊdʒənt] *adj.* convingător; pertinent: *~ evidence* probe convingătoare.

cognac ['kɒnjæk] *s.* coniac.

cognate ['kɒgneɪt] **I.** *s.* cuvânt înrudit (cu altul). **II.** *adj.* înrudit.

cognition [kɒg'nɪʃn] *s.* cunoaștere.

cognizable ['kɒgnɪzəbl] *adj. jur.* care intră în competența curții.

cognizance ['kɒgnɪzəns] *s.* competență.

coherence [kəʊ'hɪərəns] *s.* coerență.

coherent [kəʊ'hɪərənt] *adj.* coerent.

cohesion [kəʊ'hi:ʒn] *s.* coeziune.

coil [kɔɪl] **I.** *s.* **1.** colac/ghem de sfoară. **2.** bobină. **II.** *vt.* a înfăşura. **III.** *vi.* a se încolăci.

coin [kɔɪn] **I.** *s.* monedă, ban, bănuţ; fisă de telefon. **II.** *vt.* **1.** a bate (*monedă*). **2.** a inventa (*un cuvânt*). # ~ **box** telefon cu fise; automat cu fise; ~**-op** spălătorie automată.

coincide [ˌkəʊɪn'saɪd] *vi.* a coincide. # ~**nce** coincidenţă.

coke [kəʊk] *s.* **1.** cocs. **2.** coca-cola. **3.** *sl.* cocaină.

colander ['kʌləndə] *s.* strecurătoare.

cold [kəʊld] **I.** *s.* **1.** vreme rece. **2.** răceală. **II. 1.** *adj.* rece: ~ *hands* mâini reci; *a ~ welcome* primire glacială. **2.** frigid. **3.** mort. **III.** *adv. fam.* temeinic. # ~**-blooded** cu sânge rece (*şi fig.*); ~ **cream** cremă de faţă; ~**-hearted** insensibil; ~ **sore** herpes; ~ **steel** arme albe; ~ **table** masă rece; ~ **war** război rece.

collaborate [kə'læbəreɪt] *vi.* a colabora.

collaboration [kəˌlæbə'reɪʃn] *s.* colaborare.

collapse [kə'læps] **I.** *s.* prăbuşire. **II.** *vi.* a se prăbuşi.

collapsible [kə'læpsəbl] *adj.* rabatabil.

collar ['kɒlə] *s.* **1.** guler. **2.** zgardă; colier. # ~ **bone** claviculă.

collateral [kə'lætrəl] **I.** *s. ec.* garanţie. **II.** *adj.* suplimentar.

colleague ['kɒli:g] *s.* coleg.

collect [kə'lekt] *vt.* a colecta, a strânge. # ~**ed** rezervat, calm; ~**ion** colecţie; ~**or** colecţionar; perceptor.

collectiv [kə'lektɪv] *s.*, *adj.* colectiv.

college ['kɒlɪʤ] *s.* institut de studii superioare.

collide [kə'laɪd] *vi.* a se ciocni (*şi fig.*).

collier ['kɒliə] *s.* miner; # ~**y** mină de cărbune.

collision [kə'lɪʒn] *s.* coliziune.

colloquial [kə'ləʊkwiəl] *adj.* colocvial, de conversaţie uzuală.

colloquy ['kɒləkwi] *s.* discuţie, dialog; dezbatere.

cologne [kə'ləʊn] *s.* (apă de) colonie.

colon[1] ['kəʊlən] *s.* colon.

colon[2] ['kəʊlən] *s.* două puncte.

colonel ['kɜ:nl] *s.* colonel.

colonial [kə'ləʊniəl] **I.** *s.* colonist. **II.** *adj.* colonial.

colony ['kɒləni] *s.* colonie.

colossal [kə'lɒsl] *adj.* colosal.

colossus [kə'lɒsəs] *s.* colos.

colour ['kʌlə] **I.** *s.* culoare. **II.** *vt.* a colora; a vopsi. # ~**-blind** daltonist; ~ **fast** (*d. un material*) rezistent la spălat; ~**ful** cu culori vii; ~**ing** vopsea, colorant; colorare; ~**less** fără culoare; ~**s** steag.

colt [kəʊlt] *s.* **1.** mânz. **2.** colt (*pistol*). # ~**ish** jucăuş.

column ['kɒləm] *s.* **1.** coloană, stâlp. **2.** sprijin. **3.** şir (*de oameni*). **4.** editorial. # ~**ist** editorialist; *to dodge the ~ fam.* a trage chiulul (*de la treabă*).

coma ['kəʊmə] *s.* comă.

comb [kəʊm] **I.** *s.* **1.** pieptene. **2.** creastră (*de pasăre*). **3.** fagure. **II.** *vt.*, *vi.* a (se) pieptăna.

combat ['kɒmbæt] **I.** *s.* luptă. **II.** *vi.* (**against**) a lupta (împotriva). # **~ant** combatant; **~ive** combativ.

combination [ˌkɒmbɪ'neɪʃn] *s.* **1.** combinaţie, combinare. **2.** alianţă. **3.** cifru: *a ~ lock* încuietoare cu cifru.

combine [kəm'baɪn] *vt.*, *vi.* a (se) combina.

combustible [kəm'bʌstɪbl] *s.*, *adj.* combustibil.

come [kʌm] (*trec.* **came**, *part. trec.* **come**) *vi.* **1.** a veni; a sosi. **2.** a deveni; # **to ~ about** a se întâmpla; **to ~ across** a da de; **to ~ back** a se întoarce; **to ~ in** a intra; **~ on!** hai!; **to ~ out** a ieşi la iveală; **~r** musafir; **to ~ to** a-şi reveni din leşin; **~ -uppance** răsplată; *to ~ to mind* a veni în minte.

comedian [kə'mi:diən] *s.* actor de comedie.

comedy ['kɒmɪdi] *s.* comedie.

comely ['kʌmli] *adj.* (*d. cineva*) agreabil.

comestible [kə'mestɪbl] *s.* aliment.

comet ['kɒmɪt] *s.* cometă.

comfort ['kʌmfət] **I.** *s.* **1.** confort. **2.** consolare. **II.** *vt.* a consola. # **~able** confortabil; **~er** fular; suzetă.

comic ['kɒmɪk] *s.*, *adj.* comic. # **~al** comic, hazliu; **~ opera** operetă; **~ strip** serie de desene ilustrând o întâmplare comică.

comma ['kɒmə] *s.* virgulă.

command [kə'mɑ:nd] **I.** *s.* **1.** comandă, ordin. **2.** cârmuire. **3.** stăpânire (*a unei limbi etc.*). **II.** *vt.* **1.** a comanda, a ordona. **2.** a cârmui. **3.** a impune (*respect*). # **~ant**, **~er** comandant; **~ing** autoritar; dominator; **~ment** poruncă.

commemorate [kə'meməreɪt] *vt.* a comemora.

commence [kə'mens] *vt.* a începe. # **~ment** început.

commensurate [kə'menʃərɪt] *adj.* **1.** proporţional. **2.** (**with**) echivalent (cu).

comment ['kɒment] **I.** *s.* **1.** comentariu. **II.** *vt.* a comenta. # **~ary** comentariu; **~ator** comentator.

commerce ['kɒmɜ:s] *s.* comerţ; afacere.

commercial [kə'mɜ:ʃl] **I.** *s.* reclamă. **II.** *adj.* comercial: *a ~ bank* bancă comercială; *~ law* drept comercial; *a ~ traveller* comis voiajor. # **to ~ize** a comercializa.

commiseration [kəˌmɪzə'reɪʃn] *s.* compătimire.

commission [kə'mɪʃn] **I.** *s.* **1.** comisie. **2.** comision, remiză. **3.** împuternicire, mandat. **II.** *vt.* **1.** a însărcina, a da o misiune. **2.** a împuternici. **3.** a numi în funcţie. # **~aire** portar (*la hotel etc.*).

commit [kə'mɪt] *vt.* **1.** a comite (*o crimă*). **2.** a băga (*la închisoare*). # **~ment** dăruire, devotament; implicare; **~tal** deferire; **~ted** devotat; **to ~ oneself to** a se angaja să.

committee [kə'mɪti] *s.* comitet.

commodious [kə'məʊdiəs] *adj.* **1.** spaţios. **2.** convenabil.

commodity [kə'mɒdəti] *s.* marfă, produs.

common ['kɒmən] *adj.* **1.** comun, obişnuit; de rând; general. **2.** ordinar, vulgar. # **~er** om de rând; **~ factor** factor comun; **~ law** drept comun; **~ly** în general; de obicei; **~place** obişnuit, banal; **~ property** ceva general recunoscut; arhicunoscut; **~ sense** bun simţ; **~weal** bunăstare; **~wealth** comunitate de state.

commotion [kə'məʊʃn] *s.* **1.** agitaţie; senzaţie. **2.** tulburări.

communal ['kɒmjunl] *adj.* **1.** (de folos) comun. **2.** comunitar.

communicate [kə'mju:nɪkeɪt] *vt.*, *vi.* a (se) transmite.

communication [kə,mju:nɪ'keɪʃn] *s.* **1.** comunicaţie. **2.** comunicat, ştire. # **~ cord** semnal de alarmă.

communism ['kɒmjunɪzəm] *s.* comunism.

communist ['kɒmjunɪst] *s.* comunist.

community [kə'mju:nɪti] *s.* comunitate, colectivitate. # **~ home** şcoală de corecţie.

commutation [,kɒmju'teɪʃn] *s.* *(şi ec.)* comutare. # **~ ticket** abonament (*de tren etc.*).

commutator ['kɒmjuteɪtə] *s. el.* comutator.

commute [kə'mju:t] **I.** *s.* navetă. **II.** *vi.* a face naveta. # **~r** navetist.

compact I. ['kɒmpækt] *s.* pudrieră. **II.** [kəm'pækt] *adj.* **1.** compact, dens. **2.** succint.

companion [kəm'pænjən] *s.* **1.** însoţitor. **2.** partener.

company ['kʌmpəni] *s.* **1.** companie, societate, întreprindere. **2.** anturaj; societate.

comparable ['kɒmprəbl] *adj.* comparabil.

compare [kəm'peə] *vt.*, *vi.* a (se) compara.

comparison [kəm'pærɪsn] *s.* comparaţie.

compartment [kəm'pɑ:tmənt] *s.* compartiment.

compass ['kʌmpəs] *s.* busolă. # **~es** compas.

compassion [kəm'pæʃn] *s.* milă. # **~ate** milos.

compatibility [kəm,pætə'bɪlɪti] *s.* compatibilitate.

compatible [kəm'pætəbl] *adj.* compatibil.

compel [kəm'pel] *vt.* **1.** a obliga. **2.** a impune (*tăcere etc.*). # **~ling** captivant; temeinic.

compensate ['kɒmpənseɪt] *vt.* a compensa; a despăgubi.

compensation [,kɒmpən'seɪʃn] *s.* compensare; despăgubire.

compete [kəm'pi:t] *vi.* (**with**) a concura (cu).

competence ['kɒmpɪtəns] *s.* competenţă.

competent ['kɒmpɪtənt] *adj.* competent.

competition [ˌkɒmpɪ'tɪʃn] *s.* **1.** concurență. **2.** întrecere.
competitor [kəm'petɪtə] *s.* concurent.
complacency [kəm'pleɪsənsi] *s.* mulțumire de sine.
complain [kəm'pleɪn] *vi.* (**of**) a se plânge (de). # **~ant** reclamant; **~t** nemulțumire; reclamație.
complement ['kɒmplɪmənt] **I.** *s.* **1.** *gram.* complement. **2.** completare. **II.** *vt.*, *vi.* a (se) completa.
complete [kəm'pli:t] **I.** *adj.* complet. **II.** *vt.* a termina, a desăvârşi. # **~ly** în totalitate.
complex ['kɒmpleks] *s.*, *adj.* complex. # **~ity** complexitate; **~ion** ten, culoare a feței; configurație, profil.
compliant [kəm'plaɪənt] *adj.* obedient, supus.
complicate ['kɒmplɪkeɪt] *vt.* a complica.
complication [ˌkɒmplɪ'keɪʃn] *s.* complicație.
complicity [kəm'plɪsɪti] *s.* complicitate.
compliment I. ['kɒmplɪmənt] *s.* compliment. **II.** ['kɒmplɪment] *vt.* a felicita; a lăuda. # **~ary** elogios; **~s** complimente.
comply [kəm'plai] *vi.* (**with**) a se supune, a se conforma: *he complied with their wishes* s-a conformat dorințelor lor.
compose [kəm'pəʊz] **I.** *vt.* **1.** a scrie (*o poezie*). **2.** *muz.* a compune. **3.** a culege (*o carte*). **4.** a aplana. **5.** a calma. **II.** *vi.* a se compune. # **~r** compozitor.
composition [ˌkɒmpə'zɪʃn] *s.* compoziție.
compositor [kəm'pɒzɪtə] *s.* zețar.
composure [kəm'pəʊʒə] *s.* (stare de) calm.
compound ['kɒmpaʊnd] **I.** *s.* **1.** compus chimic; amestec. **2.** cuvânt compus. **II.** *adj.* compus. **III.** *vt.* **1.** a compune, a amesteca. **2.** a concilia. **3.** a intensifica. **IV.** *vi.* a cădea de acord.
comprehend [ˌkɒmprɪ'hend] *vt.* **1.** a înțelege. **2.** a include.
comprehension [ˌkɒmprɪ'henʃn] *s.* **1.** capacitate de a înțelege. **2.** cuprindere.
comprehensive [ˌkɒmprɪ'hensɪv] *adj.* comprehensiv, cuprinzător.
compress I. ['kɒmpres] *s.* compresă, cataplasmă. **II.** [kəm'pres] *vt.* a comprima. # **~or** compresor.
comprise [kəm'praɪz] *vt.* a include, a îngloba.
compromise ['kɒmprəmaɪz] **I.** *s.* compromis. **II.** *vt.*, *vi.* a (se) compromite.
compromising ['kɒmprəmaɪzɪŋ] *adj.* compromițător.
compulsion [kəm'pʌlʃn] *s.* constrângere.
compulsive [kəm'pʌlsɪv] *adj.* năvalnic, nestăpânit. # **~ shopper** persoană ahtiată după cumpărături.
compulsory [kəm'pʌlsəri] *adj.* obligatoriu.
compunction [kəm'pʌŋkʃn] *s.* remuşcare.

compute [kəm'pju:t] *vt.* a calcula. # **~r** calculator; **to ~rize** a computeriza.

comrade ['kɒmrɪd] *s.* camarad, tovarăş. # **~ship** camaraderie.

con [kɒn] *s.* argument/vot contra: *the pros and ~s* voturile pro şi contra.

concave [kɒn'keɪv] *adj.* concav.

conceal [kən'si:l] *vt.* **1.** a ascunde. **2.** a ţine secret. # **~ment** tăinuire; ascunziş; **~ed** ascuns, disimulat.

concede [kən'si:d] *vt.* a recunoaşte că, a accepta.

conceit [kən'si:t] *s.* vanitate. # **~ed** plin de sine, infatuat.

conceivable [kən'si:vəbl] *adj.* posibil, plauzibil.

conceive [kən'si:v] *vt.* a concepe.

concentrate ['kɒnsəntreɪt] *vt., vi.* a (se) concentra.

conception [kən'sepʃn] *s.* concepţie.

concern [kən'sɜ:n] **I.** *s.* **1.** preocupare, interes; grijă. **2.** concern (*industrial etc.*). **II.** *vt.* a interesa, a preocupa. # **~ing** relativ la, în privinţa.

concert ['kɒnsət] *s.* concert. # **~ed** concertat; **~ hall** sală de concert; **~ master** concertmaistru; *in ~ with* de comun acord cu.

concession [kən'seʃn] *s.* **1.** concesie. **2.** *ec.* concesiune. # **~aire** concesionar.

conciliate [kən'sɪlɪeɪt] *vt.* **1.** a atrage, a câştiga (*pe cineva*). **2.** a concilia.

conciliation [kən,sɪli'eɪʃn] *s.* conciliere.

concise [kən'saɪs] *s.* concins.

concision [kən'sɪʒn] *s.* concizie.

conclude [kən'klu:d] *vt.* **1.** a încheia, a pune capăt. **2.** a definitiva (*o înţelegere*).

conclusion [kən'klu:ʒn] *s.* **1.** concluzie. **2.** sfârşit.

conclusive [kən'klu:sɪv] *adj.* **1.** decisiv; final. **2.** cert; convingător.

concoct [kən'kɒkt] *vt.* **1.** a combina. **2.** a scorni. # **~ion** amestec, conglomerat.

concomitant [kən'kɒmɪtənt]*adj.* concomitent.

concord(ance) [kən'kɔ:d(əns)] *s.* concordanţă.

concourse ['kɒŋkɔ:s] *s.* **1.** masă (*de oameni*). **2.** răscruce (*de drumuri*). **3.** piaţă.

concrete[1] ['kɒŋkri:t] *adj.* concret.

concrete[2] ['kɒŋkri:t] *s.* beton: *reinforced ~* beton armat.

concur [kən'kɜ:] *vi.* **1.** (**with**) a fi de acord (cu). **2.** a coincide. # **~rence** consens; **~rent** concomitent; armonios.

concussion [kən'kʌʃn] *s.* **1.** contuzie; comoţie. **2.** stare de şoc.

condemn [kən'dem] *vt.* a condamna (*şi fig.*). # **~ation** condamnare.

condensation [,kɒnden'seɪʃn] *s.* condensare (*şi fig.*).

condense [kən'dens] **I.** *vt.* **1.** a condensa. **2.** a comprima. **II.** *vi.* a se condensa.

condescend [,kɒndɪ'send] *vi.* **1.** a catadicsi; a binevoi. **2.** a se înjosi.

condiment ['kɒndɪmənt] *s.* condiment.

condition [kən'dɪʃn] **I.** *s.* **1.** condiție, stare. **2.** circumstanță; conjunctură. **3.** *ec.* clauză. **4.** rang, poziție. **II.** *vt.* **1.** a determina. **2.** a induce, a face să. **3.** a condiționa. # *on ~ that* cu condiția ca; *on no ~* sub nici un motiv.

conditional [kən'dɪʃnl] **I.** *s. gram.* condițional. **II.** *adj.* condiționat.

condo(minium) [ˌkɒndə('mɪnɪəm)] *s. amer.* apartament într-un bloc.

condone [kən'dəʊn] *vt.* a trece cu vederea (*fig.*).

conduce [kən'dju:s] *vi.* (**to**) a (con)duce (la).

conducive [kən'dju:sɪv] *adj.* propice.

conduct I. ['kɒndʌkt] *s.* **1.** comportare: *good ~* bună purtare. **2.** mers, evoluție. **II.** [kən'dʌkt] *vt.* **1.** a îndruma. **2.** a dirija (*și fig.*). # **~ion** conducție; **~or** dirijor; taxator.

conduit ['kɒndɪt] *s.* conductă.

cone [kəʊn] *s. bot., geom.* con.

confabulate [kən'fæbjuleɪt] *vi.* (**with**) a sta de vorbă (cu).

confection [kən'fekʃn] *s.* preparat de cofetărie. # **~er** cofetar; **~ery** prăjituri; cofetărie.

confederation [kənˌfedə'reɪʃn] *s.* confederație.

confer [kən'fɜ:] **I.** *vt.* a conferi. **II.** *vi.* (**with**) a se sfătui (cu). # **~ence** conferință; ședință.

confess [kən'fes] **I.** *vt.* a recunoaște, a admite. **II.** *vi.* a se confesa; a se spovedi. # **~ion** mărturisire; spovedanie; **~or** preot.

confidant ['kɒnfɪdænt] *s.* confident.

confide [kən'faɪd] **I.** *vt.* a mărturisi, a recunoaște că. **II.** *vi.* (**in**) a se încrede (în). # **~nce** încredere; **~nce trick** abuz de încredere; **~nt** încrezător.

confine [kən'fain] **I.** *s.* graniță, limită. **II.** *vt.* **1.** a limita. **2.** a (re)ține. # **to ~ to** a se limita la; **~ment** detenție, arest; naștere.

confirm [kən'fɜ:m] *vt.* a confirma. # **~ation** confirmare; confirmație; **~ed** inveterat; confirmat; cronic.

confiscate [ˌkɒnfɪs'keɪt] *vt.* a confisca.

confiscation [ˌkɒnfɪs'keɪʃn] *s.* confiscare.

conflate [kən'fleɪt] *vt.* a împreuna, a îngemăna.

conflict [ˌkɒnflɪkt] *s.* conflict.

confluence ['kɒnfluəns] *s.* confluență.

conform [kən'fɔ:m] *vi.* a se conforma. # **~ation** conformație; **~ist** conformist.

confound [kən'faund] *vt.* **1.** a ului. **2.** a năuci. # **~ed** stupefiat; execrabil; *~ it!* la dracu!

confront [kən'frʌnt] *vt.* **1.** a confrunta. **2.** a înfrunta. # **~ation** înfruntare; confruntare.

confuse [kən'fju:z] *vt.* **1.** a uimi. **2.** a confunda. **3.** a năuci. # **~d** năucit; vag.

confusion [kən'fju:ʒn] *s.* **1.** haos. **2.** confuzie. **3.** echivoc.

congenial [kən'dʒi:niəl] *adj.* agreabil.

congenital [kən'dʒənɪtl] *adj.* congenital.

congratulate [kən'grætjuleɪt] *vt.* a felicita.

congratulations [kən,grætju'leıʃnz] *s. pl.* felicitări.

congress ['kɒŋgres] *s.* congres.

congruous ['kɒŋgruəs] *adj.* (**with**) corespunzător (cu).

conic(al) ['kɒnık(l)] *adj.* conic.

conifers ['kəʊnıfəz] *s. pl.* conifere.

conjecture [kən'dʒektʃə] prezumție, supoziție.

conjugal ['kɒndʒəgl] *adj.* conjugal.

conjugate ['kɒndʒəgeıt] *vt., vi.* a (se) conjuga.

conjugation [,kɒndʒə'geıʃn] *s.* conjugare.

conjuncture [kən'dʒʌŋktʃə] *s.* conjunctură.

conjunction [kən'dʒʌŋʃn] *s.* conjuncție (*și gram.*).

conjurer ['kʌdʒərə] *s.* scamator.

connect [kə'nekt] *vt.* **1.** a uni. **2.** a compara. # **~ed** înrudit; **~ion** legătură; rudă.

connive [kə'naıv] *vi.* a complota.

connoisseur [,kɒnə'sɜ:] *s.* specialist, expert.

connotation [,kɒnə'teıʃn] *s.* conotație.

connubial [kə'nju:biəl] *adj.* conjugal.

conquer ['kɒŋkə] *vt.* **1.** a înfrânge, a învinge. **2.** a cuceri (*și fig.*). # **~or** învingător.

conquest ['kɒŋkwest] *s.* cucerire.

conscience ['kɒnʃəns] *s.* conștiință. # **~-smitten** culpabil; *prisoner of ~* deținut politic.

conscientious [,kɒnʃı'enʃəs] *adj.* conștiincios.

conscious ['kɒnʃəs] *adj.* (**of**) conștient (de). # **~ness** cunoștință; conștiință; convingere (*politică etc.*).

conscript I. ['kɒnskrıpt] *s.* recrut. **II.** [kən'skrıpt] *vt.* a recruta. # **~ion** recrutare.

consecrate ['kɒnsıkreıt] *vt.* **1.** a sanctifica. **2.** a hirotonisi. **3.** a venera.

consensus [kən'sensəs] *s.* consens.

consent [kən'sent] **I.** *s.* consimțământ: *with one ~* în unanimitate. **II.** *vi.* (**to**) a fi de acord (cu).

consequence ['kɒnsıkwəns] *s.* consecință, rezulat: *as a ~* drept urmare. **2.** importanță.

consequently ['kɒnsıkwəntli] *adv.* drept urmare.

conservative [kən'sɜ:vətıv] *s., adj.* conservator.

conservatoire [kən'sɜ:vətwɑ:] *s. muz.* conservator.

conservatory [kən'sɜ:vətri] *s.* **1.** seră. **2.** *muz.* conservator.

consider [kən'sıdə] *vt.* **1.** a lua în considerație. **2.** a socoti, a considera. # **~able** considerabil, mult, mare; **~ably** mult mai.

considerate [kən'sıdərıt] *adj.* amabil: *it's ~ of you to* frumos din partea ta să.

consideration [kən'sıdə'reıʃn] *s.* **1.** considerație, stimă. **2.** chibzuință: *after careful ~* după o matură chibzuință. **3.** considerent: *economic ~s* considerente economice; *on no ~* sub nici un motiv. **4.** compensație, plată. **5.** despăgubire.

consign [kən'saın] *vt.* a expedia, a trimite. # **~ation** expediere, trimitere;

~**ee** destinatar; ~**ment** expediere (de marfă); consignaţie; ~**or** expeditor (de marfă).

consist [kən'sɪst] *vi.* **1.** (**in**) a consta (în). **2.** (**of**) a se compune (din).

consistent [kən'sɪstənt] *adj.* **1.** consecvent. **2.** permanent; continuu. **3.** corespunzător: ~ *with* în concordanţă cu.

consolation [ˌkɒnsə'leɪʃn] *s.* consolare.

console [kən'səʊl] *vt.* a consola.

consolidate [kənˌsɒlɪ'deɪt] **I.** *vt.* a consolida. **II.** *vi.* a fuziona.

consolidation [kənˌsɒlɪ'deɪʃn] *s.* consolidare.

consonant ['kɒnsənənt] **I.** *s.* consoană. **II.** *adj.* corespunzător: ~ *with* în concordanţă cu.

conspicuous [kən'spɪkjuəs] *adj.* vizibil, frapant.

conspiracy [kən'spɪrəsi] *s.* conspiraţie.

conspire [kən'spaɪə] *vi.* a complota.

constable ['kʌnstəbl] *s.* poliţist.

constancy ['kɒnstənsi] *s.* constanţă.

constant ['kɒnstənt] *adj.* **1.** constant, stabil. **2.** fidel. **3.** neîncetat, continuu.

consternation [ˌkɒnstə'neɪʃn] *s.* consternare.

constipation [ˌkɒnstɪ'peɪʃn] *s.* constipaţie.

constituency [kən'stɪtjuənsi] *s.* **1.** circumscripţie electorală. **2.** corp electoral.

constituent [kən'stɪtjuənt] **I.** *s.* **1.** alegător. **2.** component; ingredient. **II.** *adj.* alcătuitor.

constitute ['kɒnstɪtju:t] *vt.* a constitui.

constitution [ˌkɒnstɪ'tju:ʃn] *s.* **1.** constituire. **2.** structură. **3.** *pol.* constituţie. **4.** constituţie, conformaţie.

constitutional [ˌkɒnstɪ'tju:ʃnəl] **I.** *s.* plimbare. **II.** *adj.* constituţional. # ~**ly** conform constituţiei.

constrain [kən'streɪn] *vt.* a constrânge. # ~**ed** fals, afectat; ~**t** constrângere; restricţie.

construct [kən'strʌkt] *vt.* **1.** a construi. **2.** a alcătui; a forma. # ~**ion** construcţie; ~**ive** constructiv.

consul ['kɒnsl] *s.* consul. # ~**ate** consulat.

consult [kən'sʌlt] *vt.* a consulta. # ~**ant** specialist, expert; ~**ation** consultare; ~**ative** consultativ.

consume [kən'sju:m] *vt.* **1.** a consuma, a utiliza. **2.** a mânca. **3.** a distruge. **4.** a chinui. # ~**dly** extraordinar de; ~**r** consumator; ~**r goods** bunuri de consum.

consuming [kən'sju:mɪŋ] *adj.* mistuitor.

consummate I. [kən'sʌmɪt] *adj.* ireproşabil, perfect. **II.** ['kɒnsəmeɪt] *vt.* a finaliza.

consumption [kən'sʌmpʃn] *s.* **1.** consum. **2.** tuberculoză.

contact ['kɒntækt] **I.** *s.* **1.** contact (*şi el.*). **2.** relaţie, cunoştinţă. **II.** *vt.* a contacta. # ~ **lens** lentile de contact; ~ **man** intermadiar.

contagious [kən'teɪdʒəs] *adj.* contagios.

contain [kən'teɪn] *vt.* **1.** a conține. **2.** a înfrâna. # **~er** container; ladă; cutie.

contaminate [kən'tæmɪneɪt] *vt.* a contamina.

contemplate ['kɒntəmpleɪt] *vt.* **1.** a cugeta la. **2.** a intenționa.

contemplation [ˌkɒntəm'pleɪʃn] *s.* cugetare, meditație; reverie.

contemporaneous [kənˌtempə'reɪniəs] *adj.* contemporan.

contemporary [kən'tempərəri] *s.*, *adj.* contemporan.

contempt [kən'tempt] *s.* dispreț. # **~ible** demn de dispreț; **~uous** disprețuitor.

contend [kən'tend] *vi.* **1.** (**for**) a se zbate (pentru). **2.** (**with**) a se lupta (cu). # **~er** competitor.

content[1] ['kɒntent] *s.* **1.** conținut. **2.** capacitate (*a unui vas*). **3.** fond, substanță. # **~s** conținut, sumar.

content[2] [kən'tent] **I.** *adj.* mulțumit, satisfăcut. **II.** *vt.* a mulțumi (*pe cineva*). # **~ed** mulțumuit; **~ment** (stare de) mulțumire.

contention [kən'tenʃn] *s.* controversă, litigiu.

contentious [kən'tenʃəs] *adj.* litigios, contestat.

contest I. ['kɒntest] *s.* competiție, luptă, confruntare. **II.** [kən'test] *vt.* a contesta. # **~ant** competitor.

context ['kɒntekst] *s.* context.

contiguous [kən'tɪgjuəs] *adj.* alăturat; adiacent; învecinat.

continent ['kɒntɪnənt] *s.* continent. # **~al** continental.

contingency [kən'tɪndʒənsi] *s.* accident, situație neprevăzută.

contingent [kən'tɪndʒənt] *adj.* **1.** întâmplător, accidental. **2.** neprevăzut.

continual [kən'tɪnjuəl] *adj.* continuu.

continuance [kən'tɪnjuəns] *s.* continuare; continuitate.

continuation [kənˌtɪnju'eɪʃn] *s.* continuare.

continue [kən'tɪnju:] *vt.* a continua.

continuity [ˌkɒntɪ'nju:ɪti] *s.* continuitate.

continuous [kən'tɪnjuəs] *adj.* continuu.

contort [kən'tɔ:t] *vi.* a se contorsiona. # **~ion** contorsionare; zvârcolire.

contour ['kɒntʊə] **I.** *s.* contur. **II.** *vt.* a contura.

contraband ['kɒntrəbænd] *s.*, *adj.* (de) contrabandă.

contrabass [ˌkɒntrə'beɪs] *s.* contrabas.

contraceptive [ˌkɒntrə'septɪv] *s.*, *adj.* anticoncepțional.

contract[1] **I.** ['kɒntrækt] *s.* contract: *on* ~ pe bază de contract. **II.** [kən'trækt] *vt.* a contracta. # **~or** parte la un contract; **~ual** contractual.

contract[2] [kən'trækt] *vt.*, *vi.* a (se) contracta.

contradict [ˌkɒntrə'dɪkt] *vt.*, *vi.* a (se) contrazice. # **~ion** contradicție; **~ory** contradictoriu.

contraption [kən'træpʃn] *s.* *fam.* ciudățenie, drăcovenie.

contrariwise ['kɒntrərɪwaɪz] *adv.* **1.** pe de altă parte. **2.** în direcție inversă. **3.** dimpotrivă.

contrary ['kɒntrəri] **I.** *s.* contrariu: *on the ~* din contra. **II.** *adj.* **1.** contrar, opus. **2.** potrivnic; defavorabil: *~ to nature* împotriva naturii.

contrast I. ['kɒntrɑːst] *s.* **1.** contrast. **2.** deosebire, diferență: *in ~ to* spre deosebire de. **II.** [kən'trɑːst] *vt.* a compara. **III.** [kən'trɑːst] *vi.* a contrasta.

contravener [ˌkɒntrə'viːnə] *s.* contravenient.

contravention [ˌkɒntrə'venʃn] *s.* contravenție.

contribute [kən'trɪbjuːt] **I.** *vt.* a contribui cu (*o sumă*). **II.** *vi.* (**to**) **1.** a duce (la): *smoking ~d to his illness* fumatul a dus la îmbolnăvirea lui. **2.** a colabora (*la o revistă etc.*).

contribution [ˌkɒntrɪ'bjuːʃn] *s.* contribuție.

contributor [kən'trɪbjutə] *s.* **1.** factor determinant. **2.** donator (*de bani*). **3.** colaborator, corespondent (*la ziar*). # **~y** determinant; contributoriu.

contrite ['kɒntraɪt] *adj.* pocăit, spășit.

contrition [kən'trɪʃn] *s.* pocăință; regret.

contrivance [kən'traɪvəns] *s.* **1.** dispozitiv, mecanism. **2.** ingenioziate. **3.** tertip.

contrive [kən'traɪv] *vt.* **1.** a izbuti. **2.** a meșteri, a face. **3.** a pune la cale, a aranja. #**~d** nenatural, forțat.

control [kən'trəʊl] **I.** *s.* **1.** control, dominație: *in full ~ of the situation* stăpân pe situație. **2.** verificare. **3.** supraveghere. **4.** combatere; exterminare. **II.** *vt.* **1.** a controla, a verifica. **2.** a conduce. **3.** a combate; a extermina. # **~ler** controlor; revizor; **~ling** de control, tutelar.

controversy ['kɒntrəvɜːsi] *s.* controversă.

contusion [kən'tjuːʒn] *s.* contuzie.

conundrum [kə'nʌndrəm] *s.* șaradă.

convalescence [ˌkɒnvə'lesəns] *s.* convalescență.

convene [kən'viːn] *vt.* a convoca.

convenience [kən'viːniəns] *s.* comoditate: *come at your ~* vino când îți convine; *a marriage of ~* căsătorie de conveniență. # **~s** facilități, înlesniri.

convenient [kən'viːniənt] *adj.* **1.** convenabil. **2.** potrivit, nimerit; oportun. **3.** util. **4.** în apropiere.

convent ['kɒnvənt] *s.* mănăstire.

convention [kən'venʃn] *s.* **1.** convenție, înțelegere; tratat. **2.** adunare, reuniune, congres. # **~al** convențional, tradițional.

conversant [kən'vɜːsənt] *adj.* (**with**) cunoscător (în ale).

conversation [ˌkɒnvə'seɪʃn] *s.* conversație, discuție.

converse I. ['kɒnvɜːs] *s.* **1.** opus. **2.** discuție. **II.** [kən'vɜːs] *vi.* a discuta. # **~ly** pe de altă parte.

conversion [kən'vɜːʃn] *s.* transformare, schimbare.

convertible [kən'vɜːtɪbl] *adj.* **1.** rabatabil. **2.** *ec.* convertibil.

convex [kən'veks] *adj.* convex.

convey [kən'veɪ] *vt.* **1.** a duce, a transporta; a transmite. **2.** a ceda (*un drept*). # **~ance** transport, livrare; vehicul; **~or/~er** comisionar; **~er belt** bandă rulantă.

convict I. ['kɒnvɪkt] *s.* puşcăriaş. **II.** [kən'vɪkt] *vt. jur.* a condamna. # **~ion** condamnare; convingere.

convince [kən'vɪns] *vt.* a convinge.

convincing [kən'vɪnsɪŋ] *adj.* convingător.

convoke [kən'vəʊk] *vt.* a convoca.

convolution [ˌkɒnvə'lu:ʃn] *s.* **1.** circumvoluțiune. **2.** şerpuire. **3.** cot; meandru. **4.** întortochere; complexitate.

convolvulus [kən'vɒlvjuləs] *s.* volbură.

convoy ['kɒnvɔɪ] *s.* convoi.

convulsion [kən'vʌlʃn] *s.* convulsie, spasm. # **~s** frământări/mişcări sociale.

cook [kʊk] **I.** *s.* bucătar. **II.** *vt.* a găti. # **~ book** carte de bucate; **~er** aragaz; **~ery** gastronomie; **~ie/~y** biscuit.

cool [ku:l] **I.** *s.* răcoare. **II.** *adj.* **1.** răcoros. **2.** stăpânit, calm. **III.** *vi.* a se răci. # **~ it!** *fam.* las-o mai moale!; *to ~ one's heels* a fi lăsat să aştepte; *to keep one's ~* a se ține cu firea.

coop [ku:p] *s.* coteț de găini; cuşcă.

cooper ['ku:pə] *s.* dogar.

co-operate [kəʊ'ɒpəreɪt] *vi.* a coopera.

co-operation [kəʊˌɒpə'reɪʃn] *s.* cooperare.

co-operative [kəʊ'ɒprətɪv] **I.** *s.* cooperativă. **II.** *adj.* cooperatist.

co-opt [kəʊ'ɒpt] *vt.* a coopta.

co-ordinate [kəʊ'ɔ:dɪneɪt] *vt.* a coordona.

co-ordination [kəʊˌɔ:dɪ'neɪʃn] *s.* coordonare.

cop [kɒp] *s. fam.* sticlete, polițist.

copartner [kəʊ'pɑ:tnə] *s.* asociat.

cope [kəʊp] *vi.* (**with**) a se descurca (bine) (cu).

copeck ['kəʊpek] *s.* copeică.

copilot ['kəʊpaɪlət] *s.* copilot.

copious ['kəʊpɪəs] *adj.* abundent.

copper ['kɒpə] *s.* cupru, aramă. # **~smith** arămar.

coppice ['kɒpɪs], **copse** [kɒps] *s.* crâng.

copulate ['kɒpjuleɪt] *vi.* a se împreuna, a se împerechea.

copy ['kɒpi] **I.** *s.* **1.** copie. **2.** material scris; manuscris. **3.** exemplar. **II.** *vt.* **1.** a copia. **2.** a imita. # **~book** caiet, registru; **~ist** copist; **~right** drept de autor; **~writer** redactor de reclame.

coral ['kɒrəl] *s.* coral. # **~ reef** recif de corali.

cord [kɔ:d] *s.* **1.** şnur; şiret. **2.** *el.* cablu.

cordial ['kɔ:diəl] *adj.* cordial. # **~ly** cu amabilitate.

corduroy ['kɔ:djurɔɪ] *s.* catifea reiată.

core [kɔ:] *s.* **1.** miez (*de fruct*). **2.** esență, miez.

cork [kɔ:k] *s.* **1.** dop. **2.** plută (*la pescuit*). # **~ed** *fam.* abțiguit, beat; **~er** *fam.* persoană remarcabilă; **~screw** tirbuşon.

corn[1] [kɔ:n] *s.* **1.** cereale. **2.** *amer.* porumb: *a ~ cob* cocean de porumb. **3.** bob (*de cereale*). # **~flakes** fulgi de porumb.
corn[2] [kɔ:n] *s. anat.* bătătură.
cornea ['kɔ:niə] *s. anat.* cornee.
corner ['kɔ:nə] **I.** *s.* **1.** colț: *a ~ kick* lovitură de colț; *round the ~* după colț. **2.** unghi. **3.** dificultate: *a tight ~* situație precară. **4.** curbă, cotitură. **II.** *vt.* a încolți (*pe cineva*).
cornet ['kɔ:nɪt] *s.* cornet (*și muz.*)
corollary [kə'rɒləri] *s.* corolar, concluzie.
coronation [ˌkɒrə'neɪʃn] *s.* încoronare.
coroner ['kɒrənə] *s.* medic legist.
corporal[1] ['kɔ:prəl] *s.* caporal.
corporal[2] ['kɔ:prəl] *adj.* corporal, trupesc.
corporation [ˌkɔ:pə'reɪʃn] *s.* corporație.
corporeal [kɔ:'pɔ:riəl] *adj.* **1.** fizic, material. **2.** trupesc, carnal.
corps [kɔ:] (*pl.* **corps** [kɔ:z]) *s.* corp (*de balet, diplomatic*).
corpse [kɔ:ps] *s.* cadavru.
corpulent ['kɔ:pjulənt] *adj.* corpolent.
corpuscle ['kɔ:pəsl] *s.* globulă: *red/white (blood) ~s* globule roșii/albe.
corral [kɒ'rɑ:l] *s.* țarc, ocol, coșar.
correct [kə'rekt] **I.** *adj.* corect. **II.** *vt.* a corecta. # **~ion** corectare; corectură; **~itude** corectitudine; **~ive** corecțional.
correlation [ˌkɒrɪ'leɪʃn] *s.* corelație.
correspond [ˌkɒrɪ'spɒnd] *vi.* (**with**) **1.** a corespunde (*cu*). **2.** a coresponda (cu). # **~ence** corespondență; **~ent** corespondent de presă; persoană cu care se corespondează; **~ing** corespunzător.
corridor ['kɒrɪdɔ:] *s.* coridor.
corroborate [kə'rɒbəreɪt] *vt.* a corobora; a confirma.
corroboration [kəˌrɒbə'reɪʃn] *s.* coroborare; confirmare.
corrode [kə'rəʊd] *vt.* **1.** a coroda. **2.** a ruina (*sănătatea*).
corrosion [kə'rəʊʒn] *s.* coroziune.
corrosive [kə'rəʊsɪv] *adj.* **1.** coroziv. **2.** *fig.* caustic.
corrupt [kə'rʌpt] **I.** *adj.* **1.** corupt, venal. **2.** contrafăcut. **II.** *vt.* a corupe. # **~ion** corupție.
corset ['kɔ:sɪt] *s.* corset.
cosiness ['kəʊzɪnɪs] *s.* confort.
cosmetician [ˌkɒzmɪ'tɪʃn] *s.* cosmetician(ă).
cosmic ['kɒzmɪk] *adj.* cosmic.
cosmonaut ['kɒzmənɔ:t] *s.* cosmonaut.
cosmopolitan [ˌkɒzmə'pɒlɪtn] *s., adj.* cosmopolit.
cosmos ['kɒzmɒs] *s.* cosmos.
cost [kɒst] **I.** *s.* (preț de) cost, preț: *~ of living* costul vieții. **II.** *adj.* de cost: *~ estimate* deviz; *~ price* preț de cost. **III.** (*trec., part. trec.* **cost**) *vt.* a costa. # **~ly** scump; **~s** cheltuieli de judecată.
coster(monger) ['kɒstəˌmʌŋgə] *s.* vânzător ambulant de fructe.
costive ['kɒstɪv] *adj.* constipat.
costume ['kɒstju:m] *s.* costum: *national ~* costum național; *swimming ~* costum de baie.

cosy ['kəʊzi] *adj.* **1.** confortabil. **2.** intim; prietenos.

cot [kɒt] *s.* **1.** pătuț. **2.** colibă.

cottage ['kɒtɪʤ] *s.* casă la țară # **~ cheese** brânză de vaci.

cotton ['kɒtn] *s.* bumbac: *a ~ dress* rochie de bumbac. # **~-picking** *amer. sl.* de disprețuit; **~wool** vată.

couch [kaʊtʃ] **I.** *s.* canapea. **II.** *vt.* a formula, a exprima.

cougar ['ku:gə] *s.* cuguar, pumă.

cough [kɔ:f] **I.** *s.* tuse. **II.** *vi.* a tuși.

could [kəd/kʊd] *trec., condițional de la* **can**: *I ~ not come* n-am putut veni; *I'd telephone if I ~* aș fi telefonat dacă aș fi putut.

council ['kaʊnsl] *s.* **1.** consiliu: *the Council of Ministers* Consiliu de Miniștri. **2.** consfătuire, întrunire. # **~lor** consilier, membru al unui consiliu.

counsel ['kaʊnsl] **I.** *s.* **1.** sfat. **2.** consultare; sfătuire. **3.** avocat. **II.** *vt.* a sfătui. # **~lor** consilier; **~lor at law** consilier juridic.

count[1] [kaʊnt] *s.* conte. # **~ess** contesă.

count[2] [kaʊnt] **I.** *s.* socoteală, calcul. **II.** *vt.* **1.** a număra. **2.** a calcula. **3.** a considera. **III.** *vi.* (**on**) a conta (pe). # **to ~ down** numărătoare inversă; **~less** nenumărat; **not ~ing** exclusiv.

countenance ['kaʊntɪnəns] **I.** *s.* **1.** înfățișare, alură: *a pleasant ~* înfățișare plăcută. **2.** susținere *(fig.)*. **II.** *vt.* a susține, a încuraja.

counter[1] ['kaʊntə] *s.* **1.** tejghea. **2.** fisă *(la jocuri)*.

counter[2] ['kaʊntə] **I.** *s., adj.* contrar, opus. **II.** *vt.* a zădărnici, a anihila. **III.** *adv.* contra: *to act ~ to the law* a acționa împotriva legii. # **to ~act** a neutraliza; **to ~-attack** a contraataca; **to ~balance** a contrabalansa; **~-espionage** contraspionaj; **to ~mand** a contramanda; **~offensive** contraofensivă; **~part** omolog; **~-revolution** contrarevoluție; **~-valuation** expertiză.

counterfeit ['kaʊntəfɪt] **I.** *s.* contrafacere, falsificare. **II.** *adj.* fals(ificat): *~ affection* afecțiune simulată. **III.** *vt.* **1.** a falsifica. **2.** a plastografia.

counterfoil ['kaʊntəfɔɪl] *s.* contramarcă, talon.

counterpane ['kaʊntəpeɪn] *s.* cuvertură.

countrifield ['kʌntrɪfaɪd] *adj.* rustic, pastoral.

country ['kʌntri] **I.** *s.* **1.** țară, patrie. **2.** țară, sat: *in the ~* la țară. **II.** *adj.* rustic, rural; de la țară: *a ~ house* casă de la țară. # **~ cousin** om de la țară; **~ dance** dans popular; **~man** consătean; provicial; **~side** zonă rurală.

county ['kaʊnti] *s.* district; județ, ținut, comitat. # **~ seat/town** reședință de județ.

coup [ku:] *s.* **1.** lovitură de stat. **2.** lovitură, noroc.

couple ['kʌpl] **I.** *s.* **1.** pereche: *a ~ of shoes* o pereche de pantofi. **2.** cuplu: *the young ~* tânăra pereche. **3.** puțin: *in a ~ of days* în câteva zile. **II.** *vt.* **1.** a cupla, a lega. **2.** a uni (*şi fig.*). **3.** a asocia, a lega. **4.** a împerechea. **III.** *vi.* a se împerechea.

courage ['kʌrɪdʒ] *s.* curaj. # **~ous** curajos.

courier ['kʊrɪə] *s.* curier.

course [kɔːs] *s.* **1.** curs, albie (*de râu*). **2.** curs, mers, direcţie. **3.** (răs)timp: *in the ~ of the year* în timpul anului. **4.** prelegere. **5.** fel de mâncare. # *in the ~ of time* cu timpul; *in due ~* la timpul cuvenit; *middle ~* cale de mijloc; *of ~ !* desigur!; *on ~ to/for* pe cale să.

court [kɔːt] **I.** *s.* **1.** tribunal, judecătorie: *~ of appeals* curte de apel; *to bring into ~* a aduce în faţa justiţiei; *to go to ~* a apela la justiţie. **2.** teren de sport. **3.** alee, stradă. **4.** conac, palat. **5.** bloc de locuinţe. **6.** curte (*interioară*). **7.** curte (*fig.*). **II.** *adj.* judecătoresc: *a ~ order* ordonanţă judecătorească. **III.** *vt.* **1.** a face curte (*cuiva*). **2.** a sfida (*pericolul*). # **~house** judecătorie, tribunal; **~-martial** curte marţială; **~ of law** tribunal; **~room** sală de judecată; **~ship** curte (*făcută unei femei*).

courteous ['kɜːtiəs] *adj.* prevenitor, amabil.

courtesan [ˌkɔːtɪ'zæn] *adj.* curtezană.

cotesy ['kɜːtɪsi] *s.* politeţe.

courtier ['kɔːtiə] *s.* curtean.

courtly ['kɔːtli] *adj.* prevenitor, politicos.

courtyard ['kɔːtjɑːd] *s.* curte; ogradă.

cousin ['kʌzn] *s.* văr; vară: *full/first ~* văr primar.

covenant ['kʌvɪnənt] *s.* pact, acord, convenţie.

cover ['kʌvə] **I.** *s.* **1.** înveliş; capac. **2.** copertă. **3.** adăpost, ocrotire. **4.** cuvertură. **5.** acoperire (*fig.*). **6.** tacâm, loc la masă. **7.** *ec.* asigurare de risc. **8.** *ec.* garanţie la credit. **II.** *vt.* **1.** a acoperi, a înveli. **2.** a ascunde. **3.** a proteja. **4.** a învălui. **5.** a achita (*cheltuieli*). **6.** a satisface (*nevoi*). # **~age** acoperire; **~ girl** model, manechin; **~let** cuvertură.

covert ['kʌvət] *adj.* tainic, ascuns; latent.

cover-up ['kʌvərʌp] *s.* muşamalizare.

covetous ['kʌvɪtəs] *adj.* **1.** lacom, ahtiat, avid. **2.** invidios.

cow [kaʊ] *s.* **1.** vacă. **2.** femelă de mamifere mari. # **~pat** baligă; **~shed** staul.

coward ['kaʊəd] *s.* laş. # **~ice** laşitate.

cowboy ['kaʊbɔɪ] *s.* cowboy.

cowl [kaʊl] *s.* **1.** glugă. **2.** rasă de călugăr.

coxcomb ['kɒkskəʊm] *s.* tichie de bufon.

coy [kɔɪ] *adj.* timid.

coyote ['kɔɪəʊt] *s.* coiot.

cozy ['kəʊzi] *adj.* *amer.* **1.** confortabil. **2.** intim; prietenos.

crab [kræb] *s.* crab. # **~ louse** păduche lat; **~wise** într-o parte; **~by** morocănos.

crabbed ['kræbɪd] *adj.* **1.** morocănos. **2.** (*d. scris*) neciteţ.

crack [kræk] **I.** *s.* **1.** fisură, crăpătură. **2.** pocnitură. **3.** spirit, glumă. **4.** încercare. **5.** *sl.* cocaină. **II.** *adj. sl.* super, excelent. **III.** *vt.*, *vi.* a (se) sparge. # **~brained, ~ed** smintit; **~down** măsură drastică; **~er** biscuit; pocnitoare; **~ing** excepțional; **~-up** *fam.* cădere nervoasă.

crackle ['krækl] **I.** *s.* trosnet. **II.** *vi.* a trosni.

cradle ['kreɪdl] *s.* **1.** leagăn, pătuț. **2.** lăcaș. **3.** furcă (*la telefon*).

craft[1] [krɑ:ft] *s.* **1.** îndeletnicire, meșteșug. **2.** viclenie. # **~sman** meseriaș; **~smanship** măiestrie.

craft[2] [krɑ:ft] *s.* **1.** navă (*și spațială*). **2.** avion.

crag [kræg] *s.* stâncă râpoasă. # **~gy** râpos.

cram [kræm] *vt.* a ticsi. # **~ful** ticsit.

cramp [kræmp] *s.* **1.** *med.* cârcel. **2.** scoabă. # **~s** *amer.* crampe.

crane [kreɪn] *s.* **1.** cocor. **2.** macara.

cranium ['kreɪniəm] (*pl.* **~s** sau **crania** ['keɪnɪə]) *s.* craniu.

cranny ['kræni] *s.* crăpătură; crevasă.

crap [kræp] *s. sl.* tâmpenii. # **~py** *sl.* de nimic; **~s** barbut.

crash [kræʃ] **I.** *s.* **1.** prăbușire (*de avion*); ciocnire (*de trenuri*); accident (*de mașină*). **2.** faliment, crah. **II.** *adj.* **1.** (*d. un curs*) intensiv. **2.** riguros. **3.** brusc: *a ~ halt* oprire bruscă. **III.** *vt.* **1.** a izbi, a ciocni (*o mașină*). **2.** a prăbuși (*un avion*). **3.** a trânti (*un obiect*). **IV.** *vi.* **1.** a se prăbuși. **2.** a se izbi, a se ciocni. **3.** a da faliment. # **~ barrier** parapet (*pe șosea*); **~ helmet** cască de protecție; **~ landing** aterizare forțată.

crate [kreɪt] *s.* ladă.

crater ['kreɪtə] *s.* crater.

crave [kreɪv] *vi.* (**for**) a râvni (la).

crawl [krɔ:l] **I.** *s.* craul (*înot*). **II.** *vi.* a merge de-a bușilea, a se târî.

crayfish ['kreɪfɪʃ] *s.* rac.

crazy ['kreɪzi] *adj.* nebun, aiurit.

creak [kri:k] **I.** *s.* scârțâit. **II.** *vi.* a scârțâi. # **~y** care scârțâie.

cream [kri:m] *s.* caimac; smântână; frișcă.

crease [kri:s] **I.** *s.* **1.** pliu, cută. **2.** rid; încrețitură. **II.** *vi.* a se șifona.

create [kri'eɪt] *vt.* a crea; a produce; a făuri.

creation [kri'eɪʃn] *s.* creare; creație.

creative [kri'eɪtɪv] *adj.* **1.** creator. **2.** novator.

creativity [ˌkri:eɪ'tɪvɪti] *s.* creativitate.

creator [kri'eɪtə] *s.* creator.

creature ['kri:tʃə] *s.* creatură, făptură.

credentials [krɪ'denʃəlz] *s. pl.* **1.** scrisori de acreditare. **2.** referințe.

credibility [ˌkredə'bɪlɪti] *s.* credibilitate.

credible ['kredəbl] *adj.* credibil.

credit ['kredɪt] **I.** *s.* **1.** credit: *letter of ~* acreditiv; *long-term ~* credit pe termen lung. **2.** credibilitate. **3.** crezare. **4.** mândrie: *he is a ~ to our team* este o mândrie pentru echipa noastră. **II.** *adj.* de credit, creditor: *a ~ account* cont creditor. **III.** *vt.* **1.** a crede; a accepta ca adevărat: *his account is hard to ~* relatarea lui e greu de crezut.

2. a atribui: *to ~ smb. with a quality* a pretinde că cineva are o calitate. 3. *ec.* a credita. # **~able** meritoriu; ~ **card** credit card; **~or** creditor; **~s** generic de film; ~ **worthiness** solvabilitate.

credulity [krɪ'dju:lɪti] *s.* credulitate.

credulous ['kredjuləs] *adj.* credul.

creed [kri:d] *s.* crez.

creep [kri:p] **I.** *s.* nemernic. **II.** (*trec., part. trec.* **crept**) *vi.* a se târî. # **~er** animal târâtor; plantă agățătoare; **~y** înfricoșător.

cremate [krɪ'meɪt] *vt.* a incinera.

cremation [krɪ'meɪʃn] *s.* incinerare.

crematorium [ˌkremə'tɔ:rɪəm] (*pl.* **crematoria** *sau* **~s**) *s.* crematoriu.

crept [krept] *trec., part. trec. de la* **to creep**.

crescent ['kresnt] *s.* semilună.

crest [krest] *s.* **1.** creastă (*și geogr.*). **2.** apogeu. # **~fallen** mâhnit.

cretin ['kretɪn] *s.* cretin.

crevice ['krevɪs] *s.* crevasă.

crew [kru:] *s.* echipă; echipaj; grup. # ~ **-cut** tuns scurt; **~man** membru al unui echipaj.

crib [krɪb] *s.* **1.** leagăn, pătuț. **2.** iesle. **3.** *fam.* bordel.

cricket ['krɪkɪt] *s.* **1.** greier. **2.** crichet.

crime [kraɪm] *s.* delict, infracțiune, fărădelege.

criminal ['krɪmɪnl] **I.** *s.* delincvent, infractor. **II.** *adj.* **1.** infracționist. **2.** penal: ~ *law* drept penal. # ~ **jurist** criminolog.

crimson ['krɪmzn] *adj.* roșu aprins.

cringe [krɪndʒ] *vi.* **1.** a se chirci (*de frică*). **2.** a se prosterna.

crinkle ['krɪŋkl] **I.** *s.* cută. **II.** *vi.* a se șifona.

cripple ['krɪpl] *s.* infirm; schilod.

crisis ['kraɪsɪs] (*pl.* **crises** ['kraɪsi:z]) *s.* criză: *an economical* ~ criză economică.

crisp [krɪsp] *adj.* **1.** crocant. **2.** (*d. legume*) proaspăt. **3.** înviorător. **4.** vioi, alert. # **~s** cartofi prăjiți; **~y** crocant.

crisscross ['krɪskrɒs] **I.** *s.* încrucișare, întretăiere; intersecție. **II.** *adj.* încrucișat; întretăiat. **III.** *vi.* a se întretăia. **IV.** *adv.* **1.** contrar. **2.** aiurea, pe dos.

criterion [kraɪ'tɪəriən] (*pl.* **criteria**) [kraɪ'tɪəriə] *s.* criteriu.

critic ['krɪtɪk] *s.* critic.

critical ['krɪtɪkl] *adj.* critic.

criticism ['krɪtɪsɪzəm] *s.* critică.

criticize ['krɪtɪsaɪz] *vt.* a critica.

critique [krɪ'ti:k] *s.* articol/eseu critic.

croak [krəʊk] **I.** *s.* croncănit, cârâit. **II.** *vi.* a croncăni, a cârâi.

Croat ['krəʊæt] *s.* croat.

crockery ['krɒkəri] *s.* veselă de lut sau porțelan.

crocodile ['krɒkədaɪl] *s.* crocodil: ~ *tears* lacrimi de crocodil.

crook [krʊk] *s.* **1.** toiag. **2.** curbă, cotitură. **3.** *fam.* potlogar. # **~ed** cocoșat, gârbovit.

crop [krɒp] **I.** *s.* recoltă. **II.** *vi.* a da roade. # **~per** culegător (*de mere etc.*).

cross [krɒs] **I.** *s.* **1.** cruce. **2.** amestec, mixtură. **II.** *vt.* **1.** a traversa. **2.** a intersecta, a întretăia. **3.** a contracara (*pe cineva*). **III.** *vi.* a se intersecta, a se întretăia. # **~bar** bară (*la fotbal*); **~-breed** hibrid; **to ~-examine** *jur.* a interoga; **~-eyed** şaşiu; **~ing** intersecţie; **to ~ oneself** a-şi face cruce; **~ section** secţiune transversală; **~walk** *amer.* trecere de pietoni; **~word** careu de cuvinte încrucişate; **~** *my heart!* pe cinstea mea!

crouch [kraʊtʃ] *vi.* a se ghemui, a se chirci.

croupier ['kru:piə] *s.* crupier.

crow [krəʊ] **I.** *s.* **1.** cioară, corb. **2.** cântec de cocoş. **3.** gângurit. **II.** *vi.* (*d. cocoş*) a cânta. # **~bar** rangă; **~'s feet** laba gâştei (*riduri*).

crowd [kraʊd] **I.** *s.* mulţime, masă, gloată. **II.** *vt.* a înghesui; a îndesa. **III.** *vi.* a se îmbulzi. # **~ed** aglomerat.

crown [kraʊn] **I.** *s.* **1.** coroană (*şi dentară, monedă*); **2.** coamă (*de deal*). **II.** *vt.* **1.** a încorona. **2.** a răsplăti. # **~ing** principal, esenţial; **~ prince** prinţ moştenitor.

crucial ['kru:ʃl] *adj.* crucial.

crucifix ['kru:sɪfɪks] *s.* crucifix.

crude [kru:d] *adj.* **1.** brut, neprelucrat. **2.** butucănos. **3.** grobian, necioplit.

cruel ['kru:əl] *adj.* crud, feroce. # **~ty** cruzime; **~ties** atrocităţi.

cruise [kru:z] **I.** *s.* croazieră. **II.** *vi.* a face o croazieră. # **~ liner** vas de croazieră.

crumb [krʌm] *s.* **1.** firimitură. **2.** frântură, crâmpei. # **to ~le** a (se) fărâmiţa; **~ly** sfărâmicios.

crumple ['krʌmpl] *vt.*, *vi.* a (se) şifona.

crunch [krʌntʃ] **I.** *s.* crănţănitură. **II.** *vi.* a crănţăni, a ronţăi.

crusade [kru:'seɪd] **I.** *s.* **1.** cruciadă. **2.** campanie, ofensivă. **II.** *vi.* (**against**) a lupta (contra).

crush [krʌʃ] **I.** *s.* **1.** strivire. **2.** aglomeraţie. **3.** suc de fructe. **II.** *vt.* **1.** a strivi; a presa; a stoarce; a măcina. **2.** a reprima (*o revoltă*). **III.** *vi.* a se îmbulzi.

crust [krʌst] *s.* **1.** crustă; coajă; pojghiţă. **2.** scoarţă (*a pământului*). # **~y** morocănos.

crutch [krʌtʃ] *s.* **1.** cârjă. **2.** sprijin, ajutor.

crux [krʌks] *s.* esenţă, fond, miez.

cry [kraɪ] **I.** *s.* **1.** strigăt; ţipăt; chemare. **2.** plâns(et). **II.** *vi.* **1.** a plânge: *to ~ one's eyes out* a plânge cu foc. **2.** a striga, a ţipa: *to ~ out for help* a striga după ajutor. # **~ing** jalnic, lamentabil.

crypt [krɪpt] *s.* criptă.

cryptic ['krɪptɪk] *adj.* criptic, tainic, greu de descifrat.

crystal ['krɪstl] *s.* cristal. # **~line** cristalin, limpede; **to ~lize** a se cristaliza.

cub [kʌb] *s.* **1.** pui (*de urs, leu, vulpe*). **2.** boboc, începător.

Cuban ['kju:bən] *s.*, *adj.* cubanez.

cube [kju:b] *s.* cub.

cuckold ['kʌkəld] **I.** *s.* încornorat, soţ înşelat. **II.** *vt.* a pune coarne (*soţului*).

cuckoo ['kʊku:] **I.** *s.* cuc. **II.** *adj. fam.* ţăcănit.

cucumber ['kju:kʌmbə] *s.* castravete.

cuddle ['kʌdl] **I.** *s.* îmbrățișare. **II.** *vt.*, *vi.* a (se) îmbrățișa. # **~some** drăgălaș.

cudgel ['kʌdʒl] *s.* ciomag.

cue [kju:] *s.* **1.** semn, semnal. **2.** sugestie; recomandare. **3.** aluzie. **4.** tac (*la biliard*). # *on* ~ la fix.

cuff[1] [kʌf] *s.* manșetă: ~ **links** butoni; **~s** cătușe.

cuff[2] [kʌf] **I.** *s.* palmă, scatoalcă. **II.** *vt.* a da o palmă (*cuiva*).

cuisine [kwɪ'zi:n] *s.* **1.** stil/fel de a găti. **2.** preparat culinar.

culinary ['kʌlɪnəri] *adj.* culinar.

cullender ['kʌlɪndə] *s.* strecurătoare.

cully ['kʌli] *s. sl.* amic.

culminant ['kʌlmɪnənt] *adj.* culminant.

culmination [,kʌlmɪ'neɪʃn] *s.* culme, punct culminant.

culpable ['kʌlpəbl] *adj.* **1.** culpabil, vinovat. **2.** blamabil.

culprit ['kʌlprɪt] *s.* **1.** vinovat; delincvent. **2.** inculpat, acuzat.

cult [kʌlt] **I.** *s.* **1.** cult. **2.** ritual. **3.** sectă. **4.** venerație. **5.** modă. **II.** *adj.* la modă.

cultivate ['kʌltɪveɪt] *vt.* a cultiva. # **~d** cultivat (*și fig.*).

cultivation [,kʌltɪ'veɪʃn] *s.* cultivare.

cultivator ['kʌltɪveɪtə] *s.* cultivator.

cultural ['kʌltʃrəl] *adj.* cultural.

culture ['kʌltʃə] *s.* cultură. # **~d** cultivat, instruit.

cumbersome ['kʌmbəsəm] *adj.* **1.** incomod. **2.** încurcat, încâlcit.

cunning ['kʌnɪŋ] **I.** *s.* **1.** viclenie. **2.** dexteritate. **II.** *adj.* **1.** viclean. **2.** ingenios.

cup [kʌp] *s.* **1.** ceșcă. **2.** (*și sport*) cupă. # **~bearer** paharnic; ~ **final** finală (*meci*); ~ **tie** meci de campionat.

cupboard ['kʌbəd] *s.* șifonier.

cupidity [kju'pɪdɪti] *s.* lăcomie.

cur [kɜ:] *s.* javră, jigodie (*și fig.*).

curable ['kjuərəbl] *adj.* curabil.

curate ['kjurɪt] *s.* diacon.

curator [kju'reɪtə] *s.* custode (*de muzeu*).

curb [kɜ:b] **I.** *s.* **1.** strună (*la zăbală*). **2.** frâu (*fig.*). **3.** bordură (*de trotuar*). **II.** *vt.* a stăvili, a opri.

cure [kjuə] **I.** *s.* **1.** vindecare. **2.** remediu. **II.** *vt.* **1.** a vindeca. **2.** a trata (*o boală*). # **~-all** panaceu.

curfew ['kɜ:fju:] *s.* stare de asediu.

curio ['kjʊrɪəʊ] (*pl.* **~s**) *s.* bibelou; obiect de artă.

curiosity [,kjʊərɪ'ɒsɪti] *s.* curiozitate.

curious ['kjʊrɪəs] *adj.* **1.** curios, interesat. **2.** curios, ciudat.

curl [kɜ:l] **I.** *s.* cârlionț, buclă. **II.** *vi.* a se încreți. # **~er** bigudiu; **~y** buclat, ondulat.

curmudgeon [kɜ:'mʌdʒən] *s.* bătrân morocănos.

currant ['kʌrənt] *s.* stafidă.

currency ['kʌrənsi] *s.* **1.** monedă. **2.** valută, devize. **3.** credibilitate.

current ['kʌrənt] **I.** *s.* curent (*de aer, electric etc.*): *~s of opinion* curente de opinie. **II.** *adj.* curent, uzual. # ~ **account** cont curent; ~ **assets** fonduri circulante, active curente; ~ **ratio** indice contabil curent.

curriculum [kə'rɪkjuləm] (*pl.* **curricula** [kə'rɪkjulə] sau **~s**) *s.* *școl.*

programă analitică. # ~ **vitae** autobiografie.
curry ['kʌri] *vt.* a țesăla.
curse [kɜ:s] **I.** *s.* **1.** înjurătură, ocară, sudalmă. **2.** blestem. **3.** bucluc, belea. **II.** *vt.* **1.** a înjura. **2.** a blestema.
cursor ['kɜ:sə] *s.* glisor, cursor.
cursory ['kɜ:sri] *adj.* superficial, grăbit: *a ~ check* verificare superficială.
curt [kɜ:t] *adj.* **1.** repezit: *a ~ reply* răspuns repezit. **2.** concis, scurt. # **to ~ail** a scurta.
curtain ['kə:tn] **I.** *s.* perdea; cortină. **II.** *vt.* a pune perdele la. # ~ **call** chemare la rampă a actorilor; **~-raiser** acțiune preliminară; preambul; **~s** sfârșit; moarte.
curtsy ['kɜ:tsi] *s.* plecăciune, temenea.
curvature ['kɜ:vətʃə] *s.* curbură, arcuire.
curve [kɜ:v] **I.** *s.* curbă; cotitură. **II.** *vt.*, *vi.* a (se) curba.
cushion ['kʊʃn] *s.* **1.** pernă (*ornamentală*). **2.** pernă de aer.
cushy ['kʊʃi] *adj.* confortabil, comod: *a ~ number fam.* o slujbă călduță.
cuspidor ['kʌspɪdɔ:] *s. amer.* scuipătoare.
custodian [kʌ'stəʊdiən] *s.* **1.** custode (*de muzeu*). **2.** garant, chezaș. **3.** tutore.
custody ['kʌstədi] *s.* **1.** îngrijire; custodie; pază. **2.** arest.
custom ['kʌstəm] *s.* **1.** obicei, datină. **2.** deprindere, nărav. **3.** clientelă. # **~ary** obișnuit, uzual; **~er** client; **~s** vamă; **~s duty** taxă vamală; **~s house** vamă; **~s officer** vameș.
cut [kʌt] **I.** *s.* **1.** tăietură. **2.** tunsoare. **3.** croială. **4.** reducere (*de prețuri*). **II.** (*trec.*, *part. trec.* **cut**, *part. prez.* **~ting**) *vt.* **1.** a tăia. **2.** a tunde. **3.** a croi. **4.** a reduce. # ~ **and dried** bătut în cuie (*fig.*); **to ~ and run** a-și lua tălpășița; **~back** reducere; **to ~ dead** a ignora (*pe cineva*); **~-off** decuplare; pană de curent; **~-out** *el.* întrerupător; decupaj; **~-price** la preț redus; **~ter** tăietor (*de lemne etc.*): **~-throat** asasin, ucigaș; **~water** *nav.* pinten.
cute [kju:t] *adj.* **1.** drăgălaș, drăguț. **2.** isteț.
cuticle ['kju:tɪkl] *s.* pieliță (*la unghii*).
cutler ['kʌtlə] *s.* cuțitar, persoană care face cuțite. # **~y** tacâmuri.
cutting ['kʌtɪŋ] **I.** *s.* **1.** tăietură (*din ceva*). **2.** butaș. **II.** *adj.* tăios (*și fig.*).
cyanide ['saɪənaɪd] *s.* cianură.
cycle ['saɪkl] *s.* **1.** ciclu; perioadă. **2.** bicicletă.
cyclist ['saɪklɪst] *s.* biciclist.
cyclone ['saɪkləʊn] *s.* ciclon.
cyder ['saɪdə] *s.* cidru.
cylinder ['sɪlɪndə] *s.* cilindru.
cymbal ['sɪmbl] *s. muz.* talger.
cynic ['sɪnɪk] *s.* cinic. # **~al** cinic (*adj.*); **~ism** cinism.
cypher ['saɪfə] *s.* cifru.
cypress ['saɪprɪs] *s.* chiparos.
cyst [sɪst] *s.* chist.
czar [zɑ:] *s.* țar. # **~ina** *s.* țarină.
Czech [tʃek] *s.*, *adj.* ceh.

D

D, d [di:] (litera) D, d.

dab [dæb] **I.** *s.* **1.** atingere uşoară. **2.** bucăţică (*de ceva moale*). **II.** *vt.* **1.** a atinge uşor. **2.** a şterge; a tampona. # **~s** *sl.* amprente digitale; *a ~ hand in* o persoană pricepută la.

dad(dy) ['dæd(i)] *s. fam.* tata, tăticu.

daffodil ['dæfədɪl] *s.* narcisă.

dagger ['dægə] *s.* pumnal. # *at ~s drawn* la cuţite (*fig.*); *to look ~s* a se uita urât.

dahlia ['deɪliə] *s.* dalie.

daily ['deɪli] **I.** *s.* **1.** cotidian. **2.** femeie cu ziua. **II.** *adj., adv.* zilnic. # *~ bread* pâinea cea de toate zilele.

dainties ['deɪntiz] *s. pl.* delicatese.

dainty ['deɪnti] *adj.* **1.** delicat. **2.** delicios. **3.** drăguţ.

dairy ['deəri] *s.* **1.** lăptărie. **2.** fermă de lapte.

daisy ['deɪzi] *s.* romaniţă; margaretă.

dalliance ['dæliəns] *s.* tândăleală; mocăială.

dally ['dæli] *vi.* **1.** a se mocăi. **2.** (**with**) a flirta (cu). **3.** (**with**) a cocheta (cu).

dam [dæm] **I.** *s.* **1.** baraj; dig; zăgaz. **2.** lac de acumulare. **II.** *vt.* a îndigui.

damage ['dæmɪdʒ] **I.** *s.* pagubă; distrugere; prejudiciu. **II.** *vt.* a deteriora; a distruge; a avaria. # **~s** daune, despăgubire.

damn [dæm] *vt.* a damna; a blama. # **~ it!** la dracu!; **~able** execrabil; **~ing** incriminatoriu.

damp [dæmp] **I.** *s.* umiditate; umezeală. **II.** *adj.* umed. **III.** *vt.* **1.** a umezi **2.** a înăbuşi, a stăvili. # **to ~en** a (se) umezi; **~ squib** *fam.* nereuşită, eşec.

damper ['dæmpə] *s.* **1.** persoană nesuferită *sau* prăpăstioasă. **2.** dezamăgire, decepţie. **3.** *muz.* surdină. **4.** *auto.* amortizor.

dance [dɑ:ns] **I.** *s.* **1.** dans. **2.** bal. **II.** *vt., vi.* a dansa. # **~ floor** ring de dans. **~ hall** sală de dans; **~r** dansator.

dandelion ['dændɪlaɪən] *s.* păpădie. # **~ clock** măciulie de păpădie.

dandle ['dændl] *vt.* a legăna.

dandruff ['dændrʌf] *s.* mătreaţă.

dandy ['dændi] *s.* fante.

Dane [deɪn] *s.* danez.

danger ['deɪndʒə] *s.* pericol; ameninţare; risc: *in ~ of* ameninţat cu/de; *fraught with ~* foarte periculos; *out of ~* (*d. viaţa cuiva*) în afară de pericol. # **~ous** primejdios; riscant.

dangle ['dæŋgl] *vt., vi.* a (se) legăna; a (se) bălăngăni.

Danish ['deɪnɪʃ] **I.** *s.* limba daneză. **II.** *adj.* danez.

dank [dæŋk] *adj.* umed.

dappled ['dæpld] *adj.* pătat; bălțat.

dare [deə] *vt., v. modal* **1.** a îndrăzni. **2.** a înfrunta. # **~devil** neînfricat; înfipt; *I ~ say* presupun că...

daring ['deərɪŋ] *adj.* curajos, cutezător.

dark [dɑ:k] **I.** *s.* întuneric; noapte: *before ~* înainte de lăsarea serii; *in the ~* în întuneric. **II.** *adj.* **1.** întunecos: *~ glasses* ochelari de soare. **2.** închis (*la culoare*). **3.** brunet. **4.** *(d. păr)* negru. **5.** amenințător. **6.** tainic. # **to ~en** a (se) întuneca; **~ness** întuneric.

darling ['dɑ:liŋ] **I.** *s.* iubit; preferat: *~!* iubitule; iubito. **II.** *adj.* **1.** scump, adorat. **2.** șarmant.

darn [dɑ:n] *vt.* a cârpi, a drege.

dart [dɑ:t] **I.** *s.* **1.** săgeată. **2.** năpustire. **II.** *vi.* a se năpusti.

dash [dæʃ] **I.** *s.* **1.** izbire. **2.** țâșnire. **3.** bulucire. **4.** ostentație. **5.** pauză (*semn grafic*). **6.** pic, strop (*fig.*). **7.** *amer.* tablou de bord. **8.** *amer.* sprint. **II.** *vt.* **1.** a trânti la pământ; a izbi. **2.** a nărui (*speranțe*). **3.** a descuraja. **III.** *vi.* **1.** a se amesteca, a se combina. **2.** a se izbi. **3.** a se repezi. # **~board** tablou de bord; **~ed** afurisit, împielițat; **~ing** fălos; șic.

dastardly ['dæstədli] *adj.* ticălos.

data ['deɪtə] *s.* (*pl. de la* **datum**) date, relații.

date[1] [deɪt] *s.* curmal(ă).

date[2] [deɪt] **I.** *s.* **1.** dată (*calendaristică*). **2.** întâlnire. **II.** *vt.* **1.** a data (*o scrisoare etc.*). **2.** a ieși cu (*cineva*). **III.** *vi.* **1.** a se perima. **2.** a se întâlni. # **~d** *sau* **out of ~** demodat; **~less** foarte bătrân; fără sfârșit; *the closing ~* data până la care se fac înscrieri; *up to ~* modern.

dative ['deɪtɪv] *s. gram.* dativ.

datum ['deɪtəm] (*pl.* **data**) *s.* dată, relație, informație.

daub [dɔ:b] **I.** *s.* **1.** mâzgălitură. **2.** pictură proastă. **II.** *vt.* a mâzgăli. # **~ery** pictură proastă.

daughter ['dɔ:tə] *s.* fiică. # **~-in-law** noră.

daunt [dɔ:nt] *vt.* a descuraja. # **~less** cutezător.

davenport ['dævənpɔ:t] *s.* **1.** birou (*de scris*). **2.** *amer.* canapea.

dawdle ['dɔ:dl] *vi.* a se mocăi.

dawn [dɔ:n] **I.** *s.* **1.** zori de zi: *~ was breaking* se crăpa de ziuă. **2.** ivire. **II.** *vi.* **1.** a se face ziuă. **2.** (**on**) a-și da seama (că). # **~ chorus** ciripit (*al păsărilor*) în zori.

day [deɪ] *s.* zi(uă): *~ and night* tot timpul; *~ by ~* de la o zi la alta; zi de zi; *~ after ~* zile în șir; *from one ~ to the next* de la o zi la alta; *have a nice ~!* o zi bună!; *in her ~* pe vremea ei; *some ~* odată, într-o zi; *the other ~* deunăzi; *these ~s* în zilele noastre; *to this ~* până acum. # **~break** zori (de zi); **~ dream** reverie; **~ off** zi liberă; *in the ~ time* ziua (*nu noaptea*).

daylight ['deɪlaɪt] *s.* lumină a zilei; zori. # *to see* ~ a se dumeri; **~s** viață.

daze [deɪz] *s.* buimăceală: *in a* ~ buimac.

dazzle ['dæzl] *vt.* (*d. lumină*) a orbi, a bate în ochi.

deacon ['di:kən] *s.* diacon.

dead [ded] **I.** *s.* miez, toi: *in the ~ of winter* în mijlocul iernii. **II.** *adj.* inactiv; amorțit; mort: *a ~ battery* baterie descărcată; *a ~ colour* culoare ștearsă/stinsă; *a ~ hand* mână amorțită; *a ~ handshake* o strângere de mână fără vlagă; *a ~ law* lege caducă. **III.** *adv.* total, complet: *~ drunk* beat mort; *~ tired* obosit mort. # **~ beat** extenuat; **to ~en** a amorți; a atenua; **~ end** fundătură; **~lock** impas; **~ly** ucigător; letal, mortal; **~ly sin** păcat capital; **~ march** marș funebru; **~pan** impasibil; **~ weight** povară (*și fig.*); capacitate de încărcare a unui vas; **the ~** morții; cei morți.

deaf [def] *adj.* surd. # **~ aid** aparat auditiv; **~-and-dumb** *sau* **~-mute** surdomut; **to ~en** a asurzi; **~ness** surditate; **the ~** surzii.

deal [di:l] **I.** *s.* **1.** afacere, tranzacție, înțelegere, târg: *it's a ~!* s-a făcut!, bate palma!; *to do a ~* a face o tranzacție. **2.** cantitate oarecare: *a great ~ of money* mulți bani, o groază de bani. **II.** (*trec. part. trec.* **dealt**) *vt.* **1.** a da, a repartiza, a distribui. **2.** a aplica (*o lovitură*). **III.** (*trec., part. trec.* **dealt**) *vi.* **1.** (**with**) a se îndeletnici (cu). **2.** (**with**) a trata (despre). # **~er** negustor; furnizor; **~ing** tranzacție; **~ings** relații personale de afaceri.

dean [di:n] *s.* **1.** decan. **2.** protopop, protoiereu.

dear [dɪə] *s. adj., adv.* scump. # **~(ie)** *sau* **~(y)!** iubitule!, iubito!; **~ly** scump (*adv.*).

dearth [dɜ:θ] *s.* penurie, criză.

death [deθ] *s.* **1.** moarte: *a natural ~* moarte naturală; *to put to ~* a omorî, a executa (*un deținut*). **2.** crimă. **3.** dispariție: *the ~ of communism* pieirea comunismului. # **~ bed** pat de moarte; **~ blow** lovitură de grație; **~ certificate** certificat de deces; **~less** nemuritor; **~ penality** pedeapsă capitală; **~ rate** mortalitate; **~ watch** priveghi (*la mort*).

deathly ['deθli] *adj.* ca de mort/moarte; mortal: *a ~ quiet* liniște mormântală.

debacle [deɪ'bɑ:kl] *s.* **1.** dezgheț. **2.** debandadă. **3.** catastrofă, dezastru (*și fig.*).

debase [dɪ'beɪs] *vt., vi.* a (se) devaloriza.

debatable [dɪ'beɪtəbl] *adj.* discutabil; contestabil.

debate [dɪ'beɪt] **I.** *s.* **1.** dezbatere: *a heated ~* discuție aprinsă. **2.** deliberare, chibzuință. **II.** *vt.* **1.** a dezbate, a discuta. **2.** a analiza, a cumpăni.

debauch [dɪ'bɔ:tʃ] **I.** *s.* dezmăț; orgie. **II.** *vt.* a corupe; a seduce.

~ee stricat, desfrăbălat (*s.*); ~ery desfrâu.

debilitate [dɪ'bɪlɪteɪt] *vt.* a slăbi, a epuiza.

debility [dɪ'bɪlɪti] *s.* debilitate.

debit ['debɪt] **I.** *s.* debit, datorie. **II.** *adj.* debitor, de debitare. **III.** *vt.* a debita.

debonair [ˌdebə'neə] *adj.* **1.** nonșalant. **2.** amabil; plăcut.

debris ['deɪbri] *s.* **1.** dărâmături. **2.** viitură.

debt [det] *s.* datorie; creanță: *deep in ~* înglodat în datorii; *to get/run into ~* a face datorii; *to be out of ~* a nu (mai) avea datorii. # ~ **collector** perceptor; **~or** datornic.

debug [di:'bʌg] *vt.* **1.** a scoate microfoanele din (*clădire*). **2.** a depana (*un calculator*).

debunk [di:'bʌŋk] *vt. fam.* a demistifica.

debut ['deɪbju:] *s.* debut.

decade ['dekeɪd] *s.* decadă.

decadence ['dekədəns] *s.* decadență.

decadent ['dekədənt] *adj.* decadent.

decamp [dɪ'kæmp] *vi. fam.* a o șterge.

decanter [dɪ'kæntə] *s.* carafă.

decapitate [dɪ'kæpɪteɪt] *vt.* a decapita.

decapitation [dɪˌkæpɪ'teɪʃn] *s.* decapitare.

decay [dɪ'keɪ] **I.** *s.* **1.** deteriorare; stricare; cariere. **2.** paragină: *to fall into ~* a se părăgini. **3.** mucegai; putregrai. **II.** *vi.* **1.** a se deteriora; a se strica; a se caria. **2.** a intra în putrefacție. **3.** a decădea.

deceased [dɪ'si:st] *adj.* decedat. # **the ~** răposatul.

deceit [dɪ'si:t] *s.* **1.** înșelăciune. **2.** minciună; șarlatanie. # **~ful** înșelător; necinstit.

deceive [dɪ'si:v] *vt.* a înșela. # **to ~ oneself** a se autoamăgi.

December [dɪ'sembə] *s.* decembrie: *on ~ the tenth* pe zece decembrie.

decencies ['di:sənsiz] *s. pl.* **1.** mijloace decente de trai. **2.** reguli de bună purtare.

decency ['di:sənsi] *s.* bun-simț.

decent ['di:sənt] *adj.* **1.** respectabil, onorabil. **2.** decent, cum se cuvine. **3.** pasabil, acceptabil. **4.** cumsecade. **5.** modest.

decentralization [ˌdi:sentrəlaɪ'zeɪʃn] *s.* descentralizare.

decentralize [di:'sentrəlaɪz] *vt.* a descentraliza.

deception [dɪ'sepʃn] *s.* **1.** înșelăciune. **2.** minciună; șarlatanie.

deceptive [dɪ'septɪv] *adj.* înșelător, inducător în eroare.

decide [dɪ'saɪd] *vt., vi.* a (se) decide, a (se) hotărî. # **~d** categoric; clar; ferm; radical.

deciduous [dɪ'sɪdjʊəs] *adj. bot.* foios.

decimal ['desɪml] **I.** *s.* fracție zecimală. **II.** *adj.* zecimal. # ~ **fraction** fracție zecimală; ~ **system** sistem zecimal.

decimate ['desɪmeɪt] *vt.* a decima.

decipher [dɪ'saɪfə] *vt.* **1.** a decoda. **2.** a descifra.

decision [dɪ'sɪʒn] *s.* decizie, hotărâre.

decisive [dɪ'saɪsɪv] *adj.* **1.** hotărât, ferm. **2.** decisiv.

deck [dek] **I.** *s.* **1.** *nav.* punte. **2.** pachet de cărți de joc. **3.** *amer.* verandă, terasă. **II.** *vt.* a împodobi, a decora. # ~ **chair** șezlong.

declaim [dɪ'kleɪm] *vt.* **1.** a perora. **2.** a declama, a recita.

declamation [ˌdeklə'meɪʃn] *s.* **1.** pledoarie; tiradă. **2.** recitare.

declaration [ˌdeklə'reɪʃn] *s.* declarație.

declare [dɪ'kleə] *vt.*, *vi.* a (se) declara.

declassify [diː'klæsɪfaɪ] *vt.* a face public (*informații secrete*).

declension [dɪ'klenʃn] *s.* *gram.* declinare.

decline [dɪ'klaɪn] **I.** *s.* **1.** declin. **2.** diminuare, scădere. **3.** pantă. **4.** deteriorare (*a sănătății*). **II.** *vt.* **1.** a declina, a refuza. **2.** *gram.* a declina. **III.** *vi.* **1.** a se diminua; a scădea. **2.** a merge în pantă. **3.** a se deteriora.

declivity [dɪ'klɪvɪti] *s.* înclinare, pantă.

decoction [dɪ'kɒkʃn] *s.* decoct, infuzie.

decode [diː'kəʊd] *vt.* a decoda.

decolonize [diː'kɒlənaɪz] *vt.* a decoloniza.

decompoze [ˌdiːkəm'pəʊz] *vt.*, *vi.* a (se) descompune.

decorate ['dekəreɪt] *vt.* **1.** a decora; a orna; a împodobi. **2.** a decora (*pe cineva*).

decoration [ˌdekə'reɪʃn] *s.* **1.** ornare; împodobire. **2.** decorație, medalie. # ~**s** podoabe.

decorative ['dekrətɪv] *adj.* ornamental.

decorator ['dekəreɪtə] *s.* **1.** decorator de interioare. **2.** zugrav.

decorous ['dekərəs] *adj.* **1.** manierat. **2.** de bun gust.

decorum [dɪ'kɔːrəm] *s.* bună-cuviință.

decoy [dɪ'kɔɪ] **I.** *s.* momeală. **II.** *vt.* a ademeni; a seduce.

decrease **I.** ['diːkriːs] *s.* reducere, scădere. **II.** [dɪ'kriːs] *vt.*, *vi.* a scădea.

decree [dɪ'kriː] *s.* decret, ordonanță: *to issue a ~* a emite un decret.

decrepit [dɪ'krepɪt] *adj.* decrepit, ramolit, senil.

decry [dɪ'kraɪ] *vt.* **1.** a dezavua. **2.** a deprecia (*moneda*).

dedicate ['dedɪkeɪt] *vt.* **1.** a dedica. **2.** a sfinți. # ~**d** devotat.

dedication [ˌdedɪ'keɪʃn] *s.* **1.** devotament, loialitate. **2.** sfințire. **3.** dedicație.

deduce [dɪ'djuːs] *vt.* a concluziona.

deduct [dɪ'dʌkt] *vt.* *mat.* a scădea.

deduction [dɪ'dʌkʃn] *s.* **1.** *mat.* scădere. **2.** reținere, scăzământ. **3.** deducție.

deed [diːd] *s.* **1.** faptă: *evil ~s* fărădelegi. **2.** *jur.* act, document: *a ~ of conveyance* contract de vânzare-cumpărare; *a ~ of property* titlu de proprietate.

deejay [diː'dʒeɪ] *s.* disc jokey.

deem [diːm] *vt.* a considera că, a socoti că.

deep [diːp] **I.** *s.* adâncime. **II.** *adj.* **1.** adânc: *six feet ~* adânc de doi metri. **2.** (*d. culori*) închis; viu. **3.** (*d. voce*) grav. **III.** *adv.* în adâncime/profuzime. # **to ~en** a (se) adânci; **~ freeze** congelator; **to ~ fry** a prăji în mult ulei; **~-laid** conspirativ; **~-rooted** înrădăcinat; *in ~ water* în belea.

deer [dɪə] *s.* cerb; căprioară.

deface [dɪ'feɪs] *vt.* a desfigura.

defamation [ˌdefə'meɪʃn] *s.* defăimare.

defame [dɪ'feɪm] *vt.* a defăima.

default [dɪ'fɔːlt] **I.** *s.* **1.** absență, lipsă: *in ~ of* în lipsă de. **2.** neprezentare: *judgement by ~* judecată în contumacie. **II.** *vi.* **(in)** a nu se prezenta (la).

defeat [dɪ'fiːt] **I.** *s.* **1.** înfrângere. **2.** eşec. **II.** *vt.* **1.** a înfrânge, a birui. **2.** *jur.* a anula.

defect I. ['diːfekt] *s.* defect; deficiență; cusur. **II.** [dɪ'fekt] *vi.* a dezerta, a fugi. # **~ive** stricat, defect.

defence [dɪ'fens] *s.* **1.** apărare (*şi jur.*). **2.** defensivă. # **~less** neajutorat.

defend [dɪ'fend] *vt.* **1.** a apăra (*şi jur.*). **2.** a justifica. # **~ant** inculpat; **~er** apărător.

defense [dɪ'fens] *s. amer.* → **defence.**

defensive [dɪ'fensɪv] **I.** *s.* defensivă. **II.** *adj.* defensiv.

defer [dɪ'fɜː] *vt.* a amâna.

deference ['defrəns] *s.* respect.

defiance [dɪ'faɪəns] *s.* sfidare: *~ of the law* sfidare/nerespectare a legii.

defiant [dɪ'faɪənt] *adj.* sfidător; recalcitrant.

deficiency [dɪ'fɪʃənsi] *s.* lipsă; carență; deficiență.

deficient [dɪ'fɪʃnt] *adj.* insuficient; deficitar.

deficit ['defɪsɪt] *s.* deficit.

defile [dɪ'faɪl] *vt.* **1.** a murdări; a polua. **2.** a vicia, a perverti.

define [dɪ'faɪn] *vt.* **1.** a defini. **2.** a preciza.

definite ['defɪnɪt] *adj.* **1.** clar; explicit. **2.** sigur. # **the ~ article** articolul hotărât; **~ly** categoric; cu siguranță.

definition [ˌdefɪ'nɪʃn] *s.* **1.** definiție. **2.** claritate.

definitive [dɪ'fɪnɪtɪv] *adj.* definitiv.

deflate [diː'fleɪt] *vt.*, *vi.* a (se) dezumfla.

deflation [diː'fleɪʃn] *s.* **1.** dezumflare. **2.** *ec.* deflație.

deflect [dɪ'flekt] *vt.* a devia. # **~ion** ricoşare.

deflower [diː'flaʊə] *vt.* a deflora.

deform [dɪ'fɔːm] *vt.* a deforma. # **~ation** deformare; **~ity** malformație.

defraud [dɪ'frɔːd] *vt.* a defrauda.

defray [dɪ'freɪ] *vt.* a acoperi (*cheltuieli*). # **~able** rambursabil; **~al** acoperire a cheltuielilor.

defrock [diː'frɒk] *vt.* a răspopi.

deft [deft] *adj.* îndemânatic.

defuse [diː'fjuːz] *vt.* a dezamorsa (*şi fig.*).

defy [dɪ'faɪ] *vt.* **1.** a înfrunta (*pe cineva*). **2.** a desfide. **3.** a som-

degenerate I. [dɪ'ʤenərɪt] *s.*, *adj.* degenerat. **II.** [dɪ'ʤenəreɪt] *vi.* a degenera.

degradation [ˌdegrə'deɪʃn] *s.* **1.** degradare, decădere. **2.** degenerare. **3.** retrogradare. **4.** erodare.

degrade [dɪ'greɪd] *vt.* **1.** a umili: *to ~ oneself* a se înjosi. **2.** a retrograda. **3.** a eroda.

degree [dɪ'gri:] *s.* **1.** grad. **2.** măsură: *by ~s* încetul cu încetul; *to a ~* întrucâtva. **3.** rang. # **~s of comparison** *gram.* grade de comparație.

dehumanize [di:'hju:mənaɪz] *vt.* a dezumaniza.

dehydrate [di:'haɪdreɪt] *vt.* a deshidrata.

deign [deɪn] *vt.* **(to)** a se deranja (să), a catadicsi (să).

deity ['di:ɪti] *s.* **1.** zeitate. **2.** zeu; zeiță.

dejected [dɪ'ʤektɪd] *adj.* demoralizat, abătut.

delay [dɪ'leɪ] **I.** *s.* **1.** întârziere. **2.** amânare. **II.** *vt.* **1.** a amâna. **2.** a reține, a opri. **III.** *vi.* a întârzia. # **~ed-action** cu acțiune întârziată.

delectable [dɪ'lektəbl] *adj.* amuzant, distractiv.

delectation [ˌdi:lek'teɪʃn] *s.* distracție, amuzament.

delegate I. ['delɪgɪt] *s.* reprezentant; împuternicit. **II.** ['delɪgeɪt] *vt.* **1.** a delega. **2.** a împuternici.

delegation [ˌdelɪ'geɪʃn] *s.* delegație.

delete [dɪ'li:t] *vt.* a elimina, a scoate (*un cuvânt etc.*) din text.

deleterious [ˌdelɪ'tɪəriəs] *adj.* dăunător, nociv.

deliberate I. [dɪ'lɪbərɪt] *adj.* **1.** deliberat, intenționat. **2.** bine gândit. **3.** prevăzător. **4.** făcut pe îndelete. **II.** [dɪ'lɪbəreɪt] *vt.* a dezbate (*o chestiune*).

deliberation [dɪˌlɪbə'reɪʃn] *s.* **1.** chibzuință, deliberare. **2.** ponderație. # **~s** dezbateri, discuții.

delicacies ['delɪkəsiz] *s. pl.* delicatese, bucate alese.

delicacy ['delɪkəsi] *s.* **1.** delicatețe, finețe. **2.** rafinament. **3.** fragilitate; sensibilitate. **4.** gingășie.

delicate ['delɪkɪt] *adj.* **1.** delicat, plăpând, fragil. **2.** distins, rafinat. **3.** (*d. aparat*) sensibil. **4.** (*d. miros*) suav.

delicious [dɪ'lɪʃəs] *adj.* delicios.

delight [dɪ'laɪt] **I.** *s.* plăcere, încântare, desfătare. **II.** *vt.*, *vi.* a (se) delecta. # **~ed** încântat; **~ful** încântător; ~s delicii, plăceri.

delimit [dɪ'lɪmɪt] *vt.* a delimita.

delinquency [dɪ'lɪŋkwənsi] *s.* delincvență.

delinquent [dɪ'lɪŋkwənt] *s.*, *adj.* delincvent.

delirious [dɪ'lɪriəs] *adj.* **1.** delirant. **2.** exaltat: *~ with joy* nebun de bucurie.

delirium [dɪ'lɪriəm] *s.* delir (*și fig.*).

deliver [dɪ'lɪvə] *vt.* **1.** a livra, a furniza. **2.** a transmite, a preda. **3.** a rosti (*o cuvântare*). **4.** a pronunța (*un verdict*). # **~ance** salvare, eliberare; mântuire; **~ed** livrat; **~y** livrare, furnizare; naștere; **~yman** comisionar; **~y note** notă de livrare; **~y room** sală de nașteri.

dell [del] *s.* vale.

delta ['deltə] *s.* deltă.

delude [dɪ'lu:d] *vt.* a induce în eroare.

deluge ['delju:ʤ] **I.** *s.* inundație; potop. **II.** *vt.* a inunda.

delusion [dɪ'lu:ʒn] *s.* iluzie; halucinație; obsesie.

delusive [dɪ'lu:sɪv] *adj.* înşelător, amăgitor.

delve [delv] *vt.* a scotoci, a scormoni.

demagogue ['deməgɒg] *s.* demagog.

demagogy ['deməgɒgi] *s.* demagogie.

demand [dɪ'mɑ:nd] **I.** *s.* **1.** cerință; pretenție; revendicare. **2.** cerere: *in ~* cerut pe piață, căutat; *on ~* la cerere. **II.** *vt.* **1.** a cere, a revendica. **2.** a necesita. # **~ing** extenuant; pretențios.

demarcate ['di:mɑ:keɪt] *vt.* a demarca.

demean [dɪ'mi:n] *vt.* a umili: *to ~ oneself* a se înjosi. # **~ing** degradant.

demeanour [dɪ'mi:nə] *s.* **1.** comportament, conduită. **2.** mină, expresie.

dement [dɪ'ment] *vt.* a înnebuni. # **~ed** înnebunit.

demerit [di:'merɪt] *s.* deficiență.

demijohn ['demɪʤɒn] *s.* damigeană.

demilitarization [ˌdi:mɪlɪtəraɪ'zeɪʃn] *s.* demilitarizare.

demise [dɪ'maɪz] **I.** *s.* **1.** desființare, dispariție. **2.** deces. **3.** cedare, cesiune. **II.** *vt.* a ceda, a transfera (*un bun*).

demobilize [di:'məʊbɪlaɪz] *vt.* a demobiliza.

democracy [dɪ'mɒkrəsi] *s.* democrație.

democrat ['deməkræt] *s.* democrat. # **~ic** democrat(ic).

demography [dɪ'mɒgrəfi] *s.* demografie.

demolish [dɪ'mɒlɪʃ] *vt.* a demola (*şi fig.*).

demolition [ˌdemə'lɪʃn] *s.* demolare.

demonstrate ['demənstreɪt] *vt.* a demonstra.

demonstration [ˌdemən'streɪʃn] *s.* demonstrație.

demonstrative [dɪ'mɒnstrətɪv] *adj.* sociabil, exuberant.

demonstrator ['demənstreɪtə] *s.* manifestant.

demote [dɪ'məʊt] *vt.* a retrograda.

demotion [dɪ'məʊʃn] *s.* retrogradare.

demur [dɪ'mɜ:] **I.** *s.* obiecție. **II.** *vi.* (**at**) a protesta (la), a se opune (la).

demure [dɪ'mjʊə] *adj.* sobru; modest; sfios.

den [den] *s.* vizuină.

denial [dɪ'naɪəl] *s.* **1.** negare; dezmințire. **2.** refuz. **3.** renegare.

denominate [dɪ'nɒmɪneɪt] *vt.* a denumi.

denominator [dɪ'nɒmɪneɪtə] *s. mat.* numitor.

denotation [ˌdi:nəʊ'teɪʃn] *s.* **1.** semn, indiciu. **2.** conotație.

denote [dɪ'nəʊt] *vt.* **1.** a denota. **2.** a indica, a arăta.

denouement [deɪ'nu:mɒn] *s.* deznodământ.

denounce [dɪ'naʊns] *vt.* **1.** a înfiera, a blama. **2.** a acuza. **3.** a denunța.

dense [dens] *adj.* **1.** des; dens; gros. **2.** redus, prost.

density ['densɪti] *s.* densitate.

dent [dent] *s.* **1.** adâncitură (*prin lovire*). **2.** diminuare.

dental ['dentl] *adj.* dentar: ~ *decay* carie dentară.

dentist ['dentɪst] *s.* dentist. # **~ry** stomatologie.

denude [dɪ'nju:d] *vt.* a dezgoli, a despuia.

denunciation [dɪˌnʌnsɪ'eɪʃn] *s.* denunțare; condamnare, înfierare.

deny [dɪ'naɪ] *vt.* **1.** a nega; a dezminți. **2.** a renega. **3.** a nu permite: *permission to enter was denied* era interzisă intrarea.

depart [dɪ'pa:t] *vi.* **1.** a pleca. **2.** (**from**) a devia (de la), a se abate (de la). # **~ed** decedat, dispărut; **~ure** plecare; abatere.

department [dɪ'pa:tmənt] *s.* **1.** departament; secție. **2.** minister. **3.** catedră: *the French* ~ catedra de franceză. # ~ **store** magazin universal.

depend [dɪ'pend] *vi.* **1.** (**on**) a depinde (de). **2.** (**on**) a se baza (pe). # **~able** de încredere; **~ence** dependență;**~ency** colonie (*stat*).

depict [dɪ'pɪkt] *vt.* **1.** (*d. o pictură*) a reprezenta. **2.** a descrie, a prezenta.

deplete [dɪ'pli:t] *vt.* a secătui, a epuiza.

deplore [dɪ'plɔ:] *vt.* a dezaproba, a condamna.

deploy [dɪ'plɔɪ] *vt.* a desfășura (*trupe*).

deport [dɪ'pɔ:t] *vt.* a deporta; a exila. # **to ~ oneself** a se comporta; **~ation** deportare; **~ee** deportat (*persoană*); **~ment** ținută a corpului.

depose [dɪ'pəʊz] *vt.* **1.** a destitui. **2.** *jur.* a depune (*mărturie*).

deposit [dɪ'pɒzɪt] **I.** *s.* **1.** depozit, depunere (în bancă): ~ *account* cont de depuneri. **2.** sediment. **3.** avans (*la cumpărare în rate*). **II.** *vt.* **1.** a pune, a plasa, a așeza. **2.** a depune (*bani*) în bancă. **3.** a sedimenta. # **~ion** depoziție; destituire; **~or** depunător; **~ory** depozit (de mărfuri).

depot ['depəʊ] *s.* **1.** magazie. **2.** garaj (de autobuze). **3.** *amer.* gară.

depraved [dɪ'preɪvd] *adj.* destrăbălat.

deprecate ['deprɪkeɪt] *vt.* a dezaproba, a dezavua.

depreciate [dɪ'pri:ʃɪeɪt] **I.** *vt.* **1.** a deprecia, a devaloriza. **2.** a reduce. **3.** a desconsidera. **II.** *vi.* a se deprecia.

depress [dɪ'pres] *vt.* **1.** a apăsa (*un buton*). **2.** a demoraliza. **3.** a micșora (*un preț*). # **~ed** deprimat; **~ing** demoralizant; **~ion** depresie nervoasă; criză economică.

deprive [dɪ'praɪv] *vt.* (**of**) a priva (de). # **~d** sărman, defavorizat.

depth [depθ] *s.* **1.** adâncime; grosime: *the ~ of the lake* adâncimea lacului. **2.** intensitate (*a culorii etc.*). **3.** toi: *in the ~ of winter* în toiul iernii. # **~s** străfunduri; *in ~* temeinic, în profunzime.

deputation [ˌdepju'teɪʃn] *s.* **1.** împuternicire. **2.** delegație.

deputize ['depjutaɪz] *vi.* (**for**) a înlocui (pe).
deputy ['depjuti] *s.* delegat; reprezentant.
derail [dɪ'reɪl] *vt.*, *vi.* a deraia.
deranged [dɪ'reɪndʒd] *adj.* **1.** dereglat. **2.** nebun.
derby ['dɑ:bi] *s.* **1.** *fotbal* derbi. **2.** *amer.* melon.
derelict ['derɪlɪkt] **I.** *s.* **1.** abandonare. **2.** om al străzii. **II.** *adj.* **1.** părăsit, abandonat. **2.** neglijent.
deride [dɪ'raɪd] *vt.* a lua în râs.
derision [dɪ'rɪʒn] *s.* derâdere, bătaie de joc.
derisive [dɪ'raɪsɪv] *adj.* zeflemitor.
derivation [ˌderɪ'veɪʃn] *s.* derivație.
derive [dɪ'raɪv] *vi.* (**from**) a proveni (din).
dermatology [ˌdɜ:mə'tɒlədʒi] *s.* dermatologie.
derogate ['derəgeɪt] *vt.* a micşora, a diminua.
derogation [ˌderə'geɪʃn] *s.* **1.** micşorare. **2.** derogare.
derogatory [dɪ'rɒgətri] *adj.* ofensator.
derrick ['derɪk] *s.* macara.
descale [di:'skeɪl] *vt.* a detartra.
descend [dɪ'send] **I.** *vt.* a coborî. **II.** *vi.* **1.** (**from**) a descinde (din). **2.** (**on**) a tăbărî (asupra). # **~ant** descendent, urmaş; **~ing** descrescător.
descent [dɪ'sent] *s.* **1.** coborâre; coborâş. **2.** descendență. **3.** declin.
describe [dɪ'skraɪb] *vt.* a descrie.
description [dɪ'skrɪpʃn] *s.* descriere.
descry [dɪ'skraɪ] *vt.* a zări; a detecta.
desert[1] ['dezət] *s.* deşert; pustiu.
desert[2] [dɪ'zɜ:t] *vt.* **1.** a abandona. **2.** a dezerta. # **~er** dezertor; **~ion** abandonare.
deserts [dɪ'zɜ:ts] *s.* plată, răsplată.
deserve [dɪ'zɜ:v] *vt.* a merita: *to ~ well* a merita să fie răsplătit; *as you ~* după cum meriți. # **~dly** pe bună dreptate.
desiccate ['desɪkeɪt] *vt.* a deshidrata.
design [dɪ'zaɪn] **I.** *s.* **1.** model; schiță; proiect; plan. **2.** design. **II.** *vt.* a schița; a proiecta. # **to ~ate** a desemna; **~ation** denumire; desemnare; **by ~** intenționat; **~er** proiectant; **~ing** sforar, uneltitor.
desirable [dɪ'zaɪərəbl] *adj.* dezirabil.
desire [dɪ'zaɪə] **I.** *s.* dorință; lucru dorit. **II.** *vt.* a dori.
desirous [dɪ'zaɪərəs] *adj.* dornic: *~ of fame* dornic de popularitate.
desist [dɪ'zɪst] *vi.* (**from**) a termina (cu), a înceta (să).
desk [desk] *s.* birou; pupitru. # **~ clerk** recepționer (*la hotel*).
desolate ['desəlɪt] *adj.* **1.** (*d. casă*) nelocuit, pustiu. **2.** nefericit, deznădăjduit.
despair [dɪs'peə] **I.** *s.* disperare. **II.** *vi.* a dispera.
desperate ['desprɪt] *adj.* **1.** disperat. **2.** nesăbuit. **3.** riscant. **4.** stringent: *in ~ need* în nevoie stringentă. # **~ly** nemaipomenit de.
desperation [ˌdespə'reɪʃn] *s.* disperare.
despicable [dɪ'spɪkəbl] *adj.* demn de dispreț.
despise [dɪ'spaɪz] *vt.* a disprețui.

despite [dɪ'spaɪt] *prep.*: ~ **of** în ciuda.
despondency [dɪ'spɒndənsi] *s.* mâhnire, demoralizare.
despondent [dɪ'spɒndənt] *adj.* demoralizat, mâhnit.
despot ['despɒt] *s.* despot. # ~**ism** despotism.
dessert [dɪ'zɜ:t] *s.* desert.
destination [ˌdestɪ'neɪʃn] *s.* destinație.
destined ['destɪnd] *adj.* sortit.
destiny ['destɪni] *s.* soartă, destin.
destitute ['destɪtju:t] *adj.* **1.** oropsit, sărman. **2.** lipsit: ~ *of trees* fără copaci, defrişat.
destroy [dɪ'strɔɪ] *vt.* a distruge. # ~**er** distrugător (*şi navă*).
destruction [dɪ'strʌkʃn] *s.* distrugere.
destructive [dɪ'strʌktɪv] *adj.* distructiv.
desultory ['desəltəri] *adj.* **1.** haotic: *a ~ conversation* conversație în care se trece de la un subiect la altul. **2.** răzleț: *a ~ thought* un gând răzleț.
detach [dɪ'tætʃ] *vt.* **1.** a detaşa. **2.** a separa. # ~**ed** degajat; dezinvolt; nepărtinitor; ~**ment** neimplicare; detaşament.
detail ['di:teɪl] **I.** *s.* amănunt, detaliu. **II.** *vt.* a detalia.
detain [dɪ'teɪn] *vt.* **1.** a reține, a opri (*pe cineva*). **2.** a popri. # ~**ee** deținut (politic).
detect [dɪ'tekt] *vt.* a detecta. # ~**ion** depistare; ~**ive** detectiv; ~**or** detector.
detention [dɪ'tenʃn] *s.* **1.** detenție, reținere (*în stare de arest*). **2.** sechestrare.
deter [dɪ'tɜ:] *vt.* a preveni; a opri: *nothing will ~ him* nimic nu-l va abate din calea lui. # ~**ment** intimidare.
detergent [dɪ'tɜ:dʒənt] *s.* detergent.
deteriorate [dɪ'tɪəriəreɪt] *vi.* a se deteriora.
deterioration [dɪ'tɪəriə'reɪʃn] *s.* deteriorare.
determinant [dɪ'tɜ:mɪnənt] *s.* factor determinant/decisiv.
determination [dɪˌtɜ:mɪ'neɪʃn] *s.* **1.** stabilire, precizare. **2.** hotărâre, fermitate.
determine [dɪ'tɜ:mɪn] *vt.* **1.** a determina, a cauza. **2.** a stabili, a fixa. # ~**d** hotărât, neabătut.
detest [dɪ'test] *vt.* a detesta. # ~**able** odios, abominabil; ~**ation** aversiune.
dethrone [dɪ'θrəʊn] *vt.* a detrona (*şi fig.*).
detour ['di:tʊə] *s.* ocol(ire); deviere.
detract [dɪ'trækt] *vi.* (**from**) a scădea (din): *to ~ from smb.'s reputation* a aduce atingere reputației cuiva. # ~**ion** scădere (*fig.*); denigrare; ~**or** calomniator.
detriment ['detrɪmənt] *s.* detriment: *without ~ to his popularity* fără a aduce vreun prejudiciu popularității sale.
deuce [dju:s] *s.* **1.** doi (*la cărți de joc*). **2.** dracul: *what the ~...?* ce dracu'...?

devaluation [diːˈvæljuˈeɪʃn] *s.* devalorizare.

devalue [diːˈvæljuː] *vt.* a devaloriza.

devastate [ˈdevəsteɪt] *vt.* a devasta, a nimici. # **~d** distrus.

devastating [ˈdevəsteɪtɪŋ] *adj.* **1.** devastator. **2.** *fam.* fermecător.

develop [dɪˈveləp] **I.** *vt.* **1.** a dezvolta (*o întreprindere*). **2.** a detalia. **3.** a developa. **II.** *vi.* a se dezvolta. # **~er** revelator (*foto*); **~ment** dezvoltare.

deviate [ˈdiːvɪeɪt] *vi.* (**from**) a se abate (de la).

deviation [ˌdiːvɪˈeɪʃn] *s.* deviere, abatere.

device [dɪˈvaɪs] *s.* **1.** maşinărie, mecanism. **2.** truc: *a ~ for avoiding income tax* o şmecherie pentru a eluda plata impozitului pe venit.

devil [ˈdevl] *s.* drac. # **~ish** drăcesc; **~ment** *sau* **~ry** drăcie; blestemăţie; drăcovenie.

devious [ˈdiːviəs] *adj.* **1.** ocolitor. **2.** (*d. cineva*) alunecos; nesincer.

devoid [dɪˈvɔɪd] *adj.* gol: *~ of furniture* fără mobilă; *~ of pity* nemilos.

devolve [dɪˈvɒlv] **I.** *vt.* a transmite, a transfera (*o autoritate, un bun*). **II.** *vi.* (**on**) a depinde (de).

devote [dɪˈvəʊt] *vt.* (**to**) a dedica (*cuiva*). # **~d** devotat; **~e** fan; adept.

devotion [dɪˈvəʊʃn] *s.* devotament. # **~s** rugăciuni.

devour [dɪˈvaʊə] *vt.* a devora (*şi fig.*).

devout [dɪˈvaʊt] *adj.* credincios, cucernic.

dew [djuː] *s.* rouă. # **~drop** strop de rouă.

dexterity [dekˈsterɪti] *s.* dexteritate.

dexterous [ˈdekstrəs] *adj.* îndemânatic.

diabetes [ˌdaɪəˈbiːtiːz] *s.* diabet.

diabolic(al) [ˌdaɪəˈbɒlɪk(l)] *adj.* diabolic.

diagnose [ˈdaɪəgnəʊz] *vt.* a diagnostica.

diagnosis [ˌdaɪəgˈnəʊsɪs] (*pl.* **diagnoses** [ˌdaɪəgˈnəʊsiːz]) *s.* diagnostic.

diagnostic [ˌdaɪəgˈnɒstɪk] **I.** *s.* diagnostic. **II.** *adj.* de diagnostic.

diagonal [daɪˈægnl] *adj.* diagonal.

diagram [ˈdaɪəgræm] *s.* diagramă.

dial [daɪəl] **I.** *s.* **1.** cadran. **2.** disc (*de telefon*). **3.** scală. **II.** *vt.* a forma (*un număr de telefon*).

dialect [ˈdaɪəlekt] *s.* dialect. # **~al** dialectic.

dialogue [ˈdaɪəlɒg] *s.* dialog.

diameter [daɪˈæmɪtə] *s.* diametru.

diamond [ˈdaɪəmɒnd] *s.* **1.** diamant. **2.** caro. # **black ~** cărbune.

diaper [ˈdaɪəpə] *s. amer.* scutec.

diaphragm [ˈdaɪəfræm] *s. anat.* diafragmă.

diarrhoea [ˌdaɪəˈrɪə] *s.* diaree.

diary [ˈdaɪəri] *s.* jurnal intim.

dice [daɪs] *s.* (*şi pl.*) zaruri; zar. # **no ~!** *fam.* nici vorbă; **~y** *fam.* primejdios.

dick [dɪk] *s. sl.* **1.** individ: *a clever ~* un arogant. **2.** *amer.* detectiv. # **~head** imbecil.

dickens [ˈdɪkɪnz] *s. fam.* dracu: *what the ~!* ce dracu!

dicky[1] [ˈdɪki] *s.* plastron. # **~ bow** papion.

dicky[2] ['dɪki] *adj. fam.* **1.** nesănătos: *to feel ~* a nu fi în apele sale. **2.** şubred.

dictate [dɪk'teɪt] *vt.* **1.** a dicta (*un text*). **2.** a ordona, a comanda.

dictation [dɪk'teɪʃn] *s.* dictare.

dictator [dɪk'teɪtə] *s.* dictator. # **~ship** dictatură.

diction ['dɪkʃn] *s.* dicție.

dictionary ['dɪkʃənri] *s.* dicționar.

didactic [daɪ'dæktɪk] *adj.* didactic.

die[1] [daɪ] *s.* **1.** zar (*pl.* **dice**). **2.** matriță.

die[2] [daɪ] (*part. prez.* **dying**) *vi.* a muri: *to ~ with one's boots on* a muri în plină activitate. # **to ~ away** (*d. sunet*) a se stinge; **~hard** dârz, neînduplecat; **to ~ off** a muri pe capete; **to ~ out** a dispărea definitiv/ cu totul; *to be dying for* a tânji după, a jindui la.

diet[1] ['daɪət] *s.* dietă, regim (alimentar).

diet[2] ['daɪət] *s.* dietă, adunare legislativă.

differ ['dɪfə] *vi.* **1.** (**from**) a se deosebi (de). **2.** (**with**) a nu fi de acord (cu). # **~ence** deosebire; diferend, controversă; **~ent** diferit; deosebit; **to ~entiate** a diferenția.

difficult ['dɪfɪkəlt] *adj.* dificil. # **~y** dificultate.

diffident ['dɪfɪdənt] *adj.* sfios.

diffuse [dɪ'fju:z] **I.** *adj.* difuz. **II.** *vt., vi.* a (se) împrăştia, a (se) dispersa.

diffusion [dɪ'fju:ʒn] *s.* împrăştiere, dispersare.

dig [dɪg] **I.** *s.* **1.** săpare. **2.** împunsătură, ghiont. **3.** înțepătură (*fig.*). **II.** *vt.* **1.** a săpa. **2.** a scoate la iveală (*şi fig.*). **3.** a descoperi. # **to ~ in** *fam.* a se pune pe mâncat; **~ger** săpător; **~s** *fam.* cameră cu chirie.

digest[1] ['daɪdʒest] *s.* rezumat.

digest[2] [daɪ'dʒest] *vt., vi.* a (se) digera. # **~ive** digestiv.

digit ['dɪdʒɪt] *s.* **1.** cifră, digit. **2.** deget. # **~al** digital; **to ~ize** a digitaliza.

dignified ['dɪgnɪfaɪd] *adj.* nobil; demn.

dignify ['dɪgnɪfaɪ] *vt.* a înnobila (*fig.*).

dignitary ['dɪgnɪtəri] *s.* demnitar.

dignity ['dɪgnɪti] *s.* **1.** demnitate. **2.** rang. **3.** demnitar; demnitari.

digress [daɪ'gres] *vi.* a divaga. # **~ion** digresiune.

dike [daɪk] *s.* dig.

dilapidated [dɪ'læpɪdeɪtɪd] *adj.* părăginit; rablagit.

dilapidation [dɪ'læpɪdeɪʃn] *s.* deteriorare, degradare; ruină.

dilatory ['dɪlətri] *adj.* lent.

dilemma [dɪ'lemə] *s.* dilemă.

diligence ['dɪlɪdʒəns] *s.* silință, râvnă; conştiinciozitate.

diligent ['dɪlɪdʒənt] *adj.* silitor, sârguincios; conştiincios.

dill [dɪl] *s.* mărar.

dilly-dally ['dɪli,dæli] *vi. fam.* **1.** a se moşmondi. **2.** a ezita.

dilute [daɪ'lu:t] **I.** *adj.* diluat. **II.** *vt.* a dilua.

dilution [daɪ'lu:ʃn] *s.* **1.** diluat. **2.** diluare.

dim [dɪm] **I.** *adj.* **1.** prost luminat. **2.** vag, neclar. **3.** încețoşat.

4. confuz. 5. *fam.* redus, prost. **II.** *vt.*, *vi.* a (se) micşora, a (se) diminua.
dime [daɪm] *s.* (monedă de) zece cenţi. # *a ~ a dozen* ieftin ca braga; *a ~ novel* roman de duzină.
dimension [dɪ'menʃn] *s.* **1.** dimensiune. **2.** ipostază; aspect.
diminish [dɪ'mɪnɪʃ] *vt.*, *vi.* a (se) diminua.
diminution [ˌdɪmɪ'nju:ʃn] *s.* diminuare.
diminutive [dɪ'mɪnjutɪv] **I.** *s.* diminutiv. **II.** *adj.* micuţ.
dimple ['dɪmpl] *s.* gropiţă.
din [dɪn] *s.* gălăgie, larmă.
dine [daɪn] *vi.* a lua masa, a mânca. # **~r** consumator (*la restaurant*); *amer.* ospătărie; **to ~ out** a mânca în oraş.
ding-dong [dɪn'dɒŋ] *s.* dangăt.
dingle ['dɪŋgl] *s.* vâlcea.
dingy ['dɪnʤi] *adj.* **1.** ponosit. **2.** mizer. **3.** îngălat.
dining-car ['daɪnɪŋkɑ:] *s.* vagon-restaurant.
dining room ['daɪnɪŋ rum] *s.* sufragerie.
dinky ['dɪŋki] *adj. fam.* **1.** mărunt, mititel. **2.** drăgălaş.
dinner ['dɪnə] *s.* prânz; cină (*ca masă principală*). # **~ jacket** smoching; **~ service** serviciu de masă.
dinosaur ['daɪnəsɔ:] *s.* dinozaur.
dip [dɪp] **I.** *s.* **1.** vârâre în apă. **2.** pantă. **II.** *vt.* a băga în apă. **III.** *vi.* **1.** a coborî (*în pantă*). **2.** a se micşora: *sales ~ped in May* în mai, vânzările au scăzut. **3.** (*d. soare*) a asfinţi. # **~per** polonic.
diphthong ['dɪfθɒŋ] *s.* diftong.
diploma [dɪ'pləʊmə] *s.* diplomă.
diplomacy [dɪ'pləʊməsi] *s.* diplomaţie (*şi fig.*).
diplomat ['dɪpləmət] *s.* diplomat (*şi fig.*). # **~ic** diplomatic.
dippy ['dɪpi] *adj. amer. fam.* candriu.
dire [daɪə] *adj.* groaznic, teribil.
direct [dɪ'rekt] **I.** *adj.* direct. **II.** *vt.* **1.** a îndrepta (*arma etc.*). **2.** a însoţi. **3.** a îndruma, a dirija. **III.** *adv.* **1.** direct. **2.** imediat. # **~ object** complement direct; **~ speech** *gram.* vorbire directă.
direction [dɪ'rekʃn] *s.* **1.** direcţie: *in the ~ of Arad* înspre Arad; *sense of ~* simţ de orientare. **2.** conducere: *under the ~ of* sub conducerea. # **~al** direcţional; **~s** instrucţiuni, directive.
directive [dɪ'rektɪv] *s.* directivă.
directly [dɪ'rektli] **I.** *adv.* **1.** direct. **2.** imediat: *~ after* imediat după. **3.** chiar: *~ before* chiar înainte. **II.** *conj. fam.* imediat ce, de îndată ce.
director [dɪ'rektə] *s.* **1.** director: *board of ~s* consiliu de administraţie. **2.** regizor.
directory [daɪ'rektəri] *s.* carte de telefon.
dirge [dɜ:ʤ] *s.* bocet, cântare de mort.
dirt [dɜ:t] *s.* **1.** murdărie (*şi fig.*). **2.** noroi, glod. **3.** gunoi (*persoană*). **4.** corupţie. # **~-cheap** foarte ieftin; **~ road** drum neasfaltat; **~y** murdar; mizerabil; **~y dog** nemernic; **~y linen** secrete intime; **~y work** afacere necurată.

disability [ˌdɪsəˈbɪlɪti] *s.* **1.** neputință. **2.** incompetență. **3.** invaliditate.
disabled [dɪsˈeɪbəld] *adj.* handicapat.
disadvantage [ˌdɪsədˈvɑːntɪdʒ] *s.* **1.** dezavantaj: *at a ~* dezavantajat. **2.** detriment.
disadvantageous [ˌdɪsədvənˈteɪdʒəs] *adj.* dezavantajos.
disaffected [ˌdɪsəˈfektɪd] *adj.* nemulțumit; potrivnic.
desagree [ˌdɪsəˈgriː] *vi.* **1.** (**with**) a nu fi de acord (cu). **2.** (**on**) a nu corespunde (în privința). # **~able** dezagreabil; nesuferit; **~ment** neînțelegere, dezacord.
disappear [ˌdɪsəˈpɪə] *vi.* a dispărea. # **~ance** dispariție.
disappoint [ˌdɪsəˈpɔɪnt] *vt.* a dezamăgi. # **~ing** nemulțumitor; **~ment** dezamăgire, decepție.
disapprove [ˌdɪsəˈpruːv] **I.** *vt.* a dezaproba. **II.** *vi.* (**of**) a nu fi de acord (cu).
disarm [dɪsˈɑːm] *vt.* a dezarma. # **~ament** dezarmare.
disarray [ˌdɪsəˈreɪ] *s.* dezordine; debandadă; haos.
disaster [dɪˈzɑːstə] *s.* dezastru: *~ area* zonă calamitată.
disastrous [dɪˈzɑːstrəs] *adj.* dezastruos.
disavow [ˌdɪsəˈvaʊ] *vt.* a tăgădui, a nega.
disbelief [ˌdɪsbɪˈliːf] *s.* neîncredere.
disbelive [ˌdɪsbɪˈliːv] *vt.* a nu da crezare la.
disc, *amer.* **disk** [dɪsk] *s.* disc; dischetă.
discard I. [ˈdɪskɑːd] *s.* **1.** carte decartată. **2.** ciuruc (*fig.*). **II.** [dɪsˈkɑːd] *vt.* **1.** a scăpa de. **2.** a decarta (*o carte*).
discern [dɪˈsɜːn] *vt.* a întrezări (*și fig.*). # **~ible** vizibil, perceptibil; **~ing** avizat, cunoscător; **~ment** pricepere.
discharge [dɪsˈtʃɑːdʒ] **I.** *s.* **1.** emanare, emitere; deversare. **2.** plată, achitare. **3.** eliberare din funcție, demitere. **II.** *vt.* **1.** a emana, a emite (*fum etc.*); a deversa. **2.** a achita (*o datorie*). **3.** a elibera din funcție. **III.** *vi.* (**into**) a se vărsa (în).
disciple [dɪˈsaɪpl] *s.* discipol.
disciplinarian [ˌdɪsɪplɪˈneərɪən] *s.* adept al disciplinei.
disciplinary [ˈdɪsɪplɪnəri] *adj.* disciplinar.
discipline [ˈdɪsɪplɪn] **I.** *s.* **1.** disciplină. **2.** pedeapsă. **II.** *vt.* a disciplina.
disclaim [dɪsˈkleɪm] *vt.* a nu recunoaște. # **~er** negare, dezmințire.
disclose [dɪsˈkləʊs] *vt.* **1.** a divulga. **2.** a expune (vederii). **3.** a dezvălui.
disclosure [dɪsˈkləʊʒə] *s.* divulgare; dezvăluire.
discomfit [dɪsˈkʌmfɪt] *vt.* a descumpăni. # **~ure** stânjeneală.
discomfort [dɪsˈkʌmfət] *s.* disconfort.
discompose [ˌdɪskəmˈpəʊz], **disconcert** [ˌdɪskənˈsɜːt] *vt.* a deconcerta.

disconnect [ˌdɪskəˈnekt] *vt. el.* a întrerupe (*curentul*). # **~ed** răzleț, disparat.

discontent [ˌdɪskənˈtent] *s.* nemulțumire. # **~ed** nemulțumit.

discontinuous [ˌdɪskənˈtɪnjuəs] *adj.* intermitent.

discord [ˈdɪskɔ:d] *s.* dezacord. # **~ant** discordant.

discount [ˈdɪskaʊnt] **I.** *s.* **1.** rabat. **2.** scont. **II.** *vt.* **1.** a reduce (*un preț*). **2.** a sconta: *to ~ a policy* a sconta o poliță. **3.** a nu lua în serios. # **cash ~** rabat în numerar; **trade ~** rabat comercial; **~ rate** rată de scont.

discourage [dɪsˈkʌrɪdʒ] *vt.* a descuraja. # **~ment** descurajare.

discourse [ˈdɪskɔ:s] *s.* **1.** cuvântare. **2.** conversație.

discourteous [dɪsˈkɜ:tiəs] *s.* necuviincios.

discover [dɪsˈkʌvə] *vt.* a descoperi, a inventa. # **~er** inventator; **~y** descoperire.

discredit [dɪsˈkredɪt] *vt.* a discredita. # **~able** condamnabil.

discreet [dɪsˈkri:t] *adj.* discret.

discrepancy [dɪsˈkrepənsi] *s.* discrepanță.

discrete [dɪsˈkri:t] *adj.* distinct, separat: *six ~ parts* șase părți separate.

discretion [dɪsˈkreʃn] *s.* **1.** discreție. **2.** vrere: *at your ~* așa cum vrei, cum ți-e vrerea. **3.** discernământ.

discriminate [dɪsˈkrɪmɪneɪt] *vi.* (**between**) a face distincție (între).

discriminating [dɪsˈkrɪmɪneɪtɪŋ] *adj.* discrimintoriu; preferențial.

discus [ˈdɪskəs] *s. sport.* disc: *a ~ thrower* aruncător de disc.

discuss [dɪsˈkʌs] *vt.* a discuta. # **~ion** discuție.

disdain [dɪsˈdeɪn] **I.** *s.* dispreț. **II.** *vt.* a trata cu dispreț. # **~ful** disprețuitor.

disease [dɪˈzi:z] *s.* boală. # **~d** bolnav, vătămat.

disembowel [ˌdɪsɪmˈbaʊəl] *vt.* a eviscera.

disentangle [ˌdɪsɪnˈtæŋgl] *vt.* a descâlci (*părul*); a descurca (*și fig.*).

disfavour [dɪsˈfeɪvə] *s.* **1.** dizgrație. **2.** dezaprobare.

disfigure [dɪsˈfɪgə] *vt.* a desfigura.

disgrace [dɪsˈgreɪs] **I.** *s.* rușine: *to be a ~ to one's family* a fi o rușine pentru familia sa. **II.** *vt.* a acoperi de rușine. # **~ful** rușinos, dezonorant.

disguise [dɪsˈgaɪz] **I.** *s.* deghizare; mascare. **II.** *vt.* **1.** a deghiza. **2.** a camufla; a disimula.

disgust [dɪsˈgʌst] **I.** *s.* dezgust, scârbă: *in ~* scârbit. **II.** *vt.* a scârbi. # **~ing** dezgustător, revoltător.

dish [dɪʃ] *s.* **1.** castron, vas. **2.** *amer.* farfurie. **3.** preparat culinar. **4.** *fam.* antenă parabolică. # **~es** vase de bucătărie; **~ washer** mașină de spălat vase; **~ water** lături; **~y** cu vino-ncoace.

dishevelled [dɪˈʃevəld] *adj.* ciufulit.

dishonest [dɪsˈɒnɪst] *adj.* necinstit. # **~y** necinste.

dishonour [dɪs'ɒnə] *s.* **1.** ruşine: *he is a ~ to his family* el e o ruşine pentru familia lui. **2.** afront; nedreptate.

disinter [ˌdɪsɪn'tɜ:] *vt.* a deshuma.

disk [dɪsk] *s. amer.* disc; dischetă.

dislike [dɪs'laɪk] **I.** *s.* repulsie. **II.** *vt.* a nu-i plăcea.

dislodge [dɪs'lɒdʒ] *vt.* a urni.

dismal ['dɪzməl] *adj.* întunecat, tenebros.

dismay [dɪs'meɪ] **I.** *s.* dezamăgire. **II.** *vt.* a nemulţumi.

dismiss [dɪs'mɪs] *vt.* **1.** a demite, a destitui. **2.** *jur.* a respinge (*un caz*), a nu da curs. # **~al** demitere.

disorder [dɪs'ɔ:də] *s.* **1.** dezordine. **2.** *med.* deranjament. # **~ly** în dezordine; turbulent.

disown [dɪs'əʊn] *vt.* a renega.

disparage [dɪs'pærɪdʒ] *vt.* **1.** a minimaliza; a subestima. **2.** a discredita.

disparate ['dɪspərɪt] *adj.* total diferit.

disparity [dɪs'pærɪti] *s.* **1.** diferenţă, discriminare. **2.** decalaj.

dispatch [dɪs'pætʃ] **I.** *s.* **1.** expediere, trimitere; expediţie. **2.** mesaj, depeşă. **II.** *vt.* a expedia, a trimite.

dispel [dɪs'pel] *vt.* a risipi (*şi fig.*).

dispensary [dɪs'pensəri] *s.* dispensar.

dispense [dɪs'pens] **I.** *vt.* **1.** a împărţi, a distribui. **2.** (**from**) a scuti (de). **II.** *vi.* (**with**) a se dispensa (de).

dispersion [dɪs'pɜ:ʃn] *s.* împrăştiere, răspândire.

dispirited [dɪs'pɪrɪtɪd] *adj.* descurajat.

displace [dɪs'pleɪs] *vt.* a înlocui. # **~ment** înlocuire.

display [dɪs'pleɪ] **I.** *s.* **1.** etalare, expunere; prezentare; expoziţie. **2.** *inf.* monitor. **II.** *vt.* **1.** a expune, a prezenta. **2.** *inf.* a afişa.

disposal [dɪs'pəʊzl] *s.* aşezare, aranjare, dispunere. # *at one's ~* la dispoziţia sa.

dipose [dɪs'pəʊz] **I.** *vt.* a aranja, a aşeza, a pune în ordine. **II.** *vi.* **1.** (**of**) a dispune (de). **2.** (**of**) a scăpa (de), a se debarasa (de). # *~d to* predispus la.

disposition [ˌdɪspə'zɪʃn] *s.* **1.** aranjare, punere în ordine. **2.** temperament: *a cheerful ~* fire veselă.

dispossess [ˌdɪspə'zes] *vt.* (**of**) a deposeda (de). # **the ~ed** cei năpăstuiţi.

disproportion [ˌdɪsprə'pɔ:ʃn] *s.* decalaj.

disprove [dɪs'pru:v] *vt.* a combate.

dispute [dɪs'pju:t] **I.** *s.* dispută, dezacord: *beyond all ~* fără discuţie, indubitabil. **II.** *vt.* **1.** a dezbate (*o problemă*). **2.** a contesta. **III.** *vi.* a se certa.

disqualify [dɪs'kwɒlɪfaɪ] *vt.* a descalifica.

disregard [ˌdɪsrɪ'gɑ:d] **I.** *s.* desconsiderare; ignorare. **II.** *vt.* a ignora.

disrepute [ˌdɪsrɪ'pju:t] *s.* faimă proastă.

dissatisfied [dɪs'sætɪsfaɪd] *adj.* nemulţumit.

dissect [dɪ'sekt] *vt.* a diseca (*şi fig.*).

dissemble [dɪ'sembl] *vt.* a-şi ascunde (*intenţiile*).

disseminate [dɪ'semɪneɪt] *vt.* a răspândi.
dissension [dɪ'senʃn] *s.* dihonie, neînțelegere.
dissent [dɪ'sent] **I.** *s.* dezacord. **II.** *vi.* (**from**) a se opune (la). # **~er** disident.
dissident ['dɪsɪdənt] *s.* disident.
dissimilar [dɪ'sɪmɪlə] *adj.* diferit.
dissimulate [dɪ'sɪmjuleɪt] *vt.* a-şi ascunde (*sentimentele*).
dissipate ['dɪsɪpeɪt] *vt.*, *vi.* a (se) împrăştia. # **~d** fluşturatic.
dissolute ['dɪsəlu:t] *adj.* uşuratic, frivol.
dissolution [ˌdɪsə'lu:ʃn] *s.* **1.** desființare: ~ *of Parliament* dizolvare a Parlamentului. **2.** anulare, reziliere. **3.** cădere, năruire: *the ~ of the Roman Empire* căderea Imperiului Roman. **4.** *amer.* divorț.
dissolve [dɪ'zɒlv] *vt.*, *vi.* a (se) dizolva.
dissuade [dɪ'sweɪd] *vt.* a convinge (*pe cineva*) să nu (*facă etc.*).
distaff ['dɪstɑ:f] *s.* furcă (*pentru tors*).
distance ['dɪstəns] *s.* distanță: *in the ~* în depărtare; *within spitting ~ of* la o aruncătură de băț de. # **to ~ oneself from** a se ține departe de (*fig.*).
distant ['dɪstənt] *adj.* **1.** îndepărtat: *in the dim and ~ past* în trecutul îndepărtat. **2.** (*d. cineva*) distant. **3.** pierdut: *a ~ look* privire pierdută. **4.** vag.
distasteful [dɪs'teɪstfl] *adj.* dezgustător.
distemper [dɪs'tempə] **I.** *s.* tempera. **II.** *vt.* a picta în tempera.
distend [dɪs'tend] *vt.*, *vi.* a (se) umfla.
distil [dɪs'tɪl] *vt.* a distila. # **~late** distilat (*s.*); **~lation** distilare; **~lery** distilerie.
distinct [dɪ'stɪŋkt] *adj.* **1.** clar. **2.** diferit. **3.** precis: *in ~ terms* în termeni precişi. # **~ive** deosebit, singular.
distinction [dɪs'tɪŋkʃn] *s.* **1.** diferență, deosebire. **2.** premiu, distincție. **3.** rafinament.
distinguish [dɪs'tɪŋgwɪʃ] **I.** *vt.* **1.** a distinge, a deosebi. **2.** a desluşi. **II.** *vi.* (**from**) a se distinge (de), a se deosebi (de). # **to ~ oneself** a se remarca; **~ed** ilustru, remarcabil.
distort [dɪs'tɔ:t] *vt.* a deforma (*şi fig.*). # **~ion** deformare; mistificare.
distract [dɪs'trækt] *vt.* a distrage (*atenția*). # **~ed with** înnebunit de.
distraction [dɪs'trækʃn] *s.* **1.** tentație: *many ~s* multe atracții. **2.** distracție, amuzament. **3.** nebunie.
distraught [dɪs'trɔ:t] *adj.* înnebunit: *~ with grief* înnebunit de durere.
distress [dɪs'tres] **I.** *s.* **1.** nevoie, necaz. **2.** suferință; nelinişte. **3.** oboseală. **II.** *vt.* a tulbura; a necăji. # **~ed** sărăcit; **~ing** îngrijorător; dureros.
distribute [dɪs'trɪbju:t] *vt.* **1.** a împărți, a distribui. **2.** a grupa, a clasifica.

distribution [ˌdɪstrɪ'bju:ʃn] *s.* **1.** împărțire, distribuire; repartizare. **2.** difuzare.

district ['dɪstrɪkt] *s.* **1.** regiune, zonă. **2.** cartier, sector. **3.** district; comitat. # ~ **attorney** procuror districtual; ~ **council** consiliu local.

distrust [dɪs'trʌst] **I.** *s.* neîncredere. **II.** *vt.* a nu avea încredere în. # ~**ful** suspicios.

disturb [dɪs'tɜ:b] *vt.* a deranja, a stingheri, a perturba.

disturbance [dɪs'tɜ:bəns] *s.* **1.** deranjare, perturbare. **2.** defectare. # ~**s** frământări/mişcări (sociale).

ditch [dɪtʃ] **I.** *s.* canal. **II.** *vt.* *sl.* a lăsa cu buza umflată, a abandona.

ditty ['dɪti] *s.* melodie.

divan [dɪ'væn] *s.* canapea.

dive [daɪv] **I.** *s.* **1.** plonjon. **2.** picaj. **3.** *fam.* crâşmă, bombă. **II.** *vi.* **1.** a plonja. **2.** a se scufunda. **3.** a se năpusti. # ~**r** scufundător.

divergence [daɪ'vɜ:dʒəns] *s.* divergență, dispută.

diverse [daɪ'vɜ:s] *adj.* diferit.

diversify [daɪ'vɜ:sɪfaɪ] *vt.* a diversifica.

diversion [daɪ'vɜ:ʃn] *s.* **1.** deviere; ocol(ire). **2.** diversiune. # ~**s** distracții.

diversity [daɪ'vɜ:sɪti] *s.* diversitate.

divert [daɪ'vɜ:t] *vt.* **1.** a distrage (*atenția*). **2.** (**from**) a devia (de la). **3.** a distra.

divide [dɪ'vaɪd] *vt.*, *vi.* **1.** a (se) împărți. **2.** a (se) separa.

dividend ['dɪvɪdənd] *s.* **1.** *mat.* deîmpărțit. **2.** dividend, bonificație, bonus.

dividers [dɪ'vaɪdəz] *s. pl.* compas.

divine [dɪ'vaɪn] **I.** *adj.* divin. **II.** *vt.* a ghici.

divisible [dɪ'vɪzɪbl] *adj.* divizibil.

division [dɪ'vɪʒn] *s.* **1.** împărțire, repartizare, eşalonare. **2.** sector, secție. **3.** *mil.* divizie. **4.** diviziune: *the ~ of labour* diviziunea muncii. **5.** dezacord, neînțelegere. **6.** *mat.* împărțire. **7.** separare, dezmembrare.

divisor [dɪ'vaɪzə] *s.* *mat.* divizor.

divorce [dɪ'vɔ:s] **I.** *s.* despărțire; divorț. **II.** *vt.* a divorța de. **III.** *vi.* a se despărți, a divorța.

divulge [daɪ'vʌldʒ] *vt.* a divulga.

dizzy ['dɪzi] *adj.* amețit; buimac.

do^1 [dəʊ] *s.* (nota) do.

do^2 [du:/dʊ] (*trec.* **did**, *part. trec.* **done**) **I.** *v. aux.* **1.** (*formează negativul şi interogativul verbelor noționale*): *he does not like it* nu-i place asta; *do you like it?* îți place (asta)? *I didn't read it* n-am citit-o; *why did you do it?* de ce ai făcut-o? **2.** (*înlocuitor al altui verb*): *'do you like it?' 'yes, I do'* 'îți place?' 'da, îmi place'. **3.** (*accentuează*): *I do like it* îmi place foarte mult. **II.** *vt.* **1.** a face: *to do exercises* a face exerciții/socoteli. **2.** a vizita: *to do a town* a vizita un oraş. **3.** a termina: *I have done with him* am terminat-o cu el. **4.** a înşela. **5.** a interpreta (*un rol*).

III. *vi.* **1.** a se comporta. **2.** a-i merge (*bine, rău*). **3.** a se petrece, a se întâmpla. # *to do away with* a desființa; a ucide; *to do in* a ucide; *do-nothing* vântură-vânt; *to do or die* a face tot posibilul, a se da peste cap (*fig.*).; *do's and dont's* reguli; *to do time* a face pușcărie; *to do up* a se găti, a se dichisi; *to do without* a se descurca (și) fără; *to make do* a se descurca cu ce are; *nothing doing!* nu mai e nimic de făcut! *well done!* bravo!

doc [dɒk] *s. fam.* doctor.

docile ['dəʊsaɪl] *adj.* docil, supus.

dock[1] [dɒk] *s.* **1.** doc, bazin portuar. **2.** boxă/bancă a acuzaților. # **~er** docher; **~yard** șantier naval.

dock[2] [dɒk] *vt.* a tăia (*și fig.*).

docket ['dɒkɪt] *s.* **1.** fișă; listă; borderou. **2.** chitanță; recipisă. **3.** ordine de zi.

doctor ['dɒktə] **I.** *s.* **1.** doctor; *amer.* stomatolog. **2.** doctor (*în filozofie etc.*). **II.** *vt.* **1.** a boteza (*vin*). **2.** a steriliza (*un animal*).

doctorate ['dɒktrɪt] *s.* doctorat.

doctrine ['dɒktrɪn] *s.* doctrină.

document ['dɒkjumənt] *s.* document.

documentary [ˌdɒkju'mentəri] *adj.* documentar: *a ~ film* film documentar.

documentation [ˌdɒkjumən'teɪʃn] *s.* documentare.

dodder ['dɒdə] *vi. fam.* a șontâcăi. # **~er** babalâc; **~ing** senil.

dodge [dɒʤ] **I.** *s.* **1.** truc; driblare. **2.** eschivare. **II.** *vt.* a se eschiva de la. # **~r** evazionist (*fiscal*); *amer.* fluturaș publicitar.

doe [dəʊ] *s.* **1.** căprioară. **2.** iepuroaică.

dog [dɒg] **I.** *s.* **1.** câine: *a guard ~* câine de pază. **2.** lup, vulpe, coiot, șacal. **3.** *sl.* ciripitor, informator. **II.** *vt.* a se ține după. # **~ catcher** hingher; **~ collar** zgardă; **~ days** zile de caniculă; **~ house** cușcă; **~-tired** obosit mort; *to dog it amer. sl.* a o lăsa mai moale.

dogma ['dɒgmə] *s.* dogmă. # **~tic** dogmatic.

dole [dəʊl] *s.* indemnizație de șomaj. # **~ful** trist, necăjit.

doll [dɒl] *s.* păpușă (*și fig.*). # **~y** păpușică.

dollar ['dɒlə] *s.* dolar.

dolour ['dɒlə] *s.* durere, supărare.

dolphin ['dɒlfɪn] *s.* delfin.

dolt [dəʊlt] *s.* prostănac.

domain [də'meɪn] *s.* domeniu (*și fig.*).

dome [dəʊm] *s.* **1.** cupolă. **2.** boltă, arcadă. **3.** *sl.* cap.

domestic [də'mestɪk] **I.** *s.* slugă, servitor. **II.** *adj.* domestic. # **to ~ate** a domestici.

domicile ['dɒmɪsaɪl] *s.* domiciliu.

dominant ['dɒmɪnənt] *adj.* **1.** predominant. **2.** proeminent. **3.** dominator.

dominate ['dɒmɪneɪt] **I.** *vt.* **1.** a stăpâni, a domina. **2.** a juca un rol important în. **II.** *vi.* a predomina.

domination [ˌdɒmɪ'neɪʃn] *s.* dominare, predominare.

donate [dəʊ'neɪt] *vt.* a dona.
donation [dəʊ'neɪʃn] *s.* donaţie.
done[1] [dʌn] *part. trec. de la* **to do**.
done[2] [dʌn] *adj.* **1.** terminat, sfârşit. **2.** fiert; fript; făcut.
donkey ['dɒŋki] *s.* măgar.
donor ['dəʊnə] *s.* donator.
doom [du:m] **I.** *s.* **1.** destin funest. **2.** pierzanie. **3.** condamnare, judecată: *the day of ~* ziua judecăţii de apoi. **II.** *vt.* a osândi. # **~ sayer** prezicător (de dezastre); *till ~s day* până la paştele cailor.
door [dɔ:] *s.* uşă: *out of ~s* afară (din casă). # **~bell** sonerie; **~keeper** portar; **~step** prag; **~way** uşă, cadru al uşii.
dope [dəʊp] *fam.* **I.** *s.* drog. **II.** *vt.* a droga.
dormant ['dɔ:mənt] *adj.* **1.** inactiv (*şi d. vulcani*). **2.** latent.
dormitory ['dɔ:mɪtrɪ] *s.* **1.** *şcol.* dormitor comun. **2.** *amer.* cămin studenţesc.
dose [dəʊs] *s.* doză.
dot [dɒt] *s.* **1.** punct pe i. **2.** strop, picătură (*fig.*). # **~s** buline, picăţele.
dotage ['dəʊtɪdʒ] *s.* senilitate.
dote [dəʊt] *vi.* (**on**) a adora (pe), a iubi la nebunie (pe).
dotty ['dɒti] *adj. fam.* ţăcănit, capiu.
double ['dʌbl] **I.** *s.* **1.** dublu. **2.** dublură. **II.** *adj.* dublu; îndoit; pentru doi. **III.** *vt.*, *vi.* a (se) dubla. **IV.** *adv.* dublu. # **~ bass** contrabas; **to ~-cross** *sl.* a trăda; a înşela; **~-dealer** ipocrit; **~-quick** foarte repede; *~ up!* dă-i bătaie; *at/on the ~ fam.* în pas alergător; imediat.
doubt [daʊt] **I.** *s.* îndoială, dubiu: *in ~* în dubiu; *beyond a shadow of ~* absolut sigur; *no ~* aproape sigur. **II.** *vt.* a se îndoi că/de. # **~able** îndoielnic; **~ful** incert; **~ing Thomas** Toma necredinciosul; **~less** sigur.
dough [dəʊ] *s.* **1.** aluat. **2.** *amer. sl.* bani, gologani. # **~nut** gogoaşă.
dour [dʊə] *adj.* ursuz, posac.
dove [dʌv] *s.* turturea, guguştiuc. # **~cote** porumbar.
dowager ['daʊədʒə] *s.* văduvă bogată.
dowdy ['daʊdi] *adj.* (*d. o femeie*) prost îmbrăcată.
down[1] [daʊn] *s.* puf (*de pe pui*).
down[2] [daʊn] **I.** *adj.* **1.** care coboară. **2.** de jos. **3.** deprimat, descurajat. **II.** *vt.* a pune jos; a trânti. **III.** *adv.* **1.** (în) jos. **2.** spre sud. **3.** (*a plăti etc.*) pe loc. **IV.** *prep.* în josul; în avalul. # **~ and out** falit; **~cast** supărat; **~fall** prăbuşire (*fig.*); **to ~grade** a retrograda; **~pour** ploaie torenţială; **~right** sincer; **~swing** declin brusc; **~trend** tendinţă de scădere; **~ward** în jos; descrescător; *~ with (traitors)!* jos cu (trădătorii)! *further ~* şi mai jos.
downstairs [daʊn'steəz] *adv.* jos, la parter.
dowry ['daʊəri] *s.* zestre, dotă.
doze [dəʊz] **I.** *s.* picoteală. **II.** *vi.* a picoti.
dozen ['dʌzn] *s.* duzină.

drab [dræb] *adj.* **1.** plicticos; monoton. **2.** (*d. culori*) şters.
drachma ['drækmə] *s.* drahmă.
draft [drɑ:ft] **I.** *s.* **1.** plan; schemă; schiţă. **2.** ciornă. **3.** *amer.* recrutare. **II.** *vt.* **1.** a întocmi un proiect al. **2.** *amer.* a recruta. # **~ee** recrut; **~sman** desenator tehnic, proiectant.
drag [dræg] **I.** *s.* **1.** *tehn.* dragă. **2.** piedică, stavilă. **3.** *fam.* treabă/persoană enervantă. **4.** *sl.* travesti: *in ~* în travesti. **II.** *vt.* **1.** a târî (*şi fig.*). **2.** a draga (*un râu*). **III.** *vi.* a trena, a tergiversa.
dragonfly ['drægənflaι] *s.* libelulă.
drain [dreιn] **I.** *s.* **1.** conductă de apă; canal. **2.** scurgere: *brain ~* exodul intelectualilor. **3.** epuizare, secătuire: *~ of capital* epuizare de capital. **II.** *vt.* **1.** a goli (*un rezervor, pahar*). **2.** a epuiza, a secătui (*fig.*). **III.** *vi.* a se usca. # **~age** canalizare; **~pipe** burlan; conductă de evacuare a apei menajere.
drake [dreιk] *s.* răţoi.
drama ['drɑ:mə] *s.* dramă (*şi fig.*). # **~tics** arta dramatică; **~tist** dramaturg; **to ~tize** a dramatiza (*şi fig.*).
drank [dræŋk] *trec. de la* **to drink**.
drape [dreιp] *s.* draperie; perdea. # **~r** negustor de textile; *~ry department* raion de textile (*în magazin*).
drastic ['dræstιk] *adj.* drastic.
draught [drɑ:ft] *s.* **1.** curent (*de aer*): *to sit in a ~* a sta în curent. **2.** tracţiune. **3.** duşcă, sorbitură. **4.** schiţă; plan; proiect. # **~ beer** bere la butoi; **~ horse** cal de tracţiune; **~s** jocul de dame; **~sman** desenator (tehnic).
draw [drɔ:] **I.** *s.* **1.** desen. **2.** *sport.* egalitate: *the match ended in a ~* meciul s-a încheiat la egalitate. **3.** tragere (*la loto*). **4.** eveniment artistic. **II.** (*trec.* **drew**, *part. trec.* **drawn**) *vt.* **1.** a desena. **2.** a trage. **3.** a primi, a obţine (*bani*). **4.** a atrage (*pe cineva*): *to ~ the attention of* a atrage atenţia cuiva. # **~-back** neajuns; hibă; **~er** desenator; sertar; **~ing** desen; **~ing pin** pioneză; **~ing room** salon; **to ~ near** a se apropia; **~ers** chiloţi; **to ~ up** a întocmi, a elabora; *to ~ a blank* a o da în bară; *to ~ breath* a-şi trage sufletul.
dread [dred] *s.* groază, spaimă. # **~ful** groaznic; **~fully** extraordinar de.
dream [dri:m] **I.** *s.* vis; visare. **II.** *vt.*, *vi.* a visa. # **~er** visător; vizionar; **to ~ up** a scorni; **~y** visător; liniştitor.
dreary ['drιəri] *adj.* **1.** mohorât. **2.** monoton.
dredge [dredʒ] **I.** *s. nav.* dragă. **II.** *vt.* a draga.
dregs ['dregz] *s. pl.* depuneri, drojdie; zaţ.
drench [drentʃ] *vt.* a uda până la piele.
dress [dres] **I.** *s.* rochie; îmbrăcăminte; strai. **II.** *vt.* **1.** a îmbrăca. **2.** a împodobi. **3.** a aranja (*părul*). **4.** a prepara (*mâncare*). **5.** a bandaja. **III.** *vi.* a se îmbrăca. # **~ circle**

balcon; **to ~ down** a certa; **~er** dulap; comodă; **~ing** sos de salată; bandaj; **~ing table** toaletă (*mobilă*); **~maker** croitoreasă; **~ parade** paradă a modei; **~ suit** frac; **to ~ up** a se găti, a se ferchezui; **~y** șic, elegant.

dressage ['dresɪʤ] *s.* dresaj.

dribble ['drɪbl] *vi.* **1.** a-i curge balele. **2.** (*d. o țeavă*) a picura. **3.** a dribla.

drift [drɪft] **I.** *s.* **1.** nămete; dună de nisip; grămadă de frunze. **2.** viitură. **3.** deplasare, migrare. **4.** curent (*în apă*). **5.** înțeles, sens. **II.** *vi.* (*d. zăpadă etc.*) a se masa. # **~er** vagabond; **~ ice** sloi.

drill [drɪl] **I.** *s.* **1.** orice unealtă de găurit (freză, perforator, burghiu). **2.** exercițiu; instrucție. **II.** *vt.* **1.** a găuri. **2.** a antrena; a instrui.

drink [drɪŋk] **I.** *s.* băut; băutură: *in ~* beat; *give me a ~* dă-mi puțină apă; *to have a ~* a bea un păhărel; *to stand smb. a ~* a face cinste cuiva (*cu băutură*). **II.** (*trec.* **drank,** *part. trec.* **drunk**) *vt.* **1.** a bea. **2.** a absorbi (*și fig.*). # **~able** potabil; **~er** băutor; **~ing fountain** țâșnitoare; **~ing water** apă de băut; **the ~** *fam.* marea; **to ~ the health of smb.** a închina un pahar în sănătatea cuiva.

drip [drɪp] **I.** *s.* picurare. **II.** *vi.* a picura.

drive [draɪv] **I.** *s.* **1.** alee (spre casă). **2.** deplasare cu mașina. **3.** târlă. **4.** chef, poftă. **5.** campanie, ofensivă: *a charity ~* acțiune caritabilă. **II.** (*trec.* **drove,** *part. trec.* **driven**) *vt.* **1.** a conduce (*o mașină*). **2.** a duce cu mașina. **3.** a mâna (*vite*). **4.** a bate (*un cui*). **III.** (*trec.* **drove,** *part. trec.* **driven**) *vi.* a șofa. - **~r** șofer; **~way** alee (spre casă).

driving ['draɪvɪŋ] *adj.* **1.** puternic. **2.** dinamic. **3.** de conducere: *a ~ test* examen de conducere.

drizzle ['drɪzl] **I.** *s.* burniță. **II.** *vi.* a burnița.

droll [drəʃ l] *adj.* comic; șugubăț. - **~ery** caraghioslâc, comicărie.

dromedary ['drɒmədri] *s.* dromader.

drone [drəʃ n] **I.** *s.* **1.** trântor (*și fig.*). **2.** zumzet. **II.** *vi.* a zumzăi.

drool [dru:l] *vi.* **1.** a-i curge balele. **2.** a-i lăsa gura apă.

drop [drɒp] **I.** *s.* **1.** strop, picătură (*și fig.*). **2.** scădere bruscă. **II.** *vt.* **1.** a scăpa din mână. **2.** a face (*o aluzie*). **3.** a micșora (*viteza*). **III.** *vi.* **1.** a cădea. **2.** a se micșora. - **to ~ dead** a muri subit; **~ dead!** du-te dracului!; **to ~ in** a trece pe la cineva; **~per** pipetă; **to ~ off** a ațipi.

drought [draʃ t] *s.* secetă.

drove [drəʃ v] **I.** *s.* turmă (*și de oameni*). **II.** *vt.* a mâna (*vite*). # **~r** păstor.

drown [draʃ n] *vt.*, *vi.* a (se) îneca.

drowsy ['draʃ zi] *adj.* **1.** somnoros. **2.** care te adoarme. **3.** liniștit.

drub [drʌb] *vt.* a ciomăgi; a bate.

drudge [drʌʤ] **I.** *s.* salahor. **II.** *vi.* a trudi. # **~ry** corvoadă.

drug [drʌg] *s.* **1.** medicament. **2.** drog. # **~ addict** narcoman; **~gist** *amer.*

farmacist; **~store** farmacie (*unde se vând şi alte produse*); drogherie.

drum [drʌm] **I.** *s. muz.* tobă. **II.** *vi.* a bate toba. # **~mer** toboşar; **~sticks** bețe de bătut în tobă.

drunk[1] [drʌŋk] *part. trec. de la* **to drink**.

drunk[2] [drʌŋk] *adj.* beat. # **~ard** bețiv(an); **~en** beat.

dry [drai] **I.** *adj.* **1.** uscat; secat. **2.** (*d. mărfuri*) solid. **3.** (*d. vin*) sec. **4.** sterp. **II.** *vt.*, *vi.* a (se) usca. # **to ~-clean** a curăța cu neofalină; **~er** foehn.

dual ['dju:əl] *adj.* dublu.

dub [dʌb] *vt.* **1.** a porecli, a numi. **2.** a dubla (*un film*). # **~bing** dublare (*a unui film*).

dubious ['dju:biəs] *adj.* **1.** dubios, suspect. **2.** nesigur; nehotărât.

duchess ['dʌtʃɪs] *s.* ducesă.

duck [dʌk] **I.** *s.* rață. **II.** *vt., vi.* **1.** a (se) feri. **2.** a (se) apleca. # **~ling** rățuşcă.

duct [dʌkt] *s.* **1.** tub; țeavă; conductă. **2.** *anat.* vas; canal.

dude [dju:d] *s. amer. fam.* filfizon.

due [dju:] **I.** *s.* datorie, lucru datorat: *I gave him his ~* i-am dat ceea ce i se cuvenea. **II.** *adj.* **1.** cuvenit, datorat: *in ~ time* la timpul cuvenit. **2.** scadent: *~ date* data scadenței. **III.** *adv.* direct, drept: *~ east of here* direct spre est de aici. # **~s** taxe, impozite, dări.

duel ['dju:əl] **I.** *s.* duel. **II.** *vi.* a se duela.

duet [dju'et] *s.* duet.

dug[1] [dʌg] *s.* uger.

dug[2] [dʌg] *trec., part. trec. de la* **to dig**.

duke ['dju:k] *s.* duce. # **~dom** ducat.

dulcet ['dʌlsɪt] *adj.* dulce, mieros.

dulcimer ['dʌlsɪmə] *s.* țambal.

dull [dʌl] **I.** *adj.* **1.** greu de cap. **2.** lent; molâu. **3.** plictisitor. **4.** bont. **5.** (*d. vreme*) închis. **6.** (*d. culori*) sumbru. **7.** (*d. sunet*) stins. **II.** *vt.* a atenua, a reduce. # **~ard** tântălău.

duly ['dju:li] *adv.* la vremea potrivită.

dumb [dʌm] *adj.* **1.** mut. **2.** necuvântător. **3.** tăcut. **4.** greu de cap. # **~bell** halteră; **~founded** stupefiat; **~ show** spectacol de pantonimă; **~waiter** servantă.

dummy ['dʌmi] *s.* **1.** manechin (*de vitrină*). **2.** suzetă. **3.** *amer. sl.* nătărău. **4.** mort (*la bridge*).

dump [dʌmp] **I.** *s.* golire, deşertare; vidare. **II.** *vt.* **1.** a goli, a deşerta; a vida. **2.** a face dumping cu. # **~er** basculantă; **~ster** *amer.* ladă (mare) de gunoi.

dunce [dʌns] *s.* nătâng, tont.

dune [dju:n] *s.* dună (*de nisip*).

dung [dʌŋ] *s.* bălegar, îngrăşământ.

dungarees [ˌdʌŋgə'ri:z] *s. pl.* **1.** salopetă (*de lucru*). **2.** *amer.* pantaloni.

dungeon ['dʌndʒən] *s.* carceră, temniță.

duo ['dju:əʊ] *s.* duet.

dupe [dju:p] **I.** *s.* **1.** fraier. **2.** unealtă, agent. **II.** *vt.* a escroca.

duplex ['dju:pleks] *s.* **1.** apartament pe două nivele. **2.** apartament pentru două familii.

duplicate I. ['dju:plıkıt] *s.* duplicat, copie: *in* ~ în două exemplare. **II.** ['dju:plıkeıt] *vt.* a face două exemplare, a copia (*un act*).
duplication [ˌdju:plı'keıʃn] *s.* duplicare; copiere: *a ~ machine* mașină de multiplicat.
duplicity [dju:'plısıti] *s.* duplicitate.
durable ['djʊərəbl] *adj.* durabil, trainic.
duration [djʊ'reıʃn] *s.* durată: *for the* ~ pentru toată perioada.
duress [djʊ'res] *s.* constrângere: *under* ~ constrâns (fiind).
during ['djʊərıŋ] *prep.* în timpul.
dusk [dʌsk] *s.* amurg, asfințit: *at* ~ pe înserate. # **~y** întunecat.
dust [dʌst] **I.** *s.* **1.** praf: ~ *and ashes* praf și pulbere (*fig.*). **2.** pământ, sol. **3.** *fam.* tărăboi, scandal. **II.** *vt.* a șterge de praf. # **~bin** ladă de gunoi, tomberon; **~cart** mașină de gunoi; ~ **jacket** supracopertă; **~man** gunoier; **~pan** făraș; **~y** plin de praf.
Dutch [dʌtʃ] **I.** *s.* limba olandeză. **II.** *adj.* olandez. # **the** ~ olandezii; **~man** olandez (*persoană*).
duteous ['dju:tıəs], **dutiful** ['dju:tıfl] *adj.* politicos.
duties ['dju:tiz] *s. pl.* **1.** îndatoriri. **2.** misiuni. **3.** funcții.
duty ['dju:ti] *s.* **1.** datorie, îndatorire: *to do one's* ~ a-și face datoria. **2.** respect, ascultare. **3.** taxă, impozit. **4.** randament, debit (*al unei mașini*). **~-free** scutit de taxe vamale; **off** ~ liber (*de la serviciu*); **on** ~ de serviciu; ~ **visit** vizită din obligație.
dwarf [dwɔ:f] **I.** *s.* pitic; pigmeu. **II.** *vt.* a opri/încetini creșterea (*unei plante*).
dwell [dwel] *vi.* **1.** a locui, a sta. **2.** (**on**) a stărui (asupra). # **~ing** locuință.
dwindle ['dwındl] *vi.* a se diminua.
dye [daı] **I.** *s.* vopsea. **II.** *vt.* a vopsi. # **~-in-the-wood** incorigibil; convins.
dyke [daık] *s.* **1.** dig. **2.** opreliște.
dynamic [daı'næmık] *adj.* dinamic. # **~s** dinamică.
dynamite ['daınəmaıt] **I.** *s.* dinamită. **II.** *vt.* a dinamita.
dynamo ['daınəməʊ] (*pl.* **~s**) *s.* dinam.
dynasty ['dınəsti] *s.* dinastie.

E

E, e [iː] (litera) E, e.

each [iːtʃ] **I.** *adj.*, *pron.* fiecare. **II.** *adv.* la fiecare. # **~ other** unul pe altul, unul altuia.

eager ['iːgə] *adj.* nerăbdător; entuziasmat.

eagle ['iːgl] *s.* vultur. # **~-eyed** foarte atent; **~t** pui de vultur.

ear¹ [ɪə] *s.* spic.

ear² [ɪə] *s.* ureche: *by ~* după ureche; *to be all ~s* a fi numai urechi; *up to one's ~s* până peste cap. # **~drum** timpan; **~ful** *fam.* beşteleală, ceartă; **~phones** căşti (de ascultat); **~ring** cercel; **~-splitting** (*d. zgomot*) infernal; **~wig** urechelniţă.

earl [ɜːl] *s.* conte. # **~dom** rangul de conte; domeniile unui conte.

early ['ɜːli] **I.** *adj.* **1.** de început: *an ~ riser* persoană care se scoală devreme; *to keep ~ hours* a se culca devreme. **2.** matinal: *an ~ coffee* cafea de dimineaţă. **3.** timpuriu; prematur: *an ~ death* moarte prematură. **4.** apropiat: *at an ~ date* la o dată apropiată. **II.** *adv.* **1.** devreme. **2.** la început: *~ in the winter* la începutul iernii.

earmark ['ɪəmɑːk] *vt.* a aloca (*o sumă*).

earn [ɜːn] *vt.* **1.** a câştiga: *to ~ money* a câştiga bani. **2.** a aduce (*un venit*). **3.** a dobândi, a căpăta (*un renume*). # **~ings** câştiguri, venituri; profit, beneficiu.

earnest ['ɜːnɪst] *adj.* serios: *an ~ young man* un tânăr serios.

earth [ɜːθ] **I.** *s.* **1.** pământ; glob. **2.** pământ, sol; uscat. **II.** *vt. el.* a pune la pământ. # **~born** muritor (*s.*); **~bound** cu picioarele pe pământ, realist; **~en** de/din pământ/lut; **~enware** (vas din) ceramică; **~ly** omenesc, lumesc; **~quake** cutremur; **~shaking** de importanţă epocală; **~worm** râmă.

ease [iːz] **I.** *s.* **1.** uşurinţă: *to win the election with ~* a câştiga alegerile fără dificultate. **2.** îmbelşugare: *a life of ~* trai prosper. **3.** linişte, pace: *to be at ~* a fi liniştit. **4.** dezinvoltură; nonşalanţă. **II.** *vt.* **1.** a atenua (*durerea*). **2.** a linişti. **III.** *vi.* a se atenua, a se potoli. # **at ~!** pe loc repaus!; **to ~ nature** a se uşura; **to ~ oneself into** a se scufunda în (*apă*); **~ful** confortabil.

easel ['iːzl] *s.* şevalet.

easily ['iːzɪli] *adv.* **1.** uşor, cu uşurinţă. **2.** fără doar şi poate.

east [i:st] **I.** *s.* est, răsărit; orient. **II.** *adj.* de/din est. **III.** *adv.* spre est: *the room faces ~* camera este orientată spre est. # **~erly** spre/dinspre est; **~ern** estic; **~ward(s)** spre est.

Easter ['i:stə] *s.* Paşte.

easy ['i:zi] **I.** *adj.* **1.** uşor, simpu: *an ~ job* o treabă uşoară. **2.** indulgent; blând: *~ laws* legi blânde. **3.** (*d. trai*) îmbelşugat. **4.** tihnit. **5.** lejer. **II.** *adv.* uşor: *to go ~ on* a o lua uşor/încetişor cu. # *(as) ~ as pie fam.* uşor de tot, floare la ureche; *~ on the ear* melodios, plăcut; *~ on the eye* plăcut la vedere, arătos; *~ of virtue* de moravuri uşoare; *~ mark/meat fam.* fraier; *~ terms* condiţii avantajoase.

eat [i:t] (*trec.* **ate**, *part. trec.* **eaten**) *vt.*, *vi.* a mânca. # **~able** comestibil, mâncabil; **~ery** ospătărie; birt; **~s** alimente; *to ~ one's heart out fam.* a-l arde la inimă de supărare; *to ~ out* a mânca în oraş; *I'll ~ my hat if… fam.* să nu mă mişc de-aici dacă…

eaves [i:vz] *s. pl.* streaşină. # **to ~-drop** a trage cu urechea.

ebb [eb] **I.** *s.* **1.** reflux: *on the ~* în reflux. **2.** stagnare. **II.** *vi.* **1.** (*d. ape*) a se retrage. **2.** a se diminua.

ebony ['ebəni] *s.* abanos.

ebulient [ɪ'bʌliənt] *adj.* expansiv.

eccentric [ɪk'sentrɪk] *s.*, *adj.* excentric. # **~ity** excentricitate.

ecclesiastic [ɪˌkli:zi'æstik] *s.* cleric; teolog. # **~al** clerical.

echelon ['eʃəlɒn] *s.* eşalon.

echo ['ekəʊ] **I.** (*pl.* **~es**) *s.* **1.** ecou. **2.** evocare. **II.** *vt.* a imita; a repeta. **III.** *vi.* (**with**) a răsuna (de). # **~ic** onomatopeic.

eclipse [ɪ'klɪps] **I.** *s.* **1.** eclipsă. **2.** declin. **II.** *vt.* a eclipsa (*şi fig.*).

ecology [ɪ'kɒlədʒi] *s.* ecologie.

economic [ˌekə'nɒmɪk] *adj.* **1.** economic: *an ~ downturn* recesiune economică; *~ growth* creştere economică. **2.** rentabil, profitabil. # **~al** cumpătat, chibzuit ; economicos; **~s** economie (*ştiinţă*).

economist [ɪ'kɒnəmɪst] *s.* economist.

econimize [ɪ'kɒnəmaɪz] *vt.* a economisi.

economy [ɪ'kɒnəmi] *s.* **1.** economie: *market ~* economie de piaţă. **2.** agonisire. **3.** cumpătare. # **~ class** clasa turist (*în avion*).

ecstasy ['ekstəsi] *s.* extaz.

eddy ['edi] *s.* vârtej (*de vânt etc.*).

Eden ['i:dn] *s.* rai, paradis.

edge [edʒ] **I.** *s.* **1.** margine; bordură. **2.** tăiş. **II.** *vt.* **1.** a ascuţi (*un cuţit*). **2.** a bordura (*o batistă etc.*). **3.** a stimula (*apetitul*). # **to ~ in** a se furişa înăuntru; **~ways** pieziş, pe laterală; *to have the ~ on* a avea un avantaj faţă de; *on ~* nervos.

edible ['edɪbl] *adj.* comestibil.

edification [ˌedɪfɪ'keɪʃn] *s.* edificare.

edifice ['edɪfɪs] *s.* edificiu.

edify ['edɪfaɪ] *vt.* a edifica.

edit ['edɪt] *vt.* a edita. # **~ion** ediţie; **~or** editor; **~orial** editorial.

educate ['edjʊkeɪt] *vt.* a instrui, a şcoli. # **~d** cult.

education [ˌedjʊ'keɪʃn] *s.* **1.** instruire. **2.** învăţământ, educaţie. **3.** pregătire: *a university ~* pregătire universitară. # **~al** instructiv, educativ; informativ.

eel [i:l] *s.* ţipar.

eerie ['ɪəri] *adj.* straniu.

efface [ɪ'feɪs] *vt.* a şterge (*şi fig.*).

effect [ɪ'fekt] **I.** *s.* **1.** efect, urmare; rezultat: *the ~ of this illness* urmările acestei boli. **2.** impresie: *the general ~* impresia generală. **3.** sens: *he spoke to this ~* s-a exprimat în acest sens. **II.** *vt.* a realiza, a produce (*fig.*). # **~ive**, **~ual** eficace; **~ively** cu eficienţă; **~s** lucruri, obiecte; *for ~* de efect; *in ~* de fapt; *into ~* (*d. lege*) în vigoare; *to that ~* de felul acesta.

effectuate [ɪ'fektju:eɪt] *vt.* a efectua.

effete [ɪ'fi:t] *adj.* **1.** istovit. **2.** efeminat.

efficacious [ˌefɪ'keɪʃəs] *adj.* eficace.

efficacy ['efɪkəsi], **efficiency** [ɪ'fɪʃənsi] *s.* eficacitate.

efficient [ɪ'fɪʃənt] *adj.* **1.** eficient. **2.** capabil, competent.

effort ['efət] *s.* efort, strădanie. # **~less** fără dificultate.

effrontery [ɪ'frʌntəri] *s.* insolenţă.

effusive [ɪ'fju:sɪv] *adj.* exuberant, comunicativ.

egg [eg] *s.* **1.** ou: *to lay an ~* a face un ou. **2.** ovul. # **~head** *fam.* om cu carte; **~plant** pătlăgea vânătă; **bad ~** om de nimic.

egoism ['i:gəʊɪzəm] *s.* egoism.

egoist ['i:gəʊɪst] *s.* egoist. # **~ic** egoist (*adj.*).

egregious [ɪ'gri:dʒəs] *adj.* flagrant; scandalos: *an ~ lie* o minciună abominabilă.

egress ['i:gres], **egression** [ɪ'greʃn] *s.* ieşire.

Egyptian [ɪ'dʒɪpʃn] *s., adj.* egiptean.

eiderdown ['aɪdədaʊn] *s.* pilotă.

eight [eɪt] *s., num.* opt. # **~een** optsprezece; **~eenth** al optsprezecelea; **~h** al optulea; a opta; **~y** optzeci; **~ieth** al optzecilea.

either ['aɪðə] **I.** *adj., pron.* **1.** oricare: *~ of you* oricare dintre voi. **2.** fiecare: *on ~ side* de fiecare parte. **II.** *adv.* nici (*cu neg.*): *'I don't like him/I don't ~'*, nu-mi place de el/ nici mie'. **III.** *conj.* fie, ori: *~ red or blue* ori roşu ori albastru.

ejaculate [ɪ'dʒækjuleɪt] *vt., vi.* **1.** a ejacula. **2.** a exclama.

eject [ɪ'dʒekt] *vt.* **1.** a ejecta, a da afară. **2.** *jur.* a evacua.

eke [i:k] *vt.* a suplimenta, a completa.

elaborate [ɪ'læbəreɪt] **I.** *adj.* **1.** complicat. **2.** executat cu grijă. **II.** *vt.* a crea, a executa cu grijă.

elapse [ɪ'læps] *vi.* (*d. timp*) a trece.

elastic [ɪ'læstɪk] *s., adj.* elastic. # **~ity** elasticitate.

elated [ɪ'leɪtɪd] *adj.* entuziasmat.

elbow ['elbəʊ] *s.* cot. # *at one's ~* la îndemână, la dispoziţie; *out at ~s* rupt în coate (*şi fig.*).

elder[1] ['eldə] *s. bot.* soc.

elder[2] ['eldə] *adj.* mai în vârstă: *my ~ brother* fratele meu mai mare. # **the ~s** persoanele vârstnice, cei vârstnici.

elect [ɪ'lekt] *vt.* a alege (*prin vot*). **~ion** *pol.* alegeri; **~ioneer** agent electoral; **~ive** electoral; facultativ, opțional; **~oral** electoral; **~orate** electorat.

electric [ɪ'lektrɪk] *adj.* electric. # **~al** electric; **~ chair** scaun electric; **~ian** electrician; **~ity** electricitate.

electrify [ɪ'lektrɪfaɪ] *vt.* a electrifica.

electrocute [ɪ'lektrəkju:t] *vt.* a electrocuta.

electronic [ɪ,lek'trɒnɪk] *adj.* electronic. # **~s** electronică.

elegy ['elɪʤi] *s.* elegie.

element ['eləmənt] *s.* element. # **~ary** elementar; **the ~s** elementele naturii.

elemental [,elɪ'mentəl] *adj.* **1.** fundamental, de bază. **2.** (*d. natură*) dezlănțuit.

elephant ['elɪfənt] *s.* elefant.

elevate ['elɪveɪt] *vt.* **1.** a ridica. **2.** a anima. # **~d** elevat; entuziasmat.

elevation [,elɪ'veɪʃn] *s.* **1.** ridicătură (*de pământ etc.*). **2.** promovare.

elevator ['elɪveɪtə] *s. amer.* ascensor, lift.

eleven [ɪ'levn] *s., num.* unsprezece. # **~th** al unsprezecelea.

elf [elf] *s.* spiriduş; drăcuşor.

eligible ['elɪʤɪbl] *adj.* **1.** eligibil. **2.** corespunzător.

eliminate [ɪ'lɪmɪneɪt] *vt.* a elimina.

elixir [ɪ'lɪksə] *s.* elixir.

elk [elk] *s. zool.* elan.

elliptical [ɪ'lɪptɪkl] *adj.* eliptic.

elm [elm] *s.* ulm.

elongate ['i:lɒŋgeɪt] **I.** *vt.* a lungi. **II.** *adj.* alungit.

elope [ɪ'ləʊp] *vi.* a fugi cu iubitul/iubita.

eloquence ['eləkwəns] *s.* elocință.

else [els] **I.** *adj.* alt: *somebody ~* altcineva; *what ~?* ce altceva? **II.** *adv.* altfel: *study (or) ~ you will fail* învață altfel vei pica (*la examen*). # **~where** în altă parte.

elude [ɪ'lu:d] *vt.* a evita.

elusive [ɪ'lu:sɪv] *adj.* **1.** care-ți scapă printre degete. **2.** evaziv.

emaciate [ɪ'meɪsɪeɪt] *vt.* a vlăgui, a slăbi.

emancipate [ɪ'mænsɪpeɪt] *vt.* **1.** a dezrobi. **2.** (**from**) a elibera (de).

emasculate [ɪ'mæskjuleɪt] *vt.* a castra.

embalm [ɪm'ba:m] *vt.* a îmbălsăma.

embankment [ɪm'bæŋkmənt] *s.* îndiguire; terasament.

embargo [ɪm'ba:gəʊ] (*pl.* **~es**) *s.* embargou.

embark [ɪm'ba:k] **I.** *vt.* a îmbarca. **II.** *vi.* **1.** a se îmbarca. **2.** (**on**) a se apuca (de): *to ~ on a new career* a începe o nouă meserie.

embarrass [ɪm'bærəs] *vt.* a pune în încurcătură, a stânjeni. # **~ing** jenant; **~ment** jenă; dificultate financiară.

embassy ['embəsi] *s.* ambasadă.

embelish [ɪm'belɪʃ] *vt.* a înfrumuseța.

embers ['embəz] *s. pl.* tăciuni.
embezzle [ɪm'bezl] *vt.* a deturna (*bani*). # **~ment** delapidare, sustragere de bani.
embittered [ɪm'bɪtəd] *adj.* îndurerat.
emblem ['embləm] *s.* emblemă.
embody [ɪm'bɒdɪ] *vt.* a întruchipa.
embrace [ɪm'breɪs] *vt.* a îmbrățișa (*și fig.*).
embroider [ɪm'brɔɪdə] *vt., vi.* a broda. # **~y** broderie.
embryo ['embrɪəʊ] (*pl.* **~s**) *s.* embrion.
emerald ['emrəld] *s.* smarald.
emerge [ɪ'mɜ:ʤ] *vi.* a apărea, a se ivi. # **~nce** apariție.
emergency [ɪ'mɜ:ʤənsi] *s.* **1.** urgență; nevoie; necesitate. **2.** risc. # **~ room** camera de urgențe.
emery ['eməri] *s.* șmirghel.
emetic [ɪ'metɪk] *s.* vomitiv.
emigrant ['emɪgrənt] *s.* emigrant.
emigrate ['emɪgreɪt] *vi.* a emigra.
eminence ['emɪnəns] *s.* **1.** ridicătură (*de pământ*). **2.** renume, prestigiu.
eminent ['emɪnənt] *adj.* eminent, strălucit. # **~ly** extraordinar de.
emir [e'mɪə] *s.* emir.
emissary ['emɪsəri] *s.* emisar.
emission [ɪ'mɪʃn] *s.* emitere, emanare.
emit [ɪ'mɪt] *vt.* a emana, a emite.
emolument [ɪ'mɒljumənt] *s.* retribuție, remunerație.
emotion [ɪ'məʊʃn] *s.* emoție. # **~al** emoțional; emotiv.
emotive [ɪ'məʊtɪv] *adj.* impresionant.
emperor ['emprə] *s.* împărat.
emphasis ['emfəsɪs] *s.* accent (*și fig.*).
emphasize ['emfəsaɪz] *vt.* a accentua (*și fig.*).
emphatic [ɪm'fætɪk] *adj.* **1.** accentuat. **2.** clar, categoric.
empire ['empaɪə] *s.* imperiu.
emplacement [ɪm'pleɪsmənt] *s.* amplasare.
employ [ɪm'plɔɪ] **I.** *s.* slujbă, ocupație, serviciu. **II.** *vt.* **1.** a angaja (*muncitori*). **2.** a folosi, a întrebuința. # **~ee** salariat; **~er** patron; **~ment** serviciu, ocupație; activitate.
empower [ɪm'paʊər] *vt.* a împuternici.
empress ['emprɪs] *s.* împărăteasă.
empty ['empti] **I.** *adj.* **1.** gol, fără conținut; deșert; nelocuit: *an ~ suitcase* valiză goală; *an ~ house* casă nelocuită; *~ streets* străzi pustii. **2.** deșert, zadarnic. **II.** *vt., vi.* a (se) goli.
emulation [,emju'leɪʃn] *s.* emulație, întrecere.
emulsion [ɪ'mʌlʃn] *s.* emulsie.
enable [ɪ'neɪbl] *vt.* a da posibilitatea (*cuiva*) să.
enamel [ɪ'næml] **I.** *s.* email. **II.** *vt.* a emaila.
enchant [ɪn'tʃɑ:nt] *vt.* a încânta; a fermeca. # **~er** magician; **~ing** încântător; **~ment** încântare, plăcere.
encircle [ɪn'sɜ:kl] *vt.* **1.** a încercui. **2.** a îmbrățișa.
enclave ['enkleɪv] *s.* enclavă.

enclose [ɪn'kləʊs] *vt.* **1.** a anexa în plic. **2.** a conține. **3.** a împrejmui cu gard.
enclosure [ɪn'kləʊʒə] *s.* **1.** anexă la o scrisoare. **2.** îngrăditură.
encore ['ɒŋkɔː] *s., interj.* bis.
encounter [ɪn'kaʊntə] **I.** *s.* **1.** întâlnire. **2.** conflict. **II.** *vt.* **1.** a da de (*şi fig.*): *to ~ hardships* a da de greutăți. **2.** a se confrunta cu.
encourage [ɪn'kʌrɪdʒ] *vt.* a încuraja. # **~ment** încurajare.
encroach [ɪn'krəʊtʃ] *vi.* (**on**) a încălca (*o propietate, lege*). # **~ment** încălcare; abuz.
encumber [ɪn'kʌmbə] *vt.* a împiedica, a stânjeni; a zădărnici.
encyclop(a)edia [ɪn,saɪklə'piːdiə] *s.* enciclopedie.
end [end] **I.** *s.* **1.** sfârşit; capăt; moarte. **2.** rămăşiță; chiştoc. **3.** țel, scop. **II.** *vt., vi.* a (se) sfârşi. # **~ing** sfârşit, deznodământ; **~less** fără sfârşit; continuu; *~ to ~* cap la cap; *in the ~* în final; *to keep one's ~ up* a se ține tare; *to put an ~ to* a termina cu; *to the bitter ~* până la sfârşitul sfâşitului.
endanger [ɪn'deɪndʒə] *vt.* a pune în pericol.
endearing [ɪn'dɪərɪŋ] *adj.* atrăgător, cuceritor.
endeavour [ɪn'devə] **I.** *s.* osteneală, strădanie. **II.** *vt.* a încerca.
endive ['endɪv] *s.* andivă.
endorse [ɪn'dɔːs] *vt.* a andosa (*un cec*). # **~e** andosator; **~ment** andosare, gir.
endow [ɪn'daʊ] *vt.* a înzestra (*şi fig.*). # **~ment** înzestrare (*şi fig.*).
endurance [ɪn'djurəns] *s.* rezistență; suportabilitate.
enema ['enɪmə] *s.* clismă.
enemy ['enəmi] *s.* **1.** duşman. **2.** inamic.
energetic [,enə'dʒetɪk] *adj.* energic.
energy ['enədʒi] *s.* energie.
enervate ['enəveɪt] *vt.* a epuiza, a slei de putere.
enfold [ɪn'fəʊld] *vt.* a lua în brațe.
enforce [ɪn'fɔːs] *vt.* a pune în vigoare (*o lege*).
engage [ɪn'geɪdʒ] **I.** *vt.* **1.** a angaja (*în serviciu*). **2.** a rezerva (*o cameră*). **3.** a captiva. **II.** *vi.* (**in**) a lua parte (la). # **~d** logodit(ă); ocupat; **~ment** logodnă; obligație, aranjament.
engaging [ɪn'geɪdʒɪŋ] *adj.* seducător, cuceritor.
engine ['endʒɪn] *s.* **1.** motor: *petrol ~* motor cu benzină. **2.** locomotivă: *an ~ driver* mecanic de locomotivă. **3.** instrument (*fig.*): *~s of torture* instrumente de tortură. # **~er** inginer; **~ering** inginerie; construcții mecanice.
English ['ɪŋglɪʃ] **I.** *s.* limba engleză. **II.** *adj.* englezesc, englez: *~ grammar* gramatica engleză. # **the ~** englezii; **~man** englez (*s.*).
engrave [ɪn'greɪv] *vt.* **1.** a grava. **2.** a întipări în minte.
engraving [ɪn'greɪvɪŋ] *s.* gravură.
engross [ɪn'grəʊs] *vt.* a preocupa, a absorbi.

enhance [ɪn'hɑ:ns] *vt.* 1. a spori, a amplifica. 2. a mări (*şansele*).

enigma [ɪ'nɪgmə] *s.* enigmă. # **~tic** enigmatic.

enjoy [ɪn'ʤɔɪ] *vt.* a se delecta cu: *to ~ oneself* a se distra bine. # **~ment** plăcere, satisfacție.

enlarge [ɪn'lɑ:ʤ] *vt.*, *vi.* a (se) mări.

enlighten [ɪn'laɪtən] *vt.* a edifica, a lămuri. # **~ed** înțelept (*adj.*); **~ment** edificare, lămurire.

enmity ['enmɪti] *s.* duşmănie; dihonie.

ennui ['ɒnwi:] *s.* lehamite.

enormities [ɪ'nɔ:mɪtiz] *s. pl.* nelegiuiri, mârşăvii.

enormous [ɪ'nɔ:məs] *adj.* enorm.

enough [ɪ'nʌf] *adj.*, *adv.* destul (de): *~ money* destui bani; *old ~* destul de bătrân; *oddly ~* foarte ciudat; *sure ~* după cum era de aşteptat.

enquire [ɪn'kwaɪə] *vi.* (**of**) a se interesa (de).

enrage [ɪn'reɪʤ] *vt.* a mânia.

enrapture [ɪn'ræptʃə] *vt.* a încânta.

enrich [ɪn'rɪtʃ] *vt.* a îmbogăți.

ensign ['ensaɪn] *s.* 1. emblemă, însemn. 2. *nav.* pavilion.

ensure [ɪn'ʃʊə] *vt.* a asigura.

entangle [ɪn'tæŋgl] *vt.*, *vi.* a (se) încâlci; a (se) complica. # **~ment** încurcătură (*şi fig.*).

enter ['entə] *vt.*, *vi.* 1. a intra. 2. a (se) înscrie.

enterprise ['entəpraɪz] *s.* 1. întreprindere, unitate (*economică etc.*). 2. acțiune.

enterprising ['entəpraɪzɪŋ] *adj.* întreprinzător, răzbătător.

entertain [,entə'teɪn] *vt.* a distra. # **~er** comic, actor de comedie; **~ment** distracție; spectacol.

enthusiasm [ɪn'θju:zɪæzəm] *s.* entuziasm.

entice [ɪn'taɪs] *vt.* a ademeni. # **~ments** tentații, atracții.

entire [ɪn'taɪə] *adj.* întreg. # **~ty** totalitate.

entitle [ɪn'taɪtl] *vt.* 1. a îndritui. 2. a intitula.

entity ['entɪti] *s.* entitate.

entomology [,entə'mɒləʤi] *s.* entomologie.

entrails ['entreɪlz] *s. pl.* intestine; măruntaie.

entrance ['entrəns] *s.* intrare.

entreat [ɪn'tri:t] *vt.* a implora. # **~y** rugăminte.

entry ['entri] *s.* 1. intrare. 2. înscriere (*la o competiție etc.*). # **~phone** interfon.

enumerate [ɪ'nju:məreɪt] *vt.* a enumera.

enunciate [ɪ'nʌnsɪeɪt] *vt.* a exprima/ pronunța clar.

envelop [ɪn'veləp] *vt.* a învălui, a înconjura.

envelope ['envələʊp] *s.* plic.

envenom [ɪn'venəm] *vt.* a învenina.

envious ['enviəs] *adj.* invidios.

environment [ɪn'vaɪərənmənt] *s.* mediu (înconjurător). # **~alist** ecolog.

environs ['envɪrənz] *s. pl.* suburbii.

envisage [ɪn'vɪzɪʤ] *vt.* 1. a prevedea. 2. a intenționa. 3. a considera.

envoy ['envɔɪ] *s.* mesager, trimis.

envy ['envi] **I.** *s.* invidie. **II.** *vt.* a invidia.
ephemeral [ɪ'femrəl] *adj.* efemer.
epic ['epɪk] **I.** *s.* epopee. **II.** *adj.* epic.
epigram ['epɪgræm] *s.* epigramă.
epilogue ['epɪlɒg] *s.* epilog.
episcopacy [ɪ'pɪskəpəsi] *s.* episcopie.
episode ['epəsəʊd] *s.* episod.
epistle [ɪ'pɪsl] *s.* epistolă.
epitaph ['epɪtɑ:f] *s.* epitaf.
epithet ['epɪθet] *s.* epitet.
epoch ['i:pɒk] *s.* epocă.
equable ['i:kwəbl] *adj.* ponderat, temperat.
equal ['i:kwəl] **I.** *s., adj.* egal. **II.** *vt.* a egala, a egaliza. # **~ity** egalitate; **to ~ize** a egala; **~izer** *sl.* pistol.
equanimity [ˌi:kwə'nɪmɪti] *s.* imperturbabilitate, sânge rece.
equation [ɪ'kweɪʃn] *s.* ecuație.
equator [ɪ'kweɪtə] *s.* ecuator. # **~ial** ecuatorial.
equestrian [ɪ'kwestriən] *adj.* ecvestru.
equidistant [ˌi:kwɪ'dɪstənt] *adj.* echidistant.
equilibrium [ˌi:kwɪ'lɪbriəm] *s.* echilibru.
equinox ['i:kwɪnɒks] *s.* echinocțiu.
equip [ɪ'kwɪp] *vt.* a înzestra, a dota (*şi fig.*). # **~ment** utilaj; aparatură.
equity ['ekwɪti] *s.* echitate.
equivalent [ɪ'kwɪvlənt] *s., adj.* echivalent.
era ['ɪərə] *s.* eră.
eradicate [ɪ'rædɪkeɪt] *vt.* a stârpi.
erase [ɪ'reɪz] *vt.* a şterge, a rade; a desființa, a anula: *to ~ a tape* a şterge o bandă. # **~r** radieră.
erect [ɪ'rekt] **I.** *adj.* tare, țeapăn, rigid. **II.** *vt.* **1.** a ridica (*un cort*). **2.** a construi.
ermine ['ɜ:mɪn] *s.* hermină.
erode [ɪ'rəʊd] *vt.* a eroda.
erosion [ɪ'rəʊʒn] *s.* eroziune.
erotic [ɪ'rɒtɪk] *adj.* erotic.
err [ɜ:] *vi.* a greşi. # **~atum** erată; **~oneous** eronat; **~or** greşeală.
erudite ['erʊdaɪt] *adj.* erudit.
erupt [ɪ'rʌpt] *vi.* a erupe.
escalate ['eskəleɪt] *vt.* a escalada.
escalator ['eskəleɪtə] *s.* scară rulantă.
escape [ɪs'keɪp] **I.** *s.* scăpare; evadare. **II.** *vt.* a scăpa de. **III.** *vi.* a evada. # **~e** evadat.
escort I. ['eskɔ:t] *s.* escortă, însoțitor. **II.** [ɪs'kɔ:t] *vt.* a escorta, a însoți.
Eskimo ['eskɪməʊ] (*pl.* **~s**) *s.* eschimos.
esophagus [ɪ'sɒfəgəs] *s.* esofag.
especial [ɪs'peʃl] *adj.* deosebit. # **~ly** în special, mai ales.
espionage ['espɪənɑ:ʒ] *s.* spionaj.
espy [ɪs'paɪ] *vt.* a detecta, a zări.
essay I. ['eseɪ] *s.* **1.** eseu, studiu. **2.** încercare, tentativă. **II.** [e'seɪ] *vt.* a încerca.
essence ['esəns] *s.* esență (*şi fig.*).
essential [ɪ'senʃl] *adj.* esențial. # **~ly** de fapt.
establish [ɪ'stæblɪʃ] *vt.* **1.** a stabili. **2.** a întemeia, a fonda, a institui. # **~ment** înființare; stabiliment.
estate [ɪ'steɪt] *s.* moşie; proprietate.
esteem [ɪ'sti:m] **I.** *s.* respect, stimă. **II.** *vt.* **1.** a stima. **2.** a socoti, a crede că.

estimate I. ['estɪmɪt] *s.* estimare, calcul. **II.** ['estɪmeɪt] *vt.* a estima; a calcula.

estuary ['estjuəri] *s.* estuar.

etch [etʃ] *vt.* a grava. # **~ing** gravură.

eternal [ɪ'tɜ:nl] *adj.* etern.

eternity [ɪ'tɜ:nɪti] *s.* eternitate.

ether ['i:θə] *s.* eter.

ethic ['eθɪk] *s.* etică. # **~al** moral, etic; **~s** etică.

Ethiopian [ˌi:θɪ'əʊpiən] *s.*, *adj.* etiopian.

ethnic ['eθnɪk] *adj.* etnic.

etymology [ˌetɪ'mɒlədʒi] *s.* etimologie.

Eucharist ['ju:kərɪst] *s.* împărtăşanie.

eulogize ['ju:lədʒaɪz] *vt.* a elogia.

eulogy ['ju:lədʒi] *s.* elogiu.

eunuch ['ju:nək] *s.* eunuc.

euphemism ['ju:fɪmɪzəm] *s.* eufemism.

euphoria [ju:'fɔ:rɪə] *s.* euforie.

Eureka [jʊ'ri:kə] *interj.* Evrica!

European [ˌjʊrə'pi:ən] *s.*, *adj.* european.

evacuate [ɪ'vækjueɪt] *vt.* a evacua.

evade [ɪ'veɪd] *vt.* **1.** a scăpa de (*închisoare*). **2.** a se sustrage de la (*datorie*). **3.** a evita.

evaluate [ɪ'væljueɪt] *vt.* a evalua.

evanescent [ˌɪvə'nesənt] *adj.* **1.** care dispare treptat, pieritor. **2.** trecător, efemer.

evaporate [ɪ'væpəreɪt] *vt.*, *vi.* a (se) evapora.

evasion [ɪ'veɪʒn] *s.* eschivare: *tax ~* evaziune fiscală.

evasive [ɪ'veɪsɪv] *adj.* evaziv; vag.

eve [i:v] *s.* ajun: *on Christmas ~* în ajunul Crăciunului.

even ['i:vn] **I.** *adj.* **1.** neted. **2.** egal: *an ~ chance* şansă egală. **3.** constant: *~ speed* viteză constantă. **4.** par; cu soţ: *on the ~ pages* pe paginile cu soţ. **5.** echitabil. **6.** rotund: *~ money* sumă rotundă. **II.** *adv.* **1.** chiar. **2.** (*cu neg.*) nici măcar. **3.** şi mai: *~ better* şi mai bine. # *~ as* chiar în momentul în care; *~ so* chiar şi aşa, totuşi; *~ though* deşi; *of ~ date* cu aceeaşi dată.

event [ɪ'vent] *s.* **1.** întâmplare (importantă). **2.** rezultat. # **~ful** (*d. o zi*) agitat, plin. # *at all ~s* orice s-ar întâmpla, în orice caz; *in either ~* şi într-un caz şi în altul; *in the ~ of* dacă, în cazul în care.

eventual [ɪ'ventʃuəl] *adj.* eventual. # **~ly** în cele din urmă, în final.

ever ['evə] *adv.* **1.** vreodată: *have you ~ seen a bear?* ai văzut vreodată un urs? **2.** totdeauna: *~ busy* mereu ocupat. **3.** oricând: *it's better than ~* este mai bine decât oricând (altădată). # *~ since* mereu de atunci; *~ so fam.* foarte; *~ lasting* etern; *(for) ~ more* veşnic.

every ['evri] *adj.* fiecare; toţi, toate. # *~* **bit** absolut tot; **~body** toţi; **~day** de fiecare zi; **~one** toţi; **~thing** tot; **~where** pretutindeni; *~ two days* la fiecare două zile; *~ which way* (de) peste tot.

evict [ɪ'vɪkt] *vt.* a evacua.

evidence ['evɪdəns] *s.* **1.** dovadă, probă. **2.** mărturie. **3.** semn, indiciu. # **in** ~ vizibil.

evident ['evɪdənt] *adj.* evident.

evil ['i:vl] **I.** *s.* rău; neajuns; suferință. **II.** *adj.* **1.** rău, afurisit: *an ~ ruler* un conducător rău. **2.** nefast, funest. **3.** infam. # **~doer** răufăcător; **~-tongued** cu limba ascuțită.

evince [ɪ'vɪns] *vt.* a demonstra.

evoke [ɪ'vəʊk] *vt.* a evoca.

evolution [ˌi:və'lu:ʃn] *s.* evoluție.

evolve [ɪ'vɒlv] *vt., vi.* a (se) dezvolta.

ewe [ju:] *s.* oaie.

exact [ɪg'zækt] *adj.* exact, corect; precis. # **~ing** pretențios; **~itude** exactitate; *not ~ly* nu tocmai.

exaggerate [ɪg'zædʒəreɪt] *vt., vi.* a exagera.

exam [ɪg'zæm] *s.* examen. # **~ination** examinare (*și med.*); **to ~ine** a examina (*și med.*); **~iner** examinator.

example [ɪg'zɑ:mpl] *s.* exemplu: *for* ~ de exemplu.

exasperate [ɪg'zɑ:spəreɪt] *vt.* a exaspera.

excavate ['ekskəveɪt] *vt.* a săpa, a excava.

excavator ['ekskəveɪtə] *s.* excavator.

exceed [ɪk'si:d] *vt.* a depăși. # **~ingly** extraordinar de.

excel [ɪk'sel] **I.** *vt.* a depăși (*pe cineva*). **II.** *vi.* a excela, a se evidenția. # **~lence** superioritate; **~lency** excelență; **~lent** excepțional.

except [ɪk'sept] **I.** *vt.* a excepta, a lăsa deoparte. **II.** *prep.* cu excepția. # **~ing** cu excepția; **~ion** excepție; **~ional** excepțional.

excerpt ['eksɜ:pt] *s.* fragment, pasaj, extras.

excess [ɪk'ses] **I.** *s.* **1.** excedent; surplus. **2.** exces: *he drinks to ~* bea peste măsură de mult. **II.** *adj.* suplimentar, excedentar. # **~es** abuzuri, ilegalități; **~ive** exagerat.

exchange [ɪks'tʃeɪndʒ] **I.** *s.* **1.** schimb: *rate of ~* curs de schimb. **2.** bursă (*de valori*): *corn ~* bursă de cereale; *the stock ~* bursa de efecte de schimb. **II.** *vt.* **1.** a schimba: *to ~ lei for dollars* a schimba lei în dolari. **2.** a face schimb de.

Exchequer [ɪks'tʃekə] *s.* Minister de Finanțe (*în Anglia*).

excise ['eksaɪz] *s.* acciză, taxă.

excite [ɪk'saɪt] *vt.* **1.** a stârni. **2.** a excita. # **~d** surescitat; excitat; **~ment** emoție; **~ments** distracții.

exciting [ɪk'saɪtɪŋ] *adj.* captivant; senzațional.

exclaim [ɪks'kleɪm] *vt., vi.* a exclama.

exclamation [ˌeksklə'meɪʃn] *s.* exclamație.

exclude [ɪk'sklu:d] *vt.* a exclude, a da afară.

exclusive [ɪk'sklu:sɪv] *adj.* **1.** exclusiv. **2.** șic, select. # **~ly** numai.

excrement ['ekskrəmənt] *s.* excrement.

excruciating [ɪk'skru:ʃɪeɪtɪŋ] *adj.* (*d. durere*) infernal, cumplit.

excursion [ɪk'skɜ:ʃn] *s.* excursie.

excuse I. [ɪk'skju:s] *s.* motiv; justificare; scuză. **II.** [ɪk'skju:z] *vt.* **1.** a scuza, a ierta. **2.** (**from**) a scuti (de).

execrable ['eksıkrəbl] *adj.* execrabil.
execute ['eksıkju:t] *vt.* a executa.
execution [ˌeksı'kju:ʃn] *s.* executare; execuție.
executive [ıg'zekjutıv] *adj.* executiv; de conducere.
executor [ıg'zekjutə] *s.* executor (testamentar).
exemplary [ıg'zempləri] *adj.* **1.** exemplar. **2.** drastic.
exemplify [ıg'zemplıfaı] *vt.* a exemplifica.
exempt [ıg'zemt] **I.** *adj.* scutit. **II.** *vt.* (**from**) a scuti (de).
exercise ['eksəsaız] **I.** *s.* **1.** mişcare: *lack of ~* sedentarism, lipsă de mişcare. **2.** exercitare. **3.** exercițiu, temă. **II.** *vt.* **1.** a antrena (*un cal*). **2.** a exercita (*influență, un drept*). **III.** *vi.* a face mişcare.
exert [ıg'zɜ:t] *vt.* a exercita (*presiuni*). ***# to ~ oneself*** a se osteni. **~ion** strădanie.
exhale [eks'heıl] *vt.* **1.** a expira *(aer)*. **2.** a emana.
exhaust [ıg'zɔ:st] **I.** *s.* evacuare, eliminare (*de aer etc.*). **II.** *vt.* **1.** a obosi. **2.** a termina, a isprăvi. # **~ion** istovire; terminare; **~ive** exhaustiv, temeinic.
exhibit [ıg'zıbıt] **I.** *s.* **1.** exponat. **2.** *jur.* dovadă, probă. **II.** *vt.* **1.** a expune (*un tablou*). **2.** a arăta, a vădi. # **~ion** expoziție.
exhilarate [ıg'zıləreıt] *vt.* a înviora.
exhort [ıg'zɔ:t] *vt.* a îndemna. # **~ations** stăruințe, pistonări.
exigency ['eksıʤənsi] *s.* urgență; dificultate; impas.
exigent ['eksıʤənt] *adj.* **1.** urgent; presant. **2.** exigent.
exiguous [ıg'zıguəs] *adj.* de nimic: *an ~ income* venit modest.
exile ['eksaıl] **I.** *s.* **1.** exil. **2.** exilat. **II.** *vt.* a exila.
exist [ıg'zıst] *vi.* **1.** a exista. **2.** a-şi duce zilele. # **~ence** existență; **~ent** existent; **~ing** actual.
exit ['egzıt] **I.** *s.* **1.** (uşă de) ieşire. **2.** moarte. **II.** *vi.* a ieşi.
exotic [ıg'zɒtık] *adj.* exotic.
expand [ık'spænd] **I.** *vt.* **1.** a extinde (*o afacere*). **2.** a spori. **II.** *vi.* **1.** a se dilata. **2.** (**on**) a vorbi pe larg (despre). # **~er** extensor.
expanse [ık'spæns] *s.* întindere (*de apă etc.*).
expansion [ık'spænʃn] *s.* **1.** dilatare. **2.** expansiune, extindere: *~ of the market* extindere a pieței.
expansive [ık'spænsıv] *adj.* expansiv, exuberant.
expect [ık'spekt] *vt.* a aştepta să, a nădăjdui să: *he ~s to win* speră să câştige. # **~ancy** aşteptare; speranță; **~ant** nerăbdător; însărcinată; **~ation** aşteptare; **~ations** perspective, evoluții.
expectorate [ık'spektəreıt] *vt., vi.* a expectora.
expedient [ık'spi:diənt] **I.** *s.* expedient. **II.** *adj.* potrivit, adecvat; convenabil.
expedition [ˌekspı'dıʃn] *s.* **1.** expediție. **2.** excursie.

expeditious [ˌekspɪ'dɪʃəs] *adj.* expeditiv.

expel [ɪk'spel] *vt.* a da afară, a exclude.

expenditure [ɪk'spendɪtʃə] *s.* cheltuială, consum.

expense [ɪk'spens] *s.* cheltuială: *at his* ~ pe cheltuiala lui; *to spare no* ~ a nu se gândi la bani. # ~ **account** decont; *at the* ~ *of* în detrimentul.

expensive [ɪk'spensɪv] *adj.* **1.** (*d. un obiect*) scump. **2.** de lux.

experience [ɪk'spɪəriəns] **I.** *s.* **1.** experiență: ~ *of life* experiență de viață. **2.** întâmplare, peripeție. **II.** *vt.* **1.** a percepe, a sesiza. **2.** a trece prin (*fig.*). # ~**d** experimentat.

experiment [ɪk'sperɪmənt] *s.* experiment. # ~**al** experimentat.

expert ['eksp3:t] *s.* expert, specialist.

expiate ['ekspɪeɪt] *vt.* a ispăși.

expire [ɪk'spaɪə] *vi.* *(d. un document)* a expira.

expiry [ɪk'spaɪəri] *s.* expirare.

explain [ɪk'spleɪn] *vt.* a explica.

explanation [ˌeksplə'neɪʃn] *s.* explicație.

explicit [ɪk'splɪsɪt] *adj.* explicit.

explode [ɪk'spləʊd] **I.** *vt.* a arunca în aer (*un pod etc.*). **II.** *vi.* a exploda.

exploit I. ['eksplɔɪt] *s.* act de bravură; ispravă. **II.** [ɪk'splɔɪt] *vt.* a exploata.# ~**ation** exploatare.

explore [ɪk'splɔ:] *vt.* **1.** a explora. **2.** a prospecta, a cerceta. # ~**r** explorator.

explosion [ɪk'spləʊʒn] *s.* **1.** explozie. **2.** izbucnire.

export I. ['ekspɔ:t] *s.* export. **II.** [ɪk'spɔ:t] *vt.* a exporta. # ~**er** exportator.

expose [ɪk'spəʊz] *vt.* **1.** a expune (*la vedere*). **2.** a înfiera. **3.** (**to**) a familiariza (cu).

exposition [ˌekspə'zɪʃŋ] *s.* **1.** expunere (*scrisă*). **2.** expoziție, târg.

exposure [ɪk'spəʊʒə] *s.* **1.** expunere, etalare. **2.** condamnare, înfierare.

express [ɪk'spres] **I.** *adj.* expres. **II.** *vt.* **1.** a exprima (*și fig.*). **2.** a expedia expres. # ~**ion** exprimare; expresie; ~**ive** expresiv; ~**ly** înadins; ~**way** autostradă.

expropriate [ɪk'sprəʊprɪeɪt] *vt.* a expropria.

exquisite [ɪk'skwɪzɪt] *adj.* desăvârșit, perfect, excelent.

extant [ɪk'stænt] *adj.* (încă) existent.

extemporaneous [ɪkˌstempə'reɪnɪəs] *adj.* (*d. o cuvântare*) improvizat, liber.

extend [ɪk'stend] *vt.*, *vi.* a (se) extinde.

extension [ɪk'stenʃn] *s.* extindere; prelungire.

extensive [ɪk'stensɪv] *adj.* extins, larg, vast.

extent [ɪk'stent] *s.* întindere. # *to a certain* ~ într-o oarecare măsură; *to a large* ~ într-o mare măsură; *to such an* ~ atât de mult.

extenuate [ɪk'stenjueɪt] *vt.* a atenua.

exterior [ɪk'stɪərɪə] *s.*, *adj.* exterior.

external [ɪk'st3:nl] *adj.* extern; exterior.

extinct [ɪk'stɪŋkt] *adj.* **1.** dispărut;

stins; mort. **2.** perimat, depăşit. # **~ion** dispariție.

extinguish [ɪk'stɪŋgwɪʃ] *vt.* **1.** a stinge (*un foc, o datorie*). **2.** a distruge. # **~er** extinctor.

extirpate ['ekstɜ:peɪt] *vt.* a extirpa.

extol [ɪk'stəʊl] *vt.* a proslăvi.

extort [ɪk'stɔ:t] *vt.* a stoarce de (*bani*). # **~ionate** (*d. preț*) exagerat.

extra ['ekstrə] **I.** *s.* **1.** adaos, supliment. **2.** figurant (*în film*). **3.** ediție specială (*la ziar*). **II.** *adj.* în plus, suplimentar. # **~mural** fără frecvență; **~s** îmbunătățiri; **~ time** prelungire (*la meci*).

extract I. ['ekstrækt] *s.* **1.** fragment, pasaj. **2.** esență. **II.** [ɪk'strækt] *vt.* a extrage. # **~ion** origine.

extraneous [ɪk'streɪnɪəs] *adj.* **1.** colateral. **2.** din afară, exterior.

extraordinary [ɪk'strɔ:dnəri] *adj.* extraordinar; nemaipomenit.

extravagant [ɪk'strævəgənt] *adj.* **1.** cheltuitor. **2.** costisitor. **3.** ciudat, ieşit din comun.

extreme [ɪk'stri:m] **I.** *s.* extremă. **II.** *adj.* **1.** extrem. **2.** ieşit din comun. **3.** drastic.

extremity [ɪk'stremɪti] *s.* **1.** extremitate, capăt. **2.** cronicitate. **3.** caz de forță majoră.

extrovert ['ekstrəvɜ:t] *s.* extravertit.

exuberant [ɪg'zju:bərənt] *adj.* **1.** exuberant, expansiv. **2.** luxuriant.

exude [ɪg'zju:d] *vt.* a emana, a degaja (*şi fig.*).

exult [ɪg'zʌlt] *vi.* a jubila, a exulta. # **~ant** entuziasmat.

eye [aɪ] **I.** *s.* **1.** ochi: *a glass* ~ ochi de sticlă. **2.** privire, uitătură, căutătură. **3.** ureche (*de ac*), gaura acului. **II.** *vt.* a privi. # **~ball** glob ocular; **~brow** sprânceană; **~-catching** frapant; **~ drop** lacrimă; **~lash** geană; **~lid** pleoapă; **~s** vedere; **~ shadow** fard de ochi; **~-sight** vedere (*bună etc.*); **~sore** hidoşenie; **~tooth** dinte canin; **~-wash** scorneală; **~witness** martor ocular.

F

F, f [ef] (litera) F, f.

fa [fɑː] *s.* (nota) fa.

fable ['feɪbl] **I.** *s.* **1.** fabulă. **2.** legendă, mit. **3.** ficțiune. **II.** *vt.* a debita (*minciuni*). **III.** *vi.* a fabula. # **~d** celebru.

fabric ['fæbrɪk] *s.* **1.** țesătură, material. **2.** urzeală. **3.** textură. **4.** structură.

fabricate ['fæbrɪkeɪt] *vt.* **1.** a scorni. **2.** a falsifica.

fabrication [ˌfæbrɪ'keɪʃn] *s.* scorneală.

fabulous ['fæbjuləs] *adj.* extraordinar.

facade [fə'sɑːd] *s.* fațadă (*și fig.*).

face [feɪs] **I.** *s.* **1.** față: *a round ~* față rotundă. **2.** expresie a feței: *to make a ~* a se strâmba. **3.** fațadă (*de clădire*). **4.** fațetă. **5.** aspect, înfățișare. **II.** *vt.* **1.** a înfrunta: *he ~s many problems* se confruntă cu multe probleme. **2.** a acoperi, a placa (*un metal*). **III.** *vi.* **(on)** a da (spre): *the house ~s on the street* casa dă spre stradă. # **~ card** figură (*la cărți de joc*); **~ cream** cremă de față; **~ value** valoare nominală; *~ to ~* față în față; *in the ~ of* în ciuda/pofida; *to pull a long ~* a se bosumfla; *to show one's ~* a-și face apariția; *shut your ~!* *sl.* gura!; *to smb.'s ~* direct, în față, de la obraz.

facet ['fæsɪt] *s.* **1.** fațetă. **2.** aspect.

facetious [fə'siːʃəs] *adj.* **1.** ghiduș. **2.** (*d. glumă*) deplasat.

facile ['fæsaɪl] *adj.* **1.** facil. **2.** superficial.

facilitate [fə'sɪlɪteɪt] *vt.* a facilita.

facilities [fə'sɪlɪtiz] *s. pl.* înlesniri.

facility [fə'sɪlɪti] *s.* ușurință.

fact [fækt] *s.* fapt; întâmplare; caz: *as a matter of ~/in ~* de fapt. # **~s** realități; **~ual** real.

faction ['fækʃn] *s.* facțiune.

factitious [fæk'tɪʃəs] *adj.* fictiv; fals.

factor ['fæktə] *s.* factor, element.

factory ['fæktəri] *s.* fabrică.

faculty ['fækəlti] *s.* **1.** facultate, institut. **2.** aptitudine.

fad [fæd] *s. fam.* capriciu.

fade [feɪd] *vi.* **1.** a se ofili. **2.** a se decolora.

f(a)eces ['fiːsiːz] *s. pl.* fecale.

fag [fæg] *s. sl.* **1.** țigară. **2.** *amer.* homosexual. # **~ged** istovit.

fail [feɪl] **I.** *s.* nereușită: *without ~* neapărat. **II.** *vt.* **1.** a nu lua (*un examen*). **2.** a pica la (*examen*).

3. a neglija să. **III.** *vi.* **1.** a da greş. **2.** a pica (*la un examen*). **3.** a se defecta.

failing ['feɪlɪŋ] **I.** *s.* hibă, defect. **II.** *prep.* în lipsa, în absența.

failure ['feɪljə] *s.* **1.** eşec. **2.** ratat. **3.** insucces. # **power ~** pană de curent.

faint [feɪnt] **I.** *s.* leşin. **II.** *adj.* **1.** slab, redus. **2.** slăbit. **3.** vag. **III.** *vi.* a leşina.

fair[1] [feə] *s.* bâlci; târg; expoziție.

fair[2] [feə] **I.** *adj.* **1.** cinstit: *a ~ fight* luptă dreptă. **2.** blond. **3.** frumos. **4.** nepătat (*fig.*). **II.** *adv.* **1.** corect. **2.** direct, chiar. # **~ly** corect; cinstit; destul de; *~ and square* cinstit; pe merit; *~ to middling* mediocru.

fairy ['feəri] *s.* zână. # **~tale** poveste, basm.

faith [feɪθ] *s.* **1.** credință: *the Christian ~* credința creştină, **2.** încredere. **3.** convingere (*politică etc.*). # **~ful** devotat, credincios; **~less** necredincios; infidel; **bad ~** rea credință; *in good ~* de bună credință.

fake [feɪk] **I.** *s.* **1.** fals, obiect contrafăcut. **2.** impostor. **II.** *adj.* contrafăcut; artificial: *~ fur* blană artificială.

falcon ['fɔ:lkən] *s.* şoim. # **~ry** vânătoare cu şoimi.

fall [fɔ:l] **I.** *s.* **1.** cădere (*şi fig.*). **2.** coborâş. **3.** scădere; declin. **4.** *amer.* toamnă. **II.** (*trec.* **fell**, *part. trec.* **fallen**) *vi.* **1.** a cădea (*şi fig.*). **2.** a scădea. **3.** a muri. # **to ~ asleep** a adormi; **to ~ behind** a rămâne în urmă; **to ~ flat** a eşua (*fig.*); **to ~ ill** a se îmbolnăvi; **to ~ in love** a se îndrăgosti; **~ing-out** divergență; **~out** praf radioactiv; **to ~ short of** a nu reuşi să; **~s** cascadă.

fallacious [fə'leɪʃəs] *adj.* eronat; înşelător.

fallacy ['fæləsi] *s.* **1.** eroare. **2.** absurditate.

fallible ['fælɪbl] *adj.* supus greşelii.

fallow ['fæləʊ] *s.* pârloagă.

false [fɔ:ls] *adj.* **1.** greşit, incorect: *a ~ start* start greşit. **2.** neadevărat; mincinos. **3.** fals, contrafăcut. **4.** necredincios, nesincer. # **~hood** minciună, neadevăr; **to play ~** a trăda, a înşela.

falsify ['fɔ:lsɪfaɪ] *vt.* a falsifica.

falter ['fɔ:ltə] *vi.* **1.** a se împletici. **2.** a şovăi.

fame [feɪm] *s.* faimă. # **~d** renumit, celebru.

familial [fə'mɪliəl] *adj.* familial.

familiar [fə'mɪliə] *adj.* **1.** familiar: *a ~ excuse* o scuză obişnuită. **2.** îndrăzneț. # **~ity** cunoaştere; **~ities** libertăți, necuviințe; **to ~ize** a familiariza.

family ['fæməli] *s.* familie. # **~ name** nume de familie.

famine ['fæmɪn] *s.* **1.** foamete. **2.** lipsă, penurie.

famished ['fæmɪʃt] *adj. fam.* lihnit de foame.

famous ['feɪməs] *adj.* faimos, vestit. # **~ly** *fam.* excelent.

fan[1] [fæn] *s.* evantai; ventilator.
fan[2] [fæn] *s.* suporter; admirator.
fanatic [fə'nætɪk] *s.*, *adj.* fanatic.
fanciful ['fænsɪfl] *adj.* imaginar.
fancy ['fænsi] **I.** *s.* **1.** capriciu, toană. **2.** slăbiciune: *to take a ~ to smb.* a avea o slăbiciune pentru cineva. **3.** fantezie, imaginație. **II.** *adj.* **1.** fantezist; extravagant. **2.** complicat. **3.** (*d. preț*) exorbitant. **III.** *vt. fam.* **1.** a plăcea. **2.** a crede că e: *I ~ myself as a doctor* mă dau drept doctor. **3.** a-şi închipui că. # ~ **dress** costum de bal mascat; ~ **man** iubit; ~ **woman** iubită.
fang [fæŋ] *s.* colț (*de animal*).
fantastic [fæn'tæstɪk] *adj.* fantastic.
fantasy ['fæntəsi] *s.* fantezie; iluzie.
far [fɑ:] **I.** *adj.* **1.** îndepărtat: *in the ~ past* în trecutul îndepărtat. **2.** *pol.* extrem: *the ~ left* extrema stângă. **II.** *adv.* departe. # **~away** îndepărtat; **~-fetched** tras de păr, forțat; *~ from* nicidecum; *how ~?* în ce măsură? *so ~* până acum; *~ and away* sau *by ~* de departe (*cel mai bun etc.*); *~ and wide/near* pretutindeni.
farce [fɑ:s] *s.* farsă.
fare [feə] **I.** *s.* **1.** costul unui bilet (*de tren etc.*): *~ dodgers* blatişti. **2.** client (*în taxi*). **II.** *vi.* **1.** a se descurca (*bine etc.*). **2.** a-i merge (*bine etc.*). # **~well!** rămâi cu bine!
farm [fɑ:m] **I.** *s.* fermă, proprietate agricolă. **II.** *vt.* **1.** a lucra (*pământul*). **2.** a creşte (*vite*). **III.** *vi.* a face agricultură. # **~er** fermier; **~-hand** lucrător agricol; **~land** teren agricol; **~stead** fermă, gospodărie; **~yard** ogradă.
farrier ['færɪə] *s.* potcovar.
farsighted ['fɑ:saɪtɪd] *adj.* **1.** prevăzător. **2.** *amer.* prezbit.
fart [fɑ:t] **I.** *s.* vânt, pârț. **II.** *vi.* a trage un pârț.
farther ['fɑ:ðə] *adj.*, *adv.* mai departe.
farthest ['fɑ:ðɪst] *adj.*, *adv.* cel mai departe.
fascinate ['fæsɪneɪt] *vt.* a fascina.
fascism ['fæʃɪzəm] *s.* fascism.
fascist ['fæʃɪst] *s.* fascist.
fashion ['fæʃn] *s.* **1.** modă: *in ~* la modă; *out of ~* demodat. **2.** fel, manieră: *after a ~* într-o oarecare măsură, întrucâtva. # **~able** la modă; elegant; ~ **house** casă de modă; ~ **victim** sclav al modei.
fast[1] [fɑ:st] **I.** *s.* post: *the Easter ~* Postul Paştelui. **II.** *vi.* a posti.
fast[2] [fɑ:st] **I.** *adj.* **1.** rapid, iute. **2.** grăbit. **3.** (*d. ceas*) care o ia înainte. **4.** devotat. **5.** fix(at). **6.** *(d. culori)* durabil. **7.** *(d. viață)* de plăceri. **II.** *adv.* **1.** repede, rapid. **2.** în totalitate, complet: *~ asleep* adormit buştean. # **to ~-wind** a derula (*o casetă*); *in the ~ lane fam.* în tumultul vieții.
fasten ['fɑ:sn] *vt.*, *vi.* a (se) încheia (*cu nasturi*); a (se) fixa. # **~er** capsă; clamă; fermoar.
fastidious [fæs'tɪdiəs] *adj.* mofturos.
fat [fæt] **I.** *s.* grăsime. **II.** *adj.* **1.** gras: *a ~ dog* câine gras. **2.** unsuros. **3.** fertil. **4.** mare, substanțial, gros.

III. *vt.*, *vi.* a (se) îngrăşa. # ~ **cat** *fam.* tip cu stare, bogătaş; ~**head** *fam.* tăntălău; **to ~ten** a (se) îngrăşa.
fatal ['feɩtl] *adj.* fatal. # ~**ities** victime (omeneşti), morţi; ~**ity** fatalitate.
fate [feɩt] *s.* soartă, destin. # ~**d** sortit; ~**ful** fatal.
father ['fɑ:ðə] **I.** *s.* **1.** tată. **2.** autor, făcător. **3.** preot. **II.** *vt.* a înfăptui; a concepe. # ~**hood** paternitate; ~**-in-law** socru; ~**land** patrie; ~**ly** patern, de tată.
fatigue [fə'ti:g] **I.** *s.* oboseală. **II.** *vi.* a obosi.
fatuous ['fætjuəs] *adj.* prostesc.
faucet ['fɔ:sɩt] *s. amer.* robinet.
fault [fɔ:lt] **I.** *s.* **1.** defect. **2.** defecţiune. **3.** greşeală. **4.** *sport.* fault. **II.** *vt.* a critica. **III.** *vi.* a gafa. # ~**less** fără prihană; ~**y** defectuos; eronat; **at** ~ vinovat.
fauna ['fɔ:nə] *s.* faună.
favour ['feɩvə] **I.** *s.* **1.** favorizare, părtinire. **2.** serviciu: *do me a ~* fă-mi un serviciu. **3.** avantaj: *in smb.'s ~* în avantajul cuiva. **II.** *vt.* **1.** a sprijini (*fig.*). **2.** a favoriza. # ~**able** favorabil; ~**ite** preferat; *in ~ with smb.* în graţiile cuiva; *out of ~* nepopular, în dizgraţie.
fear [fɩə] **I.** *s.* frică, teamă: *for ~ of* de teamă să nu; *from ~* de frică. **II.** *vt.* a se teme de; a-i fi teamă că. # ~**ful** înspăimântător; speriat; ~**less** curajos.
feasible ['fi:zɩbl] *adj.* fezabil.
feast [fi:st] **I.** *s.* **1.** sărbătoare. **2.** petrecere. **3.** încântare, delectare. **II.** *vi.* a se ospăta; a se delecta.
feat [fi:t] *s.* ispravă; performanţă.
feather ['feðə] *s.* pană (*de pasăre*). # ~**weight** boxer de categoria pană; *in full ~* la patru ace, foarte elegant; *in high ~* foarte bine dispus.
feature ['fi:tʃə] *s.* **1.** trăsătură a feţei. **2.** caracteristică. **3.** reportaj (*în ziar*). ~**less** neinteresant.
febrile ['fi:braɩl] *adj. med.* febril.
February ['februəri] *s.* februarie.
feckless ['feklɩs] *adj.* nesăbuit.
fecund ['fekənd] *adj.* **1.** fertil. **2.** prolific.
federal [fedrəl] *adj.* federal.
federation [ˌfedə'reɩʃn] *s.* federaţie.
fed up ['fedʌp] *adj.* sătul (şi *fig.*).
fee [fi:] *s.* **1.** onorariu. **2.** cotizaţie. **3.** bacşiş.
feeble ['fi:bl] *adj.* **1.** firav. **2.** neconvingător. **3.** influenţabil. # ~**-minded** greu de cap.
feed [fi:d] **I.** *s.* **1.** hrănire. **2.** hrană, mâncare pentru animale. **3.** *fam.* ospăţ. **II.** (*trec.*, *part. trec.* **fed**) *vt.* **1.** a hrăni. **2.** *tehn.* a alimenta. **III.** (*trec.*, *part. trec.* **fed**) *vi.* **1.** a mânca, a se hrăni. **2.** (**on**) a se delecta (cu). # ~**back** *tehn.* reacţie; ~**er** biberon.
feel [fi:l] **I.** *s.* atingere; pipăit. **II.** (*trec.*, *part. trec.* **felt**) *vt.* **1.** a atinge; a pipăi; a palpa. **2.** a simţi. **III.** (*trec.*, *part. trec.* **felt**) *vi.* a se simţi: *I ~ fine* mă simt bine. # ~**er** antenă (*la insecte*); ~**ing** sentiment,

simțământ; **to ~ like** a avea chef de.

feign [feɪn] *vt.* **1.** a face pe: *to ~ innocence* a face pe nevinovatul. **2.** a scorni. **3.** a imita, a maimuțări.

felicitous [fɪ'lɪsɪtəs] *adj.* **1.** potrivit. **2.** fericit.

felicity [fɪ'lɪsɪti] *s.* fericire.

feline ['fi:laɪn] **I.** *s.* felină. **II.** *adj.* felin.

fell [fel] *vt.* a doborî (*și fig.*).

fellow ['feləʊ] *s.* **1.** coleg. **2.** *fam.* individ. # **~man** compatriot; **~ship** camaraderie; congregație, corporație.

felony ['feləni] *s.* nelegiuire.

felt [felt] *s.* fetru.

female ['fi:meɪl] *s., adj.* femelă.

feminine ['femɪnɪn] *adj.* feminin.

femur ['fi:mə] *s.* femur.

fence [fens] **I.** *s.* gard. **II.** *vt.* a împrejmui cu gard. **III.** *vi.* a duela. # **~r** scrimer.

fencing ['fensɪŋ] *s.* scrimă.

fend [fend] *vi.: to ~ for oneself* a-și purta singur de grijă. # **to ~ off** a para (*o lovitură*).

fender ['fendə] *s.* **1.** *tehn.* amortizor de șoc. **2.** *amer. auto.* apărătoare.

ferment [fə'ment] **I.** *s.* **1.** ferment. **2.** agitație (socială). **II.** *vi.* a fermenta.

fern [fɜ:n] *s.* ferigă.

ferocious [fə'rəʊʃəs] *adj.* feroce.

ferocity [fə'rɒsɪti] *s.* ferocitate.

ferret ['ferɪt] *s.* dihor.

ferrous ['ferəs] *s.* feros.

ferry(boat) ['feri(bəʊt)] *s.* feribot.

fertile ['fɜ:taɪl] *adj.* **1.** fertil. **2.** prolific, productiv.

fertility [fɜ:'tɪlɪti] *s.* fertilitate.

fertilize ['fɜ:tɪlaɪz] *vt.* a fertiliza. # **~r** îngrășământ.

fervent ['fɜ:vənt] *adj.* **1.** mistuitor; arzător. **2.** înfocat: *a ~ nationalist* un naționalist fervent/înflăcărat.

fester ['festə] *vi.* a infecta; a se inflama; a coace, a face puroi.

festival ['festəvl] *s.* **1.** ceremonie religioasă. **2.** festival.

festive ['festɪv] *adj.* festiv; de sărbătoare.

festivity [fes'tɪvɪti] *s.* **1.** petrecere, chef. **2.** festivitate, sărbătorire.

festoon [fe'stu:n] **I.** *s.* feston. **II.** *vt.* a festona.

fetch [fetʃ] *vt.* **1.** a aduce. **2.** a se vinde cu. **3.** a scoate (*un sunet*). # **~ing** șarmant; *to ~ and carry for* a se speti muncind pentru.

fete [feɪt] *s.* sărbătorire; serbare.

fetid ['fetɪd] *adj.* (*d. miros*) pestilențial.

fetish ['fetɪʃ] *s.* **1.** fetiș. **2.** idee fixă, manie.

fetters ['fetəz] *s. pl.* lanțuri; cătușe (*și fig.*).

fetus ['fi:təs] *s.* fetus.

feud [fju:d] *s.* vrajbă.

feudal ['fju:dl] *adj.* feudal. # **~ism** feudalism.

fever ['fi:və] *s.* **1.** *med.* febră. **2.** agitație, febrilitate. # **~ed** înfierbântat (*și fig.*).

few [fju:] *adj., pron.* **1.** puțini, puține: *~ men* puțini bărbați; *so ~ came* atât de puţini au venit. **2.** câţiva, câteva: *a ~ eggs* câteva ouă. # *a good ~ fam.* o mulţime, un număr considerabil; *some ~* puţini.

fiancé [ˌfɪɑːn'seɪ] *s.* logodnic; **~e** logodnică.

fiat ['faɪæt] *s.* **1.** autorizaţie. **2.** decret, ordonanţă.

fib [fɪb] **I.** *s.* fabulaţie. **II.** *vi.* a spune minciuni.

fibre ['faɪbə] *s.* **1.** fibră, fir; filament. **2.** textură. **3.** tărie de caracter. # **~board** placă fibrolemnoasă.

fickle ['fɪkl] *adj.* nestatornic; instabil.

fiction ['fɪkʃn] *s.* **1.** literatură. **2.** ficţiune, scorneală. # **~al** fictiv, imaginar.

fictitious [fɪk'tɪʃəs] *adj.* fictiv, imaginar.

fiddle ['fɪdl] **I.** *s.* **1.** scripcă, vioară. **2.** înşelătorie. **II.** *vt.* **1.** a cânta la vioară. **2.** a măslui. **III.** *vi.* **(with)** a meşteri (la). # **~-faddle** tâmpenii; **~r** scripcar; **~stick** *fam.* arcuş; **~sticks** *fam.* tâmpenii.

fiddling ['fɪdlɪŋ] *adj.* de mică importanţă.

fidelity [fɪ'delɪti] *s.* **1.** loialitate. **2.** fideliate. **3.** fineţe a sunetului.

fidget ['fɪdʒɪt] **I.** *s.* **1.** neastâmpăr. **2.** neastâmpărat. **II.** *vi.* a se agita, a se foi. # **~y** agitat.

field [fiːld] *s.* **1.** câmp; ogor; teren. **2.** domeniu *(de activitate): the ~ of politics* domeniul politicii. # **~ crop** nutreţ, furaj; **~ glasses** binoclu; **~ land** teren agricol; *~ of vision* câmp vizual.

fiend [fiːnd] *s.* **1.** demon, drac. **2.** *fam.* (drac) împieliţat. # **~ish** diabolic; sadic.

fierce ['fɪəs] *adj.* feroce; fioros.

fiery ['faɪəri] *adj.* **1.** dogoritor, torid. **2.** pătimaş; vulcanic.

fifteen [fɪf'tiːn] *num.* cincisprezece. # **~th** al cincisprezecelea.

fifty ['fɪfti] *num.* cincizeci. # **- ~** jumajuma.

fig [fɪg] *s.* smochină.

fight [faɪt] **I.** *s.* luptă, bătălie; bătaie. **II.** (*trec., part. trec.* **fought**) *vt.* a lupta cu. **III.** (*trec., part. trec.* **fought**) *vi.* **1.** a se bate. **2.** **(for)** a lupta (pentru). # **~back** contraatac; **~er** luptător; avion de vânătoare; **~ing** luptă, ciocnire; *to ~ shy of* a evita să.

figment ['fɪgmənt] *s.* plăsmuire, scorneală.

figurative ['fɪgjurətɪv] *adj.* figurativ, metaforic.

figure ['fɪgə] **I.** *s.* **1.** cifră, număr, digit. **2.** sumă. **3.** figură (*şi fig.*). **4.** ilustraţie. **5.** corp: *a slender ~* corp mlădios. **II.** *vt. amer.* a crede, a socoti. **III.** *vi.* **1.** **(in)** a figura (în), a apărea (în). **2.** **(on)** a conta (pe). # **~d** (*d. material*) imprimat; **to ~ out** a pricepe; **~s** aritmetică, socoteli; **~ skating** patinaj artistic.

filbert ['fɪlbət] *s. amer.* alun.

filch [fɪltʃ] *vt.* a şterpeli.

file[1] [faɪl] **I.** *s.* pilă. **II.** *vt.* a pili; a răzui.

file[2] [faɪl] **I.** *s.* **1.** sertar; dosar; clasor; fişier: *on ~* îndosariat, la fişier.

2. şir (*de oameni*); coloană. **II.** *vt.* **1.** a îndosaria; a înregistra (*un document*). **2** a depune, a înregistra (*o plângere*).

filial ['fɪliəl] *adj.* filial.

filibuster ['fɪlɪbʌstə] *vt. amer.* a obstrucţiona, a împiedica (*luarea unei hotărâri*). # **~er** obstrucţionist.

filigree ['fɪlɪgri:] *s.* filigran.

fill [fɪl] **I.** *s.* plin: *to eat one's ~* a mânca până se satură. **II.** *vt.* **1.** a umple (*o sticlă etc.*). **2.** a ocupa (*o cameră*). **3.** a pune (*o plombă, un dop*). **III.** *vi.* a se umple. # **~er** (material de) umplutură; **~-in** înlocuitor (*al cuiva*); **to ~ in** a completa (*un formular*); *to ~ the bill* a corespunde aşteptărilor.

fillet ['fɪlɪt] **I.** *s.* (carne) file. **II.** *vt.* a porţiona (*carne*).

filling ['fɪlɪŋ] **I.** *s.* **1.** umplutură. **2.** plombă dentară. **II.** *adj.* hrănitor, consistent. # **~ station** staţie de benzină.

fillip ['fɪlɪp] *s.* **1.** bobârnac. **2.** impuls.

filly ['fɪli] *s.* mânză.

film [fɪlm] **I.** *s.* **1.** film : *a documentary ~* film documentar. **2.** peliculă: *to record on ~* a înregistra pe peliculă. **3.** strat. **II.** *vt.,vi.* a filma. # **~ actor** actor de cinema; **~ star** stea de cinema; **~y** diafan, transparent.

filter ['fɪltə] **I.** *s.* filtru. **II.** *vt.*, *vi.* a (se) filtra. # **~ coffee** cafea-filtru; **~ tip** filtru (*la ţigară*).

filth [fɪlθ] *s.* murdărie (*şi fig.*). # **~y** murdar.

fin [fɪn] *s.* **1.** înotătoare, aripă. **2.** *tehn.* aripă.

final ['faɪnl] **I.** *s.* **1.** *sport.* finală. **2.** *amer.* examen de absolvire. **II.** *adj.* final; definitiv. # **~ist** *sport.* finalist; **~ity** caracter definitiv; **to ~ize** a finaliza; **~ly** în cele din urmă; definitiv.

finale [fɪ'nɑ:li] *s.* **1.** parte finală a unei compoziţii muzicale. **2.** deznodământ.

finance ['faɪnæns] **I.** *s.* finanţe; resurse financiare. **II.** *vt.* a finanţa. # **~ house** casă de credit; **~s** fonduri; bani.

financial [fɪ'nænʃəl] *adj.* financiar.

financier [fɪ'nænsiə] *s.* finanţist; bancher.

finch [fɪntʃ] *s.* cintezoi.

find [faɪnd] **I.** *s.* descoperire. **II.** (*trec., part. trec.* **found**) *vt.* **1.** a găsi; a descoperi. **2.** a afla, a constata. **3.** a atinge (*ţinta*). # **~er** găsitor; **~ing** verdict; **~ings** constatări; **to ~ out** a descoperi, a afla.

fine[1] [faɪn] **I.** *s.* amendă. **II.** *vt.* a amenda.

fine[2] [faɪn] **I.** *adj.* **1.** bun, excelent. **2.** frumos. **3.** fin, delicat. **4.** foarte mic, minuscul. **II.** *vt.* **1.** a îmbunătăţi. **2.** a limpezi (*vin*). **III.** *adv. fam.* extraordinar de, de minune. # **~ arts** arte frumoase; **~ly** subţire, în bucăţi mici; **~ness** titlu (*la aur*); puritate; eleganţă; **~ry** găteli; **~sse** delicateţe, fineţe.

finger ['fɪŋgə] **I.** *s.* deget (*de la mână*): *to keep one's ~s crossed* a ține pumnii cuiva. **II.** *vt.* **1.** a atinge cu degetul. **2.** a mânui. # **~nail** unghie; **~print** amprentă digitală; **~tip** buricul degetului.

finicky ['fınıki] *adj.* **1.** mofturos. **2.** (*d. o treabă*) migălos.

finish ['fınıʃ] **I.** *s.* **1.** sfârşit, capăt. **2.** moarte. **3.** finisaj, retuş. **II.** *vt.* **1.** a termina. **2.** a finisa, a retuşa. **III.** *vi.* a se termina.

finite ['faınaıt] *adj.* limitat.

fink [fıŋk] *s. amer. sl.* **1.** spărgător de grevă. **2.** antipatic, nesuferit. **3.** informator.

Finn [fın] *s.* finlandez.

Finnish ['fınıʃ] **I.** *s.* limba finlandeză. **II.** *adj.* finlandez.

fir [fɜ:] *s.* **1.** brad. **2.** lemn de brad. # **~tree** brad.

fire [faıə] **I.** *s.* **1.** foc; incendiu: *to catch ~* a lua foc; *to set on ~* a incendia. **2.** foc de armă: *to open ~* a deschide focul; *under ~* sub gloanțe. **II.** *vt.* **1.** a trage cu (*un pistol*). **2.** a detona. **3.** a concedia. **4.** a însufleți, a aprinde (*imaginația*). **III.** *vi.* a trage cu arma. # **~-arm** pistol; **~ away!** spune! **~ brigade** pompieri; **~ cracker** pocnitoare; **~ engine** maşină de pompieri; **~ escape** ieşire de incendiu; **~ extinguisher** extinctor; **~fly** licurici; **~man** pompier; **~place** şemineu; **~proof** ignifug; **~ station** remiză de pompieri; **~works** foc de artificii; *fam.* dispute aprinse.

firm [fɜ:m] **I.** *s.* firmă. **II.** *adj.* **1.** fix, stabil. **2.** solid, tare; puternic. **3.** ferm (*pe poziție*). **III.** *vt., vi.* a (se) stabiliza. # **~ly** ritos, tranşant; cu fermitate.

firmament ['fɜ:məmənt] *s.* boltă cerească.

first [fɜ:st] **I.** *s.* **1.** prima persoană; primul obiect: *he was the ~ to arrive* el a fost primul care a sosit. **2.** început. **II.** *adj., num.* primul; prima; primii, primele: *the ~ person to arrive* prima persoană care a sosit. **III.** *adv.* **1.** primul; prima *he arrived ~* a sosit primul. **2.** prima dată; la început. **3.** mai întâi; mai degrabă. # **~aid** prim ajutor; **~ floor** etajul unu; *amer.* parter; **~ gear** *auto.* viteza întâi; **~ half** repriza întâi; **~ly** mai întâi; **~ name** nume mic; **~ night** premieră; **~-rate** de cea mai bună calitate; *~ and foremost* mai întâi de toate; *~ of all* mai întâi de toate; *of the ~ water fam.* de prim rang.

fiscal ['fıskl] *adj.* fiscal: *a ~ stamp* timbru fiscal.

fish [fıʃ] **I.** *s.* peşte: *to gut a ~* a eviscera un peşte; *to fillet a ~* a porționa un peşte. **II.** *vt., vi.* a pescui: *to ~ for carp* a pescui crap; *to ~ for information* a vâna informații. # **~ ball/cake** chiftea de peşte; **~er(man)** pescar; **~ery** industria peştelui; crescătorie de peşte; **~ing** pescuit; **~ing tackle** unelte de pescuit; **~monger** negustor de peşte; **~net** plasă de pescuit; **~y** dubios, suspect; *no ~ing!* pescuitul interzis!; *a pretty kettle of ~!* mare dandana!

fission ['fɪʃn] *s.* fisiune.

fissure ['fɪʃə] *s.* fisură, crăpătură.

fist [fɪst] *s.* pumn: *I clenched my ~s* mi-am încleştat pumnii. # **~icuffs** bătaie (cu pumni); *a ~ful of* un pumn de (*semnițe etc.*).

fit[1] [fɪt] *s.* **1.** criză, atac: *a ~ of crying* criză de plâns. **2.** izbucnire, răbufnire. # *by ~s and starts* intermitent, în salturi; *to give smb. a ~ fam.* a speria de moarte pe cineva; *in ~s* în hohote; *to throw a ~* a sări în sus (*fig.*).

fit[2] [fɪt] **I.** *adj.* **1.** bun; potrivit; nimerit: *~ for a job* bun pentru o slujbă. **2.** sănătos: *as ~ as a flea* sănătos tun. **II.** *vt.*, *vi.* a (se) potrivi: *this dress ~s like a glove* rochia asta îți vine turnată; *to ~ the bill* a corespunde condițiilor cerute. # **~ful** răzleț, sporadic; **to ~ in with** a corespunde cu; **~ly** cum se cuvine; **~ments** accesorii (*mobilă*); **~ness** condiție fizică (bună); **~ted** fixat; **~ter** instalator; **~ting** probă la croitor; **~tings** instalații; accesorii.

five [faɪv] *num.* cinci. # **~r** bancnotă de cinci lire.

fix [fɪks] **I.** *s.* **1.** ananghie, impas: *to be in a ~* a fi în impas. **2.** *fam.* fraudă. **II.** *vt.* **1.** a fixa. **2.** a stabili (*un preț*). **3.** a aranja (*o întâlnire*). **4.** a repara. **5.** a pregăti (*masa*). **6.** a frauda (*alegeri*). **7.** *fam.* a mitui. **III.** *vi.* (**to**) a se pregăti (să). # **~ed** fix, stabil; **~ed assets** mijloace fixe; **~edly** stăruitor; **~ings** utilaje; garnitură (*la friptură*); **~ity** stabilitate.

fixate ['fɪkseɪt] *vt.* **1.** a atrage, a reține (*atenția*). **2.** a preocupa; a obseda.

fixture ['fɪkstʃə] *s.* **1.** obiect de uz casnic (fix). **2.** *tehn.* dispozitiv de fixare (*a unei piese*). **3.** dată fixată pentru un meci: *list of ~s* program al meciurilor. # **~s** accesorii; amenajări.

fizz [fɪz] **I.** *s.* sâsâit; fâsâit. **II.** *vi.* a sâsâi; a fâsâi. # **~y** efervescent.

fjord ['fi:ɔ:d] *s.* fiord.

flabbergast ['flæbəgɑ:st] *vt.* a ului.

flabby ['flæbi], **flaccid** ['flæksɪd] *adj.* moale: *~ muscles* muşchi fleşcăiți.

flag[1] [flæg] **I.** *s.* steag, drapel. **II.** *vt.* a semnaliza/a marca/a comunica (*ceva*) cu stegulețe. # **~ station** stație facultativă; haltă.

flag[2] [flæg] *s.* dală; placă de gresie.

flag[3] [flæg] *vi.* a moleşi, a vlăgui, a istovi.

flag[4] [flæg] *s.* stânjenel, iris.

flagellate ['flædʒɪleɪt] *vt.* a biciui; a flagela.

flagrant ['fleɪgrənt] *adj.* flagrant, scandalos, notoriu.

flair [fleə] *s.* **1.** aptitudine. **2.** eleganță, gust.

flake [fleɪk] **I.** *s.* **1.** fulg (*de zăpadă, săpun*). **2.** fărâmă, bucățică. **II.** *vi.* a se coji, a se scoroji.

flamboyant [flæm'bɔɪənt] *adj.* **1.** viu colorat. **2.** sclipitor.

flame [fleɪm] **I.** *s.* flacără. **II.** *vi.* **1.** a se împurpura. **2.** a se aprinde (*la față*). **3.** (*d. furie*) a se înteți.

flaming ['fleɪmɪŋ] *adj.* **1.** arzător; în flăcări. **2.** pasional, pătimaş.

flammable ['flæməbl] *adj.* inflamabil.

flannel ['flænl] **I.** *s.* flanelă (*material*). **II.** *vt.* a duce cu vorba.

flap [flæp] **I.** *s.* **1.** clapă (*la îmbrăcăminte*). **2.** *fam.* agitaţie: *don't get in a* ~ nu te ambala. **II.** *vi.* **1.** a fâlfâi. **2.** a se agita. # **~jack** clătită; **~per** înotătoare, aripă.

flare [fleə] **I.** *s.* **1.** pâlpâit. **2.** flacără; torţă. **3.** izbucnire. **II.** *vi.* **1.** a pâlpâi. **2.** a se lărgi. # **~s** pantaloni evazaţi.

flash [flæʃ] **I.** *s.* **1.** rază de lumină. **2.** sclipire, străfulgerare (*şi fig.*). **II.** *adj.* **1.** răzleţ, sporadic. **2.** *fam.* făţos. **III.** *vt.* **1.** a orbi cu lumina. **2.** a arunca, a risipi (*bani*). **IV.** *vi.* **1.** a sclipi. **2.** a trece ca vântul. # **~back** secvenţă (*de film*) care înfăţişează ceva din trecut; **~-light** *amer.* lanternă; **~y** bătător la ochi, strident.

flask [flɑ:sk] *s.* **1.** sticlă turtită (de buzunar). **2.** termos. **3.** retortă.

flat [flæt] **I.** *s.* **1.** luncă, vale. **2.** *amer.* pană de cauciuc. **3.** apartament. **4.** *muz.* bemol. **II.** *adj.* **1.** plat, plan, neted. **2.** întins. **3.** stabil. **4.** categoric. **5.** (*d. cauciuc*) dezumflat. **6.** plicticos, anost. **III.** *vt.*, *vi.* a (se) aplatiza. # **~-footed** cu platfus; **to ~ten** a (se) aplatiza; **to fall** ~ a eşua (*fig.*).

flatter ['flætə] *vt.* a flata; a linguşi. # **~er** linguşitor; **~y** măgulire.

flatware ['flætweə] *s.* *amer.* tacâmuri.

flaunt [flɔ:nt] *vt.* a se făli cu.

flavour ['fleɪvə] **I.** *s.* **1.** gust, aromă; iz. **2.** mirodenie; condiment. **3.** sortiment. **II.** *vt.* a da gust la; a asezona. # **~ing** aromă, mirodenie.

flaw [flɔ:] **I.** *s.* parte slabă, hibă; defect, beteşug. **II.** *vt.* a urâţi. # **~less** fără cusur.

flax [flæks] *s.* in. # **~en** blond.

flay [fleɪ] *vt.* **1.** a jupui. **2.** a stigmatiza.

flea [fli:] *s.* purice. # **~bite** pişcătură de purice; ~ **collar** zgardă antipurici; ~ **market** talcioc.

fleck [flek] *s.* **1.** pată de culoare; picăţea. **2.** particulă: *a ~ of dust* fir de praf.

flee [fli:] (*trec.*, *part. trec.* **fled**) **I.** *vt.* a fugi din: *to ~ the country* a pleca din ţară. **II.** *vi.* a o lua la goană.

fleece [fli:s] **I.** *s.* **1.** blană de oaie. **2.** lâna de pe o oaie. **3.** claie de păr. **II.** *vt. fam.* a escroca.

fleecy ['fli:si] *adj.* lăţos.

fleet[1] [fli:t] *s.* flotă: *merchant* ~ flotă comercială.

fleet[2] [fli:t] *adj.* alert, sprinten. # **~ing** trecător, pasager, efemer.

flesh [fleʃ] *s.* **1.** carne (crudă): *~-eating animals* animale carnivore. **2.** grăsime: *to lose* ~ a slăbi; *to put on* ~ a se îngrăşa. **3.** trup: *the* ~ poftele trupeşti. # **~ly** carnal, trupesc; **~y** corpolent; *in the* ~ în carne şi oase; *one's own ~ and blood* neamurile cuiva.

flexible ['fleksəbl] *adj.* flexibil.

flick [flɪk] **I.** *s.* **1.** bobârnac. **2.** şfichi. **3.** lovitură uşoară cu mâna. **II.** *vt.* **1.** a da un bobârnac la. **2.** a şfichiui. # ~ **knife** şiş; **the ~s** *fam.* cinema; *to ~ out of sight* a se face nevăzut.

flicker [ˈflɪkə] **I.** *s.* **1.** licărire; sclipire cu intermitenţă; pâlpâire. **2.** clipire. **II.** *vi.* **1.** a licări, a sclipi cu intermitenţă; a pâlpâi. **2.** a fâlfâi.

flier, flyer [ˈflaɪə] *s.* **1.** pilot, aviator. **2.** *sport. fam.* start greşit. **3.** *fam.* fluturaş publicitar.

flies [flaɪz] *s. pl.* şliţ (*la pantaloni*).

flight [flaɪt] *s.* **1.** zbor (*şi fig.*). **2.** fugă: *to put to ~* a pune pe fugă; *to take ~* a o lua la fugă. **3.** cursă aeriană. **4.** stol. # ~ **attendant** însoţitor de zbor; **~y** capricios.

flimflam [ˈflɪmflæm] *vt.* a escroca.

flimsy [ˈflɪmzi] *adj.* **1.** şubred. **2.** (*d. un material*) subţire.

flinch [flɪntʃ] *vi.* **1.** a da înapoi (*şi fig.*). **2.** a se crispa.

fling [flɪŋ] **I.** *s.* azvârlire. **II.** (*trec., part. trec.* **flung**) *vt.* a azvârli, a arunca (*şi fig.*). # *to have a ~ at* a-şi încerca norocul la.

flint [flɪnt] *s.* cremene.

flip [flɪp] **I.** *vt.* a arunca (*ceva*) cu un bobârnac. **II.** *vi. sl.* **1.** a sări în sus (*fig.*). **2.** a se entuziasma.

flip-flops [ˈflɪpflɒps] *s. pl.* şlapi.

flippant [ˈflɪpənt] *adj.* neserios, uşuratic.

flippers [ˈflɪpəz] *s. pl.* labe de scafandru.

flirt [flɜːt] *vi.* (**with**) a cocheta (cu) (*şi fig.*).

flit [flɪt] *vi.* a zbura de colo-colo.

float [fləʊt] **I.** *s.* **1.** geamandură, baliză. **2.** plută (*la pescuit*). **3.** car alegoric. **II.** *vt.* a lansa (*la apă*) (*şi fig.*). **III.** *vi.* a pluti. # **~ing** flotant; plutitor; **~ing capital** capital circulant; **~ing voter** alegător indecis.

flock [flɒk] **I.** *s.* stol; turmă; mulţime de oameni. **II.** *vi.* a se scurge (*fig.*).

flog [flɒg] *vt.* a biciui.

flood [flʌd] **I.** *s.* **1.** inundaţie, potop: *~s of rain* torente de ploaie. **2.** mulţime, puhoi. **II.** *vt.* a inunda. **III.** *vi.* a invada, a asalta (*fig.*). # ~ **gate** stăvilar; **~light** (lumină de) reflector.

floor [flɔː] **I.** *s.* **1.** podea, duşumea: *~-area* suprafaţa podelei; *~ board* scândură de pardoseală. **2.** etaj: *on the sixth ~* la etajul şase. **3.** *sport* proba de sol. **II.** *vt.* a pardosi. # *to cross the ~* a-şi schimba apartenenţa politică; *to take the ~* a lua cuvântul (*la o şedinţă*).

flop [flɒp] **I.** *s.* plescăitură. **II.** *vt., vi.* a (se) trânti. # **~py** bleg; pleoştit.

flora [ˈflɔːrə] *s.* floră. # **~l** floral.

florid [ˈflɒrɪd] *adj.* **1.** rubicond, rumen. **2.** (*d. stil*) înzorzonat.

florist [ˈflɒrɪst] *s.* florăreasă: *at the ~'s* la florărie.

flotation [fləʊˈteɪʃn] s. flotare.

flour [flaʊə] *s.* făină. # **~mill** moară.

flourish [ˈflʌrɪʃ] *vi.* a înflori (*şi fig.*).

flow [fləʊ] **I.** *s.* curgere; scurgere. **II.** *vi.* a curge; a se scurge.

flower ['flaʊər] **I.** *s.* floare. **II.** *vi.* a înflori (*şi fig.*). # **~bed** strat de flori; **~ing** înflorire; **~pot** ghiveci de flori.

flu [flu:] *s.* gripă.

fluctuate ['flʌktjueɪt] *vi.* a fluctua.

flue [flu:] *s.* fum (*la coş*).

fluent ['flu:ənt] *adj.* fluent.

fluff [flʌf] **I.** *s.* **1.** puf. **2.** fleac. **3.** *fam.* tinerică. **II.** *vt.* **1.** a înfoia. **2.** *sport* a rata. # **~y** pufos.

fluid ['flu:ɪd] *s., adj.* fluid.

flummox ['flʌməks] *vt. fam.* a năuci.

flunk [flʌŋk] *vt., vi. amer. fam.* a pica la examen.

flunky ['flʌŋki] *s.* **1.** lacheu. **2.** servitor. **3.** lingău.

flurry ['flʌri] **I.** *s.* **1.** rafală; aversă. **2.** agitaţie (*şi la bursă*). **II.** *vt.* a năuci.

flush [flʌʃ] **I.** *s.* **1.** curăţare (*cu apă*). **2.** îmbujorare. **3.** euforie, entuziasm. **4.** culoare (*la pocher*). **II.** *adj.* **1.** plin până la refuz. **2.** (**with**) la acelaşi nivel (cu). **III.** *vt.* **1.** a trage (*apa*). **2.** a zburătăci. **IV.** *vi.* a se îmbujora. **V.** *adv.* drept, direct. # **~ed** îmbujorat; euforic.

fluster ['flʌstə] **I.** *s.* buimăceală. **II.** *vt.* a buimăci.

flute [flu:t] *s.* flaut.

flutter ['flʌtə] **I.** *s.* **1.** fâlfâit. **2.** *fam.* tumult. **II.** *vi.* a fâlfâi.

flux [flʌks] *s.* flux.

fly [flaɪ] **I.** *s.* **1.** muscă. **2.** momeală. **3.** şliţ, prohab. **II.** (*trec.* **flew**, *part. trec.* **flown**) *vt.* **1.** a conduce, a pilota. **2.** a înălţa (*un zmeu*). **III.** (*trec.* **flew**, *part. trec.* **flown**) *vi.* **1.** a zbura. **2.** (**at**) a se năpusti (la). # **~er** aviator; **~weight** boxer de categoria muscă; ~ *in the ointment* impediment; mic defect; *to ~ into a rage* a-şi ieşi din fire.

flying ['flaɪɪŋ] **I.** *s.* zbor cu avionul. **II.** *adj.* **1.** zburător. **2.** de zbor. # **~ saucer** farfurie zburătoare.

flyover ['flaɪəʊvə] *s.* şosea suprapusă.

foal [fəʊl] *s.* mânz.

foam [fəʊm] **I.** *s.* spumă. **II.** *vi.* a face spumă. # **~ rubber** burete pentru tapiţat.

fob [fɑb] *vt.* a înşela, a escroca.

focus ['fəʊkəs] **I.** (*pl.* **~es** *sau* **foci**) ['fəʊkaɪ] *s.* **1.** focar. **2.** centrul atenţiei. **II.** *vt.* **1.** a focaliza. **2.** (**at**) a-şi aţinti (*ochii*) la. **III.** *vi.* (**on**) a se polariza (pe), a se concentra (pe).

fodder ['fɒdə] *s.* furaj, nutreţ.

foe [fəʊ] *s.* duşman. # **~man** inamic.

f(o)etus ['fi:təs] *s.* făt, fetus.

fog [fɒg] **I.** *s.* ceaţă. **II.** *vt., vi.* a (se) aburi. # **~gy** ceţos; înceţoşat; **~ lamp** far de ceaţă.

fogy ['fəʊgi] *s.* om încuiat.

foible ['fɔɪbl] *s.* slăbiciune de caracter.

foil [fɔɪl] *s.* **1.** staniol. **2.** floretă.

fold[1] [fəʊld] **I.** *s.* îndoitură; cută, pliu. **II.** *vt.* **1.** a îndoi; a plia. **2.** a încrucişa (*braţele*). **3.** a strânge la piept, a îmbrăţişa. **III.** *vi.* **1.** (*d. pat etc.*) a se plia. **2.** a eşua (*fig.*).

fold[2] [fəʊld] *s.* târlă; ţarc de vite.

folder ['fəʊldə] *s.* dosar.

foliage ['fəʊlɪɪʤ] *s.* frunziş.

folk [fəʊk] **I.** *s.* oameni: *country ~* oameni de la ţară; *my ~s* ai mei (*părinți*). **II.** *adj.* popular, folk: ~ *music* muzică folk. # **~lore** folclor; **~sy** (*d. oameni*) de rând; **~-tale** legendă.

follow ['fɒləʊ] **I.** *vt.* **1.** a urma (*pe cineva*). **2.** a urmări, a spiona. **3.** a urmări cu atenție. **4.** a respecta (*instrucțiuni*). **5.** a se lua după, a imita. **6.** a înțelege. **II.** *vi.* a urma. # **~er** urmaș; **the ~ing** următorii, următoarele; *as ~s* după cum urmează.

folly ['fɒli] *s.* **1.** prostie. **2.** nebunie.

foment [fəʊ'ment] *vt.* a instiga.

fond [fɒnd] *adj.* drăgăstos, tandru; iubitor. # **to be ~ of** a îndrăgi pe; a-i plăcea să; **to ~le** a mângâia; **~ly** cu simpatie.

font [fɒnt] *s.* **1.** *bis.* cristelniță. **2.** *amer.* casă de litere.

food [fu:d] *s.* mâncare, hrană. # **~ processor** robot de bucătărie; **~-stuff** alimente.

fool [fu:l] **I.** *s.* **1.** prost: *the village ~* prostul satului. **2.** nebun. **3.** măscărici, bufon: *to play the ~* a face pe măscăriciul. **II.** *vt.* a duce de nas. **III.** *vi.* a se prosti. # **~ery** nerozie; **~hardy** nesăbuit, prostesc; **~ish** prost, prostesc; **~proof** sigur; simplu; **any ~** oricine; **no ~** deștept, isteț.

foot [fʊt] (*pl.* **feet**) *s.* **1.** picior. **2.** parte de jos: *the ~ of the page* josul paginii. **3.** picior (= *30,5 cm*). # **~ and horse** infanterie; **~ball** fotbal; **~bridge** punte; **~fall** zgomot de pași; **~hold** loc de pus piciorul; **~ing** bază, fundament; **~ lights** luminile rampei; **~loose** liber (*ca pasărea cerului*); **~man** lacheu; **~note** notă de subsol; **~step** zgomot de pași; **~wear** încălțăminte; *to ~ the bill* a achita nota de plată.

for [fɜ: *sau* fɔ:] **I.** *prep.* **1.** pentru: *a present ~ you* un cadou pentru tine. **2.** la: *I left ~ Sinaia* am plecat la Sinaia. **3.** de: *I have waited ~ two hours* aștept de două ore. **II.** *conj.* deoarece; căci. # *~ all I know* din câte știu; *~ all that* cu toate astea; *~ certain* cu siguranță; *~ ever* pentru totdeauna, mereu; *~ example* de exemplu; *~ good* pentru totdeauna, pe vecie; *I ~ one* în ce mă privește; *what ~?* de ce?

forage ['fɒrɪʤ] *s.* nutreț, furaj.

foray ['fɒreɪ] *s.* raid, incursiune.

forbear[1] ['fɔ:beə] *s.* strămoș.

forbear[2] [fɔ:'beə] (*trec.* **forbore**, *part. trec.* **forborne**) *vi.* (**to**) a se abține (de la). # **~ance** îngăduință; **~ing** tolerant.

forbid [fə'bɪd] [*trec.* **forbad(e)**, *part. trec.* **forbid(den)**] *vt.* a interzice. # **~den** interzis, oprit; **~ding** ostil.

force [fɔ:s] **I.** *s.* **1.** forță; violență. **2.** efectiv de oameni. **3.** vigoare: *to come into ~* a intra în vigoare. **II.** *vt.* **1.** a forța (*și fig.*). **2.** a impune; a obliga. # **~d** forțat (*și fig.*); **to ~-feed** a îndopa; **~ful** puternic, viguros (*și fig.*).

forcible ['fɔ:sɪbl] *adj.* forțat; în forță.

ford [fɔ:d] *s.* vad.

fore [fɔ:] *s.*, *adj.* (parte) din față. # *to the ~* în față, în evidență, la vedere; *to come to the* ~ a se face remarcat.

forearm ['fɔ:rɑ:m] *s.* antebraț.

forebear [fɔ:'beə] *s.* strămoş.

forebode [fɔ:'bəʊd] *vt.* a prevesti.

forecast ['fɔ:kɑ:st] *s.* prognoză.

forefinger ['fɔ:fiŋgə] *s.* deget arătător.

forefoot ['fɔ:fʊt] *s.* labă din față.

forehead ['fɒrɪd] *s.* frunte.

foreign ['fɒrɪn] *adj.* **1.** străin: ~ *languages* limbi străine. **2.** extern, exterior. # **~er** străin (*s.*); ~ **minister** ministru de externe.

forelock ['fɔ:lɒk] *s.* smoc de păr.

foreman ['fɔ:mən] *s.* maistru.

foremost ['fɔ:məʊst] *adj.* cel mai de seamă.

forerunner ['fɔ:rʌnə] *s.* **1.** înaintaş. **2.** vestitor.

foresee [fɔ:'si:] *vt.* a prevedea. # **~able** previzibil.

foresight ['fɔ:saɪt] *s.* prorocire.

forest ['fɒrɪst] *s.* pădure. # **~er** pădurar; **~ry** silvicultură.

foretell [fɔ:'tel] *vt.* a prezice.

forever [fər'evə] *adv.* **1.** pe vecie. **2.** continuu.

foreword ['fɔ:wɜ:d] *s.* prefață.

forfeit ['fɔ:fɪt] *s.* **1.** confiscare. **2.** amendă. **3.** preț *(şi fig.)*.

forge [fɔ:ʤ] **I.** *s.* forjă; fierărie. **II.** *vt.* **1.** a forja. **2.** a falsifica (*un cec etc.*). # **~r** forjor; fierar; **~ry** fals, contrafacere.

forget [fə'get] (*trec.* **forgot**, *part. trec.* **forgotten**) *vt.*, *vi.* a uita. # **~ful** uituc; ~ **it** ! las-o baltă!; **~-me-not** nu-mă-uita.

forgive [fə'gɪv] (*trec.* **forgave**, *part. trec.* **forgiven**) *vt.* a ierta. # **~ness** iertare; milostivire.

forgiving [fə'gɪvɪŋ] *adj.* iertător; concesiv.

fork [fɔ:k] **I.** *s.* **1.** furculiță. **2.** furcă. **3.** bifurcare (*de drumuri*). **II.** *vi.* a se bifurca.

forlorn [fə'lɔ:n] *adj.* **1.** dezolat. **2.** dezolant.

form [fɔ:m] **I.** *s.* **1.** formă, configurație. **2.** fel. **3.** formular: *fill in the* ~ completeză formularul. **4.** clasă: *he is in the second* ~ e în clasa a doua. **5.** bancă fără spătar. **6.** formă fizică. **7.** conduită. **II.** *vt.*, *vi.* a (se) forma, a (se) modela, a (se) alcătui.

formal ['fɔ:ml] *adj.* **1.** oficial, solemn. **2.** protocolar. **3.** conformist. **4.** formal. # **~ity** formalitate.

formation [fɔ:'meɪʃn] *s.* formare; alcătuire; aranjare; structurare.

former ['fɔ:mə] *adj.* **1.** primul/prima din doi/două. **2.** de dinainte; fost; anterior. # **~ly** odinioară, pe vremuri.

formidable ['fɔ:mɪdəbl] *adj.* **1.** formidabil. **2.** înfricoşător.

formula ['fɔ:mjulə] *s.* formulă. # **to ~te** a formula; a exprima.

fornication [,fɔ:nɪ'keɪʃn] *s.* curvie; adulter.

forsake [fə'seɪk] (*trec.* **forsook**, *part. trec.* **forsaken**) *vt.* a abandona.

forswear [fɔ:'sweə] (*trec.* **forswore**, *part. trec.* **forsworn**) *vt. bis.* a se lepăda de, a renunța la.

fort [fɔ:t] *s.* fort.

forth [fɔ:θ] *adv.* înainte; mai departe: *and so* ~ şi aşa mai departe. # **~coming** care va să vină; amabil; **~right** franc, direct; **~with** imediat.

fortification [ˌfɔ:tɪfɪˈkeɪʃn] *s.* fortificaţie.

fortify [ˈfɔ:tɪfaɪ] *vt.* a fortifica (*şi fig.*).

fortitude [ˈfɔ:tɪtju:d] *s.* stoicism.

fortnight [ˈfɔ:tnaɪt] *s.* perioadă de două săptămâni. # **~ly** de două săptămâni.

fortress [ˈfɔ:trɪs] *s.* fortăreaţă.

fortuitous [fɔ:ˈtju:ɪtəs] *adj.* neprevăzut.

fortunate [ˈfɔ:tʃnɪt] *adj.* norocos; oportun. # **~ly** din fericire.

fortune [ˈfɔ:tʃn] *s.* **1.** noroc: *to try one's* ~ a-şi încerca norocul. **2.** avuţie: *to marry a* ~ a se căsători pentru bani. **3.** soartă: *to tell ~s* a ghici viitorul. # **~-teller** ghicitor, ghicitoare.

forty [ˈfɔ:ti] *num.* patruzeci. # **~ winks** odihnă (*după masă*).

forward [ˈfɔ:wəd] **I.** *s. sport* înaintaş, atacant. **II.** *adj.* **1.** din faţă. **2.** înainte. **3.** îndrăzneţ. **4.** inimos. **III.** *vt.* a expedia, a trimite. **IV.** *adv.* înainte, în faţă. # **~ness** îndrăzneală; progres; *to look ~ to* a aştepta cu nerăbdare să/ceva; *to put* ~ a avansa (*o idee*).

fossil [ˈfɒsl] *s.* fosilă (*şi fig.*).

foster [ˈfɒstə] *vt.* **1.** a avea grijă de (*un copil*). **2.** a încuraja, a susţine (*o idee*). **3.** a nutri (*un sentiment*). # **~ child** copil adoptiv.

foul [faʊl] **I.** *s.* fault. **II.** *adj.* **1.** murdar. **2.** dezgustător. **3.** stricat (*şi fig.*). **III.** *vt.* **1.** a murdări; a polua. **2.** a faulta.

found[1] [faʊnd] *trec., part. trec. de la* **to find**.

found[2] [faʊnd] *vt.* a fonda. # **~er** fondator.

found[3] [faʊnd] *vt. tehn.* a turna. # **~ry** turnătorie.

foundation [faʊnˈdeɪʃn] *s.* **1.** fundaţie. **2.** fondare. **3.** fundamentare.

foundling [ˈfaʊndlɪŋ] *s.* copil abandonat luat în grijă.

fountain [ˈfaʊntɪn] *s.* fântână. # **~ pen** stilou.

four [fɔ:] *num.* patru. # **~some** grup din două perechi; **~square** cinstit; **~teen** paisprezece; **~th** al patrulea, a patra.

fowl [faʊl] *s.* pasăre (*de curte*).

fox [fɒks] **I.** *s.* vulpe. **II.** *vt.* a păcăli. # **~hunting** vânătoare de vulpi; **~y** viclean.

foyer [ˈfɔɪeɪ] *s.* **1.** foaier. **2.** hol (*la hotel*).

fracas [ˈfrækɑ:] *s.* scandal, ceartă.

fraction [ˈfrækʃn] *s.* **1.** *mat.* fracţie. **2.** fracţiune.

fractious [ˈfrækʃəs] *adj.* **1.** neastâmpărat. **2.** plângăcios.

fracture [ˈfræktʃə] **I.** *s.* fractură, fracturare. **II.** *vt., vi.* a (se) fractura.

fragile [ˈfrædʒaɪl] *adj.* fragil.

fragment **I.** [ˈfrægmənt] *s.* fragment. **II.** [frægˈment] *vi.* a se sparge în bucăţi.

fragrance [ˈfreɪgrəns] *s.* mireasmă.

fragrant ['freɪgrənt] *adj.* frumos mirositor.

frail [freɪl] *adj.* **1.** delicat, firav. **2.** slab de înger. # **~ty** slăbiciune (*şi fig.*).

frame [freɪm] **I.** *s.* **1.** ramă, cadru; toc, cercevea. **2.** osatură, schelărie. **3.** structură. **II.** *vt.* **1.** a înrăma. **2.** a concepe, a formula. # **~ of mind** stare sufletească; **~s** rame de ochelari; **~-up** înscenare (*fig.*); **~work** osatură, schelărie; structură.

franc [fræŋk] *s. ec.* franc.

francize ['fræntʃaɪz] **I** . *s.* **1.** drept de vot. **2.** *ec.* franşiză. **II.** *vt.* a acorda (*o franşiză*).

frank [fræŋk] *adj.* sincer, franc.

frankincense ['fræŋkɪnsens] *s.* tămâie.

frantic ['fræntɪk] *adj.* înnebunit de frică/durere.

fraternal [frə'tɜ:nl] *adj.* frăţesc.

fraternity [frə'tɜ:nɪti] *s.* fraternitate.

fraternize ['frætənaɪz] *vi.* (**with**) a se asocia (cu).

fraud [frɔ:d] *s.* **1.** fraudă, înşelătorie. **2.** escroc. # **~ulent** fraudulos.

fraught [frɔ:t] *adj.* (**with**) încărcat (cu).

frazzle ['fræzl] *s. fam.* oboseală.

freak [fri:k] *s.* **1.** ciudăţenie a naturii; persoană/plantă *etc.* anormală. **2.** manie. **3.** persoană extravagantă. # **~ish** ciudat, ieşit din comun, anormal.

freckle ['frekl] *s.* pistrui.

free [fri:] **I.** *adj.* **1.** liber, în libertate: *to set ~* a elibera. **2.** gratuit, gratis: *a ~ sample* eşantion gratuit. **3.** neocupat: *a ~ parking space* loc de parcare liber. **4.** (*d. o ţară*) independent. **5.** generos, darnic. **6.** (**of**) scutit (de). **II.** *vt.* a elibera. # **~ agent** persoană liberă să facă ce vrea; **~-and-easy** neprotocolar; **~dom** libertate; **~holder** proprietar de pământ sau casă; **~ kick** lovitură liberă (*la fotbal*); **~lance** liber profesionist; **~mason** francmason; **~thinker** liber cugetător; **~way** autostradă; **~ will** liber arbitru.

freely ['fri:li] *adv.* **1.** de bună voie. **2.** fără oprelişte.

freesia ['fri:ziə] *s.* frezie.

freeze [fri:z] **I.** *s.* **1.** ger. **2.** îngheţare (*şi fig.*). **II.** (*trec.* **froze,** *part. trec.* **frozen**) *vt., vi.* a îngheţa. # **~r** congelator.

freight [freɪt] *s.* **1.** marfă, încărcătură de vas. **2.** navlu, preţ de închiriere (*a unui vas*). **3.** transport de mărfuri. # **~er** salahor; vas de transport; **~ing** navlosire; **~ train** tren de marfă.

French [frentʃ] **I.** *s.* limba franceză. **II.** *adj.* francez, franţuzesc. # **~ leave** plecare pe şest; **~ letter** *fam.* prezervativ; **~man** francez (*s.*).

frenetic [frɪ'netɪk] *adj.* frenetic.

frenzy ['frenzi] *s.* **1.** frenezie. **2.** nebunie.

frequency ['fri:kwənsi] *s.* frecvenţă (*şi radio*).

frequent I. ['fri:kwənt] *adj.* **1.** frecvent. **2.** des. **II.** [frɪ'kwent] *vt.* a frecventa.

fresco ['freskəʊ] (*pl.* **~(e)s**) *s.* frescă.

fresh [freʃ] **I.** *adj.* **1.** proaspăt: *~ fruit* fruct proaspăt. **2.** nou; recent. **3.** odihnit. **4.** obraznic. **II.** *adv.* de curând. # **to ~en** a se intensifica; **~ly** recent, de curând; **to ~en up** a (se) împrospăta.

freshman ['freʃmən] *s.* elev/student în primul an.

fret [fret] **I.** *s.* agitaţie, frământare, nelinişte. **II.** *vi.* **1.** a se frământa. **2.** a se roade, a se coroda. **III.** *vt.* a trafora. # **~ful** agitat, neliniştit.

fretsaw ['fretsɔː] *s.* ferăstrău pentru traforaj.

fretwork ['fret,wɜk] *s.* traforaj.

friable ['fraɪəbl] *adj.* friabil.

friar ['fraɪə] *s.* călugăr.

friction ['frɪkʃn] *s.* fricţiune (*şi fig.*).

Friday ['fraɪdi] *s.* vineri.

fridge [frɪdʒ] *s. fam.* frigider. # **~-freezer** combină frigorifică.

friend [frend] *s.* prieten. # **~ly** prietenos; **~ship** prietenie.

fright [fraɪt] *s.* **1.** sperietură. **2.** urâţenie. # **to ~en** a înspăimânta; **~ful** înspăimântător.

frigid ['frɪdʒɪd] *adj.* rece (*şi fig.*).

frill [frɪl] *s.* volan (*la rochie*). # **~s** ornamente, zorzoane.

fringe [frɪndʒ] *s.* **1.** franj. **2.** periferie, margine. **3.** breton.

frippery ['frɪpəri] *s.* podoabă, găteală.

frisk [frɪsk] **I.** *vt.* a percheziţiona (*pe cineva*). **II.** *vi.* a zburda. # **~y** vioi.

frivolity [frɪ'vɒlɪti] *s.* frivolitate.

frivolous ['frɪvələs] *adj.* frivol.

frizzy ['frɪzi] *adj.* cârlionţat.

frock [frɒk] *s.* **1.** rochie. **2.** anteriu, sutană.

frog[1] [frɒg] *s. zool.* broască. # **~man** scafandru.

frog[2] [frɒg] *s.* **1.** portbaionetă. **2.** brandenburg.

frolic ['frɒlɪk] **I.** *s.* veselie, petrecere, distracţie. **II.** (*trec., part. trec.* **frolicked**, *part. prez.* **frolicking**) *vi.* a zburda. # **~some** zvăpăiat.

from [frəm] *prep.* **1.** de la: *~ Paris to Rome* de la Paris la Roma. **2.** din: *~ childhood* din copilărie; *~ Romania* din România. **3.** de: *free ~* scutit/lipsit de; *to suffer ~* a suferi de; *~ behind* de după; *~ now on* de acum înainte.

front [frʌnt] **I.** *s.* **1.** parte din faţă; faţadă: *in the ~ of* în faţa; *the ~ of the house* faţada casei. **2.** front: *at the ~* pe front. **II.** *adj.* **1.** din faţă. **2.** de faţadă. **III.** *vt.* **1.** (*d. o clădire*) a da spre. **2.** a înfrunta. # **~al** din faţă; frontal; **~ door** uşă din faţă; **~ runner** preferat, favorit (*s.*).

frontier ['frʌntɪə] *s.* frontieră.

frost [frɒst] **I.** *s.* **1.** ger, îngheţ. **2.** chiciură. **II.** *vi.* a îngheţa. # **~bite** degerătură; **~ed glass** sticlă mată; **~y** geros.

froth [frɒθ] **I.** *s.* **1.** spumă. **2.** bale. **II.** *vi.* **(at)** a face spume (la).

frown [fraʊn] **I.** *s.* încruntare. **II.** *vi.* a se încrunta.

frowsty ['fraʊsti], **frowzy** ['fraʊzi] *adj.* (*d. aer*) viciat.

fructify ['frʌktɪfaɪ] **I.** *vt.* a fructifica. **II.** *vi.* a da roade.

fructuous ['frʌktjuəs] *adj.* fructuos.

frugal ['fru:gl] *adj.* **1.** econom, socotit. **2.** frugal.

fruit [fru:t] **I.** *s.* **1.** fruct. **2.** *amer. sl.* homosexaul. # ~ **cocktail** salată de fructe; ~**erer** vânzător de fructe; ~**ful** fructuos; ~**ion** realizare; ~**less** zadarnic; ~ **tree** pom fructifer. **II.** *vi. (d. un pom fructifer)* a rodi.

frustrate [frʌs'treɪt] *vt.* **1.** a zădărnici. **2.** a enerva, a călca pe nervi.

frustum ['frʌstəm] *s.* trunchi (*de con etc.*).

fry [fraɪ] **I.** *s.* **1.** plevuşcă, peştişor. **2.** ţânc. **II.** *vt., vi.* a (se) prăji. # ~**ing pan** tigaie.

fuddy-duddy ['fʌdi,dʌdi] *s. fam.* retrograd.

fudge [fʌdʒ] *vt.* **1.** a pune de-a valma. **2.** a rasoli (*o treabă*).

fuel ['fju:əl] **I.** *s.* combustibil. **II.** *vt.* a alimenta (*o maşină*).

fugitive ['fju:dʒɪtɪv] *s.* fugar.

fulfil [fʊl'fɪl] *vt.* **1.** a îndeplini (*o condiţie*). **2.** a executa (*un ordin*). **3.** a realiza (*ceva*). # ~**ment** îndeplinire, realizare.

full [fʊl] **I.** *adj.* **1.** plin: *a ~ glass* pahar plin; ~ *of* plin de. **2.** complet, întreg, tot: ~ *seven years* şapte ani în cap/întregi; ~ *use of* folosire deplină a. **3.** rotund, durduliu: *a ~ face* faţă bucălată. **4.** (*d. îmbrăcăminte*) larg, amplu. **II.** *adv.* **1.** complet, total. **2.** drept, direct. # ~**back** fundaş; ~ **dress** toaletă de gală/seară; ~ **house** ful (*la pocher*); ~ **stop** punct (*semn de punctuaţie*); ~**y** pe deplin; cel puţin; ~ *to the brim* plin ochi; *in* ~ cu vârf şi îndesat; *in ~ swing* la apogeu, în toi; *to the* ~ din plin; la maximum.

fulminate ['fʌlmɪneɪt] *vi.* (**against**) a tuna şi a fulgera (împotriva).

fulsome ['fʊlsəm] *adj.* exagerat.

fumble ['fʌmbl] *vi.* a bâjbâi.

fume [fju:m] **I.** *s.* fum nociv; gaze (*de eşapament*); vapori. **II.** *vi.* **1.** a emana (*fum, gaze*). **2.** a fierbe de mânie.

fun [fʌn] *s.* distracţie, haz: *to make ~ of* a lua în râs pe; *in/for* ~ în glumă.

function ['fʌŋkʃn] **I.** *s.* **1.** funcţie, rol; atribuţie. **2.** funcţionare. **3.** solemnitate, festivitate. **II.** *vi.* a funcţiona.

functionary ['fʌŋkʃənri] *s.* funcţionar.

fund [fʌnd] **I.** *s.* fond; mijloace băneşti; capital. **II.** *vt.* a finanţa.

fundamental [,fʌndə'məntl] *adj.* fundamental. # ~**s** bazele, elementele de bază.

funeral ['fju:nrəl] *s.* funeralii. *# that's your ~!* asta-i treaba ta!

funerary ['fju:nrəri] *adj.* funerar.

funereal [fju:'nɪəriəl] *adj.* ca de înmormântare; lugubru.

funfair ['fʌnfeə] *s.* parc de distracţii.

fungus ['fʌŋgəs] (*pl.* **fungi** ['fʌndʒaɪ] *sau* ~**es**) *s.* ciupercă.

funicular [fjʊ'nɪkjulə] *s.* funicular.

funnel ['fʌnl] *s.* **1.** pâlnie. **2.** coş (*pe navă*).

funny ['fʌni] *adj.* **1.** comic, hazliu. **2.** ciudat; caraghios. # *to feel ~ fam.* a nu se simţi bine.

fur [fɜ:] *s.* **1.** blană. **2.** haină de blană. # **~rier** blănar; *to make the ~ fly* a face scandal.

furbelows ['fɜ:bɪləʊz] *s. pl.* zorzoane.

furbish ['fɜ:bɪʃ] *vt.* a face ca nou.

furious ['fjʊriəs] *adj.* furios.

furl [fɜ:l] *vt.* a strânge (*o umbrelă*).

furlough ['fɜ:ləʊ] *s.* **1.** *mil.* permisie. **2.** disponibilizare temporară.

furnace ['fɜ:nɪs] *s.* furnal.

furnish ['fɜ:nɪʃ] *vt.* **1.** a mobila (*o casă*). **2.** a înzestra, a aproviziona cu. # **~ings** instalaţii.

furniture ['fɜ:nɪtʃə] *s.* mobilă: *a piece of ~* un corp de mobilă.

furrow ['fʌrəʊ] **I.** *s.* **1.** brazdă. **2.** rid. **II.** *vt.* a brăzda.

further ['fɜ:ðə] **I.** (*comparativ de la* **far**) *adj.* **1.** suplimentar, alt. **2.** mai îndepărtat. **II.** *vt.* **1.** a continua (*studiile*). **2.** a susţine (*o cauză*). **III.** *adv.* **1.** mai departe. **2.** în plus (*fig.*). # **~ance** progres, propăşire; **~more** în plus (*fig.*).

furthest ['fɜ:ðɪst] *adj.* (*superlativ de la* **far**) cel mai departe.

furtive ['fɜ:tɪv] *adj.* pe ascuns, furiş.

fury ['fjʊri] *s.* furie. # *(to work) like ~* (a munci) ca un nebun.

fuse [fju:z] **I.** *s.* **1.** siguranţă (*electrică*). **2.** fitil; capsă. **II.** *vt.* a arde (*o siguranţă*). **III.** *vi.* (*d. siguranţă*) a se arde. # **~ box** tablou de siguranţe.

fuselage ['fju:zɪlɪdʒ] *s.* fuzelaj.

fusible ['fju:zəbl] *adj.* fuzibil, topit: *~ metal* aliaj de lipit.

fusillade [ˌfju:zə'leɪd] *s.* **1.** rafală (*de armă*). **2.** avalanşă (*de întrebări*).

fusion ['fju:ʒn] *s.* fuziune, topire; fluidizare. # **~ bomb** bombă termonucleară; **~ point** punct de topire.

fuss [fʌs] **I.** *s.* **1.** neastâmpăr, agitaţie. **2.** obiecţie: *to make a ~ of* a face caz de. **3.** tevatură, tărăboi. **II.** *vt.* a tracasa. **III.** *vi.* a se agita, a se da de ceasul morţii. # **~pot** *fam.* persoană agitată; **~y** impacientat.

fustian ['fʌstiən] **I.** *s.* **1.** sibir. **2.** cuvinte bombastice. **II.** *adj.* **1.** ieftin, de doi bani. **2.** pompos.

fustigate ['fʌstɪgeɪt] *vt.* a bate.

fusty ['fʌsti] *adj.* **1.** cu miros de mucegai. **2.** încuiat, închistat.

futile ['fju:taɪl] *adj.* **1.** zadarnic; fără rost. **2.** de nimic.

futility ['fju:tɪlɪti] *s.* **1.** zădărnicie. **2.** superficialitate.

future ['fju:tʃə] *s.* viitor. # **in ~** de acum înainte; **~ life** viaţa de apoi.

fuzz [fʌz] *s.* **1.** puf; scamă. **2.** *sl.* poliţie. # **~y** pufos; difuz, neclar.

G

G, g [ʤi:] (litera) G, g.
gab [gæb] *fam*. **I.** *s*. trăncăneală. **II.** *vi*. a trăncăni. # **~by** vorbăreț.
gabble ['gæbl] **I.** *s*. bolboroseală. **II.** *vt*., *vi*. a bolborosi, a bâigui.
gabfest ['gæbfest] *s*. taifas, șuetă.
gaby ['geɪbi] *s*. *fam*. gogoman.
gad [gæd] *vi*. (**about**) a umbla creanga. # **~about** teleleu.
gadfly ['gædflaɪ] *s*. tăun.
gadget ['gæʤɪt] *s*. **1**. dispozitiv. **2**. flecușteț. # **~ry** ustensile.
Gaelic ['geɪlɪk] **I.** *s*. limba celtă. **II.** *adj*. celtic.
gaff [gæf] *s*. *sl*. **1.** pălăvrăgeală. **2.** *sl*. apartament.
gaffe [gæf] *s*. gafă.
gaffer ['gæfə] *s*. **1.** unchiaș, moș. **2.** *fam*. șef.
gag [gæg] **I.** *s*. **1.** căluș. **2.** glumă; poantă. **II.** *vt*. a pune căluș (*cuiva*).
gaga ['gɑ:gɑ:] *adj*. *fam*. senil.
gage [geɪʤ] *s*. **1.** gaj, zălog. **2.** *amer*. aparat de măsură. **3.** *amer*. calibru.
gaggle ['gægl] **I.** *s*. **1.** cârd de gâște. **2.** *fam*. gloată. **II.** *vi*. a gâgâi.
gaiety ['geɪəti] *s*. **1.** veselie, haz. **2.** distracție, petrecere.
gaily ['geɪli] *adv*. voios.
gain [geɪn] **I.** *s*. **1.** câștig, profit. **2.** creștere: *a ~ in weight* creștere în greutate. **3.** cucerire: *~s of science* cuceriri ale științei. **II.** *vt*. **1.** a câștiga (*bani*). **2.** a obține, a căpăta. **3**. a repurta (*o victorie*). **III.** *vi*. **1.** (*d. ceas*) a o lua înainte. **2.** (**on**) a se apropia (de). # **~ful** avantajos; profitabil; *to ~ ground* a câștiga teren.
gainsay [geɪn'seɪ] *vt*. a nega.
gait [geɪt] *s*. mers (*al cuiva*).
gaiters ['geɪtəz] *s*. *pl*. ghetre.
gal [gæl] *s*. *fam*. fetișcană.
gala ['gɑ:lə] **I.** *s*. sărbătorire. **II.** *adj*. de gală.
galaxy ['gæləksi] *s*. galaxie.
gale [geɪl] *s*. vijelie.
gall [gɔ:l] *s*. **1.** *anat*. fiere. **2.** insolență. **3.** amărăciune. **4.** rosătură. # **~ bladder** vezicula biliară; **~stone** calcul biliar.
gallant ['gælənt] *adj*. **1.** cutezător, viteaz. **2.** curtenitor, prevenitor. # **~ry** vitejie; gentilețe.
gallery ['gæləri] *s*. galerie.
galley ['gæli] *s*. galeră.
gallivant ['gælɪvənt] *vi*. a umbla fără rost.
gallon ['gælən] *s*. galon (*măsură de capacitate = 3,79 l sau 4,55 l*).
gallop ['gæləp] **I.** *s*. galop. **II.** *vi*. a merge în galop. # **~ing** galopant.

gallows ['gæləʊz] *s. pl.* spânzurătoare. # ~ **humour** umor negru.
galore [gə'lɔ:] *adv.* cu duiumul.
galosh [gə'lɒʃ] *s.* galoş.
gamble ['gæmbl] **I.** *s.* joc de noroc; risc. **II.** *vt.* a paria (*cu o sumă*) pe. **III.** *vi* a juca jocuri de noroc. # ~**r** jucător de jocuri de noroc; cartofor.
gambol ['gæmbl] **I.** *s.* zburdălnicie. **II.** *vi.* a zburda.
game [geɪm] **I.** *s.* **1.** joc; amuzament. **2.** meci. **3.** truc. **4.** vânat: *a ~ bag* tolbă; *a ~ licence* permis de vânătoare. **II.** *adj.* cutezător. **III.** *vi.* a juca jocuri de noroc. # ~**ster** jucător de jocuri de noroc; cartofor; ~ **warden** paznic de vânătoare.
gammon ['gæmən] *s.* **1.** (jocul de) table. **2.** marț (*la table*). **3.** ciolan afumat. **4.** *fam.* şarlatanie.
gamut ['gæmət] *s.* gamă (*şi fig.*).
gander ['gændə] *s.* gânsac.
gang [gæŋ] *s.* **1.** echipă de muncitori. **2.** adunătură, şleahtă. # ~**er** maistru, şef de echipă; **the ~ land** crima organizată; ~**ster** gangster.
gangling ['gæŋlɪŋ] *adj.* (*d. cineva*) deşirat.
gangrene ['gæŋgri:n] *s.* cangrenă.
gangway ['gæŋwei] *s.* pasarelă (*de debarcare*).
gaol [dʒeɪl] *s.* închisoare. # ~**er** puşcăriaş.
gap [gæp] *s.* **1.** crăpătură, deschizătură. **2.** discrepanță. **3.** lacună.
gape [geɪp] *vi.* (**at**) a se holba (la).
garage ['gærɑ:ʒ] *s.* garaj.
garb [gɑ:b] *s.* **1.** îmbrăcăminte. **2.** aspect.
garbage ['gɑ:bɪdʒ] *s. amer.* gunoi. # ~ **can** ladă de gunoi.
garble ['gɑ:bl] *vt.* a mistifica, a denatura.
garden ['gɑ:dn] *s.* grădină. # ~**ing** grădinărit; ~**er** grădinar; ~**s** parc.
gargle ['gɑ:gl] **I.** *s.* gargară. **II.** *vi.* a face gargară.
garish ['geərɪʃ] *adj.* (*d. culori*) strident.
garland ['gɑ:lənd] *s.* ghirlandă.
garlic ['gɑ:lɪk] *s.* usturoi: *a bulb of ~* o căpățână de usturoi.
garment ['gɑ:mənt] *s.* îmbrăcăminte.
garner ['gɑ:nə] *s.* hambar.
garnish ['gɑ:nɪʃ] **I.** *s.* garnitură (*la peşte etc.*). **II.** *vt.* **1.** a garnisi. **2.** a face o poprire din.
garret ['gærɪt] *s.* mansardă.
garrison ['gærɪsn] *s.* garnizoană.
garrulous ['gærələs] *adj.* vorbăreț; prolix.
garter ['gɑ:tə] *s.* **1.** jartieră. **2.** *amer.* portjartier.
gas [gæs] *s.* **1.** gaz: *natural ~* gaz natural. **2.** *anat.* gaze. **3.** *amer.* benzină: *~ station* stație de benzină. # ~**bag** moară-stricată (*fig.*); ~**eous** gazos; ~**fitter** instalator de gaze; ~ **mask** mască de gaze; ~ **stove** aragaz.
gasoline ['gæsəli:n] *s.* benzină.
gasp [gɑ:sp] **I.** *s.* gâfâit. **II.** *vi.* a gâfâi.
gastric ['gæstrɪk] *s.* gastric.
gastronomy [gæs'trɒnəmi] *s.* gastronomie.

gate [geɪt] *s.* **1.** poartă, intrare. **2.** *geogr.* pas. **3.** barieră. # **~keeper** portar, ușier; *to ~ crash* a intra fără bilet; *to give the ~ sl.* a da papucii.

gather ['gæðə] **I.** *vt.* **1.** a strânge, a aduna, a culege. **2.** a înțelege, a deduce. **II.** *vi.* a se strânge, a se aduna. # **~ing** întrunire; abces.

gaudy ['gɔ:di] *adj.* (*d. culori*) strident.

gauge [geɪdʒ] **I.** *s.* **1.** aparat de măsură: *a pressure ~* aparat de măsurat presiunea. **2.** calibru. **3.** ecartament. **4.** gabarit. **II.** *vt.* **1.** a măsura. **2.** a estima. **3.** a calibra, a etalona.

gaunt [gɔ:nt] *adj.* **1.** pricăjit. **2.** dezolant.

gauntlet ['gɔ:ntlɪt] *s.* mănușă (*de protecție sau în sport*).

gauze [gɔ:z] *s.* **1.** voal. **2.** abur, ceață rară.

gauzy ['gɔ:zi] *adj.* transparent, fin.

gave [geɪv] *trec. de la* **to give**.

gavel ['gævl] *s.* ciocănel (*la bursă etc.*).

gawk [gɔ:k] *vi.* **(at)** a se zgâi (la).

gawky ['gɔ:ki] *adj.* stângaci (*fig.*).

gawp [gɔ:p] *vi.* **(at)** a se holba (la).

gay [geɪ] *adj.* **1.** vesel. **2.** (*d. culori*) viu. **3.** (*d. viață*) frivol. **4.** *fam.* homosexual.

gaze [geɪz] **I.** *s.* holbare. **II.** *vi.* **(at)** a se uita lung (la).

gazelle [gə'zel] *s.* gazelă.

gazette [gə'zet] *s.* ziar, gazetă.

gear [gɪə] *s.* **1.** echipament (*sportiv etc.*). **2.** aparatură; unelte; ustensile. **3.** roată de angrenaj. **4.** viteză: *the second ~* viteza a II-a; *in ~* în viteză; *out of ~* scos din viteză. - **~box** cutie de viteze.

geese [gi:s] *pl. de la* **goose.**

gelatin ['dʒelətɪn] *s.* gelatină. - **~ous** gelatinos.

geld [geld] *vt.* a castra.

gem [dʒem] *s.* **1.** piatră prețioasă. **2.** comoară (*fig.*).

gender ['dʒendə] *s. gram.* gen.

gene [dʒi:n] *s.* genă.

genealogy [ˌdʒi:ni'ælədʒi] *s.* genealogie.

genera ['dʒenrə] *pl. de la* **genus.**

general ['dʒenrəl] **I.** *s.* general. **II.** *adj.* general. # **~ity** generalitate; **~ization** generalizare; **to ~ize** a generaliza; **~ly** în general; **as a ~ rule** de regulă/obicei.

generation [ˌdʒenə'reɪʃn] *s.* **1.** generație. **2.** generare.

generative ['dʒenrətɪv] *adj.* producător; generativ.

generator ['dʒenəreɪtə] *s. el.* generator.

generic [dʒɪ'nerɪk] *adj.* generic.

generosity [ˌdʒenə'rɒsɪti] *s.* generozitate.

generous ['dʒenrəs] *adj.* **1.** darnic, generos. **2.** abundent, amplu: *a ~ helping* porție de mâncare substanțială. **3.** fertil.

genesis ['dʒenɪsɪs] *s.* geneză.

genetic [dʒɪ'netɪk] *adj.* genetic. # **~ist** genetician; **~s** genetică.

genial ['dʒi:niəl] *adj.* voios.

genii ['dʒi:nɪaɪ] *pl. de la* **genius**.

genital ['dʒenɪtl] *adj.* genital. # **~s** organe genitale.
genitive ['dʒenɪtɪv] *s.* genitiv.
genius ['dʒi:niəs] (*pl.* **~es**) *s.* **1.** geniu. **2.** talent. **3.** (*pl.* **genii**) spirit, duh.
genre ['ʒɑ:nrə] *s.* gen; stil.
genteel [dʒen'ti:l] *adj.* **1.** respectabil. **2.** afabil. **3.** rafinat, stilat.
gentility [dʒen'tɪlɪti] *s.* **1.** respectabilitate. **2.** politețe. # **the ~** burghezii.
gentle ['dʒentl] *adj.* **1.** liniştit, blând. **2.** tandru. **3.** nobil: *~ blood* viță nobilă (*fig.*). # **~man** domn, bărbat; **the ~ sex** sexul slab.
gently ['dʒentli] *adv.* uşor, cu menajamente.
gentry ['dʒentri] *s.* nobilime; aristocrație.
genuine ['dʒenjuɪn] *adj.* **1.** autentic, veritabil. **2.** serios, onest.
genus ['dʒi:nəs] (*pl.* **genera** ['dʒenərə]) *s.* gen, specie.
geographical [ˌdʒi:ə'græfɪkl] *adj.* geografic.
geography [dʒɪ'ɒgrəfi] *s.* geografie.
geologic(al) [ˌdʒɪə'lɒdʒɪk(l)] *adj.* geologic.
geologist [dʒɪ'ɒlədʒɪst] *s.* geolog.
geology [dʒɪ'ɒlədʒi] *s.* geologie.
geometric(al) [ˌdʒi:ə'metrɪk(l)] *adj.* geometric.
geometry [dʒɪ'ɒmɪtri] *s.* geometrie.
geophysics [ˌdʒi:əʊ'fɪzɪks] *s.* geofizică.
geranium [dʒə'reɪniəm] *s.* muşcată.
geriatrics [ˌdʒeri'ætrɪks] *s.* geriatrie.
germ [dʒɜ:m] *s.* **1.** microb; bacterie. **2.** germen (*şi fig.*). # **~ warfare** război bacteriologic.
German ['dʒɜ:mən] **I.** *s.* **1.** neamț; nemțoaică. **2.** limba germană. **II.** *adj.* german.
germane [dʒɜ:'meɪn] *adj.* relevant: *questions ~ to the subject* probleme legate de subiect.
Germanic [dʒɜ:'mænɪk] *adj.* germanic.
germinate ['dʒɜ:mɪneɪt] *vt.* a încolți (*şi fig.*).
germination [ˌdʒɜ:mɪ'neɪʃn] *s.* germinare.
gestation [dʒe'steɪʃn] *s.* gestație.
gesticulate [dʒe'stɪkjuleɪt] *vi.* a gesticula.
gesture ['dʒestʃə] **I.** *s.* gest; semn. **II.** *vi.* a face semn.
get [get] (*trec., part trec.* **got**) **I.** *vt.* **1.** a primi, a căpăta, a obține. **2.** a aduce. **3.** a prinde. **4.** a prepara, a pregăti. **5.** a înțelege. **II.** *vi.* **1.** a deveni: *it is ~ting dark* se întunecă; *he is ~ting old* îmbătrâneşte; *to ~ angry* a se enerva. **2.** (**to**) a ajunge (la): *to ~ to London* a ajunge la Londra. # **to ~ along with** a se înțelege bine cu; **~-at-able** accesibil; **~away** evadare; **to ~ married** a se căsători; **to ~ off** a coborî (*dintr-un vehicul*); **to ~ on** a se urca într-un vehicul; **~ out!** ieşi afară!; **~-together** întrevedere, şuetă; **to ~ up** a se scula (*din pat*).
gew-gaws ['gju:gɔ:z] *s. pl.* farafastâcuri.

ghastly ['gɑ:stli] *adj.* oribil.
gherkin ['gɜ:kɪn] *s.* castravecior.
ghetto ['getəʊ] *s.* ghetou.
ghost [gəʊst] *s.* fantomă; duh. # ~ **buster** vânător de stafii; ~ **like** *sau* ~**ly** fantomatic.
giant ['dʒaɪənt] *s., adj.* uriaş.
gib [gɪb] *s.* motan castrat.
gibber ['dʒɪbə] *vi.* a sporovăi. # ~**ish** vorbărie fără sens.
gibbet ['dʒɪbɪt] *s.* spânzurătoare.
gibe [dʒaɪb] **I.** *s.* zeflemea. **II.** *vi.* (**at**) a-şi râde (de).
giblets ['dʒɪblɪts] *s. pl.* măruntaie de pasăre.
giddy ['gɪdɪ] *adj.* **1.** ameţit. **2.** ameţitor.
gift [gɪft] *s.* **1.** dar, cadou. **2.** talent, dar de la natură. # ~**ed** talentat; *by free* ~ gratuit.
gigantic [dʒaɪ'gæntɪk] *adj.* gigantic.
giggle ['gɪgl] **I.** *s.* hlizeală. **II.** *vi.* a se hlizi.
gigolo ['ʒɪgələʊ] *s.* gigolo.
gild [gɪld] *vt.* a sufla cu aur.
gill [dʒɪl] *s.* **1.** branhie. **2.** ravenă. # ~**s** mărgele (*ale curcanului*).
gilt [gɪlt] *adj.* poleit. # ~**edged** de cea mai bună calitate.
gimcrack ['dʒɪmkræk] *adj.* ieftin, de două parale.
gin [dʒɪn] *s.* **1.** gin. **2.** capcană (*pentru păsări etc.*).
ginger ['dʒɪndʒə] *s.* ghimbir. # ~-**bread** turtă dulce.
gipsy ['dʒɪpsi] *s.* ţigan.
girafe [dʒɪ'rɑ:f] *s.* girafă.
girdle ['gɜ:dl] *s.* **1.** brâu; curea. **2.** corset.
girl [gɜ:l] *s.* **1.** fată, fiică. **2.** iubită. # ~**friend** prietenă; iubită; ~**ish** de fată.
gist [dʒɪst] *s.* fond, parte esenţială.
give [gɪv] **I.** *s.* **1.** cedare (*şi fig.*). **2.** slăbire (*a unei frânghii*). **II.** (*trec.* **gave**, *part. trec.* **given**) *vt.* **1.** a da, a acorda, a oferi. **2.** a produce. **3.** a administra (*o bătaie*). **4.** a dona, a dărui. **5.** a încredinţa, a acorda. **6.** a transmite. **III.** (*trec.* **gave**, *part. trec.* **given**) *vi.* **1.** a ceda (*şi fig.*): *to ~ under weight* a ceda sub greutate. **2.** (**for**) a plăti (pentru). # **to ~ away** a divulga; **to ~ back** a restitui; ~**n name** nume de botez; **to ~ in** a ceda, a se supune; **to ~ off/forth** a emana, a emite; **to ~ up** a renunţa la; **to be ~n to** a se deda la.
gizzard ['gɪzəd] *s.* pipotă.
glacial ['gleɪʃl] *adj.* glaciar (*şi fig.*).
glacier ['glæsɪə] *s.* gheţar.
glad [glæd] *adj.* **1.** bucuros. **2.** îmbucurător. # **to ~den** a bucura; ~**ly** cu dragă inimă.
glade [gleɪd] *s.* luminiş.
gladiator ['glædɪeɪtə] *s.* gladiator.
gladiolus [ˌglædɪ'əʊləs] *s.* gladiolă.
glamorous ['glæmərəs] *adj.* mirobolant.
glamour ['glæmə] *s.* şarm, farmec.
glance [glɑ:ns] **I.** *s.* **1.** privire scurtă: *at a ~* dintr-o privire, imediat. **2.** sclipire. **II.** *vi.* **1.** a străluci.

2. (**through**) a-şi arunca privirea (peste).

gland [glænd] *s.* glandă. # **~ular** *sau* **~ulous** glandular.

glare [gleə] **I.** *s.* **1.** privire mânioasă. **2.** lumină orbitoare. **II.** *vi.* **1.** (*d. lumină*) a orbi. **2.** a sări în ochi. **3.** (**at**) a arunca o privire furioasă (la).

glaring ['gleərɪŋ] *adj.* **1.** (*d. lumină*) orbitor. **2.** (*d. o greşeală*) strigător la cer.

glass [glɑ:s] *s.* **1.** sticlă: *made of ~* făcut din sticlă. **2.** pahar. **3.** *fam.* oglindă. # **~blower** sticlar; **~es** ochelari; **~ware** sticlărie; **~work** sticlărit, fabricare a sticlei; **~works** fabrică de sticlă; **~y** sticlos, ca sticla.

glaze [gleɪz] **I.** *s.* **1.** lac, email. **2.** glazură. **3.** luciu. **II.** *vt.* **1.** a pune geam la. **2.** a emaila. **3.** a glazura.

glazier ['gleɪzɪə] *s.* geamgiu.

gleam [gli:m] **I.** *s.* rază (*şi fig.*): *~s of sunshine* raze de soare. **II.** *vi.* a străluci.

glean [gli:n] *vt.* a spicui (*şi fig.*).

glee [gli:] *s.* veselie. # **~ful** vesel; **~man** menestrel.

glen [glen] *s.* râpă, strungă.

glib [glɪb] *adj.* volubil; abil.

glide [glaɪd] **I.** *s.* alunecare; planare. **II.** *vi.* a aluneca; a plana. # **~r** planor.

gliding ['glaɪdɪŋ] *s.* planorism.

glimmer ['glɪmə] **I.** *s.* pâlpâire. **II.** *vi.* a pâlpâi.

glimpse [glɪmps] **I.** *s.* întrezărire. **II.** *vt.* a întrezări.

glint [glint] **I.** *s.* scânteiere. **II.** *vi.* a scânteia.

glisten ['glɪsn] *vi.* a străluci.

glitter ['glɪtə] **I.** *s.* strălucire. **II.** *vi.* a străluci.

gloat [gləʊt] *vi.* (**over**) a sorbi din ochi (pe), a se holba (la).

global ['gləʊbl] *adj.* global.

globe [gləʊb] *s.* glob.

globule ['glɒbju:l] *s.* **1.** globulă. **2.** picătură.

gloom [glu:m] *s.* **1.** (semi)întuneric. **2.** deprimare. # **~y** întunecos, sumbru; posac.

glorify ['glɔ:rɪfaɪ] *vt.* a ridica în slăvi.

glorious ['glɔ:riəs] *adj.* **1.** glorios. **2.** splendid.

glory ['glɔ:ri] *s.* **1.** glorie. **2.** splendoare, strălucire. # **to ~ in** a se mândri cu.

gloss [glɒs] **I.** *s.* luciu, lustru. **II.** *vt.* a lustrui. # **~y** neted şi lucios; *to ~ the truth* a îndulci adevărul.

glove [glʌv] *s.* mânuşă: *to pull on one's ~s* a-şi pune mănuşile; *to take off one's ~s* a-şi scoate mănuşile. # **~d** cu mănuşi, înmănuşat; **~less** fără mănuşi.

glow [gləʊ] **I.** *s.* **1.** strălucire. **2.** dogoare. **3.** ardoare. **II.** *vi.* a se înroşi (*şi fig.*). # **~ing** arzător; **~-worm** licurici.

glower ['gləʊə] *vi.* (**at**) a se uita fioros (la).

glucose ['glu:kəʊs] *s.* glucoză.

glue [glu:] **I.** *s.* clei. **II.** *vt.* a lipi. # **~y** lipicios, cleios.

glum [glʌm] *adj.* ursuz; taciturn.

glut [glʌt] **I.** *s.* excedent; supraabundență. **II.** *vt.* **1.** a suprasatura (*piața*). **2.** a supraîncărca (*stomacul*). **3.** a îndopa (*un copil*). # **~ted** îmbuibat (*cu mâncare etc.*); **~ton** mâncău; **~tonous** lacom; **~tony** lăcomie.

glutinous ['glu:tɪnəs] *adj.* lipicios.

glycerine ['glɪsərɪn] *s.* glicerină.

gnarled [nɑ:ld] *adj.* **1.** cioturos. **2.** (*d. ramuri*) răsucit. **3.** (*d. mâini*) aspru, bătătorit.

gnash [næʃ] *vt.* a scrâşni din (*dinți*).

gnat [næt] *s.* țânțar.

gnaw [nɔ:] *vt.* a roade; a eroda. # **~ing** devorant, mistuitor.

go [gəʊ] **I.** *s.* **1.** reuşită: *to make a go of* a face un succes din. **2.** *fam.* animație: *on the go* în continuă mişcare/acțiune. **3.** *fam.* încercare: *to have a go* a face o încercare. **II.** (*trec.* **went**, *part. trec.* **gone**) *vi.* **1.** a merge, a înainta. **2.** a pleca. **3.** a călători. **4.** a funcționa: *the engine won't go* motorul nu porneşte. **5.** (*d. timp*) a trece. **6.** a se potrivi: *red goes with black* roşu se asortează cu negru. **7.** (**in**) a ține (de), a aparține (de). **8.** a deveni. # **to go at** a se repezi la; **go-between** mijlocitor, pețitor; **to go by** a trece; **to go down** a se diminua; **going** plecare; **goings-on** *fam.* incidente; mişculații; **to go off** a exploda; **to go on** a continua; **to go out** a ieşi; **to go through** a trece prin greutăți; **to go up** a creşte, a spori; **to go up to** a se apropia de.

goad [gəʊd] **I.** *s.* impuls. **II.** *vt.* a stimula.

goal [gəʊl] *s.* **1.** *sport* poartă; gol; portar. **2.** țel. # **~keeper** *sport* portar; **~mouth** *sport* spațiul porții.

goat [gəʊt] *s.* capră. # **~ee** barbişon; **~ herd** căprar; *to act the giddy ~* a face pe prostul.

gobble ['gɒbl] *vt.* a înghiți (*şi fig.*).

goblin ['gɒblɪn] *s.* spiriduş.

god [gɒd] *s.* zeu. # **God** Dumnezeu. **the ~s** galerie (*la teatru*); **~daughter** fină (*s.*); **~dess** zeiță; **~father** naş; **~fearing** *sau* **~ly** cucernic, evlavios; **~less** necredincios; **~mother** naşă; **~send** mană cerească; **~son** fin (*s.*).

goggle ['gɒgl] *vi.* (**at**) a se holba (la). # **~ box** *fam.* televizor; **~s** ochelari de protecție.

goitre ['gɔɪtə] *s. med.* guşă.

gold [gəʊld] **I.** *s.* aur. **II.** *adj.* de/din aur; auriu. # **~-bearing** aurifer; **~ bullion/ingot** lingou de aur; **~en** auriu; **~field** regiune auriferă; **~ leaf** poleială; **~smith** aurar; **~ standard** etalon aur.

golf [gɒlf] *s.* golf. # **~ course/links** teren de golf.

gone [gɒn] *part. trec. de la* **to go.**

good [gʊd] **I.** *s.* bine: *for the ~ of all* spre binele tuturor; *to do smb. ~* a face un bine cuiva. # **the ~** cei buni; **~s** bunuri, mărfuri. **II.** (*comp.* **better**; *superl.* **the best**) *adj.* bun: *a ~ life* viață bună/îmbelşugată; *~ people* oameni buni; *~ weather* vreme bună/frumoasă.

~ **afternoon!** bună ziua!; ~ **breeding** bună creştere; ~ **bye!** pa!; ~ **evening!** bună seara!; ~ **faith** bună credinţă; ~**-for-nothing** (om) bun de nimic; ~ **for you!** bravo!; **Good Friday** Vinerea Mare; ~**-humour** bună dispoziţie; ~**-looking** chipeş; ~ **luck!** succes!; ~ **morning!** bună dimineaţa!; ~**-natured** jovial; ~**ness** bunătate; ~ **night!** noapte bună!; ~ **riddance!** drum bun, cale bătută!; ~ **sense** bun simţ; ~**will** bunăvoinţă; ~ **works** acte de caritate; *a ~ deal* mult; *as ~ as dead* ca şi mort; *for a ~ while* o bună bucată de vreme; *for ~* pentru totdeauna; *have a ~ time!* petrecere frumoasă!; *in ~ time* la timpul potrivit; *to the ~* în plus/câştig.

goof [gu:f], **goon** [gu:n] *s. fam.* neghiob.

goose [gu:s] (*pl.* **geese**) *s.* gâscă. # ~**flesh** piele de găină (*fig.*).

gore [gɔ:] *s.* sânge închegat.

gorge [gɔ:ʤ] *s.* **1.** gât(lej): *it makes my ~ rise* mă umple de scârbă. **2.** defileu, strâmtoare.

gorgeous ['gɔ:ʤəs] *adj.* admirabil, excepţional.

gorilla [gə'rɪlə] *s.* gorilă.

gory ['gɔ:ri] *adj.* **1.** sângeros. **2.** înspăimântător.

gospel ['gɒspl] *s.* adevăr.

Gospel ['gɒspl] *s.* Evanghelie.

gossip ['gɒsɪp] **I.** *s.* **1.** bârfă. **2.** bârfitor. **II.** *vi.* a bârfi. # ~ **monger** bârfitor; ~**y** bârfitor, care bârfeşte.

got [gɒt] *trec., part. trec. de la* **to get**.

Goth [gɒθ] *s.* got.

Gothic ['gɒθɪk] *adj.* gotic.

gourd [gʊəd] *s. bot.* tărtăcuţă.

gourmand ['gʊəmənd], **gourmet** ['gʊəmeɪ] *s.* gurmand.

gout [gaʊt] *s.* gută.

govern ['gʌvən] *vt.* **1.** a guverna, a conduce. **2.** a influenţa, a determina. # ~**ess** guvernantă; ~**ing** de guvernământ; conducător, de conducere; ~**ment** guvern(are); ~**or** guvernator.

gown [gaʊn] *s.* **1.** rochie de ocazie. **2.** robă; halat.

grab [græb] **I.** *s.* înhăţare. **II.** *vt.* **1.** a înhăţa (*şi fig.*). **2.** a băga la închisoare.

grace [greɪs] *s.* **1.** graţie; eleganţă; fineţe. **2.** milă (*şi cerească*), îndurare. **3.** păsuire. # ~**ful** graţios; ~**s** mofturi; **Graces** Graţii.

gracious ['greɪʃəs] *adj.* **1.** gentil. **2.** milostiv. **3.** mieros.

gradation [grə'deɪʃn] *s.* **1.** gradare. **2.** stadiu.

grade [greɪd] **I.** *s.* **1.** rang. **2.** *şcol.* clasă. **3.** nivel. **4.** *şcol.* notă. **5.** *amer.* pantă. **II.** *vt.* a categorisi. # ~ **crossing** trecere la nivel; ~**d tax** impozit progresiv; *to make the ~* a reuşi.

gradient ['greɪdɪənt] *s.* pantă.

gradual ['grædjuəl] *adj.* **1.** treptat. **2.** moderat: *a ~ transition* tranziţie moderată.

graduate I. ['grædjuɪt] *s.* absolvent. **II.** ['grædjueɪt] *vt.* a grad[illegible] (*un* *termometru*). **III.** ['grædjueɪt] *vi.* a-şi lua dipoma.

graduation [ˌgrædju'eɪʃn] *s.* **1.** gradare. **2.** *şcol.* absolvire.

graft [grɑːft] **I.** *s.* altoire; altoi; grefă. **II.** *vt.* a altoi; a grefa.

grain [greɪn] *s.* **1.** grăunte, bob. **2.** fir: *a ~ of sand* fir de nisip. **3.** fire: *against the ~* împotriva firii.

gram [græm] *s.* gram.

grammar ['græmə] *s.* gramatică. # **~ian** gramatician; **~ school** şcoală secundară.

grammatical [grə'mætɪkl] *adj.* gramatical.

gramme [græm] *s.* gram.

gramophone ['græməfəʊn] *s.* gramofon.

granary ['grænəri] *s.* hambar.

grand [grænd] **I.** *s. sl.* o mie de dolari. **II.** *adj.* **1.** mare, important. **2.** impozant. **3.** principal. **4.** excelent. # **~child** nepot/nepoată de bunici; **~daughter** nepoată de bunici; **~eur** grandoare; **~father** bunic; **~mother** bunică; **~ piano** pian cu coadă; **~son** nepot de bunici; **~stand** *sport* tribuna I.

grange [greɪndʒ] *s.* **1.** fermă. **2.** hambar.

granite ['grænɪt] *s.* granit.

grant [grɑːnt] **I.** *s.* **1.** acordare (de credit). **2.** donaţie. **3.** alocaţie; subvenţie, ajutor în bani. **II.** *vt.* **1.** a garanta. **2.** a da, a acorda. # **~ee** *sau* **~or** donator; *to take it for ~ed* a o lua de bună.

granular ['grænjulə] *adj.* granular, grunjos.

granule ['grænjuːl] *s.* granulă; grăunte.

grape [greɪp] *s.* strugure. # **~vine** viţă de vie.

graph [græf] *s.* grafic, diagramă. # **~ic** grafic (*adj.*); **~ paper** hârtie milimetrică.

graphology [græ'fɒlədʒi] *s.* grafologie.

grapple ['græpl] *vi.* (**with**) **1.** a se lua la bătaie (cu). **2.** a se confrunta (cu) (*fig.*).

grasp [grɑːsp] **I.** *s.* **1.** strânsoare. **2.** apucare. **3.** acaparare. **4.** înţelegere, cunoaştere. **II.** *vt.* **1.** a apuca; a prinde; a pune mâna pe. **2.** a pricepe. **III.** *vi.* (**at**) a se agăţa (de) (*şi fig.*). # **~ing** lacom, rapace; *within one's ~* la dispoziţia sa.

grass [grɑːs] **I.** *s.* **1.** iarbă: *a blade of ~* fir de iarbă. **2.** furaj, nutreţ. **3.** imaş, pajişte. **4.** *sl.* marihuana. **II.** *vt.* **1.** a semăna iarbă. **2.** a doborî (*un oponent*). # **~ hockey** hochei pe iarbă; **~hopper** lăcustă; **~ roots** talpa ţării; **the ~es** gramineele.

grate [greɪt] **I.** *s.* **1.** grătar; grilaj. **2.** şemineu. **3.** scârţâitură. **II.** *vt.* a răzui. **III.** *vi.* **1.** a scârţâi. **2.** (**on**) a scoate din sărite (pe). # **~r** răzătoare.

grateful ['greɪtfl] *adj.* **1.** recunoscător. **2.** binefăcător, reconfortant.

gratification [ˌgrætɪfɪ'keɪʃn] *s.* **1.** satisfacţie. **2.** gratificaţie, recompensă.

gratify ['grætɪfaɪ] *vt.* a mulţumi; a satisface.

gratis ['greɪtɪs] *adj.* gratis.
gratitude ['grætɪtju:d] *s.* recunoștință.
gratuitous [grə'tju:ɪtəs] *adj.* **1.** gratuit. **2.** nejustificat.
gratuity [grə'tju:ɪti] *s.* bacșiș; recompensă (*în bani*).
grave [1]['greɪv] *s.* mormânt. # **~yard** cimitir.
grave[2] [greɪv] *adj.* grav, serios.
gravel ['grævl] *s.* pietriș.
gravitate ['grævɪteɪt] *vi.* a gravita.
gravitation [,grævɪ'teɪʃn] *s.* gravitație.
gravity ['grævɪti] *s.* gravitate (*și fig.*).
gravure [grə'vjʊə] *s.* gravură.
gravy ['greɪvi] *s.* sos. # ~ **boat** sosieră.
gray [greɪ] *adj.* gri.
graze[1] [greɪz] **I.** *s.* rosătură, julitură. **II.** *vi.* a se juli.
graze[2] [greɪz] *s.* a paște.
grazier ['greɪziə] *s.* crescător de vite.
grease [gri:s] **I.** *s.* **1.** untură topită, grăsime. **2.** unsoare; lubrifiant. **II.** *vt.* **1.** a gresa. **2.** a mitui. # **~r** gresor.
great [greɪt] **I.** *s.* persoană importantă, VIP. **II.** *adj.* **1.** mare, mult. **2.** intens, puternic. **3.** eminent. **4.** important; principal. **5.** *fam.* excelent. # **Great Britain** Marea Britanie; **a ~ deal** mare scofală; **~-grandfather** străbunic; **~-grandmother** străbunică; **a ~ many** mulți, nenumărați, **~-grandson** strănepot; **~ness** enormitate; măreție.
Grecian ['gri:ʃn] *adj.* grecesc.
greed [gri:d] *s.* lăcomie. # **~y** lacom.
Greek [gri:k] **I.** *s.* **1.** grec; grecoaică. **2.** limba greacă. **II.** *adj.* grec, grecesc.
green [gri:n] **I.** *s.* **1.** culoarea verde: *a light* ~ un verde deschis. **2.** verdeață. **3.** gazon. **4.** *sl.* marafeți, bani. **II.** *adj.* **1.** verde. **2.** viguros. **3.** gelos. **4.** necopt. **5.** proaspăt. **6.** novice. # ~ **card** *auto* carte verde; **~-eyed** gelos; **~gage** renglotă; **~grocer** zarzavagiu; **~horn** ageamiu; **~house** seră; **~ish** verzui; ~ **onion** ceapă verde; ~ **party** partid ecologist; ~ **pepper** ardei gras; **~room** *înv.* cabină a actorilor; ~ **tea** ceai verde.
greet [gri:t] *vt.* **1.** a saluta. **2.** a întâmpina. # **~ing** salut, binețe; **~ings** felicitări: *new-year ~ings* urări de anul nou.
gregarious [grɪ'geəriəs] *s.* sociabil.
grenade [grɪ'neɪd] *s.* grenadă.
grenadier [,grenə'dɪə] *s.* grenadier.
grew [gru:] *trec. de la* **to grow**.
grey [greɪ] **I.** *adj.* gri, cenușiu. **II.** *vi.* (*d. păr*) a se albi.
greyhound ['greɪhaʊnd] *s.* ogar.
grid [grɪd] *s.* **1.** grilaj; grătar (*și de fript*). **2.** rețea electrică; canalizare. # **~iron** grătar pentru fripturi.
grief [gri:f] *s.* mâhnire.
grievance ['gri:vəns] *s.* **1.** nemulțumire; doleanță; reproș. **2.** nedreptate: *to redress a* ~ a repara o nedreptate.
grieve [gri:v] **I.** *vt.* a mâhni. **II.** *vi.* a se întrista.

grievous ['gri:vəs] *adj.* dureros (*şi fig.*); cumplit. # ~ *bodily harm* vătămare (corporală) gravă.

grill [grɪl] **I.** *s.* grătar (*pt. fripturi*). **II.** *vt.* a frige pe grătar.

grim [grɪm] *adj.* **1.** amenințător. **2.** sinistru, lugubru. 3. (*d. luptă*) înverşunat; feroce. # *like ~ death* cu tenacitate.

grimace [grɪ'meɪs] **I.** *s.* grimasă. **II.** *vi.* a se strâmba.

grimalkin [grɪ'mælkɪn] *s.* **1.** pisică bătrână. **2.** zgripțuroică, cotoroanță.

grime [graɪm] *s.* murdărie, mizerie.

grin [grɪn] **I.** *s.* **1.** zâmbet larg. **2.** rânjet. **II.** *vi.* **1.** a zâmbi larg. **2.** a rânji.

grind [graɪnd] **I.** *s.* **1.** măcinare. **2.** muncă grea, cazna, trudă. **3.** *fam.* toceală. **II.** (*trec., part. trec.* **ground**) *vt.* **1.** a măcina (*cafea etc.*). **2.** a ascuți (*un cuțit*). **3** a oprima. **III.** (*trec., part. trec.* **ground**) *vi.* a toci (*fig.*). # **~er** râşniță; **~stone** gresie de ascuțit.

grip [grɪp] **I.** *s.* **1.** apucare, prindere. **2.** înțelegere. **3.** crampă. **II.** *vt.* **1.** a strânge în mână. **2.** a delecta: *to ~ the audience* a captiva publicul. # *to come to ~s with* a se lua la bătaie cu; *to keep one's ~* a-şi ține firea.

gripe [graɪp] *s.* **1.** *med.* colică. **2.** nemulțumire.

grisly ['grɪsli] *adj.* înspăimântător.

gristle ['grɪsl] *s.* zgârci.

grit [grɪt] *s.* **1.** pietricele, pietriş. **2.** crupe. **3.** bravură. # **~ty** curajos.

grizzle ['grɪzl] *vi.* **1.** (*d. păr*) a se albi. **2.** (*d. copil*) a scânci. # **~d** sur.

groan [grəʊn] **I.** *s.* vaiet, tânguire, geamăt. **II.** *vi.* a se văita, a geme.

grocer ['grəʊsə] *s.* băcan. # **~y** băcănie; **~ies** coloniale, articole de băcănie.

groggy ['grɒgi] *adj.* **1.** amețit. **2.** slăbit.

groin [grɔɪn] *s. anat.* stinghie. # **~s** testicule.

groom [gru:m] *s.* **1.** grăjdar. **2.** mire. # **~sman** cavaler de onoare.

groove [gru:v] *s.* **1.** canelură. **2.** rutină.

grope [grəʊp] **I.** *s.* bâjbâială. **II.** *vi.* a bâjbâi.

gross [grəʊs] **I.** *s.* douăsprezece duzini. **II.** *adj.* **1.** corpolent. **2.** cras; flagrant. **3.** vulgar, grosier. **4.** brut: *~ income* venit brut. **5.** global, total: *~ output* producție globală. # **~ domestic product** produs intern brut.

grotesque [grəʊ'tesk] *adj.* grotesc.

grotto ['grɒtəʊ] (*pl.* **~s/~es**) *s.* grotă.

grouch [graʊtʃ] **I.** *s.* **1.** văicăreală. **2.** văicăreț. **II.** *vi.* a se văicări.

ground[1] [graʊnd] *trec., part trec. de la* **to grind**.

ground[2] [graʊnd] **I.** *s.* **1.** pământ; sol; teren. **2.** *el.* pământ. **3.** bază, fundament: *on the ~s of* pe baza. **4.** fundal. **II.** *vt. el.* a lega la pământ. **III.** *vi. nav.* a eşua. # **~ floor** parter; **~less** nefondat; **~s** motive; zaț; **~sman** îngrijitor (*de teren de sport*); **above ~** viu; **below ~** mort; **to gain ~** a câştiga

teren; *to stand one's ~* a nu se lăsa.
group [gru:p] **I.** *s.* **1.** grup(are). **2.** stol; cârd. **3.** pâlc. **II.** *vt., vi.* a (se) grupa. # **~ie** *fam.* fan înfocat; **~ing** grupare.
grove [grəʊv] *s.* crâng.
grovel ['grɒvl] *vi.* **1.** a se tăvăli. **2.** a se prosterna. **3.** **(in)** a se lăsa pradă (*viciului etc.*).
grow [grəʊ] (*trec.* **grew**, *part. trec.* **~n**) **I.** *vt.* a creşte, a cultiva. **II.** *vi.* **1.** a creşte, a se dezvolta. **2.** a spori. **3.** a deveni: *to ~ old* a îmbătrâni; *to ~ cold* a se face frig; *to ~ angry* a se mânia. # **~er** cultivator; crescător de animale; **~ing** (în) creştere; **~n** matur; **~n-ups** adulţi; **~th** creştere, dezvoltare; sporire; **to ~ up** a se face mare.
growl [graʊl] **I.** *s.* **1.** mârâit. **2.** bâiguială. **II.** *vi.* **1.** a mârâi. **2.** a bâigui.
grub [grʌb] **I.** *s.* **1.** larvă. **2.** *sl.* haleală. **II.** *vt.* **1.** a scormoni (*pământul*). **2.** a defrişa. **3.** *sl.* a hali. **III.** *vi.* a scormoni; a râma. # **~by** murdar, soios.
grudge [grʌʤ] **I.** *s.* pică; invidie: *to bear smb. a ~* a purta pică cuiva. **II.** *vt.* a invidia.
gruel ['gru:əl] *s.* terci. # **~ling** stresant.
gruesome, grewsome ['gru:səm] *adj.* îngrozitor, oribil; macabru.
gruff [grʌf] *adj.* ursuz.
grumble ['grʌmbl] **I.** *s.* bodogăneală, murmur de nemulţumire. **II.** *vi.* a bodogăni, a cârti. # **~r** nemulţumit, cârcotaş.
grumpy ['grʌmpi] *adj.* mofluz.
guarantee [ˌgærən'ti:] **I.** *s.* garanţie; asigurare. **II.** *vt.* a garanta; a asigura.
guarantor [ˌgærən'tɔ:] *s.* garant.
guaranty ['gærənti] *s.* garanţie.
guard [gɑ:d] **I.** *s.* **1.** gardă, pază: *to be on ~* a fi de gardă. **2.** paznic: *~ of train* însoţitor de tren. **3.** *mil.* gardă: *~ of honour* gardă de onoare. **4.** dispozitiv de protecţie: *mud ~ auto* apărătoare. **II.** *vt.* **1.** a păzi, a ocroti. **2.** **(against)** a apăra (de). # **~ed** păzit; circumspect; **~ian** păzitor; tutore; **~ room** gheretă a paznicului.
guerilla [gə'rɪlə] *s.* gherilă.
guess [ges] **I.** *s.* presupunere: *a bad ~* o presupunere greşită, un răspuns greşit; *it's anyone's ~* foarte greu de spus. **II.** *vt.* **1.** a ghici. **2.** *amer.* a crede. # **~timate** ghicire; **~work** presupunere.
guest [gest] *s.* **1.** musafir, oaspete; invitat: *~room* cameră de oaspeţi. **2.** client la hotel.
guffaw [gə'fɔ:] **I.** *s.* (hohot de) râs. **II.** *vi.* a râde, a hohoti de râs.
guidance ['gaɪdəns] *s.* îndrumare; conducere.
guide [gaɪd] **I.** *s.* **1.** ghid; călăuză. **2.** sfetnic, îndrumător. **3.** manual, îndrumar. **II.** *vt.* **1.** a îndruma, a ghida; a călăuzi. **2.** a conduce. # **~lines** indicaţii, linii directoare.
guild [gɪld] *s.* breaslă, corporaţie: *the merchant ~* asociaţie de negustori.

guilder ['gɪldə] *s. înv.* gulden (*unitate monetară în Olanda*).

guile [gaɪl] *s.* perfidie. # **~less** sincer; inocent.

guillotine ['gɪləti:n] *s.* ghilotină.

guilt [gɪlt] *s.* vină. # **~less** nevinovat; **~y** vinovat.

guinea ['gɪni] *s.* guinee (*21 de şilingi*). # **~ hen** bibilică; **~ pig** cobai.

guise [gaɪz] *s.* **1.** vestimentaţie. **2.** mască (*fig.*).

guitar [gɪ'tɑ:] *s.* chitară.

gulden ['gʊldən] *s. înv.* gulden (*unitate monetară în Olanda*).

gulf [gʌlf] *s.* **1.** golf. **2.** discrepanţă.

gull [gʌl] *s.* **1.** pescăruş. **2.** nătăfleţ. # **~ible** bleg.

gullet ['gʌlɪt] *s. fam.* esofag.

gully ['gʌli] *s.* **1.** viroagă. **2.** cuţit de măcelar.

gulosity [gjʊ'lɒsɪti] *s. înv.* lăcomie.

gulp [gʌlp] **I.** *s.* sorbitură: *to empty a glass at one ~* a bea un pahar dintr-o sorbitură. **II.** *vt.* **1.** a înfuleca. **2.** a bea cu nesaţ.

gum [gʌm] *s.* **1.** gingie. **2.** cauciuc (*din arbore*). **3.** adeziv, lipici. **4.** gumă de mestecat. # **~boil** abces (la dinte); **~boots** cizme de cauciuc; **~my** cleios, lipicios; **~tree** arbore de cauciuc.

gun [gʌn] *s.* **1.** tun; puşcă; pistol. **2.** salvă. **3.** *amer. sl.* pistolar. **4.** *tehn.* injector. # **~ fight** luptă cu arme; **~fire** foc de armă; **~man** bandit; **~ner** artilerist; **~ powder** praf de puşcă; **~ running** contrabandă cu arme; **~sel** *amer. sl.* infractor înarmat; **~shot** foc de armă; **~slinger** *amer.* pistolar; **~smith** armurier.

gurgle [gɜ:gl] **I.** *s.* **1.** susur. **2.** gângurit. **II.** *vi.* **1.** a susura. **2.** a gânguri.

gush [gʌʃ] **I.** *s.* **1.** ţâşnire, irupere. **2.** torent. **3.** izbucnire. **4.** efuziune (*sentimentală*). **II.** *vi.* **1.** a ţâşni, a irupe. **2.** a izbucni. # **~er** persoană volubilă; **~ing** exuberant; debordant.

gusset ['gʌsɪt] *s.* clin (*la rochie*).

gust [gʌst] *s.* **1.** rafală (*de vânt, ploaie*). **2.** răbufnire (*şi fig.*). # **~y** vântos.

gustation [gʌ'steɪʃn] *s.* gust(are).

gusto ['gʌstəʊ] *s.* elan, antren; poftă.

gut [gʌt] **I.** *s.* **1.** intestin. **2.** canal îngust. **II.** *adj.* esenţial. **III.** *vt.* a eviscera (*peşte*). # **~less** lipsit de curaj; **~s** viscere; *fam.* curaj.

gutter ['gʌtə] *s.* **1.** streaşină. **2.** rigolă; canal de scurgere. # **~ press** presa de scandal.

guy [gaɪ] *s. fam.* bărbat; persoană; individ.

guzzle ['gʌzl] *vt.* **1.** a înfuleca. **2.** a bea cu nesaţ.

gym [dʒɪm] *s. fam.* (sală de) gimnastică. # **~nasium** sală de gimnastică; **~nast** gimnast; **~nastics** gimnastică; **~ shoes** tenişi.

gyn(a)ecologist [ˌgaɪnɪ'kɒlədʒɪst] *s.* ginecolog.

gyn(a)ecology [ˌgaɪni'kɒlədʒi] *s.* ginecologie.

gyp [ʤip] *sl.* **I.** *s.* durere insuportabilă, supliciu. **II.** *vt.* a duce, a păcăli, a înşela.
gypsum ['ʤɪpsəm] *s.* ghips.
gypsy ['ʤɪpsi] *s.* **1.** ţigan, ţigancă, rom. **2.** limba ţigănească.
gyrate [ʤaɪ'reɪt] *vi.* a se învârti.
gyration [ʤaɪ'reɪʃn] *s.* învârtire, rotire.
gyroscope ['ʤaɪrəskəʊp] *s.* giroscop.
gyves [ʤaɪvz] *s. pl.* cătuşe; lanţuri.

H

H, h [eɪtʃ] (litera) H, h.

haberdasher ['hæbədæʃə] *s.* negustor de mărunţişuri/*amer.* galanterie bărbătească. # **~y** mercerie; *amer.* galanterie.

habit ['hæbɪt] *s.* **1.** obicei; obişnuinţă; deprindere; tabiet: *to make a ~ of* a-i intra în obişnuinţă să; *out of ~* din obişnuinţă. **2.** haine, veşminte (*de călugăr etc.*). **3.** tendinţă. **4.** mentalitate. # **~able** locuibil; **~ation** locuinţă; **~ual** obişnuit; **~ually** de obicei; **to ~uate** a obişnui.

hack¹ [hæk] *s.* **1.** cal de tracţiune. **2.** scriitor/ziarist de duzină. **3.** *amer. fam.* taxi.

hack² [hæk] *vt.* **1.** a face bucăţi, a hăcui. **2.** *amer.* a suporta, a răbda. # **~er** hacker, pirat de calculator; **~saw** bomfaier; *to ~ to bits* a face praf (*fig.*).

had [hæd] *trec., part. trec. de la* **to have**.

h(a)emoglobin [ˌhi:məʊ'gləʊbɪn] *s.* hemoglobină.

h(a)emorrhage ['hemərɪʤ] **I.** *s.* hemoragie. **II.** *vi.* a avea hemoragie.

haft [hɑ:ft] *s.* mâner (*de cuţit etc.*).

hag [hæg] *s.* hoaşcă, babornіţă; vrăjitoare.

haggard ['hægəd] *adj.* scofâlcit, gălbejit.

haggle ['hægl] *vi.* a se târgui, a se tocmi.

hail¹ [heɪl] *s.* **1.** (ploaie cu) grindină. **2.** sumedenie.

hail² [heɪl] *vt.* **1.** a ovaţiona, a aclama. **2.** a chema (*un taxi*).

hair [heə] *s.* (fir de) păr. # **~brush** perie de păr; **~cut** tunsoare; **~do/style** coafură; **~dresser** coafeză; **~dryer** uscător de păr; **~less** chel; **~pin** agrafă pentru păr; **~ slide** clips pentru păr; *a ~'s-breadth escape* scăpare ca prin minune; *to lose by a ~* a pierde la mustaţă; *to split ~s* a tăia firul în patru.

hale [heɪl] *adj.* sănătos; viguros.

half [hɑ:f] **I.** *s.* **1.** jumătate: *~ a dozen* jumătate de duzină; *~ an hour* o jumătate de oră. **2.** *sport* repriză: *the first ~* prima repriză. **II.** *adj.* parţial, incomplet. **III.** *adv.* pe jumătate. # **~back** fundaş; **~breed** corcitură; **~-brother** frate după mamă/tată; **~-hearted** făcut cu strângere de inimă; **~-light** semiîntuneric; **~-sister** soră după mamă/tată; *by ~* cu mult mai; *by halves* incomplet; *my better ~* jumătatea/soţia mea.

hall [hɔːl] *s.* **1.** hol; culoar; vestibul. **2.** sală de dans/ședințe. # **~way** *amer.* antreu, vestibul.

hallmark ['hɔːlmɑːk] **I.** *s.* marcaj (*pe aur etc.*). **II.** *vt.* a marca (*aur etc.*).

hallo [hə'ləʊ] *interj.* bună!

hallow ['hæləʊ] *vt.* **1.** a sanctifica. **2.** a preamări.

hallucination [həˌluːsɪ'neɪʃn] *s.* halucinație.

halo ['heɪləʊ] (*pl.* **~s/~es**) *s.* halou, aureolă.

halt[1] [hɔːlt] **I.** *s.* **1.** oprire; întrerupere; pauză. **2.** haltă. **II.** *vt.* a opri, a întrerupe. # **to ~ at** a face stație la.

halt[2] [hɔːlt] **I.** *adj.* șchiop. **II.** *vi.* a ezita. # **~ing** ezitant, nesigur.

halter ['hɔːltə] **I.** *s.* **1.** căpăstru. **2.** ștreang. **II.** *vt.* a spânzura (*pe cineva*).

halve [hɑːv] *vt.* a înjumătăți.

ham [hæm] *s.* **1.** jambon; șuncă. **2.** *zool.* jaret. **3.** *fam.* actor prost. **4.** radioamator. # **~-fisted** neîndemânatic.

hamlet ['hæmlit] *s.* cătun.

hammer ['hæmə] *s.* ciocan (*și sport, anat.*). # **~ and sickle** secera și ciocanul; **~ing** bătaie, lovire; **throwing the ~** aruncarea ciocanului; *to ~ at the door* a bate în ușă.

hammock ['hæmək] *s.* hamac.

hamper ['hæmpə] **I.** *s.* coș (*de merinde, rufe*). **II.** *vt.* a stânjeni, a jena.

hamster ['hæmstə] *s.* hamster.

hand [hænd] **I.** *s.* **1.** mână: *at ~* la îndemână; *by ~* făcut de mână. **2.** îndemânare. **3.** mână de lucru: *a factory ~* muncitor în fabrică. **4.** scris: *an illegible ~* scris indescifrabil. **5.** limbă: *the minute ~* minutar (*la ceas*). **6.** ajutor: *lend me a ~* dă-mi o mână de ajutor. **II.** *vt.* a da, a înmâna. # **~bag** poșetă; bagaj de mână; **~ball** handbal; **~book** manual, îndreptar; **~brake** frână de mână; **~breadth** mână (*ca măsură*); **~cuffs** cătușe; **a ~ful of** o mână de; **~ glass** oglindă de mână; **~ily** la îndemână; cu ușurință; **~kerchief** batistă; **~out** lucru dat ca pomană; **~picked** ales (pe sprânceană); **~rail** balustradă; **~set** telefon mobil; **~shake** strângere de mână; **~s off!** nu atingeți!; **~s up!** mâinile sus!; **~ writting** scris (de mână); **~y** ușor de manevrat; la îndemână; **upper ~** avantaj; *on the right ~* la dreapta; *on all ~s* pretutindeni; *heavy ~* mână forte; *to shake ~s* a da/strânge mâna.

handicap ['hændɪkæp] **I.** *s.* hadicap. **II.** *vt.* a împiedica.

handicraft ['hændɪkrɑːft] *s.* meșteșug. # *local ~s* produse de artizanat din partea locului.

handiness ['hændɪnɪs] *s.* dexteritate; îndemânare.

handiwork ['hændɪwɜːk] *s.* **1.** lucru manual. **2.** acțiune, faptă.

handle ['hændl] **I.** *s.* mâner; toartă, clanță. **II.** *vt.* **1.** a mânui, a manipula. **2.** a conduce, a dirija. # **~bars** ghidon; **~r** dresor, antrenor; *to fly off the ~* a-și ieși din fire.

handsome ['hænsəm] *adj.* arătos, chipeş.

hang [hæŋ] **I.** *vt.* **1.** (*trec., part. trec.* **hung**) a atârna, a agăța (*un tablou etc.*). **2.** (*verb regulat*) a spânzura (*pe cineva*). **II.** (*trec., part. trec.* **hung**) *vi.* a atârna. # **~er** umeraş; **~ glider** deltaplanist; **~ings** draperii; **~ it!** dă-l încolo!; **~man** călău; **~nail** pieliță (*la unghii*); **~ on!** stai o clipă (la telefon)!; **~ on to it!** ține-te bine!; **~over** mahmureală; **to ~ up** a închide telefonul; *to ~ by a hair* a atârna de un fir de păr (*fig.*); *~dog look* mutră de înmormântare.

hangar ['hæŋə] *s.* hangar.

hank [hæŋk] *s.* scul (*de lână etc.*).

hanker ['hæŋkə] *vi.* (**for, after**) a dori cu ardoare (ceva). # **~ing** nostalgie.

hanky ['hæŋki] *s. fam.* batistă. # **~-panky** şolticărie, mişmaş.

hansom ['hænsəm] *s.* birjă.

hap [hæp] *s. fam.* **1.** şansă. **2.** întâmplare. # **~less** nefericit; **~ly** s-ar putea ca.

happen ['hæpn] *vi.* a se întâmpla: *~ what may* fie ce-o fi. # **~ing** întâmplare; eveniment; **~stance** întâmplare; *as it ~s* întâmplător; *as so often ~s* cum se întâmplă adesea; *it so ~s that* se întâmplă că...

happily ['hæpɪli] *adv.* **1.** fericit: *they lived ~* au trăit fericiți. **2.** din fericire.

happiness ['hæpɪnɪs] *s.* fericire.

happy ['hæpi] *adj.* **1.** fericit. **2.** nimerit, potrivit. # **~-go-lucky** fluşturatic; **~ release** moarte eliberatoare.

harangue [hə'ræŋ] **I.** *s.* discurs moralizator; perorație. **II.** *vt.* a ține o cuvântare moralizatoare.

harass ['hærəs] *vt.* a sâcâi; a hărțui. # **~ment** hărțuire.

harbinger ['hɑ:bɪndʒə] *s.* **1.** vestitor. **2.** prevestitor. **3.** precursor.

harbour ['hɑ:bə] **I.** *s.* **1.** *nav.* port. **2.** adăpost, azil. **II.** *vt.* **1.** a adăposti. **2.** a nutri (*o speranță*). **III.** *vi.* a se adăposti.

hard [hɑ:d] **I.** *adj.* **1.** tare, solid. **2.** aspru (*şi fig.*). **3.** greu, dificil: *a ~ task* sarcină grea. **4.** exigent. **5.** crud, implacabil. **6.** puternic; violent. **7.** (*d. cineva*) dur. **8.** forte: *~ currecy* valută forte. **II.** *adv.* **1.** puternic, tare. **2.** din greu; cu greu. # **~back** carte cartonată; **~-boiled** (*d. ou*) fiert tare; **~-bound** (*d. carte*) cartonat; **~ cash** numerar; **~ drink** băutură tare; **to ~en** a (se) întări; **~ feelings** resentimente; **~-hearted** afurisit, rău; **~ihood** curaj; tupeu; **~iness** robustețe; îndrăzneală; **~ labour** muncă silnică; **the ~ left** extrema stângă; **~ luck** ghinion; **~ of hearing** tare de ureche; **the ~ right** extrema dreaptă; **~ships** greutăți materiale, privațiuni; **~-up** lefter; **~ware** articole de metal, feronerie; **~wood** lemn de esență tare; **~y** robust.

hardly ['hɑ:dli] *adv.* **1.** abia: *I can ~ hear you* abia te aud. **2.** cu duritate. **3.** cu greu. **4.** aproape: *~ anyone* aproape nimeni; *~ anything* aproape nimic.

hare [heə] *s.* iepure (*de câmp*). # **~ -brained** descreierat; **~lip** buză de iepure.

haricot ['hærɪkəʊ] *s.* fasole (*uscată*).

harlequin ['hɑ:lɪkwɪn] *s.* arlechin.

harlot ['hɑ:lət] *s.* femeie uşoară: *to play the ~* a se prostitua.

harm [hɑ:m] **I.** *s.* **1.** rău: *bodily ~* vătămare corporală. **2.** prejudicu. **II.** *vt.* **1.** a vătăma. **2.** a prejudicia. # **~ful** vătămător; **~less** inofensiv.

harmonica [hɑ:'mɒnɪkə] *s.* muzicuţă.

harmonious [hɑ:'məʊniəs] *adj.* armonios.

harmonize ['hɑ:mənaɪz] *vt, vi* **1.** a (se) armoniza. **2.** a (se) potrivi.

harmony ['hɑ:məni] *s.* **1.** armonie. **2.** potrivire, concordanţă.

harness ['hɑ:nɪs] **I.** *s.* hamuri. **II.** *vt.* a înhăma. # *in ~* la datorie/muncă.

harp [hɑ:p] **I.** *s.* harpă. **II.** *vi.* a cânta la harpă. # **to ~ on** a reveni mereu la (*un subiect*).

harpoon [hɑ:'pu:n] *s.* harpon.

harridan ['hærɪdn] *s.* babornită.

harrow ['hærəʊ] **I.** *s.* grapă. **II.** *vt.* a grăpa. # *under the ~* zbuciumat.

harry ['hæri] *vt.* a hărţui.

harsh [hɑ:ʃ] *adj.* **1.** aspru, sever. **2.** strident.

harvest ['hɑ:vɪst] **I.** *s.* recoltă. **II.** *vt.* a recolta.

hasp ['hɑ:sp] *s.* încuietoare; zăvor; cremonă.

hassle ['hæsl] *s. fam.* scandal; răfuială.

haste [heɪst] *s.* grabă: *in hot ~* în mare grabă. # **to ~n** a (se) grăbi.

hasty ['heɪsti] *adj.* grăbit, pripit.

hat [hæt] *s.* pălărie: *to put on one's ~* a-şi pune pălăria; *to take off one's ~* a-şi scoate pălăria. # **~s off!** jos pălăria!; **~ter** pălărier; *out of a ~* ca prin minune.

hatch[1] [hætʃ] **I.** *s.* clocire, clocit. **II.** *vt.* **1.** a cloci (*ouă*). **2.** a urzi (*o intrigă*). **III.** *vi.* (*d. pui*) a ieşi din ou.

hatch[2] [hætʃ] *s.* deschizătură cu capac în perete/tavan/podea.

hatchet ['hætʃɪt] *s.* secure. # **~ job** *fam.* atac (verbal/scris) furibund; **~man** ucigaş plătit.

hate [heɪt] **I.** *s.* ură. **II.** *vt.* a urî, a detesta. # **~ful** detestabil; **pet ~** lucru detestabil; persoană nesuferită.

hatred ['heɪtrɪd] *s.* ură.

haughty ['hɔ:ti] *adj.* trufaş.

haul [hɔ:l] *vt.* a trage; a remorca. # **~age** cărăuşie; remorcare.

haunch [hɔ:ntʃ] *s.* **1.** *anat.* şold; coapsă. **2.** pulpă din spate (*şi la măcelărie*).

haunt [hɔ:nt] *vt.* **1.** (*d. stafie*) a bântui. **2.** a frecventa (*un restaurant etc.*). # **~ing** obsedant.

hauteur [həʊ'tɜ:] *s.* trufie.

have [hæv/həv] (*trec., part. trec.* **had**) **I.** *v. aux.* **1.** (*formează* *timpurile perfecte ale verbelor*): *he has come* a venit; *I had done it* o făcusem; *I had been there before* fusesem acolo înainte; *I shall ~ seen the film* voi fi văzut filmul. **2.** (*formează condiționalul trecut*): *I should ~ gone there if I had time* m-aş fi dus acolo dacă aş fi avut timp. **II.** *vt.* **1.** a avea, a poseda. **2.** a suferi de (*o boală*). **3.** a servi (*masa*). **4.** a fi cuprins de (*milă*). **5.** (**to**) a trebui (să): *I ~ to go* trebuie să plec. # **had better** mai bine aş/ai/ar; **had rather/ sooner** mai degrabă aş/ai/ar; **I ~ it!** ştiu răspunsul! **~-been** (un) fost; **the ~-nots** *fam.* sărăntocii; **the ~s** bogații.

haven ['heɪvn] *s.* liman; refugiu; port.

havoc ['hævək] *s.* **1.** haos. **2.** distrugeri.

hawk [hɔːk] *s.* **1.** şoim. **2.** persoană rapace/cu idei belicoase. # **~er** negustor ambulant; **~-eyed** cu ochii-n patru; **~ish** belicos.

hawthorn ['hɔːθɔːn] *s.* măceş.

hay [heɪ] *s.* fân. # **~ cock/stack** căpiță de fân; *new-mown hay* fân de curând cosit.

haywire ['heɪwaɪə] *adv.* aiurea: *to go ~* a o lua razna, a funcționa prost.

hazard ['hæzəd] *s.* **1.** hazard, noroc. **2.** risc: *to run the ~* a-şi asuma riscul. # **~ous** riscant.

haze [heɪz] *s.* abur, ceață rară.

hazel ['heɪzl] *s.* **1.** alun. **2.** alună. # **~ eyes** ochi căprui deschis; **~nut** alună.

hazy ['heɪzi] *adj.* **1.** cețos. **2.** vag.

he [hiː] **I.** *s.* mascul: *he-goat* țap. **II.** *pron.* el. # **he-man** un bărbat şi jumătate; **he who** cel care.

head [hed] **I.** *s.* **1.** cap; minte. **2.** conducător. **3.** capăt. **II.** *vt.* **1.** a conduce. **2.** a intitula. **3.** a înfrunta. **III.** *vi* (**for**) a se îndrepta (spre) (*şi fig.*). # **~ache** durere de cap; **~ cheese** *amer.* piftie; **~first** cu capul înainte; **~ing** antet, titlu; **~line** titlu (în ziar); **~master** director de şcoală; **~mistress** directoare de şcoală; **~quarters** cartierul general; **~set** căşti (*pentru ascultat*); **~ start** *sport* avantaj; **~strong** încăpățânat; **~way** înaintare, progres; **~-word** cuvânt-titlu; **~y** amețitor; nestăpânit, violent; *~ and shoulders above* mult superior; *to hold up one's ~* a ține fruntea sus; *to keep one's ~* a-şi păstra calmul; *to laugh one's ~ off* a se prăpădi de râs; *to make ~* a progresa; *off his ~* smintit; *to talk smb.'s ~ off* a face cuiva capul calendar; *to turn ~ over heels* a se da peste cap.

heal [hiːl] *vt.*, *vi.* a (se) vindeca. # **~-all** panaceu; **~er** vindecător.

health [helθ] *s.* sănătate: *to be in bad ~* a fi cam bolnav; *to be in good ~* a fi sănătos; *to regain ~* a se însănătoşi. # **~ful** sănătos; **~ visitor** inspector sanitar; **~ certificate** certificat medical; **~y** sănătos.

heap [hiːp] **I.** *s.* morman, maldăr. **II.** *vt.* **1.** a îngrămădi. **2.** a aduna, a strânge. # *~s of time* de nenumărate ori.

hear [hɪə] (*trec., part. trec.* **heard**) **I.** *vt.* **1.** a auzi. **2.** a asculta; a audia. **II.** *vi.* a auzi. # **~ing** auz; audiere; **~ing aid** aparat auditiv; *~ me out* ascultă-mă până la capăt.

hearse [hɜːs] *s.* dric, car mortuar.

heart [hɑːt] *s.* **1.** inimă. **2.** stare sufletească. **3.** milă: *you have no ~* n-ai pic de milă; *have a ~!* fie-ţi milă!; **4.** miez, esenţă; *at ~* în esenţă; **5.** cupă: *the king of ~s* riga de cupă. # *~ache* supărare; **~ attack** atac de inimă: **~break** deznădejde; **~burn** durere de stomac; **to ~en** a încuraja; **~ening** încurajator; **~ily** cu poftă; **~less** nemilos; **~-rending** zguduitor; **~y** sincer; cordial; robust; copios; *after one's own ~* după pofta inimii; *by ~* pe de rost; *cross my ~!* pe cuvânt!; *to have one's ~ in one's mouth* a muri de frică; *in (good) ~* în bună dispoziţie; *in one's ~* în forul său interior; *to lose ~* a-i pieri curajul; *to set one's ~ on smth.* a-şi dori nespus de mult ceva; *sick at ~* deznădăjduit, bolnav de supărare; *to take ~* a-şi face curaj; *to take smth. to ~* a pune ceva la inimă; *with all one's ~* din toată inima.

hearth [hɑːθ] *s.* **1.** cămin, şemineu. **2.** cămin, casă.

heat [hiːt] **I.** *s.* **1.** căldură; arşiţă; febră. **2.** ardoare, avânt, înflăcărare. **3.** toi. **4.** călduri: *on ~* (*d. animal*) în călduri. **II.** *vt.* a încălzi. # **~ed** pasionat; aprins; **~ing** (sistem de) încălzire; **~ stroke** insolaţie; **~ cure** termoterapie; *in the ~ of the moment* sub impulsul momentului.

heathen [ˈhiːðn] *s.* păgân.

heave [hiːv] **I.** *s.* săltare. **II.** *vt.* **1.** a ridica (*un obiect*). **2.** *fam.* a arunca, a azvârli. **3.** a scoate (*un sunet*). **III.** *vi.* **1.** (*d. mare*) a se undui. **2.** (*d. un vas*) a se legăna. # *to ~ into sight* a apărea la orizont.

heaven [ˈhevn] *s.* **1.** boltă cerească, cer. **2.** rai. # **~ly** ceresc.

heavily [ˈhevɪli] *adv.* **1.** greu, cu greutate. **2.** intens.

heavy [ˈhevi] *adj.* **1.** greu: *a ~ load* o încărcătură grea. **2.** abundent, intens: *~ rain* ploaie torenţială. **3.** dificil: *a ~ task* sarcină grea. **4.** sufocant (*şi fig.*). **5.** mare: *a ~ eater* un mare mâncău. # **~hearted** îndurerat, mâhnit; **~ industry** industrie grea; **~-set** corpolent; **~weight** boxer de categoria grea; om cu greutate.

hebdomadal [hebˈdɒmədl] *adj.* (*d. ziar*) săptămânal.

Hebrew [ˈhiːbruː] **I.** *s.* **1.** evreu. **2.** limba ebraică. **II.** *adj.* ebraic.

hectare [ˈhektɑː] *s.* hectar.

hectic [ˈhektɪk] *adj.* agitat: *a ~ life* viaţă trepidantă.

hector [ˈhektə] *vt.* a teroriza (*pe cineva*).

hedge [hedʒ] *s.* gard viu.

hedgehog [ˈhedʒhɒg] *s.* arici.

heed [hi:d] **I.** *s.* atenție, grijă: *pay ~ to my words* ia aminte la vorbele mele. **II.** *vt.* a lua în considerație. # **~ful** circumspect; **~less** nepăsător.

heel [hi:l] *s.* **1.** călcâi. **2.** pinten (*de cocoş*). **3.** talon la ciorap. **4.** coltuc, colț de pâine. **5.** *fam.* ticălos, jigodie. # **~s** pantofi cu toc înalt; *at the ~s of smb.* pe urmele cuiva; *to dig one's ~s in* a se încăpățâna; *down at ~s* jerpelit; *to take to one's ~s* a o lua la sănătoasa; *to turn on one's ~* a se răsuci pe călcâie.

heft [heft] *s.* greutate. # **~y** voinic, trupeş.

hegemony [hı'geməni] *s.* hegemonie.

heifer ['hefə] *s.* vițea, vițică.

height [haıt] *s.* **1.** înălțime: *~ sickness* rău de înălțime. **2.** talie, statură. **3.** culme; toi. # **to ~en** a (se) intensifica.

heinous ['heınəs] *adj.* odios, abominabil.

heir [eə] *s.* moştenitor. # **~ess** moştenitoare; **~less** fără moştenitor; **~ loom** moştenire de familie.

held [held] *trec., part. trec. de la* **to hold**.

helicopter ['helıkɒptə] *s.* elicopter.

heliport ['helıpɔ:t] *s.* aeroport pentru elicoptere.

helium ['hi:liəm] *s.* heliu.

hell [hel] *s.* iad. # **~-bent** hotărât, pornit; *~ or high water* oricât ar fi de greu; *as/like ~* foarte; *for the ~ of it!* d-aia!; *to ~ with...* la dracu cu...; *to raise ~* a face mare tămbălău.

Hellene ['heli:n] *s.* elen.

Hellenic [he'lenık] *adj.* elen.

hello [hə'ləʊ] *interj.* bună!, servus!

helm [helm] *s.* cârmă (*şi fig.*). # **~sman** cârmaci.

helmet ['helmıt] *s.* cască.

help [help] **I.** *s.* **1.** ajutor, sprijin. **2.** servitor, servitoare. **II.** *vt.* **1.** ajuta. **2.** a servi, a da. # **~ful** de ajutor; **~ing** porție de mâncare; **~less** neajutorat; *~ yourself* ajută-te singur; *~ yourself to...* serveşte...; *so ~ me God!* aşa să-mi ajute Dumnezeu!

helve [helv] *s.* mâner, toartă, coadă (*de mătură etc.*).

hem [hem] **I.** *s.* tiv. **II.** *vt.* a tivi.

hemisphere ['hemısfiə] *s.* emisferă.

hemlock ['hemlɒk] *s.* cucută.

hemp [hemp] *s.* cânepă.

hen [hen] *s.* găină. # **~coop** coteț de găini; **~ party** petrecere numai de femei.

henchman ['hæntʃmən] *s.* acolit; suporter.

henpeck ['henpek] *vt.* a cicăli (*un bărbat*).

her [h3:] **I.** *adj. posesiv* ei: *~ dress* rochia ei. **II.** *pron.* pe ea, ei: *I love ~* o iubesc.

herald ['herəld] **I.** *s.* vestitor; mesager. **II.** *vt.* a vesti.

herb [h3:b] *s.* plantă erbacee; plantă medicinală. # **~aceous** erbacee; **~alist** doctor homeopat; **~icide** ierbicid; **~ivore** animal ierbivor.

herd [hɜ:d] **I.** *s.* turmă. **II.** *vi.* (**with**) a se asocia (cu); **~sman** păstor.

here [hɪə] *adv.* aici: *~ and there* ici şi colo; *near ~* pe aici (pe undeva); *~'s your hat* iată pălăria ta; *~ you are!* poftim!; *look ~!* ascultă!, bagă de seamă! # **~by** drept care; **~ above** mai sus (*în text*); **as ~tofore** ca şi până acum.

hereditary [hɪ'redɪtəri] *adj.* ereditar.

heredity [hɪ'redɪti] *s.* ereditate.

heresy ['herɪsi] *s.* erezie.

heretic ['herɪtɪk] *s.* eretic.

heritage ['herɪtɪdʒ] *s.* moştenire.

hermetic [hɜ:'metɪk] *adj.* ermetic (*şi fig.*).

hermit ['hɜ:mɪt] *s.* pustnic. # **~age** sihăstrie.

hero ['hɪərəʊ] (*pl. ~es*) *s.* **1.** erou. **2.** personaj (*de roman etc.*). # **~ic** eroic; **~ics** grandilocvenţă, vorbe sforăitoare; **~ine** eroină; **~ism** eroism.

heroin ['herəʊɪn] *s.* heroină.

heron ['herən] *s.* bâtlan.

herpes ['hɜ:pi:z] *s.* herpes.

herring ['herɪŋ] *s.* hering.

hers [hɜ:z] *pron. posesiv* al ei, a ei, ale ei, ai ei: *this house is ~* casa asta e a ei.

herself [hə'self] **I.** *pron. reflexiv* se: *she considers ~ lucky* se consideră norocoasă. **II.** *pron. de întărire* însăşi: *she ~ wrote it* ea însăşi a scris-o. # **all by ~** singură; **to ~** pentru uzul ei personal.

hesitant ['hezɪtənt] *adj.* ezitant.

hesitate ['hezɪteɪt] *vt., vi.* a ezita.

hesitation [ˌhezɪ'teɪʃn] *s.* ezitare.

heterogeneous [ˌhetərəʊ'dʒi:niəs] *adj.* eterogen.

het up ['hetəp] *adj. fam.* enervat: *don't get ~!* nu te ambala!

hexagon ['heksəgən] *s.* hexagon.

heyday ['heɪdeɪ] *s.* apogeu: *in the ~ of youth* în floarea tinereţii.

hiatus [haɪ'eɪtəs] *s.* hiat (*şi fig.*).

hibernate ['haɪbəneɪt] *vi.* a hiberna.

hiccup, hiccough ['hɪkʌp] **I.** *s.* sughiţ. **II.** *vi* a sughiţa.

hick [hɪk] *s. fam.* ţărănoi.

hickory ['hɪkəri] *s.* nuc.

hide[1] [haɪd] **I.** *s.* ascunziş. **II.** *vt., vi.* a (se) ascunde. # **~-and-seek** v-aţi ascunselea; **~away** ascunzătoare.

hide[2] [haɪd] *s.* blană de animal.

hideous ['hɪdiəs] *adj.* hidos.

hiding ['haɪdɪŋ] *s. fam.* bumbăceală, bătaie zdravănă.

hierarchy ['haɪərɑ:ki] *s.* ierarhie.

hieroglyph ['haɪərəglɪf] *s.* hieroglifă.

hi-fi ['haɪfaɪ] *s., adj.* (aparat) de redare fină a sunetului.

high [haɪ] **I.** *adj.* **1.** înalt: *a ~ tower* turn înalt; *six metres ~* înalt de şase metri. **2.** ridicat, mare: *~ temperature* temperatură ridicată. **3.** principal: *the ~ street* strada principală. **4.** superior. **5.** (*d. sunet*) acut. **6.** (*d. culoare*) viu. **II.** *adv.* **1.** (în) sus. **2.** departe (*fig.*). # **~born** de viţă nobilă; **~boy** *amer.* scrin; **~brow** *fam.* intelectual; **~ day** zi de sărbătoare; **~er education** învăţământ superior; **~er-up** mărime, ştab; **~-flown** bombastic; **~ hat** persoană arogantă; **~ jump**

săritură la înălțime; ~ **life** stil de viață al protipendadei; **~ly** foarte; **~(ly)-strung** nevricos; ~ **relief** basorelief; ~ **tech(nology)** tehnologie înaltă; **~-way** autostradă; ~ **and dry** (*lăsat*) de izbelişte; ~ **and low** pretutindeni; ~ **and mighty** plin de ifose.

highfalutin [ˌhaɪfəˈluːtɪn] *adj. fam.* sforăitor, bombastic.

Highness [ˈhaɪnɪs] *s.* înălțime, alteță.

hijack [ˈhaɪʤæk] **I.** *s.* deturnare (*a unui avion*). **II.** *vt.* a deturna (*un avion*).

hike [haɪk] **I.** *s.* excursie. **II.** *vi.* a face o excursie. # **~r** excursionist.

hilarious [hɪˈleəriəs] *adj.* voios; hilar.

hilarity [hɪˈleərɪti] *s.* veselie; haz.

hill [hɪl] *s.* deal. # **~ock** deal mic; **~-side** coastă de deal; **~y** deluros.

hilt [hɪlt] *s.* mâner de sabie, plăsea.

him [hɪm] *pron.* lui; (pe) el; de el: *give ~ the hat* dă-i (lui) pălăria; *I hate ~* îl urăsc; *it's ~* el e.

himself [hɪmˈself] **I.** *pron. reflexiv* se: *he considers ~ unlucky* se consideră ghinionist. **II.** *pron de întărire* însuşi: *he ~ did it* chiar el a făcut-o, el însuşi a făcut-o. # **all by ~** singur; **to ~** pentru uzul lui personal.

hind[1] [haɪnd] *s.* căprioară.

hind[2] [haɪnd] *adj.* din spate: *~ legs* picioare din spate.

hinder [ˈhɪndə] *vt.* **1.** a stânjeni. **2.** a obstrucționa.

hindrance [ˈhɪndrəns] *s.* stavilă, obstacol.

hinge [hɪnʤ] **I.** *s.* balama. **II.** *vt.* a pune în balamale.

hint [hɪnt] **I.** *s.* aluzie, insinuare. **II.** *vi* a insinua, a sugera. # **~s** recomandări, îndrumări.

hip[1] [hɪp] *s.* şold. # **~sters** pantaloni cu talia joasă.

hip[2] [hɪp] *s.* fruct de măceş.

hippopotamus [ˌhɪpəˈpɒtəməs] s. hipopotam.

hire [haɪə] **I.** *s.* închiriere; locație: *"for ~"* liber (*la taxi*); *on ~* (casă) de închiriat. **II.** *vt.* **1.** a închiria, a lua cu chirie. **2.** a angaja.

hirsute [ˈhɜːsjuːt] *adj.* păros; lățos.

his [hɪz] **I.** *adj. posesiv* lui: *~ car* maşina lui. **II.** *pron.* a(l) lui: *this car is ~* maşina asta e a lui.

hiss [hɪs] **I.** *s.* **1.** sâsâit. **2.** fluierătură. **II.** *vt.* a fluiera (*un orator*). **III.** *vi* a sâsâi.

historian [hɪsˈtɔːriən] *s.* istoric.

historic [hɪˈstɒrɪk] *adj.* de importanță istorică: *a ~ event* eveniment istoric.

historical [hɪˈstɒrɪkl] *adj.* istoric, privitor la istorie: *a ~ monument* un monument istoric.

history [ˈhɪstəri] *s.* istorie.

hit [hɪt] **I.** *s.* **1.** lovitură, izbitură, impact. **2.** lovitură (*fig.*). **3.** reuşită: *the book was a ~* cartea a avut succes. **II.** (*trec., part. trec.* **hit**). *vi.* **1.** a lovi (*şi fig.*). **2.** a nimeri (*ținta*). # **to ~ home** a-şi atinge scopul; **~man** *fam.* ucigaş plătit; **to ~ on** a da din întâmplare de; **~ or miss** orice/oricum ar fi; la risc/nimereală; **song ~s** şlagăre.

hitch [hɪtʃ] **I.** *s.* **1.** impediment, dificultate. **2.** smucitură. **II.** *vt.* **1.** a ataşa, a adăuga. **2.** a smuci. # **to ~ hike** a face autostopul; **~hiker** autostopist; *to get ~ed fam.* a se căsători.

hive [haɪv] *s.* stup. # **~s** urticare.

hoar [hɔ:] **I.** *s.* chiciură. **II.** *adj.* cărunt. # **~frost** chiciură.

hoard [hɔ:d] **I.** *s.* **1.** provizie, rezervă. **2.** tezaur. **II.** *vt.* a acumula, a strânge.

hoarse [hɔ:s] *adj.* răguşit: *a ~ sound* hârâială. # **to ~n** a răguşi.

hoax [həʊks] **I.** *s.* festă. **II.** *vt.* a trage pe sfoară.

hobble ['hɒbl] **I.** *s.* şchiopătat. **II.** *vi.* a merge şontâc-şontâc.

hobby ['hɒbi] *s.* hobby, pasiune. # **~horse** căluţ de lemn; idee fixă.

hobnob ['hɒbnɒb] *vi* (**with**) a fi prieten la cataramă (cu), a se însoţi (cu).

hockey ['hɒki] *s.* hochei.

hocus ['həʊkəs] *vt.* a păcăli.

hoe [həʊ] **I.** *s.* săpăligă. **II.** *vi.* a da cu săpăliga.

hog [hɒg] **I.** *s.* porc (*şi fig.*). **II.** *vt.* a acapara. # **~gish** lacom.

hoist [hɔɪst] **I.** *s.* **1.** ridicare. **2.** (orice fel de) scripete. **II.** *vt.* a ridica.

hold [həʊld] **I.** *s.* **1.** apucare (*cu mâna*) **2.** ceva de care să te ţii. **3.** influenţă: *she has a ~ over him* are influenţă asupra lui. **4.** pauză scurtă. **5.** arest. **II.** (*trec., part. trec.* **held**) *vt.* **1.** a ţine: *~ the baby* ţine copilul; *~ it tight* ţine-l strâns. **2.** a conţine: *the bottle ~s one litre* sticla conţine un litru. **3.** a deţine, a avea. **4.** a susţine: *to ~ an opinion* a susţine o părere. **5.** a considera. **6.** a organiza (*un miting*). **III.** (*trec.,part. trec.* **held**) *vi.* **1.** a ţine; a se menţine: *the rope held* frânghia a rezistat. **2.** a fi valid. # **~all** geantă de voiaj; **to ~ forth** a ţine un discurs; a oferi; **to ~ hands** a se ţine de mână; **~ it!** stai pe loc! **~ on!** ţine-te bine!; aşteaptă o clipă!; **~up** jaf armat; *to ~ back one's tears* a se abţine să nu plângă; *~ out your hand* întinde mâna; *to ~ one's breath* a-şi ţine răsuflarea; *~ together* rămâneţi uniţi; *~ up your hands* ridicaţi mâinile; *to get ~ of* a pune mâna pe (*şi fig.*).

holder ['həʊldə] *s.* **1.** posesor, deţinător: *~ of shares* deţinător de acţiuni; *~ of an estate* proprietar al unei moşii. **2.** concesionar. **3.** suport: *a cigarette ~* ţigaret.

holding ['həʊldɪŋ] **I.** *s. ec.* holding. **II.** *adj.* **1.** care deţine. **2.** tutelar.

hole [həʊl] **I.** *s.* **1.** gaură; crăpătură; falie. **2.** vizuină. **3.** văgăună (*fig.*). **II.** *vt.* a face (*o gaură*), a găuri. # *~ in the air* gol de aer; *to be in a ~* a fi în impas.

holiday ['hɒlədeɪ] *s.* vacanţă; concediu; sărbătoare.

holler ['hɒlə] *vt., vi. amer.* a zbiera.

hollow ['hɒləʊ] **I.** *s.* gaură; groapă; scorbură. **II.** *adj.* **1.** găurit, scobit; gol. **2.** adâncit. **3.** (*d. ochi*) înfundat. **4.** (*d. sunet*) surd. **5.** fals, nesincer. # *a ~ victory* victorie zdrobitoare; *to feel ~* a-i fi foame.

holster ['hɒlstə] *s.* toc de pistol.

holy ['həʊli] *adj.* **1.** sfânt. **2.** cucernic. # **the Holy See** Sfântul Scaun; **the Holy Spirit** Sfântul Duh; **the Holy Writ** Biblia.

homage ['hɒmɪdʒ] *s.* omagiu.

home [həʊm] **I.** *s.* **1.** casă: *at ~* acasă. **2.** familie. **3.** țară natală. **4.** habitat. **5.** azil (*de bătrâni*); casă (*de copii*). **II.** *adj.* **1.** de familie; de acasă. **2.** familial. **3.** natal: *~ town* oraş natal. **4.** interior, intern: *~ trade* comerț intern. **III.** *adv.* **1.** acasă: *to get ~* a ajunge acasă. **2.** drept la țintă: *his speech went ~* discursul lui a mers la inimă. # **~-abiding lover** persoană căreia îi place să stea acasă; **~ economics** cunoştințe de gospodărie; **~ industry** industrie de artizanat; **~land** patrie; **the ~less** cei fără adăpost; **~ly** simplu, nepretențios; hâd; **~-made** autohton, local; **~sick** cu dor de casă; **~ team** echipă gazdă; **~work** temă pentru acasă; *to be at ~ with* a fi familiarizat cu.

homeopath ['həʊmiəpæθ] *s.* (doctor) homeopat.

homeopathy [ˌhəʊmi'ɒpəθi] *s.* homeopatie.

homicide ['hɒməsaɪd] *s.* crimă, omucidere.

homily ['hɒmɪli] *s.* predică (*bis. şi fig.*).

hominy ['hɒmɪni] *s.* mămăligă.

homogeneous [ˌhəʊmə'dʒi:niəs] *adj.* omogen.

homonym ['hɒmənɪm] *s.* omonim.

homosexual [ˌhəʊmə'seksjuəl] *s., adj.* homosexual.

hone [həʊn] *vt.* a ascuți.

honest ['ɒnɪst] *adj.* **1.** onest, cinstit. **2.** sincer, direct. # **~ly** sincer vorbind; **~y** onestitate.

honey ['hʌni] *s.* miere. # **~!** iubitule!, iubito!; **~comb** fagure de miere; **~ed** (*d. cuvinte*) dulce; **~moon** lună de miere.

honk [hɒŋk] **I.** *s.* **1.** guițat. **2.** (sunet de) claxon. **II.** *vi* **1.** a guița. **2.** a claxona.

honorarium [ˌɒnə'reəriəm] *s.* onorariu.

honorary ['ɒnərəri] *adj.* onorific.

honour ['ɒnə] **I.** *s.* onoare, cinste; respect. **II.** *vt.* a onora, a cinsti. # **~able** onorabil; **~s** decorații, medalii; *in ~ of* din respect față de; *on my ~!* pe cinstea mea!

hood [hʊd] *s.* **1.** glugă. **2.** *amer.* capotă. # **~lum** *sl.* bandit; **to ~wink** a duce, a înşela.

hoof [hu:f] *s.* copită. # **~er** dansator; **to ~ it** a merge pe jos.

hook [hʊk] **I.** *s.* **1.** cârlig; andrea; cui (de agățat). **2.** furcă (*la telefon*). **II.** *vt.* **1.** a pune în cui. **2.** a încheia cu copci. # **~er** *amer. sl.* prostituată; **~-nosed** cu nas coroiat; **to ~ up with** *sl.* a se căsători cu.

hooligan ['hu:lɪgən] *s.* huligan.

hoop [hu:p] *s.* cerc (*de butoi, de joacă*).

hooray [hu:'reɪ] *interj.* ura!

hoot [hu:t] **I.** *s.* **1.** strigăt de bufniță. **2.** claxon; sirenă. **3.** huiduială.

II. *vt.* a huidui. **III.** *vi.* **1.** (*d. bufniță*) a huhura. **2.** a claxona. # **~er** claxon.

hop[1] [hɒp] *s.* hamei.

hop[2] [hɒp] **I.** *s.* **1.** salt; țopăială; dans. **2.** etapă (*de călătorie*). **II.** *vt.* a sări peste. **III.** *vi.* a sări; a țopăi; a dansa. # **~ it!** *sl.* valea!; **~per** insectă care sare; *a ~ skip and a jump from here* la o aruncătură de băț de aici.

hope [həʊp] **I.** *s.* speranță: *to lose ~* a-și pierde speranța. **II.** *vt., vi.* a spera (că): *to ~ for the best* a spera că toate se vor termina cu bine; *I ~ not* sper că nu; I ~ *so* așa sper. # **~ful** încrezător; promițător; **~less** disperat; zadarnic.

hora ['hɔːrə] *s.* horă.

horde [hɔːd] *s.* hoardă; roi; gloată.

horizon [hə'raɪzn] *s.* orizont: *on the ~* la orizont; iminent.

horizontal [ˌhɒrɪ'zɒntl] *adj.* orizontal.

horn [hɔːn] *s.* **1.** corn (*muz. și zool.*). **2.** baga. **3.** claxon; sirenă. # **~ed** cu coarne; încornorat.

hornet ['hɔːnɪt] *s.* viespe.

horologe ['hɒrəlɒʤ] *s.* orologiu.

horoscope ['hɒrəskəʊp] *s.* horoscop.

horrendous [hɒ'rendəs], **horrible** ['hɒrəbl] *adj.* oribil.

horrid ['hɒrɪd] *adj.* groaznic; oribil.

horrify ['hɒrɪfaɪ] *vt.* a șoca, a oripila.

horror ['hɒrə] *s.* groază; oroare. # **~-struck** îngrozit.

hors d'oeuvre [ɔː'dɜːvr] *s. pl.* aperitive.

horse [hɔːs] *s.* **1.** cal; zebră; măgar. **2.** cavalerie. **3.** *sport* cal. # **~flesh** carne de cal; **~fly** tăun; **~man** călăreț; **~manship** echitație; **~ pommel** cal cu mânere; **~ power** cal putere; **~shoe** potcoavă; **on ~back** călare.

horticulture ['hɔːtɪkʌltʃə] *s.* horticultură.

hose [həʊz] *s.* **1.** furtun. **2.** ciorapi; șosete.

hosier ['həʊziə] *s.* negustor de ciorapi. # **~y counter** raion de ciorapi.

hospice ['hɒspɪs] *s.* **1.** casă de oaspeți pentru drumeți aflată într-o mănăstire. **2.** azil.

hospitable ['hɒspɪtəbl] *adj.* ospitalier.

hospital [ˌhɒspɪtl] *s.* spital. # **to ~ize** a spitaliza.

hospitality [ˌhɒspi'tæləti] *s.* ospitalitate.

host[1] [həʊst] *s.* **1.** gazdă. **2.** prezentator de spectacol/televiziune. **3.** hangiu. # **~ess** gazdă.

host[2] [həʊst] *s.* mulțime.

hostage ['hɒstiʤ] *s.* ostatic.

hostel ['hɒstl] *s.* **1.** internat, cămin. **2.** pensiune.

hostile ['hɒstaɪl] *adj.* ostil.

hostility [hɒs'tɪlɪti] *s.* ostilitate.

hot [hɒt] *adj.* **1.** foarte cald. **2.** fierbinte. **3.** iute (*la gust*). **4.** aprins, furios. **5.** pătimaș. # **~bed** seră; **~ flush** bufeu; **~head** persoană impulsivă; **~ly** aprins, cu ardoare; **~ news** știri de ultimă oră; **~ pants** șort; **~ shot** persoană de succes cu aplomb; **~tempered** impulsiv;

to ~wire a porni motorul (*unei maşini*) fără cheie de contact.

hotchpotch ['hɒtʃpɒtʃ] *s.* ghiveci (*şi fig.*).

hotel [həʊ'tel] *s.* hotel. # **~ier** proprietar/director de hotel.

hound [haʊnd] *s.* câine de vânătoare.

hour [aʊə] *s.* oră: *half an ~* o jumătate de oră; *on the ~* din oră în oră; *a quarter of an ~* un sfert de oră. # **~glass** clepsidră; **~ hand** ac orar; **~-long** de o oră; **~ly** din oră în oră; *at all ~s* tot timpul; *the man of the ~* omul zilei; *one's last ~* sfârşitul/moartea cuiva.

house [haʊs] **I.** *s.* **1.** casă; clădire; imobil. **2.** hotel; restaurant; bar; club. **3.** editură. **4.** cameră a Parlamentului: *the House of Lords* Camera Lorzilor. **5.** agenţie; birou; firmă. **II.** *adj.* de casă; relativ la casă. **III.** *vt.* a găzdui. # **~ arrest** domiciliu forţat; **~ agent** agent imobiliar; **~craft** arta de a conduce o gospodărie; **~hold** familie; **~holder** proprietar de casă; **~keeper** menajeră; **~maid** servitoare; **~man** doctor rezident (*la spital*); **~wares** obiecte de menaj; **~wife** casnică; **~work** menaj.

housing ['haʊzɪŋ] **I.** *s.* **1.** locuinţe. **2.** carcasă (*de motor etc.*). **II.** *adj.* de locuit; de locuinţe: *the ~ problem* criza de locuinţe.

hover ['hɒvə] *vi* **1.** a plana. **2.** a ezita. # **~craft** vehicul pe pernă de aer.

how [haʊ] *adv.* **1.** (*în propoziţii interogative*) cum: *~ can I do it?* cum să fac asta?; *~ is it that...?* cum se face că...? **2.** cât de: *~ nice she is* cât de drăguţă e. # *and ~!* şi încă cum!; *~ are you?* ce mai faci?; *~ come?* cum aşa?; *~ do you do?* (*se spune când faci cunoştinţă cu cineva*); *~'s that?* ce-ai spus?

however [haʊ'evə] **I.** *adv.* **1.** oricum, în orice fel. **2.** oricât de. **II.** *conj.* totuşi.

howl [haʊl] **I.** *s.* **1.** urlet (*de lup etc.*). **2.** vaiet. **3.** hohot de râs. **II.** *vi* **1.** a urla. **2.** a se văita. **3.** (*d. vânt*) a şuiera. # **~er** *fam.* gafă; **~ing** colosal.

hoyden ['hɔɪdən] *s.* băieţoi.

hub [hʌb] *s.* **1.** butuc (*la roată*). **2.** centru: *the ~ of the universe* buricul pământului.

hubbub ['hʌbʌb] *s.* vuiet, larmă.

hubby ['hʌbi] *s. fam.* soţior.

huckleberry ['hʌklbəri] *s.* afină.

hue [hju:] *s.* **1.** nuanţă. **2.** aspect. # **~ and cry** protest vehement.

hug [hʌg] **I.** *s.* îmbrăţişare. **II.** *vt.* a strânge la piept. **III.** *vi.* a se îmbrăţişa.

huge [hju:dʒ] *adj.* uriaş, enorm.

hullabaloo [ˌhʌləbə'lu:] *s.* debandadă, scandal.

hullo [hʌ'ləʊ] *interj.* bună!

hum [hʌm] **I.** *s.* **1.** zumzet. **2.** huruit. **II.** *vt.* a îngâna, a fredona (*o melodie*). **III.** *vi.* **1.** a zumzăi. **2.** a hurui.

human ['hju:mən] *adj.* uman (*şi fig.*). # **~ being** fiinţă umană; **~e** milos, bun; **~ism** umanism; **~ity** omenire;

omenie; ~ **kind** neamul omenesc; **~ly** omenește.

humble ['hʌmbl] **I.** *adj.* **1.** umil, neînsemnat. **2.** umil, smerit. **II.** *vt.* a umili.

humbug ['hʌmbʌg] *s.* șarlatan, farsor.

humdrum ['hʌmdrʌm] *adj.* anost, plicticos.

humid ['hju:mɪd] *adj.* umed. **# to ~ify** a umezi; **~ity** umiditate.

humiliate [hju:'mɪlɪeɪt] *vt.* a umili.

humility [hju:'mɪlɪti] *s.* umilință.

hummock ['hʌmək] *s.* deal mic.

humorist ['hju:mərɪst] s. umorist.

humour ['hju:mə] **I.** *s.* **1.** umor. **2.** stare sufletească: *out of ~* prost dispus. **3.** comic: *the ~ of the situation* comicul situației. **II.** *vt.* a menaja. **# ~ous** amuzant, comic.

hump [hʌmp] *s.* **1.** cocoașă. **2.** movilă, hop. **# ~back** cocoașă; cocoșat (*s.*); **~backed** cocoșat (*adj.*).

hunch [hʌntʃ] *s.* **1.** presimțire; bănuială. **2.** cocoașă. **# ~back** cocoașă; cocoșat (*s.*).

hundred ['hʌndrɪd] *num.* sută: *six ~ and five* șase sute cinci. **#~th** al o sutălea; *~s of birds* sute de păsări.

hung [hʌŋ] *trec., part. trec. de la* **to hang**.

Hungarian [hʌŋ'geəriən] **I.** *s.* **1.** ungur, unguroaică. **2.** limba maghiară. **II.** *adj.* unguresc.

hunger ['hʌŋgə] *s.* **1.** foame. **2.** poftă, dorință, sete. **# ~ strike** greva foamei.

hungover [hʌŋ'əʊvə] *s.* mahmureală.

hungry ['hʌŋgri] *adj.* **1.** flămând. **2.** (**for**) avid (de), însetat (de): *~ flames* flăcări nesățioase.

hunk [hʌŋk] *s.* **1.** bucată mare; halcă. **2.** *sl.* bărbat bine/sexy.

hunker ['hʌŋkə] *vi.* a sta pe vine.

hunt [hʌnt] **I.** *s.* **1.** vânătoare. **2.** căutare. **II.** *vt.* **1.** a vâna. **2.** a căuta. **# ~er** *sau* **~s man** vânător; *to ~ high and low* a căuta peste tot.

hurdle [hɜ:dl] *s.* **1.** *sport.* gard: *one hundred and ten meters ~s* cursa de 110 m garduri. **2.** obstacol, hop.

hurl [hɜ:l] *vt.* **1.** a azvârli, a arunca. **2.** a împroșca (*cu reproșuri etc.*).

hurly-burly ['hɜ:liˌbɜ:li] *s.* agitație, hărmălaie.

hurray [hʊ'reɪ] *interj.* ura!

hurricane ['hʌrɪkən] *s.* uragan.

hurry ['hʌri] **I.** *s.* grabă: *there's no ~* nu-i nici o grabă. **II.** *vt.*, *vi.* a (se) grăbi.

hurt [hɜ:t] **I.** *s.* **1.** rană. **2.** injurie. **II.** (*trec., part. trec.* **hurt**) *vt.* **1.** a răni, a vătăma. **2.** a jigni. **III.** (*trec., part. trec.* **hurt**) *vi.* a durea: *it ~s* doare. **# ~ful** dureros; **to get ~** a se răni; a o păți.

hurtle ['hɜ:tl] *vi.* a se lovi; a se ciocni; a se izbi.

husband ['hʌzbənd] **I.** *s.* soț. **II.** *vt.* a chivernisi (*banii*). **# ~ry** gestiune/administrare judicioasă.

hush [hʌʃ] **I.** *s.* liniște. **II.** *vt.* a liniști, a calma. **III.** *vi.* a face liniște. **# ~ --** *fam.* confidențial, secret.

husk [hʌsk] *s.* coajă; tărâțe; pleavă.

husky [ˈhʌski] **I.** *s.* (câine) husky. **II.** *adj.* **1.** răguşit. **2.** corpolent.

hussy [ˈhʌsi] *s.* otreapă (*femeie*).

hustle [ˈhʌsl] **I.** *s.* zor. **II.** *vt.* a grăbi; a brusca. **III.** *vi.* a se îmbrânci. # **~r** escroc.

hut [hʌt] *s.* colibă.

hyacinth [ˈhaɪəsɪnθ] *s.* zambilă.

hy(a)ena [haɪˈiːnə] *s.* hienă.

hybrid [ˈhaɪbrɪd] *s.* hibrid.

hyraulic [haɪˈdrɔːlɪk] *adj.* hidraulic. # **~s** hidraulică.

hydrogen [ˈhaɪdrədʒən] *s.* hidrogen.

hydroplane [ˈhaɪdrəpleɪn] *s.* hidroavion.

hygiene [ˈhaɪdʒiːn] *s.* igienă.

hygienic [haɪˈdʒiːnɪk] *adj.* igienic.

hymen [ˈhaɪmən] *s. anat.* himen.

hymn [hɪm] **I.** *s.* imn. **II.** *vt.* a preamări.

hypertension [ˌhaɪpəˈtenʃn] *s.* hipertensiune.

hyphen [ˈhaɪfn] *s.* liniuţă de unire, cratimă.

hypnosis [hɪpˈnəʊsɪs] *s.* hipnoză.

hypnotism [ˈhɪpnətɪzəm] *s.* hipnotism.

hypnotize [ˈhɪpnətaɪz] *vt.* a hipnotiza.

hypo [ˈhaɪpəʊ] (*pl.* **~s**) *s. fam.* seringă.

hypochondria [ˌhaɪpəˈkɒndriə] *s.* ipohondrie. # **~c** ipohondru.

hypocrisy [hɪˈpɒkrɪsi] *s.* ipocrizie.

hypocrite [ˈhɪpəkrɪt] *s.* ipocrit.

hypodermic [ˌhaɪpəˈdɜːmɪk] **I.** *s.* seringă. **II.** *adj.* hipodermic.

hypotenuse [haɪˈpɒtɪnjuːz] *s.* ipotenuză.

hypothesis [haɪˈpɒθɪsɪs] *s.* ipoteză.

hypothetical [ˌhaɪpəˈθetɪkl] *adj.* ipotetic.

hysteria [hɪˈsterɪə] *s.* isterie.

hysteric(al) [hɪˈsterɪk(l)] *adj.* isteric.

hysterics [hɪˈsterɪks] *s. pl.* istericale: *to go into ~* a face criză de nervi.

I

I, i [aι] (litera) I, i.

I [aι] *pron.* eu.

iambus [aι'æmbəs] *s.* iamb.

ibidem ['ιbιdem] *adv.* ibidem, tot acolo.

ice [aιs] **I.** *s.* **1.** gheață. **2.** înghețată. **II.** *adj.* de gheață, glaciar: *the ~ age* epoca glaciară. **III.** *vt.* **1.** a îngheța (*ceva*). **2.** a glazura. # **~ bank** banchiză; **~berg** aisberg; **~breaker** spărgător de gheață; **~ cap** calotă glaciară; **~-cold** glacial; **~ cream** înghețată; **~ rink** patinoar; **~ skate** patină; **~ skater** patinator; **~ skating** patinaj; *to be on thin ~* a se găsi într-o situație precară; *to cut no ~* a lăsa rece (*pe cineva*).

icicle ['aιsιkl] *s.* țurțure.

icing ['aιsιŋ] *s.* **1.** glazură. **2.** *av.* jivraj.

icon, ikon ['aιkɒn] *s.* icoană.

icy ['aιsi] *adj.* **1.** de/din/cu gheață. **2.** distant, rezervat.

ID card ['aι'di:ka:d] *s.* act de identitate.

idea [aι'dιə] *s.* **1.** idee, concepție. **2.** impresie, părere. **3.** gând. # *I have no ~!* habar n-am!; *it's not my ~ of* nu e genul meu de; *what's the big ~?* ce-ți veni?

ideal [aι'diəl] *s., adj.* ideal. # **~ism** idealism; **~ist** idealist; **to ~ize** a idealiza.

idem ['idem] *s.* idem.

identic(al) [aι,dentιk(l)] *adj.* identic.

identification [aι,dentιfι'keιʃn] *s.* identificare.

identify [aι'dentιfaι] *vt.* a identifica.

identikit [aι'dentιkιt] *s.* portret robot.

identity [aι'dentιti] *s.* identitate.

ideological [,aιdιə'lɒdʒιkl] *adj.* ideologic.

idology [,aιdι'ɒlədʒi] *s.* ideologie.

idiocy ['ιdiəsi] *s.* **1.** idioțenie. **2.** stupiditate.

idiom ['ιdiəm] *s.* **1.**expresie, locuțiune. **2.** idiom, dialect. # **~atic** idiomatic.

idiot ['ιdiət] *s.* idot, debil mintal.

idle ['aιdl] **I.** *adj.* **1.** inactiv, care nu face nimic. **2.** inutil. **3.** nefondat. **4.** leneş. **II.** *vt.* a iroși (*timpul*). **III.** *vi.* (*d. motor*) a merge în gol. # **~ness** lâncezeală, lene; **~r** pierde-vară.

idol ['aιdl] *s.* idol (*şi fig.*). # **~atry** idolatrie; **to ~ize** a idolatriza.

idyll ['ιdιl] *s.* idilă, bucolică. # **~ic** idilic.

if [ɪf] *conj.* dacă. # **as if** ca şi cum; **even if** chiar dacă; **if only** numai dacă.

igloo ['ɪglu:] (*pl.* **~s**). *s.* iglu.

ignite [ɪg'naɪt] **I.** *vt.* a da foc la. **II.** *vi.* a lua foc.

ignition [ɪg'nɪʃn] *s.* aprindere. # **~ key** cheie de contact.

ignoble [ɪg'nəʊbl] *adj.* sărac, umil, plebeu.

ignominious [ˌɪgnə'mɪniəs] *adj.* ruşinos, infam.

ignominy ['ɪgnəmɪni] *s.* ruşine, mârşăvie, infamie.

ignoramus [ˌɪgnə'reɪməs] *s.* ignorant.

ignorance ['ɪgnərəns] *s.* ignoranță.

ignorant ['ɪgnərənt] *adj.* ignorant.

ignore [ɪg'nɔ:] *vt.* a ignora.

ill [ɪl] **I.** *s.* rău, nenorocire. **II.** (*comp.* **worse**, *superl.* **worst**) *adj.* **1.** bolnav: *to be ~ with* a suferi de. **2.** rău, vătămător: *~ deeds* fapte rele. **3.** prost: *~ repute* reputație proastă. **III.** (*comp.* **worse**, *superl.* **worst**) *adv.* rău. # **~-advised** necugetat; **~ at ease** stingherit, tulburat; **~-bred** prost crescut; **~-fated** nefericit; **~-favoured** hâd; **~-humour** proastă dispoziție; **~ness** boală; **~-starred** năpăstuit; **~-tempered** arțăgos; **~-timed** deplasat, inoportun; **to ~-treat** a maltrata; **~will** pică, duşmănie.

illegal [ɪ'li:gl] *adj.* ilegal, ilicit. # **~ity** ilegalitate.

illegible [ɪ'ledʒəbl] *adj.* neciteț, ilizibil.

illegitimate [ˌɪlɪ'dʒɪtɪmɪt] *adj.* **1.** nelegitim. **2.** neautorizat, ilicit.

illiberal [ɪ'lɪbrəl] *adj.* **1.** redus, mărginit. **2.** calic, meschin.

illicit [ɪ'lɪsɪt] *adj.* ilicit.

illiterate [ɪ'lɪtərɪt] *adj.* analfabet, ignorant.

illogical [ɪ'lɒdʒɪkl] *adj.* ilogic.

illuminate [ɪ'lu:mɪneɪt] *vt.* **1.** a lumina. **2.** a clarifica.

illuminating [ɪ'lu:mɪneɪtɪŋ] *adj.* edificator.

illusion [ɪ'lu:ʒn] *s.* iluzie. # **~ist** iluzionist.

illusory [ɪ'lu:səri] *adj.* iluzoriu.

illustrate ['ɪləstreɪt] *vt.* a ilustra (*şi fig.*).

illustration [ˌɪləs'treɪʃn] *s.* **1.** ilustrație. **2.** ilustrare.

illustrator ['ɪləstreɪtə] *s.* ilustrator.

illustrious [ɪ'lʌstriəs] *adj.* ilustru, reputat.

image ['ɪmɪdʒ] *s.* **1.** imagine. **2.** copie, dublură. **3.** figură de stil. # **~ry** figuri de stil

imaginary [ɪ'mædʒɪnəri] *adj.* imaginar.

imagination [ɪ'mædʒɪ'neɪʃn] *s.* imaginație.

imagine [ɪ'mædʒɪn] *vt.* **1.** a concepe. **2.** a închipui **3.** a imagina, a născoci.

imbecility [ˌɪmbɪ'sɪlɪti] *s.* imbecilitate.

imbibe [ɪm'baɪb] *vt.* **1.** a bea. **2.** a acumula.

imbroglio [ɪm'brəʊlɪəʊ] (*pl.* **~s**) *s.* încurcătură.

imbued [ɪm'bju:d] *adj.* plin: *~ with* înțesat cu.

imitate ['ɪmɪteɪt] *vt.* a imita.
imitation [ˌɪmɪ'teɪʃn] *s.* imitare, imitație.
immaculate [ɪ'mækjulɪt] *adj.* imaculat, impecabil.
immaterial [ˌɪmə'tɪriəl] *adj.* **1.** imaterial. **2.** fără însemnătate.
immature [ˌɪmə'tjuə] *adj.* imatur.
immeasurable [ɪ'meʒrəbl] *adj.* incomensurabil, infinit.
immediate [ɪ'mi:diət] *adj.* **1.** imediat. **2.** direct. **3.** apropiat. **4.** urgent. # **~ly** imediat; prin apropiere; direct.
immense [ɪ'mens] *adj.* imens.
immensity [ɪ'mensəti] *s.* imensitate.
immerse [ɪ'mɜ:s] *vt.* **1.** a băga în apă, a scufunda. **2.** a implica: *to be ~d in reading* a fi cufundat în citit.
immigrant ['ɪmɪgrənt] *s.* imigrant.
immigrate ['ɪmɪgreɪt] *vi.* a imigra.
immigration [ˌɪmɪ'greɪʃn] *s.* imigrare.
imminent ['ɪmɪnent] *adj.* iminent, inevitabil.
immobile [ɪ'məʊbaɪl] *adj.* imobil, fix.
immobilize [ɪ'məʊbɪlaɪz] *vt.* a imobiliza.
immoderate [ɪ'mɒdərət] *adj.* exagerat, excesiv.
immodest [ɪ'mɒdɪst] *adj.* **1.** indecent, nerușinat. **2.** îndrăzneț.
immoral [ɪ'mɒrəl] *adj.* imoral. # **~ity** imoralitate.
immortal [ɪ'mɔ:tl] *adj.* nemuritor. # **~ity** nemurire; **to ~ize** a imortaliza.
immovable [ɪ'mu:vəbl] *adj.* **1.** imobil. **2.** impasibil.
immune [ɪ'mju:n] *adj.* **1.** imun. **2.** inaccesibil.
immunity [ɪ'mju:nəti] *s.* imunitate.
imp [ɪmp] *s.* drăcușor.
impact ['ɪmpækt] *s.* **1.** impact, ciocnire. **2.** influență.
impair [ɪm'peə] *vt.* **1.** a slăbi (*vederea*). **2.** a deteriora. # **~ment** slăbire, deteriorare.
impartial [ɪm'pɑ:ʃl] *adj.* imparțial.
impassable [ɪm'pɑ:səbl] *adj.* *(d. un drum)* impracticabil.
impasse ['ɪmpɑ:s] *s.* impas.
impassioned [ɪm'pæʃənd] *adj.* pasionat.
impassive [ɪm'pæsɪv] *adj.* impasibil.
impatience [ɪm'peɪʃəns] *s.* nerăbdare.
impatient [ɪm'peɪʃənt] *adj.* nerăbdător.
impeach [ɪm'pi:tʃ] *vt.* **1.** a pune sub semnul întrebării. **2.** a acuza. **3.** a recuza. # **~ment** acuzare, denigrare.
impeccable [ɪm'pekəbl] *adj.* impecabil.
impedance [ɪm'pi:dəns] *s. el.* impedanță.
impede [ɪm'pi:d] *vt.* a obstrucționa.
impediment [ɪm'pedɪmənt] *s.* impediment.
impel [ɪm'pel] *vt.* **1.** a împinge. **2.** a impulsiona.
impending [ɪm'pendɪŋ] *adj.* iminent.
impenetrable [ɪm'penɪtrəbl] *adj.* de nepătruns (*și fig.*).
imperative [ɪm'perətɪv] *adj.* **1.** imperios, urgent, necesar. **2.** *gram.* imperativ.
imperfect [ɪm'pɜ:fɪkt] **I.** *s. gram.* imperfect. **II.** *adj.* necomplet, incomplet.
imperialism [ɪm'pɪriəlɪzəm] *s.* imperialism.

imperialist [ɪm'pɪərɪəlɪst] *s.* imperialist.

imperil [ɪm'perɪl] *vt.* a primejdui.

imperious [ɪm'pɪərɪəs] *adj.* 1. urgent. 2. arogant.

impermeable [ɪm'pɜ:mɪəbl] *adj.* impermeabil.

impersonate [ɪm'pɜ:səneɪt] *vt.* a întruchipa.

impertinence [ɪm'pɜ:tɪnəns] *s.* impertinență.

impertinent [ɪm'pɜ:tɪnənt] *adj.* impertinent.

impervious [ɪm'pɜ:vɪəs] *adj.* de nepătruns, etanş.

impetuous [ɪm'petjuəs] *adj.* repezit, impulsiv.

impetus ['ɪmpɪtəs] *s.* stimulent, impuls.

impinge [ɪm'pɪndʒ] *vi.* (**on**) **1.** a se repercuta (asupra). **2.** a se lovi (de).

impish ['ɪmpɪʃ] *adj.* pus pe rele.

implant [ɪm'plɑ:nt] *vt.* **1.** *med.* a implanta. **2.** a inspira (*un sentiment*).

implement I. ['ɪmplɪmənt] *s.* unealtă, instrument. **II.** ['ɪmplɪment] *vt.* a executa, a îndeplini, a realiza.

implication [,ɪmplɪ'keɪʃn] *s.* implicare.

implicit [ɪm'plɪsɪt] *adj.* implicit.

implore [ɪm'plɔ:] *vt.* a implora.

imply [ɪm'plaɪ] *vt.* **1.** a cere, a comporta, a implica. **2.** a da de înțeles.

impolite [,ɪmpə'laɪt] *adj.* nepoliticos.

impolitic [ɪm'pɒlɪtɪk] *adj.* necugetat.

import I. ['ɪmpɔ:t] *s.* **1.** import. **2.** importanță. **3.** înțeles, sens. **II.** [ɪm'pɔ:t] *vt.* **1.** a importa. **2.** a împrumuta (*un cuvânt*). # **~ance** importanță; **~ant** important; **~er** importator.

importunate [ɪm'pɔ:tjunɪt] *adj.* enervant, exasperant.

importune [,ɪpə'tju:n] *vt.* a importuna.

impose [ɪm'pəʊz] *vt.*, *vi.* a (se) impune.

imposing [ɪm'pəʊzɪŋ] *adj.* impunător, falnic.

impossible [ɪm'pɒsəbl] *adj.* imposibil.

impostor [ɪm'pɒstə] *s.* impostor.

impotence ['ɪmpətəns] *s.* impotență.

impotent ['ɪmpətənt] *adj.* impotent.

impoverish [ɪm'pɒvərɪʃ] *vt.* a sărăci (*şi fig.*).

impregnable [ɪm'pregnəbl] *adj.* **1.** de neînvins. **2.** de nezdruncinat.

impregnate ['ɪmpregneɪt] *vt.* **1.** a îmbiba, a înmuia. **2.** a fecunda, a fertiliza.

impress I. ['ɪmpres] *s.* semn, urmă. **II.** [ɪm'pres] *vt.* **1.** a imprima, a grava. **2.** a impresiona. # **~ive** impresionant.

impression [ɪm'preʃn] *s.* **1.** impresie. **2.** amprentă, urmă. **3.** ediție, tiraj. # **~able** impresionabil; **~ism** impresionism.

imprimatur [,ɪmprɪ'meɪtə] *s.* aprobare de publicare.

imprint I. ['ɪmprɪnt] *s.* urmă, semn. **II.** [ɪm'prɪnt]. *vt.* a imprima (*şi fig.*).

imprison [ɪm'prɪzn] *vt.* a închide, a băga la închisoare. # **~ment** băgare la închisoare, detenție.

improbable [ɪm'prɒbəbl] *adj.* nesigur.
impromptu [ɪm'prɒmptju:] *adj.* improvizat.
improper [ɪm'prɒpə] *adj.* nepotrivit, impropriu.
impropriety [,ɪmprə'praɪəti] *s.* **1.** faptă reprobabilă. **2.** indecență.
improve [ɪm'pru:v] *vt., vi.* a (se) îmbunătăți; a (se) ameliora. # **~ment** îmbunătățire.
improvise ['ɪmprəvaɪz] *vt.* a improviza.
imprudent [ɪm'pru:dənt] *adj.* imprudent.
impudent ['ɪmpjudənt] *adj.* obraznic.
impulse ['ɪmpʌls] *s.* impuls.
impulsive [ɪm'pʌlsɪv] *adj.* impulsiv.
imputation [,ɪmpju'teɪʃn] *s.* imputare.
in [ɪn] **I.** *adv.* în interior, înăuntru. **II.** *prep.* **1**. în: *in the rain* în ploaie; *in 1999* în 1999. **2.** pe: *in places* pe alocuri. **3**. din: *one in five* unul din cinci **4**. cu: *in a loud voice* cu voce tare. # **in all** per total; **in between** intermediar, între; **in-depth** amănunțit; *in fact* de fapt; *in on* la curent cu; *in so far as* în măsura în care; *in that* deoarece; *in with* în relații de amiciție cu; *the ins and outs* toate detaliile/dedesubturile.
inaccessible [,ɪnək'sesəbl] *adj.* inaccesibil.
inaccurate [ɪn'ækjurɪt] *adj.* inexact.
inadequate [ɪn'ædɪkwɪt] *adj.* incomplet; insuficient.
inadvertent [,ɪnəd'vɜ:tənt] *adj.* neprevăzut. # **~ly** fără să vrea.
inane [ɪ'neɪn] *adj.* stupid.
inanimate [ɪn'ænɪmeɪt] *adj.* neînsuflețit.
inappropriate [,ɪnə'prəʊpriət] *adj.* nepotrivit.
inapt [ɪn'æpt] *adj.* inapt.
inattentive [,ɪnə'tentɪv] *adj.* neatent.
inaugurate [ɪ'nɔ:gjureɪt] *vt.* a inaugura.
inauspicious [,ɪnɔ:s'pɪʃəs] *adj.* neprielnic.
inborn [ɪn'bɔ:n] *adj.* înnăscut.
incandescent [,ɪnkæn'desənt] *adj.* incandescent.
incapable [ɪn'keɪpəbl] *adj.* incapabil.
incapacity [,ɪnkə'pæsɪti] *s.* incompetență.
incautious [ɪn'kɔ:ʃəs] *adj.* imprudent.
incense ['ɪnsens] *s.* tămâie.
incentive [ɪn'sentɪv] *s.* stimulent.
incertitude [ɪn'sɜ:tɪtju:d] *s.* incertitudine.
incessant [ɪn'sesənt] *adj.* neîncetat.
incest [ɪn'sest] *s.* incest. # **~uous** incestuos.
inch [ɪntʃ] *s.* inch, țol (= *2,54 cm*). # *every* ~ în totalitate; ~ *by*~ puțin câte puțin.
inchoate [ɪn'kəʊɪt] *adj.* incomplet, incipient.
incident ['ɪnsɪdənt] *s.* incident. # **~al** incidental; **~ally** apropo.
incinerate [ɪn'sɪnəreɪt] *vt.* a incinera.
incision [ɪn'sɪʒn] *s.* incizie.
incisive [ɪn'saɪsɪv] *adj.* incisiv (*și fig.*).
incisor [ɪn'saɪzə] *s.* dinte incisiv.
incite [ɪn'saɪt] *vt.* a incita. # **~ment** incitare, stârnire.

inclement [ɪn'klemənt] *adj.* (*d. vreme*) aspru.

inclination [ˌɪnklɪ'neɪʃn] *s.* înclinare, înclinație.

incline I. ['ɪnklaɪn] *s.* pantă. **II.** [ɪn'klaɪn] *vt., vi.* a (se) înclina.

inclosure [ɪn'kləʊʒə] *s.* îngrăditură.

include [ɪn'klu:d] *vt.* a include.

including [ɪn'klu:diŋ] *adj.* inclusiv, şi cu.

incognito [ˌɪnkɒg'ni:təʊ] *adj., adv.* incognito.

income ['ɪnkʌm] *s.* venit, câştig, salariu; profit. # ~ **tax** impozit pe venit.

incomparable [ɪn'kɒmprəbl] *adj.* incomparabil.

incompetence [ɪn'kɒmpɪtəns] *s.* incompetență.

incomplete [ˌɪnkəm'pli:t] *adj.* incomplet.

incomprehensible [ɪnˌkɒmprɪ'hensɪbl] *adj.* de neînțeles.

inconceivable [ˌɪnkən'si:vəbl] *adj.* de neconceput.

incongruity [ˌɪnkən'gru:ɪti] *s.* nepotrivire.

inconsiderate [ˌɪnkən'sɪdərɪt] *adj.* lipsit de bun-simț.

inconsistent [ˌɪnkən'sɪstənt] *adj.* **1.** inconsecvent. **2.** incompatibil.

inconspicuous [ˌɪnkən'spɪkjuəs] *adj.* neobservat; modest.

incontestable [ˌɪnkən'testəbl] *adj.* incontestabil.

inconvenience [ˌɪnkən'vi:niəns] *s.* inconvenient.

incorporeal [ˌɪnkɔ:'pɔ:riəl] *adj.* imaterial.

incorrect [ˌɪnkə'rekt] *adj.* incorect.

increase I. ['ɪnkri:s] *s.* sporire. **II.** [ɪn'kri:s] *vt.* a spori, a creşte.

incredible [ɪn'kredəbl] *adj.* incredibil.

incredulous [ɪn'kredjuləs] *adj.* neîncrezător.

increment ['ɪnkrɪmənt] *s.* creştere, sporire.

incriminate [ɪn'krɪmɪneɪt] *vt.* a incrimina.

incubus ['ɪnkjubəs] *s.* **1.** demon. **2.** coşmar.

inculcate ['ɪnkʌlkeɪt] *vt.* a inculca, a insufla.

incumbent [ɪn'kʌmbənt] **I.** *s.* titular. **II.** *adj.* necesar, care se impune.

incur [ɪn'kɜ:] *vt.* **1.** a asuma: *to ~ risks* a-şi asuma riscuri. **2.** a suporta (*cheltuieli*).

indebted [ɪn'detɪd] *adj.* îndatorat (*şi fig.*).

indecent [ɪn'di:sənt] *adj.* indecent. # ~ **behaviour** atentat la bunele moravuri.

indecision [ˌɪndɪ'sɪʒn] *s.* nehotărâre.

indecorous [ɪn'dekərəs] *adj.* de prost gust.

indeed [ɪn'di:d] *adv.* într-adevăr.

indefatigable [ˌɪndɪ'fætɪgəbl] *adj.* neobosit.

indefinite [ɪn'defɪnɪt] *adj.* **1.** nelimitat, neprecizat. **2.** *gram.* (*d. articol*) nehotărât. # **~ly** vag.

indelible [ɪn'delɪbl] *adj.* de neşters.

indemnification [ɪnˌdemnɪfɪ'keɪʃn] *s.* **1.** compensație. **2.** garanție.

indent ['ɪndent], **indentation** [ˌɪnden'teɪʃn] *s.* zimț, crestătură.

independence [ˌɪndɪ'pendəns] *s.* independență.
independent [ˌɪndɪ'pendənt] *adj.* independent.
indeterminate [ˌɪndɪ'tɜːmɪnɪt] *adj.* imprecis.
index ['ɪndeks] **I.** *s.* **1.** indice (alfabetic). **2.** ac indicator. **3.** deget arătător. **4.** (*pl.* **indices**) semn, indicație. **II.** *vt.* a indexa (*pensii etc.*). # **~ation** indexare.
Indian ['ɪndiən] *s.*, *adj.* indian. # **~ corn** porumb; **~ file** șir indian; **~ meal** mălai; **~ summer** perioadă de vreme deosebit de caldă toamna.
indicate ['ɪndɪkeɪt] *vt.* a indica.
indication [ˌɪndɪ'keɪʃn] *s.* indicație, indicare.
indicator ['ɪndɪkeɪtə] *s.* indicator.
indict [ɪn'daɪt] *vt.* a pune sub acuzare. # **~ment** acuzare, incriminare.
indifference [ɪn'dɪfrəns] *adj.* indiferență.
indifferent [ɪn'dɪfrənt] *adj.* indiferent.
indigenous [ɪn'dɪʤənəs] *adj.* indigen.
indigent ['ɪndɪʤənt] *adj.* sărac lipit.
indignant [ɪn'dɪgnənt] *adj.* indignat.
indignation [ˌɪndɪg'neɪʃn] *s.* indignare.
idignity [ɪn'dɪgnɪti] *s.* umilință.
indigo ['ɪndɪgəʊ] *s.*, *adj.* indigo.
indirect [ˌɪndɪ'rekt] *adj.* indirect.
indiscipline [ɪn'dɪsɪplɪn] *s.* indisciplină.
indiscreet [ˌɪndɪs'kriːt] *adj.* indiscret.
indiscriminate [ˌɪndɪs'krɪmɪnɪt] *adj.* la întâmplare.
indisposed [ˌɪndɪs'pəʊzd] *adj.* indispus.
indistinguishable [ˌɪndɪs'tɪŋgwɪʃəbl] *adj.* **1.** identic. **2.** imperceptibil.
individual [ˌɪndɪ'vɪdjuəl] **I.** *s.* individ. **II.** *adj.* individual. # **~ities** particularități; **~ity** personalitate; **~ly** separat; propriu; personal.
indolent ['ɪndələnt] *adj.* indolent.
indomitable [ɪn'dɒmɪtəbl] *adj.* de neabătut, care nu se lasă.
Indonesian [ˌɪndə'niːziən] **I.** *s.* **1.** indonezian. **2.** limba indoneziană. **II.** *adj.* indonezian.
indoor ['ɪndɔː] *adj.* de interior/apartament/sală: *an ~ pool* piscină acoperită.
indorse [ɪn'dɔːs] *vt.* *ec.* a andosa.
induce [ɪn'djuːs] *vt.* **1.** a convinge, a lămuri. **2.** a produce, a cauza. **3.** a presupune. # **~ment** stimulent; mită.
induct [ɪn'dʌkt] *vt.* **1.** a învesti (*în funcție*). **2.** (**in**) a iniția (în). # **~ee** *amer.* recrut; **~ion** învestire; inițiere.
indulge [ɪn'dʌlʤ] **I.** *vt.* a cocoloși, a răsfăța. **II.** *vi.* (**in**) a se desfăta (cu). # **~nt** indulgent.
indulgence [ɪn'dʌlʤəns] *s.* **1.** plăcere; dorință; lux. **2.** slăbiciune: *a mother's ~ for her children* slăbiciunea unei mame pentru copiii ei. **3.** abuz.
industrial [ɪn'dʌstriəl] *adj.* industrial. # **~ist** industriaș; **to ~ize** a industrializa.
industrious [ɪn'dʌstriəs] *adj.* muncitor, silitor.

industry ['ɪndəstri] *s.* **1.** industrie. **2.** vrednicie.

inebriate I. [ɪ'ni:briət] *s.*, *adj.* beat. **II.** [ɪ'ni:brieɪt] *vt.* a îmbăta.

inedible [ɪn'edɪbl] *adj.* necomestibil.

ineffective [ˌɪnɪ'fektɪv] *adj.* ineficace.

inefficient [ˌɪnɪ'fɪʃənt] *adj.* ineficient.

inept [ɪ'nept] *adj.* stupid, absurd. # **~itude** stupiditate.

inequality [ˌɪnɪ'kwɒlɪti] *s.* **1.** denivelare. **2.** inegalitate. **3.** decalaj.

inequity [ɪn'ekwɪti] *s.* nedreptate.

inert [ɪ'nɜ:t] *adj.* inert. # **~ia** inerție.

inevitable [ɪ'nevɪtəbl] *adj.* inevitabil.

inexhaustible [ˌɪnɪg'zɔ:stəbl] *adj.* inepuizabil.

inexperienced [ˌɪnɪk'spɪəriənst] *adj.* lipsit de experiență.

inexpiable [ɪn'ekspiəbl] *adj.* implacabil.

inexplicit [ˌɪnɪk'splɪsɪt] *adj.* neclar, vag.

inexpressive [ˌɪnɪk'spresɪv] *adj.* inexpresiv.

inextricable [ɪn'ekstrɪkəbl] *adj.* încâlcit, fără ieșire.

infallible [ɪn'fælɪbl] *adj.* infailibil.

infamous ['ɪnfəməs] *adj.* infam.

infamy ['ɪnfəmi] *s.* infamie.

infancy ['ɪnfənsi] *s.* copilărie.

infantile ['ɪnfəntaɪl] *adj.* infantil.

infantry ['ɪnfəntri] *s.* infanterie. # **~man** infanterist.

infatuated [ɪn'fætjueɪtɪd] *adj.* **(with)** îndrăgostit (de), înnebunit (după).

infect [ɪn'fekt] *vt.* **1.** a infecta; a contamina. **2.** a molipsi (*și fig.*). # **~ion** infecție, infectare; **~ious** infecțios.

infer [ɪn'fɜ:] *vt.* **1.** a concluziona. **2.** a presupune. **3.** a implica. # **~ence** deducție.

inferior [ɪn'fɪriə] **I.** *s.* subaltern. **II.** *adj.* inferior.

inferno [ɪn'fɜ:nəʊ] *s.* infern.

infest [ɪn'fest] *vt.* a invada.

infidel ['ɪnfɪdl] *s.*, *adj.* necredincios. # **~ity** infidelitate.

infinite ['ɪnfɪnɪt] *s.*, *adj.* infint.

infinitive [ɪn'fɪnɪtɪv] *s. gram.* infinitiv.

infirm [ɪn'fɜ:m] *adj.* **1.** slăbit, vlăguit. **2.** fluctuant. # **~ity** vlăguire.

inflame [ɪn'fleɪm] **I.** *vt.* **1.** a da foc la. **2.** a înflăcăra. **II.** *vi.* **1.** a lua foc. **2.** a se inflama.

inflate [ɪn'fleɪt] *vt.* a umfla (*un balon, un preț*).

inflation [ɪn'fleɪʃn] *s.* inflație.

inflection, inflexion [ɪn'flekʃn] *s.* **1.** inflexiune. **2.** *gram.* flexiune.

inflict [ɪn'flɪkt] *vt.* a aplica (*o pedeapsă*); a cauza.

influence ['ɪnfluəns] **I.** *s.* influență. **II.** *vt.* a influența. # **undue ~** intimidare.

influent ['ɪnfluənt] *s. geogr.* afluent.

influential [ˌɪnflu'enʃl] *adj.* influent.

influenza [ˌɪnflu'enzə] *s.* gripă.

inform [ɪn'fɔ:m] *vt.* a informa, a pune la curent. # **~ant** *sau* **~er** informator.

informal [ɪn'fɔ:ml] *adj.* neprotocolar, neoficial, familiar, amical.

information [ˌɪnfə'meɪʃn] *s.* **1.** informații. **2.** informare.

infrequent [ɪn'fri:kwənt] *adj.* rar.

infringe [ɪn'frɪndʒ] *vt.* **1.** a încălca, a viola (*o lege*). **2.** a falsifica. # **~ment** încălcare; falsificare.

infuse [ɪn'fju:z] *vt.* a insufla (*curaj*).

infusion [ɪn'fju:ʒn] *s.* **1.** infuzie. **2.** injectare.

ingenious [ɪn'dʒi:niəs] *adj.* ingenios.

ingenuity [,ɪndʒɪ'nju:ɪti] *s.* ingeniozitate.

ingenuous [ɪn'dʒenjuəs] *adj.* ingenuu, candid.

ingot ['ɪŋgət] *s.* lingou.

ingrate [ɪn'greɪt] *s., adj.* ingrat.

ingratitude [ɪn'grætɪtju:d] *s.* ingratitudine.

ingredient [ɪn'gri:diənt] *s.* ingredient.

ingress ['ɪngres] *s.* intrare.

ingurgitate [ɪn'gɜ:dʒɪteɪt] *vt.* a îngurgita, a înghiți.

inhabit [ɪn'hæbɪt] *vt.* a popula, a ocupa. # **~ant** locuitor.

inherent [ɪn'hɪərənt] *adj.* inerent.

inherit [ɪn'herɪt] *vt.* a moșteni. # **~ance** moștenire; **~or** moștenitor.

inhibit [ɪn'hɪbɪt] *vt.* a stăvili, a inhiba. # **~ion** inhibiție.

inhuman [ɪn'hju:mən] **inhumane** [,ɪnhju:'meɪn] *adj.* inuman.

inimical [ɪ'nɪmɪkl] *adj.* **1.** ostil. **2.** advers.

iniquitous [ɪ'nɪkwɪtəs] *adj.* nedrept.

initial [ɪ'nɪʃl] **I.** *s.* inițială: majusculă. **II.** *adj.* inițial, de început. # **~ly** mai întâi, pentru început.

initiate [ɪ'nɪʃieɪt] *vt.* a iniția.

initiative [ɪ'nɪʃiətɪv] *s.* inițiativă.

injure ['ɪndʒə] *vt.* a răni (*și fig.*), a vătăma.

injurious [ɪn'dʒʊriəs] *adj.* **1.** vătămător. **2.** injurios, defăimător.

injury ['ɪndʒəri] *s.* **1.** vătămare. **2.** injurie.

injustice [ɪn'dʒʌstɪs] *s.* nedreptate.

ink [ɪŋk] *s.* cerneală. # **~ pot** călimară; **~y** pătat cu cerneală; *to sling ~ fam.* a împroșca cu noroi (*fig.*).

inkling ['ɪŋklɪŋ] *s.* bănuială.

inland ['ɪnlənd] *adj.* interior, intern, indigen.

inlaws ['ɪnlɔ:z] *s. pl.* rude prin alianță.

inlay I. ['ɪnleɪ] *s.* **1.** incrustație. **2.** *med.* plombă. **II.** [ɪn'leɪ] *vt.* a incrusta.

inlet ['ɪnlet] *s.* **1.** *tehn.* intrare, admisie. **2.** intrând. **3.** braț de mare.

inmate ['ɪnmeɪt] *s.* **1.** locatar, chiriaș. **2.** deținut.

inn [ɪn] *s.* han. # **~keeper** hangiu, hangiță.

innate [ɪ'neɪt] *adj.* înnăscut.

innocence ['ɪnəsəns] *s.* inocență.

innocent ['ɪnəsənt] *adj.* inocent.

innocuous [ɪ'nɒkjuəs] *adj.* inofensiv.

innovate ['ɪnəveɪt] *vt.* a înnoi, a inova.

innovation [,ɪnə'veɪʃn] *s.* înnoire, inovare.

innuendo [,ɪnju'endəʊ] (*pl.* **~s/~es**) *s.* aluzie.

inoculate [ɪ'nɒkjuleɪt] *vt.* a vaccina.

inordinate [ɪ'nɔ:dnɪt] *adj.* exagerat.

inorganic [,ɪnɔ:'gænɪk] *adj.* anorganic.

in-patient ['ɪnpeɪʃənt] *s.* bolnav (*în spital*).

input ['ɪnpʊt] **I.** *s.* *tehn.* input, intrare; alimentare; introducere;

dată introdusă în calculator. **II.** *vt.* a introduce (*date*) în calculator.

inquest ['ɪŋkwest] *s.* (*și jur.*) anchetă.

inquietude [ɪn'kwaɪɪtju:d] *s.* anxietate.

inquire [ɪn'kwaɪə] **I.** *vt.* a se informa despre. **II.** *vi.* **1.** a se interesa; a se informa. **2.** (**into**) a face anchetă (despre). - **~r** anchetator.

inquiry [ɪn'kwaɪəri] *s.* anchetă; investigație; cercetare. - **~ agent** detectiv particular; **~ office** birou de informații.

inquisitive [ɪn'kwɪzɪtɪv] *adj.* curios.

inroad ['ɪnrəʃ d] *s.* atac, invazie.

inrush ['ɪnrʌʃ] *s.* avalanșă (*și fig.*).

insane [ɪn'seɪn] *adj.* nebun.

insatiable [ɪn'seɪʃəbl] *adj.* nesătul, avid.

inscription [ɪn'skɪpʃn] *s.* inscripție.

inscrutable [ɪn'skru:təbl] *adj.* misterios, greu de înțeles.

insect ['ɪnsekt] *s.* insectă. - **~icide** insecticid; **~ivorous** insectivor.

insecure [,ɪnsɪ'kjuə] *adj.* nesigur; periculos.

inseminate [ɪn'semɪneɪt] *vt.* a insemina.

insert [ɪn'sɜ:t] *vt.* a insera, a introduce.

inside I. ['ɪnsaɪd] *s.* (parte din) interior. **II.** ['ɪnsaɪd] *adj.* de/din interior. **III.** [ɪn'saɪd] *adv.* înăuntru. - **~ of** în cadrul (*unei perioade*); **~out** (*d. haină etc.*) pe dos; **~s** intestine, viscere; *to know smth. ~ out* a cunoaște bine ceva.

insidious [ɪn'sɪdiəs] *adj.* insidios; ascuns.

insight ['ɪnsaɪt] *s.* intuiție.

insignia [ɪn'sɪgniə] *s. pl.* însemne.

insignificant [,ɪnsɪg'nɪfɪkənt] *adj.* lipsit de importanță.

insincere [,ɪnsɪn'siə] *adj.* nesincer.

insinuate [ɪn'sɪnjueɪt] *vt.* a insinua.

insipid [ɪn'sɪpɪd] *adj.* insipid.

insist [ɪn'sɪst] *vi.* a insista. # **~ence** insistență; **~ent** insistent.

insole ['ɪnsəʃ l] *s.* branț.

insolent ['ɪnsələnt] *adj.* insolent.

insolvent [ɪn'sɒlvənt] **I.** *s.* falit. **II.** *adj.* insolvabil.

insomnia [ɪn'sɒmniə] *s.* insomnie. # **~c** persoană care are insomnie.

inspect [ɪn'spekt] *vt.* a inspecta. # **~ion** inspecție; **~or** inspector.

inspiration [,ɪnspə'reɪʃn] *s.* inspirație.

inspire [ɪn'spaɪə] *vt.* a inspira (*și fig.*).

instability [,ɪnstə'bɪlɪti] *s.* instabilitate.

install [ɪn'stɔ:l] *vt.* **1.** a instala, a monta. **2.** a instala într-un post. # **~ation** instalare; **~ment** plată în rate; rată.

instance ['ɪnstəns] *s.* **1.** caz: *in many ~s* în multe cazuri. **2.** *jur.* instanță. # **for ~** de exemplu.

instant ['ɪnstənt] **I.** *s.* moment, clipă: *on the ~* imediat. **II.** *adj.* **1.** imediat. **2.** urgent. # **~ly** imediat; *on the 6th ~* pe data de 6 luna curentă.

instantaneous [,ɪnstən'teɪniəs] *adj.* instantaneu.

instead [ɪn'sted] *adv.* în schimb: *~ of* în loc de/să.

instigate ['ɪnstɪgeɪt] *vt.* a instiga.

instill [ɪn'stɪl] *vt.* **1.** instila (*un medicament*). **2.** a întipări (*o idee*).

instinct [ˈɪnstɪŋkt] *s.* instinct. # **~ive** instinctiv.

institute [ˈɪnstɪtjuːt] **I.** *s.* institut, instituţie. **II.** *vt.* **1.** a institui, a organiza; a fonda. **2.** a iniţia.

institution [ˌɪnstɪˈtjuːʃn] *s.* **1.** instituţie; organizaţie. **2.** instituire, fondare. **3.** precept, principiu. # **~al** instituţional.

instruct [ɪnˈstrʌkt] *vt.* **1.** a instrui, a pregăti (*pe cineva*). **2.** a da ordine (*cuiva*). # **~ion** instruire; **~ions** dispoziţii, îndrumări; **~ive** instructiv; **~or** instructor; profesor.

instrument [ˈɪnstrumənt] *s.* instrument (*şi fig.*). # **~al** instrumental; de mare folos; **~alist** instrumentist.

insubordinate [ˌɪnsəˈbɔːdɪnɪt] *adj.* nesupus.

insufficient [ˌɪnsəˈfɪʃənt] *adj.* insuficient.

insulate [ˈɪnsjuleɪt] *vt. el.* a izola (*şi fig.*).

insuline [ˈɪnsjulɪn] *s.* insulină.

insult I. [ˈɪnsʌlt] *s.* insultă. **II.** [ɪnˈsʌlt] *vt.* a insulta.

insurance [ɪnˈʃʊərəns] *s.* **1.** asigurare: *life* ~ asigurare pe viaţă. **2.** bani de asigurare. # ~ **agent/broker** agent de asigurare; ~ **policy** poliţă de asigurare.

insure [ɪnˈʃʊə] *vt.* **1.** *ec.* a asigura. **2.** a garanta, a asigura. # **~r** asigurator.

insurgent [ɪnˈsɜːdʒənt] *s.* insurgent, răzvrătit, revoluţionar.

insurrection [ˌɪnsəˈrekʃn] *s.* insurecţie.

intact [ɪnˈtækt] *adj.* intact.

integral [ˈɪntɪgrəl] *adj.* integral, integrant.

integrate [ˈɪntəgreɪt] *vt.*, *vi.* a (se) integra.

integrity [ɪnˈtegrɪti] *s.* integritate.

intellect [ˈɪntɪlekt] *s.* inteligenţă. # **~ual** intelectual.

intelligence [ɪnˈtelɪdʒəns] *s.* inteligenţă. # ~ **quotient** (**IQ**) coeficient de inteligenţă.

intelligent [ɪnˈtelɪdʒənt] *adj.* inteligent.

intelligentsia [ɪnˌtelɪˈdʒentsiə] *s.* intelectualitate.

intemperate [ɪnˈtemprɪt] *adj.* necumpătat, nestăpânit: ~ *zeal* exces de zel.

intend [ɪnˈtend] *vt.* **1.** a intenţiona. **2.** a destina. # **the ~ed** logodnicul.

intense [ɪnˈtens] *adj.* intens, cumplit.

intensification [ɪnˌtensɪfɪˈkeɪʃn] *s.* intensificare.

intensify [ɪnˈtensɪfaɪ] *vt.* a intensifica.

intensity [ɪnˈtensɪti] *s.* intensitate.

intensive [ɪnˈtensɪv] *adj.* intensiv.

intent [ɪnˈtent] **I.** *s.* intenţie; scop: *to do smth. with* ~ a face intenţionat ceva. **II.** *adj.* foarte atent, absorbit: ~ *on* pus pe. # **~ion** intenţie; **~ional** intenţionat.

inter [ɪnˈtɜː] *vt.* a înhuma. # **~ment** înhumare.

intercede [ˌɪntəˈsiːd] *vi.* (**with**) a interveni (pe lângă).

interchange [ˌɪntəˈtʃeɪndʒ] *vt.* a înlocui.

intercourse [ˌɪntəˈkɔːs] *s.* relație, legătură: *sexual* ~ relație sexuală.

interdict [ˌɪntəˈdɪkt] *vt.* a interzice.

interest [ˈɪntrɪst] **I.** *s.* **1.** interes. **2.** dobândă. **II.** *vt.* a interesa: *I'm ~ed in politics* mă interesează politica. # **~ing** interesant.

interfere [ˌɪntəˈfɪə] *vi.* a interveni: *don't ~!* nu te băga! # **~nce** ingerință, amestec; bruiaj.

interior [ɪnˈtɪəriə] *s., adj.* interior: *~ feelings* sentimente intime.

interjection [ˌɪntəˈdʒekʃn] *s. gram.* interjecție.

interlace [ˌɪntəˈleɪs] **I.** *vt.* **1.** a împreuna. **2.** a diversifica. **II.** *vi.* a se împleti.

interlock [ˌɪntəˈlɒk] *vi. tehn.* a se îmbuca.

interlocution [ˌɪntəlɒˈkjuːʃn] *s.* conversație.

interlocutor [ˌɪntəˈlɒkjutə] *s.* interlocutor.

interloper [ˈɪntələʊpə] *s.* intrus.

intermediary [ˌɪntəˈmiːdiəri] *s., adj.* intermediar.

intermediate I. [ˌɪntəˈmiːdiət] *adj.* intermediar, mediu. **II.** [ˌɪntəˈmiːdieɪt] *vi.* (**between**) a face pe mijlocitorul (între).

intermission [ˌɪntəˈmɪʃn] *s.* întrerupere; *amer.* pauză; antract.

intermittent [ˌɪntəˈmɪtənt] *adj.* intermitent.

intern I. [ˈɪntɜːn] *s. amer.* doctor stagiar. **II.** [ɪnˈtɜːn] *vt.* a băga în lagăr. # **~al** intern.

international [ˌɪntəˈnæʃnəl] *adj.* internațional.

internist [ˈɪntɜːnɪst] *s.* medic internist.

interplay [ˈɪntəpleɪ] *s.* interacțiune.

interpolate [ɪnˈtɜːpəleɪt] *vt.* a interpola, a intercala.

interpose [ˌɪntəˈpəʊz] *vt., vi.* a (se) interpune.

interpret [ɪnˈtɜːprɪt] *vt.* a interpreta. # **~ation** interpretare; **~er** interpret, translator.

interrelation [ˌɪntərɪˈleɪʃn] *s.* corelație.

interrogate [ɪnˈterəgeɪt] *vt.* a interoga.

interrupt [ˌɪntəˈrʌpt] *vt.* a întrerupe.

intersection [ˌɪntəˈsekʃn] *s.* intersectare; intersecție.

intertwine [ˌɪntəˈtwaɪn] *vt., vi.* a (se) întrețese.

interval [ˈɪntəvl] *s.* **1.** interval. **2.** antract.

intervene [ˌɪntəˈviːn] *vi.* **1.** a interveni. **2.** a se băga (*în discuție*).

intervention [ˌɪntəˈvenʃn] *s.* intervenție.

interview [ˈɪntəvjuː] *s.* interviu.

interwar [ˌɪntəˈwɔː] *adj.* interbelic.

intestine [ɪnˈtestɪn] *s.* intestin.

intimacy [ˈɪntɪməsi] *s.* intimitate.

intimate[1] [ˈɪntɪmɪt] *adj.* **1.** intim. **2.** temeinic. **3.** intrinsec.

intimate[2] [ˈɪntɪmɪt] *vt.* a da de înțeles.

intimidate [ɪnˈtɪmɪdeɪt] *vt.* a intimida.

into [ˈɪntə] *prep.* în *(indicând intrare/schimbare): come ~ the garden* vino în grădină; *the snow changed ~ rain* zăpada s-a transformat în ploaie.

intolerable [ɪn'tɒlərəbl] *adj.* intolerabil.

intonation [ˌɪntə'neɪʃn] *s.* intonaţie.

intoxicate [ɪn'tɒksɪkeɪt] *vt.* a îmbăta (*şi fig.*).

intransigent [ɪn'trænsɪʤənt] *s.* intransigent.

intransitive [ɪn'trænsɪtɪv] *s. gram.* intranzitiv.

intrepid [ɪn'trepɪd] *adj.* cutezător.

intricate ['ɪntrɪkɪt] *adj.* complicat.

intrigue I. ['ɪntri:g] *s.* intrigă. **II.** [ɪn'tri:g] *vt.* a intriga, a stârni curiozitatea. **III.** [ɪn'tri:g] *vi.* a complota.

intrinsic [ɪn'trɪnsɪk] *adj.* intrinsec.

indroduce [ˌɪntrə'dju:s] *vt.* **1.** a introduce. **2.** a prezenta (*pe cineva*).

introduction [ˌɪntrə'dʌkʃn] *s.* **1.** introducere (*la o carte*). **2.** prezentare. **3.** băgare.

intrude [ɪn'tru:d] *vi.* (**on**) a se băga (în). # **~r** intrus, nepoftit.

intuit [ɪn'tju:ɪt] *vt.* a intui. # **~ion** intuiţie.

inundate ['ɪnəndeɪt] *vt.* **1.** a inunda. **2.** (**with**) a asalta (cu).

invade [ɪn'veɪd] *vt.* a invada.

invalid[1] ['ɪnvəlɪd] *s., adj.* invalid.

invalid[2] [ɪn'vælɪd] *adj.* nul. # **~ate** a invalida.

invaluable [ɪn'væljuəbl] *adj.* inestimabil.

invariably [ɪn'veərɪəbli] *adv.* întruna.

invasion [ɪn'veɪʒn] *s.* invazie.

invective [ɪn'vektɪv] *s.* insultă.

inveigh [ɪn'veɪ] *vi.* (**against**) a profera injurii (la adresa).

inveigle [ɪn'vi:gl] *vt.* (**into**) a îmbia (să).

invent [ɪn'vent] *vt.* a inventa (*şi fig.*). # **~ion** invenţie (*şi fig.*); **~ive** inventiv, creator; **~or** inventator.

inventory ['ɪnvəntri] **I.** *s.* inventar. **II.** *vt.* a inventaria.

inverse [ɪn'vɜ:s] *adj.* invers.

inversion [ɪn'vɜ:ʃn] *s.* inversiune, inversare.

invert [ɪn'vɜ:t] *vt.* a inversa, a întoarce pe dos; a întoarce cu fundul în sus. # **~ed commas** ghilimele.

invest [ɪn'vest] *vt.* **1.** a investi (*bani etc.*). **2.** a învesti, a împuternici. # **~iture** învestitură; **~ment** investiţie; **~or** investitor.

investigate [ɪn'vestɪgeɪt] *vt.* a investiga.

investigation [ɪnˌvestɪ'geɪʃn] *s.* investigaţie.

inveterate [ɪn'vetərɪt] *adj.* înveterat.

invidious [ɪn'vɪdiəs] *adj.* **1.** de invidiat. **2.** nedrept; discriminatoriu.

invigorate [ɪn'vɪgəreɪt] *vt.* **1.** a înviora. **2.** a împrospăta. **3.** a revigora.

invincible [ɪn'vɪnsɪbl] *adj.* invincibil.

invisible [ɪn'vɪzɪbl] *adj.* invizibil.

invitation [ˌɪnvɪ'teɪʃn] *s.* **1.** invitaţie. **2.** ispită.

invite [ɪn'vaɪt] *vt.* **1.** a invita. **2.** a ademeni.

inviting [ɪn'vaɪtɪŋ] *adj.* ademenitor; atractiv.

invoice ['ɪnvɔɪs] *s.* factură.

invoke [ɪn'vəʊk] *vt.* a cere, a ruga, a implora, a invoca.

involuntary [ɪn'vɒləntri] *adj.* involuntar.

involve [ɪn'vɒlv] *vt.* 1. a include. 2. a implica. 3. a complica. # **~d** încurcat (*şi fig.*); **~ment** implicare, amestec.
inward ['ɪnwəd] *adj.* în/spre interior.
inwards ['ɪnwədz] *adv.* spre interior.
ion ['aɪən] *s. fiz.* ion.
iota [aɪ'əʊtə] *s.* iotă, pic.
Iranian [ɪ'reɪniən] *s., adj.* iranian.
irascible [ɪ'ræsɪbl] *adj.* irascibil.
irate ['aɪreɪt] *adj.* înfuriat.
ire [aɪə] *s.* mânie.
iris ['aɪərɪs] *s.* 1. stânjenel. 2. *anat.* iris.
Irish ['aɪərɪʃ] *adj.* irlandez. # **~man** irlandez (*s.*).
irk [3:k] *vt.* a enerva. # **~some** enervant.
iron ['aɪən] **I.** *s.* fier. **II.** *adj.* de fier (*şi fig.*). **III.** *vt.* a călca (*rufe*). # **the ~ age** epoca de fier; **~monger** negustor de articole din fier; **~work** feronerie; **~works** uzină metalurgică.
ironic(al) [aɪ'rɒnɪk(l)] *adj.* ironic.
irony ['aɪərəni] *s.* ironie.
irrational [ɪ'ræʃənl] *adj.* irațional, absurd.
irreconcilable [ɪ,rekən'saɪləbl] *adj.* de neîmpăcat.
irredeemable [,ɪrɪ'di:məbl] *adj.* 1. *ec.* nerambursabil, neamortizabil. 2. de nerecuperat. 3. de neiertat.
irredentist [,ɪrɪ'dentɪst] *s.* iredentist.
irrefutable [,ɪrɪ'fju:təbl] *adj.* de necontestat.
irregular [ɪ'regjələ] *adj.* 1. neregulat; asimetric; neuniform. 2. anormal; necorespunzător. 3. (*d. verb*) neregulat. # **~ity** iregularitate, neregularitate.
irrelevant [ɪ'relɪvənt] *adj.* irelevant.
irreplaceable [,ɪrɪ'pleɪsəbl] *adj.* de neînlocuit.
irrepressible [,ɪrɪ'presəbl] *adj.* de necontrolat/nestăpânit.
irreproachable [,ɪrɪ'prəʊtʃəbl] *adj.* ireproşabil.
irresolute [ɪ'rezəlu:t] *adj.* nehotărât.
irrespective [,ɪrɪ'spectɪv] *adj.*: *~of* indiferent de.
irretrievable [,ɪrɪ'tri:vəbl] *adj.* irecuperabil.
irreverent [ɪ'revərənt] *adj.* nerespectuos.
irrevocable [ɪ'revəkəbl] *adj.* irevocabil.
irrigate ['ɪrɪgeɪt] *vt.* a iriga.
irritable ['ɪrɪtəbl] *adj.* iritabil, nevricos.
irritate ['ɪrɪteɪt] *vt.* a enerva.
irritation [,ɪrɪ'teɪʃn] *s.* iritație (*şi med.*).
irruption [ɪ'rʌpʃn] *s.* irupție, năvălire.
island ['aɪlənd] *s.* insulă. # **~er** insular (*s.*)
isle [aɪl] *s.* insulă: *the ~ of Wight* insula Wight. # **~t** insuliță.
isolate ['aɪsəleɪt] *vt.* a izola.
issue ['ɪʃju:] **I.** *s.* 1. scurgere (*de apă etc.*). 2. ieşire, deschidere. 3. ediție; număr de ziar; emisiune (*de bancnote etc.*). 4. subiect la ordinea zilei. 5. deznodământ, rezultat. 6. *jur.* urmaşi. **II.** *vt.* 1. a emite: *to ~ stamps* a emite timbre. 2. a publica; a scoate (*un ziar*). 3. a face cunoscut. **III.** *vi.* 1. (**from**)

a proveni (din). **2**. (**in**) a ajunge (la); a se termina (prin). # *at* ~ în discuţie; *to be at ~ with* a fi în dezacord cu; *to state an* ~ a pune o pro-blemă; *to take ~ with* a nu fi de acord cu.

isthmus ['ɪsməs] *s.* istm.

it [ɪt] *pron.* **1**. el, ea (*pentru animale şi lucruri*): *'Where's the cat?' 'It's under the bed.'* 'unde e pisica?' 'este sub pat.' **2**. ei, lui: *give it milk* dă-i (*pisicii*) lapte. **3**. (*impersonal, introductiv*): *it is raining* plouă; *it is he who did it* el a făcut-o.

Italian [ɪ'tæliən] **I**. *s*. **1**. italian. **2**. limba italiană. **II**. *adj*. italian.

italics [ɪ'tælɪks] *s. pl.* litere cursive/ italice.

itch [ɪtʃ] **I**. *s*. **1**. mâncărime. **2**. neastâmpăr, nerăbdare. **II**. *vi*. **1**. a avea mâncărime. **2**. a arde de nerăbdare. # **~ing palm** cărpănoşie.

item ['aɪtəm] *s*. articol, rubrică; punct, chestiune (*pe ordinea de zi*). # **~ization** enumerare; **~ized** specificat, menţionat.

itinerant [aɪ'tɪnərənt] *adj*. itinerant, ambulant.

itinerary [aɪ'tɪnərəri] *s*. itinerar.

its [ɪts] *adj*. lui, ei (*pentru animale, obiecte*): *its eyes are bleu* ochii lui (*ai câinelui etc.*) sunt albaştri; *the house has its charm* casa are farmecul ei.

itself [ɪt'self] **I**. *pron. reflexiv* (*pentru animale, lucruri*) se. **II**. *pron. de întărire* (*pentru animale, lucruri*) chiar el/ea.

ivory ['aɪvəri] *s*., *adj*. (de) fildeş.

ivy ['aɪvi] *s*. iederă.

J

J, j [ʤeɪ] (litera) J, j.

jab [ʤæb] **I.** *s.* **1.** împunsătură (*cu degetul*). **2.** pumn (*la box*). **II.** *vt.* **1.** a împunge (*cu degetul*). **2.** a lovi cu pumnul.

jabber ['ʤæbə] **I.** *s.* sporovăială. **II.** *vi.* a sporovăi. # **~er** palavragiu.

jack [ʤæk] **I.** *s.* **1.** individ. **2.** marinar. **3.** asin, măgar. **4.** *auto.* cric. **5.** valet: *the ~ of hearts* valetul de cupă. **6.** *el.* jac, fişă. **II.** *vt.* a ridica cu cricul. # **~boot** cizmă; **~-of-all-trades** meşter bun la toate; **to ~ up** a mări (*salarii*); *to hit the ~pot* a da lovitura, a câştiga lozul cel mare.

jackal ['ʤækl] *s.* şacal.

jackass ['ʤækæs] *s.* **1.** măgar. **2.** nătărău.

jacket ['ʤækɪt] *s.* **1.** jachetă. **2.** *tehn.* carcasă. **3.** supracopertă. **4.** dosar, mapă.

jade[1] [ʤeɪd] *s.* jad.

jade[2] [ʤeɪd] *s.* **1.** gloabă, mârţoagă. **2.** *fam.* zgripţuroaică.

jaded ['ʤeɪdɪd] *adj.* epuizat, obosit.

jaguar ['ʤægjuə] *s.* jaguar.

jail [ʤeɪl] *s.* închisoare. # **~bird** puşcăriaş; **~break** evadare; **~er** gardian (*la închisoare*).

jam[1] [ʤæm] *s.* gem.

jam[2] [ʤæm] **I.** *s.* înghesuială, aglomeraţie: *a traffic ~* ambuteiaj. **II.** *vt.* **1.** a înghesui. **2.** a bloca (*o stradă, un mecanism*). **3.** a bruia (*un post*).

jamboree [ˌʤæmbə'riː] *s.* petrecere, chef.

jangle ['ʤæŋgl] **I.** *s.* **1.** scârţâit; hârşâit; ţârâit. **2.** ceartă, scandal. **II.** *vt.* a călca pe nervi. **III.** *vi.* a scârţâi; a hârşâi; a ţârâi.

janitor ['ʤænɪtə] *s.* supraveghetor; îngrijitor.

January ['ʤænjuəri] *s.* ianuarie.

Japanese [ˌʤæpə'niːz] **I.** *s.* **1.** japonez. **2.** limba japoneză. **II.** *adj.* japonez.

jape [ʤeɪp] *s.* glumă; farsă.

jar[1] [ʤɑː] *s.* borcan.

jar[2] [ʤɑː] **I.** *s.* **1.** izbitură. **2.** zguduitură. **3.** sunet strident. **II.** *vt.* a izbi; a zgudui. **III.** *vi* (**on**) a supăra (*la ureche*).

jargon ['ʤɑːgən] *s.* jargon.

jasmine ['ʤæsmɪn] *s.* iasomie.

jaundice ['ʤɔːndɪs] *s.* **1.** icter. **2.** gelozie.

jaunt [ʤɔːnt] *s.* excursie. # **~y** vioi.

javelin ['ʤævlɪn] *s.* *sport* suliţă: *~ throwing* aruncarea suliţei.

jaw [dʒɔ:] **I.** *s.* **1.** falcă. **2.** *fam.* trăncăneală. **3.** *tehn.* braț de cleşte; gheară. **II.** *vi. fam.* a trăncăni. # **~-breaker** cuvânt greu de pronunțat.

jay [dʒeɪ] *s.* gaiță.

jaywalk ['dʒeɪwɔ:k] *vi.* (*d. pietoni*) a umbla brambura.

jazz [dʒæz] *s.* (muzică de) jaz. # **~y** cu culori stridente.

jealous ['dʒeləs] *adj.* gelos. # **~y** gelozie.

jeans [dʒi:nz] *s. pl.* blugi.

jeer [dʒiə] *vi.* (**at**) a lua în râs (pe). # **~ing** batjocoritor.

jelly ['dʒeli] *s.* jeleu; aspic; gelatină. # **~fish** meduză.

jeopardize ['dʒepədaɪz] *vt.* a primejdui; a risca.

jeopardy ['dʒepədi] *s.* pericol; risc.

jerk [dʒ3:k] **I.** *s.* **1.** smucitură; zgâlțâială. **2.** zvâcnire (*a unui muşchi*). **3.** *amer. sl.* secătură. **II.** *vi.* a se hurduca. # **~water** *sl.* de nimic; **~y** spasmodic.

jersey ['dʒ3:zi] *s.* jerseu.

jest [dʒest] **I.** *s.* glumă. **II.** *vi.* a glumi. # **~er** bufon.

jet [dʒet] **I.** *s.* **1.** jet. **2.** duză. **3.** avion cu reacție. **II.** *vi.* a erupe, a țâşni. # **~ engine** motor cu reacție; **~-ski** scuter de apă.

jettison ['dʒetɪsn] *vt.* **1.** a debalasta, a arunca (*lest*) peste bord. **2.** a arunca (*un lucru vechi*).

jetty ['dʒeti] *s.* debarcader; dig.

Jew [dʒu:] *s.* evreu. # **~ess** evreică. **~ish** evreiesc.

jib[1] [dʒɪb] *s. nav.* floc (*pânză triunghiulară*). # *the cut of one's ~ sl.* aspectul fizic al cuiva.

jib[2] [dʒɪb] *s.* braț de macara.

jib[3] [dʒɪb] *vi.* **1.** (*d. cai*) a se cabra. **2.** (**at**) a se împotrivi (să).

jibe[1] [dʒaɪb] *vi. amer. fam.* a concorda.

jibe[2] [dʒaɪb] **I.** *s.* băşcălie. **II.** *vi.* (**at**) a face băşcălie (de).

jiffy ['dʒɪfi] *s.* clipă: *in a ~* imediat.

jig [dʒɪg] **I.** *s.* dans săltăreț. **II.** *vi.* a sălta, a sări. # **~saw** traforaj.

jiggle ['dʒɪgl] *vt.* a zgâlțâi, a clătina.

jilt [dʒɪlt] *vt.* a da papucii (*iubitului*).

jingle ['dʒɪŋgl] **I.** *s.* clinchet. **II.** *vt., vi.* a zornăi, a zurui.

jittery ['dʒɪtəri] *adj. fam.* nervos, agitat.

job [dʒɒb] *s.* **1.** serviciu, slujbă: *to look for a ~* a-şi căuta serviciu; *out of a ~* şomer. **2.** ocupație, treabă; datorie. # **~ber** muncitor în acord; intermediar; **~holder** persoană cu serviciu; **~ hunting** căutare a unei slujbe; **~less** fără serviciu; *just the ~* exact ceea ce trebuie.

jockey ['dʒɒki] **I.** *s.* jocheu. **II.** *vt.* a înşela, a duce.

jockstrap ['dʒɒkstræp] *s. sport* suspensor.

jocose [dʒə'kəʊs], **jocular** ['dʒɒkjulə] *adj.* glumeț, hâtru.

jocund ['dʒɒkənd] *adj.* vesel.

jog [dʒɒg] **I.** *s.* **1.** izbitură; ghiont. **2.** alergare, alergat. **II.** *vt.* **1.** a înghionti. **2.** a stimula. **3.** a reîmprospăta (*memoria*). **III.** *vi.* a o şterge. # **~ging** alergare.

join [dʒɔɪn] **I.** *s.* îmbinare; unire; lipire. **II.** *vt.* **1.** a îmbina; a lipi. **2.** a lua parte la. **3.** a deveni membru (*al unui club etc.*). **4.** a uni prin căsătorie. **III.** *vi.* **1.** (**in**) a lua parte (la). **2.** (**with**) a se asocia (cu), a se alia (cu). # **~er** tâmplar; **~ery** tâmplărie.

joint [dʒɔɪnt] **I.** *s.* **1.** joncţiune. **2.** *med.* articulaţie. **3.** halcă de carne. **4.** balama. **5.** *sl.* bombă (*bar etc.*). **6.** *sl.* ţigară cu marijuana. **II.** *adj.* comun; colectiv; mixt. **III.** *vt.* **1.** a îmbuca. **2.** a porţiona (*carne*).

joke [dʒəʊk] **I.** *s.* **1.** glumă, anecdotă. **2.** farsă. **II.** *vi.* a glumi. *# no ~!* nu e de glumit! *to take the ~* a şti de glumă.

joker ['dʒəʊkə] *s.* **1.** om glumeţ. **2.** tip. **3.** joker (*la jocuri*).

jolly ['dʒɒli] **I.** *adj.* **1.** vesel. **2.** simpatic. **II.** *vt.* a înveseli. **III.** *adv.* foarte.

jolt [dʒəʊlt] **I.** *s.* izbitură; zgâlţâială. **II.** *vt.* a izbi; a zgâlţâi.

jostle ['dʒɒsl] *vt., vi.* a (se) îmbrânci.

jot [dʒɒt] **I.** *s.* iotă. **II.** *vt.* a face o însemnare despre. # **~ter** carneţel de însemnări; **~tings** însemnări, notiţe.

journal ['dʒɜːnl] *s.* **1.** ziar, cotidian. **2.** jurnal (*personal*). # **~ese** stil gazetăresc; **~ism** ziaristică; **~ist** ziarist.

journey ['dʒɜːni] **I.** *s.* călătorie. **II.** *vi.* a călători. # **~man** meseriaş, meşteşugar.

jovial ['dʒəʊviəl] *adj.* vesel.

jowl [dʒaʊl] *s.* **1.** falcă. **2.** guşă (*de grăsime*). **3.** mărgele (*la curcan etc.*).

joy [dʒɔɪ] *s.* **1.** bucurie; fericire. **2.** *fam.* baftă. # **~ful** bucuros; radios; **~less** trist; nefericit; **~ous** voios.

joystick ['dʒɔɪstɪk] *s. av. fam.* manşă.

jubilant ['dʒuːbɪlənt] *adj.* exuberant.

jubilee ['dʒuːbɪliː] *s.* jubileu.

judder ['dʒʌdə] **I.** *s.* trepidaţie, vibraţie. **II.** *vi.* a vibra, a trepida.

judge [dʒʌdʒ] **I.** *s.* **1.** judecător. **2.** juriu; arbitru. **3.** cunoscător, specialist. **II.** *vt.* **1.** a judeca (*un caz*). **2.** a aprecia, a considera. **3.** a presupune, a crede. # **~ment** judecată (*şi jur.*).

judicial [dʒuː'dɪʃl] *adj.* judiciar.

judicious [dʒuː'dɪʃəs] *adj.* judicios, bine gândit.

judo ['dʒuːdəʊ] *s.* judo.

jug [dʒʌg] **I.** *s.* **1.** cană de apă. **2.** *sl.* răcoare, zdup. **II.** *vt.* *sl.* a băga la zdup.

juggernaut ['dʒʌgənɔːt] *s.* camion de mare tonaj.

juggins ['dʒɪgɪnz] *s. fam.* nătărău.

juggle ['dʒʌgl] **I.** *s.* jonglerie (*şi fig.*). **II.** *vt.* **1.** a escroca. **2.** a jongla cu (*cifrele*). **III.** *vi.* a jongla.

juice [dʒuːs] *s.* **1.** suc; sevă. **2.** *fam.* benzină. **3.** *fam.* băutură alcoolică. # **~ extractor** storcător (*electric*) de fructe; **to ~ up** *fam.* a înviora (*o petrecere*).

juicy ['dʒuːsi] *adj.* **1.** zemos. **2.** picant (*fig.*): *~ details* amănunte picante. **3.** *fam.* bănos.

jukebox ['ʤu:kbɒks] *s.* tonomat.

July [ʤʊ'laɪ] *s.* iulie.

jumble ['ʤʌmbl] **I.** *s.* harababură. **II.** *vt.* a pune alandala. # ~ **sale** vânzare de obiecte la mâna a doua.

jump [ʤʌmp] **I.** *s.* **1.** săritură, salt: *the high* ~ săritura la înălțime; *the long* ~ săritura în lungime. **2.** tresărire. **3.** pas, progres. **4.** creștere bruscă. **II.** *vt.* **1.** a sări peste (*un obstacol*). **2.** a sări pe (*cineva*). **3.** *sl.* a avea relații sexuale cu cineva. **III.** *vi.* **1.** a sări, a sălta. **2.** a tresări. **3.** (*d. prețuri etc.*) a crește brusc. # **~er** pulover; **~jet** avion cu decolare și aterizare pe verticală; ~y nervos, agitat; ~ *to it! fam.* nu scăpa ocazia!

junction ['ʤʌŋkʃn] *s.* **1.** joncțiune: *a railway* ~ nod de cale ferată. **2.** *tehn.* îmbinare, lipitură.

juncture ['ʤʌŋktʃə] *s.* punct critic: *at this* ~ în acest moment greu.

June [ʤu:n] *s.* iunie.

jungle ['ʤʌŋgl] *s.* junglă.

junior ['ʤu:niə] **I.** *s.* persoană mai tânără *sau* de rang inferior. **II.** *adj.* **1.** mai tânăr. **2.** de rang inferior.

Junior ['ʤu:niə] **I.** *s.* fiu: *sit down,* ~ stai jos, fiule. **II.** *adj.* junior: *Charles Smith,* ~ Charles Smith, junior (*fiul lui Charles Smith, tatăl*).

juniper ['ʤu:nɪpə] *s.* ienupăr.

junk [ʤʌŋk] *s.* **1.** vechituri, lucruri de aruncat. **2.** *fam.* heroină. # **~y** *sl.* toxicoman.

junket ['ʤʌŋkɪt] *s.* **1.** călătorie de plăcere. **2.** picnic. **3.** iaurt aromatizat.

juridical [ʤʊə'rɪdɪkl] *adj.* juridic.

jurisconsult [ˌʤʊərɪs'kɒnsʌlt] *s.* jurisconsult.

jurist ['ʤʊərɪst] *s.* jurist.

juror ['ʤʊərə] *s.* jurat, membru al unui juriu.

jury ['ʤʊəri] *s.* juriu.

just [ʤʌst] **I.** *adj.* **1.** imparțial, drept. **2.** cinstit. **3.** legal. **4.** corect, exact. **II.** *adv.* **1.** abia, tocmai: *he has* ~ *left* abia a plecat. **2.** chiar: ~ *there* chiar acolo. **3.** doar, numai: ~ *once* numai o singură dată. **4.** precis, exact. # ~ *about to do it* gata/ pregătit să o facă; ~ *as* așa cum; ~ *so!* chiar așa!

justice ['ʤʌstɪs] *s.* **1.** dreptate. **2.** justiție. **3.** judecător. # *to bring to* ~ a traduce în fața justiției; *to do* ~ *to* a pune în valoare pe; *with* ~ pe bună dreptate.

justifiable ['ʤʌstɪfaɪəbl] *adj.* justificabil.

justification [ˌʤʌstɪfɪ'keɪʃn] *s.* justificare.

justify ['ʤʌstɪfaɪ] *vt.* a justifica.

jut [ʤʌt] **I.** *s.* ieșitură, protuberanță. **II.** *vi.* a ieși în afară.

jute [ʤu:t] *s.* iută.

juvenile ['ʤu:vɪnaɪl] *adj.* **1.** tineresc; juvenil. **2.** pentru tineri/tineret. # ~ **offender** delincvent minor.

juxtapose [ˌʤʌkstə'pəʊz] *vt.* a juxtapune, a alătura.

K

K, k [keɪ] (litera) K, k.
kaiac ['kaɪæk] *s.* caiac.
kaleidoscope [kə'laɪdəskəʊp] *s.* caleidoscop.
kamikaze [ˌkæmɪ'kɑːzi] *s., adj.* kamikaze.
kangaroo [ˌkæŋgə'ruː] *s.* cangur.
karat ['kærət] *s. amer.* carat.
kayak ['kaɪæk] *s.* caiac.
keel [kiːl] *s. nav.* chilă.
keen[1] [kiːn] **I.** *s.* bocet. **II.** *vt.* a boci (*un mort*). # **~er** bocitoare.
keen[2] [kiːn] *adj.* **1.** ascuțit. **2.** (*d. frig*) pătrunzător. **3.** (*d. preț*) competitiv. **4.** ager (*la minte*). **5.** *fam.* excelent. **6.** (**on**) dornic (să).
keep [kiːp] **I.** *s.* **1.** existență; subzistență. **2.** grijă, ocrotire. **II.** (*trec., part. trec.* **kept**) *vt.* **1.** a păstra. **2.** a ține. **3.** a respecta (*o promisiune*). **4.** a reține, a opri. **5.** a menține. **III.** (*trec., part trec.* **kept**) *vi.* a se menține. # **to ~ at** a o ține tot așa; **to ~ back** a sta deoparte; **~er** supraveghetor; **to ~ off/out** a feri de; **~sake** suvenir; **to ~ up** a (se) menține; *for ~s* pentru totdeauna; *in ~ing with* în concordanță cu.
kennel ['kenl] *s.* coteț de câine.
kept [kept] *trec., part. trec. de la* **to keep.** # **~ woman** concubină.
kerb [kɜːb] *s.* bordură.
kerchief ['kɜːtʃɪf] *s.* batistă.
kernel ['kɜːnl] *s.* **1.** miez de nucă. **2.** bob, grăunte. **3.** esență, miez.
kerosene ['kerəsiːn] *s.* **1.** petrol lampant, gaz. **2.** kerosen.
kettle ['ketl] *s.* ibric, ceainic.
key [kiː] **I.** *s.* **1.** cheie: ~ *hole* gaura cheii. **2.** *tehn.* cheie. **3.** clapă; tastă. **4.** *muz.* ton. **5.** soluție, cheie. **II.** *vt.* **1.** a tasta. **2.** (**to**) a adapta (la), a potrivi (la), a armoniza (cu). # **~board** claviatură; tastatură; **~ hole surgery** chirurgie prin incizare; **~ pad** tastatura de la telecomandă; **~ ring** portchei; **to ~ up** a acorda (*un instrument*).
khaki ['kɑːki] *adj.* kaki.
kick [kɪk] **I.** *s.* **1.** lovitură de picior. **2.** recul. **3.** forță, putere. **II.** *vt.* **1.** a lovi cu piciorul. **2.** *sport* a marca (*un gol*). **3.** a renunța la (*un nărav*). **III.** *vi.* a da din picioare. # **~-back** *sl.* șpagă; *to ~ one's heels* a aștepta ca un prost; *to ~ up heels fam.* a se distra fără să țină cont de conveniențe.
kid [kɪd] **I.** *s.* **1.** ied. **2.** piele de căprioară. **3.** *fam.* țânc, copil. **II.** *vi.* a nu vorbi serios, a glumi. # *my ~*

sister sora mea mai mică; *no ~ding!* fără glumă!

kidnap [ˈkɪdnæp] **I.** *s.* răpire (*de persoană*). **II.** *vt.* a răpi (*o persoană*). # **~per** răpitor de persoane.

kidney [ˈkɪdni] *s.* rinichi.

kill [kɪl] *vt.* **1.** a omorî, a ucide. **2.** a distruge, a nimici. **3.** a irosi (*timp*). **4.** *sl.* a consuma tot, a bea tot. # **~er** ucigaş; **~ing** carnaj, măcel; **~ joy** *fam.* om nesuferit.

kiln [kɪln] *s.* cuptor; etuvă.

kilo [ˈki:ləʊ] (*pl.* **~s**) *s. fam.* kilogram.

kilogram [ˈkɪləgræm] *s.* kilogram.

kilometre [ˈkɪləmɪtə] *s.* kilometru.

kilt [kɪlt] *s.* kilt, fustă scoţiană.

kimono [kɪˈməʊnəʊ] (*pl.* **~s**) *s.* chimono.

kin [kɪn] *s.* **1.** rude. **2.** neam, viţă. # **~ship** rudenie.

kind [kaɪnd] **I.** *s.* **1.** fel, gen, soi: *of the same ~* de acelaşi fel. **2.** însuşire, caracteristică, natură. **II.** *adj.* amabil; bun, cumsecade. # **~-hearted** bun la suflet; **~ly** cu îngăduinţă; **~ness** bunătate; *~ of fam.* întrucâtva, oarecum; *to look ~ly on* a fi binevoitor faţă de.

kindergarten [ˈkɪndəgɑ:tn] *s.* grădiniţă (*de copii*).

kindred [ˈkɪndrɪd] **I.** *s.* **1.** rudenie; înrudire. **2.** rude. **II.** *adj.* înrudit.

kine [kaɪn] *s.* vaci; vite.

king [kɪŋ] *s.* **1.** rege (*şi la şah şi fig.*). **2.** rigă: *the ~ of diamonds* riga de caro. # **~dom** regat; **~ly** regal; **~-sized** de format mare.

kink [kɪŋk] *s.* **1.** nod, încâlceală. **2.** dificultate, impediment. **3.** meteahnă.

kiosk [ˈki:ɒsk] *s.* chioşc; tarabă.

kip [kɪp] *sl.* **I.** *s.* **1.** somn. **2.** pat. **II.** *vi.* a dormi.

kipper [ˈkɪpə] *s.* **1.** hering sărat şi afumat. **2.** somon în perioada de depunere a icrelor.

kiss [kɪs] **I.** *s.* sărut. **II.** *vt, vi* a (se) săruta. # **~er** persoană care sărută; **~ of life** respiraţie artificială.

kit [kɪt] *s.* trusă; echipament: *a first-aid ~* trusă de prim-ajutor. # *the whole ~ fam.* toată şleahta.

kitchen [ˈkɪtʃɪn] *s.* bucătărie. # **~ garden** grădină de zarzavat (*pe lângă casă*); **~ware** ustensile de bucătărie.

kite [kaɪt] *s.* **1.** zmeu (*jucărie*). **2.** *sl.* avion.

kitten [ˈkɪtn] *s.* pui de pisică, pisicuţă. # *to have ~s fam.* a avea un morcov (*fig.*).

kittle [ˈkɪtl] *adj.* capricios, schimbător.

kitty [ˈkɪti] *s.* pisicuţă.

klaxon [ˈklæksn] *s.* claxon.

kleptomania [ˌkleptəˈmeɪniə] *s.* cleptomanie. # **~c** cleptoman.

knack [næk] *s.* **1.** dexteritate; ingeniozitate. **2.** truc, şpil.

knapsack [ˈnæpsæk] s. rucsac.

knave [neɪv] *s.* **1.** valet: *the ~ of spades* valetul de pică. **2.** şarlatan.

knead [ni:d] *vt.* **1.** a frământa (*cocă*). **2.** a frecţiona, a masa.

knee [ni:] *s.* genunchi. # **~cap** rotulă; **~-deep** (*d. apă*) până la genunchi; **to ~l** a îngenunchia; **~-length** (*d. cizme*) până la genunchi; *to bend the ~* a se supune.

knell [nel] *s.* dangăt (*de clopot*).

knew [nju:] *trec. de la* **to know**.

knickers ['nɪkəz] *s. pl.* **1.** pantaloni bufanți până la/după genunchi. **2.** chiloți.

knick-knack ['nɪknæk] *s.* prostioară; bibelou.

knife [naɪf] **I.** (*pl.* **knives**) *s.* cuțit; briceag. **II.** *vt.* a înjunghia. # **~ edge** lamă de cuțit; punct critic; **~ grinder** tocilar; **~rest** suport de tacâm (*la masă*).

knight [naɪt] *s.* **1.** cavaler: *the ~ errant* cavalerul rătăcitor. **2.** cal (*la şah*). # **~hood** rang/titlu de cavaler; **~ly** cavaleresc.

knit [nɪt] **I.** *s.* obiect tricotat. **II.** *vt.* a tricota. # **~ting machine** maşină de tricotat; **~wear** tricotaje; *to ~ one's brows* a se încrunta.

knob [nɒb] *s.* **1.** clanță sferică. **2.** nod (*al copacului*). # *with ~s on! sl.* şi chiar mai mult decât atât!

knock [nɒk] **I.** *s.* **1.** ciocănit (*în uşă*). **2.** izbitură, lovitură. **II.** *vt.* **1.** a lovi, a izbi. **2.** a critica aspru. **III.** *vi* **1.** (**at**) a bate (în); a ciocăni (la). **2.** (**with**) a se ciocni (de). # **to ~ down** a trânti la pământ; **~er** inel de metal (*la uşă*); **~ing shop** *sl.* bordel; **~-kneed** cu picioarele în formă de x; **to ~ off** *sl.* a prăda, a jefui; a ucide; **~out** cnocaut; *fam.* obiect excepțional; persoană fascinantă; **to ~ up** a încropi.

knoll [nəʊl] *s.* colină, dâmb.

knot [nɒt] **I.** *s.* **1.** nod; fundă. **2.** legătură, relație. **3.** problemă, dificultate. **4.** pâlc; grup. **5.** proeminență. **6.** *med.* nodul. **7.** *nav.* nod (*= 1852 m*). **II.** *vt.* a înnoda. # **~ty** complicat, dificil; *to tie the ~ fam.* a se căsători.

know [nəʊ] (*trec.* **knew**, *part. trec* **known**) **I.** *vt.* **1.** a şti, a cunoaşte. **2.** a înțelege. **II.** *vi* a şti, a cunoaşte. # **~-all** atotştiutor; **~-how** pregătire bună şi pricepere; tehnologie; *to ~ by sight* a şti din vedere; *to ~ it backwards* a o cunoaşte în amănunt/pe toate fețele; *to ~ it inside out* a o şti pe de rost; *for all I ~* din câte ştiu; *in the ~* în cunoştință de cauză; *you never ~* nu se ştie niciodată; *you should have ~n better than...* ar fi trebuit să-ți dai seama că e mai bine să...

knowing ['nəʊɪŋ] *adj.* **1.** inteligent, instruit. **2.** abil, isteț. **3.** intenționat. **4.** şic, cochet. # **~ly** în cunoştință de cauză; înadins.

knowledge ['nɒlɪdʒ] *s.* cunoaştere; cunoştințe; instruire. # **~able** inteligent, instruit.

known [nəʊn] *adj.* cunoscut.

knuckle ['nʌkl] *s.* **1.** încheietura degetului. **2.** picior de porc (*pentru piftie*). # **~ head** *fam.* tâmpit; *near the ~ fam.* la limita decenței.

kohlrabi [kəʊl'rɑ:bi] *s.* gulie.

kooky ['ku:ki] *adj. fam.* excentric; zărghit, aiurit.

kopeck ['kəʊpek] *s.* copeică.

Korean [kə'ri:ən] **I.** *s.* **1.** coreean. **2.** limba coreeană. **II.** *adj.* coreean.

kosher ['kəʊʃə] *adj.* **1.** (*d. mâncare*) cuşer (*în iudaism*). **2.** *fam.* autentic, veritabil. **3.** cum se cuvine.

kowtow ['kaʊtaʊ] *vi* a se ploconi.

krona ['krəʊnə] *s.* krona (*unitate monetară în Suedia*).

krone ['krəʊnə] *s.* krone (*unitate monetară în Danemarca şi Norvegia*).

krypton ['krɪptɒn] *s.* kripton.

kudos ['kju:dɒs] *s.* prestigiu.

Kurd [kɜ:d] *s.* kurd.

Kurdish ['kɜ:dɪʃ] **I.** *s.* limba kurdă. **II.** *adj.* kurd.

L

L, l [el] (litera) L, l.

la [la:] *s.* (nota) la.

labefaction [ˌlæbɪˈfækʃn] *s.* deteriorare.

label [ˈleɪbl] **I.** *s.* **1.** etichetă; marcă a fabricii. **2.** etichetare. **II.** *vt.* a eticheta (*şi fig.*).

laboratory [ləˈbɒrətri] *s.* laborator.

laborious [ləˈbɔːriəs] *adj.* **1.** laborios, trudnic. **2.** sârguincios.

labour [ˈleɪbə] **I.** *s.* **1.** muncă. **2.** forţă de muncă. **3.** travaliu. **II.** *vi.* a se speti muncind. **#~er** muncitor; **~-saiving device** aparat electric de uz casnic; **~ union** sindicat.

labyrinth [ˈlæbərɪnθ] *s.* labirint (*şi fig.*).

lace [leɪs] **I.** *s.* **1.** dantelă. **2.** şiret; şnur; firet. **II.** *vt.* **1.** a lega şireturile la. **2. (with)** a presăra (cu).

lacerate [ˈlæsəreɪt] *vt.* **1.** a măcelări. **2.** a ofensa. # **~d** deznădăjduit.

lachrymose [ˈlækrɪməʊs] *adj.* plângăcios.

lack [læk] **I.** *s.* lipsă, absenţă: ~ *of money* penurie. **II.** *vt.* a fi lipsit de. # **~lustre** tern; *for ~ of* din lipsă de.

lackadaisical [ˌlækəˈdeɪzɪkl] *adj.* **1.** molatic, mototol. **2.** nepăsător.

lackey [ˈlæki] *s.* **1.** lacheu. **2.** linguşitor.

laconic [ləˈkɒnɪk] *adj.* laconic.

lacquer [ˈlækə] **I.** *s.* lac (*de mobilă etc.*). **II.** *vt.* a lăcui.

lacteal [ˈlæktiəl] *adj.* lăptos, ca laptele.

lacuna [ləˈkjuːnə] *s.* lacună (*într-o carte*).

lad [læd] *s.* tinerel, flăcău.

ladder [ˈlædə] *s.* **1.** scară (*mobilă*) (*şi fig.*). **2.** fir dus la ciorap. # **~less** indeşirabil.

laden [ˈleɪdn] *adj.* încărcat, împovărat.

lading [ˈleɪdɪn] *s.* încărcătură; caric.

ladle [ˈleɪdl] *s.* polonic.

lady [ˈleɪdi] *s.* **1.** doamnă, femeie manierată/distinsă. **2.** femeie; soţie. **3. (Lady)** soţie a unui lord. # **~-in-waiting** domnişoară de companie (*a reginei*); **~killer** bărbat seducător; **Our Lady** Fecioara Maria; **~'s fingers** bame.

lag[1] [læg] **I.** *s.* **1.** rămânere în urmă. **2.** interval de timp; decalaj. **II.** *vi.* **1.** a trena. **2. (behind)** a rămâne (în urmă).

lag[2] [læg] *s. sl.* **1.** puşcăriaş. **2.** perioadă de detenţie.

lag[3] [læg] *s.* doagă.

lager [ˈlɑːgə] *s.* bere blondă (*nemţească*).

laggard [ˈlægəd] *s.* om leneş/mototol.
lagoon [ləˈgu:n] *s.* lagună.
lah [lɑ:] *s.* (nota) la.
laic(al) [ˈleɪɪk(l)] *adj.* laic.
laid [leɪd] *trec., part trec. de la* **to lay.**
lain [leɪn] *part. trec. de la* **to lie**[2].
lair [leə] *s.* **1.** vizuină, bârlog. **2.** ascunziş.
lake [leɪk] *s. geogr.* lac.
lallygag [ˈlælɪgæg] *vi. amer.* a umbla creanga.
lamb [læm] **I.** *s.* **1.** miel. **2.** carne de miel. **3.** inocent. **II.** *vi.* (*d. oaie*) a făta.
lame [leɪm] *adj.* **1.** şchiop. **2.** (*d. un loc*) dureros. **3.** nereuşit. # **~brain** tolomac; **~ duck** diletant; **~-duck president** preşedinte interimar.
lament [ləˈment] **I.** *s.* **1.** bocet. **2.** elegie. **II.** *vt.* a deplânge, a deplora. **III.** *vi.* a se lamenta. # **~able** deplorabil; **~ation** lamentare.
laminate [ˈlæmɪneɪt] **I.** *s., adj.* laminat. **II.** *vt.* a lamina.
lamp [læmp] *s.* **1.** lampă: *a gas ~* lampă cu gaz. **3.** lustră; veioză. # **~shade** abajur.
lampoon [læmˈpu:n] *s.* satiră, pamflet.
lance [lɑ:ns] *s.* **1.** lance; bisturiu. **2.** *med.* lanţetă. # **~r** lăncier; **~t** *med.* lanţetă.
lancinate [ˈlɑ:nsɪneɪt] *adj.* (*d. durere*) ascuţit.
land [lænd] **I.** *s.* **1.** pământ: *on ~ or at sea* pe uscat sau pe mare. **2.** patrie. **3.** teren (*agricol etc.*). **4.** tărâm. **II.** *vt.* **1.** a debarca. **2.** *fam.* a pune mâna pe (*o slujbă*). **III.** *vi.* **1.** *nav.* a acosta. **2.** a ateriza. # **~ agent** intermediar de terenuri; **~ed property** proprietate funciară; **~holder** proprietar de pământ; **~ing field** pistă de decolare/aterizare; **~ing stage** debarcader; **~slide/slip** alunecare de pământ; **~wards** spre ţărm.
landlady [ˈlændleɪdi] *s.* **1.** proprietară a unei case cu camere de închiriat. **2.** gazdă.
landlord [ˈlændlɔ:d] *s.* **1.** proprietar al unei case cu camere de închiriat. **2.** proprietar de hotel/han. **3.** gazdă. **4.** moşier.
landmark [ˈlændmɑ:k] *s.* **1.** punct de reper. **2.** piatră de hotar (*şi fig.*).
landscape [ˈlændskeɪp] *s.* peisaj.
lane [leɪn] *s.* alee; stradă îngustă; bandă de circulaţie.
language [ˈlæŋgwɪdʒ] *s.* limbă; limbaj.
languid [ˈlæŋgwɪd] *adj.* **1.** slab; moale. **2.** lipsit de entuziasm. **3.** languros.
languish [ˈlæŋgwɪʃ] *vi.* **1.** a se ofili. **2.** (**for**) a râvni (la). # **~ing** languros.
languorous [ˈlæŋgərəs] *adj.* **1.** languros. **2.** slab; moale.
lank [læŋk] *adj.* **1.** (*d. păr*) lins, drept. **2.** costeliv.
lantern [ˈlæntən] *s.* lanternă; felinar, fanal; luminator.
lap[1] [læp] *s.* **1.** poală, pulpană: *to sit in smb.'s ~* a sta pe genunchii cuiva/în poala cuiva. **2.** oblăduire. # **~dog** câine de salon.

lap[2] [læp] *s. sport* tur de pistă.
lap[3] [læp] **I.** *vt.* **1.** (*d. animale*) a linge (*lapte etc.*). **2.** (*d. mare*) a spăla, a uda (*țărmul*). **II.** *vi.* (*d. animale*) a lipăi.
lapel [lə'pel] *s.* rever.
lapse [læps] **I.** *s.* **1.** scăpare; eroare; lapsus. **2.** decădere; degradare. **II.** *vi.* **1.** (*d. timp*) a trece. **2.** *jur.* a deveni caduc. **3.** a se perima.
larceny ['lɑ:sni] *s.* furt.
larch [lɑ:tʃ] *s. bot.* larice.
larder ['lɑ:də] *s.* cămară.
large [lɑ:dʒ] *adj.* **1.** mare (*ca volum, număr*). **2.** extins; vast. **3.** generos. **4.** larg (*fig.*). # **~-handed** culant; **~-hearted** mărinimos; **~ly** în mare măsură; **~-minded** deschis la minte; **~-scale** pe scară largă; **~ess(e)** dărnicie.
lariat ['læriət] *s. amer.* lasou.
lark[1] [lɑ:k] *s.* ciocârlie.
lark[2] [lɑ:k] **I.** *s.* **1.** distracție; veselie. **2.** năzbâtie. **II.** *vi.* a face nebunii.
larva ['lɑ:və] (*pl.* **~e** ['lɑ:vi:]) *s.* larvă.
larynx ['lærɪŋks] *s.* laringe.
lascivious [lə'sɪviəs] *adj.* lasciv; provocator.
laser ['leɪzə] *s.* laser.
lash [læʃ] **I.** *s.* **1.** biciuire (*şi fig.*). **2.** şfichi (*al biciului*). **3.** geană. **II.** *vt.* **1.** a biciui. **2.** a zvâcni din (*coadă*). **3.** (*d. valuri etc.*) a izbi. **III.** *vi.* (*d. valuri*) a se izbi. # **~ing** biciuire (*şi fig.*); *~ings of fam.* sumedenie de.
lass(ie) ['læs(i)] *s.* fetişcană, codană.
lassitude ['læsɪtju:d] *s.* moleşeală; lene; plictiseală.
lasso [lə'su:] (*pl.* **~s**) *s.* lasou.
last[1] [lɑ:st] *s.* calapod.
last[2] [lɑ:st] **I.** *s.* **1.** ultimul: *this ~* acesta din urmă. **2.** sfârşit, capăt: *to the ~* până la sfârşit. **II.** *adj.* **1.** ultim. **2.** recent. **3.** de calitate inferioară. **III.** *vi.* **1.** a dura, a rezista, a ține. **2.** a ajunge, a fi de ajuns. **IV.** *adv.* **1.** la urmă. **2.** ultima dată. # **~ing** durabil; **~ly** în cele din urmă; **~ name** nume de familie; **~ night** aseară; *~ week* săptămâna trecută; *~ but not least* ultimul dar nu mai puțin important; *at (long) ~* în cele din urmă; *the ~ but one* penultimul; *the second ~* antepenultimul; *this time before ~* penultima oară.
latch [lætʃ] **I.** *s.* **1.** zăvor. **2.** declic. **II.** *vt.* a închide cu zăvorul. # **~key** cheie (*de la uşă/poartă*); **~string** lanț la uşă (*pe interior*).
late [leɪt] **I.** *adj.* **1.** târziu; întârziat: *a ~ marriage* căsătorie târzie; *he was ~* a întârziat. **2.** decedat. **3.** fost: *my ~ boss* fostul meu şef (*acum e altul*). **II.** *adv.* **1.** târziu: *she married ~* s-a măritat târziu. **2.** recent. # **~comer** (persoană care a) întârziat; **~ly** în ultima vreme; *~r on* pe urmă, după aia; *as ~ as yesterday* chiar ieri; deunăzi; *of ~* în ultima vreme; *sooner or ~r* mai devreme sau mai târziu, odată şi odată, cândva.
latent ['leɪtənt] *adj.* **1.** latent. **2.** în devenire. # **~ period** perioadă de incubație (*a bolii*).

lateral ['lætrəl] *adj.* lateral; pe laterală.

lath [lɑ:θ] *s.* leaţ, şipcă, palplanşă.

lathe [leɪð] *s.* strung. # ~ **hand/operator** strungar.

lather ['lɑ:ðə] **I.** *s.* spumă, clăbuc. **II.** *vt.* a săpuni. **III.** *vi* a face spumă.

Latin ['lætɪn] **I.** *s.* limba latină. **II.** *adj.* latin(esc).

latitude ['lætɪtju:d] *s.* **1.** *geogr.* latitudine. **2.** libertate de acţiune.

latter ['lætə] **I.** *s.* cea de-a doua persoană din două: *Ann and Jean are my friends, the ~ is Dan's sister* Ann şi Jean sunt prietenele mele, cea de-a doua este sora lui Dan. **II.** *adj.* ultim: *the ~ part of the film* ultima parte a filmului; *the ~ half of* a doua jumătate a... # **~ly** recent, de curând.

lattice ['lætɪs] *s.* zăbrele, grilaj; grătar; reţea.

laudatory ['lɔ:dətri] *adj.* laudativ, omagial.

laugh [lɑ:f] **I.** *s.* râs; râset. **II.** *vi.* a râde. # **~able** de râs, hazliu; **~ing** zâmbitor; **~ing gas** gaz ilariant; **~ingly** în glumă; **~ing stock** obiect de batjocură; **~ter** râs, râsete; *to ~ up one's sleeve* a-şi râde în barbă.

launch [lɔ:ntʃ] **I.** *s.* lansare (*şi fig.*). **II.** *vt.* **1.** a lansa (*şi fig.*). **2.** a pune pe picioare (*o afacere*). # ~ **pad** bază de lansare (*a unei nave spaţiale*); *to ~ oneself into work* a se pune pe treabă.

launder ['lɔ:ndə] *vt.* a spăla (*rufe*). # **~ette** spălătorie publică.

laundress ['lɔ:ndrɪs] *s.* spălătoreasă.

laundry ['lɔ:ndrɪ] *s.* **1.** spălătorie. **2.** rufe spălate/de spălat.

laureate ['lɔ:rɪɪt] *s., adj.* laureat.

laurel ['lɒrəl] *s.* laur.

lava ['lɑ:və] *s.* lavă.

lavatory ['lævətri] *s.* toaletă, closet.

lavender ['lævɪndə] *s.* levănţică.

lavish ['lævɪʃ] **I.** *adj.* **1.** abundent. **2.** culant. **II.** *vt.* **1.** a risipi (*bani*). **2.** a irosi.

law [lɔ:] *s.* **1.** lege; ordonanţă. **2.** regulament. **3.** justiţie: *to go to ~* a se adresa justiţiei. # **~-breaking** încălcare a legii; ~ **court** tribunal; **~ful** legal; **~less** ilegal, în afara legii; **~suit** proces (*juridic*); **~yer** avocat; **civil** ~ drept civil; **common** ~ drept cutumiar; **criminal/penal** ~ drept penal.

lax [læks] *adj* **1.** îngăduitor; moale. **2.** întins, destins. **3.** lejer, lax.

lay[1] [leɪ] **I.** *s.* plasare. **II.** (*trec., part. trec.* **laid**) *vt.* **1.** a pune, a aşeza; a întinde. **2.** a prezenta. **3.** a plasa. **4.** a paria pe. **III.** (*trec., part. trec.* **laid**) *vi.* a se oua. # **~about** puturos; **to ~ aside** a lăsa deoparte; **to ~ bare** a dezvălui, **to ~ off** a disponibiliza; **to ~ over** a face o escală; **to ~ up** a face provizii; **to ~ waste** a devasta.

lay[2] [leɪ] *adj.* laic. # **~man** persoană neavizată.

lay[3] [leɪ] *s.* melodie; baladă.

lay[4] [leɪ] *trec. de la* **to lie**[2].

laze [leɪz] *vi.* a lenevi.

laziness ['leɪzɪnɪs] *s.* lene.

lazy ['leɪzi] *adj.* **1.** leneş. **2.** lent, domol. **3.** liniştit, paşnic. # **~bones** leneş, trântor.

lead[1] [led] *s.* **1.** plumb. **2.** mină de creion. # **~en** de/din plumb; plumburiu.

lead[2] [li:d] **I.** *s.* **1.** loc de frunte. **2.** *sport* avans; avantaj. **3.** indiciu. **4.** lesă. **5.** rol principal. **6.** *el.* cablu. **II.** (*trec., part. trec.* **led**) *vt.* **1.** a conduce, a îndruma, a însoţi. **2.** a duce, a trăi. **III.** (*trec., part. trec.* **led**) *vi.* **1.** (**to**) a duce (la) (*şi fig.*). **2.** (**through**) a trece (prin). # **~er** conducător; **~ership** conducere; **~ing** principal, important; **~ing article** articol de fond (*în ziar*); **~-off** pornire, începere; **to ~ up to** a îndrepta/dirija spre.

leaf [li:f] (*pl.* **leaves**) *s.* **1.** frunză. **2.** filă. # **~let** frunzuliţă; fluturaş publicitar; **~y** frunzos.

league[1] [li:g] *s.* leghe (= *3 mile*).

league[2] [li:g] *s.* ligă. # *in ~with* în asociaţie cu.

leak [li:k] **I.** *s.* **1.** spărtură, gaură. **2.** scurgere (*de lichid etc.*). **II.** *vi.* **1.** (*d. ţeavă*) a pierde apă. **2.** (*d. apă etc.*) a se scurge. **3.** (*d. un secret*) a ieşi la iveală. # **~age** spărtură (*în ţeavă*); **to ~ out** a ieşi la iveală.

lean[1] [li:n] *adj.* **1.** slab. **2.** sărac, neproductiv.

lean[2] [li:n] (*trec., part. trec.* **~ed/leant**) **I.** *vt.* a sprijini. **II.** *vi.* **1.** a se sprijini. **2.** (**on**) a se baza (pe). # **~ing** tendinţă.

leap [li:p] **I.** *s.* salt (*şi fig.*). **II.** (*trec., part. trec.* **~ed/leapt**) *vt., vi.* a sări (peste). # **~ year** an bisect; *to ~ at (an offer)* a accepta bucuros (o propunere); *to ~ for joy* a sări în sus de bucurie.

learn [lɜ:n] (*trec., part. trec.* **~ed, learnt**) **I.** *vt.* **1.** a învăţa (*ceva*). **2.** a memoriza. **3.** a se deprinde cu. **4.** a afla. **II.** *vi.* **1.** a învăţa. **2.** (**of/about**) a afla (de/despre). # **~ed** cult, erudit; **~er** persoană care învaţă, elev; **~ing** învăţare; erudiţie.

lease [li:s] **I.** *s.* (contract de) închiriere/arendare. **II.** *vt.* a închiria; a arenda. # **~hold** proprietate închiriată; pământ arendat.

leash [li:ʃ] *s.* lesă.

least [li:st] (*superl. de la* **little**) *adj., adv.* cel mai puţin/mic. # *at (the) ~* cel puţin; *~ of all* cu atât mai puţin; *not in the ~* câtuşi de puţin, absolut deloc.

leather ['leðə] *s., adj.* (de) piele. # **~neck** *amer. sl.* soldat în marină; **~y** ca de piele.

leave [li:v] **I.** *s.* **1.** permisiune; permisie. **2.** plecare. **II.** (*trec., part. trec.* **left**) *vt.* **1.** a părăsi, a pleca din. **2.** a abandona: *he left his family* şi-a părăsit familia. **3.** a lăsa: *he left his money at home* şi-a lăsat banii acasă. **III.** (*trec., part. trec.* **left**) *vi.* (**for**) a pleca (la): *she left for Rome* a plecat la Roma. # **to ~ behind** a lăsa (*undeva*); **to ~ off** a înceta; **to ~ out** a omite.

leaven ['levn] *s.* maia.

leavings ['li:viŋz] *s. pl.* rămăşiţe.
lecherous ['letʃərəs] *adj.* libidinos.
lectern ['lektən] *s. bis.* strană (*pupitru*).
lecture ['lektʃə] **I.** *s.* **1.** curs (*universitar*), prelegere. **2.** muştruluială. **II.** *vt.* a muştrului. **III.** *vi.* a ţine un curs. # **~r** lector universitar.
led [led] *trec., part. trec. de la* **to lead**.
ledge [ledʒ] *s.* **1.** margine, bordură. **2.** poliţă. **3.** pervaz; ieşitură; cornişă.
lee [li:] *s.* **1.** adăpost. **2.** *nav.* bordul de sub vânt. # **~way** *nav.* derivă; frâu liber.
leech [li:tʃ] *s.* lipitoare (*şi fig.*).
leek [li:k] *s.* praz.
leer [liə] **I.** *s.* **1.** uitătură/privire rea. **2.** ocheadă. **II.** *vi.* **1.** a trage cu ochiul. **2.** a se uita insistent.
lees [li:z] *s. pl.* drojdie (*de vin*).
left[1] [left] **I.** *s.* stânga. **II.** *adj.* stâng: *the ~ leg* piciorul stâng; *the ~ wing* aripa stângă. # **~-handed** stângaci (*şi fig.*); **~ist** *pol.* de stânga; **~ luggage office** casă de bagaje; **~overs** resturi.
left[2] [left] *trec., part. trec. de la* **to leave**.
leg [leg] *s.* **1.** picior; gambă. **2.** pulpă (*de animal*): *a ~ of lamb* pulpă de miel. **3.** crac (*de pantalon*). # *on my last ~s* pe ducă/moarte; *to pull smb.'s ~* a lua peste picior pe cineva; *shake a ~! sl.* dă-i bice!
legacy ['legəsι] *s.* moştenire (*şi fig.*).
legal ['li:gəl] *adj.* legal; juridic. # **~ adviser** jurisconsult; **~ity** legalitate; **to ~ize** a legaliza; **~ person** persoană juridică.
legation [lι'geιʃn] *s.* legaţie; misiune diplomatică.
legend ['ledʒənd] *s.* **1.** legendă. **2.** inscripţie; explicaţie. # **~ary** legendar.
legible ['ledʒιbl] *adj.* citeţ.
legion ['li:dʒən] *s.* legiune. # **~ary** soldat într-o legiune.
legislation [ˌledʒιs'leιʃn] *s.* legislaţie.
legitimate [lι'dʒιtιmιt] *adj.* legal; legitim.
leisure ['leʒə] *s.* timp liber. # **~ly** fără grabă, pe îndelete; *people of ~* oameni fără ocupaţie.
lemon ['lemən] *s.* **1.** lămâi. **2.** lămâie. # **~y** ca lămâia.
lend [lend] (*trec., part. trec.* **lent**) *vt.* a împrumuta (*ceva*). # *to ~ smth. to* a pune ceva în folosul; *to ~ oneself to* a se preta la.
length [leŋθ] *s.* **1.** lungime: *it's six metres in ~* are şase metri lungime; *I fell all my ~* am căzut cât sunt de lung. **2.** durată: *our ~ of days* durata vieţii noastre. # **at ~** detaliat; în final; **to ~en** a (se) lungi; **~y** cam lung.
lenient ['li:niənt] *adj.* îngăduitor.
lenitive ['lenιtιv] *adj.* calmant.
lens [lenz] *s.* lentilă.
lent [lent] *trec., part. trec. de la* **lend**.
lentil ['lentιl] *s.* linte.
lent lily ['lentlιli] *s.* narcisă galbenă.
leopard ['lepəd] *s.* leopard.
leper ['lepə] *s.* lepros.
leprosy ['leprəsi] *s.* lepră.
leprous ['leprəs] *adj.* lepros.

leptosome ['leptəsəʊm] *adj.* scund și suplu, mignon.
lesbian ['lezbiən] *s., adj.* lesbiană.
lesion ['li:ʒn] *s.* leziune, rană.
less [les] (*comparativ de la* **little**) *adj., adv.* mai puțin. # *even/still* ~ chiar mai puțin; *no ~ a person than* nimeni altcineva decât; *none the* ~ cu nimic mai puțin/prejos; *nothing ~ than* nici mai mult nici mai puțin decât.
lessen ['lesn] *vt., vi.* a (se) micșora.
lesson ['lesn] *s.* lecție: *dancing ~s* ore de dans.
lest [lest] *conj.* (ca) să nu: *I feared ~ he should fall* îmi era teamă să nu cadă.
let[1] [let] **I.** *s.* închiriere. **II.** (*trec., part. trec.* **let**) *vt.* **1.** a lăsa, a permite. **2.** a da drumul (*cuiva*). **3.** a închiria (*o casă*). # ~ **alone** darămite; **to ~ alone** a lăsa în pace; **to ~ down** a dezamăgi; **to ~ on** a da în vileag; **to ~ out** a scoate (*un sunet*); **~up** oprire; *~ him in* poftește-l înăuntru.
let[2] [let] *s.* obstacol, impediment.
lethal ['li:θəl] *adj.* letal, mortal.
lethargy ['leθəʤi] *s.* **1.** letargie. **2.** inerție.
letter ['letə] *s.* **1.** literă. **2.** scrisoare. # **~ box** cutie de scrisori; **~ed** cult; *~ of credit* scrisoare de credit; *to the ~* până în cele mai mici amănunte; *the ~ of the law* litera legii.
lettuce ['letɪs] *s.* salată verde.
leuk(a)emia [lu:'ki:miə] *s.* leucemie.
level ['levl] **I.** *s.* **1.** nivel, stadiu: *at eye ~ tehn.* la nivelul ochiului. **2.** teren plan; șes. **3.** nivelă. **II.** *adj.* **1.** drept, neted, plat. **2.** egal. **3.** (*d. cineva*) echilibrat. **III.** *vt.* **1.** a nivela. **2.** a egaliza. **3.** a rade de pe fața pământului. **4.** a trânti (*pe cineva*) la pământ. **5.** (**at**) a îndrepta (*arma*) (spre). # **~ crossing** trecere la nivel; *to do one's ~ best* a face tot ce-i stă în putință; *to find one's ~* a-și găsi locul potrivit (*serviciu etc.*); *on the ~ fam.* sincer.
lever ['li:və] *s.* **1.** levier; manivelă. **2.** pârghie (*și fig.*).
levitation [ˌlevɪ'teɪʃn] *s.* levitație.
levity ['levɪti] *s.* **1.** superficialitate. **2.** neseriozitate.
levy ['levi] **I.** *s.* (percepere de) impozite. **II.** *vt.* a percepe (*impozite*).
lewd [lu:d] *adj.* obscen; libidinos.
lexical ['leksɪkl] *adj.* lexical.
lexicon ['leksɪkən] *s.* **1.** listă de cuvinte. **2.** dicționar.
lexis ['leksɪs] *s.* lexic.
liabilities [ˌlaɪə'bɪlɪtɪz] *s. pl. ec.* pasiv, obligații de plată.
liability [ˌlaɪə'bɪlɪti] *s.* responsabilitate; obligație.
liable ['laɪəbl] *adj.* **1.** (**for**) răspunzător (pentru). **2.** (**to**) predispus (la). # *~ to a fine* pasibil de amendă.
liaison [lɪ'eɪzn] *s.* **1.** legătură, relație. **2.** relație amoroasă.
liana [lɪ'ɑ:nə] *s. bot.* liană.
liar ['laɪə] *s.* mincinos.
libel ['laɪbl] *s.* calomnie.
liberal ['lɪbrəl] **I.** *s. pol.* liberal. **II.** *adj.* **1.** *pol.* liberal. **2.** darnic. **3.** tolerant. # **~ity** dărnicie.
liberate ['lɪbərəɪt] *vt.* a elibera.

libertine ['lɪbəti:n] *adj.* libertin, depravat.

liberty ['lɪbəti] *s.* libertate. # **at ~** liber, neîncătuşat; în libertate; *to take liberties with* a-şi permite cam multe faţă de (*cineva*).

Libra ['li:brə] *s.* Balanţa (*zodie*).

librarian [laɪ'breəriən] *s.* bibliotecar.

library ['laɪbrəri] *s.* bibliotecă: *a public ~* bibliotecă publică.

lice [laɪs] *pl. de la* **louse**.

licence ['laɪsəns] *s.* **1.** permis; autorizaţie. **2.** licenţă; brevet.

license ['laɪsəns] *vt.* a elibera un permis/brevet (*cuiva*). # **~ plate** *amer. auto* număr de înmatriculare.

licentious [laɪ'senʃəs] *adj.* libertin, depravat.

lick [lɪk] **I.** *s.* **1.** lingere, lins. **2.** strop, pic. **3.** *fam.* viteză. **II.** *vt.* a linge: *to ~ one's lips* a-şi linge buzele; a-i lăsa gura apă. # *to ~ into shape* a aduce (*un sportiv etc.*) în formă bună.

lid [lɪd] *s.* **1.** capac. **2.** pleoapă. # *to take the ~ off* a face dezvăluiri senzaţionale.

lie[1] [laɪ] **I.** *s.* minciună, neadevăr, mistificare: *a whopping ~* minciună sfruntată. **II.** *vi.* a minţi. # **~ detector** detector de minciuni, poligraf; *to give smb. the ~* a prinde pe cineva cu minciuna; *to nail a ~* a demasca o minciună.

lie[2] [laɪ] **I.** *s.* **1.** amplasare. **2.** vizuină. **II.** (*trec.* **lay**, *part. trec.* **lain**, *part. prez.* **lying**) *vi.* **1.** a sta întins; a zăcea: *to ~ on the grass* a sta pe iarbă. **2.** a se afla, a se găsi. **3.** a se întinde, a se desfăşura. **4.** (**in**) a rezida (în). **5.** (**with**) a reveni (*cuiva*), a i se datora (*cuiva*). # *to ~ down on the job* a se lăsa pe tânjală; *to ~ low* a sta ascuns.

lieutenant [lef'tenant] *s.* locotenent.

life [laɪf] (*pl.* **lives**) *s.* **1.** viaţă. **2.** existenţă. **3.** vioiciune, vivacitate. # **~ buoy** colac de salvare; **~ guard** salvamar; **~ jacket** vestă de salvare; **~r** condamnat la închisoare pe viaţă; **~span/time** durată de viaţă.

lift [lɪft] **I.** *s.* **1.** lift. **2.** ridicare, urcare, înălţare. **3.** *fam.* entuziasm. **II.** *vt.* **1.** a ridica, a înălţa, a sălta. **2.** a revoca, a anula. **3.** *fam.* a şuti, a fura. **III.** *vi.* a se ridica. # **~ boy** liftier.

light[1] [laɪt] **I.** *s.* **1.** lumină. **2.** foc, chibrit; bec; semafor; far. **3.** clarificare. **II.** *adj.* **1.** luminat; luminos. **2.** (*d. culori*) deschis. **III.** (*trec., part. trec.* **~ed/lit**) *vt., vi.* **1.** a (se) aprinde. **2.** a (se) lumina. # **to ~en** a (se) lumina; **~er** brichetă; **~fast** (*d. culori*) durabil; **~house** far; **~s** vederi, idei, concepţii; **~s-out** stingerea (*luminilor*).

light[2] [laɪt]*adj.* **1.** uşor: *a ~ holdall* geantă de voiaj uşoară. **2.** slab. **3.** simplu, uşor. **4.** agil; îndemânatic. **5.** delicat. **6.** neserios. # **to ~en** a uşura; a reduce; **~-footed** iute de picior; **~-headed** ameţit; fluşturatic; **~ industry** industrie uşoară; **~ music** muzică uşoară;

~ **opera** operetă; ~**weight** boxer de categorie uşoară.

lightning ['laıtnıŋ] *s.*, *adj.* fulger. # ~ **bug** *amer.* licurici; ~ **rod** paratrăsnet.

lights [laıts] *s. pl.* bojoc.

lignite ['lıgnaıt]*s.* lignit.

likable ['laıkəbl] *adj.* plăcut, atrăgător.

like[1] [laık] **I.** *s.* lucru plăcut. **II.** *vt.* **1.** a plăcea. **2.** a ţine la. # ~**able** plăcut; ~**s** preferinţe.

like[2] [laık] **I.** *s.* egal, potrivă: *and the* ~ şi alte lucruri de felul acesta. **II.** *adj.* analog, similar; identic: *of ~ mind* cu păreri asemănătoare/identice. **III.** *adv.* într-o oarecare măsură: ~ *enough* probabil. **IV.** *prep.* ca: *acting ~ a fool* comportându-se ca un nebun. **V.** *conj.* **1.** (la fel) ca şi. **2.** ca şi cum. # ~**lihood** probabilitate; ~**ly** probabil; plauzibil; **to ~n** a asemăna; ~**ness** asemănare; ~ **so** astfel; în felul acesta; ~**wise** de asemenea; la fel; *as ~ as not* foarte probabil; *to look* ~ a semăna cu; *nothing* ~ nici nu se compară cu.

liking ['laıkŋ] *s.* delectare; plac: *to one's* ~ pe placul său.

lilac ['laılək] *s.* **1.** *bot.* liliac. **2.** liliachiu.

lilt [lılt] *s.* **1.** melodie ritmată (*vioaie*). **2.** ritm cadenţat.

lily ['lıli] *s.* crin. # ~**-of-the-valley** lăcrămioară; ~ **pad** frunză de nufăr.

limb [lım] *s.* **1.** braţ; membru; labă; aripă. **2.** ramură (*şi fig.*). # *out on a* ~ în pom (*fig.*).

limber ['lımbə] *adj.* flexibil, elastic.

lime[1] [laım] *s.* var: *quick* ~ var nestins; ~*stone* calcar.

lime[2] [laım] *s.* tei.

lime[3] [laım] *s.* **1.** lămâi pitic. **2.** lămâie.

limelight ['laımlaıt] *s.* luminile rampei: *to be in the* ~ a fi în centrul atenţiei.

limerick ['lımərık] *s.* limerick (*poezie comică absurdă în cinci versuri*).

limit ['lımıt] **I.** *s.* **1.** limită; capăt; margine. **2.** linie de demarcaţie. **II.** *vt.* a limita. # ~**ation** limitare; ~**ations** restricţii; ~**less** nelimitat; *to be the* ~ a fi insuportabil.

limitrophe ['lımıtrəʊf] *adj.* limitrof.

limousine ['lıməzi:n] *s.* limuzină.

limp[1] [lımp] **I.** *s.* şchiopătat. **II.** *vi.* a şchiopăta.

limp[2] [lımp] *adj.* **1.** moale, flasc. **2.** bleg.

limpet ['lımpıt] *s.* melc de apă.

limpid ['limpıd] *adj.* limpede, transparent.

linden ['lındən] *s. amer.* tei.

line[1] [laın] **I.** *s.* **1.** linie; demarcaţie. **2.** cută, rid. **3.** şir, coadă. **4.** domeniu, sferă. **II.** *vt.* **1.** a linia. **2.** a zbârci, a încreţi. # ~**age** obârşie, genealogie; ~**aments** trăsături (*ale feţei*); ~**ar** liniar; ~**man** *c.f.* picher; ~**sman** arbitru de tuşă; *all along the* ~ pe tot parcursul; *in ~ for* pe cale de a primi (*un serviciu*); *in ~ with* de acord cu; *out of ~ with* în dezacord cu.

line[2] [laın] *vt.* **1.** a căptuşi (*o haină*). **2.** a garnisi (*fig.*).

liner ['lainə] *s.* **1.** vas/avion de pasageri. **2.** căptuşeală.

linger ['lɪŋgə] *vi.* **1.** a mai rămâne/sta. **2.** a dura; a persista. **3.** a se mocăi.

linguist ['lɪŋgwɪst] *s.* lingvist. # **~ic** lingvistic; **~ics** lingvistică.

liniment ['lɪnɪmənt] *s. med.* loţiune.

lining ['laɪnɪŋ] *s.* căptuşeală.

link [lɪŋk] **I.** *s.* **1.** za, ochi, verigă. **2.** drum/şosea de legătură. **3.** cârlionţ. **II.** *vt., vi.* a (se) lega. #**~age** mecanism cu pârghii; **~man** prezentator de transmisii sportive; **~s** butoni.

linseed ['lɪnsi:d] *s.* sământă de in.

lion ['laɪən] *s.* leu. # **~ess** leoaică; **to ~ize** a trata regeşte; *the ~ of the day* omul zilei; *the ~'s share* partea leului; *to see the ~s of a town* a vizita punctele de atracţie ale unui oraş.

lip [lɪp] *s.* **1.** buză: *the under ~* buza de jos. **2.** margine. # **to ~-read** a citi de pe buze; **~s** gură; **~-service** linguşeală; **~stick** ruj de buze; **~-sync(h)** sincronizare în playback.

liquefaction [ˌlɪkwɪ'fækʃn] *s.* lichefiere.

liquesce [lɪ'kwes] *vi.* a se lichefia.

liqueur [lɪ'kjʊə] *s.* lichior.

liquid ['lɪkwɪd] *s., adj.* lichid. # **to ~ate** a lichida (*şi fig.*); **~ation** lichidare (*şi fig.*); **~ity** *ec.* lichidităţi.

liquor ['lɪkə] *s.* băutură alcoolică; tării.

lira ['li:rə] (*pl.* **lire/~s**) *s.* liră (*unitate monetară*).

lisp [lɪsp] **I.** *s.* sâsâială: *to have a ~* a vorbi peltic. **II.** *vi.* a vorbi peltic.

lissome ['lɪsəm] *adj.* **1.** zvelt. **2.** sprinten.

list[1] [lɪst] **I.** *s.* listă; tabel; inventar; anuar. **II.** *vt.* a pune/include pe listă. # **~ings** program de spectacole (*în ziar etc.*).

list[2] [lɪst] *s.* **1.** margine; tiv. **2.** arenă. # *to enter the ~* a intra în luptă.

list[3] [list] *vi.* (*d. o navă*) a se înclina.

listen ['lɪsn] *vi.* a asculta: *to ~ in to the radio* a asculta radioul; *he wouldn't ~ to us* a refuzat să ne asculte. # **~er** ascultător (*al unui post de radio*).

listless ['lɪstlɪs] *adj.* indiferent, apatic.

lit [lɪt] *trec., part. trec. de la* **to light.**

liter ['li:tə] *s. amer.* litru.

literacy ['lɪtrəsi] *s.* ştiinţă de carte, educaţie; cultură.

literal ['lɪtrəl] *adj.* **1.** literal, cuvânt cu cuvânt. **2.** cu picioarele pe pământ, pragmatic. # **~ly** literalmente; pur şi simplu.

literary ['lɪtərəri] *adj.* literar: *~ English* engleza cultă.

literate ['lɪtərɪt] *adj.* **1.** care ştie să scrie şi să citească. **2.** cultivat, instruit.

literature ['lɪtrɪtʃə] *s.* **1.** literatură. **2.** bibliografie.

lithe [laɪð] *adj.* suplu, mlădios.

lithograph ['lɪθəgra:f] **I.** *s.* litografie (*ca imagine*). **II.** *vt.* a litografia. # **~y** litografie (*procedeul*).

lithosphere ['lɪθəsfiə] *s.* litosferă.

lithotomy [lɪ'θɒtəmi] *s. med.* litotomie.

Lithuanian [ˌlɪθjʊ'eɪniən] **I.** *s.* **1.** lituanian. **2.** limba lituaniană. **II.** *adj.* lituanian.

litigant ['lɪtɪgənt] **I.** *s. jur.* parte litigantă. **II.** *adj.* în litigiu.

litigate ['lɪtɪgeɪt] **I.** *vt.* a pune în litigiu. **II.** *vi.* a se judeca (*cu cineva*).

litigation [ˌlɪtɪ'geɪʃn] *s.* litigiu.

litre ['li:tə] *s.* litru.

litter ['lɪtə] **I.** *s.* **1.** gunoi (*în loc public*); murdărie. **2.** neorânduială, harababură. **3.** targă. **II.** *vt.* a împrăştia, a arunca (*gunoi*). # *a ~ of knowledge* spoială de cunoştinţe.

little ['lɪtl] **I.** *adj.* **1.** puţin: *wait a ~* aşteaptă puţin. **2.** mic: *a ~ boy* un băieţel; *a ~ house* casă mică. **II.** *adv.* **1.** puţin: *~ more* puţin mai mult. **2.** rar: *we go there very ~* mergem foarte rar acolo. **3.** deloc: *they ~ expected* nu se aşteptau deloc. # **~ness** micime; **the ~ ones** cei mici; *~ by ~* treptat; *the ~ finger* degetul mic; *~ green men* extratereştri.

littoral ['lɪtərəl] *s.* litoral.

liturgy ['lɪtədʒi] *s.* liturghie.

live[1] [laɪv] *adj.* **1.** viu, în viaţă. **2.** vioi. **3.** (*d. vulcan*) activ. **4.** (*d. obuz*) neexplodat. **5.** (*d. transmisie TV*) pe viu, în direct. **6.** (*d. o problemă*) arzător. # **to ~n** a anima; **~stock** animale domestice, şeptel; **~ware** programator, analist; **~ wire** *fam.* argint viu (*persoană*). *to go ~ inf.* a deveni operaţional.

live[2] [lɪv] *vi.* **1.** a trăi, a fi în viaţă. **2.** a locui. **3.** a dura, a se menţine, a dăinui. # **to ~ by** a trăi din (*scris etc.*); **~lihood** mijloc de trai; **to ~ on** a-şi duce traiul mâncând numai; **to ~ through** a trece prin (*greutăţi etc.*); *to ~ it up* a se distra fără oprelişti; *long ~ (the king)!* trăiască (regele)!

lively ['laivli] *adj.* **1.** plin de viaţă, vioi. **2.** antrenant, alert. **3.** (*d. descriere*) vivant. **4.** înviorător. **5.** (*d. culori*) viu. **6.** voios.

liver ['lɪvə] *s.* ficat. # **~wurst** lebărvurşt.

liveried ['lɪvərɪd] *adj.* (*d. un portar de hotel etc.*) în uniformă.

livery ['lɪvəri] *s.* uniformă; livrea.

livid ['lɪvɪd] *adj.* livid, învineţit.

living ['lɪvɪŋ] **I.** *s.* **1.** trai, viaţă: *standard of ~* nivel de trai. **2.** existenţă: *to make a ~* a-şi câştiga existenţa. **II.** *adj.* viu, în viaţă. # **~ room** cameră de zi, salon.

lizard ['lɪzəd] *s.* şopârlă.

load [ləʊd] **I.** *s.* **1.** povară, greutate. **2.** încărcătură (*de marfă*). **3.** responsabilitate. **4.** *nav.* caric. **II.** *vt.* **1.** a încărca (*o maşină, o armă*). **2.** (*d. autobuz*) a lua (*pasageri*). **3.** a năpădi, a copleşi. **4.** a majora (*o primă de asigurare*). # **~ed** încărcat; **~ing** încărcătură, încărcare; *~s of* sumedenie de.

loadstar ['ləʊdstɑ:] *s.* **1.** steaua polară. **2.** stea călăuzitoare.

loaf[1] [ləʊf] (*pl.* **loaves**) *s.* **1.** pâine: *round* ~ pâine rotundă. **2.** căpățână de zahăr. **3.** halcă; bucată; calup.

loaf[2] [ləʊf] *vi.* a lenevi; a trândăvi. # **~er** leneş; vagabond.

loam [ləʊm] *s.* cernoziom; chirpici; lut.

loan [ləʊn] **I.** *s.* împrumut (*de bani*): *on* ~ împrumutat (*cuiva*). **II.** *vt.* a da cu împrumut. # **~ shark** *fam.* cămătar.

loath [ləʊθ] *adj.* (**to**) refractar (la): *I am ~ to punish you* nu-mi face (deloc) plăcere să te pedepsesc. # **nothing ~** cu dragă inimă; **~some** dezgustător.

loathe [ləʊð] *vt.* a nu putea suporta/suferi.

loathing ['ləʊðɪŋ] *s.* repulsie, silă.

lobby ['lɒbi] *s.* **1.** hol; vestibul, coridor. **2.** lobby.

lobe [ləʊb] *s.* lob (*al urechii*).

lobster ['lɒbstə] *s.* homar.

local ['ləʊkl] **I.** *s.* localnic. **II.** *adj.* local; din partea locului. # **the ~** cârciuma (*din sat*); **~e** teatru al evenimentului; **~ time** ora locală.

locate [ləʊ'keɪt] **I.** *vt.* **1.** a aşeza, a plasa. **2.** a repera, a găsi. **II.** *vi.* a se instala.

location [ləʊ'keɪʃn] *s.* **1.** reperare, depistare. **2.** loc, aşezare.

lock[1] [lɒk] **I.** *s.* **1.** broască, închizătoare. **2.** ecluză. **3.** *auto* opritoare de volan. **4.** siguranță, piedică. (*de armă*). **5.** blocaj; blocare. **II.** *vt.* **1.** a încuia (*uşa*). **2.** a îmbrățişa (*pe cineva*). **3.** a bloca (*un volan*). **4.** a ecluza. # **~er room** vestiar; **~jaw** *med.* trismus; **~nut** contrapiuliță; **~smith** lăcătuş; **~, stock and barrel** toată şleahta; **~up** carceră; **~up shop** mic magazin (*la bloc etc.*) cu intrarea numai din stradă.

lock[2] [lɒk] *s.* şuviță de păr; meşă; buclă.

locket ['lɒkɪt] *s.* medalion.

locust ['ləʊkəst] *s.* lăcustă.

lode [ləʊd] *s.* vână, filon.

lodestar ['ləʊdstɑː] *s.* **1.** steaua polară. **2.** stea călăuzitoare.

lodge [lɒdʒ] **I.** *s.* **1.** gheretă (*a portarului*). **2.** colibă; cabană; refugiu. **3.** vizuină. **II.** *vt.* **1.** a găzdui, a caza, a adăposti. **2.** *ec.* a depune, a depozita. **3.** a înainta (*o plângere*). **III.** *vi.* a sta în gazdă. # **~r** chiriaş.

lodging ['lɒdʒɪŋ] *s.* găzduire. # **~ house** pensiune.

loft [lɒft] *s.* **1.** podul casei. **2.** pătuiac. **3.** hulubărie.

lofty ['lɒfti] *adj.* **1.** impunător; falnic. **2.** grandios, măreț. **3.** arogant.

log [lɒg] **I.** *s.* **1.** buştean, butuc. **2.** jurnal de bord. **II.** *vt.* **1.** a tăia (*copaci*). **2.** a trece în jurnalul de bord. # **~ger** tăietor de lemne; țapinar; *to sleep like a ~* a dormi buştean.

logarithm ['lɒgərɪðm] *s.* logaritm.

logic ['lɒdʒɪk] *s.* logică. # **~al** logic; **~ian** logician.

loins [lɔɪnz] *s. pl.* vintre; şale.

loiter ['lɔɪtə] *vi.* **1.** a zăbovi. **2.** a trândăvi. # **~er** târâie-brâu.

loll [lɒl] *vi.* a lenevi.
lollipop ['lɒlɪpɒp] *s.* acadea.
lone [ləʊn] *adj.* singur(atic). # **~liness** singurătate; **~ly** singur(atic); **~some** însingurat.
long[1] [lɒŋ] **I.** *adj.* **1.** lung: *a ~ tail* coadă lungă. **2.** mare: *a ~ distance* distanță mare. **3.** mult (*ca timp*): *a ~ time ago* cu multă vreme în urmă, demult. **II.** *adv.* (la) mult timp. # **~-drawn-out** mult prelungit; **~ish** cam lung; *~ in the tooth* bătrân; *the ~ jump* săritura în lungime; **~-lasting** durabil; **~sighted** prezbit; **~ waves** unde lungi (*la radio*); *as ~ as* atât timp cât; *before ~* curând; *in the ~ run* în cele din urmă.
long[2] [lɒŋ] *vi.* **1.** (**for**) abia a aștepta (să). **2.** (**to**) a dori (să).
longevity [lɒn'dʒevɪti] *s.* longevitate.
longing ['lɒŋɪŋ] **I.** *s.* **1.** jind(*uire*). **2.** dor, alean. **II.** *adj.* languros, galeș: *a ~ look* privire galeșă.
longitude ['lɒndʒɪtju:d] *s.* longitudine.
longshoreman ['lɒŋʃɔ:mən] *s. amer.* docher.
loo [lu:] *s. fam.* closet.
loofah ['lu:fə] *s. bot.* lufă.
look [lʊk] **I.** *s.* **1.** privire, căutătură. **2.** cercetare, examinare. **3.** înfățișare, mină. **II.** *vt.* **1.** a examina, a cerceta. **2.** a se citi pe față: *he ~ed his despair* disperarea îi era întipărită pe față. **III.** *vi.* **1.** (**at**) a privi (la): *I ~ed at him* m-am uitat la el. **2.** a examina (*atent*): *let's ~ at the conditions* să studiem condițiile. **3.** (**to**) a-și îndrepta atenția (spre). **4.** a părea: *it ~s interesting* pare interesant. **5.** (**to**) a spera (să). **6.** (*d. o casă*) a da spre (*sud etc.*). # **to ~ after** a avea grijă de; **~alike** dublură a unei persoane; **~er** *fam.* femeie trăsnet; **~s** frumusețe, nuri; **to ~ up** a căuta (*un cuvânt în dicționar*); *to ~ down on* a disprețui; *to ~ for smth.* a căuta ceva; *to ~ for ward to* abia a aștepta să; *~ here!* ascultă!; *~ lively!* la treabă; *~ out!* atenție!; *to ~ up to* a admira pe.
looking glass ['lʊkɪŋ glɑ:s] *s.* oglindă.
loom[1] [lu:m] *s.* război (*de țesut*).
loom[2] [lu:m] *vi.* **1.** a se ivi (*amenințător*). **2.** *fig.* a se întrevedea.
loon(y) [lu:n(i)] *s. fam.* țicnit.
loop [lu:p] *s.* buclă; laț; inel; ochi (*la tricotat*). # **~hole** crăpătură.
loose [lu:s] **I.** *adj.* **1.** slobod, liber. **2.** (*d. haine*) larg. **3.** nefixat. **4.** dezlânat. **5.** (*d. idei*) vag; inexact. **6.** imoral. **7.** (*d. nod*) slăbit. **II.** *vt.* **1.** a elibera, a pune în libertate. **2.** a dezlega, a desface. **3.** a da drumul (*unei săgeți*). # **~ change** bani mărunți/de buzunar; **~ cover** husă (*de mobilă*); *at a ~ end* în impas, descumpănit; *on the ~* în libertate.
loosen ['lu:sn] *vt.* **1.** a dezlega; a desface (*un nod etc.*). **2.** a pune în libertate.
loot [lu:t] **I.** *s.* pradă (*de război etc.*). **II.** *vt.* a prăda (*un oraș*).
lop[1] [lɒp] *vt.* **1.** a reteza (*ramuri etc.*). **2.** a elimina.

lop[2] [lɒp] *vi.* a atârna (în jos). # **~-eared** clăpăug.

loquacious [ləʃ 'kweɩʃəs] *adj.* limbut; volubil.

lord [lɔ:d] **I.** *s.* **1.** domn; suveran; monarh. **2.** boier. **3.** stăpân. **4.** lord. **5.** magnat. **II.** *vt.* a domina. # **~ly** ca un lord, semeț; **~ship** rangul de lord.

Lord [lɔ:d] *s.* Dumnezeu; Isus Hristos.

lorry ['lɒri] *s.* camion.

lose [lu:z] (*trec., part. trec.* **lost**) **I.** *vt.* **1.** a pierde. **2.** a rătăci (*drumul*). **II.** *vi.* **1.** a se pierde (*și fig.*). **2.** (*d. ceas*) a rămâne în urmă. - **~r** pierzător.

loss [lɒs] *s.* pierdere; pagubă. - **dead ~** *sl.* lepădătură; *to be at a ~ for money* a fi în pană de bani.

lost[1] [lɒst] *adj.* pierdut; dus; rătăcit.

lost[2] [lɒst] *trec., part. trec. de la* **to lose**.

lot [lɒt] *s.* **1.** lot de pământ. **2.** grup; lot; grămadă. **3.** ursită, soartă. - *a bad ~* o canalie; *~s of (flowers)* sumedenie de flori; *the whole ~* absolut tot.

lotion ['ləʃ ʃn] *s.* loțiune.

lottery ['lɒtəri] *s.* loterie (*și fig.*).

lotus ['ləʃ təs] *s.* (floare de) lotus.

loud [laʃ d] **I.** *adj.* **1.** tare, sonor: *a ~ voice* voce puternică. **2.** (*d. aplauze*) furtunos. **3.** (*d. culori*) țipător. **II.** *adv.* (*cu voce*) tare. # **~ly** tare, zgomotos; **~speaker** difuzor.

lounge [laʃ nʤ] **I.** *s.* **1.** hol (*la hotel*). **2.** foaier. **3.** living room; salon. **II.** *vi.* a se așeza comod; a se relaxa. - **~suit** costum de purtare.

louse [laʃ s] (*pl.* **lice**) *s.* păduche.

lousy ['laʃ zi] *adj.* **1.** păduchios. **2.** *fam.* dezgustător; mizerabil.

lout [laʃ t] *s.* bădăran, țopârlan.

lovable ['lʌvəbl] *adj.* amabil, plăcut.

love [lʌv] **I.** *s.* **1.** dragoste, iubire. **2.** iubit, iubită. **3.** *sport* zero: *fifteen ~* cincisprezece zero. **II.** *vt.* **1.** a iubi. **2.** a plăcea: *I ~ literature* îmi place literatura. # **~ child** copil nelegitim; **~ly** drăguț, drăgălaș; **~ match** căsătorie din dragoste; **~r** iubit(ă); iubitor, iubitoare (*s.*); *to fall in ~* a se îndrăgosti; *for ~* de amorul artei; *not for ~ or money* pentru nimic în lume; *in ~* îndrăgostit; *to make ~ to* a face dragoste cu.

loving ['lʌvɩŋ] *adj.* iubitor.

low[1] [ləʃ] **I.** *adj.* **1.** jos, mic; redus; inferior. **2.** scurt, scund. **3.** (*d. sunet*) grav. **4.** vulgar. **5.** demoralizat. **6.** (*d. rochie*) decoltat. **II.** *adv.* **1.** (în) jos. **2.** încet, șoptit. - **~-cut** (*d. rochie*) decoltat; **~-down** abject; **~life** om detracat; **~ season** sezon mort; **~-spirited** deprimat.

low[2] [ləʃ] **I.** *s.* muget. **II.** *vi.* a mugi.

lower ['ləʃ ə] **I.** *adj.* **1.** mai de jos. **2.** inferior. **II.** *vt., vi.* **1.** a (se) lăsa în jos. **2.** a (se) micșora. - *the ~ class* clasa muncitoare; *the ~ regions* iadul; lumea cealaltă.

loyal ['lɔɩəl] *adj.* loial. # **~ty** loialitate.

lozenge ['lɒzɩnʤ] *s. med.* pastilă (*care se suge*).

lubber ['lʌbə] *s.* malac; om din topor.
lubricant ['lu:brɪkənt] *s.* lubrifiant.
lubricate ['lu:brɪkeɪt] *vt.* a unge (*şi fig.*).
lubricous ['lu:brɪkəs] *adj.* **1.** alunecos. **2.** libidinos.
lucarne [lu:'kɑ:n] *s.* lucarnă, bageac.
luce [lu:s] *s.* ştiucă.
lucent ['lu:sənt] *adj.* strălucitor.
lucerne ['lu:sɜ:n] *s.* lucernă.
lucid ['lu:sɪd] *adj.* **1.** explicit, clar. **2.** strălucitor. **3.** lucid.
luck [lʌk] *s.* şansă, sorţi: *bad ~* ghinion; *good ~* noroc. # **~ily** din fericire; **~y** norocos; *as ~ would have it* întâmplarea a făcut; *to be down on one's ~* a-i merge prost; *to push one's ~* a-şi forţa norocul.
lucrative ['lu:krətɪv] *adj.* profitabil, rentabil.
lucubrate ['lu:kjʊbreɪt] *vi.* a învăţa noaptea.
luculent ['lu:kjʊlənt] *adj.* **1.** explicit, clar. **2.** strălucitor.
ludicrous ['lu:dɪkrəs] *adj.* ridicol; absurd.
lug[1] [lʌg] *s.* **1.** *tehn.* toartă; consolă; pivot; ieşitură. **2.** *nav.* velă de treime. **3.** *fam.* ureche. **4.** *sl.* molâu.
lug[2] [lʌg] *vt.* a trage după sine, a târî.
luggage ['lʌgɪʤ] *s.* bagaje.
lugubrious [lu:'gu:briəs] *adj.* lugubru.
lukewarm [lu:k'wɔ:m] *adj.* călduţ.
lull [lʌl] **I.** *s.* **1.** linişte, calm. **2.** pauză. **II.** *vt.* a linişti, a domoli. **III.** *vi.* a se potoli. # **~aby** cântec de leagăn.
lumbar ['lʌmbə] *adj. anat.* lombar: *a ~ puncture* puncţie lombară.
lumber[1] ['lʌmbə] **I.** *s.* **1.** *amer.* cherestea, material lemnos. **2.** bulendre, vechituri. **II.** *vt.* a pune grămadă. # **~room** debara; **~yard** depozit de cherestea.
lumber[2] ['lʌmbə] *vi.* a merge greoi.
luminous ['lu:mɪnəs] *adj.* **1.** luminos; fosforescent. **2.** lămuritor, edificator.
lump [lʌmp] **I.** *s.* **1.** bucată; calup; maldăr; cocoloş, boţ. **2.** umflătură, cucui. **3.** *fam.* nătărău. **4.** nod (*în gât*). **II.** *adj.* global; integral. # **~er** *amer.* docher; **~ish** greoi; greu de cap; **~y** (*d. mare*) agitat.
lunacy ['lu:nəsi] *s.* nebunie.
lunatic ['lu:nətɪk] *s., adj.* nebun. # **~ asylum** azil de nebuni.
lunch [lʌntʃ] **I.** *s.* (masă de) prânz. **II.** *vi.* a prânzi. # **~ break** pauză de prânz; **~eon** prânz.
lung [lʌŋ] *s.* plămân: *~ trouble* boală de plămâni.
lunge [lʌnʤ] **I.** *s.* **1.** *sport* fandare. **2.** mişcare rapidă înainte. **II.** *vi.* **1.** *sport* a fanda. **2.** (**at**) a se repezi (la).
lupus ['lu:pəs] *s. med.* lupus.
lurch [lɜ:tʃ] **I.** *s.* **1.** clătinare. **2.** pândă. **II.** *vi.* a se clătina (*pe picioare etc.*). # *to leave smb. in the ~* a lăsa de izbelişte pe cineva.
lurdan ['lɜ:dn] *s. înv.* neghiob, nătâng.
lure [lʊə] **I.** *s.* **1.** momeală, nadă. **2.** atracţie; ispită; mreje. **II.** *vt.* a momi; a ispiti.
lurid ['lʊərɪd] *adj.* **1.** alburiu; şters. **2.** senzaţional, şocant. **3.** palid.

lurk [lɜ:k] *vi.* a se pitula, a sta ascuns.

luscious ['lʌʃəs] *adj.* **1.** delicios, gustos. **2.** (*d. miros*) îmbătător. **3.** ispititor.

lush[1] [lʌʃ] *adj.* **1.** (*d. vegetație*) luxuriant, extrem de abundent. **2.** (*d. fruct*) zemos.

lush[2] [lʌʃ] *sl.* **I.** *s.* **1.** bețivan. **2.** *amer.* băutură alcoolică. **II.** *vt.* a bea pe rupte.

lust [lʌst] **I.** *s.* **1.** lăcomie; ahtiere. **2.** poftă sexuală. **II.** *vi.* (**for**) a fi ahtiat (după). # **~ful** (*d. uitătură*) languros, pofticios; **~y** robust, zdravăn.

lustre ['lʌstə] *s.* **1.** strălucire, luciu. **2.** ciucure de cristal (*la lustră*). **3.** lustrin.

lustrum ['lʌstrəm] *s.* perioadă de cinci ani.

lute [lu:t] *s.* lăută. # **~nist** persoană care cântă la lăută.

luteous ['lu:tiəs] *adj.* oranj.

lutist ['lu:tɪst] *s.* persoană care cântă la lăută.

lux [lʌks] *s.* lux (*unitate de măsură a iluminării*).

luxate ['lʌkseɪt] *vt.* a luxa.

luxe [lʌks] *s.* lux: *de ~* de lux.

luxuriant [lʌg'zjʊriənt] *adj.* **1.** (*d. vegetație*) luxuriant. **2.** (*d. stil*) încărcat.

luxuriate [lʌg'zjʊərieɪt] *vi.* **1.** a trăi pe picior mare. **2.** (**in**) a se delecta (cu).

luxurious [lʌg'zjʊəriəs] *adj.* luxos; de lux.

luxury ['lʌkʃəri] *s.* **1.** lux. **2.** obiect de lux.

lyceum [laɪ'siəm] *s.* sală de conferințe/festivități.

lymph [lɪmf] *s.* limfă. # **~atic** limfatic; **~ cell** limfocită.

lynch [lɪntʃ] **I.** *s.* linşare, linşaj. **II.** *vt.* a linşa.

lynx [lɪŋks] *s.* linx. # **~-eyed** cu ochi de vultur.

lyre [laɪə] *s. muz.* liră.

lyric ['lɪrɪk] **I.** *s.* poezie, poem. **II.** *adj.* liric. # **~al** liric; **~ist** textier (*de operă, muzică uşoară etc.*); **~s** text (*al unei melodii*).

M

M, m [em] (litera) M, m.
ma [mɑ:] *s. fam.* mămică.
mac [mæk] *s. fam.* fulgarin.
macabre [mə'kɑ:bə] *adj.* macabru, lugubru.
macaco [mə'kɑ:kəʊ] (*pl.* **~s**) *s. zool.* lemurian.
macadam [mə'kædəm] *s.* macadam.
macaque [mə'kɑ:k] *s. zool.* macac.
macaroni [ˌmækə'rəʊni] *s. pl.* macaroane, paste.
macaroon [ˌmækə'ru:n] *s.* pricomigdală.
macaw [mə'kɔ:] *s.* papagal (*de talie mare*).
mace [meɪs] *s.* **1.** măciucă, ghioagă. **2.** baston de ceremonii.
macerate ['mæsəreɪt] *vt., vi.* a (se) macera.
machinate ['mækɪneɪt] *vt.* a complota.
machination [ˌmækɪ'neɪʃn] *s.* uneltire.
machine [mə'ʃi:n] **I.** *s.* maşină, aparat, maşinărie. **II.** *vt.* a prelucra; a fasona. # **~gun/-pistol** mitralieră; **~code** *inf.* limbaj-maşină; **~tool** maşină unealtă.
machinery [mə'ʃi:nəri] *s.* **1.** mecanism, maşinărie. **2.** utilaj, aparat. **3.** maşini, utilaje. **4.** sistem de funcţionare *(fig.)*.
machinist [mə'ʃi:nɪst] *s.* mecanic; lăcătuş, ajustor.
mackerel ['mækrəl] *s.* macrou.
mackintosh ['mækɪntɒʃ] *s.* fulgarin.
macrobiotics [ˌmækrəʊbaɪ'ɒtɪks] *s.* macrobiotică.
macroeconomics [ˌmækrəʊekə'nɒmɪks] *s.* macroeconomie.
maculate ['mækjʊleɪt] *vt.* a păta, a mânji.
mad ['mæd] *adj.* **1.** nebun. **2.** nebunesc. **3.** furios, înfuriat. **4.** înnebunit. # **~cap** descreierat; **to ~den** a (se) enerva; **~dening** exasperant; **~ for** însetat de, avid de; **~house** casă de nebuni; **~ly** nebuneşte; **~man** nebun (*s.*); **~ness** nebunie.
madam ['mædəm] *s.* **1.** doamnă (*ca adresare*). **2.** patroană de bordel.
made[1] [meɪd] *trec., part. trec. de la* **to make.**
made[2] [meɪd] *adj.* făcut, executat, creat, realizat: *hand~* făcut de mână. # **~-up** machiat; scornit.
maenad ['mi:næd] *s.* menadă, bacantă.
mafioso [ˌmæfi'əʊsəʊ] (*pl.* **~s**) *s.* mafiot.
magazine [ˌmægə'zi:n] *s.* **1.** revistă **2.** magazie (*a puştii*) **3.** depozit de muniţii.

maggot ['mægət] *s.* larvă.
magic ['mædʒɪk] **I.** *s.* **1.** vrăjitorie: *black* ~ magie neagră. **2.** vrajă. **3.** miracol. **4.** scamatorie. **II.** *adj.* magic; miraculos. # **~al** magic; **~ian** magician.
magistracy ['mædʒɪstrəsi] *s.* magistratură.
magistrate ['mædʒɪstreɪt] *s.* magistrat.
magnanimous [mæg'nænɪməs] *adj.* mărinimos.
magnate ['mægneɪt] *s.* magnat.
magnesium [mæg'ni:ziəm] *s.* magneziu.
magnet ['mægnɪt] *s.* magnet. # **~ic** magnetic; **~ic card** cartelă magnetică; **to ~ize** a magnetiza.
magnification [ˌmægnɪfɪ'keɪʃn] *s.* amplificare, mărire.
magnificent [mæg'nɪfɪsənt] *adj.* grandios.
magnify ['mægnɪfaɪ] *vt.* **1.** a amplifica. **2.** a exagera. # **~ing glass** lupă.
magniloquent [mæg'nɪləkwənt] *adj.* grandilocvent.
magnitude ['mægnɪtju:d] *s.* **1.** importanță. **2.** mărime; amploare.
magnolia [mæg'nəʊliə] *s.* magnolie.
magpie ['mægpaɪ] *s.* coțofană.
Magyar ['mægjɑ:] **I.** *s.* **1.** maghiar, ungur. **2.** limba maghiară. **II.** *adj.* maghiar.
mahogany [mə'hɒgəni] *s.* mahon.
maid [meɪd] *s.* **1.** servitoare: *a Lady's* ~ cameristă. **2.** fată, virgină: *an old* ~ fată bătrână. # **~en** fată; **~enhead** himen; ~ **of honour** domnișoară de onoare.
mail[1] [meɪl] **I.** *s.* poștă. **II.** *vt.* a expedia prin poștă. # **~box** cutie de scrisori; **~man** *amer.* poștaș.
mail[2] [meɪl] *s.* **1.** zale. **2.** carapace.
maim [meɪm] *vt.* a mutila.
main[1] [meɪn] **I.** *s.* **1.** forță: *with might and* ~ cu toată puterea. **2.** ocean. **3.** conductă; canal; țeavă: *town ~s* rețeaua de distribuție a apei din oraș. **4.** parte principală. **II.** *adj.* principal: *the ~ street* strada principală/mare. # **~ly** mai ales; *in the* ~ în general vorbind.
main[2] [meɪn] *s.* **1.** aruncare a zarurilor. **2.** luptă de cocoși.
maintain [meɪn'teɪn] *vt., vi.* **1.** a (se) menține. **2.** a (se) întreține.
maintenance ['meɪntənəns] *s.* întreținere.
maize [meɪz] *s.* porumb.
majestic [mə'dʒestɪk] *adj.* impozant, maiestuos.
majesty ['mædʒɪsti] *s.* maiestate.
major ['meɪdʒə] **I.** *s.* **1.** maior. **2.** major. **II.** *adj.* major; principal.
majority [mə'dʒɒrɪti] *s.* **1.** majoritate. **2.** majorat. **3.** partid majoritar.
make [meɪk] **I.** *s.* **1.** marcă, proveniență. **2.** conformație, alcătuire. **II.** (*trec., part. trec.* **made**) *vt.* **1.** a face, a crea; a produce, a fabrica, a confecționa. **2.** a realiza, a obține. **III.** (*trec., part. trec.* **made**) *vi.* **1.** (**for**) a se îndrepta (spre). **2.** (**into**) a transforma (în). **3.** (**of**) a pricepe. # **~-believe** iluzie,

himeră; **to ~ off** a o lua din loc; **to ~ out** a distinge, a vedea; **~-over** transformare; **~shift** improvizație; **to ~ up** a se machia; a scorni; *to ~ away with* a ucide pe; *to ~ do with* a se mulțumi cu; *to ~ it* a da lovitura, a reuşi; *to ~ it out* a o scoate la capăt; *to ~ it up/out* a se împăca cu; *to ~ little of* a avea o părere proastă despre; *to ~ love* a face dragoste; *to ~ up one's mind* a se decide; *to ~ up to smb.* a face avansuri cuiva; *to ~ water* a urina; *to ~ way* a face loc; *~-weight* supliment.

making [ˈmeɪkɪŋ] *s.* **1.** fabricare, creare; confecționare; construire. **2.** compunere, scriere. **3.** devenire: *a politician in the ~* politician în devenire.

maladdress [ˌmæləˈdres] *s.* stângăcie, lipsă de îndemânare.

maladjustment [ˌmæləˈdʒʌstmənt] *s.* inadaptabilitate.

maladroit [ˌmæləˈdrɔɪt] *adj.* stângaci, neajutorat.

malady [ˈmælədi] *s.* boală, maladie.

malaria [məˈleəriə] *s.* malarie.

malcontent [ˈmælkəntent] *s., adj.* nemulțumit.

male [meɪl] **I.** *s.* bărbat; mascul. **II.** *adj.* **1.** bărbătesc; masculin. **2.** de/pentru bărbați.

maledict [ˈmælɪdɪkt] *vt.* a blestema. # **~ion** blestem.

malefactor [ˈmælɪfæktə] *s.* răufăcător.

malefic [məˈlefɪk] *adj.* malefic. # **~ent** vătămător.

malevolent [məˈlevəlent] *adj.* rău intenționat; hain.

malfeasance [mælˈfiːzəns] *s.* infracțiune; abuz în serviciu.

malformation [ˌmælfɔːˈmeɪʃn] *s.* malformație.

malice [ˈmælɪs] *s.* **1.** răutate: *out of ~* din răutate. **2.** intenție criminală: *with ~ aforethought* cu premeditare.

malicious [məˈlɪʃəs] *adj.* rău; rău intenționat.

malignant [məˈlɪgnənt] *adj.* **1.** ranchiunos, răzbunător. **2.** injurios. **3.** malign: *a ~ tumour* tumoare malignă.

malinger [məˈlɪŋgə] *vi.* a se preface bolnav.

mall [mɔːl] *s. amer.* mall, centru comercial.

mallard [ˈmælɑːd] *s.* rață sălbatică.

malleable [ˈmælɪəbl] *adj.* maleabil.

mallet [ˈmælɪt] *s.* **1.** ciocan de lemn. **2.** crosă lungă pentru polo.

mallow [ˈmæləʊ] *s. bot.* nalbă.

malnutrition [ˌmælnjuːˈtrɪʃn] *s.* subnutriție.

malpractice [mælˈpræktɪs] *s.* **1.** practicare defectuoasă a meseriei de medic. **2.** neglijență în serviciu.

malt [mɔːlt] *s.* malț.

Maltese [mɔːlˈtiːz] *s., adj.* maltez.

maltreat [mælˈtriːt] *vt.* a maltrata.

mamelon [ˈmæmələn] *s.* mamelon, deal.

mamilla [mæˈmɪlə] (*pl.* **~e**) *s.* sfârc.

mammal [ˈmæml] *s.* mamifer.

mammary [ˈmæməri] *adj.* mamar: *~ gland* glandă mamară.

mammoth ['mæməθ] *s.* mamut.

man [mæn] **I.** (*pl.* **men**) *s.* **1.** om, individ, persoană: *the rights of ~* drepturile omului. **2.** bărbat; soț: *men and women* bărbați și femei. **3.** piesă (*la șah*). **II.** *vt.* **1.** a echipa (*un vas*). **2.** a arma (*o pușcă*). # **~-eater** canibal; **~ful** curajos; **~-hater** mizantrop; **~hood** bărbăție; **~hunter** vânător de recompense; **~kind** omenire; **~ly** bărbătesc; **~-of-war** vas de război; **~-power** forță de muncă; **~servant** servitor; *the ~ in the street* omul de pe stradă.

manacles ['mænəklz] *s. pl.* cătușe.

manage ['mænɪdʒ] **I.** *vt.* **1.** a conduce; a administra. **2.** a mânui, a manevra. **3.** a reuși: *I'll ~ it* am să mă descurc. **II.** *vi.* a se descurca: *he ~d well* s-a descurcat bine. # **~able** ușor de mânuit (*și fig.*); **~ment** conducere, administrare; **~r** manager, conducător.

mandarin ['mændərɪn] *s.* **1.** mandarin. **2.** mandarină.

mandate ['mændeɪt] *s.* mandat, împuternicire.

mandatory ['mændətəri] *adj.* obligatoriu.

mandolin [ˌmændə'lɪn] *s.* mandolină.

mane [meɪn] *s.* coamă.

manganese ['mæŋgəni:z] *s.* mangan.

manger ['meɪndʒə] *s.* iesle.

mangle ['mæŋgl] *vt.* a masacra (*și fig.*).

mango ['mæŋgəʊ] (*pl.* **~s/~es**) *s.* mango.

mania ['meɪniə] *s.* manie. # **~c** maniac; **~cal** de maniac.

manicure ['mænɪkjʊə] **I.** *s.* manichiură **II.** *vt.* a face manichiura.

manicurist ['mænɪkjʊrɪst] *s.* manichiurist(ă).

manifest[1] ['mænɪfest] **I.** *adj.* evident, clar. **II.** *vt.* a da dovadă de, a manifesta. **III.** *vi.* **1.** (*d. un spirit*) a se arăta. **2.** a lua parte la o manifestație # **~ation** manifestație, demonstrație; **~o** *pol.* manifest.

manifest[2] ['mænɪfest] *s. nav.* declarație de expediție.

manifold ['mænɪfəʊld] **I.** *s.* țeavă: *exhaust ~* țeavă de eșapament. **II.** *adj.* divers, diferit: *~ reasons* diferite motive.

manikin ['mænɪkɪn] *s.* omuleț; pitic; homunculus.

manipulate [mə'nɪpjəleɪt] *vt.* **1.** a manipula (*și fig.*). **2.** a măslui (*conturi etc.*).

manipulation [məˌnɪpjə'leɪʃn] *s.* **1.** manipulare (*și fig.*). **2.** măsluire.

mannequin ['mænɪkɪn] *s.* manechin.

manner ['mænə] *s.* **1.** manieră, soi, fel, mod; stil: *a ~ of speaking* un fel de a vorbi. **2.** comportament: *to teach smb. ~s* a învăța pe cineva cum să se poarte. # **~ed** (*d. cineva*) afectat; **~less** prost crescut; **~ly** bine crescut; *by all ~ of means* cu siguranță; *by no ~ of means* sub nici un motiv.

manoeuvre [mə'nu:və] **I.** *s.* mașinație, intrigă: *political ~s* sforării politice. **II.** *vt., vi.* a (se) manevra. # **~s** manevre.

manometer [mə'nɒmɪtə] *s.* manometru.

manor ['mænə] *s.* domeniu; moşie. # ~ **house** conac.

manse [mæns] *s.* casă parohială.

mansion ['mænʃən] *s.* casă mare, vilă; conac. # ~**s** bloc de locuințe.

mantel ['mæntl], **mantelshelf** ['mæntlʃelf] *s.* placă deasupra căminului.

mantilla [mæn'tɪlə] *s.* broboadă.

mantle ['mæntl] *s.* **1.** mantie. **2.** strat, acoperământ.

manual ['mænjʊəl] **I.** *s.* îndreptar, carte de instrucțiuni. **II.** *adj.* manual.

manufactory [ˌmænju'fæktəri] *s. înv.* fabrică.

manufacture [ˌmænju'fæktʃə] **I.** *s.* fabricare; confecționare; producere. **II.** *vt.* a fabrica; a confecționa; a produce. # ~**r** fabricant, producător.

manure [mə'njʊə] *s.* bălegar; îngrăşământ.

manuscript ['mænjuskrɪpt] *s.* manuscris.

many ['meni] *adj., pron.* mulți, multe.# ~-**sided** multilateral, complex; **the** ~ majoritatea; *as ~ again* şi încă pe atât.

map [mæp] *s.* hartă. # ~**ping** cartografie; *off the* ~ perimat; *on the* ~ (*d. problemă*) la ordinea zilei.

mar [mɑː] **I.** *s.* **1.** sluțire. **2.** zădărnicire. **II.** *vt.* **1.** a sluți. **2.** a strica (*plăcerea*).

marathon ['mærəθən] *s.* maraton.

maraud [mə'rɔːd] *vt.* a prăda (*un oraş*). # ~**er** jefuitor.

marble ['mɑːbl] *s.* marmură.

march [mɑːtʃ] **I.** *s.* **1.** marş: *on the* ~ în marş. **2.** desfăşurare, mers. **II.** *vi.* a mărşălui.

March [mɑːtʃ] *s.* martie.

marchioness ['mɑːʃənɪs] *s.* marchiză.

mare [meə] *s.* iapă.

margarine [ˌmɑːdʒə'riːn] *s.* margarină.

margin ['mɑːdʒɪn] *s.* **1.** margine, extremitate. **2.** marjă: ~ *of safety* marjă de siguranță. **3.** diferență: *he won by a narrow* ~ a câştigat la mică diferență (de ceilalți). # ~**al** marginal; **to** ~**alize** a marginaliza; ~**ally** cu puțin mai (*mult etc.*); ~**s** periferie.

marine [mə'riːn] **I.** *s.* marină. **II.** *adj.* marin; naval. # ~**r** marinar.

marionette [ˌmæriə'net] *s.* marionetă.

marital ['mærɪtl] *adj.* conjugal.

maritime ['mærɪtaɪm] *adj.* maritim.

mark [mɑːk] **I.** *s.* **1.** marcă, semn, urmă. **2.** simbol, emblemă. **3.** semn, indicator, dovadă. **4.** notă, calificativ: *the pass* ~ nota de trecere. **5.** țintă: *to miss the* ~ a nu nimeri ținta. **6.** marcă (*fostă unitate monetară germană*). **II.** *vt.* **1.** a marca, a însemna. **2.** a indica, a arăta. **3.** a nota (*un elev*). **4.** a caracteriza. **5.** a remarca. # *to ~ off from* a diferenția de, a deosebi de; *to be off the* ~ a fi departe de răspunsul corect; *in ~ed contrast to* deosebire flagrantă față de.

marker ['mɑːkə] *s.* **1.** marcaj. **2.** dovadă, semn. **3.** marker, creion marcator.

market ['mɑ:kɪt] **I.** *s.* piață: *fish ~* piață de pește; *labour ~* piață a forței de muncă. **II.** *vt.* a comercializa. # **~able** vandabil; **~ garden** grădină de zarzavat; **~ing** comercializare; **~ economy** economie de piață.

marksman ['mɑ:ksmən] *s.* trăgător de elită.

marmalade ['mɑ:məleɪd] *s.* gem de lămâie/portocale.

marque [mɑ:k] *s.* marcă de mașină de lux la modă.

marquess ['mɑ:kwɪs] *s.* marchiz, nobil de rang înalt (*în Anglia*).

marquis ['mɑ:kwɪs] *s.* marchiz.

marriage ['mærɪdʒ] *s.* **1.** căsătorie. **2.** nuntă.

married ['mærɪd] *adj.* căsătorit; însurat; măritată. # *to get ~* a se căsători.

marrow ['mærəʊ] *s.* **1.** măduvă. **2.** dovlecel.

marry ['mæri] **I.** *vt.* a lua în căsătorie. **II.** *vi.* a se căsători: *she married into aristocracy* prin căsătorie a devenit aristocrată.

marsh [mɑ:ʃ] *s.* mlaștină.

marshal ['mɑ:ʃl] **I.** *s.* **1.** mareșal. **2.** executor judecătoresc. **II.** *vt.* **1.** a pune în ordine (*idei etc.*). **2.** (*d. poliție*) a ține sub control (*mulțimile*).

mart [mɑ:t] *s. amer.* piață.

marten ['mɑ:tn] *s.* jder.

martial ['mɑ:ʃl] *adj.* cazon; marțial.

Martian ['mɑ:ʃn] *s.* marțian.

martinet [,mɑ:tɪ'net] *s.* mână de fier, jandarm.

martyr ['mɑ:tə] **I.** *s.* martir. **II.** *vt.* a martiriza. # **~dom** supliciu.

marvel ['mɑ:vl] **I.** *s.* minune: *the ~ s of technology* miracolele tehnologiei. **II.** *vi.* a se minuna. # **~lous** minunat, extraordinar.

Marxism ['mɑ:ksɪzəm] *s.* marxism.

mascot ['mæskət] *s.* mascotă.

masculine ['mæskjəlɪn] *s., adj.* masculin.

mash [mæʃ] **I.** *s.* **1.** piure. **2.** terci. **II.** *vt.* a terciui.

mask [mɑ:sk] **I.** *s.* mască. **II.** *vt.* **1.** a masca. **2.** a disimula, a camufla. # **~ed ball** bal mascat.

mason ['meɪsn] *s.* **1.** pietrar. **2.** francmason.

Mass [mæs] *s.* mesă, liturghie.

mass [mæs] **I.** *s.* **1.** masă, morman. **2.** noian, mulțime: *the ~ of teachers* majoritatea profesorilor. **II.** *adj.* de masă: *~ production* producție de masă. **III.** *vi.* a se masa.

massacre ['mæsəkə] **I.** *s.* masacru (*și fig.*). **II.** *vt.* a masacra.

massage ['mæsɑ:ʒ] **I.** *s.* masaj. **II.** *vt.* **1.** a masa. **2.** a denatura, a falsifica.

masseur [mæ'sɜ:] *s.* masor.

masseuse [mæ'sɜ:z] *s.* maseză.

massif ['mæsɪf] *s.* masiv, munte.

massive ['mæsɪv] *adj.* **1.** masiv. **2.** exorbitant. **3.** mare, zdravăn.

mast [mɑ:st] *s.* **1.** catarg. **2.** releu (*de radio, TV*).

master ['mɑ:stə] **I.** *s.* **1.** stăpân (*și fig.*). **2.** expert, specialist, maestru. **II.** *adj.* **1.** magistral, măiestrit.

2. principal. **III.** *vt.* **1.** a stăpâni, a cunoaşte bine. **2.** a ţine sub control. **3.** a tempera, a înfrâna: *to ~ one's feelings* a-şi ţine în frâu sentimentele. # **~ful** *sau* **~ly** magistral; dominator; **~ key** paspartu; **~mind** persoană-cheie; **~piece** capodoperă; **~'s (degree)** masterat; **~y** stăpânire, cunoaştere (*a unui subiect*).

masticate ['mæstɪkeɪt] *vt.* a mesteca (*mâncare*).

mastiff ['mæstɪf] *s.* câine de pază.

masturbate ['mæstəbeɪt] *vi.* a se masturba.

mat [mæt] **I.** *s.* **1.** carpetă; preş. **2.** *sport* saltea. **II.** *adj.* mat.

matador ['mætədɔː] *s.* matador.

match [mætʃ] **I.** *s.* **1.** (băţ de) chibrit: *a box of ~es* cutie de chibrituri. **2.** meci. **3.** pereche. **4.** egal: *I am no ~ for him* nu mă compar cu el. **II.** *vt.* **1.** a combina, a asorta (*culori*). **2.** a uni, a cupla. **3.** a egala. **III.** *vi.* a se potrivi. # **~ing** care se potriveşte, pe potrivă; **~less** inegalabil, nemaipomenit; **~maker** peţitor; **~stick figure** figură schematică; **~ point** minge de meci.

mate [meɪt] **I.** *s.* **1.** camarad; coleg: *class ~s* colegi de clasă. **2.** pereche (*de animal*). **3.** *fam.* prieten. **4.** (şah) mat. **II.** *vt., vi* a (se) împerechea. # **~y** *fam.* prietenos.

material [mə'tɪəriəl] **I.** *s.* **1.** material. **2.** ţesătură. **II.** *adj.* **1.** material (*nu spiritual*). **2.** important; relevant. # **~ism** materialism; **~ist** materialist (*persoană*); **~istic** materialist (*adj.*).

maternal [mə'tɜːnl] *adj.* **1.** matern, de mamă. **2.** din partea mamei. # **~ly** ca o mamă.

maternity [mə'tɜːnɪti] *s.* maternitate.

mathematician [ˌmæθɪmə'tɪʃn] *s.* matematician.

mathematics [ˌmæθɪ'mætɪks] *s.* matematică.

mating ['meɪtɪŋ] *s.* împerechere: *the ~ season* perioada de împerechere.

matriarchy ['meɪtriɑːki] *s.* matriarhat.

matrimonial [ˌmetrɪ'məʊniəl] *adj.* matrimonial.

matrimony ['mætrɪməni] *s.* mariaj, căsătorie.

matrix ['meɪtrɪks] *s.* **1.** matriţă. **2.** *mat.* matrice. **3.** reţea (*de drumuri etc.*).

matron ['meɪtrən] *s.* soră şefă. # **~ly** bătrână şi grasă.

matt [mæt] *adj.* mat.

matter ['mætə] **I.** *s.* **1.** chestiune, treabă: *it's a ~ of taste* e chestie de gust. **2.** subiect, temă: *a ~ of dispute* motiv de dispută. **3.** situaţie: *as ~s stand* în situaţia dată. **4.** problemă: *what's the ~ ?* care-i buba?, ce s-a întâmplat? **5.** materie, substanţă. **II.** *vi.* a conta, a însemna, a valora: *it doesn't ~ a bit* nu are nici cea mai mică importanţă. # *~-of-course* natural, firesc; *~-of-fact* realist; nepăsător, indiferent.

mattress ['mætrɪs] *s.* saltea.
maturation [ˌmætʃu'reɪʃn] *s.* maturizare.
mature [mə'tʃʊə] **I.** *adj.* **1.** matur. **2.** de maturitate. **3.** (*d.vin*) vechi. **II.** *vi.* **1.** a se maturiza. **2.** (*d. vin*) a se învechi. **3.** *ec.* a deveni scadent.
maturity [mə'tʃʊərɪti] *s.* maturitate.
matzo ['mætsəʊ] *s.* pască (*evreiască*).
maudlin ['mɔːdlɪn] *adj.* **1.** văicăreț. **2.** (*d. un film etc.*) lacrimogen.
maul [mɔːl] *vt.* a maltrata, a agresa.
mausoleum [ˌmɔːsə'liːəm] *s.* mausoleu.
mauve [məʊv] *adj.* mov.
maven ['meɪvn] *s. amer.* expert, specialist.
maverick ['mævərɪk] *s.* nonconformist, rebel.
maw [mɔː] *s.* **1.** gușă (*la păsări*). **2.** burdihan.
mawkish ['mɔːkɪʃ] *adj.* excesiv de sentimental.
maxim ['mæksɪm] *s.* maximă, aforism.
maximal ['mæksɪml] *adj.* maxim(al).
maximum ['mæksɪməm] *s., adj.* maximum.
May [meɪ] *s.* (luna) mai.
may [meɪ] *v. modal* **1.** a putea: *~ I smoke here?* pot fuma aici? **2.** a (se) putea: *they ~ win* s-ar putea să câștige. # *be that as it ~* oricum ar fi; totuși.
maybe ['meɪbi] *adv.* probabil.
May Day ['meɪdeɪ] *s.* **1.** (ziua de) întâi mai. **2.** *nav.* ajutor.
mayhem ['meɪhem] s. debandadă, panică, teroare.
mayonnaise [ˌmeɪə'neɪz] *s.* maioneză.
mayor [meə] *s.* primar. # **~ess** primăriță.
maze [meɪz] *s.* **1.** labirint. **2.** hățiș (*fig.*).
me [miː] **I.** *s.* (nota) mi. **II.** *pron.* mine; mie: *you and me* tu și cu mine; *give it (to) me* dă-mi-l mie.
meadow ['medəʊ] s. fâneață.
meagre ['miːgə] *adj.* **1.** slab, firav. **2.** insuficient: *a ~ income* venit mic.
meal [miːl] *s.* masă: *a three-course ~* masă din/cu trei feluri de mâncare. # **~ ticket** *fam.* vacă (bună) de muls (*fig.*); **~ time** oră de masă.
mealy ['miːli] *adj.* (*d. un fruct*) fleșcăit. # **~-mouthed** mieros, onctuos.
mean [miːn] **I.** *s.* **1.** *mat.* medie. **2.** cale de mijloc. **II.** *adj.* **1.** calic, cărpănos. **2.** *amer.* iscusit. **3.** rău, aspru, sever. **4.** mediu: *the ~ temperature* temperatura medie. **5.** (*d. origine etc.*) umil. **6.** mizerabil. **7.** *amer.* violent. **III.** (*trec., part. trec.* **meant**) *vt.* **1.** a însemna: *this name ~s nothing to me* numele ăsta nu îmi spune nimic. **2.** a intenționa: *to ~ business* a avea intenții serioase; *it wasn't ~t to be* nu a fost să fie. **3.** a insinua: *I ~ to say* vreau să spun. # **to ~ well** a fi bine intenționat; **~ing** sens, semnificație; **~ingful** semnificativ, important; **~ingless** nesemnificativ; *~while* sau *in the ~-time* între timp.

meander [mɪ'ændə] *vi.* **1.** a undui. **2.** (**around**) a rătăci (prin). # **~-ings** cotituri, sinuozităţi; divagaţii.

measles ['mi:zəlz] *s. med.* pojar.

measly ['mi:zli] *adj. fam.* mizerabil, insignifiant.

measure ['meʒə] **I.** *s.* **1.** măsură: *unit of ~* unitate de măsură; *a suit made to ~* costum făcut pe măsură; *austerity ~s* măsuri de austeritate. **2.** dovadă, mărturie, semn. **3.** ritm. **II.** *vt.* **1.** a măsura. **2.** a evalua, a aprecia. # **~d** măsurat, moderat; **~ment** măsurare, măsurătoare; *beyond ~* peste măsură; *in full ~* în cea mai mare măsură.

meat [mi:t] *s.* **1.** carne. **2.** esenţă (*fig.*). # **~balls** chifteluţe; **~ grinder** maşină de tocat.

meaty ['mi:ti] *adj.* **1.** cu multă carne. **2.** (*d. miros*) de carne. **3.** (*d. discuţie*) plin de substanţă.

mechanic [mɪ'kænɪk] *s.* mecanic. # **~al** mecanic (*adj.*); **~al engineer** inginer mecanic; **~s** mecanică; mecanism.

mechanism ['mekənɪzəm] *s.* mecanism.

mechanized ['mekənaɪzd] *adj.* mecanizat.

med [med] *adj. fam.* medical: *a ~ student* student la medicină.

medal ['medl] *s.* medalie. # **~list** medaliat (*s.*).

meddle ['medl] *vi.* **1.** (**in**) a se băga (în), a se amesteca (în). **2.** (**with**) a umbla (la) . # **~r** băgăreţ (*s.*); **~some** băgăreţ (*adj.*).

media ['mi:diə] *s. pl.* mass-media. # **~ coverage** mediatizare.

mediaeval [ˌmedi'i:vl] *adj.* medieval.

median ['mi:diən] **I.** *s.* **1.** *mat.* medie. **2.** mediană. **II.** *adj.* **1.** mediu. **2.** median.

mediate ['mi:dieɪt] **I.** *vt.* a intermedia. **II.** *vi.* (**between**) a acţiona ca intermediar (între).

mediator ['mi:dieɪtə] *s.* intermediar.

medic ['medɪk] *s. fam.* doctor.

medical ['medɪkl] **I.** *s.* examinare medicală. **II.** *adj.* medical. # **~ly** din punct de vedere medical.

Medicare ['medɪkeə] *s.* asistenţă medicală (*pentru bătrâni*).

medication [ˌmedɪ'keɪʃn] *s.* medicaţie: *to be on ~* a fi în tratament, a urma un tratament.

medicinal [mɪ'dɪsɪnl] *adj.* medicinal: *~ herbs* plante medicinale.

medicine ['medsɪn] *s.* **1.** medicină. **2.** medicament: *Chinese herbal ~s* medicamente chinezeşti pe bază de plante. # **~ man** vraci; *the best ~* remediul cel mai bun (*fig.*).

medieval [ˌmedi'i:vl] *adj.* medieval.

mediocre [ˌmi:di'əʊkə] *adj.* mediocru.

mediocrity [ˌmi:di'ɒkrəti] *s.* mediocritate.

meditate ['medɪteɪt] **I.** *vt.* a coace, a pune la cale. **II.** *vi.* (**on**) a cugeta (la), a reflecta (la).

meditation [ˌmedɪ'teɪʃn] *s.* reculegere, meditaţie. # **~s** cugetări.

Mediterranean [ˌmedɪtə'reɪniən] *adj.* mediteranean.

medium ['mi:diəm] **I.** (*pl.* **media/~s**) *s.* **1.** mijloc (*de comunicare etc.*).

2. mediu (*ambiant*). 3. intermediu. 4. mediu (*la spiritism*). II. *adj.* mediu, mijlociu. # ~-**sized** de mărime mijlocie; ~ **waves** unde medii (*la radio*).

medley ['medli] *s.* 1. potpuriu. 2. amestecătură.

meek [mi:k] *adj.* supus, plecat, obedient, umil; resemnat.

meet [mi:t] I. *s.* întrecere, competiție (*sportivă*). II. (*trec., part. trec.* **met**) *vt.* 1. a întâlni. 2. a întâmpina (*pe cineva*). 3. a cunoaște (*pe cineva*). 4. a da de (*greutăți*). 5. a satisface (*o cerință*). II. (*trec., part. trec.* **met**) *vi.* 1. a se întâlni. 2. a se cunoaște. - *to ~ your Maker* a da ortul popii, a muri.

meeting ['mi:tɪŋ] *s.* 1. întrunire, reuniune, adunare, ședință. 2. întâlnire: *a chance ~* întâlnire întâmplătoare. 3. competiție, întrecere (*sportivă*).

megalomania [ˌmegələ'meɪniə] *s.* megalomanie. # ~**c** megaloman.

megaphone ['megəfəʃ n] *s.* megafon.

melancholia [ˌmelən'kəʃ liə] *s.* melancolie.

melancholic [ˌmelən'kɒlɪk] *adj.* melancolic.

melancholy ['melənkəli] I. *s.* melancolie. II. *adj.* 1. melancolic. 2. întristător, nostalgic.

meld [meld] *vi.* a se combina; a se potrivi.

melee ['meleɪ] *s.* încăierare, ciocnire.

mellifluous [me'lɪflʃ əs] *adj.* melodios, dulce.

mellow ['meləʃ] I. *adj.* 1. copt. 2. (*d. voce*) dulce. 3. (*d. culori*) plăcut, cald. 4. *fam.* cam amețit, cherchelit. II. *vi.* 1. a se coace. 2. a se tempera, a se domoli.

melodic [mɪ'lɒdɪk] *adj.* 1. melodic. 2. melodios.

melodious [mɪ'ləʃ diəs] *adj.* melodios.

melodrama ['melədra:mə] *s.* melodramă. - ~**tic** melodramatic.

melody ['melədi] *s.* melodie.

melon ['melən] *s.* pepene.

melt [melt] *vt., vi.* a (se) topi. # **to ~ away** a se face nevăzut.

member ['membə] *s.* 1. membru: *~ of the family* membru al familiei. 2. reprezentant. 3. *anat.* membru. 4. penis. # ~**ship** număr de membri.

membrane ['membreɪn] *s.* membrană.

memento [mɪ'mentəʃ] *s.* suvenir.

memo ['meməʃ] *s.* memorandum.

memoirs ['memwa:z] *s. pl.* memorii.

memorabilia [ˌmemərə'bɪliə] *s. pl.* suvenire.

memorable ['memərəbl] *adj.* memorabil.

memorandum [ˌmemə'rændəm] *s.* 1. memorandum. 2. raport, notă scrisă.

memorial [mɪ'mɔ:riəl] I. *s.* 1. monument. 2. memoriu; petiție. II. *adj.* comemorativ.

memorize ['meməraɪz] *vt.* a memoriza.

memory ['meməri] *s.* 1. memorie. 2. amintire.

menace ['menəs] I. *s.* amenințare: *with ~s* sub amenințare. II. *vt.* a amenința.

menacing ['menəsɪŋ] *adj.* amenințător.

menagerie [mɪ'nædʒəri] *s.* menajerie.

mend [mend] **I.** *vt.* **1.** a repara. **2.** a cârpi (*un ciorap*). **3.** a corija. **4.** a aplana. **II.** *vi.* **1.** (*d. sănătate*) a se ameliora. **2.** a se vindeca: *on the* ~ pe cale de vindecare.

mendacious [men'deɪʃəs] *adj.* mincinos.

mendacity [men'dæsɪti] *s.* mințire. # *barefaced mendacities* minciuni sfruntate.

mendicant ['mendɪkənt] *s.* cerșetor.

menfolk ['menfəʊk] *s.* bărbați.

menial ['mi:niəl] *adj.* (*d. o treabă*) degradant.

meningitis [ˌmenɪn'dʒaɪtɪs] *s.* meningită.

menopause ['menəpɔ:z] *s.* menopauză.

menses ['mensi:z] *s. pl.* menstruație.

menswear ['menzweə] *s.* articole (de îmbrăcăminte) pentru bărbați.

mental ['mentl] *adj.* mental: ~ *habit* mentalitate; ~ *hospital* ospiciu.

mentality [men'tæləti] *s.* mentalitate.

mention ['menʃn] **I.** *s.* **1.** menționare. **2.** *școl.* mențiune. **II.** *vt.* a menționa, a releva, a pomeni. # *don't ~ it!* cu plăcere! (*ca răspuns la „mulțumesc!"*).

mentor ['mentɔ:] *s.* mentor.

menu ['menju:] *s.* meniu.

mercantile ['mɜ:kəntaɪl] *adj.* comercial.

mercenary ['mɜ:sənəri] **I.** *s.* mercenar. **II.** *adj.* mercantil.

merchandise ['mɜ:tʃəndaɪz] **I.** *s.* marfă, produs. **II.** *vt.* a comercializa.

merchandising ['mɜ:tʃəndaɪzɪŋ] *s.* comercializare.

merchant ['mɜ:tʃənt] **I.** *s.* **1.** comerciant. **2.** *fam.* maniac: *a speed ~* vitezoman.**II.** *adj.* comercial: *a ~ ship* navă comercială.

merciful ['mɜ:sɪfl] *adj.* **1.** milostiv, milos. **2.** binevenit, binefăcător. # **~ly** din fericire.

merciless ['mɜ:sɪlɪs] *adj.* nemilos, crud.

mercurial [mɜ:'kjʊərɪəl] *adj.* **1.** (*d. minte*) vioi, ager. **2.** schimbător, imprevizibil.

mercury ['mɜ:kjəri] *s.* mercur.

mercy ['mɜ:si] *s.* **1.** milă, îndurare: *to ask for ~* a cere îndurare. **2.** binecuvântare, har (*ceresc*). # ~ **killing** eutanasie; *works of ~* acte de caritate.

mere [mɪə] **I.** *s.* iaz, eleşteu. **II.** *adj.* simplu: *as a ~ spectator* ca simplu spectator; *a ~ boy* doar un băiat; *the ~ thought of eating* numai (la) gândul de a mânca. # **~ly** numai, doar.

meretricious [ˌmerɪ'trɪʃəs] *adj.* fără valoare, de doi bani.

merge [mɜ:dʒ] *vi.* a se uni, a fuziona. # **~r** fuzionare, contopire.

meridian [mə'rɪdiən] *s.* meridian.

merino [mə'ri:nəʊ] *s.* oaie merinos.

merit ['merɪt] **I.** *s.* merit. **II.** *vt.* a merita. # **~orious** meritoriu.

mermaid ['mɜ:meɪd] *s. mit.* sirenă.

merry ['meri] *adj.* voios, vesel, fericit. # **~-go-round** căluşei; **~-making** chef, petrecere.

mesh [meʃ] **I.** *s.* **1.** (ochi de) plasă. **2.** cursă, capcană (*fig.*). **II.** *vi.* **1.** *tehn.* a se angrena. **2.** (**with**) a se potrivi (cu).

mesmeric [mez'merɪk] *adj.* captivant, fascinant.

mesmerize ['mezmərаɪz] *vt.* a captiva, a fascina, a magnetiza.

mess [mes] **I.** *s.* **1.** dezordine; mizerie. **2.** excremente (*de câine, pisică*). **3.** dificultate. **4.** popotă. **II.** *vt.* a murdări. # **to ~ about** a se prosti (*fam.*); **to ~ up** a o da în bară; *a ~ of amer. fam.* o mulţime de.

message ['mæsɪʤ] *s.* **1.** mesaj: *an e-mail ~* mesaj pe e-mail. **2.** comunicat. **3.** conţinut de idei (*al unei cărţi etc.*). # *to get the ~* a înţelege aluzia.

messenger ['mesɪnʤə] *s.* mesager, trimis, sol; vestitor.

Messiah [mɪ'saɪə] *s.* Mesia.

metabolism [mɪ'tæbəlɪzəm] *s.* metabolism.

metabolize [mɪ'tæbəlaɪz] *vt.* a metaboliza.

metal ['metl] **I.** *s.* metal. **II.** *adj.* de/din metal. # **~led** (*d. un drum*) pietruit; **~lic** de/din metal, metalic; **~work** feronerie.

metallurgy [mɪ'tæləʤi] *s.* metalurgie.

metamorphose [ˌmetə'mɔːfəʊz] *vi.* a se metamorfoza.

metamorphosis [ˌmetə'mɔːfəsɪs] *s.* metamorfoză.

metaphor ['metəfə] *s.* metaforă. # **~ical** metaforic.

metaphysics [ˌmetə'fɪzɪks] *s.* metafizică.

meteorite ['miːtiəraɪt] *s.* meteorit.

meteorologist [ˌmiːtiə'rɒləʤɪst] *s.* meteorolog.

meteorology [ˌmiːtiə'rɒləʤi] *s.* meteorologie.

mete out ['miːt'aut] *vt.* a aplica (*o pedeapsă*).

meter ['miːtə] **I.** *s.* **1.** aparat de măsură/taxare. **2.** contor: *a gas ~* contor de gaze. **3.** *amer.* metru. **II.** *vt.* a contoriza.

methane ['miːθeɪn] *s.* metan.

method ['meθəd] *s.* **1.** metodă, procedeu. **2.** rânduială, disciplină. # **~ic(al)** metodic; ordonat; **~ology** metodologie.

meticulous [mə'tɪkjələs] *adj.* meticulos, conştiincios.

metonymy [mə'tɒnəmi] *s.* metonimie.

metre ['miːtə] *s.* **1.** metru. **2.** ritm (*al versului*).

metric ['metrɪk] *adj.* metric, măsurat în metri.

metrical ['metrɪkl] *adj.* metric, ritmic.

metro ['metrəʊ] **I.** *s.* metrou: *on the ~* sau *by ~* cu metroul. **II.** *adj. amer. fam.* metropolitan.

metronome ['metrənəʊm] *s.* metronom.

metropolis [mə'trɒpəlɪs] *s.* metropolă, oraş mare.

metropolitan [ˌmetrə'pɒlɪtn] **I.** *s.* **1.** mitropolit. **2.** locuitor al unei metropole. **II.** *adj.* metropolitan.

mettle ['metl] *s.* **1.** temeritate, dârzenie. **2.** caracter, fire. # **~d** *sau* **~-some** entuziast, înflăcărat; aprins.

mew [mju:] **I.** *s.* mieunat. **II.** *vi.* a mieuna.

Mexican ['meksɪkn] *s., adj.* mexican.

mezzanine ['mezəni:n] *s.* **1.** mezanin. **2.** balcon I (*la teatru*).

miasma [mi'æzmə] *s.* miasmă, duhoare.

mica ['maɪkə] *s.* mică.

microbe ['maɪkrəʊb] *s.* microb.

microcosm ['maɪkrəʊkɒzəm] *s.* microcosmos.

microphone ['maɪkrəfəʊn] *s.* microfon.

microscope ['maɪkrəskəʊp] *s.* microscop.

microscopic [ˌmaɪkrə'skɒpɪk] *adj.* microscopic.

microwave ['maɪkrəweɪv] *s.* microundă. # ~ **oven** cuptor cu microunde.

mid [mɪd] *adj.* de mijloc: ~ *position* poziție de mijloc. # **~day** amiază; **~dling** *fam.* potrivit; **~fielder** *sport* mijlocaș; **~night** miez de noapte; **~wife** moașă.

middle ['mɪdl] **I.** *s.* **1.** mijloc, centru. **2.** *fam.* talie. **II.** *adj.* mijlociu, de mijloc. # ~ **age** vârstă mijlocie; **the Middle Ages** Evul Mediu; ~ **class** clasă mijlocie; **the Middle East** Orientul Mijlociu; ~ **finger** degetul mijlociu; **~-sized** de mărime mijlocie.

midge [mɪdʒ] *s.* musculiță.

midget ['mɪdʒɪt] **I.** *s.* **1.** pitic. **2.** stârpitură, avorton. **II.** *adj.* micuț, minuscul.

midriff ['mɪdrɪf] *s. anat.* diafragmă.

midst [mɪdst] **I.** *s.* mijloc: *in the ~ of winter* în toiul iernii. **II.** *prep.* între, printre.

mien [mi:n] *s.* mină, aspect.

miffed [mɪft] *adj. fam.* atacat, vexat.

might[1] [maɪt] (*trecut de la* **may**) *v. modal* **1.** (*în locul lui* **may** *în propoziție secundară după un verb la trecut*): *he said he ~ come tomorrow* a spus că ar putea veni mâine. **2.** (*posibilitate*): *he ~ say it now* e posibil (*s-ar putea*) să o spună acum. **3.** (*permisiune*): *~ I use your phone?* aș putea da un telefon de la dvs.?

might[2] [maɪt] *s.* forță, putere: *a man of ~* bărbat puternic. # **~ily** cu toată puterea; foarte; **~y** foarte puternic; măreț.

migrant ['maɪgrənt] *s.* **1.** emigrant. **2.** nomad.

migrate [maɪ'greɪt] *vi.* **1.** a migra. **2.** a emigra.

migration [maɪ'greɪʃn] *s.* **1.** migrare. **2.** emigrare.

migratory ['maɪgrətri] *adj.* migrator.

mike [maɪk] *s. fam.* microfon.

mild [maɪld] *adj.* **1.** blând. **2.** slab: *a ~ cigarette* țigară slabă. **3.** moderat. # **~ly** cu blândețe; puțin.

mile [maɪl] *s.* milă. # **~age** kilometraj; **~post** *amer.* sau **~stone** bornă de kilometraj; *to be ~s away fam.* a fi plecat/dus pe gânduri; *to stand out a ~* a se vedea de la o poștă.

milieu [mi:'ljɜ:] *s.* mediu, ambianță.

militant ['mɪlɪtənt] **I.** *s.* militant; manifestant. **II.** *adj.* militant.

militarize ['mɪlɪtəraɪz] *vt.* a militariza.

military ['mɪlɪtəri] **I.** *s.* armată, soldați. **II.** *adj.* militar. # ~ **service** serviciu militar.

militate ['mɪlɪteɪt] *vi.* a milita.

militia [mɪ'lɪʃə] *s.* gardă națională.

milk [mɪlk] **I.** *s.* lapte: ~ *products* produse din lapte. **II.** *vt.* a mulge (*și fig.*). # ~ **bar** lăptărie; ~**er** mulgător; ~**ing** mulgere, muls; ~-**maid** mulgătoare; ~**man** lăptar; ~**sop** om molâu; ~ **sugar** lactoză; ~**y** ca laptele, lăptos.

mill [mɪl] **I.** *s.* **1.** moară. **2.** uzină. **3.** râșniță. **II.** *vt.* a măcina; a râșni. # ~**er** morar; ~**ing** de măcinat; ~ **wheel** roată de moară; ~**wright** constructor de mori.

millenium [mɪ'leniəm] *s.* mileniu.

millet ['mɪlɪt] *s.* mei.

milligram ['mɪlɪgræm] *s.* miligram.

millilitre ['mɪlɪli:tə] *s.* mililitru.

millimetre ['mɪlɪmi:tə] *s.* milimetru.

milliner ['mɪlɪnə] *s.* modistă. # ~**y** pălării de damă.

million ['mɪljən] *s., num.* milion. # ~**aire** milionar; ~**airess** milionară.

millipede ['mɪlɪpi:d] *s.* miriapod.

milt [mɪlt] *s.* **1.** splină. **2.** lapți.

mime [maɪm] **I.** *s.* mimică: *a ~ artist* mim. **II.** *vt.* a mima.

mimic ['mɪmɪk] **I.** *s.* mim, imitator. **II.** *vt.* a imita (*o voce etc.*). # ~**ry** mimică, imitație; mimetism.

mimosa [mɪ'məʊzə] *s.* **1.** mimoză. **2.** acacia (*cu flori galbene*). **3.** *amer.* băutură din șampanie și suc de portocale.

mince [mɪns] **I.** *s.* carne tocată. **II.** *vt.* a toca. # ~**r** mașină de tocat; ~-**pie** plăcintă cu fructe; *to ~ one's words* a vorbi afectat.

mind [maɪnd] **I.** *s.* **1.** minte, inteligență, rațiune. **2.** suflet; spirit: *state of ~* stare de spirit; *peace of ~* liniște sufletească; *turn of ~* mentalitate. **3.** ținere de minte, memorie. **4.** părere, opinie: *to speak one's ~* a-și spune părerea; *to be of a ~* a fi de aceeași părere; *to my ~* după părerea mea. **II.** *vt.* **1.** a lua în seamă, a ține cont de: *~ my words!* ia aminte la ce-ți spun! **2.** a vedea de: *who's ~ing the child ?* cine are grijă de copil? **3.** a obiecta: *do you ~ if I smoke?* te deranjează dacă fumez?; *I don't ~* mi-e indiferent. # ~**ed to** dispus să; ~**er** supraveghetor; ~**ful of** conștient de; ~**less** descreierat; ~ **out!** pardon!, faceți loc!; ~**set** fixație, manie; *if you don't ~* dacă nu vă deranjează; *to make up one's ~* a se decide, a se hotărî; *never ~!* nu-i nimic!

mine[1] [maɪn] *pron.* al meu; a mea; ai mei; ale mele: *that's ~* asta-i a mea.

mine[2] [maɪn] **I.** *s.* **1.** mină: *a gold ~* mină de aur. **2.** mină: *~-sweeper* vas distrugător de mine. **II.** *vt.* **1.** a săpa. **2.** a mina. # ~ **detector** detector de mine; ~ **field** teren minat; ~**r** miner; ~ **shaft** puț de mină.

mineral ['mɪnrəl] **I.** *s.* **1.** mineral. **2.** apă minerală. **II.** *adj.* mineral. # **~ogist** mineralog; **~ogy** mineralogie; **~ water** apă minerală.

mingle ['mɪŋgl] *vt., vi.* a (se) amesteca, a (se) combina.

mingy ['mɪndʒi] *adj. fam.* calic, cărpănos, zgârciob.

miniature ['mɪnɪtʃə] **I.** *s.* miniatură. **II.** *adj.* în miniatură.

minibar ['mɪnɪbɑ:] *s.* frigider mic (*în cameră de hotel*).

minim ['mɪnɪm] *s. muz.* doime.

minimal ['mɪnɪməl] *adj.* minimal, nesemnificativ.

minimize ['mɪnɪmaɪz] *vt.* **1.** a minimaliza. **2.** a subestima.

minimum ['mɪnɪməm] **I.** *s.* minim(um). **II.** *adj.* minim.

mining ['maɪnɪŋ] **I.** *s.* **1.** industrie minieră. **2.** plantare de mine. **II.** *adj.* minier.

minister ['mɪnɪstə] **I.** *s.* ministru. **II.** *vi.* (**to**) a avea grijă (de).

ministry ['mɪnɪstri] *s.* minister.

minivan ['mɪnɪvæn] *s. amer.* microbuz.

mink [mɪŋk] *s.* (blană de) nurcă.

minor ['maɪnə] s., *adj.* minor. # **~ity** minoritate.

minstrel ['mɪnstrəl] *s.* menestrel.

mint[1] [mɪnt] *s.* mentă. # **~y** de mentă.

mint[2] [mɪnt] **I.** *s.* monetărie. **II.** *vt.* a bate (*monedă*). # *in ~ condition* în perfectă stare.

minus ['maɪnəs] **I.** *s.* **1.** (*semnul*) minus. **2.** minus, dezavantaj. **II.** *adj.* **1.** în minus. **2.** negativ. **III.** *adv.* fără, mai puțin.

minuscule ['mɪnəskju:l] *adj.* minuscul.

minute[1] ['mɪnɪt] **I.** *s.* **1.** minut. **2.** ciornă; notiță: *to take the ~s* a scrie procesul verbal. **II.** *vt.* a scrie (*un proces verbal*). # *this ~* (chiar) acum; *to the ~* la ora fixată; *any ~* din moment în moment.

minute[2] [maɪ'nju:t] *adj.* **1.** mic, mititel. **2.** amănunțit. # **~ly** în amănunt, cu minuțiozitate.

minx [mɪŋks] *s.* ștrengăriță.

miracle ['mɪrəkl] *s.* miracol.

miraculous [mɪ'rækjələs] *adj.* miraculos.

mirage [mɪ'rɑ:ʒ] *s.* miraj (*și fig.*).

mire ['maɪə] *s.* glod, noroi. # **~d in** înglodat în (*și fig.*).

mirror ['mɪrə] **I.** *s.* **1.** oglindă. **2.** oglindire. **II.** *vt.* a oglindi.

mirth [mɜ:θ] *s.* haz. # *~less laughter* râs amar.

misadventure [ˌmɪsəd'ventʃə] *s.* neșansă; accident.

misanthrope ['mɪsənθrəʊp] *s.* mizantrop.

misanthropy [mɪs'ænθrəpi] *s.* mizantropie.

misapprehension [ˌmɪsæprɪ'henʃn] *s.* înțelegere greșită.

misbehaviour [ˌmɪsbɪ'heɪvjə] *s.* conduită rea.

miscalculate [mɪs'kælkjuleɪt] *vt.* a calcula/a aprecia greșit.

miscarriage ['mɪskærɪdʒ] *s.* avort. # *~ of justice* eroare judiciară.

miscarry [mɪs'kæri] *vi.* **1.** a avorta. **2.** a eșua.

miscellaneous [ˌmɪsə'leɪniəs] *adj.* divers, diferit.
miscellany [mɪ'seləni] *s.* melanj, amestec, mixtum compositum.
mischance [mɪs'tʃɑːns] *s.* ghinion.
mischief ['mɪstʃɪf] *s.* şotie, ghiduşie, năzbâtie. # *to get into* ~ a da de bucluc.
mischievous ['mɪstʃɪvəs] *adj.* **1.** pus pe şotii, zburdalnic. **2.** răutăcios.
misconcieve [ˌmɪskən'siːv] *vt.* a înţelege greşit.
misconception [ˌmɪskən'sepʃn] *s.* idee preconcepută.
misconstrue [ˌmɪskən'struː] *vt.* a interpreta greşit, a denatura.
miscreant ['mɪskriənt] *s.* ticălos, nemernic.
misdeed [mɪs'diːd] *s.* ticăloşie.
misdemeanour [ˌmɪsdɪ'miːnə] *s.* delict, contravenţie.
misdirect [ˌmɪsdɪ'rekt] *vt.* **1.** pune pe o cale greşită. **2.** a dezinforma, a induce în eroare.
miser ['maɪzə] *s.* avar, zgârciob.
miserable ['mɪzrəbl] *adj.* **1.** trist, nefericit. **2.** mizerabil, execrabil.
miserly ['maɪzəli] *adj.* **1.** cărpănos, avar. **2.** (*d. cantitate*) foarte mic; de mizerie.
misery ['mɪzəri] *s.* **1.** sărăcie. **2.** suferinţă, supliciu.
misfire [mɪs'faɪə] *vi.* **1.** (*d. motor etc.*) a da rateu. **2.** (*d. un plan etc.*) a eşua.
misfit ['mɪsfɪt] *s.* inapt.
misfortune [mɪs'fɔːtʃn] *s.* **1.** ghinion. **2.** nenorocire. **3.** necaz, neajuns.
misgiving [mɪs'gɪvɪŋ] *s.* presentiment, îndoială; dubiu.
misguided [mɪs'gaɪdɪd] *adj.* prost înţeles.
mishap ['mɪshæp] *s.* incident, mic ghinion.
misinform [ˌmɪsɪn'fɔːm] *vt.* a dezinforma. # **~ation** dezinformare.
mislay [mɪs'leɪ] (*trec., part. trec.* **mislaid**) *vt.* a rătăci (*un obiect*).
mislead [mɪs'liːd] (*trec., part. trec.* **misled**) *vt.* a induce în eroare. # **~ing** înşelător.
mismatched [mɪs'mætʃt] *adj.* nepotrivit.
misnomer [mɪs'nəʊmə] *s.* denumire nepotrivită.
misogynist [mɪ'sɒdʒɪnɪst] *s.* misogin.
misplace [mɪs'pleɪs] *vt.* a rătăci (*un obiect*). # **~d** nepotrivit, deplasat.
misprint ['mɪsprɪnt] *s.* greşeală de tipar.
misrepresent [mɪsˌreprɪ'zent] *vt.* a denatura, a deforma (*adevărul*).
miss[1] [mɪs] *s.* **1.** domnişoară: *Miss Mary* domnişoara Mary. **2.** *miss:* ~ *Romania* mis România.
miss[2] [mɪs] **I.** *s.* greş, ratare. **II.** *vt.* **1.** a nu nimeri, a rata. **2.** a trece cu vederea, a omite. **3.** a pierde (*o petrecere etc.*). **4.** a sări (*peste o masă*) (*fig.*). **5.** a duce dorul (*cuiva*). **III.** *vi.* (*d. motor*) a da rateu. # *to ~ the boat fam.* a pierde trenul (*fig.*), a pierde ocazia.
misshapen [mɪs'ʃeɪpn] *adj.* diform.
missile ['mɪsaɪl] *s.* rachetă: *a cruise ~* rachetă de croazieră.
missing ['mɪsɪŋ] *adj.* **1.** (*d. ceva*) pierdut. **2.** (*d. cineva*) dispărut.

mission ['mɪʃn] *s.* **1.** misiune, sarcină, menire. **2.** delegație, solie. # **~ary** misionar; ~ **statement** statut, regulament.

misspell [mɪs'spel] *vt.* a scrie greşit.

misstep [mɪs'step] *s. amer.* pas greşit (*şi fig.*).

missus ['mɪsɪz] *s. fam.* consoartă.

mist [mɪst] **I.** *s.* ceață. **II.** *vi.* **1.** a se aburi. **2.** (*d. ochi*) a se umezi. # **~y** cețos.

mistake [mɪ'steɪk] **I.** *s.* greşeală. **II.** (*trec.* **mistook**, *part. trec.* **mistaken**) *vt.* **1.** a greşi (*adresa*). **2.** a interpreta greşit (*vorbele*). **3.** (**for**) a confunda (cu). # **~n** greşit.

mister ['mɪstə] *s.* **1.** domn: *Mr. Smith* Dl Smith. **2.** (*ca adresare*) domnule!

mistiming [mɪs'taɪmɪŋ] *s.* inoportunitate.

mistletoe ['mɪsltəʊ] *s.* vâsc.

mistreat [mɪs'tri:t] *vt.* a maltrata.

mistress ['mɪstrɪs] *s.* **1.** amantă. **2.** stăpână (*şi fig.*).

mistrust [mɪs'trʌst] **I.** *s.* neîncredere. **II.** *vt.* a nu avea încredere în.

misunderstand [ˌmɪsʌndə'stænd] (*trec., part. trec.* **misunderstood**) *vt.* a înțelege greşit. # **~ing** neînțelegere.

misunderstood [ˌmɪsʌndə'stʊd] *adj.* neînțeles.

misuse I. [mɪs'ju:s] *s.* abuz: ~ *of authority* abuz de autoritate. **II.** [mɪs'ju:z] *vt.* a face abuz de. # **~d** maltratat.

mite [maɪt] *s.* **1.** bănuț, para. **2.** contribuție. **3.** țânc, prichindel.

mitigate ['mɪtɪgeɪt] *vt.* a atenua.

mitigation [ˌmɪtɪ'geɪʃn] *s.* atenuare; reducere.

mitt [mɪt] *s.* **1.** mănuşă cu un deget. **2.** *sl.* mână. # **~en** mănuşă cu un deget.

mix [mɪks] **I.** *s.* **1.** amestec, mixtură. **2.** *muz.* remix. **II.** *vt.* **1.** a amesteca, a mixa; a combina. **2.** *muz.* a remixa. **III.** *vi.* a se amesteca, a se combina. # **~ed** mixt; **~er** mixer; **~ed-up** confuz, derutat; **~-up** *fam.* dezordine, harababură; *to ~ it (up)* a se lua la bătaie; *to ~ up with* a confunda cu; *to ~ with smb.* a se împrieteni cu; a se vizita cu.

mixture ['mɪkstʃə] *s.* **1.** amalgam, amestec. **2.** mixtură. **3.** compus chimic.

mo [məʊ] *s. fam.* moment.

moan [məʊn] **I.** *s.* geamăt; văicăreală. **II.** *vi.* a geme; a se văicări.

mob [mɒb] **I.** *s.* **1.** mulțime, vulg. **2.** *fam.* şleahtă. **II.** *vt.* a ataca în grup. **III.** *vi.* (*d. oameni*) a se aduna, a se strânge. # **the** ~ masele; **the Mob** crima organizată; **~ster** *amer.* gangster.

mobile ['məʊbaɪl] **I.** *s.* telefon mobil. **II.** *adj.* **1.** mobil. **2.** schimbător.

mobility [məʊ'bɪlɪti] *s.* mobilitate.

mobilize ['məʊbɪlaɪz] *vt., vi.* (se) mobiliza.

mock [mɒk] **I.** *s.* **1.** derâdere. **2.** imitare. **3.** *fam.* examen de practică. **II.** *adj.* **1.** fals. **2.** burlesc. **III.** *vt.* a imita, a maimuțări. **IV.** *vi.* **(at)** a lua în derâdere (pe). # **~ery**

ridiculizare; simulacru; **~ing** zeflemitor; **~-up** machetă.

modal ['məʊdl] **I.** *s.* verb modal. **II.** *adj.* modal.

mode [məʊd] *s.* **1.** mod, fel, manieră; stil. **2.** *tehn.* poziție (*a unui buton*). **3.** modă.

model ['mɒdl] **I.** *s.* **1.** model, machetă. **2.** prezentatoare de modă. **3.** model, tipar. **4.** exemplu, pildă. **II.** *vt.* **1.** a modela, a fasona. **2.** a prezenta (*haine*). **3.** a crea, a executa (*o rochie etc.*). # **~ling** prezentare de modă (*ca meserie*).

moderate I. ['mɒdərɪt] *adj.* **1.** moderat, potrivit, rezonabil. **2.** echilibrat, temperat. **II.** ['mɒdəreɪt] *vt.* **1.** a modera, a atenua. **2.** a prezida, a conduce. **III.** ['mɒdəreɪt] *vi.* a se potoli. # **~ly** cu măsură.

moderation [ˌmɒdə'reɪʃn] *s.* moderație.

moderator ['mɒdəreɪtə] *s. telev.* moderator.

modern ['mɒdn] *adj.* **1.** modern, contemporan. **2.** modern, înaintat. **3.** la modă. # **to ~ize** a moderniza; **~ization** modernizare.

modest ['mɒdɪst] *adj.* **1.** modest. **2.** simplu. **3.** (*d. îmbrăcăminte*) sărăcăcios. **4.** moderat. # **~y** modestie.

modification [ˌmɒdɪfɪ'keɪʃn] *s.* modificare.

modify ['mɒdɪfaɪ] *vt.* a modifica, a schimba.

modulate ['mɒdjuleɪt] *vt.* **1.** a modula. **2.** a modera.

Mohammedan [məʊ'hæmɪdən] *adj.* mohamedan.

moist [mɔɪst] *adj.* **1.** umed, jilav. **2.** (*d. prăjitură*) care se topește în gură. # **to ~en** a (se) umezi; **~ure** umezeală; **~urizer** cremă hidratantă.

molar ['məʊlə] *s.* molar.

molasses [mə'læsɪz] *s.* melasă.

mole [məʊl] *s.* **1.** cârtiță. **2.** aluniță. **3.** iscoadă. # **~hill** mușuroi de cârtiță.

molecule ['mɒlɪkju:l] *s.* moleculă.

molest [mə'lest] *vt.* a molesta.

mollify ['mɒlɪfaɪ] *vt.* a domoli, a liniști.

mollusc ['mɒləsk] *s.* moluscă.

mollycoddle ['mɒlɪkɒdl] *vt.* a cocoloși (*pe cineva*).

molten ['məʊltən] *adj.* (*d. metal etc.*) topit.

moment ['məʊmənt] *s.* **1.** moment, clipă. **2.** perioadă. # **~arily** momentan; *amer.* imediat; **~ary** de moment; **~ous** foarte important; *at any ~* dintr-o clipă în alta; *for the ~* acum; *not for a ~* pentru nimic în lume; *of great ~* de mare importanță.

momentum [mə'mentəm] *s.* **1.** imbold, avânt, elan: *to lose ~* a-și pierde din elan. **2.** viteză: *to gain ~* a prinde viteză.

monarch ['mɒnək] *s.* monarh, rege. # **~ist** monarhist; **~y** monarhie.

monastery ['mɒnəstri] *s.* mănăstire.

monastic [mə'næstɪk] *adj.* monastic; monahal.

Monday ['mʌndi] *s.* luni.

monetary ['mʌnɪtri] *adj.* monetar.

money ['mʌni] *s.* **1.** bani: *good ~* bani mulți. **2.** avere. # **~box** pușculiță; **~ed** înstărit; **~-grubber** om hrăpăreț/rapace; **~lender** cămătar; **~ market** piața monetară; **~-spinner** meserie bănoasă; mină de aur (*fig.*).

Mongol ['mɒŋgl] *s., adj.* mongol.

Mongolian [mən'gəʊliən] **I.** *s.* **1.** mongol. **2.** limba mongolă. **II.** *adj.* mongol.

mongrel ['mʌŋgrəl] *s.* corcitură (*câine*).

moniker ['mɒnɪkə] *s. sl.* nume.

monitor ['mɒnɪtə] **I.** *s.* **1.** *inf.* monitor. **2.** *școl.* monitor. **II.** *vt.* a monitoriza.

monk [mʌŋk] *s.* călugăr.

monkey ['mʌŋki] *s.* **1.** maimuță. **2.** *fam.* drac de copil. # **~shines** *amer.* giumbușlucuri; **~ suit** costum/rochie de seară; **~ tricks** năzbâtii; **~ wrench** cheie franceză.

monocle ['mɒnəkl] *s.* monoclu.

monogamy [mə'nɒgəmi] *s.* monogamie.

monogram ['mɒnəgræm] *s.* monogramă.

monograph ['mɒnəgrɑːf] *s.* monografie.

monologue ['mɒnəlɒg] *s.* monolog.

monopolize [mə'nɒpəlaɪz] *vt.* a monopoliza (*și fig.*).

monopoly [mə'nɒpəli] *s.* monopol.

monotone ['mɒnətəʊn] **I.** *s.* voce uniformă. **II.** *adj.* monoton.

monotonous [mə'nɒtənəs] *adj.* monoton.

monotony [mə'nɒtəni] *s.* monotonie.

monsoon [mɒn'suːn] *s.* muson.

monster ['mɒnstə] **I.** *s.* monstru (*și fig.*). **II.** *adj. fam.* uriaș.

monstrous ['mɒnstrəs] *adj.* **1.** monstruos. **2.** enorm, imens. **3.** odios.

month [mʌnθ] *s.* lună: *the ~ of May* luna mai. # **~ly** lunar; *in a ~ of Sundays* la sfântu-așteaptă.

monument ['mɒnjumənt] *s.* monument. # **~al** monumental; prodigios; **~ally** nemaipomenit de.

moo [muː] **I.** *s.* muget. **II.** *vi.* a mugi.

mood [muːd] *s.* **1.** dispoziție, stare de spirit: *in a bad ~* prost dispus. **2.** chef: *in no ~ for* fără chef pentru. **3.** atmosferă, ambianță. **4.** *gram.* mod (*al verbului*). **~y** morocănos; țâfnos.

moon [muːn] *s.* **1.** lună: *new ~* lună nouă. **2.** satelit. # **~beam** rază de lună; **~light** lumina lunii; **~scape** peisaj lunar; **~struck** țicnit, sonat.

Moor [mɔː] *s.* maur. # **~ish** maur (*adj.*).

moor[1] [mɔː] *vt., vi. mar.* a amara, a afurca.

moor[2] [mɔː] *s.* stepă; bărăgan. # **~hen** găinușa de apă.

moose [muːs] *s. zool.* elan.

moot [muːt] **I.** *adj.* discutabil: *a ~ case* caz în litigiu. **II.** *vt.* a ridica (*o problemă*).

mop [mɒp] **I.** *s.* **1.** șomoiog (*de șters pe jos*). **2.** claie de păr. **II.** *vt.* **1.** a șterge, a curăța cu șomoiogul. **2.** a tampona (*fața*).

mope [məʊp] *vi.* a-și plânge de milă.

moppet ['mɒpɪt] *s. fam.* fetiță drăgălașă.

moral ['mɒrl] **I.** *s.* **1.** morală, învățătură. **2.** morală, etică. **3.** moralitate. **II.** *adj.* moral. # ~ **fibre** tărie morală; ~**ist** moralist; ~**ity** moralitate.

morale [mə'rɑ:l] *s.* moral, stare sufletească.

morass [mə'ræs] *s.* **1.** smârc, mocirlă. **2.** complicație; încurcătură; hățiș.

moratorium [ˌmɒrə'tɔ:riəm] *s.* **1.** moratoriu. **2.** suspendare (*a unui contract etc.*).

morbid ['mɔ:bɪd] *adj.* morbid; maladiv.

mordant ['mɔ:dnt] *adj.* tăios, aprig, acerb.

more [mɔ:] **I.** *adj., pron.* **1.** mai mulți/multe: ~ *books* mai multe cărți; *give me* ~ dă-mi mai mulți/multe. **2.** mai mult(ă): ~ *salt* mai multă sare. **3.** suplimentar (*numai adj.*): ~ *news later* alte știri mai târziu. **II.** *adv.* (*pentru comparativ*) mai: ~ *beautiful* mai frumos; *much* ~ *intelligent* mult mai inteligent. # ~**ish** *fam.* delicios; ~ *often than not* cel mai adesea; ~ *and* ~ din ce în ce mai; ~*over* totodată, dar și; ~ *so* cu atât mai; *all the* ~ cu atât mai mult; *little* ~ *than* doar, numai; *once* ~ încă o dată; *what's* ~ mai mult decât atât.

morello [mə'reləʊ] *s.* cireașă amară.

morgue [mɔ:g] *s.* morgă.

moribund ['mɒrɪbʌnd] *adj.* muribund (*și fig.*).

Mormon ['mɔ:mən] *s., adj.* mormon.

morning ['mɔ:nɪŋ] *s.* dimineață: *in the* ~ dimineața; *on the* ~ *of his death* în dimineața în care a murit. # **good** ~! bună dimineața!; ~ **glory** zorea.

morocco [mə'rɒkəʊ] *s.* marochin, cordovan.

moron ['mɔ:rɒn] *s.* dobitoc, tâmpit.

morose [mə'rəʊs] *adj.* posac, ursuz, urâcios.

morphia ['mɔ:fiə] *s.* morfină.

morphology [mɔ:'fɒlədʒi] *s.* morfologie.

morrow ['mɒrəʊ] *s.* ziua de mâine; viitor.

morsel ['mɔ:sl] *s.* dumicat; bucățică.

mortal ['mɔ:tl] **I.** *s.* muritor (*de rând*). **II.** *adj.* **1.** muritor. **2.** mortal. **3.** decisiv. # ~**ity** mortalitate; ~**ly** mortal; foarte; ~ **sin** păcat capital.

mortar ['mɔ:tə] *s.* **1.** mortar. **2.** piuliță; mojar. **3.** *mil.* mortieră.

mortgage ['mɔ:gɪdʒ] **I.** *s.* ipotecă. **II.** *vt.* a ipoteca.

mortician [mɔ:'tɪʃn] *s. amer.* antreprenor de pompe funebre.

mortify ['mɔ:tɪfaɪ] **I.** *vt.* a rușina, a jena. **II.** *vi.* a se cangrena.

mortuary ['mɔ:tʃəri] *s.* **1.** morgă (*la spital*). **2.** cameră mortuară.

mosey ['məʊzi] *vi. fam.* (**to**) a se îndrepta agale (spre).

mosh [mɒʃ] *vi.* a se bâțâi în ritmul muzicii.

Moslem ['mɒzləm] *s., adj.* musulman.

mosque [mɒsk] *s.* moschee.

mosquito [mə'ski:təʊ] *s.* țânțar. # ~ **net** plasă pentru țânțari.

moss [mɒs] *s. bot.* muşchi. # ~**y** acoperit cu muşchi.

most [məʊst] **I.** *adj., pron.* **1.** cei mai mulți, cele mai multe: ~ *of them* cei mai mulți dintre ei. **2.** cel mai mult; cea mai mare: *he has the ~ to lose* el are cel mai mult de pierdut. **II.** *adv.* (*pentru superlativ*) cel mai, cea mai: *the ~ difficult* cel/cea mai greu/grea. # **at** (**the**) ~ cel mult; ~ **likely** foarte probabil; ~**ly** în cea mai mare parte; de obicei.

mote [məʊt] *s.* **1.** bucățică, fărâmă. **2.** fir de praf.

motel [məʊ'tel] *s.* motel.

moth [mɒθ] *s.* molie. # ~**balls** naftalină.

mother ['mʌðə] **I.** *s.* mamă. **II.** *vt.* **1.** a da naştere (*unui copil*). **2.** a adopta (*un copil*). **3.** a îngriji (*un copil*). # ~**hood** calitatea de mamă; ~-**in-law** soacră; ~**land** țară natală; ~**less** orfan (*de mamă*); ~**ly** matern; ~-**naked** gol-goluț; ~-**of-pearl** sidef; **Mother Superior** stareță; ~-**to-be** femeie care aşteaptă un copil.

motif [məʊ'ti:f] *s.* **1.** motiv (*floral etc.*). **2.** *muz.* motiv, temă.

motion ['məʊʃn] **I.** *s.* **1.** mişcare. **2.** semn (*cu mâna*). **3.** *pol.* moțiune. **II.** *vt., vi.* a face semn. # ~**less** nemişcat: *absolutely ~less* țintuit locului; ~ **picture** film de cinema; ~ **sickness** rău de mare/de avion.

motivate ['məʊtɪveɪt] *vt.* a motiva (*şi fig.*).

motivation [ˌməʊtɪ'veɪʃn] *s.* **1.** motiv. **2.** motivare, justificare.

motive ['məʊtɪv] **I.** *s.* motiv. **II.** *adj.* motrice.

motley ['mɒtli] *adj.* amestecat, pestriț.

motor ['məʊtə] **I.** *s.* motor. **2.** *fam.* autoturism. **II.** *adj.* de maşină. **III.** *vi.* a merge cu maşina. # ~**bike** *sau* ~**cycle** motocicletă; ~**boat** barcă cu motor; ~**cade** coloană oficială de maşini; ~**car** autoturism; ~**cyclist** motociclist; ~**ist** şofer, conducător auto; ~**ized** motorizat; ~**mouth** *fam.* gură-mare; gură-bogată; ~ **racing** cursă de maşini; ~ **scooter** scuter; ~**way** autostradă.

motoring ['məʊtərɪŋ] **I.** *s.* automobilism. **II.** *adj.* de conducere: *a ~ offence* încălcare a regulilor de circulație.

mottled ['mɒtld] *adj.* pătat, tărcat, bălțat.

mould [məʊld] **I.** *s.* **1.** formă, mulaj. **2.** mucegai. **3.** postură, poziție. **II.** *vt.* **1.** a mula, a fasona. **2.** a modela, a crea, a alcătui. **III.** *vi.* (*d. rochie*) a se mula. # **to** ~**er** a mucegăi; ~**ing** mulură (*în arhitectură*); ~**y** mucegăit.

moult [məʊlt] **I.** *vt.* a lepăda (*pene etc.*). **II.** *vi.* a năpârli.

mound [maʊnd] *s.* **1.** movilă, dâmb. **2.** morman. # *a ~ of* o mulțime de.

mount [maʊnt] **I.** *s.* **1.** munte. **2.** suport, postament. **3.** lamelă (*de microscop*). **II.** *vt.* **1.** a urca (*scări etc.*). **2.** a încăleca. **3.** a organiza (*o demonstrație*). **4.** a monta (*o piatră*). **III.** *vi.* **1.** a se urca. **2.** (*d. preț*) a crește treptat.

mountain ['maʊntɪn] *s.* munte: *a ~ rescue team* echipă de salvamontiști; *to walk in the ~s* a merge pe munte. # **~eer** alpinist; **~eering** alpinism; **~ lion** puma; **~ous** muntos; **~side** coastă, versant; **~ top** vârf de munte, creastă.

mourn [mɔːn] **I.** *vt.* a jeli. **II.** *vi.* **(for)** a plânge (după). # **~er** persoană din cortegiul funerar; **~ful** îndurerat; *in ~ing* în doliu; *national ~ing* doliu național.

mouse [maʊs] (*pl.* **mice**) *s.* **1.** șoarece. **2.** *inf.* maus. # **~ trap** cursă de șoareci; **~y** sfios.

moustache [mə'stɑːʃ] *s.* mustață. # **~d** cu mustață.

mousy ['maʊsi] *adj.* timid și retras.

mouth [maʊθ] **I.** *s.* **1.** gură. **2.** intrare (*de tunel etc.*). **3.** vărsare (*a unui râu în mare*). **II.** *vt.* **1.** a rosti printre dinți. **2.** a profera (*injurii*). # **~-ful** înghițitură; **~ organ** muzicuță; **~piece** muștiuc; purtător de cuvânt; **~-watering** (*d. preparate culinare*) îmbietor; **~y** colțos.

movable ['muːvəbl] **I.** *s.* bun mobil/personal. **II.** *adj.* mobil.

move [muːv] **I.** *s.* **1.** mișcare (*și fig.*). **2.** mutare (*și de piese*). **3.** rând (*la joc*). **4.** tentativă; acțiune. **II.** *vt.* **1.** a mișca, a deplasa, a urni. **2.** a transfera (*pe cineva*). **3.** a propune (*o lege etc.*). **4.** a impresiona, a mișca. **III.** *vi.* **1.** a se mișca, a se deplasa, a se urni. **2.** a se muta. **3.** a acționa. **4.** a evolua. # **~ along!** avansați!; **~ment** mișcare; *~rs and shakers* persoane influente.

movie ['muːvi] *s. amer.* film. # **the ~s** cinema; **~ star** stea de cinema.

moving ['muːvɪŋ] *adj.* **1.** mișcător, în mișcare. **2.** impresionant. # *to get ~* a o lua din loc.

mow [məʊ] *vt.* a secera (*și fig.*), a cosi. # **~er** secerătoare; mașină de tuns iarba.

moxie ['mɒksi] *s. amer. fam.* cutezanță.

Mr ['mɪstə] *s.* (*pl.* **Messrs**) domnul.

Mrs ['mɪsɪz] *s.* doamna.

Ms [mɪz] *s.* (*pus înaintea numelui unei femei despre care nu știm dacă este sau nu căsătorită*).

much [mʌtʃ] **I.** (*comp.* **more**, *superl.* **(the) most**) *adj., pron.* mult, multă: *~ time* mult timp; *how ~ sugar do you need?* cât de mult zahăr vrei? **II.** *adv.* mult mai/prea: *~ too hot* mult prea cald; *~ better* mult mai bine.

muck [mʌk] *s.* **1.** bălegar. **2.** murdărie. # **~er** *fam.* amic; **to ~ in** *fam.* a-și uni forțele; **to ~ out** a curăța (*un staul*); **~raker** detractor, calomniator; **to ~ up** a murdări; **~y** murdar.

mud [mʌd] *s.* noroi, glod. # **~bath** baie de nămol; **~dy** plin de noroi; **~guard** *auto* apărătoare (*de noroi*); **~ sling** alunecare de teren; **~-slinging** împroșcare cu noroi, calomniere; ~ **volcano** vulcan noroios.

muddle ['mʌdl] **I.** *s.* **1.** confuzie. **2.** neorânduială, dezordine; brambureală. **II.** *vt.* **1.** a răvăşi, a zăpăci. **2.** a buimăci, a zăpăci. - **to ~ through** a se descurca cumva.

muff [mʌf] **I.** *s.* manşon. **II.** *vt.* a rata (*o ocazie etc.*).

muffle ['mʌfl] *vt.* **1.** a înfofoli. **2.** a atenua, a slăbi (*un sunet*). # **~r** fular.

mug [mʌg] **I.** *s.* **1.** halbă (*de bere*). **2.** cană. **3.** *fam.* mutră, faţă. **4.** *fam.* fraier. **II.** *vt.* a tâlhări. **III.** *vi. amer. fam.* a se strâmba, a se schimonosi. # **~ger** tâlhar; **~ging** tâlhărie; **~shot** fotografie a unui infractor păstrată în arhivele poliţiei.

muggins ['mʌgɪnz] *s. fam.* subsemnatul, mandea.

Muhammadan [mə'hæmɪdn] *s., adj.* mahomedan.

mulatto [mju'lætəu] *s.* mulatru.

mulberry ['mʌlbəri] *s.* dud(ă).

mule [mju:l] *s.* **1.** catâr (*şi fig.*). **2.** *sl.* traficant de droguri. **3.** papuc (*de damă*).

mullet ['mʌlɪt] *s.* barbun (*peşte*).

mullion ['mʌliən] *s.* cercevea verticală.

multifarious [ˌmʌltɪ'feəriəs] *adj.* divers, multiplu.

multilateral [ˌmʌlti'lætrəl] *adj.* multilateral.

multiple ['mʌtɪpl] *s., adj.* multiplu: *a ~ pile-up* ciocnire în lanţ (*de autovehicule*). # **~-choice** (*d. un test*) cu mai multe variante de răspuns.

multiplex ['mʌltɪpleks] *s.* sală de cinema cu mai multe ecrane.

multiplication [ˌmʌltɪplɪ'keɪʃn] *s.* înmulţire (*şi mat.*). # ~ **table** tabla înmulţirii.

multiplicity [ˌmʌltɪ'plɪsɪti] *s.* multitudine.

multiply ['mʌltɪplaɪ] **I.** *vt.* **1.** *mat.* a înmulţi. **2.** a mări, a spori. **II.** *vi.* **1.** (*d. animale*) a se înmulţi. **2.** a spori.

multi-purpose [ˌmʌlti'pɜ:pəs] *adj.* multifuncţional.

multitude ['mʌltɪtju:d] *s.* multitudine.

multitudinous [ˌmʌltɪ'tju:dɪnəs] *adj.* foarte numeros.

mum [mʌm] *s. fam.* mamă. - *to keep ~ fam.* a nu scoate o vorbă.

mumble ['mʌmbl] **I.** *s.* mormăială, bâiguială. **II.** *vt., vi.* a bâigui.

mummy ['mʌmi] *s.* **1.** mumie. **2.** *fam.* mămică.

mumps [mʌmps] *s.* oreion.

munch [mʌntʃ] *vt., vi.* a molfăi, a clefăi.

mundane [mʌn'deɪn] *adj.* anost, searbăd.

municipal [mju:'nɪsɪpl] *adj.* municipal. # **~ity** municipalitate.

munificent [mju:'nɪfɪsnt] *adj.* generos.

munition [mju:'nɪʃn] *adj.* de armament. # **~s** muniţii.

murder ['mɜ:də] **I.** *s.* **1.** crimă, omucidere. **2.** *fam.* supliciu. **II.** *vt.* **1.** a ucide. **2.** a poci, a stâlci, a masacra. **3.** *sport* a bate măr. - **~er** criminal, asasin, ucigaş; **~ess** criminală; **~ous** criminal (*adj.*).

murk [mɜ:k] *s.* negură, obscuritate.

murky ['mɜ:ki] *adj.* **1.** (*d. apă*) tulbure. **2.** înnegurat. **3.** obscur: *a ~ past* (un) trecut dubios.

murmur ['mɜ:mə] **I.** *s.* **1.** şoaptă. **2.** susur. **3.** nemulţumire: *without a ~* fără crâcnire. **II.** *vt.* a şopti, a mormăi. **III.** *vi.* **1.** a mormăi. **2.** a susura. **3.** (**against**) a se plânge (de).

muscle ['mʌsl] *s.* **1.** muşchi; forţă, putere. **2.** constrângere; presiune (*politică etc.*). # **to ~ in** a interveni în forţă.

muscular ['mʌskjələ] *adj.* muşchiulos.

muse [mju:z] **I.** *s.* muză. **II.** *vi.* (**on**) a cugeta (la).

museum [mju'zi:əm] *s.* muzeu. # **~ piece** piesă de muzeu (*şi fig.*).

mush [mʌʃ] *s.* **1.** terci; mămăligă. **2.** *sl.* tâmpenie siropoasă.

mushroom ['mʌʃru:m] *s.* ciupercă. # *to go ~ing* a merge la cules ciuperci.

music ['mju:zɪk] *s.* **1.** muzică. **2.** partitură muzicală. # **~ box** cutie muzicală; **~ian** muzician; **~ology** muzicologie; **~mad** meloman; **~ stand** suport pentru note muzicale.

musical ['mju:zɪkl] **I.** *s.* film/spectacol muzical; comedie muzicală. **II.** *adj.* muzical. # **~ity** talent muzical.

musketeer [ˌmʌskɪ'tiə] *s.* muşchetar.

Muslim ['mʌzlɪm] *s., adj.* musulman.

mussel ['mʌsl] *s.* scoică (*comestibilă*).

must[1] [mʌst] **I.** *s. fam.* lucru absolut necesar. **II.** *v. modal* **1.** a trebui: *I ~ wash the car* trebuie să spăl maşina. **2.** a fi probabil: *you ~ be hungry* trebuie că ţi-e foame. # *I ~ admit* trebuie să recunosc; *if you ~!* dacă trebuie neapărat!, dacă nu se poate altfel!; *if you ~ know!* dacă vrei să ştii!

must[2] [mʌst] *s.* must.

mustache [mə'stɑ:ʃ] *s. amer.* mustaţă.

mustang ['mʌstæŋ] *s.* mustang, cal sălbatic.

mustard ['mʌstəd] *s.* muştar. # **~ plaster** compresă cu muştar.

muster ['mʌstə] **I.** *s.* **1.** trecere în revistă. **2.** apel. **3.** adunare. **II.** *vt., vi.* a (se) aduna, a (se) strânge.

musty ['mʌsti] *adj.* cu miros de aer închis.

mutable ['mju:təbl] *adj.* schimbător.

mute [mju:t] **I.** *s.* **1.** mut. **2.** *muz.* surdină. **II.** *adj.* mut; tăcut. **III.** *vt.* a atenua, a amortiza (*un sunet*).

muted ['mju:tɪd] *adj.* **1.** (*d. sunete*) înăbuşit, difuz. **2.** (*d. culori*) potolit.

mutilate ['mju:tɪleɪt] *vt.* a mutila.

mutineer [ˌmju:tɪ'niə] *s.* răzvrătit, rebel.

mutinous ['mju:tɪnəs] *adj.* rebel.

mutiny ['mju:tɪni] **I.** *s.* răzvrătire, răzmeriţă. **II.** *vi.* a se răzvrăti.

mutt [mʌt] *s. amer.* cotarlă, potaie.

mutter ['mʌtə] **I.** *s.* murmur de voci. **II.** *vt.* a mormăi, a bâigui. **III.** *vi.* a cârti, a bombăni.

mutton ['mʌtn] *s.* carne de oaie.

mutual ['mju:tʃuəl] *adj.* **1.** mutual. **2.** comun: *a ~ friend* prieten comun.

muzzle ['mʌzl] **I.** *s.* **1.** botniță. **2.** bot. **II.** *vt.* **1.** a pune botniță. **2.** a pune călușul în gură (*fig.*).

muzzy ['mʌzi] *adj.* **1.** năuc. **2.** cherchelit. **3.** (*d. idei*) confuz. **4.** estompat.

my [maɪ] *adj.* meu, mea, mei, mele: *my house* casa mea; *my son* fiul meu.

mycology [maɪ'kɒlədʒi] *s.* micologie.

myopia [maɪ'əʊpiə] *s.* miopie (*și fig.*).

myopic [maɪ'ɒpɪk] *adj.* miop.

myrrh [mɜ:] *s.* smirnă.

myrtle ['mɜ:tl] *s.* mirt.

myself [maɪ'self] *pron.* **1.** (*reflexiv*) pe mine, mă: *I'm washing ~* mă spăl; *I cut ~ on a knife* m-am tăiat cu un cuțit. **2.** (*de întărire*) însumi, însămi, chiar eu: *I ~ went there* am fost acolo chiar eu. # *(all) by ~* (de unul) singur.

mysterious [mɪ'stɪəriəs] *adj.* **1.** misterios, enigmatic. **2.** tainic.

mystery ['mɪstri] *s.* mister. # **mysteries** taine, secrete.

mystic ['mɪstɪk] *s.* inițiat, magician. # **~al** mistic; **~ism** misticism.

mystify ['mɪstɪfaɪ] *vt.* **1.** a intriga, a contraria. **2.** a deruta.

mystique [mɪ'sti:k] *s.* mister.

myth [mɪθ] *s.* mit, legendă. # **~ic**(**al**) legendar; fictiv.

mythological [ˌmɪθə'lɒdʒɪkl] *adj.* mitologic.

mythology [mɪ'θɒlədʒi] *s.* mitologie.

mythomania [ˌmɪθəʊ'meɪniə] *s.* mitomanie. # **~c** mitoman.

N

N, n [en] (litera) N, n.

nab [næb] *vt. fam.* **1.** a pune mâna pe (*un hoț*). **2.** a șterpeli.

nadir ['neɪdɪə] *s.* pragul cel mai de jos (*fig.*).

naff [næf] *adj. fam.* de doi bani, de nimic.

nag [næg] **I.** *s.* cârcotaș; pisălog. **II.** *vt.* a bate la cap. # **~ging** sâcâitor și persistent.

nail [neɪl] **I.** *s.* **1.** unghie. **2.** cui. **II.** *vt.* **1.** a bate în cuie. **2.** *fam.* a pune mâna pe (*un hoț*). **3.** *fam.* a da pe față, a demasca. # **~-biting** copleșitor; palpitant; **~ file** pilă de unghii; **~ polish/varnish** ojă.

naive [naɪ'i:v] *adj.* naiv. # **~ty** naivitate.

naked ['neɪkɪd] *adj.* **1.** gol, dezbrăcat: *stark ~* absolut gol. **2.** dezgolit; fără protecție: *a ~ flame* flacără neprotejată. **3.** neajutorat.

namby-pamby [ˌnæmbi'pæmbi] *s., adj. fam.* molâu, mototol.

name [neɪm] **I.** *s.* **1.** nume; denumire: *family ~* nume de familie; *first ~* nume de botez; *maiden ~* nume de fată. **2.** reputație: *a bad ~* faimă proastă. **3.** renume. **II.** *vt.* **1.** a numi; a denumi. **2.** a identifica. **3.** a specifica, a preciza. **4.** a numi, a pune în funcție. # **~-calling** injurii, insulte; **~less** fără nume; anonim; **~ly** și anume...; **~s** ocări; **~sake** tiz; **~ tape** monogramă; *by the ~ of* cu numele de; *in all but ~* numai cu numele (*nu și de fapt*); *under the ~ of* sub numele/denumirea de...

nan(ny) ['næn(i)] *s.* **1.** dădacă. **2.** bunică. # **~ goat** capră.

nap [næp] **I.** *s.* moțăială. **II.** *vi.* a moțăi.

nape [neɪp] *s.* ceafă.

napkin ['næpkɪn] *s.* **1.** șervețel (*de masă*). **2.** scutec.

nappy ['næpi] *s.* scutec.

narcissus [nɑ:'sɪsəs] *s.* narcisă.

narcotic [nɑ:'kɒtɪk] *s., adj.* narcotic.

narked [nɑ:kt] *adj.* enervat.

narrate [nə'reɪt] *vt.* a relata, a povesti.

narration [nə'reɪʃn] *s.* narațiune; povestire.

narrative ['nærətɪv] **I.** *s.* narațiune. **II.** *adj.* narativ.

narrator [nə'reɪtə] *s.* narator, povestitor.

narrow ['nærəʃ] **I.** *adj.* **1.** îngust: *a ~ street* stradă îngustă. **2.** la limită: *a ~ victory* victorie la limită. **3.** meschin: *~ interests* interese meschine. **4.** redus, limitat: *a ~ range of goods* varietate redusă de produse. **5.** îngust (*la minte*). **II.** *vt., vi.* a (se) îngusta. # **~ly** abia; de aproape, cu atenție; **~-minded** încuiat, cu vederi înguste; **~s** *geogr.* strungă, defileu; canal.

nasal ['neɪzl] *adj.* nazal.

nascent ['næsnt] *adj.* **1.** care se naște, în devenire. **2.** care se înfiripă.

nasturtium [nə'stɜ:ʃəm] *s. bot.* creson.

nasty ['nɑ:sti] *adj.* **1.** rău, prost, neplăcut. **2.** răutăcios: *~ remarks* aluzii răutăcioase. **3.** periculos: *a ~ bend* o curbă periculoasă. **4.** violent: *to turn ~* a deveni violent.

nation ['neɪʃn] *s.* **1.** națiune. **2.** popor. # **~hood** cetățenie; **~ state** stat național.

national ['næʃnl] *adj.* național. - **~ debt** datorie națională; **~ism** naționalism; **to ~ize** a naționaliza; **~ly** pe scară națională; **~ service** serviciu militar; **~-wide** pe scară națională.

native ['neɪtɪv] **I.** *s.* **1.** localnic, băștinaș. **2.** plantă indigenă. **3.** animal indigen. **II.** *adj.* **1.** natal. **2.** indigen. **3.** nativ.

Nativity [nə'tɪvɪti] *s.* Nașterea lui Iisus.

natter ['nætə] *vi. fam.* a trăncăni.

natty ['næti] *adj. fam.* spilcuit; elegant.

natural ['nætʃrəl] **I.** *s.* **1.** prost din naștere. **2.** *muz.* becar. **II.** *adj.* **1.** natural. **2.** normal: *to die of ~ causes* a muri din cauze naturale. **3.** înnăscut. - **~-born** nativ; **~ history** istorie naturală; **~ist** naturalist; **~ness** naturalețe; **~ science** științe naturale.

naturally ['nætʃrəli] *adv.* **1.** bineînțeles, firește. **2.** din naștere: *to be ~ shy* a fi sfios prin natura sa. **3.** normal, firesc: *speak ~* vorbește normal.

nature ['neɪtʃə] *s.* **1.** natură. **2.** caracter: *it's not in his ~ to* nu-i stă în caracter să... **3.** caracteristică. - **~ reserve** rezervație naturală.

naturist ['neɪtʃərɪst] *s.* nudist.

naught [nɔ:t] *s.* zero, nimic: *a man of ~* un om de nimic.

naughty ['nɔ:ti] *adj.* **1.** neastâmpărat, rău. **2.** *fam.* obscen.

nausea ['nɔ:ziə] *s.* greață. - **to ~te** a face greață.

nauseous ['nɔ:ziəs] *adj.* grețos.

nautical ['nɔ:tɪkl] *adj.* nautic: *~ mile* milă marină.

naval ['neɪvl] *adj.* naval.

nave [neɪv] *s. bis.* naos.

navel ['neɪvl] *s.* buric.

navigable ['nævɪgəbl] *adj.* navigabil.

navigate ['nævɪgeɪt] **I.** *vt.* **1.** a pilota (*o navă*). **2.** a rezolva (*o situație*

încurcată). **3.** a-şi face loc prin (*mulţime*). **II.** *vi.* a naviga.
navigation [ˌnævɪ'geɪʃn] *s.* navigaţie, navigare.
navigator ['nævɪgeɪtə] *s.* navigator.
navvy ['nævi] *s.* muncitor necalificat.
navy ['neɪvi] *s.* marină. # **~ blue** bleumarin.
nay [neɪ] *adv.* chiar; ba mai mult.
Nazi ['nɑːtsi] *s.*, *adj.* nazist.
near [nɪə] **I.** *adj.* **1.** aproape. **2.** apropiat (*şi fig.*). **3.** *fam.* meschin. **II.** *vi.* a se apropia. **III.** *adv.* aproape: ~ *to* aproape de. **IV.** *prep.* lângă: *the house ~ the river* casa de lângă râu. # **~by** învecinat; ~ **here** pe aici; **~ness** apropiere; *~ at hand* la îndemână; *a ~ thing* situaţie limită.
neat [niːt] *adj.* **1.** ordonat. **2.** (*d. înfăţişare*) plăcut. **3.** ingenios. **4.** *amer. fam.* admirabil.
neatly ['niːtli] *adv.* **1.** ordonat: *~ folded clothes* haine împăturite cu grijă. **2.** cu gust: *~ dressed* îmbrăcat cu gust. **3.** cu măiestrie.
nebulous ['nebjələs] *adj.* nebulos, neclar.
necessarily [ˌnesə'serəli] *adv.* inevitabil, obligatoriu. # *not ~* nu neapărat.
necessary ['nesɪsri] *adj.* **1.** necesar, de care nu te poţi lipsi. **2.** de rigoare. # *if ~* dacă este nevoie.
necessitate [nɪ'sesɪteɪt] *vt.* a necesita.
necessity [nɪ'sesɪti] *s.* necesitate, trebuinţă, nevoie: *a case of absolute ~* caz de forţă majoră; *in case of ~* la nevoie. # **basic necessities** strictul necesar.
neck [nek] **I.** *s.* **1.** gât, grumaz. **2.** guler: *a high ~* guler colant. **3.** limbă de pământ. **4.** *fam.* obrăznicie: *to have a ~* a avea tupeu. **II.** *vi.* a se drăgosti. # **~lace** şirag (de mărgele); **~tie** *amer.* cravată; *~ and crop* absolut tot; *~ or nothing* cu orice risc; *to win by a ~* a câştiga la mustaţă.
necromancer ['nekrəʊmænsə] *s.* necromant.
necromancy ['nekrəʊmænsi] *s.* necromanţie.
nectarine ['nektəriːn] *s.* nectarină.
need [niːd] **I.** *s.* **1.** nevoie: *in case of ~* la nevoie; *there is no ~ for* (*violence*) nu e nevoie de violenţă. **2.** dificultate: *people in ~* oameni care trăiesc în sărăcie. **II.** *vt.*, *v. modal* **1.** a avea nevoie de: *I ~ you* am nevoie de tine. **2.** a trebui să: *~ I pay the bill?* trebuie să plătesc nota de plată? **3.** a fi necesar să. # **~ful** necesar; **~less** inutil: *~less to say* se înţelege de la sine; **~y** nevoiaş.
needle ['niːdl] **I.** *s.* **1.** ac (*de cusut*); croşetă; andrea. **2.** ac (*de brad*). **3.** ac (*de busolă*). **II.** *vt. fam.* a înţepa (*pe cineva*). # **~woman** cusătoreasă, dantelăreasă; **~work** cusătură.
ne'er-do-well ['neəduːwel] *s.* pierde-vară.
nefarious [nɪ'feəriəs] *adj.* (*d. activităţi*) necurat.
negate [nɪ'geɪt] *vt.* **1.** a nega. **2.** a ani-

hila.

negation [nɪ'geɪʃn] *s.* negație; negare.

negative ['negətɪv] **I.** *s.* **1.** *foto* negativ. **2.** opus. **II.** *adj.* negativ. **III.** *vt.* **1.** a respinge (*o propunere*). **2.** a nega.

negativity [ˌnegə'tɪvɪti] *s.* negativism.

neglect [nɪ'glekt] **I.** *s.* neglijare; neglijență. **II.** *vt.* **1.** a neglija. **2.** a omite. # **~ed** neglijat, părăsit; **~ful** delăsător.

negligence ['neglɪʤəns] *s.* neglijență.

negligent ['neglɪʤənt] *adj.* **1.** neglijent. **2.** nonșalant.

negligible ['neglɪʤɪbl] *adj.* insignifiant.

negotiate [nɪ'gəʊʃieɪt] *vt.* **1.** a negocia. **2.** a depăși, a surmonta; a birui.

negotiation [nɪˌgəʊʃi'eɪʃn] *s.* negociere.

negotiator [nɪ'gəʊʃieɪtə] *s.* negociator.

negress ['ni:gres] *s.* negresă.

negro ['ni:grəʊ] *s.* negru.

neigh [neɪ] **I.** *s.* nechezat. **II.** *vi.* a necheza.

neighbour ['neɪbə] **I.** *s.* vecin. **II.** *vi.* a se învecina. # **~hood** vecinătate; **~ing** învecinat; **~ly** prietenesc; între vecini.

neither ['naɪðə] **I.** *adj., pron.* nici un/o, nici unul/una: ~ *of them* nici unul din ei. **II.** *adv., conj.* nici: ~ *good nor bad* nici bun nici rău.

neologism [nɪ'ɒləʤɪzəm] *s.* neologism.

neon ['ni:ɒn] *s.* neon.

nephew ['nefju:] *s.* nepot (*de frate sau soră*).

nerd [nɜ:d] *s. fam.* încuiat, nesuferit.

nerve [nɜ:v] *s.* **1.** *anat.* nerv. **2.** curaj: *I lost my ~* m-am pierdut cu firea. **3.** *fam.* tupeu: *what a ~!* ce tupeu! # **~less** inert; calm; neînfricat; **~-racking** enervant; **~s** (stare de) nervi; *to ~ yourself for smth.* a-și lua inima în dinți pentru a face ceva.

nervous ['nɜ:vəs] *adj.* **1.** (*și anat.*) nervos. **2.** (**of**) îngrijorat (de). **3.** (**of**) intimidat (de), speriat (de). **4.** emoționat: *a ~ wreck* un pachet de nervi. # **~ breakdown** depresiune nervoasă; **~ness** nervozitate; emoție, trac.

nervy ['nɜ:vi] *adj. fam.* **1.** nervos. **2.** agitat.

nest [nest] **I.** *s.* **1.** cuib. **2.** viespar (*și fig.*). **3.** set: *a ~ of tables* set de măsuțe. **II.** *vi.* a cuibări. # **~ egg** economii (*de bani*); **~ling** puișor de pasăre.

nestle ['nesl] *vi.* **1.** a se cuibări, a se oploși. **2.** a se piti, a se pitula.

net [net] **I.** *s.* (*orice fel de*) plasă. **II.** *adj.* net: *a ~ profit* profit net. **III.** *vt.* **1.** a prinde în plasă. **2.** a aduce un câștig net de. **3.** *sport* a marca (*un gol*). # **~ surfer** persoană pasionată de Internet.

nether ['neðə] *adj.* de jos.

nettle ['netl] **I.** *s.* urzică. **II.** *vt.* **1.** a urzica. **2.** a irita.

network ['netwɜ:k] *s.* **1.** plasă, împletitură. **2.** rețea, sistem: *a road ~* rețea de drumuri.

neuralgia [njʊə'rælʤə] *s.* nevralgie.

neurologist [ˌnjʊə'rɒləʤɪst] *s.* neu-

neurologist [ˌnjʃ ə'rɒlədʒɪst] *s.* neurolog.

neurology [ˌnjʃ ə'rɒlədʒi] *s.* neurologie.

neurosis [ˌnjʃ ə'rəʃ sɪs] *s.* nevroză.

neurotic [ˌnjʃ ə'rɒtɪk] *adj.* nevrotic.

neuter ['nju:tə] **I.** *adj. gram.* (*d. gen*) neutru. **II.** *vt.* a castra.

neutral ['nju:trəl] **I.** *s.* **1.** *auto* poziția scos din viteză. **2.** stat neutru; persoană neutră/imparțială. **II.** *adj.* **1.** neutru, imparțial. **2.** (*d. culori/sunete*) temperat. **3.** domol, calm. # **~ity** neutralitate; **to ~ize** a neutraliza, a anihila.

never ['nevə] *adv.* niciodată: *~ ever say it again* să nu mai spui asta niciodată; *he ~ so much as smiled* nici măcar nu a zâmbit. - **~-ending** întruna, mereu; **~theless** totuși; *on the ~-~* în rate.

new [nju:] *adj.* **1.** nou: *my ~ car* mașina mea cea nouă. **2.** recent: *a ~ theory* o teorie recentă. **3.** începător. - **~ arrival** copil nou-născut; **~comer** nou-venit; **~ish** destul de nou; **~ly** abia, proaspăt.

news [nju:z] *s.* **1.** știri: *a piece of ~* o știre; *the seven o'clock ~* știrile de la ora șapte. **2.** veste; noutate: *that's great ~* iată o veste bună; *that's no ~* nu-i o noutate. # **~ agency** agenție de presă; **~agent** vânzător de ziare; **~cast** buletin de știri; **~caster** prezentator de știri; **~paper** ziar, gazetă; **~paperman** jurnalist, ziarist; **~print** hârtie de ziar; **~reel** jurnal de actualități (*la cinema*); **~ room** redacție (de ziar); **~-stand** stand de ziare; **~worthy** (*d. o știre*) care merită să fie publicat.

next [nekst] **I.** *s.* următorul, următoarea. **II.** *adj.* **1.** următor, alăturat: *in the ~ room* în camera alăturată; *the ~ train* trenul următor. **2.** viitor: *~ week* săptămâna viitoare. **III.** *adv.* **1.** apoi, după aceea. **2.** data viitoare. # **~ door** învecinat, de alături; *~ of kin* ruda cea mai apropiată; *~ to nothing* aproape nimic, mai nimic; *the ~ man* omul obișnuit; *the ~ world* lumea de apoi.

nib [nɪb] *s.* **1.** peniță. **2.** cioc.

nibble ['nɪbl] **I.** *s.* **1.** îmbucătură, dumicat. **2.** mușcătură (*a peștelui*). **II.** *vt.* a ronțăi (*biscuiți*). **III.** *vi.* **1.** (*d. pește*) a mușca. **2.** (**at**) a ciuguli (din). **3.** (**at**) a fi tentat (de); a cocheta (*cu o idee*).

nice [naɪs] *adj.* **1.** drăguț, drăgălaș. **2.** amabil, prietenos. **3.** subtil. # **~-looking** arătos; **~ly** cu amabilitate; bine, frumos.

niceties ['naɪsɪtɪz] *s. pl.* **1.** subtilități, chichițe. **2.** amabilități.

niche [nɪtʃ] *s.* **1.** nișă. **2.** loc potrivit (*serviciu etc.*). **3.** breșă (*fig.*).

nick [nɪk] **I.** *s.* **1.** tăietură superficială. **2.** *sl.* pârnaie. **II.** *vt.* **1.** a tăia: *he ~ed himself while shaving* s-a tăiat la bărbierit. **2.** *fam.* a mangli, a fura. **3.** *fam.* a aresta.

nickel ['nɪkl] *s.* **1.** nichel. **2.** monedă de cinci cenți (*în S.U.A. și Canada*).

nickname ['nɪkneɪm] **I.** *s.* poreclă. **II.** *vt.* a porecli.

nicotine ['nɪkəti:n] *s.* nicotină.

niece [ni:s] *s.* nepoată (*de frate sau soră*).
nifty ['nɪfti] *adj. fam.* **1.** măiestrit. **2.** (*d. un aparat*) deștept.
niggard ['nɪgəd] *s.* calic, zgârcit. # **~ly** meschin.
nigger ['nɪgə] *s.* negru.
niggle ['nɪgl] **I.** *s.* cicăleală, pisălogeală; sâcâială. **II.** *vt.* a sâcâi, a agasa. **III.** *vi.* **1.** (*d. gelozie etc.*) a roade. **2.** a-și pierde vremea cu fleacuri.
niggling ['nɪglɪŋ] *adj.* **1.** agasant, sâcâitor. **2.** minor, mărunt.
night [naɪt] *s.* noapte; seară: *at ~* sau *~s* noaptea. # **~cap** ultim păhărel înainte de culcare; **~club** bar de noapte; **~duty** tură de noapte; **~fall** lăsarea serii; **~ie** cămașă de noapte; **~ly** de/din fiecare seară; **~mare** coșmar; **~stand** noptieră; **~stick** *amer.* baston de polițist; **~watchman** paznic de noapte.
nightingale ['naɪtɪŋgeɪl] *s.* privighetoare.
nil [nɪl] *s.* **1.** zero (*ca scor*). **2.** nimic.
nimble ['nɪmbl] *adj.* **1.** iute, vioi. **2.** ager.
nimbus ['nɪmbəs] *s.* **1.** nimbus. **2.** nimb, aureolă.
nincompoop ['nɪŋkəmpu:p] *s. fam.* tâmpit.
nine [naɪn] *num.* nouă. - **~teen** nouăsprezece; **~ty** nouăzeci.
ninny ['nɪni] *s. fam.* nerod.
ninth [naɪnθ] *num.* al nouălea, a noua.
nip [nɪp] **I.** *s.* **1.** ciupire. **2.** *fam.* ger. **3.** *fam.* înghițitură de tărie. **II.** *vt.* **1.** a ciupi. **2.** (*d. câine*) a mușca de. **III.** *vi.* a țâșni. - **~per** țânc; **~py** rapid; geros; **to ~ out to** a se repezi până la.
nipple ['nɪpl] *s.* **1.** sfârc. **2.** *amer.* biberon.
nit [nɪt] *s.* **1.** lindină. **2.** *fam.* nătărău. - **a ~wit** un prost.
no [nəʃ] **I.** *s.* **1.** nu. **2.** vot negativ. **II.** *adj.* **1.** nici un/o: *no child* nici un copil. **2.** (*exprimă contrariul*): *she's no fool* nu e proastă deloc. **3.** (*interdicția*): *no smoking!* fumatul interzis! **III.** *adv.* **1.** nu (*ca răspuns negativ*). **2.** deloc: *she's feeling no better* ea nu se simte deloc mai bine. # **no-account** bun de nimic; **no-frills** fără accesorii; **no-hoper** *sl.* un om de nimic; **nohow** *amer.* în nici un fel; **no one** nimeni; **no place** nicăieri; **noways** *sau* **nowise** nicicum; **no-win** (*d. o situație*) fără ieșire.
nobble ['nɒbl] *vt. fam.* **1.** a mitui. **2.** a zădărnici. **3.** a subtiliza, a sustrage.
nobility [nəʃ 'bɪlɪtɪ] *s.* nobilime.
noble ['nəʃ bl] **I.** *s.* nobil. **II.** *adj.* **1.** nobil. **2.** splendid.
nobody ['nəʃ bədi] *pron.* nimeni.
nocturnal [nɒk'tɜ:nl] *adj.* nocturn.
nod [nɒd] **I.** *s.* încuviințare, aprobare: *to give smb. the ~* a da voie cuiva. **II.** *vt.* a aproba, a accepta (*dând din cap*). **III.** *vi.* a da aprobator din cap. # **to ~ through** a trece (*o lege etc.*) prin parlament fără prea multe discuții.
Noel [nəʃ 'el] *s.* Crăciun.

noise [nɔɪz] *s.* zgomot, gălăgie. # **~less** silențios.

noisome ['nɔɪsm] *adj.* (*d. miros*) pestilențial; oribil.

noisy ['nɔɪzi] *adj.* gălăgios.

nomenclature [nə'menklətʃə] *s.* terminologie.

nominal ['nɒmɪnl] *adj.* **1.** cu numele: *the ~ leader* şef (*de partid etc.*) numai cu numele. **2.** nominal.

nominate ['nɒmɪneɪt] *vt.* **1.** a nominaliza. **2.** a numi (pe post). **3.** a desemna; a stabili.

nomination [ˌnɒmɪ'neɪʃn] *s.* numire, desemnare.

nominative ['nɒmɪnətɪv] *s. gram.* nominativ.

nominee [ˌnɒmɪ'ni:] *s. pol.* candidat.

non-aggression [ˌnɒnə'greʃn] *s.* neagresiune.

non-attendance [ˌnɒnə'tendəns] *s.* absentare.

non-committal [ˌnɒnkə'mɪtl] *adj.* evaziv.

non-compliance [ˌnɒnkəm'plaɪəns] *s.* nesupunere; nerespectare.

nondescript ['nɒndɪskrɪpt] *adj.* comun; greu de definit.

none [nʌn] **I.** *pron. n*ici unul, nici una; nimeni; nimic: *~ of them* nici unul din ei; *~ but he* nimeni în afară de el; *~ at all* absolut deloc; absolut nimeni. **II.** *adv.* deloc: *~ the worse* deloc mai rău. # **~theles** totuşi.

nonentity [nɒn'entəti] *s.* nulitate, zero.

non-intervention [ˌnɒnɪntə'venʃn] *s.* neamestec.

no-no ['nəʊnəʊ] *s. fam.* lucru/comportament inacceptabil.

nonplussed [nɒn'plʌst] *adj.* descumpănit, derutat.

nonsense ['nɒnsəns] *s.* **1.** aberație, absurditate. **2.** prostie.

nonsensical [nɒn'sensɪkl] *adj.* absurd, aberant.

non-starter [nɒn'stɑ:tə] *s. fam.* afacere fără sorți de reuşită.

non-stop [nɒn'stɒp] *adj.* nonstop.

noodles ['nu:dlz] *s. pl.* tăiței.

nook [nʊk] *s.* cotlon, loc retras. # *every ~ and cranny fam.* toate aspectele/fațetele.

noon [nu:n] *s.* amiază. # **~day** (de) amiază.

noose [nu:s] *s.* laț; ştreang.

nor [nɔ:] *conj.* nici: *neither you ~ I ...* nici tu nici eu ...

Nordic ['nɔ:dɪk] *adj.* nordic.

norm [nɔ:m] *s.* **1.** regulă. **2.** normă; criteriu.

normal ['nɔ:ml] **I.** *s.* normal(itate). **II.** *adj.* normal. # **~ity** *sau* **~cy** normalitate; **to ~ize** a normaliza; **~ly** de obicei, în mod normal.

north [nɔ:θ] **I.** *s.* nord: *to the ~ of* la nord de. **II.** *adj.* de nord: *the ~ bank* malul de nord. **III.** *adv.* spre nord. # **~bound** care merge spre nord; **~erly** nordic, dinspre nord; **~ern** nordic, de nord; **~wards** spre nord.

nose [nəʊz] **I.** *s.* **1.** nas: *to blow one's ~* a-şi sufla nasul; *to pick one's ~* a se scobi în nas; *a blocked ~* nas înfundat. **2.** bot (*de avion*). **3.** fler. **4.** simț al mirosului. **II.** *vt.* **1.** a-și vârî nasul în. **2.** a detecta; a scoate la iveală. **III.** *vi.* (*d. vehicul*) a-și face loc. - **~dive** picaj; **~ job** *fam.* operație estetică la nas; **~ring** inel purtat în nas; **~y** curios, indiscret; *by a ~* la mustață/limită; *~ to tail* (*d. vehicule*) bară la bară; *on the ~* fix, exact.

nostalgia [nɒ'stældʒə] *s.* nostalgie.

nostalgic [nɒ'stældʒɪk] *adj.* nostalgic.

nostril ['nɒstrɪl] *s.* nară.

nostrum ['nɒstrəm] *s.* **1.** leac (*băbesc*). **2.** găselniță (*politică, economică*).

nosy ['nəʃ zi] *adj.* curios, băgăreț.

not [nɒt] *adv.* nu (*la forma negativă a verbelor*): *I don't eat meat* eu nu mănânc carne; *it's ~ cold* nu este frig. # *~ at all!* pentru nimic!; *~ a thing* absolut nimic; *~ quite* nu prea.

notable ['nəʃ təbl] **I.** *s.* persoană importantă. **II.** *adj.* notabil, valoros.

notably ['nəʃ təbli] *adv.* **1.** mai ales. **2.** deosebit de.

notary ['nəʃ təri] *s.* notar.

notation [nəʃ 'teɪʃn] *s.* notare.

notch [nɒtʃ] **I.** *s.* **1.** grad, treaptă (*fig.*). **2.** tăietură, crestătură. **II.** *vt.* a face o crestătură pe. - **to ~ up** *fam.* a obține (*o victorie*).

note [nəʃ t] **I.** *s.* **1.** notiță, notă: *to take ~s* a lua notițe. **2.** mesaj, misivă. **3.** scurt comentariu. **4.** bancnotă. **5.** *muz.* notă. **6.** ton (*al vocii*). **7.** document: *a delivery ~* notă de livrare. **II.** *vt.* a observa, a constata. # **~book** caiet, maculator; **to ~ down** a nota; **~pad** carnețel de însemnări; **~worthy** remarcabil; *of ~* de marcă, valoros; *to take ~ of* a lua aminte la.

nothing ['nʌθɪŋ] *pron.* nimic. # **~ but** doar, numai; **~ness** nimicnicie; *~ if not* extrem de; *for ~* pe gratis/degeaba; *not for ~* pe bună dreptate; *there's ~ like* nimic nu se compară cu ...

notice ['nəʃ tɪs] **I.** *s.* **1.** observare, luare-aminte; seamă: *it escaped your ~* ți-a scăpat din vedere. **2.** anunț (*în ziar*); aviz, înștiințare; notificare: *~ of receipt* aviz de primire. **3.** preaviz. **II.** *vt.* a remarca, a observa. # **~able** vizibil; **~ board** avizier; *at such short ~* în termen atât de scurt; *to get oneself ~d* a se face remarcat, a atrage atenția asupra sa; *until further ~* până la noi dispozițiuni.

notification [ˌnəʃ tɪfɪ'keɪʃn] *s.* notificare, înștiințare.

notify ['nəʃ tɪfaɪ] *vt.* a notifica, a înștiința.

notion ['nəʃ ʃn] *s.* noțiune, concept; idee: *a vague ~* idee vagă. - **~al** ipotetic, speculativ.

notoriety [ˌnəʃ tə'raɪəti] *s.* notorietate.

notorious [nəʃ 'tɔ:riəs] *adj.* notoriu, vestit.

notwithstanding [ˌnɒtwɪθ'stændɪŋ] **I.** *adv.* cu toate acestea. **II.** *prep.* în ciuda. **III.** *conj.* deși.

nought [nɔ:t] *s.* **1.** zero: *a million is written with six ~s* un milion se scrie cu șase zerouri. **2.** nimic.

noun [naʃ n] *s.* substantiv: *abstract ~* substantiv abstract.

nourish ['nʌrɪʃ] *vt.* **1.** a hrăni. **2.** a întreține, a susține (*fig.*). # **~ing** hrănitor; **~ment** hrănire.

novel ['nɒvl] **I.** *s.* roman: *a historical ~* roman istoric. **II.** *adj.* nou, original. # **~ette** roman de dragoste mediocru; **~ist** romancier, scriitor; **~la** nuvelă.

novelty ['nɒvəlti] **I.** *s.* noutate. **II.** *adj.* original, aparte, insolit.

November [nəʃ 'vembə] *s.* noiembrie.

novice ['nɒvɪs] *s.* novice.

now [naʃ] *adv.* acum: *from ~ on* de acum înainte; *up till ~* până acum; *just ~* chiar acum; *~ then!* acum gata! # *~adays* în prezent; *~ and again* din când în când; *~(hot) ~(cold)* când fierbinte, când rece; *~ what?* ce mai vrei? *right ~* imediat; *well ~!* ei, bine!

nowhere ['nəʃ weə] *adv.* nicăieri. - *to be ~ in sight* a nu se întrevedea (*și fig.*).

nowt [naʃ t] *pron. fam.* nimic.

noxious ['nɒkʃəs] *adj.* **1.** nociv, vătămător. **2.** (*d. o problemă*) neplăcut.

nozzle ['nɒzl] *s.* duză; muștiuc.

nub [nʌb] *s.* esență (*fig.*).

nubile ['nju:baɪl] *adj.* (*d. o tânără*) sexy.

nuclear ['nju:kliə] *adj.* nuclear. # **~ physicist** atomist; **~ warfare** război nuclear; **~ waste** deșeuri nucleare.

nucleus ['nju:kliəs] *s.* nucleu (*și fig.*).

nude [nju:d] *s., adj.* nud.

nudge [nʌʤ] **I.** *s.* ghiont. **II.** *vt.* **1.** a înghionti. **2.** a împinge (*și fig.*).

nudism ['nju:dɪzəm] *s.* nudism.

nudist ['nju:dɪst] *s.* nudist.

nudity ['nju:dɪtɪ] *s.* nuditate; trup gol.

nugatory ['nju: gətəri] *adj.* fără rost, inutil.

nugget ['nʌgɪt] *s.* **1.** pepită. **2.** lucru mărunt dar valoros.

nuisance ['nju:sns] *s.* pacoste, belea.

null [nʌl] *adj.* nul, zero. # **~ and void** nul și neavenit; **to ~ify** a anula; a anihila; **~ity** nulitate (*și fig.*).

numb [nʌm] **I.** *adj.* **1.** amorțit: *to go ~* a amorți; *~ with cold* înțepenit de frig. **2.** paralizat, încremenit: *~ with shock* încremenit de groază. **II.** *vt.* **1.** a amorți. **2.** a paraliza, a încremeni. # **~ness** amorțire; **~skull** *fam.* tont.

number ['nʌmbə] **I.** *s.* **1.** număr: *even/odd ~* număr par/impar; *phone ~* număr de telefon; *wrong ~* număr (*de telefon*) greșit. **2.** cifră; digit. **3.** serie, succesiune: *a ~ of* o serie de. **II.** *vt.* **1.** a număra, a include. **2.** a numerota. **3.** a socoti, a considera. **III.** *vi.* **1.** a însuma, a totaliza. **2.** **(among)** a se număra (printre). - **~less** *sau* **without ~** nenumărat; **~ one** cel mai bun; subsemnatul; **~ plate** *auto* plă-

cuță cu număr de înmatriculare.
numeracy ['nju:mərəsi] *s.* cunoaștere a matematicii.
numeral ['nju:mərəl] *s.* **1.** număr, cifră: *roman ~* cifră romană. **2.** numeral: *ordinal ~s* numerale ordinale.
numerate ['nju:mərıt] *adj.* bun în ale matematicii.
numerator ['nju:məreıtə] *s. mat.* numărător.
numerical [nju:'merıkl] *adj.* numeric.
numerous ['nju: mərəs] *adj.* numeros.
numismatic [ˌnju: mız'mætık] *adj.* numismatic. # **~s** numismatică.
numismatist [nju:'mızmətıst] *s.* numismat.
numskull ['nʌmskʌl] *s. fam.* nătâng.
nun [nʌn] *s.* călugăriță. - **~nery** mănăstire.
nuptial ['nʌpʃl] *adj.* nupțial. - **~s** nuntă.
nurse [nɜ:s] **I.** *s.* **1.** soră (medicală). **2.** dădacă, doică. **II.** *vt.* **1.** a îngriji (*un bolnav, o plantă*). **2.** a alăpta. **3.** a nutri (*un sentiment*). **III.** *vi.* (*d. copil*) a suge. # **~ practitioner** asistentă medicală; **~ry** creșă; pepinieră; **~ rhyme** cântec/ poezie pentru copii; **~ school** grădiniță (*de copii*).
nursing ['nɜ:sıŋ] *s.* profesiunea de soră medicală. - **~ home** azil de bătrâni.
nurture ['nɜ:tʃə] **I.** *s.* îngrijire, creștere (*a unui copil*). **II.** *vt.* **1.** a crește, a îngriji (*un copil, o plantă*). **2.** a cultiva (*o prietenie*). **3.** a nutri (*un sentiment*).
nut [nʌt] *s.* **1.** nucă; alună; castană. **2.** *tehn.* piuliță. **3.** *sl.* bilă, cap. **4.** *fam.* sărit, nebun. **5.** fan. # **~cracker** spărgător de nuci; **~meg** nucșoară; **~s** *fam.* țăcănit; **~ty** trăsnit, apucat.
nutrient ['nju:triənt] *s.* substanță nutritivă.
nutrition [nju'trıʃn] *s.* nutriție, hrănire. - **~al** nutritiv, de nutriție; **~ist** dietetician.
nutritious [nju'trıʃəs] *adj.* nutritiv.
nuzzle ['nʌzl] **I.** *vt.* a scurma (*cu botul, cu râtul*). **II.** *vi.* a se cuibări la pieptul cuiva.
nylon ['naılɒn] *s.* nailon.
nymph [nımf] *s.* nimfă (*și fig.*). # **~et** tipă bine.
nymphomaniac [ˌnımfə'meıniæk] *s.* nimfomană.

O

O, o [əʊ] (*litera*) O, o.
oaf [əʊf] *s.* prostănac.
oak [əʊk] *s.* stejar. # **~en** de stejar.
oar [ɔː] *s.* vâslă. # **~sman** vâslaş.
oasis [əʊ'eɪsɪs] *s.* oază (*şi fig.*).
oat [əʊt] *adj.* din ovăz. # **~meal** făină de ovăz; **~s** ovăz.
obdurate ['ɒbdjurɪt] *adj.* căpăţânos.
obedient [ə'biːdiənt] *adj.* supus, obedient. # **~ly** cu supuşenie.
obeisance [əʊ'beɪsns] *s.* **1.** prosternare. **2.** omagiu.
obese [əʊ'biːs] *adj.* obez.
obey [ə'beɪ] **I.** *vt.* **1.** a executa (*un ordin*). **2.** a da ascultare (*părinţilor*). **II.** *vi.* a se supune, a se conforma.
obfuscate ['ɒbfəskeɪt] *vt.* **1.** a înceţoşa, a tulbura (*mintea*). **2.** a încurca (*lucrurile*).
ob-gyn ['əubiːˌdʒiːwaɪ'en] *s. fam.* obstetrică şi ginecologie.
obituary [ə'bɪtʃuəri] *s.* necrolog.
object I. ['ɒbdʒɪkt] *s.* **1.** lucru, obiect. **2.** obiectiv, scop: *money is his sole ~* banii sunt singurul lui scop în viaţă. **II.** [əb'dʒekt] *vt.* a obiecta. **III.** [əb'dʒekt] *vi.* (**to**) a nu fi de acord (cu), a protesta (împotriva). # **~ion** obiecţie; **~ionable** condamnabil; **~or** opozant.
objective [əb'dʒektɪv] **I.** *s.* obiectiv, scop. **II.** *adj.* **1.** obiectiv, imparţial: *the ~ reality* realitatea obiectivă. **2.** real.
obligation [ˌɒblɪ'geɪʃn] *s.* obligaţie.
obligatory [ə'blɪgətri] *adj.* obligatoriu.
oblige [ə'blaɪdʒ] *vt.* a obliga. # **~d** îndatorat, recunoscător.
obliging [ə'blaɪdʒɪŋ] *adj.* amabil, îndatoritor.
oblique [ə'blɪk] **I.** *s.* bară (/). **II.** *adj.* **1.** oblic. **2.** (*d. un răspuns*) ocolit. # **~ly** pe ocolite, pe departe.
obliterate [ə'blɪtəreɪt] *vt.* **1.** a rade de pe suprafaţa pământului. **2.** a şterge (*o urmă*).
oblivion [ə'blɪviən] *s.* **1.** uitare: *to be consigned to ~* a fi dat uitării. **2.** nimicire.
oblivious [ə'blɪviəs] *adj.* uituc; indiferent.
oblong ['ɒblɒŋ] *adj.* alungit.
obloquy ['ɒbləkwi] *s.* oprobriu.
obnoxious [əb'nɒkʃəs] *adj.* odios, dezgustător.
oboe ['əʊbəʊ] *s. muz.* oboi.
obscene [əb'siːn] *adj.* **1.** obscen. **2.** enorm: *an ~ amount of money* o sumă excesivă.

obscenity [əb'senəti] *s.* obscenitate.
obscure [əb'skjʊə] **I.** *adj.* **1.** obscur, necunoscut. **2.** confuz, neclar. **3.** mediocru. **II.** *vt.* **1.** a ascunde vederii. **2.** a eclipsa.
obscurity [əb'skjʊərɪti] *s.* **1.** obscuritate. **2.** confuzie. **3.** anonimat; uitare. **4.** întunecime.
obsequies ['ɒbsɪkwiz] *s. pl.* ceremonii funerare.
obsequious [əb'si:kwiəs] *adj.* slugarnic.
observable [əb'zɜ:vəbl] *adj.* vizibil, vădit.
observance [əb'zɜ:vəns] *s.* respectare (*a unei legi*). # **~s** practici, datini.
observant [əb'zɜ:vənt] *adj.* atent.
observation [ˌɒbzə'veɪʃn] *s.* **1.** observare. **2.** observație, remarcă, părere.
observatory [əb'zɜ:vətri] *s.* observator astronomic.
observe [əb'zɜ:v] *vt.* **1.** a observa. **2.** a examina. **3.** a respecta (*o lege etc.*). **4.** a sărbători. # **~r** observator (*persoană*).
obsess [əb'ses] *vt.* a obseda, a preocupa. # **~ion** obsesie; **~ional** obsedant; **~ive** obsesiv.
obsolescent [ˌɒbsə'lesənt] *adj.* învechit, depășit.
obsolete ['ɒbsəlɪt] *adj.* demodat.
obstacle ['ɒbstəkl] *s.* obstacol, piedică. # **~ race** cursa cu obstacole.
obstetrics [əb'stetrɪks] *s.* obstetrică.
obstinate ['ɒbstɪnɪt] *adj.* **1.** încăpățânat. **2.** (*d. o pată*) persistent. **3.** (*d. febră*) rebel.
obstreperous [əb'strepərəs] *adj.* rebel, turbulent.
obstruct [əb'strʌkt] *vt.* **1.** a bloca (*un drum*). **2.** a împiedica (*circulația*). **3.** a obstruționa. # **~ion** obstrucționare; blocare.
obtain [əb'teɪn] *vt.* a obține, a căpăta.
obtrusive [əb'tru:sɪv] *adj.* **1.** inoportun. **2.** (*d. un miros*) penetrant.
obtuse [əb'tju:s] *adj.* obtuz (*și fig.*).
obverse ['ɒbvɜ:s] *s.* opus, contrar.
obvious ['ɒbviəs] *adj.* **1.** clar, evident. **2.** previzibil. # **~ly** desigur; fără doar și poate.
occasion [ə'keɪʒn] **I.** *s.* **1.** ocazie, prilej. **2.** eveniment. **II.** *vt.* a pricinui. # **~al** ocazional; **~ally** uneori, din când în când.
Occident ['ɒksɪdənt] *s.* Occident.
occult [ə'kʌlt] *adj.* ocult (*și fig.*). # **~ist** ocultist.
occupant ['ɒkjupənt] *s.* **1.** locatar. **2.** pasager.
occupation [ˌɒkju'peɪʃn] *s.* ocupație. # **~al** profesional.
occupied ['ɒkjupaɪd] *adj.* ocupat.
occupier ['ɒkjupaɪə] *s.* **1.** locatar; proprietar. **2.** pasager. **3.** cotropitor.
occupy ['ɒkjupaɪ] *vt.* **1.** a ocupa. **2.** a lua (*timp*). **3.** a deține (*o funcție*).
occur [ə'kɜ:] *vi.* **1.** a se petrece. **2.** a se găsi: *sugar ~s in fruit* fructele conțin zahăr. # **~rence** fapt, întâmplare.
ocean ['əʊʃn] *s.* ocean. # **~front** (situat pe) malul oceanului; **~ic** oceanic; **~ography** oceanografie.
ochre ['əʊkə] *s.* ocru.

o'clock [ə'klɒk] *adv.*: *at nine ~* la ora nouă.
octave ['ɒktɪv] *s.* octavă.
October [ɒk'təʊbə] *s.* octombrie.
octopus ['ɒktəpəs] *s.* caracatiță.
ocular ['ɒkjulə] *adj.* ocular.
oculist ['ɒkjulɪst] *s.* oculist.
odd [ɒd] *adj.* **1.** neobişnuit, ciudat. **2.** disparat: *an ~ shoe* un pantof desperecheat. **3.** (*d. numere*) impar. # **~ity** *sau* **~ness** ciudățenie, bizarerie; **~ jobs** treburi mărunte; **~ly** ciudat (*adv.*); **~ments** rămăşițe, resturi, deşeuri.
odds [ɒdz] *s. pl.* **1.** sorți, şanse: *the ~ are in our favour* sorții sunt de partea noastră. **2.** pronostic, prevedere; aşteptări: *against all (the) ~* în pofida tuturor aşteptărilor... # **~ and ends** nimicuri, flecuşteţe; **~-on** aproape sigur; *at ~* în dezacord; *it makes no ~ to me* îmi este indiferent.
ode [əʊd] *s.* odă.
odious ['əʊdiəs] *adj.* odios.
odium ['əʊdiəm] *s.* detestare.
odour ['əʊdə] *s.* miros (*mai ales neplăcut*). # **~less** fără miros.
odyssey ['ɒdɪsi] *s.* odisee.
oesophagus [i'sɒfəgəs] *s.* esofag.
of [əv] *prep.* **1.** (*pentru genitiv*): *the tail of the dog* coada câinelui; *the result of the debate* rezultatul dezbaterii; *the paintings of Monet* picturile lui Monet. **2.** de: *a painting by Monet* o pictură de Monet. **3.** din: *the people of Arad* oamenii din Arad. **4.** cu: *a glass of milk* un pahar cu lapte. **5.** dintre: *one of you* unul dintre voi.
off [ɒf/ɔ:f] **I.** *s.* start (*al unei curse*). **II.** *adj.* **1.** stricat, alterat. **2.** *fam.* rece, distant. **3.** *fam.* deplasat, nelalocul lui. **III.** *adv.* (*particulă adverbială*) **1.** departe: *some way ~* ceva mai departe; *to be ~* a o lua din loc. **2.** (*desprindere*): *take your coat ~* scoate-ți haina. **3.** (*întrerupere*): *to switch ~ the light* a stinge lumina. **4.** liber: *she's ~* ea este liberă (*azi*). **IV.** *prep.* **1.** de pe: *I fell ~ the ladder* am căzut de pe scară. **2.** din: *to eat ~ silver plates* a mânca din farfurii de argint. # **~ and on** din când în când; **~beat** aparte, neobişnuit; **~-centre** şui, strâmb; **~-chance** eventualitate; **~-duty** liber (*de la serviciu*); **~hand** lipsit de interes; dezinvolt; improvizat; **~-key** inoportun; (*d. un instrument*) dezacordat; **~-licence** (*d. o afacere*) clandestin; **~-putting** deplasat, nepotrivit; **to ~set** a contrabalansa; **~shoot** lăstar; filială, sucursală; **~shore** pe mare nu departe de țărm; **~side** *sport* ofsaid; **~spring** progenitură, copil, copii; **~-the-cuff** în necunoştință de cauză; **~-the-peg** (*d. haine*) de gata; **~-white** alb-gălbui.
offal ['ɔ:fl] *s.* **1.** organe (*carne*). **2.** deşeuri; rămăşițe.
offence [ə'fens] *s.* **1.** infracțiune, delict; contravenție: *it is an ~ to carry arms* deținerea de arme este

o infracțiune; *minor/petty* ~ contravenție. **2.** atac, agresiune: *sexual* ~ agresiune sexuală. **3.** jignire, ofensă; indignare: *to take ~ at* a se simți jignit de; *this music is an ~ to the ear* muzica asta supără la ureche. # *no ~!* fără supărare! *no ~ meant!* n-am vrut să supăr pe nimeni!; **second** ~ recidivă.

offend [ə'fend] **I.** *vt.* **1.** a ofensa, a jigni. **2.** a supăra la (*ochi*). **II.** *vi.* a comite infracțiuni. # **~er** infractor; contravenient; **~ing** vinovat; deranjant.

offense [ə'fens] *s. amer. sport* atac.

offensive [ə'fensɪv] **I.** *s.* ofensivă, atac. **II.** *adj.* **1.** supărător, jignitor, injurios. **2.** agresiv. **3.** ofensiv.

offer ['ɒfə] **I.** *s.* ofertă; propunere, cerere: *an ~ of marriage* cerere în căsătorie; *to decline an ~* a refuza o cerere în căsătorie. **II.** *vt.,vi.* a (se) oferi. # **~er** ofertant; **~ing** ofrandă; **~tory** chetă, colectă.

office ['ɒfɪs] *s.* **1.** birou: *an ~ job* slujbă de birou; *head ~* şef (*de la centrală*). **2.** *amer.* cabinet medical. **3.** minister: *the Foreign Office* Ministerul de Externe. **4.** putere: *in ~* la putere. # ~ **worker** funcționar.

officer ['ɒfɪsə] *s.* **1.** ofițer. **2.** polițist.

official [ə'fɪʃl] **I.** *s.* oficialitate, demnitar. **II.** *adj.* oficial. # **~dom** demnitari, sus-puşi.

officious [ə'fɪʃəs] *adj.* prea prevenitor.

often ['ɒfn] *adv.* adesea. # *as ~ as not* de obicei; *every so ~* uneori; *~-times* adesea, deseori.

ogle ['əʊgl] *vi.* (**at**) a tage cu ochiul (la).

ogre ['əʊgə] *s.* căpcăun (*şi fig.*).

oil [ɔɪl] **I.** *s.* **1.** petrol. **2.** ulei, untdelemn. **II.** *vt. tehn.* a gresa. # **~can** gresor; **~ed** *fam.* abțiguit; **~field** teren petrolifer; **~man** petrolist; **~rig** platformă petrolieră; **~seed rape** rapiță; ~ **slick** pată de petrol; ~ **tanker** tanc petrolier; **~y** uleios; *in ~s* (*d. o pictură*) în ulei; *to ~ the wheels* a mitui.

ointment ['ɔɪntmənt] *s.* alifie, unguent.

okra ['əʊkrə] *s.* bamă.

old [əʊld] *adj.* **1.** bătrân. **2.** vechi. # **~age** bătrânețe; foarte bătrân; **~-fashioned** demodat; ~ **hand** expert; ~ **hat** perimat; ~ **maid** fată bătrână; **~ster** *fam.* moşneag; babetă; **~-time** de pe vremuri; *as ~ as the hills* vechi de când lumea; *any ~ how fam.* de-a valma, brambura; *how ~ is ...?* câți ani are ...?; *in days of ~* în vremuri de demult apuse.

oleander [ˌəʊli'ændə] *s.* leandru.

olfactory [ɒl'fæktəri] *adj.* olfactiv.

oligarchy ['ɒligɑːki] *s.* oligarhie.

olive ['ɒlɪv] **I.** *s.* măslin(ă). **II.** *adj.* măsliniu. # ~ **branch** ramură de măslin.

Olympiad [ə'lɪmpiæd] *s.* olimpiadă.

Olympic [ə'lɪmpɪk] *adj.* olimpic.

omelette ['ɒmlɪt] *s.* omletă.

omen ['əʊmən] *s.* semn (*prevestitor*). # *ill-~ed* de rău augur; *well-~ed* de bun augur.

ominous ['ɒmɪnəs] *adj.* amenințător.

omission [ə'mɪʃn] *s.* omisiune; uitare; lipsă.

omit [ə'mɪt] *vt.* a omite.

omnibus ['ɒmnɪbəs] *s.* **1.** culegere de texte literare; antologie. **2.** omnibus.

omnipotent [ɒm'nɪpətənt] *adj.* atotputernic.

omniscient [ɒm'nɪsiənt] *adj.* atotştiutor.

omnivore ['ɒmnɪvɔ:] *s.* omnivor.

omnivorous [ɒm'nɪvərəs] *adj.* **1.** omnivor. **2.** pasionat.

on [ɒn] **I.** *adv.* (*particulă adverbială*) **1.** (*continuare*): *read on* citeşte mai departe; *come on* haide. **2.** (*înainte*): *from then on* de atunci înainte. **3.** (*a pune pe sine*): *put your coat on* pune-ţi haina. **4.** (*a pune în funcțiune*): *switch on the light* aprinde lumina. **II.** *prep.* **1.** pe: *on the chair* pe scaun. **2.** la: *on page 6* la pagina 6; *on his return* la întoarcerea lui. **3.** în: *he was on the plane from* era în avionul care venea dinspre. **4.** cu: *I came on my bike* am venit cu bicicleta. **5.** despre: *a book on history* o carte despre istorie. **6.** de: *on sale* de vânzare. # **on-air** (*d. o emisiune TV*) în direct; **on and on** fără oprire, mereu; **on-coming** care se apropie; iminent; **on-going** în derulare/desfăşurare; **online** *inf.* cu acces direct; **onlookers** curioşi, spectatori; **onrush** atac, năvală; **onset** asalt; **onslaught** iureş, atac repetat; **onward** înainte, în faţă.

once [wʌns] **I.** *adv.* **1.** o singură dată: *~ a week* o dată pe săptămână. **2.** odată: *~ there was...* a fost odată... **II.** *conj.* de îndată ce. # *~ again/more* încă o dată; *~ and for all* odată pentru totdeauna; *~ in a while* din când în când; *~-over fam.* căutătură, aruncătură de ochi; *all at ~* dintr-o dată; *at ~* chiar acum; *just this ~* măcar de astă dată.

oncology [ɒŋ'kɒlədʒi] *s.* oncologie.

one [wʌn] **I.** *adj., num.* **1.** unu, una: *~ or two* unul sau doi, una sau două; *~ more* încă unul/una; *a room for ~ person* o cameră pentru o persoană. **2.** singur, unic: *there is only ~ thing we can do* un singur lucru putem face. **3.** oarecare: *I spoke to ~ Mr. Pop* am vorbit cu un oarecare domn Pop. **II.** *pron.* **1.** (*înlocuieşte un substantiv*) cel, cea: *I'll take the red dress, you take the blue ~* eu am să iau rochia roşie, tu pe cea albastră. **2.** unul, una: *~ of my children* unul din copiii mei. **3.** cel, cei, cea, cele: *the little ~s* cei mici. **4.** (*impersonal*): *~ should never curse* nu trebuie niciodată să înjuri. # **~-liner** glumă scurtă; remarcă spirituală; **~ness** unicitate; **~-off** întâmplare, ceva incidental;

~-sided unilateral; **~-time** de odinioară; **~-way** (*d. trafic*) cu sens unic; *at ~* de aceeași părere; *~ after the other* unul după altul; *~ and all* toți; *~ and only* singurul; *~ by ~* unul câte unul; *~ another* unul pe altul.

onerous ['ɒnərəs] *adj.* greu, anevoios.

oneself [wʌn'self] *pron.* **1.** se; sine: *to ask ~* a se întreba; *for ~* pentru sine. **2.** el însuși.

onion ['ʌnjən] *s.* ceapă: *to chop ~* a tăia ceapă.

only ['əʃ nli] **I.** *adj.* singur: *their ~ son* singurul lor fiu. **II.** *adv.* **1.** numai: *the bar is for members ~* barul este numai pentru membrii clubului. **2.** abia: *she's ~ 21* ea abia are 21 de ani. **3.** decât: *we can ~ guess* nu putem decât să presupunem. **III.** *conj. fam.* numai că. - *~ child* copil singur la părinți; *~ if* numai dacă; *~ too* foarte; *not ~... but also...* nu numai... ci și...; *the ~ thing is...* numai că...

onomatopoeia [ˌɒnəˌmætə'piə] *s.* onomatopee.

onto ['ɒntə] *prep.* pe (*cu verbe de mișcare*).

ooze [u:z] **I.** *s.* mâl. **II.** *vt.* a emana, a răspândi (*fig.*). **III.** *vi.* a se prelinge.

opacity [əʃ 'pæsəti] *s.* opacitate.

opaque [əʃ 'peɪk] *adj.* **1.** opac. **2.** neinteligibil.

open ['əʃ pən] **I.** *s.* **1.** aer liber. **2.** iveală: *to bring smth. into the ~* a face cunoscut ceva. **II.** *adj.* **1.** deschis: *wide ~* larg deschis. **2.** descheiat. **3.** public: *an ~ debate* dezbatere publică. **4.** vulnerabil. **5.** evident, vizibil. **6.** sincer. **III.** *vt.* **1.** a deschide (*o ușă etc.*). **2.** a desface (*un pachet etc.*). **3.** a inaugura. **IV.** *vi.* a se deschide. # **~-air** în aer liber; descoperit; **~-ended** fără restricții; **~er** tirbușon; deschizător de conserve; **~-handed** culant; **~ly** deschis, sincer; **~-minded** deschis la minte; **~ness** franchețe.

opening ['əʃ pnɪŋ] **I.** *s.* **1.** deschizătură, crăpătură. **2.** început. **3.** inaugurare, deschidere. **4.** post liber. **II.** *adj.* de început. # **~ night** premieră; **~ time** ora de deschidere (*a unui local*).

opera ['ɒprə] *s.* operă: *an ~ singer* cântăreț de operă. - **~ house** operă (*clădirea*).

operate ['ɒpəreɪt] **I.** *vt.* a mânui, a manevra; a acționa (*un utilaj*). **II.** *vi.* **1.** (*d. un mecanism*) a funcționa. **2.** *med.* **(on)** a opera (pe).

operating theatre ['ɒpəreɪtɪŋˌθɪətə] *s.* sală de operații.

operation [ˌɒpə'reɪʃn] *s.* **1.** *med.* operație. **2.** operațiune. **3.** funcționare: *smooth ~* funcționare lină. **4.** mânuire, acționare. **5.** aplicare: *to put into ~* a pune în aplicare *sau* funcțiune. # **~al** operațional; *to come into ~* (*d. o lege*) a intra în vigoare.

operative ['ɒprətɪv] **I.** *s.* **1.** muncitor. **2.** *amer.* agent secret. **II.** *adj.* **1.** operativ; eficace. **2.** *med.*

operatoriu. **3.** practic (*nu teoretic*). **4.** semnificativ.

operator ['ɒpəreɪtə] *s.* **1.** mecanic; operator. **2.** şofer; pilot. **3.** telefonist. **4.** agent; agenţie: *a tour ~* agent de turism.

ophtalmologist [ˌɒθtæl'mɒlədʒɪst] *s.* oftalmolog.

ophtalmology [ˌɒθtæl'mɒlədʒi] *s.* oftalmologie.

opinion [ə'pɪnjən] *s.* opinie, părere: *in my ~* după părerea mea. # **~ated** încăpăţânat, exclusivist; **~ poll** sondaj de opinie.

opium ['əʊpɪəm] *s.* opiu.

opponent [ə'pəʊnənt] *s.* **1.** adversar. **2.** opozant.

opportune [ˌɒpə'tju:n] *adj.* oportun.

opportunist [ˌɒpə'tju:nɪst] *s.* oportunist.

opportunity [ˌɒpə'tju:nɪti] *s.* oportunitate.

oppose [ə'pəʊz] *vt.* a nu fi de acord cu. # **~d** opus.

opposing [ə'pəʊzɪŋ] *adj.* opus, advers.

opposite ['ɒpəzɪt] **I.** *s.* contrariu; antonim. **II.** *adj.* **1.** de vizavi. **2.** opus, contrar. # *your ~ number* omologul tău.

opposition [ˌɒpə'zɪʃn] *s.* opoziţie.

oppress [ə'pres] *vt.* **1.** a asupri, a exploata. **2.** a deprima. # **~ed** asuprit, exploatat; **~ive** opresiv; apăsător; **~or** tiran, dictator.

opt [ɒpt] *vi.* (**for**) a opta (pentru). # **~-out** autonomie.

optic ['ɒptɪk] *adj.* optic: *the ~ nerve* nervul optic. # **~al effects** efecte optice; **~al instruments** instrumente optice; **~s** optică; **~ian** optician.

optimism ['ɒptɪmɪzəm] *s.* optimism.

optimist ['ɒptɪmɪst] *s.* optimist. # **~ic** optimist (*adj.*).

optimize ['ɒptɪmaɪz] *vt.* a optimiza.

optimum ['ɒptɪməm] *adj.* optim.

option ['ɒpʃn] *s.* opţiune. # **~al** opţional.

or [ɔ:] *conj.* ori, sau. # *or else* altfel, dacă nu; *or so* în jur de.

oracle ['ɒrəkl] *s.* oracol.

oral ['ɔ:rəl] **I.** *s.* examen oral. **II.** *adj.* oral.

orange ['ɒrɪndʒ] **I.** *s.* portocal(ă). **II.** *adj.* oranj. # **~ry** seră de portocali; **~ squash** suc de portocale.

orang-utang [ɔ:ˌræŋu:'tæn] *s.* urangutan.

orator ['ɒrətə] *s.* orator. # **~ical** oratoric; **~y** oratorie.

orb [ɔ:b] *s.* **1.** sferă, glob. **2.** *astron.* orbită. **3.** sceptru. # **~it** orbită.

orchard ['ɔ:tʃəd] *s.* livadă.

orchestra ['ɔ:kɪstrə] *s.* orchestră. # **~l** orchestral. # **to ~te** a orchestra.

orchid ['ɔ:kɪd] *s.* orhidee.

ordain [ɔ:'deɪn] *vt.* **1.** a hirotonisi. **2.** a hărăzi.

order ['ɔ:də] **I.** *s.* **1.** ordin, dispoziţie. **2.** ordine, disciplină. **3.** succesiune: *in descending/ascending ~* în ordine descrescătoare/crescătoare. **4.** comandă (*de marfă*). **5.** ordin religios. **6.** *ec.* mandat. **II.** *vt.* **1.** a ordona, a porunci. **2.** a comanda (*o carte etc.*). **3.** a pune în ordine. # **~ed** ordonat; **~ing** ordonare, aranjare.

orderly ['ɔ:dəli] **I.** *s. mil.* ordonanță. **II.** *adj.* **1.** ordonat, metodic. **2.** disciplinat.

ordinal ['ɔ:dɪnl] *s.* numeral ordinal.

ordinance ['ɔ:dɪnəns] *s.* ordonanță, dispoziție.

ordinarily ['ɔ:dnərɪli] *adv.* **1.** în mod normal. **2.** de obicei.

ordinary ['ɔ:dnəri] *adj.* **1.** obişnuit, comun: *out of the ~* ieşit din comun. **2.** de duzină, mediocru.

ordination [,ɔ:dɪ'neɪʃn] *s.* **1.** hirotonisire. **2.** ordonare, aranjare.

ordnance ['ɔ:dnəns] *s.* **1.** artilerie. **2.** muniție.

ordure ['ɔ:djʊə] *s.* excremente.

ore [ɔ:] *s.* minereu.

organ ['ɔ:gən] *s.* **1.** organ: *an ~ donor* donator de organe; *governmental ~s* organe guvernamentale. **2.** *muz.* orgă. **3.** *fam.* gazetă, ziar. # **~ grinder** flaşnetar; **~ic** organic; **~ism** organism (*şi fig.*); **~ist** *muz.* organist.

organization [,ɔ:gənaɪ'zeɪʃn] *s.* **1.** organizare. **2.** organizație.

organise ['ɔ:gənaɪz] *vt.* a organiza. # **~d** organizat; **~r** organizator.

orgy ['ɔ:dʒi] *s.* orgie.

Orient ['ɔ:rient] *s.* Orient.

orient ['ɔ:rient], **orientate** ['ɔ:rienteɪt] *vt.* a orienta. # **orientation** orientare.

oriental [,ɔ:ri'entl] *adj.* oriental.

orifice ['ɒrɪfɪs] *s.* orificiu.

origin ['ɒrɪdʒɪn] *s.* origine. # **~ality** originalitate.

original [ə'rɪdʒɪnl] **I.** *s.* original (*al unui tablou*). **II.** *adj.* **1.** (*d. un tablou*) original, autentic. **2.** originar. **3.** aparte. # **~ly** la început, inițial.

originate [ə'rɪdʒɪneɪt] **I.** *vt.* a crea; a făuri; a inventa. **II.** *vi.* **1.** a apărea inițial. **2.** (**from**) a proveni (din).

ornament I. ['ɔ:nəmənt] *s.* **1.** ornament, decorație. **2.** podoabă, bijuterie. **II.** ['ɔ:nəment] *vt.* a ornamenta, a decora. # **~al** ornamental; **~ation** ornamentare.

ornate [ɔ:'neɪt] *adj.* ornamentat, ornat.

ornery ['ɔ:nəri] *adj. amer. fam.* nevricos.

ornithologist [,ɔ:nɪ'θɒlədʒɪst] *s.* ornitolog.

ornithology [,ɔ:nɪ'θɒlədʒi] *s.* ornitologie.

orphan ['ɔ:fn] *s., adj.* orfan. # **~age** orfelinat.

orthodox ['ɔ:θədɒks] *adj.* ortodox. # **~y** conformism.

orthography [ɔ:'θɒgrəfi] *s.* ortografie.

orthop(a)edic [,ɔ:θə'pi:dɪk] *adj.* ortopedic. # **~s** ortopedie; **~ surgeon** ortoped(ist).

oscillate ['ɒsɪleɪt] *vi.* a oscila (*şi fig.*).

oscillation [,ɒsɪ'leɪʃn] *s.* **1.** oscilație, legănare; vibrație. **2.** fluctuare; fluctuație. **3.** oscilare (*fig.*).

osier ['əʊzɪə] *s.* răchită.

osmosis [ɒz'məʊsɪs] *s.* osmoză.

ossified ['ɒsɪfaɪd] *adj.* **1.** osificat. **2.** rigid (*fig.*).

ossify ['ɒsɪfaɪ] *vt.* a osifica.

ostensible [ɒ'stensəbl] *adj.* aşa-zis, pretins.

ostentation [ˌɒstenˈteɪʃn] *s.* ostentație.
ostentatious [ˌɒstenˈteɪʃəs] *adj.* ostentativ.
osteoporosis [ˌɒstɪəʊpəˈrəʊsɪs] *s.* osteoporoză.
ostracize [ˈɒstrəsaɪz] *vt.* a ostraciza.
ostrich [ˈɒstrɪtʃ] *s.* struț.
other [ˈʌðə] *adj., pron.* alt(ul), alta, alți(i), alte(le): *any ~ book* oricare altă carte; *there are three ~s* mai sunt alți trei; **no ~** nimeni altcineva. # **~ness** ciudățenie; bizarerie; unicitate; **~-directed** influențabil; *every ~ day* o zi da, o zi nu; *some ~ time* altădată, cu o altă ocazie; *the ~ day* (mai) zilele trecute; *the ~ man* amantul (*unei femei căsătorite*); *the ~ way round* în direcție inversă, invers; *the ~ woman* amanta (*unui bărbat însurat*).
otherwise [ˈʌðəwaɪz] *adv.* **1.** altfel. **2.** de altfel. **3.** în caz contrar. # *or ~* oricum altfel.
otter [ˈɒtə] *s.* vidră.
ought to [ˈɔːttə] *v. modal* a se cuveni să; a trebui să.
ounce [aʊns] *s.* **1.** uncie (*28 g*). **2.** *fam.* strop, urmă.
our [ˈaʊə] *adj.* nostru, noastră, noștri, noastre: *~ son* fiul nostru. # **~s** al nostru, a noastră, ai noștri, ale noastre.
ourselves [ˌaʊəˈselvz] *pron.* **1.** ne: *let's enjoy ~* hai să ne distrăm. **2.** noi înșine; chiar noi. # *by ~* singuri; *to ~* numai al nostru.
oust [aʊst] *vt.* **1.** a demite. **2.** a da jos de la putere, a răsturna (*un guvern*). # **~er** *amer.* demitere; răsturnare de la putere.
out [aʊt] **I.** *s.* **1.** portiță de scăpare. **2.** *sport* aut; eliminare. **II.** *adv.* (*particulă adverbială*) **1.** afară: *~ you go!* ieși afară! **2.** plecat: *he is ~* e plecat (*nu-i acasă*). **3.** (*complet*): *tired ~* obosit mort. **4.** (*cu intensitate*): *to call ~* a striga din răsputeri. **5.** (*în acțiune*): *the disease broke ~* boala s-a declanșat. **III.** *prep. fam.* pe: *to look ~ the window* a privi pe fereastră. # **~-and-~** complet, în întregime; **~break** *sau* **~burst** izbucnire; **~cast** proscris; **~come** rezultat; concluzie; **~cry** protest; **~dated** perimat; **~flow** scurgere (*de capital etc.*); **~landish** extravagant; **~moded** demodat; **~pouring** revărsare (*fig.*); **~s** *pol.* opoziția; **the ~s** cei intrați în opoziție; **~set** început; **~skirts** periferie, margine; **~spoken** franc, deschis; **~work** muncă la domiciliu.
outbid [aʊtˈbɪd] *vt.* a supralicita.
outclass [aʊtˈklɑːs], **outdistance** [aʊtˈdɪstəns], **autdo** [aʊtˈduː] *vt.* a întrece, a depăși.
outdoors [aʊtˈdɔːz] **I.** *s.* aer liber: *the great ~* frumuseți ale naturii. **II.** *adv.* afară (*nu în casă*).
outer [ˈaʊtə] *adj.* exterior, extern. # **~ belt** *amer.* șosea de centură; **~most** cel mai îndepărtat.
outfit [ˈaʊtfɪt] **I.** *s.* **1.** toaletă; costum; echipament. **2.** *fam.* echipă; grup; formație. **II.** *vt.* a utila.

outgoing ['aʊtgəʊɪŋ] *adj.* **1.** sociabil, jovial. **2.** demisionar. # **~s** cheltuieli.

outgrow [aʊt'grəʊ] *vt.* a creşte mai repede decât. # **~th** excrescenţă; rezultat.

outing ['aʊtɪŋ] *s.* excursie.

outlast [aʊt'lɑ:st] *vt.* a rezista mai mult decât.

outlaw ['aʊtlɔ:] **I.** *s.* haiduc; răufăcător. **II.** *vt.* a scoate în afara legii.

outlet ['aʊtlet] *s.* **1.** orificiu de ieşire/evacuare. **2.** *ec.* debuşeu. **3.** supapă (*şi fig.*).

outline ['aʊtlaɪn] **I.** *s.* **1.** contur; profil; schiţă. **2.** schemă; plan. **3.** descriere. **II.** *vt.* **1.** a prezenta, a înfăţişa. **2.** a schiţa.

outlook ['aʊtlʊk] *s.* **1.** concepţie (*de viaţă etc.*). **2.** perspectivă, orizont: *our country's economic ~* viitorul economiei ţării noastre. **3.** privelişte, vedere (*a unei case*).

outpace [aʊt'peɪs] *vt.* a depăşi.

output ['aʊtpʊt] **I.** *s.* **1.** producţie: *peak ~* producţie record. **2.** randament. **3.** *inf.* ieşire (*de date*).

outrage ['aʊtreɪʤ] **I.** *s.* **1.** indignare. **2.** ultraj, afront. **3.** ticăloşie, abjecţie. **II.** *vt.* a indigna, a scandaliza. # **~ous** scandalos; execrabil.

outright ['aʊtraɪt] **I.** *adj.* complet, total; absolut. **II.** *adv.* **1.** direct, pe faţă. **2.** deschis, cinstit. **3.** categoric.

outside **I.** [aʊt'saɪd] *s.* exterior: *on the ~* la suprafaţă, aparent. **II.** ['aʊtsaɪd] *adj.* **1.** exterior, din afară. **2.** extern. **3.** slab: *an ~ chance* o şansă mică. **III.** [aʊt'saɪd] *adv.* afară. **IV.** [aʊt'saɪd] *prep.* în afara; lângă: *~ of* în afară de. # **~broadcast** emisiune realizată în afara studioului TV; **~r** intrus.

outstanding [aʊt'stændɪŋ] *adj.* **1.** excelent, nemaipomenit. **2.** *ec.* neachitat, restant. # **~ly** extraordinar de.

outward ['aʊtwəd] *adj.* **1.** exterior. **2.** de suprafaţă (*fig.*). # **~ly** în aparenţă, la suprafaţă; **~s** în afară, spre exterior.

oval ['əʊvl] *adj.* oval, elipsoidal.

ovary ['əʊvəri] *s. anat.* ovar.

ovation [əʊ'veɪʃn] *s.* ovaţie; aplauze.

oven ['ʌvn] *s.* cuptor. # **~proof** (*d. un vas*) rezistent la temperaturi înalte; **~-ready** semipreparat.

over ['əʊvə] I. *adv.* (*particulă adverbială*) **1.** dincolo, de partea cealaltă: *she knocked the glass ~* a răsturnat paharul. **2.** acolo: *the book is ~ there* cartea e acolo. **3.** sus, deasupra. **4.** peste tot: *I was aching all ~* mă durea tot corpul. **5.** în plus. **6.** excesiv: *~ polite* din cale-afară de politicos. **7.** gata, terminat: *the rain is ~* ploaia a încetat. **8.** din nou: *count them ~* mai numără-i o dată. **II.** *prep.* **1.** pe: *all ~ the floor* pe toată podeaua. **2.** peste: *a lamp ~ the table* o lampă deasupra mesei. **3.** dincolo de: *look ~ the fence* priveşte peste gard. **4.** în timpul; pe când: *we'll* *discuss it ~ a glass of wine* o s-o discutăm la un pahar cu vin. # ~ **and above** în afară de, pe lângă; **to ~awe** a timora, a complexa; **to ~balance** a-şi pierde echilibrul; **~bearing** dominator; **~blown** exagerat; **~burdened** supraîncărcat (*şi fig.*); **~cast** înnorat; **~coat** palton; **~dose** supradoză; **~estimation** supraevaluare; **~haul** revizie (*a unei maşini*); **~heads** cheltuieli indirecte/de regie; **to ~hear** a surprinde o discuţie; **~laid** placat (*cu aur*); **~ly** foarte, prea; **~night** peste noapte; **~pass** şosea suprapusă; **~powering** debordant; **to ~rate** a supraestima; **to ~react** a exagera; **~riding** hotărâtor, decisiv; **to ~run** a invada; **to ~see** a supraveghea; **~sight** omisiune; **to ~spend** a cheltui peste măsură; **~time** oră suplimentară; **~view** descriere; evaluare; **~work** suprasolicitare, surmenaj; **~wrought** surmenat; surescitat.

overall I. ['əʊvərɔ:l] *s.* salopetă (*de lucru*). **II.** [ˌəʊvər'ɔ:l] *adj.* general, global, de ansamblu. **III.** [ˌəʊvər'ɔ:l] *adv.* în general.

overcome [ˌəʊvə'kʌm] *vt.* **1.** a răzbi, a depăşi, a trece peste. **2.** a învinge, a bate (*o echipă*). **3.** a copleşi.

overdo [ˌəʊvə'du:] *vt.* **1.** a exagera. **2.** a forţa nota cu. # **to ~ oneself** a se surmena.

overdue [ˌəʊvə'dju:] *adj.* restant: *an ~ payment* plată restantă.

overflow I. ['əʊvəfləʊ] *s.* **1.** revărsare (*şi fig.*). **2.** inundare. **3.** supranumerar. **II.** [ˌəʊvə'fləʊ] *vt.* **1.** a inunda. **2.** a umple până la refuz. **III.** [ˌəʊvə'fləʊ] *vi.* **1.** a se revărsa (*şi fig.*). **2.** a da pa dinafară.

overlap ['əʊvəlæp] **I.** *s.* **1.** îmbucare; suprapunere. **2.** potrivire, concordanţă. **II.** [ˌəʊvə'læp] *vt., vi.* a (se) suprapune.

overlook [ˌəʊvə'lʊk] *vt.* **1.** a omite, a trece peste. **2.** a nu lua în consideraţie. **3.** (*d. o casă*) a da spre (*stradă etc.*).

overseas [ˌəʊvə'si:z] *adj.* **1.** transoceanic; exterior. **2.** străin: *~ visitors* oaspeţi/străini de peste hotare.

overt [əʊ'vɜ:t] *adj.* **1.** deschis, pe faţă, limpede. **2.** public.

overtake [ˌəʊvə'teɪk] *vt.* **1.** a depăşi (*o maşină*). **2.** (*d. furtună etc.*) a surprinde.

overthrow I. ['əʊvəθrəʊ] *s.* răsturnare (*a unui regim*). **II.** [ˌəʊvə'θrəʊ] *vt.* a răsturna (*şi fig.*).

overture ['əʊvətʃʊə] *s. muz.* uvertură. # ~s demersuri, tratative.

overturn [ˌəʊvə'tɜ:n] *vt., vi.* a (se) răsturna.

overwhelm [ˌəʊvə'welm] *vt.* **1.** a copleşi. **2.** a distruge. # **~ing** copleşitor.

ovum ['əʊvəm] (*pl.* **ova** ['əʊvə]) *s.* ovul.

owe [əʊ] *vt.* a datora (*şi fig.*).

owing ['əʊɪŋ] *adj.* datorat. # ~ **to** din cauza.

owl [aʊl] *s.* bufniţă.

own [əʊn] **I.** *adj., pron.* propriu, personal: *my ~ car* maşina mea personală. **II.** *vt.* **1.** a deține, a poseda. **2.** a recunoaşte, a mărturisi. # **~er** proprietar; **~ership** proprietate; **~goal** autogol; *for my very ~* numai (şi numai) pentru mine; *to get your ~ back fam.* a-şi lua revanşa; *on one's ~* de unul singur.

ox [ɒks] (*pl.* **~en**) *s.* bou. # **~-cart** car cu boi.

oxygen ['ɒksɪdʒən] *s.* oxigen. # **~ mask** mască cu oxigen.

oyster ['ɔɪstə] *s.* stridie.

ozone ['əʊzəʊn] *s.* ozon. # **~ layer** strat de ozon.

P

P, p [piː] (litera) P, p.

pa [pɑː] *s. fam.* tată.

pace [peɪs] **I.** *s.* **1.** pas; mers: *a steady* ~ pas susținut. **2.** ritm; viteză: *to gather* ~ a prinde viteză; *rapid* ~ ritm alert. **II.** *vt.* a măsura cu pasul (*o distanță*). # **to ~ yourself** a-și găsi ritmul normal (*de lucru etc.*).

pacific [pəˈsɪfɪk] *adj.* **1.** liniștit. **2.** conciliator.

pacifier [ˈpæsɪfaɪə] *s. amer.* suzetă.

pacify [ˈpæsɪfaɪ] *vt.* a calma, a potoli, a domoli.

pack [pæk] **I.** *s.* **1.** pachet; rucsac; povară. **2.** haită, turmă. **3.** grup, șleahtă, bandă. **II.** *vt.* **1.** a face (*bagajul*). **2.** a împacheta; a ambala. **3.** a bătători. **III.** *vi.* **1.** a-și face bagajele. **2.** a se înghesui, a se îngrămădi. # **~age** pachet, colet; **~ animal** animal de povară; **~ed** arhiplin; **~er** ambalator; **~ing** împachetare, ambalare; **~ing paper** hârtie de ambalaj.

packet [ˈpækɪt] *s.* **1.** pachet; pachețel. **2.** *fam.* avere, mulți bani. **3.** *inf.* pachet de date.

pact [pækt] *s.* pact; înțelegere.

pacy [ˈpeɪsi] *adj. fam.* **1.** iute (*de picior*). **2.** (*d. o carte etc.*) de acțiune.

pad [pæd] **I.** *s.* **1.** *med.* tampon de vată. **2.** blocnotes. **3.** pernuță (*la labă*). **4.** burete de vase. **5.** buric (*al degetului*). **6.** *fam.* apartament. **II.** *vt.* **1.** a vătui (*o haină*). **2.** *amer.* a încărca (*o notă de plată*).

paddle [ˈpædl] **I.** *s.* **1.** padelă, lopată, vâslă. **2.** paletă (*de tenis de masă*). **II.** *vi.* a vâsli.

paddock [ˈpædək] *s.* padoc, țarc.

paddy [ˈpædi] *s.* cultură de orez. # **~ wagon** *amer.* dubă de poliție.

padlock [ˈpædlɒk] **I.** *s.* lacăt. **II.** *vt.* a pune lacăt la.

p(a)ediatrician [ˌpiːdiəˈtrɪʃn] *s.* pediatru.

p(a)ediatrics [ˌpiːdiˈætrɪks] *s.* pediatrie.

p(a)edophile [ˈpiːdəʊfaɪl] *s.* pedofil.

pagan [ˈpeɪgən] *s.* păgân.

page [peɪʤ] **I.** *s.* **1.** pagină. **2.** episod. **3.** paj. **II.** *vt.* a trimite (*cuiva*) mesaj prin pager. # **~boy** *amer.* băiat de serviciu (*la hotel*); **~r** pager.

pageant [ˈpæʤənt] *s.* **1.** carnaval; festivitate. **2.** concurs de frumusețe.

paid [peɪd] *adj.* plătit: *a poorly ~ teacher* un profesor prost plătit. # **~-up** *fam.* entuziast; înfocat.

pail [peɪl] *s.* găleată.

pain [peɪn] **I.** *s.* **1.** durere: *back ~* durere de şale. **2.** mâhnire, suferinţă. **II.** *vt.* a mâhni, a îndurera. # **~killer** calmant (*s.*); **~s** osteneală, eforturi; **~staking** riguros; *a ~ in the butt/ass fam.* o pacoste de om.

painful ['peɪnfl] *adj.* **1.** dureros, care doare. **2.** jalnic, amarnic. **3.** neplăcut, penibil. # **~ly** cu greutate, cu dificultate.

painless ['peɪnləs] *adj.* **1.** fără durere. **2.** fără dificultate.

paint [peɪnt] **I.** *s.* vopsea: *a coat of ~* strat de vopsea. **II.** *vt.* **1.** a vărui, a zugrăvi. **2.** a picta. **3.** a descrie, a înfăţişa. **4.** a da cu ojă/ruj. # **~brush** pensulă; **~er** pictor; **~ing** pictură; *wet ~!* proaspăt vopsit!

pair [peə] **I.** *s.* pereche: *in ~s* câte doi. **II.** *vt., vi.* a (se) împerechea.

pajamas [pə'dʒɑ:məs] *s. amer.* pijama.

pal [pæl] *fam.* **I.** *s.* amic. **II.** *vi.* (**with**) a se împrieteni (cu). # **~ly** prietenos.

palace ['pælɪs] *s.* palat. # **~ coup** lovitură de palat.

pal(a)eontology [ˌpæliɒn'tɒlədʒi] *s.* paleontologie.

palatable ['pælətəbl] *adj.* **1.** gustos. **2.** agreabil.

palate ['pælɪt] *s.* **1.** *anat.* palat. **2.** gust, preferinţă.

palatial [pə'leɪʃl] *adj.* ca un palat, grandios.

palaver [pə'lɑ:və] *s. fam.* **1.** tevatură. **2.** *amer.* vorbe de clacă.

pale [peɪl] **I.** *adj.* **1.** palid. **2.** (*d. culori*) deschis. **II.** *vi.* a păli.

palette ['pælɪt] *s.* paletă (*a pictorului*).

paling ['peɪlɪŋ] *s.* ţăruş, pripon.

pall [pɔ:l] **I.** *s.* **1.** nor (*de praf etc.*). **2.** giulgiu, linţoliu. **II.** *vi.* a se banaliza. # **~bearer** cioclu.

palliative ['pæliətɪv] *s., adj.* paliativ.

pallid ['pælɪd] *adj.* palid.

pallor ['pælə] *s.* paloare.

palm [pɑ:m] **I.** *s.* **1.** palmă: *to read smb.'s ~* a ghici în palmă. **2.** palmier. **II.** *vt.* a palma (*o carte de joc etc.*). # **~ist** ghicitor în palmă; **~istry** chiromanţie; **Palm Sunday** Duminica Floriilor.

palpable ['pælpəbl] *adj.* palpabil.

palpate [pæl'peɪt] *vt. med.* a palpa.

palpitate ['pælpɪteɪt] *vi.* (*d. inimă*) a pulsa, a zvâcni.

palsy ['pɔ:lzi] *s.* paralizie.

paltry ['pɔ:ltri] *adj.* **1.** neînsemnat, derizoriu. **2.** fără rost.

pamper ['pæmpə] *vt.* a râzgâia.

pamphlet ['pæmflɪt] *s.* pamflet; opuscul. # **~eer** pamfletar.

pan [pæn] **I.** *s.* **1.** cratiţă; oală; tigaie; tavă (*de copt*). **2.** tas. **3.** closet (*vasul*). **II.** *vt. fam.* a critica violent, a desfiinţa. # **~cake** clătită; **~handler** *amer. fam.* cerşetor.

panacea [ˌpænə'siə] *s.* panaceu.

pancreas ['pæŋkriəs] *s.* pancreas.

panda ['pændə] *s.* urs panda.
pandemonium [,pændi'məʊniəm] *s.* debandadă, degringoladă.
pander ['pændə] *vi.* (**to**) a închide ochii (la).
pane [peɪn] *s.* (ochi de) geam.
panegyric [,pæni'dʒɪrɪk] *s.* panegiric; elogiu.
panel ['pænl] **I.** *s.* **1.** lambriu; placă de lemn/sticlă; panel. **2.** afişier. **3.** grup de experţi. **4.** complet de judecată, juriu. **5.** *auto* bord. **II.** *vt.* a lambrisa. # **~ling** lambriu; **~list** invitat la un talk show televizat.
pang [pæŋ] *s.* **1.** durere ascuţită. **2.** chin, tortură.
panic ['pænɪk] **I.** *s.* panică. **II.** *vt.* a speria, a înspăimânta. **III.** *vi.* a intra în panică. # **~ button** buton de alarmă (*în bănci etc.*); **~ky** alarmat, înspăimântat; **~-monger** panicard; **~-striken** îngrozit.
pannier ['pæniə] *s.* desagă.
panorama [,pænə'rɑ:mə] *s.* panoramă.
pan pipes ['pænpaɪps] *s. pl. muz.* nai.
pansy ['pænzi] *s.* panseluţă.
pant [pænt] *vi.* a gâfâi, a răsufla cu greutate.
panther ['pænθə] *s.* panteră.
panties ['pæntiz] *s. pl. amer.* chiloţi de damă.
pantomime ['pæntəmaɪm] *s.* pantomimă.
pantry ['pæntri] *s.* cămară.
pants [pænts] *s. pl.* **1.** indispensabili. **2.** chiloţi de damă. **3.** *amer.* pantaloni. # **~uit** costum-pantalon.
pantyhose ['pæntihəʊz] *s. amer.* dres, ciorapi-pantalon.
pap [pæp] *s.* **1.** pastă de fructe/legume. **2.** maculatură (*fig.*).
papacy ['peɪpəsi] *s.* papalitate.
paper ['peɪpə] **I.** *s.* **1.** hârtie: *a piece/sheet of ~* o foaie de hârtie; *a slip of ~* bucăţică de hârtie. **2.** ziar: *a daily ~* cotidian. **3.** document, act. **4.** articol (*în revistă*). **5.** *amer.* lucrare scrisă; test. **6.** tapet. **II.** *vt.* **1.** a tapeta (*o cameră*). **2.** a muşamaliza. # **~back** carte broşată; **~ knife** coupe-papier; **~ money** bancnotă; **~weight** prespapier; **~work** muncă de birou.
par [pɑ:] *s.* **1.** paritate, egalitate: *on a ~ with* la egalitate cu. **2.** *ec.* valoare la paritate. # *to be below/under ~* a nu se simţi bine; *up to ~* la fel de bun ca până acum.
parable ['pærəbl] *s.* parabolă, pildă.
parabola [pə'ræbələ] *s. geom.* parabolă.
parachute ['pærəʃu:t] **I.** *s.* paraşută. **II.** *vt., vi.* a (se) paraşuta.
parachutist ['pærəʃu:tɪst] *s.* paraşutist.
parade [pə'reɪd] **I.** *s.* **1.** paradă, defilare. **2.** paradă, ostentaţie. **3.** succesiune, şir. **II.** *vt.* a-şi etala (*cunoştinţele*). **III.** *vi.* a defila.
paradise ['pærədaɪs] *s.* **1.** paradis (*şi fig.*), rai. **2.** fericire.
paradox ['pærədɒks] *s.* paradox.
paraffin ['pærəfɪn] *s.* parafină.

paragon ['pærəgən] *s.* **1.** întruchipare. **2.** perfecțiune (*persoană*).

paragraph ['pærəgrɑ:f] *s.* paragraf.

parallel ['pærəlel] **I.** *s.* **1.** paralelă. **2.** echivalent. **II.** *adj.* **1.** paralel: ~ *lines* linii paralele. **2.** similar: ~ *trends* tendințe similare. **III.** *vt.* **1.** a compara. **2.** a provoca, a pricinui. **3.** a egala. # ~ **bars** *sport.* paralele; ~**ism** paralelism (*şi fig.*).

paralyse ['pærəlaɪz] *vi.* a paraliza (*şi fig.*).

paralisis [pə'ræləsɪs] *s.* paralizie.

parameter [pə'ræmɪtə] *s.* parametru.

paramount ['pærəmaʊnt] *adj.* suprem.

paranoia [ˌpærə'nɔɪə] *s.* paranoia.

parapet ['pærəpɪt] *s.* parapet.

paraphernalia [ˌpærəfə'neɪliə] *s.* **1.** echipament; efecte. **2.** ustensile; accesorii.

paraphrase ['pærəfreɪz] *vt.* a parafraza.

parasite ['pærəsaɪt] *s.* parazit (*şi fig.*).

parasol ['pærəsɒl] *s.* umbrelă de soare.

paratroops ['pærətru:ps] *s. pl.* trupe de paraşutişti.

parcel ['pɑ:sl] **I.** *s.* **1.** pachet: *food ~s* pachete cu mâncare. **2.** parcelă, lot. **II.** *vt.* a împacheta. # **to ~ out** a parcela.

parch ['pɑ:tʃ] *vt.* a usca; a arde, a pârjoli.

parchment ['pɑ:tʃmənt] *s.* pergament.

pardon ['pɑ:dn] **I.** *s.* **1.** grațiere: *to grant a ~* a da o grațiere; *general ~* amnistie generală. **2.** scuză. **II.** *vt.* **1.** a grația. **2.** a scuza: *~ me!* scuzați! # ~**able** scuzabil; *I beg your ~?* poftim?

pare [peə] *vt.* **1.** a curăța (*un măr*). **2.** a tăia (*unghii*). **3.** a reduce drastic (*bugetul etc.*).

parent ['peərənt] **I.** *s.* părinte: *step ~* părinte vitreg. **II.** *adj.* tutelar: *a ~ bank* bancă tutelară. # ~**age** origine (*a cuiva*); ~**al** de părinte; ~**hood** paternitate; ~**less** orfan.

parenthesis [pə'renθəsɪs] *s.* paranteză.

parings ['peərɪŋz] *s. pl.* resturi, rămăşițe (*de la tăiat*).

parish ['pærɪʃ] *s.* parohie. # ~**ioner** enoriaş; ~ **council** consiliu municipal.

park [pɑ:k] **I.** *s.* **1.** parc, grădină publică: *amusement ~* parc de distracții. **2.** (loc de) parcare. **3.** teren de fotbal/rugbi. **II.** *vt.* a parca (*o maşină*). # **to ~ yourself** *fam.* a se instala (*într-un loc*); ~**ing** parcare; ~**way** alee străjuită de copaci.

parliament ['pɑ:ləmənt] *s.* parlament. # ~**arian** parlamentar (*s.*); ~**ary** parlamentar (*adj.*).

parlour ['pɑ:lə] *s.* **1.** salon (*într-o casă*). **2.** cabinet de cosmetică.

parlous ['pɑ:ləs] *adj.* dezastruos, jalnic.

parochial [pə'rəʊkiəl] *adj.* **1.** parohial. **2.** (*d. o problemă*) mărunt, minor. # ~ **spirit** patriotism local.

parody ['pærədi] **I.** *s.* **1.** parodie; pastişă. **2.** denaturare, deformare. **3.** imitație proastă. **II.** *vt.* a parodia.

parole [pə'rəʊl] *s.* **1.** cuvânt de onoare. **2.** *jur.* eliberare condiționată: *to be released on* ~ a fi eliberat condiționat.

parquet ['pɑ:keɪ] *s.* parchet (*pardoseală*).

parrot ['pærət] **I.** *s.* papagal. **II.** *vt.* a imita, a maimuțări. # **~-fashion** papagalicește.

parry ['pæri] *vt.* a para (*o lovitură*).

parse [pɑ:z] *vt.* a analiza (*o propoziție*).

parsimonius [,pɑ:sɪ'məʊniəs] *adj.* zgârcit.

parsimony ['pɑ:sɪməni] *s.* zgârcenie.

parsley ['pɑ:sli] *s.* pătrunjel.

parsnip ['pɑ:snɪp] *s.* păstârnac.

parson ['pɑ:sn] *s.* preot. # **~age** presbiteriu, casă parohială; **~'s nose** *fam.* târtiță.

part [pɑ:t] **I.** *s.* **1.** parte. **2.** membru. **3.** *tehn.* piesă. **4.** regiune, zonă. **5.** rol (*al unui actor*). **6.** *amer.* cărare (*în păr*). **II.** *vt.* a împărți în două. **III.** *vi.* **1.** a se despărți. **2.** a se împărți în două. # *for my* ~ din partea mea, în ce mă privește; *for the most* ~ în majoritate; *~ly* sau *in* ~ parțial; *to take* ~ *in* a lua parte la; *to take smb.'s* ~ a lua partea cuiva.

partake [pɑ:'teɪk] (*trec.* **partook**, *part. trec.* **~n**) *vi.* (**of**) a se servi (cu), a mânca.

partial ['pɑ:ʃl] *adj.* parțial. # **~ity** părtinire; preferință; **~ly** în parte.

participant [pɑ:'tɪsɪpənt] *s.* participant.

participate [pɑ:'tɪsɪpeɪt] *vi.* (**in**) a lua parte (la), a participa (la).

participation [pɑ:,tɪsɪ'peɪʃn] *s.* participare.

participle ['pɑ:tɪsɪpl] *s.* *gram.* participiu.

particle ['pɑ:tɪkl] *s.* particulă.

particular [pə'tɪkjələ] **I.** *s.* **1.** particularitate, caracteristică. **2.** meticulozitate. **3.** detaliu. **II.** *adj.* **1.** anumit, special. **2.** deosebit, aparte. **3.** pretențios, exigent. # **in** ~ în mod special; **~ity** particularitate; minuțiozitate; **to ~ize** a particulariza; **~ly** mai ales; deosebit de.

parting ['pɑ:tɪŋ] **I.** *s.* **1.** despărțire. **2.** cărare: *a side* ~ cărare într-o parte. **II.** *adj.* de/la despărțire.

partisan [,pɑ:tɪ'zæn] **I.** *s.* partizan (*și fig.*). **II.** *adj.* tendențios.

partition [pɑ:'tɪʃn] **I.** *s.* **1.** separare, compartimentare. **2.** divizare, împărțire; dezmembrare. **II.** *vt.* a împărți, a diviza.

partner ['pɑ:tnə] *s.* partener; asociat. # **~ship** parteneriat.

partridge ['pɑ:trɪdʒ] *s.* potârniche.

party ['pɑ:ti] *s.* **1.** partid. **2.** petrecere: *a dancing* ~ petrecere cu dans. **3.** grup; echipă. **4.** parte: *the injured* ~ partea vătămată. # ~ **politics** politica de partid.

parvenu ['pɑ:vənju:] *s.* parvenit.

pass [pɑ:s] **I.** *s.* **1.** trecere (*a unui examen*): ~ *mark* notă de trecere. **2.** permis, legitimație. **3.** *sport* pasă. **4.** pas, defileu, trecătoare. **II.** *vt.* **1.** a trece pe lângă/de. **2.** a da:

~ *me the pepper, please* dă-mi, te rog, piperul (*de pe masă*). **3.** a pasa (*mingea*). **4.** a trece de, a depăşi. **5.** a petrece (*seara etc.*). **6.** a trece (*un examen*). **III.** *vi.* **1.** a trece, a merge. **2.** a se întâmpla. **3.** a se desfăşura, a se derula. **4.** a pasa (*la joc de cărţi*). # **~able** acceptabil; **~er-by** trecător (*pe stradă*); **to ~ for** a fi luat drept; **~key** şperaclu; **to ~ water** a urina; **~word** parolă; *to make ~es to* a face avansuri cuiva.

passage [ˈpæsɪdʒ] *s.* **1.** coridor, culoar; pasaj. **2.** *anat.* conduct, canal, tub. **3.** paragraf, pasaj. **4.** trecere; traversare: *the ~ of time* trecerea timpului.

passenger [ˈpæsɪndʒə] *s.* pasager, trecător.

passing [ˈpɑ:sɪŋ] **I.** *s.* **1.** trecere (*a timpului*). **2.** dispariţie; cădere (*a unui guvern*); moarte. **3.** adoptare (*a unei legi*). **II.** *adj.* **1.** în trecere, care trece. **2.** trecător, pasager: *a ~ thought* gând pasager.

passion [ˈpæʃn] *s.* **1.** pasiune, patimă. **2.** slăbiciune, febleţe, manie. # **~ate** pasionat; pasional; **~less** lipsit de entuziasm; *crime of ~* crimă pasională; *fit of ~* acces de furie.

passive [ˈpæsɪv] *adj.* (*şi gram.*) pasiv.

passivity [pæˈsɪvɪti] *s.* pasivitate.

passport [ˈpɑ:spɔ:t] *s.* paşaport.

past [pɑ:st] **I.** *s.* trecut: *the recent/distant ~* trecutul apropiat/îndepărtat. **II.** *adj.* **1.** trecut: *the ~ month* luna trecută. **2.** ultim: *in the ~ few weeks* în ultimele câteva săptămâni. **III.** *prep.* **1.** pe lângă: *to pass ~ the house* a trece pe lângă casă. **2.** trecut de: *half ~ six* şase şi jumătate. **3.** după, mai departe de. # **~ master** expert; **~ participle** participiul trecut; **the ~ perfect** mai mult ca perfectul; **the ~ tense** timpul trecut.

paste [peɪst] **I.** *s.* **1.** pastă. **2.** clei, lipici. **3.** stras. **II.** *vt.* a lipi. # **~ board** carton.

pastel [ˈpæstl] *s.* pastel.

pastime [ˈpɑ:staɪm] *s.* distracţie (*în timpul liber*).

pasting [ˈpeɪstɪŋ] *s.* *sport* bătaie/înfrângere umilitoare.

pastor [ˈpɑ:stə] *s.* pastor, preot.

pastrami [pæˈstrɑ:mi] *s.* pastramă.

pastry [ˈpeɪstri] *s.* **1.** foaie de plăcintă. **2.** pateu.

pasture [ˈpɑ:stʃə] **I.** *s.* păşune. **II.** *vt.* a duce la păscut.

pasty[1] [ˈpæsti] *s.* pateu (*cu carne*).

pasty[2] [ˈpeɪsti] *adj.* palid.

pat [pæt] **I.** *s.* **1.** bătaie uşoară cu palma. **2.** mângâiere. **II.** *adj.* **1.** potrivit, nimerit, oportun. **2.** pripit. **III.** *vt.* **1.** a bate uşor cu palma (*consolator*). **2.** a mângâia. **3.** a tampona (*faţa etc.*). # **~ hand** mână servită (*la pocker*); *to stand ~* a nu se lăsa, a se menţine pe poziţie.

patch [pætʃ] **I.** *s.* **1.** pată. **2.** petic. **3.** porţiune: *a bald ~* porţiune de chelie. **4.** parcelă. **5.** *fam.* perioadă: *a bad ~* perioadă proastă.

II. *vt.* **1.** a petici. **2.** a încropi, a înfiripa. # **~y** neunitar, neuniform.

pate [peɪt] *s.* scăfârlie, căpățână.

patella [pə'telə] *s. anat.* rotulă.

patent ['peɪtnt] *s.* **I.** patentă, brevet. **II.** *vt.* a patenta, a breveta. # **~ leather** piele de lac; **~ly** evident, fără doar şi poate.

paternal [pə'tɜ:nl] *adj.* **1.** de tată. **2.** din partea tatălui: *my ~ grandmother* bunica din partea tatălui meu.

paternity [pə'tɜ:nɪti] *s.* paternitate. # **~ leave** concediu de paternitate.

path [pɑ:θ] *s.* **1.** potecă, cărare. **2.** cale; trecere. # **~finder** deschizător de drumuri (*şi fig.*).

pathetic [pə'θetɪk] *adj.* **1.** (*d. cineva*) amărât, prăpădit. **2.** jalnic, deplorabil.

pathologist [pə'θɒlədʒɪst] *s.* medic patolog.

pathology [pə'θɒlədʒi] *s.* patologie.

pathos ['peɪθɒs] *s.* patos.

patience ['peɪʃns] *s.* răbdare.

patient ['peɪʃnt] **I.** *s.* pacient. **II.** *adj.* răbdător. # **~ly** calm, liniştit (*adv.*).

patina ['pætɪnə] *s.* patină (*a vremii*).

patois ['pætwɑ:] *s.* idiom, dialect.

patriarch ['peɪtriɑ:k] *s.* patriarh. # **~ate** patriarhie; **~y** patriarhat.

patrimony ['pætrɪməni] *s.* **1.** patrimoniu. **2.** avere moştenită.

patriot ['peɪtriət] *s.* patriot. # **~ic** patriot(ic); **~ism** patriotism.

patrol [pə'trəʊl] **I.** *s.* **1.** supraveghere, pază. **2.** patrulă, gardă, strajă. **II.** *vt.* a patrula; a supraveghea, a păzi. # **~man** polițist de cartier.

patron ['pəɪtrən] *s.* **1.** mecena, protector al artelor. **2.** sponsor, susținător. # **~age** sprijin, protecție; sponsorizare.

patronize ['pætrənaɪz] *vt.* **1.** a proteja, a susține, a sponsoriza. **2.** a trata cu aroganță. **3.** a frecventa (*un local etc.*).

patsy ['pætsi] *s. fam.* fraier.

patter ['pætə] **I.** *s.* **1.** tropăială, tropăit. **2.** răpăială, răpăit. **II.** *vi.* **1.** a tropăi. **2.** a răpăi.

pattern ['pætn] **I.** *s.* **1.** model, tipar. **2.** şablon (*şi fig.*). **3.** mostră, eşantion. **4.** trăsătură caracteristică. **II.** *vt.* **1.** a împodobi. **2.** a modela, a forma. # **~ed** imprimat cu desene.

paucity ['pɔ:səti] *s.* lipsă, sărăcie.

paunch [pɔ:ntʃ] *s.* burtoi.

pauper ['pɔ:pə] *s.* sărăcan, nevoiaş.

pause [pɔ:z] **I.** *s.* pauză: *without ~* fără încetare. **II.** *vi.* a face o pauză.

pave [peɪv] *vt.* a pava. # **~ment** trotuar; pavaj.

paw [pɔ:] **I.** *s.* **1.** labă (*de animal*). **2.** *fam.* mână. **II.** *vt.* **1.** a scurma (*pământul*). **2.** a pipăi (*o femeie*).

pawn [pɔ:n] **I.** *s.* **1.** pion (*la şah*). **2.** gaj, zălog. **3.** amanet. **II.** *vt.* a amaneta (*un obiect*). # **~ broker** cămătar, proprietar al unei case de amanet; **~shop** casă de amanet.

pay [peɪ] **I.** *s.* plată, remunerare, salariu, leafă. **II.** (*trec., part. trec.* **paid**) *vt.* a plăti, a achita: *to ~ a taxi driver* a plăti un şofer de taxi; *to ~ a debt* a achita o datorie.

III. (*trec., part. trec.* **paid**) *vi.* **1.** a plăti: *to ~ cash* a plăti în numerar. **2.** a merita, a renta. **3.** **(for)** a plăti (pentru). # **~back** rambursare, restituire; **~ee** beneficiar al unei plăți; **~er** plătitor, platnic; **~ment** plată; răsplată; **~-off** mită; **~ phone** telefon public; **~roll** stat de salarii; *~ attention!* ia aminte! *to ~ a call on* a face o vizită cuiva; *to ~ through the nose fam.* a da (*pe ceva*) cât nu face; *to ~ your respects to* a face o vizită de curtoazie cuiva.

pea [pi:] *s.* mazăre: *sweet ~* mazăre (*planta*).

peace [pi:s] *s.* **1.** pace: *~ negotiation* tratative de pace. **2.** liniște, calm: *left in ~* lăsat în pace. # **~able** *sau* **~ful** pașnic; **~ keeping** menținere a păcii.

peach [pi:tʃ] *s.* piersică: *a ~ tree* piersic. # **~y** ca piersica; minunat.

peacock ['pi:kɒk] *s.* păun.

peahen ['pi:hen] *s.* păuniță.

peak [pi:k] **I.** *s.* **1.** pisc. **2.** cozoroc. **3.** apogeu. **II.** *adj.* maxim, de vârf: *in ~ condition* în formă maximă de sănătate. **III.** *vi.* a atinge cota maximă. # **~ed** *sau* **~y** cam bolnav.

peal [pi:l] **I.** *s.* **1.** bubuit (*de tunet*). **2.** hohot (*de râs*). **3.** dangăt. **II.** *vi.* **1.** (*d. clopot*) a bate. **2.** a hohoti (*de râs*).

peanut ['pi:nʌt] *s.* alună americană.

pear [peə] *s.* pară: *a ~ tree* un păr.

pearl [pɜ:l] *s.* **1.** perlă: *a ~ necklace* colier de perle. **2.** sidef.

peasant ['peznt] *s.* **1.** țăran, sătean. **2.** mârlan. # **~ry** țărănime.

peat [pi:t] *s.* turbă.

pebble ['pebl] *s.* galet, pietricică; prund.

peccadillo [ˌpekə'dɪləʊ] *s.* boroboață.

peck [pek] **I.** *s. fam.* pupic. **II.** *vt., vi.* a ciuguli. # **~er** *amer. sl.* penis.

pectoral ['pektərəl] *adj.* pectoral. # **~s** mușchii pectorali.

peculiar [pɪ'kju:liə] *adj.* **1.** ciudat, neobișnuit. **2.** caracteristic, specific, tipic, propriu: *his own ~ style* stilul său propriu. **3.** *fam.* cam bolnav. # **~ly** în mod special; cu preponderență.

peculiarity [pɪˌkju:li'ærəti] *s.* **1.** particularitate, caracteristică. **2.** bizarerie.

pecuniary [pɪ'kju:niəri] *adj.* pecuniar.

pedagogy ['pedəgɒdʒi] *s.* pedagogie.

pedal ['pedl] **I.** *s.* pedală. **II.** *vt., vi.* a pedala.

pedant ['pednt] *s.* pedant. # **~ic** de pedant; **~ry** pedanterie.

peddle ['pedl] *vt.* **1.** a vinde în calitate de comis voiajor. **2.** a răspândi (*zvonuri*). # **~r** vânzător ambulant; (*amer.*) vânzător de droguri.

pedestal ['pedɪstl] *s.* piedestal.

pedestrian [pɪ'destriən] **I.** *s.* pieton. **II.** *adj.* **1.** pietonal. **2.** lipsit de imaginație, plat. # **~ crossing** trecere de pietoni; **~ precinct** zonă rezervată numai circulației pietonale.

pedicure ['pedɪkjʊə] *s.* pedichiură.

pedigree ['pedɪgri:] **I.** *s.* **1.** pedigri. **2.** origine, descendență. **II.** *adj.* cu pedigri, de rasă.

pedlar ['pedlə] *s.* vânzător ambulant.

pee [pi:] *fam.* **I.** *s.* **1.** urină. **2.** urinare. **II.** *vi.* a urina.

peek [pi:k] *vi.* a trage cu ochiul. # **to ~ out** a se ivi, a se întrezări.

peel [pi:l] **I.** *s.* coajă de fruct. **II.** *vt.* a curăța (*cartofi, fructe*). **III.** *vi.* **1.** a se coji. **2.** a se coșcovi. # **~er** cuțit pentru curățat legume; **to ~ off** *fam.* a-și dezbrăca (*haina*).

peep [pi:p] **I.** *s.* **1.** piuit; chițăit. **2.** ocheadă. **II.** *vi.* **1.** (**at**) a se uita pe furiș (la). **2.** a se întrevedea. # **~ hole** vizor.

peer [pɪə] **I.** *s.* **1.** egal, seamăn: *you will not find his ~* nu vei mai găsi unul ca el. **2.** nobil. **II.** *vi.* (**at**) a străpunge cu privirea, a scruta. # **~-age** nobilime; **~ess** nobilă.

peevish ['pi:vɪʃ] *adj.* posomorât; cu toane.

peg [peg] **I.** *s.* **1.** cârlig (*de cuier/ rufe*). **2.** piron. **II.** *vt.* **1.** a pune cârlige la (*rufe*). **2.** *ec.* a stabiliza (*piața etc.*). **3.** a categorisi (*pe cineva*).

pejorative [pɪ'dʒɒrətɪv] *adj.* peiorativ.

Pekinese [,pi:kɪ'ni:z] *s.* pechinez.

pelican ['pelɪkən] *s.* pelican.

pellet ['pelɪt] *s.* **1.** cocoloș (*de pâine etc.*). **2.** biluță (*la pistol cu aer comprimat*).

pell-mell [pel'mel] *adv.* alandala.

pellucid [pə'lu:sɪd] *adj.* limpede (*și fig.*).

pelt [pelt] **I.** *s.* blană de animal. **II.** *vt.* a bate (*cu bulgări de zăpadă etc.*). # *at full ~* cu toată viteza.

pen [pen] **I.** *s.* **1.** toc; stilou; pix. **2.** stână; țarc. **3.** *amer. sl.* pârnaie, pușcărie. **II.** *vt.* a scrie (*o scrisoare*). # **~manship** caligrafie.

penal ['pi:nl] *adj.* penal. # **~ code** cod penal.

penalize ['pi:nəlaɪz] *vt.* **1.** a penaliza. **2.** a dezavantaja.

penalty ['penəlti] *s.* **1.** (*și jur.*) pedeapsă: *the death ~* pedeapsa cu moartea; *~ shot sport* lovitură de pedeapsă; *~ shoot-out* penalti, lovituri de la unsprezece metri. **2.** amendă, penalizare: *without ~* fără penalizare. **3.** dezavantaj: *the ~ of fame* prețul celebrității. # **~ area** careu de 16 metri.

penance ['penəns] *s.* penitență.

penchant ['pentʃənt] *s.* (**for**) înclinație (spre).

pencil ['pensl] *s.* creion. # **~ case** penar; **~-pusher** *amer. fam.* conțopist; **~ sharpener** ascuțitoare.

pending ['pendɪŋ] **I.** *adj.* **1.** nerezolvat; nehotărât. **2.** iminent. **II.** *prep.* până la.

pendulum ['pendjələm] *s.* pendul.

penetrate ['penɪtreɪt] *vt.* **1.** a pătrunde în, a intra în. **2.** a penetra. **3.** a desluși, a rezolva.

penetrating ['penɪtreɪtɪŋ] *adj.* pătrunzător.

penetration [,penɪ'treɪʃn] *s.* penetrare, pătrundere.

penguin ['peŋgwɪn] *s.* pinguin.

penicillin [ˌpenɪ'sɪlɪn] *s.* penicilină.
peninsula [pɪ'nɪnsjələ] *s.* peninsulă.
penis ['pi:nɪs] *s.* penis.
penitence ['penɪtəns] *s.* penitență, căință.
penitent ['penɪtənt] *s., adj.* penitent. # **~iary** penitenciar, puşcărie.
pen-name ['penneɪm] *s.* pseudonim.
pennant ['penənt] *s. nav.* pavilion.
penniless ['penɪlɪs] *adj.* fără bani; sărman, sărac: *the* ~ nevoiaşii.
penny ['peni] *s.* **1.** peni. **2.** *amer.* cent. # **~-pinching** zgârcit; **~ whistle** *muz.* fluier.
pension ['penʃn] *s.* pensie: *to live on a* ~ a trăi din pensie. # **to ~ off** a pensiona, a scoate la pensie; **~er** pensionar.
pensive ['pensɪv] *adj.* gânditor.
pentagon ['pentəgən] *s.* pentagon.
penthouse ['penthaʊs] *s.* apartament luxos la ultimul etaj al unei clădiri înalte.
pent-up ['pentəp] *adj.* refulat, înăbuşit.
penury ['penjəri] *s.* penurie; sărăcie.
peony ['pi:əni] *s.* bujor.
people ['pi:pl] **I.** *s.* **1.** oameni: *a lot of* ~ o mulțime de oameni. **2.** popor: *the French* ~ poporul francez. **3.** musafiri, oaspeți. **II.** *vt.* a popula (*o regiune etc.*).
pep [pep] *s.* entuziasm. # **to ~ up** *fam.* a condimenta; a înviora; **~ pill** pastilă energizantă.
pepper ['pepə] **I.** *s.* **1.** piper. **2.** ardei gras. **II.** *vt.* a pipera. # **~corn** boabă de piper; **~corn rent** chirie foarte mică; **~mint** mentă; **~oni** cârnați picanți; **~ pot/shaker** piperniță; **~y** piperat.
per [pə] *prep.* **1.** pe: ~ *annum* pe an; ~ *night* pe noapte; ~ *hour* pe oră. **2.** prin: *sent ~ carrier* trimis/expediat prin mesagerie.
perceive [pə'si:v] *vt.* **1.** a observa, a constata. **2.** a socoti, a considera.
percent [pə'sent] *adj., adv.* la sută. # **~age** procentaj.
perceptible [pə'septəbl] *adj.* perceptibil.
perception [pə'sepʃn] *s.* **1.** percepție. **2.** concepție. **3.** înțelegere, pricepere.
perch [pɜ:tʃ] **I.** *s.* stinghie, bară de lemn (*pe care se cocoață păsările*). **II.** *vi.* a se cocoța. # **~ed** cocoțat.
perchance [pə'tʃɑ:ns] *adv. înv.* **1.** probabil. **2.** din întâmplare.
percipient [pə'sɪpiənt] *adj.* pertinent.
percolate ['pɜ:kəleɪt] *vi.* **1.** a se infiltra. **2.** (*d. secrete*) a transpira.
percolator ['pɜ:kəleɪtə] *s.* filtru de cafea.
percussion [pə'kʌʃn] *s.* percuție.
perdition [pɜ:'dɪʃn] *s.* perdiție, pierzanie.
peremptorily [pə'remptərɪli] *adv.* ferm, hotărât, categoric.
peremptory [pə'remptəri] *adj.* **1.** autoritar. **2.** (*d. ton*) imperativ. **3.** (*d. refuz*) categoric.
perennial [pə'reniəl] *adj.* peren.
perfect **I.** ['pɜ:fɪkt] *adj.* **1.** perfect, ireproşabil. **2.** perfect, ideal: *a* ~

day for zi ideală pentru. **3.** complet: *a ~ stranger* complet străin. **II.** [pə'fekt] *vt.* a perfecţiona. # **~ion** perfecţie; perfecţionare; **~ly** la perfecţie; absolut.

perfidious [pə'fɪdiəs] *adj.* trădător, perfid.

perfidy ['pɜ:fɪdi] *s.* trădare; perfidie.

perforate ['pɜ:fəreɪt] *vt.* a perfora.

perforce [pə'fɔ:s] *adv. înv.* absolut necesar.

perform [pə'fɔ:m] *vt.* **1.** a face: *to ~ an experiment* a face o experienţă. **2.** a îndeplini (*un rol*). **3.** a juca (*o piesă de teatru*). # **~er** actor; instrumentist.

performance [pə'fɔ:məns] *s.* **1.** spectacol: *an evening ~* spectacol de seară. **2.** rol (*al actorului*); execuţie (*a instrumentistului*). **3.** performanţă: *an economic ~* performanţă economică. **4.** executare, îndeplinire (*a unei sarcini*).

perfume ['pɜ:fju:m] **I.** *s.* parfum (*şi fig.*). **II.** *vt., vi.* a (*se*) parfuma. # **~ry** parfumerie.

perfunctory [pə'fʌŋktəri] *adj.* superficial, neglijent.

perhaps [pə'hæps] *adv.* probabil.

peril ['perɪl] *s.* pericol, primejdie. # **~ous** periculos, primejdios.

perimeter [pə'rɪmɪtə] *s.* **1.** perimetru, circumferinţă. **2.** cuprins, zonă.

period ['pɪəriəd] **I.** *s.* **1.** perioadă: *for a ~ of two months* pe o perioadă de două luni. **2.** epocă; vreme. **3.** oră de curs. **4.** menstruaţie. **5.** *amer.* punct. **II.** *adj.* (*d. mobilă etc.*) de epocă, stil. **III.** *adv.* punct, şi cu asta basta. # **~ic** periodic; **~ical** revistă, publicaţie.

peripatetic [,peripə'tetɪk] *adj.* itinerant.

peripheral [pə'rɪfrəl] *adj.* **1.** periferic. **2.** marginal, colateral, secundar.

perifery [pə'rɪfəri] *s.* periferie (*şi fig.*).

periscope ['perɪskəʊp] *s.* periscop.

perish ['perɪʃ] *vi.* **1.** a pieri: *to ~ from starvation* a muri de foame. **2.** a se deteriora, a se distruge. # **~able** perisabil; **~ed** *fam.* îngheţat de frig; **~ing** *fam.* foarte friguros; *~ the thought!* nici să nu aud de aşa ceva!

perjure ['pɜ:dʒə] *vt.*: *to ~ yourself* a comite un sperjur.

perjury ['pɜ:dʒəri] *s.* sperjur: *to commit ~* a comite sperjur.

perk [pɜ:k] *s.* bonus; supliment; avantaj. # **to ~ up** a se întrema, a se înviora; **~y** *fam.* vioi, dezinvolt.

perm [pɜ:m] **I.** *s.* permanent. **II.** *vi.* a-şi face permanent.

permanence ['pɜ:mənəns] *s.* stabilitate; trăinicie.

permanent ['pɜ:mənənt] *adj.* permanent; stabil; durabil: *a ~ job* slujbă stabilă.

permeable ['pɜ:miəbl] *adj.* permeabil.

permeate ['pɜ:mieɪt] *vi.* **1.** a pătrunde, a se răspândi. **2.** a se transmite.

permissible [pə'mɪsɪbl] *adj.* admis(ibil), permis.

permission [pə'mɪʃn] *s.* **1.** voie, învoire: *to ask ~ for* a cere voie să. **2.** aprobare (*oficială*).

permissive [pəˈmɪsɪv] *adj.* îngăduitor.
permit I. [ˈpɜːmɪt] *s.* legitimație, permis. **II.** [pəˈmɪt] *vt.* a permite.
pernicious [pəˈnɪʃəs] *adj.* vătămător; contraindicat.
pernickety [pəˈnɪkɪti] *adj. fam.* **1.** chițibușar. **2.** mofturos.
perpendicular [ˌpɜːpənˈdɪkjələ] *s., adj.* perpendicular(ă).
perpetrate [ˈpɜːpətreɪt] *vt.* a comite (*o fraudă etc.*).
perpetrator [ˈpɜːpətreɪtə] *s.* făptuitor, făptaș.
perpetual [pəˈpetʃuəl] *adj.* perpetuu, continuu.
perpetuate [pəˈpetʃueɪt] *vt.* a împământeni, a statornici.
perpetuity [ˌpɜːpəˈtjuːɪti] *s.* eternitate: *in* ~ pe vecie.
perplex [pəˈpleks] *vt.* a stupefia. # **~ity** uimire.
perquisite [ˈpɜːkwɪzɪt] *s.* bonus, supliment; avantaj.
persecute [ˈpɜːsɪkjuːt] *vt.* a persecuta.
persecution [ˌpɜːsɪˈkjuːʃn] *s.* persecuție.
perseverance [ˌpɜːsɪˈvɪərəns] *s.* perseverență.
persevere [ˌpɜːsɪˈvɪə] *vi.* a persevera.
persevering [ˌpɜːsɪˈvɪərɪŋ] *adj.* perseverent, sârguincios, tenace.
persist [pəˈsɪst] *vi.* **1.** a persista, a se menține. **2.** **(in)** a continua (să). **3.** a insista. # **~ence** insistență; dăinuire; **~ent** insistent; continuu.
person [ˈpɜːsn] *s.* persoană. # **in ~** personal; **~able** simpatic; **~age** personalitate (marcantă).
personal [ˈpɜːsənl] *adj.* personal, particular, propriu. # **~ity** personalitate; **~ly** personal, în persoană; **~ organizer** agendă de birou; **~ pronoun** pronume personal.
personification [pəˌsɒnɪfɪˈkeɪʃn] *s.* personificare.
personify [pəˈsɒnɪfai] *vt.* a personifica.
personnel [ˌpɜːsəˈnel] *s.* personal, cadre.
perspective [pəˈspektɪv] *s.* perspectivă.
perspicacious [ˌpɜːspɪˈkeɪʃəs] *adj.* perspicace.
perspiration [ˌpɜːspɪˈreɪʃn] *s.* transpirație.
persuade [pəˈsweɪd] *vt.* a lămuri, a convinge.
persuasion [pəˈsweɪʒn] *s.* **1.** putere de convingere. **2.** concepție, convingere (*politică, religioasă*).
persuasive [pəˈsweɪsɪv] *adj.* convingător.
pert [pɜːt] *adj.* **1.** (*d. o femeie*) înfigăreț. **2.** (*d. o parte a corpului*) drăguț: *a ~ nose* nas nostim.
pertain [pəˈteɪn] *vi.* **1.** **(in)** a exista (în). **2.** **(to)** a ține (de): *subjects ~ing to religion* teme care țin de religie.
pertinacious [ˌpɜːtɪˈneɪʃəs] *adj.* tenace, stăruitor.
pertinent [ˈpɜːtɪnənt] *adj.* pertinent; oportun.

perturb [pə'tɜ:b] *vt.* a nelinişti, a alarma. # **~ation** alarmare; dereglare.

peruse [pə'ru:z] *vt.* a citi cu atenţie.

pervade [pə'veɪd] *vt.* a pătrunde, a răzbate.

perverse [pə'vɜ:s] *adj.* **1.** eronat: *a ~ decision* hotărâre greşită. **2.** contrar evidenţelor. **3.** îndărătnic. **4.** pervers.

perversion [pə'vɜ:ʃn] *s.* **1.** perversiune: *sexual ~* perversiune sexuală. **2.** corupere, pervertire. **3.** mistificare, denaturare.

pervert I. ['pɜ:vɜ:t] *s.* pervers. **II.** [pə'vɜ:t] *vt.* **1.** a perverti, a corupe. **2.** a mistifica (*un sens*).

pesky ['peski] *adj. amer. fam.* sâcâitor.

pessimism ['pesɪmɪzəm] *s.* pesimism.

pessimist ['pesɪmɪst] *s.* pesimist. # **~ic** pesimist (*adj.*).

pest [pest] *s.* **1.** dăunător. **2.** pacoste de om. # **~icide** pesticid.

pester ['pestə] **I.** *vt.* a bate la cap, a tracasa. **II.** *vi.* (**with**) a bombarda (cu) (*întrebări*).

pestilence ['pestɪləns] *s.* pestă, molimă.

pestle ['pesl] *s.* mojar; piuliţă (*de pisat*).

pet [pet] **I.** *s.* **1.** animal de apartament (*câine, papagal etc.*). **2.** persoană favorită, febleţe. **II.** *adj.* preferat, favorit. **III.** *vt.* a dezmierda, a mângâia. **IV.** *vi.* (*d. îndrăgostiţi*) a se giugiuli. # **~ting** mângâieri amoroase.

petal ['petl] *s.* petală.

petard [pə'tɑ:d] *s.* petardă.

petition [pə'tɪʃn] *s.* petiţie, cerere (*scrisă*). # **~er** petiţionar.

petrified ['petrɪfaɪd] *adj.* încremenit de frică, îngrozit.

petrify ['petrɪfaɪ] *vt.* a îngrozi.

petrol ['petrəl] *s.* benzină: *unleaded ~* benzină fără plumb. # **~ bomb** bombă incendiară; **~eum** ţiţei; **~ogy** petrologie; **~ station** staţie de benzină.

petticoat ['petɪkəʊt] *s.* jupă.

petty ['peti] *adj.* neimportant, mărunt: *~ offence* contravenţie; *~ theft* găinărie. # **~ bourgeois** mic burghez.

petulant ['petjulənt] *adj.* năzuros.

petunia [pə'tju:niə] *s.* petunie.

pew [pju:] *s.* bancă (*în biserica catolică*).

phallus ['fæləs] *s.* falus.

phantom ['fæntəm] **I.** *s.* **1.** fantomă. **2.** fantasmă. **II.** *adj.* fantomatic, imaginar, închipuit.

pharaoh ['feərəʊ] *s.* faraon.

pharmacist ['fɑ:məsɪst] *s.* farmacist.

pharmacy ['fɑ:məsi] *s.* farmacie.

pharynx ['færɪŋks] *s.* faringe.

phase [feɪz] *s.* fază; perioadă; parte. # **to ~ in** a introduce treptat.

pheasant ['feznt] *s.* fazan.

phenomenon [fɪ'nɒmɪnən] (*pl.* **phenomena**) *s.* fenomen.

phial ['faɪəl] *s.* fiolă; flacon.

philanderer [fɪ'lændərə] *s.* crai, muieratic.

philanthropist [fɪ'lænθrəpɪst] *s.* filantrop.

philanthropy [fɪ'lænθrəpi] *s.* filantropie.
philatelist [fɪ'lætəlɪst] *s.* filatelist.
philately [fɪ'lætəli] *s.* filatelie.
philology [fɪ'lɒlədʒi] *s.* filologie.
philosopher [fɪ'lɒsəfə] *s.* filosof.
philosofical [ˌfɪlə'sɒfɪkl] *adj.* filosofic.
philosophy [fɪ'lɒsəfi] *s.* filosofie.
phlegm [flem] *s.* **1.** flegmă. **2.** calm.
phone [fəʊn] **I.** *s.* telefon: *to make a ~ call* a da un telefon. **II.** *vt.* a telefona. # ~ **book** carte de telefon; ~ **booth** cabină de telefon; ~ **card** cartelă de telefon; ~**-in** emisiune (*radio sau TV*) la care se poate suna în direct; *to be on the ~* a vorbi la telefon; a avea telefon.
phonetic [fə'netɪk] *adj.* fonetic. # ~**s** fonetică.
phoney ['fəʊni] **I.** *s.* ipocrit. **II.** *adj. fam.* fals.
phosphorus ['fɒsfərəs] *s.* fosfor.
photo ['fəʊtəʊ] (*pl.* ~**s**) *s.* fotografie: *I'll make a ~ of you* am să te fotografiez. # ~**genic** fotogenic.
photograph ['fəʊtəgrɑ:f] **I.** *s.* fotografie. **II.** *vt.* a fotografia. # ~**er** fotograf; ~**ic** fotografic; ~**y** fotografie; *to ~ well/badly* a fi fotogenic/a nu fi fotogenic.
phrase [freɪz] **I.** *s.* **1.** sintagmă; locuțiune. **2.** expresie idiomatică. **3.** formulare: *a famous ~* o formulare faimoasă, un citat faimos. **II.** *vt.* a formula, a enunța. # ~**ology** exprimare; limbaj.
phrasing ['freɪzɪŋ] *s.* **1.** terminologie, vocabular. **2.** *muz.* frazare.
phisical ['fɪzɪkl] **I.** *s.* vizită medicală. **II.** *adj.* **1.** fizic, material: *the ~ world* lumea materială. **2.** corporal, trupesc: *~ health* sănătate a trupului. **3.** carnal. # ~ **education** educație fizică; ~ **therapy** fizioterapie; ~ **training** *mil.* instrucție; exerciții de gimnastică.
physician [fɪ'zɪʃn] *s.* doctor.
physicist ['fɪzɪsɪst] *s.* fizician.
physics ['fɪziks] *s.* fizică.
physiognomy [ˌfɪzɪ'ɒnəmi] *s.* fizionomie.
physiology [ˌfɪzɪ'ɒlədʒi] *s.* fiziologie.
physique [fɪ'zi:k] *s.* fizic, conformație, constituție.
pianist ['pɪənɪst] *s.* pianist.
piano [pi'ænəʊ] (*pl.* ~**s**) *s.* pian: *to play the ~* a cânta la pian; *to play jazz on the ~* a cânta jazz la pian.
piccolo ['pɪkələʊ] *s. muz.* piculină.
pick [pɪk] **I.** *s.* **1.** alegere, selectare. **2.** elită: *the ~ of the army* floarea armatei. **3.** hârleț. **4.** *muz.* pană. **II.** *vt.* **1.** a alege, a selecta: *he ~ed his words carefully* își alegea cu grijă cuvintele. **2.** a culege (*fructe etc.*). # ~**-a-back** în cârcă; ~**axe** târnăcop; ~**er** culegător (*de fructe etc.*); ~**-me-up** *fam.* băutură care revigorează; stimulent; ~**pocket** hoț de buzunare; ~**y** mofturos, sclifosit; *to ~ a lock* a deschide o ușă cu șperaclul; *to ~ a quarrel* a căuta ceartă cu lumânarea.
picket ['pɪkɪt] **I.** *s.* **1.** țăruș. **2.** pichet de grevă/pază. **II.** *vt.* a picheta (*guvernul etc.*).

pickle ['pɪkl] **I.** *s.* **1.** murătură. **2.** *amer.* castravete cornişon. **II.** *vt.* a pune în saramură/oțet. # **~d** *fam.* pilit, cherchelit.

pickup ['pɪkʌp] *s.* **1.** camionetă (*cu platformă*). **2.** agațament, cunoştință întâmplătoare. **3.** *auto amer.* accelerare.

pick up ['pɪk'ʌp] **I.** *vt.* **1.** a căpăta (*un obicei*). **2.** a lua (*o răceală*). **3.** (*d. autobuz*) a lua (*pasageri*). **4.** a relua (*o şedință*). **5.** a agăța (*o femeie*). **6.** *fam.* a aresta. **7.** *amer.* a strânge (*lucrurile*) după cineva. **II.** *vi.* **1.** a se întrema, a-şi reveni. **2.** a se înviora, a se revigora (*şi fig.*).

picnic ['pɪknɪk] *s.* picnic. # **~ker** persoană care ia parte la un picnic; ... *is no ~* ... nu e o treabă uşoară.

picture ['pɪktʃə] **I.** *s.* **1.** pictură; desen, ilustrație. **2.** tablou. **3.** imagine (*mentală*). **4.** situație: *the general ~ is different now* situația generală este diferită acum. **II.** *vt.* **1.** a-şi imagina, a-şi închipui. **2.** a prezenta, a înfățişa. # **~ book** carte cu poze; **~-perfect** *amer.* perfect, exact aşa cum trebuia să fie; **~ postcard** ilustrată; **~s** film de cinema.

picturesque [ˌpɪktʃə'resk] *adj.* **1.** pitoresc. **2.** (*d. limbaj*) colorat, viu.

piddle ['pɪdl] *vi. fam.* a face pipi.

piddling ['pɪdlɪŋ] *adj. fam.* neînsemnat, mărunt.

pidgin ['pɪdʒɪn] *s.* limbă stâlcită: *~ French* franceza de baltă.

pie [paɪ] *s.* plăcintă. # *that's ~!* asta-i floare la ureche!

piece [pi:s] *s.* **1.** bucată; fărâmă: *a ~ of meat* o bucată de carne; *a ~ of grit* pietricică: *a ~ of furniture* o mobilă; *a ~ of information* o informație. **2.** bucată muzicală. **3.** emisiune (*la radio sau TV*). **4.** articol (*în ziar*). **5.** piesă (*la şah*). **6.** *amer. sl.* pistol. # **~meal** fragmentar, sporadic; **~ rate** plată în acord; **~ work** muncă în acord; *a ~ of cake fam.* sau *a ~ of piss sl.* floare la ureche (*fig.*); (*all*) *of a ~* identic; *to go to ~s* a fi distrus sufleteşte; *to take to ~s* a demonta (*un aparat etc.*).

pier [pɪə] *s.* **1.** dig (*la mare*). **2.** ponton.

pierce [pɪəs] *vt.* a pătrunde în, a străpunge: *the arrow ~d his shoulder* săgeata i-a străpuns umărul.

piercing ['pɪəsɪŋ] *adj.* **1.** (*d. privire, frig*) pătrunzător. **2.** (*d. sunet*) ascuțit. **3.** (*d. tristețe etc.*) copleşitor.

piety ['paɪəti] *s.* pietate, evlavie.

piffle ['pɪfl] *s. fam.* tâmpenii.

pig [pig] **I.** *s.* porc (*şi fig.*). **II.** *vt. fam.* a mânca precum un porc. # **~gery** cocină de porci; **~gy** purcel; **~gy bank** puşculiță: **~-headed** încăpățânat, căpățânos; **~let** purceluş; **~sty** cocină (*şi fig.*); **~tails** codițe (*de păr*).

pigeon ['pɪdʒɪn] *s.* porumbel. # **~-hole** fişier.

pigment ['pɪgmənt] *s.* pigment.

pigmy ['pɪgmɪ] *s.* pigmeu.
pike [paɪk] *s.* ştiucă.
pile [paɪl] **I.** *s.* **1.** maldăr; stivă; teanc: *a ~ of books* teanc de cărţi; *a ~ of letters* maldăr de scrisori. **2.** movilă. **3.** pilon. **4.** cogeamite de casă. **II.** *vt.* **1.** a face stivă. **2.** (**with**) a burduşi (cu). **III.** *vi.* a se îmbulzi. # **~s** hemoroizi; **~-up** tamponare în lanţ; **to ~ it on** *fam.* a exagera.
pilfer ['pɪlfə] *vt.* a şterpeli, a fura.
pilgrim ['pɪlgrɪm] *s.* pelerin. # **~age** pelerinaj.
pill [pɪl] *s.* pilulă, pastilă.
pillage ['pɪlɪʤ] **I.** *s.* prădăciune, jaf. **II.** *vt.* a prăda.
pillar ['pɪlə] *s.* **1.** coloană, stâlp: *doric ~* coloană dorică. **2.** monument comemorativ, obelisc; coloană.
pillion ['pɪliən] *s.* şa din spate (*la motocicletă*).
pillory ['pɪləri] **I.** *s.* stâlp al infamiei. **II.** *vt.* a stigmatiza, a pune la zid (*fig.*).
pillow ['pɪləʊ] *s.* pernă. # **~case** *sau* **~slip** faţă de pernă.
pilot ['paɪlət] **I.** *s.* **1.** pilot. **2.** program pilot (*la TV*). **II.** *vt.* **1.** a pilota. **2.** a testa (*un produs nou etc.*).
pimento [pɪ'mentəʊ] (*pl.* **~s**) *s.* ardei capia.
pimp [pɪmp] *s.* peşte, proxenet.
pimple ['pɪmpl] *s.* coş (*pe faţă*).
pin [pɪn] **I.** *s.* **1.** bold. **2.** ac (*de cravată/pălărie etc.*). **3.** *amer.* broşă. **4.** insignă. **5.** *med.* tijă. **II.** *vt.* **1.** a prinde în bolduri/agrafe. **2.** a imobiliza (*pe cineva*). **3.** a pune (*o broşă*). # **~ cushion** perniţă pentru ace; **~ money** bani de buzunar; **~-up** fotografie a unei fete frumoase, sumar îmbrăcată pusă pe perete; *to ~ the blame on* a da vina pe.
pinafore ['pɪnəfɔ:] *s.* **1.** şorţ de bucătărie. **2.** sarafan.
pincers ['pɪnsəz] *s. pl.* cleşte.
pinch [pɪntʃ] **I.** *s.* ciupit, ciupitură. **II.** *vt.* **1.** a ciupi (*şi fig.*). **2.** (*d. pantofi*) a strânge. # **~ed** tras la faţă şi palid; **~ penny** nevoiaş.
pine [paɪn] *s.* (lemn de) pin. # **to ~ for** a duce dorul (*cuiva*); **~apple** ananas.
ping-pong ['pɪŋpɒŋ] *s. fam.* tenis de masă.
pinion ['pɪnjən] *vt.* a imobiliza (*pe cineva*).
pink [pɪŋk] **I.** *s.* **1.** (culoarea) roz. **2.** garoafă. **II.** *adj.* **1.** roz. **2.** *pol. fam.* moderat de stânga. **III.** *vi.* (*d. motor*) a da rateuri. # **~ie** *amer.* degetul mic de la mână; **~ish** rozaliu; **~o** *pol. fam.* moderat de stânga (*s.*); **~ slip** plic (*dat la concediere*).
pinpoint ['pɪnpɔɪnt] *vt.* **1.** a indica precis. **2.** a preciza, a specifica.
pint [paɪn't] *s.* măsură de capacitate (*=0,568 l în Anglia; 0,473 l în S.U.A*). # **~ bottle** sticlă de o jumătate de litru; **~-sized** minuscul.
pioneer [,paɪə'nɪə] *s.* pionier. # **~ing** de pionierat.
pious ['paɪəs] *adj.* pios, evlavios.

pip [pɪp] **I.** *s.* **1.** sâmbure (*la fructe*). **2.** gong. **3.** punct (*la zar etc.*). **II.** *vt.* a întrece/învinge la mustață.
pipe [paɪp] **I.** *s.* **1.** conductă (*de petrol, gaze*). **2.** pipă. **3.** fluier. **4.** tub (*la orgă*). **II.** *vt.* **1.** a pompa (*petrol etc.*). **2.** a transmite prin cablu. **III.** *vi.* a ciripi. # ~ **dream** vis irealizabil; **~r** fluierar.
piping ['paɪpɪŋ] **I.** *s.* **1.** canalizare (*a unei case etc.*). **2.** paspoal; firet. **3.** ciripit. **II.** *adj.* (*d. voce*) ascuțit. # ~ **hot** foarte fierbinte.
piquant ['pi:kənt] *adj.* picant (*şi fig.*).
pique [pi:k] **I.** *s.* ranchiună. **II.** *vt.* a leza, a răni. # **~d** ofensat.
piracy ['paɪrəsi] *s.* piraterie.
pirate ['paɪrɪt] *s.* pirat.
Pisces ['paɪsi:z] *s.* Peşti (*zodie*).
piss [pɪs] *sl.* **I.** *s.* urinare. **II.** *vi.* a urina. # **~-up** *sl.* beție.
pistil ['pɪstɪl] *s. bot.* pistil.
pistol ['pɪstl] *s.* pistol.
piston ['pɪstən] *s.* piston.
pit [pɪt] **I.** *s.* **1.** groapă. **2.** *amer.* sâmbure (*de caisă etc.*). **3.** loja orchestrei. **4.** cicatrice mică, semn (*pe față*). **5.** piață (*la bursă*). **II.** *vt.* a scoate sâmburii din (*măsline etc.*). # **~fall** capcană (*fig.*); **~head** gură de mină; ~ **stop** oprire pentru alimentare (*la curse de maşini*).
pitch [pɪtʃ] **I.** *s.* **1.** teren (*de fotbal etc.*). **2.** apogeu; grad, nivel: *to the highest* ~ la cel mai înalt nivel. **3.** înclinare, aplecare. **4.** *muz.* ton. **5.** *nav.* tangaj. **6.** smoală. **II.** *vt.* **1.** a arunca, a azvârli (*şi fig.*). **2.** a expune (*marfă*) pentru vânzare. **III.** *vi.* **1.** a cădea (din picioare). **2.** *nav.* a avea tangaj. # **~fork** furcă; **~-dark** beznă.
pitcher ['pɪtʃə] *s.* **1.** ulcică, bărdacă. **2.** *amer.* cană (*de vin, apă*).
piteous ['pɪtiəs] *adj.* jalnic.
pith [pɪθ] *s.* **1.** *anat.* măduvă. **2.** miez (*şi fig.*). # **~y** (*d. comentariu*) concis şi plin de substanță.
pitiable ['pɪtiəbl] *adj.* jalnic, de plâns.
pitiless ['pɪtɪlɪs] *adj.* nemilos.
piton ['pi:tɒn] *s.* piton.
pittance ['pɪtns] *s.* sumă derizorie (*salariu etc.*).
pity ['pɪti] **I.** *s.* **1.** milă: *I took ~ on her* mi s-a făcut milă de ea; *have ~ on him* fie-ți milă de el. **2.** păcat: *what a ~!* ce păcat! **II.** *vt.* a căina, a compătimi.
pivot ['pɪvət] **I.** *s.* pivot. **II.** *vi.* a se roti, a pivota.
pizzazz [pɪ'zæz] *s. amer.* energie, vitalitate.
placard ['plæka:d] *s.* **1.** panou (de publicitate). **2.** pancartă.
placate [plə'keɪt] *vt.* a mulțumi, a satisface.
place [pleɪs] **I.** *s.* **1.** loc. **2.** localitate. **3.** serviciu. **4.** casă: *at my* ~ la mine acasă. **II.** *vt.* **1.** a plasa, a pune. **2.** a identifica, a recunoaşte. **3.** a da (*un anunț în ziar*). # **~ment** plasare, plasament; *all over the ~* peste tot, pretutindeni; *to change ~s* a schimba locurile; *in ~* la locul lui/ei; *in ~s* în diferite locuri; *out of ~* nelalocul lui; *to take ~* a avea loc, a se petrece.

placing ['pleɪsɪŋ] *s.* plasare.
plagiarize ['pleɪdʒəraɪz] *vt.* a plagia.
plague [pleɪg] **I.** *s.* **1.** ciumă. **2.** epidemie. **3.** invazie (*de lăcuste, şobolani*). **II.** *vt.* **1.** a tracasa; a hărţui. **2.** (*d. gelozie etc.*) a chinui.
plaice [pleɪs] *s.* calcan.
plain [pleɪn] **I.** *s.* şes, câmpie. **II.** *adj.* **1.** clar, evident. **2.** simplu: *a ~ dress* rochie simplă. **3.** oarecare, comun: *~ but attractive* nu frumos, dar simpatic. **4.** sincer. **III.** *adv.* pe de-a întregul, chiar: *~ stupid* prost de-a binelea. # **~ chocolate** ciocolată amăruie; **~ clothes** haine civile; **~ly** clar, evident; deschis, sincer (*adv.*); **~ sailing** foarte simplu/uşor.
plaintiff ['pleɪntɪf] *s. jur.* reclamant.
plaintive ['pleɪntɪv] *adj.* plângăreţ.
plait [plæt] **I.** *s.* coadă: *she wore her hair in ~s* purta codiţe. **II.** *vt.* a împleti (*părul etc.*).
plan [plæn] **I.** *s.* **1.** plan: *a change of ~* schimbare de plan; *a development ~* plan de dezvoltare. **2.** schemă: *a ~ of a museum* schema muzeului. **II.** *vt.* **1.** a schiţa, a face (*un plan*). **2.** a plănui. # **~ner** planificator; proiectant; **~ning** planificare; sistematizare.
plane [pleɪn] **I.** *s.* **1.** avion: *by ~* cu avionul. **2.** plan: *the vertical ~* planul vertical. **3.** stadiu: *~ of achievement* nivel de performanţă. **4.** rindea. **II.** *adj.* plan: *a ~ surface* suprafaţă plană. **III.** *vt.* a rindelui. **IV.** *vi.* (*d. păsări*) a plana. # **~r** rindea; **~tree** platan.
planet ['plænɪt] *s.* planetă. # **~arium** planetariu; **~ary** planetar.
plank [plæŋk] *s.* **1.** scândură, blană. **2.** *pol.* obiectiv (*din programul partidului*).
plant [plɑ:nt] **I.** *s.* **1.** plantă. **2.** uzină. **3.** utilaje, instalaţii; tehnologie. **4.** agent acoperit. **II.** *vt.* **1.** a planta; a semăna. **2.** a vârî, a înfige. **3.** a plasa, a ascunde (*droguri etc.*). **4.** a infiltra (*un agent*). # **~ation** plantaţie; **~er** *sau* **~ pot** ghiveci de flori.
plaster ['plɑ:stə] **I.** *s.* **1.** ipsos, ghips. **2.** tencuială. **II.** *vt.* **1.** a acoperi cu ipsos. **2.** a unge cu vaselină.
plastic ['plæstɪk] **I.** *s.* **1.** plastic. **2.** *fam.* carte de credit. **II.** *adj.* **1.** de plastic. **2.** *fam.* artificial, fals. # **~ surgery** chirurgie estetică.
plasticine ['plæstɪsi:n] *s.* plastilină.
plate [pleɪt] **I.** *s.* **1.** farfurie. **2.** *tehn.* placă (*de metal*); placă dentară. **3.** ilustraţie: *colour ~s* ilustraţii color. **II.** *vt.* a placa.
plateau ['plætəʊ] *s.* **1.** podiş. **2.** *ec.* (perioadă de) stabilitate.
platform ['plætfɔ:m] *s.* **1.** peron. **2.** *pol.* platformă program.
platinum ['plætɪnəm] *s.* platină. # **~ blonde** blondă platinată.
platitude ['plætɪtju:d] *s.* platitudine, loc comun.
platoon [plə'tu:n] *s.* pluton.
platter ['plætə] *s.* platou (*cu mâncare*).
plaudits ['plɔ:dɪts] *s. pl.* elogii.
plausible ['plɔ:zəbl] *adj.* plauzibil, credibil.

play [pleɪ] **I.** *s.* **1.** joacă: *children at ~* copii la joacă. **2.** piesă de teatru. **3.** *sport, tehn.* joc. **II.** *vt.* **1.** a juca (*un joc etc.*). **2.** a păcăli (*pe cineva*). **3.** a cânta la: *to ~ the violin* a cânta la vioară. **4.** a pune (*o casetă, un disc*). **III.** *vi.* **1.** a se juca. **2.** a se preface: *to ~ dead* a face pe mortul. # **~-acting** simulare, prefăcătorie; **~bill** *amer.* program (*la teatru*); **~boy** om de lume; **~-by-~** *amer.* comentariu (*la un meci*); **~ed-out** depăşit, răsuflat; **~ful** jucăuş; **~ground** loc de joacă; **~ing** joc (*al unui actor*), interpretare; **~ing field** teren de sport; **~-off** meci de baraj; **~thing** jucărie (*şi fig.*); **~wright** dramaturg.

plea [pli:] *s.* **1.** apel, rugăminte. **2.** pledoarie.

plead [pli:d] **I.** *vt.* **1.** a susţine (*o cauză*): *to ~ not guilty* a susţine că e nevinovat. **2.** a recunoaşte: *to ~ guilty* a se recunoaşte vinovat. **3.** a pretexta. **II.** *vi.* **1.** (**for**) a pleda (pentru). **2.** (**to**) a ruga (să), a implora (să). # **~ingly** implorator (*adv.*); **~ings** rugăminţi.

pleasant ['pleznt] *adj.* plăcut. # **~ries** amabilităţi.

please [pli:z] **I.** *vt.* a mulţumi, a satisface: *nothing ~s him* nimic nu-l mulţumeşte. **II.** *vi.* a vrea: *when you ~* când vrei. # **~d** încântat; *~ sit down* stai jos, te rog; *~ yourself!* cum vrei! *if you ~* te/vă rog.

pleasing ['pli:zɪŋ] *adj.* plăcut.

pleasure ['pleʒə] *s.* plăcere: *for ~* de plăcere.

pleat [pli:t] *s.* cută, pliu. # **~ed** plisat.

plebeian [plɪ'biən] *s., adj.* plebeu.

pledge [pledʒ] **I.** *s.* **1.** angajament, legământ. **2.** gaj, zălog. **II.** *vt.* **1.** a se angaja să (*facă ceva*). **2.** a făgădui, a promite.

plenary ['plenəri] **I.** *s.* plenară. **II.** *adj.* **1.** (*d. o şedinţă etc.*) plenar, lărgit. **2.** (*d. putere*) deplin.

plenitude ['plenɪtju:d] *s.* abundenţă, bogăţie, belşug.

plenteous ['plentiəs], **plentiful** ['plentɪfl] *adj.* îmbelşugat, abundent.

plenty ['plenti] **I.** *s.* belşug: *in times of ~* în vremuri prospere. **II.** *adj.* mult, abundent. **III.** *adv.* **1.** mult: *~ more* mult mai mult. **2.** *amer.* foarte.

plenum ['pli:nəm] *s.* plenară.

plethora ['pleθərə] *s.* exces, abuz.

pleurisy ['plʊərəsi] *s.* pleurezie.

pliable ['plaɪəbl], **pliant** ['plaɪənt] *adj.* **1.** suplu; flexibil. **2.** docil.

pliers ['plaɪəz] *s. pl.* cleşte (*cu cioc*).

plight [plaɪt] *s.* calvar, chin.

plimsolls ['plɪmsəlz] *s. pl.* tenişi.

plinth [plɪnθ] *s.* soclu (*de statuie*).

plod [plɒd] *vi.* a înainta cu greutate. # **~ding** greoi.

plonk [plɒŋk] *vt. fam.* a trânti. # **~er** *sl.* gogoman.

plop [plɒp] *interj.* bâldâbâc!

plot [plɒt] **I.** *s.* **1.** subiect (*al unui roman etc.*). **2.** complot. **3.** lot (*de pământ*). **II.** *vt.* **1.** a pune la cale (*o lovitură de stat*), a urzi. **2.** a trasa pe diagramă/grafic. **III.** *vi.* a complota. # **~ter** conspirator;

inf. plotter; *the ~ thickens* se îngroaşă gluma.

plough [plaʊ] **I.** *s.* plug. **II.** *vt.* **1.** a ara cu plugul. **2.** a reinvesti (*profitul*). # **~er** *sau* **~man** plugar; *under the ~* (*d. pământ*) arabil.

ploy [plɔɪ] *s.* tertip.

pluck [plʌk] **I.** *s. fam.* curaj. **II.** *vt.* **1.** a pensa (*sprâncene*); a smulge (*pene*). **2.** a ciupi (*coardele*). **3.** a scoate din (*anonimat etc.*). # **~y** *fam.* curajos.

plug [plʌg] **I.** *s.* **1.** ştecher. **2.** dop (*în cadă*). **3.** *auto* bujie. **4.** *fam.* publicitate, reclamă (*la un film etc.*). **II.** *vt.* **1.** a astupa (*o fisură etc.*). **2.** a pune dop la. **3** a pune în priză. **4.** *fam.* a face reclamă la. # **~hole** orificiu de scurgere (*în cadă*).

plum [plʌm] *s.* prună. # **~ tree** prun; **~my** (*d. exprimare*) cultivat.

plumage ['plu:mɪʤ] *s.* pene, penaj.

plumb [plʌm] **I.** *s.* fir cu plumb. **II.** *vt.* a sonda, a tatona. **III.** *adv.* **1.** exact, chiar. **2.** *amer. fam.* complet, total: *~ crazy* nebun de-a binelea. # **~er** instalator; **~ing** instalaţie de apă curentă; **~ line** fir cu plumb.

plume [plu:m] *s.* **1.** nor de fum. **2.** pană ornamentală.

plummet ['plʌmɪt] *vt.* a scădea brusc.

plump [plʌmp] *adj.* **1.** dolofan: *a ~ woman* femeie durdulie. **2.** (*d. faţă*) bucălat. **3.** apetisant. # **to ~ out** a se împlini (*la trup*).

plunder ['plʌndə] **I.** *s.* **1.** prădare, jaf. **2.** pradă. **II.** *vt.*, *vi.* a prăda, a jefui.

plunge [plʌnʤ] **I.** *s.* **1.** plonjare. **2.** scădere bruscă. **3.** implicare, amestec. **II.** *vi.* **1.** a plonja. **2.** (*d. preţuri, temperatură*) a scădea brusc.

plunk [plʌŋk] *vt. fam.* a trânti.

plural ['plʊərəl] *s.* plural. # **~ity** multitudine.

plus [plʌs] **I.** *s.* plus, avantaj. **II.** *adj.* în plus, suplimentar. **III.** *prep.* plus: *one ~ four is five* unu plus patru fac cinci. **IV.** *conj.* în plus, mai mult. # **~ fours** pantaloni de golf.

plush [plʌʃ] **I.** *s.* pluş. **II.** *adj. fam.* (*d. un hotel*) de lux.

plutonium [plu:'təʊniən] *s.* plutoniu.

ply [plaɪ] **I.** *s.* strat. **II.** *vt.* **1.** a mânui/a manevra cu dexteritate. **2.** (**with**) a îmbuiba (cu), a îndopa (cu). **3.** (**with**) a bombarda (*cu întrebări etc.*). # **~wood** placaj.

pneumatic [nju:'mætɪk] *adj.* pneumatic. # **~ drill** picamer.

pneumonia [nju:'məʊniə] *s.* pneumonie.

poach [pəʊtʃ] **I.** *vt.* a vâna/a pescui ilegal. **II.** *vi.* a face braconaj. # **~er** braconier.

pocket ['pɒkɪt] **I.** *s.* **1.** buzunar (*şi fig.*): *turn out your ~s* scoate tot ce ai în buzunare. **2.** pichet, grup mic. **II.** *vt.* a băga (*bani*) în buzunar. # **~book** carnet de însemnări;

~knife briceag; **~ money** bani de buzunar.

pockmark ['pɒkmɑ:k] *s.* urmă de vărsat.

pod [pɒd] *s.* **1.** păstaie, teacă. **2.** cocon, gogoaşă (*a viermelui de mătase etc.*). **3.** treaptă a unei nave spaţiale.

podgy ['pɒdʒi] *adj. fam.* plinuţ, grăsuţ.

podiatrist [pə'daɪətrɪst] *s.* pedichiurist(ă).

podium ['pəʊdiəm] *s.* **1.** podium. **2.** *bis.* strană.

poem ['pəʊɪm] *s.* poezie.

poet ['pəʊɪt] *s.* poet. # **~ess** poetă; **~ic(al)** poetic; **~ic licence** licenţă poetică; **~ry** poezii.

po-faced ['pəʊfeɪst] *adj. fam.* solemn, grav.

poignant ['pɔɪnənt] *adj.* dureros, sfâşietor; amar.

point [pɔɪnt] **I.** *s.* **1.** părere, punct de vedere: *make your ~!* spune ce ai de spus! **2.** scop, sens: *there's no ~ in* n-are nici un sens să... **3.** subiect: *get to the ~* treci la subiect (*nu divaga*). **4.** caracteristică. **5.** punct. **6.** cioc, vârf ascuţit. **7.** macaz. **II.** *vt.* **1.** a ascuţi (*un creion*). **2.** (**at**) a îndrepta (*arma*) (spre). **III.** *vi.* **1.** a arăta cu degetul. **2.** (*d. un ac*) a indica (*nordul*). **3.** (**in**) a duce (spre), a indica. **4.** (**at**) a da vina (pe). **5.** (**to**) a sugera, a indica. # **~-blank** (*d. refuz*) categoric; **~ duty** dirijare a circulaţiei rutiere; **~ed** ascuţit; incisiv; **~less** inutil, fără roşt; **~ man** soldat în recunoaştere; **to ~ out** a scoate în evidenţă; **~y** *fam.* ascuţit; *~ of view* punct de vedere; *in ~ of fact* de fapt; *on the ~ of...* cât pe ce să...; *up to a ~* într-o oarecare măsură.

pointer ['pɔɪntə] *s.* **1.** ac indicator. **2.** semn, dovadă. **3.** *fam.* indicaţie, lămurire, specificaţie.

poise [pɔɪz] **I.** *s.* **1.** stăpânire de sine; echilibru; calm. **2.** ţinută (*a corpului*). **II.** *vt.* **1.** a contrabalansa. **2.** a pune, a plasa. **III.** *vi.* a plana. # **~d** pregătit, gata.

poison ['pɔɪzn] **I.** *s.* otravă: *deadly ~* otravă mortală. **II.** *vt.* a otrăvi (*şi fig.*). # **~ing** otrăvire; **~ous** otrăvitor; veninos.

poke [pəʊk] **I.** *s.* **1.** ghiont, îmbrâncitură. **2.** putere: *a car with a bit more ~* o maşină cu putere puţin mai mare. **II.** *vt.* **1.** a înghionti. **2.** a scoate (*capul*). **3.** a vârî (*o scrisoare etc.*) pe sub uşă. # **~r** vătrai.

poky ['pəʊki] *adj. fam.* **1.** (*d. o cameră*) minuscul. **2.** (*d. un jucător*) foarte lent.

polar ['pəʊlə] *adj.* polar. # **~ bear** urs polar.

polarity [pə'lærɪti] *s.* **1.** polaritate. **2.** contradicţie.

pole [pəʊl] *s.* **1.** stâlp (*de telegraf*). **2.** ţăruş; băţ; prăjină. **3.** pol: *the South ~* polul Sud. # **~ position** poziţie avantajoasă; *the ~ vault* săritura cu prăjina.

Pole [pəʊl] *s.* polonez.

poleaxe ['pəʊlæks] *vt.* **1.** a doborî la pământ. **2.** a lăsa paf.

polemic [pəʊ'lemɪk] *s.* polemică. # **~al** polemic.

police [pə'li:s] *s.* **1.** poliție. **2.** corp polițienesc. **3.** departament al poliției. # **~ force** forțe ale poliției; **~man** polițist; **~ station** secție/ post de poliție.

policy ['pɒlɪsi] *s.* **1.** politică: *government's ~* politica guvernului. **2.** comportare. **3.** poliță de asigurare.

polish ['pɒlɪʃ] **I.** *s.* **1.** lăcuire, lustruire. **2.** lac (*de lustruit, de unghii*). **3.** ceară de parchet. **4.** măiestrie (*a unui muzician etc.*). **5.** distincție, rafinament. **II.** *vt.* **1.** a lustrui; a lăcui. **2.** a stiliza (*o lucrare*). # **~ed** distins, rafinat; **~er** rașchetă; polizor.

Polish ['pɒlɪʃ] **I.** *s.* **1.** limba poloneză. **2.** (*the ~*) polonezii. **II.** *adj.* polonez.

polite [pə'laɪt] *adj.* politicos.

politic ['pɒlɪtɪk] *adj.* judicios.

political [pə'lɪtɪkl] *adj.* politic. # **~ asylum** azil politic; **~ economy** economie politică; **~ly** din punct de vedere politic.

politician [,pɒlɪ'tɪʃn] *s.* politician.

politicking ['pɒlɪtɪkɪŋ] *s.* politicianism.

politics ['pɒlɪtɪks] *s.* **1.** politică: *to go into ~* a intra în politică; *party ~* politica partidului. **2.** convingeri/vederi politice.

polka ['pɒlkə] *s.* polcă. # **~ dots** buline.

poll [pəʊl] **I.** *s.* **1.** vot, scrutin. **2.** sondaj, sondare: *opinion ~* sondaj de opinie. **3.** număr de voturi. **II.** *vt.* **1.** a obține (*un număr de voturi*): *they ~ed 30% of the vote* au obținut 30% din voturi. **2.** a interoga (*pentru un sondaj*). # **~ing** votare; **~ing booth** cabină de votare; **~ing station** secție de votare.

pollen ['pɒlən] *s.* polen.

pollinate ['pɒlɪneɪt] *vt.* a poleniza.

pollute [pə'lu:t] *vt.* a polua.

pollution [pə'lu:ʃn] *s.* poluare.

polo ['pəʊləʊ] *s.* polo. # **~ neck** guler pe gât; **water ~** polo pe apă.

polygamy ['pə'lɪgəmi] *s.* poligamie.

polyglot ['pɒlɪglɒt] *adj.* poliglot.

polytechnic [,pɒlɪ'teknɪk] *s.* politehnică.

pomegrante ['pɒmɪgrænɪt] *s.* rodie.

pomp [pɒmp] *s.* pompă, fast.

pompous ['pɒmpəs] *adj.* infatuat.

ponce [pɒns] *s.* **1.** proxenet. **2.** *sl.* bărbat homosexual.

pond [pɒnd] *s.* iaz; crescătorie de pește.

ponder ['pɒndə] *vi.* (**over, on**) a reflecta (la). # **~ous** monoton și plicticos.

pong [pɒŋ] *s.* putoare, miros pestilențial.

pontoon [pɒn'tu:n] *s.* ponton.

pony ['pəʊni] *s.* ponei. # **~tail** coadă de cal (*pieptănătură*).

pool [pu:l] *s.* **1.** piscină. **2.** eleșteu. **3.** biliard.

poop [pu:p] *s. nav.* pupă. # **~ed** *amer. fam.* istovit.

poor [pʊə] *adj.* **1.** sărac, sărman. **2.** biet, amărât. **3.** slab, prost:

~ *food* mâncare proastă. # ~ **house** azil de săraci.

pop [pɒp] **I.** *s.* **1.** muzică pop. **2.** pocnitură: *a loud* ~ o pocnitură puternică. **3.** *fam.* tati. **II.** *vt.* **1.** a sparge (*un balon*). **2.** a scoate brusc (*capul*). **3.** *fam.* a lua (*droguri*). # **to ~ off** *fam.* a muri; *to ~ the question fam.* a cere mâna; *to go ~* (*d. un balon*) a se sparge, a exploda.

popcorn ['pɒpkɔ:n] *s.* floricele de porumb.

pope [pəʊp] *s.* papă. # **~'s nose** *amer.* târtiță.

poplar ['pɒplə] *s.* plop.

popper ['pɒpə] *s.* capsă (*la haine*).

poppy ['pɒpi] *s. bot.* mac. # **~cock** *fam.* idioțenii.

populace ['pɒpjələs] *s.* populație, popor.

popular ['pɒpjələ] *adj.* popular. # **~ity** popularitate; **to ~ize** a populariza; **~ly** democratic; pe scară largă.

populate ['pɒpjuleɪt] *vt.* a popula.

population [ˌpɒpju'leɪʃn] *s.* populație.

porcelain ['pɔ:səlɪn] *s.* porțelan.

porch [pɔ:tʃ] *s.* pridvor, cerdac, verandă.

porcupine ['pɔ:kjupaɪn] *s.* porc spinos.

pore [pɔ:] *s.* por.

pork [pɔ:k] *s.* carne de porc: ~ *chops* cotlete de porc. # **~er** porc îngrășat pentru tăiere; ~ **scratchings** șorici (*preparat*); **~ies** *sl.* minciuni, baliverne.

pornography [pɔ:'nɒgrəfi] *s.* pornografie.

porous ['pɔ:rəs] *adj.* poros.

porridge ['pɒrɪdʒ] *s.* terci de ovăz.

port [pɔ:t] *s.* **1.** port: ~ *of call* port de escală; *river ~* port fluvial. **2.** babord.

portend [pɔ:'tend] *vt.* a prevesti.

portent ['pɔ:tent] *s.* prevestire; semn.

portentous [pɔ:'tentəs] *adj.* **1.** prevestitor. **2.** sinistru. **3.** solemn: *a ~ voice* voce solemnă.

porter ['pɔ:tə] *s.* **1.** hamal. **2.** ușier (*la hotel*). **3.** portar (*la o clădire*).

portfolio [pɔ:t'fəʊliəʊ] (*pl.* **~s**) *s.* **1.** portofoliu. **2.** mapă (*pentru stampe, desene etc.*).

porthole ['pɔ:thəʊl] *s.* hublou.

portion ['pɔ:ʃn] *s.* **1.** porțiune, parte: *the central ~ of the bridge* partea centrală a podului. **2.** porție: *a ~ of meat* porție de carne.

portly ['pɔ:tli] *adj.* corpolent.

portmanteau [pɔ:t'mæntəʊ] *s.* valiză mare. # ~ **word** *lingv.* cuvânt telescopat.

portrait ['pɔ:trɪt] *s.* **1.** portret: *a full-length ~* portret în mărime naturală. **2.** descriere detaliată. # **~ist** pictor portretist.

portray [pɔ:'treɪ] *vt.* **1.** (*d. un tablou*) a reprezenta. **2.** (*d. un roman*) a reda, a descrie. **3.** a interpreta (*un rol*). # **~al** descriere.

pose [pəʊz] **I.** *s.* **1.** poziție: *a relaxed ~* poziție relaxată. **2.** ipocrizie. **II.** *vt.* **1.** a crea (*probleme etc.*). **2.** a pune (*o întrebare*). **III.** *vi.* **1.** (**for**) a poza (*pentru*). **2.** (**as**) a se da (drept). # **~r** întrebare încuietoare.

posh [pɒʃ] *adj. fam.* elegant şi scump.

position [pə'zɪʃn] **I.** *s.* poziţie. **II.** *vt.* a pune, a plasa, a aşeza. # **~al** poziţional, de amplasare.

positive ['pɒzɪtɪv] *adj.* **1.** pozitiv. **2.** (absolut) sigur. # **~ly** de-a dreptul; cu siguranţă.

posse ['pɒsi] *s. amer.* poteră.

possess [pə'zes] *vt.* **1.** a deţine, a avea. **2.** (*d. frică etc.*) a pune stăpânire pe. # **~ed** posedat; **~ion** deţinere, posesie, proprietate; **~ions** bunuri personale, avere; **~ive** dominator, autoritar; **~or** deţinător, proprietar.

possibility [,pɒsə'bɪləti] *s.* posibilitate; oportunitate.

possible ['pɒsəbl] *adj.* posibil.

possibly ['pɒsəbli] *adv.* posibil, probabil.

post [pəʊst] **I.** *s.* **1.** poştă: *by ~* prin poştă; *in the ~* la poştă. **2.** scrisori, corespondenţă. **3.** post, loc de muncă. **4.** ţăruş; par; bară (*a porţii*). **5.** potou. **II.** *vt.* **1.** a expedia, a trimite prin poştă. **2.** a detaşa (*un angajat*). **3.** a pune (*un afiş, o notiţă*). **4.** *amer.* a declara oficial. # **~age** tarif poştal; **~age stamp** timbru poştal; **~al form** formular poştal; **~al order** mandat poştal; **~box** cutie de scrisori (*publică*); **~card** carte poştală; **~-free** franco; **~man** curier poştal, poştaş; **~mark** ştampilă a poştei; **~ master** diriginte de poştă; **~ office** oficiu poştal; **~-paid** francat.

poster ['pəʊstə] *s.* afiş publicitar, plancardă.

posterior [pɒ'stɪəriə] **I.** *s.* şezut, dos. **II.** *adj.* **1.** posterior, de dinapoi. **2.** ulterior.

posterity [pɒ'sterəti] *s.* posteritate.

postgraduate [,pəʊst'grædjuət] *adj.* postuniversitar.

post-haste [,pəʊst'heɪst] *adv.* în mare grabă.

posthumous ['pɒstjuməs] *adj.* postum.

posting ['pəʊstɪŋ] *s.* detaşare (*a unui angajat*).

postpone [pə'spəʊn] *vt.* a amâna.

postscript ['pəʊstskrɪpt] *s.* **1.** postscriptum. **2.** încununare; răsplată.

posture ['pɒstʃə] *s.* **1.** poziţie, poziţionare. **2.** atitudine: *an aggressive ~* atitudine agresivă.

posy ['pəʊzi] *s.* buchețel de flori.

pot [pɒt] **I.** *s.* **1.** oală, cratiţă; vas de bucătărie. **2.** vas de ceramică. **3.** miză; pot. **4.** *fam.* marijuana. **5.** *fam.* burtoi. **II.** *vt.* **1.** a pune (*o plantă*) în ghiveci. **2.** a omorî (*un animal*) prin împuşcare. # **~-bellied** burtos; **~ hole** hârtoapă, gaură în asfalt: **~luck** masă cu contribuţie; **~s and pans** ustensile de bucătărie; **~shot** glonţ tras la nimereală; **~ter** olar; **~tery** olărie; vase din ceramică.

potable ['pəʊtəbl] *adj.* potabil.

potato [pə'teɪtəʊ] (*pl.* **~es**) *s.* cartof: *sweet ~es* cartofi noi.

potency ['pəʊtənsi] *s.* potenţă.

potent ['pəʊtənt] *adj.* **1.** potent. **2.** tare, puternic: *a ~ weapon* armă puternică.

potential [pə'tenʃl] *adj.* potențial, posibil.

potion ['pəʊʃn] *s.* poțiune.

potty ['pɒti] **I.** *s. fam.* oliță (*pentru copii*). **II.** *adj.* candriu, nebun: ~ *about* înnebunit după; *to ~-train* a învăța (*un copil*) cu olița.

pouch [paʊtʃ] *s.* **1.** marsupiu, pungă. **2.** cearcăn.

poultice ['pəʊltɪs] *s.* compresă, cataplasmă.

poultry ['pəʊltri] *s.* **1.** păsări de curte. **2.** carne de pasăre.

pounce [paʊns] *vi.* (**on**) a tăbărî (asupra).

pound [paʊnd] **I.** *s.* **1.** liră (sterlină). **2.** livră (*=0,454 kg*). **II.** *vt.* **1.** a lovi, a bate. **2.** a pisa, a măcina. **III.** *vi.* **1.** a umbla tiptil. **2.** (*d. inimă*) a bate, a pulsa. **3.** (**at**) a lovi, a bate cu putere (la, în). # **~ing** bătaie puternică, izbitură.

pour [pɔː] **I.** *vt.* a vărsa, a turna (*un lichid*). **II.** *vi.* **1.** a se prelinge, a curge. **2.** a ploua torențial. **3.** (*d. mulțimi*) a se scurge.

pout [paʊt] *vi.* a-și țuguia buzele.

poverty ['pɒvəti] *s.* sărăcie (*și fig.*). # **~-stricken** nevoiaș; *the ~ line/ level* pragul de sărăcie.

powder ['paʊdə] **I.** *s.* pudră, praf. **II.** *vt.* a pudra. # *to take a ~ amer. fam.* a o lua la picior.

power ['paʊə] *s.* **1.** putere, forță. **2.** dominație: *to be in ~* a fi la putere; *to come to ~* a veni la putere. **3.** autoritate: *executive ~* putere executivă. **4.** curent electric: *a ~ failure* pană de curent. # **~ cut** întrerupere a curentului electric; **~full** puternic; **~less** lipsit de putere, neajutorat; **~ lines** linii de înaltă tensiune; **~ politics** politică de forță; **~-sharing** divizare/împărțire a puterii politice; **~ station** centrală electrică.

pox [pɒks] *s. înv.* **1.** variolă. **2.** sifilis. # **~y** fără valoare/importanță.

practicable ['præktɪkəbl] *adj.* posibil, fezabil.

practical ['præktɪkl] **I.** *s.* practică (*examen*). **II.** *adj.* **1.** practic. **2.** înțelept, judicios. **3.** (*d. un obiect*) folositor. # **~ly** aproape: *~ly impossible* aproape imposibil.

practice ['præktɪs] *s.* **1.** practică: *theory and ~* teorie și practică. **2.** practicare. **3.** exercițiu, antrenament. # *in ~* de fapt; *to be out of ~* a-și fi pierdut abilitatea de a face ceva.

practise ['præktɪs] **I.** *vt.* **1.** a practica (*medicina etc.*). **2.** a învăța (*să facă ceva*). **II.** *vi.* (**for**) a se pregăti (pentru). # **~d** priceput: *a ~d eye* ochi de cunoscător.

practitioner [præk'tɪʃənə] *s.* persoană care practică o meserie.

pragmatic [præg'mætɪk] *adj.* pragmatic.

prairie ['preəri] *s.* prerie.

praise [preɪz] **I.** *s.* apreciere, prețuire; preamărire: *I have nothing but ~ for him* nu am decât cuvinte de laudă la adresa lui. **II.** *vt.* **1.** a lăuda, a ridica în slăvi, a elogia. **2.** a slăvi. # **~worthy** lăudabil.

pram [præm] *s.* cărucior (*pentru copil mic*).

prance [prɑ:ns] *vi.* a păşi ţanţoş.

prang [præŋ] *vt. fam.* a face praf (*un vehicul*).

prank [præŋk] *s.* festă, farsă.

prat [præt] *s. sl.* prostovan. # **~fall** *fam.* gafă; **to ~tle** a sporovăi.

pray [preɪ] *vi.* **1.** (**for**) a se ruga (pentru). **2.** (**to**) a se ruga (la). # **~er** rugăciune.

preach [pri:tʃ] **I.** *vt.* **1.** a propovădui. **2.** a cere (*iertare*). **II.** *vi.* a se ruga (*lui Dumnezeu*). # **~er** preot.

preamble [pri'æmbl] *s.* preambul, introducere.

precarious [prɪ'keəriəs] *adj.* **1.** precar. **2.** nesigur; periculos.

precaution [prɪ'kɔ:ʃn] *s.* precauţie.

precede [prɪ'si:d] *vt.* a preceda. # **~nce** prioritate; **~nt** precedent.

precept ['pri:sept] *s.* precept.

precinct ['pri:sɪŋkt] *s.* **1.** zonă comercială (*cu circulaţie auto interzisă*). **2.** *amer.* circumscripţie electorală. # **~s** împrejurimi, preajmă.

precious ['preʃəs] *adj.* **1.** preţios, valoros, rar: *~ emeralds* smaralde valoroase. **2.** scump, iubit. **3.** preţios, afectat.

precipice ['presɪpɪs] *s.* prăpastie (*şi fig.*).

precipitate [prɪ'sɪpɪteɪt] *vt.* a precipita, a grăbi.

precipitation [prɪˌsɪpɪ'teɪʃn] *s.* precipitaţii.

precipitous [prɪ'sɪpɪtəs] *adj.* **1.** prăpăstios: *a ~ slope* o pantă râpoasă. **2.** vertiginos: *a ~ decline* o scădere vertiginoasă. **3.** pripit.

precis ['preɪsi:] *s.* rezumat.

precise [prɪ'saɪs] *adj.* **1.** precis. **2.** meticulos.

precision [prɪ'sɪʒn] *s.* precizie.

precocious [prɪ'kəʊʃəs] *adj.* precoce.

preconceived [ˌpri:kən'si:vd] *adj.* preconceput.

precursor [pri:'kɜ:sə] *s.* precursor.

predatory ['predətri] *adj.* **1.** (*d. un animal*) de pradă. **2.** hrăpăreţ; vorace.

predecessor ['pri:dɪsesə] *s.* predecesor.

predicament [prɪ'dɪkəmənt] *s.* dificultate, greutate, impas.

predicate I. ['predɪkɪt] *s. gram.* predicat. **II.** ['predɪkeɪt] *vt.* a pretinde, a susţine.

predict [prɪ'dɪkt] *vt.* a prezice. # **~able** previzibil; **~ion** prevestire, previziune.

predilection [ˌpri:dɪ'lekʃn] *s.* predilecţie, preferinţă.

predisposition [ˌpri:dɪspə'zɪʃn] *s.* predispoziţie.

predominant [prɪ'dɒmɪnənt] *adj.* predominant, preponderent.

preeminent [prɪ'emɪnənt] *adj.* eminent. # **~ly** în mod special.

preen [pri:n] *vt.*: *to ~ yourself* a se găti.

preface ['prefəs] **I.** *s.* prefaţă. **II.** *vt.* a prefaţa.

prefect ['pri:fekt] *s.* **1.** *şcol.* monitor. **2.** prefect. # **~ure** prefectură.

prefer [prɪ'fɜ:] *vt.* a prefera. # **~ence** preferinţă; **~ment** avansare (*în funcţie*).

prefix ['pri:fɪks] *s.* prefix.

pregnant ['pregnənt] *adj.* **1.** gravidă. **2.** plin de înţeles, semnificativ.

prejudice ['predʒudɪs] **I.** *s.* prejudiciu, lezare. **II.** *vt.* a prejudicia.

preliminary [prɪ'lɪmɪnəri] **I.** *s.* preambul. **II.** *adj.* preliminar, pregătitor.

premature ['premətʃə] *adj.* prematur.

premier ['premiə] **I.** *s.* prim-ministru, premier. **II.** *adj.* de primă importanţă.

premiere ['premieə] *s.* premieră.

premise ['premɪs] *s.* premisă.

premium ['pri:miəm] *s.* premiu, primă; sumă suplimentară (*ca plată*).

premonition [ˌpri:mə'nɪʃn] *s.* presimţire.

preoccupation [priˌɒkju'peɪʃn] *s.* preocupare.

preoccupy [prɪ'ɒkjupaɪ] *vt.* a preocupa.

preparation [ˌprepə'reɪʃn] *s.* **1.** pregătire. **2.** preparat (farmaceutic).

prepare [prɪ'peə] *vt.* a prepara, a pregăti.

preponderance [prɪ'pɒndərəns] *s.* preponderenţă.

preponderant [prɪ'pɒndərənt] *adj.* preponderent.

preposition [ˌprepə'zɪʃn] *s.* prepoziţie.

prepossessing [ˌprɪpə'zesɪŋ] *adj.* agreabil, atrăgător.

preposterous [prɪ'pɒstərəs] *adj.* **1.** iraţional, aberant. **2.** dezgustător, oribil.

prerequisite [pri:'rekwɪzɪt] *s.* condiţie necesară.

prerogative [prɪ'rɒgətɪv] *s.* prerogativă.

presage ['presɪdʒ] *vt.* a prevesti.

presbytery ['prezbɪtri] *s.* prezbiteriu.

prescient ['presiənt] *adj.* anticipativ, profetic.

prescribe [prɪ'skraɪb] *vt.* **1.** a prescrie (*o reţetă*). **2.** a preciza, a specifica.

prescription [prɪ'skrɪpʃn] *s.* **1.** *med.* reţetă. **2.** *jur.* cutumă.

presence ['prezns] *s.* prezenţă. # **~ of mind** prezenţă de spirit.

present I. ['preznt] *s.* **1.** prezent: *at ~* acum. **2.** cadou, dar. **II.** ['preznt] *adj.* prezent; actual: *to be ~* a fi prezent; *the ~ headmaster* actualul director al şcolii. **III.** [prɪ'zent] *vt.* **1.** a prezenta. **2.** a oferi, a dărui. **3.** a reprezenta, a fi. # **~able** prezentabil; acceptabil; **~ation** prezentare; spectacol; **~er** prezentator (*la radio, TV*); **~ly** acum; imediat; **~ participle** participiu prezent; **~ tense** timpul prezent; *to ~ yourself for interview* a se prezenta la interviu.

preservative [prɪ'zɜ:vətɪv] *s.* conservant.

preserve [prɪ'zɜ:v] **I.** *s.* **1.** dulceaţă. **2.** rezervaţie naturală. **II.** *vt.* **1.** a păstra, a menţine: *to ~ the peace* a menţine pacea. **2.** a conserva. **III.** *vi.* a se menţine, a se păstra.

preside [prɪ'zaɪd] *vi.* (**at**) a prezida. # **~ncy** preşedinţie; **~nt** preşedinte.

presidium [prɪ'sɪdiəm] *s.* prezidiu.

press [pres] **I.** *s.* **1.** presă, ziaristică: *wide ~ coverage* mult dezbătut în presă. **2.** presă (*pentru tipărit*). **3.** apăsare (*pe un buton*). **II.** *vt.* **1.** a apăsa (*o pedală etc.*). **2.** a strânge (*mâna cuiva*). **3.** a exercita presiuni asupra (*cuiva*). **4.** a călca (*rufe*). **5.** a tasa. **6.** a stoarce (*fructe*). # **~agency** agenţie de presă; **~ed** presat; în pană de bani; **~ie** *fam.* cadou; **~man** *fam.* ziarist; ~ **office** birou de presă (*al unui partid, minister*); ~ **release** declaraţie de presă; ~ **secretary** reprezentant (*al unui politician etc.*) pentru relaţiile cu presa; ~ **stud** capsă (*la haine*); **~-up** flotare.

pressure ['preʃə] *s.* **1.** presare, apăsare. **2.** presiune: *water ~* presiunea apei. **3.** presiune, constrângere. **4.** stres. # **~cooker** oală sub presiune; ~ **group** grup de presiune.

pressurize ['preʃəraɪz] *vt.* **1.** a presuriza. **2.** a constrânge, a sili.

prestige [pre'sti:ʒ] **I.** *s.* prestigiu. **II.** *adj.* **1.** de prestigiu. **2.** select, de lux.

presumably [prɪ'zju:məbli] *adv.* probabil.

presume [prɪ'zju:m] *vt.* a presupune.

presumption [prɪ'zʌmʃn] *s.* presupunere.

presumptive [prɪ'zʌmptɪv] *adj.* presupus.

presumptuous [prɪ'zʌmptʃuəs] *adj.* îndrăzneţ.

presuppose [ˌpri:sə'pəʊz] *vt.* a presupune.

pretence [prɪ'tens] *s.* pretext; pretenţie.

pretend [prɪ'tend] **I.** *adj. fam.* imaginar. **II.** *vt.* a pretinde că. **III.** *vi.* a se preface.

pretentious [prɪ'tenʃəs] *adj.* pretenţios.

pretext ['pri:tekst] *s.* pretext: *on the ~* sub pretextul.

pretty ['prɪti] **I.** *adj.* **1.** drăguţ, frumuşel. **2.** (*d. ceva*) frumos. **II.** *adv.* **1.** destul de: ~ *sure* aproape sigur. **2.** foarte: ~ *impressive* foarte impresionant.

pretzel ['pretsl] *s.* covrig.

prevail [prɪ'veɪl] *vi.* **1.** a predomina. **2.** (**over**) a avea preponderenţă (faţă de). # **~ing** predominant.

prevalent ['prevələnt] *adj.* larg răspândit.

prevaricate [prɪ'værɪkeɪt] *vi.* a divaga.

prevent [prɪ'vent] *vt.* **1.** a preveni (*un accident*). **2.** (**from**) a împiedica (*pe cineva*) (să). # **~ion** prevenire; **~ive** preventiv.

preview ['pri:vju:] **I.** *s.* avanpremieră. **II.** *vt.* a vedea (*un film etc.*) în avanpremieră.

previous ['pri:viəs] *adj.* precedent, premergător.

prey [preɪ] **I.** *s.* pradă: *birds of ~* păsări de pradă. **II.** *vi.* (**on**) a obseda (pe), a roade.

price [praɪs] **I.** *s.* preț (*şi fig.*): *purchase* ~ preț de cumpărare. **II.** *vt.* **1.** a fixa/a pune un preț la. **2.** a evalua. # **~less** valoros; **~y** *fam.* scump; *at a* ~ la un preț mare; *at any* ~ cu orice preț.

pricing ['praɪsɪŋ] *s.* stabilire a unui preț.

prick [prɪk] **I.** *s.* **1.** înțepătură. **2.** *sl.* penis. **3.** *sl.* dobitoc. **II.** *vt.* a înțepa: *she ~ed her finger* s-a înțepat la deget.

prickle ['prɪkl] **I.** *s.* **1.** spin; țeapă; ac. **2.** fior. **II.** *vt.* a înțepa.

prickly ['prɪkli] *adj.* **1.** cu spini/țepi. **2.** țâfnos, arțăgos. **3.** (*d. o problemă*) spinos.

pride [praɪd] **I.** *s.* mândrie; vanitate: *male* ~ vanitate masculină. **II.** *vt.*: *to ~ yourself on* a se mândri cu.

priest [pri:st] *s.* preot. # **~hood** preoție; **~ly** preoțesc.

prig [prɪg] *s.* persoană afectată/fudulă.

prim [prim] *adj.* **1.** (*d. cineva*) pus la punct. **2.** serios, sobru.

primacy ['praɪməsi] *s.* primat, prioritate.

primarily [praɪ'mærɪli] *adv.* în mod special.

primary ['praɪməri] *adj.* **1.** de bază, esențial. **2.** primar, originar. **3.** (*d. învățământ*) elementar.

prime [praɪm] **I.** *s.* apogeu, culme: *in the ~ of youth* în floarea tinereții. **II.** *adj.* **1.** primordial, capital: *of ~ importance* de importanță capitală. **2.** de cea mai bună calitate. **III.** *vt.* a pregăti, a instrui, a îndruma. # **~ minister** prim-ministru; **~ mover** promotor, inițiator; **~ number** număr prim; **~ time** oră de audiență maximă (*la radio/TV*).

primer ['praɪmə] *s.* **1.** *şcol.* abecedar. **2.** îndrumar, ghid. **3.** grund.

primeval [praɪ'mi:vl] *adj.* primitiv, străvechi.

primitive ['prɪmɪtɪv] *adj.* **1.** primitiv, barbar. **2.** primitiv, înapoiat.

primordial [praɪ'mɔ:diəl] *adj.* primordial.

primp [primp] *vi.* a se ferchezui.

prince [prɪns] *s.* prinț. # **Prince Charming** Făt Frumos; **~ly** princiar; **~ss** prințesă.

principal ['prɪnsɪpl] **I.** *s.* **1.** director de şcoală/liceu. **2.** *ec.* capital de bază. **3.** actor principal. **II.** *adj.* principal. # **~ity** principat; **~ly** mai ales, în special.

principle ['prɪnsɪpl] *s.* principiu: *a matter of* ~ chestiune de principiu; *guiding* ~ principiu director. # **~d** cu principii.

print [prɪnt] **I.** *s.* **1.** caracter (*de literă*): *in bold* ~ în/cu caractere aldine. **2.** publicație tipărită; ziar. **3.** tipărire. **4.** amprentă (*digitală etc.*). **5.** fotografie. **6.** imprimeu. **II.** *vt.* **1.** a tipări, a imprima. **2.** a publica (*o fotografie*). **3.** a întipări (*în minte*). # **~ery** *amer.* tipografie; **~ run** tiraj (de carte); **in ~** (*d. o carte*) pe piață; **out of ~** (*d. o carte*) epuizat.

printer ['prɪntə] *s.* **1.** tipograf. **2.** tipografie. **3.** *inf.* imprimantă.
printing ['prɪntɪŋ] *s.* **1.** tipărire, imprimare. **2.** ediție (*de carte*). # ~ **press** mașină tipografică.
prior ['praɪə] *adj.* **1.** dinainte, anterior. **2.** prealabil. # ~**ity** prioritate; ~ *to* înainte de.
prism ['prɪzəm] *s.* prismă.
prison ['prɪzn] *s.* închisoare (*și fig.*): *to be sent to* ~ a fi băgat la închisoare; *to be released from* ~ a fi eliberat din (*pușcărie*). # ~**er** pușcăriaș; prizonier; ~**er of conscience** deținut politic; ~**er of war** prizonier de război.
pristine ['prɪsti:n] *adj.* **1.** ca nou. **2.** în stare pură.
privacy ['prɪvəsi] *s.* intimitate.
private ['praɪvɪt] **I.** *s.* soldat. **II.** *adj.* **1.** particular: ~ *property* proprietate particulară. **2.** intim: ~ *life* viața intimă/particulară. **3.** (*d. cineva*) retras. # ~ **detective/eye** detectiv particular; ~**ly** în particular; între patru ochi; ~ **enterprise** întreprindere privată; ~ **parts** *fam.* organe genitale; ~ **practice** meserie liberală; ~ **sector** sector particular.
privation [praɪ'veɪʃn] *s.* privațiune, sărăcie.
privatize ['praɪvətaɪz] *vt.* a privatiza.
privilege ['prɪvɪlɪʤ] **I.** *s.* privilegiu, favoare. **II.** *vt.* a privilegia, a părtini, a favoriza.
prize [praɪz] **I.** *s.* premiu. **II.** *adj.* de excepție: *a* ~ *pupil* elev de excepție. **III.** *vt.* a prețui. # ~ **fight** box profesionist; ~ **winner** câștigător al unui premiu/concurs (*cu premii*); *highly* ~*d* mult apreciat.
pro [prəʊ] **I.** (*pl.* ~**s**) *s.* **1.** *fam. sport* profesionist. **2.** avantaj: *the* ~*s and cons* avantajele și dezavantajele. **II.** *adj. fam. sport* profesionist.
probability [,prɒbə'bɪlɪti] *s.* probabilitate.
probable ['prɒbəbl] *adj.* probabil.
probate I. ['prəʊbɪt] *s.* autentificare a unui testament. **II.** ['prəʊbeɪt] *vt. amer.* a valida (*un testament*).
probation [prə'beɪʃn] *s.* **1.** *jur.* eliberare condiționată: *to be put on* ~ a fi eliberat condiționat. **2.** stagiu, probă: *a period of* ~ perioadă de probă.
probe [prəʊb] **I.** *s.* **1.** sondă (*și spațială*). **2.** investigație, anchetă (*în presă*). **II.** *vt.* **1.** a examina, a cerceta. **2.** a ancheta, a investiga.
probity ['prəʊbɪti] *s.* probitate.
problem ['prɒbləm] *s.* problemă.
procedure [prə'sɪʃʤə] *s.* **1.** procedeu. **2.** procedură: *legal* ~ procedură legală. **3.** *med.* operație. # ~**s** măsuri: *disciplinary* ~*s* măsuri disciplinare.
proceed [prə'si:d] *vi.* **1.** (**to**) a continua (prin a). **2.** (**with**) a merge mai departe (cu). **3.** a se desfășura, a merge (*încet etc.*). # ~**s** bani realizați dintr-o afacere/vânzare.
proceeding [prə'si:dɪŋ] *s.* **1.** procedeu: *way of* ~ cale de urmat. **2.** acțiune în justiție, proces: *divorce* ~*s* proces de divorț. # ~**s** discuții, lucrări, dezbateri.

process ['prəʊses] **I.** *s.* proces: *mental ~* proces mental; *ageing ~* proces de îmbătrânire; *manufacturing ~* proces de fabricație. **II.** *vt.* **1.** a prelucra. **2.** *inf.* a procesa. # **~ion** procesiune; *in the ~ of* pe cale de a.

proclaim [prə'kleɪm] *vt.* **1.** a proclama. **2.** a indica.

proclamation [ˌprɒklə'meɪʃn] *s.* proclamație.

proclivity [prə'klɪvɪti] *s.* pornire, aplecare, tendință.

procrastination [prəʊˌkræstɪ'neɪʃn] *s.* tergiversare.

procure [prə'kjʊə] *vt.* **1.** a procura. **2.** a plasa (*o prostituată*). # **~ment** procurare.

prod [prɒd] **I.** *s.* **1.** împunsătură (*cu umbrela etc.*). **2.** stimulent, impuls. **II.** *vt.* **1.** a împunge (*cu degetul etc.*). **2.** a impresiona. # **~ding** stimulent.

prodigal ['prɒdɪgl] *adj.* risipitor.

prodigious [prə'dɪdʒəs] *adj.* colosal, imens: *~ amounts of* cantități imense de.

prodigy ['prɒdɪdʒi] *s.* copil supradotat.

produce I. ['prɒdju:s] *s.* produs agricol. **II.** [prə'dju:s] *vt.* **1.** a fabrica, a produce. **2.** a da (*roade*). **3.** a prepara (*o mâncare*). **4.** a prezenta (*un raport etc.*). **5.** a realiza (*un film*). # **~r** producător.

product ['prɒdʌkt] *s.* **1.** produs (*și mat.*): *meat ~s* produse din carne; *gross national ~* produs național brut. **2.** rezultat, consecință. # **~ive** productiv; **~ivity** productivitate.

production [prə'dʌkʃn] *s.* **1.** producție, fabricare: *car ~* producția de automobile. **2.** producere: *~ of hormones* producerea de hormoni.

profane [prə'feɪn] **I.** *adj.* **1.** profanator. **2.** profan, laic. **II.** *vt.* a profana.

profess [prə'fes] *vt.* a pretinde că. # **~ed** declarat, admis: *a ~ed monarchist* monarhist declarat.

profession [prə'feʃn] *s.* profesiune: *electrician by ~* de profesie electrician. # **~al** profesionist (*s., adj.*); *~s of love* declarații de dragoste.

professor [prə'fesə] *s.* profesor universitar. # **~ship** post de profesor universitar.

proffer ['prɒfə] *vt.* a oferi.

proficiencies [prə'fɪʃnsiz] *s. pl.* performanțe.

proficent [prə'fɪʃnt] *adj.* **1.** competent, capabil. **2.** iscusit, priceput.

profile ['prəʊfaɪl] **I.** *s.* **1.** profil: *in ~* din profil. **2.** schemă, schiță. **3.** configurație. **4.** popularitate, priză (*la public*). **II.** *vt.* a înfățișa, a zugrăvi. **III.** *vi.* a se profila.

profit ['prɒfɪt] **I.** *s.* profit: *at a ~* în câștig. **II.** *vi.* (**by**) a profita (de). # **~able** profitabil; **~eer** profitor; **~eering** speculă; **~-making** (*d. o afacere*) rentabil.

profligate ['prɒflɪgɪt] *adj.* risipitor.

profound [prə'faʊnd] *adj.* **1.** profund, adânc. **2.** temeinic: *~ study* studiu aprofundat. **3.** *med.* acut.

profundity [prə'fʌndɪti] *s.* profunzime.

profuse [prə'fjuːs] *adj.* abundent; excesiv.

progeny ['prɒdʒɪni] *s.* odraslă.

prognoisis [prɒg'nəʊsɪs] *s.* **1.** diagnostic. **2.** prognoză.

prognostication [prɒg,nɒstɪ'keɪʃn] *s.* **1.** prezicere, profeție. **2.** estimare.

program ['prəʊgræm] **I.** *s.* program. **II.** *vt. inf.* a programa. # **~mer** *inf.* programator; **~ming** *inf.* programare.

progress I. ['prəʊgres] *s.* **1.** progres. **2.** înaintare (*în mers*). **II.** [prə'gres] *vi.* **1.** a progresa. **2.** (*d. timp*) a trece. # **~ion** înaintare; trecere; **~ive** progresiv; **~ively** din ce în ce mai; *in ~* în derulare.

prohibit [prə'hɪbɪt] *vt.* **1.** a interzice. **2.** a nu permite. # **~ion** interzicere.

project I. ['prɒdʒekt] *s.* proiect. **II.** [prə'dʒekt] *vt.* **1.** a proiecta. **2.** a estima, a prevedea. # **~ile** proiectil; **~or** aparat de proiecție.

projection [prə'dʒekʃn] *s.* **1.** proiectare; proiect. **2.** proiecție. **3.** proeminență, excrescență. # **~ist** operator (de film).

proletarian [,prəʊlɪ'teəriən] *adj.* proletar.

proletariat [,prəʊlɪ'teəriət] *s.* proletariat.

proliferate [prə'lɪfəreɪt] *vi.* a se înmulți, a spori.

prolific [prə'lɪfɪk] *adj.* prolific.

prologue ['prəʊlɒg] *s.* prolog.

prolong [prə'lɒŋ] *vt.* a prelungi. # **~ation** prelungire; **~ed** îndelungat.

promenade [,prɒmə'nɑːd] **I.** *s.* **1.** plimbare. **2.** faleză. **II.** *vi.* a se plimba.

prominent ['prɒmɪnənt] *adj.* **1.** important, de seamă; renumit. **2.** vizibil; proeminent.

promiscuous [prə'mɪskjuəs] *adj.* **1.** confuz, haotic. **2.** promiscuu.

promise ['prɒmɪs] **I.** *s.* **1.** promisiune: *to go back on your ~* a nu se ține de promisiune. **2.** viitor: *pupil of great ~* elev cu perspective frumoase. **II.** *vt.* **1.** a promite. **2.** a vesti, a anunța.

promising ['prɒmɪsɪŋ] *adj.* promițător.

promontory ['prɒməntri] *s.* promontoriu.

promote [prə'məʊt] *vt.* a promova. # **~r** sponsor; promotor.

promotion [prə'məʊʃn] *s.* **1.** promovare, înaintare în grad. **2.** reclamă (*a unui produs etc.*). # **~al** publicitar.

prompt [prɒmpt] **I.** *adj.* **1.** prompt, imediat. **2.** (*d. cineva*) punctual. **II.** *vt.* **1.** a provoca, a pricinui. **2.** a sufla (*unui actor*). # **~er** sufleur; **~ing** imbold, impuls.

promptly ['prɒmptli] *adv.* **1.** cu promptitudine. **2.** la fix. **3.** imediat.

prone [prəʊn] *adj.* **1.** (**to**) predispus (la): *~ to infection* predispus la infecții. **2.** întins cu fața în jos.

prong [prɒŋ] *s.* **1.** dinte (*de furcă etc.*). **2.** flanc (*de atac*).

pronoum ['prəʊnaʊn] *s.* pronume.

pronounce [prə'naʊns] *vt.* a pronunța (*un cuvânt, o sentință*).

~d pronunțat; evident; **~ment** comunicat.

pronunciation [prəˌnʌnsi'eɪʃn] *s.* pronunțare.

proof [pru:f] **I.** *s.* **1.** dovadă: *cast-iron* ~ probă beton; *a document in* ~ act justificativ. **2.** corectură (*a unei cărți*). **3.** concentrație de alcool. **II.** *adj.* rezistent: ~ *against* rezistent la; *rain* ~ impermeabil. # **~reader** corector.

prop [prɒp] **I.** *s.* **1.** pilon, proptea, pilastru, stâlp. **2.** susținător, sprijinitor. **II.** *vt.*, *vi.* a (se) sprijini.

propaganda [ˌprɒpə'gændə] *s.* propagandă.

propagate ['prɒpəgeɪt] *vt.* a răspândi.

propel [prə'pel] *vt.* a propulsa. # **~ler** elice.

propensity [prə'pensɪti] *s.* (**for**) tendință (spre).

proper ['prɒpə] *adj.* **1.** corespunzător. **2.** convenabil, indicat. **3.** moral, cinstit. **4.** propriu, personal: *with my ~ eyes* cu ochii mei. # **~ly** cum se cuvine; de fapt; ~ *noun* substantiv propriu; *at the ~ time* la vremea potrivită; *good and ~* cum nu se poate mai bine.

propertied ['prɒpətɪd] *adj.* care deține o proprietate funciară.

property ['prɒpəti] *s.* **1.** proprietate: *immovable* ~ proprietate imobiliară; *landed* ~ proprietate funciară. **2.** însușire, caracteristică: *healing properties* proprietăți vindecătoare.

prophecy ['prɒfɪsi] *s.* predicție, prevestire.

prophesy ['prɒfɪsaɪ] *vt.* a prevesti, a prevedea.

prophet ['prɒfɪt] *s.* profet.

propinquity [prə'pɪŋkwɪti] *s.* vecinătate.

propitious [prə'pɪʃəs] *adj.* propice, favorabil.

proponent [prə'pəʊnənt] *s.* susținător (*al unei cauze etc.*).

proportion [prə'pɔ:ʃn] *s.* proporție, raport: *in* ~ proporțional; *in ~ to* în comparație cu. # **~ate** proporțional.

proposal [prə'pəʊzl] *s.* propunere.

propose [prə'pəʊz] *vt.* a propune. # *he ~d to me* m-a cerut de nevastă.

proposition [ˌprɒpə'zɪʃn] **I.** *s.* **1.** propunere. **2.** treabă, problemă: *a tough* ~ o treabă grea. **3.** opinie, părere. **II.** *vt.* a agăța (*o femeie*).

propound [prə'paʊnd] *vt.* a propune.

proprietary [prə'praɪətri] *adj.* de proprietate; particular.

proprieties [prə'praɪətiz] *s. pl.* conveniențe.

proprietor [prə'praɪətə] *s.* proprietar. # **~ial** de proprietar.

propriety [prə'praɪəti] *s.* rectitudine, corectitudine.

propulsion [prə'pʌlʃn] *s.* propulsie.

proscribe [prə'skraɪb] *vt.* a interzice, a prohibi.

prose [prəʊz] *s.* proză.

prosecute ['prɒsɪkju:t] *vt.* a da în judecată.

prosecution [ˌprɒsɪ'kju:ʃn] *s.* urmărire în justiție. # ~ **lawyer** avocat al acuzării; *defence and* ~ apărare și acuzare.

prosecutor ['prɒsɪkju:tə] *s.* procuror; avocat al acuzării.

prospect I. ['prɒspekt] *s.* **1.** perspectivă: *in ~* în perspectivă. **2.** speranță: *future ~s* speranțe de viitor. **3.** partidă: *he's a good ~ for her* el e o partidă bună pentru ea. **II.** [prə'spekt] *vt.* a prospecta (*un teren*). # **to ~ for (gold, etc.)** a căuta (aur etc.); **~ive** potențial; eventual; **~or** căutător (*de aur etc.*).

prosper ['prɒspə] *vi.* a prospera. # **~ity** prosperitate; **~ous** prosper.

prostate ['prɒsteɪt] *s. anat.* prostată.

prosthesis [prɒs'θi:sɪs] *s.* proteză.

prostitute ['prɒstɪtju:t] *s.* prostituată. # **to ~ yourself** a se prostitua.

prostitution [ˌprɒstɪ'tju:ʃn] *s.* prostituție; prostituare.

prostrate I. ['prɒstreɪt] *adj.* **1.** întins la pământ. **2.** distrus (*sufletește*). **II.** *vt.* **1.** a culca la pământ. **2.** a zdrobi, a distruge (*sufletește*). # **to ~ yourself** a se pleca.

prostration [prɒ'streɪʃn] *s.* **1.** prosternare. **2.** toropeală.

protagonist [prə'tægənɪst] *s.* **1.** protagonist. **2.** militant.

protean ['prəʊtiən] *adj.* **1.** variabil. **2.** (*d. un artist etc.*) versatil.

protect [prə'tekt] *vt.* a proteja, a feri; a ocroti. # **~ion** protecție; protecționism; **~ive** protector (*adj.*); **~or** protector (*s.*).

protest I. ['prəʊtest] *s.* protest: *in ~* în semn de protest. **II.** [prə'test] *vt., vi.* a protesta. # **~ation** declarație, afirmație; **~er** protestatar.

protocol ['prəʊtəkɒl] *s.* protocol.

protracted [prə'træktɪd] *adj.* îndelungat.

protractor [prə'træktə] *s. școl.* raportor.

protrude [prə'tru:d] *vi.* a ieși în afară.

protuberance [prə'tju:bərəns] *s.* protuberanță.

proud [praʊd] *adj.* **1.** mândru. **2.** semeț. **3.** îngâmfat.

provable ['pru:vəbl] *adj.* verificabil.

prove [pru:v] *vt.* a dovedi, a demonstra.

provenance ['prɒvɪnəns] *s.* proveniență.

proverb ['prɒvɜ:b] *s.* proverb.

provide [prə'vaɪd] *vt.* **1.** a furniza, a da (*asistență medicală etc.*). **2.** a aproviziona. **3.** a stipula, a prevedea. # **~nt** prevăzător; **~r** furnizor; *to ~ against* a lua măsuri de siguranță împotriva; *~d that* cu condiția ca.

providence ['prɒvɪdəns] *s.* providență.

province ['prɒvɪns] *s.* **1.** ținut, regiune, district: *the ~s of Canada* provinciile Canadei. **2.** domeniu de activitate: *it's outside my ~* nu e de competența mea. # **~s** provincie (*nu capitală*).

provincial [prə'vɪnʃl] *s., adj.* provincial.

provision [prə'vɪʒn] **I.** *s.* **1.** furnizare; aprovizionare. **2.** măsură de precauție. **3.** stipulație (*a unei legi*). **II.** *vt.* a aproviziona. # **~s** provizie de alimente.

provisional [prə'vɪʒənl] *adj.* **1.** temporar. **2.** provizoriu, interimar.

proviso [prə'vaɪzəʊ] *s.* condiție; stipulație.

provocateur [prə,vɒkə'tɜ:] *s.* agent provocator.

provocation [,prɒvə'keɪʃn] *s.* provocare.

provoke [prə'vəʊk] *vt.* a provoca, a stârni.

provost ['prɒvəst] *s.* **1.** decan (*în Anglia*). **2.** primar (*în Scoția*).

prow [praʊ] *s.* proră.

prowess ['praʊəs] *s.* dexteritate, dibăcie, măiestrie.

prowl [praʊl] **I.** *s.* pândă. **II.** *vi.* a da târcoale.

proximate ['prɒksɪmɪt] *adj.* **1.** imediat, apropiat. **2.** aproximativ.

proximity [prɒk'sɪmɪti] *s.* apropiere: *in close* ~ în imediata vecinătate.

proxy ['prɒksi] *s.* locțiitor, mandatar, delegat: *to vote by* ~ a vota prin procură.

prude [pru:d] *s.* sclifosit, fandosit; mironosiță.

prudence ['pru:dns] *s.* prudență.

prudent ['pru:dnt] *adj.* prudent.

prudish ['pru:dɪʃ] *adj.* sclifosit, fandosit.

prune [pru:n] **I.** *s.* prună uscată. **II.** *vt.* **1.** a reteza, a tăia (*ramuri*). **2.** a reduce (*numărul de trenuri*).

prurient ['prʊriənt] *adj.* obscen, nerușinat.

pry [praɪ] *vi.* (**into**) a-și băga nasul (în), a se băga (în).

pseud [su:d] *s. fam.* știe-tot.

pseudonym ['su:dənɪm] *s.* pseudonim.

psych [saɪk] *vt.*: *to ~ up fam.* a pregăti sufletește.

psyched [saɪkt] *adj. amer. fam.* agitat, înfrigurat, surescitat.

psychiatrist [saɪ'kaɪətrɪst] *s.* psihiatru.

psychiatry [saɪ'kaɪətri] *s.* psihiatrie.

psycho ['saɪkəʊ] *s.* psihopat.

psychoanalysis [,saɪkəʊə'næləsɪs] *s.* psihanaliză.

psychological [,saɪkə'lɒdʒɪkl] *adj.* psihologic.

psychologist [saɪ'kɒlədʒɪst] *s.* psiholog.

psychology [saɪ'kɒlədʒi] *s.* psihologie.

psychopath ['saɪkəpæθ] *s.* psihopat.

pub [pʌb] *s.* cârciumă.

puberty ['pju:bəti] *s.* pubertate.

pubic ['pju:bɪk] *adj. anat.* pubian.

public ['pʌblɪk] *s.*, *adj.* public: *in the ~ eye* în centrul atenției publice. # ~ **affairs** chestiuni de interes public/general; ~**an** cârciumar; ~ **house** cârciumă; ~**ist** agent de publicitate; ~**ity** publicitate; **to ~ize** a face cunoscut; ~ **officer** funcționar public; ~ **securities** *ec.* titluri de stat; ~ **works** lucrări publice.

publication [,pʌblɪ'keɪʃn] *s.* **1.** publicare. **2.** publicație.

publish ['pʌblɪʃ] *vt.* a publica. # ~**er** editură; editor.

puck [pʌk] *s.* puc (*la hochei*).

pucker ['pʌkə] *vt.*, *vi.* a (se) încreți.

pudding ['pʊdɪŋ] *s.* budincă.
puddle ['pʌdl] *s.* băltoacă.
puff [pʌf] **I.** *s.* **1.** pufăit: *he had a few ~s at the cigar* a tras câteva fumuri din trabuc. **2.** rafală (*de vânt*). **3.** suflu: *to run out of ~* a-şi pierde suflul. **II.** *vt.* a fuma. **III.** *vi.* **1.** (**at**) a trage (din) (*ţigară*). **2.** a gâfâi. # **~er** *med.* inhalator; **~ pastry** foaie de plăcintă; **~ piece** lucrare originală prea laudativă; **~y** (*d. ochi, faţă*) umflat; buhăit.
pugilist ['pju:dʒɪlɪst] *s.* boxer.
pugnacious [pʌg'neɪʃəs] *adj.* bătăios, belicos.
puke [pju:k] *vt.*, *vi. fam.* a borî, a vomita.
pukka ['pʌkə] *adj. fam.* a-ntâia, de cea mai bună calitate.
pull [pʊl] **I.** *s.* **1.** tragere (*de uşă etc.*). **2.** atracţie: *the ~ of the city* forţa de atracţie a oraşului. **3.** *fam.* influenţă, înrâurire. **4.** duşcă. **II.** *vt.* **1.** a trage: *~ the door shut* trage uşa după tine. **2.** a scoate (*pantofii*): *she ~ed off her boots* îşi scoase ghetele. **3.** *fam.* a atrage, a fermeca. **4.** *fam.* a contramanda, a revoca. **5.** a scoate (*un dinte etc.*). **6.** a smulge (*o buruiană*). **III.** *vi.* **1.** a trage la rame, a vâsli. **2.** (*d. rochie etc.*) a jena, a strânge. **3.** (**at**) a trage (de): *to ~ at a rope* a trage de o sfoară. # **to ~ back** a se retrage; **to ~ down** a demola; **to ~ in** (*d. tren*) a intra în staţie; **to ~ over** (*d. maşină*) a trage pe dreapta; **to ~ up** (*d. maşină*) a se opri (*la stop etc.*); *to ~ to pieces* a face praf (*fig.*); *~ yourself together!* adună-te!
pullet ['pʊlɪt] *s.* pui de găină.
pulley ['pʊli] *s.* scripete.
pullover ['pʊləʊvə] *s.* pulover.
pulmonary ['pʌlmənəri] *adj.* pulmonar.
pulp [pʌlp] **I.** *s.* **1.** pastă (*de fructe etc.*). **2.** pulpă (*de fruct*). **II.** *adj.* (*d. un roman etc.*) de duzină.
pulpit ['pʊlpɪt] *s.* amvon.
pulsate [pʌl'seɪt] *vi.* **1.** a pulsa, a palpita. **2.** a vibra, a zvâcni.
pulsating [pʌl'seɪtɪŋ] *adj.* **1.** palpitant, captivant. **2.** fremătător, animat.
pulse [pʌls] **I.** *s.* **1.** puls: *a weak ~* puls slab; *a quick ~* puls accelerat. **2.** *muz.* ritm. **II.** *vi.* **1.** a pulsa. **2.** a vibra.
pulverize ['pʌlvəraɪz] *vt.* **1.** a face pulbere. **2.** *fam.* a distruge.
pumice ['pʌmɪs] *s.* piatră ponce.
pummel ['pʌml] *vt.* a lovi cu pumnii.
pump [pʌmp] **I.** *s.* pompă, cişmea: *a petrol ~* pompă de benzină; *a foot ~* pompă de picior. **II.** *vt.* **1.** a pompa (*petrol*). **2.** *fam.* a scoate (*informaţii*). **III.** *vi.* a se scurge; a ţâşni. # **~s** tenişi; **~s** *amer.* pantofi escarpen; **to ~ up** a umfla un cauciuc.
pumpkin ['pʌmpkɪn] *s.* dovleac.
pun [pʌn] **I.** *s.* joc de cuvinte, calambur. **II.** *vi.* a face un joc de cuvinte.
punch [pʌntʃ] **I.** *s.* **1.** (lovitură de) pumn. **2.** perforator. **3.** punci.

II. *vt.* **1.** a lovi cu pumnul. **2.** a apăsa (*o tastă, un buton*). # **~bag** *sau* **~ball** sac cu nisip (*la box*); **~line** *fam.* poantă (*a unui banc*); **~-up** *fam.* încăierare; **~y** de efect, impresionant.

punctilious [pʌŋk'tɪliəs] *adj.* protocolar, formalist.

punctual ['pʌŋktʃuəl] *adj.* punctual. # **~ity** punctualitate; **~ly** la fix.

punctuation [ˌpʌŋktʃu'eɪʃn] *s.* punctuație.

puncture ['pʌŋktʃə] **I.** *s.* **1.** înțepătură (*de ac etc.*). **2.** pană de cauciuc. **II.** *vt.* **1.** a înțepa (*un balon*). **2.** a dezumfla (*pe cineva*).

pundit ['pʌndɪt] *s.* expert.

pungent ['pʌndʒənt] *adj.* **1.** (*d. un miros*) înțepător. **2.** (*d. o critică*) usturător.

punish ['pʌnɪʃ] *vt.* a pedepsi. # **~able** pasibil de pedeapsă; **~ment** pedeapsă.

punitive ['pju:nɪtɪv] *adj.* **1.** punitiv. **2.** (*d. o taxă etc.*) prohibitiv.

punk [pʌŋk] *s.* **1.** muzică/modă punk. **2.** *fam.* lichea, ticălos.

punt [pʌnt] *s.* **1.** *nav.* mahonă (*împinsă cu prăjina*). **2.** *fam.* pariu.

punter ['pʌntə] *s. fam.* **1.** client (*al unui magazin*). **2.** parior la curse de cai.

puny ['pju:ni] *adj.* **1.** firav. **2.** neînsemnat.

pup [pʌp] *s.* pui de animal.

pupa ['pju:pə] *s.* pupă (*de insectă*).

pupil ['pju:pl] *s.* **1.** elev. **2.** *anat.* pupilă.

puppet ['pʌpɪt] *s.* marionetă; fantoșă. # **~ government** guvern-marionetă; **~eer** păpușar.

puppy ['pʌpi] *s.* **1.** cățeluș. **2.** *fam.* tânăr plin de el. # **~ love** dragoste de adolescență.

purchase ['pɜ:tʃɪs] **I.** *s.* **1.** cumpărare. **2.** cumpărătură; cumpărături. **3.** punct de sprijin (*la cățărare*). **II.** *vt.* a cumpăra, a achiziționa. # **~ price** preț de cumpărare; **~r** cumpărător.

pure [pjʊə] *adj.* **1.** pur, natural: *~-cotton* numai din bumbac. **2.** curat. **3.** neprihănit. # **~-bred** de rasă; **~ly** numai (și numai).

purgative ['pɜ:gətɪv] *s., adj.* purgativ.

purge [pɜ:dʒ] **I.** *s.* **1.** purgativ. **2.** epurare. **II.** *vt.* a purifica (*și fig.*).

purify ['pjʊərɪfaɪ] *vt.* a purifica (*și fig.*).

puritan ['pjʊərɪtən] *s., adj.* puritan.

purity ['pjʊərɪti] *s.* puritate.

purl [pɜ:l] *s.* ochi (*la tricotat*).

purloin [pɜ:'lɔɪn] *vt.* a sustrage, a subtiliza.

purple ['pɜ:pl] *adj.* purpuriu; violet. # **~ patch** perioadă de înflorire (*fig.*); **~ passage** scriere grandilocventă.

purport I. ['pɜ:pɔ:t] *s.* sens, scop. **II.** *vt.* a pretinde, a avea pretenția că. # **~ed** presupus.

purpose ['pɜ:pəs] *s.* **1.** scop, menire: *for the ~ of* în vederea. **2.** hotărâre, fermitate: *strength of ~* hotărâre nestrămutată. # **~ful** util;

fulness discernământ; **~less** fără sens/rost; **~ly** intenţionat; *of set ~ sau on ~* dinadins; *to no ~* degeaba, inutil; *to the ~* relevant.

purr [pɜ:] **I.** *s.* **1.** tors (*al pisicii*). **2.** *auto* duruit (*al motorului*). **II.** *vi.* **1.** (*d. pisică*) a toarce. **2.** (*d. motor*) a dudui.

purse [pɜ:s] **I.** *s.* **1.** portofel, portvizit. **2.** *amer.* geantă, poşetă. **3.** fond de bani: *the public ~* banul public. **II.** *vt.* **1.** a încreţi (*fruntea*). **2.** a ţuguia (*buzele*). **III.** *vi.* **1.** a se încrunta. **2.** a se bosumfla.

pursuance [pəˈsju:əns] *s.* consecinţă: *in ~ of your instructions* conform instrucţiunilor voastre.

pursue [pəˈsju:] *vt.* **1.** a urmări, a avea în vedere: *to ~ an aim* a urmări un scop. **2.** a urma: *to ~ one's studies* a-şi urma studiile. **3.** a continua. # **~r** urmăritor.

pursuit [pəˈsju:t] *s.* **1.** urmărire: *in ~ of happiness* în căutarea fericirii; *in ~ of him* în urmărirea lui. **2.** preocupare, activitate: *artistic ~s* preocupări artistice.

purvey [pəˈveɪ] *vt.* a aproviziona. # **~ance** aprovizionare; **~or** furnizor.

purview [ˈpɜvju:] *s.* **1.** prevedere, articol (*de lege*). **2.** perspectivă. **3.** competenţă.

pus [pʌs] *s.* puroi.

push [pʊʃ] **I.** *s.* **1.** împingere: *a gentle ~* împingere uşoară. **2.** apăsare (*pe un buton etc.*). **3.** *mil.* atac. **4.** asalt(are); bătălie (*fig.*); campanie. **II.** *vt.* **1.** a împinge. **2.** a respinge (*pe cineva*). **3.** a îmbrânci. **4.** a apăsa (*un buton*). **5.** a îndemna, a îmboldi. **6.** *fam.* a vinde (*droguri*). **III.** *vi.* a se împinge; a se înghesui. # **~-bike** bicicletă; **~-button** *el.* buton de comandă; **~ cart** *amer.* roabă, tărăboanţă; **~chair** cărucior (*de copil*); **~ed** (*d. cineva*) ocupat; **~ful** *sau* **~ing** *fam.* dinamic, răzbătător; **~ forward!** dă-i bătaie!; **~ off!** valea!; **~over** *fam.* lucru uşor de făcut, nimica-toată; **~rod** *tehn.* tachet; **~-up** *amer.* flotare; **~y** descurcăreţ; *~ your luck* forţează-ţi norocul, riscă; *~ yourself a little harder* dă-ţi silinţa mai mult; *at a ~ fam.* la o adică; *to be ~ed for time* a nu avea timp; *to give smb. the ~ fam.* a concedia pe cineva.

pusher [ˈpʊʃə] *s. fam.* **1.** persoană înfiptă/răzbătătoare. **2.** vânzător de droguri.

pusillanimous [ˌpju:sɪˈlænɪməs] *adj.* temător; poltron, laş.

puss [pʊs] *interj.* pis! # **~y (cat)** pisică; *to ~yfoot* a nu se implica/băga, a sta deoparte.

pustule [ˈpʌstju:l] *s.* pustulă.

put [pʊt] (*trec., part. trec.* **put**) *vt.* **1.** a pune, a aşeza, a plasa. **2.** a băga: *he was ~ in prison* a fost băgat la închisoare. **3.** a exprima, a spune. # **to ~ aside/by** a pune deoparte; **to ~ back** a pune la loc; **to ~ down** a reprima, a înăbuşi; **to ~ forward** a prezenta, a propune; **to ~ off** a amâna; **to ~ on** a îmbrăca; **to ~ out** a stinge (*lumina*); **to ~ up**

a construi, a ridica; **~-you-up** pat improvizat (*pentru musafiri*); *to ~ into practice* a pune în practică; *to ~ it about fam.* a-şi face de cap; *to ~ it blunty* sincer să fiu...; *to ~ on weight* a se îngrăşa; *to ~ one over on smb. fam.* a prosti pe cineva; *to ~ to shame* a face de ruşine; *to ~ smb. to death* a executa pe cineva; *to ~ to trouble* a da bătaie de cap; *to ~ smth. to use* a da o întrebuinţare unui lucru; *~-up job fam.* treabă aranjată; *to ~ smb. up* a găzdui pe cineva; *to ~ up with* a se obişnui cu, a tolera.

putative ['pju:tətɪv] *adj.* prezumtiv.

putrefy ['pju:trɪfaɪ] *vi.* (*d. un cadavru*) a se descompune.

putrid ['pju:trɪd] *adj.* în putrefacţie.

putsch [pʊtʃ] *s.* puci.

putty ['pʌti] *s.* chit (*pentru ferestre*).

puzzle ['pʌzl] **I.** *s.* **1.** joc enigmistic: *a crossword ~* careu (de cuvinte încrucişate). **2.** puzzle (*joc*). **3.** enigmă, mister. **II.** *vt.* a nedumeri, a intriga. # **~d** nedumerit; **~ment** nedumerire; **to ~ out** a rezolva (*o problemă*), a elucida; **~r** enigmă.

puzzling ['pʌzlɪŋ] *adj.* de neînţeles, misterios.

pygmy ['pɪgmi] *s.* pigmeu (*şi fig.*).

pyjamas [pə'dʒɑ:məz] *s.* pijama.

pylon ['paɪlən] *s. el.* stâlp de înaltă tensiune.

pyramid ['pɪrəmɪd] *s.* piramidă.

pyre ['paɪə] *s.* rug.

pyromania [,paɪrəʊ'meɪniə] *s.* piromanie. # **~c** piroman.

pyrotechnic [,paɪərəʊ'teknɪk] *adj.* pirotehnic. # **~s** pirotehnie.

pyton ['paɪθən] *s.* piton.

Q

Q, q [kju:] (litera) Q, q.
quack [kwæk] **I.** *s.* **1.** măcăit. **2.** *fam.* vraci, tămăduitor. **II.** *vi.* (*d. rață*) a măcăi.
quadrangle ['kwɒdræŋgl] *s.* **1.** patrulater. **2.** curte (*a școlii*); campus.
quadrant ['kwɒdrənt] *s.* cvadrant.
quadrilateral [,kwɒdrɪ'lætərəl] *s.* patrulater.
quadruped ['kwɒdruped] *s.* patruped.
quadruple [kwɒ'dru:pl] **I.** *adj.* împătrit. **II.** *vt., vi.* a (se) împătri.
quaff [kwɒf] *vt.* a bea cu nesaț.
quagmire ['kwægmaɪə] *s.* **1.** mocirlă. **2.** ananghie.
quail [kweɪl] **I.** *s.* prepeliță. **II.** *vi.* (**at**) a leșina (de), a tremura (de).
quaint [kweɪnt] *adj.* straniu; original; fantastic.
quake [kweɪk] **I.** *s. fam.* cutremur. **II.** *vi.* **1.** (*d. pământ*) a se cutremura. **2.** (**with**) a tremura (de).
qualification [,kwɒlɪfɪ'keɪʃn] *s.* **1.** specializare, calificare: *professional ~s* calificare profesională. **2.** aptitudine; competență. **3.** condiție.
qualified ['kwɒlɪfaɪd] *adj.* **1.** calificat. **2.** limitat.
qualifier ['kwɒlɪfaɪə] *s. sport.* **1.** echipă calificată. **2.** meci de calificare.
qualify ['kwɒlɪfaɪ] **I.** *vt.* **1.** a pregăti, a instrui (*pe cineva*). **2.** a eticheta, a califica: *you ~ him as a fool* îl etichetezi drept prost. **II.** *vi.* a se califica.
qualitative ['kwɒlɪtətɪv] *adj.* calitativ.
quality ['kwɒləti] **I.** *s.* calitate; însușire, caracteristică. **II.** *adj.* **1.** de calitate. **2.** *sl.* foarte bun, marfă. # ~ **newspaper** ziar de ținută/prestigiu; ~ **time** timp petrecut cu copiii (*proprii*).
qualm [kwɔ:m] *s.* remușcare, mustrare de conștiință.
quandary ['kwɒndəri] *s.* dificultate, impas.
quantify ['kwɒntɪfaɪ] *vt.* a preciza; a măsura.
quantitative ['kwɒntɪtətɪv] *s.* cantitativ.
quantity ['kwɒntəti] *s.* cantitate. # ~ **surveyor** persoană care întocmește devizul.
quantum ['kwɒntəm] (*pl.* **quanta**) *s.* **1.** cuantum. **2.** *fiz.* cuantă. # ~ **mechanics** mecanica cuantică.
quarantine ['kwɒrənti:n] *s.* carantină.

quarrel ['kwɒrəl] **I.** *s.* **1.** ceartă. **2.** reproş; motiv de nemulţumire. **II.** *vi.* a se certa. # **~some** certăreţ; *to ~ with* a nu fi de acord cu.

quarry ['kwɒri] *s.* **1.** carieră (*de piatră etc.*). **2.** pradă (*şi fig.*).

quart [kwɔ:t] *s.* litru (*1,14 l în Anglia, 0,94 l în S.U.A.*).

quarter ['kwɔ:tə] **I.** *s.* **1.** sfert: *a ~ of an hour* un sfert de oră; *three ~s* trei sferturi; *a ~ to six* şase fără un sfert; *a ~ past six* şase şi un sfert; *a bottle a/one ~ full* sticlă plină pe sfert. **2.** trimestru. **3.** cartier; district; parte a unui oraş. **4.** reşedinţă; domiciliu. **5.** pătrar (*al lunii*). **6.** milă, îndurare. **II.** *vt.* **1.** a împărţi/tăia în patru. **2.** a caza; a încartirui. # **~ day** zi de plată trimestrială; **~-final** sferturi de finală; **~ly** trimestrial; **~master** intendent de armată; **~ note** *amer., muz.* pătrime.

quartz [kwɔ:ts] *s.* cuarţ.

quash [kwɒʃ] *vt.* **1.** *jur.* a anula; a casa. **2.** a înăbuşi (*o revoltă*).

quaver ['kweɪvə] **I.** *s.* **1.** *muz.* optime. **2.** tremur (*al glasului*). **II.** *vi.* a tremura, a vibra. # **~y** (*d. voce*) nesigur.

quay [ki:] *s. nav.* chei.

queasy ['kwi:zi] *adj.* **1.** cu senzaţie de greaţă. **2.** neliniştit.

queen [kwi:n] *s.* **1.** regină (*şi la şah şi fig.*). **2.** damă (*la cărţi de joc*). # **~ bee** matcă, regină; **~ly** de regină; **~ mother** regina-mamă; **~-size** (de dimensiune) mare.

queer [kwɪə] **I.** *s. sl.* homosexual. **II.** *adj.* ieşit din comun, ciudat. # *to ~ smb.'s pitch fam.* a da peste cap planurile cuiva.

quell [kwel] *vt.* **1.** a înăbuşi (*o revoltă*). **2.** a pune capăt, a curma.

quench [kwentʃ] *vt.* **1.** a potoli (*setea*). **2.** a stinge (*un incendiu*).

querulous ['kwerələs] *adj.* plângăreţ; smiorcăit.

query ['kwɪəri] **I.** *s.* nelămurire; întrebare. **II.** *vt.* a pune sub semnul întrebării. **III.** *vi.* a se interesa.

quest [kwest] **I.** *s.* căutare: *in ~ of happiness* în căutarea fericirii. **II.** *vi.* (**for**) a căuta (*ceva*).

question ['kwestʃən] **I.** *s.* **1.** întrebare: *to ask a ~* a pune o întrebare; *to answer a ~* a răspunde la o întrebare. **2.** îndoială, dubiu: *without ~* fără îndoială; *out of ~* incontestabil. **3.** chestiune, problemă: *an open ~* problemă nelămurită/deschisă. **II.** *vt.* **1.** a întreba. **2.** a pune sub semnul întrebării. # **~ mark** semnul întrebării; **~ master** persoană care pune întrebări (*la concurs TV*); **~naire** chestionar; *to bring/throw into ~* a aduce în discuţie, a pune pe tapet; *it is ~able* este discutabil/nesigur.

questioning ['kwestʃənɪŋ] **I.** *s.* luare la întrebări; interogare. **II.** *adj.* întrebător.

queue [kju:] **I.** *s.* **1.** coadă, rând: *how long were you in the ~?* de când stai la coadă? **2.** *inf.* listare. **II.** *vt. inf.* a lista. **III.** *vi.* a sta la coadă.

quibble ['kwɪbl] **I.** *s.* **1.** obiecție, nemulțumire. **2.** eschivare (*de la a da un răspuns*). **II.** *vi.* a face obiecții.

quick [kwɪk] **I.** *adj.* **1.** rapid: *a ~ recovery* însănătoșire rapidă. **2.** prompt. **3.** ager. **II.** *adv.* repede, rapid. # **~-fire** (*d. întrebări etc.*) ca din pușcă; **~-firing** (*d. armă*) cu tir rapid; **~lime** var nestins; **~ly** repede, rapid (*adv.*); **~ march** marș forțat; **~ness** rapiditate, iuțeală; **~sand** nisip mișcător; **~silver** argint viu; **~-tempered** irascibil, impulsiv; **~-witted** inteligent; *(as) ~ as a flash* cât ai clipi din ochi; *to cut smb. to the ~* a jigni profund pe cineva; *the ~ and the dead* cei vii și cei morți.

quid [kwɪd] *s. fam.* liră sterlină.

quiescent [kwi'esnt] *adj.* **1.** liniștit, retras. **2.** (*d. o boală*) latent.

quiet ['kwaɪət] **I.** *s.* liniște. **II.** *adj.* **1.** liniștit, calm. **2.** tăcut. **3.** (*d. voce*) scăzut, șoptit. **4.** intim. **III.** *vt., vi.* a (se) domoli, a (se) potoli; a (se) calma. # **to ~en** a (se) liniști; **~ude** liniște; *to keep ~ about smth.* a nu scoate o vorbă despre ceva; *on the ~* pe tăcute, în ascuns.

quill [kwɪl] s. **1.** pană (*și de scris*). **2.** ac de arici.

quilted ['kwɪltɪd] *adj.* matlasat.

quince [kwɪns] *s.* gutui(e).

quinine [kwɪ'ni:n] *s.* chinină.

quintessence [kwɪn'tesns] *s.* **1.** chintesență. **2.** întruchipare.

'quintessential [ˌkwɪntɪ'senʃl] *adj.* tipic, caracteristic.

quip [kwɪp] *s.* spirit, banc.

quirk [kwɜ:k] *s.* ciudățenie; întorsătură: *a ~ of fate* un renghi jucat de soartă.

quisling ['kwɪzlɪŋ] *s.* colaboraționist, trădător.

quit [kwɪt] **I.** *vt.* **1.** a pleca din, a părăsi. **2.** *amer. fam.* a se lăsa de (*fumat etc.*). **II.** *vi.* a demisiona.

quite [kwaɪt] *adv.* **1.** destul de: *~ warm* destul de cald. **2.** în totalitate, complet: *~ empty* complet gol; *I ~ agree* sunt întru totul de acord. **3.** *amer.* foarte. # **~ (so)!** așa e!; **not ~** nu tocmai.

quits [kwɪts] *adj.* chit: *we're ~* suntem chit.

quiver ['kwɪvə] **I.** *s.* **1.** cutremurare, tremur. **2.** fior, frison; tresărire. **II.** *vi.* **1.** a tremura. **2.** a tresălta, a fremăta.

quiz [kwɪz] **I.** *s.* **1.** test (de verificare a cunoștințelor). **2.** emisiune TV cu întrebări și răspunsuri. **II.** *vt.* **1.** a testa (*un elev*). **2.** (**about**) a pune întrebări (*cuiva*) (*despre un subiect*). # **~master** persoană care pune întrebări în cadrul unui program TV; **~zical** (*d. un zâmbet etc.*) puțin surprins.

quorum ['kwɔ:rəm] *s.* cvorum.

quota ['kwəʊtə] *s.* cotă; procentaj.

quotation [kwəʊ'teɪʃn] *s.* **1.** citat. **2.** cotare, curs: *~ of price* cotație de preț. # **~ marks** ghilimele.

quote [kwəʊt] *vt.* **1.** a cita, a da un citat din. **2.** a exemplifica. **3.** a cota la bursă. **4.** (**for**) a stabili (*un preț*) (pentru). # ~... *un*~... deschide citatul... închide citatul.

quotidian [kwɒ'tɪdiən] *adj.* cotidian, zilnic; de zi cu zi.

quotient ['kwəʊʃnt] *s.* coeficient.

R

R, r [*a*:] (litera) R, r.

rabbi ['ræbaɪ] *s.* rabin.

rabbit ['ræbɪt] *s.* **1.** iepure. **2.** carne de iepure. # *to go ~ting* a se duce la vânat de iepuri.

rabble ['ræbl] *s.* şleahtă, adunătură.

rabid ['ræbɪd] *adj.* **1.** feroce, violent. **2.** înverşunat. **3.** (*d. câine*) turbat.

rabies ['reɪbi:z] *s.* turbare.

rac(c)oon [rə'ku:n] *s.* raton.

race [reɪs] **I.** *s.* **1.** cursă, alergare. **2.** campanie: *the ~ is on* campania (electorală) a început. **3.** rasă (*de oameni, animale*). **4.** popor, seminţie. **II.** *vt.* **1.** a organiza o cursă de (*cai etc.*). **2.** a trece (*un proiect de lege*) (*prin parlament*). **III.** *vi.* **1.** a alerga în cursă. **2.** a se întrece, a concura. **3.** a trece, a se perinda. # ~ **car** *amer.* maşină de curse; **~course** *sau* **~track** *amer.* hipodrom, pistă; **~horse** cal de curse; ~ **meeting** concurs hipic; *a ~ against time/the clock* cursă contra cronometru (*şi fig.*).

racer ['reɪsə] *s.* **1.** alergător. **2.** cal de curse. **3.** maşină/bicicletă de curse.

racial ['reɪʃl] *adj.* rasial. # **~ism** rasism; **~ist** rasist.

racing ['reɪsɪŋ] **I.** *s.* **1.** cursă, alergare. **2.** ambalare (*a motorului*). **II.** *adj.* de curse. # ~ **car** maşină de curse.

racism ['reɪsɪzəm] *s.* rasism.

racist ['reɪsɪst] *s.* rasist.

rack [ræk] **I.** *s.* **1.** stativ, suport; etajeră. **2.** *c.f.* plasă de bagaje. **3.** *auto* portbagaj (*pe maşină*). **II.** *vt.* a tortura, a chinui (*şi fig.*). # *to go to ~ and ruin* a se părăgini; *off the ~ amer.* (*d. haine*) de gata.

racket ['rækɪt] *s.* **1.** *fam.* contrabandă; afacere ilegală. **2.** *fam.* gălăgie. **3.** *sport* rachetă. # **~eer** contrabandist; gangster.

racy ['reɪsi] *adj.* (*d. o carte*) picant, indecent, deocheat.

raddled ['rædld] *adj.* obosit.

radiance ['reɪdiəns] *s.* strălucire.

radiant ['reɪdiənt] *adj.* strălucitor.

radiate ['reɪdieɪt] **I.** *vt.* a emana, a răspândi (*şi fig.*). **II.** *vi.* a se răspândi.

radiation [ˌreɪdi'eɪʃn] *s.* **1.** radiaţie. **2.** iradiere.

radiator ['reɪdieɪtə] *s.* radiator.

radical ['rædɪkl] *s., adj.* radical. # **to ~ize** a radicaliza.

radio ['reɪdiəʊ] (*pl.* **~s**) *s.* radio. # **~active** radioactiv; **~graphy** radiografie; **~logist** medic radiolog; **~logy** radiologie.

radish ['rædɪʃ] *s.* ridiche.

radium ['reɪdiəm] *s.* radiu.

radius ['reɪdiəs] (*pl.* **radii** ['reɪdiaɪ]) *s.* **1.** rază (*de cerc şi fig.*). **2.** *anat.* radius.

raffia ['ræfiə] *s. bot.* rafie.

raffish ['ræfɪʃ] *adj.* de reputaţie proastă.

raffle ['ræfl] *s.* tombolă.

raft [rɑ:ft] *s.* **1.** *nav.* plută. **2.** barcă gonflabilă. # **~ing** plutărit.

rag [ræg] **I.** *s.* **1.** cârpă. **2.** buleandră. **3.** *fam.* fiţuică (*ziar*). **II.** *vt.* a tachina, a sâcâi. # **~amuffin** copil în zdrenţe; **~bag** amestecătură, talmeş-balmeş; **~fair** talcioc; **~ged** zdrenţuit; obosit; **~tag** adunătură, şleahtă; *the ~ trade fam.* industria modei; *to lose your ~ fam.* a-şi ieşi din fire.

rage [reɪdʒ] **I.** *s.* furie: *in a ~* furios. **II.** *vi.* **1.** (**against**) a se ridica (împotriva), a dezaproba cu tărie (*ceva*). **2.** (*d. molimă*) a se răspândi.

raging ['reɪdʒɪŋ] *adj.* **1.** mistuitor. **2.** devastator. **3.** însufleţit, animat.

raid [reɪd] **I.** *s.* **1.** *mil.* raid. **2.** razie. **3.** jaf. **II.** *vt.* a devasta; a jefui. **III.** *vi.* a face o razie/descindere. # **~er** jefuitor, bandit.

rail [reɪl] **I.** *s.* **1.** balustradă; parapet. **2.** bară de metal. **3.** şină de tren. **4.** cale ferată (*ca mijloc de transport*). **II.** *vi.* (**against**) a protesta vehement (împotriva). # *to get back on the ~s fam.* a reveni la starea normală; *to go off the ~s fam.* a devia de la calea normală; **~head** cap de linie ferată; **~ing** grilaj; **~man** ceferist; **~way** cale ferată; **~way station** gară.

raiment ['reɪmənt] *s.* îmbrăcăminte.

rain ['reɪn] **I.** *s.* ploaie: *it looks like ~* stă să plouă; *it's pouring with ~* plouă de rupe pământul. **II.** *vi.* a ploua. # **~bow** curcubeu; **~coat** fulgarin; **~drop** strop de ploaie; **~fall** ploi; **~proof** impermeabil (*adj.*); **~ water** apă de ploaie; **~y** ploios; *~ or shine* pe orice vreme; orice ar fi; *to be ~ed off/out* (*d. un spectacol etc.*) a se amâna din cauza ploii.

raise [reɪz] **I.** *s. amer.* sporire, creştere. **II.** *vt.* **1.** a ridica (*şi fig.*). **2.** a spori, a creşte, a majora. **3.** a strânge (*bani*). **3.** a provoca (*nemulţumiri*). **4.** *amer.* a creşte (*un copil*). # *to ~ hell fam.* a face mare scandal; *to ~ the roof* a face tărăboi; *to ~ smb.'s spirits* a ridica moralul cuiva.

raisin ['reɪzn] *s.* stafidă.

rake [reɪk] **I.** *s.* **1.** greblă. **2.** crai bătrân. **II.** *vt.* **1.** a grebla. **2.** a zgâria; a scrijeli. **3.** a scotoci, a scormoni. # **~-off** *fam.* ciubuc, şperţ; *to ~ in money fam.* a câştiga bani cu ghiotura; *to ~ up the past* a scormoni trecutul.

rakish ['reɪkɪʃ] *adj.* **1.** destrăbălat, libertin. **2.** şmecheresc.

rally ['ræli] **I.** *s.* **1.** miting, manifestație. **2.** raliu. **3.** *ec.* revenire, redresare (*la bursă etc.*). **II.** *vt.* **1.** a regrupa, a reuni. **2.** a restabili. **III.** *vi.* **1.** a se regrupa. **2.** a se restabili (*după boală*). **3.** *ec.* a se redresa.

ram [ræm] **I.** *s.* **1.** berbec. **2.** *tehn.* mai; piston. **II.** *vt.* **1.** (*d. o mașină*) a tampona, a izbi. **2.** a bătători (*pământul*). **3.** a vârî, a băga, a introduce. **4.** a îndesa. # **~rod** vergea (*de încărcat/curățat arma*).

ramble ['ræmbl] **I.** *s.* excursie, drumeție. **II.** *vi.* **1.** a drumeți, a merge în excursie. **2.** a divaga, a vorbi aiurea. # **~r** drumeț, excursionist.

rambling ['ræmblɪŋ] *adj.* **1.** rătăcitor (*și fig.*). **2.** (*d. o cuvântare*) incoerent, haotic. **3.** (*d. o stradă*) întortocheat. # **~s** divagații.

rambunctious [ræm'bʌŋkʃəs] *adj. amer.* exuberant.

ramification [ˌræmɪfɪ'keɪʃn] *s.* ramificație.

ramp [ræmp] *s.* **1.** rampă. **2.** scară mobilă (*pentru încărcare/descărcare*). **3.** șosea de acces (la autostradă).

rampage ['ræmpeɪʤ] **I.** *s.* ravagiu, vandalism: *youths on the ~* tineri vandali/puși pe rele. **II.** *vi.* a face ravagii.

rampant ['ræmpənt] *adj.* **1.** (*d. vegetație*) luxuriant. **2.** dezlănțuit, nestăvilit: *~ corruption* corupție de nestăvilit.

rampart ['ræmpɑːt] *s.* meterez.

ramshackle ['ræmʃækl] *adj.* **1.** părăginit, dărăpănat; rablagit. **2.** (*d. un partid etc.*) pe cale de a se dezmembra.

ran [ræn] *trec. de la* **to run.**

ranch [rɑːntʃ] *s.* fermă, ranch. # **~er** fermier, crescător de vite.

rancid ['rænsɪd] *adj.* rânced.

rancour ['ræŋkə] *s.* ranchiună.

random ['rændəm] *adj.* întâmplător, la întâmplare. # **~ access** *inf.* acces aleatoriu.

randy ['rændi] *adj. fam.* excitat (*sexual*).

rang ['ræŋ] *trec. de la* **to ring.**

range [reɪnʤ] **I.** *s.* **1.** gamă, varietate: *a wide ~ of facilities* o gamă largă de facilități. **2.** șir, serie (*de produse etc.*). **3.** marjă. **4.** rază (*auditivă, de acțiune*). **5.** aragaz. **6.** *amer.* pășune. **II.** *vt.* **1.** a aranja, a ordona. **2.** a clasifica. **3.** a alinia. **III.** *vi.* **1.** a varia (*ca dimensiune, preț*). **2.** a se încadra, a merge: *the conversation ~d from films to politics* conversația a mers de la filme la politică. **3.** (**against**) a face front comun (împotriva). # **~r** paznic de parc/rezervație; pădurar.

rangy ['reɪnʤi] *adj.* **1.** cu membre lungi și subțiri. **2.** muntos.

rank [ræŋk] **I.** *s.* **1.** rang; grad; funcție. **2.** clasă, categorie. **3.** grup, tagmă. **4.** șir, rând: *to break ~s* a rupe rândurile. **II.** *adj.* **1.** (*d. miros*) urât, infect. **2.** (*d. vegetație*) abundent. **3.** complet, total: *~ injustice* nedreptate strigătoare la cer;

a ~ lie minciună sfruntată. **III.** *vt.* **1.** a socoti, a plasa. **2.** a categorisi, a clasa. **IV.** *vi.* a se plasa: *to ~ after smb.* a se clasa după cineva/în urma cuiva. # *the ~ and file* soldații simpli.
ranking ['ræŋkɩŋ] **I.** *s. sport* clasament. **II.** *adj. amer.* **1.** eminent, de valoare. **2.** *mil.* de grad superior.
rankle ['ræŋkl] *vi.* (*d. ceva neplăcut*) a apăsa, a frământa, a roade.
ransack ['rænsæk] *vt.* **1.** a scotoci, a răscoli (*o casă*). **2.** a jefui.
ransom ['rænsəm] **I.** *s.* răscumpărare. **II.** *vt.* a răscumpăra (*pe cineva*).
rant [rænt] *vi.* a vocifera.
rap [ræp] **I.** *s.* **1.** ciocănitură, bătaie. **2.** (muzică) rap. **3.** beșteleală. **4.** *fam.* pedeapsă. **5.** *sl.* șuetă, taifas. **II.** *vt.* **1.** a plesni (*pe cineva*). **2.** a beșteli, a certa. **III.** *vi.* **1.** a ciocăni, a bate. **2.** *sl.* a sta la taifas. **3.** a cânta rap. # **~per** solist/amator de muzică rap; *to ~ smb.'s knuckles* a-i da cuiva peste nas; *to take the ~ for smb.* a lua vina asupra sa.
rapacious [rə'peɩʃəs] *adj.* rapace, acaparator.
rapacity [rə'pæsɩti] *s.* rapacitate.
rape [reɩp] **I.** *s.* **1.** viol. **2.** devastare. **3.** *bot.* rapiță. **II.** *vt.* a viola.
rapid ['ræpɩd] *adj.* rapid: *~ change* schimbare rapidă. # **~ity** rapiditate; **~ly** cu repeziciune; **~s** bulboană; ~ **transit** *amer.* transport urban rapid.
rapier ['reɩpiə] *s.* spadă (*cu ambele tăișuri ascuțite*). # ~ **wit** minte brici/ascuțită.
rapist ['reɩpɩst] *s.* violator.
rapport [ræ'pɔ:] *s.* legătură de prietenie.
rapprochement [ræ'prɒʃmɒ] *s.* reconciliere.
rapt [ræpt] *adj.* transpus, fascinat. # **~ure** încântare; **~urous** entuziast, însuflețit.
rare [reə] *adj.* **1.** rar: *a ~ disease* boală rară. **2.** prețios, valoros. **3.** (*d. friptură*) în sânge. # **~ly** rareori.
rarity ['reərɩti] *s.* raritate.
rascal ['rɑ:skl] *s.* **1.** ștrengar, neastâmpărat. **2.** pușlama.
rash [ræʃ] **I.** *s.* **1.** eczemă, erupție. **2.** puzderie. **II.** *adj.* pripit.
rasp [rɑ:sp] **I.** *s.* rașpă. **II.** *vi.* a răzui. # **~y** răgușit.
raspberry ['rɑ:zbəri] *s.* zmeură.
rat [ræt] *s.* șobolan. # **~bag** *sl.* (un) antipatic; *the ~ race* lupta pentru existență; *to ~ on smb. fam.* a pârî pe cineva; *to ~ on smth. fam.* a-și încălca o promisiune.
rate [reɩt] **I.** *s.* **1.** ritm: *an alarming increasing ~* ritm de creștere alarmant. **2.** rată; procent; cuantum: *the ~ of inflation* rata inflației; *death ~* procent de mortalitate; *~ of wages* cuantumul salariilor. **3.** taxă; tarif: *municipal ~s* taxe municipale; *~ of insurance* tarif de asigurare. **II.** *vt.* **1.** a estima, a evalua. **2.** a considera, a socoti. **3.** a clasa, a plasa. **4.** a taxa. **III.** *vi.* a se clasa, a se plasa. # ~ **cap** *amer.* limita maximă a ratei dobânzii

(*în bancă*); **~payer** contribuabil; *at a ~ of knots fam.* foarte repede; *at this ~* aşa stând lucrurile.

rather ['rɑːðə] *adv.* **1.** cam, oarecum: *a ~ difficult question* o întrebare cam grea; *~ too much* cam prea mult. **2.** mai degrabă/curând: *she walked, or ~ ran* ea mergea sau mai degrabă alerga. **3.** destul de: *it's ~ warm* e destul de cald.

ratify ['rætɪfaɪ] *vt.* a ratifica.

rating ['reɪtɪŋ] *s.* **1.** evaluare, estimare. **2.** clasare. **3.** (procentaj de) audienţă la public, rating.

ratio ['reɪʃiəʊ] (*pl.* **~s**) *s.* raport: *what is the ~ of men to women in...* care este raportul dintre bărbaţi şi femei din...

ration ['ræʃn] **I.** *s.* raţie; porţie: *~ book* cartelă de alimente. **II.** *vt.* a raţionaliza. # **~ing** raţionalizare.

rational ['ræʃnl] *adj.* raţional. # **~e** justificare; **to ~ize** a justifica; a reorganiza.

rattle ['rætl] **I.** *s.* **1.** hârâitoare (*jucărie de bebeluşi*). **2.** izbitură; pocnet. **3.** pârâit; trosnet. **4.** ţăcănit (*de tastă*). **5.** ţârâit. **6.** cârâit (*de radio*). **7.** zdrăngănit. **II.** *vi. fam.* **1.** a zdrăngăni. **2.** a pârâi; a trosni. **3.** a hurui. **4.** a zăngăni. **5.** (*d. ploaie*) a răpăi. # **~snake** şarpe cu clopoţei; *to ~ smb.'s cage fam.* a da peste cap pe cineva (*fig.*); *to ~ the dice* a amesteca zarurile.

ratty ['ræti] *adj.* **1.** *fam.* irascibil. **2.** *amer. fam.* ponosit.

raucous ['rɔːkəs] *adj.* gălăgios; zgomotos.

ravage ['rævɪdʒ] *vt.* a distruge. # **~s** ravagii.

rave [reɪv] *vi.* **1.** (**about**) a elogia (*ceva, pe cineva*). **2.** (**at**) a se răsti (la). **3.** a aiura, a vorbi în dodii. # **~r** petrecăreţ; **~ review** cronică excesiv de laudativă (*în ziar*).

raven ['reɪvn] *s.* corb. # **~ing** înfometat; **~ous** (*d. poftă de mâncare*) ca de lup.

raving ['reɪvɪŋ] *adj.* **1.** delirant. **2.** (*d. frumuseţe*) fermecător, răpitor.

ravish ['rævɪʃ] *vt.* **1.** a viola (*o femeie*). **2.** a delecta, a încânta. # **~ing** fermecător, răpitor.

raw [rɔː] *adj.* **1.** crud; nepreparat: *~ fish* peşte crud. **2.** brut, neprelucrat: *~ materials* materii prime. **3.** novice, începător. **4.** (*d. vreme*) aspru. # **~ deal** tratament discriminatoriu; *to touch smb. on the ~* a atinge pe cineva la coarda sensibilă/în punctul sensibil; *in the ~* (*d. ceva*) aşa cum este în realitate; în pielea goală.

ray [reɪ] *s.* **1.** rază: *the sun's ~s* razele soarelui; *~ of hope* rază de speranţă. **2.** calcan.

raze [reɪz] *vt.* a nimici.

razor ['reɪzə] *s.* aparat de ras. # **~ blade** lamă de ras; **~-thin** *amer.* (*d. o victorie*) la mustaţă; **~ wire** sârmă ghimpată; *to be on the ~'s edge* a fi pe marginea prăpastiei.

re I. [reɪ] *s.* (nota) re. **II.** [riː] *prep.* în legătură cu; despre.

reach [riːtʃ] **I.** *s.* prindere; atingere: *within his ~* în raza sa de acţiune;

la îndemână; *out of her ~* inaccesibil/inabordabil pentru ea. **II.** *vt.* **1.** a ajunge la: *to ~ the border* a ajunge la graniță; *to ~ a conclusion* a ajunge la o concluzie. **2.** a aborda (*pe cineva*). **III.** *vi.* (**for**) a întinde mâna (după), a lua. # **~es** extremități; străfunduri; *to ~ out to smb.* a cuceri pe cineva, a capta interesul cuiva.

react [ri'ækt] *vi.* **1.** (**to**) a reacționa (la). **2.** (**against**) a riposta (la). # **~ant** *chim.* reactant.

reaction [ri'ækʃn] *s.* **1.** reacție. **2.** ripostă. **3.** rezultat, consecință. **4.** *pol.* reacțiune. # **~ary** reacționar.

read [ri:d] (*trec., part. trec.* **read** [red]) **I.** *vt.* **1.** a citi. **2.** a explica, a interpreta: *how do you ~ the present situation?* cum vezi situația actuală? **3.** (*d. termometru etc.*) a indica, a înregistra. **4.** a auzi (*pe cineva*) clar. **5.** a învăța, a studia. **II.** *vi.* a se citi. # **~able** citeț; *to ~ smth. out* a citi ceva cu glas tare; *to ~ up on smth.* a se documenta temeinic despre ceva; *to take it as ~* a accepta ceva fără nici o ezitare.

reader ['ri:də] *s.* **1.** cititor. **2.** carte de citire. **3.** lector.

readily ['redıli] *adv.* imediat.

readiness ['redınıs] *s.* **1.** pregătire: *to be in ~* a fi gata pregătit. **2.** promptitudine.

reading ['ri:dıŋ] **I.** *s.* **1.** citit, citire. **2.** interpretare (*a unei situații*). **II.** *adj.* de citit.

readjust [ˌri:ə'dʒʌst] **I.** *vt.* a aranja (*o rochie*). **II.** *vi.* a se acomoda, a se obișnui. # **~ment** acomodare; **~ments** modificări.

ready ['redi] **I.** *adj.* **1.** gata: *I'm ~ to go* sunt gata de plecare. **2.** (**to**) dispus (să). **3.** (**for**) dornic (de). **II.** *vi.* a se pregăti. # **~-made** (*d. haine*) de gata; **~ money** *fam.* bani numerar.

real ['ri:əl] **I.** *adj.* **1.** real. **2.** (*d. o problemă*) actual; serios. **3.** adevărat: *the ~ reason* motivul adevărat. **II.** *adv. fam.* foarte. # **~ estate** proprietate imobiliară; **~ estate agent** agent imobiliar; **~ty** *amer.* proprietate imobiliară; *for ~* de-adevăratelea; *the ~ thing fam.* ceva serios.

realism ['ri:əlızəm] s. realism.

realist ['ri:əlıst] *s.* realist. # **~ic** realist (*adj.*).

reality [ri'æləti] *s.* realitate. # **in ~** de fapt.

realization [ˌri:əlaı'zeıʃn] *s.* **1.** realizare; împlinire. **2.** aflare; înțelegere.

realize ['ri:əlaız] *vt.* **1.** a-și da seama de, a înțelege. **2.** a realiza. **3.** a vinde.

really ['ri:əli] *adv.* **1.** cu adevărat. **2.** într-adevăr. **3.** chiar. **4.** foarte: *I'm ~ sorry* îmi pare foarte rău. # *not ~* nu (prea), nu cine știe ce; *I don't ~ know* nu sunt sigur.

realm [relm] *s.* **1.** domeniu, sferă: *in the ~ of science* din/în domeniul științei. **2.** regat.

reap [ri:p] *vt.* **1.** a strânge (*recolta*). **2.** a culege (*roadele*) (*fig.*). # **~er** secerător.

rear [rɪə] **I.** *s.* **1.** (parte din) spate: *at/to the* ~ în spate. **2.** fund, şezut. **II.** *adj.* din spate. **III.** *vt.* **1.** a creşte (*copii, animale*). **2.** a cultiva (*plante*). **IV.** *vi.* (*d. cal*) a se cabra. # **~ admiral** contraamiral; **~guard** ariergardă; **to ~-end** a tampona (*o maşină*); **~ing** creştere (*a copiilor, animalelor*); **~most** partea cea mai din spate; **~ view mirror** oglindă retrovizoare; **~ward** la/spre spate; *to bring up the* ~ a încheia coloana, a fi ultimul.

reason ['ri:zn] **I.** *s.* **1.** motiv, pricină, scuză: *for some* ~ dintr-un motiv sau altul; *personal ~s* motive personale. **2.** rațiune: *to listen to* ~ a asculta de glasul rațiunii. **II.** *vt.* a socoti, a crede. **III.** *vi.* **1.** a se gândi, a reflecta. **2.** (**with**) a discuta (cu). # **~ing** justificare; gândire; *to ~ smb. into* a convinge pe cineva să; *to ~ smb.out of* a convinge pe cineva să nu; *by ~ of* din cauza, pe motiv că; *it stands to* ~ e clar ca lumina zilei; *with* ~ pe bună dreptate.

reasonable ['ri:znəbl] *adj.* **1.** rezonabil. **2.** acceptabil, convenabil. **3.** (*d. preț*) moderat, accesibil. **4.** potrivit de bun.

reasonably ['ri:znəbli] *adv.* **1.** destul de. **2.** cu bun simț. **3.** cu moderație.

reassert [ˌri:ə'sɜ:t] *vt.* a reafirma.

reassuring [ˌri:ə'ʃʊərɪŋ] *adj.* liniştitor.

rebate ['ri:beɪt] *s. ec.* rabat, reducere.

rebel I. ['rebl] *s.* rebel, răzvrătit. **II.** [rɪ'bel] *vi.* (**against**) a se ridica (împotriva). # **~lion** revoltă; **~lious** răzvrătit, revoltat.

rebound I. ['ri:baʊnd] *s.* **1.** ricoşare, ricoşeu. **2.** redresare (*economică etc.*). **II.** [rɪ'baʊnd] *vi.* **1.** (**on**) a se repercuta (asupra), a se răsfrânge (asupra). **2.** (*d. economie etc.*) a se redresa, a-şi reveni.

rebuff [rɪ'bʌf] **I.** *s.* refuz brutal. **II.** *vt.* a refuza categoric.

rebuild [ri:'bɪld] *vt.* a reconstrui. # **~ing** reconstruire.

rebuke [rɪ'bju:k] **I.** *s.* admonestare. **II.** *vt.* a admonesta, a blama.

rebut [rɪ'bʌt] *vt.* a combate, a respinge (*o acuzație*). # **~tal** contestare, combatere.

recall [rɪ'kɔ:l] **I.** *s.* **1.** aducere-aminte, memorie. **2.** rechemare. **II.** *vt.* **1.** a aduce aminte de; a aminti de. **2.** a rechema. **3.** a retracta. **4.** a revoca. # **beyond** ~ iremediabil; **past** ~ irevocabil.

recant [rɪ'kænt] *vt.* a retracta.

recast [ri:'kɑ:st] *vt.* **1.** a reface, a remodela (*un raport*). **2.** a schimba distribuția (*unui film etc.*).

recede [rɪ'si:d] *vi.* **1.** a se retrage; a se îndepărta. **2.** (*d. durere*) a ceda.

receipt [rɪ'si:t] *s.* **1.** bon (*de casă*); recipisă, chitanță. **2.** primire: *on ~ of* la primirea... # **~s** intrări, încasări.

receive [rɪ'si:v] *vt.* **1.** a primi, a obține. **2.** a accepta ca membru. **3.** a primi (*musafiri*). **4.** a auzi (*pe cineva*) prin radio. # **~d** general acceptat: *~d pronunciation* pronunţarea acceptată/oficială (*a limbii engleze*); *to be on the receiving end fam.* a fi ţap ispăşitor.

receiver [rɪ'si:və] *s.* **1.** receptor (*de telefon*). **2.** aparat de recepţie. **3.** destinatar.

recent ['ri:snt] *adj.* recent: *in ~ years* în ultimii ani. # **~ly** de curând.

receptacle [rɪ'septəkl] *s.* **1.** vas, recipient. **2.** *el. amer.* priză. **3.** ladă de gunoi (*fig.*).

reception [rɪ'sepʃn] *s.* **1.** recepţie (*la hotel*): *in/with ~* la recepţie. **2.** întâmpinare: *a warm ~* primire călduroasă. **3.** ceremonie: *a wedding ~* nuntă. **4.** recepţionare (*a unui post de radio*). # **~ist** recepţioner (*la hotel*); **~ room** salon (*pentru musafiri*).

receptive [rɪ'septɪv] *adj.* receptiv.

recess I. [rɪ'ses] *s.* **1.** vacanţă parlamentară. **2.** *şcol. amer.* recreaţie. **3.** *jur.* pauză. **4.** nişă. **5.** loc retras. **II.** *vt.* a întrerupe (*o audiere*) pentru a se lua o pauză. # **~ion** retragere; recesiune economică.

recidivist [rɪ'sɪdɪvɪst] *s.* recidivist.

recipe ['resɪpi] *s.* **1.** reţetă culinară. **2.** metodă: *~ for success* formula succesului.

recipient [rɪ'sɪpiənt] *s.* primitor, beneficiar.

reciprocal [rɪ'sɪprəkl] *adj.* reciproc.

recital [rɪ'saɪtl] *s.* **1.** recital. **2.** povestire, relatare.

recite [rɪ'saɪt] *vt.* **1.** a recita. **2.** a turui.

reckless ['reklɪs] *adj.* nesăbuit; imprudent.

reckon ['rekən] *vt.* **1.** a socoti, a crede. **2.** a calcula. # **~ing** calcul, socoteală; estimare; *to ~ on smth.* a se aştepta la ceva.

reclaim [rɪ'kleɪm] *vt.* **1.** a ameliora (*un teren*). **2.** a corija, a aduce pe calea cea bună. **3.** a recăpăta. **4.** a recicla (*deşeuri*).

recline [rɪ'klaɪn] *vi.* a sta lungit/întins. # **~r** scaun cu spătar reglabil.

recluse [rɪ'klu:s] *s.* singuratic; pustnic.

recognition [ˌrekəg'nɪʃn] *s.* recunoştinţă. # *in ~ of* ca semn de recunoştinţă pentru; *beyond ~* de nerecunoscut.

recognize ['rekəgnaɪz] *vt.* a recunoaşte.

recoil I. ['ri:kɔɪl] *s.* **1.** recul. **2.** destindere (*a unui arc*). **II.** [rɪ'kɔɪl] *vi.* **1.** a se da înapoi. **2.** (**on**) a se repercuta (asupra), a se întoarce (împotriva).

recollect [ˌrekə'lekt] *vt.* a-şi aduce aminte de. # **~ion** aducere-aminte.

recommend [ˌrekə'mend] *vt.* a recomanda. # **~ation** recomandare.

recompense ['rekəmpens] **I.** *s.* **1.** recompensă. **2.** compensaţie; despăgubire. **II.** *vt.* a despăgubi.

reconcile ['rekənsaɪl] *vt.* **1.** a reconcilia. **2.** a pune de acord.

reconnaissance [rɪ'kɒnɪsəns] *s.* recunoaştere: *a ~ party* detaşament de recunoaştere.

reconnoitre [ˌrekəˈnɔɪtə] *vi.* a merge în recunoaştere.

reconsider [ˌriːkənˈsɪdə] *vt.* a reconsidera.

reconstitute [riːˈkɒnstɪtjuːt] *vt.* a reconstitui.

record I. [ˈrekɔːd] *s.* **1.** socoteală; înregistrare: *keep a ~ of your expenses* ţine socoteala cheltuielilor tale. **2.** raport scris. **3.** *muz.* disc. **4.** record: *the world ~* record mondial; *to break the ~* a bate recordul; *to set a new ~* a stabili un nou record. **II.** [rɪˈkɔːd] *vt.* **1.** a înregistra, a nota, a consemna. **2.** a imprima (*un disc*). **3.** (*d. termometru*) a indica. # **criminal ~** cazier; **for the ~** a se consemna; **off the ~** (*d. o ştire*) neoficial; **~-breaker** sportiv care a bătut recordul mondial; **~er** (*orice fel de*) aparat de înregistrare; grefier; **~ holder** sportiv care deţine un record mondial; **~ player** picup.

recoup [rɪˈkuːp] *vt.* a recupera (*o sumă de bani*).

recourse [rɪˈkɔːs] *s.* recurs: *without ~ to* fără a se recurge la.

recover [rɪˈkʌvə] **I.** *vt.* **1.** a recupera. **2.** a recâştiga (*un meci*). **3.** a recăpăta (*ceva pierdut*). **II.** *vi.* **1.** a se restabili, a se însănătoşi. **2.** a-şi reveni (*după o decepţie*). **3.** (*d. economie*) a se redresa. # **~able** recuperabil; **~y** însănătoşire (*şi fig.*); **~y room** *med.* reanimare (*camera*).

recreation [ˌrekriˈeɪʃn] *s.* **1.** recreere, destindere. **2.** distracţie.

recrimination [rɪˌkrɪmɪˈneɪʃn] *s.* incriminare.

recruit [rɪˈkruːt] **I.** *s.* recrut. **II.** *vt.* a recruta.

rectangle [ˈrektæŋgl] *s.* dreptunghi.

rectangular [rekˈtæŋgjələ] *adj.* dreptunghiular.

rectify [ˈrektɪfaɪ] *vt.* a rectifica.

rectitude [ˈrektɪtjuːd] *s.* corectitudine.

rector [ˈrektə] *s.* rector. # **~y** rectorat.

rectum [ˈrektəm] *s.* *anat.* rect.

recumbent [rɪˈkʌmbənt] *adj.* (*în poziţia*) culcat.

recuperate [rɪˈkuːpəreɪt] **I.** *vt.* a recupera. **II.** *vi.* a se restabili (*după boală*).

recur [rɪˈkɜː] *vi.* a se repeta, a reveni. # **~rence** repetare, revenire; **~rent** repetat, periodic.

recycle [riːˈsaɪkl] *vt.* **1.** a recicla (*deşeuri*). **2.** a reînnoi.

red [red] **I.** *s.* **1.** roşu. **2.** vin roşu. **3.** persoană cu vederi de stânga, comunist. **II.** *adj.* **1.** roşu. **2.** cu păr roşcat. **3.** cu vederi de stânga. # **~-blooded** cu sânge fierbinte; **~ card** *sport* cartonaş roşu; **the Red Cross** Crucea Roşie; **~currant** coacăză; **to ~den** a se înroşi; **~dish** roşcat; **~head** roşcovan; **~-hot** incandescent; fierbinte (*fig.*); **~-letter day** zi de sărbătoare; **~neck** *fam.* ţărănoi; **~ pepper** ardei iute roşu; **~ tape** birocraţie.

redeem [rɪˈdiːm] *vt.* **1.** a răscumpăra, a recupera. **2.** a compensa. **3.** a achita (*o datorie*). **4.** a reabilita.

5. *rel.* a mântui. # **~able** rambursabil, recuperabil; **the Redeemer** Mântuitorul.

redemption [rı'dempʃn] *s.* mântuire, izbăvire.

redo [ri:'du:] *vt.* a reface.

redolent ['redələnt] *adj.* **1.** evocator. **2.** mirositor.

redoubt [rı'daʊt] *s.* redută.

redraft [ri:'dra:ft] *vt.* a reface, a rescrie.

redress [rı'dres] **I.** *s.* **1.** reparație (*a unei nedreptăți*). **2.** compensație. **II.** *vt.* a repara (*o nedreptate*), a corija.

reduce [rı'dju:s] **I.** *vt.* a reduce, a micşora. **II.** *vi.* **1.** a se micşora. **2.** a slăbi (*în greutate*). # *to be ~d to...* a ajunge în situația de a...

reduction [rı'dʌkʃn] *s.* **1.** reducere, micşorare. **2.** reducere de preț.

redundancy [rı'dʌndənsi] *s.* **1.** redundanță, pleonasm. **2.** surplus/excedent de personal.

redundant [rı'dʌndənt] *adj.* **1.** (*d. cineva*) disponibilizat. **2.** în plus/exces.

reed [ri:d] *s.* **1.** stuf. **2.** trestie. **3.** tub de orgă. # **~s** instrumente de suflat; **~y** pițigăiat.

reef [ri:f] *s.* **1.** banc de nisip; recif. **2.** *nav.* terțarolă.

reek [ri:k] **I.** *s.* duhoare. **II.** *vi.* a duhni.

reel [ri:l] **I.** *s.* **1.** bobină. **2.** *tehn.* tambur. **II.** *vi.* **1.** a se clătina, a se împletici. **2.** a se învârti. # *to ~ smth. off* a spune ceva pe nerăsuflate, a turui ceva.

re-enact [ˌri:ı'nækt] *vt.* a reconstitui, a reproduce.

refectory [rı'fæktəri] *s.* sală de masă.

refer [rı'fɜ:] *vi.* **1.** (**to**) a se referi (la); a vorbi (despre). **2.** (**to**) a consulta, a apela (la) (*un dicționar etc.*). # **~ee** arbitru.

reference ['refrəns] *s.* **1.** referire, menționare: *to make no ~ to* a nu face nici o referire la. **2.** referință: *works of ~* lucrări/cărți de referință. **3.** apelare, recurgere. **4.** recomandare (*pentru angajare*). # **~ point** punct de referință; *in/with ~ to* în ceea ce priveşte...

referendum [ˌrefə'rendəm] *s.* referendum: *to hold a ~* a face un referendum.

refill I. ['ri:fıl] *s.* **1.** (*încă un*) pahar de băutură. **2.** rezervă (*de pix etc.*). **II.** [ri:'fıl] *vt.* a reumple.

refined [rı'faınd] *adj.* rafinat (*şi fig.*).

refinement [rı'faınmənt] *s.* **1.** îmbunătățire, ameliorare. **2.** rafinament, distincție.

refinery [rı'faınəri] *s.* rafinărie.

refit [ri:'fıt] **I.** *s.* reparație, reparare. **II.** *vt.* a repara; a reamenaja.

reflect [rı'flekt] **I.** *vt.* a reflecta. **II.** *vi.* (**on**) a cugeta (la). # **~ion** reflectare; **~ive** gânditor, îngândurat; *to ~ well/badly on* a arunca o lumină favorabilă/proastă asupra.

reflex ['ri:fleks] *s.* reflex. # **~ive** *gram.* reflexiv.

reform [rı'fɔ:m] **I.** *s.* reformă. **II.** *vt.* **1.** a înnoi, a reface. **2.** a corija, a corecta. # **~atory** şcoală de corecție; **~er** reformator (*s.*).

refract [rı'frækt] *vt.*, *vi.* a (se) refracta.

refractory [rɪ'fræktəri] *adj.* **1.** refractar, recalcitrant. **2.** (*d. o boală*) persistent.

refrain [rɪ'freɪn] **I.** *s.* refren. **II.** *vi.* (**from**) a se abține (de la), a se feri (să).

refresh [rɪ'freʃ] *vt.* **1.** a revigora, a înviora. **2.** *amer. fam.* a reumple (*un pahar*). **3.** a reîmprospăta (*memoria*). # **~er** (**course**) curs de perfecționare; **~ing** înviorător; **~ments** tratație, gustări și băutură.

refrigerator [rɪ'frɪdʒəreɪtə] *s.* frigider.

refuge ['refju:dʒ] *s.* **1.** adăpost. **2.** refugiu (*de pietoni*). # **~e** refugiat.

refund I. ['ri:fʌnd] *s.* rambursare (*de bani*). **II.** [rɪ'fʌnd] *vt.* a rambursa (*bani*).

refurbish [ri:'fɜ:bɪʃ] *vt.* a renova. # **~ment** renovare.

refusal [rɪ'fju:zl] *s.* refuz.

refuse[1] ['refju:s] *s.* gunoi. # **~ collector** gunoier.

refuse[2] [rɪ'fju:z] *vt.*, *vi.* a refuza.

refute [rɪ'fju:t] *vt.* a contesta; a nu fi de acord cu.

regain [rɪ'geɪn] *vt.* a recâştiga, a recăpăta.

regal ['ri:gl] *adj.* regal.

regale [rɪ'geɪl] *vt.* a amuza.

regard [rɪ'ga:d] **I.** *s.* **1.** grijă, atenție: *to pay proper ~ to* a da atenția cuvenită la. **2.** respect. **II.** *vt.* a considera: *to be ~ed as* a fi considerat drept... # *as ~s* în ce priveşte...; *in this ~* în această privință; *~ing* în privința; *~less of* indiferent de.

regime [reɪ'dʒi:m] *s.* regim.

regimen ['redʒɪmən] *s. med.* regim.

regiment ['redʒɪmənt] *s.* regiment; **~al** de regiment; **~ed** cazon, strict.

region ['ri:dʒn] *s.* regiune. # **~al** regional; *in the ~ of* în jurul sumei de...

register ['redʒɪstə] **I.** *s.* **1.** listă; registru; catalog: *to call the ~* a striga catalogul. **2.** întindere a vocii; registru. **3.** *ec.* registru de casă. **II.** *vt.* **1.** a înregistra. **2.** (*d. față*) a exprima (*un sentiment*). **3.** a observa, a băga de seamă. **4.** a trimite recomandat (*o scrisoare*). # **~ office** oficiu de stare civilă; **~ed trademark** marcă înregistrată.

registrar [ˌredʒɪ'stra:] *s.* **1.** funcționar la starea civilă. **2.** medic rezident.

registration [ˌredʒɪ'streɪʃn] *s.* înregistrare; înscriere. # **~ number** *auto* număr de înmatriculare.

regress [rɪ'gres] *vi.* a regresa. # **~ion** regres.

regret [rɪ'gret] **I.** *s.* regret. **II.** *vt.* a regreta. # **~ful** plin de regret; **~fully** cu regret; din păcate; **~table** regretabil.

regular ['regjələ] **I.** *s.* **1.** client permanent. **2.** soldat de carieră. **II.** *adj.* **1.** regulat: *at ~ intervals* la intervale regulate. **2.** obişnuit, uzual. **3.** permanent: *a ~ job* serviciu permanent. **4.** frecvent. # **~ity** regularitate; **~ly** (în mod) regulat.

regulate ['regjəleɪt] *vt.* **1.** a reglementa. **2.** a controla, a regla.

regulation [ˌregjə'leɪʃn] *s.* **1.** reglementare. **2.** control.

rehab ['ri:hæb] *s. amer.* dezalcoolizare; dezintoxicare.

rehabilitate [ˌri:ə'bɪlɪteɪt] *vt.* **1.** a reabilita. **2.** a reamenaja, a reface.

rehash [ri:'hæʃ] *vt.* **1.** a relua. **2.** a reitera.

rehearing [ri:'hɪərɪŋ] *s. jur.* reaudiere.

rehearsal [rɪ'hɜ:sl] *s.* **1.** repetiţie (*la teatru etc.*). **2.** reluare (*a celor spuse*).

rehearse [rɪ'hɜ:s] *vt.* a repeta (*o piesă etc.*).

reign [reɪn] **I.** *s.* (perioadă de) domnie. **II.** *vi.* **1.** a domni. **2.** a predomina.

rein [reɪn] **I.** *s.* frâu (*şi fig.*). **II.** *vt.* a pune frâu la.

reindeer ['reɪndɪə] *s.* ren.

reinforce [ˌri:ɪn'fɔ:s] *vt.* a întări (*şi fig.*). # **~ment** întărire; accentuare; **~ments** *mil.* întăriri.

reinstate [ˌri:ɪn'steɪt] *vt.* **1.** a repune în drepturi. **2.** a reintroduce (*fig.*).

reissue [ri:'ɪʃu:] **I.** *s.* reeditare. **II.** *vt.* a reedita (*o carte etc.*).

reiterate [ri:'ɪtəreɪt] *vt.* a reitera.

reject I. ['rɪ:dʒekt] *s.* rebut. **II.** [ri'dʒekt] *vt.* **1.** a respinge (*o propunere*). **2.** a refuza (*un candidat*). **3.** a abandona. # **~ion** respingere.

rejoice [rɪ'dʒɔɪs] *vi.* a se bucura; a se veseli.

rejoinder [rɪ'dʒɔɪndə] *s.* răspuns scurt/sec.

rejuvenate [rɪ'dʒu:vəneɪt] *vt.* a reîntineri.

rekindle [ri:'kɪndl] *vt.* a reaprinde (*şi fig.*).

relapse [rɪ'læps] **I.** *s. med.* recidivă. **II.** *vi.* (**into**) a reveni (la).

relate [rɪ'leɪt] **I.** *vt.* **1.** a relata. **2.** (**to**) a lega (de). **II.** *vi.* (**to**) a se referi (la). # **~d** înrudit; similar.

relation [rɪ'leɪʃn] *s.* **1.** relaţie, legătură: *in ~ to* în legătură cu. **2.** raport; comparaţie: *in ~ to* în comparaţie cu, faţă de. **3.** rudă; înrudire: *we're no ~* nu suntem rude. # **~ship** relaţie; legătură.

relative ['relətɪv] **I.** *s.* rudă: *a distant ~* rudă îndepărtată. **II.** *adj.* relativ. # *~ to* referitor la; faţă de; *~ly speaking* comparativ.

relativity [ˌrelə'tɪvɪti] *s.* relativitate.

relax [rɪ'læks] **I.** *vt.* **1.** a relaxa. **2.** a ridica (*o interdicţie*). **II.** *vt.* a se relaxa. # **~ation** relaxare; **~ed** relaxat; îngăduitor; **~ing** tihnit.

relay I. ['ri:leɪ] *s.* **1.** *sport* ştafetă. **2.** tură: *in ~s* în ture/schimburi. **3.** *tehn.* releu. **II.** [ri:'leɪ] *vt.* a transmite (*un program*): *to ~ by satellite* a transmite prin satelit.

release [rɪ'li:s] **I.** *s.* **1.** eliberare. **2.** lansare (*a unui produs*). **3.** (sentiment de) uşurare. **II.** *vt.* **1.** a elibera (*un deţinut*). **2.** a lansa pe piaţă. **3.** a da drumul la (*baloane, pedala de ambreiaj etc.*). **4.** a defula.

relegate ['relɪgeɪt] *vt.* a retrograda.

relegation [ˌrelɪ'geɪʃn] *s.* retrogradare.

relent [rɪ'lent] *vi.* **1.** (*d. ploaie etc.*) a se potoli. **2.** a o lăsa mai moale. # **~less** continuu; încrâncenat.

relevant ['relıvənt] *adj.* relevant, pertinent.

reliable [rı'laıəbl] *adj.* (demn) de încredere.

reliability [rı,laıə'bılıti] *s.* credibilitate.

reliance [rı'laıəns] *s.* dependență.

reliant [rı'laıənt] *adj.* (**on**) dependent (de).

relic ['relık] *s.* relicvă. # **~s** vestigii.

relief [rı'li:f] *s.* **1.** ușurare: *a sigh of ~* oftat de ușurare. **2.** ajutorare (*în caz de calamități*). **3.** echipă (*de salvare*). **4.** relief. **5.** claritate. # **~ map** hartă fizică.

relieve [rı'li:v] *vt.* **1.** a ameliora. **2.** a înlocui (*o santinelă*). **3.** a elibera (*un oraș*). # **~d** mulțumit sufletește.

religion [rı'lıʤən] *s.* religie.

religious [rı'lıʤəs] *adj.* **1.** religios. **2.** credincios, evlavios.

relinquish [rı'lıŋkwıʃ] *vt.* **1.** a renunța la. **2.** *jur.* a ceda.

relish ['relıʃ] **I.** *s.* încântare. **II.** *vt.* a se delecta cu.

reluctance [rı'lʌktəns] *s.* nehotărâre; împotrivire.

reluctant [rı'lʌktənt] *adj.* **1.** șovăitor, îndoit. **2.** refractar.

rely [rı'laı] *vi.* (**on**) a se bizui (pe).

remain [rı'meın] *vi.* a rămâne. # **~der** rămășiță; **~s** resturi de mâncare; vestigii.

remake I. ['ri:meık] *s.* versiune nouă (*a unui film etc.*). **II.** [ri:'meık] *vt.* a reface (*un film etc.*).

remand [rı'mɑ:nd] **I.** *s.* detenție preventivă: *on ~* în detenție preventivă. **II.** *vt.* a reține în custodie (*un deținut*).

remark [rı'mɑ:k] **I.** *s.* **1.** remarcă: *a rude ~* remarcă impertinentă. **2.** remarcare. **II.** *vt.* a remarca. # **~able** remarcabil, admirabil.

remarry [ri:'mæri] *vi.* a se recăsători.

remedial [rı'mi:diəl] *adj.* **1.** de remediere/corectare. **2.** *med.* reparator.

remedy ['remədi] **I.** *s.* **1.** remediu, leac; tratament. **2.** *jur.* reparație; despăgubire. **II.** *vt.* a remedia, a îndrepta.

remember [rı'membə] *vt.* **1.** a aduce aminte, a reaminti: *do you ~ her?* îți aduci aminte de ea? **2.** a menționa, a aminti de. **3.** a omagia.

remembrance [rı'membrəns] *s.* **1.** memorie; amintire. **2.** comemorare: *a ~ service* slujbă de pomenire.

remind [rı'maınd] *vt.* a aduce aminte, a reaminti. # **~er** memento, amintire.

reminisce [,remı'nıs] *vi.* (**about**) a-și reaminti (de), a evoca (*ceva*). # **~nt** care reamintește de.

reminiscence [,remı'nısns] *s.* amintire. # **~s** memorii, amintiri.

remiss [rı'mıs] *adj.* neglijent; superficial.

remission [rı'mıʃn] *s.* **1.** *med.* ameliorare temporară (*a unei boli*). **2.** iertare, absolvire (*de pedeapsă*). **3.** scutire (*de taxe*).

remit I. ['ri:mıt] *s.* competență, autoritate. **II.** [rı'mit] *vt.* **1.** a remite (*o sumă etc.*). **2.** a scuti (*de taxă etc.*). **3.** a absolvi (*de pedeapsă*).

\# ~**tance** remitere (*de bani*); ~**ee** destinatar al unei trimiteri de bani.

remnant ['remnənt] *s.* **1.** rămăşiţă, rest. **2.** cupon (de stofă).

remonstrance [rɪ'mɒnstrəns] *s.* protest; nemulţumire.

remorse [rɪ'mɔ:s] *s.* regret; remuşcare. # ~**less** necruţător, nemilos.

remote [rɪ'məʊt] **I.** *s. fam.* telecomandă (*la TV*). **II.** *adj.* **1.** îndepărtat; izolat, retras. **2.** rece, distant. # ~ **control/zapper** comandă de la distanţă; telecomandă; ~**ly** de departe; vag; ~ **sensing** studiere a unei planete de către un satelit.

removable [rɪ'mu:vəbl] *adj.* detaşabil; mobil.

removal [rɪ'mu:vl] *s.* **1.** mutare; schimbare (*de domiciliu*). **2.** scoatere; extirpare (*a unei tumori*). **3.** ridicare (*a unei interdicţii*). **4.** destituire (*din funcţie*).

remove [rɪ'mu:v] **I.** *vt.* **1.** a muta (*pe cineva*). **2.** a scoate (*de pe listă, din funcţie*). **3.** a extirpa (*o tumoare*). **4.** a destitui. **II.** *vi.* a se muta. # ~**r** substanţă de scos pete.

remuneration [rɪˌmju:nə'reɪʃn] *s.* remuneraţie.

renaissance [rɪ'neɪsns] *s.* **1.** renaştere: *the Renaissance period* perioada Renaşterii. **2.** înviorare (*fig.*).

rend [rend] (*trec., part. trec.* **rent**) *vt., vi.* a (se) rupe.

render ['rendə] *vt.* **1.** a da, a acorda (*ajutor etc.*). **2.** a face: *to ~ difficult* a face dificil. **3.** a traduce (*în franceză etc.*). **4.** a aduce (*un omagiu*). **5.** a reda, a înfăţişa. # ~**ing** interpretare (*a unui actor etc.*); transpunere.

rendition [ren'dɪʃn] *s.* interpretare (*a unei melodii*).

renegade ['renɪgeɪd] *s.* renegat.

renew [rɪ'nju:] *vt.* a reînnoi. # ~**al** reînnoire.

rennet ['renɪt] *s.* cheag (*pentru lapte*).

renounce [rɪ'naʊns] *vt.* **1.** a renunţa la: *to ~ a privilege* a renunţa la un privilegiu. **2.** a repudia. **3.** a denunţa (*un tratat*).

renovate ['renəveɪt] *vt.* a renova.

renown [rɪ'naʊn] *s.* renume: *of international ~* de renume internaţional. # ~**ed** renumit.

rent[1] [rent] **I.** *s.* **1.** chirie; rentă: *for ~ amer.* de închiriat. **2.** ruptură. **II.** *vt.* **1.** a închiria; a da/lua cu chirie. **2.** a arenda. # ~**al** cuantum al chiriei; obiect închiriat; ~**er** agenţie de închiriere (*maşini etc.*); ~**-free** scutit de plata chiriei.

rent[2] [rent] *trec., part. trec. de la* **to rend.**

reorganize [ri'ɔ:gənaɪz] *vt.* a reorganiza.

repair [ri'peə] **I.** *s.* reparaţie: *under ~* la reparat; *in good state of ~* în bună stare (*de funcţionare*). **II.** *vt.* **1.** a repara. **2.** a corija. # ~**er** *sau* ~**man** persoană care repară; depanator (*radio, TV*).

reparation [ˌrepə'reɪʃn] *s.* despăgubire, compensaţie.

repartee [ˌrepɑ:'ti:] *s.* răspuns prompt şi spiritual.

repast [rɪ'pɑ:st] *s.* masă; de-ale gurii.

repay [rɪ'peɪ] *vt.* **1.** a rambursa. **2.** a despăgubi. # **~able** rambursabil; **~ment** rambursare, restituire.

repeal [rɪ'pi:l] *vt.* a anula, a revoca.

repeat [rɪ'pi:t] **I.** *s.* **1.** repetare. **2.** reluare (*a unui film etc.*). **II.** *vt.*, *vi.* a (se) repeta. # **~er** puşcă automată, pistol automat.

repel [rɪ'pel] *vt.* **1.** a respinge (*şi fig.*). **2.** a inspira repulsie. # **~lent** respingător, dezgustător.

repent [rɪ'pent] **I.** *vt.* a regreta. **II.** *vi.* a se căi. # **~ance** remuşcare, căință; **~ant** spăşit.

repercussion [ˌri:pə'kʌʃn] *s.* repercusiune, urmare.

repertoire ['repətwɑ:], **repertory** ['repətri] *s.* repertoriu.

repetition [ˌrepə'tɪʃn] *s.* repetare.

replace [rɪ'pleɪs] *vt.* a înlocui. # **~ment** înlocuire; înlocuitor.

replenish [rɪ'plenɪʃ] *vt.* a împrospăta (*o rezervă*).

replete [rɪ'pli:t] *adj.* **1.** (**with**) înțesat (de). **2.** (*d. cineva*) îmbuibat.

replica ['replɪkə] *s.* duplicat, copie. # **to ~te** a face o copie/un duplicat după.

reply [rɪ'plaɪ] **I.** *s.* răspuns. **II.** *vi.* a răspunde.

report [rɪ'pɔ:t] **I.** *s.* **1.** raport, relatare. **2.** notă scrisă; proces verbal. **3.** reputație. **4.** bubuitură. **II.** *vt.* **1.** a raporta, a aduce la cunoştință. **2.** a relata. **3.** a declara, a comunica. # **~age** reportaj; **~edly** chipurile, cică; **~ed speech** *gram.* vorbire indirectă; **~er** reporter; **~ing** reportaj, relatare.

repose [rɪ'pəʊz] **I.** *s.* relaxare, destindere. **II.** *vi.* a se relaxa; a se odihni.

repository [rɪ'pɒzɪtri] *s.* **1.** depozit, magazie. **2.** mină, izvor nesecat (*fig.*).

repossess [ˌri:pə'zes] *vt.* a repune în posesie. # **~ion** repunere în posesie.

reprehensible [ˌreprɪ'hensəbl] *adj.* reprobabil, condamnabil.

represent [ˌreprɪ'zent] *vt.* **1.** a reprezenta. **2.** a descrie, a înfățişa. **3.** (**to**) a prezenta (către). # **~ation** (re)prezentare; întruchipare; **~ative** reprezentant.

repress [rɪ'pres] *vt.* **1.** a reprima, a înăbuşi. **2.** a stăpâni: *to ~ one's fury* a-şi stăpâni furia. # **~ion** reprimare; refulare; **~ive** represiv.

reprieve [rɪ'pri:v] **I.** *s.* amânare temporară; suspendare. **II.** *vt.* **1.** a suspenda (*o pedeapsă*). **2.** a amâna temporar.

reprimand ['reprɪmɑ:nd] **I.** *s.* dojană, mustrare. **II.** *vt.* a dojeni, a mustra.

reprisals [rɪ'praɪzlz] *s. pl.* represalii.

reproach [rɪ'prəʊtʃ] **I.** *s.* **1.** reproş. **2.** blamare. **II.** *vt.* a reproşa, a obiecta. # **~ful** reprobator; **above/beyond ~** ireproşabil.

reproduce [ˌri:prə'dju:s] *vt.*, *vi.* a (se) reproduce.

reproduction [ˌri:prə'dʌkʃn] *s.* **1.** reproducere, înmulțire. **2.** copie, imitație. **3.** înregistrare (*pe bandă*).

reproof [rı'pru:f] *s.* **1.** mustrare. **2.** dezaprobare.
reprove [rı'pru:v] *vt.* a dezaproba.
reptile ['reptaıl] *s.* reptilă.
republic [rı'pʌblık] *s.* republică. # **~an** republican.
repudiate [rı'pju:dieıt] *vt.* **1.** a repudia, a respinge. **2.** a nega.
repugnance [rı'pʌgnəns] *s.* dezgust, silă.
repugnant [rı'pʌgnənt] *s.* dezgustător.
repulsion [rı'pʌlʃn] *s.* repulsie.
repulsive [rı'pʌlsıv] *adj.* oribil.
reputable ['repjutəbl] *adj.* reputat, prestigios.
reputation [ˌrepju'teıʃn] *s.* reputație.
reputed [rı'pju:tıd] *adj.* presupus, considerat, socotit.
request [rı'kwest] **I.** *s.* cerere: *on ~* la cerere. **II.** *vt.* a cere; a ruga.
requiem ['rekwiəm] *s.* **1.** recviem. **2.** parastas.
require [rı'kwaıə] *vt.* a cere, a necesita: *this plant ~s plenty of water* planta asta are nevoie de multă apă. # **~ments** cerințe.
requisite ['rekwızıt] **I.** *s.* lucru necesar. **II.** *adj.* cerut, necesar.
requisition [ˌrekwı'zıʃn] **I.** *s.* rechiziție. **II.** *vt.* a rechiziționa.
requite [rı'kwaıt] *vt.* a răsplăti.
rerun I. ['ri:rʌn] *s.* reluare (*a unui program*). **II.** [ri:'rʌn] *vt.* a relua (*un program etc.*).
rescind [rı'sınd] *vt.* a abroga (*o lege*).
rescue ['reskju:] **I.** *s.* salvare; ajutor: *to come to smb.'s ~* a veni în ajutorul cuiva. **II.** *vt.* a salva.
research [rı'sɜ:tʃ] **I.** *s.* cercetare: *medical ~* cercetare medicală. **II.** *vt.* a studia, a investiga.
resemblance [rı'zembləns] *s.* asemănare.
resemble [rı'zembl] *vt.* a semăna cu.
resent [rı'zent] *vt.* a fi ofensat de. # **~ful** ofensat; **~ment** jignire; pică, ciudă.
reservation [ˌrezə'veıʃn] *s.* **1.** rezervare (*de locuri*). **2.** rezervă, îndoială. **3.** rezervație.
reserve [rı'zɜ:v] **I.** *s.* **1.** rezervă (*și fig.*). **2.** rezervație. **II.** *vt.* a rezerva (*o masă etc.*). # **~d** (*d. cineva*) rezervat, reținut.
reservoir ['rezəvwa:] *s.* rezervor.
reset [ri:'set] *vt.* **1.** a potrivi, a inițializa (*un aparat*). **2.** a pune la loc (*un os dislocat*).
reshuffle [ri:'ʃʌfl] **I.** *s.* remaniere. **II.** *vt.* a remania (*guvernul*).
residence ['rezıdəns] *s.* **1.** reședință. **2.** stabilire (*într-o țară străină*). **3.** casă impunătoare.
residency ['rezıdənsi] *s.* stabilire (*într-o țară străină*).
resident ['rezıdənt] *s.* **1.** persoană stabilită într-o țară străină. **2.** medic rezident.
residual [rı'zıdjuəl] *adj.* rezidual.
residue ['rezıdju:] *s.* **1.** reziduu. **2.** *jur.* avere rămasă urmașilor după plata tuturor creanțelor și sarcinilor.
resign [rı'zaın] *vi.* a demisiona. # **~ation** resemnare; **~ed** resemnat; *to ~ oneself to one's fate* a-și accepta soarta, a se resemna.

resilience [rɪˈzɪliəns] *s.* adaptabilitate.
resilient [rɪˈzɪliənt] *adj.* adaptabil.
resin [ˈrezɪn] *s.* răşină.
resist [rɪˈzɪst] **I.** *vt.* a rezista la. **II.** *vi.* **1.** a rezista. **2.** a se împotrivi. # **~ance** rezistenţă, împotrivire; **~ant** rezistent; **~or** *el.* rezistenţă.
resit [riːˈsɪt] **I.** *s.* repetare a unui examen. **II.** *vt.* a repeta (*un examen*).
resolute [ˈrezəluːt] *adj.* hotărât: *a ~ man* om inflexibil.
resolution [ˌrezəˈluːʃn] *s.* **1.** rezoluţie, decizie, hotărâre. **2.** rezolvare, soluţionare.
resolve [rɪˈzɒlv] *vt.* **1.** a rezolva, a soluţiona. **2.** a transforma, a preface. **3.** a hotărî: *they ~d to resume control over...* ei au hotărât să reia controlul asupra... # **~d** hotărât, decis.
resonance [ˈrezənəns] *s.* rezonanţă.
resonant [ˈrezənənt] *adj.* răsunător, vibrant.
resort [rɪˈzɔːt] **I.** *s.* **1.** staţiune: *a mountain ~* staţiune montană. **2.** apelare, recurgere: *without ~ to violence* fără a se recurge la violenţă. **II.** *vi.* (**to**) a recurge (la). # *in the last ~* în ultimă instanţă.
resound [rɪˈzaʊnd] *vi.* a răsuna. # **~ing** răsunător (*şi fig.*).
resource [rɪˈsɔːs] *s.* (re)sursă. # **~ful** întreprinzător, descurcăreţ.
respect [rɪˈspekt] **I.** *s.* respect. **II.** *vt.* a respecta. # **~ability** respectabilitate; **~able** respectabil; **~ful** respectuos; **~ing** în legătură cu; **~ive** respectiv; *in this ~* în această privinţă.
respiration [ˌrespəˈreɪʃn] *s.* respiraţie.
respirator [ˈrespəreɪtə] *s. med.* **1.** respirator. **2.** mască de gaze.
respiratory [rɪˈspɪrətri] *adj.* respirator.
respire [rɪˈspaɪə] *vt.*, *vi.* a respira.
respite [ˈrespaɪt] *s.* **1.** pauză, răgaz: *without ~* fără contenire. **2.** amânare, păsuire.
resplendent [rɪˈsplendənt] *adj.* strălucitor, splendid.
respond [rɪˈspɒnd] *vi.* (**to**) **1.** a răspunde (la). **2.** a reacţiona (la). # **~ent** chestionat; acuzat (*s.*).
response [rɪˈspɒns] *s.* **1.** răspuns; replică. **2.** reacţie. # *in ~ to* ca urmare a...
responsibility [rɪˌspɒnsəˈbɪlɪti] *s.* răspundere, responsabilitate: *sense of ~* simţ de răspundere; *moral ~* responsabilitate morală.
responsible [rɪˈspɒnsəbl] *adj.* **1.** răspunzător. **2.** responsabil. **3.** culpabil.
responsive [rɪˈspɒnsɪv] *adj.* **1.** receptiv: *a ~ audience* public receptiv. **2.** sensibil: *a ~ engine* motor sensibil.
rest [rest] **I.** *s.* **1.** rest, rămăşiţă: *~ of money* rest de bani. **2.** odihnă, repaus: *to take a ~* a se odihni. **3.** *muz.* pauză. **II.** *vi.* **1.** a se odihni. **2.** a se linişti. **3.** a se rezema, a se sprijini. **4.** (**on**) a se bizui (pe). # **~ful** liniştit, odihnitor; **~ home** azil de bătrâni; **~ing place** mormânt;

~less neliniştit, zbuciumat; *to ~ easy* a fi liniştit; *at ~* în (stare de) repaus; *it ~s with you...* ție îți revine sarcina...; *the ~* ceilalți; *you may ~ assured* poți să fii sigur.

restaurant ['restrɒnt] *s.* restaurant. # **~ car** vagon restaurant.

restitution [ˌrestɪ'tjuːʃn] *s.* **1.** restituire, returnare. **2.** reparații, despăgubiri.

restive ['restɪv] *adj.* neliniştit; nervos.

restoration [ˌrestə'reɪʃn] *s.* restaurare; restaurație.

restore [rɪ'stɔː] *vt.* **1.** a repara; a restaura. **2.** a reface, a restabili. **3.** a reintegra în muncă. **4.** a reinstaura. # **~r** restaurator.

restrain [rɪ'streɪn] *vt.* **1.** a înfrâna, a bloca: *to ~ inflation* a pune stavilă inflației. **2.** a reprima: *she ~ed herself from crying* se abținu să nu plângă. # **~ed** temperat, reținut; **~ts** restricții.

restrict [rɪ'strɪkt] *vt.* **1.** a reduce, a limita (*un număr*). **2.** a restrânge (*libertatea*). # **~ed** restrâns, limitat; **~ions** restricții; **~ive** restrictiv.

result [rɪ'zʌlt] **I.** *s.* **1.** rezultat; *end ~* rezultat final; *as a ~ of* ca urmare a, din pricina. **2.** *sport fam.* victorie. **II.** *vi.* a rezulta. # **~ant** care rezultă; **to ~ in** a avea ca rezultat.

resume [rɪ'zjuːm] *vt.* a relua (*o activitate*).

resumé ['rezjumeɪ] *s.* **1.** rezumat. **2.** *Am.* curriculum vitae.

resumption [rɪ'zʌmpʃn] *s.* reluare (*a unei activități*).

resurgent [rɪ'sɜːdʒənt] *adj.* resuscitat; în revenire.

resurrect [ˌrezə'rekt] *vt.* a resuscita; a readuce (*în vizor*). # **~ion** resuscitare; **the Resurrection** Învierea.

retail[1] ['riːteɪl] **I.** *s.* comerț cu amănuntul. **II.** *vt.* a vinde cu amănuntul. # **~er** negustor.

retail[2] [rɪ'teɪl] *vt.* a relata (*lucruri picante*).

retain [rɪ'teɪn] *vt.* **1.** a păstra, a menține. **2.** a reține (*apă etc.*). **3.** a angaja (*un avocat*). # **~er** onorariu; **~ing** *tehn.* de susținere.

retake I. ['riːteɪk] *s.* **1.** reluare (*a unei scene filmate*). **2.** repetare a unui examen. **II.** [riː'teɪk] *vt.* **1.** a recaptura. **2.** a relua. **3.** a repeta (*un examen*).

retaliate [rɪ'tælieɪt] *vi.* **(against)** a reacționa (la), a riposta.

retaliation [rɪ'tæli'eɪʃn] *s.* ripostă: *in ~ for* ca ripostă la.

retard [rɪ'tɑːd] *vt.* a întârzia (*un proces biologic*). # **~ation** întârziere (*a unui proces biologic*); **~ed** retardat.

retch [retʃ] *vi.* a-i veni să vomite.

retention [rɪ'tenʃn] *s.* **1.** menținere. **2.** memorizare. **3.** *med.* retenție.

reticent ['retɪsnt] *adj.* reticent.

retina ['retɪnə] *s.* retină.

retinue ['retɪnjuː] *s.* suită, escortă.

retire [rɪ'taɪə] *vi.* **1.** a se retrage. **2.** *sport* a ieşi din teren. # **~d** ieşit la pensie; **~e** *amer.* pensionar; **~ment** pensionare; **~ment home** azil de bătrâni.

retiring [rɪ'taɪərɪŋ] *adj.* retras, singuratic.
retool [ri'tu:l] *vt.* **1.** a reutila (*o fabrică*). **2.** a reprofila, a reorganiza.
retort [rɪ'tɔ:t] **I.** *s.* **1.** *chim.* retortă. **2.** replică insolentă. **II.** *vi.* a riposta, a replica.
retouch [ri:'tʌtʃ] *vt.* a retuşa.
retract [rɪ'trækt] **I.** *vt.* **1.** a retrage, a trage înapoi. **2.** a retracta (*cele spuse*). **II.** *vi.* a se retrage.
retread ['ri:tred] *s.* cauciuc reşapat.
retreat [rɪ'tri:t] **I.** *s.* **1.** retragere (*şi fig.*). **2.** loc retras. **II.** *vi.* **1.** a se retrage. **2.** a se răzgândi.
retribution [ˌretrɪ'bju:ʃn] *s.* pedeapsă.
retrive [rɪ'tri:v] *vt.* a recupera.
retrograde ['retrəgreɪd], **retrogressive** [ˌretrə'gresɪv] *adj.* retrograd.
retrospective [ˌretrə'spektɪv] *s.* retrospectivă (*expoziţie*).
return [rɪ'tɜ:n] **I.** *s.* **1.** reîntoarcere, revenire. **2.** returnare, înapoiere. **3.** rambursare. **4.** raport, declaraţie: ~ *of income* declaraţie de venit. **5.** randament. **6.** rezultat: *election ~s* rezultate ale alegerilor. **7.** retur (*la tenis*). **II.** *vt.* **1.** a înapoia, a returna. **2.** a reveni la, a relua (*un subiect*). **3.** a întoarce (*o invitaţie*). **4.** *jur.* a da (*un verdict*). **5.** a aduce (*beneficii*). **6.** **(to)** a alege (*pe cineva preşedinte etc.*). # **~ee** repatriat (*persoană*); ~ **match** meci-retur; ~ **ticket** bilet dus-întors.
reunion [ri:'ju:niən] *s.* **1.** reunire. **2.** reuniune: *a family* ~ reuniune de familie.
reunite [ˌri:ju:'naɪt] *vt.*, *vi.* a (se) reuni.
revamp [ri:'væmp] *vt.* a renova; a moderniza; a restructura.
reveal [rɪ'vi:l] *vt.* a dezvălui, a da la iveală. # **to ~ oneself** a se arăta (*la faţă*); **~ing** concludent, edificator.
reveille [rɪ'væli] *s.* *mil.* deşteptarea.
revel ['revl] **I.** *s.* petrecere zgomotoasă; orgie. **II.** *vi.* **1.** a se veseli. **2.** **(in)** a se delecta (cu). # **~ation** revelaţie; relevare; **~atory** revelator; **~ler** chefliu; **~ry** chef, zaiafet.
revenge [rɪ'vendʒ] **I.** *s.* **1.** răzbunare: *to take ~ on* a se răzbuna pe. **2.** *sport* revanşă. **II.** *vi.*: *to be ~d on* a se răzbuna pe.
revenue ['revɪnju:] *s.* venit (*din impozite sau afaceri*): *advertising* ~ venit din reclame.
reverberate [rɪ'vɜ:bəreɪt] *vi.* **1.** a răsuna. **2.** a persista, a se menţine.
reverberation [rɪˌvɜ:bə'reɪʃn] *s.* reverberaţie. # **~s** repercusiuni.
revere [rɪ'vɪə] *vt.* a venera. # **~nce** veneraţie; **~nt** respectuos; **~ntial** reverenţios.
reverend ['revrənd] *s.* reverend.
reversal [rɪ'vɜ:sl] *s.* inversare; schimbare.
reverse [rɪ'vɜ:s] **I.** *s.* **1.** opus, invers, contrar: *to be quite the ~* a fi chiar contrariul. **2.** revers. **3.** marşarier: *to go into ~* a smerge în marşarier. **II.** *adj.* opus, invers, contrar: *in ~ order* în ordine inversă. **III.** *vt.* **1.** a inversa. **2.** a răsturna. **3.** a anula, a revoca. # *to go into ~* (*d. economie*) a regresa.

reversion [rɪ'vɜ:ʃn] *s.* **1.** reîntoarcere, revenire (*fig.*). **2.** *jur.* restituire, retrocedare, punere în posesie.

revert [rɪ'vɜ:t] *vi.* (**to**) a reveni (la).

review [rɪ'vju:] **I.** *s.* **1.** revizuire, verificare. **2.** recenzie. **3.** revistă, publicaţie. **4.** trecere în revistă. **II.** *vt.* **1.** a revizui, a revedea. **2.** a trece în revistă. **3.** a recenza (*o carte etc.*). **4.** a recapitula, a repeta. # **~er** critic (*literar, de film*), recenzent.

revile [rɪ'vaɪl] *vt.* a înfiera, a condamna.

revise [rɪ'vaɪz] *vt.* a revizui.

revision [rɪ'vɪʒn] *s.* **1.** revizuire, verificare. **2.** schimbare. # **~ist** revizionist (*s.*, *adj.*).

revival [rɪ'vaɪvl] *s.* **1.** reînnoire. **2.** revitalizare, înviorare: *the ~ of trade* înviorarea comerţului.

revive [rɪ'vaɪv] *vt.* **1.** a reînnoi. **2.** a înviora.

revoke [rɪ'vəʊk] *vt.* a revoca.

revolt [rɪ'vəʊlt] **I.** *s.* revoltă. **II.** *vt.*, *vi.* a (se) revolta. # **~ing** oribil.

revolution [ˌrevə'lu:ʃn] *s.* **1.** revoluţie, revoltă. **2.** rotaţie. # **~ary** revoluţionar (*s.*, *adj.*); **to ~ize** a revoluţiona.

revolve [rɪ'vɒlv] *vi.* **1.** a se învârti, a se roti. **2.** a se derula, a se desfăşura.

revolver [rɪ'vɒlvə] *s.* revolver.

revolving [rɪ'vɒlvɪŋ] *adj.* rulant: *a ~ scene* scenă rulantă.

revue [rɪ'vju:] *s.* teatru de revistă.

revulsion [rɪ'vʌlʃn] *s.* repulsie.

reward [rɪ'wɔ:d] **I.** *s.* recompensă. **II.** *vt.* a răsplăti, a recompensa. # **~ing** remuneratoriu; care îţi dă satisfacţii.

rewind [ri:'waɪnd] *vt.* a derula (*o casetă*).

reword [ri:'wɜ:d] *vt.* a reformula.

rhapsodize ['ræpsədaɪz] *vi.* a ridica osanale/în slăvi.

rhapsody ['ræpsədi] *s.* **1.** rapsodie. **2.** elogiu, laudă.

rhetoric ['retərɪk] *s.* retorică. # **~al** retoric.

rhinoceros [raɪ'nɒsərəs] *s.* rinocer.

rhizome ['raɪzəʊm] *s.* *bot.* rizom.

rhombus ['rɒmbəs] *s.* romb.

rhyme [raɪm] **I.** *s.* rimă. **II.** *vi.* a rima. # **~s** poezioare.

rhythm ['rɪðəm] *s.* ritm. # **~ic(al)** ritmic.

rib [rɪb] **I.** *s.* **1.** *anat.* coastă: *a broken ~* o coastă ruptă. **2.** antricot. **II.** *vt.* *fam.* a tachina. # **~bed** dungat, reiat; **~bing** tachinare; **~cage** cavitate toracică.

ribald ['rɪbld] *adj.* obscen, vulgar. # **~ries** obscenităţi; **~ry** limbaj vulgar.

ribbon ['rɪbən] *s.* bentiţă, fundă, panglică.

rice [raɪs] *s.* orez: *a grain of ~* bob de orez. # **~ pudding** orez cu lapte.

rich [rɪtʃ] *adj.* **1.** bogat. **2.** săţios. **3.** (*d. pământ*) fertil. **4.** luxos. **5.** (*d. culori*) aprins. **6.** (*d. o critică*) exagerat, umflat. # **~es** bogăţii, avere; **~ness** bogăţie; **the ~** cei bogaţi.

richly ['rɪtʃli] *adv.* **1.** somptuos; bogat. **2.** din abundență. **3.** cu dărnicie: ~ *rewarded* recompensat cu dărnicie. **4.** pe deplin.
rick [rɪk] **I.** *s.* căpiță (*de fân*). **II.** *vt.* a luxa, a scrânti.
rickets ['rɪkɪts] *s.* rahitism.
rickety ['rɪkɪti] *adj.* şubred: *a ~ table* o masă şubredă.
rickshaw ['rɪkʃɔ:] *s.* rişcă.
ricochet ['rɪkəʃeɪ] **I.** *s.* ricoşeu; ricoşare. **II.** *vi.* a ricoşa.
rid [rɪd] *vi.* (**of**) a se debarasa (de), a scăpa (de): *I was glad to be ~ of the car* eram bucuros să scap de maşină. # **to ~ oneself of** a se descotorosi de; *good ~dance!* ducă-se!
riddle ['rɪdl] *s.* **1.** ghicitoare, şaradă. **2.** mister. # **~d** ciuruit.
ride [raɪd] **I.** *s.* **1.** plimbare cu bicicleta/maşina. **2.** călărie; călărit. **3.** desfăşurare, derulare. **II.** (*trec.* **rode**, *part. trec.* **ridden**) *vt.* **1.** a călări, a merge călare pe. **2.** a merge pe (*bicicletă*). **3.** a conduce (*o maşină*). **III.** (*trec.* **rode**, *part. trec.* **ridden**) *vi.* **1.** a călări. **2.** a merge cu bicicleta/maşina. # **~r** călăreț; biciclist; şofer; *to ~ on smth.* a te baza pe ceva; *to ~ shotgun Am. fam.* a călători pe locul din față; *to be riding high* (*d. o afacere etc.*) a merge bine; *to take smb. for a ~ fam.* a trage pe cineva pe sfoară.
ridge [rɪdʒ] **I.** *s.* **1.** creastă (*de munte*). **2.** coama casei. **3.** linie a nasului. **II.** *vt.* a văluri (*nisipul*). # **~d** striat; **~s** striații.
ridicule ['rɪdɪkju:l] **I.** *s.* ridiculizare. **II.** *vt.* a lua în râs.
ridiculous [rɪ'dɪkjələs] *adj.* ridicol. # **~ly** extrem de.
riding ['raɪdɪŋ] **I.** *s.* călărie, echitație. **II.** *adj.* de călărie.
rife [raɪf] *adj.* răspândit.
riffle ['rɪfl] *vt.* a răsfoi (*o carte*).
riff-raff ['rɪfræf] *s.* oameni de jos/nimic.
rifle ['raɪfl] **I.** *s.* puşcă. **II.** *vt.* a fura. **III.** *vi.* (**through**) a scotoci (prin). # **~man** *mil.* puşcaş; **~ range** poligon de tragere cu puşca.
rig [rɪg] **I.** *s.* **1.** echipament; instalație; utilaj. **2.** *Am. fam.* camion mare. **II.** *vt.* **1.** a măslui (*alegeri etc.*). **2.** a manipula (*fig.*). # **to ~ up** a încropi, a face; *to be in full ~* a fi în ținută de gală.
right [raɪt] **I.** *s.* **1.** drept: *property ~s* drepturi de proprietate; *~ of way* prioritate de trecere. **2.** dreptate: *to be in the ~* a avea dreptate. **3.** partea dreaptă: *on the ~* la dreapta. **4.** lovitură cu mâna dreaptă. **II.** *adj.* **1.** drept, cinstit, corect. **2.** potrivit, corespunzător: *at the ~ time* la timpul potrivit. **3.** drept (*nu stâng*): *the ~ side* partea dreaptă. **4.** *fam.* complet, total: *a ~ mess* dezordine totală. **III.** *vt.* a redresa (*şi fig.*). **IV.** *adv.* **1.** chiar: *~ behind her* chiar în spatele ei. **2.** la/spre dreapta. **3.** corect. **4.** *fam.* imediat. **5.** satisfăcător.

~ **angle** unghi drept; **~-handed** (*d. cineva*) dreptaci; **~-hand man** om de încredere, mâna dreaptă (*a cuiva*); **~ist** *pol.* persoană de dreapta; **~-minded** cu mintea la cap; **~ness** justețe; ~ *and left* pretutindeni; ~ *away!* imediat!; ~ *now* chiar acum; *as ~ as rain fam.* sănătos tun; *as of ~* pentru toți egal prin lege; *bang to ~s* (*prins*) asupra faptului; *to put things to ~s* a pune lucrurile la punct; *to see smb. ~* a se îngriji de cineva; *to ~ a wrong* a îndrepta o nedreptate.

righteous ['raɪtʃəs] *adj.* **1.** drept, nepărtinitor, imparțial. **2.** îndreptățit.

rightful ['raɪtfl] *adj.* **1.** legal. **2.** îndreptățit. **3.** echitabil. **4.** just.

rightly ['raɪtli] *adv.* **1.** pe drept cuvânt. **2.** corect. # *if I remember ~* dacă mi-aduc bine aminte...

rigid ['rɪdʒɪd] *adj.* rigid (*și fig.*).

rigmarole ['rɪgmərəʊl] *s.* **1.** procedură complicată. **2.** relatare/povestire incoerentă.

rigorous ['rɪgərəs] *adj.* **1.** riguros, serios: *a ~ analysis* o analiză serioasă. **2.** strict.

rile [raɪl] *vt.* a enerva; a mânia.

rim [rɪm] **I.** *s.* **1.** margine (*a unui corp rotund*). **2.** ramă (*de ochelari*). **3.** *auto* jantă. **II.** *vt.* **1.** a bordura. **2.** a înconjura. # **~less** (*d. ochelari*) fără ramă.

rind [rɪnd] *s.* **1.** coajă (*de lămâie*). **2.** crustă (*de la brânză etc.*).

ring[1] [rɪŋ] **I.** *s.* **1.** inel: *engagement ~* inel de logodnă; *curtain ~* inel de perdea. **2.** rondelă (*de ceapă*). **3.** cearcăn. **4.** aureolă, nimb. **5.** cerc. **6.** arzător (*de aragaz*). **7.** ring (*de box*); arenă (*la circ*). **8.** rețea (*de spionaj etc.*). **II.** *vt.* **1.** a înconjura. **2.** a încercui. # ~ **finger** inelar; **~leader** căpetenie de răufăcători; **~master** maestru de manej; **~-pull** deschizător (*de conserve, de sticle de bere ca un inel*); ~ **road** șosea de centură.

ring[2] [rɪŋ] **I.** *s.* **1.** sunet de sonerie/telefon. **2.** clinchet; tropot de copite. **II.** (*trec.* **rang**, *part. trec.* **rung**) *vt.* a suna la (*sonerie*). **III.** (*trec.* **rang**, *part. trec.* **rung**) *vi.* **1.** a suna: *to ~ about an ad* a suna în legătură cu un anunț în ziar; *to ~ for a cab* a suna pentru un taxi; *to ~ from Arad* a suna din Arad. **2.** (*d. clopote*) a bate. **3.** (**with**) a răsuna (de). # **~er** clopotar; **~ing** puternic; **to ~ in** a suna la un post de televiziune în direct; **to ~ off** a închide telefonul; *to ~ a bell fam.* îmi sună cunoscut; *a ~ of truth* un sâmbure de adevăr; *to ~ smb. up* a suna pe cineva; *it ~s true* pare (să fie) adevărat.

ringlet ['riŋlit] *s.* cârlionț.

rink [rɪŋk] *s.* patinoar.

rinse [rɪns] **I.** *s.* **1.** clătire; clătit. **2.** apă de gură. **II.** *vt.* **1.** a clăti (*rufe*). **2.** a șterge de murdărie (*o haină etc.*).

riot ['raɪət] **I.** *s.* răzmeriță, rebeliune. **II.** *vi.* a se răzvrăti, a se revolta. # **~er** protestatar, răzvrătit; **~ing** revolte, rebeliuni; **~ous** turbulent; gălăgios; **~ously** extrem de; *the play was a ~* piesa a făcut furori.

rip [rɪp] **I.** *s.* ruptură. **II.** *vt.* **1.** a rupe, a sfâşia. **2.** a smulge. **III.** *vi.* a se rupe. # **to ~ off** *sl.* a şuti, a fura; **~-roaring** *fam.* trăsnet, excepțional; *to ~ into smb.* a face praf pe cineva (*criticându-l*); *to let ~* a o lua razna; *to ~ smth. up* a face bucățele ceva.

ripe [raɪp] *adj.* **1.** (*d. fructe*) copt. **2.** (*d. un miros*) neplăcut şi puternic. **3.** matur. **4.** (**for**) gata (pentru); pregătit (pentru). # **to ~n** a se coace; **~ness** maturitate.

ripple ['rɪpl] **I.** *s.* **1.** vălurel, ondulație. **2.** fior. **II.** *vt., vi.* a (se) a undui.

rise [raɪz] **I.** *s.* **1.** sporire, creştere: *a sharp ~* creştere bruscă. **2.** majorare, mărire (*a salariului*). **3.** ridicare. **4.** ridicătură (*de pământ*). **II.** (*trec.* **rose**, *part. trec.* **risen**) *vi.* **1.** a se ridica. **2.** a se scula (*din somn*). **3.** (*d. soare*) a răsări. **4.** (*d. o şedință*) a se sfârşi. **5.** a creşte, a spori; a se majora. **6.** a avansa, a promova în muncă. **7.** a se revolta. **8.** a se înteți. # *~ and shine! fam.* jos din pat!; *to give ~ to* a produce, a isca; *on the ~* în creştere.

risible ['rɪzɪbl] *adj.* rizibil, ridicol.

rising ['raɪzɪŋ] *s.* revoltă, răzmeriță. # **~ damp** igrasie.

risk [rɪsk] **I.** *s.* **1.** risc. **2.** amenințare. **II.** *vt.* a risca. # **~y** riscant; *to ~ your neck* a-şi pune viața în pericol; *at the ~ of* cu riscul de a...; *to take a ~* a risca.

rissole ['rɪsəʊl] *s.* chiftea.

rite [raɪt] *s.* rit(ual), ceremonial.

ritual ['rɪtʃuəl] **I.** *s.* **1.** ritual. **2.** regulă, obicei. **II.** *adj.* ritual(ic).

rival ['raɪvl] **I.** *s.* rival. **II.** *vt., vi.* a rivaliza (cu). # **~ry** rivalitate.

riven ['rɪvn] *adj.* dezbinat.

river ['rɪvə] *s.* râu, fluviu. # **~ bed** albie de râu; **~side** mal (*de râu*).

rivet ['rɪvɪt] **I.** *s.* nit. **II.** *vt.* **1.** a nitui. **2.** a reține (*atenția*); a captiva. # **~ing** captivant; *to be ~ed to the spot* a rămâne țintuit locului.

rivulet ['rɪvjəlɪt] *s.* pârâiaş. # *~s of sweat* şiroaie de transpirație.

roach [rəʊtʃ] *s. Am.* gândac.

road [rəʊd] *s.* **1.** drum; şosea; carosabil. **2.** cale: *on the ~ of success* pe calea succesului. # **~ house** restaurant pe şosea; **~ sign** indicator rutier; **~way** parte carosabilă; **~works** lucrări rutiere; **~worthy** (*d. un vehicul*) în stare bună de funcționare.

roam [rəʊm] *vi.* a cutreiera, a rătăci.

roar [rɔː] **I.** *s.* **1.** răget. **2.** ropot (*de aplauze*). **3.** hohot de râs. **4.** vâjâit de vânt. **5.** huruit. **II.** *vi.* **1.** (*d. leu*) a rage. **2.** (*d. vânt*) a vâjâi. **3.** a aclama, a ovaționa. **4.** (*d. cineva*) a urla. **5.** a se prăpădi (*de râs*).

roaring ['rɔːrɪŋ] *adj.* **1.** care urlă. **2.** care râde în hohote. **3.** (*d. o *afacere*) înfloritor. **4.** (*d. un succes*) răsunător, monstru.

roast [rəʊst] **I.** *s.* friptură. **II.** *vt.* **1.** a frige, a coace. **2.** a prăji (*cafea*). **3.** *fam.* a certa aspru. **III.** *vi.* a se prăji.

rob [rɒb] *vt.* a jefui. # **~ber** tâlhar; **~bery** jaf.

robe [rəʊb] *s.* veşmânt; halat. # **bath~** halat de baie.

robin ['rɒbɪn] *s.* măcăleandru.

robot ['rəʊbɒt] *s.* robot. # **~ics** robotică.

robust [rəʊ'bʌst] *adj.* **1.** robust. **2.** (*d. mobilă etc.*) solid.

rock [rɒk] **I.** *s.* **1.** rocă, piatră. **2.** stâncă. **3.** (muzică) rock. **4.** *Am. fam.* diamant. **II.** *vt.* **1.** a legăna (*un copil*). **2.** a şoca. **III.** *vi.* **1.** a se balansa, a se clătina. **2.** a se zgudui. # **~ bottom** pragul cel mai scăzut; **~ climbing** alpinism; **~er** *amer.* balansoar; rocker; **~fall** cădere de pietre; **~-hard** tare ca piatra; **~ing chair** balansoar; **~ solid** foarte solid (*şi fig.*); **~y** stâncos; şubred; *between a ~ and a hard place* între ciocan şi nicovală; *on the ~s* pe butuci/ducă; (*d. whisky*) cu gheaţă.

rocket ['rɒkɪt] **I.** *s.* **1.** rachetă: *a space ~* rachetă spaţială: *a ~ attack* atac cu rachete. **2.** artificii: *to fire a ~* a lansa un artificiu. **II.** *vt.* a bombarda cu rachete. **III.** *vi.* (*d. preţuri*) a exploda, a creşte vertiginos.

rod [rɒd] *s.* **1.** nuia; vergea. **2.** undiţă. **3.** *Am. sl.* pistolet.

rode [rəʊd] *trec. de la* **to ride**.

rodent ['rəʊdnt] *s.* rozător.

rodeo ['rəʊdiəʊ] (*pl.* **~s**) *s.* rodeo.

roe [rəʊ] *s.* **1.** căprioară. **2.** icre.

rogue [rəʊg] **I.** *s.* **1.** secătură, şnapan. **2.** poznaş. **II.** *adj.* (*d. un animal*) singuratic.

roguish ['rəʊgɪʃ] *adj.* şiret, hoţoman.

role [rəʊl] *s.* rol: *the leading ~* rolul principal; *a ~ reversal* inversare de roluri.

roll [rəʊl] **I.** *s.* **1.** rolă; sul; val (*de ţesătură*). **2.** corn; chiflă. **3.** rostogolire, tăvălire. **4.** listă cu nume; catalog. **5.** bubuit de tunet. **6.** aruncare a zarurilor. **II.** *vt.* **1.** a rostogoli. **2.** a rula, a face sul. **3.** a întoarce (*pe altă parte*). **4.** a sufleca (*o mânecă*). **5.** a porni (*un aparat de filmat*). **III.** *vi.* **1.** a se rostogoli, a se tăvăli. **2.** a se întoarce (*pe altă parte*). **3.** a se clătina. # **to ~ around** a se prăpădi de râs; **to ~ out** a lansa (*un produs nou*); *to ~ in money fam.* a se scălda în bani; *to ~ one's eyes* a-şi da ochii peste cap.

roller ['rəʊlə] *s.* **1.** rulou; tăvălug; cilindru. **2.** făcăleţ. **3.** fişic (*de monede*). **4.** bigudiu. **5.** *constr.* cilindru compresor. # **~ blind** stor; **~ skates** patine cu rotile.

rollicking ['rɒlɪkɪŋ] **I.** *s. fam.* mustrare. **II.** *adj.* vesel şi animat.

rolling ['rəʊlɪŋ] *adj.* **1.** (*d. o pantă*) lin. **2.** (*d. o reformă*) lent şi susţinut. **3.** (*d. pod*) rulant. # **~ mill**

laminator; ~ **pin** făcăleț; ~ **stock** material rulant.

roly-poly [ˌrəʊli'pəʊli] *adj. fam.* dolofan, ca un butoi.

romaine [rəʊ'mein] *s. amer.* salată verde.

Roman ['rəʊmən] **I.** *s.* **1.** roman. **2.** locuitor al Romei. **II.** *adj.* **1.** roman. **2.** (*d. alfabet*) latin. **3.** (*d. caractere de litere*) drept. # ~ **numerals** cifre romane.

Romance [rəʊ'mæns] *adj.* (*d. limbi*) romanic.

romance [rəʊ'mæns] *s.* **1.** dragoste, iubire. **2.** idilă. **3.** aventură, escapadă. **4.** roman de dragoste.

Romanian [rəʊ'meɪniən]**I.** *s.* **1.** român(că). **2.** limba română. **II.** *adj.* român.

romantic [rəʊ'mæntɪk] *s., adj.* romantic. # **~ism** romantism; **to ~ize** a romanța; a idealiza.

Romany ['rəʊməni] **I.** *s.* **1.** rom. **2.** limba romilor. **II.** *adj.* rom.

romp [rɒmp] **I.** *s. fam.* **1.** aventură: *a sexual* ~ escapadă amoroasă. **2.** carte/film de acțiune. **3.** *sport* victorie ușoară. **II.** *vi.* a se zbengui. # **~ers** costumaș întreg de bebeluș.

roof [ru:f] *s.* acoperiș. # ~ **garden** grădină pe acoperiș; **~ing** materiale pentru acoperișuri; **~rack** portbagaj pe capotă; **~top** acoperiș; *to go through the* ~ (*d. prețuri*) a exploda; *to hit the* ~ a face spume la gură (*de furie*).

rook [rʊk] *s.* **1.** corb. **2.** tură (*la șah*).

rookie ['rʊki] *s. fam.* boboc, începător.

room [ru:m/rʊm] **I.** *s.* **1.** cameră: *a dining* ~ sufragerie. **2.** loc, spațiu: *plenty of* ~ mult spațiu. **3.** oamenii dintr-o cameră. **II.** *vi.* (**with**) a împărți o cameră (cu), a sta (cu). # **~mate** coleg de cameră; **~s** cameră cu chirie; **~y** spațios; *a ~ful of* cameră plină de; *~ing house* casă cu camere mobilate de închiriat.

roost [ru:st] **I.** *s.* stinghie pe care stau găinile. **II.** *vi.* (*d. păsări*) a se duce să se culce.

rooster ['ru:stə] *s. amer.* cocoș.

root [ru:t] **I.** *s.* **1.** rădăcină (*și fig.*). **2.** bază; cauză: *the ~ of the evil* cauza răului; *the ~ of the problem* baza problemei. **II.** *vi.* **1.** (*d. plante*) a prinde rădăcini. **2.** a scormoni; a scotoci. # ~ **beer** bere fără alcool din plante; **~ed** înrădăcinat; *~ed to the spot* pironit locului.

rope [rəʊp] **I.** *s.* **1.** sfoară; funie; frânghie; coardă. **2.** colier (*de mărgele*). **II.** *vt.* **1.** a lega (*cu sfoară*). **2.** *amer.* a prinde cu lațul. # ~ **ladder** scară din sfoară; **~s** corzi (*la box*); **the** ~ spânzurătoare; ștreang; *to learn the ~s* a învăța toate dedesubturile unei meserii.

ropy ['rəʊpi] *adj. fam.* **1.** rablagit, deteriorat. **2.** cam bolnav.

rosary ['rəʊzəri] *s. bis.* rozariu.

rose[1] [rəʊz] *trec. de la* **to rise**.

rose[2] [rəʊz] **I.** *s.* **1.** trandafir. **2.** (culoare) roz. **II.** *adj.* roz. # ~ **hip** (fruct de) măceș; **~marry** rozmarin.

rosin ['rɒzɪn] *s.* sacâz.

rostrum ['rɒstrəm] (*pl.* **rostra/~s**) *s.* tribună.

rosy ['rəʊzi] *adj.* **1.** rumen. **2.** roz. **3.** idilic.

rot [rɒt] **I.** *s.* **1.** putregai; putrezire. **2.** *fam.* prostii, inepții. **3.** declin, degradare. **II.** *vi.* a putrezi; a se degrada.

rotary ['rəʊtəri] **I.** *s.* *amer.* sens giratoriu. **II.** *adj.* rotativ, circular.

rotate [rəʊ'teɪt] *vt.*, *vi.* a (se) învârti.

rotating [rəʊ'teɪtɪŋ] *adj.* **1.** care se rotește. **2.** prin rotație.

rotation [rəʊ'teɪʃn] *s.* **1.** rotație, învârtire. **2.** asolament.

rotten ['rɒtn] *adj.* **1.** putred, putrezit. **2.** *fam.* îngrozitor, mizerabil. **3.** *fam.* corupt; vicios.

rotter ['rɒtə] *s. fam.* nemernic.

rotund [rəʊ'tʌnd] *adj.* (*d. cineva*) ca un butoi.

rouble ['ru:bl] *s.* rublă.

rouge [ru:ʒ] *s.* fard de față.

rough [rʌf] **I.** *s.* **1.** ciornă. **2.** *fam.* dur, derbedeu. **II.** *adj.* **1.** aspru. **2.** (*d. un calcul*) aproximativ. **3.** violent, dur. **4.** (*d. mare*) agitat. **5.** (*d. vremuri*) greu. **6.** neprelucrat. **III.** *adv.* dur, cu duritate. # **~age** alimente fibroase; **~-and-ready** (*d. un manual etc.*) simplu și lesnicios; **to ~en** a (se) aspri; **to ~ it** *fam.* a trăi în condiții austere (*sub cerul liber etc.*); **~neck** *amer. fam.* huligan; *to ~ smb. up* a brutaliza pe cineva; *to ride ~shod over* a trata fără menajamente pe; *to take the ~ with the smooth* a lua (*din viață*) și pe cele bune și pe cele rele.

round [raʊnd] **I.** *s.* **1.** rundă (*de convorbiri etc.*). **2.** rotunjime: *the ~ of the chin* rotunjimea bărbiei. **3.** mișcare de revoluție. **4.** succesiune, serie, șir. **5.** turneu; tur; ocol. **6.** *med.* vizită (*la spital*). **7.** salvă. **8.** rutină: *the daily ~* rutina zilnică. **9.** repriză (*la box*). **10.** levată; mână. **11.** rând de băutură: *it's my ~* e rândul meu să fac cinste cu băutură. **II.** *adj.* **1.** rotund: *a ~ ball* minge rotundă; *a ~ figure* cifră rotundă. **2.** rotofei. **III.** *vt.* **1.** a înconjura, a face ocolul (*unui loc*). **2.** a lua (*o curbă*). **3.** a rotunji (*și fig.*). **IV.** *adv.* **1.** de jur împrejur. **2.** întruna, mereu: *they were spinning ~ and ~* ei se învârteau întruna. **3.** pretutindeni. **4.** înapoi: *she looked ~* s-a uitat în spate. **V.** *prep.* **1.** împrejurul: *~ the waist* împrejurul taliei. **2.** (de) după: *he vanished ~ the corner* a dispărut după colț; *she popped ~ the corner* se ivi de după colț. **3.** în jurul: *~ the world* în jurul lumii. # **round about** dimprejur; aproximativ; **~ brackets** acolade rotunde; **~ed** rotunjit; **~-eyed** cu ochii mari (*de uimire*); **~ here** pe undeva pe aici; **~ly** (*criticat etc.*) sever, fără cruțare; **~ robin** scrisoare comună (*de protest etc.*); **~-shouldered** cu umerii lăsați; **~-the-clock** non-stop; **~ trip** excursie în circuit; **~-up** rezumat (*al știrilor*).

roundabout ['raʊndəbaʊt] **I.** *s.* **1.** sens giratoriu. **2.** călușei. **II.** *adj.* ocolitor (*și fig.*).

rouse [raʊz] *vt.* **1.** a trezi din somn. **2.** a provoca, a isca. **3.** a incita.
rousing ['raʊzɪŋ] *adj.* **1.** călduros: *a ~ reception* primire entuziastă. **2.** înflăcărat: *a ~ speech* discurs vibrant.
roustabout ['raʊstəbaʊt] *s. amer.* muncitor necalificat; hamal.
rout [raʊt] **I.** *s.* înfrângere ruşinoasă. **II.** *vt.* a face pulbere (*o echipă*).
route [ru:t] *s.* **1.** rută; traseu. **2.** cale (*de urmat*).
routine [ru:'ti:n] **I.** *s.* **1.** rutină; obişnuinţă. **2.** *inf.* rutină, subprogram. **II.** *adj.* **1.** de rutină; obişnuit. **2.** comun, mediocru.
rove [rəʊv] *vi.* a cutreiera, a rătăci. # **~r** drumeţ; vagabond.
row[1] [rəʊ] **I.** *s.* **1.** şir: *a ~ of children* şir de copii. **2.** rând (*de scaune etc.*). **3.** canotaj. **II.** *vt.* a duce cu barca. **III.** *vi.* a canota, a vâsli. #**~er** canotor; **~ing** canotaj; **~lock** *nav.* furchet; *a hard ~ to hoe* o sarcină grea.
row[2] [raʊ] *fam.* **I.** *s.* **1.** ceartă, scandal: *family ~s* certuri familiale. **2.** vacarm, hărmălaie. **II.** *vi.* a se certa vehement.
royal ['rɔɪəl] *adj.* **1.** regal. **2.** regesc (*şi fig.*). # **~ blue** albastru intens; **~ family** familie regală; **~ flush** chintă roială (*la pocher*); **~ist** regalist; **~ jelly** lăptişor de matcă; **~ties** drepturi de autor.
royalty ['rɔɪəlti] *s.* **1.** regalitate. **2.** membru al unei familii regale.
rub [rʌb] **I.** *s.* frecare; frecţionare. **II.** *vt.* **1.** a freca. **2.** (*d. un pantof*) a roade. **III.** *vi.* (**against**) a se freca (de). # **to ~ off** a îndepărta (*ceva*) prin frecare; *to ~ along with smb. fam.* a trăi cu cineva; *to ~ smb. out amer. sl.* a elimina pe cineva, a ucide; *to ~ salt into the wound* a turna sare pe rană; *to ~ shoulders with smb.* a se trage de şireturi cu cineva.
rubber ['rʌbə] *s.* **1.** cauciuc. **2.** gumă (*de şters*). **3.** burete (*de şters tabla*). **4.** *amer. fam.* prezervativ. # **~ boots** *amer.* cizme de cauciuc; **~ stamp** ştampilă.
rubbish ['rʌbɪʃ] **I.** *s.* **1.** gunoi. **2.** *fam.* lucru de nimic. **3.** *fam.* idioţenii. **II.** *vt. amer. fam.* a face troacă de porci. # **~y** (*d. un film etc.*) de duzină.
rubble ['rʌbl] *s.* moloz.
rubicund ['ru:bɪkənd] *adj.* rubicond.
ruble ['rʌbl] *s. amer.* rublă.
ruby ['ru:bi] *s.* rubin.
rucksack ['rʌksæk] *s.* rucsac.
ructions ['rʌkʃnz] *s. pl.* **1.** vociferări. **2.** reproşuri.
rudder ['rʌdə] *s.* cârmă.
ruddy ['rʌdi] *adj.* **1.** rumen, îmbujorat. **2.** roşu. **3.** *fam.* afurisit.
rude [ru:d] *adj.* **1.** nepoliticos, obraznic. **2.** obscen: *a ~ gesture* gest obscen. **3.** neaşteptat şi neplăcut. **4.** butucănos. # **~ly** cu obrăznicie; brusc.
rudimentary [ˌru:dɪ'mentri] *adj.* rudimentar.
rudiments ['ru:dɪmənts] *s. pl.* elemente de bază.

rue [ru:] *vt.* a regreta. # **~ful** trist.
ruff [rʌf] *s.* **1.** guler (*la păsări*). **2.** coleretă.
ruffian ['rʌfiən] *s.* bestie, brută.
ruffle ['rʌfl] **I.** *s.* **1.** volan/guler plisat; manşetă plisată. **2.** undă. **II.** *vt.* **1.** a ciufuli. **2.** a contraria, a şoca; a perturba: *to ~ smb.'s feathers* a ofensa pe cineva. # **~d** cu volănaşe.
rug [rʌg] *s.* **1.** carpetă; preş. **2.** pătură.
rugby ['rʌgbi] *s.* rugbi.
rugged ['rʌgɪd] *adj.* **1.** (*d. munte*) râpos. **2.** (*d. peisaj*) sălbatic. **3.** (*d. trăsături*) colţuros; aspru. **4.** (*d. cineva*) răzbătător. **5.** (*d. obiecte*) rezistent.
rugger ['rʌgə] *s. fam.* rugbi.
ruin ['ru:ɪn] **I.** *s.* **1.** deteriorare: *to fall into ~* a se degrada, a se dărăpăna. **2.** ruinare; falimentare. **II.** *vt.* **1.** a strica; a distruge. **2.** a zădărnici. **3.** a ruina. # **~ous** distrugător; împovărător; **~s** ruine, vestigii.
rule [ru:l] **I.** *s.* **1.** regulă, regulament: *to break a ~* a încălca o regulă. **2.** instrucţiune. **3.** dominaţie; regim: *military ~* regim militar. **4.** *şcol.* riglă, linie. **II.** *vt.* **1.** a conduce (*o ţară*). **2.** a domina, a stăpâni. **III.** *vi.* (**against**) a pleda (împotriva). # **~d** (*d. hârtie*) liniat; **~r** riglă; conducător; *to ~ smb. out* a exclude, a elimina pe cineva; *to ~ the roost fam.* a avea pâinea şi cuţitul; *as a (general) ~* de regulă.
rum [rʌm] **I.** *s.* rom: *a glass of ~* un pahar cu rom. **II.** *adj. fam.* ciudat, ieşit din comun.
rumble ['rʌmbl] **I.** *s.* **1.** bubuit; uruit, huruit; gâlgâit; chiorăit. **2.** bubuitură; huruială; gâlgâială. **3.** *amer. fam.* încăierare. **II.** *vt. amer. fam.* a dibui, a depista (*pe cineva*). **III.** *vi.* **1.** a bubui; a urui, a hurui; a gâlgâi; a chiorăi. **2.** *amer. fam.* a se încăiera, a se lua la bătaie.
rumbling ['rʌmblɪŋ] *s.* **1.** bubuit. **2.** crâcneală, cârteală. # **~s** cârteli, vorbe.
rumbustious [rʌm'bʌstʃəs] *adj. fam.* exuberant.
ruminant ['ru:mɪnənt] *s., adj.* rumegător.
ruminate ['ru:mɪneɪt] *vi.* (**on**) a medita (la).
rummage ['rʌmɪdʒ] *vi.* (**through**) a scotoci (prin). # **~ sale** *amer.* vânzare de vechituri.
rumour ['ru:mə] **I.** *s.* zvonuri, vorbe. **II.** *vt.* a răspândi (*un zvon*). # **~monger** zvonist.
rump [rʌmp] *s.* **1.** crupă (*de mamifer*). **2.** but de vită. **3.** posterior, fund. **4.** târtiţă.
rumple ['rʌmpl] *vt.* **1.** a ciufuli. **2.** a şifona.
rumpus ['rʌmpəs] *s. fam.* vacarm.
run [rʌn] **I.** *s.* **1.** alergare, fugă: *to break into a ~* a o lua la fugă; *at a ~* în fugă; *to make a ~ for it* a scăpa fugind. **2.** plimbare (*cu maşina etc.*). **3.** curs, mers (*al evenimentelor*). **4.** serie: *a ~ of*

misfortunes serie de nenorociri/ necazuri. **5.** perioadă: *a ~ of bad weather* perioadă de vreme rea; *to have a long ~* a dura multă vreme. **6.** acces liber (*într-o casă etc.*). **7.** avânt: *to make a ~ at* a se repezi/năpusti la. **8.** tiraj (*de carte*). **9.** funcționare (*a unui aparat*). **10.** stână (*de oi*). **11.** fir dus la ciorap. **II.** (*trec.* **ran**, *part. trec.* **run**) *vt.* **1.** a alerga (*vânatul*). **2.** a conduce (*pe cineva*) cu mașina. **3.** a alerga la (*maraton etc.*). **4.** *inf.* a procesa. **5.** a-și permite (*o mașină*). **6.** a trafica, a face trafic de (*arme etc.*). **7.** a turna (*apă*). **8.** a publica (*un articol*). **III.** (*trec.* **ran**, *part. trec.* **run**) *vi.* **1.** a alerga, a fugi. **2.** (*d. o cursă*) a avea loc, a se ține. **3.** (*d. motor*) a funcționa. **4.** (*d. apă*) a se revărsa. **5.** (*d. nas*) a curge. **6.** a dura, a ține: *to ~ and ~* a nu se mai termina, a o ține întruna. **7.** (*d. autobuze etc.*) a circula. **8.** (*d. ceară*) a se topi. **9.** a deveni: *the river ran dry* râul a secat. **10.** (**for**) a candida (pentru) (*președinție etc.*). **11.** (**with**) a șiroi (de). # **to ~ across** a da (*din întâmplare*) de; **~ along!** pleacă de aici!; **~away** evadat, dezertor; **~down** regres; **~-in** divergență; **to ~ in** a roda (*o mașină*); **to ~ into** a intra în coliziune cu; **~ner** alergător, sprinter; **~-off election** al doilea tur de scrutin; **~-of-the-mill** oarecare; **~s** *fam.* diaree; **~way** *av.* pistă; *to ~ around with (men)* a umbla cu (bărbați); *to ~ back over* a revizui (ceva); *to ~ into debt* a intra în datorii; *to ~ out of (sugar)* a rămâne fără (zahăr etc.); *to ~ over smb.* a călca pe cineva cu mașina; *to ~ risks* a risca; *to ~ short of (salt)* a rămâne fără (sare etc.); *in the long ~* în cele din urmă, până la urmă; *on the ~* în fugă; în acțiune; *up and ~ning* bine pus la punct; funcțional.

rung [rʌŋ] *s.* treaptă de scară mobilă.

running ['rʌnɪŋ] **I.** *s.* **1.** alergare. **2.** funcționare (*a unui aparat*). **3.** contrabandă. **II.** *adj.* **1.** la rând, succesiv: *three years ~* trei ani la rând. **2.** (*d. apă*) curgător. **3.** de funcționare: *~ time* timp de funcționare. **4.** curent: *~ account* cont curent. # **~ mate** vicepreședinte (*în S.U.A.*); **~ order** reper orar (*al unui program TV etc.*); **~ repairs** reparații curente; **~ time** durată (*a unui film etc.*).

runt [rʌnt] *s.* **1.** pui de animal firav. **2.** pigmeu, pitic. **3.** *sl.* (om de) nimic.

rupture ['rʌptʃə] **I.** *s.* **1.** ruptură; rupere. **2.** întrerupere (*de relații*). **3.** *med. fam.* hernie. **II.** *vt.* a rupe (*relațiile*). **III.** *vi.* **1.** a se rupe. **2.** (*d. o țeavă*) a se sparge.

rural ['rʊərəl] *adj.* rural.

ruse [ru:z] *s.* șiretlic; viclenie.

rush [rʌʃ] **I.** *s.* **1.** grabă, pripă: *there's no ~* nu e nici o grabă; *a ~ job* o treabă pripită. **2.** precipitare:

to make a ~ for a se năpusti la/spre. **3.** îmbulzeală, aglomerație. **4.** izbucnire: *a ~ of anger* izbucnire de furie. **5.** *bot.* papură. **II.** *vt.* **1.** a grăbi. **2.** a captura. **3.** a asalta (*fig.*). **III.** *vi.* a se grăbi, a se pripi. # ~ **hours** ore de vârf.

russet ['rʌsɪt] *adj.* maro-roşcat.

Russian ['rʌʃn] **I.** *s.* **1.** rus; rusoaică. **2.** limba rusă. **II.** *adj.* rus, rusesc.

rust [rʌst] **I.** *s.* **1.** rugină. **2.** *bot.* mălură. **II.** *vt.*, *vi.* a rugini. # ~**y** ruginit.

rustic ['rʌstɪk] **I.** *s.* țărănoi. **II.** *adj.* rustic.

rustle ['rʌsl] **I.** *s.* foşnet. **II.** *vi.* a foşni. # ~**r** hoț de cai/vite.

rustling ['rʌslɪŋ] *s.* **1.** foşnet. **2.** furt de vite.

rut [rʌt] *s.* **1.** urmă de roată. **2.** rutină. **3.** (perioadă de) rut. # ~**ting** în perioada de rut.

ruthless ['ru:θləs] *adj.* **1.** nemilos, crud. **2.** dârz.

rye [raɪ] *s.* secară: ~ *whisky* whisky din secară.

S

S, s [es] (litera) S, s.
sabbath ['sæbəθ] *s.* sabat.
sable ['seɪbl] *s. zool.* zibelină.
sabotage ['sæbətɑ:ʒ] **I.** *s.* sabotaj. **II.** *vt.* a sabota.
saboteur [ˌsæbə'tɜ:] *s.* sabotor.
sabre ['seɪbə] *s.* **1.** *sport* floretă. **2.** spadă.
saccharin ['sækəri:n] *s.* zaharină. **#~e** dulceag *(fig.)*.
sachet ['sæʃeɪ] *s.* pachețel *(de ceai, șampon etc.)*.
sack [sæk] **I.** *s.* **1.** sac: *a ~ of potatoes* sac de cartofi. **2.** *amer. fam.* pat. **3.** prădare, jefuire *(a unui oraș)*. **II.** *vt.* **1.** *fam.* a concedia. **2.** *(d. o. armată)* a prăda, a jefui *(un oraș)*. # **~ing** concediere; pânză de sac; *to ~ out amer. fam.* a se duce la culcare; *to get the ~ fam.* a fi concediat.
sacred ['seɪkrɪd] *adj.* sacru *(și fig.)*.
sacrifice ['sækrɪfaɪs] **I.** *s.* **1.** sacrificiu. **2.** ofrandă. **II.** *vt.* a sacrifica.
sacristan ['sækrɪstən] *s.* paracliser.
sacristy ['sækrɪsti] *s. bis.* sacristie.
sad [sæd] *adj.* trist. # **~ness** tristețe. **to ~den** a (se) întrista; **~ly** sau *~ to say* din păcate.
saddle ['sædl] **I.** *s.* **1.** șea *(și de bicicletă)*. **2.** curmătură, șea *(de deal)*. **3.** but *(carne de animal)*. **II.** *vt.* a înșeua. # **~r** șelar; **~ry** șelărie; *to ~ yourself with* a se înhăma la *(o treabă); in the ~* la conducere.
sadism ['seɪdɪzəm] *s.* sadism.
sadistic [sə'dɪstɪk] *adj.* sadic.
safe [seɪf] **I.** *s.* casă de bani, seif. **II.** *adj.* **1.** sigur: *a ~ remedy* leac sigur; *a ~ place* loc sigur. **2.** nepericulos: *a ~ distance* distanță sigură. **3.** în siguranță: *to feel ~* a se simți în siguranță. **4.** nevătămat: *he's ~ and sound* e nevătămat. # **to ~guard** a proteja, a ocroti; **~guards** mijloace de protecție; garanții; *in ~ hands* pe mâini sigure; *on the ~ side* pentru siguranță.
safely ['seɪfli] *adv.* **1.** în siguranță. **2.** cu siguranță: *we can ~ say* putem spune în deplină siguranță.
safety ['seɪfti] *s.* siguranță; securitate. # **~ belt** centură de siguranță; **~ catch** siguranță *(la armă)*; **~ island** *amer.* refugiu pentru pietoni; **~ pin** ac de siguranță.
saffron ['sæfrən] *s. bot.* șofran.
sag [sæg] **I.** *s.* **1.** lăsare în jos, afundare. **2.** scădere *(a prețurilor)*. **II.** *vi.* **1.** a se afunda. **2.** *(d. prețuri etc.)* a se micșora.

sagacious [səˈgeɪʃəs] *adj.* înțelept.
sage [seɪʤ] **I.** *s.* **1.** *bot.* salvie. **2.** înțelept. **II.** *adj.* înțelept. # **~brush** salvie.
Sagittarius [ˌsæʤɪˈteəriəs] *s.* Săgetător (*zodie*).
said [sed] *trec., part. trec. de la* **to say**.
sail [seɪl] **I.** *s.* **1.** *nav.* pânză. **2.** fofează, aripă de moară. **3.** navigare. **II.** *vi.* **1.** a naviga. **2.** a plana, a pluti în aer. # **~boat** barcă cu pânze; **~or** marinar.
sailing [ˈseɪlɪŋ] *s.* **1.** navigație. **2.** cursă (*a unei nave*). **3.** plecare în cursă. # **~ boat** barcă cu pânze; **~ ship** corabie.
saint [seɪnt] *s.* sfânt (*și fig.*). # **~ed** sacru, sfânt; **~ly** (ca) de sfânt.
sake [seɪk] *s.* **1.** pricină: *she gave up smoking for the ~ of her health* s-a lăsat de fumat din pricina sănătății. **2.** bine: *they stayed together for the ~ of their children* au rămas împreună pentru binele copiilor lor; *do it for my ~* fă-o pentru mine. # *for Christ's ~!* pentru numele lui Dumnezeu!
salacious [səˈleɪʃəs] *adj.* obscen.
salad [ˈsæləd] *s.* salată: *a fruit ~* salată de fructe. # *~ cream* sos cu maioneză (*la sticlă*); *~ dressing* sos pentru salată.
salamander [ˈsæləmændə] *s.* salamandră.
salami [səˈlɑ:mi] *s.* salam.
salary [ˈsæləri] s. salariu, leafă.
sale [seɪl] *s.* vânzare: *for/on ~* de vânzare. # **~s clerk** *amer.* vânzător; **~(s)room** sală de vânzări prin licitație; **~s slip** bon de vânzare; **~s tax** impozit pe vânzări (T.V.A.).
salient [ˈseɪliənt] *adj.* important, marcant.
saliva [səˈlaɪvə] *s.* salivă. # **~ry** salivar; **to ~te** a saliva.
sallow [ˈsæləʊ] **I.** *s. bot.* salcă. **II.** *adj.* livid, palid.
sally [ˈsæli] *s.* **1.** poantă; vorbă de duh. **2.** atac neașteptat.
salmon [ˈsæmən] *s.* somon. # **~ pink** rozaliu.
salon [ˈsælɒn] *s.* salon (*de primire, cosmetică*). # *literary ~* serată literară.
saloon [səˈlu:n] *s.* **1.** berlină (*autoturism*). **2.** cârciumă. **3.** salon (*pe vas*).
salt [sɔ:lt] **I.** *s.* sare. **II.** *adj.* sărat. **III.** *vt.* **1.** a săra. **2.** a pune la saramură. # **~cellar** solniță; **~ truck** camion care împrăștie sare peste zăpadă; **~y** sărat.
salubrious [səˈlu:briəs] *adj.* **1.** (*d. climă*) sănătos, benefic. **2.** curat, salubru.
salutary [ˈsæljətri] *adj.* **1.** binevenit, oportun: *a ~ warning* avertisment oportun. **2.** binefăcător, benefic.
salutation [ˌsæljuˈteɪʃn] *s.* salut, salutare.
salutatory [səˈlu:tətəri] *adj.* (*d. o formulă*) de salut.
salute [səˈlu:t] **I.** *s.* **1.** salut (*cu mâna*). **2.** *mil.* onor. **II.** *vt.* a saluta (*și fig.*).
salvage [ˈsælvɪʤ] **I.** *s.* **1.** salvare: *a ~team* echipă de salvare. **2.** obiect recuperat (*dintr-un dezastru*).

II. *vt.* **1.** a recupera (*un obiect*) (*dintr-un incendiu etc.*). **2.** a remedia, a repara (*o situație*).
salvation [sæl'veɪʃn] *s.* **1.** salvare. **2.** *bis.* mântuire.
salve [sælv] *s.* pomadă, alifie.
salver ['sælvə] *s.* tavă.
same [seɪm] **I.** *adj., pron.* acelaşi; aceeaşi; aceiaşi; aceleaşi: *the very* ~ exact acelaşi; *at the* ~ *time* în acelaşi timp. **II.** *adv.* la fel: *they look the* ~ *to me* mi se par identici. # ~**ness** monotonie; uniformitate; *all/just the* ~ cu toate acestea, totuşi; *it's all the* ~ *to me* mi-e indiferent/totuna; *the* ~ *again!* încă! (*o porție/un rând*); *the* ~ *to you!* asemenea! (*după o urare*).
sample ['sɑ:mpl] **I.** *s.* mostră, eşantion, probă: ~ *folder* mapă cu eşantioane; ~ *piece* model. **II.** *vt.* **1.** a încerca, a proba. **2.** a testa. **3.** a chestiona.
sampling ['sɑ:mplɪŋ] *s.* **1.** eşantionare. **2.** testare; sondare: ~ *of people* sondare a unor persoane.
sanatorium [ˌsænə'tɔ:riəm] (*pl.* **sanatoria/~s**) s. sanatoriu.
sanctify ['sæŋktɪfaɪ] *vt.* **1.** a sanctifica. **2.** a împământeni (*un obicei etc.*).
sanctimonious [ˌsæŋktɪ'məʊniəs] *adj.* perfid, ipocrit.
sanction ['sæŋkʃn] *s.* **1.** sancțiune. **2.** aprobare, autorizare.
sanctity ['sæŋktɪti] *s.* **1.** sanctitate, sfințenie. **2.** sacralitate, caracter sacru.
sanctuary ['sæŋktʃuəri] *s.* sanctuar.
sand [sænd] *s.* **1.** nisip. **2.** plajă. # ~ **castle** castel de nisip; ~**er** maşină de şlefuit; ~**paper** şmirghel; ~**storm** furtună de nisip; ~**y** nisipos.
sandal ['sændl] *s.* sanda.
sandalwood ['sændlwʊd] *s. bot.* santal.
sandman ['sændmən] *s.* Moş Ene.
sandwich ['sænwɪtʃ] *s.* sandviş. # ~ **man** om-afiş.
sane [seɪn] *adj.* **1.** zdravăn la minte/cap. **2.** (*d. o acține etc.*) înțelept, judicios.
sang [sæŋ] *trec. de la* **to sing**.
sanguine ['sæŋgwɪn] *adj.* **1.** rubicond. **2.** optimist.
sanitary ['sænətri] *adj.* igienic; de igienă.
sanitation [ˌsænɪ'teɪʃn] *s.* igienizare; salubrizare.
sanity ['sænəti] *s.* **1.** integritate mintală. **2.** moderație, măsură.
sank ['sæŋk] *trec. de la* **to sink**.
Santa Claus ['sæntəklɔ:z] *s.* Moş Crăciun.
sap [sæp] **I.** *s.* **1.** sevă. **2.** *amer. fam.* prostănac, gogoman. **II.** *vt.* a epuiza, a secătui. # ~**ling** *bot.* puiet; ~**py** sentimental.
sapphire['sæfaɪə] *s.* safir.
sarcastic [sɑ:'kæstɪk] *adj.* sarcastic.
sarcophagus [sɑ:'kɒfəgəs] (*pl.* **sarcophagi**) *s.* sarcofag.
sardine [sɑ:'di:n] *s.* sardea.
sarge [sɑ:dʒ] *s. fam.* sergent.
sarky ['sɑ:ki] *adj. fam.* sarcastic.

sarnie ['sɑ:ni] *s. fam.* sandviş.
sartorial [sɑ:'tɔ:riəl] *adj.* vestimentar.
sash [sæʃ] *s.* banderolă, brasardă; cocardă. # ~ **window** fereastră ghilotină.
sass [sæs] *amer. fam.* **I.** *s.* obrăznicie. **II.** *vt.* a fi obraznic cu.
sat [sæt] *trec., part. trec. de la* **to sit**.
Satan ['seɪtn] *s.* satana.
satchel ['sætʃəl] *s.* ghiozdan.
sated ['seɪtɪd] *adj.* (**with**) sătul (de) (*şi fig.*).
satellite ['sætəlaɪt] *s.* satelit (*şi fig.*). # ~ **dish** antenă pentru satelit.
satiate ['seɪʃieɪt] *vt.* a sătura.
satire ['sætaɪə] *s.* satiră.
satiric(al) [sə'tɪrɪk(l)] *adj.* satiric.
satirist ['sætərɪst] *s.* scriitor/poet satiric.
satisfaction [ˌsætɪs'fækʃn] *s.* **1.** satisfacţie. **2.** satisfacere. **3.** plată (*a unei datorii*). **4.** reparaţie (*a unei nedreptăţi*).
satisfactory [ˌsætɪs'fæktəri] *adj.* satisfăcător.
satisfied ['sætɪsfaɪd] *adj.* **1.** satisfăcut. **2.** convins.
satisfy ['sætɪsfaɪ] *vt.* **1.** a satisface. **2.** a convinge. # ~**ing** satisfăcător.
saturate ['sætʃəreɪt] *vt.* a satura (*şi fig.*).
saturation [ˌsætʃə'reɪʃn] *s.* saturaţie (*şi fig.*).
Saturday ['sætədi] *s.* sâmbătă.
saturnine ['sætənaɪn] *adj.* flegmatic; morocănos.
sauce [sɔ:s] *s.* **1.** sos. **2.** *fam.* obrăznicie. # ~ **boat** sosieră; ~**pan** cratiţă cu coadă; ~**r** farfurioară (*de sub ceaşcă*).
saucy ['sɔ:si] *adj.* **1.** obraznic. **2.** slobod la gură.
sauerkraut ['saʊəkraʊt] *s.* varză murată.
saunter ['sɔ:ntə] *vi.* a merge relaxat.
sausage ['sɒsɪʤ] *s.* cârnat. # *not a ~ fam.* absolut nimic.
savage ['sævɪʤ] **I.** *s.* (om) sălbatic. **II.** *adj.* **1.** sălbatic (*şi fig.*). **2.** (*d. critică etc.*) virulent. **3.** înapoiat, primitiv. # ~**ry** barbarie, ferocitate.
savannah [sə'vænə] *s. geogr.* savană.
savant ['sævənt] *s.* savant.
save [seɪv] **I.** *s.* parare (*a unui gol*). **II.** *vt.* **1.** a salva (*viaţa, o căsnicie*). **2.** a economisi, a pune deoparte. **3.** a colecţiona (*obiecte*). **4.** a scuti de, a feri de. **5.** a para (*un gol*). **III.** *vi.* (**for**) a face economii (pentru). **IV.** *prep.* cu excepţia. # *to ~ the day* a salva situaţia.
saver ['seɪvə] *s.* **1.** salvator. **2.** deponător, persoană care depune bani în bancă. # *time ~* aparat care economiseşte timp.
saving ['seɪvɪŋ] **I.** *s.* economie: *~ of fuel* economie de combustibil. **II.** *adj.* de economie/economii: *~ bank* bancă de economii. # ~**s** economii (*de bani*).
saviour ['seɪvjə] *s.* salvator. # *the Saviour* Mântuitorul.
savour ['seɪvə] **I.** *s.* gust, savoare. **II.** *vt.* a savura (*şi fig.*). # ~**y** gustos; delicios.

savvy ['sævi] *fam.* **I.** *s.* cunoaştere; înţelegere. **II.** *adj.* cunoscător, priceput.

saw[1] [sɔ:] *trec. de la* **to see**.

saw[2] [sɔ:] **I.** *s.* **1.** ferăstrău: *hand ~* ferăstrău de mână. **2.** dicton; maximă; zicală. **II.** *vt., vi.* a tăia cu ferăstrăul. # **~dust** rumeguş; **~mill** gater.

saxophone ['sæksəfəʊn] *s.* saxofon.

saxophonist [sæk'sɒfənɪst] *s.* saxofonist.

say [seɪ] **I.** *s.* **1.** cuvânt *(de spus)*, părere. **2.** autoritate, influenţă. **II.** (*trec., part. trec.* **said**) *vt., vi.* a spune, a zice. # **~ing** zicală; *~ cheese!* păsărica! (*la fotograf*); *~ what? amer.* nu mai spune!; *to ~ the least* ca să nu spun mai mult; fără nici o exagerare; *to have no ~ in smth.* a nu putea interveni cu nimic în ceva; *that is to ~* cu alte cuvinte; adică; *there is no ~ing* nu se poate şti; *well said!* aşa e!, bine zis!; *whatever you ~!* cum vrei tu!, fie!; *when all is said and done* la o adică; *who can ~...!* cine ştie...! *you don't ~!* nu mai spune!, ce spui!

scab [skæb] *s.* **1.** coajă (*pe rană*). **2.** *fam.* spărgător de grevă. # **~ies** râie, scabie.

scabbard ['skæbəd] *s.* teacă (*de sabie*).

scabrous ['skeɪbrəs] *adj.* **1.** (*d. piele*) aspru. **2.** scabros, obscen.

scads [skædz] *s. pl. fam.* grămezi: *~ of money* grămezi de bani.

scaffold ['skæfəld] *s.* **1.** schelă. **2.** spânzurătoare.

scalawag ['skæləwæg] *s. amer. fam.* **1.** ştrengar. **2.** ticălos.

scald [skɔ:ld] **I.** *s.* opăreală. **II.** *vt.* **1.** a opări. **2.** a scălda (*în lacrimi etc.*). # **~ing** fierbinte; acerb.

scale [skeɪl] **I.** *s.* **1.** solz. **2.** tartru. **3.** scară: *maps on the ~ of...* hărţi cu scara de... **4.** gradaţie *(de termometru)*. **5.** *muz.* gamă. **II.** *vt.* **1.** a escalada (*un munte*). **2.** a detartra. # **~s** cântar; *on a large/grand ~* pe scară largă.

scallion ['skæliən] *s. amer.* ceapă verde.

scallywag ['skæliwæg] *s. fam.* **1.** ştrengar. **2.** ticălos.

scalp [skælp] **I.** *s.* scalp. **II.** *vt.* a scalpa.

scalpel ['skælpəl] *s.* bisturiu.

scalper ['skælpə] *s. amer. fam.* speculant de bilete de spectacol.

scam [skæm] *s. fam.* inginerie financiară.

scamp [skæmp] *s.* ştrengar.

scamper ['skæmpə] *vi.* a zburda, a ţopăi.

scan [skæn] **I.** *s.* **1.** scrutare. **2.** (*şi med.*) scanare. **II.** *vt.* **1.** a scruta. **2.** (*şi med.*) a scana. # **~ner** *tehn.* scaner.

scandal ['skændl] *s.* **1.** scandal. **2.** bârfă, zvon, cancan. # **to ~ize** a (se) scandaliza; **~monger** zvonist; **~ous** scandalos; *it is a ~ that* e o ruşine că...

scanty ['skænti] *adj.* **1.** foarte puţin, redus, sumar. **2.** (*d. păr*) rar. **3.** insuficient, nesatisfăcător.

scapegoat ['skeɪpgəʊt] *s.* țap ispășitor.

scapula ['skæpjʊlə] *s.* omoplat.

scar [skɑ:] **I.** *s.* cicatrice. **II.** *vi.* a se cicatriza. # ~**red** cu cicatrice; marcat (*fig.*).

scarab ['skærəb] *s.* scarabeu.

scarce [skeəs] *adj.* puțin, insuficient, redus. # *to make oneself ~ fam.* a se face nevăzut, a se da la fund. # ~**ly** abia dacă.

scarcety ['skeərsɪti] *s.* lipsă, puținătate: *~ of money* lipsă de bani.

scare ['skeə] **I.** *s.* **1.** amenințare, pericol. **2.** panică, alarmare. **II.** *vt., vi.* a (se) speria. # ~**crow** sperietoare (de ciori); ~**d** speriat, înspăimântat; ~**monger** alarmist.

scarf [skɑ:f] **I.** *s.* șal, fular. **II.** *vt. amer. fam.* a hali, a mânca.

scarlet ['skɑ:lɪt] *adj.* roșu aprins. # ~ **fever** scarlatină; ~ **woman** *înv.* prostituată.

scarp [skɑ:p] *s.* râpă, coastă abruptă.

scarper ['skɑ:pə] *vi. fam.* a o șterge.

scary ['skeəri] *adj. fam.* înspăimântător, înfricoșător.

scathing ['skeɪtɪŋ] *adj.* furibund, usturător: *a ~ criticism* critică acerbă.

scatter ['skætə] *vt., vi.* a (se) împrăștia. # ~**brain** persoană împrăștiată, zăpăcit; ~**ed** răzleț.

scatty ['skæti] *adj. fam.* uituc.

scavenge ['skævɪndʒ] **I.** *vt.* (*d. un animal*) a mânca (*hoituri*). **II.** *vi.* (**through**) a scotoci (prin) (gunoaie). # ~**r** gunoier.

scene [si:n] *s.* **1.** scenă *(de teatru)*: *behind the ~s* în culise. **2.** acțiune (*a unei piese*). **3.** decor. **4.** priveliște. **5.** scenă, scandal. # ~**ry** peisaj; decor; *to set the ~ for* a pregăti terenul pentru.

scenic ['si:nɪk] *adj.* **1.** scenic. **2.** spectaculos: *a ~ beauty* frumusețe impresionantă.

scent [sent] **I.** *s.* **1.** parfum: *the ~ of the flower* parfumul florii. **2.** colonie, parfum: *a bottle of ~* sticlă de parfum. **3.** fler, nas. **4.** iminență: *the ~ of victory* iminența victoriei. **5.** urmă, dâră. **II.** *vt.* **1.** a mirosi: *the dog ~ed a rat* câinele a adulmecat un șobolan. **2.** a intui, a întrevedea. # ~**ed** înmiresmat.

sceptic ['skeptɪk] *s.* sceptic. # ~**al** sceptic (*adj.*); ~**ism** scepticism.

sceptre ['septə] *s.* sceptru.

schedule ['ʃedju:l] **I.** *s.* **1.** plan/program de lucru: *according to ~* conform programului. **2.** *amer.* orar al trenurilor. **3.** nomenclator; listă; inventar. **4.** tarif. **II.** *vt.* **1.** a programa (*o ședință*). **2.** a pune, a înscrie (pe o listă).

scheme [ski:m] **I.** *s.* **1.** schemă, plan. **2.** tertip, șmecherie. **I.** *vt.* a unelti, a pune la cale. # ~**r** intrigant, colportor.

schist [ʃɪst] *s.* șist.

scholar ['skɒlə] *s.* **1.** savant; specialist de înaltă clasă. **2.** *fam.* elev eminent. # ~**ly** erudit; studios; ~**ship** bursă (*de studiu*).

scholastic [skə'læstɪk] *adj.* scolastic.

school [sku:l] **I.** *s.* **1.** şcoală; colegiu; facultate; institut. **2.** şcoală, mişcare, curent de idei. **3.** banc (*de peşti*). **II.** *vt.* **1.** a educa, a instrui. **2.** a dresa (*un animal*). # **~boy** şcolar, elev; **~girl** elevă; **~ing** şcolarizare; educaţie; **~master** profesor; **~mate** coleg de şcoală; **~mistress** profesoară.

science ['saɪəns] *s.* ştiinţă: ~ *and technology* ştiinţă şi tehnologie. # ~ **fiction** film *etc.* ştiinţifico-fantastic.

scientific [ˌsaɪən'tɪfɪk] *adj.* ştiinţific.

scientist ['saɪəntɪst] *s.* om de ştiinţă.

sci-fi ['saɪfaɪ] *s. fam.* film *etc.* ştiinţifico-fantastic.

scimitar ['sɪmɪtə] *s.* iatagan.

scintilla [sɪn'tɪlə] *s.* pic, strop.

scintillating ['sɪntɪleɪtɪŋ] *adj.* excepţional, grozav.

scion ['saɪən] *s.* **1.** lăstar, mlădiţă. **2.** vlăstar (*fig.*).

scissors ['sɪzəs] *s.* foarfece.

sclerosis [sklə'rəʊsɪs] *s.* scleroză.

scoff [skɒf] **I.** *vt. fam.* a hali. **II.** *vi.* (**at**) a-şi râde (de).

scold [skəʊld] *vt.* a certa.

scone [skəʊn] *s.* chiflă.

scoop [sku:p] **I.** *s.* **1.** scafă, căuş; polonic. **2.** ştire senzaţională *(publicată înaintea altora)*. **II.** *vt.* **1.** a săpa; a scobi. **2.** a înşfăca. **3.** *fam.* a pune mâna pe (*fig.*).

scoot [sku:t] *vi. fam.* a o lua din loc. # **~er** trotinetă; scuter.

scope [skəʊp] *s.* **1.** potenţial. **2.** anvergură, întindere. **3.** capacitate.

scorch [skɔ:tʃ] **I.** *vt.* **1.** a arde (*ceva*). **2.** a pârjoli. **II.** *vi.* **1.** a se arde. **2.** *fam.* (*d. vehicul*) a mâna, a goni. # ~ **mark** urmă de arsură.

scorcher ['skɔ:tʃə] *s.* **1.** zi caniculară. **2.** ceva remarcabil.

scorching ['skɔ:tʃɪŋ] *adj. fam.* **1.** canicular. **2.** (*d. o victorie în sport*) zdrobitor. **3.** (*d. o critică*) necruţător.

score [skɔ:] **I.** *s.* **1.** scor; punctaj. **2.** *muz.* partitură. **3.** grup de douăzeci: *~s of* grămezi de. **4.** *fam.* situaţie, conjunctură. **II.** *vt.* **1.** a marca (*un gol*). **2.** a repurta (*o victorie*). **3.** a da (*un rezultat*). **4.** a orchestra; a scrie muzică pentru. # **~board** tabelă de marcaj; ~ **draw** scor egal; **~line** rezultat final (*al unui meci*); **~r** persoană care marchează un gol; *on that/this ~* în această privinţă.

scorn [skɔ:n] **I.** *s.* dispreţ, desconsiderare. **II.** *vt.* **1.** a refuza, a respinge (*o propunere*). **2.** a lua în râs. # **~ful** dispreţuitor.

Scorpio ['skɔ:piəʊ] *s.* Scorpion (*zodie*).

scorpion ['skɔ:piən] *s.* scorpion.

Scot [skɒt] *s.* scoţian.

Scotch [skɒtʃ] *adj.* scoţian.

scot-free [skɒt'fri:] *adj.* **1.** teafăr, nevătămat. **2.** nevinovat; nepedepsit. **3.** gratis.

Scots [skɒts] **I.** *s.* limba engleză vorbită în Scoţia. **II.** *adj.* scoţian.

Scottish ['skɒtɪʃ] *adj.* scoţian.

scoundrel ['skaʊndrəl] *s.* şnapan; canalie.

scour ['skaʊə] *vt.* **1.** a scotoci; a căuta. **2.** a freca (*o oală*). **3.** (*d. apă*) a săpa, a eroda. **4.** a bate (*drumurile*) (*fig.*). # **~er** burete de sârmă.

scourge [skɜ:ʤ] **I.** *s.* **1.** bici. **2.** flagel, urgie: *the ~ of war* urgia războiului. **II.** *vt.* **1.** *înv.* a biciui. **2.** a tortura, a chinui (*fig.*).

scout [skaʊt] **I.** *s.* **1.** cercetaş. **2.** recunoaştere: *to go on the ~* a merge în recunoaştere. **II.** *vt.* (**for**) a scotoci (în căutare de). **III.** *vi.* a desfăşura o activitate de căutare şi selectare (*de sportivi etc.*).

scowl [skaʊl] **I.** *s.* mutră acră. **II.** *vi.* (**at**) a se uita ameninţător (la).

scrabble ['skræbl] *vi.* (**about**) a cotrobăi, a scotoci (după).

scraggly ['skrægli] *adj. amer. fam.* sporadic, rar.

scraggy ['skrægi] *adj.* sfrijit, scofâlcit.

scramble ['skræmbl] **I.** *s.* **1.** căţărare. **2.** buluceală. **II.** *vi.* **1.** a se căţăra cu greutate. **2.** a se buluci. # **~d eggs** (ouă) jumări, scrob.

scrap [skræp] **I.** *s.* **1.** bucăţică (*de hârtie etc.*). **2.** fragment: *~s of news* frânturi de ştiri. **3.** deşeu; reziduu. **4.** *fam.* bătaie, încăierare. **II.** *vt.* **1.** a rebuta. **2.** a pune la index. # **~ book** album (*de fotografii etc.*); **~s** resturi (de mâncare); **~yard** cimitir de maşini; *on the ~ heap fam.* pus la index.

scrape [skreɪp] **I.** *s.* **1.** scârţâială, scârţâit. **2.** răzuială. **3.** zgârietură; scrijelitură. **4.** încurcătură: *to get into a ~* a da de belea. **II.** *vt.* **1.** a răzui, a rade. **2.** a zgâria, a scrijeli. **3.** a încropi. **III.** *vi.* **1.** a se juli. **2.** (**at**) a scârţâi (*la vioară etc.*). # **~r** răzătoare.

scratch [skrætʃ] **I.** *s.* **1.** zgârietură. **2.** scrijelitură. **3.** scărpinare, scărpinat. **II.** *adj.* improvizat. **III.** *vt.* **1.** a scărpina. **2.** a juli, a zgâria. **3.** a freca. **4.** a încropi. **IV.** *vi.* **1.** a se zgâria. **2.** a se juli. # **~card** loz (*care se rade*); **~ pad** notes; **~y** (*d. stofă*) aspru; (*d. sunet*) strident şi neclar; *to start from ~* a o lua de la început; *up to ~* la nivelul dorit.

scrawl [skrɔ:l] **I.** *s.* scris indescifrabil. **II.** *vt., vi.* a scrie neciteţ, a mâzgăli.

scrawny ['skrɔ:ni] *adj.* sfrijit, numai piele şi os.

scream [skri:m] **I.** *s.* **1.** geamăt, ţipăt. **2.** scrâşnet. **3.** *fam.* mucalit. **II.** *vi.* **1.** a ţipa, a zbiera, a urla. **2.** a scrâşni. # *he ~ed himself hoarse* a ţipat până a răguşit; **~ingly** extrem de.

scree [skri:] *s.* grohotiş.

screech [skri:tʃ] **I.** *s.* **1.** scrâşnet. **2.** ţipăt ascuţit. **II.** *vi.* **1.** a ţipa. **2.** a scrâşni. **3.** a ţiui.

screen [skri:n] **I.** *s.* **1.** ecran: *a television ~* ecran de televizor; *a cinema ~* ecran de cinema. **2.** cinema: *a ~ actor* actor de cinema. **3.** paravan (*şi fig.*). **4.** *amer.* plasă (*la geam*). **II.** *vt.* **1.** a proteja, a apăra. **2.** a ascunde, a masca. **3.** *med.* a examina. **4.** a ecraniza (*un ro-*

man etc.). **5.** a difuza (*un film*). # **~ing** difuzare, transmitere (*a unui film*); **~play** scenariu (de film); **~writer** scenarist.

screw [skru:] **I.** *s.* **1.** şurub. **2.** înşurubare. **3.** *sl.* act sexual; partener la un act sexual. **4.** elice. **II.** *vt.* **1.** a înşuruba. **2.** a face ghemotoc (*o hârtie*). **3.** a înşela la preţ. **4.** *sl.* a regula (*o femeie*). # **~ball** *amer. fam.* ţăcănit, nebun; **~driver** şurubelniţă; **~ed-up** *fam.* copleşit de tristeţe; **~top** cu capac care se înşurubează; **~y** (*d. o idee*) trăsnit; **to ~ up** a o da în bară: *to ~ smb. up* a da pe cineva peste cap, a deconcerta pe cineva.

scribble ['skrɪbl] **I.** *s.* scris indescifrabil; mâzgălitură. **II.** *vt.* a pune pe hârtie, a nota în grabă. **III.** *vi.* a face mâzgălituri. # **~r** scârţa-scârţa pe hârtie *(scriitor, ziarist etc.)*.

scribe [skraɪb] *s. înv.* scrib.

scrimmage ['skrɪmɪdʒ] *s.* busculadă, încăierare.

scrimp [skrɪmp] *vt.* a pune (*bani*) deoparte.

script [skrɪpt] *s.* **1.** scenariu *(de film)*. **2.** scriere de mână. **3.** alfabet. # **~writer** scenarist.

scripture ['skrɪptʃə] *s.* scriptură.

scroll [skrəʊl] *vt. inf.* a derula (*un text*).

scrooge [skru:dʒ] *s. fam.* zgârciob.

scrounge [skraʊndʒ] *vt.* a cere de pomană. # *to be on the ~* a merge cu miloaga.

scrub [skrʌb] **I.** *s.* **1.** frecare. **2.** tufăriş, subarboret. **II.** *vt.* a freca. # **~ber** burete/perie de frecat; *fam.* prostituată; **~by** (*d. copaci*) pipernicit; **to ~ round** a ignora, a nu lua în seamă.

scruff [skrʌf] *s. fam.* persoană murdară. # **~y** jegos.

scrum(mage) ['skrʌm(ɪdʒ)] *s.* grămadă (*la rugbi*).

scrumptious ['skrʌmpʃəs] *adj. fam.* gustos, delicios.

scrunch [skrʌntʃ] *vi.* **1.** (*d. zăpadă*) a scârţâi. **2.** a se chirci. # **~y** crocant.

scruple ['skru:pl] *s.* scrupul.

scrupulous ['skru:pjələs] *adj.* **1.** meticulos. **2.** scrupulos.

scrutinize ['skru:tɪnaɪz] *vt.* a examina atent.

scrutiny ['skru:tɪni] *s.* examinare atentă; verificare.

scuba-diving ['sku:bə daɪvɪŋ] *s.* înot subacvatic cu echipament special.

scuff [skʌf] *vt., vi.* a (se) zgâria.

scuffle ['skʌfl] **I.** *s.* înfruntare, ciocnire. **II.** *vi.* **1.** a se înfrunta, a se încăiera. **2.** a se foi.

scuffling ['skʌflɪŋ] *s.* foială, fojgăială.

scull [skʌl] *s.* vâslă.

scullery ['skʌləri] *s.* încăpere unde se spală vase (*lângă bucătărie*).

sculpt [skʌlpt] *vt.* **1.** a sculpta. **2.** a modela, a forma. # **~or** sculptor; **~ress** sculptoriţă; **~ure** sculptură.

scum [skʌm] *s.* **1.** spumă; clăbuc: *to skim off the ~* a lua spuma *(de la supă)*. **2.** *fam.* lepădătură. # **~bag** *sl.* (un) mizerabil; *the ~ of society* drojdia societății.

scurrilous ['skʌrələs] *adj.* mârșav; *~ gossip* bârfe abjecte.

scurry ['skʌri] *vi.* a o lua la picior.

scurvy ['skɜ:vi] *s.* scorbut.

scuttle ['skʌtl] *vi.* a se precipita, a o lua din loc. # **~butt** *amer. sl.* bârfe.

scythe [saɪð] **I.** *s.* seceră. **II.** *vt., vi.* a secera.

sea [si:] *s.* mare: *a rough ~* mare agitată; *to travel by ~* a călători pe mare; *to go to ~* a se face marinar; *out to ~* departe pe mare. # **~board** (zona de) coastă; **~borne** pe mare; **~ change** schimbare radicală; **~farer** marinar; **~ front** malul mării, faleză; **~gull** pescăruș; **~ horse** cal-de-mare; **~manship** măiestria de a naviga; **~ mile** milă marină (*=1853 m*); **~plane** hidroavion; **~port** port la mare; **~ power** putere navală (*țară*); **~scape** peisaj marin (*pictură*); **~shell** scoică; **~shore** litoral; **~sick** rău de mare; **~side** litoral; **~ urchin** arici de mare; **~ wall** dig; **~ward** (din)spre mare; **~way** cale maritimă; **~weeds** alge; **~worthy** (*d. o navă*) în stare bună de navigație.

seal [si:l] **I.** *s.* **1.** focă. **2.** sigiliu, pecete. **3.** gir, garanție. **II.** *vt.* **1.** a sigila. **2.** a lipi (*un plic*). **3.** a parafa, a pecetlui. **4.** a închide (*granița*). # **~ant** substanță izolatoare; **~ing** vânătoare de foci; **~ing wax** ceară pentru sigilat.

seam [si:m] *s.* **1.** cusătură; tighel; tiv. **2.** filon, strat. **3.** sudură. # **~stress** cusătoreasă.

seamed [si:md] *adj.* **1.** (*d. ciorapi*) cu dungă. **2.** (*d. fața cuiva*) brăzdat, zbârcit.

seamy ['si:mi] *adj.* sordid.

seance ['seɪɑ:ns] *s.* ședință de spiritism.

sear [sɪə] *vt.* **1.** a ofili, a usca. **2.** (*d. durere, remușcări*) a flagela, a chinui. # **~ing** zăpușitor; chinuitor.

search [sɜ:tʃ] **I.** *s.* cercetare; căutare; percheziție: *in ~ of* în căutare de; *house ~* percheziție domiciliară. **II.** *vt.* **1.** a căuta; a scotoci. **2.** a percheziționa. **3.** a cerceta. **III.** *vi.* (**for**) a se zbate (să), a se strădui (să). # **~ and rescue team** echipă de salvare; **~ing** riguros; iscoditor; **~light** reflector; **~ party** echipă de salvare; **~ warrant** mandat de percheziție; *~ me! fam.* habar n-am!

season ['si:zn] **I.** *s.* **1.** anotimp, sezon. **2.** perioadă, vreme: *the hunting ~* perioadă de vânătoare. **3.** stagiune. **II.** *vt.* a condimenta. # **~able** (*d. temperatura aerului*) normal (pentru acea perioadă); **~al** sezonier; **~ed** condimentat; experimentat, versat; **~ing** condiment; **~ ticket** abonament (*de tren, autobuz*); *out of ~* deplasat, nelalocul lui.

seat [si:t] **I.** *s.* **1.** loc: *take a ~* ia loc; *a window ~* loc la geam. **2.** reședință; sediu. **3.** șezut, fund. **II.** *vt.* **1.** a așeza, a pune, a plasa. **2.** a asigura locuri pentru: *the plane ~s 80 passengers* avionul poate transporta 80 de pasageri. # **~belt** centură de siguranță; **~ing** capacitate *(a unei săli).*

sebaceous [sɪ'beɪʃəs] *adj.* sebaceu.

sec [sek] *s. fam.* secundă.

secateurs [ˌsekə'tɜːz] *s. pl.* foarfece de grădină.

secede [sɪ'siːd] *vi.* **(from)** a se separa (de), a se desprinde (de) (*fig.*).

secession [sɪ'seʃn] *s.* secesiune.

secluded [sɪ'kluːdɪd] *adj.* **1.** (*d. un loc*) izolat. **2.** (*d. cineva*) retras.

seclusion [sɪ'kluːʒn] *s.* solitudine.

second[1] ['sekənd] **I.** *s.* **1.** secundă, clipă, moment: *9 metres per ~* 9 metri pe secundă; *in a ~* într-o clipă. **2.** *auto* viteza a doua. **3.** martor (*la duel*). **II.** *adj.* **1.** al doilea, a doua: *the ~ place* locul al doilea. **2.** alt, adițional, suplimentar: *a ~ helping* o porție suplimentară, încă o porție. **III.** *vt.* **1.** a secunda, a acompania. **2.** a susține, a sprijini. **IV.** *num.* al doilea, a doua. # **~ best** locul al doilea după cel mai bun; **~ chamber** camera superioară a parlamentului, senat; **~ childhood** mintea copiilor, senilitate; **~-class** de categoria a doua; **~ cousin** văr de-al doilea; **~er** susținător al unei propuneri; **~-hand** de la mâna a doua; **~ly** în al doilea rând; **~-rate** de proastă calitate; **~ sight** clarviziune; **~-string** (*d. un jucător*) de rezervă; **~ wind** avânt, elan.

second[2] [si'kɒnd] *vt.* a detașa (*un angajat*).

secondary ['sekəndri] *adj.* **1.** secundar, minor: *of ~ importance* de mică importanță. **2.** elementar, primar: *~ education* învățământ elementar. **3.** colateral: *~ effect* efect secundar.

secrecy ['siːkrəsi] *s.* tăcere, discreție.

secret ['siːkrɪt] **I.** *s.* secret, taină: *to make no ~ of* a nu face nici un secret din; *in ~* în taină. **II.** *adj.* secret, tainic, confidențial, ascuns: *a ~ room* cameră secretă; *~ hopes* speranțe ascunse. - **~ agent** agent secret; **~ary** secretar(ă); ministru; **~ive** secretos, rezervat.

sect [sekt] *s.* sectă. - **~arian** sectar, exclusivist.

section ['sekʃn] **I.** *s.* **1.** secțiune, parte, segment, diviziune. **2.** *geom.* secțiune (*transversală etc.*). **3.** secție, sector, departament. **4.** *med.* secționare, tăietură. **II.** *vt. med.* a secționa, a tăia. - **to ~ off** a separa.

sector ['sektə] *s.* sector, secție.

secularization [ˌsekjələraɪ'zeɪʃn] *s.* secularizare.

secularize ['sekjələraɪz] *vt.* a seculariza.

secure [sɪ'kjʃ ə] **I.** *adj.* **1.** sigur, asigurat: *to feel ~* a se simți în siguranță. **2.** apărat, ferit: *~ investments* investiții sigure. **II.** *vt.* **1.** a asigura, a garanta. **2.** a obține:

to ~ a contract a obține un contract. **3.** a fixa; a înțepeni, a țintui; a pironi.

securities [sɪ'kjʊərətiz] *s. pl. ec.* titluri de valoare.

security [sɪ'kjʊərəti] *s.* **1.** securitate, siguranță, protecție. **2.** garanție, chezășie.

sedan [sɪ'dæn] *s. amer.* autoturism.

sedate [sɪ'deɪt] **I.** *adj.* **1.** (*d. un oraș etc.*) liniștit. **2.** (*d. cineva*) așezat, calm. **II.** *vt. med.* a seda.

sedation [sɪ'deɪʃn] *s.* administrare de sedative.

sedative ['sedətɪv] *s.* sedativ.

sedentary ['sedntri] *adj.* **1.** sedentar. **2.** (*d. populație etc.*) fix, stabil.

sediment ['sedɪmənt] *s.* sediment. # ~**ary** sedimentar.

seditious [sɪ'dɪʃəs] *adj.* subversiv, sedițios.

seduce [sɪ'dju:s] *vt.* **1.** a seduce. **2.** a tenta, a ademeni. # ~**r** seducător (*persoană*).

seduction [sɪ'dʌkʃən] *s.* **1.** seducție. **2.** corupere. # ~**s** atracțiile (*unui oraș etc.*).

seductive [sɪ'dʌktɪv] *adj.* atractiv, tentant.

see [si:] **I.** *s.* scaun episcopal. **II.** (*trec.* **saw**, *part. trec.* **seen**) *vt.* **1.** a vedea, a observa: *I saw him entering the house* l-am văzut intrând în casă. **2.** a da peste, a întâlni din întâmplare. **3.** a urmări (*un program*). **4.** a vizita. **5.** a consulta (*un doctor etc.*). **6.** a pricepe: *I ~ what you mean* înțeleg ce vrei să spui. **7.** a conduce: *may I ~ you home?* te pot conduce acasă? **8.** a constata. **III.** (*trec.* **saw**, *part. trec.* **seen**) *vi.* **1.** a vedea: *she will never ~ again* nu va mai vedea niciodată. **2.** (**in**) a-i plăcea (la): *what do you ~ in him*? ce-ți place la el? # **to ~ off** a conduce (*la gară etc.*); ~**r** profet; ~**-through** (*d. un material*) transparent; *~ here!* ascultă!; *~ing that...* din cauză că...; *to ~ to smth.* a se îngriji/ocupa de ceva; *~ you (later)!* pa!; *as I ~ it* după părerea mea.

seed [si:d] **I.** *s.* **1.** sământă (*și fig.*): *sunflower ~s* semințe de floarea-soarelui; *the ~s of war* germenele războiului. **2.** (*la tenis*) ocupant (*al unui loc în clasament*). **II.** *vt.* **1.** a însămânța, a semăna. **2.** (*la tenis*) a clasa (*un jucător*). **III.** *vi.* (*d. o plantă*) a da semințe. # ~**less** (*d. struguri etc.*) fără sâmburi; ~**ling** puiet, răsad; ~**sman** vânzător de semințe; ~y sordid; flenduros; *to go to ~* a ajunge ca vai de el.

seeder ['si:də] *s.* **1.** semănătoare. **2.** dispozitiv de scos sâmburi.

seek [si:k] (*trec., part. trec.* **sought**) **I.** *vt.* a căuta: *to ~ happiness* a căuta fericirea. **II.** *vi.* (**after, for**) a umbla (după), a căuta.

seem [si:m] *vi.* a părea: *to ~ tired* a părea obosit; *it would ~ that* s-ar părea că; *it ~s not* se pare că nu. # ~**ing** așa-zis; părelnic; ~**ingly** la suprafață, în aparență; ~**ly** cum se cuvine, potrivit.

seep [si:p] *vi.* **1.** (*d. apă etc.*) a se prelinge. **2.** (*d. rană*) a supura. # **~age** prelingere; infiltrare (*a apei etc.*).

see-saw ['si:sɔ:] **I.** *s.* scrânciob. **II.** *vi.* **1.** a se da în scrânciob. **2.** a fluctua, a oscila.

seethe [si:ð] *vi.* **1.** a fierbe (*şi fig.*): *to ~ with anger* a fierbe de furie. **2.** (**with**) a fremăta (de). **3.** (**with**) a musti (de).

segment ['segmənt] *s.* segment, parte, porţiune.

segregate ['segrɪgeɪt] *vt.* a separa; a izola; a discrimina.

segregation [ˌsegrɪ'geɪʃn] *s.* separare; discriminare.

seismic ['saɪzmɪk] *adj.* seismic.

seismology [saɪz'mɒləʤi] *s.* seismologie.

seize [si:z] *vt.* **1.** a apuca, a înhăţa. **2.** a confisca. **3.** a captura. **4.** a prelua (*puterea*). **5.** a cuprinde: *panic ~d her* fu cuprinsă de panică. **6.** *nav.* a amara.

seizure ['si:ʒə] *s.* **1.** confiscare. **2.** captură. **3.** *tehn.* gripare (*a unui mecanism*).

seldom ['seldəm] *adv.* rar(eori).

select [sɪ'lekt] **I.** *adj.* select, ales, de elită. **II.** *vt.* a selecta, a selecţiona. # **~ committee** comisie de anchetă; **~ion** selectare; gamă (de produse).

self [self] *s.* sine, for interior, ego: *his real ~* adevărata lui personalitate. # **~-absorbed** individualist, egotist; **~-assured** sigur de sine; **~-centred** egocentric; **~-closing** (*d. uşă*) batant; **~-complacent** mulţumit de sine; **~-conscious** conştient; nefiresc, forţat; **~-contained** independent; separat; **~-control** stăpânire de sine; **~-criticism** autocritică; **~-deception** autoamăgire; **~-defence** autoapărare; **~-denial** renunţare, privaţiune; **~-doubt** neîncredere în sine; **~-educated** autodidact; **~-effacing** modest; **~-evident** neîndoios; **~-important** îngâmfat, arogant; **~-indulgent** care nu-şi refuză nimic; **~-interest** interes personal; **~ish** egoist; **~ishness** egoism; **~less** altruist; **~-made** realizat prin forţe proprii; **~-pity** autocompătimire; **~-portrait** autoportret; **~-possessed** calm, stăpânit; **~-reliant** independent; **~-respect** demnitate; **~-restraint** stăpânire de sine; **~-righteous** ipocrit; **~same** identic, acelaşi; **~-satisfied** arogant, infatuat; **~-seeking** care urmăreşte interesul personal, egoist; **~-service** (cu) autoservire; **~-starter** persoană independentă şi ambiţioasă; **~-sufficient** autonom din punct de vedere economic; **~-taught** autodidact; **~-willed** (*d. cineva*) voluntar, autoritar; **~-worth** amor propriu.

sell [sel] **I.** *s. fam.* dezamăgire; eşec. **II.** (*trec., part. trec.* **sold**) *vt., vi.* a (se) vinde. # **~er** vânzător; *~by date* data de expirare (*a unei* *conserve*); *~ing price* preț de vânzare; *~-out* lichidare de mărfuri; *to be sold on fam.* a fi entuziasmat de.

semantic [sı'mæntık] *adj.* semantic. # **~s** semantică (*știință*).

semblance ['sembləns] *s.* simulacru, aparență.

semen ['si:men] *s.* spermă.

semester [sı'mestə] *s.* semestru.

semibreve ['semibri:v] *s. muz.* notă întreagă.

semicircle ['semisɜ:kl] *s.* semicerc.

semicolon [ˌsemi'kəʊlən] *s.* punct și virgulă.

semifinal [ˌsemi'faınl] *s. sport* semifinală.

seminal ['semınl] *adj.* **1.** *anat.* seminal. **2.** (*d. o lucrare etc.*) prestigios.

seminar ['semına:] *s. școl.* seminar.

seminary ['semınəri] *s. bis.* seminar (*școală*).

semi-quaver ['semikweıvə] *s. muz.* șaisprezecime.

Semitic [sə'mıtık] *adj.* semit(ic).

semolina [ˌsemə'lınə] *s.* griș.

senate ['senıt] *s.* senat.

senator ['senətə] *s.* senator.

send [send] (*trec., part. trec.* **sent**) *vt.* a trimite. # **~er** expeditor; **~ing-off** *fotbal* eliminare *(a unui jucător)*; **~-off** *fam.* sărbătorire de adio/drum bun; **~-up** imitare a unei persoane.

senescence [sı'nesns] *s.* îmbătrânire.

senile ['si:naıl] *adj.* senil.

senior ['si:niə] *s., adj.* (persoană) mai în vârstă, senior.

sensation [sen'seıʃn] *s.* senzație. # **~al** senzațional.

sense [sens] **I.** *s.* **1.** simț: *the five ~s* cele cinci simțuri; *the ~ of duty* simțul datoriei. **2.** simțământ. **3.** minte: *you're not in your right ~s* nu ești în toate mințile. **4.** înțeles, semnificație: *the different ~s of a word* diferitele sensuri ale unui cuvânt. **II.** *vt.* a-și da seama de, a simți. # *~ of humour* simțul umorului; *common ~* bun-simț; *in a ~* într-un fel; *in some ~s* în unele privințe; *to make ~ of* a înțelege (ceva), a desluși (ceva).

sensibilities [ˌsensə'bılıtiz] *s. pl.* susceptibilități.

sensibility [ˌsensə'bılıti] *s.* sensibilitate, simțire.

sensible ['sensəbl] *adj.* **1.** (*d. cineva*) cu bun simț; rezonabil. **2.** (*d. ceva*) judicios, cuminte: *a ~ decision* o hotărâre înțeleaptă. **3.** (*d. cineva*) conștient: *I'm ~ of my defects* sunt conștient de defectele mele. **4.** apreciabil, considerabil.

sensitive ['sensətıv] *adj.* sensibil; susceptibil.

sensitivities [ˌsensə'tıvıtiz] *s. pl.* susceptibilități.

sensitivity [ˌsensə'tıvıti] *s.* sensibilitate.

sensitize ['sensətaız] *vt.* a sintetiza.

sensory ['sensəri] *adj.* senzorial, de simț: *~ organs* organe de simț.

sensual ['senʃuəl], **sensuous** ['senʃuəs] *adj.* senzual.

sent [sent] *trec., part. trec. de la* **to send**.
sentence ['sentəns] **I.** *s.* **1.** *gram.* propoziție. **2.** *jur.* sentință. **II.** *vt. jur.* a condamna.
sententious [sen'tenʃəs] *adj.* sentențios, grav, solemn.
sentiment ['sentımənt] *s.* sentiment. # **~al** sentimental, duios; **~alist** (un) sentimental.
sentinel ['sentınl], **sentry** ['sentri] *s.* santinelă.
separate I. ['seprət] *adj.* separat; individual; diferit. **II.** ['sepəreit] *vt.* a separa, a delimita. **III.** ['sepəreıt] *vi.* a se separa, a se despărți.
separation [ˌsepə'reıʃn] *s.* separare, despărțire.
sepia ['si:piə] *s.* sepia (*cafeniu închis*).
September [sep'tembə] *s.* septembrie.
septic ['septık] *adj.* septic.
septicaemia [ˌseptı'si:miə] *s. med.* septicemie.
sepulchral [sə'pʌlkrəl] *adj.* **1.** funerar. **2.** (*d. voce*) cavernos, grav.
sequel ['si:kwəl] *s.* urmare, continuare.
sequence ['si:kwəns] *s.* **1.** succesiune, ordine. **2.** secvență (*de film*). **3.** suită (*la joc de cărți*). *# the ~ of tenses gram.* corespondența timpurilor.
sequester [si'kwestə], **sequestrate** ['si:kwəstreıt] *vt.* a sechestra.
sequin ['si:kwın] *s.* paietă.
seraph ['serəf] (*pl.* **~im**) *s.* serafim.
serenade [ˌserə'neıd] *s.* serenadă.
serendipitous [ˌserən'dıpıtəs] *adj.* întâmplător.
serene [sə'ri:n] *adj.* liniștit, calm. # **~ly** cu seninătate.
serf [s3:f] *s. înv.* șerb. # **~dom** șerbie.
sergeant ['sɑ:dʒənt] *s.* **1.** *mil.* sergent. **2.** polițist.
serial ['sıəriəl] **I.** *s.* serial *(de televiziune)*. **II.** *adj.* **1.** în serie: *a ~ rapist* violator în serie. **2.** de ordine: *~ number* număr de ordine. **3.** serial.
series ['sıəri:z] (*pl.* **series**) *s.* serie.
serious ['sıəriəs] *adj.* **1.** serios, grav: *a ~ injury* vătămare gravă. **2.** (*d. cineva*) serios. **3.** important. # **~ness** seriozitate: *in all ~ness* cu toată seriozitatea.
sermon ['s3:mən] *s.* predică (*și fig.*).
serpent ['s3:pənt] *s.* șarpe. # **~ine** sinuos, șerpuitor.
serrated [sə'reıtıd] *adj.* zimțat, crestat.
serried ['serıd] *adj.* strâns, înghesuit; compact.
serum ['sıərəm] *s.* ser.
servant ['s3:vənt] *s.* servitor. *# civil ~* funcționar; *public ~* funcționar (la un serviciu public).
serve [s3:v] **I.** *s.* serviciu (*la tenis*). **II.** *vt.* **1.** a servi (*mâncare, băutură*). **2.** a fi de folos (*cuiva*). **3.** a deservi. **4.** a satisface (*o cerință*). **5.** a ocupa (*o funcție*). **6.** a executa (*o pedeapsă*). **III.** *vi.* (**as**) a servi (drept, ca): *the sofa will ~ as a bed* sofaua va servi drept pat. # *it ~s you right!* să-ți fie învățătură de minte!

server ['sɜ:və] *s.* **1.** lingură de servit (*salata etc.*). **2.** *amer.* chelner. **3.** *sport.* persoană la serviciu. **4.** *inf.* server.

service ['sɜ:vɪs] **I.** *s.* **1.** serviciu: *military ~* serviciu militar; *public ~s* servicii publice; *secret ~* serviciu secret. **2.** servire, prestare de serviciu. **3.** funcționare: *to put into ~* a pune în funcțiune (*un aparat*). **4.** întreținere (*a unei mașini*). **5.** slujbă religioasă. **6.** cursă (*tren etc.*). **7.** *sport* serviciu. **8.** serviciu, favoare: *to render a ~* a face un serviciu (*cuiva*). **II.** *vt.* **1.** a întreține, a repara (*o mașină*). **2.** a servi, a furniza. # **~ charge** remiză (*la restaurant*); **~ charges** speze pentru serviciu; **~man** militar; **~ station** service.

serviette [ˌsɜ:vi'et] *s.* șervețel.

serving ['sɜ:vɪŋ] *s.* porție (de mâncare).

sesame ['sesəmi] *s.* susan.

session ['seʃn] *s.* sesiune.

set [set] **I.** *s.* **1.** set, garnitură: *a tea ~* serviciu de ceai. **2.** aparat (*de radio, TV*). **3.** apus (*al soarelui*). **4.** platou de filmare. **5.** decor (*la teatru*). **6.** *muz.* repertoriu. **7.** coafare, aranjare (*a părului*). **8.** răsad. **II.** *adj.* **1.** fix: *a ~ face* față imobilă; *~ hour* oră fixă; *~ price* preț fix. **2.** (**on**) decis (să), hotărât (să), pus (pe). **III.** (*trec., part. trec.* **set**) *vt.* **1.** a pune, a așeza, a plasa. **2.** a situa. **3.** a regla, a potrivi. **4.** a monta (*o piatră*). **5.** a fixa, a stabili. **6.** a lansa (*o modă*). **7.** a da (*exemplu*). **8.** a aranja (*părul*). **IV.** (*trec., part. trec.* **set**) *vi.* **1.** (*d. vopsea*) a se usca. **2.** (*d. ciment*) a se întări. **3.** (*d. soare*) a scăpăta. # **to ~ about** a se pune pe (*treabă etc.*); **to ~ against** a instiga; **to ~ apart** a scoate în evidență, a diferenția; **to ~ aside** a pune deoparte; **~back** eșec; **to ~ back** a amâna, a întârzia; **to ~ off** a o porni (*la drum*); **to ~ on** a ataca pe neașteptate; **to ~ out** a (o) porni; **~ phrase** expresie, sintagmă; **~ square** echer; **~-to** încăierare, bătaie; ceartă; **~-up** *fam.* înscenare, aranjament; *dead ~ against* care se opune cu tărie la; *dead ~ on* pus pe (*treabă etc.*); *to make a dead ~ at* a ataca cu vehemență pe.

settee [se'ti:] *s.* canapea.

setting ['setɪŋ] *s.* **1.** cadru, mediu (*rural etc.*). **2.** montare. **3.** montură. **4.** reglare. **5.** instalare. **6.** scăpătare (*a soarelui etc.*). **7.** punere în scenă. **8.** *amer.* decor. **9.** tacâm (*la masă*).

settle ['setl] **I.** *vt.* **1.** a aplana (*o neînțelegere*). **2.** a stabili, a aranja (*o întâlnire*). **3.** a coloniza. **4.** a pune, a aranja. **5.** a soluționa, a rezolva. **6.** a achita (*o notă de plată*); a lichida (*un cont*). **II.** *vi.* **1.** a se stabili (*undeva*). **2.** (*d. vreme etc.*) a se stabiliza. **3.** (*d. lichid*) a se limpezi. **4.** a se tasa. **5.** (**for**) a se mulțumi (cu). **6.** (**on**) a se hotărî (asupra). # **~d** stabil; confortabil;

~ment înțelegere, acord; instalare, aşezare; **~r** colonist.

set up ['set 'ʌp] *vt.* **1.** a organiza (*un miting etc.*). **2.** a instala (*un aparat*). **3.** a pune pe picioare, a porni (*o afacere*). **4.** a produce, a declanşa. **5.** *fam.* a remonta (*pe cineva*).

seven ['sevn] *num.* şapte. # **~teen** şaptesprezece; **~th** al şaptelea, a şaptea; **~ty** şaptezeci.

sever ['sevə] **I.** *vt.* **1.** a tăia (*în două etc.*); a reteza. **2.** a întrerupe (*relațiile*). **II.** *vi.* **1.** (*d. o sfoară*) a se rupe. **2.** a se despărți, a se separa.

several ['sevrəl] **I.** *adj.* **1.** câțiva, mai mulți: ~ *boys* câțiva băieți. **2.** separat; diferit: *three ~ nights* trei nopți diferite. **II.** *pron.* câțiva, câteva: ~ *of the boys* câțiva dintre băieți.

severance ['sevərəns] *s.* **1.** rupere (*a relațiilor*). **2.** separare. **3.** întrerupere (*a unei plăți*). **4.** *jur.* disjungere.

severe [sɪ'vɪə] *adj.* **1.** grav, serios: *a ~ illness* boală gravă. **2.** sever, aspru: *a ~ father* tată sever. **3.** riguros: *a ~ test* test riguros. **4.** aspru, dur: *a ~ punishment* pedeapsă aspră.

severity [sɪ'verɪti] *s.* **1.** gravitate. **2.** dificultate. **3.** severitate.

sew [səʊ] (*trec.* **~ed**, *part. trec.* **~n/~ed**) *vt., vi.* a coase. # **~er** cusătoreasă; **~ing machine** maşină de cusut.

sewage ['su:ɪdʒ] *s.* apă menajeră.

sewer ['su:ə] *s.* conductă de apă menajeră. # **~age** canalizare; ~ **grate** *amer.* canal (*de scurgere*).

sex [seks] **I.** *s.* sex: ~ *discrimination* discriminare sexuală; *to make ~* a face dragoste. **II.** *vt.* a determina sexul (*unui animal*). # ~ **appeal** nuri, sexapil; **~ism** discriminare sexuală; ~ **maniac** obsedat sexual; **~ology** sexologie; **~ual** sexual; **~ual intercourse** relație sexuală; **~y** sexy, atractiv.

sexton ['sekstən] *s.* paracliser.

shabby ['ʃæbi] *adj.* **1.** dărăpănat. **2.** jerpelit.

shack [ʃæk] *s.* bojdeucă, cocioabă.

shackle ['ʃækl] *vt.* a pune în cătuşe. # **~s** lanțuri, cătuşe.

shade [ʃeɪd] **I.** *s.* **1.** umbră: *in the ~* la umbră. **2.** abajur. **3.** stor. **4.** nuanță *(de culoare)*. **5.** fel, soi: *all ~s of opinion* tot felul de păreri. **6.** pic: *a ~ too short* un pic cam prea scurt. **II.** *vt.* a umbri. # **~s** *fam.* ochelari de soare.

shadow ['ʃædəʊ] **I.** *s.* **1.** (dâră de) umbră. **2.** întuneric. **3.** pic (*fig.*). **4.** cearcăn. **5.** nălucire, himeră. **II.** *vt.* **1.** a (ad)umbri. **2.** a urmări pe ascuns. # **~y** întunecos; misterios.

shady ['ʃeɪdi] *adj.* **1.** umbros, umbrit. **2.** dubios; necinstit; necurat.

shaft [ʃa:ft] **I.** *s.* **1.** puț *(de mină, ascensor)*. **2.** mâner, manşă. **3.** *tehn.* axă; osie. **4.** săgeată (*şi fig.*). **II.** *vt. fam.* a păcăli.

shagged [ʃægd] *adj. sl.* obosit mort.

shaggy ['ʃægi] *adj.* (*d. păr*) lățos, mițos.

shake [ʃeɪk] **I.** *s.* scuturătură, agitare. **II.** (*trec.* **shook**, *part. trec.* **shaken**) *vt.* **1.** a scutura. **2.** a agita (*un lichid*). **3.** a da (*mâna*). **4.** a da din (*cap*). **5.** a zgudui (*şi fig.*). **6.** a scăpa de (*ceva neplăcut*). **II.** (*trec.* **shook**, *part. trec.* **shaken**) *vi.* **1.** a se zgudui. **2.** (*d. voce*) a tremura. **3.** (**with**) a tremura (de) (*frică etc.*). # **~n** afectat, tulburat; **~-out** *fam.* disponibilizare, reducere de personal; **~s** *fam.* emoţii; **~-up** *fam.* remaniere (*guvernamentală etc.*); **to ~ up** *fam.* a reorganiza, a reprofila (*o fabrică etc.*).

shakedown ['ʃeɪkdaʊn] *s. amer. fam.* **1.** deposedare de bani prin violenţă; extorcare. **2.** percheziţie.

shake down ['ʃeɪk 'daʊn] **I.** *vt.* **1.** a scutura (*un copac*). **2.** *amer. fam.* a extorca/stoarce de bani. **II.** *vi. fam.* a se acomoda, a se obişnui.

shaky ['ʃeɪki] *adj.* **1.** (*d. voce*) tremurător. **2.** nesigur (*pe picioare*). **3.** (*d. un scaun*) şubred. **4.** vag, neclar.

shale [ʃeɪl] *s. geol.* şist.

shall [ʃəl] **I.** *v. aux.* (*formează viitorul*) voi, vom, o să: *I ~ come home tonight* o să vin acasă diseară. **II.** *v. modal* **1.** (*un ordin, o promisiune fermă*): *you ~ stay at home* trebuie să rămâi acasă; *if you behave you ~ have a new dress* dacă te comporţi cum trebuie vei căpăta o rochie nouă. **2.** (*la interogativ*) să: *~ I get you an umbrella?* să-ţi aduc o umbrelă?

shallot [ʃə'lɒt] *s. bot.* haşmă.

shallow ['ʃæləʊ] *adj.* puţin adânc. # **~s** vad (*în râu*).

sham [ʃæm] **I.** *s.* **1.** impostură. **2.** impostor. **3.** prefăcătorie. **II.** *adj.* **1.** (*d. o bijuterie*) fals. **2.** (*d. cineva*) prefăcut, ipocrit. **3.** disimulat. **4.** fictiv.

shaman ['ʃeɪmən] *s.* şaman, vraci.

shamble ['ʃæmbl] *vi.* a merge târşâind picioarele.

shambles ['ʃæmblz] *s. fam.* dezordine, haos.

shame [ʃeɪm] **I.** *s.* ruşine: *~ on you!* ruşine să-ţi fie!; *to my ~* spre ruşinea mea. **II.** *vt.* **1.** a umple de ruşine. **2.** a face de ruşine. # **~faced** stingherit, jenat; **~ful** scandalos; **~less** fără ruşine, neruşinat; *what a ~!* ce păcat!

shaming ['ʃeɪmɪŋ] *adj.* ruşinos, dezonorant.

shampoo [ʃæm'pu:] *s.* şampon.

shamrock ['ʃæmrɒk] *s.* trifoi.

shank [ʃæŋk] *s.* **1.** fluierul piciorului. **2.** coadă (*de sculă*). **3.** *arhit.* trunchi de coloană.

shanty ['ʃænti] *s.* cocioabă, şandrama.

shape [ʃeɪp] **I.** *s.* **1.** formă: *in the ~ of* sub formă de...; *circular in ~* în formă circulară. **2.** condiţie fizică: *to keep in ~* a se menţine în formă. **II.** *vt.* **1.** a modela, a fasona. **2.** a forma: *to ~ the party policy* a forma politica partidului.

~**d** în formă de; ~**less** urât; fără cap şi fără coadă (*fig.*); ~**ly** plăcut la vedere; *to take ~* sau *to ~ up* a se prefigura, a se contura.

shard [ʃɑ:d] *s.* ciob, ţandără, spărtură.

share [ʃeə] **I.** *s.* **1.** parte, porţiune. **2.** cotă-parte, participaţie: *~ in profits* participare la profituri. **3.** *ec.* acţiune: *~ to bearer* acţiune la purtător. **II.** *vt.* **1.** (**with**) a împărţi (cu): *to ~ a room with* a împărţi o cameră cu. **2.** (**between**) a împărţi (la). # ~ **cropper** arendaş cu dijmă; ~ **holder** *ec.* acţionar; ~ **holding** *ec.* participaţie (*la o firmă*); **to ~ out** a distribui, a repartiza.

shark [ʃɑ:k] *s.* rechin (*şi fig.*).

sharp [ʃɑ:p] **I.** *s.* *muz.* diez. **II.** *adj.* **1.** ascuţit (*şi fig.*). **2.** (*d. scădere, creştere*) brusc. **3.** clar: *a ~ outline* contur clar. **4.** ager. **5.** aspru, dur: *~ criticism* critică aspră. **6.** acut. **7.** (*d. vânt etc.*) puternic. **8.** (*d. haine*) modern şi şic. **III.** *adv.* **1.** fix: *one o'clock ~* ora unu fix. **2.** brusc. # **to ~en** a (se) ascuţi; ~**ener** ascuţitoare; ~**shooter** pistolar; *look ~!* dă-i bătaie!, grăbeşte-te!

sharply ['ʃɑ:pli] *adv.* **1.** (*a răspunde*) repezit. **2.** cu duritate/asprime. **3.** (*a scădea*) brusc.

shatter ['ʃætə] **I.** *vt.* **1.** a sparge, a face ţăndări. **2.** a spulbera (*speranţe*). **3.** a nărui (*iluzii*). **4.** a distruge (*pe cineva*). **II.** *vi.* a se sparge, a se face ţăndări. # ~**ed** distrus (*şi fig.*); *fam.* mort de oboseală; ~**ing** zdrobitor; asurzitor; ~**proof** incasabil.

shave [ʃeɪv] **I.** *s.* ras. **II.** *vt., vi.* a (se) rade, a (se) bărbieri. # ~**r** aparat de ras.

shavings ['ʃeɪvɪŋz] *s. pl.* talaş.

shawl [ʃɔ:l] *s.* şal.

she [ʃi:] **I.** *s.* **1.** fată. **2.** femelă. **II.** *pron.* ea.

sheaf [ʃi:f] (*pl.* **sheaves**) *s.* snop.

shear [ʃɪə] (*trec.* ~**ed**, *part. trec.* ~**ed/shorn**) *vt.* a tunde (*oi*).

shears [ʃɪəz] *s. pl.* foarfece (*de grădină*).

sheat-fish ['ʃi:tfɪʃ] *s.* somn (*peşte*).

sheath [ʃi:θ] *s.* **1.** teacă; toc. **2.** *el.* izolaţie. **3.** prezervativ. **4.** rochie pe corp.

sheathe [ʃi:ð] *vt.* **1.** a băga (*sabia, cuţitul*) în teacă/toc. **2.** a acoperi, a îmbrăca (*fig.*).

shed [ʃed] **I.** *s.* **1.** magazie; depozit. **2.** hală, hangar. **II.** (*trec., part. trec.* **shed**) *vt.* **1.** a scăpa de (*ceva indezirabil*). **2.** (*d. un animal*) a lepăda (*părul, pielea*). **3.** a vărsa (*lacrimi, sânge*).

sheen [ʃi:n] *s.* luciu.

sheep [ʃi:p] (*pl.* **sheep**) *s.* oaie. # ~ **dog** câine ciobănesc; ~ **herder** cioban; ~**ish** timid; jenat; ~**skin** blană de oaie.

sheer [ʃɪə] **I.** *adj.* **1.** mare; numeros. **2.** adevărat, veritabil: *~ delight* o adevărată delectare. **3.** abrupt. **4.** (*d. un material*) foarte subţire. **II.** *adv.* direct, drept.

sheet [ʃi:t] *s.* **1.** cearşaf; aşternut de pat. **2.** foaie (*de hârtie*). **3.** strat; peliculă. **4.** placă (*de metal*).

shelf [ʃelf] *s.* raft: *the top* ~ raftul de sus.

shell [ʃel] **I.** *s.* **1.** coajă (*de ou, nucă*). **2.** cochilie (*de melc*); carapace; scoică. **3.** caroserie. **4.** obuz; proiectil. **5.** *amer.* glonte. **II.** *vt.* **1.** a curăța (*mazăre*). **2.** a bombarda. # ~ **fish** crustaceu; moluscă; ~**ing** bombardament; ~ **proof** blindat; ~ **shock** psihoză provocată de război.

shelter ['ʃeltə] **I.** *s.* adăpost; adăpostire. **II.** *vt., vi.* a (se) adăposti.

shelve [ʃelv] *vt.* **1.** a amâna; a înmormânta (*o chestiune*). **2.** a pune (*cărți*) pe raft.

sheperd ['ʃepəd] **I.** *s.* cioban, păstor. **II.** *vt.* a conduce, a călăuzi. # ~**ess** ciobăniță, păstoriță.

sheriff ['ʃerɪf] *s.* **1.** şerif (*în S.U.A.*). **2.** judecător (*în Scoția*). # ~ **court** curte de justiție (*în Scoția*).

sherry ['ʃeri] *s.* vin de Xerex.

shield [ʃi:ld] **I.** *s.* **1.** scut (*şi fig.*). **2.** ecran protector. **3.** *Am.* insignă (*de polițist*). **II.** *vt.* **1.** a feri, a apăra (*de soare etc.*). **2.** a ține departe de (*adevăr etc.*).

shift [ʃɪft] **I.** *s.* **1.** schimbare (*de opinie etc.*). **2.** schimb, tură: *to work in ~s* a lucra în ture. **3.** furou, combinezon. **II.** *vt.* **1.** a muta (*din loc*). **2.** a schimba. **3.** (*d. detergent*) a scoate (*pete*). **III.** *vi.* **1.** a se schimba. **2.** a se muta, a se deplasa. # ~**less** leneş, lasă-mă-să-te-las; ~**ing sands** nisipuri mişcătoare; ~**y** viclean, perfid; ~ *yourself!* mişcă-te mai repede!; ~ *for yourself* descurcă-te (de unul) singur.

shilling ['ʃɪlɪŋ] *s.* şiling.

shilly-shally ['ʃɪliʃæli] *vi.* a tărăgăna.

shimmer ['ʃɪmə] **I.** *s.* sclipire, lucire. **II.** *vi.* a sclipi, a luci.

shimmy ['ʃɪmi] *vi.* a merge legănându-se.

shin [ʃɪn] **I.** *s.* fluierul piciorului. **II.** *vi.* a se cățăra.

shindig ['ʃɪndɪg] *s. fam.* chef, chiolhan.

shine [ʃaɪn] **I.** *s.* strălucire. **II.** (*trec., part. trec.* **shone**) *vt.* **1.** a arunca o lumină asupra. **2.** a lustrui (*pantofi*). **3.** a da (*un exemplu*). **III.** (*trec., part. trec.* **shone**) *vi.* a străluci.

shingle ['ʃɪŋgl] *s.* **1.** pietriş: *a ~ beach* plajă cu pietriş. **2.** draniță, şindrilă. # ~**s** *med.* zona zoster.

shinny ['ʃɪni] *vi.* a se cățăra.

shiny ['ʃaɪni] *adj.* strălucitor; lucios.

ship [ʃɪp] **I.** *s.* navă, vas: *on board* ~ pe navă. **II.** *vt.* **1.** a trimite, a expedia (*o marfă*). **2.** a îmbarca. # ~**builder** constructor de nave; ~**load** *nav.* caric; ~**ment** încărcătură; încărcare; **to ~ off** a expedia (*pe cineva*); ~**owner** armator; ~**per** transportator de mărfuri; ~**wreck** naufragiu; ~**yard** şantier naval.

shipping ['ʃɪpɪŋ] *s.* **1.** navigație. **2.** transport. **3.** îmbarcare. **4.** flotă.

shipshape ['ʃɪpʃeɪp] *adj.* pus la punct, în ordine desăvârşită.

shire horse ['ʃaɪə hɔ:s] *s.* cal de tracţiune.

shirk [ʃɜ:k] *vi.* **1.** a se eschiva de la treabă. **2.** (**from**) a nu se sfii (să).

shirt [ʃɜ:t] *s.* cămaşă: *a short-sleeved* ~ cămaşă cu mâneci scurte. # ~ **front** plastron; ~**y** *fam.* cu capsa pusă.

shit [ʃɪt] *sl.* **I.** *s.* **1.** fecale, excremente: *to have a* ~ a-şi face nevoile. **2.** prostii: *you're talking* ~ spui tâmpenii. **3.** om de nimic. **II.** *adj.* de nimic/rahat. **III.** *vi.* a-şi face nevoile. **IV.** *interj.* drace!, la dracu! # *like* ~ ca dracu; *no* ~*!* chiar aşa!?; *to* ~ *yourself* a face pe tine.

shiver ['ʃɪvə] **I.** *s.* tremurici, fiori. **II.** *vi.* a tremura: *to* ~ *with cold/ pleasure* a tremura de frig/plăcere. # ~**y** care tremură/are frisoane.

shoal [ʃəʊl] *s.* **1.** banc de peşti. **2.** banc de nisip.

shock [ʃɒk] **I.** *s.* şoc (*şi fig.*): *in a state of* ~ în stare de şoc; *electric* ~ şoc electric. **II.** *vt.* a şoca. # ~**er** *fam.* persoană/ceva care şochează; ~**ing** şocant; ~**ing pink** roz ţipător; ~ **therapy** terapie prin şoc electric; ~ **troops** trupe de şoc; ~ **wave** undă de şoc.

shod [ʃɒd] *adj.* încălţat.

shoddy ['ʃɒdi] *adj.* **1.** (*d. un obiect*) prost. **2.** (*d. o treabă*) de mântuială.

shoe [ʃu:] **I.** *s.* **1.** pantof. **2.** potcoavă. **II.** *vt.* a potcovi. # ~**horn** încălţător; ~**lace** şiret (*de pantof*); ~**maker** pantofar; **to** ~**shine** a lustrui pantofi; ~**string budget** buget de austeritate.

shook [ʃʊk] *trec. de la* **to shake**.

shoot [ʃu:t] **I.** *s.* **1.** mlădiţă. **2.** filmare; fotografiere. **3.** (partidă de) vânătoare. **II.** (*trec., part. trec.* **shot**) *vt.* **1.** a trage (*un glonţ*). **2.** a lansa (*o săgeată*). **3.** a vâna (*ceva*). **4.** a turna (*un film*). **5.** a face (*o poză*). **6.** *fam.* a trece pe (*roşu*). **III.** (*trec., part. trec.* **shot**) *vi.* **1.** (**at**) a trage (în). **2.** (*d. plante*) a răsări. **3.** a şuta. **4.** a vâna. # ~**er** *fam.* pistol; ~**-out** înfruntare între pistolari; **to** ~ **off** *fam.* a pleca în grabă; **to** ~ **up** a creşte rapid (*şi fig.*); *to get shot of smth. fam.* a se debarasa de un obiect; *to have shot your bolt fam.* a-ţi fi epuizat toate resursele; *to* ~ *for smth. amer. fam.* a se da de ceasul morţii pentru a obţine ceva.

shooting ['ʃu:tɪŋ] *s.* **1.** împuşcare. **2.** vânare, vânătoare. **3.** filmare. # ~ **gallery** poligon (de tragere); ~ **match** concurs de tir; ~ **star** stea căzătoare.

shop [ʃɒp] **I.** *s.* **1.** magazin, prăvălie: *a grocer's* ~ băcănie. **2.** atelier (*în fabrică*). **3.** *fam.* cumpărătură. **4.** afacere: *to set up* ~ a deschide/înfiinţa o firmă. **II.** *vt. fam.* a denunţa (*la poliţie*). **III.** *vi.* a face cumpărături/târguieli: *to go* ~*ping* a merge la cumpărături. # ~ **assistant** vânzător, vânzătoare;

~ **keeper** negustor, prăvăliaş; ~ **lifting** furt din magazine; ~**per** cumpărător; ~ **walker** şef de raion (*în magazin*).

shore [ʃɔ:] *s.* **1.** mal; ţărm; litoral. **2.** tărâm. # ~**line** coastă, ţărm; **to ~ up** a susţine, a sprijini (*şi fig.*).

shorn [ʃɔ:n] *part. trec. de la* **to shear**.

short [ʃɔ:t] **I.** *s.* **1.** păhărel/înghiţitură de băutură tare. **2.** film de scurt metraj. **3.** scurtcircuit. **II.** *adj.* **1.** scurt: *a ~ skirt* fustă scurtă; *a ~ memory* memorie scurtă; *in ~* pe scurt. **2.** scund, mărunt. **3.** mic: *~ steps* paşi mici. **4.** puţin: *a ~ time ago* cu puţin timp în urmă, puţin mai înainte. **5.** concis. **6.** repezit, răstit: *I was very ~ with him* l-am expediat repede. # ~**age** lipsă, penurie; ~ **and sweet** *fam.* plăcut dar de scurtă durată; ~**bread** fursec; **to ~-change** a înşela la (dat) rest; ~ **circuit** scurtcircuit; ~**coming** cusur; ~ **cut** scurtătură; **to ~en** a (se) scurta; ~**ening** osânză; ~**fall** scădere, reducere; ~**hand** stenografie; ~**-handed** cu lipsă de personal; ~**-lived** de scurtă durată; ~**s** şort; ~**-sighted** miop; ~ **story** nuvelă; ~ **temper** irascibilitate; ~**-term** pe termen scurt; ~ **time** durată redusă de muncă; ~ **waves** unde scurte (*radio*); *to be ~ of (money)* a nu avea bani, a rămâne fără bani; *to cut ~* a întrerupe; *in the ~ order* repede şi cu uşurinţă; *in the ~ run* curând; *to run ~ of (coffee)* a rămâne fără cafea.

shortly [ˈʃɔ:tli] *adv.* **1.** imediat: *~ after* imediat după; *~ before* cu puţin timp înainte. **2.** curând. **3.** răstit.

short-range [ʃɔ:tˈreɪndʒ] *adj.* **1.** (*d. o rachetă*) cu rază mică de acţine. **2.** (*d. un plan*) pe termen scurt.

shot[1] [ʃɒt] *trec., part. trec. de la* **to shoot**.

shot[2] [ʃɒt] **I.** *s.* **1.** împuşcătură. **2.** ţintaş: *a good ~* un ţintaş bun. **3.** glonte; obuz. **4.** încercare: *to make a ~ at an answer* a încerca un răspuns. **5.** lovitură de minge; şut. **6.** secvenţă (*de film*). **7.** poză. **8.** *fam.* doză (*de morfină etc.*). **9.** *fam.* gură, înghiţitură (*de whisky etc.*). **II.** *adj.* **1.** cu ape, şanjant. **2.** *fam.* stricat, făcut praf. # ~**gun** puşcă de vânătoare; *like a ~* ca din puşcă (*fig.*); mâncând pământul.

should [ʃəd/ʃʊd] (*trec. de la* **shall**) **I.** *v. aux.* **1.** (*la condiţional*) aş, ai, ar, am, aţi: *I ~ wait a little longer* aş mai aştepta puţin; *I ~ have come if you had invited me* aş fi venit dacă m-ai fi invitat. **2.** (*la subjonctiv*) să: *it is necessary that you ~ go there* e necesar să te duci acolo. **3.** (*la viitorul în trecut*) o să; voi; vom: *I said I ~ go there* am spus că mă voi duce acolo. **II.** *v. modal.* **1.** (*obligaţie morală*) ar trebui: *you ~ be more polite* ar trebui să fii mai politicos. **2.** (*probabilitate*) probabil că: *they ~ be here soon* probabil că sosesc în curând.

shoulder ['ʃəʊldə] **I.** *s.* **1.** umăr: *to shrug one's ~s* a da din umeri. **2.** coamă (*de deal etc.*). **3.** *amer.* bandă de refugiu (*pe autostradă*). **II.** *vt.* **1.** a pune pe umăr. **2.** a-şi asuma (*o responsabilitate*). # ~ **belt** bandulieră; ~ **blade** omoplat; ~**-high** până la umăr (*de jos în sus*); ~**-length** până la umăr (*de sus în jos);* ~ **strap** bretea.

shout [ʃaʊt] **I.** *s.* strigăt, ţipăt: *a ~ of joy* ţipăt de bucurie. **II.** *vt., vi.* a striga, a ţipa: *to ~ for help* a striga după ajutor; *to ~ at smb.* a ţipa la cineva; *to ~ with pain* a ţipa de durere. # *to ~ smb. down* a nu lăsa prin vociferări pe cineva să vorbească.

shove [ʃʌv] **I.** *s.* împinsătură. **II.** *vt., vi.* a (se) împinge. # ~ **it!** *amer. fam.* să-şi pună pofta-n cui!; ~ **off!** valea!; **to ~ up** a se da mai încolo (*pentru a face loc*).

shovel ['ʃʌvl] **I.** *s.* cazma, hârleţ. **II.** *vt.* **1.** a da (*zăpada*). **2.** a lua (*nisip etc.*) cu lopata.

show [ʃəʊ] **I.** *s.* **1.** spectacol: *to go to a ~* a se duce la un spectacol. **2.** emisiune (*de televiziune, radio*). **3.** expoziţie. **4.** manifestare: *a ~ of force* demonstraţie de forţă; *for ~* de formă/faţadă. **II.** (*trec.* ~**ed**, *part. trec.* ~**n**) *vt.* **1.** a arăta, a indica. **2.** a prezenta: *~ it to me* arată-mi-l. **3.** a demonstra: *to ~ courage* a demonstra curaj. **4.** a îndruma, a conduce, a ghida. **5.** a expune (*tablouri etc.*). **6.** a dovedi. **III.** (*trec.* ~**ed**, *part. trec.* ~**n**) *vi. amer. fam.* a apărea, a se ivi. # ~**biz** *fam. sau* ~ **business** industria de divertisment; ~**case** galantar; prilej de afirmare; ~**down** reglare de conturi (*fig.*); ~**girl** artistă de music hall; ~ **jumping** probă hipică cu obstacole; ~**man** organizator de spectacole; ~**-off** *fam.* poseur, persoană care epatează; ~**-stopper** *fam.* spectacol de mare succes; ~**time** oră de începere a unui spectacol; ~ **trial** *pol.* proces aranjat; ~**y** de efect, care sare în ochi; **to ~ off** a-şi da aere; **to ~ up** a se ivi, a-şi face apariţia; *to ~ smb. up* a face de râs pe cineva; *good ~! fam.* bună treabă!; *~ of hands* ridicare de mâini (*pentru votare*).

shower ['ʃaʊə] **I.** *s.* **1.** duş: *to take a ~* a face duş; *~ gel* gel de duş. **2.** aversă de ploaie. **3.** revărsare, puhoi: *a ~ of kisses* revărsare de sărutări. **II.** *vt.* (**with**) a copleşi (cu), a invada (cu). **III.** *vi.* a face duş. # ~**y** ploios.

showing ['ʃəʊɪŋ] *s.* **1.** spectacol (*de film*). **2.** comportament, atitudine, manifestare.

shrank [ʃræŋk] *trec. de la* **to shrink**.

shred [ʃred] **I.** *s.* bucată (*de stofă, hârtie*); bucăţică: *not a ~ of truth* nici un pic de adevăr. **II.** *vt.* a distruge, a face bucăţele. # *in ~s* nimicit, distrus.

shrew [ʃru:] *s.* **1.** *zool.* chițcan. **2.** scorpie (*de femeie*). # **~ish** (*d. femei*) cicălitor.

shrieck [ʃri:k] **I.** *s.* țipăt. **II.** *vi.* **1.** a țipa. **2.** a se prăpădi (*de râs*).

shrill [ʃrɪl] **I.** *adj.* **1.** (*d. sunet*) ascuțit. **2.** vehement. **II.** *vi.* a țipa.

shrimp [ʃrɪmp] *s.* crevetă.

shrine [ʃraɪn] *s.* mormânt/loc sfânt; sanctuar.

shrink [ʃrɪŋk] **I.** *s. fam.* psihiatru. **II.** (*trec.* **shrank**, *part. trec.* **shrunk**) *vi.* **1.** (*d. un material*) a intra la apă. **2.** a se micșora. **3.** a se chirci. **4.** **(from)** a șovăi (să), a da înapoi (de la). # **~age** intrare la apă (*a unui material*); micșorare.

shrivel ['ʃrɪvl] **I.** *vt.* a păli, a usca, a veșteji. **II.** *vi.* **1.** a se ofili, a se păli. **2.** a se stafidi; a se smochini, a se rida.

shroud [ʃraʊd] **I.** *s.* giulgiu. **II.** *vi.* (in) a învălui (în).

shrub [ʃrʌb] *s.* tufă. # **~bery** tufăriș.

shrug [ʃrʌg] **I.** *vt.* **1.** a da/ridica din (*umeri*). **2.** a respinge pe (*cineva*). **II.** *vi.* a da/ridica din umeri.

shrunk [ʃrʌŋk] *part. trec. de la* **to shrink**. # **~en** stafidit, smochinit, zbârcit.

shtick [ʃtɪk] *s. amer.* specific, gen (*al cuiva*).

shuck [ʃʌk] *s.* **1.** coajă de nucă/castană. **2.** cochilie (*de moluscă*); valvă (*de stridie*).

shudder ['ʃʌdə] **I.** *s.* **1.** tremur(ătură); fior. **2.** zgâlțâitură. **II.** *vi.* **1.** a tremura: *to ~ with fear* a tremura de frică. **2.** (*d. un vehicul*) a se hurduca.

shuffle ['ʃʌfl] **I.** *s.* **1.** târșâire (*a picioarelor*). **2.** amestecare (*a cărților de joc*). **II.** *vt.* a amesteca (*cărți de joc*). **III.** *vi.* a-și târșâi picioarele.

shun [ʃʌn] *vt.* a evita.

shunt [ʃʌnt] *vt.* **1.** a manevra (*o locomotivă*). **2.** a retrograda (*pe cineva*).

shush [ʃʌʃ] *interj.* sst!

shut [ʃʌt] **I.** *adj.* închis: *the bank is ~ now* banca este închisă acum. **II.** (*trec., part. trec.* **shut**) *vt.* a închide. # **~down** închidere definitivă (*a unei fabrici*); oprire (*a unei mașini*); **~-eye** *fam.* somn; **to ~ off** a (se) opri din funcționare; **to ~ out** a închide lăsând pe dinafară; **~ up!** tacă-ți gura!

shutter ['ʃʌtə] *s.* stor, transperant; oblon.

shuttle ['ʃʌtl] **I.** *s.* **1.** cursă regulată (*tren, autobuz*). **2.** suveică. **II.** *vi.* a face naveta. # **~cock** fluturaș (*de badminton*).

shy [ʃaɪ] **I.** *adj.* **1.** sfios, rușinos. **2.** (*d. un animal*) sălbatic, temător. **II.** *vi.* **(at) 1.** a se speria (de). **2.** a se sfii (de/să). # **~ness** timiditate; modestie.

shyster ['ʃaɪstə] *s. fam.* șarlatan.

sibling ['sɪblɪŋ] *s.* frate sau soră.

sick [sɪk] **I.** *s.*: *the ~* cei bolnavi. **II.** *adj.* **1.** bolnav: *to go ~* a se îmbolnăvi și a lipsi de la serviciu; *to get ~* a se îmbolnăvi. **2.** (*d. o senzație*) de greață. **3.** *fam.* scârbit, dezgustat, sătul. **4.** *fam.* anormał. # **~bed** pat de suferință; **to ~en** a boli; a dezgusta; **~ening** dezgustător; ~ **leave** concediu medical, învoire pe caz de boală; **~ly** bolnăvicios; scârbos, oribil; **~o** *amer. fam.* (om) sadic; *to be ~* a-i fi greață; *as ~ as a parrot* foarte dezamăgit; *~ at heart fam.* deznădăjduit; *to ~ smth. up* a vomita ceva.

sickness ['sɪknɪs] *s.* **1.** boală. **2.** greață. **3.** tristețe. **4.** nemulțumire. **5.** dezgust. # ~ **benefit** ajutor de boală.

side [saɪd] **I.** *s.* **1.** parte: *the left ~* partea stângă; *the other ~ of the river* cealaltă parte a râului; *the upper ~* partea de sus; *the under ~* partea de jos; *the funny ~* partea nostimă; *acceptable to all ~s* acceptabil pentru toate părțile (*contractuale etc.*); *from all ~s* din toate părțile; *he is on my ~* e de partea mea, ține cu mine. **2.** parte laterală: *a ~ door* ușă laterală. **3.** margine. **4.** fațetă. **5.** pagină. **6.** variantă: *my ~ of the story* varianta mea a celor petrecute. **7.** *sport.* echipă. **8.** *telev. fam.* canal. **II.** *vi.* (**with**) a ține (cu), a fi de partea (*cuiva*). # **~board** dulap *(de bucătărie)*; **~car** ataș; ~ **effect** efect secundar *(al unui medicament)*; ~ **issue** problemă colaterală; **~-on** pe lateral; ~ **order** comandă suplimentară *(la restaurant)*; ~ **road** drum secundar; ~ **street** stradă laterală; **~walk** *amer.* trotuar; *~ by ~* unul lângă altul; *from ~ to ~* dinrt-o parte în alta; *to let the ~ down* a dezamăgi; *to look on the black ~* a vedea totul în negru; *on one ~* deoparte; *to put on ~ fam.* a-și da aere; *to take ~s with smb.* a lua partea cuiva.

sidelight ['saɪdlaɪt] *s.* **1.** *auto* semnalizator/lumină de poziție. **2.** lămurire, precizare.

sideline ['saɪdlaɪn] **I.** *s.* **1.** slujbă suplimentară. **2.** tușă, margine de teren. **II.** *vt.* **1.** a scoate din teren (*un sportiv*). **2.** a marginaliza (*pe cineva*).

sidelong ['saɪdlɒŋ] *adj.* oblic: *a ~ glance* privire cu coada ochiului.

sidestep ['saɪdstep] **I.** *vt.* a evita. **II.** *vi.* a se eschiva.

siding ['saɪdɪŋ] *s. c.f.* linie secundară: *~ lines* triaj.

sidle ['saɪdl] *vi.* a se furișa. # **to ~ up** a se apropia tiptil.

siege [siːdʒ] *s.* asediu: *under ~* asediat, sub stare de asediu.

siesta [si'estə] *s.* siestă.

sieve [sɪv] **I.** *s.* sită. **II.** *vt.* a da prin sită.

sift [sɪft] *vt.* **1.** a cerne (*făină*). **2.** a studia cu atenție, a analiza. # **~er** sită.

sigh [saɪ] **I.** *s.* **1.** oftat: *a deep ~* oftat din adâncul inimii; *to set out a ~* a ofta. **2.** vâjâit. **II.** *vi.* **1.** a ofta. **2.** (*d. vânt*) a vâjâi.

sight [saɪt] **I.** *s.* **1.** vedere: *to lose your ~* a-și pierde vederea; *short*

~ miopie; *to catch ~ of* a zări pe. **2.** priveliște: *to see the ~s* a vizita obiective turistice interesante. **3.** *fam.* arătare: *she looks a ~ in that dress* e ca o arătare cu rochia aceea. **II.** *vt.* a zări, a da cu ochii de. # **~ed** văzător; **~ children** copii care văd; **~ ing** zărire; **~less** nevăzător, orb (*adj.*); **~-reading** descifrare a unei partituri muzicale; **~seer** turist; *at first ~* la prima vedere; *in ~* în raza vizuală; *in my ~* după părerea mea; *keep out of ~* stai ascuns; *line of ~* rază vizuală; *out of ~* ascuns, nu la vedere.

sign [saɪn] **I.** *s.* **1.** semn, semnal: *no ~ of life* nici un semn de viață. **2.** simptom. **3.** indicator: *a traffic ~* indicator rutier. **4.** semn grafic / zodiacal, simbol. **II.** *vt.* **1.** a semna *(un act)*. **2.** a marca (*un gol*). **3.** a face semn cu mâna *(cuiva)*. # **~ature** semnătură; **~board** avizier; **~er** *sau* **~atory** semnatar; **~ language** limbaj prin semne; **~post** bornă kilometrică.

signal ['sɪgnəl] **I.** *s.* **1.** semnal: *a warning ~* semnal de avertizare. **2.** indicator, semn. **3.** *tehn.* semnal. **II.** *adj.* răsunător, important. **III.** *vt.* **1.** a semnaliza, a indica. **2.** a face semn *(cuiva)*. **3.** a însemna, a semnifica. **IV.** *vi.* a da un semnal. # **~ler** *sau* **~man** *c.f.* semnalizator (*persoană*).

significance [sɪg'nɪfɪkəns] *s.* **1.** importanță. **2.** semnificație, sens.

significant [sɪg'nɪfɪkənt] *adj.* **1.** important, de seamă. **2.** semnificativ.

signify ['sɪgnɪfaɪ] *vt.* **1.** a însemna, a fi un semn de. **2.** (*d. un cuvânt etc.*) a însemna, a semnifica.

silage ['saɪlɪʤ] *s.* nutreț.

silence ['saɪləns] **I.** *s.* liniște. **II.** *vt.* **1.** a face să tacă. **2.** a reduce la tăcere. # **~r** amortizor de sunet, surdină.

silent ['saɪlənt] *adj.* liniștit; tăcut; mut: *to fall ~* a se liniști; a amuți; *to remain ~* a rămâne tăcut; *a ~ film* film mut. # **~ly** în liniște; liniștit.

silhouette [ˌsɪlu'et] *s.* **1.** contur, profil. **2.** siluetă.

silica ['sɪlɪkə] *s. chim.* silice.

silicon ['sɪlɪkən] *s. chim.* siliciu.

silicone ['sɪlɪkəʊn] *s.* silicon.

silk [sɪlk] *s.* mătase. # **~en** *sau* **~y** mătăsos; de mătase; **~worm** vierme de mătase; *to take ~* a deveni avocat al regelui/reginei.

sill [sɪl] *s.* pervaz.

silly ['sɪlɪ] *adj.* **1.** prostesc: *a ~ idea* idee prostească. **2.** prostuț: *don't be ~!* nu fi prost! **3.** ridicol: *I feel ~ in that dress* mă simt ridicolă în această rochie.

silo ['saɪləʊ] (*pl.* **~s**) *s.* siloz.

silt [sɪlt] *s.* aluviune.

silver ['sɪlvə] **I.** *s.* **1.** argint. **2.** argintărie, obiecte de argint. **3.** medalie de argint. **II.** *adj.* argintiu. **III.** *vt.* a arginta. # **~ jubilee** *sau* **~ an-**

niversary *amer.* nuntă de argint; ~ **birch** mesteacăn; ~ **paper** staniol; ~**-plated** placat cu argint, argintat; **the ~ screen** industria cinematografică; ~**smith** argintar; ~**ware** argintărie; ~ **wedding** nuntă de argint; ~**y** argintiu.

similar ['sɪmɪlə] *adj.* similar, asemănător. # ~**ity** asemănare; ~**ly** la fel.

simile ['sɪmɪli] *s.* comparație.

simmer ['sɪmə] **I.** *s.* fierbere (la foc mic). **II.** *vt.* a fierbe la foc mic. **III.** *vi.* **1.** (**with**) a clocoti (de): *to ~ with anger* a clocoti de furie. **2.** (*d. o ceartă etc.*) a mocni. # **to ~ down** *fam.* a se domoli.

simper ['sɪmpə] *vi.* a se sclifosi.

simple ['sɪmpl] *adj.* simplu: *a ~ method* metodă simplă; *a ~ man* om simplu/comun. # ~**-minded** (*d. cineva*) mărginit; ~**ton** nerod, nătăfleț (s.).

simplicity [sɪm'plɪsɪti] *s.* simplitate.

simplification [ˌsɪmplɪfɪ'keɪʃn] *s.* simplificare.

simplify ['sɪmplɪfaɪ] *vt.* a simplifica.

simply ['sɪmpli] *adv.* **1.** absolut: *~ wonderful* absolut minunat. **2.** neapărat: *you ~ must see the film* trebuie neapărat să vezi filmul. **3.** simplu, ușor. **4.** modest: *~ furnished* mobilat simplu. **5.** numai: *I ~ observed that* numai am observat că…

simulacrum [ˌsɪmju'leɪkrəm] (*pl.* **simulacra**) *s.* simulacru.

simulate ['sɪmjuleɪt] *vt.* a simula.

simulation [ˌsɪmju'leɪʃn] *s.* simulare.

simulcast ['sɪmlkɑ:st] *vt.* a transmite simultan la radio și televiziune.

simultaneous [ˌsɪml'teɪniəs] *adj.* simultan.

sin [sɪn] **I.** *s.* păcat: *stealing is a ~* furtul este un păcat. **II.** *vi.* a păcătui. # ~**ful** păcătos: *a ~ful act* faptă reprobabilă; ~**ner** persoană care păcătuiește, păcătos.

since [sɪns] **I.** *adv.* de atunci (încoace): *I have not seen him ~* de atunci nu l-am mai văzut. **II.** *prep.* de la, de: *he has been ill ~ last year* e bolnav de anul trecut. **III.** *conj.* **1.** deoarece: *~ we are in the area, we'd go there* întrucât suntem în zona asta ne vom duce acolo. **2.** de când: *It's a year ~ I saw her* e un an de când n-am mai văzut-o. # ~ **when**? de când?; **ever ~** de atunci (până acum); **long ~** demult.

sincere [sɪn'sɪə] *adj.* sincer.

sincerity [sɪn'serɪti] *s.* sinceritate.

sinew ['sɪnju:] *s.* tendon. # ~**s** vigoare; ~**y** mușchiulos, robust.

sing (*trec.* **sang**, *part. trec.* **sung**) **I.** *vt.* a cânta (*din gură*). **II.** *vi.* **1.** a cânta (*din gură*). **2.** a ciripi. **3.** (*d. gloanțe etc.*) a șuiera. # ~**along** *sau* ~**-song** cântat în grup; ~**er** cântăreț.

singe [sɪndʒ] *vt.* a pârli.

single ['sɪŋgl] **I.** *s.* **1.** bilet (*numai*) dus. **2.** *muz.* single. **3.** cameră pentru o persoană (*la hotel*). **4.** persoană singură (*necăsătorită*).

II. *adj.* **1.** singur, unic. **2.** necăsătorit. **3.** răzleț. # **~-breasted** (*d. costum*) la un rând; ~ **combat** luptă între două persoane; **~-handed** de unul singur; **~ness** celibat; **to ~ out** a selecționa, a alege; **~t** vestă; **~ton** singleton (*la jocuri de cărți*).

singly ['sɪŋgli] *adv.* **1.** separat. **2.** singur.

singular ['sɪŋgjʊlə] **I.** *s. gram.* singular. **II.** *adj.* **1.** *gram.* la singular. **2.** deosebit, remarcabil. **3.** ieșit din comun. # **~ity** bizarerie; **~ly** deosebit de.

sinister ['sɪnɪstə] *adj.* sinistru.

sink [sɪŋk] **I.** *s.* **1.** chiuvetă *(în bucătărie)*. **2.** *amer.* chiuvetă *(în baie)*. **II.** *(trec.* **sank**, *part. trec,* **sunk**) *vt.* **1.** a săpa (*o groapă*). **2.** a scufunda. **3.** *fam.* a pierde *(o șansă)*. **4.** *fam.* a înghiți, a bea cu nesaț (*alcool*). **III.** *(trec.* **sank**, *part. trec.* **sunk**) *vi.* **1.** a se scufunda. **2.** a se afunda. **3.** (*d. soare*) a asfinți. **4.** *(d. monedă)* a se devaloriza. **5.** a scădea. # **~er** plumb *(la undiță)*.

sinuous [ˌsɪnjuəs] *adj.* sinuos, unduitor.

sinusitis [ˌsaɪnə'saɪtɪs] *s.* sinuzită.

sip [sɪp] **I.** *s.* sorbitură, gură *(de apă etc.)*. **II.** *vt.* a sorbi, a bea cu înghițituri mici.

siphon ['saɪfn] s. sifon.

sir [sɜː] *s.* domnule: *good morning,* ~ bună dimineața, domnule; ~! domnule profesor!

Sir [sɜː] *s. titlu nobiliar, folosit înaintea prenumelui sau numelui întreg: ~ Paul* sau *~ Paul McCartney.*

sire ['saɪə] *s.* **1.** tată al unui cal. **2.** sire, maiestate.

siren ['saɪən] *s.* sirenă (*și mit.*).

sirloin ['sɜːlɔɪn] *s.* mușchi (*de vită*).

sissy ['sɪsi] *s. fam.* fătălău.

sister ['sɪstə] *s.* **1.** soră (*și med.*): *an older ~* soră mai mare. **2.** soră, călugăriță. # **~hood** comunitate de femei; **~-in-law** cumnată; **~ly** de soră.

sit [sɪt] *(trec., part. trec.* **sat**, *part. prez.* **sitting**) **I.** *vt.* **1.** a plasa, a așeza, a pune. **2.** a susține *(un examen)*. **II.** *vi.* **1.** a sta jos, a ședea. **2.** a se așeza: *he went and sat beside her* s-a dus și s-a așezat lângă ea. **3.** a se afla, a fi. **4.** *(d. parlament)* a funcționa, a fi în sesiune. **5.** **(for)** *(d. un parlamentar)* a reprezenta *(circumscripția)*. **6.** (**for**) a avea grijă (de) *(un copil)*. # **to ~ around** a pierde vremea; **to ~ back** a se așeza comod *(în fotoliu etc.)*; **to ~ by** a sta cu mâinile în sân; **~-down** grevă prin care se blochează un drum sau se ocupă o clădire; **to ~ down** a se așeza; **~-in** grevă prin ocuparea locului de muncă; **to ~ up** *(d. cineva)* a sta drept; a sta până noaptea târziu; *to ~ for smb.* a poza pentru un pictor; *to ~ in for smb.* a ține locul cuiva *(la serviciu etc.)*; *to ~ on the fence* a se ține deoparte; *to ~ through* *smth.* a sta până la sfârşitul unui spectacol; *to ~ tight* a rămâne/a se menţine pe poziţie.

sitter ['sɪtə] s. **1.** model *(pentru un pictor)*. **2.** babysitter. **3.** cloşcă. **4.** *fam.* bagatelă.

sitting ['sɪtɪŋ] *s.* **1.** sesiune parlamentară. **2.** capacitate de servire a mesei *(la hotel)*, serie. **3.** şedinţă *(de pictură)*. # **~ duck** *fam.* ţintă uşoară *(fig.)*; **~ room** cameră de zi; **~ tenant** chiriaş stabil.

situate ['sɪtʃueɪt] *vt.* a amplasa.

situation [ˌsɪtʃu'eɪʃn] *s.* **1.** situaţie: *an embarrassing ~* situaţie jenantă. **2.** poziţie, amplasare. **3.** slujbă, post.

six [sɪks] *num.* şase. # **~fold** de şase ori (mai mult); **~pence** *înv.* monedă de 6 pennies; **~teen** şaisprezece; **the ~th** al şaselea, a şasea; **the ~th sense** al şaselea simţ; **~ty** şaizeci; *at ~es and sevens fam.* derutat; cu susul în jos *(fig.)*; *to hit smb. for ~* a da peste cap pe cineva *(fig.)*; *it's ~ of one and half a dozen of the other* ce mi-e una ce mi-e alta.

size [saɪz] **I.** *s.* **1.** dimensiune, mărime: *similar in ~ to* asemănător ca mărime cu. **2.** măsură; număr *(la pantof)*: *what ~ do you take?* ce măsură ai/porţi? **3.** apret; adeziv. **II.** *vt.* **1.** a calibra *(o piesă)*. **2.** a apreta, a scrobi. # **~able** apreciabil; *to ~ smb. up* a cântări din ochi pe cineva; *to ~ smth. up* a evalua/aprecia o situaţie.

sizzle ['sɪzl] *vi.* a sfârâi.

sizzling ['sɪzlɪŋ] *adj.* **1.** canicular. **2.** pasional, pătimaş.

skate [skeɪt] **I.** *s.* patină: *roller ~s* patine cu rotile. **II.** *vi.* a patina. # **~r** patinator; *get your ~s on! fam.* dă-i bice!, grăbeşte-te!

skating ['skeɪtɪŋ] *s.* patinaj. # **~ rink** patinoar.

skedaddle [skɪ'dædl] *vi.* a-şi lua tălpăşiţa.

skein [skeɪn] *s.* scul *(de lână etc.)*.

skeletal ['skelətl] *adj.* scheletic.

skeleton ['skelɪtn] *s.* **1.** schelet *(şi fig.)*. **2.** schemă, schiţă. **3.** *constr.* şarpantă. # **~key** şperaclu.

skeptic(al) ['skeptɪk(l)] *adj. amer.* sceptic.

sketch [sketʃ] **I.** *s.* **1.** schiţă, plan. **2.** scheci. **3.** creionare *(fig.)*. **II.** *vt.* a schiţa *(şi fig.)*. # **~y** trunchiat, disparat.

skew [skju:] **I.** *vt.* a denatura *(date)*. **II.** *vi.* *(d. minge)* a ricoşa. # **~whiff** *fam.* strâmb; *to ~ at smb.* a se uita strâmb/chiorâş la cineva.

ski [ski:] **I.** *s.* schi. **II.** *vi.* a schia. # **~er** schior; **~ing** schiat, schi; **~ jumping** schi sărituri; **~ run** pârtie de schi.

skid [skɪd] **I.** *s.* derapare, derapaj, alunecare. **II.** *vi.* a derapa, a aluneca. # **~ row** cartier foarte sărac.

skiff [skɪf] *s.* schif.

skilful ['skɪlfl] *adj.* iscusit.

skill [skɪl] *s.* **1.** iscusinţă, pricepere. **2.** calificare *(în muncă)*.

skillet ['skɪlɪt] *s. amer.* tigaie.

skim [skɪm] *vt.* a lua spuma de pe. # **~med milk** lapte degresat; *to ~*

over a text a trece cu privirea peste un text.

skimp [skɪmp] **I.** *vt.* a face economie la. **II.** *vi.* a se zgârci, a se calici. # **~y** sărăcăcios; cărpănos.

skin [skɪn] **I.** *s.* **1.** piele: *sensitive ~* piele sensibilă; *rabbit ~* piele de iepure. **2.** coajă de fruct. **3.** pojghiță; strat; carcasă. **II.** *vt.* a curăța de coajă *(o roșie etc.)*. **III.** *vi.* a se juli. # **~-deep** superficial; **~-diving** înot subacvatic; **~flint** *fam.* zgârie-brânză; **~ graft** grefă de piele; **~ny** *fam.* numai piele și os; **~ny-dipping** *fam.* înot în pielea goală; **~tight** *(d. haine)* strâmt.

skint [skɪnt] *adj. fam.* lefter.

skip [skɪp] **I.** *s.* **1.** țopăială. **2.** ladă de gunoi. **II.** *vt.* **1.** a sări peste *(un pasaj din carte)*. **2.** a chiuli de la. **3.** a arunca cu *(pietre)*. **III.** *vi.* **1.** a țopăi. **2.** a sări coarda. # **~ping rope** coardă *(de sărit)*.

skipper ['skɪpə] *s.* **1.** căpitan de vas de pescuit. **2.** *fam.* căpitan de echipă sportivă.

skirmish ['skɜ:mɪʃ] *s.* **1.** *mil.* ambuscadă. **2.** confruntare politică *(de idei)*. **3.** încăierare.

skirt [skɜ:t] **I.** *s.* fustă. **II.** *vt.* **1.** a înconjura, a ocoli. **2.** a eluda *(un subiect)*.

skit [skɪt] *s.* satiră; scheci.

skitter ['skɪtə] *vi.* a se mișca cu repeziciune.

skittish ['skɪtɪʃ] *adj.* **1.** *(d. un cal)* sperios. **2.** *(d. cineva)* capricios.

skittle ['skɪtl] *s.* popic. # **~s** popice *(joc)*.

skive [skaɪv] *vi. fam.* a trage chiulul.

skivvy ['skɪvi] *s. fam.* slujnică, slugă.

skulduggery [skʌl'dʌgəri] *s. fam.* coțcărie, malversație.

skulk [skʌlk] *vi.* a se pitula; a se fofila, a se furișa.

skull [skʌl] *s.* **1.** craniu. **2.** *fam.* căpățână, scăfârlie. # **~ and crossbones** emblema piraților *(un craniu cu două oase încrucișate dedesubt)*; **~cap** tichie.

skunk [skʌŋk] *s. zool.* sconcs.

sky [skaɪ] *s.* cer. # **~cap** *amer.* hamal la aeroport; **~diving** parașutism acrobatic; **~-high** *(d. preț)* exorbitant, enorm; **~lark** ciocârlie; **~light** lucarnă; **to ~rocket** *(d. prețuri)* a exploda; **~scraper** zgârie-nori; **~wards** spre cer.

slab [slæb] *s.* **1.** dală. **2.** bucată; felie.

slack [slæk] *s.* **1.** slăbire, lăsare *(a unei funii întinse)*. **2.** delăsare *(în muncă)*. **3.** stagnare *(a activității)*. **II.** *adj.* **1.** *(d. o funie)* lăsat (în jos). **2.** *(d. un mușchi)* flasc. **3.** *(d. o activitate)* stagnant. **4.** delăsător *(în muncă)*. # **~er** *fam.* puturos, leneș; **to ~ off** a o lăsa mai moale, a se lăsa pe tânjală; **~s** *amer.* pantaloni de purtare.

slacken ['slækən] **I.** *vt.* **1.** a micșora *(pasul)*. **2.** a lăsa *(frâul)* mai liber. **3.** a o lăsa mai moale cu *(disciplina etc.)*. **II.** *vi.* **1.** *(d. o sfoară întinsă)* a se lăsa. **2.** *(d. o activitate)* a stagna. **3.** *(d. viteză)* a se micșora, a se diminua. **4.** a se lăsa pe tânjală.

slag [slæg] *s.* **1.** zgură. **2.** *sl.* curvă. - **to ~ off** *sl.* a ponegri.

slain [sleɪn] *part. trec. de la* **to slay.**

slake [sleɪk] *vt.* a potoli: *to ~ your thirst* a-și potoli setea.

slam [slæm] **I.** *s.* **1.** trântit, trântitură. **2.** șlem *(la bridge)*. **II.** *vt.* **1.** a trânti *(ușa, un obiect)*. **2.** a critica aspru. **III.** *vi.* *(d. ușă)* a se trânti. - **~mer** *sl.* închisoare, zdup.

slander ['slɑ:ndə] **I.** *s.* calomnie. **II.** *vt.* a calomnia. # **~ous** calomnios.

slang [slæŋ] *s.* slang, argou.

slant [slɑ:nt] **I.** *s.* **1.** poziție piezișă. **2.** pantă, înclinație. **3.** punct de vedere: *his ~ on* poziția sa față de. **II.** *adj.* oblic, pieziș, diagonal. **III.** *vt.* **1.** a înclina. **2.** a direcționa. **3.** a denatura *(o știre)*. **IV.** *vi.* **1.** a se înclina. **2.** *(d. raze de soare)* a cădea pieziș. - **~ing** înclinat, aplecat.

slap [slæp] **I.** *s.* **1.** palmă: *a ~ on the back* o palmă (dată) în spate. **2.** clipocit. **II.** *vt.* a da o palmă *(cuiva)*, a plesni. **III.** *vi.* *(d. apă)* a clipoci. - **~ bang** direct; chiar; **~dash** neglijent; **~-happy** *fam.* flușturatic, frivol; **~per** *sl.* curvă; **~-up** *fam. (d. o masă)* copios.

slash [slæʃ] **I.** *s.* **1.** tăietură, crestătură. **2.** bară (/). **3.** *sl.* urinare. **II.** *vt.* **1.** a tăia *(cu cuțitul/sabia)*. **2.** a reduce drastic *(salarii etc.)*. **3.** a critica violent.

slate [sleɪt] **I.** *s.* **1.** ardezie, gresie. **2.** țiglă. **3.** *școl. înv.* tăbliță. **4.** *amer.* listă de candidați *(în alegeri)*. **II.** *vt.* **1.** a programa, a planifica. **2.** a critica. **3.** *amer. fam.* **(for)** a selecta, a alege (pentru).

slattern ['slætən] *s.* femeie murdară și neglijentă.

slaughter ['slɔ:tə] **I.** *s.* **1.** sacrificare *(de animale)*. **2.** masacru. **II.** *vt.* **1.** a sacrifica *(animale)*. **2.** a masacra. **3.** *sport. fam.* a bate măr *(o echipă)*. - **~ house** abator.

Slav [slɑ:v] *s., adj.* slav.

slave [sleɪv] **I.** *s.* sclav *(și fig.)*. **II.** *vi.* a se speti muncind. - **~ry** sclavie.

slaver ['slævə] *vi.* *(d. animale)* a-i curge balele.

Slavic ['slɑ:vɪk], **Slavonic** [slə'vɒnɪk] *adj.* slav.

slavish ['sleɪvɪʃ] *adj.* **1.** ca un sclav. **2.** imitativ.

slay [sleɪ] *(trec.* **slew**, *part. trec.* **slain)** *vt.* a ucide, a omorî.

sleazy ['sli:zi] *adj. fam.* **1.** corupt, imoral. **2.** *(d. un cartier etc.)* mizer.

sledge [sledʒ]; *amer.* **sled** [sled] **I.** *s.* sanie. **II.** *vi.* a se da cu sania.

sledgehammer ['sledʒhæmə] *s.* baros.

sleek [sli:k] *adj.* **1.** *(d. păr)* lins și lucios. **2.** elegant și prosper. **3.** onctuos.

sleep [sli:p] **I.** *s.* **1.** somn: *to go to ~* a se duce la culcare; *by lack of ~* din lipsă de somn; *to go back to ~* a adormi din nou. **2.** *fam.* urdoare, puchină. **II.** *(trec., part. trec.* **slept)** *vi.* a dormi: *to ~ deeply* a dormi profund; *to ~ late* a dormi până târziu. - **to ~ around** *fam.* a-și face de cap; **~ing bag** sac de dormit; **~ing car** vagon de dormit; **~lessness** insomnie; **to ~over** a rămâne peste noapte (*la un prieten*); **~ tight!** *fam.* somn uşor!; **~walker** somnambul; **~y** somnoros; *to ~like a log* a dormi buştean; *to go to ~fam.* a amorţi; *to put smb. to ~fam.* a anestezia pe cineva (*înainte de operaţie*).

sleeper ['sli:pə] *s.* **1.** persoană care doarme. **2.** vagon de dormit. **3.** traversă *(de cale ferată)*.

sleet [sli:t] *s.* lapoviţă.

sleeve [sli:v] *s.* **1.** mânecă: *short ~s* mâneci scurte. **2.** copertă *(de disc)*. # **~less** fără mâneci.

sleigh [sleɪ] *s.* sanie.

sleight [slaɪt] *s.* îndemânare; dexteritate: *~ of hand* iuţeală de mână.

slender ['slendə] *adj.* **1.** suplu, zvelt, mlădios. **2.** *(d. venit)* modic, modest. **3.** *(d. inteligenţă)* redus, mediocru.

slept [slept] *trec., part. trec. de la* **to sleep**.

sleuth [slu:θ] *s.* detectiv. # **~ing** investigaţie.

slew [slu:] **I.** *s. amer. fam.* grămadă, sumedenie. **II.** *vi. (d. un vehicul)* a vira.

slice [slaɪs] **I.** *s.* **1.** felie: *a ~ of ham* felie de şuncă. **2.** *fam.* porţiune, parte. **3.** spatulă *(de servit tort)*. **II.** *vt., vi.* a (se) tăia.

slick [slɪk] **I.** *s.* peliculă de petrol *(pe mare)*. **II.** *adj.* **1.** abil, şiret. **2.** mieros. **3.** *(d. şosea)* alunecos. # **~er** *amer.* fulgarin.

slide [slaɪd] **I.** *s.* **1.** declin: *on the ~* în declin. **2.** scădere *(de preţ)*. **3.** alunecare. **4.** cădere *(de pietre)*; alunecare *(de teren)*. **5.** diapozitiv; lamelă. **6.** clips pentru păr. **II.** *(trec., part. trec.* **slid***) vi.* **1.** a aluneca. **2.** a se furişa. **3.** a glisa. **4.** a scădea. # **~ rule** riglă de calcul.

sliding ['slaɪdɪŋ] *adj.* glisant: *~door* uşă glisantă; *~ scale tariff* tarif mobil.

slight [slaɪt] **I.** *s.* ofensă. **II.** *adj.* **1.** mic, nesemnificativ, minor: *a ~ change* schimbare nesemnificativă. **2.** *(d. cineva)* mic şi subţire. **III.** *vt.* a ofensa, a jigni. # **~ly** puţin; *not in the ~est* absolut deloc.

slim [slɪm] **I.** *adj.* **1.** zvelt, suplu. **2.** *(d. o carte etc.)* subţire. **3.** mic; redus; neînsemnat. **II.** *vi.* a ţine cură de slăbire. # **~mer** persoană care ţine cură de slăbire.

slime [slaɪm] *s.* **1.** mâl, nămol. **2.** bale *(de melc/peşte)*.

slimy ['slaɪmi] *adj.* **1.** lipicios; bălos. **2.** mieros; onctuos.

sling [slɪŋ] **I.** *s.* **1.** *med.* eşarfă. **2.** curea; bandulieră; bretea. **3.** *înv.* praştie. **4.** *constr.* scripete. **II.** *(trec., part. trec.* **slung***) vt.* **1.** a arunca. **2.** a atârna. # **~back** pantofi decupaţi; **~shot** *amer.* praştie; *~ your hook! fam.* cară-te!

slink [slɪŋk] *(trec., part. trec.* **slunk***) vi.* a se furişa. # **~y** *(d. rochie etc.)* colant, pe corp.

slip [slɪp] **I.** *s.* **1.** scăpare, greşeală: *a ~ of the tongue* greşeală de exprimare. **2.** bucățică de hârtie. **3.** alunecare; glisare. **4.** furou, combinezon. **II.** *vt.* a strecura, a da pe furiș. **III.** *vi.* **1.** a aluneca. **2.** a se deteriora. **3.** **(into)** a intra (în) *(datorii, comă).* # **to ~ away** a muri, a dispărea; **~ cover** *amer.* husă; **to ~ free** a scăpa, a se elibera; **~-ons** pantofi fără șiret; **~ped disc** hernie de disc; **~pers** papuci; **~pery** alunecos *(și fig.)*; **~ road** drum de acces la autostradă; **the ~s** culise; **~shod** neglijent, superficial; **~-up** *fam.* greșeală; **to ~ up** *fam.* a o face de oaie.

slit [slɪt] **I.** *s.* crăpătură, despicătură. **II.** *(trec., part. trec.* **slit**) *vt.* a crăpa, a despica, a tăia.

slither ['slɪðə] *vi.* **1.** *(d. șerpi)* a se târî. **2.** a înainta alunecând. # **~y** alunecos.

sliver ['slɪvə] *s.* **1.** așchie. **2.** ciob.

Sloane [sləʊn] *s. fam.* tânără înstărită din protipendada londoneză.

slob [slɒb] *s. fam.* persoană leneșă și îngălată. # **to ~ around** *sl.* a arde gazul de pomană.

slobber ['slɒbə] *vi.* a-i curge balele.

slog [slɒg] **I.** *s.* corvoadă; mare efort. **II.** *vi. fam.* a trudi, a munci pe brânci.

slogan ['sləʊgən] *s.* lozincă. # **~eering** scandare de lozinci.

slop [slɒp] *vi. (d. un lichid)* a da pe dinafară; a se (re)vărsa. # **~s** lături, zoaie.

slope [sləʊp] **I.** *s.* **1.** pantă, costișă, versant: *a ski ~* pârtie de schi. **2.** declivitate, înclinare: *the angle of ~* unghi de înclinare. **II.** *vi.* **1.** *(d. un drum)* a coborî, a merge în jos. **2.** a se lăsa într-o parte.

sloppy ['slɒpi] *adj.* **1.** neglijent. **2.** *(d. haine)* larg, lălâu. **3.** *(d. mâncare)* fad. **4.** *(d. un roman)* lacrimogen.

slosh [slɒʃ] *fam.* **I.** *vt.* a lăsa *(urme de apă).* **II.** *vi. (d. un lichid)* a da pe dinafară; a se (re)vărsa. # **~ed** *sl.* afumat, beat.

slot [slɒt] *s.* **1.** crăpătură, crestătură. **2.** *tehn.* canelură; fantă. **3.** poziție *(într-un top).* **4.** reper orar. **5.** *telev.* spațiu *(în program).* # **~ machine** automat *(pentru țigări, ciocolată)*; **~ted spoon** lingură de spumuit.

sloth [sləʊθ] *s. zool.* leneș *(și fig.).*

slouch [slaʊtʃ] **I.** *s.* **1.** gârbovire. **2.** *sl.* incapabil. **II.** *vi.* a sta/a merge gârbovit/cocârjat.

slough[1] [slʌf] *vt. (d. un animal)* a lepăda *(pielea etc.).* # *to ~ smth. off* a se debarasa de ceva.

slough[2] [slaʊ] *s.* mocirlă; mlaștină.

slovenly ['slʌvnli] *adj.* neglijent.

slow [sləʊ] **I.** *adj.* **1.** lent: *a ~ process* proces lent; *a ~ death* moarte lentă. **2.** greu de cap. **3.** *(d. o activitate)* stagnant. **4.** *(d. ceas)* care rămâne în urmă. **II.** *adv.* încet: *drive ~* condu încet. **III.** *vt.* a încetini, a reduce. # **~ coach** *fam.* persoană înceată; **to ~ down** a încetini *(din mers)*; **~poke** *amer. fam.* persoană înceată; **~-witted** greu de cap.

slowly ['sləʃ li] *adv.* **1.** încet: *to move* ~ a se mișca încet. **2.** rar: *to speak more* ~ a vorbi mai rar. **3.** încet-încet. # ~ *but surely* încet, dar sigur.

sludge [slʌʤ] *s.* **1.** nămol, mâl; noroi. **2.** reziduuri lichide/menajere.

slug [slʌg] **I.** *s.* **1.** limax. **2.** *amer. fam.* glonte. **3.** *fam.* păhărel, strop *(de băutură tare)*. **II.** *vt. fam.* a pocni *(pe cineva)*. - **~gish** lent; greoi.

sluice [slu:s] **I.** *s.* stăvilar. **II.** *vt.* a spăla cu jet de apă. **III.** *vi.* *(d. apă)* a șiroi.

slum [slʌm] **I.** *s.* cartier foarte sărac. **II.** *vi. fam.* a călători în condiții precare.

slumber ['slʌmbə] **I.** *s.* somn. **II.** *vi.* a dormi.

slump [slʌmp] **I.** *s.* **1.** scădere bruscă a prețurilor. **2.** regres; depresiune, criză. **II.** *vi.* **1.** *(d. prețuri)* a scădea brusc. **2.** a se prăbuși *(în fotoliu etc.)*.

slur [slɜ:] **I.** *s.* defăimare, insultă, afront. **II.** *vt.* **1.** a bolborosi. **2.** a defăima, a discredita.

slurp [slɜ:p] **I.** *s.* sorbitură. **II.** *vt.* a sorbi, a bea cu lăcomie.

slush [slʌʃ] *s.* **1.** zloată. **2.** *fam.* roman/film melodramatic/lacrimogen.

slut [slʌt] *s.* **1.** curvă. **2.** femeie leneșă și îngălată.

sly [slaɪ] *adj.* **1.** perfid. **2.** cunoscător: *a ~ smile* zâmbet cunoscător. - *on the* ~ în ascuns, pe furiș.

smack [smæk] **I.** *s.* **1.** palmă, scatoalcă. **2.** *fam.* pupătură. **3.** *sl.* heroină. **4.** barcă mică de pescuit. **II.** *vt.* a pălmui. **III.** *adv. fam.* drept, direct. - *to ~ into each other* a se izbi unul de altul, a se ciocni.

smacker ['smækə] *s.* **1.** *fam.* sărut. **2.** *sl.* un dolar *(american)*. **3.** *sl.* o liră sterlină.

small [smɔ:l] *adj.* **1.** mic: *a ~ house* casă mică; ~ *children* copii mici. **2.** scund: *a ~ man* bărbat scund. **3.** neimportant, nesemnificativ: ~ *changes* schimbări mici. - ~ **beer** sau *amer.* ~ **potatoes** *fam.* persoană/ lucru fără importanță; ~ **change** bani mărunți; ~ **fortune** *fam.* o grămadă de bani; ~ **fry** *fam.* plevușcă *(fig.)*; ~ **holder** mic proprietar de pământ; **~ish** micuț, mititel; **~-minded** cu idei fixe; îngust la minte; **~pox** *med.* variolă; **~s** desuuri, lenjerie intimă; **~-scale** pe scară redusă; **the ~ screen** micul ecran; **~-time crook** găinar, borfaș; ~ *of the back* mijloc, spate.

smarmy ['sma:mi] *adj. fam.* mieros.

smart [sma:t] **I.** *adj.* **1.** îngrijit, elegant, șic. **2.** luxos. **3.** *amer.* inteligent. **4.** brusc, fulgerător; rapid. **II.** *vi.* **1.** a ustura. **2.** a se resimți *(după o înfrângere etc.)*. - ~ **alec** *fam.* (un) arogant/ înțepat/infatuat; **to ~en up** a se dichisi, a se găti; a moderniza; **~s** *amer. fam.* inteligență; **the ~ set** protipendada.

smash [smæʃ] **I.** *s.* **1.** spargere. **2.** tamponare, coliziune *(de mașini).* **3.** colaps; faliment; crah. **4.** succes, mare reușită *(film, piesă).* **II.** *vt.* **1.** a sparge *(ceva).* **2.** a doborî *(un record).* **3.** *(d. poliție)* a anihila *(o bandă de răufăcători).* **4.** a ciocni *(o mașină).* **III.** *vi.* **1.** a se sparge: *it ~ed into pieces* s-a făcut țăndări. **2.** (*d. valuri*) a se sparge. **3.** *(into)* a se izbi (de). # **~-and-grab** *(d. un furt)* prin spargerea vitrinei; **~ed** *sl.* abțiguit, beat; **~ing** *fam.* extraordinar; *to ~ a door open* a sparge o ușă.

smattering ['smætərɪŋ] *s.* crâmpei, fărâmă: *a ~ of French* puține cunoștințe de franceză.

smear [smɪə] **I.** *s.* **1.** pată de murdărie: *a ~ of paint* pată de vopsea. **2.** denigrare, ponegrire. **II.** *vt.* **1.** a murdări, a mânji. **2.** a denigra, a ponegri.

smell [smel] **I.** *s.* miros: *the sense of ~* simțul mirosului; *a strong ~ of garlic* miros puternic de usturoi. **II.** *(trec., part. trec.* **~ed/ smelt**) *vt.* a mirosi (*ceva*); a simți miros de. **III.** *(trec. part. trec.* **~ed/ smelt**) *vi.* **1.** a mirosi: *it ~s good* miroase frumos. **2.** a simți, a sesiza, a presimți. **3.** (**of**) a mirosi (a): *he ~ s of alcohol* miroase a băutură. # **~y** urât mirositor.

smelt [smelt] *vt.* a extrage (*metal)* din minereu.

smidgen ['smɪdʒən] *s. fam.* pic, strop (*fig.*): *a ~ of salt* un pic de sare.

smile [smaɪl] **I.** *s.* zâmbet, surâs. **II.** *vi.* a zâmbi, a surâde.

smirk [smɜ:k] **I.** *s.* rânjet, surâs. **II.** *vi.* a rânji.

smite [smaɪt] (*trec.* **smote,** *part. trec.* **smitten**) *vt.* **1.** a lovi, a pocni (*pe cineva*). **2.** a frapa: *the idea smote me* m-a frapat ideea. **3.** a copleși: *to be smitten with fear* a fi cuprins de frică; *to be smitten with a girl* a fi înnebunit după o fată.

smith [smɪθ] *s.* fierar; potcovar. # **~y** fierărie; potcovărie.

smitten ['smɪtn] *adj.* **1.** (**with**) cuprins (de), copleșit (de). **2.** (**by**) îndrăgostit lulea (de).

smock [smɒk] *s.* **1.** halat de lucru/ protecție. **2.** rochie largă.

smog [smɒg] *s.* smog, ceață cu fum.

smoke [sməʊk] **I.** *s.* **1.** fum. **2.** fumat: *come outside for a ~* vino afară să fumăm. **II.** *vt.* **1.** a fuma. **2.** a afuma (*carne*). **III.** *vi.* **1.** a fuma: *she ~s heavily* fumează mult. **2.** (*d. o sobă etc.)* a scoate fum, a fumega. # **~ bomb** bombă fumigenă; **~r** fumător; **~ stack** furnal.

smoking ['sməʊkɪŋ] *s.* fumat: *no ~!* fumatul interzis/oprit. # **~ jacket** *înv.* halat de casă.

smoky ['sməʊki] *adj.* **1.** plin de fum. **2.** care elimină mult fum. **3.** fumuriu. **4.** care fumează.

smooch [smu:tʃ] *vi. fam.* a se săruta și mângâia în timpul dansului.

smooth [smu:ð] **I.** *adj.* **1.** neted, plat, drept, plan. **2.** moale, catifelat.

3. (*d. un amestec*) omogen. **4.** calm, lin: *a ~ sea* mare liniştită. **5.** mieros. **6.** (*d. sunet*) dulce. **II.** *vt.* a netezi *(şi fig.)*. # **to ~en** a netezi; a aplana; **~er** pacificator, conciliator; **~-talking** mieros şi făţarnic.
smoothly ['smu:ðli] *adv.* **1.** lin, egal. **2.** (*d. trafic*) fluent. **3.** ca pe roate.
smote [sməʊt] *trec. de la* **to smite.**
smother ['smʌðə] **I.** *vt.* **1.** a asfixia (*pe cineva*). **2.** a ascunde (*adevărul*). **3.** (**in**) a acoperi *(o prăjitură etc.)* din belşug (cu). **4.** (**with**) a asalta, a copleşi (*cu atenţii etc.*) **II.** *vi.* a se sufoca. # *to ~ a giggle* a se abţine să nu râdă.
smoulder ['sməʊldə] *vi.* a arde mocnit.
smudge [smʌʤ] **I.** *s.* pată, urmă. **II.** *vt.* a mânji.
smudgy ['smʌʤi] *adj.* mânjit; neclar.
smug [smʌg] *adj.* mulţumit de sine.
smuggle ['smʌgl] *vt.* a face contrabandă de. # **~r** contrabandist.
smuggling ['smʌglɪŋ] *s.* contrabandă.
smut [smʌt] *s.* **1.** pată de funingine. **2.** *fam.* obscenităţi, porcării. # **~ty** (*d. un banc*) fără perdea, deocheat.
snack [snæk] *s. fam.* gustare (*sandviş etc.*).
snag [snæg] **I.** *s.* impediment, dificultate. **II.** *vt.* a agăţa *(o haină)*, a prinde *(de un spin etc.)*.
snail [sneɪl] *s.* melc: *at a ~'s pace* ca melcul, foarte încet.
snake [sneɪk] *s.* şarpe. # **~ charmer** îmblânzitor de şerpi; **~ skin** piele de şarpe; *a ~ in the grass* duşman din umbră; *to scotch the ~* a curma răul de la rădăcină.
snap [snæp] **I.** *s.* **1.** clic: *she closed her purse with a ~* şi-a închis poşeta cu un clic. **2.** fotografie. **3.** capsă *(la haine)*. **II.** *adj.* rapid: *a ~ decision* decizie rapidă. **III.** *vt.* **1.** a rupe *(o ramură etc.)*. **2.** *fam.* a fotografia. **3.** *amer.* a închide *(o capsă, poşetă)* cu un clic. **IV.** *vi.* **1.** a se rupe. **2.** a se închide. **3.** (**at**) a se repezi cu vorba (la). # **~dragon** *bot.* gura leului; **~per** *fam.* fotoreporter; **~shot** instantaneu, fotografie; *~ your fingers* pocneşte din degete; *to be a ~ amer. fam.* a fi floare la ureche.
snappy ['snæpi] *adj.* **1.** prompt şi inspirat: *a ~ answer* replică promptă şi inspirată. **2.** *fam.* şic, elegant. **3.** iritat, enervat. **4.** vioi, rapid: *make it ~! fam.* dă-i bătaie!
snare [sneə] **I.** *s.* capcană *(şi fig.)*. **II.** *vt.* a prinde în capcană.
snarl [snɑ:l] **I.** *s.* **1.** mârâit. **2.** încâlceală *(în păr etc.)*. **3.** ambuteiaj, blocare a circulaţiei rutiere. **II.** *vi.* a mârâi *(şi fig.)* # **~-up** *fam.* blocare a circulaţiei rutiere.
snatch [snætʃ] **I.** *s.* **1.** înhăţare. **2.** frântură, crâmpei; pasaj. **II.** *vt.* **1.** a înhăţa. **2.** # *in ~es* pe apucate.
snazzy ['snæzi] *adj. fam.* modern şi de bun gust.
sneak [sni:k] **I.** *s. fam.* pârâcios. **II.** *adj.* brusc, pe nepusă masă. **III.** *vt.* **1.** a furişa. **2.** *fam.* a înşfăca.

IV. *vi.* a se furişa. # **~ers** adidaşi; **~ing** ascuns, secret; **~ preview** avanpremieră; **~y** furtiv, furiş; *to ~ on smb.* a pârî pe cineva.

sneer [snɪə] **I.** *s.* **1.** rânjet. **2.** sarcasm. **II.** *vi.* **(on)** a zeflemisi, a ironiza.

sneeze [sni:z] **I.** *s.* strănut. **II.** *vi.* a strănuta.

snicker ['snɪkə] *amer.* **I.** *s.* derâdere. **II.** *vi.* **(at)** a lua în râs.

snide [snaɪd] *adj. fam. (d. o critică)* răutăcios, ostil.

sniff [snɪf] **I.** *s.* **1.** mirosire, adulmecare. **2.** gust *(fig.): the ~ of power* gustul puterii. **II.** *vt.* a mirosi, a adulmeca. **III.** *vi.* a respira greu (*la răceală*). # **to ~ around** *fam.* a-şi băga nasul în; **to ~ in** a inspira (*aer*); **to ~ out** *fam.* a dibui, a depista; **~y** năzuros, mofturos.

snifter ['snɪftə] *s.* **1.** *amer.* pahar mare pentru coniac. **2.** *fam.* păhărel cu băutură.

snigger ['snɪgə] **I.** *s.* derâdere. **II.** *vi.* **(at)** a lua în râs.

snip [snɪp] **I.** *s.* **1.** tăietură de foarfecă. **2.** petic, bucată tăiată cu foarfeca. **3.** *fam.* achiziţie bună, chilipir. **II.** *vt.* a tăia cu foarfeca. # **~s** foarfece de tăiat tablă; **~py** *amer. fam.* ireverenţios.

snipe [snaɪp] **I.** *s.* becaţă. **II.** *vi.* **(at)** a trage cu puşca dintr-o ascunzătoare (în).

snippet ['snɪpɪt] *s.* frântură; crâmpei; fragment.

snitch [snɪtʃ] **I.** *s.* pârâcios. **II.** *vi.* **(on)** a pârî.

snivel ['snɪvl] *vi.* a se văicări, a se căina.

snob [snɒb] *s.* snob. # **~bery** snobism; **~bish** *sau fam.* **~by** snob (*adj.*).

snog [snɒg] **I.** *s.* sărut prelung. **II.** *vi.* a se tot săruta.

snooker ['snu:kə] **I.** *s. (un fel de)* biliard. **II.** *vt.* **1.** *fam.* a periclita, a zădărnici. **2.** *amer. fam.* a fraieri, a păcăli.

snoop [snu:p] **I.** *s.* iscoadă; băgăreţ. **II.** *vi. fam.* **(on)** a iscodi; a spiona.

snooty ['snu:ti] *adj.* îngâmfat; băţos; arogant.

snooze [snu:z] *vi. fam.* a picoti, a moţăi.

snore [snɔ:] **I.** *s.* sforăială, sforăit. **II.** *vi.* a sforăi.

snorkel ['snɔ:kl] *s.* tub de respirat *(sub apă).* # **~ling** înot subacvatic.

snort [snɔ:t] **I.** *s.* **1.** fârnâit. **2.** *sl.* priză (de drog). **II.** *vi.* **1.** a fârnâi. **2.** *(d. cal)* a forăi.

snot [snɒt] *s. fam.* muc(i). # **~ty** mucos, plin de muci.

snout [snaʊt] *s.* **1.** rât. **2.** *fam.* nas.

snow [snəʊ] **I.** *s.* zăpadă. **II.** *vt. amer. fam.* a da gata, a epata. **III.** *vi.* a ninge. # **~ball** bulgăre de zăpadă; **~bound** înzăpezit; **~drift** nămete; **~drop** *bot.* ghiocel; **~fall** ninsoare; **~flakes** fulgi de zăpadă; **~man** om de zăpadă; **~plough** plug de zăpadă; **~storm** viscol; **~-white** alb ca zăpada; acoperit cu zăpadă; *to be ~ed up (d. un drum)* a fi înzăpezit.

snub [snʌb] **I.** *s.* afront, ofensă. **II.** *vt.* **1.** a ignora *(pe cineva).* **2.** a sabota compromițând *(o acțiune).* **3.** *înv.* a bruftui. # **~-nosed** (cu nasul) cârn.

snuff [snʌf] **I.** *s.* tabac. **II.** *vt.* *(d. câini)* a adulmeca, a mirosi. # **to ~ it** *sl.* a da ortul popii.

snuffle ['snʌfl] *vi.* a fârnâi *(de la nas înfundat).*

snug [snʌg] **I.** *s.* rezervă *(la restaurant).* **II.** *adj.* **1.** confortabil. **2.** *(d. îmbrăcăminte)* prea strâmt.

snuggle ['snʌgl] **I.** *vt.* a strânge la piept. **II.** *vi.* a se ghemui, a se cuibări.

so [səʊ] **I.** *adv.* **1.** astfel, așa: *is that so*? așa e?; *why so*? de ce așa?; *quite so* chiar așa; *and so on* și așa mai departe; *and so the day ended* și astfel ziua a luat sfârșit. **2.** atât de, așa de: *it' s so cold* e atât de frig; *I'm so happy* sunt atât de fericit. **3.** tot așa, și: *you're thirsty; so am I* ți-e sete; și mie. **II.** *conj.* deci, așadar; așa că: *living is dear so we should spend less* traiul e scump deci trebuie să cheltuim mai puțin. # *so and so* cutare, cutărică; *so as to* (astfel) ca să; *so be it!* așa să fie! *so-called* așa-zis; *so far* până acum; *so long!* pa!; *so long as* dacă; *so, so* așa și așa; *so that* (în așa fel) încât; *so what?* și ce dacă?; *I hope so* sper (că da); *or so* cam pe acolo, aproximativ.

soak [səʊk] **I.** *s.* înmuiere *(a rufelor).* **II.** *vt.* **1.** a înmuia *(rufe etc.).* **2.** a uda până la piele. **3.** a scutura de bani. # **~ed** ud leoarcă; **~ing** foarte ud; *to ~ trough smth. (d. un lichid)* a trece prin ceva.

soap [səʊp] **I.** *s.* săpun. **II.** *vt.* a săpuni. # **~flakes** fulgi de săpun; **~ opera** telenovelă; **~ powder** detergent de rufe; **~suds** clăbuc.

soar [sɔ:] *vi.* **1.** a zbura, a pluti. **2.** *(d. temperatură etc.)* a crește. **3.** *(d. rachetă etc.)* a se ridica *(în aer).*

sob [sɒb] **I.** *s.* oftat, suspin. **II.** *vi.* a plânge în hohote.

sober ['səʊbə] *adj.* **1.** treaz, nebăut. **2.** *(d. cineva)* serios. **3.** *(d. culori etc.)* sobru. # **~ness** seriozitate; sobrietate; **to ~ up** a se trezi din beție.

sobriety [sə'braɪəti] *s.* **1.** sobrietate; seriozitate. **2.** (stare de) trezie *(nebăut).*

sobriquet ['səʊbrɪkeɪ] *s.* poreclă; denumire.

soccer ['sɒkə] *s.* fotbal.

sociable ['səʊʃəbl] *adj.* sociabil.

social ['səʊʃl] **I.** *s.* *înv.* serată, recepție. **II.** *adj.* **1.** social. **2.** sociabil. # **~ democracy** social democrație; **~ fund** fond social; **~ism** socialism; **~ist** socialist; **~ite** persoană modernă; **~ization** pregătire a unui copil pentru viața în societate; **~ security** asigurare socială.

socialize ['səʊʃəlaɪz] **I.** *vt.* a pregăti *(un copil)* pentru viața în societate. **II.** *vi.* **(with)** a se întâlni (cu).

society [sə'saɪəti] *s.* **1.** societate: *a classless ~* o societate fără clase (sociale). **2.** asociație: *a building* ~ societate de construcții. **3.** companie, anturaj.

sociologist [ˌsəʊsiˈɒlədʒɪst] *s.* sociolog.

sociology [ˌsəʊsiˈɒlədʒi] *s.* sociologie.

sociopath [ˈsəʊsiəʊpæθ] *s.* bolnav mintal.

sock [sɒk] **I.** *s.* **1.** șosetă. **2.** *fam.* (lovitură de) pumn. **II.** *vt.* a trage (*cuiva*) un pumn.

socket [ˈsɒkɪt] *s.* **1.** *el.* priză; bucșă; dulie; fasung; jack. **2.** orbită de ochi.

sod [sɒd] *s.* **1.** gazon. **2.** *sl.* mizerabil, ticălos. **3.** *sl.* insuportabil, nesuferit. # ~ **off!** cară-te!

soda [ˈsəʊdə] *s.* **1.** sifon. **2.** băutură acidulată. # ~ **water** sifon *(ca băutură).*

sodden [ˈsɒdn] *adj.* ud până la piele.

sodium [ˈsəʊdiəm] *s.* sodiu # ~ **bicarbonate** bicarbonat; ~ **carbonate** sodă.

sodomy [ˈsɒdəmi] *s.* sodomie, homosexualitate.

sofa [ˈsəʊfə] *s.* canapea. # ~ **bed** canapea extensibilă.

soft [sɒft] *adj.* **1.** moale: ~ *soil* pământ moale. **2.** catifelat, mătăsos: ~ *hair* păr mătăsos. **3.** *(d. culori, sunet)* dulce. **4.** milos, bun; indulgent. **5.** *fam.* slab, molâu. # ~**boiled** *(d. ou)* moale; ~**drink** băutură nealcoolică; ~-**hearted** milos; emotiv; **to** ~-**pedal** a nu lua în serios, a minimaliza; **to** ~**soap** a lua cu binișorul; ~**top** mașină decapotabilă; ~**wood** lemn de esență moale.

soften [ˈsɒfn] **I.** *vt.* **1.** a înmuia, a face moale. **2.** a îndulci *(vocea).* **3.** a atenua, a micșora. **II.** *vi.* a se înmuia, a deveni moale. # ~**ing** *(d. o cremă)* revitalizant; emolient.

soggy [ˈsɒgi] *adj.* umed și moale.

soh [səʊ] *s. muz.* (nota) sol.

soil [sɔɪl] **I.** *s.* sol, pământ. **II.** *vt.* a murdări.

sojurn [ˈsɒdʒən] *s.* sejur.

solace [ˈsɒləs] *s.* alinare.

solar [ˈsəʊlə] *adj.* solar. # ~**ium** solariu; ~ **panel** panou solar.

sold [səʊld] *trec. part. trec. de la* **to sell.**

solder [ˈsəʊldə] **I.** *s.* sudură. **II.** *vt.* a suda. # ~**ing iron** letcon.

soldier [ˈsəʊldʒə] *s.* soldat. # ~**ing** stagiu militar; ~**ly** de soldat; ~ **of fortune** mercenar.

sole [səʊl] **I.** *s.* **1.** calcan. **2.** talpa piciorului. **3.** talpa pantofului. **II.** *adj.* unic, singur: *his ~ reason* singurul lui motiv. **III.** *vt.* a pune pingele la. # ~**ly** numai.

solemn [ˈsɒləm] *adj.* solemn, sobru. # ~**ity** solemnitate; ceremonial; **to** ~**ize** a oficia (*o căsătorie etc.*).

solicit [səˈlɪsɪt] **I.** *vt.* a solicita, a cere. **II.** *vi.* (*d. o prostituată*) a-și oferi serviciile. # ~**or** avocat; ~**ous** serviabil, săritor; ~**ude** solicitudine.

solid [ˈsɒlɪd] **I.** *s.* solid. **II.** *adj.* **1.** solid, tare: ~ *food* hrană solidă. **2.** corpolent. **3.** temeinic, serios.

4. consistent, dens. 5. rezistent, tare, zdravăn. # **to ~ify** a (se) solidifica, a (se) întări; **~ity** trăinicie, durabilitate; **~ly** solid; continuu.
solidarity [ˌsɒlɪ'dærəti] *s.* solidaritate.
soliloquy [sə'lɪləkwi] *s.* monolog.
solitaire [ˌsɒlɪ'teə] *s.* **1.** inel cu o singură piatră. **2.** *amer.* pasienţă.
solitary ['sɒlətri] **I.** *s.* pustnic, sihastru. **II.** *adj.* **1.** solitar, singuratic. **2.** *(d. o casă etc.)* izolat.
solitude ['sɒlɪtju:d] *s.* singurătate.
soloist ['səʊləʊɪst] *s.* solist.
solstice ['sɒlstɪs] *s.* solstiţiu.
soluble ['sɒljʊbl] *adj.* solubil.
solution [sə'lu:ʃn] *s.* **1.** soluţie: *an alkaline ~* soluţie alcalină. **2.** soluţionare, rezolvare; cheie.
solve [sɒlv] *vt.* a rezolva, a soluţiona.
solvency ['sɒlvənsi] *s. ec.* solvabilitate.
solvent ['sɒlvənt] **I.** *s.* solvent. **II.** *adj.* **1.** solvent. **2.** solvabil: *a ~ debitor* debitor solvabil.
sombre ['sɒmbə] *adj.* **1.** sumbru. **2.** posomorât, abătut; taciturn.
some [sʌm] **I.** *adj.* **1.** un (oarecare), o (oarecare), vreun: *I see ~ change in him* văd o (oarecare) schimbare la el; *~ way or other* în vreun fel sau altul. **2.** câţiva, câteva; unii, unele: *~ books are expensive* unele cărţi sunt scumpe; *~years ago* acum câţiva ani. **3.** ceva, nişte: *would you like ~ coffee?* doriţi (nişte) cafea? **II.** *pron.* **1.** ceva, câtva; câţiva, câteva: *~ of her friends* câţiva dintre prietenii ei. **2.** unii, unele. **III.** *adv.* cam: *there are ~ 40 books there* acolo sunt cam 40 de cărţi. # **~body** cineva; **~ day** odată (*în viitor*); **~how** cumva: *~how or other* într-un fel sau altul; **~one** cineva; **~place** undeva; **~thing** ceva: **~thing elese** altceva; **~time** cândva; de odinioară; **~times** uneori; **~way** cumva; **~what** într-un fel, într-o oarecare măsură; **~where** undeva: **~where else** altundeva.
somersault ['sʌməsɔ:lt] **I.** *s.* dare peste cap, tumbă. **II.** *vi.* a se da peste cap.
somnambulist [sɒm'næmbjʊlɪst] *s.* somnambul.
somnolent ['sɒmnələnt] *adj.* **1.** somnolent. **2.** care te predispune la somn.
son [sʌn] *s.* fiu. # **~-in-law** ginere; **~ny!** băiete!; **~ of a gun/bitch** *sl.* ticălos.
sonata [sə'nɑ:tə] *s. muz.* sonată.
song [sɒŋ] *s.* cântec, melodie. # **~bird** pasăre cântătoare; **~ster** cântăreţ; **~stress** cântăreaţă; **~writer** textier; compozitor; *for a ~ fam. (a cumpăra)* pe nimic.
sonnet ['sɒnɪt] *s.* sonet.
sonorous ['sɒnərəs] *adj.* sonor, puternic.
soon [su:n] *adv.* **1.** curând: *we'll be home ~* vom fi acasă curând; *~after* imediat după aceea. **2.** devreme, repede: *how ~ can you*

get there? cât de repede vei fi aici?; *too ~* prea devreme. # *as ~ as* de îndată ce; *the ~er the better* cu cât (e) mai devreme cu atât (e) mai bine; *I'd ~er... than...* mai degrabă aş... decât să...; *no ~er said than done* zis şi făcut.

soot [sʊt] *s.* funingine. # **~y** plin de funingine.

soothe [su:ð] *vt.* a linişti, a calma.

soothsayer ['su:θseɪə] *s.* profet, prezicător.

sophisticated [sə'fɪstɪkeɪtɪd] *adj.* **1.** sofisticat, complicat. **2.** *(d. public)* avizat, cunoscător.

sophomore ['sɒfəmɔ:] *s. amer.* student în anul II.

soporific [ˌsɒpə'rɪfɪk] *s., adj.* somnifer, soporific.

sopping ['sɒpɪŋ] *adj. fam.* foarte ud.

soppy ['sɒpi] *adj. fam.* siropos, plin de sentimentalism, dulceag: *he is ~ about cats* are o slăbiciune pentru pisici.

soprano [sə'prɑ:nəʊ] (*pl.* **~s.**) *s.* soprană.

sorcerer ['sɔ:sərə] *s.* vrăjitor.

sorceress ['sɔ:sərəs] *s.* vrăjitoare.

sorcery ['sɔ:səri] *s.* vrăjitorie.

sordid ['sɔ:dɪd] *adj.* sordid.

sore [sɔ:] **I.** *s.* **1.** rană; infecţie. **2.** durere sufletească. **II.** *adj.* **1.** dureros: *~ to the touch* care doare la atingere. **2.** *amer. fam.* ofensat, supărat. # **~ly** grav (*rănit etc.*).

sorghum ['sɔ:gəm] *s. bot.* sorg.

sorrel ['sɒrəl] *s. bot.* măcriş.

sorrow ['sɒrəʊ] *s.* necaz, supărare; tristeţe. # **~ful** întristat.

sorry ['sɒri] *adj.* **1.** întristat, necăjit, mâhnit: *I'm ~ for what I've done* îmi pare rău de ce am făcut, regret ce-am făcut. **2.** jalnic: *in a ~state* într-o stare jalnică.

sort [sɔ:t] **I.** *s.* **1.** fel, soi: *all ~s of problems* tot felul de probleme. **2.** *fam.* tip de om: *he's not the complaining ~* nu e tipul de om care să se plângă. **II.** *vt.* a tria, a sorta, a selecta. # **~ of** întrucâtva, în oarecare măsură; **to ~ out** a ordona, a pune la punct; *out of ~s* cam bolnav; întors pe dos (*fig.*).

sortie ['sɔ:ti] *s.* **1.** *mil.* raid. **2.** raită, tur. **3.** tatonare.

soubriquet ['su:brɪkeɪ] *s.* poreclă; denumire.

sought [sɔ:t] *trec. part. trec. de la* **to seek.** # **~-after** (*d. o marfă*) cerut, căutat.

soul [səʊl] *s.* **1.** suflet. **2.** însufleţire; antren. **3.** persoană: *there wasn't a ~ in sight* nu era ţipenie de om prin preajmă. # **~ful** trist; sentimental; **~less** deprimant; insensibil; **~ mate** prieten de suflet.

sound [saʊnd] **I.** *s.* **1.** sunet, zgomot. **2.** sonor *(la radio etc.)* **3.** *med.* sondă. **II.** *adj.* **1.** sănătos. **2.** robust, solid. **3.** tare. **4.** (*d. un sfat etc.*) pertinent. **5.** valid, legal. **6.** (*d. o afacere*) sigur. **III.** *vt.* **1.** a sonda (*adâncimea apei*) (*şi fig.*). **2.** a da (*alarma*). **3.** a suna (*deşteptarea*). **4.** a pronunţa (*o literă*).

IV. *vi.* **1.** a suna: *to ~ strange* sună ciudat; *to ~ hollow* a suna a gol. **2.** (*d. clopoțel*) a suna. **V.** *adv.* profund: *he's ~ asleep* doarme profund. # ~ **effect** efect sonor; ~ **engineer** inginer de sunet; ~**ing** sondare a opiniei publice; ~**less** tăcut; mut; ~**proof** izolat fonic; ~**track** bandă sonoră (*a unui film etc.*); *from the ~ of things* după cum stau lucrurile, în situația de față.

soundly ['saʊndli] *adv.* **1.** profund: (*you*) *sleep ~* tu dormi profund. **2.** solid *(și fig.)*. **3.** cum se cuvine. **4.** complet, total.

soup [su:p] *s.* supă. # ~ **kitchen** cantina săracului.

sour ['saʊə] **I.** *adj.* **1.** acru. **2.** posac, ursuz. **II.** *vi.* **1.** (*d. lapte*) a se acri. **2.** (*d. relații de prietenie*) a se răci. # ~**puss** *fam.* nesuferit (*s.*).

source [sɔ:s] *s.* **1.** sursă. **2.** izvor *(și fig.)*.

souse [saʊs] **I.** *vt.* **1.** a înmuia (*pâine în supă etc.*). **2.** a arunca (*pe cineva*) în apă. **3.** a marina (*pește*). **II.** *vi.* a cădea în apă. # ~**d** *sl.* pilit, beat.

south [saʊθ] **I.** *s.* sud: *on/to the ~ of* la sud de. **II.** *adj.* sudic. **III.** *adv.* spre sud, la sud. # ~**bound** care duce spre sud; ~-**east** sud-est; ~-**estern** sud-estic; ~-**eastwards** spre sud-est; ~**erly** sudic; ~**ern** sudic, din sud; ~**erner** sudist; ~**paw** *amer. fam.* stângaci (*s.*); ~**wards** spre sud; ~-**west** sud-est; ~-**western** sud-vestic; ~-**westwards** spre sud-vest.

souvenir [ˌsu:və'nɪə] *s.* suvenir, amintire.

sovereign ['sɒvrɪŋ] *s., adj.* suveran. # ~**ty** suveranitate.

Soviet ['səʊviət] *adj.* sovietic.

sow[1] [saʊ] *s.* scroafă.

sow[2] [səʊ] (*trec.* ~**ed**, *part. trec.* ~**ed** *sau* ~**n**) *vt.* **1.** a semăna (*grâu etc.*). **2.** a răspândi, a propaga. # ~**er** semănătoare.

soya ['sɔɪə] *s.* soia.

sozzled ['sɒzld] *adj. sl.* beat mort.

spa [spɑ:] *s.* **1.** stațiune (*balneară*). **2.** *amer.* jacuzzi.

space [speɪs] **I.** *s.* **1.** spațiu. **2.** interval de timp: *in a short ~ of time* în scurt timp. **3.** libertate de acțiune. **II.** *vt.* a spația. # ~-**age** *fam.* ultramodern; ~**craft** navă spațială; ~**d** -**out** *sau* ~**y** *fam.* bramburit de cap *(după droguri)*; ~ **heater** *amer.* radiator electric; ~**man** extraterestru; *fam.* astronaut; ~**ship** navă spațială; ~**station** stație spațială.

spacious ['speɪʃəs] *adj.* spațios.

spade [speɪd] *s.* **1.** sapă. **2.** pică: *the king of ~s* riga de pică.

spamming ['spæmiŋ] *s. fam.* trimitere prin Internet de materiale publicitare.

span [spæn] **I.** *s.* **1.** perioadă: *a ~ of six years* perioadă de șase ani. **2.** durată: *the ~ of human existence* durata existenței umane. **3.** *tehn.* deschidere; anvergură (*şi fig.*); ecartament. **4.** palmă (*ca măsură = 23 cm*). **II.** *vt.* **1.** a dura. **2.** a acoperi o perioadă de. **3.** (*d. un pod*) a traversa (*un râu*).

spangle ['spæŋgl] *vt.* (**with**) a garnisi (cu) *(paiete)*. # **~s** paiete.

Spaniard ['spænjəd] *s.* spaniol.

spaniel ['spænjəl] *s.* prepelicar.

Spanish ['spænɪʃ] **I.** *s.* limba spaniolă. **II.** *adj.* spaniol.

spank [spæŋk] *vt.* a bate (*un copil*) la fund.

spanking ['spæŋkɪŋ] **I.** *s.* bătaie (*la fund*). **II.** *adj. fam.* (*d. pas etc.*) vioi. **III.** *adv. fam.* foarte.

spanner ['spænə] *s. tehn.* cheie: *screw ~* cheie franceză.

spar [spɑ:] **I.** *s.* **1.** catarg mic. **2.** schimb de cuvinte, controversă. **II.** *vi.* **1.** a boxa la antrenament. **2.** a avea un schimb de cuvinte.

spare [speə] **I.** *s.* piesă/obiect de rezervă. **II.** *adj.* **1.** disponibil, liber: *~ time* timp liber. **2.** în plus; de rezervă: *a ~ key* cheie de rezervă. **3.** slăbănog; deşirat. **III.** *vt.* **1.** a avea disponibil (*timp, bani*): *can you ~ me a minute?* poţi să-mi acorzi o clipă? **2.** a cruţa, a scuti. **3.** a precupeţi: *he ~d no effort to* nu a precupeţit nici un efort pentru. # *~* **part** piesă de schimb; *~* **tyre** roată de rezervă.

sparing ['speərɪŋ] *adj.* **1.** limitat, restrâns. **2.** econom, cumpătat.

spark [spɑ:k] **I.** *s.* **1.** scânteie (*şi fig.*). **2.** fărâmă, pic. **3.** har. **II.** *vt.* a isca, a stârni, a provoca. **III.** *vi.* a se anima. # *~* **plug** bujie.

sparkle ['spɑ:kl] **I.** *s.* **1.** licărire, sclipire. **2.** vivacitate. **II.** *vi.* a sclipi. # **~r** artificiu (*luminos*).

sparkling ['spɑ:klɪŋ] *adj.* **1.** sclipitor (*şi fig.*). **2.** (*d. vin*) spumos. **3.** excelent.

sparrow ['spærəʊ] *s.* vrabie.

sparse [spɑ:s] *adj.* rar, dispersat, răsfirat ; răzleţ.

spasm ['spæzəm] *s.* **1.** spasm. **2.** acces: *a ~ of coughing* acces de tuse.

spastic ['spæstɪk] **I.** *s.* paralitic. **II.** *adj.* spasmodic.

spat [spæt] *s. fam.* discuţie, dispută. # **~s** ghetre.

spate [speɪt] *s.* creştere a nivelului apelor. # *a ~ of work* o grămadă de treabă.

spatial ['speɪʃl] *adj.* spaţial.

spatter ['spætə] **I.** *s.* stropitură, împroşcătură. **II.** *vt.* a împroşca, a stropi. **III.** *vi.* (*d. ploaie*) a răpăi.

spatula ['spætʃələ] *s.* spatulă.

spawn [spɔ:n] **I.** *s.* icre. **II.** *vt.* a da naştere la, a produce. **III.** *vi.* a depune icre.

spay [speɪ] *vt.* a castra (*o pisică etc.*).

speak [spi:k] (*trec.* **spoke**, *part. trec.* **spoken**). **I.** *vt.* **1.** a vorbi (*o limbă*). **2.** a spune: *let me ~ my mind* lasă-mă să spun ce am de spus. **3.** a ţine (*un discurs*). **4.** a exprima: *her eyes ~ affection* ochii ei exprimă afecţiune. **II.** *vi.* a vorbi. # **~easy** local clandestin (*pe vremea prohibiţiei*); *to ~ for smb.* a vorbi în numele cuiva; *~ up!* sau *out!* vorbeşte tare/răspicat!; *to ~ well/ill of smb.* a vorbi pe cineva de bine/rău; *so to ~* ca să spun aşa.

speaker ['spi:kə] *s.* **1.** vorbitor, orator; conferenţiar. **2.** interlocutor. **3.** preşedinte (*de cameră în Anglia*). **4.** difuzor (*radio*).

spear [spɪə] *s.* suliţă; ţepuşă; harpon. # **~head** vârf de atac; **~mint** mentă.

spec [spek] *s. fam.* specificaţie. # **on ~** pe nepusă masă (*fig.*); la noroc.

special ['speʃl] **I.** *s.* **1.** specialitate culinară. **2.** *amer. fam.* preţ promoţional. **II.** *adj.* **1.** special, deosebit. **2.** ieşit din comun, nemaipomenit. **3.** aparte, distinct. # **~ education** învăţământ pentru copii cu deficienţe; **~ism** specializare; **~ist** specialist; **to ~ize** a se specializa; **~ school** şcoală pentru copii cu deficienţe; **~ty** specialitate.

species ['spi:ʃi:z] (**pl.** ~) *s.* specie.

specific [spə'sɪfɪk] *adj.* 1. precis: *~ instructions* instrucţiuni precise. **2.** anumit: *a ~ age group* un anumit grup de vârstă. **3.** specific, caracteristic, propriu. # **~ally** în mod special; **~ation** specificaţie; descriere; **~s** detalii.

specify ['spesɪfaɪ] *vt.* a preciza, a specifica.

specimen ['spesɪmən] *s.* **1.** probă, mostră, eşantion. **2.** exemplar; piesă: *~s of tropical fish* exemplare de peşti tropicali.

specious ['spi:ʃəs] *adj.* specios, înşelător; fals.

speck [spek] *s.* **1.** picătură, strop (*de vopsea etc.*). **2.** pată mică.

speckle ['spekl] *s.* pată de culoare. # **~d** pătat, împestriţat.

specs [speks] *s. pl. fam.* ochelari.

spectacle ['spektəkl] *s.* spectacol. # **~s** ochelari.

spectacular [spek'tækjələ] *adj.* spectaculos.

spectate [spek'teɪt] *vt.* a urmări (*un meci etc.*).

spectator [spek'teɪtə] *s.* spectator.

spectral ['spektrəl] *adj.* spectral; fantomatic.

spectre ['spektə] *s.* spectru (*şi fig.*), fantomă.

spectrum ['spektrəm] (*pl.* **spectra**) *s.* spectru (*şi fig.*).

speculate ['spekjəleɪt] *vi.* (**about**) a face speculaţii (în legătură cu).

speculation [ˌspekjə'leɪʃn] *s.* **1.** speculaţie. **2.** *ec.* speculă.

sped [sped] *trec., part. trec. de la* **to speed**.

speech [spi:tʃ] *s.* **1.** vorbire: *the faculty of ~* darul vorbirii; *the freedom of ~* libertatea cuvântului. **2.** cuvântare, alocuţiune. **3.** limbaj. # **~less** mut, incapabil de a scoate un cuvânt.

speed [spi:d] **I.** *s.* **1.** viteză: *to pick up ~* a prinde viteză; *at ~* în viteză. **2.** *fam.* drog (*amfetamină*). **II.** (*trec., part. trec.* **~ed/sped**) *vt.* **1.** a băga (*maşina*) în viteză. **2.** a accelera, a grăbi. **III.** (*trec., part.*

trec. **~ed/sped**) *vi.* **1.** a merge grăbit. **2.** a prospera. # **~ing** exces de viteză; ~ **limit** limită de viteză; **~ometer** vitezometru; **~skating** patinaj viteză; **~way** pistă pentru curse de automobile sau motociclete; **~y** rapid; prompt.

speleologist [ˌspi:liˈɒlədʒɪst] *s.* speolog.

speleology [ˌspi:liˈɒlədʒɪ] *s.* speologie.

spell [spel] **I.** *s.* **1.** perioadă; interval: *a cold* ~ perioadă (de vreme) rece. **2.** vrajă (*şi fig.*). **II.** (*trec., part. trec.* **spelt/spelled**) *vt.* **1.** a silabisi. **2.** a spune literă cu literă (*un cuvânt*). **3.** a scrie corect. # **~binding** captivant; **~ing** ortografie; **to ~ out** a explica.

spelunker [spiˈlʌŋkə] *s. amer.* speolog.

spend [spend] **I.** *s. fam.* cheltuială. **II.** (*trec., part. trec.* **spent**) *vt.* **1.** a cheltui (*bani*). **2.** a petrece (*timpul liber*). **3.** a consuma. # **~er** cheltuitor; **~ing money** bani de cheltuială; **~thrift** cheltuitor.

spent [spent] *adj.* **1.** folosit: *a ~ match* chibrit folosit. **2.** epuizat, sfârşit.

sperm [spɜ:m] *s.* spermă. # **~atozoon** spermatozoid.

spew [spju:] **I.** *vt.* a emana, a scoate (*fum etc.*). **II.** *vi.* a izbucni, a ţâşni. # **to ~ up** a vomita.

sphere [sfɪə] *s.* sferă (*şi fig.*).

spherical [ˈsferɪkl] *adj.* sferic.

sphinx [sfɪŋks] *s.* sfinx.

spice [spaɪs] **I.** *s.* **1.** condiment. **2.** farmec, încântare. **II.** *vt.* a condimenta.

spick [spɪk] *adj.* # ~ **and span** impecabil.

spicy [ˈspaɪsi] *adj.* condimentat; picant.

spider [ˈspaɪdə] *s.* păianjen. # **~y** lung şi subţire.

spiffy [ˈspɪfi] *adj. amer. fam.* elegant şi modern.

spigot [ˈspɪgət] *s.* **1.** cep. **2.** *amer.* robinet.

spike [spaɪk] **I.** *s.* **1.** ţepuşă. **2.** crampon. **II.** *vt.* **1.** a ţintui. **2.** a adăuga (*alcool*) la o băutură. # **~heel** toc cui.

spiky [ˈspaɪki] *adj.* **1.** (*d. frunze*) sagitat. **2.** ţâfnos.

spill [spɪl] **I.** *s.* **1.** scurgere (*de lichid*); deversare. **2.** cădere (*de pe bicicletă, în apă*). **II.** (*trec., part. trec.* **spilt/spilled**) *vt.* a vărsa (*un lichid*); a deversa. **II.** (*trec., part. trec.* **spilt/spilled**) *vi.* **1.** (*d. un* lichid) a se vărsa. **2.** (*d. mulţimi*) a se împrăştia. # **~age** scurgere de lichid; **~over** surplus, excedent.

spin [spɪn] **I.** *s.* **1.** rotire, învârtire. **2.** *av.* vrie. **3.** *fam.* părere personală. **II.** (*trec., part. trec.* **spun**) *vt.* **1.** a învârti, a roti. **2.** a depăna (*şi fig.*). **3.** a urzi, a unelti. **III.** (*trec., part. trec.* **spun**) *vi.* a se roti, a se răsuci. # ~ **dryer** storcător (*la maşina de spălat*); **~ner** filatoare.

spinach [ˈspɪnɪtʃ] *s.* spanac.

spinal ['spɪnl] *adj.* spinal. # **~ column** coloană vertebrală.
spindle ['spɪndl] *s. tehn.* fus.
spindly ['spɪndli] *adj.* fusiform.
spine [spaɪn] *s.* **1.** şira spinării. **2.** *zool.* spin, ac. **3.** cotor de carte. # **~-chilling** înspăimântător; **~less** nevertebrat; moale, mototol.
spinney ['spɪni] *s.* crâng.
spinster ['spɪnstə] *s.* fată bătrână.
spiny ['spaɪni] *adj.* ţepos.
spiral ['spɪrəl] **I.** *s.* spirală. **II.** *adj.* spiral, spiroidal. # **to ~ down** a scădea vertiginos.
spire ['spaɪə] *s.* vârf de clopotniţă.
spirit ['spɪrɪt] *s.* **I. 1.** spirit, suflet. **2.** dispoziţie: *to be in low ~s* a fi prost dispus. **3.** elan. **4.** duh: *the Holy Spirit* Sfântul Duh; *an evil ~* duh rău. **5.** caracteristică, particularitate. **6.** arătare, nălucă. **7.** spirt; băutură alcoolică. # **~ed** plin de energie; **~less** lipsit de energie; **~ level** nivelă; **~ual** spiritual; **~uality** spiritualitate; **~uous** alcoolic.
spit [spɪt] **I.** *s.* **1.** scuipat; salivă. **2.** limbă de pământ (*în mare etc.*); dig. **3.** frigare. **II.** (*trec., part. trec.* **spat**) *vt.* **1.** a scuipa. **2.** a profera (*injurii*). **III.** (*trec., part. trec.* **spat**) *vi.* **1.** a scuipa. **2.** a sfârâi (*la prăjit*). # **~tle** spută; **~toon** scuipătoare; *~ it out!* dă-i drumul!, spune!
spite [spaɪt] **I.** *s.* răutate: *out of ~* din răutate. **II.** *vt.* a face în necaz (*cuiva*). # **~ful** răutăcios; *in ~ of* (*the fact*) în ciuda (faptului)...
spiv [spɪv] *s. sl.* pungaş.
splash [splæʃ] **I.** *s.* **1.** împroşcare, stropire. **2.** pată (*de noroi etc.*). **3.** ştire de senzaţie (*în ziar*). **II.** *vt., vi.* a (se) stropi, a (se) împroşca. # **~down** aterizare pe apă; **~y** izbitor, frapant.
splatter ['splætə] *vi.* **1.** (*d. ploaie*) a răpăi. **2.** a împroşca.
spleen [spli:n] *s.* **1.** splină. **2.** mânie.
splendid ['splendɪd] *adj.* splendid.
splendour ['splendə] *s.* splendoare, frumuseţe.
splice [splaɪs] **I.** *s.* îmbinare; lipire. **II.** *vt.* a îmbina; a lipi. # **to get ~d** *fam.* a se lua, a se căsători.
splint [splɪnt] *s.* atelă.
splinter ['splɪntə] **I.** *s.* **1.** aşchie, sfărâmătură. **2.** ciob. **II.** *vi.* **1.** a se sfărâma. **2.** a se ciobi. **3.** a se dezmembra, a se scinda. # **~ group** *pol.* fracţiune.
split [splɪt] **I.** *s.* **1.** separare, despărţire. **2.** împărţire, distribuire. **3.** crăpătură; ruptură. **4.** şpagat. **II.** (*trec., part. trec.* **split**) *vt.* **1.** a separa; a despărţi. **2.** a împărţi. **3.** a rupe. **4.** a sparge (*capul*). **III.** (*trec., part. trec.* **split**) *vi.* **1.** a se rupe. **2.** a se despărţi. # **~ second** fracţiune de secundă; **~ting** (*d. durere de cap*) groaznic; **to ~ hairs** a despica firul în patru (*fig.*).
splodge [splɒdʒ] *s.* pată (*de vopsea, noroi*).
splutter ['splʌtə] **I.** *s.* bolboroseală. **II.** *vt.* a bolborosi.

spoil [spɔɪl] **I.** *s.* pradă (*de război etc.*); trofeu. **II.** (*trec., part. trec.* **spoilt/spoiled**) *vi.* **1.** a strica. **2.** a răsfăța. **III.** (*trec., part. trec.* **spoilt/ spoiled**) a se strica, a se altera. # **~age** alterare; **~sport** încuiat (*s.*); **~s** privilegii, foloase; **~t** răsfățat.

spoke[1] [spəʊk] *s.* spiță.

spoke[2] [spəʊk] *trec. de la* **to speak**.

spoken ['spəʊkən] *part. trec. de la* **to speak**. # **~ for** (*d. loc*) rezervat; (*d. o femeie*) legată sentimental.

spokesman ['spəʊksmən] *s.* purtător de cuvânt.

sponge [spʌndʒ] **I.** *s.* burete. **II.** *vt.* a trăi pe spinarea (*cuiva*). # **~ bag** trusă de toaletă; # **~ cake** pandișpan; **~r** parazit (*persoană*).

spongy ['spʌndʒi] *adj.* spongios.

sponsor ['spɒnsə] **I.** *s.* sponsor. **II.** *vt.* a sponsoriza. # **~ship** sponsorizare.

spontaneity [,spɒntə'neɪəti] *s.* spontaneitate.

spontaneous [spɒn'teɪniəs] *adj.* spontan.

spoof [spu:f] *s. fam.* parodie (*film etc.*).

spook [spu:k] **I.** *s. fam.* **1.** stafie. **2.** *amer.* spion. **II.** *vt.* a înspăimânta. # **~y** înfricoșător.

spool [spu:l] *s.* mosor; bobină.

spoon [spu:n] *s.* lingură. # **~ful** lingură (plină).

spoon-feed ['spu:nfi:d] *vt.* **1.** a hrăni cu lingura. **2.** a da (*cuiva*) mură-n gură.

spoor [spʊə] *s.* urmă de animal.

sporadic [spə'rædɪk] *adj.* sporadic.

spore [spɔ:] *s. bot.* spor.

sport [spɔ:t] **I.** *s.* **1.** sport. **2.** glumă; haz: *to make ~ of. smb.* a face haz pe seama cuiva. **II.** *vt.* a se făli cu, a etala (*o haină etc.*) **III.** *vi.* a se zbengui. # **~ing** de sport, sportiv; **~scast** transmisiune sportivă; **~scaster** prezentator de evenimente sportive; **~sman** sportiv, atlet; **~smanship** sportivitate; **~y** bun la sport; căruia îi place sportul.

spot [spɒt] **I.** *s.* **1.** pată (*de culoare*); bulină: *a beauty ~* aluniță. **2.** pată (*de murdărie*). **3.** loc: *a tourist ~* așezare turistică. **4.** *fam.* cantitate mică: *a ~ of whisky* un strop de whisky. **II.** *vt.* a detecta, a zări. # **~ check** control inopinat; **~less** ireproșabil; imaculat; **~light** lumină de reflector; **~-on** *fam.* absolut exact /corect; **~ted** cu buline; **~ty** pătat; *in a* (*tight*) *~* într-o situație dificilă; *on the ~* pe loc/dată.

spouse [spaʊs] *s.* soț, consort; soție, consoartă.

spout [spaʊt] **I.** *s.* **1.** burlan; jgheab; furtun. **2.** gât (*de stropitoare*). **3.** cioc de ibric. **4.** jet de lichid. **II.** *vi.* (*d. lichide*) a țâșni.

sprain [spreɪn] **I.** *s.* entorsă. **II.** *vt.* a luxa.

sprang [spræŋ] *trec. de la* **to spring**.

sprawl [sprɔ:l] *vi.* **1.** a ședea într-o poziție relaxată. **2.** a se întinde, a se lăbărța. # **~ed** tolănit; **~ing** lăbărțat, dezlânat.

spray [spreɪ] **I.** *s.* **1.** spray. **2.** stropi de val. **3.** apă pulverizată; lichid pulverizat. **4.** rămurică *(ornamentală)*. **5.** pandantiv. **II.** *vt.* a pulveriza; a împroşca. # **~er** spray, atomizor.

spread [spred] **I.** *s.* **1.** răspândire, împrăştiere. **2.** varietate. **3.** anvergură, întindere. **4.** festin, ospăţ. **5.** *amer.* cuvertură. **II.** (*trec., part. trec.* **spread**) *vt.* **1.** a desfăşura, a întinde. **2.** a împărţi, a repartiza. **III.** *(trec., part. trec.* **spread)** *vi.* **1.** a se răspândi; a se împrăştia. **2.** a se desfăşura, a se întinde. # **~eagle(d)** întins (*la soare etc.*).

spree [spri:] *s.* distracţie, chef.

sprig [sprɪg] *s.* rămurea.

sprightly ['spraɪtli] *adj.* sprinten, vivace.

spring [sprɪŋ] **I.** *s.* **1.** primăvară. **2.** arc, resort. **3.** elasticitate, flexibilitate. **4.** izvor. **5.** salt. **II.** (*trec.* **sprang**, *part. trec.* **sprung**) *vt.* **1.** a sări (*un gard*). **2.** a declanşa (*o mină*). **3.** a pune (*o întrebare*) pe neaşteptate. **4.** *fam.* a ajuta să evadeze. **III.** (*trec.* **sprang**, *part. trec.* **sprung**) *vi.* **1.** a sări: *he sprang to his feet* a sărit în picioare; *to ~ to smb.'s defence* a sări în ajutorul cuiva. **2.** a se ivi, a apărea. **3.** a ţâşni. # **~board** trambulină (*şi fig.*); **to ~-clean** a face curăţenie generală; **~ onion** ceapă verde; **~time** primăvara; **~y** flexibil; vivace.

sprinkle ['sprɪŋkl] **I.** *s.* **1.** strop, pic: *a ~ of salt* un vârf de sare. **2.** *amer.* ploicică. **II.** *vt.* a presăra (*sare etc.*). **III.** *vi. amer.* a ploua uşor. # **~r** stropitoare.

sprinkling ['sprɪŋklɪŋ] *s.* strop, pic: *a ~ of pepper* puţin piper.

sprint [sprɪnt] **I.** *s.* sprint. **II.** *vi.* a sprinta.

sprite [spraɪt] *s.* spiriduş.

sprocket ['sprɒkɪt] *s.* roată dinţată.

sprog [sprɒg] *s. fam.* bebeluş; ţânc.

sprout [spraʊt] **I.** *s.* **1.** varză de Bruxelles. **2.** mlădiţă. **II.** *vt.* **1.** a da în (*floare*). **2.** a da (*coarne*). **3.** a lăsa (*mustaţă*). **III.** *vi.* **1.** (*d. seminţe*) a încolţi. **2.** a înmuguri. **3.** (*d. plante*) a răsări. # **~ed wheat** grâu încolţit.

spruce [spru:s] **I.** *s.* (lemn de) molid. **II.** *adj.* (*d. oameni şi locuri*) îngrijit. # **to ~ up** a se dichisi, a se pune la punct.

sprung [sprʌŋ] *part. trec. de la* **to spring**.

spud [spʌd] *s. fam.* cartof.

spume [spju:m] *s.* spumă de val.

spun [spʌn] *trec., part. trec. de la* **to spin**.

spunky ['spʌŋki] *adj. fam.* dârz; înfipt.

spur [spɜ:] **I.** *s.* **1.** pinten. **2.** imbold. **II.** *vt.* **1.** a îndemna, a îmboldi; a impulsiona. **2.** a da pinteni (*unui cal*).

spurious ['spjʊəriəs] *adj.* fals.

spurn [spɜ:n] *vt.* a refuza; a respinge.

spurt [spɜ:t] **I.** *s.* **1.** avânt, elan. **2.** jet. **II.** *vi.* a ţâşni.

sputter ['spʌtə] *vi.* **1.** a trosni; a pârâi; a fâsâi. **2.** a bolborosi, a bălmăji.

sputum ['spju:təm] *s.* spută.
spy [spaɪ] **I.** *s.* spion. **II.** *vt.* **1.** a spiona. **2.** a zări. # ~ **hole** vizor.
squabble ['skwɒbl] *vi.* a se certa.
squad [skwɒd] *s.* brigadă; pluton; lot. # ~ **car** mașină a poliției; ~**die** *sl.* răcan; ~**ron** escadron.
squalid ['skwɒlɪd] *adj.* sordid.
squall [skwɔ:l] **I.** *s.* vijelie. **II.** *vi.* a țipa.
squalor ['skwɒlə] *s.* mizerie.
squander ['skwɒndə] *vt.* a irosi (*bani, șanse*).
square [skweə] **I.** *s.* **1.** pătrat. **2.** piață, piațetă. **3.** *fam.* încuiat; tocilar. **II.** *adj.* **1.** pătrat: *a ~ table* masă pătrată; *one ~ metre* un metru pătrat. **2.** (*d. cineva*) solid. **3.** paralel: *~ with the wall* paralel cu peretele. **4.** *sport* la egalitate. **5.** sincer, onest. **6.** *fam.* (*d. cineva*) anost. **III.** *vt.* **1.** a(-și) îndrepta (*spatele*). **2.** *mat.* a ridica la pătrat. **3.** *sport* a egala. **4.** *fam.* a unge, a mitui. **IV.** *adv.* drept, direct. # ~ **brackets** paranteze pătrate; ~ **root** rădăcină pătrată; *a ~ meal* o masă pe cinste; *back to ~ one* să reluăm totul de la început; *on the ~* de încredere, cinstit.
squash [skwɒʃ] **I.** *s.* **1.** suc (*obținut prin stoarcere*). **2.** înghesuială. **II.** *vt.* **1.** a stoarce (*fructe*). **2.** a reprima (*o revoltă*). **3.** a strivi. **III.** *vi.* **1.** a se strivi. **2.** a se înghesui. # ~**y** storcit.
squat [skwɒt] **I.** *s.* **1.** casă locuită ilegal. **2.** poziție pe vine. **II.** *adj.* scund și lat/gras. **III.** *vi.* a sta pe vine.
squaw [skwɔ:] *s. înv.* femeie.
squawk [skwɔ:k] **I.** *s.* cârâit (*de pasăre*). **II.** *vi.* (*d. păsări*) a cârâi.
squeak [skwi:k] **I.** *s.* scârțâit; chițăit. **II.** *vi.* a scârțâi; a chițăi. # ~**y clean** impecabil.
squeal [skwi:l] **I.** *s.* **1.** țipăt. **2.** guițat. **II.** *vi.* **1.** a țipa. **2.** a guița. # *to ~ on smb. fam.* a denunța pe cineva.
squeamish ['skwi:mɪʃ] *adj.* emotiv, impresionabil.
squeeze [skwi:z] **I.** *s.* **1.** apăsare, presare. **2.** înghesuială. **3.** reducere; restrângere. **II.** *vt.* **1.** a apăsa, a presa; a stoarce. **2.** a înghesui. **3.** a presa (*pe cineva*). **4.** a secătui (*fig.*). **III.** *vi.* **1.** a apăsa, a presa. **2.** a se strecura, a se furișa. # ~**r** storcător de fructe.
squelch [skweltʃ] **I.** *vt.* a reprima (*o rebeliune*). **II.** *vi.* (*d. zloată*) a pleoscăi (*la mers*).
squid [skwɪd] *s.* calmar. # ~**gy** fleșcăit.
squiffy ['skɪfi] *adj. fam.* abțiguit, amețit.
squiggle ['skwɪgl] *s.* întortochere; mâzgălitură.
squint [skwɪnt] **I.** *s.* **1.** strabism. **2.** privire rapidă. **II.** *vi.* a se uita cruciș, a avea strabism.
squire ['skwaɪə] *s. înv.* **1.** moșier. **2.** cavaler.
squirm [skwɜ:m] *vi.* a se (ră)suci.
squirrel ['skwɪrəl] *s.* veveriță.

squirt [skɜ:t] **I.** *s.* **1.** jet. **2.** *fam.* nesuferit. **II.** *vt.* a împroșca. **III.** *vi.* a țâșni.
squish [skwɪʃ] *vt., vi.* a (se) strivi. # **~y** fleșcăit, storcit.
stab [stæb] **I.** *s.* **1.** lovitură de cuțit. **2.** *fam.* încercare. **3.** junghi. **II.** *vt.* a înjunghia. # **~bing** înjunghiere.
stability [stə'bɪlɪti] *s.* stabilitate.
stabilize ['steɪbəlaɪz] *vt., vi.* a (se) stabiliza.
stable ['steɪbl] **I.** *s.* grajd. **II.** *adj.* **1.** stabil. **2.** (*d. cineva*) echilibrat. # **~boy** grăjdar.
stack [stæk] **I.** *s.* **1.** stivă; maldăr; teanc. **2.** căpiță. **3.** *fam.* sumedenie, mulțime. **4.** furnal; coș mare. **II.** *vt.* a pune unul peste altul; a stivui. # **~ed** înțesat; **to ~ up** a se înșirui.
stadium ['steɪdiəm] *s.* stadion.
staff [stɑ:f] **I.** *s.* **1.** personal; salariați: *teaching ~* cadre didactice. **2.** baston. **3.** *amer. muz.* portativ. **II.** *vt.* a dota cu personal.
stag [stæg] *s.* cerb. # **~ party** petrecere a burlacilor.
stage [steɪʤ] **I.** *s.* **1.** stadiu; nivel; etapă. **2.** scenă (*de teatru*). **3.** teatru: *to go on the ~* a se face actor. **II.** *vt.* **1.** a pune în scenă. **2.** a organiza (*o demonstrație etc.*). **3.** a afișa, a face paradă de. # **~coach** diligență; **~ fright** trac; **~-struck** iubitor de teatru; **~ whisper** aparteu; *to set the ~ for* a pregăti terenul pentru.
stagger ['stægə] **I.** *vt.* a stupefia, a uimi. **II.** *vi.* a merge clătinându-se pe picioare.
staging ['steɪʤɪŋ] *s.* scenarizare, punere în scenă. # **~ post** loc de escală.
stagnant ['stægnənt] *adj.* stagnant.
stagnate [stæg'neɪt] *vi.* a stagna.
stagy ['steɪʤi] *adj.* prefăcut; simulat.
staid [steɪd] *adj.* serios și plicticos.
stain [steɪn] **I.** *s.* pată (*și fig.*). **II.** *vt., vi.* a (se) păta (*și fig.*). # **~ed glass** vitraliu; **~less** inoxidabil.
stair [steə] *s.* **1.** scară: *three flights of ~s* trei (șiruri de) scări; *at the top of the ~s* în capul scării. **2.** treaptă *(de scară)*. # **~case** scară: *a marble ~case* o scară de marmură; **~well** casa scării.
stake [steɪk] **I.** *s.* **1.** par; țăruș; stâlp; jalon; arac. **2.** contribuție (*bănească*) (*și fig.*). **3.** investiție. **4.** miză. **5.** pariu (*la curse etc.*). **6.** *înv.* rug. **II.** *vt.* **1.** a miza. **2.** a paria. **3.** a risca. # **~holder** *ec.* depozitar; **~-out** filaj (*al poliției*); *our honour is at ~* este în joc onoarea noastră; *to go to the ~ for* a face tot ce-i stă în putință pentru.
stalactite ['stæləktaɪt] *s.* stalactită.
stalagmite ['stæləgmaɪt] *s.* stalagmită.
stale [steɪl] *adj.* **1.** (*d. pâine*) vechi. **2.** (*d. aer*) închis. **3.** (*d. vin*) trezit. **4.** (*d. un banc*) răsuflat.
stalemate ['steɪlmeɪt] *s.* **1.** pat (*la șah*). **2.** punct mort, stagnare; impas.

stalk [stɔ:k] **I.** *s.* **1.** lujer, tijă, tulpină; pai; pețiol; codiță (*de măr etc.*). **2.** pândă. **II.** *vt.* **1.** a pândi. **2.** a urmări insistent (*pe cineva*). **III.** *vi.* a păşi/merge aferat.

stall [stɔ:l] **I.** *s.* **1.** tarabă; stand. **2.** stal (*la teatru*). **3.** oprire bruscă (*a unui motor*). **4.** staul. **II.** *vt.* **1.** a reține (*pe cineva*). **2.** a tărăgăna. **III.** *vi.* (*d. un vehicul*) a se opri brusc. # **~holder** precupeț; tarabagiu.

stallion ['stæliən] *s.* armăsar (*de prăsilă*).

stalwart ['stɔ:lwət] *adj.* fidel, devotat.

stamen ['steımən] *s. bot.* stamină.

stamina ['stæmınə] *s.* dârzenie.

stammer ['stæmə] **I.** *s.* bâlbâială. **II.** *vt., vi.* a (se) bâlbâi.

stamp [stæmp] **I.** *s.* **1.** marcă, timbru. **2.** ştampilă; parafă; sigiliu. **3.** soi; teapă. **4.** bătaie din picior; tropăit. **II.** *vt.* **1.** a timbra. **2.** a ştampila; a sigila. **3.** a marca (*şi fig.*). **4.** a bate din (*picioare*). # **~ collecting** colecționare de mărci; **~ collector** colecționar de mărci; *to ~ out of the room* a ieşi semeț din cameră.

stampede [stæm'pi:d] **I.** *s.* **1.** fugă precipitată. **2.** streche. **II.** *vt.* a zori. **III.** *vi.* a se năpusti.

stance [stæns] *s.* poziție (*şi fig.*).

stand [stænd] **I.** *s.* **1.** părere, opinie. **2.** atitudine: *to make a ~ against* a lua atitudine împotriva. **3.** tarabă; stand. **4.** *sport* tribună. **5.** estradă, podium. **6.** pâlc (*de copaci*). **II.** (*trec., part. trec.* **stood**) *vt.* **1.** a aşeza, a amplasa. **2.** a suporta, a îndura (*o durere*). **3.** a face cinste cu. **4.** a rezista la: *his heart won't ~ the strain* inima lui nu va rezista la stres. **III.** (*trec., part. trec.* **stood**) *vi.* **1.** a sta în picioare. **2.** a se ridica (*în picioare*). **3.** a sta, a se afla. **4.** a rămâne în picioare, a fi valabil; a se menține. **5.** (**for**) *pol.* a candida (pentru). # **to ~ aside** a se da la o parte; **~by** rezervă, supliment; **~in** dublură (*a unui actor*); **~-off** punct mort, impas; **~offish** *fam.* înfumurat, arogant; **~out** *amer. fam.* persoană de excepție, tip aparte; **~point** punct de vedere; **~still** stagnare; *I ~ corrected!*; aşa e!; recunosc că am greşit*!; I can't ~ him* nu pot să-l sufăr.

standard ['stændəd] **I.** *s.* **1.** standard, etalon; tip: *above/below ~* peste/ sub (nivelul cerut de) standard. **2.** grad, nivel: *~ of living* nivel de trai. **3.** drapel, steag. **II.** *adj.* standard, tip: *~ costs* cheltuieli standard; *~ sample* eşantion tip. # **~-bearer** lider, fruntaş; **to ~ize** a standardiza; **~ lamp** lampadar; **~ time** ora locală oficială.

standing ['stændıŋ] **I.** *s.* **1.** status, loc, poziție: *social ~* poziție socială. **2.** durată: *a friend of long ~* prieten de durată. **II.** *adj.* **1.** fix, permanent: *a ~ committee* comitet permanent. **2.** în/din picioare:

~ *spectator* spectator în picioare. # ~**s** *sport* rezultate, clasament.

stand-up ['stændəp] *adj.* **1.** (*d. guler*) pe gât. **2.** (*d. un actor*) în monolog. **3.** (*d. ceartă*) aprig, violent.

stank [stæŋk] *trec. de la* **to stink**.

stanza ['stænzə] *s.* strofă.

staple ['steɪpl] **I.** *s.* **1.** capsă (*pentru hârtii*). **2.** produs de bază (*al unei țări*). **3.** fir, fibră (*de lână etc.*). **II.** *adj.* de bază, principal. **III.** *vt.* a capsa (*hârtii*). # ~**r** capsator (*de hârtii*).

star [stɑ:] **I.** *s.* **1.** stea; planetă. **2.** vedetă: *film* ~ vedetă de cinema. **II.** *vt.* a pune în rolul principal. **III.** *vi.* a deține rolul principal. # ~**crossed** urgisit; ~**dom** consacrare ca vedetă/stea; ~**fish** stea de mare; ~**gazer** *fam.* astronom; astrolog; ~**light** lumina stelelor; ~**ry** plin de stele; ~**s** destin; horoscop; ~ **sign** semn zodiacal; ~**studded** (*d. un film*) înțesat de nume celebre.

start [stɑ:t] **I.** *s.* **1.** început, debut, start. **2.** *sport* avans. **3.** tresărire. **II.** *vt.* **1.** a începe, a porni; a declanșa. **2.** a pune în mișcare. **3.** a fonda (*o companie*). **III.** *vi.* **1.** a începe. **2.** a porni, a o lua din loc. **3.** a tresări. # ~**er** aperitiv; **to ~ over** a o lua de la început; ~-**up** de început.

startle ['stɑ:tl] *vt.* a speria.

startling ['stɑ:tlɪŋ] *adj.* senzațional, extraordinar.

starvation [stɑ:'veɪʃn] *s.* foamete; inaniție.

starve [stɑ:v] **I.** *vt.* a înfometa. **II.** *vi.* a muri de foame.

stash [stæʃ] *vt. fam.* a pune la loc sigur.

stasis ['steɪsɪs] *s.* stagnare.

state [steɪt] **I.** *s.* **1.** stare: *a ~ of shock* stare de șoc. **2.** țară, stat. **3.** stat: *matters of ~* probleme de stat. **II.** *adj.* **1.** de stat. **2.** oficial. **III.** *vt.* **1.** a declara, a afirma. **2.** a specifica. # **the State Department** Ministerul de Externe *(al S.U.A.)*; ~**hood** statalitate; ~**house** clădire a Congresului american; ~**less** apatrid; ~**ly** impunător, grandios; ~ **of siege** stare de asediu; ~**sman** om de stat; ~**smanship** știința guvernării; ~**wide** general (*pe întreg statul*).

static ['stætɪk] **I.** *s.* electricitate statică. **II.** *adj.* static. # ~**s** statică (*știință*); paraziți *(radio)*.

station ['steɪʃn] **I.** *s.* **1.** gară. **2.** stație de metrou. **3.** garaj de autobuze. **4.** comisariat de poliție. **5.** post de radio. **6.** stațiune. **7.** poziție socială. **8.** bază (*navală etc.*). **II.** *vt.* a trimite (*trupe*). # ~**agent/master** șef de gară; ~**ery** articole de papetărie; ~ **house** *amer.* comisariat de poliție.

stationary ['steɪʃnəri] *adj.* **1.** care staționează. **2.** staționar.

statistic [stə'tɪstɪk] *s.* statistică. # ~**al** statistic; ~**ian** statistician; ~**s** statistică.

statuary ['stætʃuəri] *s.* (grup de) statui.

2. în tot cursul: ~ *the year* în tot cursul anului.

throw [θrəʊ] **I.** *s.* aruncare, azvârlire: *the discus* ~ aruncarea discului. **II.** (*trec.* **threw,** *part. trec.* **thrown**) *vt.* **1.** a arunca, a azvârli. **2.** a împrăştia (*lucruri*). **3.** a da (*vina*). **4.** *fam.* a deconcerta. **5.** *fam.* a da (*o petrecere*). # **~away** (*d. o remarcă*) spus întâmplător; (*d. un pahar*) de unică folosință; **~er** *sport* aruncător (*de suliță etc.*). **to ~ in** a include; **to ~ out** a da afară; **to ~ up** a renunța la (*o slujbă*); a vomita; *to ~ off pursuers* a scăpa de urmăritori; *to ~ open a door* a deschide uşa cu putere; *to ~ over a lover* a părăsi un iubit.

thrush [θrʌʃ] *s.* **1.** sturz. **2.** *med.* aftă.

thrust ['θrʌst] **I.** *s.* **1.** lovitură; izbitură. **2.** *tehn.* forță; presiune; tracțiune. **II.** (*trec., part. trec.* **thrust**) *vt.* **1.** a băga, a vârî. **2.** (**at**) a se repezi (la). **3.** (**into**) a împlânta, a înfige (*un cuțit etc.*) (în). **4.** (**on**) a băga pe gât (pe) (*fig.*). **5.** (**through**) a scoate (*capul*) (pe). **6.** (**through**) a-şi face forțat (*loc*) (prin). # *to ~* (*smth.*) *aside* a respinge, a nu accepta (*revendicări etc.*).

thruway ['θru:weɪ] *s. amer.* autostradă.

thud [θʌd] **I.** *s.* bufnitură. **II.** *vi.* **1.** (*d. inimă*) a bate puternic. **2.** (*d. un obiect*) a cădea cu un zgomot surd.

thug [θʌg] *s.* bandit, tâlhar. # **~gery** tâlhărie.

thumb [θʌmb] **I.** *s.* deget mare (de la mână). **II.** *vi.* a face autostopul. # **~nail sketch** descriere sumară; **~tack** piuneză; *to ~ smth. up/down* a aproba ceva, a nu aproba ceva, a vota pentru/împotriva unui lucru.

thump [θʌmp] **I.** *s.* **1.** bufnitură. **2.** *fam.* lovitură puternică. **II.** *vt.* a bate cu pumnul în (*masă*). **III.** *vi.* **1.** (*d. inimă*) a bate puternic. **2.** (**against**) a se lovi/izbi în cădere (de). # **~ing** *fam.* covârşitor; imens.

thunder ['θʌndə] **I.** *s.* **1.** tunet. **2.** bubuitură **3.** tropot (*de copite*). **II.** *vi.* **1.** a tuna (*şi fig.*). **2.** a urui, a dudui. **3.** a tuna şi a fulgera (*fig.*). # **~bolt** lovitură de trăsnet; **~clap** bubuit de trăsnet; **~ous** furtunos; tunător; **~storm** furtună; **~struck** stupefiat.

Thursday ['θɜ:zdeɪ] *s.* joi.

thus [ðʌs] *adv.* **1.** astfel, aşa, în felul acesta. **2.** deci, astfel. # ~ *and so* în acest fel; ~ *far* până aici.

thwack [θwæk] *vt.* a pocni, a lovi puternic.

thwart [θwɔ:t] *vt.* a împiedica, a zădărnici.

thy [ðaɪ] *adj. posesiv înv.* tău, ta. # **~self** pe tine.

thyme [taɪm] *s.* cimbru.

thyroid ['θaɪrɔɪd] *s.* tiroidă.

tibia ['tɪbiə] (*pl.* **tibiae** ['tɪbɪi:]) *s. anat.* tibie.

tic [tik] *s.* tic nervos.

tick [tɪk] **I.** *s.* **1.** căpuşă. **2.** semn de bifare. **3.** ticăit (*de ceas*). **4.** *fam.*

clipă: *hang on a ~!* aşteaptă o clipă! **5.** *fam.* credit: *on ~* pe datorie. **II.** *vt.* **1.** a bifa. **2.** a certa, a muştrului. **III.** *vi.* **1.** (*d. ceas*) a ticăi. **2.** (*d. motor*) a merge în gol. # **~er** *fam.* inimă.

ticket ['tɪkɪt] **I.** *s.* **1.** bilet. **2.** etichetă de preţ. **3.** tichet, bon. **4.** loz. **5.** *amer.* listă de candidaţi (*ai unui partid*). **II.** *vt.* a amenda (*pe cineva*). # *just the ~* exact ceea ce (ne) trebuie.

tickle ['tɪkl] **I.** *s.* gâdilat; gâdilitură. **II.** *vt.* **1.** a gâdila. **2.** a măguli. **3.** a amuza.

ticklish ['tɪklɪʃ] *adj.* **1.** gâdilicios. **2.** *fam.* dificil, complicat, spinos.

tidal ['taɪdl] *adj.* referitor la maree. # **~ wave** val seismic; aflux; recrudescenţă.

tidbit ['tɪdbɪt] *s. amer.* **1.** delicatesă, specialitate culinară. **2.** ştire senzaţională.

tiddly ['tɪdli] *adj. fam.* **1.** cam ameţit. **2.** foarte mic.

tide [taɪd] *s.* **1.** maree; flux, reflux. **2.** curs, mers, direcţie (*fig.*). **3.** recrudescenţă. # **~mark** limita atinsă de apele mării în timpul fluxului.

tidings ['taɪdɪŋz] *s. pl.* veşti, ştiri.

tidy ['taɪdi] **I.** *adj.* **1.** ordonat, pus la punct. **2.** *fam.* bunicel: *a ~ sum* o sumă frumuşică de bani. **II.** *vi.* a face ordine; a strânge.

tie [taɪ] **I.** *s.* **1.** cravată. **2.** legătură: *family ~s* relaţii de familie. **3.** opreliştе, restricţie. **4.** *sport* egalitate: *the match ended in a ~* meciul s-a terminat la egalitate. **5.** *amer.* traversă (de cale ferată). **II.** *vt.* **1.** a lega. **2.** a strânge (*părul*). **3.** a face (*un nod*). **4.** a asocia (*fig.*). **III.** *vi. sport* (**with**) a fi la egalitate (cu). # **~breaker** întrebare de baraj; **~d** (*d. o casă*) închiriat; **~pin** ac de cravată; **~-up** asociere (*cu o altă companie*); *amer.* încetinire, oprire (*a circulaţiei*).

tier [tɪə] *s.* **1.** etaj: *a cake with three ~s* tort în trei etaje. **2.** nivel; ierarhie. **3.** graden (*de amfiteatru*).

tiff [tɪf] *s.* ciondăneală, ceartă.

tiger ['taɪgə] *s.* tigru.

tight [taɪt] **I.** *adj.* **1.** bine fixat; bine strâns. **2.** solid. **3.** (*d. haine*) strâns pe corp, strâmt. **4.** strict, riguros. **5.** (*d. o funie*) bine întins. **6.** (*d. un grup*) compact. **7.** (*d. un program*) încărcat. **8.** (*d. o curbă*) brusc. **9.** (*d. o cursă*) strâns. **10.** strâns la pungă. **11.** *fam.* pilit, cherchelit. **II.** *adv.* **1.** (*a ţine*) strâns. **2.** ermetic. # **to ~en** a fixa; a strânge bine (*şurubul*); **~-fisted** cărpănos; **~-fitting** (*d. o fustă*) strâmt; **~-knit** (*d. o comunitate*) unit; **~-lipped** discret; **~ly** strâns; ermetic; **~rope** sârmă (*a acrobaţilor*); **~s** dresuri, ciorapi-pantalon; **~wad** *amer.* cărpănos, zgârcit.

tigress ['taɪgrəs] *s.* tigroaică.

tike ['taɪk] *s. fam.* zgâmboi, ţânc.

tilde ['tɪldə] *s.* tildă (~).

tile [taɪl] *s.* **1.** ţiglă; olan. **2.** faianţă; gresie. **3.** piatră (*de remi*).

till [tɪl] **I.** *s.* **1.** *ec.* registru de casă. **2.** *fam.* casă (*într-un magazin mare*). **II.** *prep.* până (la): ~ *morning* până dimineața; ~ *now* până acum. **III.** *conj.* până (când): *I will sleep ~ he comes* am să dorm până va veni. # *not* ~ nu înainte de; *to laugh ~ one cries* a râde cu lacrimi.

tiller ['tɪlə] *s. nav.* eche.

tilt [tɪlt] **I.** *s.* **1.** înclinare. **2.** încercare (*de a câștiga ceva*): *to have a ~ at* a-și încerca norocul la. **II.** *vt., vi.* a (se) înclina. # *at full* ~ în plină viteză; *to ~ at windmills* a se bate cu morile de vânt.

timber ['tɪmbə] *s.* cherestea; lemn de construcție.

timbre ['tæmbə] *s. muz.* timbru.

time [taɪm] **I.** *s.* **1.** timp: *over* ~ cu timpul, pe măsură ce trece timpul. **2.** oră: *this ~ tomorrow* mâine la această oră; *local* ~ ora locală. **3.** vreme: *a long ~ ago* demult; *in my* ~ pe vremea mea; *at the ~ of* pe vremea (*revoluției etc.*). **4.** oară, dată: *next* ~ data viitoare; *the first* ~ prima oară; *this* ~ de această dată. **5.** *muz.* măsură. **II.** *vt.* **1.** a cronometra: ~ *how long does it take you* cronometrează cât îți ia. **2.** a programa. # ~ **bomb** bombă cu efect întârziat; ~ **card** cartelă de pontaj; ~ **clock** ceas de pontat; ~**-consuming** de durată; ~**less** etern; atemporal; ~**ly** oportun; ~**piece** ceas; orologiu; ~**-saving devices** aparate de uz casnic; ~ **sheet** foaie/cartelă de pontaj; ~ **switch** întrerupător automat; ~**-worn** perimat; ~ **zone** fus orar; **against** ~ contra cronometru; *ahead of* ~ înainte de termen(ul fixat); *all the* ~ mereu; *at all ~s* totdeauna; *at the same* ~ în același timp; *at ~s* uneori; c*for the ~ being* deocamdată; *have a good ~!* distracție plăcută!; *in good* ~ devreme; *many a* ~ sau ~ *and again* adesea; *two at a* ~ (doi) câte doi.

timetable ['taɪmteɪbl] **I.** *s.* **1.** orar: *the school* ~ orarul școlii. **2.** ordine de zi, agendă. **II.** *vt.* a programa, a planifica.

timid ['tɪmɪd] *adj.* timid.

timing ['taɪmɪŋ] *s.* **1.** programare. **2.** sincronizare. **3.** cronometrare.

timorous ['tɪmərəs] *adj.* temător, timorat.

timpani ['tɪmpəni] *s. pl. muz.* timpane.

tin ['tɪn] *s.* **1.** cositor, staniu. **2.** cutie de conserve: *a ~ of beans* conservă de fasole. **3.** cutie de vopsea. # ~**foil** staniol; ~**ned** (*d. alimente*) conservat (*în conservă*); ~**ny** (*d. sunet*) metalic; ~**-opener** desfăcător de conserve; ~**pot** de tinichea (*fig.*); ~**sel** beteală; ~**smith** spoitor (*de vase de bucătărie*); ~ **whistle** fluier.

tincture ['tɪŋktʃə] *s.* tinctură de iod.

tinder ['tɪndə] *s.* iască. # ~ **box** situație explozivă.

tine [taɪn] *s.* **1.** colț (*de furcă etc.*). **2.** ramificație (*a cornului de animale*).

tinge [tɪndʒ] **I.** *s.* tentă, nuanță: *a ~ of envy* un pic/o umbră de invidie. **II.** *vt.* a colora ușor; a nuanța.

tingle [ˈtɪŋgl] **I.** *s.* **1.** furnicătură. **2.** tremur (*de emoție etc.*). **II.** *vi.* **1.** a amorți. **2.** a vibra (*de emoție*).

tinker [ˈtɪŋkə] **I.** *s.* spoitor (*de vase de bucătărie*). **II.** *vi.* (**with**) a meșteri (la).

tinkle [ˈtɪŋkl] **I.** *s.* **1.** clinchet. **2.** *fam.* țârâit (*de telefon*). **II.** *vi.* (*d. telefon*) a țârâi, a suna.

tint [tɪnt] **I.** *s.* **1.** nuanță (de culoare). **2.** vopsea de păr. **II.** *vt.* a vopsi (*părul*).

tiny [ˈtaɪni] *adj.* minuscul, micuț.

tip [tɪp] **I.** *s.* **1.** vârf: *the ~ of your nose* vârful nasului tău. **2.** măciulie (*a unui baston etc.*). **3.** *fam.* poantă, sfat, recomandare. **4.** bacșiș. **5.** groapă de gunoi. **II.** *vt.* **1.** a înclina. **2.** a vărsa (*apă etc.*). **3.** a atinge ușor. **4.** a da bacșiș. **III.** *vi.* **1.** a se înclina, a se lăsa. **2.** a se răsturna. # **~-off** *fam.* denunț (*la poliție*); **~ster** turnător (*la poliție*); **~-top** *fam.* excelent.

tipple [ˈtɪpl] *fam.* **I.** *s.* băutură alcoolică. **II.** *vt.* a bea (*băuturi alcoolice*).

tipsy [ˈtɪpsi] *adj. fam.* abțiguit, beat.

tiptoe [ˈtɪptəʊ] **I.** *s.* vârf al degetelor de la picioare: *on ~* în vârful picioarelor. **II.** *vi.* a merge tiptil.

tirade [taɪˈreɪd] *s.* retorică, tiradă.

tire [ˈtaɪə] **I.** *s. amer.* anvelopă, pneu. **II.** *vi.* a obosi. # **~less** neobosit; inepuizabil; **~some** sâcâitor, enervant.

tired [ˈtaɪəd] *adj.* **1.** obosit: **~ out** stors, foarte obosit. **2.** plictisit: *~ of waiting* plictisit de (atâta) așteptat. # **~ness** oboseală; plictiseală.

tiring [ˈtaɪərɪŋ] *adj.* obositor, epuizant.

tissue [ˈtɪʃuː] *s.* **1.** *anat.* țesut. **2.** țesătură.

tit [tɪt] *s. sl.* **1.** țâță, sân. **2.** sfârc. **3.** tâmpit.

titan [ˈtaɪtn] *s.* titan, uriaș. # **~ic** titanic.

titanium [taɪˈteɪniəm] *s. chim.* titan.

titbit [ˈtɪtbɪt] *s.* **1.** delicatesă, specialitate culinară. **2.** știre senzațională.

titch [tɪtʃ] *s. fam.* mogâldeață (*ca adresare*).# **~y** mic de tot, minuscul.

titillate [ˈtɪtɪleɪt] *vt.* a ațâța, a excita.

title [taɪtl] **I.** *s.* **1.** titlu: *the ~ of the book* titlul cărții. **2.** rang. **3.** titlu, drept (*de proprietate*). **4.** titlu de campion. **II.** *vt.* a intitula. # **~d** cu titlu de noblețe; **~ deed** titlu de proprietate; **~ page** pagină-titlu; **~ part** rol principal.

title-holder [ˈtaɪtlhəʊldə] *s.* **1.** *sport* campion: *the Olympic ~* campionul olimpic. **2.** *amer.* proprietar (*de drept*).

titter [ˈtɪtə] *vi.* a chicoti.

tittle-tattle [ˈtɪtltætl] *s. fam.* bârfă.

titular [ˈtɪtjulə] *adj.* titular.

tizzy [ˈtɪzi] *s. fam.* agitație, înfrigurare.

T-junction [ˈtiːdʒʌŋkʃn] *s.* intersecție în formă de T.

to [tə] **I.** *particulă a infinitivului* a: *to sleep* a dormi. **II.** *adv.* închis: *push the door to* trage/închide ușa. **III.** *prep.* **1.** la, spre: *to go to the seaside* a merge la mare. **2.** lângă: *cheek to cheek* obraz lângă obraz. **3.** până la: *from Buzău to Brăila* de la Buzău la Brăila. **4.** față de: *cruel to animals* crud față de animale. **5.** de, la: *to fix to* a fixa de/la. **6.** pentru a: *too old to work* prea bătrân pentru a munci. **IV.** *conj.* să: *try to understand* încearcă să înțelegi. **V.** *(formează dativul)* lui: *greetings to Jim* salutări lui Jim. # *to and fro* încoace și încolo; *to my taste* pe gustul meu; *to my knowledge* după câte știu; *to a high degree* într-o mare măsură; *to this end* în scopul acesta; *ten minutes to two* (ora) două fără zece.

toad [təʃ d] *s.* broască râioasă, broască buboasă.

toady ['təʃ di] **I.** *s.* periuță, lingușitor. **II.** *vt.* a linguși.

toast [təʃ st] **I.** *s.* **1.** pâine prăjită. **2.** toast. **II.** *vt.* **1.** a toasta pentru. **2.** a-și încălzi (*picioarele etc.*) la foc. **3.** a prăji (*pâine etc.*). **III.** *vi.* a se încălzi la foc. - **~er** prăjitor de pâine; **~y** *amer.* confortabil.

tobacco [tə'bækəʃ] (*pl.* **~s**) *s.* tutun. # **~nist** tutungiu; **~nist's** tutungerie.

toboggan [tə'bɒgən] **I.** *s.* săniuță. **II.** *vi.* a se da cu săniuța.

today [tə'deɩ] **I.** *s.* azi, ziua de azi. **II.** *adv.* astăzi, azi: *a week* ~ sau ~ *week* de azi într-o săptămână.

toddle ['tɒdl] *vi.* a merge nesigur pe picioare. # **~r** copil care abia a învățat să meargă.

to-do [tə'du:] *s. fam.* zarvă, hărmălaie.

toe [təʃ] *s.* deget de la picior: *the big* ~ degetul mare de la picior. # **~hold** punct de sprijin (*în alpinism*); **~rag** *sl.* neisprăvit, nemernic.

toff [tɒf] *s. fam.* filfizon, dandi; grangur.

toffee ['tɒfi] *s.* caramea. # **for** ~ *fam.* (absolut) deloc; **~-nosed** *fam.* arogant (*adj.*).

tog [tɒg] *s. fam.* echipament, uniformă; costum: *tennis ~s* costum/echipament de tenis. # *to be ~ged up in* a fi echipat/îmbrăcat cu.

together [tə'geðə] **I.** *adj. fam.* competent, avizat. **II.** *adv.* **1.** împreună, laolaltă: *we grew up* ~ am crescut împreună. **2.** simultan, deodată: *all ~ now!* toți deodată (*începeți*) !, toți în cor ! - **~ness** camaraderie; *for hours* ~ ore în șir; *to hold* ~ a rămâne uniți; ~ *with* incluzând pe.

toggle ['tɒgl] *s.* **1.** brandenburg. **2.** *el., inf.* comutator. # **brake ~** frână cu leviere; **~ switch** *el.* întrerupător, comutator.

toil [tɔɩl] **I.** *s.* muncă grea, trudă. **II.** *vi.* a munci din greu, a trudi. # **~s** capcane (*fig.*); **~some** obositor, laborios.

toilet ['tɔɪlɪt] *s.* **1.** closet. **2.** toaletă publică. **3.** toaletă, dichisire. # ~ **paper** hârtie igienică; **to ~-train** a învăța (*un copil*) să-și facă nevoile.

token ['təʊkən] **I.** *s.* **1.** fisă (*pentru parcare, mașini automate etc.*). **2.** dovadă, semn: *as a ~ of our gratitude* ca o dovadă a recunoștinței noastre. **II.** *adj.* **1.** de fațadă/formă. **2.** de avertisment: *a one day ~ strike* grevă de avertisment de o zi.

told ['təʊld] *trec., part. trec. de la* **to tell.**

tolerable ['tɒlərəbl] *adj.* tolerabil; acceptabil; suportabil.

tolerance ['tɒlərəns] *s.* toleranță.

tolerant ['tɒlərənt] *adj.* **1.** tolerant, concesiv. **2.** rezistent.

tolerate ['tɒləreɪt] *vt.* **1.** a tolera, a îngădui. **2.** a permite. **3.** a suporta (*un medicament etc.*).

toleration [ˌtɒle'reɪʃn] *s.* tolerare; toleranță.

toll [təʊl] **I.** *s.* **1.** taxă de autostradă. **2.** pierderi de vieți omenești, victime. **3.** *amer.* taxă pentru o convorbire interurbană. **4.** dangăt. **II.** *vt.* **1.** (*d. clopot*) a bate (*ora*). **2.** a taxa. **III.** *vi.* (*d. clopot*) a bate. # **~booth** gheretă la care se plătește taxa de intrare pe autostradă.

tomahawk ['tɒməhɔːk] *s.* secure (*a indienilor din S.U.A.*).

tomato [tə'mɑːtəʊ] (*pl.* **~es**) *s.* (pătlăgea) roșie.

tomb [tuːm] *s.* mormânt. # **~stone** piatră de mormânt.

tombola [tɒm'bəʊlə] *s.* tombolă.

tomboy ['tɒmbɔɪ] *s.* băiețoi (*d. o fată*).

tomcat ['tɒmkæt] *s.* motan.

tome [təʊm] *s.* tom, volum.

tomfool [tɒm'fuːl] *s.* nătărău, tont. # **~ery** nerozie; maimuțăreală.

tommy gun ['tɒmigʌn] *s.* pușcă automată.

tomorrow [tə'mɒrəʊ] **I.** *s.* ziua de mâine: *the day after ~* poimâine. **II.** *adv.* mâine: *~ week* de mâine într-o săptămână.

ton [tʌn] *s.* tonă. # **~nage** tonaj.

tonality [təʊ'næləti] *s.* tonalitate.

tone [təʊn] **I.** *s.* **1.** ton (*al vocii*), timbru. **2.** ton (*la telefon*). **3.** nuanță (*de culoare*). **4.** fermitate, tărie (*a mușchilor*). **5.** atmosferă. **II.** *vt.* **1.** a acorda (*un instrument*). **2.** a tonifica, a fortifica. **III.** *vt.* (**with**) a se asorta (cu), a se potrivi (cu). # **~-deaf** afon; **to ~ down** a atenua; **~less** inexpresiv.

tongs [tɒŋz] *s. pl.* clește.

tongue [tʌŋ] *s.* **1.** limbă: *to stick one's ~ out at* a scoate limba. **2.** limbă, limbaj: *mother ~* limbă maternă. **3.** limbă (*de pământ etc.*). # **~-in-cheek** spus în glumă; **~ depressor** *med.* spatulă; **~-twister** cuvânt greu de pronunțat; *to give ~* a da glas, a exprima; *to set ~s wagging* a face vâlvă/senzație.

tonic ['tɒnɪk] **I.** *s.* **1.** apă tonică. **2.** *med.* tonic, întăritor, fortifiant. **3.** *muz.* tonică. **II.** *adj.* tonic.

tonight [tə'naɪt] *adv.* **1.** diseară; astă-seară. **2.** la noapte.

tonsil ['tɒnsl] *s. anat.* amigdală. # **~litis** amigdalită.

tony ['təʊni] *adj. amer. fam.* scump şi la modă.

too [tu:] *adv.* **1.** prea: *~ old* prea bătrân; *~ late* prea târziu; *all ~* mult prea; *all ~ often* mult prea des. **2.** (de) asemenea, şi: *I like him ~* şi mie îmi place de el. **3.** foarte: *I'm not ~ sure* nu sunt foarte sigur; *none ~ clever* nu foarte deştept.

took [tʊk] *trec. de la* **to take.**

tool [tu:l] *s.* **1.** unealtă (*şi fig.*), ustensilă: *a ~ kit* trusă de scule. **2.** instrument: *an invaluable ~* un instrument nepreţuit. **3.** *sl.* sculă, penis. # **to ~ along** *amer. fam.* a se plimba cu maşina.

toot [tu:t] **I.** *s.* sunet de claxon. **II.** *vi.* a claxona.

tooth ['tu:θ] (*pl.* **teeth**) *s.* **1.** dinte; măsea: *to brush one's teeth* a se spăla pe dinţi; *to have a ~ out* a-şi scoate un dinte (*la dentist*). **2.** dinte (*la pieptene, ferăstrău*). # **~ache** durere de măsele; **~brush** periuţă de dinţi; **~less** ştirb; **~paste** pastă de dinţi; **~pick** scobitoare; *to cut a ~* (*d. un bebeluş*) a-i creşte un dinte; *in the ~ of* în ciuda/pofida.

tootle [tu:tl] *vi.* **1.** a cânta, a sufla (*la un instrument de suflat*). **2.** *fam.* a merge alene/agale.

top [tɒp] **I.** *s.* **1.** partea cea mai de sus. **2.** vârf, creastă, pisc. **3.** coroană (*de copac*). **4.** tăblie (*de masă*). **5.** culme, apogeu. **6.** cap (*de listă*). **7.** capăt. **8.** capac; dop. **9.** *auto* capotă. **10.** titirez: *to spin a ~* a învârti un titirez. **II.** *adj.* **1.** de deasupra, de sus: *in the ~ drawer* în sertarul de sus; *on the ~ floor* la ultimul etaj. **2.** cel mai bun: *one of the ~ players* unul dintre cei mai buni jucători. **3.** maxim: *~ marks* note maxime. **III.** *vt.* **1.** a depăşi (*o sumă*). **2.** a urca, a escalada (*un munte*). **3.** a fi cel mai bun în (*sondaj etc.*). # **~ brass** *fam.* oameni grei (*fig.*); **~-class** de primă mână; **~-grossing** cel mai profitabil; **~less** (*d. femei*) cu bustul gol; **~-line** de cea mai bună calitate; **~ secret** strict secret; *to ~ it all* colac peste pupăză; *to ~ smb. up* a umple cu băutură paharul cuiva; *to ~ yourself fam.* a-şi pune capăt zilelor; *on ~* deasupra; pe deasupra; *over the ~* exagerat.

topaz ['təʊpæz] *s.* topaz.

topiary ['təʊpiəri] *s.* tăiere ornamentală a arborilor.

topic ['tɒpɪk] *s.* subiect (de discuţie).

topical ['tɒpɪkl] *adj.* la ordinea zilei, de actualitate.

topography [tə'pɒgrəfi] *s.* topografie.

topple ['tɒpl] *vt., vi.* a (se) răsturna.

topsy-turvy [ˌtɒpsi'tɜ:vi] *adj. fam.* alandala, brambura.

torch [tɔ:tʃ] **I.** *s.* **1.** lanternă. **2.** torţă. **3.** aparat de sudură. **II.** *vt.* a da foc (*unei case*), a incendia.

tore [tɔ:] *trec. de la* **to tear.**

toreador ['tɒriədɔ:] *s.* toreador.

torment ['tɔ:mənt] **I.** *s.* **1.** tortură; chin. **2.** pacoste. **II.** *vt.* a tortura, a chinui. # **~or** torționar; călău.

torn [tɔ:n] *part. trec. de la* **to tear.**

tornado [tə:'neɪdəʊ] (*pl.* **~s** *sau* **~es**) *s.* tornadă.

torpedo [tɔ:'pi:dəʊ] **I.** (*pl.* **~es**) *s.* torpilă. **II.** *vt.* a torpila.

torpid ['tɔ:pɪd] *adj.* lent, inert.

torpor ['tɔ:pə] *s.* moleșeală, toropeală.

torque [tɔ:k] *s.* torsiune.

torrent ['tɒrənt] *s.* torent (*și fig.*). # **~ial** torențial.

torrid ['tɒrɪd] *adj.* **1.** torid, canicular. **2.** (*d. un amor*) pasional.

torsion ['tɔ:ʃn] *s.* torsiune.

torso ['tɔ:səʊ] (*pl.* **~s**) *s.* trunchi, tors.

tort [tɔ:t] *s. jur.* ofensă, daună, prejudiciu.

tortoise ['tɔ:təs] *s.* broască țestoasă (*de uscat*). # **~shell** carapace de broască țestoasă.

tortuous ['tɔ:tʃuəs] *adj.* **1.** sinuos; întortocheat. **2.** încâlcit, complicat.

torture ['tɔ:tʃə] **I.** *s.* tortură (*și fig.*). **II.** *vt.* a tortura, a chinui.

Tory ['tɔ:ri] *s. fam.* membru al Partidului conservator (*în Anglia*).

tosh [tɒʃ] *s. sl.* prostii, idioțenii.

toss [tɒs] **I.** *s.* **1.** *sport* aruncare. **2.** clătinare (*a capului*). **II.** *vt.* **1.** a arunca, a azvârli. **2.** a clătina, a da din (*cap*). **3.** a da cu (*banul*). **III.** *vi.* **1.** a se foi; a se zvârcoli. **2.** a da cu banul. # **~er** *sl.* tâmpit, nesuferit (*s.*); **~-up** dilemă, situație dificilă.

tot [tɒt] *s. fam.* țânc. # **to ~ up** a totaliza, a însuma.

total ['təʊtl] **I.** *s.* total, sumă. **II.** *adj.* total; global; brut. **III.** *vt.*, *vi.* a totaliza. # **~ity** totalitate, întregime.

totalitarian [təʊˌtælɪ'teəriən] *adj.* totalitar.

totem ['təʊtəm] *s.* totem.

totter ['tɒtə] *vi.* a merge clătinându-se.

totty ['tɒti] *s. sl.* bucățică bună, femeie sexy.

touch [tʌtʃ] **I.** *s.* **1.** pipăit: *the sense of* ~ simțul pipăitului. **2.** atingere: *to the* ~ la atingere. **3.** retuș, corectare. **4.** tentă, nuanță; urmă. **5.** legătură, contact: *we keep in* ~ ținem legătura. **6.** strop, pic (*fig.*). **II.** *vt.* **1.** a atinge: *don't ~ it* nu te atinge de asta. **2.** a aduce atingere (*cuiva*). **3.** a impresiona. **4.** a egala (*pe cineva*), a se compara cu. **III.** *vi.* a se atinge, a veni în contact. # **~-and-go** hazardat; problematic; **~down** aterizare; **~ed** impresionat, mișcat; **~ing** impresionant; **~line** *sport* tușă; **~stone** piatră de încercare; **~y** sensibil; irascibil; *to ~ bottom* a da de fund(ul apei); *an easy/soft ~* persoană de la care poți obține bani cu ușurință; ~ *wood!* bate-n lemn! *to lose one's ~* a-și fi pierdut îndemânarea.

tough [tʌf] **I.** *s. fam.* brută, dur. **II.** *adj.* **1.** dificil, greu. **2.** sever, aspru. **3.** dur, violent. **4.** (*d. cineva*) puternic. **5.** (*d. carne*) tare.

6. solid, rezistent. # *as ~ as nails fam.* sănătos tun; ~ *luck!* ghinion!; *to ~ smth. out* a face față unei situații dificile cu stoicism.

toughen ['tʌfn] *vt.* **1.** a înăspri (*o lege*). **2.** a căli, a oțeli (*pe cineva*).

tour [tʊə] **I.** *s.* **1.** călătorie; excursie. **2.** tur (*al unui oraş*). **3.** turneu (*al unui teatru*): *on ~* în turneu. **II.** *vt.* a străbate (*o țară*). **III.** *vi.* a face o călătorie. # **~ism** turism; **~ist** turist.

tournament ['tʊənəmənt] *s.* **1.** *înv.* turnir. **2.** turneu (*de tenis etc.*). **3.** competiție; concurs.

tourney ['tʊəni] *s. amer. înv.* turnir.

tousle ['taʊzl] *vt.* a ciufuli. # **~d** ciufulit.

tout [taʊt] **I.** *s.* persoană care vinde bilete la suprapreț. **II.** *vt.* a atrage, a momi. # *to ~ for customers* a racola clienți.

tow [təʊ] **I.** *s.* remorcare. **II.** *vt.* a remorca. # ~ **truck** *amer.* maşină de depanare.

towards [tə'wɔ:dz] *prep.* **1.** către, spre: *they walked ~ the town* mergeau spre oraş; ~ *noon* spre prânz. **2.** față de: *his attitude ~ me* atitudinea lui față de mine.

towel ['taʊəl] *s.* prosop. # **~ling** material pentru prosoape.

tower ['taʊə] **I.** *s.* **1.** turn: *the Eiffel Tower* turnul Eiffel. **2.** antenă de radio/televiziune. **II.** *vt.* a domina. # ~ **block** bloc-turn.

towering ['taʊərɪŋ] *adj.* **1.** impunător. **2.** de excepție, extraordinar. **3.** (*d. emoții*) puternic, dezlănțuit.

town [taʊn] *s.* oraş. # **~ee**, **~ie** orăşean; ~ **planning** dezvoltare urbană, urbanism; **~speople** orăşeni.

toxic ['tɒksɪk] *adj.* toxic. # **~ity** toxicitate; **~ology** toxicologie.

toxin ['tɒksɪn] *s.* toxină.

toy [tɔɪ] **I.** *s.* jucărie. **II.** *adj.* de jucărie. **III.** *vi.* (**with**) **1.** a se juca (cu). **2.** a cocheta (cu).

trace [treɪs] **I.** *s.* **1.** urmă: *he vanished without (a) ~* a dispărut fără urmă. **2.** trăsătură de condei. **3.** urmă (*de pas etc.*). **II.** *vt.* **1.** a trasa, a trage (*o linie*). **2.** a dibui, a depista. **3.** a descrie, a prezenta. **4.** a urmări (*un animal etc.*). # **~able** detectabil; **~r** *mil.* trasor.

trachea [trə'ki:ə] *s. anat.* trahee.

tracing ['treɪsɪŋ] *s.* desen/copie pe calc. # **~paper** hârtie de calc.

track [træk] **I.** *s.* **1.** făgaş, drum, cale. **2.** urmă (*de picior, de maşină*). **3.** şină (*de tren*). **4.** linie (*de la care pleacă trenul*). **5.** pistă (*de curse*). **6.** piesă muzicală (*de pe un CD*). **7.** şenilă. **II.** *vt.* **1.** a urmări (*un animal*). **2.** (**on**) a lăsa urme de (*noroi pe*). # ~ **and field** *amer.* atletism (*alergări şi sărituri*); **~er** hăitaş, gonaci; **~less trolley** *amer.* troleibuz; **~-suit** trening.

tract [trækt] *s.* **1.** tub: *the digestive ~* tubul digestiv. **2.** ținut, regiune. **3.** mic tratat.

tractable ['træktəbl] *adj.* **1.** docil, blând. **2.** maniabil.

traction ['trækʃn] *s.* tracțiune.

tractor [ˈtræktə] *s.* tractor.

trade [treɪd] **I.** *s.* **1.** meserie, ocupație: *he is a plumber by ~* e instalator de meserie. **2.** comerț: *home ~* comerț interior. **II.** *vt.* a face schimb de. **III.** *vi.* **1.** a face comerț cu. **2.** **(at)** a cumpăra (de la). # ~ **balance** balanță comercială; ~ **deficit** deficit comercial; ~**-in** schimbare a unui produs vechi cu unul nou; ~**mark** marca fabricii; ~**r** negustor, comerciant; ~ **school** școală de meserii, școală profesională; ~ **surplus** excedent comercial; ~ **union** sindicat; ~ **unionist** sindicalist.

tradesman [ˈtreɪdzmən] *s.* **1.** voiajor comercial. **2.** vânzător; negustor, comerciant. **3.** *amer.* meșteșugar.

trading [ˈtreɪdɪŋ] *s.* activitate comercială; vânzare; cumpărare.

tradition [trəˈdɪʃn] *s.* tradiție. # ~**al** tradițional; convențional.

traduce [trəˈdjuːs] *vt.* a calomnia, a defăima.

traffic [ˈtræfɪk] **I.** *s.* **1.** trafic, circulație rutieră. **2.** navigație comercială. **3.** comerț ilicit, trafic. **4.** circulație, mișcare. **II.** *vi.* **(in)** **1.** a face comerț (cu). **2.** a face trafic (de). # ~ **circle** *amer.* sens giratoriu; ~ **island** refugiu (*pentru pietoni);* ~ **jam** ambuteiaj; ~**ker** traficant; ~ **light** semafor, stop; ~ **orders** *ec.* scrisoare de trăsură; ~ **register** registru de mișcare; ~ **road** drum de tranzit.

tragedian [trəˈdʒiːdiən] *s.* **1.** dramaturg. **2.** actor de tragedie.

tragedy [ˈtrædʒədi] *s.* tragedie (*și fig.*).

tragic [ˈtrædʒɪk] *adj.* **1.** tragic. **2.** de tragedie.

trail [treɪl] **I.** *s.* **1.** urmă; dâră: *on the ~ of* pe urmele (*cuiva*). **2.** pistă: *false ~* pistă falsă. **3.** cărare, potecă. **II.** *vt., vi.* a (se) târî. # ~ **blazer** deschizător de drumuri (*fig.*); ~**er** *auto.* remorcă; rulotă.

train [treɪn] **I.** *s.* **1.** tren: *to travel by ~* a călători cu trenul; *to get on/off a ~* a se urca în/a coborî din tren. **2.** șir, convoi. **3.** succesiune, serie: *a ~ of events* o succesiune de evenimente. **4.** trenă. **II.** *vt.* **1.** a deprinde, a învăța; a dresa. **2.** a antrena: *to ~ a team* a antrena o echipă. **III.** *vi.* a se antrena. # ~**ed** experimentat; dresat; ~**ee** stagiar; ~**er** dresor; antrenor; ~**ers** tenişi, pantofi de sport; ~ **set** trenuleț electric (*de jucărie*).

training [ˈtreɪnɪŋ] **I.** *s.* **1.** instruire; calificare. **2.** dresare, dresaj. **3.** antrenare; antrenament. **II.** *adj.* de calificare.

traipse [treɪps] *vi. fam.* a se târî, a merge încet.

trait [treɪt] *s.* trăsătură de caracter.

traitor [ˈtreɪtə] *s.* trădător.

trajectory [trəˈdʒektəri] *s.* traiectorie.

tram [træm] *s.* tramvai. # ~ **lines** șine de tramvai.

trammel [ˈtræml] *vt.* a stăvili, a împiedica.

tramp [træmp] **I.** *s.* **1.** vagabond; cerșetor. **2.** zgomot de pași. **3.** cale lungă. **4.** *amer. fam.* paraşută, curvă. **II.** *vi.* **1.** a tropăi. **2.** a merge cu pas apăsat.

trample ['træmpl] *vt.* a călca în picioare.

trampoline ['træmpəli:n] *s. sport* trambulină (*la gimnastică*).

trance [trɑ:ns] *s.* transă.

tranche [trɑ:nʃ] *s.* tranşă (*de bani etc.*).

tranquil ['træŋkwɪl] *adj.* liniştit, calm; paşnic. # **to ~lize** a linişti, a calma; **~lizer** calmant, tranchilizant.

transaction [træn'zækʃn] *s.* tranzacţie.

transceiver [træn'si:və] *s.* aparat de emisie-recepţie.

transcendental [ˌtrænsen'dentl] *adj.* transcendental.

transcribe [træn'skraɪb] *vt.* a transcrie.

transcription [træn'skrɪpʃn] *s.* transcriere: *phonetic ~* transcriere fonetică.

transept ['trænsept] *s.* transept, naos transversal.

transfer I. ['trænsfɜ:] *s.* **1.** transfer. **2.** transport. **3.** virare: *~ of funds* virare de fonduri. **II.** [træns'fə:] *vt.* **1.** a transfera. **2.** a transporta. **3.** a vira (*bani*). **4.** a transmite (*o boală*).

transfixed [træns'fɪkst] *adj.* înlemnit, ţintuit locului (*de frică etc.*).

transform [træns'fɔ:m] *vt., vi.* a (se) transforma. # **~ation** transformare; **~er** *tehn.* transformator.

transfusion [træns'fju:ʒn] *s.* transfuzie.

transgress [trænz'gres] *vt.* a depăşi (*limitele decenţiei*).

transient ['trænziənt] *adj.* **1.** trecător, temporar; pasager. **2.** în trecere.

transistor [træn'zɪstə] *s. tehn.* tranzistor.

transit ['trænzɪt] *s.* tranzit. # **~ion** tranziţie; **~ory** temporar, trecător.

transitive ['trænsɪtɪv] *adj.* tranzitiv.

translate [træns'leɪt] *vt.* **1.** a traduce (*o carte*). **2.** a transforma. **3.** a descifra.

translation [træns'leɪʃn] *s.* **1.** traducere. **2.** transpunere.

translator [træns'leɪtə] *s.* traducător.

translucent [træns'lu:snt] *adj.* translucid.

transmission [træns'mɪʃn] *s.* **1.** transmitere. **2.** transmisie.

transmit [træns'mɪt] *vt.* a trasmite. # **~ter** *tehn.* transmiţător.

transmute [trænz'mju:t] *vt.* a transforma, a schimba.

transom ['trænsəm] *s.* **1.** traversă, tronson. **2.** *amer.* oberliht.

transparency [træns'pærənsi] *s.* **1.** transparenţă (*şi fig.*). **2.** diapozitiv.

transparent [træns'pærənt] *adj.* **1.** transparent. **2.** limpede. **3.** evident, clar.

transpire [træn'spaɪə] **I.** *vt.* a excreta. **II.** *vi.* **1.** a transpira. **2.** a transpira, a se afla. **3.** a se întâmpla.

transplant I. ['trænsplɑ:nt] *s.* **1.** transplant. **2.** răsad. **II.** [træns'plɑ:nt] *vt.* **1.** a face un transplant de (*rinichi etc.*). **2.** a răsădi (*o plantă*).

transport I. ['trænspɔ:t] *s.* **1.** transport (*rutier etc.*). **2.** mijloc de transport. **3.** transportare. **II.** [træn'spɔ:t] *vt.* **1.** a transporta. **2.** a duce, a purta. **3.** a exila, a deporta. # **~ation** transport; deportare; **~er** vehicul de transport greu; **~s** însufleţire, pornire.

transpose [træn'spəʊz] *vt.* a transpune (*şi fig.*).

transverse ['trænzvɜ:s] *adj.* transversal.

trap [træp] **I.** *s.* **1.** capcană (*şi fig.*). **2.** şaretă, cabrioletă. **3.** *sl.* fleancă, gură. **II.** *vt.* **1.** a prinde în cursă. **2.** a prinde în mreje. **3.** a prinde (*o haină etc.*) în uşă. **4.** a capta (*raze solare etc.*). # **~door** trapă.

trapeze [trə'pi:z] *s.* trapez (*la circ*).

trapezium [trə'pi:ziəm], **trapezoid** (*amer.*) ['træpəzɔɪd] *s.* *geom.* trapez.

trash [træʃ] **I.** *s.* **1.** *amer.* gunoi. **2.** *fam.* porcărie (*film etc.*). **3.** *amer. fam.* om de nimic, lepădătură. **II.** *vt. fam.* **1.** a distruge (*şi fig.*). **2.** a arunca la gunoi. # **~can** ladă de gunoi; **~y** *fam.* de doi bani, foarte prost.

trauma ['trɔ:mə] *s.* **1.** şoc nervos. **2.** traumatism. # **~tic** traumatic; **to ~tize** a traumatiza.

travel ['trævl] **I.** *s.* călătorie, voiaj. **II.** *vi.* **1.** a călători. **2.** a circula, a se deplasa, a merge. **3.** (*d. un vehicul*) a merge cu viteză. # **~ agency** agenţie de voiaj; **~ler** turist, vilegiaturist; **~ogue** film/reportaj despre călătorii; **~-sick** care suferă de rău de maşină.

travelling ['trævlɪŋ] **I.** *s.* deplasare (*în interes de serviciu*). **II.** *adj.* **1.** ambulant. **2.** (*d. o scară*) rulant. **3.** nomad. # **~ salesman** voiajor comercial.

traverse [trə'vɜ:s] *vt.* a străbate.

travesty ['trævəsti] *s.* parodie, imitaţie.

trawl [trɔ:l] **I.** *s.* **1.** năvod. **2.** cercetare, examinare. **II.** *vi.* (**for**) a umbla (după). # **~er** trauler.

tray [treɪ] *s.* tavă.

treacherous ['tretʃərəs] *adj.* **1.** perfid, viclean. **2.** nesigur; periculos.

treachery ['tretʃəri] *s.* trădare.

treacle ['tri:kl] *s.* melasă.

tread [tred] **I.** *s.* **1.** mers, pas. **2.** zgomot de paşi. **3.** partea orizontală a unei trepte de scară. **II.** (*trec.* **trod**, *part. trec.* **trodden**) *vt., vi.* a păşi, a călca: *to ~ water* a călca apa; a bate pasul pe loc. # **~mill** rutină.

treadle ['tredl] *s.* pedală.

treason ['tri:zn] *s.* trădare.

treasure ['treʒə] **I.** *s.* comoară (*şi fig.*). **II.** *vt.* a preţui, a aprecia. # **~r** vistiernic; trezorier.

treasury ['treʒəri] *s.* trezorerie.

treat [tri:t] **I.** *s.* plăcere, deliciu; distracţie. **II.** *vt.* **1.** a trata, a se purta cu. **2.** a considera, a socoti: *I ~ed it as a joke* am luat-o drept glumă. **3.** a trata (*o boală*). **4.** a face cinste (*cuiva*). # **~ise** tratat (*lucrare*); **~y** tratat, convenţie; *to stand ~* a face cinste (*la restaurant etc.*).

treatment ['tri:tmənt] *s.* **1.** tratament, îngrijire medicală. **2.** tratare.

treble ['trebl] **I.** *s.* **1.** voce de sopran. **2.** tonuri înalte (*la stereo etc.*). **II.** *adj.* **1.** întreit, triplu. **2.** (*d. voce*) de sopran. **III.** *vt., vi.* a (se) tripla.

tree [tri:] *s.* copac, pom. # **~top** coroană (*de copac*).

trefoil ['trefɔɪl] *s.* trifoi.

trek [trek] **I.** *s.* **1.** expediţie; mărşăluire (*prin munţi*). **2.** *fam.* drum pe jos obositor. **II.** *vt.* a mărşălui. **III.** *vi.* a face o expediţie.

trellis ['trelɪs] *s.* spalier (*pentru plante*).

tremble ['trembl] **I.** *s.* tremurătură. **II.** *vi.* **1.** a tremura: *to ~ with* a tremura de (*frică etc.*). **2.** a fremăta, a trepida (*de emoţie*).

tremendous [trɪ'mendəs] *adj.* **1.** colosal. **2.** extraordinar, formidabil.

tremor ['tremə] *s.* **1.** cutremurare (*a pământului*), zguduire. **2.** vibraţie; tremur.

tremulous ['tremjələs] *adj.* **1.** tremurător, tremurat. **2.** fremătător, vibrant.

trench [trentʃ] *s.* **1.** tranşee. **2.** şanţ, rigolă.

trenchant ['trentʃənt] *adj.* tranşant.

trencher ['trentʃə] *s.* (*un fel de*) tavă.

trend [trend] *s.* tendinţă. # **~setter** deschizător de drumuri, novator; **~y** *fam.* foarte modern.

trepidation [,trepɪ'deɪʃn] *s.* nelinişte, înfrigurare.

trespass ['trespəs] **I.** *s.* **1.** violare/încălcare a unei legi: *~ to land* pătrundere/intrare pe un teren particular. **2.** *bis.* păcat. **II.** *vi.* **(on)** **1.** a pătrunde (*pe un teren particular*). **2.** a viola (*un domiciliu*). **3.** *bis.* a greşi, a păcătui. # **~er** persoană care pătrunde pe un teren particular.

tresses ['tresɪs] *s. pl.* plete, cosiţe.

trestle ['tresl] *s.* capră de tăiat lemne.

trews [tru:z] *s. pl.* pantaloni (*cadrilaţi*).

triage ['tri:ɑ:ʒ] *s.* triere a bolnavilor în funcţie de gravitatea bolii.

trial ['traɪəl] *s.* **1.** *jur.* judecată; proces: *public ~* proces public; *to stand ~ for fraud* a fi judecat pentru fraudă. **2.** probă; testare. **3.** *sport* selecţionare. # **~ flight** *av.* zbor de încercare; **~s** încercări, greutăţi.

triangle ['traɪæŋgl] *s.* **1.** *geom.* triunghi. **2.** *amer.* echer.

triangular [traɪ'æŋgjələ] *adj.* triunghiular.

tribal ['traɪbl] *adj.* tribal.

tribe [traɪb] *s.* **1.** trib. **2.** tagmă, breaslă.

tribulation [,trɪbju'leɪʃn] *s.* neajuns; calvar.

tribunal [traɪ'bju:nl] *s.* tribunal.

tribune ['trɪbju:n] *s.* **1.** *ist.* tribun. **2.** tribună.

tributary ['trɪbjətri] *s.* *geogr.* afluent.

tribute ['trɪbjuːt] *s.* **1.** tribut, bir. **2.** contribuţie. **3.** preţuire, apreciere.

trice [traɪs] *s.* clipă: *in a ~* într-o clipă.

trick [trɪk] **I.** *s.* **1.** farsă, festă: *to play ~s on* a juca (*cuiva*) un renghi. **2.** şiretlic, vicleşug; şmecherie. **3.** şicană. **4.** obicei, manie. **5.** iluzie optică. **6.** levată (*la jocuri de cărţi*). **II.** *vt.* a păcăli; a înşela. # **~ery** înşelătorie; **~ster** şarlatan.

trickle ['trɪkl] **I.** *s.* firicel de apă. **II.** *vi.* (*d. apă etc.*) a se prelinge; a picura.

tricolour ['trɪkələ] *s.* tricolor.

tricycle ['traɪsɪkl] *s.* tricicletă.

trifle ['traɪfl] *s.* **1.** bagatelă, fleac. **2.** pic (*fig.*): *a ~ (too) short* puţin cam scurt. # *to ~ with smth.* a se juca cu un obiect.

trifling ['traɪflɪŋ] *adj.* minor, neimportant.

trigger ['trɪgə] **I.** *s.* **1.** trăgaci: *to pull the ~* a apăsa pe trăgaci. **2.** mobil, cauză. **II.** *vt.* **1.** a atrage după sine, a produce. **2.** a declanşa (*un mecanism*).

trigger-happy ['trɪgəhæpi] *adj. fam.* **1.** iute la pistol; impulsiv, violent. **2.** pripit, repezit; nestăpânit.

trigonometry [ˌtrɪgə'nɔːmɪtri] *s.* trigonometrie.

trike [traɪk] *s. fam.* tricicletă.

trilby ['trɪlbi] *s.* pălărie moale.

trill [trɪl] **I.** *s.* tril, ciripit. **II.** *vi.* a ciripi.

trilogy ['trɪlədʒi] *s.* trilogie.

trim [trɪm] **I.** *s.* **1.** tuns. **2.** garnitură (*la haine*). **3.** formă bună: *in ~* (*d. un sportiv*) în formă bună. **II.** *adj.* **1.** în formă bună; sănătos. **2.** (*d. ceva*) îngrijit; în bună stare. **III.** *vt.* **1.** a tunde (*părul etc.*). **2.** a garnisi (*o haină*). **3.** a pune în ordine. # **~ming** garnitură; **~mings** furnituri; ornamentaţii.

trimester [traɪ'mestə] *s. amer.* trimestru.

trinity ['trɪnɪti] *s.* trinitate.

trinket ['trɪŋkɪt] *s.* gablonz; bijuterie fără valoare.

trio ['triːəʊ] (*pl ~s*) *s.* trio.

trip [trɪp] **I.** *s.* **1.** excursie; drum. **2.** poticnire; pas greşit. **II.** *vt.* a pune piedică (*cuiva*). **III.** *vi.* a se împiedica; a face un pas greşit. # **~per** excursionist.

tripe [traɪp] *s.* **1.** burtă (*de vacă*). **2.** *fam.* porcărie, tâmpenie.

triple ['trɪpl] **I.** *adj.* triplu. **II.** *vt.* a tripla. # **the ~ jump** triplu salt; **~ts** tripleţi, trei gemeni.

tripod ['traɪpɒd] *s.* trepied.

triptych ['trɪptɪk] *s.* triptic.

trite [traɪt] *adj.* banalizat, prea repetat.

triumph ['traɪəmf] **I.** *s.* **1.** victorie. **2.** triumf; biruinţă. **II.** *vi.* a repurta o victorie; a fi victorios. # **~ant** victorios; triumfător.

trivia ['trɪviə] *s. pl.* nimicuri, fleacuri.

trivial ['trɪviəl] *adj.* nesemnificativ, fără importanţă. # **~ities** nimicuri; **~ity** platitudine; **to ~ize** a bagateliza.

trod ['trɒd] *trec. de la* **to tread**. # **~den** *part. trec. de la* **to tread**.

troglodyte ['trɒglədaɪt] *s.* troglodit (*şi fig.*).
troll ['trəʊl] *vi.* **(for) 1.** a pescui din barcă. **2.** a vâna (*fig.*): *to ~ for votes* a vâna voturi.
trolley ['trɒli] *s.* **1.** cărucior (*la supermarket*). **2.** servantă, măsuţă cu rotile. # **~bus** troleibuz.
trollop ['trɒləp] *s.* **1.** femeie îngălată. **2.** curvă.
trombone [trɒm'bəʊn] *s. muz.* trombon.
tromp [trɒmp] *vi. amer.* a merge cu pas apăsat.
troop [tru:p] **I.** *s.* **1.** *mil.* trupă. **2.** grup. **II.** *vi.* a merge în grup.
trooper ['tru:pə] *s.* **1.** soldat (*de cavalerie*). **2.** *amer.* poliţist (*călare*).
trope [trəʊp] *s.* trop, figură de stil.
trophy ['trəʊfi] *s.* **1.** cupă; medalie. **2.** trofeu.
tropic ['trɒpik] *s. geogr.* tropic. # **~al** tropical.
trot [trɒt] **I.** *s.* **1.** trap. **2.** *fam.* pici, ţânc. **II.** *vi.* **1.** a merge la trap. **2.** a tropăi. # *on the ~ fam.* unul după altul; consecutiv; foarte prins/ ocupat.
trotter ['trɒtə] *s.* **1.** picior de porc etc. (*ca aliment*). **2.** (cal) trăpaş.
trouble ['trʌbl] **I.** *s.* **1.** dificultate, neajuns. **2.** încurcătură, belea: *to run into ~* a da de belea. **3.** tulburare (*a ordinii publice*). **4.** afecţiune, boală. **5.** defecţiune. **II.** *vt.* **1.** a deranja (*pe cineva*). **2.** a supăra, a nemulţumi. **3.** (*d. o boală*) a chinui, a supăra. # **~maker** scandalagiu; **~some** sâcâitor, agasant; **~ spot** zonă fierbinte.
troubled ['trʌbld] *adj.* **1.** tulbure (*şi fig.*). **2.** frământat, neliniştit.
trough [trɔ:f] *s.* **1.** adăpătoare, troacă. **2.** *nav.* gol de undă. # *peaks and ~s* suişuri şi coborâşuri.
trounce [traʊns] *vt.* a bate, a nimici (*o echipă etc.*).
troupe [tru:p] *s.* trupă (*de actori etc.*).
trousers ['traʊzəz] *s. pl.* pantaloni.
trousseau ['tru:səʊ] *s.* trusou.
trout [traʊt] *s.* păstrăv.
trowel ['traʊəl] *s.* şpaclu, mistrie.
truancy ['tru:ənsi] *s.* chiul.
truant ['tru:ənt] *s.* chiulangiu.
truce [tru:s] *s.* armistiţiu.
truck [trʌk] *s.* **1.** camion. **2.** vagon-platformă. **3.** troc, schimb de mărfuri. # **~er** şofer de camion; **~ing** de transport; **~ system** plata salariilor în natură.
truculent ['trʌkjələnt] *adj.* **1.** clonţos; arţăgos. **2.** agresiv.
trudge [trʌdʒ] **I.** *s.* mers anevoios. **II.** *vi.* a se târî, a merge anevoios.
true [tru:] **I.** *adj.* **1.** adevărat, autentic; real: *the ~ face of communism* adevărata faţă a comunismului. **2.** corect: *~ or false* corect sau greşit. **3.** devotat: *a ~ friend* prieten credincios. **II.** *adv.* direct. # **~-born** get-beget; **~bred** pur sânge, de rasă; *to come ~* a se adeveri/realiza; *~ to life* (*d. un personaj*) rupt din realitate; *to speak ~* a spune adevărul.
truffle ['trʌfl] *s.* trufă (*ciupercă şi bomboană*).

truly ['tru:li] *adv.* cu adevărat, într-adevăr.

trump [trʌmp] **I.** *s.* atu. **II.** *vt.* a surclasa, a depăşi. **III.** *vi.* a juca atu. # **~card** atu (*şi fig.*); **~ed-up** scornit.

trumpet ['trʌmpɪt] **I.** *s.* trompetă. **II.** *vt.* a răspândi, a trâmbiţa. # **~er** trompetist.

truncate [trʌŋ'keɪt] *vt.* a trunchia, a ciunti.

truncheon ['trʌntʃn] *s.* baston de poliţist.

trundle ['trʌndl] *vi.* a merge încet cu pas greu.

trunk [trʌŋk] *s.* **1.** trunchi de copac. **2.** trompă (*de elefant*). **3.** cufăr. **4.** *anat.* trunchi. **5.** *amer.* portbagaj. # **~ road** şosea; **~s** costum de baie.

truss [trʌs] **I.** *s.* **1.** bandaj pentru hernie. **2.** *constr.* grindă de susţinere. **II.** *vt.* a lega de mâini şi de picioare.

trust [trʌst] **I.** *s.* **1.** încredere. **2.** *jur.* fideicomis. **3.** speranţă. **4.** credit: *on ~* pe credit. **5.** trust, cartel. **II.** *vt.* **1.** a avea încredere în. **2.** a spera că. # **~ee** tutore; fideicomis; **~eeship** tutelă, administrare; **~ing** încrezător, credul; **~worthy** de încredere.

trusty ['trʌsti] **I.** *s.* deţinut care se bucură de unele privilegii pe motiv de bună purtare. **II.** *adj.* de încredere.

truth [tru:θ] *s.* adevăr. # *in ~* de fapt; *~ to say* sincer să fiu.

truthful ['tru:θfl] *adj.* **1.** sincer. **2.** veridic.

try [traɪ] **I.** *s.* **1.** încercare: *have another ~* mai încearcă o dată. **2.** eseu (*la rugbi*). **II.** *vt., vi.* a încerca. # **~ing** greu, dificil; enervant; **~-out** *amer. sport* selecţionare; *to ~ one's best* a face tot posibilul; *to ~ out for amer.* a candida/concura pentru.

tryst [trɪst] *s.* întâlnire amoroasă tainică.

tsar [zɑ:] *s.* ţar. # **~ina** *înv.* ţarină.

tsetse fly ['tsetsi flaɪ] *s.* musca ţeţe.

T-shirt ['ti:ʃɜ:t] *s.* tricou.

T-square ['ti:skweə] *s.* teu.

tub [tʌb] *s.* **1.** cadă. **2.** cutie (*de margarină etc.*). **3.** ciubăr.

tuba ['tju:bə] *s. muz.* tubă.

tubby ['tʌbi] *adj. fam.* bondoc.

tube [tju:b] *s.* **1.** ţeavă, conductă; tub. **2.** *anat.* tub, canal; trompă. **3.** *med.* dren(ă). **4.** cameră de aer (*la anvelopă*). **5.** *amer.-fam.* televizor. **6.** *fam.* metrou. **7.** lampă de radio.

tuberculosis [tju:ˌbɜ:kju'ləʊsɪs] *s.* tuberculoză.

tuck [tʌk] **I.** *s.* **1.** pliu, cută, pliseu. **2.** *fam.* haleală, mâncare. **II.** *vt.* **1.** a plisa. **2.** a vârî, a băga. **3.** a înveli, a acoperi. # **~er** babeţică; **~-in** masă copioasă; **to ~ in** a înfuleca; **~ shop** *şcol.* bufet.

Tuesday ['tju:zdeɪ] *s.* marţi.

tuft [tʌft] *s.* smoc.

tug [tʌg] **I.** *s.* **1.** smucitură. **2.** remorcher. **II.** *vt.* a trage, a smuci: *he was ~ging her hair* o trăgea de păr. **III.** *vi.* (**at**) a trage (de). # **~boat** remorcher.

tuition [tju:'ıʃn] *s. şcol.* pregătire, instruire: *private* ~ ore particulare; ~ *in French* ore de franceză.

tulip ['tju:lıp] *s.* lalea.

tulle [tju:l] *s.* tul.

tum [tʌm] *s. anat. fam.* burtă.

tumble ['tʌmbl] **I.** *s.* **1.** cădere (*la pământ*). **2.** prăbuşire (*a preţurilor*). **3.** tumbă. **4.** talmeş-balmeş. **II.** *vi.* **1.** a cădea, a se prăvăli. **2.** (*d. preţ*) a scădea vertiginos. **3.** (**into**) a se trânti (*în pat etc.*). # **~-down** (*d. o casă*) dărâmat; **~weed** ciulin.

tumbler ['tʌmblə] *s.* **1.** acrobat. **2.** pahar (*fără picior*).

tumescent [tju:'mesnt] *adj.* tumefiat, umflat.

tummy ['tʌmi] *s. fam.* burtică.

tumour ['tju:mə] *s.* tumoră.

tumult ['tju:mʌlt] *s.* tumult, agitaţie. # **~uous** agitat, frământat.

tuna ['tju:nə] *s.* ton (*peşte*).

tune [tju:n] **I.** *s.* **1.** melodie; cântec. **2.** acord, armonie. **3.** stare de spirit: *to be in* ~ a fi bine dispus. **II.** *vt.* **1.** a acorda (*un instrument*). **2.** a regla, a potrivi (*un aparat etc.*). # **~ful** melodios; **~less** discordant; **~r** acordor (*de instrumente*); scală.

tunic ['tju:nık] *s.* tunică.

tuning ['tju:nıŋ] *s.* **1.** acordare (*a unui instrument*). **2.** reglare. # ~ **fork** diapazon.

tunnel ['tʌnl] *s.* tunel; pasaj subteran; galerie.

tunny ['tʌni] *s.* ton (*peşte*).

tuppence ['tʌpəns] *s. fam.* sumă de doi peni.

tuppenny ['tʌpəni] *adj. fam.* de doi peni.

turban ['tɜ:bən] *s.* turban.

turbid ['tɜ:bıd] *adj.* tulbure.

turbine ['tɜ:baın] *s.* turbină.

turbojet ['tə:bəʊdʒet] *s.* turboreactor.

turbot ['tɜ:bət] *s.* calcan.

turbulence ['tɜ:bjuləns] *s.* **1.** turbulenţă (atmosferică). **2.** tulburări sociale, dezordini (stradale).

turbulent ['tɜ:bjulənt] *adj.* **1.** turbulent, violent. **2.** (*d. vânt*) schimbător, variabil. **3.** tumultuos.

turd [tɜ:d] *s. sl.* excrement.

turren [tə'ri:n] *s.* supieră.

turf [tɜ:f] **I.** *s.* **1.** gazon. **2.** turbă. **II.** *vt.* **1.** a gazona. **2.** (**out of**) *fam.* a da afară (din). # **the** ~ curse de cai.

turgid ['tɜ:dʒıd] *adj.* **1.** (*d. ape*) umflat, crescut. **2.** (*d. stil*) încâlcit; pompos.

Turk ['tɜ:k] *s.* turc.

turkey ['tɜ:ki] *s.* **1.** curcan. **2.** carne de curcan. **3.** *amer. fam.* fiasco (*film etc.*).

Turkish ['tɜ:kıʃ] **I.** *s.* limba turcă. **II.** *adj.* turcesc. # ~ **bath** baie turcească; ~ **delight** rahat.

turmoil ['tɜ:mɔıl] *s.* tumult, agitaţie.

turn [tɜ:n] **I.** *s.* rotire, învârtire. **II.** *vt.* **1.** a învârti. **2.** a o coti, a da (*colţul*). **3.** a îndrepta (*arma*). **4.** a întoarce. **5.** a face (*un salt*). **6.** a transforma. **7.** a împlini (*o vârstă*). **8.** a da (*faliment*). **9.** a strunji.

III. *vi.* **1.** a se roti, a se învârti. **2.** a se întoarce. **3.** a se transforma. **4.** a deveni. # **~about** schimbare radicală; **~(a)round** reviriment; **~coat** *fam.* traseist, dezertor; **~ing** cotitură, curbă; **~ing point** cotitură (*fig.*); **~-off** ieşire din autostradă, drum secundar; **~out** participare (*la vot etc.*); **~over** cifră de afaceri; randament; **~pike** *amer.* autostradă cu plată; **~ signal** *auto* semnalizator de direcţie; **~stile** turnichet; **~-up** manşetă (*la pantaloni*); *at every ~* pretutindeni; *by ~s* cu schimbul; *in one's ~* la rândul său; *in ~* pe rând; *on the ~* în schimbare; *to ~ on* a se năpusti asupra; *to ~ up* a se ivi, a apărea.

turpentine ['tɜ:pəntaɪn] *s.* terebentină.

turpitude ['tɜ:pɪtju:d] *s.* neruşinare.

turquoise ['tɜ:kwɔɪz] **I.** *s.* turcoază, peruzea. **II.** *adj.* turcoaz.

turret ['tʌrət] *s.* **1.** turnuleţ. **2.** *av.* turelă.

turtle ['tɜ:tl] *s.* broască ţestoasă (de mare). # **~ dove** turturea; **~neck** pulover pe gât; *to turn ~* (*d. o barcă*) a se răsturna.

tusk [tʌsk] *s.* colţ (*de elefant etc.*).

tussle ['tʌsl] **I.** *s.* încăierare, luptă corp la corp. **II.** *vi.* a se lupta; a se încăiera.

tussock ['tʌsək] *s.* iarbă înaltă.

tutelage ['tju:təlɪʤ] *s.* tutelă.

tutor ['tju:tə] **I.** *s.* **1.** preparator (*la universitate*). **2.** profesor particular (*meditator*). **3.** metodă (*de chitară etc.*). **II.** *vt.* **1.** a instrui, a pregăti (*un elev*). **2.** a medita (*pe cineva*).

tuxedo [tʌk'si:dəʊ] (*pl.* **~s**) *s. amer.* smoching.

twaddle ['twɔ:dl] *s. fam.* vorbărie goală.

twain [tweɪn] *num. înv.* doi.

twang [twæŋ] **I.** *s.* **1.** vorbit pe nas. **2.** zdrăngănit. **II.** *vt.* a zdrăngăni la (*chitară etc.*). **III.** *vi.* (*d. arcuri*) a scârţâi.

tweak [twi:k] *vt.* **1.** a trage (*de urechi*). **2.** a aranja, a îndrepta. **3.** a regla.

twee [twi:] *adj. fam.* (prea) drăguţ.

tweed [twi:d] *s.* tweed, stofă fină de lână.

tweet [twi:t] *s.* piuit.

tweeter ['twi:tə] *s.* difuzor de sunete înalte.

tweezers ['twi:zəz] *s. pl.* pensetă.

twelve [twelv] *num.* doisprezece.

twenty ['twenti] *num.* douăzeci.

twerp [twɜ:p] *s. fam.* nesuferit.

twice [twaɪs] *adv.* de două ori: *~ a month* de două ori pe lună.

twiddle ['twɪdl] **I.** *s.* răsucire, învârtire. **II.** *vi.* (**with**) a se juca distrat (cu).

twiddly ['twɪdli] *adj. fam.* complicat.

twig [twɪg] **I.** *s.* crenguţă, rămurică. **II.** *vt. fam.* a înţelege, a pricepe.

twilight ['twaɪlaɪt] **I.** *s.* amurg, asfinţit. **II.** *adj.* **1.** crepuscular. **2.** confuz, neclar; obscur.

twin [twɪn] **I.** *s.* geamăn: *she's expecting ~s* o să nască gemeni.

II. *adj.* **1.** geamăn. **2.** identic, similar; pereche. **III.** *vt.* (**with**) a înfrăți (cu). # **~-bedded** (*d. o cameră*) cu două paturi.

twine [twaɪn] **I.** *s.* **1.** sfoară. **2.** încâlceală. **3.** meandru, sinuozitate. **II.** *vi.* a se încolăci.

twinge [twɪndʒ] *s.* junghi, înțepătură. # ~ *of conscience* mustrare de conștiință.

twinkle ['twɪŋkl] **I.** *s.* licărire. **II.** *vi.* a licări.

twinkling ['twɪŋklɪŋ] *s.* clipită: *in the ~ of an eye* cât ai clipi din ochi.

twirl [twɜ:l] **I.** *s.* rotire, învârtire. **II.** *vt., vi.* a (se) roti, a (se) învârti.

twist [twɪst] **I.** *s.* **1.** răsucire. **2.** întorsătură, turnură. **3.** cotitură, curbură. **4.** twist (*dans*). **II.** *vt.* **1.** a răsuci. **2.** a întoarce (*capul*). **3.** a-și luxa (*un picior*). **4.** a răstălmăci, a denatura (*faptele*). **III.** *vi.* **1.** a se răsuci. **2.** a se întoarce (*să vadă ceva*). **3.** a se încolăci. **4.** a se contorsiona. **5.** a se zvârcoli. # **~er** *amer. fam.* tornadă; **~y** (*d. un drum*) cu multe curbe, șerpuitor.

twisted ['twɪstɪd] *adj.* **1.** luxat, scrântit. **2.** contorsionat. **3.** (*d. cineva*) dezechilibrat.

twit [twɪt] *s. fam.* **1.** imbecil. **2.** insuportabil, nesuferit.

twitch [twɪtʃ] **I.** *s.* **1.** zvâcnire: *I have a ~ in my left eye* mi se zbate ochiul stâng. **2.** crispare. **3.** tic: *a nervous ~* tic nervos. **II.** *vt.* **1.** a smulge. **2.** a ciuli (*urechile*). **III.** *vi.* **1.** a zvâcni. **2.** a se crispa. **3.** (*d. un zâmbet*) a flutura. **4.** a avea un tic. # **~y** agitat, nervos.

twitter ['twɪtə] **I.** *s.* **1.** ciripit. **2.** *fam.* nervozitate. **II.** *vi.* a ciripi.

twixt [twɪkst] *prep. înv.* între.

two [tu:] *num.* doi. # **~-bit** *amer. fam.* de nimic; **~ bits** *amer. fam.* 25 de cenți; **~-edged** cu două tăișuri (*și fig.*); **~-faced** *fam.* ipocrit, cu două fețe; **~pence** monedă de doi peni; **~some** pereche; **to ~-time** a înșela (*iubita*); **~-way** reciproc; *~ by ~* doi câte doi; *~ or three* câțiva; *that makes ~ of us! fam.* și eu la fel!

tycoon [taɪ'ku:n] *s.* magnat.

tyke [taɪk] *s. fam* **1.** javră. **2.** ţânc, pici.

type [taɪp] **I.** *s.* **1.** tip, model, prototip. **2.** fel, soi; gen (*de om etc.*). **3.** literă de tipar: *~ body* corp de literă. **II.** *vt., vi.* a bate la mașină. # **~setter** zețar; **~writer** dactilograf(ă); **~writing** dactilografie; **~written** dactilografiat; procesat.

typhoid ['taɪfɔɪd] *s.* febră tifoidă.

typhoon [taɪ'fu:n] *s.* taifun.

typhus ['taifəs] *s.* tifos.

typical ['tɪpɪkl] *adj.* **1.** tipic, caracteristic. **2.** normal, obișnuit.

typically ['tɪpɪkəli] *adv.* **1.** în mod obișnuit. **2.** în mod normal. # **~!** asta îl caracterizează!

typify ['tɪpɪfaɪ] *vt.* a caracteriza; a exemplifica.

typing ['taɪpɪŋ] **I.** *s.* dactilografiere. **II.** *adj.* de dactilografie.

typist ['taɪpɪst] *s.* **1.** dactilograf(ă). **2.** *inf.* procesator.

typo ['taɪpəʊ] (*pl.* **~s**) *s. fam.* greşeală de ortografie (*în text bătut la maşină*).

typography [taɪ'pɒgrəfi] *s.* tipografie.

typology [taɪ'pɒlədʒi] *s.* tipologie.

tyrannical [tɪ'rænɪkl] *adj.* tiranic, despotic.

tyrannize ['tɪrənaɪz] *vt.* a tiraniza.

tyranny ['tɪrəni] *s.* tiranie.

tyrant ['taɪrənt] *s.* tiran, despot.

tyre ['taɪə] *s.* anvelopă, pneu: *bald/ worn ~s* anvelope uzate.

tyro ['taɪrəʊ] (*pl.* **~s**) *s.* novice, începător.

tzar [zɑː] *s.* ţar. # **~ina** *înv.* ţarină.

U

U, u [ju:] (litera) U, u.
ubiquitous [ju:'bɪkwɪtəs] *adj.* **1.** nelipsit, omniprezent. **2.** obişnuit; frecvent.
ubiquity [ju:'bɪkwɪti] *s.* omniprezenţă.
udder ['ʌdə] *s.* uger.
ugly ['ʌgli] *s.* **1.** urât, hâd. **2.** neplăcut.
ulcer ['ʌlsə] *s.* ulcer. # **to ~ate** a produce o ulceraţie; **~ation** ulceraţii.
ulna ['ʌlnə] (*pl.* **~e**) *s. anat.* cubitus.
ulterior [ʌl'tɪəriə] *adj.* **1.** ulterior. **2.** secret, ascuns.
ultimate ['ʌltɪmɪt] **I.** *s. fam.* ultimul răcnet. **II.** *adj.* **1.** ultim, final. **2.** definitiv. **3.** fundamental; elemental. # **~ly** în cele din urmă.
ultimatum [,ʌltɪ'meɪtəm] *s.* ultimatum.
ultramarine [,ʌltrə'məri:n] *s.* ultramarin.
ultrasound ['ʌltrəsaʊnd] *s.* ultrasunet.
ultraviolet [,ʌltrə'vaɪəlɪt] *adj.* (de) ultraviolete.
ululate ['ju:ljuleɪt] *vi.* **1.** a urla. **2.** a se lamenta.
umber ['ʌmbə] *s.* (culoarea) maro închis.
umbrage ['ʌmbrɪʤ] *s.* jignire: *to take ~ at* a se simţi ofensat de.
umbrella [ʌm'brelə] *s.* **1.** umbrelă: *to put up/fold up one's ~* a deschide/închide umbrela. **2.** protecţie, pavază, oblăduire.
umpire ['ʌmpaɪə] **I.** *s.* arbitru. **II.** *vt., vi.* a arbitra (*un meci*).
umpteen [ʌmp'ti:n] *adj.* nenumărat: *~ times* de nenumărate ori.
unabashed [,ʌnə'bæʃt] *adj.* liniştit, cu stăpânire de sine.
unabated [,ʌnə'beɪtɪd] *adj.* nepotolit.
unable [ʌn'eɪbl] *adj.* incapabil: *~ to move* incapabil să se mişte.
unabridged [,ʌnə'brɪʤd] *adj.* (*d. o ediţie*) complet, integral.
unacceptable [,ʌnək'septəbl] *adj.* inacceptabil.
unaccompanied [,ʌnə'kʌmpənɪd] *adj.* neinsoţit.
unaccountable [,ʌnə'kaʊntəbl] *adj.* inexplicabil.
unaccounted [,ʌnə'kaʊntid] *adj.* (**for**) dispărut: *80 civilians are ~ for after the disaster* în urma dezastrului 80 de persoane sunt date dispărute.
unaccustomed [,ʌnə'kʌstəmd] *adj.* neobişnuit.
unachievable [,ʌnə'tʃi:vəbl] *adj.* irealizabil, imposibil.

unacknowledged [ˌʌnək'nɒlɪdʒd] *adj.* **1.** nerecunoscut. **2.** neştiut, necunoscut.
unacquainted [ˌʌnə'kweɪntɪd] *adj.* care nu cunoaşte, neavizat.
unadulterated [ˌʌnə'dʌltəreɪtɪd] *adj.* **1.** pur, nefalsificat. **2.** sincer, neprefăcut. **3.** (*d. hrană*) natural, simplu.
unaffected [ˌʌnə'fektɪd] *adj.* **1.** neinfluenţat, neafectat. **2.** sincer, natural.
unaffiliated [ˌʌnə'fɪlɪeɪtɪd] *adj.* neafiliat; independent; neînregimentat politic.
unafraid [ˌʌnə'freɪd] *adj.* liniştit, calm.
unalterable [ʌn'ɔːltərəbl] *adj.* imuabil.
unaltered [ʌn'ɔːltəd] *adj.* neschimbat.
unambiguons [ˌʌnəm'bɪgjuəs] *adj.* precis, clar.
unanimity [ˌjuːnə'nɪmɪti] *s.* unanimitate.
unanimous [ju'nænɪməs] *adj.* unanim.
unannounced [ˌʌnə'naʊnst] *adj.* **1.** neinvitat. **2.** neprevăzut, neaşteptat.
unanswerable [ʌn'ɑːnsərəbl] *adj.* **1.** incontestabil. **2.** fără răspuns.
unanswered [ʌn'ɑːnsəd] *adj.* **1.** (*d. un caz*) neelucidat. **2.** fără răspuns.
unanticipated [ˌʌnæn'tɪsɪpeɪtɪd] *adj.* neprevăzut, neaşteptat.
unappealing [ˌʌnə'piːlɪŋ] *adj.* neplăcut; neatractiv.
unapproachable [ˌʌnə'prəʊtʃəbl] *adj.* (*d. cineva*) inaccesibil; distant, rezervat.
unarguable [ʌn'ɑːgjuəbl] *adj.* de necontestat.
unarmed [ʌn'ɑːmd] *adj.* neînarmat.
unashamed [ˌʌnə'ʃeɪmd] *adj.* neruşinat.
unasked [ʌn'ɑːskt] *adj.* neinvitat.
unassailable [ˌʌnə'seɪləbl] *adj.* intangibil.
unassuming [ˌʌnə'sjuːmɪŋ] *adj.* modest.
unattached [ˌʌnə'tæʃt] *adj.* **1.** necăsătorit, singur. **2.** neînregimentat politic, independent.
unattainable [ˌʌnə'teɪnəbl] *adj.* inaccesibil.
unattended [ˌʌnə'tendɪd] *adj.* nesupravegheat.
unauthorized [ʌn'ɔːθəraɪzd] *adj.* **1.** neautorizat. **2.** abuziv; ilicit.
unavailable [ˌʌnə'veɪləbl] *adj.* **1.** de negăsit; epuizat. **2.** indisponibil. **3.** inutilizabil.
unavailing [ˌʌnə'veɪlɪŋ] *adj.* inutil.
unavoidable [ˌʌnə'vɔɪdəbl] *adj.* inevitabil.
unaware [ˌʌnə'weə] *adj.* **1.** în necunoştinţă de cauză: *to be ~ of* a nu şti că. **2.** naiv.
unawares [ˌʌnə'weəz] *adj.* **1.** prin surprindere. **2.** pe nesimţite.
unbalanced [ʌn'bælənst] *adj.* dezechilibrat.
unbearable [ʌn'beərəbl] *adj.* de nesuportat.
unbeatable [ʌn'biːtəbl] *adj.* imbatabil, invincibil.
unbeaten [ʌn'biːtn] *adj.* **1.** (*d. o cale*) nebătut. **2.** invincibil.

unbecoming [ˌʌnbɪˈkʌmɪŋ] *adj.* nepotrivit, neadecvat.

unbeknown [ˌʌnbɪˈnəʊn] *adj.* neştiut: ~ *to her* fără ştirea ei.

unbelievable [ˌʌnbɪˈliːvəbl] *adj.* **1.** incredibil. **2.** groaznic.

unbeliever [ˌʌnbɪˈliːvə] *adj.* necredincios; ateu.

unbelieving [ˌʌnbɪˈliːvɪŋ] *adj.* neîncrezător.

unbending [ʌnˈbendɪŋ] *adj.* neînduplecat; inflexibil.

unbiased [ʌnˈbaɪəst] *adj.* imparțial, nepărtinitor.

unbidden [ʌnˈbɪdn] *adj.* nepoftit, neinvitat.

unblemished [ʌnˈblemɪʃt] *adj.* nepătat, ireproşabil.

unblinking [ʌnˈblɪŋkɪŋ] *adj.* (*d. o privire*) fix.

unborn [ʌnˈbɔːn] *adj.* nenăscut.

unbounded [ʌnˈbaʊndɪd] *adj.* nemăsurat (*fig.*).

unbowed [ʌnˈbaʊd] *adj.* neîngenuncheat (*fig.*).

unbreakable [ʌnˈbreɪkəbl] *adj.* indestructibil.

unbridgeable [ʌnˈbrɪdʒəbl] *adj.* de nedepăşit, nesurmontat.

unbroken [ʌnˈbrəʊkən] *adj.* **1.** continuu, neîntrerupt. **2.** *sport* (*d. un record*) neegalat.

unbuckle [ʌnˈbʌkl] *vt.* a desface (*o cataramă*).

unburden [ʌnˈbɜːdn] *vt.* a despovăra: *to ~ yourself* a se destăinui.

unbutton [ʌnˈbʌtn] *vt.* a descheia.

uncalled for [ʌnˈkɔːld fɔː] *adj.* neavenit, deplasat.

uncanny [ʌnˈkæni] *adj.* straniu.

uncared for [ʌnˈkeəd fɔː] *adj.* neîngrijit.

uncaring [ʌnˈkeərɪŋ] *adj.* nepăsător.

unceasing [ʌnˈsiːsɪŋ] *adj.* **1.** continuu. **2.** asiduu.

unceremonious [ʌnˌserəˈməʊniəs] *adj.* **1.** fără fasoane. **2.** (*d. grabă*) suspect.

uncertain [ʌnˈsɜːtn] *adj.* **1.** nesigur, incert. **2.** schimbător; fluctuant. **3.** neclar. **4.** şovăielnic. # *in no ~ terms* fără menajamente.

uncertainly [ʌnˈsɜːtnli] *adv.* **1.** la întâmplare. **2.** şovăielnic.

uncertainty [ʌnˈsɜːtnti] *s.* **1.** nesiguranță, incertitudine. **2.** echivoc. **3.** vicisitudine: *life's uncertainties* vicisitudinile vieții.

unchallengeable [ʌnˈtʃælɪndʒəbl] *adj.* **1.** indubitabil. **2.** *jur.* irecuzabil. **3.** (*d. putere*) discreționar.

unchallanged [ʌnˈtʃælɪndʒd] *adj.* **1.** necontestat. **2.** cu puteri discreționare. **3.** nestânjenit.

unchangeable [ʌnˈtʃeɪndʒəbl] *adj.* imuabil.

unchanged [ʌnˈtʃeɪndʒd] *adj.* **1.** neschimbat. **2.** de nezdruncinat.

unchanging [ʌnˈtʃeɪndʒɪŋ] *adj.* **1.** imuabil. **2.** invariabil. **3.** etern.

uncharitable [ʌnˈtʃærɪtəbl] *adj.* **1.** nemilos. **2.** nedrept.

uncharted [ʌnˈtʃɑːtɪd] *adj.* **1.** (*d. o situație*) nesigur. **2.** (*d. ceva*) necunoscut.

unchecked [ʌnˈtʃekt] *adj.* necontrolat.

uncivil [ʌn'sɪvl] *adj.* nepoliticos.
unclaimed [ʌn'kleɪmd] *adj.* nerevendicat.
unclassified [ʌn'klæsɪfaɪd] *adj.* (*d. documente*) neclasificat, făcut public.
uncle ['ʌŋkl] *s.* **1.** unchi. **2.** *fam.* nene.
unclean [ʌn'kli:n] *adj.* **1.** murdar. **2.** imund (*fig.*). **3.** necurat, spurcat.
unclear [ʌn'klɪə] *adj.* **1.** neclar, neconturat. **2.** nesigur.
unclothed [ʌn'kləʊðd] *adj.* despuiat, gol.
uncluttered [ʌn'klʌtəd] *adj.* **1.** (*d. o cameră*) aerisit, degajat. **2.** simplu.
uncomfortable [ʌn'kʌmftəbl] *adj.* **1.** (*d. pantofi etc.*) incomod. **2.** stânjenit. **3.** stânjenitor.
uncommitted [ˌʌnkə'mɪtɪd] *adj.* indecis: ~ *voters* votanți indeciși.
uncommon [ʌn'kɒmən] *adj.* neobișnuit; rar. # **~ly** deosebit/extrem de.
uncommunicative [ˌʌnkə'mju:nɪkətɪv] *adj.* tăcut, taciturn.
uncompetitive [ˌʌnkəm'petɪtɪv] *adj.* necompetitiv.
uncompleted [ˌʌnkəm'plɪtɪd] *adj.* neterminat.
uncomplicated [ʌn'kɒmplɪkeɪtɪd] *adj.* simplu; nepretențios.
uncomplimentary [ʌnˌkɒmplɪ'mentri] *adj.* insultător.
uncomprehending [ʌnˌkɒmprɪ'hendɪŋ] *adj.* nedumerit.
uncompromising [ʌn'kɒmprəmaɪzɪŋ] *adj.* intransigent.
unconcealed [ˌʌnkən'si:ld] *adj.* **1.** nedisimulat. **2.** (*d. opinii*) dezvăluit.
unconcern [ˌʌkən'sɜ:n] *s.* nepăsare, lipsă de interes. # **~ed** indiferent.
unconditional [ˌʌnkən'dɪʃnl] *adj.* necondiționat.
uncongenial [ˌʌnkən'dʒi:niəl] *adj.* **1.** antipatic. **2.** neplăcut.
unconnected [ˌʌnkə'nektɪd] *adj.* (**with**) fără legătură (cu).
unconscious [ʌn'kɒnʃəs] *adj.* **1.** inconștient, leșinat: *to become* ~ a-și pierde cunoștința. **2.** involuntar. # **~ly** fără să vrea; **~ness** leșin; sincopă.
unconsidered [ˌʌnkən'sɪdəd] *adj.* necugetat, nesocotit.
unconstitutional [ʌnˌkɒnstɪ'tju:ʃnl] *adj.* neconstituțional.
uncontested [ˌʌnkən'testɪd] *adj.* necontestat.
uncontroversial [ʌnˌkɒntrə'vɜ:ʃl] *adj.* necontroversat.
unconvinced [ˌʌnkən'vɪnst] *adj.* neîncrezător, sceptic.
unconvincing [ˌʌnkən'vɪnsɪŋ] *adj.* neconvingător.
uncooked [ʌn'kʊkt] *adj.* **1.** (*d. o legumă etc.*) crud, în stare naturală. **2.** (*d. friptură*) nefăcut.
uncooperative [ˌʌnkəʊ'ɒpərətɪv] *adj.* necooperant.
uncork [ʌn'kɔ:k] *vt.* a scoate (*un dop*).
uncouple [ʌn'kʌpl] *vt.* a decupla (*un vagon*).
uncouth [ʌn'ku:θ] *adj.* grosolan, mitocan.

uncover [ʌn'kʌvə] *vt.* **1.** a descoperi, a dezveli. **2.** a depista.

unctuous ['ʌŋktjuəs] *adj.* mieros.

uncut [ʌn'kʌt] *adj.* **1.** netăiat, întreg. **2.** necenzurat.

undamaged [ʌn'dæmɪdʒd] *adj.* **1.** neavariat. **2.** (*d. reputație*) nepătat, intact.

undaunted [ʌn'dɔ:ntɪd] *adj.* neabătut, ferm.

undecided [ˌʌndɪ'saɪdɪd] *adj.* nehotărât, indecis.

undefeated [ˌʌndɪ'fi:tɪd] *adj.* invincibil.

undefined [ˌʌndɪ'faɪnd] *adj.* nedefinit; nedeterminat.

undemonstrative [ˌʌndɪ'mɒnstrətɪv] *adj.* (*d. cineva*) rezervat, rece.

undeniable [ˌʌndɪ'naɪəbl] *adj.* incontestabil, indiscutabil.

under ['ʌndə] **I.** *adj.* de dedesubt. **II.** *adv.* jos, dedesubt. **III.** *prep.* **1.** sub, dedesubtul: ~ *the bed* sub pat. **2.** în: ~ *guarantee* în garanție. # ~ **age** (*d. cineva*) minor; **~carriage** tren de aterizare; **~clothes** desuuri; **to ~cut** a vinde sub preț; **~developed** subdezvoltat; **to ~estimate** a subevalua; **~fed** subnutrit; **to ~go** a suferi, a fi supus la; **~ground** subteran; ilegal; **~hand** clandestin; fățarnic; **to ~lie** a sta la baza; **to ~line** a sublinia (*și fig.*); **~ling** subaltern; **to ~mine** a submina; **~neath** (partea de) dedesubt; **~nourished** subnutrit; **~pants** îndispensabili; **~pass** pasaj subteran; **to ~pin** a fundamenta; **~-privileged** defavorizat; **to ~rate** a subevalua; **to ~score** *amer.* a sublinia (*și fig.*) ; **~secretary** subsecretar; **to ~sell** a vinde sub preț; **the ~side** partea de dedesubt; **~sized** subdimensionat, pitic; **to ~state** a subestima; **~stated** subtil, fin; **~statement** denaturare (*a adevărului*); **to ~take** a se angaja să; **~taker** antreprenor de pompe funebre; **~tone** nuanță; **to ~value** a subevalua; **~wear** lenjerie de corp; **~whelmed** decepționat; **~whelming** deplorabil; **~world** lumea interlopă; **to ~write** a garanta, a gira.

understand [ˌʌndə'stænd] (*trec., part. trec.* **understood**) *vt.* **1.** a înțelege, a pricepe. **2.** a subînțelege. **3.** a deduce. # **~able** (ușor) de înțeles; **~ably** bineînțeles, desigur.

understanding [ˌʌndə'stændɪŋ] **I.** *s.* **1.** înțelegere, pricepere. **2.** acord: *to come to an ~ about* a cădea de acord în privința. **3.** îngăduință. **4.** interpretare (*a unei situații etc.*). **II.** *adj.* înțelegător, îngăduitor.

understudy ['ʌndəstʌdɪ] **I.** *s.* dublură (*a unui actor*). **II.** *vt.* a dubla (*un actor*).

undeserved [ˌʌndɪzɜ:vd] *adj.* nemeritat.

undesirable [ˌʌndɪ'zaɪərəbl] *adj.* nedorit, inderizabil.

undetected [ˌʌndɪ'tektɪd] *adj.* neobservat.

undies ['ʌndi:z] *s. pl. fam.* lenjerie de corp.

undisguised [ˌʌndɪs'gaɪzd] *adj.* nedisimulat.

undo [ʌn'du:] (*trec.* **undid**, *part. trec.* **undone**) *vt.* **1.** a desface (*un pachet*). **2.** a descheia (*o haină*). **3.** *inf.* a anula (*o comandă*). # **~ing** (de)cădere (*a cuiva*).

undone [ʌn'dʌn] *adj.* **1.** descheiat. **2.** (*d. o treabă*) neterminat.

undoubted [ʌn'daʊtɪd] *adj.* indubitabil.

undreamed-of [ʌn'dri:mdəv] *adj.* neaşteptat.

undress [ʌn'dres] *vt., vi.* a (se) dezbrăca.

undue [ʌn'dju:] *adj.* **1.** nemeritat. **2.** nejustificat. **3.** excesiv, exagerat.

unduly [ʌn'dju:li] *adv.* deosebit de.

undying [ʌn'daɪɪŋ] *adj.* veşnic.

unearth [ʌn'3:θ] *vt.* **1.** a deshuma, a desgropa. **2.** a descoperi; a dezvălui. # **~ly** sublim; sinistru.

unease [ʌn'i:z] *s.* stânjeneală.

uneasy [ʌn'i:zi] *adj.* **1.** stânjenit. **2.** nesigur, precar.

uneconomic [ʌnˌi:kə'nɒmɪk] *adj.* nerentabil.

unemployment [ˌʌnɪm'plɔɪmənt] *s.* şomaj. # **~ benefit** ajutor de şomaj.

unending [ʌn'endɪŋ] *adj.* permanent.

unequal [ʌn'i:kwəl] *adj.* **1.** inegal. **2.** inechitabil. # **~led** inegalabil.

unerring [ʌn'3:rɪŋ] *adj.* infailibil.

uneven [ʌn'i:vn] *adj.* **1.** neregulat. **2.** denivelat, accidentat. **3.** inechitabil.

unexpected [ˌʌnɪk'spektɪd] *adj.* neaşteptat, imprevizibil.

unfailing [ʌn'feɪlɪŋ] *adj.* **1.** infailibil. **2.** inepuizabil.

unfair [ʌn'feə] *adj.* nedrept, nejust.

unfaithful [ʌn'feɪθfl] *adj.* necredincios (*în dragoste*).

unfathomable [ʌn'fæðəməbl] *adj.* de neelucidat.

unfavourable [ʌn'feɪvərəbl] *adj.* nefavorabil.

unfeasible [ʌn'fi:zəbl] *adj.* irealizabil.

unfeigned [ʌn'feɪnd] *adj.* sincer, nedisimulat.

unfettered [ʌn'fetəd] *adj.* liber.

unfit [ʌn'fɪt] *adj.* **1.** necorespunzător. **2.** (**for**) incapabil/inapt (pentru).

unflagging [ʌn'flægɪŋ] *adj.* inepuizabil; susţinut.

unflinching [ʌn'flɪntʃɪŋ] *adj.* de nezdruncinat.

unfold [ʌn'fəʊld] *vt.* a desfăşura (*o hartă etc.*).

unforeseeable [ˌʌnfɔ:'si:əbl] *adj.* imprevizibil.

unforeseen [ˌʌnfɔ:'si:n] *adj.* neaşteptat.

unforgettable [ˌʌnfə'getəbl] *adj.* de neuitat.

unforgivable [ˌʌnfə'gɪvəbl] *adj.* de neiertat.

unfortunate [ʌn'fɔ:tʃənɪt] *adj.* **1.** nefericit. **2.** regretabil. # **~ly** din păcate.

unfulfilled [ˌʌnfʊl'fɪld] *adj.* (*d. o speranţă*) nerealizat, neîmplinit.

ungainly [ʌn'geɪnli] *adj.* stângaci, inabil.

ungovernable [ʌn'gʌvənəbl] *adj.* de necontrolat.

ungrateful [ʌn'greɪtfl] *adj.* nerecunoscător, ingrat.

unhappy [ʌn'hæpi] *adj.* nefericit.

unharmed [ʌn'hɑ:md] *adj.* nevătămat.

unhealthy [ʌn'helθi] *adj.* **1.** nesănătos. **2.** insalubru.

unhesitating [ʌn'hezɪteɪtɪŋ] *adj.* (*d. o replică*) prompt.

unhindered [ʌn'hɪndəd] *adj.* nestingherit.

unhurt [ʌn'hɜ:t] *adj.* nevătămat.

unicorn ['ju:nɪkɔ:n] *s.* inorog.

unidentified [,ʌnaɪ'dentɪfaɪd] *adj.* neidentificat.

uniform ['ju:nɪfɔ:m] **I.** *s.* uniformă. **II.** *adj.* uniform. # **~ity** uniformitate; **~ed** în uniformă.

unify ['ju:nɪfaɪ] *vt.* a unifica.

unilateral [,ju:nɪ'lætrəl] *adj.* unilateral.

unimpaired [,ʌnɪm'peəd] *adj.* nediminuat, intact.

unimpeachable [,ʌnɪm'pi:tʃəbl] *adj.* **1.** sigur. **2.** ireproşabil.

unimpeded [,ʌnɪm'pedɪd] *adj.* liber, nestânjenit.

uninhabited [,ʌnɪn'hæbɪtɪd] *adj.* nelocuit.

uninhibited [,ʌnɪn'hɪbɪtɪd] *adj.* dezlănţuit.

uninjured [ʌn'ɪndʒəd] *adj.* nevătămat.

unintelligible [,ʌnɪn'telɪdʒəbl] *adj.* neinteligibil.

uninteresting [ʌn'ɪntrəstɪŋ] *adj.* neinteresant.

uninviting [,ʌnɪn'vaɪtɪŋ] *adj.* dezagreabil.

union ['ju:nʒən] *s.* **1.** sindicat. **2.** federaţie (*de state, sport*). **3.** unire. **4.** mariaj. # **~ist** sindicalist.

unique [ju'nɪk] *adj.* **1.** unic. **2.** excepţional.

unison ['ju:nɪsn] *s.* unison.

unit ['ju:nɪt] *s.* **1.** unitate: *military ~* unitate militară. **2.** secţie (*în spital*). **3.** unitate monetară. **4.** *şcol.* lecţie. **5.** *mat.* unitate; întreg. # **~ary** unitar; **~ed** unit; **~y** unitate.

universal [,ju:nɪ'vɜ:sl] *adj.* universal.

universe ['ju:nɪvɜ:s] *s.* univers.

university [,ju:nɪ'vɜ:səti] *adj.* universitate.

unjust [ʌn'dʒʌst] *adj.* nedrept.

unkept [ʌn'kept] *adj.* neîngrijit.

unkind [ʌn'kaɪnd] *adj.* **1.** (*d. cineva*) sever, aspru. **2.** nefavorabil, vitreg. **3.** (*d. o aluzie*) răutăcios.

unknown [ʌn'nəʊn] **I.** *s.* necunoscut. **II.** *adj.* **1.** necunoscut. **2.** (*d. un actor etc.*) obscur.

unlawful [ʌn'lɔ:fl] *adj.* ilicit; ilegal.

unlearn [ʌn'lɜ:n] *vt.* a dezvăţa.

unleash [ʌn'li:ʃ] *vt.* **1.** a da drumul din lesă. **2.** a dezlănţui.

unless [ən'les] *conj.* **1.** dacă nu (cumva): *he will do nothing ~ you ask him to* el nu o să facă nimic dacă nu-i spui tu. **2.** doar dacă.

unlike [ʌn'laɪk] **I.** *adj.* diferit, deosebit. **II.** *prep.* spre deosebire de. # **~ly** puţin probabil; greu de crezut.

unlined [ʌn'laɪnd] *adj.* **1.** fără riduri. **2.** (*d. o haină*) necăptuşit.

unload [ʌn'ləʊd] *vt.* a descărca (*un camion, o armă*).
unlock [ʌn'lɒk] *vt.* **1.** a descuia. **2.** a dezvălui. # **~ed** neîncuiat.
unlooked-for [ʌn'lʊktfɔː] *adj.* neaşteptat, neprevăzut.
unluckily [ʌn'lʌkɪli] *adv.* din păcate.
unlucky [ʌn'lʌki] *adj.* **1.** ghinionist. **2.** care aduce ghinion.
unmanned [ʌn'mænd] *adj. tehn.* automat.
unmarried [ʌn'mərɪd] *adj.* necăsătorit, singur.
unmask [ʌn'mɑːsk] *vt.* a demasca, a deconspira.
unmatched [ʌn'mætʃt] *adj.* neasemuit, fără egal.
unmoved [ʌn'muːvd] *adj.* impasibil, indiferent.
unnatural [ʌn'nætʃrəl] *adj.* **1.** anormal. **2.** (*d. râs*) forțat.
unnoticed [ʌn'nəʊtɪst], **unobserved** [ˌʌnəb'zɜːvd] *adj.* neobservat.
unobtrusive [ˌʌnəb'truːsɪv] *adj.* discret.
unofficial [ˌʌnə'fɪʃl] *adj.* neoficial.
unpack [ʌn'pæk] *vt.* a despacheta.
unpalatable [ʌn'pælətəbl] *adj.* **1.** neplăcut la gust. **2.** neplăcut.
unparalleled [ʌn'pærələld] *adj.* fără precedent.
unpleasant [ʌn'pleznt] *adj.* neplăcut.
unplug [ʌn'plʌg] *vt.* a scoate din priză (*un aparat*).
unprecedented [ʌn'presɪdentɪd] *adj.* fără precedent.
unpredictable [ˌʌnprɪ'dɪktəbl] *adj.* imprevizibil.
unprepared [ˌʌnprɪ'peəd] *adj.* nepregătit.
unprofitable [ʌn'prɒfɪtəbl] *adj.* nerentabil.
unprompted [ʌn'prɒmptɪd] *adj.* spontan.
unprotected [ˌʌnprə'tektɪd] *adj.* (*d. o relație sexuală*) neprotejat.
unpublished [ʌn'pʌblɪʃt] *adj.* nepublicat.
unpunished [ʌn'pʌnɪʃt] *adj.* nepedepsit.
unqualified [ʌn'kwɒlɪfaɪd] *adj.* **1.** necalificat. **2.** incompetent. **3.** total; complet.
unquestionable [ʌn'kwestʃənəbl] *adj.* incontestabil.
unravel [ʌn'rævl] **I.** *adj.* **1.** a deşira (*lână etc.*). **2.** a elucida. **II.** *vi.* a se destrăma (*fig.*).
unreal [ʌn'rɪəl] *adj.* ireal. # **~istic** nerealist.
unreasonable [ʌn'riːznəbl] *adj.* **1.** irațional. **2.** exagerat, excesiv.
unrecognizable [ˌʌnrekəg'naɪzəbl] *adj.* de nerecunoscut.
unrecorded [ˌʌnrɪ'kɔːdɪd] *adj.* neconsemnat.
unrelated [ˌʌnrɪ'leɪtɪd] *adj.* **1.** neînrudit. **2.** separat.
unrelenting [ˌʌnrɪ'lentɪŋ] *adj.* **1.** (*d. cineva*) inflexibil. **2.** (*d. o critică*) înverşunat. **3.** neobosit.
unreliable [ˌʌnrɪ'laɪəbl] *adj.* pe care nu te poți bizui.
unrelieved [ˌʌnrɪ'liːvd] *adj.* care continuă la nesfârşit: ~ *poverty* sărăcie lucie.

unremitting [ˌʌnrɪˈmɪtɪŋ] *adj.* fără de sfârşit: ~ *efforts* eforturi susţinute.
unrequited [ˌʌnrɪˈkwaɪtɪd] *adj.* (*d. dragoste*) neîmpărtăşit.
unrest [ʌnˈrest] *adj.* **1.** frământare socială. **2.** nelinişte.
unrestrained [ˌʌnrɪˈstreɪnd] *adj.* **1.** nemărginit, nelimitat (*fig.*). **2.** necontrolat.
unrivalled [ʌnˈraɪvld] *adj.* fără seamăn.
unroll [ʌnˈrəʊl] *vt., vi.* a (se) desfăşura.
unruffled [ʌnˈrʌfld] *adj.* calm, imperturbabil.
unruly [ʌnˈruːli] *adj.* năbădăios; turbulent.
unsafe [ʌnˈseɪf] *adj.* **1.** nesigur. **2.** periculos. **3.** hazardat.
unsatisfactory [ʌnˌsætɪsˈfæktəri] *adj.* nesatisfăcător.
unsatisfied [ʌnˈsætɪsfaɪd] *adj.* nesatisfăcut.
unsavory [ʌnˈseɪvəri] *adj.* dezgustător (*şi fig.*).
unscathed [ʌnˈskeɪtɪd] *adj.* nevătămat, teafăr.
unscheduled [ʌnˈʃedjuːld] *adj.* neprevăzut, neaşteptat.
unscrew [ʌnˈskruː] *vt.* a deşuruba.
unscripted [ʌnˈskrɪptɪd] *adj.* (*d. o cuvântare*) liber.
unscrupulous [ʌnˈskruːpjələs] *adj.* fără scrupule: *man of ~ ambition* arivist.
unseemly [ʌnˈsiːmli] *adj.* (*d. comportament*) deplasat.
unselfish [ʌnˈselfɪʃ] *adj.* altruist.
unsettle [ʌnˈsetl] *vt.* a dezechilibra, a tulbura (*pe cineva*).
unsettled [ʌnˈsetld] *adj.* **1.** instabil, nesigur. **2.** nehotărât, indecis. **3.** (*d. o plată*) neonorat.
unsettling [ʌnˈsetlɪŋ] *adj.* deconcertant.
unshakeable [ʌnˈʃeɪkəbl] *adj.* **1.** (*d. voinţă*) ferm, de fier. **2.** (*d. un sentiment*) profund.
unsightly [ʌnˈsaɪtli] *adj.* respingător, urât.
unskilled [ʌnˈskɪld] *adj.* (*d. un muncitor*) necalificat.
unsociable [ʌnˈsəʊʃəbl] *adj.* nesociabil, retras.
unsocial [ʌnˈsəʊʃl] *adj.* **1.** solitar. **2.** (*d. ore de muncă*) suplimentar.
unsolicited [ˌʌnsəˈlɪsɪtɪd] *adj.* nedorit şi inoportun.
unsound [ʌnˈsaʊnd] *adj.* **1.** nesănătos: *of ~ mind* nesănătos la minte. **2.** eronat.
unsparing [ʌnˈspeərɪŋ] *adj.* **1.** necruţător. **2.** culant, generos.
unspectacular [ˌʌnspekˈtækjələ] *adj.* comun, banal.
unspoiled [ʌnˈspɔɪld] *adj.* **1.** neschimbat, nealterat. **2.** nerăsfăţat.
unstable [ʌnˈsteɪbl] *adj.* instabil (*şi fig.*).
unsteady [ʌnˈstedi] *adj.* nesigur (*în mişcări*).
unstinting [ʌnˈstɪntɪŋ] *adj.* generos.
unstressed [ʌnˈstrest] *adj.* (*d. o silabă*) neaccentuat.
unsubstantiated [ˌʌnsəbˈstænʃɪeɪtɪd] *adj.* (*d. un zvon*) neconfirmat.
unsuccessful [ˌʌnsəkˈsesfl] *adj.* nereuşit.

unsuitable [ʌn'su:təbl] *adj.* nepotrivit.
unsure [ʌn'ʃʃ ə] *adj.* nesigur.
unsurpassed [ˌʌnsə'pɑ:st] *adj.* fără seamăn.
unswerving [ʌn'swɜ:vɪŋ] *adj.* **1.** permanent, constant. **2.** ferm.
unsympathetic [ʌnˌsɪmpə'θetɪk] *adj.* dezinteresat; nepăsător.
untainted [ʌn'teɪntɪd] *adj.* nepătat (*și fig.*).
untamed [ʌn'teɪmd] *adj.* (*d. un animal*) neînblânzit; sălbatic.
untangle [ʌn'tæŋgl] *vt.* a descâlci (*și fig.*).
untenable [ʌn'tenəbl] *adj.* (*d. o poziție*) care nu poate fi menținut.
untidy [ʌn'taɪdi] *adj.* (*d. cineva*) dezordonat.
untie [ʌn'taɪ] *vt.* a deznoda.
until [ʌn'tɪl] *prep., conj.* până (ce), până (când): ~ *then* până atunci.
untimely [ʌn'taɪmli] *adj.* **1.** prematur. **2.** inoportun.
untiring [ʌn'taɪərɪŋ] *adj.* neobosit.
unto ['ʌntə] *prep. înv.* spre, către.
untouchable [ʌn'tʌtʃəbl] *adj.* intangibil.
untouched [ʌn'tʌtʃt] *adj.* neatins, intact.
untoward [ˌʌntə'wɔ:d] *adj.* neașteptat și neplăcut.
untrue [ʌn'tru:] *adj.* **1.** neadevărat. **2.** neloial.
untrustworthy [ʌn'trʌstwɜ:ði] *adj.* pe care nu te poți baza.
untruthful [ʌn'tru:θfl] *adj.* mincinos. **2.** neadevărat.
unused *adj.* **1.** [ʌn'ju:zd] neutilizat. **2.** [ʌn'ju:st] (**to**) neobișnuit (cu).
unusual [ʌn'ju:ʒuəl] *adj.* **1.** ieșit din comun, neobișnuit. **2.** deosebit, neobișnuit. - **~ly** nemaipomenit de.
unveil [ʌn'veɪl] *vt.* **1.** a dezveli. **2.** a etala, a expune.
unwanted [ʌn'wɒntɪd] *adj.* nedorit.
unwelcome [ʌn'welkəm] *adj.* nedorit, inoportun.
unwelcoming [ʌn'welkəmɪŋ] *adj.* neprimitor.
unwell [ʌn'wel] *adj.* bolnav.
unwholesome [ʌn'həʃ lsəm] *adj.* (*d. un aliment etc.*) nesănătos.
unwieldy [ʌn'wi:ldi] *adj.* **1.** (*d. cineva*) greoi; stângaci. **2.** (*d. un obiect*) greu de mânuit.
unwilling [ʌn'wɪlɪŋ] *adj.* refractar.
unwind [ʌn'waɪnd] *vt.* a derula (*ceva care a fost rulat*).
unwise [ʌn'waɪs] *adj.* neindicat; necugetat.
unwitting [ʌn'wɪtɪŋ] *adj.* aleatoriu, întâmplător.
unwonted [ʌn'wəʃ ntɪd] *adj.* neobișnuit, neașteptat.
unworthy [ʌn'wɜ:ði] *adj.* nedemn.
unwrap [ʌn'ræp] *vt.* a desface (*un pachet*).
unyielding [ʌn'ji:ldɪŋ] *adj.* ferm, inflexibil.
unzip [ʌn'zɪp] *vt.* a trage (*un fermoar*).
up [ʌp] **I.** *s.* **1.** succes, reușită: *ups and downs* succese și eșecuri. **2.** progres, creștere. **II.** *adj.* **1.** care

merge în sus: *the up escalator* scara rulantă care suie. **2.** vesel. **3.** (*d. un computer*) în stare de funcționare. **III.** *vt.* a mări (*prețul*). **IV.** *adv., part. adv.* **1.** sus: *up you come!* hopa sus! **2.** în sus: *up and down* în sus şi în jos. **3.** intens, puternic: *speak up!* vorbeşte mai tare. **4.** complet: *eat up!* mănâncă tot! **V.** *prep.* **1.** sus pe/în. **2.** până la. **3.** contra. # **up-and-coming** *fam.* în devenire; promițător; **upbeat** entuziast; **upbringing** creştere, educație; **upcoming** care se apropie; **upended** răsturnat; **upheaval** bulversare, schimbare; **to upholster** a tapița; **upholsterer** tapițer; **upmarket** de lux, select; **uppity** *fam.* arogant; **uprising** rebeliune; **to uproot** a dezrădăcina (*şi fig.*); **upscale** *amer.* de lux, select; **upshot** consecință, urmare; **upstanding** onorabil, integru; **upstart** parvenit, ajuns; **upstream** în amonte; **upsurge** creştere rapidă; **upswing** schimbare; **up-to-date** modern; **up-to-the-minute** de ultimă oră; **uptown** la periferie; **upturn** înviorare (*a afacerilor*); *to be up to no good* a pune la cale ceva rău; *on the up* în creştere/dezvoltare; *up and about again* din nou sănătos; *up and running* (*d. un mecanism*) în funcțiune; *upside down* cu susul în jos; *what's up?* ce se-ntâmplă?

update [ʌp'deɪt] *vt.* **1.** a moderniza, a reînnoi. **2.** a pune la curent (*pe cineva*).

upfront [ʌp'frʌnt] *adj.* **1.** sincer, cinstit. **2.** (*d. plată*) în avans.

upgrade [ʌp'greɪd] *vt.* **1.** a eficientiza. **2.** a promova (*pe cineva*).

uphold [ʌp'həʊld] (*trec., part. trec.* **upheld**) *vt.* **1.** a susține (*o părere*). **2.** a valida. # **~er** partizan, adept.

upkeep [ʌp'ki:p] *s.* (cheltuieli de) întreținere.

uplift [ʌp'lɪft] **I.** *adj.* **1.** ridicare, înălțare. **2.** creştere (*a vânzărilor etc.*). **3.** suport moral. **II.** *vt.* a da (*cuiva*) aripi, a însufleți.

upon [ə'pɒn] *prep.* pe.

upper ['ʌpə] **I.** *adj.* **1.** față de pantof. **2.** *fam.* drog. **II.** *adj.* **1.** de sus: *the ~ floor* etajul de sus. **2.** superior. # **the ~ class** clasa dominantă; **the ~ crust** *fam.* protipendada; **the ~ house** senatul; *on your ~s fam.* ajuns la fundul sacului.

uppermost ['ʌpəməʊst] **I.** *adj.* **1.** cel mai de sus. **2.** primordial; predominant. **II.** *adv.* deasupra.

upright ['ʌpraɪt] *adj.* **1.** (*d. poziție*) ridicat, în picioare, drept. **2.** (*d. cineva*) onorabil, integru. # **~ piano** pianină.

uproar ['ʌprɔ:] *s.* vacarm; agitație; protest. # **~ious** gălăgios.

upset [ʌp'set] **I.** *adj.* **1.** deranjament stomacal. **2.** răsturnare (*a unui vehicul, unei situații*). **3.** dezorganizare, bulversare. **II.** *adj.* **1.** răsturnat. **2.** bulversat. **3.** (*d. stomac*) deranjat. **III.** *vt.* **1.** a răscoli (*pe cineva*), a bulversa. **2.** a dejuca (*un plan*). **3.** a răsturna, a vărsa (*un pahar*). # **~ting** răscolitor, tulburător.

upstage [ʌp'steɪʤ] **I.** *vt.* a eclipsa (*pe cineva*). **II.** *adv.* dinspre fundul scenei.

upstairs [ʌp'steəz] **I.** *s. pl.* etajul de deasupra. **II.** *adv.* sus (la etaj).

uptake ['ʌpteɪk] *s.* absorbţie; ingerare. # *to be quick/slow on the ~* a pricepe repede/greu.

uptight [ʌp'taɪt] *adj. fam.* încordat, tensionat.

upward ['ʌpwəd] *adj.* în sus: *an ~ movement* mişcare în sus. # **~s** în sus (*adv.*).

uranium [ju:'reɪniəm] *s.* uraniu.

urban ['ɜ:bən] *adj.* urban. # **~e** (*d. un bărbat*) manierat.

urchin ['ə:tʃɪn] *s.* ţânc, pici.

urea [jʊ'ri:ə] *s.* uree.

urethra [jʊ'ri:θrə] *s. anat.* uretră.

urge [ə:ʤ] **I.** *s.* pornire, impuls. **II.** *vt.* a presa; a impulsiona; a implora.

urgent ['ɜ:ʤənt] *adj.* urgent, presant.

urinate ['jʊərɪneɪt] *vt.* a urina.

urine ['jʊərɪn] *s.* urină.

urn [ə:n] *s.* **1.** urnă. **2.** ibric.

urology [jʊə'rɒləʤi] *s.* urologie.

us [ʌs] *pron.* nouă, ne, (pe) noi: *tell us* spune-ne; *there are four of us* suntem patru.

usage ['ju:sɪʤ] *s.* **1.** folosire, uz. **2.** uzanţă.

use I. [ju:s] *s.* **1.** folosire, utilizare. **2.** rost: *it's no ~* nu are nici un sens/rost. **II.** [ju:z] *vt.* a folosi, a utiliza.

used *adj.* **1.** [ju:st] obişnuit: *~ to eating so much* obişnuit să mănânce atât de mult. **2.** [ju:zd] utilizat; folosit; uzat.

useful ['ju:sfl] *adj.* **1.** folositor, util. **2.** *fam.* destul de bun. # **~ness** utilitate.

useless ['ju:sləs] *adj.* **1.** inutil. **2.** *fam.* nepriceput.

user ['ju:zə] *s.* **1.** utilizator. **2.** *sl.* narcoman. # **~-friendly** (*d. un aparat*) uşor de mânuit.

usher ['ʌʃə] **I.** *s.* **1.** *jur.* aprod. **2.** plasator (*la teatru etc.*). **II.** *vt.* a introduce (*pe cineva într-un birou*). # **~ette** plasatoare.

usual ['ju:ʒuəl] *adj.* obişnuit: *at the ~ hour* la ora obişnuită; *later than ~* mai târziu decât de obicei; *as ~* ca întotdeauna. # **~ly** de obicei/regulă.

usurer ['ju:ʒərə] *s.* cămătar.

usurious [ju:'zjʊəriəs] *adj.* (*d. preţ*) piperat.

usurp [ju:'zɜ:p] *vt.* a uzurpa. # **~er** uzurpator.

usury ['ju:ʒəri] *s.* camătă.

utensil [ju:'tensl] *s.* ustensilă.

uterus ['ju:tərəs] *s.* uter.

utilitarian [ˌju:tɪlɪ'teəriən] *adj.* utilitar, practic; funcţional.

utility [ju:'tɪlɪti] **I.** *s.* utilitate, folos. **II.** *adj.* multifuncţional.

utilize ['ju:təlaɪz] *vt.* a utiliza.

utmost ['ʌtməʊst] **I.** *s.* extremă: *to the ~* până la maximum. **II.** *adj.* cel/cea mai mare.

utopia [ju:'təʊpiə] *s.* utopie. # **~n** utopic.

utter ['ʌtə] **I.** *adj.* total, complet: *an ~ fool* un prost fără pereche. **II.** *vt.* **1.** a rosti. **2.** a scoate (*un cuvânt*). # **~ly** complet.

utterance ['ʌtərəns] *s.* **1.** exprimare, formulare. **2.** pronunțare, rostire.

uttermost ['ʌtəməʊst] **I.** *s.* extremă. **II.** *adj.* cel/cea mai mare.

U-turn ['ju:tɜ:n] *s.* întoarcere la 180 de grade (*a unui vehicul*).

uvula ['ju:vjələ] (*pl.* **~s**) *s.* omuşor, uvulă.

V

V, v [vi:] (litera) V, v.
vac [væk] *s. fam.* vacanță.
vacancy ['veɪkənsi] *s.* **1.** post vacant. **2.** cameră liberă (*la hotel*). **3.** gol; lacună: *to stare into* ~ a privi în gol.
vacant ['veɪkənt] *adj.* **1.** vacant, gol, liber, neocupat: *situations* ~ oferte de serviciu (*în ziar*). **2.** (*d. privire*) pierdut, absent.
vacate [və'keɪt] *vt.* **1.** a elibera (*o cameră*). **2.** a părăsi (*un loc de muncă*).
vacation [və'keɪʃn] **I.** *s.* **1.** vacanță. **2.** concediu. **II.** *vi.* a-și petrece vacanța. # **~er** vilegiaturist.
vaccinate ['væksɪneɪt] *vt., vi.* a (se) vaccina.
vaccine ['væksi:n] *s.* vaccin.
vacillate ['væsəleɪt] *vi.* a oscila, a ezita.
vacuous ['vækjuəs] *adj.* (*d. privire*) pierdut, absent.
vacuum ['vækjuəm] **I.** *s.* vid; gol. **II.** *vt.* a da cu aspiratorul. # **~ cleaner** aspirator; ~ **flask** termos.
vagabond ['vægəbɒnd] *s.* vagabond.
vagaries ['veɪgərɪz] *s. pl.* capricii; toane, hachițe.
vagina [və'dʒaɪnə] *s.* vagin.
vagrancy ['veɪgrənsi] *s.* vagabondaj.
vagrant ['veɪgrənt] *s.* vagabond.
vague [veɪg] *adj.* vag; confuz; evaziv.
vain [veɪn] *adj.* **1.** inutil, zadarnic. **2.** încrezut. # **~glorious** orgolios; *in* ~, *~ly* în zadar/van.
vale [veɪl] *s.* vale.
valediction [,vælɪ'dɪkʃn] *s.* rămas-bun.
valet ['væleɪ] **I.** *s.* valet, lacheu. **II.** *vt.* a spăla (*o mașină*) în interior.
valiant ['væliənt] *adj.* brav.
valid ['vælɪd] *adj.* **1.** valabil: *a bus pass ~ for one month* un abonament de autobuz valabil pentru o lună. **2.** întemeiat, temeinic: ~ *reasons* motive întemeiate. # **to ~ate** a valida; **~ity** valabilitate; justețe.
valise [və'li:z] *s.* valiză.
valley ['væli] *s.* vale.
valour ['vælə] *s.* bravură.
valuable ['væljuəbl] *adj.* **1.** valoros, important: ~ *information* informații valoroase. **2.** scump: ~ *jewellery* bijuterii scumpe. # **~s** obiecte de valoare.
valuation [,vælju'eɪʃn] *s.* **1.** evaluare. **2.** preț (*fig.*): *she puts a high ~ on* pune mare preț pe.
value ['vælju:] **I.** *s.* **1.** valoare, preț. **2.** importanță: *sentimental* ~ im-

portanță sentimentală. **II.** *vt.* **1.** a evalua (*o casă etc.*). **2.** a prețui (*pe cineva*). # **~ added tax** taxă pe valoare adăugată; **~less** fără valoare; **~r** expert în evaluări.

valve [vælv] *s.* **1.** supapă. **2.** lampă; tub (*radio*). **3.** *anat.* valvulă.

vamp [væmp] *s.* vampă, divă.

vampire ['væmpaɪə] *s.* vampir. # **~ bat** vârcolac.

van [væn] *s.* **1.** furgonetă. **2.** *amer.* microbuz. # **mail ~** vagon poştal.

vandal ['vændl] *s.* vandal (*şi fig.*). # **~ism** vandalism; **to ~ize** a distruge, a devasta.

vanguard ['vængɑ:d] *s.* avangardă.

vanilla [və'nɪlə] *s.* vanilie.

vanish ['vænɪʃ] *vt.* a dispărea: *to ~ without trace* a dispărea fără urmă.

vanity ['vænəti] *s.* **1.** vanitate. **2.** *amer.* masă de toaletă.

vanquish ['væŋkwɪʃ] *vt.* a învinge.

vapid ['væpɪd] *adj.* insipid, fad.

vaporize ['veɪpəraɪz] *vt., vi.* a (se) evapora.

vapour ['veɪpə] *s.* abur.

variability [ˌveəriə'bɪləti] *s.* instabilitate; fluctuație.

variable ['veəriəbl] *adj.* oscilant, fluctuant; instabil.

variance ['veəriəns] *s.* **1.** variație. **2.** dezacord; neînțelegere.

variant ['veəriənt] *s.* variantă.

variation [ˌveəri'eɪʃn] *s.* **1.** variație; oscilație. **2.** varietate, categorie.

varied ['veərɪd] *adj.* variat.

variegated ['veərɪəgeɪtɪd] *adj.* variat, divers.

variety [və'raɪəti] *s.* **1.** varietate, fel. **2.** diversitate, variație. **3.** sortiment (*de produse*). **4.** spectacol de varietăți.

various ['veəriəs] *adj.* divers, diferit; variat.

varnish ['vɑ:nɪʃ] **I.** *s.* lac (*pentru lemn*). **II.** *vt.* a lăcui (*lemn*). # **nail ~** ojă.

varsity ['vɑ:sɪti] *s.* *amer.* universitate.

vary ['veəri] *vt., vi.* a varia; a fluctua.

vase [vɑ:z] *s.* vază (*de flori etc.*).

vassal ['væsl] *s.* vasal.

vast [vɑ:st] *adj.* vast, imens: *the ~ majority* marea majoritate. # **~ly** foarte mult.

vat [væt] *s.* cazan.

vaudeville ['vɔ:dəvɪl] *s.* **1.** *amer.* spectacol de varietăți. **2.** muzic hall. **3.** vodevil.

vault [vɔ:lt] **I.** *s.* **1.** cameră de valori (*la bancă*). **2.** cavou. **3.** boltă. **4.** săritură: *the pole ~* săritura cu prăjina. **II.** *vt., vi.* **(over)** a sări (peste). # **~ed** arcuit, boltit; **~ing horse** *sport* cal; capră.

vaunted ['vɔ:ntɪd] *adj.* mult trâmbițat.

veal [vi:l] *s.* carne de vițel.

veep [vi:p] *s.* *amer. fam.* vicepreşedinte.

veer [vɪə] *vi.* **1.** a vira, a coti. **2.** a divaga, a se abate (*de la subiect*). **3.** (*d. o rachetă*) a-şi schimba traiectoria.

veg [veg] *s. fam.* legumă. # **~an** vegetarian (*persoană*); **~etable** legumă (*şi fig.*); **~etarian** vegetarian;

to ~etate a lâncezi; **~etation** vegetație, înveliș vegetal.
vehement ['vi:əmənt] *adj.* vehement.
vehicle ['vi:əkl] *s.* **1.** vehicul. **2.** instrument (*fig.*): *a ~ for propaganda* instrument de propagandă.
vehicular [və'hɪkjələ] *adj.* rutier.
veil [veɪl] **I.** *s.* **1.** văl. **2.** perdea (*de ceață*). **II.** *vt.* a acoperi cu un văl. **2.** a învălui, a împresura. # *to draw a ~ over* a trece sub tăcere ceva.
vein [veɪn] *s.* **1.** venă. **2.** nervură (*la frunză*). **3.** *geol.* filon. **4.** dispoziție, stare sufletească.
vellum ['veləm] *s.* pergament.
velocity [və'lɒsəti] *s.* viteză.
velour [və'lʊə] *s.* velur.
velvet ['velvɪt] *s.* catifea. # **~y** catifelat.
venal ['vi:nl] *adj.* venal, corupt.
vendor ['vendə] *s.* vânzător.
veneer [və'nɪə] *s.* **1.** placaj. **2.** aparență, mască.
venerable ['venərəbl] *adj.* venerabil.
venerate ['venəreɪt] *vt.* a venera.
venereal [və'nɪəriəl] *adj. med.* veneric: *~ disease* boală venerică.
vengeance ['vendʒəns] *s.* răzbunare: *to take ~ on* a se răzbuna pe.
vengeful ['vendʒfl] *adj.* răzbunător.
venial ['vi:niəl] *adj.* (*d. un păcat*) minor, mic.
venison ['venɪsn] *s.* carne de căprioară.
venom ['venəm] *s.* venin (*și fig.*). # **~ous** veninos.
vent [vent] **I.** *s.* **1.** gaură; orificiu; ventil. **2.** cloacă (*la păsări*). **3.** șliț (*la haină etc.*). **II.** *vt.* a-și (re)vărsa (*mânia*). # **to ~ilate** a aerisi; a ventila; **~ilation** aerisire; ventilație; **~ilator** ventilator.
ventricle ['ventrɪkl] *s. anat.* ventricul.
ventriloquist [ven'trɪləkwɪst] *s.* ventriloc.
venture ['ventʃə] **I.** *s.* **1.** risc, hazard. **2.** afacere hazardată. **II.** *vt.* a risca, a pune în pericol. **III.** *vi.* a se aventura. # **~ capital** fond de rulment; **~some** aventuros.
venue ['venju:] *s.* loc de întâlnire.
veracity [və'ræsəti] *s.* veridicitate.
veranda [və'rændə] *s.* verandă.
verb [vɜ:b] *s.* verb. # **~al** verbal, oral; **to ~alize** a exprima; **~ose** prolix.
verbatim [vɜ:'beɪtɪm] *adj. adv.* cuvânt cu cuvânt.
verdant ['vɜ:dnt] *adj.* verde crud.
verdict ['vɜ:dɪkt] *s.* verdict.
verge [vɜ:dʒ] *s.* margine; bordură; lizieră: *on the ~ of tears* cât pe ce să plângă. # *he was verging towards sixty* se apropia de șaizeci de ani.
verger ['vɜ:dʒə] *s.* paracliser.
verify ['verɪfaɪ] *vt.* **1.** a verifica, a controla. **2.** a confirma.
verisimilitude [,verɪsɪ'mɪlɪtju:d] *s.* autenticitate.
veritable ['verɪtəbl] *adj.* veritabil, adevărat.
verity ['verəti] *s.* adevăr.
vermillion [və'mɪliən] *adj.* roșu-aprins.
vermin ['vɜ:mɪn] *s.* **1.** animal dăunător/prădător; pasăre prădătoare. **2.** paraziți (*corporali etc.*) **3.** plantă dăunătoare. # **~ous** infestat.

vermouth ['vɜ:məθ] *s.* vermut.
vernacular [və'nækjələ] *s.* dialect; jargon.
vernal ['vɜ:nl] *adj.* de vară.
versatile ['vɜ:sətaɪl] *adj.* **1.** (*d. cineva*) polivalent. **2.** multifuncțional.
verse [vɜ:s] *s.* vers; verset.
versed [vɜ:st] *adj.* (*d. cineva*) versat.
version ['vɜ:ʃn] *s.* versiune, variantă.
verso ['vɜ:səʊ] (*pl.* **~s**) *s.* contrapagină.
versus ['vɜ:səs] *prep.* contra.
vertebra ['vɜ:tɪbrə] *s.* vertebră. # **~te** vertebrat.
vertical ['vɜ:tɪkl] **I.** *s.* verticală. **II.** *adj.* vertical.
vertiginous [vɜ:'tɪdʒɪnəs] *adj.* vertiginos.
vertigo ['vɜ:tɪgəʊ] *s.* vertij, amețeală.
verve [vɜ:v] *s.* vervă, patos.
very ['veri] **I.** *adj.* **1.** adevărat, veritabil: *a ~ hero* un adevărat erou. **2.** chiar: *this ~ man* chiar acest bărbat. **II.** *adv.* **1.** foarte. **2.** chiar: *the ~ best* chiar cel mai bun.
vesicle ['vesɪkl] *s. med.* veziculă.
vespers ['vespəz] *s. bis.* vecernie.
vessel ['vesl] *s.* **1.** vas, navă. **2.** recipient. **3.** vas de sânge.
vest [vest] **I.** *s.* **1.** maiou. **2.** vestă. **II.** *vt.* **1.** a pune (*pe cineva*) în posesie. **2.** a învesti. # **~ment** veşmânt.
vestibule ['vestɪbju:l] *s.* vestibul.
vestige ['vestɪdʒ] *s.* **1.** vestigiu. **2.** pic: *there's not a ~ of truth in...* nu e nici un pic de adevăr în...
vestry ['vestri] *s. bis.* sacristie.
vet [vet] **I.** *s.* **1.** veterinar: *to take the dog to the ~'s* a duce câinele la cabinet. **2.** *fam.* veteran. **II.** *vt.* a examina cu atenție, a purica. # **~eran** veteran; **~erinarian** *amer.* medic veterinar; **~erinary** veterinar (*adj.*).
veto ['vi:təʊ] **I.** (*pl.* **~es**) *s.* veto. **II.** *vt.* a opri, a stopa (prin veto).
vex [veks] *vt.* a contraria. # **~ation** tracasare; iritare; **~ing** agasant.
vexed [vekst] *adj.* **1.** (*d. o problemă*) spinos; controversat. **2.** agasat; contrariat.
via ['vaɪə] *prep.* prin, via.
viable ['vaɪəbl] *adj.* **1.** viabil, rezistent. **2.** (*d. o propunere*) rezonabil, viabil.
viaduct ['vaɪədʌkt] *s.* viaduct.
vial ['vaɪəl] *s.* fiolă.
vibrant ['vaɪbrənt] *adj.* **1.** (*d. culori*) puternic, strălucitor. **2.** (*d. viață*) trepidant. **3.** palpitant.
vibrate [vaɪ'breɪt] *vt.* a trepida (*şi fig.*).
vibration [vaɪ'breɪʃn] *s.* trepidație, vibrație.
vibrator [vaɪ'breɪtə] *s.* vibrator.
vicar ['vɪkə] *s.* vicar. # **~age** casă parohială.
vicarious [vɪ'keəriəs] *adj.* de substituție.
vice [vaɪs] *s.* **1.** viciu. **2.** desfrâu; prostituție. **3.** defect (*al cuiva*). **4.** menghină. # **~ president** vicepreşedinte; **~roy** vicerege.
vicinity [və'sɪnɪti] *s.* apropiere: *in the immediate ~* în imediata apropiere.

vicious ['vɪʃəs] *adj.* **1.** violent, brutal. **2.** (*d. un animal*) rău, feroce. **3.** *fam.* cumplit. **4.** depravat. # ~ **circle** cerc vicios.

vicissitude [vɪ'sɪsɪtju:d] *s.* vicisitudine.

victim ['vɪktɪm] *s.* **1.** victimă. **2.** pradă (*fig.*). # **to ~ize** a persecuta.

victor ['vɪktə] *s.* învingător. # **~ious** victorios, biruitor; **~y** victorie.

victuals ['vɪtlz] *s. pl.* de-ale gurii.

video ['vɪdɪəʊ] **I.** (*pl.* **~s**) *s.* **1.** bandă video. **2.** casetă video. **3.** videocasetofon. **4.** cameră video. **II.** *vt.* a trage / înregistra (*un film etc.*). # ~ **camera** cameră video; ~ **cassette recorder** videocasetofon şi cu înregistrare; ~ **game** joc video; **~phone** video telefon; **to ~tape** a înregistra pe casetă video.

vie [vaɪ] *vi.* **1.** (**with**) a concura cu, a se lua la întrecere (cu). **2.** (**with**) a rivaliza (cu). **3.** (**to**) a se da peste cap (pentru a).

view [vju:] **I.** *s.* **1.** părere: *different ~s* păreri diferite. **2.** concepţie: *political ~s* concepţii politice. **3.** câmp vizual: *to come into ~* a apărea în faţa ochilor; *to disappear from ~* a dispărea din câmpul vizual. **4.** privelişte, peisaj. **II.** *vt.* **1.** a considera, a socoti. **2.** a vedea, a examina. **3.** a viziona (*un film*). # **~er** telespectator; **~finder** *foto* vizor; **~point** punct de vedere; **~s** imagini, cadre; *in ~ of...* având în vedere...; *on ~* la vedere, expus; *with a ~ to...* cu intenţia de a...

vigil ['vɪdʒɪl] *s.* veghe, veghere. # **~ant** vigilent; **~ance** vigilenţă.

vignette [vɪn'jet] *s.* vinietă.

vigorous ['vɪgərəs] *adj.* **1.** viguros, robust. **2.** energic, dinamic. **3.** (*d. o campanie*) susţinut, activ.

vigour ['vɪgə] *s.* vigoare; zel.

vile [vaɪl] *adj.* **1.** *fam.* oribil, infect. **2.** mârşav.

vilify ['vɪlɪfaɪ] *vt.* a denigra.

villa ['vɪlə] *s.* **1.** casă de vacanţă. **2.** casă la ţară.

village ['vɪlɪdʒ] *s.* sat. # **~r** sătean, ţăran.

villain ['vɪlən] *s.* **1.** personaj negativ. **2.** răufăcător. **3.** *fam.* delincvent. # **~ous** nemernic, ticălos; **~y** ticăloşie, mârşăvie.

vim [vɪm] *s. fam.* energie.

vindicate ['vɪndɪkeɪt] *vt.* **1.** a justifica. **2.** a revendica (*un drept*). **3.** a dovedi nevinovăţia (*cuiva*).

vindictive [vɪn'dɪktɪv] *adj.* răzbunător.

vine [vaɪn] *s.* viţă de vie. # **~yard** vie.

vinegar ['vɪnɪgə] *s.* oţet: *wine ~* oţet din vin. # **~y** (*d. vin*) oţetit.

vino ['vɪnəʊ] *s. fam.* vin.

vintage ['vɪntɪdʒ] **I.** *s.* **1.** producţie de vin. **2.** culesul strugurilor. **II.** *adj.* **1.** (*d. un an*) cu recoltă bună. **2.** (*d. vin*) de marcă.

vintner ['vɪntnə] *s.* **1.** cumpărător şi vânzător de vin. **2.** viticultor.

viol ['vaɪəl] *s.* violă (*de tip vechi*).

viola [vɪ'əʊlə] *s.* violă.

violate ['vaɪəleɪt] *vt.* **1.** a încălca (*o lege*). **2.** a perturba. **3.** a profana. **4.** *înv.* a viola (*o femeie*).

violation [ˌvaɪəˈleɪʃn] *s.* **1.** încălcare (*a unei legi*). **2.** intruziune (*în viața cuiva*). **3.** profanare. **4.** *înv.* viol.

violence [ˈvaɪələns] *s.* violență.

violent [ˈvaɪələnt] *adj.* violent.

violet [ˈvaɪələt] **I.** *s.* violetă, toporaş. **II.** *adj.* violet.

violin [ˌvaɪəˈlɪn] *s.* vioară. # **~ist** violonist.

viper [ˈvaɪpə] *s.* viperă.

virago [vɪˈrɑːgəʊ] (*pl.* **~s**) *s.* femeie jandarm, matracucă.

virgin [ˈvɜːdʒɪn] *s., adj.* virgin. # **~ity** virginitate.

Virgo [ˈvɜːgəʊ] *s.* Fecioară (*zodie*).

virile [ˈvɪraɪl] *adj.* viril.

virility [vəˈrɪlɪti] *s.* virilitate.

virtual [ˈvɜːtʃuəl] *adj.* virtual; ipotetic.

virtually [ˈvɜːtʃuəli] *adj.* **1.** de fapt. **2.** aproape: ~ *impossible* aproape imposibil.

virtue [ˈvɜːtʃuː] *s.* **1.** virtute. **2.** calitate: *healing ~s* calități vindecătoare.

virtuosity [ˌvɜːtʃuˈɒsəti] *s.* virtuozitate.

virtuoso [ˌvɜːtʃuˈəʊsəʊ] (*pl.* **~s/virtuosi**) *s.* virtuoz.

virtuous [ˈvɜːtʃuəs] *adj.* virtuos.

virus [ˈvaɪrəs] *s.* (*şi inf.*) virus.

visa [ˈviːzə] *s.* viză.

viscount [ˈvaɪkaʊnt] *s.* viconte. # **~ess** vicontesă.

viscous [ˈvɪskəs] *adj.* vâscos.

visibility [ˌvɪzəˈbɪləti] *s.* vizibilitate.

visible [ˈvɪzəbl] *adj.* vizibil.

vision [ˈvɪʒn] *s.* **1.** vedere: *perfect ~* vedere perfectă. **2.** imagine. **3.** viziune, concepție. **4.** imaginație. # **~ary** vizionar; *field of ~* câmp vizual.

visit [ˈvɪzɪt] **I.** *s.* **1.** vizită: *to pay a ~* a face o vizită. **2.** întâlnire protocolară. **II.** *vt.* a vizita. **III.** *vi.* a fi în vizită. # **~ant** *sau* **~or** musafir; **~ors' book** carte de onoare.

visitation [ˌvɪzɪˈteɪʃn] *s.* **1.** vizită oficială. **2.** apariție (*a unei stafii*). **3.** calamitate.

visor [ˈvaɪzə] *s.* **1.** *amer.* cozoroc. **2.** vizieră (*la coif*).

vista [ˈvɪstə] *s.* **1.** priveliște. **2.** orizont (*fig.*).

visual [ˈvɪʒuəl] *adj.* vizual. # **~ aids** materiale (didactice) vizuale; **~ field** câmp vizual; **to ~ize** a(-şi) imagina.

vital [ˈvaɪtl] *adj.* **1.** vital. **2.** plin de energie. # **~ity** vitalitate; **~ly** extrem de; **the ~s** organele vitale.

vitamin [ˈvɪtəmɪn] *s.* vitamină.

viticulture [ˈvɪtɪkʌltʃə] *s.* viticultură.

vitreous [ˈvɪtriəs] *adj.* ca sticla.

vitriol [ˈvɪtrɪɒl] *s.* vitriol.

vituperation [vɪˌtjuːpəˈreɪʃn] *s.* defăimare.

vivacious [vɪˈveɪʃəs] *adj.* vivace, vioi.

vivid [ˈvɪvɪd] *adj.* **1.** (*d. o descriere*) viu. **2.** (*d. culori*) aprins.

vivisection [ˌvɪvɪˈsekʃn] *s.* vivisecție.

vixen [ˈvɪksn] *s.* **1.** vulpe (*femelă*). **2.** *fam.* scorpie, japiță (*de femeie*).

viz [vɪz] *adv.* şi anume.

V-neck [ˈviːnek] *s.* decolteu în formă de V.

vocabulary [vəˈkæbjələri] *s.* vocabular.

vocal [ˈvəʊkl] **I.** *s.* text (*al unei melodii*). **II.** *adj.* **1.** vocal. **2.** (*d. o*

mulțime) gălăgios. # ~ **cords** coarde vocale; ~**ist** solist de muzică ușoară.
vocation [vəʊ'keɪʃn] *s.* vocație, chemare. # ~**al** (*d. învățământ*) profesional.
vociferous [və'sɪfərəs] *adj.* zgomotos; tumultuos.
vogue [vəʊg] *s.* vogă, modă: *in ~* la modă.
voice [vɔɪs] **I.** *s.* **1.** voce: *keep your ~ down* vorbește încet. **2.** părere: *to have a ~ in the decision* a avea un cuvânt de spus la luarea deciziei. **3.** *gram.* diateză: *the passive ~* diateza pasivă. **II.** *vt.* a exprima, a formula: *to ~ your objections* a-și face cunoscute obiecțiile. # *to give ~ to your feelings* a-și face cunoscute sentimentele; *with one ~* în unanimitate.
voiceless ['vɔɪsləs] *s.* **1.** *med.* afon. **2.** *gram.* (*d. o consoană*) surd.
void [vɔɪd] **I.** *s.* **1.** hău, prăpastie. **2.** gol (*fig.*). **II.** *adj.* **1.** gol, deșert: *~ of stars* fără stele. **2.** (*d. un contract*) nul. **III.** *vt.* a anula, a rezilia. **IV.** *vi.* a se ușura.
voile [vɔɪl] *s.* voal.
volatile ['vɒlətaɪl] *adj.* **1.** volatil. **2.** (*d. cineva*) schimbător. **3.** variabil.
volcanic [vɒl'kænɪk] *adj.* vulcanic.
volcano [vɒl'keɪnəʊ] (*pl.* ~**es**) *s.* vulcan.
volition [və'lɪʃn] *s.* voință, vrere.
volley ['vɒli] *s.* **1.** *sport* voleu. **2.** salvă, foc (*de armă*). **3.** grămadă, droaie: *a ~ of questions* o droaie de întrebări. # ~**ball** volei(bal).
volt [vəʊlt] *s. el.* volt. # ~**age** voltaj; ~**meter** voltmetru.
voluble ['vɒljʊbl] *s.* **1.** volubil, comunicativ. **2.** vehement.
volume ['vɒljuːm] *s.* **1.** volum: *the ~ of water* cantitatea de apă. **2.** intensitate: *the ~ of the sound* amploarea sunetului. **3.** volum, carte.
voluminous [və'luːmɪnəs] *adj.* voluminos.
voluntarily ['vɒləntrəli] *adv.* **1.** de bunăvoie. **2.** benevol.
voluntary ['vɒləntri] *adj.* benevol, voluntar: *~ work* muncă voluntară. # *~ crime* crimă cu premeditare.
volunteer [ˌvɒlən'tɪə] **I.** *s.* voluntar. **II.** *vt.* a se oferi să (*facă ceva*). **III.** *vi.* a se înrola ca voluntar.
voluptuous [və'lʌptʃuəs] *adj.* senzual.
vomit ['vɒmɪt] **I.** *s.* vărsătură, vomitat. **II.** *vt.*, *vi.* a vomita, a vărsa.
voracious [və'reɪʃəs] *adj.* **1.** lacom: *a ~ eater* un mare mâncău. **2.** pasionat *a ~ reader* un cititor pasionat.
vortex ['vɔːteks] (*pl.* **vortices** ['vɔːtɪsiːz]/~**es**) *s.* vârtej.
vote [vəʊt] **I.** *s.* **1.** vot. **2.** votare. **3.** drept de vot. **II.** *vt.*, *vi.* a vota. # ~ **of confidence** vot de încredere; ~**r** alegător, votant.
voting ['vəʊtɪŋ] *s.* votare, scrutin. # ~ **booth** cabină de votare; ~ **paper** buletin de vot.

votive ['vəʊtɪv] *adj.* votiv.

vouch [vaʊtʃ] *vi.* (**for**) a garanta (pentru). # **~er** garant; bon valoric; **to ~safe** a încredința (*ceva, cuiva*).

vow [vaʊ] **I.** *s.* legământ; jurământ. **II.** *vt.* a jura.

vowel ['vaʊəl] *s.* vocală.

voyage ['vɔɪɪdʒ] **I.** *s.* călătorie (pe apă): *maiden* ~ prima călătorie pe apă a unui vas. **II.** *vi.* a călători cu vaporul. # **~r** călător, voiajor.

voyeur [vwaɪ'ɜ:] *s.* (un fel de) obsedat sexual.

vulcanized ['vʌlkənaɪzd] *adj.* (*d. cauciuc*) vulcanizat.

vulgar ['vʌlgə] *adj.* vulgar. # **~ fraction** fracție ordinară; **~ity** vulgaritate; **to ~ize** a vulgariza.

vulnerability [ˌvʌlnərə'bɪlɪti] *s.* vulnerabilitate.

vulnerable ['vʌlnərəbl] *adj.* vulnerabil.

vulpine ['vʌlpaɪn] *adj.* de vulpe; ca vulpea.

vulture ['vʌltʃə] *s.* **1.** vultur. **2.** acaparator, hapsân.

vulva ['vʌlvə] *s. anat.* vulvă.

W

W, w ['dʌblju:] (litera) W, w.
wacko ['wækəʊ], **wacky** ['wæki] *adj. fam.* trăsnit, smintit.
wad [wæd] *s.* **1.** tampon (*de vată*). **2.** sul (*de hârtie/bani*). # **~ding** capitonare, căptuşire.
waddle ['wɒdl] *vi.* a merge legănat.
wade [weɪd] **I.** *vt.* a trece, a traversa (*un râu*). **II.** *vi.* a merge prin apă/ noroi.
wader ['weɪdə] *s.* (orice) pasăre de baltă cu picioare lungi. # **~s** cizme de cauciuc până peste genunchi.
wafer ['weɪfə] *s.* **1.** langue de chat (*fursec*). **2.** *bis.* anafură. # **~-thin** foarte subţire.
waffle ['wɒfl] *fam.* **I.** *s.* trăncăneală. **II.** *vi.* a trăncăni.
waft [wɒft] *s.* dâră (*de fum, parfum*).
wag [wæg] **I.** *s.* glumeţ. **II.** *vt.* **1.** a da din (*coadă*). **2.** a da din (*cap*).
wage [weɪdʒ] **I.** *s.* salariu, leafă: ~ *cuts* reduceri de salarii; *low ~s* salarii mici. **II.** *vt.* a purta (*un război*). # **~ earner** salariat.
wager ['weɪdʒə] **I.** *s.* pariu. **II.** *vt.* a paria. **III.** *vi.* (**on**) a paria (pe).
waggle ['wægl] *vt.* a mişca din (*urechi etc.*).
wagon ['wægən] *s.* **1.** vagon de marfă. **2.** căruţă. **3.** *amer.* măsuţă pe rotile.
waif [weɪf] *s.* copil al străzii/abandonat.
wail [weɪl] **I.** *s.* geamăt; urlet. **II.** *vi.* **1.** a geme. **2.** a se văicări. **3.** a şuiera.
waist [weɪst] *s.* talie, mijloc. # **~band** talie (*la fustă*); **~coat** vestă (*la costum*); **~-deep** (*adânc etc.*) până la brâu; **~-high** până la brâu; **~line** grosime a taliei.
wait [weɪt] **I.** *s.* aşteptare. **II.** *vt., vi.* a aştepta: ~ *your turn* aşteaptă să-ţi vină rândul; *~ for her* aşteapt-o. # **~er** chelner; **~ing room** sală de aşteptare; *to ~ smb. at table* a servi cuiva masa; *(just) you ~!* ai să vezi tu!
wake [weɪk] **I.** *s.* **1.** priveghi. **2.** *nav.* siaj. **II.** (*trec.* **woke,** *part. trec.* **woken**) *vt., vi.* a (se) trezi: ~ *me up at six* trezeşte-mă la ora şase. # **~ful** treaz; de nesomn. # **to ~n** a (se) trezi.
walk [wɔ:k] **I.** *s.* **1.** plimbare: *to go for a ~* a se duce să se plimbe. **2.** loc de plimbare. **3.** fel de a merge. **4.** *amer.* potecă. **5.** *amer.* trotuar. **II.** *vt.* **1.** a conduce (*acasă etc.*). **2.** a cutreiera (*munţii etc.*). **3.** a scoate (*un câine*) afară. **III.** *vi.* **1.** a merge,

a umbla. **2.** a se plimba. # **~er** persoană care se plimbă; **~ie-talkie** aparat de emisie-recepţie; **~ing stick** baston; **~-on** figurant (*în piesă*); **~out** grevă spontană; **~-over** treabă uşoară; **~-up** *amer.* clădire cu multe etaje, fără lift; *to ~ out on smb.* a părăsi un iubit; *to ~ tall* a se da mare.

walkway ['wɔːkweɪ] *s.* **1.** pasaj de trecere între două clădiri. **2.** corso; faleză.

wall [wɔːl] **I.** *s.* **1.** zid: *a stone ~* zid de piatră. **2.** perete. **3.** suprafaţa interioară a unui obiect. **II.** *vt.* a înconjura cu un zid. # **~-mounted** fixat în perete; **~paper** tapet; **~y** *fam.* (un) tâmpit; *to go to the ~ fam.* a da faliment; *off the ~ fam.* ieşit din comun; *up the ~ fam.* scos din minţi, enervat.

wallet ['wɒlɪt] *s.* **1.** portofel. **2.** mapă pentru acte.

wallop ['wɒləp] *fam.* **I.** *s.* scatoalcă; pumn; chelfăneală. **II.** *vt.* **1.** a pălmui; a bate. **2.** *sport.* a bate măr.

wallow ['wɒləʊ] **I.** *s.* tăvălire (*în noroi*). **II.** *vi.* **1.** a se tăvăli (*în noroi etc.*). **2.** a se lăfăi.

walnut ['wɔːlnʌt] *s.* **1.** nuc. **2.** nucă.

walrus ['wɔːlrəs] *s.* *zool.* morsă.

waltz [wɔːls] **I.** *s.* vals. **II.** *vt.*, *vi.* a valsa (cu).

wan [wɒn] *adj.* **1.** palid. **2.** (*d. zâmbet*) stins, schiţat.

wand [wɒnd] *s.* **1.** baghetă (*de magician*). **2.** creion (*de gene*).

wander ['wɒndə] **I.** *vt.* a cutreiera, a rătăci pe (*străzi*). **II.** *vi.* **1.** **(about)** a rătăci (*pe străzi*). **2.** a se abate (*de la un loc anume*). **3.** (*d. minte*) a rătăci. **4.** (*d. şosea*) a şerpui. # **~er** pribeag, vagabond; **~ings** călătorii, drumuri; **~lust** neastâmpărul de a călători.

wane [weɪn] **I.** *s.* declin; scădere: *on the ~* în declin. **II.** *vi.* a scădea, a se micşora (*fig.*).

wangle ['wæŋgl] *vt.* a obţine prin vicleşuguri/şiretenie.

want [wɒnt] **I.** *s.* **1.** lipsă: *a ~ of* lipsă de. **2.** sărăcie: *living in ~* trăind în sărăcie. **II.** *vt.* **1.** a vrea, a dori. **2.** a duce lipsă de: *he ~s courage* e lipsit de curaj. # **~ ads** *amer.* anunţuri la mica publicitate; **~ed** căutat de poliţie; **~ing** deficitar.

wanton ['wɒntən] *adj.* **1.** neruşinat; imoral. **2.** fără rost.

wants [wɒnts] *s. pl.* **1.** dorinţe, doleanţe. **2.** necesităţi, nevoi.

war [wɔː] *s.* **1.** război: *to declare ~ on Germany* a declara război Germaniei; *to go to ~* a începe un război; *to be at ~* a fi în război. **2.** luptă (*fig.*): *the ~ against crime* lupta împotriva criminalităţii. # **~ chest** alocaţie guvernamentală (*pentru un proiect etc.*); **~ criminal** criminal de război; **~fare** război; **~like** războinic; **~monger** aţâţător la război; **~rior** războinic; **~ship** navă de război; **~time** (vremuri de) război; **~-torn** distrus de război.

warble ['wɔːbl] *vi.* **1.** a trilui, a scoate triluri. **2.** a cânta nesigur. # **~r** pasăre cântătoare.

ward [wɔːd] *s.* **1.** secție, salon (în spital). **2.** sector (*al unui oraș*). **3.** pupil, pupilă. # **~ship** tutelă.

warden ['wɔːdn] *s.* **1.** administrator. **2.** *amer.* director de închisoare. **3.** gardian (*la închisoare*). **4.** paznic (*de pădure*).

warder ['wɔːdə] *s.* gardian (*la închisoare*).

wardrobe ['wɔːdrəʊb] *s.* **1.** șifonier. **2.** garderobă (*la teatru etc.*). **3.** garderobă (*a cuiva*), haine.

warehouse ['weəhaʊs] *s.* depozit (*de mărfuri*).

warily ['weərɪli] *adv.* cu precauție.

wariness ['weərɪnɪs] *s.* precauție.

warlock ['wɔːlɒk] *s.* vrăjitor.

warm [wɔːm] **I.** *s.* căldură. **II.** *adj.* **1.** cald: *to keep ~* a ține cald; *I'm ~* îmi este cald. **2.** călduros (*și fig.*). **3.** (*d. culori*) plăcut. **III.** *vt., vi.* a (se) încălzi. # **~-hearted** bun la suflet; binevoitor; **~ing** încălzire (*a vremii*); **~th** căldură (*și fig.*); **~-up** *sport* încălzire.

warn [wɔːn] *vt.* **1.** a avertiza; a sfătui. **2.** a atenționa. # **~ing** recomandare, povață.

warp [wɔːp] **I.** *s.* urzeală. **II.** *vt., vi.* a (se) deforma (*și fig.*). # **~ed** viciat, pervertit.

warrant ['wɒrənt] **I.** *s.* **1.** mandat (*de arestare*). **2.** autorizație. **3.** justificare. **4.** garanție. **II.** *vt.* **1.** a garanta, a gira pentru. **2.** a justifica. # **~ee** împuternicit (*s.*); **~er** *sau* **~or** garant; **~y** garanție.

warren ['wɒrən] *s.* labirint (*fig.*).

wart [wɔːt] *s.* **1.** neg. **2.** defect (*al cuiva*).

wary ['weəri] *adj.* **1.** precaut. **2.** atent, vigilent: *to keep a ~ eye on* a ține sub supraveghere ceva.

wash [wɒʃ] **I.** *s.* **1.** spălare. **2.** *med.* loțiune. **3.** aluviune. **4.** *nav.* siaj. **II.** *vt.* a spăla: *to ~ oneself* a se spăla (*pe sine*). **III.** *vi.* a spăla: *this soap ~es well* săpunul acesta spală bine. # **~able** lavabil; **~basin** *sau Am.* **~bowl** chiuvetă; **~ed-out** decolorat; **~ed-up** (*d. o carieră*) terminat; **~room** toaletă (*într-un loc public*); **~stand** lavabou; **to ~ up** a spăla vase.

washer ['wɒʃə] *s.* **1.** *tehn.* piuliță. **2.** *fam.* mașină de spălat.

washing ['wɒʃɪŋ] **I.** *s.* spălare: *to do the ~* a spăla rufele. **II.** *adj.* de spălat. # **~ line** sfoară (*pentru pus rufe*); **~ machine** mașină de spălat; **~ powder** detergent de rufe; **~-up liquid** detergent lichid pentru vase.

wasp [wɒsp] *s.* viespe. # **~ish** fioros; antipatic.

wastage ['weɪstɪdʒ] *s.* **1.** irosire, risipă. **2.** deșeuri. **3.** pierderi.

waste [weɪst] **I.** *s.* **1.** irosire, risipă. **2.** pierdere: *~ of time* pierdere de timp. **3.** deșeuri. **II.** *adj.* **1.** pustiu, gol. **2.** (*d. ape*) rezidual. **3.** (*d. un teren*) necultivat. **III.** *vt.* **1.** a irosi, a risipi. **2.** a pierde. **3.** *amer. fam.* a ucide. **4.** *amer. fam.* a face praf (*într-o competiție*). # **~basket** *amer.* coș de gunoi; **~ful** neeconomicos; **~land** teren viran;

pârloagă; **~-paper basket** coş de gunoi; ~ **product** deşeuri; **~r** om bun de nimic.

wasted ['weɪstɪd] *adj.* **1.** nereuşit, eşuat. **2.** *sl.* beat criţă; drogat.

wastrel ['weɪstrəl] *s.* **1.** cheltuitor. **2.** pierde-vară.

watch [wɒtʃ] **I.** *s.* **1.** ceas de mână. **2.** pândă; pază, supraveghere. **3.** *nav.* cart. **II.** *vt.* **1.** a urmări, a se uita la: *to ~ television* a se uita la televizor. **2.** a păzi. **3.** a fi atent la: *~ your head* fii atent (să nu te loveşti) la cap. # **~band** *amer.* curea de ceas; **~dog** câine de pază; **~ful** atent; **~maker** ceasornicar; **~man** paznic (de noapte); ~ **strap** curea de ceas; **~word** moto; parolă.

water ['wɔːtə] **I.** *s.* apă: *by ~* pe apă, cu vaporul. **II.** *vt.* **1.** a uda (*flori etc.*). **2.** a adăpa, a da apă la. **3.** a dilua (cu apă). **III.** *vi.* **1.** (*d. ochi*) a lăcrima. **2.** a lăsa gura apă. # **~bed** pat cu saltea cu apă; **~-borne** dus/purtat de apă; ~ **closet** wc, closet; ~ **colour** acuarelă; **~fall** cascadă; ~ **fountain** fântână arteziană; ~ **gun** pistol cu apă; **~ing can** stropitoare; **~ing place** staţiune termală; ~ **lily** nufăr; **~logged** îmbibat cu apă; ~ **meadow** luncă; **~melon** pepene verde; **~mill** moară de apă; ~ **polo** polo; **~proof** impermeabil; **~side** mal; **~ski** schi pe apă; ~ **tower** turn de apă; **~way** cale navigabilă; **~works** uzină de apă.

watershed ['wɔːtəʃed] *s.* **1.** cumpăna apelor. **2.** cotitură, răscruce (*fig.*). # **the ~** ora de la care se pot transmite la TV filme interzise copiilor.

watery ['wɔːtəri] *adj.* **1.** apos. **2.** palid. **3.** (*d. culori*) pal. **4.** (*d. mâncare etc.*) fără gust.

watt [wɒt] *s.* watt. # **~age** putere electrică în waţi.

wattle ['wɒtl] *s.* **1.** nuiele împletite (*pentru garduri*). **2.** mărgele (*la curcan*).

wave [weɪv] **I.** *s.* **1.** val (*şi fig.*). **2.** dezlănţuire, răbufnire: *~ of anger* răbufnire de furie. **3.** undă radio. **4.** ondulaţie. **5.** fluturare de mână. **II.** *vt.* a flutura (*mâna*), a da din (*mâini*). **III.** *vi.* **1.** a face cu mâna. **2.** (*d. steag*) a flutura. **3.** (*d. păr*) a se ondula. # **~length** lungime de undă (*la radio*); **~let** vălurel.

waver ['weɪvə] *vi.* **1.** a ezita, a şovăi. **2.** (*d. flacără*) a pâlpâi.

wavy ['weɪvi] *adj.* **1.** ondulat, buclat. **2.** unduios.

wax [wæks] **I.** *s.* ceară. **II.** *vt.* **1.** a ceruí, a da cu ceară. **2.** a epila cu ceară. # **~(ed) paper** hârtie cerată (*de ambalaj*); **~en** (ca) de ceară; **~work** figură de ceară; ~ **museum** muzeu al figurilor de ceară; **~y** (ca) de ceară.

way [weɪ] **I.** *s.* **1.** mod, fel: *I'll do it my ~* am s-o fac în felul meu; *one ~ or another* într-un fel sau altul. **2.** fire: *it was not his ~ to* nu-i stătea în fire să. **3.** uzanţă: *the British ~s* obiceiurile britanice. **4.** cale: *get out of my ~* dă-te la o parte din calea mea; *to tell smb.*

the ~ a-i spune cuiva pe unde să o ia. **5.** drum; cărare; stradă. **6.** intrare; ieşire: *the* ~ *in/out* intrarea/ieşirea. **7.** privință: *he has changed in every* ~ s-a schimbat mult. **8.** condiție, stare: *in a bad* ~ în stare proastă. **II.** *adv.* mult prea: *the price is* ~ *above what we can afford* prețul este mult prea mare pentru posibilitățile noastre. # **~farer** drumeț; **to ~lay** a opri, a reține (*pe cineva*); **~-out** *fam.* trăznit, ciudat; **~side** margine de drum; ~ **station** *amer.* popas, oprire; **~ward** năbădăios; *across/over the* ~ peste drum; *by the* ~ apropo; *either* ~ orişicum, oricum ar fi; *every which* ~ în toate direcțiile; *to give* ~ a ceda (*sub greutate/nervos*); *to give* ~ *to* a ceda (*presiunilor etc.*); *have it your own* ~*!* fă cum vrei!, fă ce vrei!; *in some ~s* într-un fel; *a long* ~ *off* departe (*în timp*); *to lose your* ~ a rătăci drumul; *to make* ~ *for smb.* a face loc cuiva; *no* ~*!* sub nici un motiv!; nici vorbă!; *to my* ~ *of thinking* după părerea mea; *the* ~ *of the world!* asta-i situația! (*şi n-ai ce face*).

we [wɩ] *pron.* noi: *we'd like to travel* ne-ar plăcea să călătorim.

weak [wi:k] *adj.* **1.** slăbit (*după boală*). **2.** (*d. ceva*) nerezistent; şubred. **3.** (*d. cineva*) moale. **4.** slab, uşor de influențat. **5.** (*d. un argument*) neconvingător. **6.** (*d. un elev*) slab. **7.** diluat. # **~-kneed** *fam.* fricos; **~ling** (un) pirpiriu.

weaken ['wi:kən] **I.** *vt.* **1.** a slăbi (*organismul*). **2.** a dilua. **II.** *vi.* **1.** a se şubrezi. **2.** a se diminua.

weakness ['wi:knəs] *s.* **1.** slăbiciune (*a organismului*). **2.** depreciere (*a dolarului*). **3.** cusur, defect. **4.** slăbiciune, pasiune.

weal [wi:l] *s.* **1.** bunăstare. **2.** *med.* inflamație.

wealth [welθ] *s.* **1.** bogăție, avere. **2.** belşug. **3.** mulțime: *a* ~ *of information* o mulțime de informații. # **~y** bogat, înstărit.

wean [wi:n] *vt.* a înțărca.

weapon ['wepən] *s.* armă (*şi fig.*). # **~ry** armament.

wear [weə] **I.** *s.* **1.** purtare (*a hainelor*). **2.** îmbrăcăminte: *lady's* ~ îmbrăcăminte de damă. **3.** folosință (*a unui obiect*). **4.** uzură, uzare (*a unui obiect*). **II.** (*trec.* **wore**, *part. trec.* **worn**) *vt.* **1.** a purta (*pălărie etc.*). **2.** a avea (*barbă, mustață*). **3.** *fam.* a accepta. **III.** (*trec.* **wore**, *part. trec.* **worn**) *vi.* **1.** a se uza, a se deteriora. **2.** (*d. un obiect*) a rezista (*la uzură*). # **~ing** *sau* **~isome** obositor; enervant; **to ~ off** (*d. durere*) a trece; **to ~ on** (*d. timp*) a se scurge; **to ~ out** a da gata, a termina (*şi fig.*); **~y** istovitor; istovit.

weasel ['wi:zl] *s. zool.* nevăstuică. # ~ **word** cuvânt cu două înțelesuri/echivoc; *to* ~ *out of* a se eschiva de la.

weather ['weðə] **I.** *s.* vreme: *if the ~ holds/breaks* dacă vremea (bună) se menține, dacă se schimbă vremea; *~ permitting* dacă vremea va fi bună; *the ~ fam.* buletinul meteorologic. **II.** *vt.* a ameliora. **III.** *vi.* **1.** a se decolora. **2.** a se eroda. # **~-beaten** (*d. față*) pârlit de soare și bătucit; **~cock** giruetă; **~ forecast** buletin meteorologic; **~man** *fam.* prezentator al unui buletin meteorologic; **~ station** stație meteorologică; **~vane** giruetă.

weave [wi:v] (*trec.* **wove,** *part. trec.* **woven**) **I.** *vt.* **1.** a țese (*la război*). **2.** a împleti (*ghirlande*). **3.** a-și croi (*drum*). **II.** *vi.* **1.** a țese (*la război*). **2.** (*d. o potecă etc.*) a șerpui. # **~r** țesător, țesătoare.

web [web] *s.* **1.** plasă de păianjen. **2.** membrană (*la laba raței etc.*). **3.** încâlcitură, labirint (*de străzi etc.*).

wed [wed] **I.** *vt.* **1.** a uni prin căsătorie. **2.** a lua de (*nevastă*) pe. **II.** *vi.* a se căsători. # **~ding** nuntă; **~ding ring** verighetă; **~lock** căsătorie.

wedded ['wedɪd] *adj.* **1.** căsătorit. **2.** conjugal: *~ life* viață conjugală. **3.** (**to**) dedicat (*unei îndeletniciri*).

wedge [weʤ] **I.** *s.* pană (*de despicat lemn*). **II.** *vt.* **1.** a imobiliza (*o barcă între stânci etc.*). **2.** a bloca (*o ușă pentru a sta deschisă*).

Wednesday ['wenzdeɪ] *s.* miercuri.

wee [wi:] *adj. fam.* **1.** foarte mic, minuscul. **2.** foarte puțin.

weed [wi:d] **I.** *s.* **1.** buruiană. **2.** *fam.* drog (*mai ale canabis*). **II.** *vt.* a plivi (*buruieni*). # **the ~** *fam.* țigări; **~killer** erbicid.

weedy ['wi:di] *adj.* **1.** cu buruieni. **2.** *fam.* (*d. cineva*) pirpiriu.

week [wi:k] *s.* săptămână: *a ~ ago today* acum o săptămână; *today/tomorrow ~* de azi/mâine într-o săptămână; *Monday ~* lunea viitoare; *~ in ~ out* în fiecare săptămână. # **~day** zi de lucru; **~end** sfârșit de săptămână; **~-long** de o săptămână; **~ly** săptămânal (*s. și adj.*); **~nights** nopțile din timpul săptămânii (*cu excepția celor de sâmbătă și duminică*).

weeny ['wi:ni] *adj. fam.* puțin de tot.

weep [wi:p] **I.** *s.* plâns(et). **II.** (*trec., part. trec.* **wept**) *vi.* a plânge. # **~ing willow** salcie plângătoare; **~y** *fam.* plângăreț.

weevil ['wi:vl] *s.* gărgăriță.

weft [weft] *s.* urzeală (*la țesut*).

weigh [weɪ] **I.** *vt.* **1.** a cântări (*și fig.*). **2.** a ridica (*ancora*). **II.** *vi.* a cântări.

weight [weɪt] **I.** *s.* **1.** greutate (*și fig.*): *to lose ~* a slăbi; *to gain ~* a se îngrășa. **2.** măsură de greutate. **3.** apăsare; responsabilitate. **II.** *vt.* a atașa o greutate la. # **~lessness** imponderabilitate; **~lifting** haltere (*ca sport*); **~y** greu; important.

weir [wɪə] *s.* stăvilar.

weird [wɪəd] *adj.* straniu, ciudat. # **~o** *fam.* persoană excentrică.

welcome ['welkəm] **I.** *s.* primire, întâmpinare (*a cuiva*). **II.** *adj.* **1.** de bun-venit. **2.** bine-venit; salutar. **III.** *vt.* **1.** a întâmpina (*pe cineva*). **2.** a saluta, a primi cu entuziasm (*o propunere*). # *you're ~!* pentru puțin!, n-ai pentru ce! (*ca răspuns la „mulțumesc"*).

weld [weld] **I.** *s.* sudură. **II.** *vt.* a suda (*și fig.*). # **~er** sudor.

welfare ['welfeə] *s.* **1.** bunăstare. **2.** ajutor social, asigurare socială.

well [wel] **I.** *s.* **1.** puț (de apă). **2.** sondă petrolieră. **3.** casa liftului/scării. **II.** *adj.* **1.** bine. **2.** sănătos. **III.** *vi.* **1.** (*d. lacrimi*) a țâșni. **2.** (*d. emoții*) a copleși. **IV.** *adv.* **1.** bine. **2.** mult: *~ over the speed limit* mult peste limita de viteză. # **~-balanced** echilibrat; **~-behaved** manierat; **~-being** sănătate și mulțumire sufletească; **~-bred** bine crescut; **~-fed** bine hrănit; **~-founded** justificat; **~-groomed** (*d. cineva*) îngrijit; **~-heeled** *fam.* căpătuit, bogat; **~-kept** (*d. o grădină etc.*) îngrijit; **~-known** bine cunoscut; **~ness** *amer.* stare de sănătate; **~-nigh** aproape (*imposibil etc.*); **~-off** înstărit; **~-timed** oportun; **~-to-do** înstărit; **~-trodden** (*d. o cărare*) bătătorit; **~-turned** (*d. o frază*) bine adus din condei; **~y** *fam.* cizmă de cauciuc; *as ~* de asemenea; *as ~ as* ca și; *~ and truly* complet.

wellington ['welɪŋtən] *s.* cizmă de cauciuc.

well-rounded [wel'raʊndɪd] *adj.* **1.** (*d. cineva*) rotunjor, rotofei. **2.** (*d. personalitatea cuiva*) bine conturat. **3.** atotcuprinzător.

Welsh [welʃ] **I.** *s.* limba celtică vorbită în Țara Galilor. **II.** *adj.* din Țara Galilor.

welsh [welʃ] *vt. fam.* a duce, a fraieri.

welt [welt] *s. med.* inflamație; rosătură.

welter ['weltə] *s.* grămadă (*fig*): *a ~ of information* o grămadă de informații. # **~weight** boxer de categoria semimijlocie.

wench [wentʃ] *s. înv.* fetișcană.

wend [wend] *vt.* a o apuca spre: *he ~ed his way home* se îndreptă spre casă.

went [went] *trec. de la* **to go**.

wept [wept] *trec., part. trec. de la* **to weep**.

werewolf ['weəwʊlf] *s.* vârcolac.

west [west] **I.** *s.* **1.** vest, apus: *to the ~ of* la vest de. **2.** occident. **II.** *adj.* vestic, de/din vest. **III.** *adv.* spre/către vest. # **~bound** care duce spre vest; **~wards** spre/către vest.

westerly ['westəli] **I.** *s.* vânt din vest. **II.** *adj.* vestic, de vest.

western ['westən] **I.** *s.* film western. **II.** *adj.* **1.** vestic, de vest. **2.** occidental. # **~er** locuitor din vest; **to ~ize** a occidentaliza; **~most** din extrema vestică.

wet [wet] **I.** *s.* **1.** vreme umedă; ploaie. **2.** apă. **3.** *pol.* moderat. **4.** *fam.* molâu, bleg. **II.** *adj.* **1.** ud: *soak-*

ing/dripping ~ ud leoarcă. **2.** ploios, umed. **3.** neuscat: ~ *paint* proaspăt vopsit. **4.** *fam.* (*d. cineva*) slab, influențabil. **III.** *vt.* a umezi, a uda. # **~nurse** doică; **~ suit** costum de scafandru/scufundător.

wether ['weðə] *s.* batal.

whack [wæk] **I.** *s.* **1.** lovitură zdravănă. **2.** *sl.* încercare. **II.** *vt. fam.* a plesni, a pocni, a lovi. # **~ed** *fam.* stors, istovit; **~ing** *fam.* imens; *out of ~ amer. fam.* (*d. un aparat*) defect.

whale [weɪl] *s. zool.* balenă. # **~r** vânător de balene.

whaling ['weɪlɪŋ] *s.* vânătoare de balene.

wharf [wɔ:f] *s.* debarcader.

what [wɒt] *adj., pron.* **1.** ce, ceea ce, cât, ce fel, cum: ~ *book do you want?* ce carte vrei?; *~'s the time?* cât e ceasul?; ~ *else?* ce altceva? ~ *of it?* ce e cu asta?; ~ *the hell?* ce naiba? **2.** ceva: *I'll tell you* ~ să-ți spun ceva. # **~sit** chestie, lucru; *and ~ not* și alte lucruri de felul acesta; ~ *about...?* ce-ai zice de...?; ~ *if...?* și dacă...?

whatever [wɒt'evə] **I.** *adj., pron.* **1.** oricare, orice: *do ~ you want* fă ce vrei; ~ *decision* oricare decizie. **2.** nici un fel: *no chance* ~ absolut nici-o șansă. **II.** *adv.* deloc, de nici un fel. # *or ~* sau ceva de felul acesta; ~ *you do* sub nici un motiv.

wheat [wi:t] *s.* grâu.

wheedle ['wi:dl] *vt.* a duce cu vorba.

wheel [wi:l] **I.** *s.* **1.** roată. **2.** volan: *at the* ~ la volan. **3.** *nav.* cârmă. **4.** mecanism, angrenaj (*fig.*). **II.** *vt.* a împinge (*un cărucior etc.*). **III.** *vi.* a se roti, a se învârti. # ~ **barrow** roabă (*de cărat*); **~chair** scaun cu rotile; **~ie** *fam.* acrobație pe bicicletă; **~ie bin** *fam.* tomberon cu rotile; **~right** *înv.* rotar.

wheeler-dealer [ˌwi:lə'di:lə] *s. fam.* afacerist/politician descurcăreț și viclean.

wheeze [wi:z] **I.** *s.* **1.** hârâială; hârâit (*al respirației grele*). **2.** *fam.* festă, farsă. **II.** *vi.* a hârâi (*respirând*).

whelp [welp] **I.** *s.* cățel(uș). **II.** *vt.* (*d. cățea*) a făta.

when [wen] **I.** *adv.* când: *since* ~ de când; *till* ~ până când. **II.** *conj.* **1.** (pe vremea) când. **2.** (atunci) când. **3.** deși, cu toate că: *she claimed to be 18, ~ I know she's only 16* pretindea că are 18 ani, deși eu știu că are doar 16. # **~ce** de unde; **~ever** ori de câte ori.

where [weə] **I.** *adv.* unde. **II.** *conj.* acolo unde. # **~as** în timp ce; **~by** prin care; **~fore** de ce; **~in** în care; **~ver** oriunde; pretutindeni; *or ~ver fam.* de oriunde altundeva.

whereabouts ['weərəbaʊts] **I.** *s.* loc unde se află cineva. **II.** *adv.* unde.

whet [wet] *vt.* a stârni (*curiozitatea cuiva*).

whether ['weðə] *conj.* dacă: *I'll see ~ she is at home* am să văd dacă este acasă.

whetstone ['wetstəʊn] *s.* gresie.

whey [weɪ] *s.* zer.

which [wɪtʃ] **I.** *adj., pron.* care, pe care. **II.** *conj.* ceea ce. # **~ever** oricare.

whiff [wɪf] *s.* **1.** miros; boare: *a ~ of perfume* un miros (vag) de parfum. **2.** sământă (*fig.*): *a ~ of scandal* sământă de scandal.

while [waɪl] **I.** *s.* timp: *all the ~* tot timpul; *for a ~* (pentru) o vreme; *in a little ~* în scurt timp. **II.** *conj.* **1.** pe când. **2.** în timp ce. **3.** deşi, cu toate că. # *to ~ away the time (watching television)* a-şi petrece timpul (uitându-se la televizor).

whim [wɪm] *s.* toană, capriciu: *at the ~ of the boss* după bunul plac al patronului. # **~sical** straniu; **~sy** ciudăţenie.

whimper ['wɪmpə] **I.** *s.* **1.** scâncet. **2.** schelălăit. **II.** *vi.* a scânci; a bâzâi.

whine [waɪn] **I.** *s.* **1.** scheunat. **2.** uruit, duduit. **3.** văicărit. **II.** *vi.* **1.** a scheuna. **2.** a urui, a dudui. **3.** a se văicări.

whinge [wɪndʒ] *vi.* (**about**) a se plânge (de).

whinny ['wɪni] *vi.* a necheza.

whip [wɪp] **I.** *s.* bici. **II.** *vt.* **1.** a biciui. **2.** a bate (*ouă*). # **~lash** biciuire; *to ~ up a meal* a încropi ceva de mâncare; *to ~ up a crowd* a entuziasma/însufleţi mulţimile.

whirl [wɜ:l] **I.** *s.* **1.** trâmbă (*de praf*), vârtej. **2.** forfotă; tumult, vâltoare: *a ~ of parties* un şir neîntrerupt de petreceri. **II.** *vi.* **1.** (*d. frunze veştede*) a pluti. **2.** a se roti, a se învârti. # **~igig** piruetă; agitaţie, tumult; **~pool** bulboană.

whirlwind ['wɜ:lwɪnd] **I.** *s.* **1.** tornadă. **2.** tumult. **II.** *adj.* rapid; fulgerător.

whir(r) [wɜ:] **I.** *s.* **1.** fâlfâit. **2.** uruit, duduit. **II.** *vi.* a urui, a dudui.

whisk [wɪsk] **I.** *s.* tel. **II.** *vt.* a bate (*ouă*).

whiskers ['wɪskəz] *s. pl.* **1.** mustăţi (*ale pisicii etc.*). **2.** peri din barbă.

whisky ['wɪski] *s.* **1.** whisky. **2.** pahar cu whisky.

whisper ['wɪspə] **I.** *s.* **1.** şoaptă. **2.** susur; murmur. **3.** zvon. **II.** *vt.* **1.** a şopti. **2.** a răspândi (*un zvon*). **III.** *vi.* **1.** a şuşoti. **2.** (*d. frunze*) a foşni. # **~ing campaign** campanie de defăimare.

whistle ['wɪsl] **I.** *s.* **1.** fluier. **2.** fluierat. **II.** *vt.* a fluiera (*o melodie*). **III.** *vi.* **1.** a fluiera. **2.** (*d. vânt*) a şuiera.

whit [wɪt] *s.* strop, pic (*fig.*).

white [waɪt] **I.** *s.* **1.** alb. **2.** om alb. **3.** albuş. **4.** albul ochiului. **II.** *adj.* **1.** alb. **2.** (*d. cafea*) cu lapte. # **~caps** *sau amer.* **~horses** valuri înspumate; **~-collar** de funcţionar, funcţionăresc; **~ goods** aparate de uz casnic (*frigidere, maşini de spălat*); **~ hope** *sport* mare speranţă; **~ lie** minciună nevinovată; **~ meat** carne albă; **to ~n** a (se) albi; **~-out** condiţii de vizibilitate foarte redusă (*din cauza ninsorii abundente*); **~ tie** papion alb; **~ wine** vin alb.

whitewash ['waɪtwɒʃ] **I.** *s.* **1.** var. **2.** muşamalizare, acoperire. **II.** *vt.* **1.** a vărui. **2.** a bate măr (*o echipă adversă*).

whither ['wɪðə] *adv., conj. înv.* încotro.

whitish ['waɪtɪʃ] *adj.* albicios.

Whitsun ['wɪtsn], **Whit Sunday** [wit'sʌndi] *s.* Rusalii.

whittle ['wɪtl] *vt.* a ciopli (*lemn*). # **to ~ away** a diminua, a micşora.

whizz [wɪz] **I.** *s. fam.* as, maestru: *he is a ~ at scrabble* e un as la scrabble. **II.** *vi.* a şuiera. # **~-kid** *fam.* tânăr capabil/realizat.

who [hu:] *pron.* **1.** cine?: *~ is that man?* cine este bărbatul acela? **2.** care: *the man ~ is at the door...* omul care este la uşă... # **~dunnit** roman *etc.* poliţist; **~m** pe care, pe cine; **~mever** pe oricine; **~se** a/al cui.

whole [həʊl] **I.** *s.* întreg: *the ~ of his life* toată viaţa lui. **II.** *adj.* **1.** tot: *the ~ day* toată ziua. **2.** cuprinzător. **3.** întreg. # **~food** hrană naturală; **~hearted** din toată inima; **~note** *amer. miz.* notă întreagă; **~ number** *mat.* număr întreg; **~some** (*d. hrană*) sănătos.

wholesale ['həʊlseɪl] *s., adj.* (vânzare) cu ridicata. # **~r** angrosist.

wholesaling ['həʊlseɪlɪŋ] *s.* comerţ cu ridicata.

wholly ['həʊlli] *adv.* în întregime.

whoop ['wu:p] **I.** *s.* strigăt. **II.** *vi.* a scoate strigăte *(de bucurie).* # **~ing cough** tuse convulsivă.

whoosh [wʊʃ] *s.* fâşâit.

whopper ['wɒpə] *s. fam.* **1.** namilă, colos. **2.** minciună.

whopping ['wɒpɪŋ] *adj. fam.* uriaş, imens, enorm.

whore [hɔ:] *s.* curvă, prostituată. • # **~house** bordel.

why [waɪ] **I.** *s.* cauză. **II.** *adv.* de ce.

wick [wɪk] *s.* fitil, feştilă.

wicked ['wɪkɪd] *adj.* **1.** rău, hain. **2.** maliţios. **3.** periculos. **4.** *sl.* super, marfă.

wicker ['wɪkə] *adj.* din nuiele: *a ~ basket* coş din nuiele.

wicket ['wɪkɪt] *s.* **1.** ghişeu. **2.** portiţă.

wide [waɪd] **I.** *adj.* **1.** larg. **2.** lat: *2 metres ~* lat de doi metri. **3.** cuprinzător; vast; amplu. **4.** important, însemnat, mare. **II.** *adv.* **1.** larg: *~ open* larg deschis. **2.** complet: *~ awake* treaz de-a binelea. # **~ boy** *fam.* escroc; **~-eyed** uimit; **~ly** pe scară largă; foarte; **to ~n** a lărgi (*şi fig.*); **~-spread** general; extins; *~ of the mark* inexact.

widget ['wɪdʒɪt] *s. fam.* drăcie, chestie.

widow ['wɪdəʊ] *s.* văduvă. # **~er** văduv.

width [wɪdθ] *s.* lăţime, lărgime: *it's ten metres in ~* are o lăţime de zece metri.

wield [wi:ld] *vt.* a avea, a deţine.

wife [waɪf] (*pl.* **wives**) *s.* nevastă, soţie. # **~ly** de soţie.

wig [wɪg] *s.* perucă.

wiggle ['wɪgl] *vt., vi.* a (se) clătina; a (se) bâţâi.

wigwam ['wɪgwæm] *s.* cort (*la indieni americani*).

wild [waɪld] *adj.* **1.** sălbatic: ~ *animals* animale sălbatice. **2.** (*d. flori*) de câmp. **3.** zvăpăiat, nebunatic. **4.** frenetic, însuflețit. **5.** entuziasmat. # ~ **card** joker; ~**erness** sălbăticie, pustietate; ~**fowl** păsări sălbatice de apă; ~**life** animale sălbatice; ~**ly** frenetic; ~**s** pustietăți.

wiles [waɪlz] *s. pl.* șmecherii, vicleșuguri.

wilful ['wɪlfəl] *adj.* **1.** deliberat, intenționat. **2.** (*d. cineva*) voluntar; îndărătnic.

will [wɪl] **I.** *s.* **1.** voință: *an iron* ~ o voință de fier. **2.** dorință: *the* ~ *to live* dorința de a trăi. **3.** testament. **II.** (*trec.* **would**) *v. auxiliar* (*la formarea viitorului verbelor*) vei, va, veți, vor: *he* ~ *come* el va veni. **III.** *v. modal* **1.** (*dorință, voință*): *I'll do it* am s-o fac (*fiindcă vreau neapărat*). **2.** (*ordin*): *you'll do it, right now* ai s-o faci acum. **3.** (*formulă de politețe*): ~ *you give me a glass of water?* sunteți amabil să-mi dați un pahar cu apă? **IV.** *vt.* **1.** a dori, a vrea: *do what you* ~ fă ce vrei. **2.** a lăsa prin testament. **V.** *vi.* **1.** a vrea. **2.** a hotărî, a decide. # ~**ies** fiori, frisoane; ~**-o'-the-wisp** himeră; ~ **power** voință; ~**y-nilly** vrând-nevrând.

willful ['wɪlfəl] *adj. amer.* **1.** deliberat, intenționat. **2.** (*d. cineva*) voluntar; îndărătnic.

willing ['wɪlɪŋ] *adj.* **1.** dornic: ~ *to discuss* dornic să discute. **2.** săritor.

wilt [wɪlt] *vi.* **1.** (*d. plante*) a păli, a se veșteji. **2.** *fam.* a se blegi, a se moleși.

wily ['waɪli] *adj.* șmecher, șiret.

wimp [wɪmp] *s. fam.* om slab, cârpă.

win [wɪn] **I.** *s.* victorie (*în competiție*). **II.** (*trec., part. trec.* **won**) *vt.* **1.** a câștiga (*și fig.*). **2.** a obține, a căpăta. **III.** (*trec., part. trec.* **won**) *vi.* **1.** (**at**) a câștiga (la). **2.** a birui. # ~**ner** câștigător; mare reușită; ~ *or lose* fie ce-o fi; *to* ~ *smth. back* a recăpăta ceva.

wince [wɪns] **I.** *s.* grimasă (*de durere etc.*). **II.** *vi.* (**at**) a se crispa (de), a tresări (de).

winch [wɪntʃ] *s.* vinci.

wind[1] [wɪnd] **I.** *s.* **1.** vânt: *a gust of* ~ o rafală de vânt; *a breath of* ~ o adiere. **2.** *med.* balonare. **3.** răsuflare: *to knock the* ~ *out of him* a-i tăia răsuflarea. **4.** șuierat (*al glonțelui*). **II.** *vt.* a tăia răsuflarea (*cuiva*). # ~**bag** *fam.* moară-stricată; ~**-blown** dus de vânt; ~**break** paravânt; ~**cheater** hanorac; ~ **instrument** instrument de suflat; ~**lass** scripete; ~**mill** moară de vânt; ~**pipe** trahee; ~**shield** *amer.* *sau* ~**screen** parbriz; ~**shield wiper** *amer.*, ~**screen wiper** ștergător de parbriz; ~**swept** bătut de vânt; ~**ward** (în) direcția de unde bate vântul; ~**y** vântos.

wind[2] [waɪnd] (*trec., part. trec.* **wound**) **I.** *vt.* **1.** a trage (*ceasul*).

2. a depăna, a înfăşura. 3. a derula (*o casetă*). 4. a învârti (*o manivelă*). 5. a cuprinde în braţe. II. *vi.* 1. (*d. cărare*) a şerpui. 2. a se înfăşura. # ~**ing** şerpuitor; ~**ing sheet** giulgiu; ~-**up** tachinare.

windfall ['wɪndfɔːl] *s.* 1. fruct căzut din pom. 2. câştig neaşteptat.

window ['wɪndəʊ] *s.* 1. fereastră: *to look out (of) the ~* a privi pe fereastră. 2. portiţă (*de scăpare*). 3. vitrină (*la magazin*). # ~ **dressing** aranjare a vitrinei; ~**pane** geam; ~ **shade** transperant; ~ **sill** pervaz.

wine [waɪn] *s.* vin. # ~ **cellar** cramă; ~ **cooler** frapieră.

wing [wɪŋ] I. *s.* 1. aripă (*de pasăre, avion etc.*). 2. *sport* extremă. II. *vt.* a zbura: *to ~ its way* a-şi lua zborul.# ~ **collar** guler tare; ~**ed** înaripat; ~**s** culise; ~**span** întindere a aripilor; *on the ~* în zbor; *to take ~* a-şi lua zborul.

wink [wɪŋk] I. *s.* 1. clipire din ochi. 2. uitătură. 3. picoteală. II. *vi.* 1. a face cu ochiul. 2. a sclipi, a pâlpâi.

winnow ['wɪnəʊ] *vt.* a vântura.

wino ['waɪnəʊ] (*pl.* ~**s**) *s. fam.* vagabond alcoolic.

winsome ['wɪnsəm] *adj.* chipeş, irezistibil.

winter ['wɪntə] I. *s.* iarnă: *a mild/hard ~* iarnă blândă/grea. II. *vi.* a-şi petrece iarna. # ~ **sports** sporturi de iarnă; ~**time** iarna.

wintry ['wɪntri] *adj.* 1. de iarnă. 2. glacial (*fig.*).

wipe [waɪp] *vt.* 1. a şterge (*şi fig.*): *he ~d his hands on* s-a şters pe mâini cu; *to ~ a tape* a şterge o bandă. 2. a curăţa (*un loc*). # ~**r** ştergător de parbriz; **to ~ out** a cădea (*la schi etc.*); a distruge.

wire ['waɪə] I. *s.* 1. sârmă; cablu electric. 2. gard de sârmă. 3. *amer. fam.* telegramă. II. *vt.* 1. *el.* a conecta la reţea; a pune în priză. 2. *amer. fam.* a telegrafia. # ~-**cutters** *el.* cleşte de tăiat sârme; ~**d** *el.* cuplat, conectat; *fam.* tensionat; ~**less** radio; ~ **tapping** interceptare a convorbirilor telefonice.

wiring ['waɪərɪŋ] *s.* instalaţie electrică; cuplare. # ~ **diagram** plan de cablaj.

wiry ['waɪəri] *adj.* 1. (*d. cineva*) subţire şi vânjos. 2. (*d. păr*) sârmos. 3. (*d. sunet*) metalic.

wisdom ['wɪzdəm] *s.* înţelepciune; chibzuinţă. # ~ **tooth** măsea de minte.

wise [waɪz] *adj.* 1. înţelept. 2. chibzuit. 3. judicios. # ~**crack** remarcă spirituală; ~ **guy** *fam.* tip arogant.

wish [wɪʃ] I. *s.* 1. dorinţă. 2. voinţă: *against her parents ~es* împotriva voinţei părinţilor ei. 3. vis: *his ~ came true* visul i s-a împlinit. II. *vt.* 1. a vrea: *I ~ I knew* aş vrea să ştiu. 2. a dori: *he ~ed her to stay* el dorea ca ea să rămână (acolo). 3. a ura: *I ~ed him luck* i-am urat baftă. # ~**bone** iadeş (*la păsări*).

wishy-washy ['wɪʃɪwɒʃi] *adj.* **1.** (*d. culori*) spălăcit. **2.** *fam.* confuz; şovăielnic.

wisp [wɪsp] *s.* **1.** smoc (*de iarbă, păr*). **2.** dâră (*de fum*). # **~y** rar, rărit.

wistful ['wɪstfl] *adj.* **1.** de regret, de părere de rău. **2.** îngândurat.

wit [wɪt] *s.* **1.** minte, cap, inteligenţă: *a sharp* ~ minte ageră. **2.** om spiritual. **3.** spirit, glumă. # **~ticism** vorbă de duh; **~ty** spiritual; inteligent.

witch [wɪtʃ] *s.* **1.** vrăjitoare. **2.** cotoroanţă (*fig.*). # **~craft** vrăjitorie; **~doctor** vraci; **~-hunt** vânătoare de vrăjitoare.

with [wɪð] *prep.* **1.** cu. **2.** de: *bent ~ age* gârbovit de bătrâneţe. # *are you ~ me?* mă urmăreşti? *sau* pricepi?; ~ *it fam.* (*d. haine*) modern; ~ *that* după asta *sau* apoi.

withdraw [wɪð'drɔː] (*trec.* **~drew**, *part. trec.* **~drawn**) **I.** *vt.* **1.** a retrage. **2.** a retracta. **II.** *vi.* a se retrage. # **~al** retragere; retractare; **~n** (*d. cineva*) retras, închis (în sine).

wither ['wɪðə] *vi.* a se veşteji. # **to ~ away** (*d. speranţe*) a se spulbera, a se destrăma; **~ing** sarcastic, usturător; **~s** greabăn (*la cal*).

withered ['wɪðəd] *adj.* **1.** (*d. plante*) ofilit, uscat. **2.** (*d. cineva*) slab, uscăţiv. **3.** (*d. o parte din corp*) atrofiat.

withhold [wɪð'həʊld] (*trec., part. trec.* **withheld**) *vt.* a ascunde, a tăinui (*fig.*).

within [wɪ'ðin] **I.** *prep.* în, în interiorul, în raza. **II.** *adv.* în interior.

without [wɪ'ðaʊt] *prep.* fără.

withstand [wɪð'stænd] (*trec., part trec.* **withstood**) *vt.* a rezista la.

witness ['wɪtnəs] **I.** *s.* martor. **II.** *vt.* **1.** a fi de faţă la, a fi martor la. **2.** a cunoaşte, a înregistra (*o creştere etc.*). **3.** a menţiona, a remarca. # ~ **box/stand** boxa martorilor.

witter ['wɪtə] *vi. fam.* (**on**) a sporovăi (despre).

wittingly ['wɪtɪŋli] *adv.* cu bună ştiinţă, deliberat. # ~ *or un~* fie că a vrut, fie că nu a vrut.

wizard ['wɪzəd] *s.* **1.** vrăjitor. **2.** mare specialist. # **~ry** măiestrie.

wizened ['wɪznd] *adj.* zbârcit; pipernicit.

wobble ['wɒbl] **I.** *vt.* a clătina, a zgâlţâi. **II.** *vi.* a se clătina, a se balansa.

wobbly ['wɒbli] *adj.* **1.** şubred. **2.** nesigur pe picioare. **3.** ezitant, şovăitor.

wodge [wɒdʒ] *s. fam.* **1.** hartan. **2.** teanc mare.

woe [wəʊ] *s.* necaz, supărare. # **~begone** posomorât; ~ *is me!* vai de capul meu!

woeful ['wəʊfl] *adj.* **1.** lamentabil. **2.** întristat. **3.** duios.

woke [wəʊk] *trec. de la* **to wake**.

woken ['wəʊkən] *part. trec. de la* **to wake**.

wolf [wʊlf] **I.** (*pl.* **wolves**) *s.* lup. **II.** *vt. fam.* a înfuleca. # **~hound** câine lup; **~ish** ca de lup.

woman ['wʊmən] (*pl.* **women** ['wɪmɪn]) *s.* **1.** femeie. **2.** servitoare.

~hood maturitate (*când este vorba despre o femeie*); **~ish** de femeie; efeminat; **to ~ize** a fi afemeiat; **~kind** femeile; **~ly** feminin, femeiesc.

womb [wu:m] *s.* uter.

won [wʌn] *trec., part. trec. de la* **to win.**

wonder ['wʌndə] **I.** *s.* **1.** mirare, nedumerire. **2.** minunăție, frumusețe. **3.** miracol (*persoană*). **II.** *vi.* **1.** a se întreba: *I ~ who he is* mă întreb cine să fie. **2.** (**at**) a se minuna (de). # **~ful** minunat; **~fully** neobişnuit de; foarte; **~ingly** cu admirație; *to work ~s* a da rezultate foarte bune.

wondrous ['wʌndrəs] *adj.* extraordinar.

wonky ['wɒŋki] *adj.* şubred.

wont [wəʊnt] *s.* obicei, obişnuință.

woo [wu:] *vt.* **1.** a curta (*o femeie*). **2.** a încânta prin promisiuni. # **~er** pretendent.

wood [wʊd] *s.* lemn. # **~carving** cioplire în lemn; **~cut** gravură în lemn; **~ed** împădurit; **~en** de lemn; **~en spoon** lingură de lemn; **~land** regiune împădurită; **~sman** pădurar; **~pecker** ciocănitoare; **~ pulp** celuloză (*pentru fabricarea hârtiei*); **~s** pădure; **~wind instruments** instrumente de suflat; **~worm** car (*care distruge lemnul*); **~y** împădurit; de lemn.

woodwork ['wʊdw3:k] *s.* **1.** obiect din lemn. **2.** bară (*la fotbal*). **3.** tâmplărie. # *to come out of the ~* a se ivi pe neaşteptate.

woofer ['wu:fə] *s.* difuzor de joasă frecvență.

wool [wʊl] *s.* lână. # **~len** de lână; **~lens** tricotaje.

woolly ['wʊli] **I.** *s.* obiect de îmbrăcăminte tricotat. **II.** *adj.* **1.** de lână. **2.** confuz, neclar.

woozy ['wu:zi] *adj. fam.* **1.** (*d. cineva*) confuz. **2.** *amer.* căruia îi este greață.

word [w3:d] **I.** *s.* **1.** cuvânt. **2.** replică. **3.** informație. **II.** *vt.* a formula, a redacta, a enunța. # **~ break/ division** despărțire în silabe; **~ing** formulare, enunț; **~-perfect** reproducere exactă (*a unui text*); **~play** joc de cuvinte; **~y** prolix; *a man of his ~* parolist; *to go back on his ~* a nu se ține de cuvânt; *take my ~ for it!* crede-mă!; *in other ~s* cu alte cuvinte; *in a ~* pe scurt; *upon my ~!* pe cuvântul meu de onoare!; *~ for ~* cuvânt cu cuvânt.

wore [wɔ:] *trec. de la* **to wear**.

work [w3:k] **I.** *s.* **1.** slujbă, serviciu: *out of/in ~* fără/cu serviciu. **2.** muncă; treabă; activitate. **3.** operă, creație, lucrare. **II.** *vt.* **1.** a lucra (*pământul*). **2.** a umbla cu (*un aparat*). **3.** a face (*minuni*) (*fig.*). **4.** a prelucra (*fier etc.*). **III.** *vi.* **1.** a munci, a lucra. **2.** a se strădui. **3.** (*d. un aparat, plan*) a funcționa. **4.** (*d. față*) a se schimonosi. # **~able** realizabil; **~aday** obişnuit, de zi cu zi; **~aholic** persoană ahtiată după muncă; **~bench** *tehn.* banc/masă de lucru; **~day** zi de lucru; **~ed-up** *fam.* (*d. cineva*) zbuciumat; **~er** muncitor, lucrător; **~force** forță de muncă, salariați; **~load** normă de lucru; **~man** muncitor; **~manship** lucrătură (*a unui obiect*); **~mate** camarad; **~out** exerciții de gimnastică; **~room** atelier; **~s** uzină; **~shop** atelier; **~-shy** puturos, leneș; *to set to ~* a începe o treabă; *good ~s* acte de caritate.

working ['wɜ:kɪŋ] **I.** *s.* **1.** funcționare. **2.** mecanism. **II.** *adj.* **1.** muncitor, care muncește. **2.** de lucru: *~ conditions* condiții de lucru. **3.** în stare de funcționare. # **~ capital** fond de rulment; **~ day** zi de lucru; **~ paper** raport, dare de seamă; **~ party** comisie; **~s** lucrări (*ale unui congres*).

world ['wɜ:ld] *s.* **1.** pământ, glob: *a map of the ~* hartă a globului pământesc. **2.** lume, omenire: *the Arab ~* lumea arabă. **3.** planetă. **4.** existență. # **~-beating** de excepție; **~-famous** de talie internațională; **~ power** putere mondială; **~ war** război mondial; **~-weary** sătul de viață; **~wide** mondial; *a man of the ~* un om uns cu toate alifiile; *out of the ~* excepțional; *to set the ~ on fire* a avea mare succes; *the ~ over* pretutindeni (în lume); *all over the ~* în toată lumea.

worldly ['wɜ:ldli] *adj.* **1.** material, lumesc: *~ goods* bunuri materiale. **2.** cu picioarele pe pământ. # **~-wise** uns cu toate alifiile (*fig.*).

worm [wɜ:m] **I.** *s.* vierme (*și fig.*). **II.** *vt.* a-și face (*loc*). # **~wood** pelin.

worn(out) [wɜ:n'aʊt] *adj.* **1.** uzat, deteriorat, ros. **2.** (*d. cineva*) epuizat.

worried ['wʌrɪd] *adj.* îngrijorat: *to get ~* a intra în panică.

worrier ['wʌrɪə] *s.* panicard.

worrisome ['wʌrɪsəm] *adj. amer.* îngrijorător.

worry ['wʌri] **I.** *s.* **1.** neliniște, îngrijorare. **2.** problemă, dificultate: *family worries* probleme familiale. **II.** *vt.* **1.** a sâcâi, a tracasa. **2.** a neliniști, a îngrijora. **III.** *vi.* a-și face griji. # **~ing** enervant, tracasant.

worse [wɜ:s] **I.** *adj.* (*comparativ de la* **bad**) **1.** mai rău: *to get ~* a se înrăutăți, a merge spre mai rău. **2.** mai mare: *a ~ tragedy* o tragedie mai mare. **II.** *adv.* (*comparativ de la* **badly**) **1.** mai prost/rău. **2.** tare, puternic. # **to ~n** a se înrăutăți; **~ning** înrăutățire.

worship ['wɜ:ʃɪp] **I.** *s.* **1.** adorare, divinizare. **2.** cult, venerație. **3.** rugă(ciune): *morning ~* rugăciune de dimineață; *evening ~* vecernie. **II.** *vt.* **1.** a adora. **2.** a slăvi pe (*Dumnezeu*). **III.** *vi.* (**at**) a merge (*la biserică*). # **~per** enoriaș.

worst [wɜ:st] **I.** *adj.* (*superl. de la* **bad**) cel mai prost: *the ~ film* cel mai prost film; *my ~ fears* temerile mele cele mai negre. **II.** *adv.* **1.** cel mai prost: *the ~ dressed woman* femeia cel mai prost îmbrăcată.

2. cel mai grav. **III.** *vt.* a bate, a învinge.

worth [wɜ:θ] **I.** *s.* **1.** valoare: *of great ~* de mare valoare. **2.** merit. **II.** *adj.* care merită: *a book ~ reading* carte care merită să fie citită. # **~less** fără valoare; **~while** care merită să fie făcut.

worthy ['wɜ:ði] **I.** *s. fam.* autoritate: *the village worthies* oficialitățile din oraş. **II.** *adj.* **1.** onorabil: *a ~ life* viață onorabilă. **2.** demn: *~ of respect* demn de respect. **3.** nobil: *a ~ cause* o cauză nobilă.

would [wəd] (*trec. de la* **will**) **I.** *v. aux.* **1.** (*viitorul în trecut*) va: *she said she ~ go there* a spus că se va duce acolo. **2.** (*formarea condiționalului*) ai, ar, ați: *he ~ come if he had time* ar veni dacă ar avea timp; *he ~ have come if he had had time* ar fi venit dacă ar fi avut timp. **II.** *v. modal* **1.** (*formă de politețe*): *~ you give me...?* sunteți amabil să-mi dați...? **2.** (*dorință de a face ceva*): *I ~ go there* mă voi duce cu plăcere acolo. **3.** (*opunere de rezistență*): *my car ~n't start* maşina mea nu pornea. # **~-be** viitor, care va să vină.

wound[1] [waʊnd] *trec., part. trec. de la* **to wind**.

wound[2] [wu:nd] **I.** *s.* rană. **II.** *vt.* a răni (*şi fig.*). # **~ed** rănit; jignit; **the ~ed** cei răniți; **~ing** jignitor.

wove [wəʊv] *trec. de la* **to weave**.

woven ['wəʊvn] *part. trec. de la* **to weave**.

wow [waʊ] *fam.* **I.** *s.* mare succes. **II.** *vt.* a încânta, a fascina, a delecta.

wraith [reɪθ] *s.* fantomă.

wrangle ['ræŋgl] **I.** *s.* neînțelegere, dispută. **II.** *vi.* (**over**) a se certa (în legătură cu).

wrap [ræp] **I.** *s.* **1.** broboadă, şal. **2.** hârtie/plastic de ambalat. **II.** *vt.* **1.** a ambala. **2.** a înveli; a înfăşura. **3.** a cuprinde cu (*brațele*). # **~per** (hârtie de) ambalaj.

wrath [rɒθ] *s.* mânie.

wreath [ri:θ] *s.* **1.** coroană de flori, jerbă. **2.** ghirlandă; cunună de flori.

wreathe [ri:ð] *vi.* **1.** a învălui, a împresura. **2.** a se învălătuci, a se încolăci.

wreck [rek] **I.** *s.* **1.** epavă (*şi fig.*). **2.** maşină grav avariată. **3.** *fam.* dărăpănătură, ruină. **4.** accident de maşină/tren. **II.** *vt.* **1.** a avaria; a distruge (*o clădire*). **2.** a strica (*planurile*). # **~age** rămăşițe (*ale unei maşini accidentate*).

wrecked [rekt] *adj.* **1.** eşuat (*şi fig.*). **2.** *sl.* turtit, foarte beat.

wrench [rentʃ] **I.** *s.* **1.** cheie fixă. **2.** încercare grea (*pentru cineva*). **3.** *med.* entorsă. **II.** *vt.* **1.** a smulge. **2.** a scrânti (*un picior etc.*).

wrest [rest] *vt.* **1.** a smulge. **2.** a prelua (*controlul, puterea*).

wrestle ['resl] *vi.* (**with**) **1.** a se lupta (cu). **2.** a se chinui (cu). # **~r** *sport* luptător.

wretch [retʃ] *s.* **1.** nefericit, sărman. **2.** nesuferit.

wretched ['retʃɪd] *adj.* **1.** nefericit, trist. **2.** prost, lamentabil. **3.** afurisit, rău.

wriggle ['rɪgl] **I.** *vt.* a da din (*picior*). **II.** *vi.* **1.** a se contorsiona, a se răsuci. **2.** a se agita, a se zvârcoli. # *to try to ~ out of it* a încerca cu disperare să iasă dintr-o încurcătură.

wring [rɪŋ] (*trec., part. trec.* **wrung**) *vt.* **1.** a stoarce (*rufe*). **2.** a strânge, a da (*mâna*). **3.** a suci (*gâtul*). # **~ing wet** (*d. haine*) ud leoarcă.

wrinkle ['riŋkl] **I.** *s.* **1.** rid. **2.** încreţitură (*în rufă*). **II.** *vt., vi.* a (se) încreţi. # **~d** ridat; şifonat.

wrinkling ['rɪŋklɪŋ] *s.* **1.** ridare. **2.** şifonare.

wrinkly ['rɪŋkli] *fam.* **I.** *s.* boşorog; babetă. **II.** *adj.* ridat, zbârcit.

wrist [rɪst] *s.* încheietura mâinii. # **~watch** ceas de mână.

writ [rɪt] **I.** *s.* înscris, act. **II.** *vt.* a scrie.

write [raɪt](*trec.* **wrote,** *part. trec.* **written**) **I.** *vt.* **1.** a scrie. **2.** a compune (*o melodie*). **3.** a redacta, a concepe. **4.** a consemna în scris. **II.** *vi.* a scrie. # **~-down** reducere de capital; **~r** scriitor; **~-up** cronică (*a unui roman etc.*); *to ~ back* a răspunde la o scrisoare.

write-off ['raɪtɔ:f] *s.* **1.** radiere (*a unui vehicul*). **2.** *fam.* zi pierdută. **3.** anulare a unei datorii.

writhe [raɪð] *vi.* **1.** (*d. şarpe*) a se încolăci. **2.** a se zvârcoli (*de durere*).

writing ['raɪtɪŋ] **I.** *s.* **1.** scriere, scris. **2.** operă, lucrare. **II.** *adj.* de scris.

written ['rɪtn] *adj.* scris: *a ~ test* test scris; *~ instructions* instrucţiuni scrise.

wrong [rɒŋ] **I.** *s.* **1.** rău; nedreptate. **2.** greşeală; vină. **II.** *adj.* **1.** greşit: *a ~ answer* răspuns greşit. **2.** în neregulă: *what's ~?* ce s-a întâmplat? **3.** nepotrivit: *at the ~ time* la o oră nepotrivită. **4.** rău: *it's ~ to lie* nu e bine să minţi. **III.** *vt.* a nedreptăţi. **IV.** *adv.* greşit. # **~doer** răufăcător; **~doing** faptă rea; infracţiune; **~ful** injust; ilegal; **~-headed** greşit.

wrongly ['rɒŋli] *adv.* **1.** pe nedrept. **2.** greşit.

wrote [rəʊt] *trec. de la* **to write**.

wrought [rɔ:t] *vt.* (*folosit numai la timpul trecut*) a produce, a provoca: *the storm ~ havoc in* furtuna a provocat haos în. # **~ iron** fier forjat.

wrung [rʌŋ] *trec., part. trec. de la* **to wring**.

wry [raɪ] *adj.* **1.** (*d. surâs*) forţat. **2.** (*d. o mutră*) acru. **3.** înţepător, ironic.

wunderkind ['wʊndəkɪnd] *s.* tânăr realizat/de succes.

wuss [wʊs] *s. sl.* gogoman.

X

X, x [eks] (litera) X, x.
xenophobia [ˌzenəˈfəʊbiə] *s.* xenofobie.
Xerox [ˈzɪərɒks] *s.* proces de copiere Xerox.
xerox [ˈzɪərɒks] *vt.* a face o copie prin Xerox.
Xmas [ˈkrɪsməs] *s. fam.* Crăciun.
X-rated [ˈeksreɪtɪd] *adj.* (*d. un film*) interzis copiilor sub 18 ani.
X-ray [ˈeksreɪ] **I.** *s.* **1.** rază X. **2.** radiografie. **II.** *vt.* a face o radiografie.
xylene [zaɪˈliːn] *s.* xilen.
xylophone [ˈzaɪləfəʊn] *s.* xilofon.

Y

Y, y [waɪ] (litera) Y, y.

yacht [jɒt] *s.* iaht.

yak [jæk] **I.** *s. zool.* iac. **II.** *vi. fam.* a vorbi ca o moară stricată.

Yank [jæŋk] *s. fam.* american.

Yankee ['jæŋki] *s.* **1.** *amer.* american din statele nordice ale S.U.A. **2.** *fam.* american.

yap [jæp] **I.** *s.* lătrat. **II.** *vi.* **1.** a lătra. **2.** *fam.* a sporovăi.

yard [jɑ:d] *s.* **1.** curte: *the prison ~* curtea închisorii. **2.** şantier (*naval etc.*). **3.** yard (= *36 de inci* = *0,914 m*).

yarn [jɑ:n] *s.* **1.** fir (*pentru țesut, tricotat*). **2.** *fam.* poveste: *to spin ~s* a înşira vrute şi nevrute.

yaw [jɔ:] *vi.* (*d. un avion, o navă*) a se abate din drum.

yawn [jɔ:n] **I.** *s.* **1.** căscat (*de somn*). **2.** *fam.* mare plictiseală. **II.** *vi.* **1.** a căsca (*de somn*). **2.** (*d. un abis*) a se căsca.

yawning ['jɔ:nɪŋ] *adj.* imens: *a ~ gap* un decalaj imens.

ye [ji:] *pron. înv.* voi.

yea [jeɪ] *adv.* da.

year [jɪə] *s.* **1.** an: *~by ~* an de an; *~ in ~ out* în fiecare an, an de an. **2.** vârstă: *she looks young for her ~s* arată tânără pentru vârsta ei. **3.** timp, vreme: *it's ~s since* e multă vreme de când. # **~book** anuar; **~ling** mânz de un an; **~-long** (care durează) de un an; **~ly** anual.

yearn [jɜ:n] *vi.* (**for**) a tânji (după). # **~ing** dorință, jind.

yeast [ji:st] *s.* drojdie de bere.

yell [jel] **I.** *s.* țipăt. **II.** *vi.* a țipa.

yellow ['jeləʊ] **I.** *adj.* **1.** galben. **2.** *fam.* sperios. **II.** *vt.*, *vi.* a (se) îngălbeni. # **~ card** cartonaş galben (*la fotbal*); **~ish** gălbui.

yelp [jelp] *s.* chelălăitură.

yen [jen] *s.* yen (*unitate monetară în Japonia*).

yeoman ['jəʊmən] *s.* țăran (*care-şi lucrează singur pământul*). # **~ry** fermieri.

yep [jep] *adv. fam.* da.

yes [jes] *adv.* da, ba da. # **~man** lingău; *~ and no* şi da şi nu; *oh ~?* chiar aşa?, nu mai spune!

yesterday ['jestədeɪ] *adv.* ieri: *the day before ~* alaltăieri.

yesteryear ['jestəjɪə] *adv.* altădată.

yet [jet] **I.** *adv.* **1.** încă: *he hasn't come ~* n-a venit încă. **2.** deja, şi: *have you finished ~?* ai şi terminat ? **3.** încă, mai: *he is ~ alive* mai este încă în viață. **II.** *conj.* cu toate acestea, totuși. # **~again** iarăși, din nou; **as ~** până acum, deocamdată.

yew [ju:] *s.* iederă.

Yiddish ['jɪdɪʃ] *s.* (limba) idiș.

yield ['ji:ld] **I.** *s.* **1.** producție: *milk ~* producție de lapte. **2.** recoltă (*referitor la cantitate*). **3.** beneficiu, profit. **4.** randament. **II.** *vt.* **1.** a produce, a aduce (*un beneficiu*). **2.** a da (*o recoltă*). **III.** *vi.* **1.** a capitula. **2.** (**to**) a ceda (la).

yielding ['ji:ldɪŋ] *adj.* **1.** roditor, productiv. **2.** moale (*și fig.*).

yob [jɒb], **yobbo** ['jɒbəʃ] *s. fam.* tânăr turbulent, golan.

yoga ['jəʃ gə] *s.* yoga.

yogi ['jəʃ gi] *s.* yoghin.

yogurt ['jɒgət] *s.* iaurt.

yoke [jəʃ k] **I.** *s.* **1.** jug (*și fig.*). **2.** cobiliță. **3.** platcă. **II.** *vt.* a pune la jug.

yokel ['jəʃ kl] *s.* țărănoi.

yolk [jəʃ k] *s.* albuș.

yon(der) ['jɒn(də)] *adj.* acel/acea (de acolo).

yonks [jɒŋks] *s. fam. înv.* veșnicie.

yore [jɔ:] *s.: of ~* de demult.

you [ju] *pron.* **1.** tu. **2.** voi.

young [jʌŋ] **I.** *s.* **1.** tineri; tineret: *the ~* cei tineri, tineretul. **2.** pui: *a lioness feeding her ~* o leoaică ce-și hrănește puii. **II.** *adj.* **1.** tânăr. **2.** pentru tineri. **3.** mic: *my ~er sister* sora mea mai mică. # **~ish** tinerel; tinerică; **~ offender** delincvent minor; **~ster** *fam.* adolescent, tânăr.

your [jɔ:] *adj. posesiv* tău, ta, tăi, tale: *~ name* numele tău; *~ dress* rochia ta; # **~s** al tău, a ta, ai tăi, ale tale.

yourself [jə'self] **I.** *pron. reflexiv* te, îți, ți: *wash ~* spală-te. **II.** *pron. de întărire* tu însuți, tu însăți, chiar tu: *do it ~* fă-o tu însuți/chiar tu. - *by ~* singur.

yourselves [jə'selvz] **I.** *pron. reflexiv* vă: *wash ~* spălați-vă. **II.** *pron. de întărire* voi înșivă, voi înseva, chiar voi: *do it ~* faceți-o chiar voi. # *by ~* singuri.

youth [ju:θ] *s.* **1.** tinerețe: *in his ~* în tinerețea lui. **2.** tânăr: *the ~ of today* tinerii din ziua de azi.

youthful ['ju:tfl] *adj.* **1.** tineresc. **2.** tânăr.

yowl [jaʃ l] **I.** *s.* urlet. **II.** *vi.* a urla.

yuan [ju'a:n] *s.* yuan (*unitate monetară în China*).

yuchy ['jʌki] *adj. fam.* scârbos, groaznic.

Yule [ju:l] *s.* Crăciun. # **~tide** (de) Crăciun.

yummy ['jʌmi] *adj. fam.* delicios.

yuppie ['jʌpi] *s. fam.* tânăr de succes.

Z

Z, z [zed] (litera) Z, z.
zany ['zeɪni] *adj. fam.* zănatic.
zap [zæp] *fam.* **I.** *vt.* **1.** a lovi puternic. **2.** a distruge; a omorî. **3.** a schimba (*canalul la TV*). **II.** *vi.* **1.** a se mişca rapid. **2.** a butona telecomanda. # **~per** telecomandă (*la TV etc.*); **~py** ca prâsnelul, sprinten.
zeal [zi:l] *s.* entuziasm, zel. # **~ot** entuziast (*persoană*); **~otry** fanatism; **~ous** plin de zel.
zebra ['zebrə] *s.* zebră. # **~ crossing** trecere de pietoni.
zenith ['zenɪθ] *s.* **1.** zenit. **2.** apogeu, punct culminant.
zephyr ['zefə] *s.* zefir.
zero ['zɪərəʊ] **I.** *s.* zero (*şi fig.*). **II.** *vt.* a aduce (*un instrument*) la zero. # **~ hour** ora H; **~-rated** (*d. o marfă*) fără accize; *to ~ in on* a-şi îndrepta atenţia asupra.
zest [zest] *s.* **1.** poftă, chef: *~ for life* poftă de viaţă. **2.** sare şi piper (*fig.*). **3.** coajă de lămâie/portocală.
zigzag ['zɪgzæg] **I.** *s.* zigzag. **II.** *vi.* (*d. o potecă*) a şerpui.
zilch [zɪltʃ] *s. fam.* nimic, fleac.
zillion ['zɪljən] *s. fam.* puzderie.
zinc [zɪŋk] *s.* zinc.
zing [zɪŋg] *fam.* **I.** *s.* vioiciune; vervă. **II.** *vi.* **1.** a zdrăngăni, a zăngăni. **2.** *amer.* a critica aspru.
Zionism ['zaɪənɪzəm] *s.* sionism.
Zionist ['zaɪənɪst] *s.* sionist.
zip [zɪp] **I.** *s.* **1.** fermoar: *to do up/undo a ~* a trage un fermoar. **2.** *fam.* vivacitate. **3.** şuierat (*al unui glonte*). **II.** *vt.* a închide fermoarul de la. **III.** *vi.* **1.** a se închide cu fermoar. **2.** *fam.* a se repezi *(până la)*. # **~ code** *amer.* cod poştal; **~per** *amer.* fermoar.
zit [zɪt] *s. fam.* coş (*pe faţă*).
zither ['zɪðə] *s.* ţambal.
zodiac ['zəʊdiæk] *s.* zodiac. # **~al** zodiacal.
zonal ['zəʊnl] *adj.* zonal.
zone [zəʊn] **I.** *s.* zonă. **II.** *vt.* a parcela (*un oraş*).
zonked [zɒŋkt] *adj. sl.* **1.** istovit, frânt de oboseală. **2.** turtit, foarte beat.
zoo [zu:] (*pl.* **~s**) *s.* grădină zoologică. # **~keeper** îngrijitor la grădina zoologică; **~logical** zoologic; **~logical garden** grădină zoologică; **~logist** zoolog; **~logy** zoologie.
zoom [zu:m] *vi.* **1.** a vâjâi. **2.** (*d. preţuri*) a exploda.
zucchini [zu'ki:ni] *s. amer.* dovlecel.

GHIDURI DE CONVERSAȚIE

Ghid de conversație englez-român – *Maria-Ana Tupan*
272 pag. 12x17 cm 15,00 lei

Ghid de conversație român-englez – *Maria-Ana Tupan*
264 pag. 12x17 cm 10,00 lei

Ghid de conversație român-englez – *Redacție*
112 pag. 12x17 cm 8,00 lei

Ghid de conversație român-german – *Redacție*
128 pag. 12x17 cm 10,00 lei

Ghid de conversație român-francez – *Dan Dumitrescu*
312 pag. 12x17 cm 10,00 lei

Ghid de conversație român-italian – *Mariana Săndulescu*
208 pag. 12x17 cm 10,00 lei

Ghid de conversație român-spaniol – *A. Mocanu, P. Mocanu*
240 pag. 12x17 cm 10,00 lei

Ghid de conversație român-grec – *A. Șerban, D. Dumitrescu*
352 pag. 12x17 cm 15,00 lei

AUXILIARE PENTRU STUDIUL LIMBILOR STRĂINE

Capcanele limbii germane – *Larousse*
320 pag. 11x13,5 cm 28,00 lei

Capcanele limbii italiene – *Larousse*
320 pag. 11x13,5 cm 25,00 lei

Capcanele limbii engleze – *Larousse*
272 pag. 11x13,5 cm 25,00 lei

Gramatica limbii franceze prin exerciții – *M. Saraș, M. Ștefănescu*
384 pag. 13x20 cm 19,00 lei

Gramatica practică a limbii franceze – *M. Saraș, M. Ștefănescu*
480 pag. 17x24 cm 22,00 lei

Gramatica limbii italiene prin exerciții – *Mariana Săndulescu*
224 pag. 13x20 cm 12,00 lei

Verbul italian prin exerciții cu cheie – *Mariana Săndulescu*
144 pag. 13x20 cm 12,00 lei